# 中国管理学年鉴 2017

CHINESE MANAGEMENT YEARBOOK

黄群慧　黄速建　主编

中国社会科学出版社

**图书在版编目（CIP）数据**

中国管理学年鉴．2017／黄群慧，黄速建主编．—北京：中国社会科学出版社，2018.10

ISBN 978－7－5203－3377－1

Ⅰ．①中…　Ⅱ．①黄…②黄…　Ⅲ．①管理学—中国—2017—年鉴　Ⅳ．①C93－54

中国版本图书馆 CIP 数据核字(2018)第 242630 号

出 版 人　赵剑英
责任编辑　彭莎莉
责任校对　林福国
责任印制　张雪娇

出　　版　中国社会科学出版社
社　　址　北京鼓楼西大街甲 158 号
邮　　编　100720
网　　址　http://www.csspw.cn
发 行 部　010－84083685
门 市 部　010－84029450
经　　销　新华书店及其他书店

印刷装订　三河市东方印刷有限公司
版　　次　2018 年 10 月第 1 版
印　　次　2018 年 10 月第 1 次印刷

开　　本　787×1092　1/16
印　　张　26
插　　页　4
字　　数　666 千字
定　　价　168.00 元

2016 年 9 月 24 日，中国企业管理研究会、江苏大学主办的“创新、创业与企业管理”学术研讨会暨中国企业管理研究会 2016 年年会在江苏镇江召开。

2016 年 1 月 23 日，江西理工大学主办的中国企业管理研究会 2016 年度会长、理事长工作会议在江西赣州召开。

2016 年 5 月 14 日，中国企业管理研究会、首都经济贸易大学主办的第八届全国比较管理学术研讨会——“共享经济与企业创新”在广西百色召开。

2016 年 7 月 9—10 日，北京工业大学主办的第七届中国技术未来分析论坛——“数据驱动的新兴技术未来分析与创新管理”在北京召开。

2016 年 10 月 22—23 日，管理科学与工程学会主办的第十四届中国管理科学与工程论坛——“供给侧改革下中国管理科学与工程的发展：机遇与挑战”在江苏镇江召开。

2016 年 10 月 22—23 日，山东大学主办的第九届“中国战略管理学者论坛”在山东济南召开。

2016 年 10 月 28 日，台湾大学管理学院、中国人民大学商学院等共同主办的第十届海峡两岸企业管理学术研讨会——“大数据时代之管理新框架”在中国台湾召开。

2016 年 12 月 29 日，中国企业管理研究会社会责任专业委员会主办的“2016（第三届）中国电力行业企业公众透明度论坛”在北京召开。

# 编　委　会

# 编　辑　部

# 编写说明

《中国管理学年鉴》是中国社会科学年鉴系列的学科年鉴之一。为了全面、及时反映中国管理学的发展，中国社会科学院工业经济研究所、中国企业管理研究会决定自2016年起启动编撰出版《中国管理学年鉴》的工作。

《中国管理学年鉴》由中国社会科学院工业经济研究所所长黄群慧、中国企业管理研究会会长黄速建任主编，中国社会科学出版社负责出版发行。它是面向全国、反映国内管理学研究最新进展的大型文献性、资料性学术年刊，以学术性、前沿性、权威性和代表性为基本编撰宗旨，涵盖学科包括工商管理（会计学、企业管理、技术经济及管理）、管理科学与工程、农林经济管理、公共管理以及旅游管理五大一级学科。

《中国管理学年鉴·2017》共设置七大栏目："重要文献""专题论述""学科综述""论文荟萃""著作选介""研究课题"和"学界动态"。

——"重要文献"栏目收录了2016年对我国经济发展和管理环境产生重要影响的中央文件，由编辑部摘编。

——"专题论述"栏目紧扣"中国管理学研究的国际化与本土化"这一主题，收录了4篇代表性文章，由编辑部选编。

——"学科综述"栏目介绍了国内管理学部分领域的研究动态，本卷主要涉及企业管理、国有企业改革、创新创业和会计学方面的理论前沿。

——"论文荟萃"栏目集中介绍了2016年181篇经典管理学论文的主要观点，稿件主要来源于两部分：编委院校推荐和编辑部从重点期刊遴选编辑。

——"著作选介"栏目介绍了2016年出版的管理学（含公共管理）著作69部，稿件来源于编委院校推荐和编辑部人员选编。

——"研究课题"栏目汇集了2016年度国家社会科学基金项目、国家自然科学基金项目的立项情况。

——"学界动态"栏目综述了2016年管理学方面的主要学术会议情况，稿件来源于编委单位供稿和各报刊刊载的会议综述。

《中国管理学年鉴·2017》的编辑出版得到中国社会科学院"登峰计划"企业管理优势学科的资助，编撰过程得到了国内管理学界的大力支持。我们在这里向本卷所引用的各类文献的作者、资料的提供者、学界同人、有关协助单位和部门表示诚挚的谢意。中国企业管理研究会为本年鉴的出版提供了全面保障。各编委单位的联络人为本年鉴的组织工作付出了辛勤的劳动。在此，向他们表示由衷的感谢！

2017年12月

# 目　　录

## 第一篇　重要文献



## 第二篇　专题论述



## 第三篇　学科综述



## 第四篇　论文荟萃

# 第五篇 著作选介

## 第六篇 研究课题

## 第七篇 学界动态

# 第一篇

# 重要文献

# 国务院关于深化制造业与互联网融合发展的指导意见*

国发〔2016〕28号

各省、自治区、直辖市人民政府，国务院各部委、各直属机构：

制造业是国民经济的主体，是实施"互联网+"行动的主战场。我国是制造业大国，也是互联网大国，推动制造业与互联网融合，有利于形成叠加效应、聚合效应、倍增效应，加快新旧发展动能和生产体系转换，前景广阔、潜力巨大。当前，我国制造业与互联网融合步伐不断加快，在激发"双创"活力、培育新模式新业态、推进供给侧结构性改革等方面已初显成效，但仍存在平台支撑不足、核心技术薄弱、应用水平不高、安全保障有待加强、体制机制亟需完善等问题。为进一步深化制造业与互联网融合发展，协同推进"中国制造2025"和"互联网+"行动，加快制造强国建设，现提出以下意见。

## 一　总体要求

（一）指导思想。

全面贯彻党的十八大和十八届三中、四中、五中全会精神，按照国务院决策部署，牢固树立和贯彻落实创新、协调、绿色、开放、共享的发展理念，以激发制造企业创新活力、发展潜力和转型动力为主线，以建设制造业与互联网融合"双创"平台为抓手，围绕制造业与互联网融合关键环节，积极培育新模式新业态，强化信息技术产业支撑，完善信息安全保障，夯实融合发展基础，营造融合发展新生态，充分释放"互联网+"的力量，改造提升传统动能，培育新的经济增长点，发展新经济，加快推动"中国制造"提质增效升级，实现从工业大国向工业强国迈进。

（二）基本原则。

坚持创新驱动，激发转型新动能。积极搭建支撑制造业转型升级的各类互联网平台，充分汇聚整合制造企业、互联网企业等"双创"力量和资源，带动技术产品、组织管理、经营机制、销售理念和模式等创新，提高供给质量和效率，激发制造业转型升级新动能。

坚持融合发展，催生制造新模式。促进技术融合与理念融合相统一，推动制造企业与互联网企业在发展理念、产业体系、生产模式、业务模式等方面全面融合，发挥互联网聚集优化各类要素资源的优势，构建开放式生产组织体系，大力发展个性化定制、服务型制

---

* 资料来源：中国政府网，http://www.gov.cn/zhengce/content/2016-05/20/content_5075099.htm。

造等新模式。

坚持分业施策，培育竞争新优势。深刻把握互联网技术在不同行业、环节的扩散规律和融合方式，针对不同行业、企业融合发展的基础和水平差异，完善融合推进机制和政策体系，培育制造业竞争新优势。

坚持企业主体，构筑发展新环境。充分发挥市场机制作用，更好发挥政府引导作用，突出企业主体地位，优化政府服务，妥善处理鼓励创新与加强监管、全面推进与错位发展、加快发展与保障安全的关系，形成公平有序的融合发展新环境。

（三）主要目标。

到2018年底，制造业重点行业骨干企业互联网“双创”平台普及率达到80%，相比2015年底，工业云企业用户翻一番，新产品研发周期缩短12%，库存周转率提高25%，能源利用率提高5%。制造业互联网“双创”平台成为促进制造业转型升级的新动能来源，形成一批示范引领效应较强的制造新模式，初步形成跨界融合的制造业新生态，制造业数字化、网络化、智能化取得明显进展，成为巩固我国制造业大国地位、加快向制造强国迈进的核心驱动力。

到2025年，制造业与互联网融合发展迈上新台阶，融合“双创”体系基本完备，融合发展新模式广泛普及，新型制造体系基本形成，制造业综合竞争实力大幅提升。

## 二　主要任务

（四）打造制造企业互联网“双创”平台。组织实施制造企业互联网“双创”平台建设工程，支持制造企业建设基于互联网的“双创”平台，深化工业云、大数据等技术的集成应用，汇聚众智，加快构建新型研发、生产、管理和服务模式，促进技术产品创新和经营管理优化，提升企业整体创新能力和水平。鼓励大型制造企业开放“双创”平台聚集的各类资源，加强与各类创业创新基地、众创空间合作，为全社会提供专业化服务，建立资源富集、创新活跃、高效协同的“双创”新生态。深化国有企业改革和科技体制改革，推动产学研“双创”资源的深度整合和开放共享，支持制造企业联合科研院所、高等院校以及各类创新平台，加快构建支持协同研发和技术扩散的“双创”体系。

（五）推动互联网企业构建制造业“双创”服务体系。组织实施“双创”服务平台支撑能力提升工程，支持大型互联网企业、基础电信企业建设面向制造企业特别是中小企业的“双创”服务平台，鼓励基础电信企业加大对“双创”基地宽带网络基础设施建设的支持力度，进一步提速降费，完善制造业“双创”服务体系，营造大中小企业合作共赢的“双创”新环境，开创大中小企业联合创新创业的新局面。鼓励地方依托国家新型工业化产业示范基地、国家级经济技术开发区、国家高新技术产业开发区等产业集聚区，加快完善人才、资本等政策环境，充分运用互联网，积极发展创客空间、创新工场、开源社区等新型众创空间，结合“双创”示范基地建设，培育一批支持制造业发展的“双创”示范基地。组织实施企业管理能力提升工程，加快信息化和工业化融合管理体系标准制定和应用推广，推动业务流程再造和组织方式变革，建立组织管理新模式。

（六）支持制造企业与互联网企业跨界融合。鼓励制造企业与互联网企业合资合作培育新的经营主体，建立适应融合发展的技术体系、标准规范、商业模式和竞争规则，形成优势互补、合作共赢的融合发展格局。推动中小企业制造资源与互联网平台全面对接，实现制造能力的在线发布、协同和交易，积极发展面向制造环节的分享经济，打破企业界限，共享技术、设备和服务，提升中小企业快速响应和柔性高效的供给能力。支持制造企业与电子商务企业开展战略投资、品牌培育、网上销售、物流配送等领域合作，整合线上线下交易资源，拓展销售渠道，打造制造、营销、物流等高效协同的生产流通一体化新生态。

（七）培育制造业与互联网融合新模式。面向生产制造全过程、全产业链、产品全生命周期，实施智能制造等重大工程，支持企业深化质量管理与互联网的融合，推动在线计量、在线检测等全产业链质量控制，大力发展网络化协同制造等新生产模式。支持企业利用互联网采集并对接用户个性化需求，开展基于个性化产品的研发、生产、服务和商业模式创新，促进供给与需求精准匹配。推动企业运用互联网开展在线增值服务，鼓励发展面向智能产品和智能装备的产品全生命周期管理和服务，拓展产品价值空间，实现从制造向“制造＋服务”转型升级。积极培育工业电子商务等新业态，支持重点行业骨干企业建立行业在线采购、销售、服务平台，推动建设一批第三方电子商务服务平台。

（八）强化融合发展基础支撑。推动实施国家重点研发计划，强化制造业自动化、数字化、智能化基础技术和产业支撑能力，加快构筑自动控制与感知、工业云与智能服务平台、工业互联网等制造新基础。组织实施“芯火”计划和传感器产业提升工程，加快传感器、过程控制芯片、可编程逻辑控制器等产业化。加快计算机辅助设计仿真、制造执行系统、产品全生命周期管理等工业软件产业化，强化软件支撑和定义制造业的基础性作用。构建信息物理系统参考模型和综合技术标准体系，建设测试验证平台和综合验证试验床，支持开展兼容适配、互联互通和互操作测试验证。

（九）提升融合发展系统解决方案能力。实施融合发展系统解决方案能力提升工程，推动工业产品互联互通的标识解析、数据交换、通信协议等技术攻关和标准研制，面向重点行业智能制造单元、智能生产线、智能车间、智能工厂建设，培育一批系统解决方案供应商，组织开展行业系统解决方案应用试点示范，为中小企业提供标准化、专业化的系统解决方案。支持有条件的企业开展系统解决方案业务剥离重组，推动系统解决方案服务专业化、规模化和市场化，充分发挥系统解决方案促进制造业与互联网融合发展的“粘合剂”作用。

（十）提高工业信息系统安全水平。实施工业控制系统安全保障能力提升工程，制定完善工业信息安全管理等政策法规，健全工业信息安全标准体系，建立工业控制系统安全风险信息采集汇总和分析通报机制，组织开展重点行业工业控制系统信息安全检查和风险评估。组织开展工业企业信息安全保障试点示范，支持系统仿真测试、评估验证等关键共性技术平台建设，推动访问控制、追踪溯源、商业信息及隐私保护等核心技术产品产业化。以提升工业信息安全监测、评估、验证和应急处置等能力为重点，依托现有科研机构，建设国家工业信息安全保障中心，为制造业与互联网融合发展提供安全支撑。

## 三　保障措施

（十一）完善融合发展体制机制。深入推进简政放权、放管结合、优化服务改革，放宽新产品、新业态的市场准入限制，加强事中事后监管，提升为企业服务的能力和水平，营造有利于制造业与互联网融合发展的环境。适应制造业与互联网跨界融合发展趋势，积极发挥行业协会和中介组织的桥梁纽带作用，鼓励建立跨行业、跨领域的新型产学研用联盟，开展关键共性技术攻关、融合标准制定和公共服务平台建设。围绕新商业模式知识产权保护需求，完善相关政策法规，建设结构合理、层次分明、可持续发展的知识产权运营服务网络。

（十二）培育国有企业融合发展机制。鼓励中央企业设立创新投资基金，引导地方产业投资基金和社会资本，支持大企业互联网“双创”平台建设、创新创意孵化、科技成果转化和新兴产业培育。建立有利于国有企业与互联网深度融合、激发企业活力、积极开展“双创”的机制，完善国有企业内部创新组织体系和运行机制，探索引入有限合伙制，完善鼓励创新、宽容失败的经营业绩考核机制，研究建立中央企业创新能力评价制度，建立促进创新成果转让的收益分配、工资奖励等制度，对企业重要技术人员和经营管理人员实施股权和分红激励政策。

（十三）加大财政支持融合发展力度。利用中央财政现有资金渠道，鼓励地方设立融合发展专项资金，加大对制造业与互联网融合发展关键环节和重点领域的投入力度，为符合条件的企业实施设备智能化改造、“双创”平台建设运营和应用试点示范项目提供支持。充分发挥现有相关专项资金、基金的引导带动作用，支持系统解决方案能力提升和制造业“双创”公共服务平台建设。制造业与互联网融合发展相关工作或工程中涉及技术研发、确需中央财政支持的，通过优化整合后的科技计划（专项、基金等）统筹予以支持。创新财政资金支持方式，鼓励政府采购云计算等专业化第三方服务，支持中小微企业提升信息化能力。

（十四）完善支持融合发展的税收和金融政策。结合全面推开营改增试点，进一步扩大制造企业增值税抵扣范围，落实增值税优惠政策，支持制造企业基于互联网独立开展或与互联网企业合资合作开展新业务。落实研发费用加计扣除、高新技术企业等所得税优惠政策，积极研究完善科技企业孵化器税收政策。选择一批重点城市和重点企业开展产融合作试点，支持开展信用贷款、融资租赁、质押担保等金融产品和服务创新。鼓励金融机构利用“双创”平台提供结算、融资、理财、咨询等一站式系统化金融服务，进一步推广知识产权质押，创新担保方式，积极探索多样化的信贷风险分担机制。

（十五）强化融合发展用地用房等服务。支持制造企业在不改变用地主体和规划条件的前提下，利用存量房产、土地资源发展制造业与互联网融合的新业务、新业态，实行5年过渡期内保持土地原用途和权利类型不变的政策。鼓励有条件的地方因地制宜出台支持政策，积极盘活闲置的工业厂房、企业库房和物流设施等资源，并对办公用房、水电、网络等费用给予补助，为致力于制造业与互联网融合发展的创业者提供低成本、高效便捷的专业服务。

（十六）健全融合发展人才培养体系。深化人才体制机制改革，完善激励创新的股权、期权等风险共担和收益分享机制，吸引具备创新能力的跨界人才，营造有利于融合发展优秀人才脱颖而出的良好环境。支持高校设置“互联网+”等相关专业，推进高等院校专业学位建设，加强高层次应用型专门人才培养。在重点院校、大型企业和产业园区建设一批产学研用相结合的专业人才培训基地，积极开展企业新型学徒制试点。结合国家专业技术人才知识更新工程、企业经营管理人才素质提升工程、高技能人才振兴计划等，加强融合发展职业人才和高端人才培养。在大中型企业推广首席信息官制度，壮大互联网应用人才队伍。

（十七）推动融合发展国际合作交流。积极发起或参与互联网领域多双边或区域性规则谈判，提升影响力和话语权。推动建立中外政府和民间对话交流机制，围绕大型制造企业互联网“双创”平台建设、融合发展标准制定以及应用示范等，开展技术交流与合作。结合实施“一带一路”等国家重大战略，运用丝路基金、中非发展基金、中非产能合作基金等金融资源，支持行业协会、产业联盟与企业共同推广中国制造业与互联网融合发展的产品、技术、标准和服务，推动制造业与互联网融合全链条“走出去”，拓展海外市场；提升“引进来”的能力和水平，利用全球人才、技术、知识产权等创新资源，学习国际先进经营管理模式，支持和促进我国制造业与互联网融合发展。

各地区、各部门要高度重视深化制造业与互联网融合发展工作，统一思想，提高认识，加大工作力度，切实抓好本意见实施。国家制造强国建设领导小组要统筹研究完善制造业与互联网融合发展推进机制，加强对重大问题、重大政策和重大工程的综合协调，部署开展督导检查，推动各项任务落实。各有关部门要按照职责分工，加强协同配合，做好指导协调，抓紧出台配套政策，完善相关规章制度，强化跟踪督查，及时帮助有关方面解决遇到的困难和问题。国家制造强国建设战略咨询委员会要充分发挥作用，组织开展基础性、前瞻性、战略性研究，为重大决策及相关工程实施提供咨询。各地区要结合实际建立健全工作机制，制定具体实施方案，加强考核评估，确保融合发展各项任务落到实处。

国务院

2016 年 5 月 13 日

# 国务院办公厅关于推动中央企业结构调整与重组的指导意见*

国办发〔2016〕56号

各省、自治区、直辖市人民政府，国务院各部委、各直属机构：

近年来，中央企业积极推进结构调整与重组，布局结构不断优化，规模实力显著增强，发展质量明显提升，各项改革发展工作取得了积极成效。但总的来看，中央企业产业分布过广、企业层级过多等结构性问题仍然较为突出，资源配置效率亟待提高、企业创新能力亟待增强。为贯彻落实党中央、国务院关于深化国有企业改革的决策部署，进一步优化国有资本配置，促进中央企业转型升级，经国务院同意，现就推动中央企业结构调整与重组提出以下意见。

## 一　总体要求

（一）指导思想。

全面贯彻党的十八大和十八届三中、四中、五中全会精神，深入学习领会习近平总书记系列重要讲话精神，认真贯彻落实“四个全面”战略布局和党中央、国务院决策部署，牢固树立创新、协调、绿色、开放、共享的发展理念，推进供给侧结构性改革，坚持公有制主体地位，发挥国有经济主导作用，以优化国有资本配置为中心，着力深化改革，调整结构，加强科技创新，加快转型升级，加大国际化经营力度，提升中央企业发展质量和效益，推动中央企业在市场竞争中不断发展壮大，更好发挥中央企业在保障国民经济持续健康安全发展中的骨干中坚作用。

（二）基本原则。

——坚持服务国家战略。中央企业结构调整与重组，要服务国家发展目标，落实国家发展战略，贯彻国家产业政策，以管资本为主加强国资监管，不断推动国有资本优化配置。

——坚持尊重市场规律。遵循市场经济规律和企业发展规律，维护市场公平竞争秩序，以市场为导向，以企业为主体，以主业为主，因地制宜、因业制宜、因企制宜，有进有退、有所为有所不为，不断提升中央企业市场竞争力。

——坚持与改革相结合。在调整重组中深化企业内部改革，建立健全现代企业制度，

---

* 资料来源：中国政府网，http://www.gov.cn/zhengce/content/2016-07/26/content_5095050.htm。

形成崭新的体制机制，打造充满生机活力的新型企业。加强党的领导，确保党的建设与调整重组同步推进，实现体制、机制、制度和工作的有效对接。

——坚持严格依法规范。严格按照有关法律法规推进中央企业结构调整与重组，切实保护各类股东、债权人和职工等相关方的合法权益。加强国有资产交易监管，防止逃废金融债务，防范国有资产流失。

——坚持统筹协调推进。突出问题导向，处理好中央企业改革、发展、稳定的关系，把握好调整重组的重点、节奏与力度，统筹好巩固加强、创新发展、重组整合和清理退出等工作。

## 二 主要目标

到2020年，中央企业战略定位更加准确，功能作用有效发挥；总体结构更趋合理，国有资本配置效率显著提高；发展质量明显提升，形成一批具有创新能力和国际竞争力的世界一流跨国公司。具体目标是：

功能作用有效发挥。在国防、能源、交通、粮食、信息、生态等关系国家安全的领域保障能力显著提升；在重大基础设施、重要资源以及公共服务等关系国计民生和国民经济命脉的重要行业控制力明显增强；在重大装备、信息通信、生物医药、海洋工程、节能环保等行业的影响力进一步提高；在新能源、新材料、航空航天、智能制造等产业的带动力更加凸显。

资源配置更趋合理。通过兼并重组、创新合作、淘汰落后产能、化解过剩产能、处置低效无效资产等途径，形成国有资本有进有退、合理流动的机制。中央企业纵向调整加快推进，产业链上下游资源配置不断优化，从价值链中低端向中高端转变取得明显进展，整体竞争力大幅提升。中央企业间的横向整合基本完成，协同经营平台建设加快推进，同质化经营、重复建设、无序竞争等问题得到有效化解。

发展质量明显提升。企业发展战略更加明晰，主业优势更加突出，资产负债规模更趋合理，企业治理更加规范，经营机制更加灵活，创新驱动发展富有成效，国际化经营稳步推进，风险管控能力显著增强，国有资本效益明显提高，实现由注重规模扩张向注重提升质量效益转变，从国内经营为主向国内外经营并重转变。

## 三 重点工作

（一）巩固加强一批。

巩固安全保障功能。对主业处于关系国家安全、国民经济命脉的重要行业和关键领域、主要承担国家重大专项任务的中央企业，要保证国有资本投入，增强保障国家安全和国民经济运行能力，保持国有资本控股地位，支持非国有资本参股。对重要通信基础设施、重要江河流域控制性水利水电航电枢纽等领域，粮食、棉花、石油、天然气等国家战略物资储备领域，实行国有独资或控股。对战略性矿产资源开发利用，石油天然气主干管网、电网等自然垄断环节的管网，核电、重要公共技术平台、地质等基础数据采集利用领域，国防军工等特殊产业中从事战略武器装备科研生产、关系国家战略安全和涉及国家核心机密的核心军工能力领域，实行国有独资或绝对控股。对其他服务国家战略目标、重要前瞻性战略性产业、生态环境保护、共用技术平台等重要行业和关键领域，加大国有资本投资力度，发挥国有资本引导和带动作用。

（二）创新发展一批。

搭建调整重组平台。改组组建国有资本投资、运营公司，探索有效的运营模式，通过开展投资融资、产业培育、资本整合，推动产业集聚和转型升级，优化中央企业国有资本布局结构；通过股权运作、价值管理、有序进退，促进国有资本合理流动。将中央企业中的低效无效资产以及户数较多、规模较小、产业集中度低、产能严重过剩行业中的中央企业，适度集中至国有资本投资、运营公司，做好增量、盘活存量、主动减量。

搭建科技创新平台。强化科技研发平台建设，加强应用基础研究，完善研发体系，突破企业技术瓶颈，提升自主创新能力。构建行业协同创新平台，推进产业创新联盟建设，建立和完善开放高效的技术创新体系，突破产业发展短板，提升集成创新能力。建设"互联网+"平台，推动产业互联网发展，促进跨界创新融合。建立支持创新的金融平台，充分用好各种创投基金支持中央企业创新发展，通过市场化方式设立各类中央企业科技创新投资基金，促进科技成果转化和新兴产业培育。把握世界科技发展趋势，搭建国际科技合作平台，积极融入全球创新网络。鼓励企业搭建创新创业孵化和服务平台，支持员工和社会创新创业，推动战略性新兴产业发展，加快形成新的经济增长点。鼓励优势产业集团与中央科研院所企业重组。

搭建国际化经营平台。以优势企业为核心，通过市场化运作方式，搭建优势产业上下游携手走出去平台、高效产能国际合作平台、商产融结合平台和跨国并购平台，增强中央企业联合参与国际市场竞争的能力。加快境外经济合作园区建设，形成走出去企业集群发展优势，降低国际化经营风险。充分发挥现有各类国际合作基金的作用，鼓励以市场化方式发起设立相关基金，组合引入非国有资本、优秀管理人才、先进管理机制和增值服务能力，提高中央企业国际化经营水平。

（三）重组整合一批。

推进强强联合。统筹走出去参与国际竞争和维护国内市场公平竞争的需要，稳妥推进装备制造、建筑工程、电力、钢铁、有色金属、航运、建材、旅游和航空服务等领域企业重组，集中资源形成合力，减少无序竞争和同质化经营，有效化解相关行业产能过剩。鼓励煤炭、电力、冶金等产业链上下游中央企业进行重组，打造全产业链竞争优势，更好发挥协同效应。

推动专业化整合。在国家产业政策和行业发展规划指导下，支持中央企业之间通过资产重组、股权合作、资产置换、无偿划转、战略联盟、联合开发等方式，将资源向优势企业和主业企业集中。鼓励通信、电力、汽车、新材料、新能源、油气管道、海工装备、航空货运等领域相关中央企业共同出资组建股份制专业化平台，加大新技术、新产品、新市场联合开发力度，减少无序竞争，提升资源配置效率。

加快推进企业内部资源整合。鼓励中央企业依托资本市场，通过培育注资、业务重组、吸收合并等方式，利用普通股、优先股、定向发行可转换债券等工具，推进专业化整合，增强持续发展能力。压缩企业管理层级，对五级以下企业进行清理整合，将投资决策权向三级以上企业集中，积极推进管控模式与组织架构调整、流程再造，构建功能定位明确、责权关系清晰、层级设置合理的管控体系。

积极稳妥开展并购重组。鼓励中央企业围绕发展战略，以获取关键技术、核心资源、知名品牌、市场渠道等为重点，积极开展并购重组，提高产业集中度，推动质量品牌提升。建立健全重组评估机制，加强并购后企业的联动与整合，推进管理、业务、技术、市场、文化和人力资源等方面的协同与融合，确保实现并购预期目标。并购重组中要充分发挥各企业的专业化优势和比较优势，尊重市场规律，加强沟通协调，防止无序竞争。

（四）清理退出一批。

大力化解过剩产能。严格按照国家能耗、环保、质量、安全等标准要求，以钢铁、煤炭行业为重点，大力压缩过剩产能，加快淘汰落后产能。对产能严重过剩行业，按照减量置换原则从严控制新项目投资。对高负债企业，以不推高资产负债率为原则严格控制投资规模。

加大清理长期亏损、扭亏无望企业和低效无效资产力度。通过资产重组、破产清算等方式，解决持续亏损三年以上且不符合布局结构调整方向的企业退出问题。通过产权转让、资产变现、无偿划转等方式，解决三年以上无效益且未来两年生产经营难以好转的低效无效资产处置问题。

下大力气退出一批不具有发展优势的非主营业务。梳理企业非主营业务和资产，对与主业无互补性、协同性的低效业务和资产，加大清理退出力度，实现国有资本形态转换。变现的国有资本除按有关要求用于安置职工、解决历史遗留问题外，集中投向国有资本更需要集中的领域和行业。

加快剥离企业办社会职能和解决历史遗留问题。稳步推进中央企业职工家属区“三供一业”分离移交，实现社会化管理。对中央企业所办医疗、教育、市政、消防、社区管理等公共服务机构，采取移交、撤并、改制或专业化管理、政府购买服务等多种方式分类进行剥离。加快推进厂办大集体改革。对中央企业退休人员统一实行社会化管理。

## 四　保障措施

（一）加强组织领导。

国务院国资委要会同有关部门根据国家战略要求，结合行业体制改革和产业政策，提出有关中央企业实施重组的具体方案，报国务院批准后稳步推进。中央企业结合实际制定本企业结构调整与重组的具体实施方案，报国务院国资委备案后组织实施，其中涉及国家安全领域的，须经相关行业主管部门审核同意。中央企业在结构调整与重组过程中要切实加强党的领导，建立责任清晰、分工明确的专项工作机制，由主要负责人负总责，加大组织协调力度，切实依法依规操作。同时发挥工会和有关社团组织的作用，做好干部职工的思想政治工作。

（二）加强行业指导。

各有关部门要根据实现“两个一百年”奋斗目标、国家重大战略布局以及统筹国内国际两个市场等需要，明确国有资本分行业、分区域布局的基本要求，作为中央企业布局结构调整的重要依据，同时结合各自职责，配套出台相关产业管理政策，保障国有资本投入规模科学合理，确保中央企业结构调整与重组有利于增强国有经济主导能力、维护市场公平竞争秩序。

（三）加大政策支持。

各有关部门要研究出台财政、金融、人才、科技、薪酬分配、业绩考核等支持政策，并切实落实相关税收优惠政策，为中央企业结构调整与重组创造良好环境。要充分发挥各类基金的作用，积极稳妥引入各类社会资本参与和支持中央企业结构调整与重组。

（四）完善配套措施。

健全企业退出机制，完善相关退出政策，依法妥善处理劳动关系调整、社会保险关系接续等问题，切实维护好企业职工合法权益。建立完善政府和企业合理分担成本的机制，多渠道筹措资金，妥善解决中央企业历史遗留问题，为中央企业公平参与市场竞争创造条件。

金融、文化等中央企业的结构调整与重组，中央另有规定的依其规定执行。

国务院办公厅

2016 年 7 月 17 日

# 第二篇

# 专题论述

# 中国管理研究国际化的演进与展望*

## ——中国管理研究国际学会(IACMR)的发展范例与社群构建

张静　罗文豪　宋继文　黄丹英

**摘要：** 中国管理研究的“国际化”依托于中国管理研究社群的发展与成熟程度。在众多推动中国管理研究国际化的学术社群主体中，中国管理研究国际学会（IACMR）是一支不可忽视的重要力量。鉴于此，首先基于对IACMR发展历程和关注主题演变的回顾，归纳出IACMR在推动中国管理研究国际化的进程上大致经历了“引入实证研究”“强调本土情境”和“回归科学精神”3个阶段。然后，反思与讨论了中国管理研究国际化的进程及今后可能的改进方向。最后，建议学术社群中的商学院（管理学院）、学术期刊、专业协会和学术会议、学者自身以及官方学术机构在明确各自职责的基础上应相互协同配合，共同推动中国管理研究的国际化发展。

**关键词：** 中国管理研究；科学社群；IACMR；科学精神

**中图法分类号：** C93　文献标志码：A　文章编号：1672－884X（2016）07－0947－11

## The Evolution of the Internationalization of Chinese Management Research and its Future Direction: The Development Paradigm of the International Association for Chinese Management Research (IACMR) in China and Community Building

Zhang Jing[1]　Luo Wenhao[2]　Song Jiwen[1]　Huang Danying[1]

(1. Renmin University of China, Beijing, China;

2. North China University of Technology, Beijing, China)

**Abstract:** The internationalization of Chinese management research relies on the develop-

* 基金项目:国家自然科学基金资助项目(71372161);北方工业大学优势(建设)学科资助项目(XN081);北方工业大学科研启动基金资助项目。

ment of the academic community. Of the many communities that contribute to the internationalization of Chinese management research, the International Association for Chinese Management Research (IACMR) is a significant one. Based on the review of the development of IACMR and its focus, this article, finds that three periods have been experienced by IACMR on internationalizing Chinese management research, and they are the period of "introducing empirical study", the period of "emphasizing Chinese context", and the period of "returning to scientific spirit". This experience not only shows the focus of the Chinese management research academic community in the past, but also indicates the future direction of Chinese management research. After studying the growth of IACMR, this article suggests that all members of academic communities, namely academics, management schools, academic institutions, specialized academic organizations and journals, and so on, clarify their own duties, cooperate with each other, and work together towards the internationalization of Chinese management research.

**Keywords**: the Chinese Management Research; Scientific Community; IACMR; Scientific Spirit

## 一　研究背景

21 世纪以来，西方管理学的研究成果与学术范式进入中国并逐渐成为主流，中国管理研究也在借鉴和学习中获得快速和长足发展。特别是，近年来中国管理学者在国际顶尖学术期刊发表的研究成果日益增多。与此同时，中国学者参与国际学术活动（如美国管理学会等）的规模和比例也在逐步增长。由此可见，中国管理研究已在全球管理学术界占据了一定位置[1]，也获得了国际管理学界的一定认可。需要指出的是，JIA 等[2]在对使用中国样本的国际顶级期刊论文进行分析后发现，只有 10 项研究探讨了中国情境下的管理新知识，而95%以上的论文都在讨论和使用西方文献中流行的主题与理论。郭重庆[3]曾指出中国管理研究是“吃别人嚼过的馍”；谭劲松[4]则用“拎着榔头找钉子”来形容当下的中国管理研究大多只是重复低层次的补充性研究，创新贡献严重不足。由此不难发现，中国管理研究在加速走向国际舞台的同时，对全球管理知识的贡献还非常有限。中国管理研究要真正实现国际化，仍是任重而道远。

本研究所指的中国管理研究国际化，主要包含以下 3 个方面的国际化：①研究主题与范式的国际化；②学术研究成果的国际化，主要指学术成果融入国际学术社区、国际交流的拓展，以及国际学界对中国管理问题的研究与关注等；③学者个体的国际化。显然，推动中国管理研究国际化的进一步发展，不能单纯依靠个别学者或某一机构或组织的努力，而是需要从事中国管理研究的多方主体共同予以推动。鉴于此，本研究引入“社群”概念就此问题进行分析。“社群”一词起源于科学社群这一概念，是指在某一科学研究领域内，探索目标大致相同的科学工作者[5]。基于此，本研究将“中国管理研究社群”定义为从事和专注于中国管理研究问题的学术共同体，包括而不限于国内外学者、商学院（管理学院）、官方学术机构（如国家自然科学基金委员会等）、专业学术组织以及专业学术期刊等构成主体，是一个开放的、相互联系的、共生共荣的学术生态系统，其中，学者处于社群核心的位置（见图 1）。

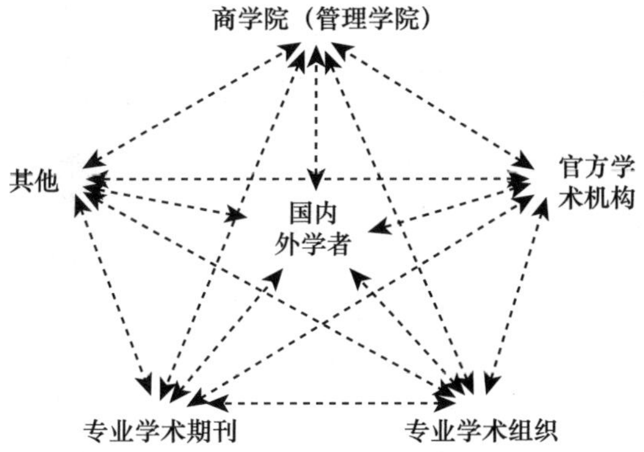


图1 中国管理研究社群

通常认为，在一门学科的发展过程中，该学科所对应的科学社群往往起着关键的推动作用[5]。科学社群是连接个别科学家与整个社会结构的桥梁。科学家通过科学社群的互动交流，成为科学得以迅速发展的重要因素。贾良定等[6]指出，构建中国管理学理论自信之路，不仅呼唤学者个体进行理论创新，而且要求在整个学术社区内建立对话平台，对理论进行不断的讨论、检验和完善。就当前情况而言，中国管理研究社群尚处在发展与成长的过程中，不同主体之间的连接与协作也有待完善。正因如此，中国管理研究继续推进国际化的过程，恰恰也是中国管理研究社群不断成长成熟的一个过程。对于该社群中的每一类主体而言，都需要在社群发展的大背景下谋求自身的成长，并发挥应有的推动作用。

在众多推动中国管理研究国际化的社群主体中，中国管理研究国际学会（IACMR）是一支不可忽视的重要力量。IACMR 自 2002 年创立以来，以促进中国情境下企业组织与管理领域的学术研究为己任，致力于在全球范围内创建和传播有关中国管理的知识，并逐渐成为一个具有较大影响力的国际性学术组织。IACMR 创建和发展的这些年，正好对应了中国管理研究快速实现国际化的进程。由于在组建和发展的过程中一贯地坚持立足国际又关注中国，IACMR 为推动中国的管理研究走向世界做出了重要贡献。IACMR 如何探索和践行中国管理研究的国际化之路？取得了哪些突出的成果？还有哪些问题尚待解决和完善？中国管理研究国际化未来突破的路径何在？这些都是值得学界进一步思考的问题。

基于此，本研究立足于分析 IACMR 在中国管理研究国际化进程中的作用，并将对 IACMR 的分析同其他社群主体关联起来，力争全方位地整体审视中国管理研究的国际化发展道路，以期对中国管理研究的未来发展提出可行性建议。

## 二 IACMR 的基本背景与学术活动

IACMR 缘起于 1999 年在香港科技大学恒隆管理学院举办的实证研究方法培训班，并于 2002 年正式在香港成立。IACMR 以“追求卓越、灵感之源、学术责任和奉献精神”为核心价值观，其目标是为国内外从事中国管理研究、教学以及实践的人士提供交流与合作的平台。成立 10 余年来，参与 IACMR 的学者规模日渐扩大，国际化、高水平的学术交流日趋频繁，IACMR 的学术影响力也越来越大。目前，IACMR 已拥有注册会员逾 8000 人，其中也包括许多国际上杰出的非华人学者，如 John Child、Victor Nee、Arie Lewin 等。

IACMR 开展的学术活动主要包括举办学术年会、工作坊；出版期刊、书籍以及其他资助类活动等，这些活动的开展都与中国管理研究国际化有着一定的关联。

（一）双年大会

自 2004 年开始，IACMR 每两年召开一次学术年会，这也是该学会参与人数最多的一项学术活动。历经 6 届的不断发展，IACMR 学术双年会已经成为中国管理研究学者们一个不可或缺的学术交流平台。为了更直观地揭示 IACMR 学术年会的发展态势，本研究整理了历届会议的主题信息、会议规模、会议论文的接收情况等数据（见表 1）。

**表 1　　IACMR 历次学术年会情况一览**

| | | 第一届 | 第二届 | 第三届 | 第四届 | 第五届 | 第六届 |
|---|---|---|---|---|---|---|---|
| 召开时间 | | 2004 年 6 月 17—20 日 | 2006 年 6 月 15—18 日 | 2008 年 6 月 19—22 日 | 2010 年 6 月 16—20 日 | 2012 年 6 月 20—24 日 | 2014 年 6 月 18—22 日 |
| 会议主题 | | 构建中国管理研究的版图暨创会大会 | 转型经济中的知识创造 | 中国管理研究中的奥林匹克精神 | 中国组织中的创新与变革 | 建造“厚德载物永续发展”的华人企业 | 立足中国实践创新管理理论 |
| 出席人数/人 | | 450 | 550 | 700 | 950 | 780 | 1150 |
| 投稿论文数量/篇 | | 288 | 246 | 366 | 540 | 642 | 680 |
| 审稿人数/人 | | 161 | 140 | 265 | 350 | 402 | 537 |
| 语言/篇 | 中文 | 47 | 56 | 131 | 136 | 130 | 179 |
| | 英文 | 119 | 114 | 149 | 198 | 240 | 294 |
| 来源/篇 | 中国大陆 | 71 | 60 | 151 | 153 | 162 | 257 |
| | 海外 | 78 | 77 | 79 | 129 | 143 | 120 |
| | 合作 | 17 | 33 | 50 | 52 | 65 | 96 |
| 宏观、微观/篇 | 微观 | 87 | 98 | 165 | 193 | 246 | 315 |
| | 宏观 | 79 | 72 | 115 | 141 | 124 | 158 |
| 各年份研讨论文总数/篇 | | 166 | 170 | 280 | 334 | 370 | 473 |

注：数据来源为笔者根据 IACMR 官方网站有关资料整理，下同。

由表 1 可知，IACMR 历届学术年会参会人数和影响力逐年增大，投稿数量呈明显递增趋势。值得注意的是，从论文语种来看，年会接收的英文论文数量总体大于中文论文数量；从作者来源看，来自海外学者及中外合作者的投稿数量都有明显增加，这些变化趋势都表明 IACMR 自身的国际化程度进一步加深。此外，为更好促进国内外学者之间的交流，IACMR 每届学术年会都会举办为期一天的专业发展工作坊（PDW），邀请一些国内外杰出的学者针对研究方法、学术职业生涯发展、当前研究热点、管理研究发展道路等问题进行专题研讨。

（二）研究方法工作坊

在每届学术年会的间隔期，IACMR 还举办了 8 次主要面向国内的青年教师和博士研究生群体的研究方法工作坊，前后共吸引了 770 余人次参加。每次工作坊 IACMR 都会邀请 10 多位具有国际影响力的一流学者作为导师，旨在帮助青年研究者提升研究设计能力和掌握规范研究方法。当前国内很多活跃的管理学中青年学者都有参与该工作坊的经历。

（三）*MOR* 杂志及相关的论文研讨会活动

《组织管理研究》（*Management and Organization Review*，*MOR*）杂志是 IACMR 创办的英文学术期刊，主要定位于刊发有关中国管理研究的学术论文。对 MOR 在 2005—2015 年发表的论文进行统计发现，在刊发的 198 篇论文（不包含 3 篇短评）中，有 112 名中国学者为第一作者（刊发比例为 56.6%，其中居住海外的学者占比 24.2%），有 82 名中国学者为第二作者（刊发比例为 41.4%，其中居住海外的学者占比 16.2%），其余均为国际学者。由此可见，*MOR* 在吸引很多国际学者发表论文的同时，也相应地促进了中国学者的国际合作。近年来，为了帮助中国学者提升投稿质量，*MOR* 还组织了多次专题论文工作坊，邀请有意投稿特定主题的作者参与研讨，以期将论文质量打磨得更好。

（四）面向实践者的 *MI*（*CMI*）期刊

*Management Insights*（中文名称为《管理视野》），是 IACMR 创办的面向企业管理者的中英文双语杂志。该杂志的一部分内容是对顶级期刊上优秀研究成果的缩编和改写，以便管理实践者阅读；另一部分是知名学者们对一些杰出企业家（如马云、柳传志、王石等）的访谈。该杂志旨在传播有关中国企业管理最前沿的研究成果，推动学术研究与管理实践之间的对话，让管理研究更接“地气”。

（五）出版系列著作

IACMR 联合北京大学出版社出版了一系列书籍，如《组织与管理研究的实证方法》《案例研究方法：理论与范例》等，极大地推动了中国管理研究者在研究方法上的提高；《求真之道、求美之路：徐淑英研究历程》《造福世界的管理教育》等著作也对管理研究和教育产生了深远影响。此外，IACMR 还组织翻译了 *AMJ*、*ASQ*、*JIBS*、*AMR* 等顶级期刊的最佳论文集萃，并即将出版以理论建构为主题的优秀论文翻译集。

（六）设立研究资助

IACMR 发起设立“李宁论文奖”，旨在为博士研究生撰写论文提供资助。自 2010 年以来，共计 51 位博士研究生获得了这一奖励。2015 年，IACMR 创立“梁觉论文资助纪念基金”，设立初衷在于延续梁觉教授生前培育年轻学者的未竟事业。此外，国外知名出版机构 EMERALD 也和 IACMR 联合开展中国管理研究基金奖活动，为一些具有较大意义的、以中国大陆学者为主体的研究团队提供资金支持。

## 三　IACMR 的发展路径

根据 IACMR 的发展脉络，本研究将 IACMR 推动中国管理研究国际化的路径大致划分为 3 个阶段，每个阶段有不同的侧重主题（见表 2）。

**表 2　IACMR 发展的 3 个阶段**

| 阶段 | 主要成果 | 待解决问题 |
|---|---|---|
| 第一阶段<br>（1999—2008 年）<br>引入“实证研究” | 提高了中国管理研究的规范性和严谨性<br>促进了中国学者对最前沿研究方法的掌握<br>推动了中国管理研究成果的国际化传播 | 研究范式的反思 |
| 第二阶段<br>（2009—2012 年）<br>强化“情境研究” | 带动了中国管理研究学者对本土现象的探索<br>引发了中国管理研究社群关于中国管理研究道路的热烈讨论<br>有效推广了一些有中国特色的概念的国际性传播 | 研究道路的选择 |
| 第三阶段<br>（2013 年至今）<br>回归“科学精神” | 回应了管理学界“理论与实践”相脱节的问题的讨论<br>为学者提供价值指引，促进科学精神的传播<br>提出管理教育的方向：做能够造福世界的管理研究，培养造福世界的管理者 | 科学研究主体应该如何行动与落实 |

（一）第一阶段（1999—2008 年）：引入“实证研究”

在此阶段，IACMR 将“实证研究方法”引入国内，推动国内的管理学研究从“思辨性”研究逐渐走向规范研究。从管理学科的发展来看，实证研究方法的引入与采纳是中国管理研究与世界展开对话的一个重要环节。受西方“管理学科合法化”运动的影响，国际顶尖学术期刊普遍更为偏好相对严谨的实证研究类文章。例如，从 20 世纪 80 年代起，*AMJ* 等期刊几乎只接受实证类的论文[7]。与之相对的是，中国管理研究的成果由于方法严谨性的缺失，很长一段时间内难以入选主流期刊并参与国际学术对话。当前，实证主义方法仍然是管理研究的主流方法，也是 IACMR 各项学术活动中的主要方法。例如，通过分析 *MOR* 在 2005—2015 年发表的 198 篇论文后，本研究发现实证研究类论文占 49%，理论与综述类论文占 24.7%，质性研究类论文占 10.1%，其他占 16.2%。此外，IACMR 历届学术年会的 PDW 以及研究方法工作坊的大部分内容也都围绕实证研究展开。

历届 IACMR 学术年会上 PDW 的有关研讨主题见表 3。由表 3 可知，PDW 的议题大多涉及实证研究的重要技术分析方法（如结构方程、多层分析、调节变量与中介变量的处理等），这些内容的交流与研讨贯穿于 IACMR 的整个发展过程。近年来，IACMR 也开展了对于质性研究方法的研讨（如扎根理论、基于现象的研究等）。

**表 3　IACMR 历届学术年会专业发展工作坊（PDW）探讨的主题举例**

| 主题 | 年份 |
|---|---|
| 社会网络分析与事件史分析 | 2004、2006 |
| 顶级期刊写作、修改技巧 | 2004、2006、2008 |
| 博士研究生协会：进行中国博士论文的相关研究 | 2006 |
| 中国管理研究的调查研究设计 | 2006、2008 |
| 在管理学研究中使用扎根理论研究方法论 | 2008 |
| 学者（教授）发展论坛 | 2008 |
| 通过创造性的创作制作真实生活的商业案例 | 2008 |
| 社会交换理论在中国管理研究中的应用 | 2008 |
| 中国管理学研究中的理论构建与质性研究 | 2012 |
| 中介效应、调节效应与结构方程模型 | 2012 |
| 探讨本土领导力的研究方法 | 2012 |
| 如何在中国开展基于现象的研究 | 2014 |
| 探讨中国本土组织现象的质性研究方法 | 2014 |
| 构建跨层研究模型：中介效应与调节效应 | 2014 |
| 如何在顶级期刊上发表论文：指导与洞见 | 2014 |

随着 IACMR 不断地引入国际前沿的研究方法，国内学者逐步了解了国际顶尖学术期刊的研究范式、评价标准，具备了开展高水平实证研究的能力。一些优秀的研究成果也得以在国际顶级期刊上发表。可以说，IACMR 对这些研究成果的最终发表在一定程度上起了推动作用。

在国际学术主流盛行“实证主义”这一大背景下，IACMR 对“实证方法”在国内的引入和推广，使得中国管理研究在范式上逐渐与国际接轨。然而，“实证主义”作为一类研究方法，其实是有着与之相对应的方法论和适用条件的。

如果一味盲目地遵循实证研究方法而罔顾研究问题，便可能造成研究以变量和数据为中心，并最终使得整个研究领域愈加支离破碎，缺乏体系[8]。从方法论的角度而言，除实证研究方法外，后实证主义提供的“诠释论”“现象学”等方法对于发现规律、解释现象更能够提供直观而细致的描述。例如，诠释论强调以自然的、参与性的观察为手段，注重对研究对象的过程和整体进行丰富性、生动性、深层次的描述，并在此基础上进行想象和移情。当前，相当一部分管理研究者对“实证研究范式”过于痴迷，使得“演绎性”推理替代了对管理现象的观察与分析，让研究陷入机械模式。学者们习惯于从事贡献极小的复制性研究，忽视了“非实证主义”研究方法对理论研究的潜在价值。这在一定程度上加大了管理理论研究与管理实践脱节的矛盾，这也是当前中国管理研究难以取得突破性成果的主要原因之一。

从当前国际主流来看，在保证“学术严谨性”的同时，使研究结果贴合实际，也就是满足“实践相关性”的要求，也是国际管理学界普遍关心的问题。数任美国管理学会主席都曾谈到“管理理论研究与管理实践脱节”的问题。一个高质量的管理研究成果需要兼顾到“严谨性”与“相关性”的要求，对此当下学者们已达成基本共识[9,10]。目前，大部分中国学者的研究成果是严谨性有余，而相关性不足。由此，中国管理研究在谋求融入国际主流的同时，也需要在研究范式上寻求变革，考虑融入多重研究范式，从现象入手研究问题，才更有可能推出有创新力的研究成果，参与国际对话。正如谭劲松[4]指出，应当鼓励从现象出发、从管理实践中鲜活的问题出发去构造研究的科学问题，并寻求合适的科学研究方法去解决问题，这样才可能做出有创新的研究，建构出新的理论。

（二）第二阶段（2009—2012 年）：强化“情境研究”

在这一阶段，IACMR 与中国管理研究社群中的其他主体一道，倡导开展有关中国管理的情境化研究。Tsui[11]曾指出，套用西方的理论框架在中国进行演绎性的研究往往只能做出有限的贡献，中国管理研究的理论发展必须关注中国情境的作用，并阐述了中国管理研究情境化的具体方法与路径[12]。2009 年，*MOR* 推出中国管理研究专刊，集中探讨中国管理研究中的情境化问题。Barney 等[13]认为，中国管理研究者在情境化上面临两种不同的路径选择，即“中国管理理论”和“管理的中国理论”。关于这两种道路如何选择，徐淑英进而提出，中国的管理研究正处在一个关键时刻，面对着走康庄大道（中国管理理论）还是羊肠小道（管理的中国理论）的重大选择[14]。针对当前大多数中国研究者多选择相对容易的“康庄大道”的现象，Cheng 等[15]和 Zhao 等[16]认为，这会限制对中国境内与中国有关现象的挖掘和理解，提倡中国管理学者应该选择一条自己的“羊肠小道”，鼓励发展更多“管理的中国理论”研究，这将有助于科学的发展和管理实践的改善。

IACMR 在自身发展实践中，一直将促进中国情境下的管理研究作为重要的使命。在 IACMR 曾举办的 6 届学术年会中，对中国管理情境特色的探讨一直得以延续并不断发展（见表 4）。由表 4 可知，关系研究、家长式领导、文化价值观、传统哲学思想等主题一直是中国管理研究探索情境化特色的重要领域。由此，这些具有中国特色的概念得到更大的国际传播，有些已经成为管理研究领域中的热点问题。例如，贾良定等[6]的研究发现，市场转型、关系、关系资本主义成为中国本土研究取得较大影响力的学术概念和理论。此外，中国传统文化中的一些思想和概念（如面子、五伦、报、人情等）也得到了学者们的关注。一些体现中国特色现象的研究论文在 IACMR 会议上得以宣读和获评最佳论文，并经过修改发表在国际优秀期刊上。

表 4 历届学术年会（2004—2014）关于中国主题的特色论文主题汇总

| 年份 | 关系研究/篇 | 家长式领导/篇 | 文化价值观/篇 | 传统哲学思想（儒家、道家、中庸、阴阳、和谐等）/篇 | 政企关系及其他/篇 | 总计/篇 |
|---|---|---|---|---|---|---|
| 2004 | 6 | 1 | 6 | 3 | 2 | 18 |
| 2006 | 7 | 1 | 1 | 2 | | 11 |
| 2008 | 4 | 7 | 6 | 2 | 6 | 25 |
| 2010 | 8 | 5 | 1 | 2 | 2 | 18 |
| 2012 | 5 | 3 | 4 | 4 | 1 | 17 |
| 2014 | 20 | 4 | 13 | 7 | | 44 |
| 合计 | 50 | 21 | 31 | 20 | 11 | 133 |

为了推动情境化的中国管理研究，IACMR 开展的另一项重要活动便是对案例研究方法的强调。正如艾森哈特[17]所言，“案例研究方法很有可能成为一个对于中国以及亚洲研究有着特殊意义的研究方法”。对此，徐淑英[18]也特别指出，要通过案例研究方法来构建能够解释中国独特管理困境和问题的理论。

值得注意的是，在推动“情境化”研究的过程中，越来越多的学术社群主体开始对本土管理研究的主题、方法和道路等进行讨论。国家自然科学基金委员会管理科学部将基于中国情境的管理理论开发视作一个重要方向。一些学术期刊如《管理学报》更是多次组织了相关学术会议以及设立“管理学在中国”特色栏目，刊发了相关系列文章[19—21]。随着中国管理学者对本土现象的探索日益加深，中国管理研究社群的整合和发展也日趋成型，有效推广了一些具有中国特色的概念的国际性传播。然而，这只是中国管理研究迈入国际化的初步成果，离中国管理研究真正的国际化要求还有不小的差距。

伴随着对于情境化研究的重视，仍然有两个问题制约了中国管理研究的国际化发展：①“管理的中国理论”得到较少的重视和开发，即对中国管理现象的情境化挖掘深度不够。情境化能够为理论开发提供丰富的信息，是理论创新的源泉，因而对情境化的深度挖掘是理论开发至关重要的一环。本土化的理论开发应当始于独特的情境，同时又面向和贡献于国际学术界。Tsui[22]也认为，对“情境化深度”的挖掘既能促进本土化管理知识的有效发展，又能为丰富全球的管理知识做出贡献。②关于中国管理研究的未来道路选择，究竟该如何理解和处理“情境化”与“普适性”二者之间的关系？中国管理研究该选择哪一条道路，或者是选择其他道路？对于这些问题，中国管理学界当前似乎并没有达成共识。章凯等[23]指出，普适化才是理论发展的最高境界。从理论开发的贡献来看，具有高度情境化的本土化管理知识只有在能够为世界的管理知识做出贡献时，才能体现出更大的价值。当本土化理论经过开发检验，具备了更多的普适性特征时，也必然会走向世界。谭力文[24]也对在中国建构普适性理论这一发展方向表示认可。本研究赞同中国管理研究应该以“普适性理论”为未来方向，但同时也强调不可忽视情境化的价值。只有重视对“管理的中国理论”的开发，深入挖掘中国情境下的文化特殊性信息，才有可能提出有创新特色的管理理论，丰富世界的管理知识。当中国管理研究真正为世界管理贡献了新知识，又在更为普遍的文化背景下得到验证和推广时，中国管理研究才真正走向了世界。由此，中国管理研究应坚持国际化需要兼顾“情境化”和“普适性”的要求，两手抓、两手都要硬。

（三）第三阶段（2013 年至今）：回归“科学精神”

在 IACMR 前两个发展阶段的推动下，中国管理研究经历了一个快速发展的时期，短短几年内就实现了从自说自话到融入国际的转变。在快速发展的同时，部分研究者也陷入不同程度的迷失[25]、彷徨甚至错误之中。近年来，中国乃至世界管理研究中存在的“同质化”趋势[26]和“功利性”倾向[10]等日趋明显，这些问题的根源便在于科学精神的缺失。正因如此，近年来 IACMR 及其他学术社群主体的一个重要着力点便是回归科学精神。徐淑英[27]将科学精神概括为对真理的纯粹追求、听从内心的召唤、严谨的态度、不受外界干扰和对人文的真诚关怀；认为科学研究应致力于为中国以及全世界的管理知识发展做出贡献。科学的价值或终极目标是寻找真理，更准确或有效地理解和解释周围事物的本质，帮助人们更好地生活。早在 2006 年 IACMR 第二届学术年会上，徐淑英就做了关于“科学研究中的价值取向”的主题演讲。在 2012 年 IACMR 的学术年会上，两位学会主席的致辞中进一步提出了“学者的社会责任”，呼吁学者们在参与研究和教育的过程中寻求真理[28]。

除了强化管理研究对于社会福祉的贡献之外，强调学者在科研过程中保持“独立思考精神”也是 IACMR 对科学精神的重要阐释。所谓独立思考精神，就是“能够从多重角度或者独到的角度来分析问题和阐释现象，坚持用一贯的科学研究标准和‘普世价值’体系来对事物进行判断。不人云亦云，不亦步亦趋”[29]。在 2008 年和 2014 年的 IACMR 学术年会上，两位学会主席在致辞中都提到了“独立思考精神”及“独立之精神，自由之思想[30,31]”。例如，陈晓萍[30]指出：“不能保持独立思考态度的学者，很可能产生随波逐流的研究倾向；而没有独立思考的精神，就难以成就大学者。”在研究过程中，追逐“时髦”的课题、研究方法和数据分析技术，认为时髦的才是“先进的”等，都不是具备独立精神的表现。

尽管 IACMR 一再强调“科学精神”，但现实中的中国管理研究却仍然存在诸多有违“科学精神”的现象。韩巍[32]曾指出，我国管理学者缺乏独立精神，学术圈中存在 3 种人：“偏执狂”“跟风者”和太多的“弄潮儿”。金占明等[33]认为，中国管理研究盲目崇尚西方，学者缺乏独立的学术精神、缺少关注中国管理实践的社会责任意识、过分考虑种种现实利益而缺少客观平和的学术心态。这些问题使得中国管理研究群体迷失，使研究陷入“功利主义”而离科学的目标越来越远。回归“科学精神”正是要推动中国管理研究找回真正的学术信仰，敦促学者们保持严谨的态度，听从内心的召唤。正如有学者所言：“研究想法的美感比他本身有用更加重要”，“教育与学术应该作为一种信仰来追求，教育不是一种工作，而是一种圣礼；研究也不是投资，而是一份圣约”[34]。中国的管理研究学者只有具备了真正的学术信仰，回归科学精神，才更有希望走向并引领国际化潮流。

（四）本章小结

通过以上 3 个阶段回顾 IACMR 的发展历程，不难发现 IACMR 在其每一个阶段尽管侧重点略有不同，但其核心都在于推动中国管理研究国际化水平的不断提升。当然，上述 3

个阶段只是一个粗略的划分。实际上，这3个阶段及其侧重点之间并非替代关系，而是叠加关系，形成了一个类似于层级的结构。譬如，对于研究方法的强调并不仅仅在第一阶段出现。直至今日，IACMR也依旧把这项工作视作学术团体发展和青年学者培育的一个重要内容。类似地，情境研究的强调在当下也是一个热门的话题，而对科学精神的强调更是贯穿始终。在理解IACMR的发展历程中，需要充分考虑3个阶段的差异性特征，但也要注意到IACMR作为一个整体所实现的循序渐进的发展。与此同时，也可以通过IACMR的发展历程看到中国管理研究国际化中仍旧有待解决的问题。更重要的是，IACMR作为中国管理研究社群中的一类主体，是一个能够有效体现中国管理研究国际化的典型侧面。中国管理研究国际化本身是一个非常重大而复杂的课题，其最终的发展程度有赖于中国管理研究社群的总体发展水平。鉴于此，展望中国管理研究未来的国际化发展，有必要从更为广泛的社群视角出发进行探索。

## 四　社群视角下中国管理研究国际化发展的未来展望

毋庸置疑，在中国管理研究国际化的未来发展中，IACMR仍将是其中的一支重要力量，并会在此过程中实现自身新的发展。然而，中国管理研究社群的其他主体，包括商学院（管理学院）、国家自然科学基金委员会、学术期刊与学术会议等也应有各自的使命担当。上述社群主体不仅需要在国际化进程中不断谋求自身发展，也有必要推动主体间的力量整合。

### （一）商学院（管理学院）的角色

商学院（管理学院）作为重要的学术培育主体，理应在中国管理研究国际化中担负重要使命。然而，随着高等教育全球化时代的到来，国内的商学院（管理学院）纷纷谋求参与全球竞争与排名。由于在国际顶级期刊上发表的论文数量对排名高低有着重要影响，目前国内不少商学院（管理学院）都将此作为考核教师工作业绩的一项重要内容。这一做法虽可帮助国内学者在国际管理舞台上更多地发出中国声音，但也容易使学者过度追求论文发表，导致研究的“功利主义”倾向和碎片化特征，从而忘却在研究中探索真理和解决重要问题。久而久之，便难以产生对国际管理研究真正有贡献和影响力的研究成果。此外，在理论探索的道路上，由于面临考核晋升的压力，一些学者特别是年轻学者倾向于选择较为容易的“中国的管理理论”进行研究，而更为资深的研究者们又可能缺乏足够的“动力”，导致对有较大难度的“管理的中国理论”和“普适性理论”的开发严重不足。在推动中国管理研究国际化的背景下，商学院（管理学院）需要反思和优化现有的评估体系，以回应中国管理研究国际化发展的范式变革要求，同时在研究道路上加强引导，并努力在管理研究和教育中重塑科学精神。

郭重庆[3]指出，学术评价体系是看不见的指挥棒，在国际顶级管理杂志上发表论文的追求，面临背离中国管理实践、隔靴搔痒的问题。中国管理研究的国际化发展不能仅仅通过发表国际论文就得以解决，商学院（管理学院）对管理学者的学术评价体系有待于进一步的优化完善。除了考察在国际顶级期刊发表的论文数量之外，还更应该重视研究成果本身的贡献与意义，包括对于学科发展的贡献和对于管理实践的价值等不同层面。在教师的选聘、晋升、评估过程以及博士研究生培养的过程中，对于那些具有较大的学术创新性，但不一定受到一流国际期刊认可的研究也应给予一定的倾斜[35]。与此同时，追求越多越快地发表研究成果将会驱动学者们更多地关注国际主流问题，而对于本土现象、本土问题或者非主流问题的关注则会相应弱化。对于这些有可能隐藏着学术贡献机会的领域，商学院（管理学院）也应当适度加大扶持与培育力度，鼓励学者们进行较高难度的理论研究和探索性研究。最后，商学院（管理学院）应针对研究者所处职业生涯的不同阶段，给予有所差异的引导。对于青年学者，在鼓励追求发表国际期刊论文的同时，应发挥其创造力优势探索新兴的研究课题，谋求学科中新的生长点；对于资深学者，可以激励他们探索具有较大难度的理论研究课题，并尝试从事“管理的中国理论”乃至“普适性理论”的研究。一言以蔽之，在推动管理研究国际化的进程中，商学院（管理学院）需要摒除以国际期刊发文数量作为单一考核指标的做法，从长远来看这正恰恰不利于更高水平的国际化发展。

此外，针对目前管理学界普遍存在的“功利主义”倾向、“投机主义”倾向，甚至是研究人员“信仰缺失”问题，商学院（管理学院）作为学术培育主体应当肩负起重塑科学精神的责任。在选拔师资和硕博研究生的过程中，应当加强对研究态度、科学精神与科研素质的考察。在教学与培养环节中，应协力塑造出尊重科学、尊重研究、尊重学者的浓厚氛围，对那些有志投身于研究事业的学者们给予更多的机会和鼓励，并对那些甘坐冷板凳、孜孜以求从事研究的学者给予肯定和支持。此外，商学院（管理学院）要加强培养研究者和学生的社会责任与学术道德意识，倡导独立、客观、严谨的学术精神，维护学术自由，营造更为健康的学术氛围。

从社群互动协作的角度来看，商学院（管理学院）应发挥社群主体的平台作用。例如，学院可以加强院校之间合作，通过充分调动多所院校的人力、智力、物力等资源进行原创性理论开发。商学院（管理学院）也应鼓励更多的青年学者和博士研究生参加国际学术交流，为其提供资金支持和帮助，从而可以在更为广泛的平台上推广中国的管理研究成果，推动研究成果的国际化。

### （二）学者的自觉反思与行动建议

在中国管理研究的多个社群主体中，学者都是基本的构成要素，也是中国管理研究走向国际化的基本力量。对从事管理研究的学者而言，也有必要进行自觉反思，并在中国管理研究社群中发挥更加主动积极的作用。具体如下：①对研究目标的反思。即做研究的目的何在？过往的研究为管理理论贡献了哪些价值？选择研究问题的出发点是什么？是否立足于解释或解决一个管理现象，还是仅仅为了研究而研究？②对独立精神的反思。即回想自己在过往的研究中，能否保持理性、中立、客观的态度，还是人云亦云，一味追逐“时髦”课题，在选题上不加辨识地跟进西方研究热点，研究没有系统性？学者在研究过程中一味追赶“时髦”可能会带来短期的成功，但常常只能成为研究中的追随者而非创新者，对整个管理科学研究所做的贡献也会非常有限。③对研究动机的反思。即通过回想最初为什么选择从事学术研究工作，重新发现研究的兴趣与动力。当一个人对研究充满激情时，才可能产生对问题的深刻见解和灵感，用与众不同的眼光去解析问题，从而发现别人看不见的真相，促进人类知识的积累。

中国管理学者要不忘初心、回归科学精神，需要做好以下几点：①献身科学的态度。谭劲松[36]认为，中国管理学科的发展急需一批献身学术研究的精英学者，必须耐得住寂寞，甘愿在“象牙塔”中从事学术研究。②坚持独立精神，做“问题驱动的研究”。徐淑英[27]认为，科学始于问题，而不是理论。即从现象出发、从管理实践中鲜活的问题出发去构造研究的科学问题，并寻求合适的科学研究方法去解决问题，才能更好地进行理论创新。③加强科学哲学的学习和训练。黄光国[37]指出，本土社会科学乃至西方整个学术都是以它的科学哲学作为基础的，不懂科学哲学，不可能解决本土心理学的难题。管理学及其他社会科学的发展参同此理。然而，目前从事中国管理研究的学者普遍缺乏科学哲学的训练，商学院（管理学院）也鲜有开设相关课程。中国学者只有掌握足够的科学哲学知识，才能夯实管理研究的方法论基础，根据研究问题不同选取合适的研究范式，做出更有价值的理论创新成果。

学者的个人成长也离不开社群的支持。一方面，从商学院到专业协会、学术期刊等学术团体都应该倡导和推崇科学精神，引导学者不轻易受“时尚”或者“潮流”的影响，努力坚守去做对人类知识增长有益的事情。正如 IACMR 在其发展过程中所做的那样，学术机构与组织应当努力培育“独立、自由、开放”的学术探索氛围，为学者的科研生涯做正向的引导。此外，商学院（管理学院）或者学术组织在培育发展学者的过程中，也可以有针对性地强化科学哲学课程的建设。另一方面，研究者自身要勇敢地突破学术研究的小圈子，跨越自己专业方向的局限性，积极地、主动地、开放地寻求与领域内外相关学者的合作与互助，志同道合地探索更多兼具本土特征和国际视野的高水平研究。

（三）学术期刊

对于中国管理研究社群而言，体现管理研究理论成果的一个重要平台就是相关的学术期刊。一个健康而规范的成果市场可以推动学术研究水平的提升，形成良性循环。中国管理研究的国际化不仅需要中国学者更多地在国际期刊上发表论文，也更加需要中文学术期刊发挥其推动作用。着眼于中国管理研究的国际化发展，对中文学术期刊提出以下期许。

（1）在选稿标准上突出多元取向和创新潜力。为和国际主流保持一致，越来越多的管理类中文学术期刊偏好实证类文章，这曾经是中文期刊的一大进步。然而，由于实证方法并不必然导致高水平的研究成果，也通常不利于“管理的中国理论”及“普适性”理论的开发构建。鉴于此，中文学术期刊可适当打破现有规则，对多元化研究范式保持开放性，并重视投稿文章在理论和方法上的创新潜力。例如，《管理世界》与《管理学报》等期刊近几年来在刊登实证类论文的同时，也更加注重刊载一些反映本土情境、规范严谨的案例研究论文，这正是在此方面做出的有益尝试。

（2）发展更为完善和高质量的评审机制。目前的管理类中文学术期刊，虽然大多实行匿名评审制度，但由于专业的评审人制度和评审标准尚未完全形成，使得现有的评审过程仍然有较大的提升空间。在一些中文期刊中，评审人给出的评审意见往往流于形式或者过于抽象，如“不具有创新性”“理论贡献不足”等，这些意见对于研究者进一步完善研究成果其实常常缺乏具体的指导意义。相比而言，国际期刊的匿名评审过程相对公开透明，评审人会对文章给出更多更为具体的建议，这对投稿人而言本身也是一个学习和提升的过程。两相比较下，一些优秀的学者会更多地倾向于选择寻求国外期刊发表论文，从而也使得中文学术论文的质量难以持续提高，学术社区的构建也会因此受阻。

总之，中文学术期刊的未来发展需要更为规范的标准与规则，在评审制度和审稿系统上进一步与国际接轨。可以通过推出评审人资质认定标准、评审标准以及编辑的责任要求，提高评审工作的透明度，为投稿作者提出更有价值的反馈意见。例如，《心理学报》近年来开始在官网上公开每一轮评审过程中的评审意见和作者反馈，显著地提高了论文作者与审稿人之间的互动质量，从而更好地推动了学科研究水平的提高。此外，受制于语言差别，中文学术期刊虽然难以融入国际学术社群，但同样可以培育出期刊自身的学术特色。例如，《管理学报》的发展时间虽然不长，但因其对于中国管理研究问题的持续关注，并刊发了一批较具特色的研究成果，已成为中文管理学术期刊中的一个重要品牌，这本身便是中国管理研究学术社群发展的一个标志。

（四）学术会议

高水平的学术会议能够为学者提供广阔的交流平台，促进来自不同地区、不同机构、不同领域的学者进行对话，讨论前沿领域的问题，碰撞出更多思想的火花。从 IACMR 的发展历程可以看出，学术会议的发展壮大是一个管理研究社群成熟的重要标志，也是产生有国际水平的研究成果的重要平台，在一定程度上推动了中国管理研究社群的国际化发展。不过，未来的学术会议在召开和组织时，也需要重视和解决如下一些有关学术会议质量的问题。

（1）引导更为积极互动的会议氛围。目前，国内一些高校将部分会议的投稿作为期刊发表的替代标准，因此，一些学者参会和投稿仅仅是为了完成所谓的考核任务。即便是被会议录用的稿件，一些投稿人本身却没有亲自到会宣读，或者部分投稿人在宣读完自己的论文后就草草了事，并不积极参与会议组织的其他学术讨论。这就使得参会学者之间的交流有限，也使学术会议的交流平台作用大打折扣。

（2）重视和发挥青年学者的作用。在国内举办的一些学术研讨中，主办方常常会邀请一些资深的专家学者进行主题演讲，而这往往也会被安排为会议的重要内容。然而，主题演讲通常难以深入讨论，留给学者之间相互交流的时间和机会更是有限，其实际效果大打折扣。相对来说，作为学术研究的未来中坚力量，年轻教师和博士研究生在很多会议上未能得到充分的重视。与此相反的是，一些高水平的国际性会议（如 AOM 和 IACMR 的年会）都是淡化“专家身份”，极力促进资深学者与新秀之间的平等学术交流，为管理研究新秀提供更多的展示和发展自己研究能力的机会。

（3）明确学术会议的定位与特色问题。目前，中国的学术会议社区尚在形成阶段，还没有形成协同有效的格局。一些学术会议本身缺乏明确的定位，便会显得大同小异而缺乏特色。在这一方面，《管理学报》和中国人民大学商学院组织的系列学术会议可供参考。《管理学报》2008 年 3 月与西安交通大学携手召开第一届“管理学在中国”学术研讨会，旨在讨论中国现实管理中的热点和难点问题，推动中国管理研究与实践的进步。2010 年，《管理学报》发起创办了以“直面中国实践”为主题的“中国·实践·管理”论坛，为讨论和推动具有本土特色的理论创新成果提供广阔的交流平台，目前该论坛已成功举办了 6 届。中国人民大学商学院则会同《管理世界》杂志于 2007 年开始举办“中国企业管理案例与质性研究论坛”，致力于为那些专注通过深度剖析管理现象、探索本土管理理论的学者提供一个交流的平台，目前已成功举办了 9 届。上述几个学术论坛，或者聚焦于中国情境，或者聚焦于案例研究，都具有鲜明的特色定位，从而取得了较为长足的发展。

总之，学术会议需要从内容到形式上都与高水平的国际会议接轨。在未来，中国管理研究社群也应该争取更多高水平的国际会议在中国召开，并鼓励学者更多地走出去参与国际会议，通过学术会议社区的国际化水准带动整个中国管理研究社群的国际化发展。

（五）官方学术机构

无论是在中国还是美国，官方学术机构对学术研究尤其是基础研究的支持都是学科发展的一个重要力量。从中国管理研究的发展历程来看，以国家自然科学基金和国家社会科学基金为代表的官方学术机构无疑发挥了巨大的支持作用，也催生了一大批优秀的学者和研究成果。中国管理研究在进一步国际化的过程中，依旧离不开上述官方机构的大力支持。希望上述官方学术机构能够更多地融入和贴近中国管理研究的学术社群，更多地支持原创性的、基础性的、扎根于中国管理实践特色的管理理论研究。在资助的选题范围上，保护和引导学者们的研究兴趣，支持学者们在更长的时间内、以更为灵活的方式探索一些艰深但意义重大的研究领域。在研究成果的考核上，更加重视研究的学术贡献而不仅仅是论文的数量。对于那些具有高度理论创新性和实践相关性的研究成果，官方学术机构应进一步给予更加有力的资助和奖励。

总之，中国管理研究社群中的各个主体都需要秉承中国管理研究国际化的使命，强化各自的责任与社群之间的协同与交流，开展各种形式的平台与对话，推动与外部社群的国际性互动；同时，通过各种途径推动理论研究与实践接轨，发扬科学精神，重拾科学信仰，聚焦学者的培养与发展并为其提供支持等。通过这些努力，中国管理学者们才有可能打造出一个科学的、专业的、幸福的、有社会责任感的互动平台，构建强大的管理研究学术共同体，推进中国管理研究的国际化发展。

## 五　结语

本研究以 IACMR 的发展为依托和切入点，从中国管理研究社群互动的视角，回顾、反思与讨论了中国管理研究国际化的进程。对于中国管理研究国际化的未来策略选择，本研究认为，在研究目标上，应兼顾“学术严谨性”与“实践相关性”的要求，融入多重研究范式；在研究道路上，坚持“普适性”的大方向，深入挖掘“情境化”信息，建构更多“管理的中国理论”；在研究态度上，倡导回归科学精神。这些目标的实现最终有赖于中国管理研究社群的发展成熟程度，商学院（管理学院）、学术期刊、专业协会和学术会议、学者自身以及官方学术机构等不同主体需要在明确各自职责的基础上相互协同配合，共同推动中国管理研究的国际化进程。

通过明确中国管理研究社群中不同主体的角色和作用，本研究提供的思路能为中国管理研究国际化发展提供有益的借鉴。展望未来，中国管理研究将在中国管理研究社群的不懈努力和推动下继续走向国际化舞台。

**致谢**　特别感谢徐淑英教授、陈晓萍教授、贾良定教授对本研究的指导、帮助以及鼓励！

### 参考文献

[1] 徐淑英：《中国管理研究应有本土特征》，http：//www. eeo. com. cn/2011/0805/

208148. shtml，2016 年 3 月 26 日。

［2］ Jia L. D. , You S. , Du Y. , "Chinese Context and Theoretical Contributions to Management and Organization Research: A Three – Decade Review", *Management and Organization Review*, 2012, 8 (1): 173 – 209.

［3］ 郭重庆：《中国管理学界的社会责任与历史使命》，《管理学报》2008 年第 5 卷第 3 期。

［4］ 谭劲松：《关于管理研究及其理论和方法的讨论》，《管理科学学报》2008 年第 11 卷第 2 期。

［5］ 黄光国：《社会科学的理路》，中国人民大学出版社 2006 年版，第 129 页。

［6］ 贾良定、尤树洋、刘德鹏等：《构建中国管理学理论自信之路——从个体、团队到学术社区的跨层次对话过程理论》，《管理世界》2015 年第 1 期。

［7］ 吕力：《管理学合法化运动的历史、危机与前瞻》，《管理学报》2011 年第 8 卷第 10 期。

［8］ 章凯、罗文豪：《科学理论的使命与本质特征及其对管理理论发展的启示》，《管理学报》2015 年第 12 卷第 7 期。

［9］ Hodgkinson G. P. , Rousseau D. M. , "Bridging the Rigour – Relevance Gap in Management Research: It's Already Happening!" *Journal of Management Studies*, 2009, Vol. 46, No. 3, pp. 534 – 546.

［10］ 徐淑英、吕力：《中国本土管理研究的理论与实践问题：对徐淑英的访谈》，《管理学报》2015 年第 12 卷第 3 期。

［11］ Tsui A. S. , "Contributing to Global Management Knowledge: A Case for High Quality Indigenous Research", *Asia Pacific Journal of Management*, 2004, Vol. 21, No. 2, pp. 491 – 513.

［12］ Tsui A. S. , "Contextualization in Chinese Management Research", *Management and Organization Review*, 2006, Vol. 2, No. 1, pp. 1 – 13.

［13］ Barney J. B. , Zhang S. J. , "The Future of Chinese Management Research: A Theory of Chinese Management versus a Chinese Theory of Management", *Management and Organization Review*, 2008, Vol. 5, No. 1, pp. 15 – 28.

［14］ 邓中华、闫敏：《中国管理研究的关键时刻——专访徐淑英教授》，《管理学家：实践版》2011 年第 11 期。

［15］ Cheng B. S. H. , Wang A. C. , Huang M. P. , "The Road More Popular versus the Road Less Travelled: An 'Insider's' Perspective of Advancing Chinese Management Research", *Management and Organization Review*, 2009, Vol. 5, No. 1, pp. 91 – 105.

［16］ Zhao S. M. , Jiang C. Y. , "Learning by Doing: Emerging Paths of Chinese Management Research", *Management and Organization Review*, 2009, Vol. 5, No. 1, pp. 107 – 119.

［17］ K. 艾森哈特：《序言》，李平、曹仰锋：《案例研究方法：理论与范例——凯瑟琳·艾森哈特论文集》，北京大学出版社 2012 年版。

［18］ 徐淑英：《中国管理研究的现状及发展前景》，《光明日报》2011 年 7 月 29 日。

［19］ 齐善鸿、白长虹、陈春花等：《出路与展望：直面中国管理实践》，《管理学报》2010 年第 7 卷第 11 期。

［20］谭力文：《中国管理学构建问题的再思考》，《管理学报》2011 年第 8 卷第 11 期。

［21］任兵、楚耀：《中国管理学研究情境化的概念、内涵和路径》，《管理学报》2014 年第 11 卷第 3 期。

［22］Tsui A. S.，“From Homogenization to Pluralism：International Management Research in the Academy and Beyond”，*Academy of Management Journal*，2007，Vol. 50，No. 6，pp. 1353－1364.

［23］章凯、张庆红、罗文豪：《选择中国管理研究发展道路的几个问题——以组织行为学研究为例》，《管理学报》2014 年第 11 卷第 10 期。

［24］谭力文：《论管理学的普适性及其构建》，《管理学报》2009 年第 6 卷第 3 期。

［25］孙继伟、巫景飞：《论管理学界的研究方法迷失——实践迷失、客户迷失、价值迷失的继续研究》，《管理学报》2011 年第 8 卷第 2 期。

［26］Leung K.，“The Glory and Tyranny of Citation Impact：An East Asian Perspective”，*Academy of Management Journal*，2007，Vol. 50，No. 3，pp. 510－513.

［27］徐淑英：《科学研究中的价值取向》，IACMR 第二届学术年会，2006 年。

［28］谢家琳、周京：《学者的社会责任》，IACMR 第五届学术年会，2012 年。

［29］陈晓萍：《独立思考精神：优秀学者的必备品质》，《心理学报》2010 年第 42 卷第 1 期。

［30］陈晓萍：《独立思考精神：优秀学者的必备品质》，IACMR 第三届学术年会，2008 年。

［31］陈昭全：《中国管理学术界的专业精神与专业化过程》，IACMR 第六届学术年会，2014 年。

［32］韩巍：《管理学术圈里的“三种人”》，《管理学家》2009 年第 2 期。

［33］金占明、段霄、刘星等：《管理学研究的理性回归和道德坚守——管理学在中国的历史与现实》，《管理学报》2014 年第 11 卷第 7 期。

［34］谭劲松：《关于中国管理学科发展的讨论》，《管理世界》2007 年第 1 期。

［35］谢佩洪、魏农建：《中国管理学派本土研究的路径探索》，《管理学报》2012 年第 9 卷第 9 期。

［36］谭劲松：《关于中国管理学科定位的讨论》，《管理世界》2006 年第 2 期。

［37］黄光国：《伦理疗愈与德性领导的后现代智慧》，台北：心理出版社 2014 年版。

（张静，中国人民大学商学院；罗文豪，北方工业大学经济管理学院；宋继文、黄丹英，中国人民大学商学院）

原载《管理学报》2016 年第 7 期

# 论本土实践经验对中国管理学的理论建构*

张树旺　李伟　郭璨　刘素菊　晁罡

**摘要**：通过对《管理学报》“管理学在中国”学术主旨活动的回顾，集中讨论了中国管理学理论的建构基础问题。研究结论表明，管理学的学科基本属性在于它是管理人经验的学问，中国管理学理论的建构应该以民族史至今的管理者的经验为研究对象；以经验哲学为基础，以中西互诠的方式寻找到的人类共同文明经验是中国管理学与西方主流管理学能对话进而达到人类普适性管理理论的基础。研究结论有助于进一步深入理解经验在管理学理论建构上的作用，对从理论到理论的管理学理论建构方式也具有一定参考价值。

**关键词**：中国管理学；理论建构；经验人；生活世界；学科性质；中西互诠

**中图法分类号**：C93　文献标志码：A　文章编号：1672－884X（2016）10－1456－06

# On the Meaning of Local Practical Experience to the Construction of Chinese Indigenous Management Theory

**Zhang Shuwang[1]　Li Wei[1]　Guo Can[1]　Liu Suju[2]　Chao Gang[1]**

(1. South China University of Technology, Guangzhou, China;
2. Guangzhou Vocational College of Technology and Business, Guangzhou, China)

**Abstract**: For the relationship between practice and theory, management practice produces management experience, but can't bring management theory directly. The experience can be summarized as law, and then be converted to theories, which are used to instruct practice. Managers who live in life－word summarize experience and law and finally construct theories as empirical men but not rational men. So the production of management experience has national feature. The cornerstone of Chinese indigenous management theory construction should be experience resource form national life－world but not existing theory. With the foundation of empirical philosophy, the common experience basis of human civilization is found by the way of mutual interpretation between China and the west, which is the foundation of dialogue between Chinese indigenous man-

* 基金项目:国家自然科学基金资助项目(71572060);广东省“十二五”社会科学规划资助项目(GD11CZZ02)。

agement theory and western mainstream management theory.

**Keywords**: Chinese Management Theory; Theory Construction; Empirical Man; Life - World; Disciplinary Nature; Mutual Interpretation between China and the West

《管理学报》于2016年第7期和第8期相继刊发了张静等[1]的《中国管理研究国际化的演进与展望——中国管理研究国际学会（IACMR）的发展范例与社群构建》（以下简称张文），以及蔡玉麟[2]的《也谈中国管理研究国际化和管理理论创新——向张静、罗文豪、宋继文、黄丹英请教》（以下简称蔡文）两篇论文。前者对IACMR的发展历程和关注主题演变进行了梳理。后者对张文所论IACMR发展历程及中国管理研究国际化进程中隐含的问题进行了评论，并依此向学界同人发出"有没有管理理论创新的德鲁克之路"的震撼之问。鉴于此，笔者拟从管理学的实践与经验的哲学基础角度就中国管理学的研究对象、学科性质、研究范式选择、与主流管理学的关系角度进行探讨，以求教于前述两篇论文作者。

## 一 "管理学在中国"学术主旨活动的发展历程回顾

相对于IACMR成立18年来的"引入实证研究""强化情境研究""回归科学精神"3个阶段的发展思路，《管理学报》自2004年发起"管理学在中国"学术活动以来，凭借"管理学在中国"栏目和中国·实践·管理等系列会议，对直接面向中国管理实践的管理研究[3]起到很好的推动作用。从中国的管理学理论建构从破题之时的主题迷惑、学术不自信、概念界定难走向了绝大部分参与讨论者认同中国的管理学的存在；从理论否定阶段进入理论肯定阶段；从概念界定、技术路线的讨论到进行哲学基础的讨论。纵观这一脚踏实地、去伪存真、去粗存精、由表及里、由此及彼、富有效率的学术活动，其发展路径和主题设定大致有以下具体分期。

### （一）有中国特色的管理学理论剖析阶段（2004—2006年）

《管理学报》的"管理学在中国"栏目对有中国特色的管理理论（如和谐管理理论[3]、东方管理[4]、和合管理理论[5]、中国式管理[6]）的理论内容、研究方法，以及同中国本土情境的关系、发展态势、学术界评价进行了全面推介与系统分析。通对这些"非主流"管理理论的讨论，促使管理学界认识到以美国为主的西方主流管理学实证主义、科学主义、还原主义的研究范式与研究方法也存在着重大缺陷，是造成管理学在中国发展中实用性与严谨性失衡的主要原因。管理学的发展，特别是中国管理学的发展应该破除此类研究范式的迷信[7,8]。此外，这一阶段对有中国特色的管理学研究案例进行了系统的总结，用其研究方法的成败反观主流研究方法的成败，成功地吸引了管理学者的研究热情，形成了中国管理学者讨论管理学发展方向的气候，激起了理论建构的探索热情。

### （二）管理与文化的关系讨论阶段（2007—2009年）

创刊伊始，《管理学报》在创刊词中便提出努力营建中国管理文化的倡议。2004年以来，该刊所刊发的数个有中国特色管理的理论均是以管理与中国传统文化相结合而生的理论，故讨论热点很自然地转移到管理与文化的关系上[9,10]。这一阶段的共识大抵有："文化不仅对管理实践具有重要的影响作用，而且对管理理论来说更是建构地方性管理知识体系的基点。[9]”

但是在管理与文化讨论中出现一个重大歧路。由于有学者批判西方主流管理学研究范式过于激烈，引起不少学者担心管理学研究中的文化因素研究成为只能遵守不能质疑的意识形态，引发了管理学研究中的意识形态的讨论[11,12]。由此，这一阶段形成的讨论共识，即中国文化资源因素是中国管理学建构中不可缺少的元素，虽然中国文化的研究不可避免地受到意识形态的影响，但绝不是意识形态。

### （三）两种中国管理学理论建构的技术路线讨论阶段（2010—2012 年）

在管理与文化关系的讨论中，文化被定义为特殊性的知识因而引发了管理学中地方性知识的讨论[13]，这便由地方性知识的讨论自然而然地转到本土性管理学理论的讨论。学者们对中国本土管理学理论所涉及的理念定义、目的、方法、发展方向、研究范式设计、同西方主流理论的关系、同中国情境的关系、研究群体的心态与价值观、评价指挥棒与学术激励机制等方面进行了全面而细致的讨论[14—16]。“直面中国管理实践”的理论建构倡议最初在国家自然科学基金委管理科学部会议纪要中提出。2010 年由数十位管理学学者再次发起，引起了管理学实践属性的学术热议。讨论的范围包括：管理学实践的问题缘起、学术背景、内涵；中国管理实践研究的路径、研究主体与评价主体；中国管理实践研究与外国管理实践研究的关系等[17—19]。这两次事关中国管理学理论建构的核心技术问题的探讨，使“管理学在中国”学术群体系统地认识中国管理学理论建构问题的背景、发展历程、学界基本观点及已有积累，虽然还是“术”的层面上讨论，但却为夯实理论建构的技术基础，攻克技术层面背后的哲学难题提供了阶段性成果。

### （四）中国管理学建构的哲学基础讨论阶段（2013 年至今）

郭重庆[20]对于中国管理学的发展提出了从“照着讲”到“接着讲”的命题。“至于如何‘接着讲’，可援引类似北京大学汤一介先生关于中国哲学‘接着讲’的路径，即接着中国传统文化讲；接着西方管理学讲；接着中国管理实践讲。”纵观上述“管理学在中国”3 个主题发展阶段，确实有“接着西方管理学讲、接着中国管理实践讲”，唯独“接着中国传统文化讲”虽多有涉及，但却未深入根本。

李平[21]曾于 2013 年发起了一场有关中国本土管理研究的讨论。这场讨论开启了中国本土管理学理论的哲学基础的讨论，至今未艾[21—23]。讨论中最应该值得学界注意的是黄光国等[24]关于本土心理学理论建构过程的介绍，对于本土管理学理论的建构有着直接借鉴意义。黄光国等[24]指出：“哲学其实就是中国人讲的‘道’，任何一个学术运动，如果它的哲学被找出来了，就会突飞猛进的发展。过去本土心理学在台湾还只是摸索，可是在找到它的哲学基础之后，发展就会很顺利。”

纵观以上 4 个阶段，从学术现象的分析到学术与意识形态的关系讨论，进而全面讨论理论建构的技术路线，最后落脚到学科建设的哲学基础，由浅及深，思路清晰，体现了学术活动主持者对学科发展的深刻理解和确实运作。然而，在哲学基础的讨论上，李平[21]提出：“中国本土管理研究必须深深地扎根于中国传统哲学之中。”他主张用中国传统哲学的要素来建构中国本土管理学（如用道、阴阳、悟等），激起了不少学者的反对[25]，认为这是理论对理论的建构之路，是学者圈内的智力游戏，无关实践。如果这条理论建构之路行不通，那么中国本土管理学理论建构之路究竟是什么？那便是德鲁克之路，即管理实践研究创生管理理论之路。

## 二 再论管理理论实践经验属性

### （一）广义管理学与狭义管理学

管理的本质是“做事”，就此而言，凡涉及做事的人、财、物都属于管理学的研究对象。蔡玉麟[2]指出：“管理学属于事理科学，自然具有综合运用多学科知识解决管理问题的根本属性。”“作为事理科学的管理学自然属于实践研究，需要综合运用人理科学（如心理学等）与事理科学（如经济学等）的相关理论来解决管理实践中出现的各种实际问题，最终会形成管理的程序、规则、方法、经验和规律，但不会演变出自己的布什模型意义上的基础理论。”在管理思想史上，对此也一直有不同的观点。Koontz[26]认为：“要界定这个知识体系（指管理学），还必须注意区分工具和内容，因此，数学、运筹学、会计学和经济理论等都是管理学研究中有价值的工具，但它们本身并不是该领域内容的一部分。”谭力文[27]认为：“可以将涉及‘原料和机器’的相关职能活动的知识与理论概括为工商管理理论，而在界定管理学的内涵时，必须将管理学与工商管理理论（即涉及技术、商业、会计、安全和财务等企业职能活动研究的相关理论）加以区分，必须将对物的研究与对人的研究加以切割。”正如法约尔排除了其他技术性活动，将管理定义为人在组织中的5项职能一样，谭力文[27]也将管理学的研究对象定义为排除物的管理的人的社会活动，“所以也可以对管理给出这样的简单定义：在组织中，为协调个人目标与组织目标的差异，以达到提高组织效果和效率目的的社会活动”。相对于管理学所研究的不仅仅是人还有其他的一些管理要素（如物、技术、时间等的广义管理学）[28]；Koontz[26]所代表的管理学定义即为狭义管理学，即关于人的实践活动的管理学。区分广义与狭义管理学突出了“人”这一主体和“经验”这一研究对象，有助于从哲学基础上说明管理学是人的实践经验的研究，因为实践作为活动，是动态的，难以进行研究，而经验却是可固定的。

### （二）管理经验是实践上升理论的中介

狭义管理学将管理界定为人的实践活动，那么人的实践活动是如何进行的？这对管理学理论的建构有着至关重要的意义。

蔡玉麟[2]认为：“管理学的知识‘硬核’可以简捷地表达为现场性知识和前瞻性知识。”蔡文中所说的现场性知识与前瞻性知识，其实都是指管理经验及其经验规律。就现场性知识的构成而言，所谓程序、规则和方法性的知识，也即把当下的事做好的知识，是指如何生产与运用。Simenh[29]认为，人是有限理性的，管理中的人是按“犹豫—选择”和“刺激—反应”这两种模式决策与行为的。他发现人在决策时很少使用每个因素和条件都经过详细思考然后决策的“犹豫—选择”模式，即所谓理性模式，而大部分采取的是以目前事例的相似性激起过去经验所走路径记忆而决策的“刺激—反应”模式，即经验模式[29]。这种模式非常简单和快速，有极高的实用性。人在管理中不经常使用理性模式而使用经验模式，这也得到了Mintzberg[30]的支持，认为在现实的管理中，经理人员只有很少的行为是经过“深思熟虑”的，绝大部分管理工作是以经验为基础直觉式快速决策。这一实践—经验知识现象也经常为“管理学在中国”的研究者指出。例如，吕力[31]指出：“电子商务盈利模式、丰田公司的看板式管理方法等看起来都不像是从管理科学中推导出来的，而更像一种结合了经验、文化与灵感的混合物。”

现场性的知识的特点就是有效、快捷、实用，虽然有适用范围小的缺点，但它是管理学知识的源头活水，在实践中产生经验，经验指导实践滚动式发展壮大，当现场性知识足够多了，规律产生，即前瞻性知识产生。从这个角度看，管理学知识生产路径即实践—经验—理论—实践的路径，而并非实践—理论—实践的路径，现场性知识，也即经验似乎是实践与理论之间的必要中介。

### （三）现场性知识形成前瞻性知识的 3 种机制

如果说管理需要主体迅速组建现场性知识，那管理学则需要由前瞻性知识构成。换言之，管理学的形成需要由现场性知识过渡到前瞻性知识。“前瞻性知识可能来自对未来足够清醒的认知，也可能来自对过去足够彻底的突破。[2]” 在这方面，Daniel 等[32]的理论给出了启示：①通过心理试验同样证实了个人决策常常采纳的是“经验估算”，即根据过去经验的概率原则进行主观判断，而非经济学、管理学假定的“理性模式”；②甚至发现当经验与理性模式的要求相去甚远时，多数的人依然采用经验估计；③认为“经验”是按以下机制指导实践的。具体如下。

（1）代表性机制。指对 A 事物的断定常常取决于与它相类似的 B 事务。A 事务的因果机制移植于 B 事务的因果机制。A、B 两个事物之间之所以能联系起来常常是取决于 A、B 在多大程度上是相似的。代表性机制说明行为人在头脑中储存一定数量的经典事例之后，以经典事例的经验来决策当前事务。这是经验指导实践特别是决策的主要机制。

（2）联想性机制。指人们指导实践时并不是按照概率理论的要求去找到经典案例，而是按照心理上联想到这类现象的容易程度来形成联想。指导的经验主要来自容易联想到的案例经验。

（3）取舍性机制。指在有许多经验资料的情况下，行为人并不是对资料进行统计分析后做出结论，而是从初步印象中选择最容易的路径推断出结论，即由固定印象形成对资料的截取。

从上述机制可以看出，从现场性知识到前瞻性知识的过渡，其实是总结管理经验规律的过程。代表性机制是经验规律的主要构成成分，而联想机制和取舍机制则是代表性事例指导实践的主要方式。代表性事例的建立是每个行为人用文化深层结构，也就是自己的民族哲学与行为经验交互作用而形成的人造物。这个人造物既折射出背后的哲学体系，也折射出当时的外在环境，而联想性与取舍性机制更加反映出背后固定的认知模式和价值偏好。与形式逻辑的推演相比，经验的推论方式存在着逻辑的模糊性、跳跃性。不严谨意味着含有逻辑错误。如果以这样的人造物为基础材料所形成的知识或理论会有什么特性呢？可以肯定的是，绝不是完美的因果律。正如蔡文所说的：“不会演变出自己的布什模型意义上的基础理论”[2]。

## 三 实践经验视角下管理学理论的特质

### （一）管理学获得了大学的合法性却失去了社会合法性

管理学的发展史就是一部管理学学科性质的争论史。笔者认为一个学科的性质应该首先从发生学来看。从管理学源头上看，泰勒是在工厂里创造科学管理理论的，法约尔也是在工业集团管理难题中总结出一般管理学功能理论的。管理学创生的主要人员是企业管理者，其直接来源的场所是企业而不是大学，从这个意义上来说，管理学在学科性质上是直面管理实践的应用科学，是建立在丰富的经验基础上的。

管理学知识创造的场所从工厂转移到大学后，为了求得其在大学中的合法性，开始模仿成熟的自然科学研究方法，追求严谨的公理和推演性逻辑体系，其基本范式是依据已有理论前提提出假说。然后，在逻辑体系中进行推理，得出新的理论命题。最后，再用实证方法验证这些理论假设和命题。这种范式自信地认为这样一套方法在管理学中能够提出具有普遍意义的因果规律并且只要找到相同的条件，就可以像自然科学那样精确地预测结果[33]。然而，这种管理学研究范式在现实中极少成功，前瞻性失效，精确预测是不可能完成的任务。在这种范式下，管理学在逻辑体系上越严谨，就越远离指导实践的最初创立本义。管理学获得了大学合法性的同时却失去了社会合法性，变成了教授间的智力游戏。

### （二）管理学是追求群体概率性因果关系的理论

即使是从普适性退到一定群体范围内的规律研究，Elster[34]也认为，理论对这一群体现象的解释也不同于科学主义严格的因果律。他指出，如果研究发现群体间存在经常发生的、易于识别的因果关系，就已经可以认定两个事物间存在因果关系，这种因果关系，既非个体的，又非统一体的因果关系，这是一种群体概率性的因果关系，这种因果关系的因与果双方的结构都无法精确到个体，因此，这不是一种决定性的、必然的因果关系，它经常发生，但不必然发生[34]。管理学研究其实也是这样一种因果机制。由此，管理学研究能够达到的层次就是从具体可察的管理现象着眼去分析问题、解释问题，达到一定范围内有效的因果机制，而不是去追求科学主义层次的严谨性和逻辑性。

管理学是基于经验的学问，它是群体经验中的因果机制，经验的增殖具有模糊性，所以经验的规律具有概率性，管理学不能追求严格公理体系与逻辑系统，无法进行科学主义式的精确预测。此外，管理学研究具有群体性，只能研究一个群体内管理因果机制，超越群体，则这种因果机制失效。正因为如此，经常有管理学者发现管理学理论跨文化失效的现象。

## 四 历史性、经验性的生活世界是中国管理学研究的对象

黄光国等[24]在建构本土心理学时有一条非常重要的经验值得重视，即“要做文化分析，一定要把两个东西切割开，即文化系统和社会文化互动。最先把某种文化思想整理出来的哲学家，所提出的是文化系统，文化系统被提出之后，在一个民族的历史发展过程中，每一代人都会对文化系统重新诠释，那些诠释就是社会文化互动”。

这里涉及中国文化中的一组概念：理念（论）世界与生活世界。文化系统即理念世界，社会文化互动即生活世界。所谓理念世界，也就是文化系统。以中国为例，是指诸子百家及后世理论家创立的各类学术体系，以儒释道3家为主。之所以是理念世界，一是有经典作为载体；二是有忠实于文化系统的信徒，这一观点也同样适用于西方，西方也有自己的理念世界。

所谓生活世界，有学者认为是指一种原初自明性的世界，是一切事物都自明地呈现出来的世界。个人在未有科学知识之前，便不断地在认识其日常生活中的经验，并做出各种不同的解释、组合以及反应。这是一种前逻辑、前技术性和前工具性的存有论境域，其丰富性植根于个人直接经验的生活感受[35]。可见，生活世界是民族文化的制度化、礼仪化、程序化、习俗化，构成了每个个体必须学习和接受的先在环境，即民族性的整体生存经验总和。这个整体经验是其内化的文化系统与外在情境遭遇的产物，贯穿着每个个体的民族文化特征，含有价值法则和意义结构，内有其个人的价值观、意向、动机。这也是管理学研究的人学基础。理论建构始于问题，而问题的发现来源于实践经验。那么当个体带着自己的经验法则进入管理中，那么他的工作是发现问题与解决问题。首先，在问题的发现上，经验决定着问题的发现。先在的经验层次决定问题的发现层次，人类层次的经验，决定着普适性问题的发现；行业层面的经验决定着行业发展态势中的问题；组织战略层面的经验决定了一个组织的发展问题。其次，问题的内容与经验人的价值偏好、思维能力有着密切关系，长期的实践经验与思考关注都有利于问题的发现。在问题的解决环节，正如前文所述，代表性机制、联想性机制和取舍性机制是搜寻以往的经验，形成新的解决方案的主要机制。理论建构始于问题，而问题的解决是在于经验资源的丰富与内部规律关系的建立。

## 五　中西经验的互诠是中国管理学的建构方法论

黄光国等[24]认为："本土心理学的发展不是心理学问题，而是科学哲学的问题，不懂科学哲学根本没办法有真正的突破。"笔者深为赞同这一学术卓见，这一经验其实同样适用于中国管理学。中国的管理学的发展，需要解决哲学基础，特别是认识论基础的问题。这对中国管理学研究群体提出了哲学方法的要求。然而管理学者的哲学素养是贫困的，其表现主要是管理学者用以研究本土问题的哲学观点大多还停留在实在论框架内，还在用本体论、认识论、方法论分析文化现象。实在论源于柏拉图二分法，假设存在真"有"，哲学的使命是认识真"有"，这一领域早已为科学接管。

当代西方哲学早已从实在论发展到对人造物如语言、意识流的分析上，即从所谓建构的实在的分析上，进入现象学与解释学时代。能用现象学的研究态度与方法进行中西文化经验上的互诠，是对中国管理学研究者提出的必然要求。用现象学方法进行描述与分析文化经验，可以获得不同文明经验间的对话和跨文化的经验交流沟通，可以让不同文明对话更加顺畅。以例论证。耿宁[36]在对中国心学进行研究后说："在两千多年后，在一个完全不同的文化中，孟子关于同情的具体例证也可以为西方人直接理解和领悟，这真是非常奇妙。孟子在这里似乎说出了某种普遍人性的东西。"这个"同情的具体例证"，指的是"今人乍见孺子将入于井"与"齐宣王以羊易牛"两个典故。正是基于存在跨文化的普遍人类的文化经验的认知与信念，激发他用现象学方式来澄清阳明心学的哲学意义，并将它引介给欧洲哲学界的热情。耿宁[36]不是用现象学的既有理论裁决阳明心学，其分析评断的依据是共同的文化经验。在耿宁这里，中西理论交流的基础是共同文化经验。管理学是经验的学问，只要有文化自信，平等地与其他文明对话，自觉借鉴其他文明的经验，自然就能扩大中国管理学理论视野，加速推动自身的理论的形成。

**参考文献**

［1］张静、罗文豪、宋继文等：《中国管理研究国际化的演进与展望——中国管理研究国际学会（IACMR）的发展范例与社群构建》，《管理学报》2016 年第 13 卷第 7 期。

［2］蔡玉麟：《也谈中国管理研究国际化和管理理论创新——向张静、罗文豪、宋继文、黄丹请教》，《管理学报》2016 年第 13 卷第 8 期。

［3］席酉民、王洪涛、唐方成：《管理控制与和谐管理研究》，《管理学报》2004 年第 1 卷第 1 期。

［4］彭贺、苏宗伟：《东方管理学的创建与发展：渊源、精髓与框架》，《管理学报》2006 年第 3 卷第 4 期。

［5］黄如金：《和合管理：探索具有中国特色的管理理论》，《管理学报》2007 年第 4 卷第 2 期。

［6］章迪诚：《传统中国式治理的几个特点》，《管理学报》2006 年第 3 卷第 3 期。

［7］罗纪宁：《创建中国特色管理学的基本问题之管见》，《管理学报》2005 年第 2 卷第 1 期。

［8］韩巍：《学术探讨中的措辞及表达——谈〈创建中国特色管理学的基本问题之管见〉》，《管理学报》2005 年第 2 卷第 4 期。

［9］彭贺：《从管理与文化的关系看中国式管理》，《管理学报》2007 年第 4 卷第 3 期。

［10］刘文瑞：《管理与文化的关系探讨》，《管理学报》2007 年第 4 卷第 1 期。

［11］韩巍：《从批判性和建设性的视角看“管理学在中国”》，《管理学报》2008 年第 5 卷第 2 期。

［12］彭贺、苏勇：《也从批判性和建设性的视角看“管理学在中国”——兼与韩巍商榷》，《管理学报》2009 年第 6 卷第 2 期。

［13］郭毅：《地方性知识：通往学术自主性的自由之路——“管理学在中国”之我见》，《管理学报》2010 年第 7 卷第 4 期。

［14］梁觉、李福荔：《中国本土管理研究的进路》，《管理学报》2010 年第 7 卷第 5 期。

［15］李平：《中国管理本土研究：理念定义及范式设计》，《管理学报》2010 年第 7 卷第 5 期。

［16］徐淑英、张志学：《管理问题与理论建立：开展中国本土管理研究的策略》，《重庆大学学报（社会科学版）》2011 年第 17 卷第 4 期。

［17］齐善鸿：《出路与展望：直面中国管理实践》，《管理学报》2010 年第 7 卷第 11 期。

［18］张金隆、毛明松：《从“管理实践评选”看中国管理实践研究》，《管理学报》2010 年第 7 卷第 11 期。

［19］刘源张：《中国·实践·管理》，《管理学报》2012 年第 9 卷第 11 期。

［20］郭重庆：《中国管理学界的社会责任与历史使命》，《管理学报》2008 年第 5 卷第 3 期。

［21］李平：《中国本土管理研究与中国传统哲学》，《管理学报》2013 年第 10 卷第 9 期。

［22］李鑫：《中国传统哲学与本土管理研究：讨论与反思》，《管理学报》2013 年第 10 卷第 10 期。

［23］韩巍：《哲学何以在场：中国本土管理研究的视角》，《管理学报》2014 年第 11 卷第 6 期。

［24］黄光国、罗家德、吕力：《中国本土管理研究的几个关键问题——对黄光国、罗家德的访谈》，《管理学报》2014 年第 11 卷第 10 期。

［25］章凯、张庆红、罗文豪：《选择中国管理研究发展道路的几个问题——以组织行为学研究为例》，《管理学报》2014 年第 11 卷第 10 期。

［26］Koontz H.，"The Management Theory Jungle"，*Journal of the Academy of Management*，1961，Vol. 4，No. 3，pp. 174 – 188.

［27］谭力文：《论管理学的普适性及其构建》，《管理学报》2009 年第 6 卷第 3 期。

［28］林曦：《管理学的学科属性与学科定位》，《社会科学管理与评论》2006 年第 3 期。

［29］Simenh A.：《管理行为》，詹正茂译，机械工业出版社 2004 年版。

［30］Mintzberg H.：《经理工作的性质》，孙耀君、王祖融译，中国社会科学出版社 1986 年版。

［31］吕力：《管理学如何才能"致用"——管理学技术化及其方法论》，《管理学报》2011 年第 8 卷第 6 期。

［32］Daniel K.，Slovic P.，Tversky A.，"Judgment under Uncertainty：Heuristics and Biases"，*Science*，1974（4157）：1124 – 1131.

［33］周雪光：《组织社会学十讲》，社会科学文献出版社 2003 年版。

［34］Elster J.，*Social Mechanisms*：*An Analytical Approach to Social Theory*，Cambridge：Cambridge University Press，1998.

［35］黄光国：《社会科学的理路》，台北：心理出版社 2013 年版。

［36］［瑞士］耿宁：《孟子、斯密与胡塞尔论同情与良知》，陈立胜译，《世界哲学》2011 年第 1 期。

（张树旺、李伟、郭璨，华南理工大学公共管理学院；刘素菊，广州科技贸易职业学院商贸学院；晁罡，华南理工大学工商管理学院）

原载《管理学报》2016 年第 10 期

# 基于"扎根精神"的中国本土管理理论构建范式初探*

贾旭东　衡量

**摘要**：结合以往运用扎根理论的研究经验及扎根理论经典著述，综合比较三大扎根理论学派，融合定性与定量研究方法，基于"扎根精神"，遵循建构型扎根理论思想，以经典扎根理论的数据处理程序为主框架，以程序化扎根理论的因果关系为辅助结构，结合认知地图工具，探索性地提出了一个中国本土管理理论构建的一般范式，即"中国管理扎根研究范式"，以期为中国本土管理理论构建给出可操作的工具，推动扎根实践的中国管理学术研究。

**关键词**：扎根理论；扎根精神；中国本土管理理论；构建范式

**中图法分类号**：C93　文献标志码：A　文章编号：1672－884X（2016）03－0336－11

# Research on the Paradigm of Chinese Indigenous Management Theory Building Bases on the Grounded Spirit

**Jia Xudong　Heng Liang**

(Lanzhou University, Lanzhou, China)

**Abstract**: Combining the research experience of applying the grounded theory and the literature of grounded theory, the article compared three grounded theory schools and integrated the quantitative and qualitative methods. By basing on grounded spirit, following the constructivist's approach of grounded theory, using the classical grounded theory's data analysis process as main structure, regarding the causality of proceduralised grounded theory as auxiliary structure, and taking cognitive map as a tool, the article creatively puts forward a Chinese indigenous management theory building paradigm which is called as "Chinese Management Grounded Research Paradigm", in order to offer an operable tool to construct Chinese indigenous management theory, to push forward the development of Chinese management research grounding on the practice, and to

* 基金项目：国家自然科学基金资助项目（71072069）；中央高校基本科研业务费专项基金资助项目（15LZUJBWYJ041）。

bridge the conversation between Chinese and western management research communities.

**Keywords**: Grounded Theory; Grounded Spirit; Chinese Indigenous Management Theory; Building Paradigm

管理理论是经济发展的产物，自蒸汽机代替手工作坊以来，西方国家凭借其经济优势已经统领管理领域几个世纪[1]。近代以来，亚洲经济异军突起，对世界经济产生了巨大冲击并直接影响着西方国家的经济统治地位，以中国和印度为代表的新兴经济体则更是发展迅猛。目前，亚洲在全球经济版图中的重要性日益凸显，预计至2030年，亚洲经济实力将会超过美国和欧盟的实力总和。

在亚洲地区，中国经济30多年来的高速发展吸引了全球的目光，Pleggenkuhle - Miles等[1]发现，中国是亚洲地区最值得研究的国家。据统计，在亚洲顶级管理刊物——*Asia Pacific Journal of Management* 中，约58%的论文都是与中国企业管理相关的研究，这充分体现了中国在亚洲地区的经济地位和对中国本土管理展开学术研究的必要性与紧迫性。早在2005年，国家自然科学基金委员会管理科学部就在其“十一五”战略规划的讨论中强调：要将中国成功的管理实践提升到理论高度，构建中国管理理论框架，推动不同学派深入研究[2]。近年来，有越来越多的国内外学者开始积极关注和投身于中国本土的管理研究。

郭重庆[3]指出，在中国经济腾飞的同时，中国管理学界正处于一个理论的转折时期。孙继伟[4]认为，该转折时期的实质是中国管理学界为学术而学术，还是为实践而学术的交叉路口。当前的管理学界已普遍认识到，中国管理研究中仍存在严重的“知”“行”分离、理论与实践脱节问题。笔者曾在2010年完整介绍了作为研究方法论的经典扎根理论，并首次提出扎根现实、理论源于实践的学术精神——“扎根精神”是扎根理论的本质内涵，可用以解决我国管理学研究中的“知”“行”分离问题[5]。

迄今5年来，中国本土管理理论的研究现状仍需要学者们进行反思和关注：①缺乏公认的中国本土管理理论构建范式，大量的研究仍停留在以国内定量数据验证国外既有理论的水平上；②抓取表层数据的研究多，分析管理实践问题中内在的深层因果关系的研究少，较难从现象的内外部环境特征入手建立起符合其自身规律和逻辑的系统性解释成果[6]。此外，扎根中国本土实践的原创性理论成果依旧匮乏，导致企业界长期运用常常“水土不服”的西方管理理论来应对本土经营问题，管理水平未能得到实质性提高，已经成为经济大国的中国仍旧不能摆脱管理弱国的现状。

鉴于此，笔者认为有必要再次强调“扎根精神”对推动管理研究“知”“行”合一的重大意义，并根据近年来运用扎根理论的研究实践经验，对扎根理论的三大流派进行更加深入的比较和梳理，纠正当前国内学术界对扎根理论的认知偏差，探寻中国本土管理理论构建应遵循的方法和原则，以期得到一个既扎根中国本土管理实践又符合国际学术规范的理论构建范式，搭建起中西方管理理论对话的桥梁。

## 一 文献背景

当今中国管理学界，“知先行后”现象普遍存在。王学秀[7]指出，与中国企业活跃的管理实践相比，相当多的管理研究者仍停留在思想即“知”的层面，并未对中国企业的管理实践活动起到更大的指导作用，多数研究仍属“空对空”阶段[8]，即郭重庆[3,9]所指出的实践“插不上嘴”、理论“自娱自乐”、“做练习”的研究现状并未得到根本改观。

目前，已有越来越多的学者开始倡导“行先知后”，即管理学应该首先直面中国企业的经营现实而非学派构建优先[10]，中国管理研究终究要回归实践，以探寻其中蕴含的真相和规律[11]，只有被实践认同的理论才有可能被西方管理学者认同[11]。正如郭重庆[9]所言：“中国管理学界应积极直面管理实践，以创建适合中国管理现状的理论。”

也有学者提出，“知先行后”“行先知后”不是割断的两个阶段，应统一于情境化中，体现“知”“行”互动与“知”“行”合一的科研精神[12]，要基于中国企业管理实际情况，整合西方管理理论，发展出新的管理理论，解决中国企业实际问题[13]。

关于西方既有理论与中国本土管理研究的关系，徐淑英等[14]指出，发轫于欧美的管理理论并不完全适应中国情境，西方理论在应用到中国的管理实践时会不断遇到难以克服的障碍。在当前的中国管理学界，扩展、修补西方的正统理论而回避中国情境的复杂性仍是普遍存在的现象[15]。

还有学者认为，世界正从“西方领导东方”模式向“西方融汇东方”模式转变[16]，“知”“行”合一、中西互融更符合中国管理现阶段的思维模式[17]。李平[18]认为，在中西互融的过程中，会经历应用式学习、探索式学习两个发展阶段和4种典型范式：①通过本土经营现象验证西方理论；②通过本土经营现象修订西方理论；③通过东方式研究方法解决本土经营现象，以取代西方理论；④整合东西方理论。其中，前两者代表中国本土管理研究初级阶段的研究范式，后两者则代表高级阶段的研究范式。

综合现有文献可以看到，近年来学界讨论中国管理理论的情境化问题较多，但较少从方法论层面探讨本土化理论的建构问题。对如何选择研究问题、如何建构理论、如何选择研究方法、如何处理与实践的关系等，少有系统、全面的论述[6]，尚未提出一套系统的理论构建范式，仍缺乏解决“知”“行”分离问题的基本工具。

值得注意的是，韩巍[15]强调了定性研究的重要性。他认为，对于情境化问题最有效的研究方法，不可能是数学方法，而是历史分析，是定性研究中的深描，是对深层结构、机理的洞察、诠释和建构。徐淑英等[19]也指出：“在中国管理研究的初期阶段，意味着在发展概念和构建理论的时候要采用归纳法，也意味着定性研究是必要且适宜的研究工具。”此外，郭重庆[3]也认为，学习西方先进的科学范式，才能实现“洋为中用”“中西合璧”的学术目标。如果能客观地看待西方社会科学领域已经存在的研究范式和方法就可以少走很多学术弯路[7]。谭劲松[20]指出：“真正要弘扬‘本土研究’，应该是用严格的国际规范，来发展以中国企业为研究对象，能够解释中国企业现象的理论，以构成中国管理学对普世的管理学理论的贡献。”

在西方主流学界采用的诸多定性研究方法论中，扎根理论克服了一般定性研究缺乏规范的方法论支持、研究过程难以追溯和检验、得出的结论说服力不强等问题，被认为是定性研究中比较科学的方法论，也被认为是社会学五大传统研究方法中比较适于进行理论建构的方法[21]。由此，徐淑英等[14]指出：“学者们要通过归纳性的方法或扎根理论的构建，研究他们所在情境中的实际问题。”Eisenhardt[22]和Lee[23]也曾指出：“与直接应用产生于不同的社会文化背景下的理论相比，本土研究方法提出的理论也许能够具有更高的内部效度和外部效度。当现象还不明了，现有的理论不能对研究对象进行合理解释的时候，使用扎根理论的研究方法是理所当然的。”

在中国本土管理理论的建构中，作为一种已经存在近半个世纪的成熟的研究方法论，扎根理论应当也完全能够扮演一个不可或缺的角色，而且这也与曹振杰等[8]提出的观点相一致，即在构建中国本土管理理论中，应在方法论层面中西结合、建立统一范式以获得彼此认同的思想。同时也应该看到，扎根理论是最具争议的研究方法论之一[24]，其三大学派争论多年，使得中国管理学界多有误解，因而首先需要对其进行综合比较和总结，以期求同存异，取其精华。

## 二　扎根理论及其三大学派比较研究

扎根理论产生于社会学领域，是为了回答在社会研究过程中，如何在符合实际情境的条件下通过系统化的方式获得与分析资料以构建理论，并在解释、说明实践问题的同时指导实践活动。简言之，扎根理论就是从资料、数据中发现理论的方法论[25]。

### （一）扎根理论的起源及其三大学派简介

1967 年，Glaser 等[25]首次提出了扎根理论，后被广泛应用于护理学、教育学、宗教学和管理学等领域，并在长期的发展中出现了三大学派：①以 Glaser 等[25]为代表的经典扎根理论学派；②以 Strauss 等[26]为代表的程序化扎根理论学派；③以 Charmaz[27]为代表的建构型扎根理论学派，各派别间一直存有争论。

经典扎根理论是扎根理论最初的版本，其最核心的方法论原则是避免研究者任何先入为主的假定而是让研究问题从社会过程及对其进行的研究中自然涌现[25]，继而按照不断比较的原则、遵循规范的数据处理步骤完成理论构建。程序化扎根理论最早被引入我国，得到广泛应用且为许多学者所熟知。这一学派虽然也强调理论忠于数据，但更侧重于借助预设等技巧探寻数据中的规律。经典扎根理论学派认为程序化扎根理论学派偏离了扎根理论的宗旨和要义，双方一直为此论战不休。建构型扎根理论成型较晚，已被引进国内并翻译成中文[27]，该学派既有继承和发扬前两大学派的思想，又有与之不同的观点，如认为数据中的规律虽然客观存在，但可被人所建构和认知，但经典扎根理论学派对此并不认同。

### （二）扎根理论中研究问题的产生与既有理论的作用

是从实践的情境中发现问题还是从文献的阅读和比较中发现问题是中国本土管理研究中一个重要的方法论问题，而扎根理论最大的方法论特点是强调研究问题产生于情境之中，三大扎根理论学派对此持相同观点。扎根研究遵循“深入情境—发现问题—寻找案例—获得数据—初构理论—比较文献—构建理论”的逻辑，研究者一开始只是带着兴趣进入情境，让研究问题乃至其后的理论建构从获得的数据中自然涌现，而对既有理论文献的阅读和比较则放到了理论性编码之后。这是扎根理论核心理念的体现，即研究者在进入情境时一定要放下预设，避免先入为主的主观影响，真正从社会现实和实践中提升出理论[5]，这也是扎根理论方法论的精髓，后文还将深入讨论。

### （三）三大扎根理论学派的编码原则和程序及其对比

编码技术是实现以扎根理论范式构建出某领域理论的方法和程序[28]。在承认理论源于数据的基础上，经典扎根理论、程序化扎根理论和建构型扎根理论所遵循的编码原则和程序存在明显差异。

经典扎根理论认为理论源于实践、一切皆为数据，强调尽可能减少人的主观性，通过对数据的不断比较而逐步归纳出理论，其数据处理与理论构建程序由开放性编码、选择性编码和理论性编码三大步骤构成[29]。Glaser[30]还将理论性编码的理论形态分为18类（称为theoretical coding family），强调理论构成的多样性；程序化扎根理论的数据处理程序是"开放性译码—主轴译码—选择性译码"[31]，强调人不仅仅是社会力量的被动接受者，更是生活在这个世界的积极行动者，认为数据隐含了诸多假设，可以通过预设的方式进行归纳和整理，这正是其同经典扎根理论最大的分歧所在；建构型扎根理论的编码过程分为4个阶段：初级编码、聚焦编码、轴心编码和理论编码[27]，其编码过程融合了前两种扎根理论提出的编码原则，但强调人们可以用理论建构的方式认知世界。

程序化扎根理论的数据处理过程中包含着研究者预设的逻辑，Strauss等[31]认为，这是研究者主观能动性的体现，同时还认为要充分挖掘数据中隐含的因果关系。但经典扎根理论对此强烈反对，认为因果关系只是18种理论性编码形态之一，这样做将把人们的思维局限于因果关系而偏离了扎根理论的初衷，这一观点也得到了一些学者的认同[32]。而建构型扎根理论试图整合两者之长，认为理论的客观性是第一位的，同时也强调，既不能夸大也不能忽视人的主观性。

（四）扎根理论三大学派的认识论比较

扎根理论之所以成为最具争议的研究方法论之一[24]，表面上看是基于以下原因：①多样化命名导致误解。三大学派都称为扎根理论，初学者很容易将各学派混淆为同一理论构建范式，引发许多误会。②操作原则与方法差异导致误解。扎根理论各学派的操作步骤和编码原则不完全相同，但许多名词术语却非常类似（如编码程序的名称），初学者往往难以厘清其共性和差异。但笔者认为，这些并不是三大扎根理论学派的根本差异。方法论来源于认识论，认识论的差异决定了方法论的不同，只有从认识论的高度上审视扎根理论，才能真正理解各学派的差异和共性。

从认识论来看，经典扎根理论、程序化扎根理论和建构型扎根理论分别体现了实证主义、解释主义和建构主义的认识论。实证主义认识论追求研究过程的科学化、客观性和研究结果的普适化[27]。经典扎根理论坚持问题从情境中涌现、避免理论预设，具有很强的实证主义倾向[5,27]。解释主义认识论要求对研究现象应具有足够想象力的解释[27]。程序化扎根理论认为一套在关系命题中相互联系的完善概念体系可用来解释和预测客观现象中的问题[31]，更趋向于解释主义[27]。而Charmaz[27]认为："数据和理论都不是被发现的。我们是所研究世界及所搜集数据的一部分。通过我们在过去和现在的参与，以及与人们、视角和研究实践的互动，我们建构了自己的扎根理论"，这显然是建构主义认识论的体现。基于不同的认识论，经典扎根理论强调理论构建的客观性，认为研究者只能以观察者的身份进行研究，从数据中得出科学的理论。程序化扎根理论则更强调人的主观认识能力，认为研究者要尽可能贴近数据才能揭示规律[31]，因而通过因果关系将既有经验和假设理论联系在一起。而在建构型扎根理论中，研究者是主、客观性的共同体，认为主观性和客观性都有其度，不能偏执，过度客观致使方法死板无法得到广泛应用，过度主观则致使客观本质属性丧失。

综上，扎根理论各学派的分歧源于其认识论的不同，编码技术和研究程序的差别是其认识论差异在方法论层面的体现。但无论有多少差异，三大扎根理论学派都一致遵循着理论源于实践、实践检验理论的认识论原则，笔者认为这是扎根理论所有学派的核心思想和共同精神，也是扎根理论能够为未来的中国本土管理研究做出贡献的关键所在。

## 三 “扎根精神”及其在中国本土管理研究中的意义

研究问题从实践情境中产生、理论建构扎根于数据是扎根理论最根本的方法论原则，体现了扎根理论的精髓和核心——“扎根精神”。

### （一）扎根理论的精髓和核心——“扎根精神”

虽然存在诸多差异与争论，但三大扎根理论学派都始终秉持着理论源于实践、实践检验理论的认识论原则。笔者把这种扎根现实、理论源于实践的学术精神命名为“扎根精神”[5]，是作为方法论的扎根理论真正的精髓。

广义上，即方法论的视角，“扎根精神”是理论来源于实践并指导实践的科学思想的表现。狭义上，即方法的视角，“扎根精神”就是承认社会发展规律的客观性，并坚持按照科学规范的方法，从对数据的逐步归纳和提升中得到理论、实现理论与数据互动的严谨的质性研究原则：①经典扎根理论始终坚持“扎根精神”，因而其方法体现了实证主义的科学性；②程序化扎根理论通过寻找变量间的因果关系简化了问题，使初学者更容易掌握由数据发展为理论的方法，但其获得的理论也仍然扎根于数据；③建构型扎根理论则借助建构主义方式，通过解释主义的因果关系反映出实证主义的客观性。由此，“扎根精神”是扎根理论得到广泛应用的基础，不论三大学派有多少差异和争论，都是为了获得源自实践的理论而存在。带着浓厚的学术兴趣、深入情境开展实地研究、通过规范的数据处理程序得到源于实践、指导实践的理论，始终是扎根理论各学派一致秉承的认识论基本原则，这也正是当今中国管理本土研究所急需的“知”“行”合一精神的体现。

### （二）“扎根精神”对中国管理本土研究的现实意义

纵观管理理论发展史，每个经典理论的提出无不源自对企业丰富实践活动的深刻理解和总结，每个经典理论的广为流传无不因为其指导、预测实践的洞察力和前瞻性。无论看起来多么高大上的理论，只要丧失了与管理实践的有机契合都终将被抛弃，这是管理学实践导向的学科性质所决定的。笔者曾以经典的“霍桑实验”为例，论述了“扎根精神”在管理理论发现与创新中所扮演的重要角色[5]。对当前的我国管理学界而言，高举“扎根精神”的大旗，探究中国管理本土现象背后的规律并进行理论构建，对中国管理理论与实践水平的提升乃至国家的繁荣富强都具有极其重要的意义。

当前，中国企业正处于经营环境剧烈变化、管理问题纷繁涌现、理论指导严重匮乏的时期。一方面，在常常“水土不服”的西方管理理论指导下，中国企业尤其是民营中小企业在实践中付出了昂贵的“学费”和巨大的代价，管理水平却没有得到实质性的提高；另一方面，一些成功企业的经验也亟须进行总结和推广，以惠及更多的企业进而推动中国企业管理水平的整体提升，然而，目前中国管理学术界却深深陷入追随西方理论、脱离企业实践的“知”“行”分离的怪圈。许多学者深居“象牙塔”内，在图书馆中翻着文献，靠网络上分发问卷和收集数据做研究，得出许多严重脱离实践、“自娱自乐”甚至“自欺欺人”的所谓理论成果。实务界迫切需要学术界积极投身于中国本土管理实践的沃土，建构中国本土的管理理论并用以指导未来的实践。

（三）践行“扎根精神”的挑战与管理学者的使命

诚然，在当前的中国学术环境下，践行“扎根精神”并非易事，但是否在这样的环境下，中国管理学者就无法践行“扎根精神”并做出真正有价值的理论研究呢？答案显然是否定的。

可以将管理学与其他许多学科进行一个简单的比较。能否想象，研究物理、化学等自然科学的学者可以不进实验室做实验就获得了突破性成果？能否想象，一位研究野生动物的专家不去野外观察而是坐在图书馆里翻阅文献就取得了重大发现？能否想象，一位医学教授可以不做手术、不上临床和门诊、不接触病人就能够得到战胜疾病的妙方？管理学是门学以致用的学科，管理学的来源及本质已经决定其必然也必须是一门面向实践的学科，实践才是这门学科生存发展的源泉和根本！无论多么完美的管理理论，如果不能解释现实、指导实践就毫无价值和意义。管理学的实验室在哪里？当然是在鲜活的社会实践中！企业管理研究者的实验室就在企业里，公共管理研究者的实验室就在政府里，中国本土管理研究的实验室当然就在活生生的中国本土管理实践之中！

鉴于此，“扎根精神”是管理学学科特征的内在要求和本质体现，违背了“扎根精神”，中国管理学研究者就无法获得真正有价值和有意义的发现，更遑论中国本土管理理论的构建和为普世的管理学做出贡献！无论外界环境如何，作为一名学者，学术研究的根本动力都必然来自对知识与真理发自内心的不懈追求。推进人类管理知识的提升并使之用于实践，从而让这个世界变得更加美好，应当是一名管理学者毕生的使命！如果管理学者不走出书斋、扎根实践做研究，而是长期沉浸和满足于体制的庇佑，在脱离实际的理论幻象中闭门造车、自娱自乐，则最终必将被现实和社会鄙夷并抛弃！笔者在近年来对扎根理论的深入学习和运用中深刻地认识到：“扎根”应当成为管理学者的生活方式！

（四）“扎根精神”与扎根理论在中国本土管理理论构建范式中的意义和作用

面对现实的困境与挑战，韩巍[15]已经认识到“中国管理问题的研究回避了中国情境的复杂性，缺乏解释中国问题的关联性，多是在扩展、修补西方的正统理论”。徐淑英等[33]也一再指出：“我们忽略了理论与实践的相关性，我们忘记了科学的终极目标是改善人类的生活条件，我们也忘记了管理理论的意义在于改善管理实践。”如何才能实现“知”“行”合一，推进中国本土管理理论的建构呢？秦宇等[6]指出，缺乏理论建构的方法论指引是一个亟须重视的问题：“研究者主要是按照国外现有理论的框架，从国内管理实践中获取定量数据，然后用于理论验证；由于缺乏理论建构的指引，研究的出发点多在于抓取表层数据而较少分析管理实践问题中内在的深层因果关系，较难从现象的内外部环境特征入手，建立起符合其自身规律和逻辑的系统性解释成果。”在讨论中国情境化背景下的我国管理研究时，现有文献主要还是介绍情境化研究的内涵、意义、思路与途径等概括性较强的内容，较少从科学研究的方法论层面来聚焦于情境化理论建构的研究，即关于如何选择研究问题、如何建构理论、如何选择研究方法、如何处理与实践的关系等，还少有系统的、全面的论述。

为解决中国管理本土研究的方法论问题，已有学者提出“在方法论层面，中西结合建立统一范式获得彼此认同；在方法层面，结合中国国情，尝试从传统文化中提炼和发展相关管理理论来解释中国的管理问题[10]”。在诸多研究方法论中，“扎根理论因具有细致的构建过程、持续比较和理论抽象的确切含义等特点而使得构建理论成为一个严谨精确的过程”[26,28]。由此，徐淑英等[19]认为，“在中国背景下研究中外企业，要准确把握复杂的中国背景，要得到内部效度和外部效度较高的模型，运用扎根理论的研究方法是必不可少的”。

综上所述，笔者认为，扎根理论是解决中国管理学术界“知”“行”分离问题的一剂良药，而“扎根精神”是扎根理论的独特魅力也是其方法论精华。基于“扎根精神”、以扎根理论为主要方法论框架，形成一个中国本土管理理论构建的基本范式，既满足了当前中国管理本土研究的迫切需要，更是推动中国本土管理研究“知”“行”合一的有效工具和途径。此外，扎根理论已是国际学术界公认的比较科学的质性研究范式，在符合国际学术规范的理论构建范式下，中西方管理学界的对话才更有实际意义，可避免“鸡同鸭讲”“自说自话”等学术对话问题的出现，以实现管理理论的中西合璧。

## 四　基于“扎根精神”的中国本土管理理论构建范式

基于“扎根精神”及扎根理论基本研究范式，本研究尝试整合各扎根理论学派方法体系，探索提出一个较系统的中国本土管理理论构建范式，以期为中国本土管理研究的发展作出贡献。本研究将该范式命名为“中国管理扎根研究范式”。

### （一）提出“中国管理扎根研究范式”的工作基础

综合上文讨论可以得出，深入中国情境，有效运用扎根理论方法论，研究中国本土管理现象与问题是构建中国本土管理理论的可行道路，徐淑英等[19]也早已指出这一点。但由于扎根理论不同学派间的隔阂和争议，使其一直未能在中国本土管理研究中充分发挥作用。笔者认为，只有充分理解扎根理论的方法论精髓并在其不同学派间求同存异、扬长避短，才有可能弥合和跨越其分歧，取其精华为中国本土管理研究所用。

笔者近年来对扎根理论进行了一系列研究，于2010年首次提出“扎根精神”的概念，并阐述了其对中国本土管理理论的意义[5]后，运用经典扎根理论分别研究了中国基层政府的公共服务外包问题[34]，发现了中国城市基层政府的不完全外包现象及其动因[35]，厘清了虚拟政府的概念并构建了其组织结构的一般模型[36]，研究了中国民营企业创业团队分裂的动因[29]、虚拟企业不同发展阶段的虚拟化动因[37]等问题。通过这些研究工作，加深了对扎根理论各学派的认识和理解，积累了较丰富的扎根理论运用经验，使“中国管理扎根研究范式”的提出有了较充分的工作基础。

### （二）中国管理扎根研究范式的提出

基于以上工作，在综合比较扎根理论三大流派间的差异及归纳其共性的基础上，本研究以“扎根精神”为认识论内核，以建构型扎根理论为思想指导，以经典扎根理论严谨的数据处理与理论构建程序为主体结构，以程序化扎根理论因果关系及形象表现该关系的认知地图工具为辅助；同时，进行了适度的方法创新和完善，有机融合定性与定量研究方法，提出了中国管理扎根研究范式的基本模型。

1. 中国管理扎根研究范式的整体结构

一个完整的理论构建范式由两个相互衔接的阶段构成：①理论构建阶段，该阶段的目标在于提出理论命题和理论模型，所采用的最主要方法是定性研究方法；②理论验证阶段，该阶段的目标是对理论命题或模型进行检验，所采用的方法是定量研究方法[15]。基于此，中国管理扎根研究范式也分为基于定性研究的理论构建和基于定量研究的理论验证两个阶段。定性研究和定量研究间具有协同效应[38]。前者解释问题背后的基本原理，后者用于检验那些在定性研究中可被证实的结论[39]。由于包括实验、准实验、问卷调查、二手数据处理等定量研究方法已经发展得相当完善[40]，而且与定量研究方法相比，定性研究方法较适宜用来理解现象、明确概念并提出解释概念之间关系的假说，因此，出于推动理论建构的目的，在构建理论范式的时候不应搞平衡，而是需要适度偏向对定性方法的应用[6]。由此，本研究在中国管理扎根研究范式的图示中突出了定性研究部分（见图 1）。

2. 中国管理扎根研究范式的理论构建程序

在扎根理论三大学派中，经典扎根理论最具有实证色彩，其方法体系更加具有客观性和科学性，也更突出地体现了“扎根精神”。鉴于此，中国管理扎根研究范式的理论构建程序以经典扎根理论的研究方法为主体框架，分为问题涌现、数据收集、数据处理、理论初构 4 个阶段。

在问题涌现阶段，笔者特别强调，中国本土管理研究问题的产生必然首先来自研究情境即中国本土的管理实践。研究者带着最初的研究兴趣进入研究情境，采用深度访谈等方式进行田野调查，在此过程中发现有趣的管理现象或有潜在研究意义的问题。此外，与传统的经典扎根理论立场不同，笔者认为研究者也需要在此时查阅相关文献进行比较，如果现有研究已经解决了该问题，那么就不需要再次进行重复研究，避免时间、精力和研究资源的浪费。如果在现实中发现了有趣的现象或问题，而现有文献又没有相应的研究或解释，抑或现有文献对该现象或问题的研究有差异甚至相互矛盾，那么说明该问题有进一步研究的价值。基于此，经过深入情境的调研和对现有文献的不断比较，研究问题将逐渐明晰并可以确定，而此时的研究者也完全能够从研究情境中得到下一步研究的方向，研究即可进入数据收集阶段，开始进行理论性抽样。

从数据收集阶段到理论初构阶段的主要框架和方法也基本遵循了经典扎根理论的研究程序（文献[5]中对此进行了详细介绍和诠释）。理论初构阶段即为经典扎根理论的理论性编码工作，此时，饱和的核心范畴及其内在逻辑已经明晰，研究者已能够在此基础上建构起初步的理论模型。为保证理论模型的饱和，有必要在此时再次比较既有文献以对初步构建的理论进行优化，最终完成理论初构，提出有待验证的理论模型或假说，使研究进入理论验证阶段。

### （三）中国管理扎根研究范式的理论验证程序与判断环节

在理论验证阶段，研究者通过抽样调查、数据统计、定量检验等成熟的实证研究方法收集大样本数据甚至总体数据（在大数据技术日益成熟的情况下，获得总体数据已经具有相当高的可行性），对在理论构建阶段提出的理论模型或假说进行检验，修正完善理论，最终得到一个具有普适性的理论。由于定量的实证检验技术和方法已经非常成熟和完善，故不再赘述。在本研究提出的中国管理扎根研究范式中有 5 个判断环节：“研究问题

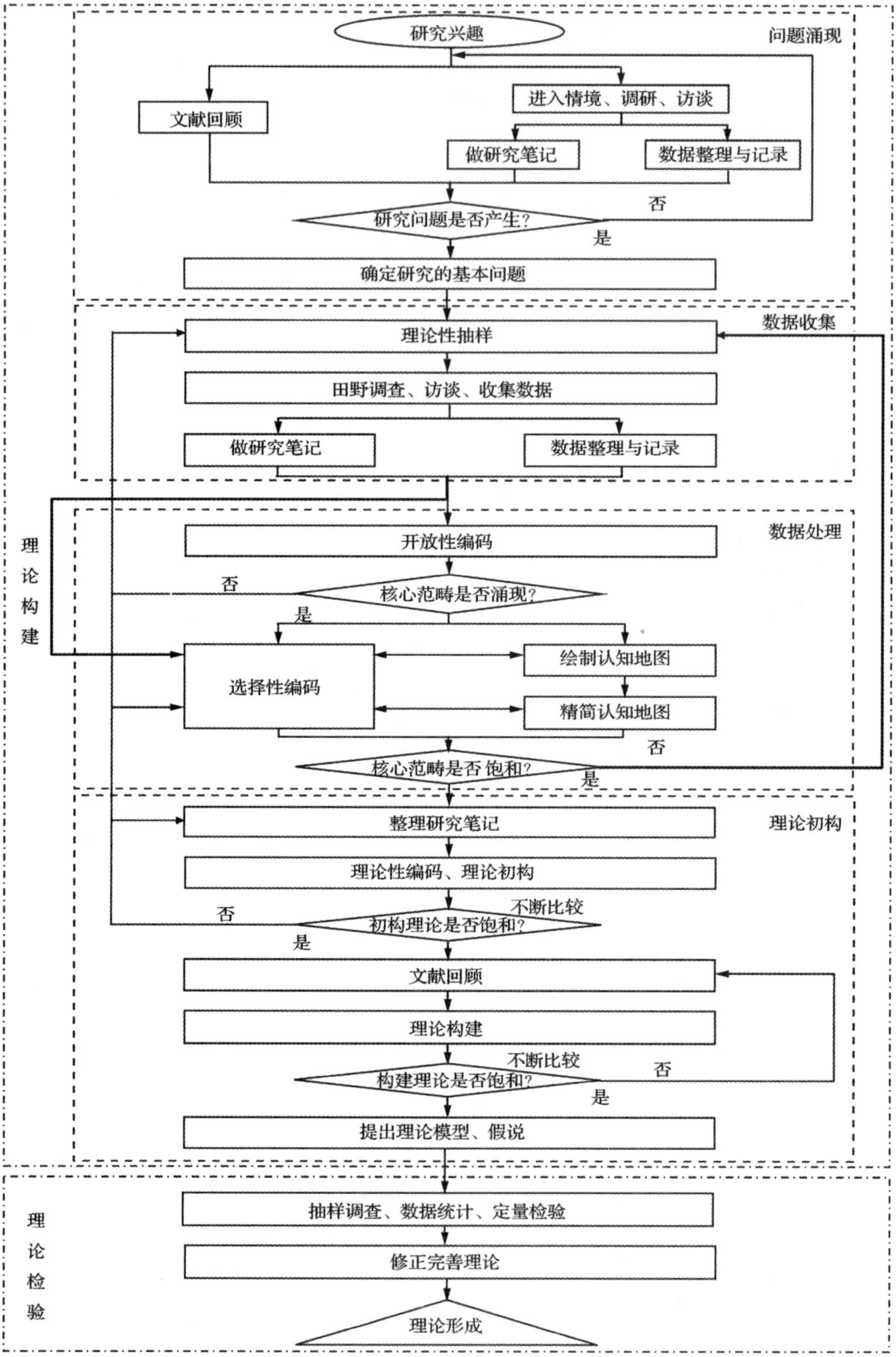


**图1　中国管理扎根研究范式**

是否产生”“核心范畴是否涌现”“核心范畴是否饱和”“初构理论是否饱和”“构建理论是否饱和”。分属于问题涌现和理论初构阶段的“研究问题是否产生”和“构建理论是否饱和”处于相对独立位置，没有与其他判断过程产生交集，其他3个判断环节则属于数据收集和数据处理阶段的判断问题，是整个理论构建阶段的根基，尤其是后两个判断环节直接影响到核心范畴的饱和性和理论逻辑的完整性，需要不断比较、反复循环，相互间必然会发生交叠。

### （四）中国管理扎根研究范式中的方法创新

笔者在研究中对经典扎根理论的一些研究方法和技术进行了适度创新，取得了较好的效果，因而仍然适用于中国管理扎根研究范式中，简述如下。

（1）灵活把握文献对照的时机。扎根理论不排斥文献研究，但强调避免研究者因已有文献产生的主观认识对扎根研究的干扰。笔者认为，对这一点不能教条地理解和运用。在扎根研究的早期或晚期，分别进行文献研究，甚至在进行扎根研究的过程中，随时进行文献研究并不违背“扎根精神”，也无损于扎根研究成果的获得，至少这样的做法应当得到允许。问题的关键并非在于是否看过文献，而是无论看过多少文献，在进入研究情境时，研究者都一定要放下定见，带着一颗“无知”的心灵，深入观察和研究实践，从实践中提出和构建理论[25]。

（2）灵活运用编码技术。经典扎根理论要求对原始数据进行“逐行编码”，而建构型扎根理论已经将此编码原则发展为“逐词、逐行、逐事件”地编码。在笔者以往的研究中已综合运用了“逐行编码”“逐句编码”“逐段编码”“逐事件编码”乃至“逐词编码”，均取得了较好的成效。由此，灵活的编码原则不仅无碍于“扎根精神”，反而有利于更加深入地挖掘数据中蕴含的概念、范畴和理论[36]。

（3）访谈中适度使用录音工具。经典扎根理论坚决反对在扎根研究的访谈中使用录音工具，但笔者认为这也要视情境而定，若受访者谈话内容的真实性不受影响，那么录音工具的使用就应该值得提倡，这会使研究的可溯性乃至编码的可靠性都得到显著提高[36]。在笔者以往的研究中已经较好地解决了访谈时录音的问题，对研究质量基本没有影响[36]。

（4）运用计算机软件辅助。在扎根研究中，数据处理工作量非常大，会大量消耗研究者的时间和精力。由此，在整理数据和检验理论模型的过程中，可以引入类似 Mindmanager Pro、NVivo、SPSS 和 Eviews 等软件来提高效率[36]。

（5）引入认知地图工具。自1960年格式塔派心理学家托尔曼提出认知地图以来，该方法已得到不断充实和完善，成为一种有价值的管理学研究工具[41]。作为再现个人表达的概念与概念间因果关系的网络图，认知地图能够将扎根研究数据中存在的因果关系完全呈现出来，并模拟出受访者的思维发展过程[42]，很好地表达程序扎根理论的因果关系编码原则，帮助研究者更加清晰、形象地表达数据、编码、概念及范畴间的关系，进而挖掘出隐藏在心智模式下的理论。

经过开放性编码，核心范畴涌现后，研究进入选择性编码阶段。在选择性编码的同时，研究者应深入挖掘和分析核心范畴间的因果关系，并采用认知地图来表达，选择性编码工作和认知地图的绘制工作并行推进、不断互动。随着选择性编码的深入，核心范畴愈发凸显、渐趋饱和，认知地图所表达的核心范畴间的关系也愈发清晰，此时就可以对认知地图进行精简，得到逻辑更加明晰和简洁的认知地图。

引入认知地图工具不仅不会妨碍经典扎根理论研究中丰富的理论呈现形式，而且还使得其中的因果关系得到了更加形象化的表达，有利于找到更加深入挖掘数据的线索，进而获得内容更加丰富、逻辑更加严密、饱和程度更高的核心范畴。认知地图的绘制和精简过程与选择性编码同时进行、双向互动，是对选择性编码工作的有力补充，有助于其后的理论性编码和理论初构，也有利于初学者较好地掌握扎根理论研究方法并取得理论成果。认知地图的运用体现了程序化扎根理论的核心方法，有助于深入挖掘和形象表达编码中呈现的因果关系；同时，也因嵌入在经典扎根理论的主程序中，从而避免了程序化扎根理论方法易产生主观预设的弊端，可谓扬长避短、并行不悖，从而解决了经典扎根理论和程序化扎根理论之间的长期争论。

以上研究方法创新是在中国本土管理研究经验的基础上，对扎根理论方法的改进与提高，使研究者在中国本土管理理论构建中获得了更加丰富和完善的技术与工具，使中国本土管理研究的初学者能够根据研究问题与研究情境的特点，在坚持“扎根精神”的前提下灵活运用多样化的研究方法和技术，进行高效的理论研究。

### （五）对运用中国管理扎根研究范式及其运用的讨论

当通过以上研究范式中理论构建与理论检验两个阶段规范严谨的程序而构建的理论最终完成，一个扎根于实践的理论就此诞生。

需要指出的是，在扎根理论研究中，理论的建构建立在研究者个体的“理论敏感性”① 之上，因而必然打上明显的个性化烙印。Glaser[43] 指出，编码过程一定是个性化的行为而不是群体讨论的结果。对此，程序化扎根理论和建构型扎根理论持一致观点。由于不同研究者的理论敏感性存在差异，因而其建构出的理论也一定带有强烈的个人色彩，通过集体讨论或集体编码形式来提高扎根研究的信度和效度貌似科学，实际上却完全背离了扎根理论的基本原则和特征，抹杀了研究者的洞见，有可能得出一个平庸的理论。由此，在本范式中的编码环节不采用集体讨论或集体编码的形式，而是由研究者个体完成，以突出其理论创见。

徐淑英等[14]曾多次指出在中国本土管理研究中运用扎根理论的必要性：“要发现新情境或新现象中的规律，有必要开展扎根性的研究，并运用归纳性的方法”，“当现象尚不清楚或现有理论无法为学者们感兴趣的问题提供有力答案时，人们普遍认可扎根理论的研究法”，“在新情境（比如中国）下进行扎根理论研究的需求就显而易见了”。但同时徐淑英等[14]也强调了对研究者理论敏感性的要求：“扎根理论研究是把握本土情境的丰富内涵，发展管理模型的一个必要步骤。它要求研究者具备从大量具有高度情境特征的数据中抽象概括的能力。”

鉴于此，需要特别说明的是，任何研究方法论都需要在人的运用下才会具有生命力，本文提出的研究范式只是对中国本土管理研究方法的初步探索，我们只能按照管理理论构建和检验的一般规律，最大限度地发挥定性研究与定量研究的优势，以及发挥被称为最科学的定性研究方法论——扎根理论及其三大学派的优势，从而在程序和方法上最大限度地保证管理理论构建过程的科学性和规范性。作为方法和工具，该范式整体设计的优势在

① 理论敏感性是研究者从现实数据结合理论模型得到核心概念的能力，涉及研究者的知识、理解力以及对数据的掌握程度。

于：能够经过该范式从理论构建到理论验证的完整程序而获得的理论，必然在大概率上具有较高的普适性，否则它将无法通过理论检验环节的大样本检验甚至总体检验；经过该范式的研究程序而获得的理论也会在大概率上具有较高的实践指导意义，因为研究问题的提出来自实践，既做过文献比较，又经过了规范的、可追溯的定性研究程序，而且还通过了大样本检验乃至总体的统计检验。

但是，该范式终究只是笔者所设计的一个经过优化而更加完善、更加精密的工具，采用本范式研究程序而得到的理论，其普适性水平与实践指导性如何、理论贡献多大，究竟是属于徐淑英等[14]提出的“与情境无关的理论”“受情境制约的理论”还是“针对具体情境的理论”，既会受到所研究问题的性质、样本的选择、定量检验的范围与水平等因素的影响，更取决于研究者的理论敏感性及其理解和运用该范式的能力，不可能完全由该范式决定。正如我们能否建造出一栋美观耐用的大楼，固然需要采用功能强大、设计完善的建筑机械，但更多取决于设计大楼和运用该机械进行建设的人而非机械本身。

## 五 结语

“中国管理扎根研究范式”包括以下两个阶段：①理论构建阶段，以定性研究为主要方法，强调从本土情境中发现有意义的研究现象；同时，通过对既有文献的比较而确定研究问题，进而通过深入情境的田野调查、深度访谈等方法来收集数据，通过严格规范的编码程序进行数据处理，使核心范畴自然涌现。此外，挖掘核心范畴间的因果关系，以认知地图来形象地表达。在核心范畴饱和后，通过理论性编码程序及与既有文献的不断比较来构建理论，形成足以解释现象的初构理论。②理论检验阶段，通过定量研究方法，以大样本统计数据来检验其理论普适性，形成最终理论。

从学术导向来看，“中国管理扎根研究范式”体现了理论源于实践、理论指导实践的“扎根精神”，从实践中产生问题，从数据中构建理论，突破了当前我国管理研究中的两种极端模式：缺少定性研究而仅靠数学推理得出结论的“吃糖模式”[44]；缺少定量研究而依靠单纯思辨得出结论的“拍脑袋模式”[45]，实现了“知”与“行”的有机融合。该研究范式倡导研究者深入实践情境，总结企业经营管理中的经验和教训，为后续的实践提供理论指导和成功蓝本，突破了先“知”后“行”或先“行”后“知”的单向片段研究范式，形成了“知”“行”互动和“知”“行”统一的系统研究框架，填补了“知”“行”分离的鸿沟，使得中国本土管理研究有可能真正产生具有实践意义、能够指导未来实践的理论创新，也使得管理理论研究有可能走上推动社会发展、提高企业绩效、改善人民生活的科研正路。

从方法论层面来看，“中国管理扎根研究范式”整合了三大扎根理论学派，同时扬长避短，对其方法和技术进行了补充、完善和创新。经过严谨而规范的扎根理论研究程序构建理论，使得研究过程可追溯、理论构建过程可检验，最大限度地增加了定性研究的科学性和规范性，发挥了扎根理论这一最科学的定性研究方法的优势；通过扎根研究所构建的理论，再经过规范的定量实证研究方法的大样本甚至总体检验而获得验证，实现了定性研究方法和定量研究方法的完美结合。从方法层面来看，“中国管理扎根研究范式”对扎根理论既有原则的修正和引入认知地图等技术和方法创新降低了初学者学习运用扎根理论的门槛，有益于激发研究者构建中国本土管理理论的热情。

李平[18]曾指出："在本土研究的早期阶段要建立新颖的理念和理论，从逻辑上看更适合采用归纳和综合的定性方法。在这个意义上，现阶段最适合采用的是定性方法，诸如扎根理论法、案例研究法等。只有在后期阶段，当本土理念和理论基本形成时，才有可能和必要进行理论检验。只有这时我们才应该采取演绎和解析等定量方法，诸如样本统计分析、结构模型等。"因此，本文探索提出的"中国管理扎根研究范式"将定性构建理论与定量检验理论相结合，提高了理论的内、外部信度和效度，也使中国管理学界能够借助规范的、国际通行的研究方法开展研究工作，有助于推动和帮助中国管理学者深入研究中国本土管理现象、总结提升中国管理经验，只要是"建立在某种情境中的本土理论，只要是高水平研究的产物，就应该能为全球管理知识做出贡献"[14]。当然，本范式的提出只是我们在中国本土管理研究方法论层面进行的初步探索，一定还有很多不足之处，有待学界同人大力批评指正，使之更加完善。

**参考文献**

[1] Pleggenkuhle - Miles E. G. , Aroul R. R. , Sun S. L. , et al. , "The Adolescence of Asia Management Research: APJM, 1997 - 2006", *Asia Pacific Journal of Management*, 2007, Vol. 24, No. 4, pp. 467 - 489.

[2]《直面中国管理实践　催生重大理论成果——国家自然科学基金委员会管理科学部第二届第一次专家咨询委员会扩大会议纪要》,《管理学报》2005 年第 2 卷第 2 期。

[3] 郭重庆:《中国管理学界的社会责任与历史使命》,《管理学报》2008 年第 5 卷第 3 期。

[4] 孙继伟:《论管理学界的价值迷失：实践迷失和客户迷失的深化研究》,《管理学报》2010 年第 7 卷第 8 期。

[5] 贾旭东、谭新辉:《经典扎根理论及其精神对中国管理研究的现实价值》,《管理学报》2010 年第 7 卷第 5 期。

[6] 秦宇、李彬、郭为:《对我国管理研究中情境化理论建构的思考》,《管理学报》2014 年第 11 卷第 11 期。

[7] 王学秀:《"管理学在中国"研究：概念、问题与方向》,《管理学报》2008 年第 5 卷第 3 期。

[8] 曹振杰、王学秀:《"管理学在中国"研究的理论反思与实践探索——第 2 届"管理学在中国"学术研讨会综述》,《管理学报》2010 年第 7 卷第 2 期。

[9] 郭重庆:《中国管理学者该登场了》,《管理学报》2012 年第 8 卷第 12 期。

[10] 韩巍:《学术探讨中的措辞及表达：谈〈创建中国特色管理学的基本问题之管见〉》,《管理学报》2005 年第 2 卷第 4 期。

[11] Tsui A. S. , "Autonomy of Inquiry: Shaping the Future of Emerging Scientific Communities", *Management and Organization Review*, 2009, Vol. 5, No. 1, pp. 1 - 14.

[12] 陈春花:《当前中国需要什么样的管理研究》,《管理学报》2010 年第 7 卷第 9 期。

[13] 李垣、杨知评、王龙伟:《从中国管理实践的情境中发展理论——基于整合的观点》,《管理学报》2008 年第 5 卷第 4 期。

[14] 徐淑英、张志学:《管理问题与理论建立：开展中国本土管理研究的策略》,

《南大商学评论》2005 年第 17 卷第 4 期。

［15］韩巍：《本土化学科建构几个关键问题的探讨》，《管理学报》2009 年第 6 卷第 6 期。

［16］Barkema H. C.，Chen X. P.，George G.，et al.，"West Meets East：New Concepts and Theories"，*Academy of Management Journal*，2015，Vol. 58，No. 2，pp. 460－479.

［17］Chenm J.，Miller D.，"West Meets East：Toward an Ambicultural Approach to Management"，*Academy of Management Perspectives*，2010，Vol. 24，No. 4，pp. 17－24.

［18］李平：《中国管理本土研究：理念定义及范式设计》，《管理学报》2010 年第 7 卷第 5 期。

［19］徐淑英、刘忠明：《中国企业管理的前沿研究》，北京大学出版社 2004 年版。

［20］谭劲松：《关于中国管理学科定位的讨论》，《管理世界》2006 年第 2 期。

［21］Denzin Y.，Lincoln，S.，*The Sage Handbook of Qualitative Research*，Thousand Oaks：Sage Publications，2011.

［22］Eisenhardt K.，"Building Theories from Case Study Research"，*Academy of Management Review*，1989，Vol. 14，No. 6，pp. 532－550.

［23］Lee T. W.，*Using Qualitative Methods in Organizational Research*，Thousand Oaks：Sage Publications，1999.

［24］Suddaby R.，"From the Editors：What Grounded Theory is Not"，*Academy of Management Journal*，2006，Vol. 49，No. 4，pp. 633－642.

［25］Glaser B. G.，Strauss A. L.，*The Discovery of Grounded Theory：Strategies for Qualitative Research*，New Brunswick Aldine Transaction，1967.

［26］Strauss A.，Corbin J. M.，*Grounded Theory in Practice*，Thousand Oaks：Sage Publications，1997.

［27］Charmaz K.，*Constructing Grounded Theory*，Thousand Oaks：Sage Publications，2006.

［28］牛美丽：《〈公共行政评论〉专栏导语》，《公共行政评论》2008 年第 3 期。

［29］贾旭东：《基于扎根理论的中国民营企业创业团队分裂研究》，《管理学报》2013 年第 10 卷第 7 期。

［30］Glaser B. G.，*Theoretical Sensitivity*，Mill Valley：Sociology Press，1978.

［31］Strauss A.，Corbin J. M.，*Basics of Qualitative Research：Grounded Theory Procedures and Techniques*，Thousand Oaks：Sage Publications，1990

［32］Eaves，"A Synthesis Technique for Grounded Theory Data Analysis"，*Journal of Advanced Nursing*，2001，Vol. 35，No. 5，pp. 654－663.

［33］徐淑英、吕力：《中国本土管理研究的理论与实践问题：对徐淑英的访谈》，《管理学报》2015 年第 12 卷第 3 期。

［34］贾旭东：《基于扎根理论的中国城市基层政府公共服务外包研究》，博士学位论文，兰州大学，2010 年。

［35］贾旭东：《中国城市基层政府公共服务职能的不完全外包及其动因——基于扎根理论的研究发现》，《管理学报》2011 年第 8 卷第 12 期。

［36］贾旭东、郝刚：《基于经典扎根理论的虚拟政府概念界定及组织模型构建》，

《中国工业经济》2013 年第 8 期。

[37] 贾旭东、衡量:《基于经典扎根理论的企业虚拟经营动因研究》,《华东经济管理》2015 年第 29 卷第 5 期。

[38] Jick T. D. , "Mixing Qualitative and Quantitative Methods: Triangulation in Action", *Administrative Science Quarterly*, 1979, Vol. 24, No. 4, pp. 602 – 611.

[39] Mintzberg H. , "An Emerging Strategy of 'Direct' Research", *Administrative Science Quarterly*, 1979, Vol. 24, No. 4, pp. 582 – 589.

[40] 陈晓萍、徐淑英、樊景立:《组织与管理研究的实证方法》,北京大学出版社 2012 年版。

[41] 张凌、乔晓东、朱利军等:《认知地图分析方法研究》,《情报理论与实践》2014 年第 37 卷第 6 期。

[42] Clarke I. , Mackaness W. , "Management 'Intuition': An Interpretative Account of Structure and Content of Decision Schemas Using Cognition Maps", *Journal of Management Studied*, 2001, Vol. 38, No. 2, pp. 147 – 172.

[43] Glaser B. G. , "Conceptualization: On Theory and Theorizing Using Grounded Theory", *International Journal of Qualitative Methods*, 2002, Vol. 1, No. 2, pp. 23 – 38.

[44] 李海舰:《学术论文的规范与创新》,《经济学家茶座》2006 年第 2 期。

[45] 王京生、王争艳、陈会昌:《对定性研究的重新评价》,《教育理论与实践》2000 年第 20 卷第 2 期。

(贾旭东、衡量,兰州大学管理学院)

原载《管理学报》2016 年第 3 期

# 管理学中的关系研究：基于 SSCI 数据库的文献综述*

刘林青　梅诗晔

**摘要**：管理学领域对关系这个具有中国情境的概念有深入研究，关系已经为国外学者所熟知。通过梳理文献，归纳出关系的概念可分为联结主义、网络主义、行为主义、市场替代主义 4 个范畴；关系研究的演进包括中国情境深度扫描、与西方相关概念建立联系、因果机制探讨、寻找前因 4 个阶段；总结实证研究中关系的测量、关系的结果变量与前因变量、关系作为中介或调节变量；归纳关系研究的不同视角，并指出现有研究的缺口及提出未来研究方向。

**关键词**：中国情境；关系；国际管理学；文献综述

**中图法分类号**：C93　文献标志码：A　文章编号：1672－884X（2016）04－0613－11

# Guanxi Studies in Management：A Literature Review Based on SSCI Database

**Liu Linqing　Mei Shiye**

（Wuhan University，Wuhan，China）

**Abstract**：Recently，the management research field has conducted research on the concept of guanxi within Chinese context in depth，and guanxi is now known by foreign scholars. Through analyzing the present literature，this paper concludes that the concept of guanxi can be categorized as connectionism，networkism，behaviorism and market substitutionism；the evolution of guanxi research includes four stages：scanning the Chinese context in depth，establishing connections with western concepts，discussing the causal mechanism and searching for the antecedents. This paper also summarizes the measurement，consequence and antecedent variables of guanxi，guanxi as mediator and moderator in empirical studies，and the different perspectives on guanxi. In conclusions，the research gap and future research directions are pro-

* 基金项目：国家社会科学基金资助重大项目（10&ZD136）。

posed.

**Keywords**：Chinese Context；Guanxi；International Management；Literature Review

关系是一个中国社会学概念，渗透在中国社会的方方面面，影响中国人的社会行为和商业行为。在中国的企业实践中，关系作为一种获取稀缺资源、形成核心竞争力的工具被广泛应用。自中国1979年经济改革和对外开放以来，关系成为社会科学领域的一个流行话题。关系在商业活动、企业伦理以及组织行为上深刻地影响着中国社会，关系因此被看成理解亚洲社会和企业行为的中心概念[1]。由于中国的社会结构变得稀疏，弱联系广泛存在，这成为关系盛行的主要因素[2]。关系在企业中的实践引起了管理学领域的广泛关注，如关系与企业绩效之间的关系[3—4]、关系与西方相关概念如关系营销、关系人口特征的比较研究[5—8]等。作为中国最具特色的本土化概念之一，管理学领域的不少与关系相关的研究成果出现在国外顶尖主流期刊中，如 *AMJ*、*SMJ* 以及 *JIBS* 等。值得注意的是，关系不需要翻译和解释而直接以 guanxi 这一词语出现在国外主流期刊中，可见，这一概念已被国外学者所熟知与接受，成为西方主流文献中获得合法地位的构念[9]。相比之下，“道”“人情”“面子”“圈子”“阴阳”等本土化概念却没有取得和关系对等的学术地位，这一独特现象值得学术界深入发掘。

## 一　关系概念的界定

《辞海》对“关系”一词的解释是：①事物之间相互作用、相互影响的状态；②人和人或人和事物之间的某种性质的联系；③对有关事物的影响或重要性；值得注意的地方；④泛指原因、条件等；⑤表明有某种组织关系的证件；⑥关联。第一、二、六条解释最近似地描述了管理学中关系的概念，但是很难给关系下一个明确的定义，学界迄今对此仍未能达成一致[6,10]。鉴于此，有必要对关系的概念加以厘清。

### （一）关系与相近的西方概念比较

关系是由一些不同要素构成的文化现象[11]，因此现有文献中大多数学者倾向于以略微不同的方式来定义关系。现有研究中，网络、联结、关系3个概念最接近对中国情境下的关系的描述，但是不能与关系完全对等。关系不仅是一种泛泛的人际联系，更是一种能促进人们进行互惠交换的社会网络形式，包括人际联系的静态描述和对关系建构的动态指向[12]。Hwang[13]将关系分为3类：情感型、工具型和混合型。工具型关系遵循公平原则，情感型关系遵循需要原则，混合型关系遵循人情原则。

可见，关系（guanxi）的概念比前述西方概念要丰富得多。由于大多数研究将联结（connection）和关系（relationship）等同，且联结出现的频率更高。特别指出的是，本研究所指的关系，即 guanxi。以下仅对关系、联结、网络3个概念从本质、基础、动机等6个角度加以区分（见表1）。

表1 关系与相近概念的区别

| | 关系 | 联结 | 网络 |
|---|---|---|---|
| 本质 | 非对等的社会和商业交易，受恩惠，保证 | 对等的基于商业的互惠、信任 | 相互联结的商业交易、信任 |
| 基础 | 特殊的联系，亲属，社会交互网络，中间人 | 直接联系、共同性 | 中间人 |
| 动机 | 角色义务 | 自我利益 | 自我利益 |
| 时间取向 | 长期，连续 | 短期，不连续 | 短期，不连续 |
| 结果 | 忠诚，承诺 | 组织依附，合法标准，互惠 | 组织相互依赖 |
| 结构 | 非正式，个人，动态，可转移 | 正式，非个人 | 正式，非个人 |

在本质上，关系强调行为的非对等性且不求回报；相反，联结强调行为的对等性，网络是一种松散的、扩大的联结。在概念的形成基础上，关系依赖于各种特殊的联系，如血缘、亲缘、地缘、同学、同事等，联结是基于直接联系如商业交易，网络则通过中间人跨越联结的边界，扩大了接触的范围。在动机方面，关系是受伦理道德约束的角色义务，如履行亲情、友情、乡情等职责，而联结和网络均是基于契约的以实现自我利益为目的。在时间取向上，关系是长期形成的，强调重复性，因此是连续而且稳定的，相比之下联结和网络强调单次交易，因此是短期且不连续的。在结果上，关系作为一种特殊的纽带塑造当事人的忠诚和承诺，联结通过组织间的联系和互动形成组织依附、合法标准、互惠，网络通过松散的架构促进组织间相互依赖。在结构上，关系没有正式的形态，是属于个人的、动态变化的、可转移的，这几个特征是关系区别于联结和联系的显著特征，而联结和联系是基于正式的组织形式，因此属于组织行为。

（二）关系概念厘清

由于关系这一概念的内在特殊性，现有研究从不同角度来下定义，因此未能达成一致。梳理现有概念，不难发现可划分为4个类别：联结主义、网络主义、行为主义和市场替代主义（见表2）。

表2 关系定义归类

| 分类 | 定义 |
|---|---|
| 联结主义 | 非正式、人际特殊联结[7,9,14] |
| 网络主义 | 个人、社会网络，非正式关系和恩惠交换网络[4,15,16] |
| 行为主义 | 个人之间通过建立联结实现某种特定目的[3,11,17,18] |
| 市场替代主义 | 建立关系在某种程度上可以弥补正式制度的缺失[19—21] |

联结主义认为关系是非正式的受隐性心理契约束缚以便遵循诸如维持长期关系、共同承诺、忠诚、义务等社会准则的个体之间的特殊的个人联结[9]，是促进人际恩惠交换的

联结，是回应于请求对方帮助的互惠义务[14]，包含个体之间人际互动的特别联系[5]。由此看来，联结主义认为关系是各种形式的特殊联结。

网络主义认为关系渗入每个人的社会生活和中国社会的方方面面，关系是一种复杂的和渗透性的包含隐晦的共同义务、保证和理解的关系网络，关系网的特征包括可转移、互惠、无形、效用[4]。Davies 等[15]认为，网络的概念抓住了关系的主要特征：网络是持续的关系，关系双方在没有积极和互惠参与的前提下不能完成所承担的活动；关系网络里的成员所发生的交易不仅具有商业性，而且是社会性的，包括交换恩惠和给予面子或社会地位。Lovett 等[16]指出，关系是非正式关系和恩惠交换网络，主导中国和东亚的商业活动。尽管关系具有网络的某些功能，如学习共享、知识转移、资源交换、获得合法性等[4]，但是如前所述，由于存在本质、产生基础、动机、时间导向、结果、结构等多方面的差异，不能将关系等同于西方的网络概念。

行为主义强调关系的工具性功能，是以实现特定目的如获取各种资源或信息、降低交易成本、克服机会主义等而自发产生的各种行为。关系是在两个独立的个人之间建立联结[17]，基于恩惠的互惠性交换[18]，个人之间为持续交换恩惠创造义务，以便实现个人或社会交易的双向流动[11]。

市场替代主义从制度视角看待关系，将关系看作一种治理架构，建立关系在某种程度上可以弥补正式制度的缺失。在缺乏可靠的政府保护、健全的法制环境中，企业建立关系以寻求“结构性支持”，作为正式制度的替代[20]；关系可用于减少因环境不确定性带来的交易成本[21]；尽管关系是转型经济中的一种可辨别的制度，但伴随着经济转型，关系在中国的城市工业经济中的作用将逐渐衰减[22]。

## 二　关系研究的演进

探讨关系研究的演进便于学术界了解其发展脉络，为深入研究指明方向（见表3）。

**表3　　关系研究演进**

| | 研究阶段 | | | |
|---|---|---|---|---|
| | 现象扫描 | 与西方概念建立联系 | 探讨因果机制 | 寻找前因 |
| 宏观视角 | 概念、原则、分类 | 市场、网络、社会资本、管理联系 | 探讨绩效、市场开发、知识转移、制度替代、竞争力 | 文化、制度、战略、组织、行业 |
| 微观视角 | | 关系人口特征、个人联系 | 绩效、组织行为、买卖双方影响 | 政治技能、职业发展、人际事件、政策不确定性、感知相似性、机会主义 |

由表3可知，关系研究从宏观和微观两个视角经历了以下4个阶段。

（1）现象扫描。在这个时期，关系作为一种社会现象进入管理学研究者的视野，逐渐从带有负面色彩的概念过渡为一个中性概念，关系研究体现在宏观层面。Hwang[13]将关系分为 3 类：表达性联系、工具性联系和混合性联系。工具性联系容易转变成混合性联系，而混合性联系和表达性联系难以相互转变。表达性联系是相对持久和稳定的社会关系，可以培养个人的亲情、安全、依附感，大多数发生在家庭、挚友等群体之中，可作为一种工具来获取一些想要的物质资源；工具性联系是实现目标的方式或工具，这种联系是不稳定的、暂时性的；混合性联系是个人通过人情和面子寻求影响他人的关系，关系双方彼此了解且有不强烈的表达性成分，此类关系被称为特殊联系，主要发生在亲友、邻居、同学、同事、师生、同乡等之间，对中国人的社会行为影响深远。Alston[22]比较了日本的 wa、中国的 guanxi 和韩国的 inhwa，这 3 种相似的概念是指导各国企业管理者的理念。Yang[23]通过剖析关系的历史和文化根源，认为关系是转型经济背景下中国社会的组织中的中心力量，关系包括礼赠、恩惠、宴请的交换，培植个人关系和共同依赖网络，制造义务和感激。Luo[17]讨论了关系的概念、原则及理念，认为关系是建立联系以便在个人关系中获取恩惠，总结出关系的 5 个原则：可转移、互惠、无形、效用主义和个人。Fan[24]对关系的概念予以澄清，关系（guanxi）可作为关系（relationship），但关系（relationship）不等同于关系（guanxi），关系（guanxi）还可作为联结、交换、资源与过程；关系可分成 3 类：家庭关系、帮助关系、商业关系。

（2）与西方概念建立联系。在这一阶段，关系研究在宏观和微观两个层面交叉展开。Xin 等[19]将“关系”和类似的西方概念“connection”相联系，以便西方学者能理解并接受这一具有中国情境的概念，研究中深入介绍了关系对企业成功的重要性，以及中国正式制度缺失背景下关系对市场的替代作用。Tsui 等[6]和 Farh 等[7]分析了关系人口特征这一西方概念在中国情境中的应用，通过比较关系和关系人口特征，指出关系人口特征的理念丰富了关系的概念，关系人口特征、潜在的社会范畴和识别过程可以解释在传统的关系概念中没有意义的“生人”范畴之间产生人际关系的可能性。Lovett 等[16]比较关系和市场两种不同体制的效率，该研究挑战了从伦理角度对关系的批评，认为关系是基于东方的原则并且是符合伦理规范的；此外，关系和市场两种体制将来可能存在融合的趋势，学术界对关系营销和虚拟整合的日益关注是这一趋势的最明显表象。Park 等[4]将关系和网络联系起来，通过整合制度、战略和组织因素建立关系利用理论，丰富了战略管理理论。Batjargal 等[25]将关系等同于社会资本，从之前的关系、第三方引荐、强联系 3 个方面进行测量。Li 等[26]将关系等同于管理联系，由商业联系和政治联系构成，商业联系包括评价高层管理者与其他企业管理者（如买方、卖方、竞争者）的联系，政治联系包括过去 3 年高层管理者与各级政府领导、行业管理部门官员、监管部门官员的联系。

（3）探讨因果机制。这一阶段的重要特征是探讨关系和组织之间的联系，关系对组织的影响是管理学关注的核心，大部分与关系相关的文献都与组织有关，现有研究主要集中于以下几个领域：①关系对组织绩效的影响[1,3,4,10,26,27—31]，包括财务绩效、市场绩效等；②关系在市场开发中的作用[15,28]，表现在获取资源、政府支持、信息、建立信任、提高交易效率等方面；③关系对组织行为的影响[7,32—36]，主要体现于上司与下属的关系、领导行为、组织动态、关系的负外部效应、组织信任；④关系在组织中知识转移的作用[37—40]；⑤关系对制度的替代[19,21]；⑥关系作为竞争力[14,20,25,26]，包括资源基础观、交易成本视角、社会资本视角等。

这一阶段相当多的研究成果发表在主流顶尖期刊上，大量的实证研究验证了关系和组织之间的联系，关系的概念逐渐被学术界所接受和认可，其合法性得以建立。

（4）寻找前因。现存不多的文献对关系的前因做了初步探寻：Park 等[4]提出制度、战略导向和组织因素是在中国使用关系的关键前提。Luo[41]认为，结构性不确定性、销售增长、管制强度、竞争压力、产能利用等行业因素影响管理网络，行业动力和管理网络之间的联系受到企业战略主动性的调节。Chen 等[42]探讨人际事件影响同事之间的关系，之前的关系疏远时积极事件创造的亲密度增加更大，之前的关系亲密时消极事件创造的亲密度减少更多。Wei 等[43]提出上司和下属关系在下属的政治技能和职业发展之间的关系中起中介作用。

## 三　关系的实证研究

### （一）关系的测量

绝大多数的管理学概念往往都不是可以直接观察的，构念是对外界现象的高度精确概括，有助于研究者直接进行有效的沟通交流。构念的测量在于把抽象的概念具体化，找到合适的测量指标，从而对构念所代表的现象进行科学的描述、区分、解释和预测[44]。现有大部分研究先将关系进行操作化定义，然后采用量表作为测量工具；部分研究直接采用量表测量。关系的操作化定义可以概括为商业联系、政治联系、组织内部联系三大范畴，其中大多数研究讨论的是商业联系。关系操作化定义的具体形式包括：联结[19]，联系[29]，上司与下属关系[32]，情感亲密和互动状态[28]，情感依附、介入个人生活、服从上司[32]，同事关系亲密度[42]。关系的测量总结见表4。

表4　关系的测量

| 测量维度 | 内容 | 范畴 | 文献 |
|---|---|---|---|
| 影响力 | 关系对入职、晋升、薪酬、工作分配、考核等人力资源管理各方面的影响 | 组织内部联系 | [9，42] |
| | 关系在营销、授信中的使用频率 | 商业联系 | [3] |
| 存在性 | 组织内部的关系网状态、数量、结构 | 组织内部联系 | [11] |
| | 与买方、供应商、竞争对手的联系 | 商业联系 | [4，26，31，45，46] |
| | 与政府、行业部门、监管机构的联系 | 政治联系 | |
| 重要性 | 关系的重要程度 | 商业联系 | [9，38] |
| 作用 | 抵御风险 | 商业联系 | [19] |
| | 获取资源、信息 | 政治联系 | [17，19] |
| 原则 | 道德、和谐、面子、施惠、互惠、情感 | 商业联系 | [47] |
| 上下级关系 | 互动频率、共同兴趣和利益的程度 | 组织内部联系 | [33，48] |
| | 私交、宴请、礼赠、沟通、支持 | 组织内部联系 | [32，34] |

续表

| 测量维度 | 内容 | 范畴 | 文献 |
|---|---|---|---|
| 实现途径（来源） | 信任、礼赠、同学、亲友、同姓、同乡、同事、师生、上下级关系、信任、承诺、沟通、保持关系网、结交、接触、建立和维持关系、成为“圈内人”、互惠、礼赠、频繁合作、之前的关系、第三方引荐、强联系、保持和谐 | 商业联系 | [7，19，25，28，30，39] |

由表4可知，现有研究对关系的测量表现出几个特点：①关系广泛存在于组织内部及外部。在组织内部的关系主要体现在人力资源管理、组织行为上，探讨关系对组织管理的影响；组织外部的关系有两种形式，其一为构建与维护供应链上的成员之间的关系以获取商业支持，其二为塑造与政府机构的关系以获取资源、制度支持。②关系的层次表现出多样性，既包括个人层面，也包括小组层面，此外还包括组织层面，这一特点带来了关系研究的复杂性，即如何实现关系在不同层级之间的转变，探讨关系演变过程与机理。③采用量表作为主要测量工具，折射出关系定义的多样性与复杂性，同时表现出测量结果的主观性。

（二）关系的结果变量

在组织研究中，学术界倾向于将关系看成是一种内部或外部资源，可以用于影响组织绩效或行为，因此现有研究大部分集中于关系的结果变量（见表5）。

表5 关系的结果变量

| 结果变量 | 文献 |
|---|---|
| 组织绩效 | [1，10，18，26，27，30，31，35，41，49，50] |
| 组织行为 | [9，33，34，36，51] |
| 人力资源管理 | [43] |
| 供应商管理 | [45] |
| 营销渠道管理 | [28] |
| 投资决策 | [25] |
| 企业伦理 | [38] |
| 知识转移 | [45] |
| 创业过程 | [46] |

由表5可知，关系的结果变量衡量来自组织内部或外部关系的影响。内部关系的影响包括：①组织行为，包括管理下属、组织管理中的信任、组织承诺、离职动机、参与性管理、程序公正、互惠等不同维度；②人力资源管理，包括工作安排、晋升、职业发展等维度。外部关系的影响包括：①组织绩效，主要包括经营成果、企业绩效、新创企业绩效3

个维度；②供应链管理，包括供应商管理、营销渠道管理等；③组织运营或伦理，包括投资决策、知识转移、创业过程、企业伦理等方面。

综上可知，关系的结果变量集中于组织绩效和组织行为中，其中组织绩效主要受外部关系影响，而组织行为主要受内部关系的影响。然而，内部关系也可能影响组织绩效，外部关系也可能影响组织行为，因此现有研究对关系的结果变量的检验不够全面。

### （三）关系的前因变量

现有文献对关系的前因变量的研究不多。Park 等[4]检验制度（所有权结构、区位）、战略导向和组织因素（规模、资源、年限）影响关系利用。Luo[41]认为结构性不确定性、管制强度、竞争压力、产能利用等行业因素影响管理网络；Chen 等[42]将人际事件作为关系的前因变量；Wei 等[43]将员工政治技能作为上下级关系的前因变量；Lin[1]提出儒家文化和组织伦理气候共同形成关系的前因；Abosag 等[52]认为人际喜好在建立关系中起着关键作用。

### （四）关系作为中介或调节变量

少量文献将关系作为调节变量或中介变量。Li 等[26]检验管理联系（商业联系和政治联系）在竞争定位对企业绩效的影响中的调节作用；Chen 等[42]检验了之前的关系亲密度调节行为事件对亲密度变化的效应；Chen 等[45]验证小组层面的关系实践调节个人之间关系实践和程序公正之间的关系。Wei 等[43]将关系作为中介变量，分析上司和下属关系在政治技能和职业发展中的中介作用。

## 四 学术界针对关系研究的多元视角

### （一）西方学者看关系

西方学者主要从商业伦理、制度或文化视角研究关系，对关系的评价可被归纳为 3 类：正面、中立和作用衰减。

Alston[22]较早正面评价关系，提出中国的官僚主义阻碍行动而关系促进行动。Ambler[53]批判将关系描绘成落后的或过时的生意方式并且与腐败对等的观点，指出这些观点与中国传统冲突而且是不准确的，和社会饮酒不等于醉酒一样，关系不等于腐败；中国人成功的关系先于交易，西方人成功的交易先于关系；关系是高度商业化和结构化的，不仅处于营销思维的前沿，而且可被看成一种竞争优势。Davies 等[15]认为，管理好关系可以增加竞争优势。西方的网络概念中也包含了中国的关系概念中的持续互惠义务，发生在关系网络的成员之间的交易不仅是商业性也是社会性的，包括交换恩惠、给面子或社会地位，这类交易必须审慎处理，因为西方商人过分强调关系中的送礼和酒宴会面临危险，会接近贿赂或被认为是“酒肉朋友”。Lovett 等[16]认为，关系体系是符合伦理的，且是世界上大多数企业的实践方式，东西方企业实践呈现融合的趋势，西方商业实践会逐渐转向关系型体系，“关系营销”和“虚拟整合”表现最明显，“关系营销”的 3 个前提条件和关系体系极为相似，是西方商业实践更一般化的代表[16]，可以和关系联系起来[54]。

Standifird 等[20]认为，不应考虑文化嵌入效应来解释基于关系的商业实践，因为关系不是独特的，事实上在某种程度上存在于每个社会之中。关系是处于市场和层级之间的关系型契约的一种形式，有助于克服有限理性、行为不确定性、机会主义等从而降低交易成本。中国社会的独特性在于关系在日常社会与商业生活中起着中心作用。

Dunfee 等[11]对关系实践的评价是中立的，认为存在不同类型的关系，对经济效率和普通民众的福利有不同影响。用于未来商业关系基础的送礼和娱乐在一些文化中是普遍的，在宏观层面关系的作用包括发出信任信号、形成非正式网络克服管理体系中的低效率、促进交换效率。由此，当关系被作为与网络等概念使用时，应当采用应用于西方商业娱乐中的相同标准来评价关系；但是被用于践踏政府规章时，可能等同于公共领域贿赂。关系的缺陷在于：可能减少社会财富、以他人利益为代价使少数人受益、扰乱信托责任、不被相关群体的真实规范支持、违反行为规范、产生背景机构腐败。在很多人看来，关系是一个与腐败同义的中国词语，但是真正的关系不能仅仅通过一次贿赂建立起来。Warren 等[40]认为关系是一把双刃剑，既有正面影响，又有负面影响，表现在关系可能使中心成员受益，同时使整体利益受损。

Guthrie[21]提出转型经济中关系是一种制度，一些大型工业组织的管理者越来越视关系实践为不必要的和危险的。尽管管理者看重商业交易中的社会联系，相对于价格和质量，关系是次要的。中国政府正建立理性法制系统来治理经济行动者的决策和实践，此外，政府持续赋予企业经济责任，市场约束迫使组织思考有经济意义的因素，其中一些因素与使用社会联系相冲突。伴随着经济转型进程，关系在中国的城市工业经济中的作用衰减。

（二）国内学者看关系

国内学者主要从关系的概念、工具性、商业伦理或文化角度开展研究。

Hwang[13]将关系分为 3 类：表达性联系、工具性联系和混合性联系。表达性联系存在于家庭成员、亲密朋友等之间，适用需求法则；工具性联系存在于生人之间，适用公平法则；混合性联系存在于亲戚、邻居、同学、同事、师生、同乡等之间，适用人情法则。表达性联系最稳定，工具性联系不稳定、暂时性。Hwang[13]的研究成为后续关系研究的重要理论基础。Luo[55]提出中国人使用关系这个一般性术语时通常仅仅指熟人联系，工作场所中的确存在称为“熟人联系”的关系，熟人联系包含的信任和友谊一样多、比生人联系多。中国人可能在生人中寻找可能的伙伴，然后在这一关系内建立信任，并逐渐转化成熟人联系，正是通过这些联系，人际信任得以增加以及促进复杂交易，中国的关系既有工具性交换要素，也加入情感性要素。不同于 Hwang[13]的研究，Zhang 等[35]概括了 3 类关系：义务型、互惠型和功利型。义务型关系包括家庭、家族、姻亲成员等；互惠型关系包括具有类似经历或背景的邻居、同乡、同学、同事或其他亲密朋友；功利型包括一般熟人，尤其值得一提的是，他认为此类关系不包括陌生人，因为没有共同身份或中介的陌生人关系不能被认为是一种关系，买卖关系是正式的或契约关系，经济考虑是功利型关系的重要激励因素，不必包含恩惠交换，不可避免地和腐败、贿赂相关联。

在关系的工具性上国内学者认识较为一致，即认可关系作为一种有效的工具或资源，可以在宏观、微观各个层面对战略、组织绩效、组织行为等产生影响，因此绝大多数的研究都集中于关系的工具性，将关系作为前因变量或中介变量研究关系带来的不同效应，包括正向效应[32,34,46,51]、双重效应[26,31,45]和负向效应[30]，更多的学者研究关系的正面效应。综上可知，国内学者比较认同关系在商业领域的作用，关系作为一种根植于中国传统文化的概念，其作用并不会衰减。尽管现有研究发现关系的负面效应，但并不能因此而否定关系的正面效应，总体来看关系的正面效应大于负面效应。

与西方学者一样，国内学者在关系的商业伦理上存在一定分歧。Su 等[38]区分了两种关系：寻求恩惠型关系和寻租型关系，前者根植于文化，指集体主义社会下社会接触和人际交换资源；后者反映制度准则，指中国社会主义市场经济中基于权力交易的社会勾结，是当今中国腐败的真正来源。混淆两种类型关系导致关系是不符合伦理的信念。关系是中国人的内在工作伦理，可被理解为一种在华经营的文化方式，关系不是贿赂的同义词，进入关系并不等同于进入不符合伦理的关系网，关系的准则是义务、互惠等。Lin[1]研究儒家文化和组织伦理气候对关系的影响，并比较台湾和大陆的关系。研究表明，台湾保持了更多儒家文化，比大陆更重视关系，尤其是面子；在伦理气候上，台湾倾向于工具性、法律和准则伦理气候。

### （三）海外华人学者看关系

海外华人学者在关系的商业伦理问题及动态变化性上存在明显的分歧。

Xin 等[19]认为，关系是东方社会中一种普遍和重要的文化与社会要素，同时也是促进个人和组织之间关系的重要动力。发展关系可被看成是一种面对竞争和客户资源短缺的竞争优势，因此成为中国社会中社会资本和商业活动的重要来源。关系有助于应对中国的官僚主义[17]，是中国最有效的营销工具，跨国投资者可以通过构建关系网获取优势[3]，是一种投资，但不是简单的“以费用换取服务”，企业可以通过从其建立的关系网中受益来提高绩效。Qi[56]认为关系一方面具有寻求恩惠特征，另一方面具有寻租特征，未能认识到差异可能导致严重的混淆：因为关系提供特殊而非一般的资源通道，且在个人关系而不是正式结构中运行，所以容易将其和腐败、贿赂及滥用权力相联系。尽管关系本身不导致腐败，但如果发生腐败，关系可能是原因之一，关系强调人情、长期义务和关系绑定，而腐败仅仅强调物质利益。

2001 年起学术界开始关注关系的负面效应[57]，呼声最强烈的是 Fan[39]，他认为关系给个人以及所代表的组织带来利益，但以牺牲其他个人或企业的利益所获得，因此对社会有危害；且认为企业和政府的关系是中国的主要商业关系形式，关系的利益包括获取资源、寻求保护，但是以稀释社会利益为代价；关系是当前政治和社会经济环境下不可避免的邪恶，提供了滋生腐败的土壤，在中国关系是腐败以及裙带关系、贿赂、欺诈的同义词。商业关系是中国政治和社会经济环境的产物：不完善的法律制度、过渡的市场架构、欠发达的基础设施以及传统文化价值。随着市场经济的深入，商业关系的重要性会逐渐降低。很明显，Fan 将商业关系主要归结为企业与政府的关系过于偏激。

Chen 等[57]认为，管理中关系实践通过感知的程序公正负面影响信任。Gu 等[18]提出关系是一种治理机制，是由中国的制度形成的国家特定的关系型交易形式，影响企业行为；关系的负面效应包括过多承载义务、过分嵌入导致集体盲目性、减少新观念流入网络。

在关系的重要性是否会在当前经济转型以及在未来是否会持续这一问题上，一些研究者认为市场经济必然受法律法规约束，中国进一步融入全球化经济要求制度发展，会“挤出”关系。Guthrie[21]认为，关系是一种依赖于中国社会的制度架构而非文化，是由制度界定的体系；关系盛行源于中国薄弱的制度架构，但随着中国的理性官僚体制成熟，关系的重要性会衰减甚至最终消失，关系的地位从主要转向补充。Tsang[14]认为，关系是在中国商业成功的必要而非充分条件，关系的优势很难持续，因为关系受到员工流动的影响。Park 等[4]指出，由于互惠和功利性需求，培育和维持关系代价高昂，个人依附和联系的义务有时阻碍为提高企业利润而采取的必要商业变化，因此关系不必促进利润增长，在经济改革和结构性调整期间更明显，因为培育关系需要大量金钱投资，抵消市场扩张带来的利益。随着相互联系的关系各方注意到互惠规范以及以任何代价来维持网络，关系网的经济动机被抵消。相反，Yang[23]认为，关系作为一种独特的中国文化，其重要性会持续，商业关系嵌入在个人联系之中，关系会维持其有效性，关系实践可能会在中国社会中加速增长。Luo[55]认为，关系是一种关系型润滑剂，也是一种非正式治理机制来帮助中国的组织创造社会和经济价值。商业联系在中国成为一种有价值的战略工具，政府联系随着中国制度环境的发展而衰减；政府联系通常和腐败交织在一起，管理者应该继续加强商业联系，对政府联系需谨慎。Chang[2]进行了更全面的解释，认为用于取得想要东西的“获取型”的关系在中国面临衰减，而强调在共同受益的联系中培育信任和理解“嵌入型”关系越来越重要，即寻租型关系会被寻求恩惠型关系替代。

海外华人学者针对关系的跨文化研究主要是比较和关系类似的概念。比如，Tsui 等[6]比较关系和关系人口特征两个不同文化背景下的概念，提出关系人口特征可以丰富关系的概念。Wang[8]比较关系营销与关系的异同：相同点包括共同理解、合作性行为、长期导向。不同点包括关系营销的指导原则是法律和规则，而关系的指导原则是道德和规范；关系中包含情感依附，关系营销缺少感情；关系营销的基础是信任、关系承诺，关系的基础是人情。

## 五 结论与讨论

通过梳理管理学领域现有针对关系的文献，本研究厘清了关系的定义、发掘了关系研究的演进路径、归纳实证研究中关系的测量维度及各类变量。①关系没有统一的定义，现有文献对关系的定义可以归结为 4 类：联结主义、网络主义、行为主义和市场替代。②关系研究的演进路径先后经历了中国情境深度扫描、与西方相关概念建立联系、因果机制探讨几个阶段，研究视角从早期的分化逐步过渡到统一，表明关系研究从一个单纯的社会现象被提升到学术研究的高度并获得合法性。③现有实证文献大都将关系作为前因变量，主要检验关系对组织绩效、组织行为等影响，量表是关系的主要测量工具，测量维度集中于商业联系、政治联系、组织内部联系 3 个大范畴；部分文献探讨了关系的前因变量；此外，关系作为调节变量、中介变量也得到了初步探索。④比较了西方学者、国内学者、海外华人学者在关系研究上的不同视角。

### （一）关系研究对中国情境概念研究的借鉴

关系作为一个具有独特中国情境的概念在短短 20 多年里已获得学术界的合法地位，而其他一些概念如“道”“人情”“面子”“圈子”“阴阳”等却未得到相应的认可。由此，深入剖析关系的研究路径，对于推动更多的中国情境概念研究符合国际管理学研究规范、丰富国际管理学理论、提升中国管理学术界的国际影响力具有重要的借鉴意义和现实意义。

（1）研究中国情境概念必须深入发掘概念的文化和社会内涵。关系是一个典型的被移植到管理学中的社会学概念，社会学对关系的研究较为深刻，为关系提供了丰富的理论基础，提升了关系的理论解释能力，并为形成管理学的理论提供了可能。此外，中国两千多年的儒家文化积淀奠定了关系在中国经济和社会中的重要地位，塑造了关系的丰富内涵，赋予关系在当代管理学领域的独特研究价值。

（2）关系弥补了西方主流理论对中国独特现象解释力的缺乏。如 Boisot 等[58]所述，中国经济的高速发展是在不同于西方的行业治理和交易的体制背景下实现的。根据西方的经验，现代化要求制度变化将交易首先转向官僚，然后转向市场，而事实上中国在未能经历有效的现代化的前提下实现了经济的高速增长，很显然西方的理论在此现象面前表现得苍白无力。由此，Boisot 等[58]提出中国的制度形式是网络资本主义，关系作为一种特殊的网络形式，可以为中国经济现象背后独特的形成机理提供合理的解释，这是关系概念逐步为国际学术界所认可的重要因素之一。

（3）同西方概念建立关联。关系的丰富内涵使得西方语言中找不到对等的词语，因此以外来的中国词语 guanxi 呈现在西方学者面前[56]。作为一个外来的概念必然面临“外来者劣势”，如何让关系的概念为国外学术界所理解和接受，进而获得合法学术地位，可行的途径之一是和成熟的西方概念如网络、社会资本、关系营销、关系人口特征等建立关联，并比较东西方概念之间的异同来展示中国概念的独特魅力，以吸引西方学者的兴趣。

（4）探究因果机制。探究概念的因果机制是为了发掘原因和现象背后的作用机理，从而增强理论的解释力。全方位剖析关系的前因、结果、中介机制、调节机制，便于西方学者全面理解关系概念的丰富性和重要性，是关系概念顺利进入国际主流学术期刊进而得以广泛传播的重要基础，关系概念的合法性由此得以确立。

### （二）未来可能的研究方向

1. 实证研究

现有研究还存在诸多有待深入之处，未来可从以下几个方面入手。

（1）关系的动态与演化。

现有研究大多从静态视角探讨关系，忽略了关系的动态演变。关系网络的结构、性质、功能会随时间推移、环境变化、制度变迁发生改变，如好关系可能转变成坏关系、坏关系可能转变成好关系[37]、紧密关系转变成疏远关系、疏远关系转变成紧密关系，因此有必要检验关系转变的机理。此外，关系与环境可能存在共演[10]，即行业结构、制度环境演化与关系网络演化相关，未来可从共演视角对组织网络战略以及制度环境变化影响进行检验。

（2）探讨不同层次关系在组织中的作用与互动。

现有针对组织绩效的研究偏重于检验组织高层管理者的关系网络，忽略了中层管理者如销售经理、采购经理等的关系网络，尤其是忽略了一线员工如销售人员、采购人员等的关系网络[10]。事实上，组织的边界人员的关系网络对组织绩效有重要影响，未来研究可聚焦于边界人员关系网络的形成，检验其对组织绩效的影响，以及此类关系网络如何逐级向上演变成中层、高层管理者关系网络进而转化为组织关系网络。此外，组织内部的人际关系、群体关系对组织绩效可能存在影响，但现有文献缺乏此类研究，未来研究可探讨人际关系、群体关系与组织关系的异同[35]，并比较对组织绩效的作用。关系对组织中的群体的研究几乎完全空白，因此，未能揭示由亲密或疏远的关系组成的工作群体在群体动力学和群体效率上的差异，或者双向群体间关系如何影响群体绩效；有关非正式关系和正式组织之间的区别和界面的研究也较为缺乏[59]。

（3）厘清关系与组织绩效的因果关系。

现有文献普遍将组织绩效作为关系的结果变量，这种研究视角模糊了关系与绩效的因果关系，因为关系网络并不一定有助于更好的组织绩效[50]；相反，组织绩效可以作为关系的前因变量，如良好的组织绩效会巩固组织外部关系网络或者有助于网络形成，因为相比不太成功的企业，成功的企业的管理者往往更受欢迎进而吸引更多的个人联系[10]。通过整合社会资本和交易成本理论来识别产生联系的起源和条件，可以在一定程度上克服因果模糊问题[27]。

（4）寻找关系的前因变量，探讨关系的调节、中介机制。

将关系作为结果变量的文献不多见，现有文献仅局限于视关系为一种具有中国情境的特殊现象，阐述形成关系的文化、制度背景，缺乏深入检验。此外，将关系作为调节变量、中介变量也有益于探究关系的作用机理。

（5）全方位检验影响组织绩效、组织行为的因素。

现有文献偏向认为组织绩效主要受外部关系影响，而组织行为主要受内部关系影响。这种研究模式有失偏颇，因为内部关系可能影响组织绩效，外部关系可能影响组织行为，未来的研究可以跳出现有定式，从内部关系、外部关系不同角度全面检验影响组织绩效、组织行为的因素。

2. 理论构建的可能性

西方情境中建立的组织理论在中国情境下在某种程度上存在水土不服，尽管一些理论能够识别主要的环境和文化变量，但是嵌入在狭隘的假设之中。Meyer[60]指出，尽管关系联系、关系质量、关系实践对应主流文献中的概念如网络、社会资本、关系营销，但是这些文献不能全面地解释大中华地区的现象。关系是一个复杂的概念，与管理学、营销学、经济学、社会学、人种学、心理学、组织行为、人力资源管理相关联，关系的概念具有建立理论的能力，但是主要是被作为研究目标而不是作为理论构建的基础[61]，因此有必要建立关系的中层理论[17]。

对组织管理研究领域的学者而言，建立中层理论具有一定的挑战性但也是现实的选择。这是因为组织具有边界，而组织现象又是高度情境化的。很多社会或者政治的因素会影响到组织管理实践中的解决方案。这种特性使得组织研究者容易以实用的术语来建构理论，并通过发现在组织情境中存在的具体关系而建立起一些细微理论。社会科学中的宏大理论由于其高度抽象，很难将其概念和命题操作化为变量或者假设，或者由于其概念和命题高度抽象，不同的学者对其进行的操作化可能完全不同。这些情况最终导致的结果是无法对宏大理论进行验证。相反，中层理论的突出特点在于它建立起来后需要被验证，因此这种理论就成为宏大理论和实证研究之间的重要桥梁[44]。

中层理论的建立涉及的重要成分有：概念界定、因果关系、作用机制、边界条件。建立关系的中层理论，必须精确而全面地进行概念界定，以确保其描述的独特现象能够被现实世界所识别。现有文献中在关系的概念的认识上存在较多分歧，亟待加以整合，便于关系概念的操作化。关系的理论构建可以建立在给西方理论提供新的视角基础之上，或者是关系的一些方面可被应用到既有理论问题中，在某种程度上改变理论[61]。由此，可以吸收整合西方的网络、社会资本、资源依赖理论、资源基础观、权力—依赖理论[62]来建立关系的理论框架。在关系理论的作用机制方面，如前所述，必须完善各类前因、结果、中介、调节变量，以便准确地表达作用机制。在关系理论的边界界定上，由于关系的要素中包含了反对个人主义的中国文化特质[56]，限制了关系理论的普遍适用性，因此有必要将关系去中国化来提高理论的解释能力。

**参考文献**


[1] Lin L. H.，“Cultural and Organizational Antecedents of Guanxi: The Chinese Cases”，*Journal of Business Ethics*，2011，Vol. 99，No. 3，pp. 441 – 451.

[2] Chang K. A.，“Path to Understanding Guanxi in China's Transitional Economy: Variations on Network Behavior”，*Sociological Theory*，2011，Vol. 29，No，4，pp. 315 – 339.

[3] Luo Y.，“Guanxi and Performance of Foreign – Invested Enterprises in China: An Empirical Inquiry”，*Management International Review*，1997，Vol. 37，No. 1，pp. 51 – 70.

[4] Park S. H.，Luo Y. “Guanxi and Organizational Dynamics: Organizational Networking in Chinese Firms”，*Strategic Management Journal*，2001，Vol. 22，No. 5，pp. 455 – 477.

[5] Morgan R. M.，Hunt S. D.，“The Commitment – Trust Theory of Relationship Marketing”，*Journal of Marketing*，1994，Vol. 53，No. 3，pp. 20 – 38.

[6] Tsui A. S.，Farh J. L. L.，“Where Guanxi Matters: Relational Demography and Guanxi in the Chinese Context”，*Work and Occupations*，1997，Vol. 24，No. 1，pp. 56 – 79.

[7] Farh J. L.，Tsui A. S.，Xin K.，et al.，“The Influence of Relational Demography and Guanxi: The Chinese Case”，*Organization Science*，1998，Vol. 9，No. 4，pp. 471 – 488.

[8] Wang C. L.，“Guanxi vs. Relationship Marketing: Exploring Underlying Differences”，*Industrial Marketing Management*，2007，Vol. 36，No. 1，pp. 81 – 86.

[9] Chen X. P.，Chen C. C.，“On the Intricacies of the Chinese Guanxi: A Process Model of Guanxi Development”，*Asia Pacific Journal of Management*，2004，Vol. 21，No. 3，pp. 305 – 324.

[10] Luo Y.，Huang Y.，Wang S. L.，“Guanxi and Organizational Performance: A Meta – Analysis”，*Management and Organization Review*，2012，Vol. 8，No. 1，pp. 139 – 172.

[11] Dunfee T. W.，Warren D. E.，“Is Guanxi Ethical? A Normative Analysis of Doing Business in China”，*Journal of Business Ethics*，2001，Vol. 32，No. 3，pp. 191 – 204.

[12] 刘娜：《海外学者对中国社会关系网络的研究》，《青海社会科学》2014 年第 2 期。

[13] Hwang K.，“Face and Favor: The Chinese Power Game”，*American Journal of Sociology*，1987，Vol. 92，No. 4，pp. 944 – 974.

[14] Tsang E. W. K.，“Can Guanxi Be a Source of Sustained Competitive Advantage for Doing Business in China?” *Academy of Management Executive*，1998，Vol. 12，No. 2，pp. 64 – 78.

[15] Davies H., Leung T. K., Luk S. T., et al., "The Benefits of 'Guanxi': The Value of Relationships in Developing the Chinese Market", *Industrial Marketing Management*, 1995, Vol. 24, No. 3, pp. 207 - 214.

[16] Lovett S., Simmons L. C., Kali R., "Guanxi versus the Market: Ethics and Efficiency", *Journal of International Business Studies*, 1999, Vol. 30, No. 2, pp. 231 - 247.

[17] Luo Y., "Guanxi: Principles, Philosophies, and Implications", *Human Systems Management*, 1997, Vol. 16, No. 1, pp. 43 - 51.

[18] Gu F. F., Hung K., Tse D. K., "When Does Guanxi Matter? Issues of Capitalization and its Dark Sides", *Journal of Marketing*, 2008, Vol. 72, No. 4, pp. 12 - 28.

[19] Xin K. R., Pearce J. L., "Guanxi: Connections as Substitutes for Formal Institutional Support", *Academy of Management Journal*, 1996, Vol. 39, No. 6, pp. 1641 - 1658.

[20] Standifird S. S., Marshall R. S., "The Transaction Cost Advantage of Guanxi - Based Business Practices", *Journal of World Business*, 2000, Vol. 35, No. 1, pp. 21 - 42.

[21] Guthrie D., "The Declining Significance of Guanxi in China's Economic Transition", *The China Quarterly*, 1998, Vol. 154, No. 2, pp. 254 - 282.

[22] Alston J. P. W., "Guanxi and Inhwa: Managerial Principles in Japan, China, and Korea", *Business Horizon*, 1989, Vol. 32, No. 2, pp. 26 - 31.

[23] Yang M. M. H., *Gifts, Favors, and Banquets: The Art of Social Relationships in China*, Ithaca: Cornell University Press, 1994

[24] Fan Y., "Questioning Guanxi: Definition, Classification and Implications", *International Business Review*, 2002, Vol. 11, No. 5, pp. 543 - 561.

[25] Batjargal B., Liu M., "Entrepreneurs' Access to Private Equity in China: The Role of Social Capital", *Organization Science*, 2004, Vol. 15, No. 2, pp. 159 - 172.

[26] Li J. J., Zhou K. Z., Shao A. T., "Competitive Position, Managerial Ties, and Profitability of Foreign Firms in China: An Interactive Perspective", *Journal of International Business Studies*, 2009, Vol. 40, No. 2, pp. 339 - 352.

[27] Peng M. W., Luo Y., "Managerial Ties and Firm Performance in a Transition Economy: The Nature of a Micro - Macro Link", *Academy of Management Journal*, 2000, Vol. 43, No. 3, pp. 486 - 501.

[28] Zhuang G., Xi Y., Tsang A. S. L., "Power, Conflict, and Cooperation: The Impact of Guanxi in Chinese Marketing Channels", *Industrial Marketing Management*, 2010, Vol. 39, No. 1, pp. 137 - 149.

[29] Leung T. K. P., Chan R. Y. K., Lai K., et al., "An Examination of the Influence of Guanxi and Xinyong (Utilization of Personal Trust) on Negotiation Outcome in China: An Old Friend Approach", *Industrial Marketing Management*, 2011, Vol. 40, No. 7, pp. 1193 - 1205.

[30] Nie R., Zhong W., Zhou M., et al., "A Bittersweet Phenomenon: The Internal Structure, Functional Mechanism, and Effect of Guanxi on Firm Performance", *Industrial Marketing Management*, 2011, Vol. 40, No. 4, pp. 540 - 549.

[31] Shou Z., Chen J., Zhu W., et al., "Firm Capability and Performance in China: The Moderating Role of Guanxi and Institutional Forces in Domestic and Foreign Contexts", *Journal of Business Research*, 2014, Vol. 67, No. 2, pp. 77 – 82.

[32] Chen Y., Friedman R., Yu E., et al., "Examining the Positive and Negative Effects of Guanxi Practices: A Multi – Level Analysis of Guanxi Practices and Procedural Justice Perceptions", *Asia Pacific Journal of Management*, 2011, Vol. 28, No. 4, pp. 715 – 735.

[33] Chen Y., Yu E., Son J., "Beyond Leader – Member Exchange (LMX) Differentiation: An Indigenous Approach to Leader – Member Relationship Differentiation", *Leadership Quarterly*, 2014, Vol. 25, No. 3, pp. 611 – 627.

[34] Shih C. T., Lin C. C. T., "From Good Friends to Good Soldiers: A Psychological Contract Perspective", *Asia Pacific Journal of Management*, 2014, Vol. 31, No. 1, pp. 309 – 326.

[35] Zhang Y., Zhang Z., "Guanxi and Organizational Dynamics in China: A Link between Individual and Organizational Levels", *Journal of Business Ethics*, 2006, Vol. 67, No. 4, pp. 375 – 392.

[36] Chen C. C., Chen X. P., "Negative Externalities of Close Guanxi within Organizations", *Asia Pacific Journal of Management*, 2009, Vol. 26, No. 1, pp. 37 – 53.

[37] Buckley P. J., Clegg J., Tan H., "Cultural Awareness in Knowledge Transfer to China: The Role of Guanxi and Mianzi", *Journal of World Business*, 2006, Vol. 41, No. 3, pp. 275 – 288.

[38] Su C., Sirgy M. J., Littlefield J. E., "Is Guanxi Orientation Bad, Ethically Speaking? A Study of Chinese Enterprises", *Journal of Business Ethics*, 2003, Vol. 44, No. 4, pp. 303 – 312.

[39] Fan Y., "Guanxi's Consequences: Personal Gains at Social Cost", *Journal of Business Ethics*, 2002, Vol. 38, No. 4, pp. 371 – 380.

[40] Warren D. E., Dunfee T. W., Li N., "Social Exchange in China: The Double – Edged Sword of Guanxi", *Journal of Business Ethics*, 2004, Vol. 55, No. 4, pp. 353 – 370.

[41] Luo Y., "Industrial Dynamics and Managerial Networking in an Emerging Market: The Case of China", *Strategic Management Journal*, 2003, Vol. 24, No. 13, pp. 1315 – 1327.

[42] Chen X. P., Peng S., "Guanxi Dynamics: Shifts in the Closeness of Ties between Chinese Coworkers", *Management and Organization Review*, 2008, Vol. 4, No. 1, pp. 63 – 80.

[43] Wei L. Q., Liu J., Chen Y. Y., et al., "Political Skill, Supervisor: Subordinate Guanxi and Career Prospects in Chinese Firms", *Journal of Management Studies*, 2010, Vol. 47, No. 3, pp. 437 – 454.

[44] 陈晓萍、徐淑英、樊景立：《组织与管理研究的实证方法》（第2版），北京大学出版社2013年版，第325页。

[45] Chen Z., Huang Y., Sternquist B., "Guanxi Practice and Chinese Buyer – Supplier Relationships: The Buyer's Perspective", *Industrial Marketing Management*, 2011, Vol. 40, No. 4, pp. 569 – 580.

[46] Chen M. H., Chang Y. Y., Lee C. Y., "Creative Entrepreneurs' Guanxi Networks and Success: Information and Resource", *Journal of Business Research*, 2015, Vol. 68, No. 4, pp. 900 – 905.

[47] Yen D. A., Barnes B. R., Wang C. L., "The Measurement of Guanxi: Introducing the GRX Scale", *Industrial Marketing Management*, 2011, Vol. 40, No. 1, pp. 97 – 108.

[48] Zhang L., Deng Y., Wang Q., "An Exploratory Study of Chinese Motives for Building Supervisor – Subordinate Guanxi", *Journal of Business Ethics*, 2014, Vol. 124, No. 4, pp. 659 – 675.

[49] Li H., Zhang Y., "The Role of Managers' Political Networking and Functional Experience in New Venture Performance: Evidence from China's Transition Economy", *Strategic Management Journal*, 2007, Vol. 28, No. 8, pp. 791 – 804.

[50] Zhang S., Li X., "Managerial Ties, Firm Resources, and Performance of Cluster Firms", *Asia Pacific Journal of Management*, 2008, Vol. 25, No. 4, pp. 615 – 633.

[51] Liu J., Hui C., Lee C., et al., "Why Do I Feel Valued and Why Do I Contribute? A Relational Approach to Employee's Organization – Based Self – Esteem and Job Performance", *Journal of Management Studies*, 2013, Vol. 50, No. 6, pp. 1018 – 1040.

[52] Abosag I., Naudé P., "Development of Special forms of B2B Relationships: Examining the Role of Interpersonal Liking in Developing Guanxi and Et – Moone Relationships", *Industrial Marketing Management*, 2014, Vol. 43, No. 6, pp. 887 – 896.

[53] Ambler T., "Marketing's Third Paradigm: Guanxi", *Business Strategy Review*, 1994, Vol. 5, No. 4, pp. 69 – 80.

[54] Shaalan A. S., "East Meets West: Toward a Theoretical Model Linking Guanxi and Relationship Marketing", *Journal of Business Research*, 2013, Vol. 66, No. 12, pp. 2515 – 2521.

[55] Luo J. D., "Guanxi Revisited: An Exploratory Study of Familiar Ties in a Chinese Workplace", *Management and Organization Review*, 2011, Vol. 7, No. 2, pp. 329 – 351.

[56] Qi X., "Guanxi, Social Capital Theory and Beyond: Toward a Globalized Social Science", *British Journal of Sociology*, 2013, Vol. 64, No. 2, pp. 308 – 324.

[57] Chen C. C., Chen Y. R., Xin K., "Guanxi Practices and Trust in Management: A Procedural Justice Perspective", *Organization Science*, 2004, Vol. 15, No. 2, pp. 200 – 209.

[58] Boisot M., Child J., "From Fiefs to Clans and Network Capitalism: Explaining China's Emerging Economic Order", *Administrative Science Quarterly*, 1996, Vol. 41, No. 4, pp. 600 – 628.

[59] Chen C. C., Chen X. P., Huang S., "Chinese Guanxi: An Integrative Review and New Directions for Future Research", *Management and Organization Review*, 2013, Vol. 9, No. 1, pp. 167 – 207.

[60] Meyer K. E., "Context in Management Research in Emerging Economies", *Management and Organization Review*, 2015, Vol. 11, No. 3, pp. 369 – 377.

[61] Qi X., "A Case Study of Globalized Knowledge Flows: Guanxi in Social Science and Management Theory", *International Sociology*, 2012, Vol. 27, No. 6, pp. 707 – 723.

[62] Gu H. , Ryan C. , Bin L. , et al. , "Political Connections, Guanxi and Adoption of CSR Policies in the Chinese Hotel Industry: Is There a Link?" *Tourism Management*, 2013, Vol. 34, pp. 231 –235.

（刘林青、梅诗晔，武汉大学经济与管理学院）

原载《管理学报》2016 年第 4 期

# 第三篇

# 学科综述

# 企业管理学科前沿研究报告

王钦　刘湘丽　张小宁　肖红军　赵剑波　秦铮

组织惯性与组织变革之间有着紧密的联系，但组织惯性对组织变革的影响并不是单一的阻碍或促进作用，而是随着变革发展阶段的不同而作用有所不同。组织应根据不同阶段惯性的作用来采取不同的应对措施，当组织惯性对组织的发展和变革造成阻碍时，就应通过组织文化、组织学习及组织制度来克服，其目的是最小化组织惯性的不利影响，同时尽可能发挥其积极作用。

越来越多的中国企业通过跨国技术并购实现创新发展，并提升自己的核心竞争力。中国企业的跨国并购呈现"逆向"特征，吸收能力能够保证先进技术知识从"弱"到"强"的有效转移。知识基础、知识一致性、市场轨道稳定性是实现从"逆向并购"到"逆向吸收"的三个重要因素，也是决定中国企业跨国并购成败的前提条件。通过构建和提升吸收能力，实现从"逆向并购"到"逆向吸收"的跨越，有助于中国企业开拓全球市场。

有关人力资源管理系统与组织绩效关系的研究，为理解现代企业战略人力资源管理实践提供了有价值的理论依据和启示。综合以往研究，一方面，人力资源管理系统构成和组织绩效的测量缺乏统一性和有效性；另一方面，人力资源管理实践与组织绩效关联机制缺乏深入具体的分析。这也反映出人力资源管理实践的现实性与复杂性。

绩效评估是对组织、个人、活动的一种评价，绩效评估具有引导、规范、优化的机制。绩效评价的目的，就管理而言，最终都是为提高企业管理绩效。在传统型企业中，绩效管理的变化可能不大。但在新工业革命的背景下，传统企业转型升级是必然的，其绩效评估和绩效管理也会有所变化。

企业社会责任研究的方法不断充实，研究的内容逐渐宽泛，研究的议题也日益多元。在近2年的国内外学者对企业社会责任的研究中，研究领域逐渐呈现出学科交叉的特征，从近一年来国内外研究文献来看，企业社会责任问题与会计学、财务管理学、人力资源管理以及消费者行为学、市场营销战略等学科逐渐融合，探讨的问题日益多元化。

## 一　组织惯性研究前沿问题

### （一）组织惯性的基本概念

1. 组织惯性的含义

惯性（inertia）本是物理学概念，指的是物体保持运动状态不变的一种趋势和特性。

后来这一概念被引入管理学领域，最早由 Hannan 和 Freeman（1977）在其开创的群体生态学组织理论（也有学者称为组织生态学理论）中共同提出，认为惯性会对组织结构造成变革压力，但并没有明确定义惯性的含义。Schwenk（1989）等人认为惯性是指对存在问题的战略的持续承诺；现代管理学把它定义为能够对企业产生不利影响的短视行为（姜春林等，2014），它不仅存在于个人身上，而且存在于团队、项目和组织层面上（Audley Genus 等，2010）。

组织惯性（organizational inertia）即反映在组织层面上的惯性，对此学者有着不同的定义：Miller（1980）、Tushman（1985）等认为组织惯性是组织无法随着外界环境的重大变化而做出内部调整的现象，也即组织缺乏足够的实施内部变革的能力；Hannan（2004）等认为，组织惯性是指考虑到变革的预期成本和收益后，组织对改变其结构的一种持续抵抗现象；赵杨（2009）等认为组织惯性是组织的一种属性，描述的是组织维持现状的趋势和对当前战略框架之外的战略性变化的抵制，通常表现为组织的思维惯性和组织的行为惯性；陈扬（2011）等认为组织惯性是那些组织历史所导致的、不符合环境变化要求的行为和认知范式，它导致了企业对环境变化反应的迟钝性；范冠华（2012）则把组织惯性定义为，随着组织存在时间及经验的累积，组织经常偏好于过去的管理行为，倾向采取稳定的运作方式，因而当面临外部环境改变的冲击时，往往无法有效应对，甚至出现抗拒变革的现象。虽然定义不同，但这些观点具有明显的共识，即组织惯性是组织倾向于维持现状而不愿意或不能够做出改变的趋势和现象。

2. 组织惯性的分类

组织惯性问题不仅广泛存在于企业组织中，而且也经常见于其他公共组织，例如医院、大学以及政府部门等（Akihito Asano et al.，2007），而一般的研究都主要关注于企业组织。对企业来说，常见的组织惯性包括结构惯性、竞争惯性、知识惯性、文化惯性等。

结构惯性是指组织的行为能力与其所处环境的一种对应关系，当组织的重组速度小于环境变化速度时，就称该组织存在着结构惯性，小得越多惯性越大。这意味着某个组织可能在一种环境中惯性较大而在另一种环境中惯性却很小（Hannan et al.，1984），关键是要看行为相比环境的变化速度。

竞争惯性是企业在改变其竞争态势（定价、做广告、新产品介绍等）时所表现出来的行动能力，当企业能做出的竞争行动变化较小时，就说明组织的惯性较大。竞争惯性受到管理者的行动意愿（动机要素）、对不同行动方案的辨别能力（知识要素），以及实际行动能力（能力要素）三方面因素的影响，如果管理者的动机、知识和能力水平低，则组织做出改变的可能性小，从而组织惯性大（Miller et al.，1994）。

知识惯性是指人们在解决问题时偏向于使用现有知识和经验的一种策略倾向，包括程序惯性、资讯惯性和经验惯性三种，程序惯性指的是组织解决问题时会使用过去惯行的问题解决程序，资讯惯性指的是组织解决问题时会使用以往常用的知识源进行资讯搜索，经验惯性指的是组织处理问题时会使用过去的经验来解决当前的问题，程序惯性和资讯惯性又合起来构成了学习惯性（Liao et al.，2002，2008）。

文化惯性是指组织在面临外界环境变化时不愿采用一种不同的文化的倾向，其产生原因是改变组织文化会产生高昂的成本，一旦组织文化发生变革，组织只有两种选择，要么让现有成员适应新文化，要么雇用适合新文化的员工，无论哪种情况都会使现有成员蒙受损失，因此抵制文化变革便成为自然，从而产生文化惯性（Carrillo et al.，2006）。

### （二）组织惯性的来源和影响因素

1. 组织惯性的来源

关于组织惯性的来源，大体上可以分为三类解释，分别是：组织生态学理论解释、委托—代理理论解释、组织行为理论解释。

组织生态学理论。该理论认为组织惯性产生的原因是利益相关者偏爱具有稳定绩效的组织，而组织为了维持这种绩效会不敢进行变革。具体来说，组织惯性来自以下几个方面：一是设备和工厂的沉没成本及员工资产的专业化；二是决策者可获得的信息有限；三是内部政策固化的限制；四是长期形成的标准化程序限制；五是进入或退出特定市场的法律和财务巨额成本限制；六是与其他组织形成的交易关系无法轻松解除；七是激进的变革往往会威胁到本组织的合法性，同时面临着失去公众及其他组织支持的风险（Hannan et al.，1977，1984）。

委托—代理理论。该理论对组织惯性的解释分为两个方面：一方面，如果委托人要实施的变革损害到了代理人的利益，他就会对变革进行抵制，即使变革是对企业有利的，这种抵制是一种理性反应。另一方面，变革具有不确定性，存在着激励问题，如果企业变革失败，代理人可能要对损失进行负责，反之如果变革成功，他们也不能直接获得好处。因此，代理人宁可沿用原来的行为模式也不愿做出改变，从而产生组织惯性（王俊，2015；苏博聪，2008；任凤玲，2005）。

组织行为理论。该理论认为组织惯性的产生主要是因为有限理性，既包括认知的局限性，又包括决策的局限性。在认知上，管理者可能缺乏洞察力和足够的信息，同时对问题的认知风格和思维模式也已被固化，因此不能够清醒地认识到组织应该做出的变革。而在决策方面，管理者往往由于个人能力的限制而无法全面地处理决策信息，再加上其偏向于选择过去成功的决策模式，抑制了创新动力，从而导致做出不利于组织变革和发展的决策，即落入决策陷阱（廖冰，2012；简兆权，2001；王俊，2015；姜春林，2014）。

2. 组织惯性的影响因素

组织惯性的大小受到诸多因素的影响，对不同企业来说，其惯性大小一般受到三种因素的影响，分别是组织年龄、组织规模和组织复杂性，有研究表明，组织惯性会随着组织年龄、规模和复杂性的增加而增大（Hannan et al.，1984）：第一，年龄较大的组织有充足的时间形成稳定的人际关系和标准的程序（Stinchcombe，1965），从而导致结构稳定性自然而然地增加；第二，随着组织规模的增大，它们会强调预见性、正式的角色以及控制系统（Downs，1967），从而使得组织行为变得可预测、刚性化，而且不灵活（Quinn et al.，1983）；第三，组织复杂性是指组织内各部门之间结合的紧密程度，结合越紧密，部门在处理变革问题时越缺乏灵活性，组织对环境变化的反应时间越长，从而使变革更难发生（Kelly et al.，1991）。

对同一个企业来说，其组织惯性大小也不是一成不变的，廖冰（2012）等认为，组织惯性受到组织资源的柔性程度、组织成员与组织的利益冲突程度、组织结构的稳定程度、组织文化的强式程度和组织惯例的稳定程度五个因素的影响：组织资源的柔性程度越小，组织惯性越小；组织成员与组织之间的利益冲突程度越大，组织惯性越大；组织结构越稳定，组织惯性越大；组织文化的强式程度越大，组织惯性越大；组织惯例越稳定，组织惯性强度越大。也有学者认为，组织惯性受“资源刚性”和“惯例刚性”两种因素的影响（Gilbert et al.，2005），“资源刚性”源于组织不能对资源的投资模式做出调整（Christensen et al.，1996；Henderson，1993），而“惯例刚性”源于组织不能改变利用这些资源的组织流程（Leonard – Barton，1992；Nelson et al.，1982），两种刚性共同决定了组织惯性的大小，但两种刚性会朝相反的方向变化，降低资源刚性的同时会增加惯例刚性，反之亦然，因此两者的变化幅度最终决定着组织惯性的增大或减小。

（三）组织惯性与组织变革

由于组织惯性是组织在面临环境变化时不愿做出改变的一种趋势和现象，因此它往往不利于组织变革的发生，很多研究表明，曾经成功过的企业在变化的竞争环境中之所以失利，很少是因为麻痹，而更多的是组织惯性所致（简兆权等，2001）。Romanelli 和 Tushman（1986）认为，在企业外部环境，例如市场、竞争、社会期望和责任等，发生较大变化而需要进行组织变革时，竞争惯性会对其产生强大的阻碍作用。同样，戈亚群（2005）等人认为，企业在进行战略创新和变革时面临着强大的组织惯性阻力，这是由两方面原因决定的：第一，管理者的战略思维惯性会阻碍战略创新，现有的战略框架将引发变化环境下的战略选择盲点；第二，企业中现有的认知风格、组织流程及关系网络很容易形成一种惯例，而这种惯例会对企业的新战略选择和创新造成阻碍作用。姜春林（2014）等研究了民营企业的变革，认为组织惯性会对企业的运营和管理造成各方面的影响，阻碍企业的权力交接和管理创新，从而对民营企业的成功转型造成不利影响。王俊（2015）研究了上市公司的多元化并购问题，认为多元化并购是上市公司进行业务转型的重要方式，但由于组织惯性的存在（主要是组织结构和组织文化两个层面）严重阻碍着上市公司多元化并购的发生，从而不利于其业务转型。此外，谢康（2016）等人通过案例研究发现，组织惯性会阻碍企业的互联网转型，在变革前后引发一系列的变革风险：首先，在变革前的突破组织惯性阶段，企业面临着模式、能力和资源的变异风险；其次，在变革后的新惯性形成阶段，企业又面临着模式、能力和资源的适应风险。但企业仍可通过多种风险控制机制，有效地降低风险，成功实施互联网转型。

虽然不少学者认为组织惯性往往会对组织变革造成不利影响，但组织惯性也并非一无是处，有时候组织惯性也可能产生有利的影响，其对组织来说是利、弊共存的。吕一博（2015）等认为，组织惯性是所有成功发展的组织中所普遍存在的现象，它会提升组织集群网络的可持续发展能力，增强集群网络的“集聚优势”，削弱集群网络演化的小世界现象，同时，组织惯性的存在会加剧集群网络演化的派系分化程度，从而促进派系内网络效率的提升，进而带动整个集群网络效率的提升。Hannan 和 Freeman（1984）通过对正式组织中的惯性研究发现，正式组织具备可靠性和义务性，组织正式的制度、目标和标准的活动模式能够稳定组织结构，保障组织的平稳运作，但同时也给组织变革造成强大的阻力，使改变组织的核心特征变得极其困难（赵杨等，2009）。Nickerson 和 Zenger（1999）研究了非正式组织的结构惯性对组织变革的影响，结果表明，在其他条件相同的情况下，具有更大惯性的组织从企业模式转换中获得的益处更大，因为非正式组织的结构惯性会使组织在选取理想的模式时，尽可能地吸收和保留原有模式的合理部分，这在一定程度上可避免组织因变革过于剧烈而可能发生的“失控”，使组织模式的转换更加平稳。而范冠华（2012）认为，组织惯性对企业变革既有不利的一面，也有有利的一面，不利是因为组织惯性是组织为了维持逐渐扩大的规模和逐渐复杂的运作，而不得不走向官僚化与惯例化结构的结果，它会导致组织应对环境变化的桎梏；有利指的是组织惯性具有降低事件处理的不确定性、应对环境变动的稳定性、维持传统的价值观等优点，可以为组织在平稳环境下的持续发展提供保障。

总之，组织变革对与组织惯性的作用不是简单的好与坏，而是一种辩证的关系：组织变革需要在未来形成惯性，今天的惯性正是过去实施变革所必然导致的结果，也即过去的变革形成当前的惯性，当前的惯性阻碍未来的变革，当前的变革又形成未来的惯性（Marcel et al.，2006）。因此，总体来说，惯性在变革完成后是有利于组织稳定的，而在组织进行变革时又成为阻碍因素，要想更成功地实施组织变革，就应该努力使组织惯性发挥其积极作用，同时降低其不利影响。

### （四）组织惯性与组织创新和绩效

组织惯性不仅与组织变革联系紧密，而且也与组织创新和绩效存在着一定的关联。廖冰（2013）等以中国制造业企业为样本，对组织惯性、组织创新和组织绩效三者之间的影响机制和路径进行了实证研究，结果表明：制造业企业的组织惯性对组织创新有显著的正向影响，同时，组织惯性对组织绩效也有显著的正向影响，而且组织创新在组织惯性对组织绩效的影响中起部分中介作用。Liao（2008）等研究了知识惯性与组织创新之间的关系，结果表明：知识惯性在组织学习对组织创新的影响中起完全中介作用，其中学习惯性会削弱组织的学习承诺、共同愿景和开放思维，对组织学习起到阻碍作用，而经验惯性则相反会促进组织学习，组织要想提高学习能力从而提高创新水平，就应该努力降低学习惯性而增加经验惯性。周健明（2014）等对企业的知识惯性与新产品开发绩效之间的关系进行了研究，结果表明：企业的程序惯性和资讯惯性对新产品开发绩效都没有直接的显著影响，但会通过内外部知识整合对新产品开发的绩效产生不利影响，相比之下，企业的经验惯性不但会显著地直接提升新产品的开发绩效，而且还会通过内外部知识整合间接地促进新产品开发绩效的提升。范钧（2016）等研究了知识惯性与服务型企业绩效之间的关系，结果表明：程序惯性和资讯惯性都会阻碍企业绩效的提升，而经验惯性不仅不会阻碍企业绩效的提升，反而会通过利用式学习和探索式学习间接地促进服务企业绩效的提升，这与学者 Liao 和周建明等得到的结论是一致的。丁德明（2007）等从员工激励和公司治理的角度对组织惯性进行了研究，认为组织惯性是各利益群体之间形成的一组关系合约的集合，在组织中充当着非正式激励的角色，组织惯性在受正式激励机制影响的同时，又提供了正式激励机制所嵌入的组织社会情境，进而对组织的正式激励机制产生影响，二者的相互匹配为提高企业的治理绩效提供了保障。Šarunas（2013）等从动态能力的角度出发，认为与稳定的环境相比，在动荡的环境中组织惯性会阻止战略变革的发生并导致动态能力刚性，从而减弱动态能力对企业财务绩效的积极影响。刘海建（2009）等通过上市公司样本研究了组织结构惯性与企业绩效之间的关系，结果表明：组织的结构惯性发展存在着明显的拐点，在拐点之前，即组织惯性的正常发展阶段，随着组织结构惯性的增强，企业内部将逐渐培养起一定的组织资本（技术、经验、制度等），这种组织资本能够创造比较高的企业绩效；但当组织结构惯性发展到极端，即到达拐点之后时，惯性就会变成惰性，对企业绩效形成负面影响。

### （五）克服组织惯性的方法

虽然组织惯性并不完全是有害的，但其通常还是会阻碍必要的组织变革，当组织惯性对组织变革造成不利影响时，就应该克服这些惯性。从现有学者们的研究来看，组织惯性的克服可从组织文化、组织学习和组织制度三方面着手。

组织文化方面。要通过营造有利于变革的文化来削弱组织惯性的影响。首先，应该在组织中建立起创新型的组织文化，鼓励员工参与创新（王龙伟等，2004）；其次，要发挥组织中关键人物的作用，给他们更多的关注，减少关键人物对变革的排斥（范冠华，2012）；最后，必要时要人为创造适度的危机，激发组织的积极思考（简兆权等，2001；任凤玲等，2005）。

组织学习方面。要通过加强组织成员的学习来提高其应对变革的能力。提高组织的学习能力显然能够提高组织的认知能力，从而减弱惯性的不利影响。组织应当倡导员工进行发散性思维，引导员工沿不同路径改变传统思维模式，同时，加强员工之间的团队合作，增进个体与组织之间的联系（姜春林等，2014；赵娅等，2016）。

组织制度方面。要通过设计合理的组织结构和体制为组织变革提供便利。首先是建立良好的沟通和培训机制，使员工更好地发挥自己的才能（王龙伟等，2004）；其次是对员工进行激励，例如建立良好的参与机制、适度放权、改革绩效考核标准等（赵娅等，2016）；最后，及时对组织行为进行监督和控制，不仅要监视财务状况，还要监视战略状况（简兆权等，2001），及时对偏差进行修正。

### （六）组织惯性研究评述

综合上述研究可以发现：组织惯性是组织无法随着环境的变化而对自身做出快速调整的趋势和现象，主要包括组织结构惯性、组织资源惯性、组织知识惯性和组织文化惯性四类。组织惯性的来源可以用三种理论来解释，分别是组织生态理论、委托—代理理论和组织行为理论，它们决定着组织为什么会产生惯性，而组织惯性的影响因素则决定着不同组织的惯性差别，以及同一组织不同时期惯性的大小。组织惯性与组织变革之间有着紧密的联系，但组织惯性对组织变革的影响并不是单一的阻碍或促进作用，而是随着变革发展阶段的不同而作用有所不同，而且现有研究也表明适度的组织惯性会促进企业的创新并提高组织绩效，但过量的惯性会产生不良影响。组织应根据不同阶段惯性的作用来采取不同的应对措施，当组织惯性对组织的发展和变革造成阻碍时，就应通过组织文化、组织学习及组织制度来克服，其目的是最小化组织惯性的不利影响，同时尽可能发挥其积极作用。

就现有研究来看，组织惯性的研究是从国外发起的，后逐步进入国内，研究历史已比较久远，国外研究多偏向于定量方法，而国内的研究定量分析和定性分析都较多，但有向以定量研究为主导的发展趋势。从研究内容上看，对组织惯性的研究已经涵盖了组织惯性是什么、为什么产生、有什么影响，以及如何应对组织惯性这几方面，其中组织惯性对组织变革的影响是被研究最多的问题，但如何真正地克服组织惯性所造成的负面影响，以及如何发挥组织惯性的积极作用，这方面的研究还不够成熟，这也是未来研究应该着重关注的领域，毕竟，了解组织惯性的目的最终还是更好地应对以及对其加以利用。

## 二　并购管理研究前沿问题

2016 年中国成为海外最大的投资者，高端制造业成并购热点。在中国对外投资不断增加的同时，投资方向和形式也在不断发生变化，向多元化、高端化发展。但是，盈利能力和管理能力制约中国企业的国际化进程。针对中国企业快速的国际化发展现象，国内外学者做出相关研究和分析。

### （一）中国企业海外并购以“逆向并购”为特征

“逆向并购”是指后发国家通过并购发达国家企业以获得战略性资源的国际化经营战略。在并购发达国家企业过程中，知识转移呈现出从“弱”到“强”的知识流向，即由被并购方向并购方转移技术知识，可以把此现象称为“逆向知识转移”（reverse knowledge transfer）。通常意义上，“强”的是并购企业，“弱”的是被并购企业。但是，作为“强”的并购主体，中国企业却往往在技术上处于弱势。在并购企业处于技术弱势的情况下，实施“逆向并购”并不一定意味着“逆向知识转移”的顺利完成。只有通过构建并购企业的吸收能力，促进从“逆向并购”到“逆向吸收”的转变，才能够实现后发国家企业跨国并购过程中的逆向知识转移，并最终达到提升创新能力的目标。

通常“知识转移”发生在发达国家企业全球化扩张过程中，大型跨国母公司所拥有的知识积累和知识基础更为成熟，不断将先进技术、管理经验、品牌资源等关键知识向全球市场的被并购企业或者子公司进行转移。由于中国企业的跨国并购处于“技术追赶”情境下，“逆向知识转移”与此有一定的共性，但在转移动机、转移时机、转移方式等方面都存在诸多差异。首先，转移动机的选择性。中国企业并购发达国家企业的动机主要是获取目标企业的技术、品牌等战略资产，知识转移具有针对性和选择性。其次，转移时机的持续性。中国企业并购发达国家企业的逆向知识转移发生在并购以及整合过程的各个阶段，属于全过程知识转移。最后，转移方式的单向性。通常中国企业在创新能力和知识积累方面较被并购对象稍弱，试图通过被并购企业的知识逆向转移实现产业升级和技术创新的目标。

现有知识转移研究还不够系统和深入，仍有待深化和完善（吴先明，2013）。首先，现有知识转移研究主要基于发达国家企业的并购活动，聚焦于知识溢出效应，研究“从强到弱”的知识转移过程。知识转移效率决定了跨国并购的成败（Haspeslagh & Jemison，1991），然而对于“从弱到强”知识转移机制的研究稍显欠缺，尤其较少关注为了获取战略性知识资产而并购发达国家企业所引发的逆向知识转移现象。作为全世界最大的发展中国家，中国企业是实施“逆向知识转移”的主要主体，研究中国并购企业吸收能力与知识转移和价值创造的关系有着深刻的现实意义。其次，现有研究过于强调外部因素的影响，忽视分析并购企业本身的行业和技术特征。现有逆向知识转移研究主要关注一些跨国并购过程中的特定因素，例如文化差异、沟通程度、知识基础、组织自治等维度，研究结论不一，不能令人信服地解释“逆向知识转移”的作用机制。最后，现有研究忽视国内市场需求规模对于知识转移和价值创造的拉动作用。为了在激烈的市场竞争中保持优势，中国企业不仅要吸收和利用现有的技术能力，还需要开发适合中国市场特征的新技术能力。在很多情况下，中国企业的跨国并购并不是为了实现全球化经营，而是利用并购所获得的战略性资源，尤其把技术资源用于满足国内市场需求，从而首先建立基于国内市场的竞争优势。中国企业的并购目标选择通常是技术范式比较稳定的先进制造领域，该领域的技术创新和产业升级原本主要依赖于企业长期的能力积累，而通过跨国并购实现技术升级和创新发展就成为一条“捷径”。例如在工程机械领域，国内企业迅速成长但缺乏核心技术，发达国家企业技术领先但本土市场需求逐渐萎缩，作为快速增长的新兴市场，“中国机会”也成为它们接受中国企业“逆向并购”的潜在因素。

我国企业对发达国家企业的技术寻求型并购发展迅猛，而现有的理论对这一问题缺乏逻辑一致的解释。中国企业“逆向并购”实践的快速发展亟待并购理论创新，以摆脱现有研究对企业在逆向并购过程中如何实现知识吸收和转移等问题知之甚少的困境。在中国企业逐渐成为跨国并购主体的背景下，对后发国家企业跨国并购引发的“逆向知识转移”机制进行深入研究，找到影响知识转移效率的关键因素，显得尤为紧迫和重要。

### （二）中国企业通过“知识转移”提升创新能力

中国企业不只注重眼前的投资回报，而是探索更长期的投资模式，通过并购发达国家的目标企业获取技术、资源和品牌。这是中国企业发展进程中的一个崭新阶段，它意味着，一大批中国企业正在将跨国并购作为能力跃升的杠杆，从立足本土或区域性的企业演变成为全球化企业。事实上，跨国并购的追赶效果是十分明显的，许多企业已经通过跨国并购实现了对行业领先企业的追赶。吴先明（2014）认为，中国企业并不是简单地跟随发达国家技术发展的路径，它们可能跨越某些阶段，甚至创造自己特有的路径。

中国企业的跨国并购以寻求先进技术、管理经验、营销渠道等战略性资产为目标，并购对象多为发达国家企业。中国企业正将跨国并购作为获取战略资产、实现产业升级、寻求全球价值链定位优势的重要途径（Mathews，2006）。从跨国并购研究视角看，企业间的知识转移是构建竞争优势的基础。通过技术并购，企业能够因知识转移而获得关键性的战略资源并构建创新能力。从创新研究的视角来看，收购者和被收购者之间技术能力的差异以及知识基础的不同都会增加组织学习与技术创新机会。通过并购企业之间的相互知识学习和吸收，完成知识转移过程，提升了并购企业的创新能力。

对于技术追赶国家，创新是技术获取和吸收能力的协同产物（Liu & White，1997）。缺乏吸收能力，企业的跨国技术并购将变成设备、器材或专利的简单购买，不会提升并购企业的创新能力。技术并购是企业获取外部知识资源、提升创新能力的捷径，吸收能力是所获取外部知识资源的消化系统，是转化外部技术为企业能力的“孵化器”，而企业长期积累的知识基础是获取外部战略资源过程中最核心的能力支撑。

1. 知识积累是形成吸收能力的基础。知识具有累积性，知识积累是形成吸收能力并促进并购创新的重要因素。知识积累是指并购企业在行业背景、市场知识、技术能力等方面的经验和熟悉程度。知识积累的作用在跨国技术并购和资源并购过程中展现出不同的重要性（Ahuja & Katila，2001）。在技术并购过程中，知识积累的作用更加明显，并购企业的知识积累能够促进吸收能力形成（Utterback，1994），以吸收能力为基础的知识转移又巩固了并购企业的知识积累。所以，知识积累能够影响并购企业的创新绩效。也就是说，在知识“逆向转移”过程中，并购企业作为知识转移的接受方，其自身的知识积累和吸收能力都会影响知识转移的效率。只有当吸收能力充分发挥作用时，通过跨国技术并购才能显著提升并购企业的创新绩效。因为外部知识来源和企业知识积累程度、学习努力程度共同决定了“逆向并购”的整体知识转移效率。如果并购企业间的知识积累具有一定的相关性时，双方能够更加清晰地理解各自所拥有的知识价值，并能够各自做出针对性的整合与应用（Zahra & George，2002）。因此，在通过并购获得外部知识或技术资源时，需要并购企业具有一定的知识基础和吸收能力。吸收能力基于企业以往的经验、随时间积累而形成，知识基础决定了企业吸收新知识、应用新知识的能力以及继续进行创新的能力和绩效。知识积累促进“学习与吸收”的快速发生，从而使得并购企业能够获取新的创新知识和创新能力，并在应用新知识和新能力的过程中加快学习，提升创新绩效。

知识积累和知识基础是中国企业开展跨国技术并购的前提。中国企业在跨国逆向知识转移中应注重利用已有的知识基础，侧重发现与外部知识的相关性和互补性，着眼于提升知识吸收能力，而不是仅仅通过并购从海外获得有形的技术设备。

2. 知识一致性促进吸收能力的发生。知识一致性是指并购企业双方所拥有知识资源的互补性和重叠程度。跨国并购的首要动因正是为了快速获得企业创新所需的新技术（Hagedoorn & Duysters，2002），即利用并购获得的新知识促进企业创新。值得注意的是，影响并购企业创新的关键并不是知识资源本身，而是通过吸收能力完成知识转移，以最终实现技术能力的提升。并购企业间的知识一致性程度影响吸收能力（Sears & Hoetker，2014）。当企业拥有与学习对象具有相关性和一致性的关键知识资源时，吸收和转移的效果会更好。逆向知识转移容易发生在一致性较高的知识环境中，例如于开乐和王铁民（2008）认为，通过技术并购实现创新的条件是知识积累的互补性和“内生创新力量”，这种内生创新力量就是通过吸收能力使得互补性知识“内化”为企业新知识，并能够实现新产品创新。吸收能力的缺乏等因素会提高知识转移的成本，并影响价值创造（Lane & Lubatkin，1998）。究其根本而言，还是由于知识的输送和接受单元之间缺乏“知识一致性”，提升了知识转移成本。对于并购企业的管理者而言，发现知识一致性，保证他们对于知识转移的收益预期，才能够有激励促进知识转移的发生。

知识一致性是影响吸收能力的主要因素，进而影响并购企业间知识转移效率及创新绩效。知识一致性意味着并购双方知识资源的互补性和高重叠程度，并购双方能够进行技术和知识互补协作。逆向知识转移和吸收更加容易在具有知识一致性的并购企业双方之间发生，因为知识一致性意味着并购企业具备互补的知识，能够吸收和利用被并购方的知识资源（Cohen & Levinthal，1990），并最终提升并购绩效水平。在逆向知识转移过程中，知识一致性决定潜在吸收能力，并购企业间知识一致性程度越高，并购企业的潜在吸收能力就越大，知识转移也越有可能发生。

3. 市场轨道稳定性影响吸收能力水平。市场轨道为后发国家创造出新的追赶机会，尤其在技术范式稳定的情况下，巨大的市场需求能够影响吸收能力的形成和知识转移的效率。熊鸿儒（2012）认为，技术范式和技术轨道的概念忽略了以市场需求为代表的诸多重要因素，后发国家的“追赶”过程不一定非得建立在新的技术轨道上，结合本土市场需求特征，就可以发现在除技术轨道以外还存在着“市场轨道”为后发国家创造新的追赶机会。所谓通过“市场轨道”进行追赶和创新，主要是在同一技术范式下基于本国市场需求进行创造性学习，充分挖掘和利用市场轨道的多样化创新，降低或突破现有的产业壁垒（熊鸿儒，2012）。在“市场轨道”思路下，中国企业要想瞄准本国市场需求，针对性地引进或者并购先进技术，吸收能力就成为决定知识“逆向转移”的关键因素。

技术范式的稳定性也会影响并购对象选择。在稳态的技术范式中，拥有较高市场集中度的企业具备规模化的知识积累，易于选择并购那些具有产业发展确定性的技术资源。对于中国企业来说，并购目标企业的技术资源都是未来国内产业升级发展的主要方向，企业倾向于沿着固定的技术轨道或者渐进性创新方向实施并购。因为自身知识积累程度较高，知识吸收和转移的风险较小，在市场轨道保持“顺轨”发展，或者技术范式稳定的情形下，吸收能力和知识转移效率能够得到确定性提升。

4. 吸收能力提升了知识转移的效率。吸收能力是企业识别、吸收、同化和运用外部知识以提升创新绩效的能力（Cohen & Levinthal，1990）。吸收能力是一个多元结构，吸收和利用外部知识的能力是创新能力的重要组成部分（Zahra & George，2002）。创新企业的成功不仅依赖于内部知识资源，还要求其能够获取和整合外部知识资源（Capron & Mitchell，2009；Chesbrough，2003）。Deng（2010）从吸收能力的视角解释中国企业通过跨国并购获取技术知识和战略资产失败的原因，指出较弱吸收能力的企业跨国并购损害其吸收、整合和应用外部知识的能力。因为，企业通过技术并购获得目标企业的设备、图纸和专利等有形知识资源，并不会自发地引起技术创新能力的提升（侯汉坡和刘峰，2007）。从获得目标企业的战略性技术资源到技术能力的真正提升之间有一个跨越阶段，即“吸收能力”阶段，在此阶段实现能力、知识的转移、扩散以及同并购企业原有能力、知识的整合，从而形成新的创新能力。

跨国并购后的整合过程实质上就是对目标企业所拥有的关键技术和知识资源进行学习和转移的过程。尽管技术并购是有效获得外部知识资源的主要方式，但并不意味着并购实施后技术知识能够顺利转移。通过构建吸收能力机制，外部知识的潜在价值可以内化为企业的创新能力（Cohen & Levinthal，1990）。决定逆向并购成败的关键是“吸收”是否顺利实现，一是是否实现技术转移，二是是否成功整合价值链，最终形成具有竞争优势的创新能力。吸收能力促进知识转移效率提升的结果最终表现为并购企业能够将知识资源应用和转化为具体的产品设计，并进行产品创新和模式创新（Carlile，2004；Smith，Collins & Clark，2005）。

### （三）中国企业通过海外并购实现产业转型升级

从并购效果来看，因为国内企业已经积累了一定程度的知识基础，形成了强大的吸收能力，并购的技术资源能够在国内市场迅速获得应用。中国企业选择跨国逆向并购方式，快速获取和利用国外先进技术、管理经验等要素，通过知识吸收和转移，加快工程机械技术创新和工程化、产业化，发挥国内外资源的协同效应，实现跨越式发展。同时，以并购后实现全资控制的海外目标企业为“根据地”，在全球市场上再度进行企业并购和资源整合，进一步巩固和扩大中国企业的影响力和控制力。通过完成从“逆向并购”到“逆向吸收”的跨越，中国企业基本实现从“买得来”到“管得住”的提升，把发达国家企业拥有的技术和管理资源转移到国内市场，与企业拥有的本土化生产资源和市场资源进行有效的整合，提升了企业的整体创新能力。

中国快速的经济发展和庞大的市场需求，不仅为中国企业“走出去”提供了资本准备，也为跨国技术并购形成了很好的“中国概念”。在互联网和智能制造等新技术革命推动下，全球产业结构重组在加速进行，发达国家跨国公司继续剥离非核心业务，使我国企业在医药制造业、专用设备制造业、计算机通信和其他电子设备制造业等多领域开展并购，获取专利技术、品牌、营销渠道，在全面提升我国制造业发展能力的同时，推进了中国这个世界最大制造业基地与全球产业体系的融合。之所以欧美发达国家的高端制造业成为我国对外直接投资的热点，主要是因为中国企业试图通过对外直接投资获得向价值链高端延伸的捷径，同时，投资对象也获得了进一步发展的新动力。

在逆向知识转移过程中，作为收购方的中国企业处于"强"势，但又缺少国际化经验。在以寻求战略性资源为主要目标的海外并购过程中，如何才能够有效保证技术和知识资源的跨组织边界转移？中国企业吸收能力是实现从"逆向并购"到"逆向吸收"的关键要素，能够有效提升跨国并购过程中逆向知识转移的效率，并最终提升并购绩效。

中国企业对吸收能力的累积应该是连续的，实施跨国技术并购不应是"临时抱佛脚"。站在中国企业的角度，这些成功实施并购的企业经过多年的发展，已经拥有了相对成熟的技术基础和创新能力，同时所处行业的市场轨道和技术范式稳定性也降低了逆向跨国并购的风险。在国内产业升级压力和庞大市场需求拉动下，通过并购发达国家的高端产品和技术资源实现产业升级，可以迅速提升我国企业的创新能力和经营业绩。

### （四）中国企业国际化运营的管理能力有待提升

虽然我国企业已经积累了一定的技术和市场优势，但中国企业的海外并购远未达到不计任何风险的"龙吞象"阶段。考察当前一些中国企业成功实施跨国并购案例的特征，并购战略的实施依旧处于"追赶"情境下，主要因为国内快速增长的市场需求创造出"中国机会"的概念，那些拥有先进技术知识但缺少市场机会的发达国家企业才容易接受中国企业的并购要约。中国企业因此而"独具魅力"，表现为企业有巨大的国内市场需求做依托，和中国企业合作可以借机开拓中国市场。国外企业被中国企业并购，成为"中国企业"后，从资源利用潜力角度讲，双方都将获得极大的战略协同。中国企业获得了发达国家企业的关键技术资源，同时对方也获得了中国企业能够提供的互补性资源，其中包括适应中国市场的能力、在长期经营过程中建立的国内商业网络等资源，双方都只有通过并购模式合作才能获得相互的资源。这种资源获取的相互性，可以成为中国企业并购那些想进入中国市场的外国企业的重要筹码，提高并购成功的概率。所以，在现有市场轨道下，以战略性资源为目标的中国企业"顺轨"技术并购往往能够取得成功，发达国家的企业也有进行知识转移的主动性意愿。反而，那些以能源资源、市场进入、新兴技术等为目标，或者单纯财务性投资的跨国并购往往并不能够取得圆满的结果。

通过针对性地实施跨国技术并购，国内企业可以逐步构建吸收能力而完成逆向知识转移。知识转移的完成可以体现在技术能力、架构能力、管理能力等不同的层面。吸收能力能够将外部知识内部化从而提升企业的技术能力，因此，并购整合的过程就是企业学习和吸收外部技术知识和资源的过程，技术资源的吸收和整合能够增加并购企业的知识吸收能力和利用能力。对被并购企业的核心能力进行管理，使它们融入并购企业的业务体系，充分发挥它们的潜力，为并购企业创造价值成为并购成功的必要条件。更加重要的是，并购企业可以通过整合目标企业的知识资源从而形成架构能力（architectural competence）并提升创新绩效（Henderson & Cockburn，1994）。通过构建吸收能力，我国企业可以增强市场竞争力，在产品开发上摆脱传统的模仿或者跟随战略，在产品结构、性能或生产工艺等关键技术上不断有所突破和发展，获取领先地位并最终通过知识产权保护成为标准的制定者。在架构能力的形成和构建方面，国内企业已经有所突破但还需要进一步地努力。

现阶段国内企业在跨国管理能力提升方面显得办法不多。以技术并购为目标的国内企业跨国并购过程中，作为权宜之计，通常采用的做法是保持被并购企业独立运营以降低整合的风险。国内企业在保持被并购企业相对独立自治经营的同时，还是尽可能获取其产品和技术资源以发挥协同效应。这种普遍现象也从某种程度上说明，我国企业暂时还缺乏对外并购的“软实力”，这有可能会导致我国并购企业和管理层都不能很好地进入角色，有效管理知识转移过程从而实现从“逆向并购”到“逆向吸收”的跨越。

## 三 人力资源研究前沿问题

企业如何有效管理人力资源，以提升组织绩效和获取竞争力，一直是人力资源管理研究的热点课题。迄今国内外学者针对人力资源管理系统与组织绩效的关联机制进行探讨，在该领域产生了一系列研究成果（Guest，2011）。一是人力资源管理系统构成与组织绩效关系的研究。如高绩效工作系统、高承诺工作系统和高参与工作系统研究，阐明了人力资源管理系统包含哪些实践以及经过怎样的途径影响组织绩效；二是人力资源管理过程促进系统影响组织绩效的研究。如人力资源管理系统强度研究，揭示了人力资源管理系统该如何设计与执行以增强对组织绩效的影响力。

### （一）影响组织绩效的人力资源管理系统构成

企业通过运用包括人力资源在内的各种资源来实现组织绩效。企业对人力资源的运用做出怎样的决策会直接影响组织绩效。学者们通过分析大样本数据发现，能够提升组织绩效的人力资源管理系统通常包含特定的内容结构，由一组不同但高度互补的管理政策和活动组成，并且通过协同效应而不是单个效应影响组织绩效。这方面的研究有高绩效工作系统、高承诺工作系统和高参与工作系统研究。

高绩效工作系统可从广义和狭义两方面界定。从广义上看，高绩效工作系统是指将人力资源与技术、组织结构相匹配，以促进企业绩效提升的组织系统（Nadler，Gerstein & Shaw，1992；Neal & Tromley，1995；Noe et al.，2004）。从狭义上看，高绩效工作系统则包含一系列不同但高度互补的人力资源管理实践（Pfeffer，1994；Huselid，Jackson & Schuler，1997），并且涵盖人力资源管理工作的重点领域，为企业带来良好绩效。例如，严格的员工选聘程序、激励性薪酬、绩效管理系统、广泛的员工参与和培训措施，能够提升员工知识、技能与能力，增强员工积极性，减少怠工行为，留住高素质员工，从而促进组织绩效提升（Huselid，1995）。目前学者们在高绩效工作系统的构成上持有不同的看法。但多项分析表明，广泛的培训与发展、激励性薪酬、员工参与与选拔和绩效管理是高绩效工作系统不可缺少的组成部分。如张正堂和李瑞（2015）对截至2012年的187篇实证论文进行分析，总结出30项高绩效工作系统的实践项目，其中被研究最多的5项依次是薪酬与奖励、培训、招聘与选拔、参与与授权和绩效管理。

高承诺工作系统由一系列旨在促进内部开发和组织承诺的人力资源管理实践构成。多数研究认为，严格的招聘和选拔、丰富的工作设计、广泛培训与开发、内部晋升、激励薪酬、员工参与、团队协作是高承诺工作系统不可或缺的成分，它们能够积极影响员工态度，如组织承诺、组织支持感、信任感等，提高员工满意度，减小工作压力，并将一系列积极态度转化为利于组织的行为产出，如组织公民行为、知识分享行为和创新行为（Keboe & Wright，2013；Zhou，Liu & Hong，2012）。日本大企业的管理方式通常被认为具有高承诺工作系统的特征。

高参与工作系统是指通过增强员工责任感和权利、发挥员工自主性来提高组织绩效的人力资源管理实践组合。高参与工作系统通常包含员工参与和授权、工作设计的丰富化、工作范围的扩大化、强调团队的自我管理和团队内部合作、开放的信息与沟通渠道等内容。它们能够增强员工积极性，发挥员工能力，从而提升组织绩效。

学者们有时把高绩效工作系统和高承诺工作系统、高参与工作系统相提并论。但这三者之间在目标、手段上存在着差异。在目标方面，高绩效工作系统旨在提高企业绩效，而高承诺工作系统强调增强员工组织承诺（Baron & Kreps，1999），高参与工作系统强调对员工授权，让员工充分发挥作用（Xiao et al.，2006）。在手段方面，高绩效工作系统侧重生产运作方面，强调通过人力资源实践、工作结构和过程的组合来提升生产运作效率；高参与工作系统侧重于工作组织层面，即对基于知识、观念和抽象劳动的组织活动进行管理，强调通过员工参与机会、利用隐性知识来提升组织绩效；高承诺工作系统侧重员工关系层面，兼顾生产运作和组织维系两方面，通过改善员工雇用环境、获得员工承诺来实现组织目标（张正堂和李瑞，2015）。

### （二）人力资源管理系统对组织绩效的影响机制

人力资源管理系统不直接影响组织绩效，而是通过改变组织构成要素来释放影响力。Appelbaum（2000）等指出，组织结构由员工能力、动机和参与机会三要素组成，它们通过单独作用或交互作用为组织带来绩效。因此，人力资源管理系统对组织绩效的影响机制是通过改变员工能力、动机和参与机会来体现的。从这个意义上看，凡是能够改进组织绩效的人力资源管理系统，都应包含与员工能力、动机和参与机会相对应的三方面内容。一是旨在提高员工能力的实践组合，如严格的招聘与选拔、广泛的培训与开发等；二是旨在提升员工工作动机的实践组合，如激励性薪酬、绩效管理、内部晋升与选拔等；三是旨在增强员工自主性和责任感的实践组合，如广泛的参与与授权、工作设计的丰富化、工作范围的扩大化、开放的沟通与信息渠道等。在人力资源管理系统与组织绩效之间起中介作用的因素有很多，如组织承诺、组织自尊、组织学习能力、知识分享行为等。

研究表明，以严格的招聘程序、广泛的培训与开发、激励薪酬、内部晋升等措施为特征的高承诺工作系统，通过影响组织承诺，提高工作动机，促进知识分享与团队合作，对组织绩效产生正向影响。高承诺人力资源实践向员工传递了信任和投资的信号（Kalsboven & Boon，2012），根据社会交换理论，这会拉近员工与组织之间的心理距离，增强员工对组织的信任感。而出于对组织的信任，员工会更愿意努力工作，提高参与合作和分享知识的意愿（Jarvenpaa & Majchrzak，2008；Cai et al.，2013），从而对组织绩效带来好的效果。还有研究指出，高承诺工作系统或高参与工作系统反映出组织管控导向不是控制员工而是激励员工。它们大都强调员工自我管理，并提供员工表现自我和发挥作用的机会，因此，能够向员工传递被信任和认可的信号，使员工感知到自己对于组织的重要性和价值。根据自我一致理论，高自尊感的个体会努力维持其正面的形象，他们通过工作投入和个人产出来证明自己是有价值的、有意义的员工，进而影响组织绩效（李燕萍和刘宗汉，2015）。

高绩效工作系统的引擎是员工的组织学习能力。组织学习能力，指组织成员作为整体持续地更新知识、改善个体行为和组织体系、使组织在变化的内外环境中持续发展的能力。组织学习能力培养的具体手法，如重视应聘者的潜在学习能力和团队合作精神；入职后实施有计划的培训，为员工学习创造条件；规范考核制度，按照能力标准进行晋升；建立考核反馈系统，帮助员工反思和总结，激励员工掌握新知识和技能；建立技能数据库，促进员工之间的知识分享。这些既是高绩效工作系统的特征，又是提升组织学习水平的有效措施，会促进企业不断创新，在激烈的市场竞争中立于不败之地（颜爱民等，2015）。

高绩效工作系统可提高包括人力资本、社会资本和组织资本在内的智力资本存量，推动组织的知识创造，对组织创新与绩效提升产生正向影响。在这个过程中，以智力资本为基础的知识交换和整合能力发挥了重要的中介作用。高绩效工作系统由能力、动机和参与机会三个子系统构成。能力系统措施，如注重能力的招聘政策有利于雇用高素质员工，提高员工的整体知识与能力水平。动机系统措施，如基于能力的薪酬水平、绩效考核增强员工提升新知识与能力的动机。参与机会系统措施，如员工参与与授权、工作再设计、开放式信息沟通等为员工运用知识、发挥能力创造条件。这些系统都会单独提升组织的人力资本存量。同时动机系统措施与参与机会系统措施的交互作用，还将促进员工良好关系的培育，增进员工之间的信任和知识分享，提升组织的社会资本。能力系统措施、动机系统措施和参与机会系统的交互作用，将不断促进员工学习和创造新知识并转化为组织知识，从而提高组织资本存量，为组织创新奠定基础（李辉等，2015）。

（三）人力资源管理系统强度与组织绩效的关联机制

人力资源管理系统对组织绩效的影响机制，不仅取决于系统构成本身，即由哪些实践构成，而且还与系统的设计和执行相关，如人力资源政策、措施和程序是否设计得清晰易懂、各项政策之间是否协调一致、员工是否容易获得和充分了解相关信息、是否认同人力资源政策、政策决策者之间是否达成共识等。许多人力资源资源管理系统，由于设计与执行过程中存在不合理、不透明、不一致等缺陷，无法改善员工的工作态度和激发他们的工作动机。因此，重视人力资源管理系统的设计与执行对于提升组织绩效有着重要意义。

Bowen 和 Ostroff（2004）提出了“人力资源管理系统强度”的概念，以衡量人力资源管理系统在设计和执行方面是否达到使员工了解、理解和认同该系统所包含的政策、措施与程序的目的。在操作层面上，人力资源管理系统强度可用 3 个元特征下的 9 个子维度来衡量。这 3 个元特征是可辨别性、连贯性和共识性。

可辨别性，是指人力资源管理系统所具有的能够引起员工关注并激发他们工作动机的特征，包括可视性、可理解性、职权正当性和相关性四个方面。可视性指员工获得系统信息的难易程度。可理解性指员工理解系统信息的难易与充分程度。职权正当性指员工理解政策正当性的难易程度。相关性指政策目标与员工利益的相关程度。如果员工能够容易获得和充分理解人力资源管理系统的信息，对信息所包含的合法性表示认同，并认为组织目标与员工目标是一致的，他们就会按照组织愿意行动。因此，人力资源管理实践就会得以顺利实施。

连贯性，包括统一性、有效性和信息一致性等方面，是指人力资源管理系统的各项实践及其执行过程所具有连贯性的程度。强的人力资源管理系统，应该能够确保员工获得统一的人力资源管理信息，确保人力资源管理达到各项制度所设定的目标，并使各项人力资源管理制度内容和实施措施之间互不冲突。

共识性，指人力资源管理系统能够获得组织成员认同的程度，又可分为管理决策者之间的共识和员工对管理制度公平性的感知两个方面。人力资源管理制度的决策者分布在组织的各部门和层级，如果他们对制度持有相同的理解和解释，就容易在员工中形成一致的价值观念，从而利于制度的执行。如果人力资源管理制度能够在操作与执行过程中汲取员工意见，就会在制度公平性上获得员工的好评，从而顺利推动制度实施。

人力资源管理系统强度研究表明，在人力资源管理制度的设计与执行过程中，通过创造信息开放的环境，让员工充分知情、理解和参与，可以在员工与组织间营造相互信任的氛围，获得员工对制度的认同与支持。员工越是认同和支持制度，制度实施就越顺利，就越能改进组织绩效。Khilji 和 Wang（2006）发现，相同人力资源管理政策的执行情况在不同部门、不同时点之间存在差异，政策与组织绩效的正向关系受到制度执行因素的制约。这说明在研究人力资源管理系统与组织绩效关联机制问题中需要把设计与执行作为考量因素。

### （四）以往研究评价及展望

综上所述，有关人力资源管理系统与组织绩效关系的研究，为理解现代企业战略人力资源管理实践提供了有价值的理论依据和启示。但是，以往研究还存在着以下问题。第一，人力资源管理系统构成和组织绩效的测量缺乏统一性和有效性。研究者对人力资源管理实践项目采用不同术语、不同维度、不同解释，造成研究之间各说各话，无法比较，无法形成统一的理论。这也反映出人力资源管理实践的现实性与复杂性。第二，人力资源管理实践与组织绩效关联机制缺乏深入具体的分析。以往研究很少对人力资源管理实践的具体内容进行解释和分析，并且多采用定量研究方法，通过列举人力资源管理项目让调查对象勾选是否采用。按照这样的方法很难搞清楚到底是什么样的管理实践影响了组织绩效，以及它们是如何影响组织绩效的。从这个意义上看，人力资源管理与组织绩效的关联机制仍然处于"黑箱"之中。因此，未来的研究，一是要努力构建统一的理论框架和分析模式；二是要增强对管理实践具体内容以及与组织绩效关联机制的研究；三是要创新研究方法，在定量分析之外探索有说服力的质性分析方法。

## 四　绩效管理研究前沿问题

管理学的发展，从 1911 年泰罗出版《科学管理原理》算来，已经走过了 105 年。长期以来，人们将泰罗科学管理理论理解为一种单纯的"效率至上主义"的管理，尽管这种理解稍有偏颇，但绩效始终是管理的核心问题之一。绩效评估或绩效评价目前已经延展到企业管理的各个方面，如企业绩效评估、创新绩效评估、学习绩效评估、供应链绩效评估、并购绩效评估，等等。绩效评估在社会的各领域也得到应用，如扩大开放绩效、区域创新绩效、创新扶植政策绩效、能源绩效、城市经济转型绩效评价、环保资金绩效审计评价、技术创新绩效的区域性评价、公共服务绩效评价、农民专业合作社绩效评价、地方政府社会保险服务绩效评价、创新补贴政策的绩效评估、应急管理绩效评价、绿色创新绩效影响效果评价，等等。

各种绩效评价的目的，就管理而言，最终都是为提高绩效。有几种不同提高绩效的路径：路径一是通过激励来提高绩效，即绩效评价—激励先进—提高绩效；路径二是通过整改来提高绩效，即评价—整改—再评价，往复循环；路径三是通过改变影响因素来提高绩效，即绩效评估与相关因素分析—决策—提高绩效。路径一和路径二在管理实践中经常结合在一起，但在逻辑上能够有所区分，同时管理实践和管理研究上也各有侧重。关于路径三的绩效评估与相关因素分析的研究，占绩效问题研究的多数。严格地说，这类研究并不是单纯的绩效评估研究，但也涉及绩效评估。

根据绩效评价对象不同，可以把它们分为组织绩效评价、个人绩效评价和活动绩效评价三种，组织绩效评价是对一个组织进行综合的或整体的评价；个人绩效评价既有对组织中的关键人物进行评价，也有对全体员工进行评价；活动绩效评价是对组织中一项活动进行评价，如创新绩效、学习绩效、工作绩效。无论哪类评价或评估，都要选择一定的评价指标或指标体系，采取一定的计量分析方法。

### （一）绩效评价与激励有效性的研究

绩效评价与激励，也称为绩效管理或绩效考核。其目的是挖掘员工潜力，提高企业运营效率。绩效考核是最重要的人力资源管理实践之一，绩效考核对于提升员工个体和组织整体的绩效水平有重要作用。

在管理实践中，绩效考核的实际效用与预期效用两者间往往会有一定偏离。汪洪艳、陈志霞（2015）认为，考核者的主观故意，是影响绩效考核实际效用的重要影响因素。考核者对绩效考核结果进行故意扭曲，既是一个客观存在的现象，也是可以预见且不能消除的。产生的主要原因是考核者企图维护和获取个人、他人或组织的特定利益，如维护上下级关系、满足个人偏好、照顾有社会关系背景的员工等。从组织政治的学术视角来看，这就是绩效考核政治性。作者从绩效考核政治性的概念、内涵、结构与测量、前因及结果等方面对该领域的相关文献进行了系统的梳理。胡蓓、邱敏（2016）认为绩效考核可以分为两种，一种是评估型考核，另一种是发展型考核。评估型考核是员工间的横向比较，发展型考核是员工本人纵向的发展比较。他们通过问卷调查和数据分析研究，发现发展型考核对员工的内在激励和工作热情具有正相关影响，而评估型考核则具有负相关影响。陈丽芬（2015）则讨论了绩效工具的可感知性。认为在绩效评价与激励活动中，绩效工具的可感知性低，会导致信息的透明度低，那么绩效评价与激励的有效性也会降低。

### （二）绩效的评估—整改循环的研究

绩效评估—整改—再评估—再整改的绩效管理，强调的是周而往复地循环提高。有六步骤和 PDCA 循环等，已经被应用多年。PDCA 循环也称“戴明环”，它原来是全面质量管理的一个标准程序，由美国的质量管理专家戴明博士提出和推广。PDCA 循环能够有效改进完善任何一项活动或工作，当然也就在绩效管理活动中得到应用。它的精髓在于揭示了持续改进的原理，表明任何成功的活动或工作，都是由计划（Plan）、实施（Do）、评估（Check）、反馈（Action）四个阶段构成，循环往复并且呈螺旋式上升。六步骤则是把 P 阶段又细分 3 个步骤：战略定位、战略分解、计划制订。许婉莹（2016）认为，循环绩效管理方法可以提高员工、团队、组织的绩效水平，但在应用实践中还存在一定的问题。作者提出，在 P 阶段，应加强子计划与企业总体战略的联结和呼应；在 D 阶段，不仅是实施还应加强对实施过程的信息监控；在 C 阶段应注意评价的公平和准确；在 A 阶段要注意整理需要改进各个方面，从而在进入下一循环时有所提高。冯海燕（2015）则提出 PDCA 应该是镶嵌结构，个人、部门都要有自己的不同层级的 PDCA 绩效管理循环。

### （三）绩效与相关因素分析

对影响绩效的相关因素进行研究，占绩效问题研究论文的多数。严格地说，这类研究并不是专门的绩效评估研究，但也涉及绩效评估。这类研究，一般是把绩效作为因变量，把相关影响因素作为自变量，然后进行相关性分析并找出主要的影响因素，提供给管理者参考。以企业绩效和创新绩效作为研究对象的研究最多。在这类研究中，绩效评价指标的设计一般都相对简单，同时，在这类研究中的不同研究中，选取的绩效指标差异较大，有的研究采用单指标，也有研究采用多指标；有的研究采用客观指标，也有研究采用主观指标。

**表 1　　绩效评价指标**

| 因变量 | 类别 | 指标 |
|---|---|---|
| 企业绩效 | 客观指标 | 总资产收益率、净资产收益率、销售收益率等 |
| | 主观指标 | 营运能力、盈利能力、发展能力等 |
| | 综合指标 | 利润水平、总销售量、总销售增长率、市场占有率、员工士气、总资产增长率、在行业中的竞争地位等 |
| 创新绩效 | 客观指标 | 申请专利数、新产品数、新产品销售占比、研发投入资金、研发投入与销售额比例等 |
| | 主观指标 | 更快研发速度、更快改进速度、更多新产品、更多个性产品；<br>更快物流、强的流程优化能力、更低成本、更好质量；<br>用人灵活、组织结构可变、有盈利能力、有竞争优势等 |

### （四）绩效评价体系或指标研究

1. 企业绩效评价指标

对企业绩效的评价指标，一般可以分为经济指标和社会指标两类。经济指标又可以分为市场指标和会计指标两种，分别从外部资本市场绩效角度和内部资本运营效率角度反映企业的经济绩效。张琦、刘克（2016）基于利益相关者关切的视角，提出了一个综合经济指标和社会指标的企业绩效评价指标体系，具有一定的新意。这个绩效评价指标体系的特点是考虑了企业不同相关利益者的关切。

**表 2　　利益相关者视角的绩效评价指标**

| 主体 | | 指标 |
|---|---|---|
| 直接利益相关者 | 股东 | 总资产报酬率、权益净利率、权益乘数、总资产周转率、主营业务利润率 |
| | 债权人 | 利息保障倍数、流动比率、资产负债率、总资产周转率、主营业务利润率 |
| | 经理层 | 可持续增长率、薪酬及奖励、企业的信任与支持、主营业务利润率 |
| | 员工 | 工资及福利、员工奖励计划、技能培训、工作环境舒适度 |

续表

| 主体 | | 指标 |
|---|---|---|
| 间接利益相关者 | 供应商 | 现金比率、逾期付款次数、存货周转率 |
| | 客户 | 产品与服务性价比、售后服务水平、存货周转率 |
| | 政府 | 合规性、净利润 |
| | 社会 | 污染处理、社会就业率贡献、社会政策参与度 |

2. 科研项目绩效评价指标

世界主要发达国家都对科技项目的绩效进行评价。美国的科技绩效评价工作已成为制度化的经常性工作，评估结果与教师的奖惩、晋升、聘任和工资待遇等挂钩。日本在20世纪90年代也建立了开放型研究评价体制的基本框架，评价体制的“开放性”主要表现在四个方面：评价标准的开放性；评价主体的开放性；评价结果的开放性；评价结果利用的开放性。法国于1989年至1990年，先后成立了国家科研评价委员会、总理府技术风险预防评议团和法国瞭望台，建立了相对完整的科技项目评价体系。英国高校科研评价体系（Research Assessment Exercise，RAE）是一项具有较大影响的评价活动，用来衡量英国高等教育机构的科研水平及其学位教育质量。

王仲梅、仝逸峰、荆新爱（2015）构建了一个科研项目绩效评价指标体系。作者参考了美国国际开发署提出的项目逻辑模型，提出了科研项目绩效指标确定原则，确定了科研项目绩效指标体系框架，并分析研究了产出指标和效益指标，将产出指标中的数量、质量、时效3类二级指标进行关联分析，确定了22项产出二级指标和15项效益二级指标，作为科研项目的通用绩效指标。刘华海（2016）也构建了一个科研项目绩效评价指标体系。该科研项目绩效评价指标体系分为两层，一级评价指标有4个，分别是科研项目基础、科研项目水平、科研项目效果、科研项目特色；二级评价指标有21个。朱娅妮、余玉龙、汪海燕（2016）探究协同创新绩效评价的内涵，并构建了一个3层科技协同创新的绩效评价指标体系，第一层是目标层，第二层是领域层，第三层是指标层。各种指标共21个。

3. 个人绩效评价

方征（2105）介绍了目前在美国广泛运用的Stronge校长绩效评估体系，这个Stronge体系的特点有：以校长专业标准为依据和出发点、评估指标设计合理、校长全程浸入式参与、评价者深度介入、评价结果与绩效改进循环嵌入。

张建军（2015）研究了科研人员绩效评价体系。作者认为，企业或组织的战略目标，应该是科研人员绩效评价的出发点和归宿点。绩效评价指标不仅要反映企业战略目标的多方面、多层次的内容，而且要反映与企业战略目标相适应的评价要求，使每个科研人员通过绩效评价系统，了解企业所希望的自己的工作方向和要求，发现自己的知识、技能和能力的不足，进而加以改进和完善。

（五）绩效评估的方法

进行绩效评估需要借助于一些计量统计方法对指标分配权重和计算分值等，以下是一些在绩效评估中所使用的较新的方法：

1. 层次分析法

层次分析法是一种将半定性、半定量问题转化为定量问题的拟定量方法。基本原理是通过对这个大系统中涉及的多个元素进行分析，确定各因素之间的层次关系，再对每个层次中的全部元素进行客观比较，建立判断矩阵，分析同层次中各元素之间的相对重要性，最后定量地表示出来，从而得到层次之间以及每一层次中所有元素的权重比例系数。层次分析法也经常与专家咨询法（菲德尔法）结合使用。

2. 模糊综合评价法

在进行绩效评价时，构建的绩效评价指标，往往包括定性指标和定量指标，这会导致绩效评价存在一定的不确定性和模糊性。模糊评估是在不确定性环境下最大化消除不确定性因素影响，最终做出综合评价和合理决策的方法。

3. 验证性因子分析

验证性因子分析简称 CFA，测试一个因子与相对应的测度项之间的关系是否符合研究者所设计的理论关系，是一种降维、简化数据的技术手段。

4. 灰色关联度分析法

灰色系统是指部分信息已知部分信息未知的系统，灰色关联度分析方法是一种根据变量间发展趋势的相异程度来衡量变量之间关联度的方法，可以量化度量系统的发展态势。

5. 人工神经网络分析法

人工神经网络是一种交互式的评价方法，根据系统的期望输出来不断修改指标的权重，直至满意为止。一般来说此方法得到的结果比较符合实际情况，但网络收敛速度慢会影响评价工作效率。

6. 数据包络分析法

数据包络分析法是一种多指标综合评价方法，通过对策单元（DMU，即样本）的投入产出数据来测算分析各决策单元的相对有效性适用于多投入，多产出的绩效评价，免除了通过主观因素确定指标权重的困难。数据包络分析的本质是对投入—产出的数据进行处理研究，判断决策单元是否有效，然后通过对无效单元的因果分析，找出无效的根本原因。

7. 主成分分析法

主成分分析也称主分量分析，用于把多指标转化为较少的几个合成指标（即主成分），其中每个主成分都能够反映原始指标的大部分信息，且所含信息互不重复。这种方法使问题简单化，同时得到的结果具有更加科学有效的信息。

### （六）绩效评估研究评价及未来研究展望

综上所述，绩效评估是对组织、个人、活动的一种评价，绩效评估具有引导、规范、优化的机制。绩效评估运转过程中存在各种扰动因素，绩效评估的指标体系设计的客观性和科学性也会影响评估的准确性。绩效研究的目的在于完善绩效评估和提高绩效。在传统型企业中，绩效管理的变化可能不大。但在新工业革命的背景下，传统企业转型升级是必然的，其绩效评估和绩效管理也会有所变化。

## 五 社会责任研究前沿问题

企业社会责任问题由20世纪60年代个别学者的初步探索到21世纪众多学者的广泛关注已经走过了近60年，在这不断发展的过程中，其研究的方法不断充实，研究的内容逐渐宽泛，研究的议题也日益多元。尽管研究主题的深度与广度都在逐步地拓展，但是对于企业社会责任基本问题的研究仍然在持续，在近2年的国内外学者对企业社会责任的研究中，研究领域逐渐呈现出学科交叉的特征，从近一年来国内外研究文献来看，企业社会责任问题逐渐与会计学、财务管理学、人力资源管理以及消费者行为学、市场营销战略等学科逐渐融合，探讨的问题日益多元化。近一年来，从笔者所检索的文献可以看出，企业社会责任问题研究的热点领域聚焦于企业社会责任的影响因素、企业社会责任的影响效应、企业社会责任信息披露等领域。

### （一）企业社会责任的影响因素

从已有的文献来看，企业社会责任的影响因素可谓是纷繁复杂，国内外学者对企业社会责任影响因素的探讨逐步深入，从宏微观的视角来看，近年来对企业社会责任影响因素的探讨已经逐步由宏观领域转向微观领域，对企业社会责任影响因素微观领域的探讨已经成为当下国内外学者研究的重点，国内外学者对于企业社会责任影响因素的探索重点主要集中于组织内部的四个方面：公司治理的影响、管理者特征的影响、政治资本的影响和组织特征与市场环境的影响。

1. 公司治理对企业社会责任的影响

从国外研究来看，Cui（2016）研究了家族企业的内部治理与企业社会责任的关系，通过普尔500指数家族企业2003—2010年的相关数据实证分析表明家庭成员作为首席执行官的家族企业有更好的社会责任表现。Muttakin（2016）研究了董事会资本（人力资本与社会资本）和以CEO二元性、所有权、CEO任期所构成的CEO权利指数对企业社会责任实践的影响，研究发现尽管董事会资本能够改善企业社会责任实践，但是CEO权利也能够对企业社会实践活动产生抑制效应。Chang（2015）对董事会特征和企业社会责任之间的关系进行了重新审视，专注于三个重要的董事会特征（如董事会的独立性、社会关系和多样性），运用大型韩国企业的面板回归发现董事会特征对企业社会责任的影响并不是线性的，具体来说，实证结果表明企业社会责任和董事会的独立性之间呈现指数增长的形状，社会关系对企业社会责任之间呈现倒“U”型的关系，董事会多样性与企业社会责任呈现“U”型关系。Andy（2015）以由多数控股权和独立董事在董事会的比率这一维度探究对企业社会责任行为的影响，利用在台湾公开上市公司的面板数据（2007—2012）实证研究发现，整个社会情感财富对企业社会责任行为表现产生正向促进作用。Zhu（2016）运用中国社会科学院所开发的两套绩效评价系统，分析2011年社会责任报告中的涵盖100家中国国有企业的相关数据，使用偏最小二乘（PLS）方法，通过结构方程模型（SEM）获得的回归结果表明，公司组织内部治理对它们的社会责任实践表现有正面影响。Nollet（2016）认为公司治理是影响企业社会责任绩效与企业财务绩效二者关系的关键驱动因素，企业社会责任的投资应考虑这一因素。Eunjung（2016）通过使用2000—2009年标准普尔指数以1500个公司为研究样本，实证研究了董事会组成对企业社会责任评级数据的影响。研究结果发现女性独立董事的数量（或比例）与一个公司的社会责任评级存在正相关的关系，这种关系的强度取决于公司的消费市场取向的水平。

在国内研究中，吴德军（2016）以2010—2013年沪深A股上市公司为样本，从公司治理与媒体关注两个角度实证研究了两者对企业社会责任的影响，研究发现公司治理越好，企业社会责任水平越高，这种显著的正相关关系主要体现在非国有企业中，在国有企业中并不显著。吕素莉（2016）以我国2008—2014年全部A股非金融类上市公司为研究样本，实证研究高管持股激励机制能否影响社会责任承担水平，研究结果发现高管持股比例低于30.11%时，利益趋同效应占主导地位，管理层与股东利益目标一致，愿意承担更多的社会责任；而持股比例高于30.11%时，对社会责任承担起到消极作用，非国有企业的高管持股与社会责任承担的非线性关系更显著。王帆（2016）研究了公司治理对企业社会责任绩效的影响，研究结果发现，机构投资人持股较多或者独立董事较多的企业，对企业社会责任绩效具有显著正面影响。

2. 管理者特征对企业社会责任的影响

从国外研究来看，Peng（2015）采用美国KLD数据库中2003—2011年的美国企业的相关数据，具有长远考量的CEO的薪酬水平能够对企业社会责任行为具有调适作用。Pedrini（2015）探讨了移民创业过程中诞生的移民企业的社会责任的影响因素，通过收集移民企业家的相关数据，通过OLS回归分析发现移民企业家的权力距离，个人主义/集体主义对企业社会责任实践产生负向影响。Jiang（2015）探究了政治意识形态的经理人如何影响企业社会责任的选择策略，研究结果表明，有更强的社会主义意识形态的管理者可能会开发一个有利于企业社会责任的心态取向，导致采用积极的企业社会责任战略。He（2015）探讨了高层管理者的特点和企业社会责任绩效之间的关系，研究发现高层管理者的工作经验和社会责任之间的呈现正相关关系，同时发现家族控制型的公司会影响高层管理者特性与企业社会责任绩效之间的关联性；Tanaka（2015）以2008—2011年日本公司为研究样本，发现部门经理中女性的比例更高的公司，外国投资者表现出更强烈的偏好，研究结果表明，女性管理者对改善企业社会责任活动具有重要作用，进而可以吸引更多的外国股票市场投资者。Shaukat（2016）运用结构研究了董事会的独立性、性别多样化，以及财务专业的知识量对全面的企业社会责任战略具有积极影响。Petrenko（2016）以《财富》500强的CEO为研究样本，研究发现CEO的自恋倾向会削弱企业社会责任绩效。Yin（2016）研究了管理者对道德和社会责任的重要性的认知对实施企业社会责任实践的影响，通过对中国企业领袖的调查，发现管理者的个人价值观，结合情境动力学影响一个组织，对企业社会责任的实践具有重要的影响作用。

3. 政治资本对企业社会责任的影响

从国外的研究来看，Lin（2015）探究了政治网络对企业社会责任的影响，评估了在更换市长政治关系突然终止时如何影响中国上市公司企业社会责任的选择，发现当一个市长被替换时，企业社会责任活动会有增加的倾向。Huang（2016）发现中国的民营企业社会责任履行明显得到改善，尤其是在慈善领域，但是发现民营企业的社会责任意识与国有企业仍然存在很大的差距，因此从政治联系的角度探讨如何使经理人意识到利益相关者的相对重要性，从而导致利益相关者满意度变化这一企业社会责任要求，研究结果发现，政治联系对民营企业的社会责任产生显著的正向影响，在顾客导向与社会导向责任上有政治联系的企业明显好于无政治联系的企业。

在国内的研究中，陈汉辉（2016）通过整合社会责任与社会资本理论，以177份企业调查问卷为样本，从政治关联视角实证考察社会责任实践与社会资本的关系，以及政治关联的中介效应，研究发现企业通过政治关联有助于获取关键性资源、增加社会资本、提升企业价值，与此同时企业被要求履行更多的社会责任。杨莎莎（2016）选取2013年A股上市公司样本513家，通过企业高管的简历筛选建立政治资本指数，对企业政治资本与慈善捐赠关系进行研究。企业政治资本每提高1%，企业履行慈善捐赠的概率就会减少3%左右，企业捐赠数量会减少10%左右，证实了企业政治资本对社会责任的挤出效应，企业拥有政治资本，会降低其通过慈善捐赠获取社会声誉的激励。李孔岳和叶艳（2016）提出了先赋性政治关系与后致性政治关系，先赋性政治关系是企业家在进入企业之前拥有的关系，后致性政治关系是指企业家在企业成立后具有的政治关系，并选取2012—2014年沪深A股重污染行业的上市民营企业作为研究样本，探究不同类型的政治关系对企业履行社会责任的影响，实证研究结果表明企业家政治关系对民营企业履行社会责任有正向促进作用；先赋性政治关系和后致性政治关系对社会责任的影响存在明显差异。企业家的先赋性政治关系对企业综合社会责任有正向促进作用，而后致性政治关系对企业综合社会责任没有显著影响。

4. 组织特征、市场环境对企业社会责任的影响

组织环境特征对企业社会责任的影响带有外生性，对企业社会责任的履行意愿与表现的影响逐渐成为国内外学者探讨的热点问题。从国外研究来看，Jha（2015）认为企业做出超越由法律要求对社会负责的努力时被描述为一种股东或经理人的战略行为，然而企业社会责任行为是否来自该地区的社会资本培育一种利他主义倾向进而对产生对企业社会责任的激励效应？认为股东或经理的自我利益并不能解释所有的企业的社会责任，但该地区的利他倾向也可能会起到一定的作用。Tang - Lee（2016）研究了跨国企业在投资国履行企业社会责任的影响因素，研究发现企业社会责任履行受到公众参与渠道的影响，还探讨了外国公司的企业社会责任活动受到东道国当地的权力和治理结构的影响。Du（2016）以2007—2009年中国股市的4186家公司为观察样本，实证研究宗教氛围对企业社会责任的影响，实证研究结果表明，宗教气氛与企业社会责任呈现显著的正相关效应，这表明宗教气氛在加强企业社会责任方面的重要作用。Withisuphakorn（2016）基于企业的生命周期理论，探讨企业成熟度对企业社会责任的影响。基于21年26000个观测数据，研究发现随着企业的成长，他们在环保意识方面变得更加负责任，而公司老化对人权和产品安全性方面的企业社会责任表现较弱。Baz（2016）分析了国家机构如何对法国和摩洛哥的食品加工业小型和中小型企业的企业社会责任实践产生影响，通过半结构式访谈收集定性数据，调查结果显示，法国在规则的管理制度下，大多数中小企业将企业社会责任作为经济工具，它被用于寻找全球绩效挂靠的机会视角。调查结果还显示，摩洛哥的关系型治理体制下，中小企业主要将企业社会责任看作约束。

在国内研究中，买生（2016）以东北地区企业为样本，采用单因素方差分析与Tamhane/LSD方法深入分析了企业性质、规模、上市与否等特征对企业社会责任实践的影响差异以及影响机制，结果表明，中央企业、地方国有企业在企业社会责任方面比民营控股企业表现更为突出；企业规模影响企业社会责任实践，大型企业社会责任实践能力优于中小企业；上市企业在企业社会责任实践方面的表现更佳，依旧是我国企业社会责任实践的第一梯队。陈丽和胡树华（2016）以我国124家制造业上市公司为样本，研究两者的关

系。研究结果表明：区域市场化程度越高，企业社会责任履行状况越好；市场化进程的加快能显著增加企业在战略制定和决策中对社会责任的考量。阮丽（2016）以我国124家制造业上市公司为样本，研究两者的关系。研究结果表明：区域市场化程度越高，企业社会责任履行状况越好；市场化进程的加快能显著增加企业在战略制定和决策中对社会责任的考量。臧红敏和王钦（2016）通过东北地区制造业上市公司数据对企业技术创新绩效、财务绩效与企业履行员工社会责任关系展开实证研究，并对国有企业和民营企业分别进行探讨。结果显示，国有企业技术创新绩效对履行员工社会责任具有负向作用；对于民营企业，企业技术创新绩效对履行员工社会责任有正向作用；企业规模与履行员工社会责任情况负相关，且国有企业比民营企业能更好地履行员工社会责任。

（二）企业社会责任的影响效应

效用一直以来是经济学与管理学者所探讨的基本问题，企业社会责任履行能否给企业带来效用以及带来何种效用一直是国内外学术界所关注的焦点，其影响的效用程度很大程度上回答了企业履行社会责任的目的性与正当性。同时，企业社会责任与绩效之间的关系一直以来是学术界争论的话题，然而，绩效既带有客观性，也带有主观色彩，在客观方面主要表现为企业的财务与业绩，在主观方面主要体现在组织内部员工的满意度、客户忠诚度、企业品牌与企业价值等。最近两年，企业社会责任的影响效应研究不仅继续将企业社会绩效与企业财务绩效的关系（财务效应）作为重点，而且越来越多的研究聚焦于企业社会责任与企业的非财务绩效之间的关系（非财务效应）。

1. 财务效应

企业社会责任与企业财务绩效的关系一直是学者无休止辩论的主题。由于研究选取的样本数据不同，研究视角的差异，目前并没有呈现出统一的观点，实证结果既有正相关、负相关和双向相关关系，亦有“U”型和倒“U”型关系的结论。Kang（2016）从冗余资源机制、良好的绩效机制、忏悔机制与保险机制探究了企业社会责任与公司业绩的关系，通过4500家企业的数据构建一个结构面板向量自回归模型，研究发现企业从事企业社会责任能够获得良好的经济效益。此外，没有发现支持冗余资源或保险机制，由于企业负面社会责任行为的影响，忏悔机制是无效的。Choi（2016）认为如果一个企业重视信誉，企业社会责任的管理者将从盈余管理克制，以避免其名誉上的损害，并利用2002—2011年韩国上市公司为样本数据，结果表明资本市场参与者认为企业社会责任是改善盈余质量的重要信号，当企业参与社会责任时，盈余质量较高。Gao（2015）认为企业社会责任实践是可取的，发现具有社会责任行为的企业在盈余管理与财务报告方面明显区别于其他公司，并通过实证检验表明具有较高的企业社会责任的企业拥有高收益回报率，企业社会责任行为对企业的估值非常有用。Chetty（2015）通过南非约翰内斯堡证券交易所2004—2013年的相关数据，利用回归分析探讨了企业社会责任活动与企业财务业绩之间的关系，研究结果表明企业社会责任活动对企业财务业绩并没有显著差异。Harjoto（2016）研究了企业社会责任与公司的经营度和财务杠杆之间的关系，通过实证研究表明，企业社会责任与经营度（财务杠杆率）呈现正相关关系，也发现企业社会责任与企业的运营成本呈现正相关关系。Cheung（2016）使用1991—2011年的2364家公司的年度数据，考察企业社会责任可能会影响公司现金持有相应的机制，企业社会责任经系统性风险渠道对现金持有具有较强的积极作用。

在国内的相关研究中，冯钰宸和郑苏晋（2016）以我国2009—2014年54家保险公司的动态面板数据为依据，利用系统GMM估计方法，分析保险企业社会责任与财务绩效之间的相互关系，研究结果表明：保险企业履行社会责任和提高财务绩效之间存在正相关关系，二者相互促进、互相影响，但是寿险公司和产险公司存在明显差异。朱文莉和邓蕾（2016）选取2011年至2013年深市和沪市剔除金融业的A股上市公司为样本，实证研究了上市公司的社会责任承担与权益资本成本之间的关系，得出了五大结论：（1）企业对于国家社会责任的承担会降低企业的权益资本成本；（2）企业对于员工的社会责任承担会增加企业的权益资本成本；（3）企业对于投资者社会责任的承担会降低企业的权益资本成本；（4）企业对于供应商社会责任的承担会降低企业的权益资本成本；（5）企业对于消费者社会责任的承担会降低企业的权益资本成本，并且上市公司社会责任的承担对企业权益资本成本不存在明显的滞后效应。嵇国平和阚云艳（2016）对2009—2013年沪深主板和中小企业板188家上市公司进行了实证研究，研究发现社会责任履行较好和较差的企业财务绩效比社会责任履行一般的企业财务绩效好，即企业履行社会责任对企业财务绩效的影响呈“U”型。肖红军和张哲（2016）首次对企业社会责任寻租概念、特征、前提假设、租金来源和影响后果进行系统研究，认为企业社会责任寻租行为可能会造成严重的经济后果，并构建了以企业、权力主体和终端决策者为主体组成的社会责任寻租的网络治理框架。

2. 非财务效应

企业社会责任非财务效应的研究主要集中在几个方面：企业社会责任对组织内个体行为的影响、对组织声誉与形象的影响和企业社会责任对消费者行为以及品牌形象的影响。这也表明了企业社会责任越来越多地与组织行为学、人力资源管理以及消费者行为学、市场营销学等众多学科融合进而出现学科交叉特征。

在国外的相关研究中，企业社会责任对组织行为的影响集中于探究企业社会责任对企业员工的工作满意度、组织承诺等，Wisse（2016）认为企业社会责任对员工态度有积极的影响。然而，并非所有的员工对企业社会责任行为会有同样反应，并基于社会情绪选择性理论，相比于年轻的员工，企业社会责任对老年员工满意度的影响将更加明显，并基于500个数据这一结论得到了实证结果的支持，表明从事企业社会责任可以组织一个有吸引力的工具，旨在保持其老化的员工对他们的工作感到满意。Mory（2015）探究了企业内部社会责任如何影响员工的承诺，通过对国际制药公司2081名员工的回应的调查，发现内部企业社会责任对员工的情感性组织承诺有显著的影响，而对规范性的组织承诺有着相对温和的影响。Cahan（2015）探究了企业是否履行更多社会责任以获得更多有利的媒体报道，以及是否借助企业社会责任积极管理它们的媒体形象，研究发现展示出更优的企业社会责任能够获得更多有利于公司形象的新闻报道，社会责任和媒体的好感度之间有一个重要的互动能够增加（减少）一个公司的股票估值（资本成本）。Huang（2016）认为现有的研究大部分探讨企业社会责任对财务表现或消费行为的影响，而很少关注对企业的利益相关者和员工的影响。通过收集368份问卷调查，员工对企业社会责任的认识，对组织的承诺有显著的积极作用。Malik（2015）通过收集银行员工的相关数据，利用相关、回归和方差分析方法分析了企业社会责任活动和组织员工绩效意识之间的关系。Mukasa（2015）探讨企业社会责任活动与企业的声誉之间的关系，研究采用2010年和2012年韩国的可持续发展指数数据库报道的韩国企业为研究样本，实证结果显示，目前的股东回报很可能是受到过去的企业慈善捐赠的影响，这表明企业可能通过利用过去的企业社会责任活动发展当前声誉。Chuang（2016）利用台湾 358 家公司数据探讨了环保的企业社会责任对绿色信息技术资本的影响。结果证实，环保的企业社会责任对绿色信息技术资本人力资本、绿色信息结构资本和绿色信息技术资本关系资本有显著的积极影响。

在国内的相关研究中，徐芳和王静（2016）提出组织因素中的企业社会责任履行状况可能会影响人才敬业度的假设，以北京市 15 家不同规模、不同性质企业的在职员工 387 份有效问卷为数据，实证研究结果表明：企业社会责任履行状况与人才敬业度呈正相关关系。颜爱民和李歌（2016）基于 1308 名员工的一手数据采用多层线性模型实证分析了企业社会责任对员工角色内行为、组织公民行为的影响以及组织支持感和外部荣誉感的中介作用。结果表明企业社会责任对员工角色内行为、组织公民行为均有显著的正向影响，在企业社会责任与组织公民行为之间起完全中介作用。李歌（2016）对 980 名中小企业员工进行问卷调查，在构建一个被调节的中介模型的基础上，探讨员工感知的企业社会责任同离职倾向的关系。研究结果表明，员工感知的企业社会责任对离职倾向有显著的负向影响。刘远和周祖城（2015）基于 32 家中小企业 592 名员工的调查问卷，运用多层线性模型对跨层数据进行统计分析，考察了员工感知的企业社会责任对组织公民行为的影响机制，情感承诺的中介作用以及承诺型人力资源管理实践的跨层调节作用，研究发现员工感知的企业社会责任通过提升员工的情感承诺，进而正向影响员工的组织公民行为。邓新明和张婷（2016）选择在武汉和上海的两所重点大学的学生作为本次调查的 349 个样本，探究企业社会责任对消费者购买意愿的影响机制，研究结果表明：企业社会责任不仅对消费者购买意愿产生直接正向影响，而且通过动机归因对消费者购买意愿产生间接正向影响；企业社会责任对动机归因的影响过程受到了消费者利他倾向的正向调节作用。

### （三）企业社会责任信息披露

企业通过报告的披露与利益相关者进行沟通并影响着企业与利益相关者的关系，企业通过披露相关社会责任信息如定期发布企业社会责任报告能够使企业的利益相关者获取企业社会责任履行信息，若企业社会责任未能及时披露，则有可能削弱投资者、消费者等利益相关者对企业的信心，甚至影响到企业的声誉与产生经济损失，因此企业社会责任信息披露尤为重要。因此企业社会责任信息披露成为近两年来企业社会责任领域的研究热点，并主要集中在企业社会责任信息披露的前因后果方面。

1. 企业社会责任信息披露的前置因素

企业社会责任信息披露既受到企业特征等组织自身因素的影响，也受到制度供给等外部环境的影响。从国外研究来看，Nawaiseh（2015）回答了公司规模和盈利能力对企业社会责任信息披露是否存在影响效应，并基于约旦银行的相关数据，实证研究发现 ROA、ROE 企业规模对企业社会责任披露的影响效应并不显著，ROA 与企业社会责任披露的影响效应可能更为明显。El – Halaby（2015）分析了 25 个国家 138 个伊斯兰银行年度报告，考察企业社会责任信息披露的决定因素，发现 CSRD 水平和会计准则之间存在正相关关系。Cheng（2016）实证研究了企业社会责任报告发行与企业绩效的关系，基于 2008—2009 年中国上市公司的相关数据，发现公司的历史绩效对独立的企业社会责任报告的发行具有重要和积极的影响，且当前的企业社会责任信息披露和后续绩效之间呈现正相关关系，这在一定程度上证实了在像中国这样的发展中国家企业社会责任是一个有用的商业策略，也为新兴的市场经济国家的倡导企业社会责任实践与改变企业社会责任态度提供了证据支持。

在国内的研究中，李诗田和宋献中（2015）采用行为、实验经济学的亲社会偏好理论和社会学的合法性理论解释企业社会责任信息披露的动因，以2010—2011年中国民营上市公司社会责任报告为研究样本，实证结果表明管理者亲社会偏好特征对上市公司社会责任披露水平有显著的正影响，企业合法性压力对上市公司社会责任披露水平有显著的正影响，管理者亲社会偏好使上市公司的社会责任披露水平对于合法性压力的敏感程度更高。吕牧和尹世芬（2015）实证研究了我国2011—2013年全部A股上市公司的股权结构中国有持股比例的提高对企业披露企业社会责任的影响，结果表明民营企业的大股东持股比例越高，其披露企业社会责任的水平越低，外资参股的比例和国有控股的比例不断升高，企业社会责任进行披露的可能性越高，披露水平更完善。冯丽艳和肖翔（2016）采用了润灵环球社会责任报告评级来度量企业社会责任信息披露水平，实证研究了披露制度环境对经济绩效与社会责任信息披露关系的影响，在我国自愿和强制披露并行的特殊制度环境下，经济绩效依然是目前我国企业社会责任信息披露决策的重要影响因素，良好的经济绩效可以促进企业提高社会责任信息披露水平。徐成尚和朱旭（2016）选取来自冶炼、制造等16个重污染项目的77家上市公司为研究样本，实证研究发现股权制衡度、两职分离、独立董事比例、监事会规模、监事会持股比例均与企业社会责任的披露水平呈正相关关系，而控股股东持股比例和高管持股比例与之呈负相关关系，表明公司在股权结构和治理结构方面的差异对企业社会责任信息的披露有一定的影响。

2. 企业社会责任信息披露的影响

企业社会责任信息披露将会对企业的直接经济效益和非经济效益产生影响。从国外研究来看，Gatsi（2016）使用加纳证券交易所上市公司的数据，实证结果表明企业社会责任的披露水平与公司业绩呈显著的负相关关系。Barakat（2016）评价分析巴勒斯坦和约旦企业社会责任信息披露的做法，以101家公司为研究样本，发现企业社会责任的披露水平与外部审计公司特征和公司治理（如董事会规模和董事会审计委员会）之间呈正相关关系。Platonova（2016）以2000—2014年伊斯兰银行的海湾合作委员会（GCC）地区银行披露年度报告为分析样本，实证研究了企业社会责任披露与财务表现之间的特征关系，研究结果表明，企业社会责任信息披露和伊斯兰银行的财务业绩之间存在显著正相关关系，同时回归结果发现企业社会责任信息披露指数的各个维度，除了“使命和愿景”和“产品和服务”以外，和当前财务业绩衡量没有统计上显著效应。

在国内的相关研究中，邹鹏和苟晓霞（2015）选择中国公司社会责任披露的数据，采用因子分析法划分企业社会责任活动，采用面板数据回归分析每种社会责任活动及其交互作用对企业财务绩效的影响。研究结果表明，与价值链基本活动相关的社会责任和与价值链支持活动相关的社会责任对财务绩效有积极影响，与价值链活动无关的一般性社会责任对财务绩效有消极影响，它们的交互作用对财务绩效也有方向不同的显著影响。权小锋和肖红军（2016）系统分析了社会责任信息披露与股价崩盘风险之间的内在关系及其形成机理，以2009—2013年上市公司A股披露社会责任报告的公司作为研究样本，社会责任信息披露水平与条件性会计稳健性存在显著负向关系，会计稳健性是社会责任信息披露与股价崩盘风险之间的部分中介因子，证实我国企业社会责任信息披露体现了“机会推动”而非“价值驱动”的假说。钟马和徐光华（2015）基于公司投资效率的视角，采用准自然实验的双重差分研究方法，对强制披露公司社会责任报告制度进行评估，发现被强制要求披露社会责任的公司在披露后投资效率显著提升，在财务信息质量较差、所处区域市场化程度较低的被强制要求披露社会责任的公司中，投资效率的提升效果更加明显。张太海和张妤舟（2016）在申银万国证券股份公司处采用实地发放问卷的形式对部分股民进行问卷调查，分析了企业社会责任报告对消费者品牌态度及购买意愿的影响。研究结果表明，企业社会责任报告的信息质量各维度对消费者购买意愿具有正向影响，但影响存在差异；企业社会责任报告的信息质量各维度对消费者品牌态度具有正向影响，但影响存在差异；消费者品牌态度在企业社会责任报告中的信息质量对消费者购买意愿的影响中起到了中介作用。

**参考文献**


[1] Hannan M., Freeman J., "The Population Ecology of Organizations", *American Journal of Sociology*, 1977, 82 (5), pp. 929 – 964.

[2] Schwenk C., Tang M. J., "Economic and Psychological Explanations for Strategic Persistence", *Omega*, 1989, 17 (6), pp. 559 – 570.

[3] 姜春林、张立伟、谷丽：《组织惯性的形成及其对我国民营企业转型的影响》，《科技管理研究》2014 年第 20 期。

[4] Genus A., Jha P., "The Role of Inertia in Explanations of Project Performance: A Framework and Evidence from Project – based Organizations", *International Journal of Project Management*, 2012, 30 (1), pp. 117 – 126.

[5] Miller D., Friesen P. H., "Momentum and Revolution in Organizational Adaptation", *Academy of Management Journal*, 1980, 23 (4), pp. 591 – 614.

[6] Tushman M. L., Romanelli E., "Organizational Evolution: A Metamorphosis Model of Convergence and Reorientation", *Research in Organizational Behavior*, 1985, 7, pp. 171 – 222.

[7] Hannan M. T., Pólos L., Carroll G. R., "The Evolution of Inertia", *Industrial & Corporate Change*, 2004, 13 (1), pp. 213 – 242.

[8] 赵杨、刘延平、谭洁：《组织变革中的组织惯性问题研究》，《管理现代化》2009 年第 1 期。

[9] 陈扬、陈瑞琦：《基于惯性视角的企业变革能量损耗影响因素研究：一个概念模型》，《科技进步与对策》2011 年第 28 卷第 6 期。

[10] 范冠华：《组织内关键人物对组织变革的影响——基于组织惯性的视角》，《理论与现代化》2012 年第 2 期。

[11] Asano A., Eto T., "Organizational Inertia in Japanese Institutions", *Journal of Asian Economics*, 2007, 18 (6), pp. 915 – 933.

[12] Hannan M. T., Freeman J., "Structural Inertia and Organizational Change", *American Sociological Review*, 1984, 49 (2), pp. 149 – 164.

[13] Miller D., Chen M. J., "Sources and Consequences of Competitive Inertia: A Study of the U. S. Airline Industry", *Administrative Science Quarterly*, 1994, 39 (1), pp. 496 – 497.

[14] Liao S. H., Fei W. C., Liu C. T., "Relationships between Knowledge Inertia, Organizational Learning and Organization Innovation", *Technovation*, 2008, 28 (4), pp. 183 – 195.

[15] Liao S. H. , "Problem Solving and Knowledge Inertia", *Expert Systems with Applications*, 2002, 22 (1), pp. 21 - 31.

[16] Carrillo J. D. , Gromb D. , "Cultural Inertia and Uniformity in Organizations", *Journal of Law Economics & Organization*, 2006, 23 (3), pp. 743 - 771.

[17] 王俊:《多元化并购中突破组织惯性的机制探析》,《改革与战略》2015 年第 4 期。

[18] 苏博聪:《组织惯性研究文献综述》,《现代商贸工业》2008 年第 20 卷第 11 期。

[19] 任凤玲、彭启山、崔城:《组织惯性的影响及对策研究》,《统计与决策》2005 年第 4 期。

[20] 廖冰、欧燕:《基于企业生命周期的组织惯性影响因素动态研究》,《商业时代》2012 年第 17 期。

[21] 简兆权、刘益:《战略转换中的组织惯性形成及其经济学分析》,《数量经济技术经济研究》2001 年第 18 卷第 5 期。

[22] Stinchcombe A. L. , "Organizations and Social Structure", *Advances in Strategic Management*, 1965 (17), pp. 229 - 259.

[23] Downs A. , "Inside Bureaucracy", *Western Political Quarterly*, 1967, 22 (2) .

[24] Quinn R. E. , Cameron K. , "Organizational Life Cycles and Shifting Criteria of Effectiveness: Some Preliminary Evidence", *Management Science*, 1983, 29 (1), pp. 33 - 51.

[25] Kelly D. , Amburgey T. L. , "Organizational Inertia and Momentum: A Dynamic Model of Strategic Change", *Academy of Management Journal*, 1991, 34 (3), pp. 591 - 612.

[26] Gilbert C. G. , "Unbundling the Structure of Inertia: Resource versus Routine Rigidity", *Academy of Management Journal*, 2005, 48 (5), pp. 741 - 763.

[27] Christensen C. M. , Bower J. L. , "Customer Power, Strategic Investment, and the Failure of Leading Firms", *Strategic Management Journal*, 1996, 17 (3), pp. 197 - 218.

[28] Henderson R. , "Underinvestment and Incompetence as Responses to Radical Innovation: Evidence from the Photolithographic Alignment Equipment Industry", *Rand Journal of Economics*, 1993, 24 (2), pp. 248 - 270.

[29] Leonard - Barton D. , "Core Capabilities and Core Rigidities: A Paradox in Managing New Product Development", *Strategic Management Journal*, 1992, 13, pp. 111 - 125.

[30] Winter S. G. , Nelson R. R. , *An Evolutionary Theory of Economic Change*, Belknap Press of Harvard University Press, 1982.

[31] Romanelli E. , Tushman M. L. , "Inertia, Environments, and Strategic Choice: A Quasi - Experimental Design for Comparative - Longitudinal Research", *Management Science*, 1986, 32 (5), pp. 608 - 621.

[32] 弋亚群、刘益、李垣:《企业家的战略创新与群体创新——克服组织惯性的途径》,《科学学与科学技术管理》2005 年第 6 期。

[33] 谢康、吴瑶、肖静华等:《组织变革中的战略风险控制——基于企业互联网转型的多案例研究》,《管理世界》2016 年第 2 期。

[34] 吕一博、程露、苏敬勤:《组织惯性对集群网络演化的影响研究——基于多主

体建模的仿真分析》，《管理科学学报》2015 年第 6 期。

［35］ Nickerson J. A. , Zenger T. R. , "Being Efficiently Fickle: A Dynamic Theory of Organizational Choice", *SSRN Electronic Journal*, 1999, 13 (5).

［36］ Boyer M. , Robert J. , "Organizational Inertia and Dynamic Incentives", *Journal of Economic Behavior & Organization*, 2006, 59 (3), pp. 324 – 348.

［37］ 廖冰、张波、欧燕：《制造业中组织惯性、组织创新与组织绩效关系研究》，《中国人力资源开发》2013 年第 11 期。

［38］ 周健明、陈明、刘云枫：《知识领导与科研人员创新能力：知识惯性的破坏作用》，《中国人力资源开发》2014 年第 13 期。

［39］ 范钧、高孟立：《知识惯性一定会阻碍服务企业绩效的提升吗？——基于 KIBS 企业的实证》，《商业经济与管理》2016 年第 4 期。

［40］ 丁德明、茅宁、廖飞：《组织惯性、激励机制与新型企业的治理实践》，《经济管理》2007 年第 5 期。

［41］ Nedzinskas', Pundziene A. , Buožiuterafanaviciene S. , et al. , "The Impact of Dynamic Capabilities on SME Performance in a Volatile Environment as Moderated by Organizational Inertia", *Baltic Journal of Management*, 2013, 8 (4), pp. 376 – 396.

［42］ 刘海建、周小虎、龙静：《组织结构惯性、战略变革与企业绩效的关系：基于动态演化视角的实证研究》，《管理评论》2009 年第 11 期。

［43］ 王龙伟、李垣、王刊良：《组织惯性的动因与管理研究》，《预测》2004 年第 6 期。

［44］ 赵娅、付春香：《组织变革中的组织惯性研究：价值链模型的构建与应用》，《企业经济》2016 年第 1 期。

［45］ Ahuja G. and Katila R. , "Technological Acquisitions and the Innovation Performance of Acquiring Firms: A Longitudinal Study", *Strategic Management Journal*, 2001, 22 (3), pp. 197 – 220.

［46］ Capron L. , Dussauge P. , "Mitchell W. Resource Redeployment Following Horizontal Acquisitions in Europe and North America, 1988 – 1992", *Strategic Management Journal*, 1998, 19 (7), pp. 631 – 661.

［47］ Carlile P. R. , "Transferring, Translating, and Transforming: an Integrative Framework for Managing Knowledge across Boundaries", *Organization Science*, 2004, 15 (5), pp. 555 – 568.

［48］ Chesbrough H. , *Open Innovation: The New Imperative for Creating and Profiting from Technology*, Boston, MA: Harvard Business School Press, 2003.

［49］ Cohen W. M. and Levinthal D. A. , "Absorptive Capacity: A New Perspective on Learning and Innovation", *Administrative Science Quarterly*, 1990, 35 (1), pp. 128 – 142.

［50］ Deng P. , "Absorptive Capacity and a Failed Cross – border M&A", *Management Research Review*, 2010, 33 (7), pp. 673 – 682.

［51］ Haspeslagh P. C. and D. B. Jemison, *Managing Acquisitions: Creating Value through Corporate Renewal*, New York: The Free Press, 1991.

［52］ Lane P. J. and Lubatkin M. , "Relative Absorptive Capacity and Interorganizational

Learning”, *Strategic Management Journal*, 1998, 19 (1), pp. 461 –477.

[53] Liu X., White R. S., “The Relative Contributions of Foreign Technology and Domestic Inputs to Innovation in Chinese Manufacturing Industries”, *Technovation*, 1997, 17 (3), pp. 119 –125.

[54] Mathews J. A., “Dragon Multinationals: New Players in 21st Century Globalization”, *Asia Pacific Journal of Management*, 2006, 23 (1), pp. 5 –27.

[55] Sears J. and Hoetker G., “Technological Overlap, Technological Capabilities, and Resource Recombination in Technological Acquisitions”, *Strategic Management Journal*, 2014, 35 (1), pp. 48 –67.

[56] Smith K. G., Collins C. J., Clark K. D., “Existing Knowledge, Knowledge Creation Capability, and the Rate of New Product Introduction in High – technology Firms”, *Academy of Management Journal*, 2005, 48 (2), pp. 346 –357.

[57] Utterback J., *Mastering the Dynamics of Innovation: How Companies can Seize Opportunities in the Face of Technological Change*, Boston, MA: Harvard Business School Press, 1994.

[58] Zahra S. A., George G., “Absorptive Capacity: A Review, Reconceptualization, and Extension”, *The Academy of Management Review*, 2002, 27 (2), pp. 185 –203.

[59] 侯汉坡、刘峰:《以提升创新能力为目标的技术并购整合管理研究》,《中国科技论坛》2007 年第 3 期。

[60] 于开乐、王铁民:《基于并购的开放式创新对企业自主创新的影响——南汽并购罗孚经验及一般启示》,《管理世界》2008 年第 4 期。

[61] 吴先明:《我国企业跨国并购中的逆向知识转移》,《经济管理》2013 年第 1 期。

[62] 吴先明、苏志文:《将跨国并购作为技术追赶的杠杆:动态能力视角》,《管理世界》2014 年第 4 期。

[63] 熊鸿儒:《从技术轨道到市场轨道:基于追赶机会的视角》,《创新与创业管理》2012 年第 8 期。

[64] Guest, D. E., “Human Resource Management and Performance: Still Searching for Some Answers”, *Human Resource Management Journal*, 2011, 21 (1), pp. 3 –13.

[65] Neal, J. A., and Tromley, C. L., “From International Change to Retrofit: Creating High Performance Work Systems”, *Academy of Management Executive*, 1995, 9, pp. 42 –54.

[66] Noe, R. A., Hollenbeck, J. R., Gerhart, B. A. and Wright, P. M., *Fundamentals of Human Resource Management*, McGraw – Hill Education (Asia), 2004.

[67] Huselid, M., Jackson, S. E. and Schuler, R. S., “Technical and Strategic Human Resource Management Effectiveness as Determinants of Firm Performance”, *Academy of Management Journal*, 1997, 40 (1), pp. 949 –969.

[68] Pfeffer, J., *Competitive Advantage through People*, Boston: Harvard Business School Press, 1994.

[69] Huselid, M. A., “The Impact of Human Resource Management Practices on Turnover, Productivity, and Corporate Financial Performance”, *Academy of Management Journal*,

1995, 38 (3), pp. 635 – 672.

[70] Baron, J. N. and Kreps, E. D., *Strategic Human Resources*, New York: John Wiley and Sons, 1999.

[71] Xiao, Z., Bjorkman, I., "High Commitment Work Systems in Chinese Organization: A Preliminary Measure", *Management and Organization Review*, 2006, 2 (3), pp. 403 – 422.

[72] 张正堂、李瑞:《企业高绩效工作系统的内容结构与测量》,《管理世界》2015 年第 5 期。

[73] Keboe, R. R. and Wright, P. M., "The Impact of High – performance Human Resource Practices on Employees' Attitudes and Behaviors", *Journal of Management*, 2013, 39 (2), pp. 366 – 391.

[74] Zhu, Y., Liu, X. Y. and Hong, Y., "When Western HRM Constructs Meet Chinese Contexts: Validating the Pluralistic Structure of Human Resource Management Systems in China", *International Journal of Human Resource Management*, 2012, 23 (19), pp. 3983 – 4008.

[75] Appelbaum, E., Bailey T., Berg P., Kallebergerg A. L., *Manufacturing Advantage: Why High – Performance Work Systems Pay off*, Ithaca: Cornell University Press, 2000.

[76] Kalsboven, K. and Boon C., "Ethical Leadership, Employee Well – Being and Helping: The Moderating Role of HRM", *Journal of Personnel Psychology*, 2012, 11 (1), pp. 60 – 68.

[77] Jarvenpaa, S. L. and Majchrzak, A., "Knowledge Collaboration among Professionals Protecting National Security: Role of Transitive Memories in Ego – Centered Knowledge Networks", *Organization Science*, 2008, 19 (2). pp. 260 – 270.

[78] Cai, S., R. de Souza and Li, G., "Knowledge Sharing in Collaborative Supply Chains: Twin Effects of Trust and Power", *International Journal of Production Research*, 2013, 51 (2), pp. 2060 – 2076.

[79] 李燕萍、刘宗汉:《高承诺人力资源管理实践对知识分享的影响机制》,《南京大学学报》2015 年第 4 期。

[80] 颜爱民、徐婷、吕志科:《高绩效工作系统、知识共享与企业绩效的关系研究》,《软科学》2015 年第 1 期。

[81] 李辉、苏勇、吕逸婧:《高绩效人力资源实践、智力资本和企业自主创新能力的关系研究》,《软科学》2015 年第 6 期。

[82] Bowen, D. E. and Ostroff, C., "Understanding HRM – firm Performance Linkages: The Role of the Strength of the HRM System", *Academy of Management Review*, 2004, 29 (2), pp. 203 – 221.

[83] Khilji, S. E., and Wang, X. Y., "'Intended' and 'implemented' HRM: The Missing in Strategic Human Resource Management Research", *International Journal of Human Resource Management*, 2006, 17 (7), pp. 1171 – 1189.

[84] 汪洪艳、陈志霞:《绩效考核政治性研究述评》,《外国经济与管理》2015 年第 9 期。

［85］胡蓓、邱敏：《绩效考核目的取向与员工工作卷入：内在激励的中介作用分析》，《管理评论》2016 年第 5 期。

［86］陈丽芬：《绩效评估公平、工资系统认知与绩效工资公平关系研究：兼论绩效工具性感知的中介效应》，《管理工程学报》2015 年第 1 期。

［87］许婉莹：《PDCA 循环在企业绩效管理中的应用》，《企业改革与管理》2016 年第 4 期。

［88］冯海燕：《高校科研团队创新能力绩效考核管理研究》，《科研管理》2015 年第 1 期。

［89］张琦、刘克：《基于利益相关者理论的企业绩效评价指标体系》，《系统工程》2016 年第 6 期。

［90］王仲梅、仝逸峰、荆新爱：《科研项目绩效指标编制分析》，《科研管理》2015 年第 S1 期。

［91］刘华海：《科研项目绩效评价模型和指标体系的构建》，《科研管理》2016 年第 S1 期。

［92］朱娅妮、余玉龙、汪海燕：《面向协同创新的高校科研绩效评价体系研究》，《科研管理》2016 年第 S1 期。

［93］方征：《美国 Stronge 校长绩效评估体系的设计、运行与启示》，《教育研究》2015 年第 4 期。

［94］张建军：《战略目标导向的科研人员绩效评价》，《科研管理》2015 年第 S1 期。

［95］Cui, V., Ding, S., Liu, M., "Revisiting the Effect of Family Involvement on Corporate Social Responsibility: A Behavioral Agency Perspective", *Journal of Business Ethics*, 2016, pp. 1 – 19.

［96］Muttakin, M. B., Khan, A. & Mihret, D. G., "The Effect of Board Capital and CEO Power on Corporate Social Responsibility Disclosures", *Journal of Business Ethics*, 14 March 2016, pp. 1 – 16.

［97］Chang, Y. K., Oh, W., Park, J. H., "Exploring the Relationship between Board Characteristics and CSR: Empirical Evidence from Korea", *J Bus Ethics* , 14 April 2015, pp. 1 – 18.

［98］Yu, Andy, Ding, Hung – Bin, Chung, Hsi – Mei, "Corporate Social Responsibility Performance in Family and Non – family Firms: The Perspective of Socio – emotional Wealth", *Asian Business and Management*, Vol. 14, No. 5, 2015.

［99］Zhu, Qinghua, Liu, Junjun, Lai, Kee – hung, "Corporate Social Responsibility Practices and Performance Improvement among Chinese National State – Owned Enterprises", *International Journal of Production Economics*, Vol. 171, January, 2016.

［100］Nollet, Joscha, Filis, George, "Mitrokostas, Evangelos, Corporate Social Responsibility and Financial Performance: A Non – linear and Disaggregated Approach", *Economic Modelling*, Vol. 52, 2016.

［101］Hyun E., Yang D., Jung H., et al. , "Women on Boards and Corporate Social Responsibility", *Sustainability*, Vol. 8, No. 4, 2016.

［102］Peng, Chih – Wei, Chen, Yu – Cheng, "Corporate Social Responsibility and Financial Performance: Does CEO Compensation Really Matter?" *Journal of Applied Finance and Banking*, *November*, *Vol*. 5, No. 6, 2015.

[103] Pedrini, M., Bramanti, V. & Cannatelli, B., "The Impact of National Culture and Social Capital on Corporate Social Responsibility Attitude among Immigrants Entrepreneurs", *Journal of Management & Governance*, 28 August 2015, pp. 1 – 29.

[104] Jiang, F., Zalan, T., Tse, H. H. M., "Mapping the Relationship among Political Ideology, CSR Mindset, and CSR Strategy: A Contingency Perspective Applied to Chinese Managers", *Journal of Business Ethics*, 16 December 2015, pp. 1 – 26.

[105] He, Li – Jen, Chen, Chao – Jung, Chiang, Hsiang – Tsai, "Top Manager Background Characteristics, Family Control and Corporate Social Responsibility (CSR) Performance", *Journal of Applied Finance and Banking*, Vol. 5, 2015.

[106] Tanaka T., "Foreign Investors and Corporate Social Responsibility: Evidence from the Career Advancement of Women in Japan", *Applied Economics*, Vol. 47, No. 33, 2015.

[107] Shaukat A., Qiu Y., Trojanowski G., "Board Attributes, Corporate Social Responsibility Strategy, and Corporate Environmental and Social Performance", *Journal of Business Ethics*, Vol. 135, No. 3, 2016.

[108] Yin, J., Singhapakdi, A. & Du, Y., "Causes and Moderators of Corporate Social Responsibility in China: The Influence of Personal Values and Institutional Logics", *Asian Business & Management*, Vol. 15, No. 3, 2016.

[109] Petrenko O. V., Aime F., Ridge J., "Corporate Social Responsibility or CEO Narcissism? CSR Motivations and Organizational Performance", *Strategic Management Journal*, Vol. 37, No. 2, 2016.

[110] Lin K. J., Tan J., Zhao L., "In the Name of Charity: Political Connections and Strategic Corporate Social Responsibility in a Transition Economy", *Journal of Corporate Finance*, Vol. 32, 2015.

[111] Huang, H. & Zhao, Z., "The Influence of Political Connection on Corporate Social Responsibility—Evidence from Listed Private Companies in China", *International Journal of Corporate Social Responsibility*, Vol. 12, 2016.

[112] Jha A., Cox J., "Corporate Social Responsibility and Social Capital", *Journal of Banking & Finance*, Vol. 60, 2015.

[113] Tang – Lee D., "Corporate Social Responsibility (CSR) and Public Engagement for a Chinese State – backed Mining Project in Myanmar – Challenges and Prospects", *Resources Policy*, Vol. 47, 2016.

[114] Du, X., Du, Y., Zeng, Q, "Religious Atmosphere, Law Enforcement, and Corporate Social Responsibility: Evidence from China", *Asia Pacific Journal of Management*, Vol. 33, No. 1, 2016.

[115] Withisuphakorn, Pradit, Jiraporn, Pornsit, "The Effect of Firm Maturity on Corporate Social Responsibility (CSR): Do Older Firms Invest More in CSR? " *Applied Economics Letters*, Vol. 23, 2016,

[116] El Baz, J., Laguir, I., Marais, M., "Influence of National Institutions on the Cor-

porate Social Responsibility Practices of Small - and Medium - sized Enterprises in the Food - processing Industry: Differences between France and Morocco", *Journal of Business Ethics*, Vol. 134, No. 1, 2016.

[117] Kang C., Germann F., Grewal R., "Washing away Your Sins? Corporate Social Responsibility, Corporate Social Irresponsibility, and Firm Performance", *Journal of Marketing*, Vol. 80, No. 2, 2016.

[118] Choi H., Moon D., "Perceptions of Corporate Social Responsibility in the Capital Market", *Journal of Applied Business Research (JABR)*, Vol. 32, No. 5, 2016.

[119] Gao L., Zhang J. H., "Firms' Earnings Smoothing, Corporate Social Responsibility, and Valuation", *Journal of Corporate Finance*, Vol. 32, 2015.

[120] Chetty S., Naidoo R., Seetharam Y., "The Impact of Corporate Social Responsibility on Firms' Financial Performance in South Africa", *Contemporary Economics*, Vol. 9, No. 2, 2015.

[121] Harjoto, M. A., "Corporate Social Responsibility and Degrees of Operating and Financial Leverage". *Review of Quantitative Finance and Accounting*, 2016, pp. 1 - 27.

[122] Cheung A. W. K., "Corporate Social Responsibility and Corporate Cash Holdings", *Journal of Corporate Finance*, Vol. 37, 2016.

[123] Wisse B., Eijbergen R., Rietzschel E. F., "Catering to the Needs of an Aging Workforce: The Role of Employee Age in the Relationship between Corporate Social Responsibility and Employee Satisfaction", *Journal of Business Ethics*, 2016, pp. 1 - 14.

[124] Mory L., Wirtz B. W., Göttel V., "Corporate Social Responsibility: The Organizational View", *Journal of Management & Governance*, 2015, pp. 1 - 35.

[125] Cahan S. F., Chen C., Chen L., "Corporate Social Responsibility and Media Coverage", *Journal of Banking & Finance*, Vol. 59, 2015.

[126] Huang C. C., "Employees' Perception of Corporate Social Responsibility: Corporate Volunteer and Organizational Commitment", *International Business Research*, Vol. 9, 2016.

[127] Malik M. S., Ali H., Ishfaq A., "Corporate Social Responsibility and Organizational Performance: Empirical Evidence from Banking Sector", *Pakistan Journal of Commerce and Social Sciences*, Vol. 9, 2015.

[128] Mukasa K. D., Lim H., Kim K., "How Do Corporate Social Responsibility Activities Influence Corporate Reputation? Evidence from Korean Firms", *Journal of Applied Business Research*, Vol. 31, No. 2, 2015.

[129] Nawaiseh, Mohammad Ebrahim, Alsoboa, Soliman S., "Influence of Firm Size and Profitability on Corporate Social Responsibility Disclosures by Banking Firms (CSRD): Evidence from Jordan", *Journal of Applied Finance and Banking*, November, Vol. 5, No. 6, 2015.

[130] El - Halaby, Sherif, Hussainey, Khaled, "The Determinants of Social Accountability Disclosure: Evidence from Islamic Banks around the World", *International Journal of Business*, Vol. 20, No. 3, 2015.

[131] Cheng S., Lin K. Z., Wong W., "Corporate Social Responsibility Reporting and Firm Performance: Evidence from China", *Journal of Management & Governance*, 2015, pp.

1 – 21.

[132] Gatsi, John Gartchie, Anipa, Comfort Ama Akorfa, Gadzo, Samuel Gameli, Ameyibor, Joseph, "Corporate Social Responsibility, Risk Factor and Financial Performance of Listed Firms in Ghana", *Journal of Applied Finance and Banking*, Vol. 6, No. 2, 2016.

[133] Barakat, F. S. Q., López Pérez, M. V., "Corporate Social Responsibility Disclosure (CSRD) Determinants of Listed Companies in Palestine (PXE) and Jordan (ASE)", *Review of Managerial Science*, Vol. 9, 2015.

[134] Platonova, E., Asutay M., Dixon, R., "The Impact of Corporate Social Responsibility Disclosure on Financial Performance: Evidence from the GCC Islamic Banking Sector", *Journal of Business Ethics*, 2016, pp. 1 – 21.

[135] 吴德军：《公司治理，媒体关注与企业社会责任》，《中南财经政法大学学报》2016 年第 5 期。

[136] 吕素莉、金宇、陈洁：《产权性质、高管持股与企业社会责任承担》，《财会通讯》2016 年第 24 期。

[137] 王帆、倪娟：《公司治理，社会责任绩效与环境信息披露》，《山东社会科学》2016 年第 6 期。

[138] 陈汉辉：《企业社会责任实践与社会资本关系研究——政治关联的中介效应检验》，《财贸研究》2016 年第 2 期。

[139] 杨莎莎：《企业政治资本对社会责任的挤出效应》，《上海对外经贸大学学报》2016 年第 4 期。

[140] 李孔岳、叶艳：《先赋性，后致性政治关系与社会责任》，《中山大学学报（社会科学版）》2016 年第 4 期。

[141] 陈丽、胡树华、牟仁艳：《市场化进程与企业社会责任——基于 124 家制造业上市公司的面板数据》，《财会通讯》2016 年第 15 期。

[142] 臧红敏、王钦、李霞：《东北地区制造企业履行员工社会责任的绩效评价——基于国有企业与民营企业比较的视角》，《辽宁大学学报（哲学社会科学版）》2016 年第 4 期。

[143] 冯钰宸、郑苏晋：《保险企业社会责任与财务绩效——基于寿险与产险公司的差异性分析》，《金融与经济》2016 年第 6 期。

[144] 朱文莉、邓蕾：《企业社会责任的履行降低了权益资本成本么？——来自中国资本市场的经验证据》，《中国注册会计师》2016 年第 6 期。

[145] 嵇国平、阚云艳、吴武辉：《企业社会责任对财务绩效的影响：一定是线性的吗?》，《经济问题》2016 年第 10 期。

[146] 肖红军、张哲：《企业社会责任寻租行为研究》，《经济管理》2016 年第 2 期。

[147] 徐芳、王静：《企业社会责任履行对人才敬业度影响因素的实证检验》，《经济与管理研究》2016 年第 10 期。

[148] 颜爱民、李歌：《企业社会责任对员工行为的跨层分析——外部荣誉感和组织支持感的中介作用》，《管理评论》2016 年第 1 期。

[149] 刘远、周祖城：《员工感知的企业社会责任，情感承诺与组织公民行为的关系——承诺型人力资源实践的跨层调节作用》，《管理评论》2015 年第 10 期。

［150］邓新明、张婷、许洋：《企业社会责任对消费者购买意向的影响研究》，《管理学报》2016 年第 7 期。

［151］李诗田、宋献中：《亲社会偏好，合法性压力与社会责任信息披露——基于中国民营上市公司的实证研究》，《学术研究》2015 年第 8 期。

［152］吕牧、尹世芬：《股权性质对企业社会责任的影响——基于中国 A 股上市公司的实证研究》，《财会月刊》2016 年第 24 期。

［153］冯丽艳、肖翔、赵天骄：《经济绩效对企业社会责任信息披露的影响》，《管理学报》2016 年第 7 期。

［154］徐成尚、朱旭、武瑶：《影响重污染行业社会责任信息披露因素的研究——基于公司治理角度》，《当代会计》2016 年第 4 期。

［155］权小锋、肖红军：《社会责任披露对股价崩盘风险的影响研究：基于会计稳健性的中介机理》，《中国软科学》2016 年第 6 期。

［156］钟马、徐光华：《强制型社会责任披露与公司投资效率——基于准自然实验方法的研究》，《经济管理》2015 年第 9 期。

［157］张太海、张好舟、高传路：《企业社会责任报告对消费者购买意愿的影响》，《南京财经大学学报》2015 年第 5 期。

（王钦、刘湘丽、张小宁、肖红军、赵剑波、秦铮，中国社会科学院工业经济研究所）

# 国资国企改革前沿报告

余菁　王欣

自十八届三中全会作出了深化国有企业改革的战略部署后，我国先后出台了以2015年9月13日《中共中央国务院关于深化国有企业改革的指导意见》为代表的，包括《关于在深化国有企业改革中坚持党的领导加强党的建设的若干意见》《关于国有企业发展混合所有制经济的意见》《关于改革和完善国有资产管理体制的若干意见》《关于国有企业功能界定与分类的指导意见》等一系列政策文件，逐步形成了新时期全面深化国有企业改革的“1+N”指导政策体系。由于这一时期的改革仍在构建制度框架和酝酿改革试点的过程中，成熟的理论总结与创新点并不多，因此，本报告将着力对这一时期国有企业改革的最新实践进行综述，其中包括国家层面出台的重要改革政策文件与地方国资国企改革的最新进展情况，同时，还会结合2015年以来的为数不多的理论文献的主要观点，对实践中存在的问题进行评述。具体而言，本报告将从界定国有企业功能、中央企业改组国有资本投资公司、发展混合所有制经济、市场化选聘和管理经营管理者这四方面的改革来综述有关的企业改革实践，我们认为，这四项改革任务分别代表了国有企业分类改革与管理、国资管理体制改革、完善现代企业制度和发展适合社会主义市场经济发展要求的企业所有制形式这四个重要的改革方向上的主要进展。

## 一　准确界定国有企业功能与分类改革、分类监管

准确界定不同国有企业在国民经济中的功能定位并务实推进分类改革与分类管理，这是深化国有企业改革的重要前置性工作。2015年12月7日，国资委、财政部和国家发改委联合发布《关于国有企业功能界定与分类的指导意见》，明确了商业类国有企业和公益类国有企业作为独立的市场主体，经营机制必须适应市场经济要求；同时，作为社会主义市场经济条件下的国有企业，必须自觉服务国家战略，主动履行社会责任。在实践中，商业类和公益类国有企业有不同的企业目标和企业运行方式、发展路径，二者在分类推进改革、分类促进发展、分类实施监管、分类定责考核、分类进行领导人员管理和分类实行收入分配制度等方面存在一定差异性。

一方面，公益类国有企业的功能定位是以保障民生、服务社会、提供公共产品和服务为主要目标，其必要的产品或服务价格可以由政府调控，但也要积极引入市场机制，不断提高公共服务效率和能力。在运营方面，公益类国有企业应该根据承担的任务和社会发展要求，严格限定主业范围，加大国有资本投入，提高公共服务的质量和效率。在监管方面，对公益类国有企业的监管，关键是要把提供公共产品、公共服务的质量和效率作为重

要监管内容，加大信息公开力度，接受社会监督。与之对应，对公益类国有企业，应该重点考核成本控制、产品质量、服务水平、营运效率和保障能力，根据企业不同特点有区别地考核经营业绩和国有资产保值增值情况，考核中要引入社会评价。在企业制度形式上，公益类国有企业可以采取国有独资形式，具备条件的也可以推行投资主体多元化，还可以通过购买服务、特许经营、委托代理等方式，鼓励非国有企业参与经营。

另一方面，商业类国有企业又分为两类：一类是主业处于充分竞争行业和领域的商业类国有企业，另一类是主业处于关系国家安全、国民经济命脉的重要行业和关键领域、主要承担重大专项任务的商业类国有企业。还有一些自然垄断行业的国有企业也被划归商业类国有企业。对于这些商业类国有企业，要根据企业功能定位、发展目标和责任使命，兼顾行业特点和企业经营性质，明确不同企业的经济效益和社会效益指标要求，制定差异化考核标准，建立年度考核和任期考核相结合、结果考核与过程评价相统一、考核结果与奖惩措施相挂钩的考核制度。对前一类商业类国有企业，要重点考核其经营业绩指标、国有资产保值增值和市场竞争能力。对后一类商业类国有企业，要合理确定其经营业绩和国有资产保值增值指标的考核权重，加强对服务国家战略、保障国家安全和国民经济运行、发展前瞻性战略性产业以及完成特殊任务情况的考核。对处于自然垄断行业的商业类国有企业，应根据不同行业特点实行网运分开、放开竞争性业务，促进公共资源配置市场化，在此前提下，再推进相应的改革——即使是实行国有全资的企业，也要积极引入其他国有资本实行股权多元化。

在中央层面明确对国有企业实行准确界定功能定位和分类改革的思路后，各地方国资委普遍开展了对国有企业的功能界定工作，还研究制定和出台了国有企业分类监管办法。根据粗略统计，十八届三中全会召开后，全国已有近20个省市明确了对监管企业的分类标准。其中，上海和深圳的分类改革实践在全国有重要的示范意义。具体而言，上海市的改革思路是以准确界定国有企业功能定位为切入点，全面推动国有企业的分类改革，促进企业发展。其具体做法是，根据国有企业的市场属性的不同，兼顾企业股权结构、产业特征和发展阶段，按照资产规模、营业收入、利润和人员等指标的占比情况，将国有企业分为竞争类、功能类和公共服务类这三种类型。然后，对不同类型的企业，分类定责明确发展目标、分类设置法人治理结构、分类明确改革路径和考核要求，并结合对所有的企业负责人实行的任期制契约化管理以及对经理层的任期管理和目标考核，切实提高了监管的针对性和有效性。就不同类型的国有企业而言，竞争类国有企业是上海地方国有企业的主体，在目标导向上，以效益最大化为重点。在治理结构上，着力加强董事会建设，董事长为法定代表人，以整体上市为主要途径来推动发展混合所有制经济。预计“十三五”末，上海整体上市企业将占竞争类企业总量50%以上。功能类国有企业，则以完成战略任务或重大专项任务为重点。监管方面，通过引入政府主管部门评价机制，重点考核功能作用、运营能力。至于公共服务类国有企业，侧重以确保城市正常运营，实现社会效益为重点。日常监管上，引入政府主管部门和社会第三方评价机制，重点考核服务水平、成本控制、持续能力。有少量国有企业，它们有混合性特征，很难被明确划作哪一种类型，这些企业将在未来发展中积极推进市场化改革，再对其所属的类型进行动态调整，原则上讲，要积极支持功能类国有企业和公共服务类国有企业要求调整为竞争类国有企业，对竞争类国有企业要求调整为功能类国有企业或公共服务类国有企业，则要严格把关。目前，上海已经制定了一系列政策文件，将分类改革、分类考核、分类选人用人、分类监管等具体工作落到了实处。深圳率先在全国实现了包括文化传媒资产在内的国有资产集中统一监管，并在数年前就根据不同企业特点，确立了分类监管考核的办法，基本实现了一企一策的考核方式。例如，对于地铁、巴士等基础设施公用事业类企业按社会效益权重不低于80%、经济效益不高于20%考核，公共服务、安全生产和节能环保等任务全部纳入考核指标体系；再如，对于竞争类企业主要考核经济效益，权重占90%以上，兼顾社会效益，并全面推行经济增加值考核。除此以外，根据不同类型的企业，在投资、产权转让、收入分配、上缴国资收益以及企业领导人员管理等方面也一并突出分类监管的特色。

国有企业的分类改革与分类监管，在理论研究层面已经取得了较大程度的共识。不过，在具体的类型划分与类型名称上，学者们仍见仁见智。黄群慧（2015）对比了央企分类的“两分法”和“三分法”，他指出，有一种“两分法”实际上是“隐性三分法”，既将特定功能类央企也作为商业竞争类央企的子类之一。与这种“两分法”相比，基于“三分法”的将国有企业区分为公益保障类、特定功能类和商业竞争类这三种类型的划分方法，更加实事求是、稳妥可行。宁金成（2015）指出，我国不同类国有企业肩负了不同的功能，具有不同的属性，特殊国有企业是市场调节无效的产物，普通营利性国有企业却只有按照市场法则运行才能实现经营目标，因此，两者应有不同的法律规则。我国国有企业应按照企业的目标、职责进行分类，区分为营利性国有企业、公共服务性国有企业、战略功能性国有企业，并以区分立法保障不同类国有企业实现分类治理、分类监管、分类评价。陆军荣（2015）指出，国有企业的“分类改革、分类监管”战略思路在中国还会长期存在。国有企业需要根据产业特质与发展环境变化的需要，有选择性地存在。国有企业可能仍然会集中地出现于自然垄断性、资源性、基础性、战略性及涉及国家安全的产业，但是21世纪，在这些行业国有企业的存在形式与治理的方式会发生重大变化。未来中国国有企业改革的路径是：分产业的定位国企功能作用；分产业的推进国企改革，并予以分类监管；形成国有企业的动态调整与有序发展机制。吴勇敏和何源（2015）认为，国内目前像“公益性国有企业与竞争性国有企业”这样的单维度的分类理念不足以解决国有企业多元功能特性的定位问题，需回归国有企业“特殊公司法人”的本质，寻求新的国有企业类型化标准。两位学者基于对德国公营事业概念及制度的考察，以其经验为借鉴，提出将综合考虑国家支配力和国有资本持股比例的“新资本结构说”作为划分国有企业类型的新标准，提出要构建“单核心、双轨制”的国有企业法律制度。

从实践情况看，分类改革与分类监管作为十八届三中全会召开后社会各界达成较显著共识的一项新改革举措，对国有企业运营管理的实质性影响，还有待观察。尽管国家和地方已先后出台相关的政策文件，而且，近半数的省级国资委出台了出资企业功能界定与分类的意见，其中又有超过半数制定了分类方案并落实到具体企业，但是，还有相当一部分地方国资监管部门和国有企业对如何落实分类改革要求没有达成统一认识。一些已经在付诸实践和操作中的国资监管部门和国有企业对有关分类到底是“定性分还是定量分”，也存在困惑，对如何进一步设定和调整分类考核的具体标准，也有不同程度的困惑。即使是在已经完成国有企业功能分类的地区，有关国资监管工作的联动调整仍然有滞后现象。除上海、广东、重庆等少数地方外，大多数地方国资委在改革、考核、分配、人员管理等方面，存在照搬中央文件原话的现象，能够结合本地实际可操作的措施很少，有的甚至将企业分类后没有再研究后续配套的执行政策。同时，如何通过分类改革来放活企业，而不是一味管死企业，这是在今后的改革工作中需要加强研究的一个问题。

## 二　深化国资管理体制改革以及组建和改组国有资本投资运营公司

按照十八届三中全会的改革任务部署，一项重大改革任务是要把“研究制定深化国有企业改革的指导意见和国有资产管理体制改革总体方案”作为国有企业改革领域的顶层设计文件，以统领相关领域的改革任务。经过近两年时间的酝酿，2015 年 8 月出台的《中共中央国务院关于深化国有企业改革的指导意见》，可谓完成了一半的任务。而完善国资管理体制的改革内容则由 2015 年 10 月国务院发布的《关于改革和完善国有资产管理体制的若干意见》这个专项文件来解决。根据该文件的精神，深化国资管理体制改革的中心任务是要以管资本为主加强国有资产监管，改革国有资本授权经营体制，真正确立国有企业的市场主体地位，推进国有资产监管机构职能转变，适应市场化、现代化、国际化新形势和经济发展新常态，不断增强国有经济活力、控制力、影响力和抗风险能力。该文件对加快推进国有资产监管机构职能转变、改革国有资本授权经营体制、提高国有资本配置和运营效率、协同推进相关配套改革提出了原则性的要求。

在推进国有资产监管机构职能转变方面，地方国有资产监管机构的改革力度更大，有的地方国资委已经将加快转变职能、推进简政放权和规范自身监管行为，视作深化改革的重要任务。据统计，各省级国资委已取消或下放 462 项审批事项，废止或宣布失效规章、规范性文件 597 件，已有 19 省市国资委初步建立了监管权力清单和责任清单（陈岩鹏，2016）。其中，比较有代表性的是江西和山东。江西省抓住了激发企业活力这个“牛鼻子”，在出资监管企业中全面推开了“三自”改革，即：“自主拓展、自主决策、自主经营”，全面落实企业市场主体地位，将应由企业自主经营决策的事项全部归位于企业。坚持放权、放开、放活，下放了投资决策等 6 个方面 26 项审核备案事项，将主业投资决策权全部下放，不管金额多高，都由企业自主决策，国资委进行后评估考核和激励约束。江西省深入实施了清单管理，制定公布了省国资委权力清单、责任清单和履职事项清单，清单内的事项管住管好管精，清单外的事项一律由企业自主决策。山东省国资委分批下放了 27 项审批核准备案事项，将企业年度计划、对外担保等重大事项决定权授予董事会。2015 年，山东省管企业请示省国资委办理的事项同比减少 40.7%，省国资委对企业的批复性文件同比减少 50%（徐锦庚等，2016）。

与改革国有资本授权经营体制这一改革任务紧密相关的改革举措是推进组建和改组国有资本投资运营公司的试点工作。国务院国资委在 2014 年 7 月确定了国家开发投资公司和中粮集团这两家中央企业开展改组国有资本投资公司试点，随后，又于 2016 年 2 月确定了将诚通集团和中国国新这两家中央企业确定为国有资本运营公司试点企业；然后，在 2016 年 7 月，又推出了神华集团、宝钢集团、武钢集团、中国五矿、招商局集团、中交集团、保利集团这 7 家作为第二批国有资本投资公司试点企业。

国家开发投资公司和中粮集团作为最早的改革试点单位，其改革实践相对有代表性。国家开发投资公司较早推进改革，在 2014 年年底获得国务院国资委对其改革试点方案的批复，所获得的授权项目较为有限，其改革试点工作的内容以企业集团内部的自主改革为主。进入 2016 年，为推进中粮集团国有资本投资公司试点工作，国务院国资委对中粮集团董事会进行了 18 项授权，涉及战略管控、资产配置、市场化用人与薪酬分配这三个方面。在战略管控方面，国资委明确不再干预企业的战略和投资计划，中粮集团可自主决定五年发展规划和年度投资计划。中长期发展战略和规划，经由中粮集团研究决定后报国资委备案。中粮集团董事会还可以确定1—3个新业务领域，经国资委备案后在投资管理上视同主业对待。在资产处置权方面，国资委授权包括：公司内部企业之间的产权无偿划转；通过产权市场转让国有产权，子企业增资，公司及子企业重大资产处置事项；在法律法规和国资监管规章规定的比例或数量范围内，增减持上市公司股份事项；不涉及控股权变动的情况下，上市公司股份的协议受让等。在经理层的市场化选聘、考核和薪酬权方面，中粮集团被授予了更加充分的自主权。企业可以根据国家有关规定和国资考核导向，对经理层实施个性化考核；市场化选聘的职业经理人实施市场化薪酬分配机制，可采取多种方式探索完善中长期激励机制；自主决定职工工资分配，工资总额实行备案制等。作为与授权改革相配套的改革举措，中粮集团明确提出，要按照“小总部，大产业”的原则，对自身进行重组，以改组为真正的国有资本投资公司。具体的改革举措包括：第一，推动形成三层管理架构。将资本经营与资产管理经营分开，压缩管理层级至三级，形成定位清晰且职责明确的“集团总部资本层—专业化公司资产层—生产单位执行层”三级架构。第二，精简总部。将总部职能部门从13个压缩到7个，人员从610人调整至240人之内，做实资产层和生产层。第三，打造专业化公司（平台）。“十三五”期间，将致力于打造2—3个营收超1000亿元规模，4—5个超500亿元规模的专业化公司。第四，分类分层地推进混合所有制与股权多元化改革。农粮业务将在保持中粮绝对控股地位的前提下，积极引入国内外各类资本；食品业务将保持相对控股或仅保留第一大股东地位；金融业务将朝产融结合方向发展，提高服务主业的能力；地产业务将通过混合所有制改革优化资本结构。第五，实行职业经理人制度，采取市场化原则确定薪酬激励水平，并鼓励内部管理人员先与本单位解除劳动关系，重新签订聘任协议和劳动合同成为职业经理人。

在组织有关试点工作的同时，国务院国资委还要加快推进中央企业重组。2014年年底，华孚集团整体并入改组为国有资本投资公司的中粮集团。2015年，又实施了中国南车和中国北车、国家核电和中电投集团、南光集团与珠海振戎、中远集团和中国海运、中国五矿和中冶集团、招商局集团和中国外运长航这6组12家中央企业的联合重组。其中，招商局集团成为了第二批改组国有资本投资公司的试点企业。到2015年年底，中央企业已经从2012年年底的115家调整为106家。2016年7月，又发生了中纺集团公司并入中粮集团、中国国旅并入港中旅这两起重组。同时，国务院国资委发布了《关于推动中央企业结构调整与重组的指导意见》，明确提出要按照“巩固加强一批、创新发展一批、重组整合一批、清理退出一批”的思路，加快推进中央企业结构调整和重组的重点工作。目前，还有中国建材和中材集团、中远集团和中国海运、中电投集团和国家核电、宝钢集团和武钢集团等几组中央企业重组工作正在积极推进或正在酝酿之中。如果这些重组工作都付诸实施，中央企业户数将有望在年内整合到100家之内。在完成有关重组工作后的中央企业中，将有更多企业逐步参与到改组国有资本投资运营公司和获得更多授权的试点工作中来。此外，国资委还推动了中央企业压缩管理层级、减少法人层级和法人单位的有关改革。目前，中央企业法人数量仍超过4万家，有的企业管理层级最多有九级，少数企业的法人层级更是达到了两位数。2016年5月18日的国务院常务会议，为中央企业压缩管理层级明确了任务量和时间表，力争在3年内使多数央企管理层级由目前的5—9层减至4层以下、法人单位减少20%左右。在企业层面，像国家电网公司已经提出了“两级法人、三级管理”的改革目标，力图将公司法人层级减少至“国网公司—省公司”两级；

像中国通号这样的新设立不久的国有企业已经实现了将管理层级压缩到三级、法人层级限制到四级的目标，实现了扁平化管理（祝嫣然，2016）。

十八届三中全会召开后，各地国资监管部门已经将改组或组建国有资本投资运营公司视作探索以管资本为主的国有资本管理体制的重要改革途径。大多数的地方国资委基本都开展了国有资本投资运营公司试点工作，改组或组建了1家或多家国有资本投资运营公司。据有关统计，已有24个省级国资委改组组建了50家国有资本投资运营公司（王绛，2016）。其中，最有代表性的地区是重庆和深圳。重庆市的改革思路是以管资本为主分类搭建“3+3+1”国有资本投资运营平台。其中，有3家股权类国有资本运营公司，分别是负责金融类和战略新兴产业投资运营的渝富集团，负责固废等大环保产业投资运营的水务资产公司和负责教育文化、养老健身等公共服务产业投资运营的地产集团；有3家产业类国有资本投资公司，分别是主要投资“中国制造2025”、高端智能装备等先进制造业的机电集团，主要投资生物医药、高分子材料等精细化工产业的化医集团和投资现代服务业的商社集团；另有1家渝康资产经营管理公司，负责不良资产处置与运营。深圳自20世纪90年代以来，一直在探索以市场化为导向、以管资本为核心的国有资产监管运营新体制。早在2007年，深圳就围绕“管资本”这一核心，在两层次国资管理体制框架内，先后两次对内设机构进行调整；成立远致公司作为国资委资本运作平台，行使国有资本运营公司功能；拓展投控公司国有资本投资公司功能，形成了以市国资委直接监管为主、国有资本投资运营公司辅助履职、产业集团专业化运营的“2+N”监管运营新体制，其中，“2”指投控、远致公司；N指多个国资委直接持股的产业集团（深圳市国资委，2015）。目前，深圳市投控公司已经构建了资源、资产、资本良性循环的国有资本投资公司经营模式，形成金融控股集团模式和架构。而深圳远致公司则实施国资系统产业基金群战略，以推动金融资本和实业资本融合。按照深圳市国资委的规划，将积极探索构建以国资改革与战略发展基金为牵引，发展形成涵盖产业基金、创投基金及其他股权投资基金类别多样、功能齐全、相互协同的基金群体系（张莉，2016）。

在理论研究方面，多数学者认为，按照十八届三中全会的精神，应该构建和完善三层级的国资管理体制，也有一些学者持不同看法。黄群慧等（2015）提出，为实现十八届三中全会提出的“完善国有资产管理体制，以管资本为主加强国有资产监管”的要求，应该构建一个“三层三类全覆盖”的国有经济管理新体制，第一层次为国有经济管理委员会，第二层次为国有资本投资运营公司，第三层次为履行不同类型功能的国有企业。该体制有利于国有企业从一系列政府监管活动中独立出来，成为更加适应市场经济的经济主体。在具体构建国有经济管理新体制时要注意四个方面的问题，一是深化政府管理体制改革，积极稳妥地推进国资委向国经委转变；二是以组建国有资本投资运营公司为抓手推进管理体制改革；三是把握“管资本”的核心内涵，让国有企业的运行回归到企业本质；四是正确处理中央和地方的关系，允许各地政府积极探索自己的新体制。韩朝华（2015）认为，应该明确三层架构的国有资产管理体制，组织架构的明确可以清晰界定国有资产管理系统中各组织层面的职能和相互关系，而要确保这样的组织设计取得预期效果，还必须有与之匹配的约束和激励机制。他认为，目前国有企业的改革只注重创设绩效导向的内部激励制度，却回避对经营者的市场化选任，其激励制度往往成效不彰甚至失灵。在新的历史时期，现行的国有企业高管选任方式已难以保证党和国家对国有企业的政治领导，为切实推进国有资产管理体制改革，关键是在国企高管的选聘和监督上转换思维方式——要从传统的“干部决定一切”转向“规则决定一切”，从依托干部委任制的国企高管选任方式，转向依托市场竞争的职业经理人聘用制。夏荣静和陈莹（2015）对有关推进我国国有资产管理体制改革的不同观点进行了综述，提出了推进和完善我国国有资产管理体制改革的有关思路与建议。主要观点为：第一，以管资本为主加强国有资产监管，提高国有资产监管能力；更加突出出资人代表性质、国有资本运作，强调从出资人角度加强监管；进一步研究国资委的职能定位、监管方式和监管措施；抓紧研究组建或改组国有资本投资运营公司；通过准确界定不同国有企业功能，进一步增强国有资产监管的针对性和有效性。第二，逐步建立出资多元、监管统一的大国资管理体制。应探索构建出资多元、监管统一的国有资产监管体系，逐步将金融类、资源类、行政事业类以及文化、出版、烟草、铁路、邮政等系统的经营性国有资本纳入上述国资管理体系中。第三，探索国有资产监管体制改革的路径。重点是规范国有资本管理机构的建立和运行，将国有资本管理机构分为国有资本运营公司、国有资本投资公司，各自有不同的职能定位和设立方式。

从实践情况看，国资改革是顺畅和有效地推进国企改革的必要前提条件。国务院国资委较早启动了中央企业的改革试点工作，这对地方国有企业改革试点起到了示范作用。有不少地方国资委也先后开展了国有资本投资运营公司试点工作，但这些试点工作又大多数呈现出了有一定数量的试点企业但改革举措突破少的情况。有的企业将国有资本投资运营公司试点工作理解成为了新的审批事项，或者是把争取试点作为工作目标，这背离了探索构建和完善国资管理新体制的初衷。从国资监管部门的角度看，也出现了偏差性的认识，将有关国有资本投资公司的改革试点工作的重点内容设定为如何选择试点企业以及如何要求试点企业主动推进自身的改革。在国有资产管理体制的总体改革思路与方向不够明确的情况下，这项试点工作成为了主要在试点企业集团内部对下属企业的管控或者是对企业集团总部职能优化的改革，无法在企业与出资人这二者关系的层面上有重要的体制性创新和改革进展。由于国资监管部门给国有资本投资运营公司留出的改革空间比较有限，这导致有关试点工作的成效相当一般。伴随国有资产监管机构职能转变、改革国有资本授权经营体制和组建或改组国有资本投资公司的试点工作逐步向前推进，国资监管部门与国有资本投资运营公司之间的关系这一核心体制机制正渐渐被触及。

## 三 发展混合所有制经济以及推进混合所有制企业员工持股试点

发展混合所有制经济，是深化国有企业改革的重要举措，也是激发国有企业活力的有效途径。2015 年 9 月，国务院发布《国务院关于国有企业发展混合所有制经济的意见》，提出分类、分层推进国有企业混合所有制改革的方向和路径，并鼓励各类资本参与国有企业混合所有制改革。明确了国有企业发展混合所有制经济的五项重点任务：一是按照国有企业功能界定和分类，分类推进国有企业混合所有制改革；二是从集团公司和子公司、中央企业和地方企业不同层面，分层推进国有企业混合所有制改革；三是鼓励各类资本参与国有企业混合所有制改革，探索实行混合所有制企业员工持股；四是建立健全混合所有制企业治理机制；五是建立依法合规的操作规则。文件圈定了七大混改试点领域，即“结合电力、石油、天然气、铁路、民航、电信、军工等领域改革，开展放开竞争性业务、推进混改试点示范”，首次明确“负面清单”，非禁止皆可为，为民营资本提供了更大市场空间。紧随其后，四部委联合发布了《关于鼓励和规范国有企业投资项目引入非国有资本的指导意见》。文件指出，国有企业投资项目引入非国有资本要符合“三个有利于”的标准，即：要有利于改善国有企业投资项目的产权结构，提高项目的管理水平和资金使用效率；要有利于国有资本放大功能、保值增值、提高竞争力；要有利于各种所有制资本取长补短、相互促进、共同发展。同时，非国有资本参股或控股国有企业投资项目，应当遵循实施市场准入负面清单和外商投资负面清单制度的要求。

时隔一年之后，2016 年 8 月，国务院发布了《关于国有控股混合所有制企业开展员工持股试点的意见》。文件明确提出员工持股试点企业应具备的四个条件：一是主业处于充分竞争行业和领域的商业类企业；二是股权结构合理，非公有资本股东所持股份应达到一定比例，公司董事会中有非公有资本股东推荐的董事；三是公司治理结构健全，建立市场化的劳动人事分配制度和业绩考核评价体系，形成管理人员能上能下、员工能进能出、收入能增能减的市场化机制；四是营业收入和利润 90% 以上来源于所在企业集团外部市场。同时指出，优先支持人才资本和技术要素贡献占比较高的转制科研院所、高新技术企业、科技服务型企业（以下统称科技型企业）开展员工持股试点。在此基础上，文件就员工范围、员工出资、入股价格、持股比例、股权结构、持股方式和股权管理等方面提出了具体要求。按照试点工作实施方案，首批试点将于 2016 年底启动实施，并控制在少量企业范围内。2018 年年底将进行阶段性总结，届时视情况适时扩大试点。

2014 年 7 月，中国建材集团和中国医药集团作为中央企业首批试点单位，启动实施混合所有制改革试点工作，重点在六个方面进行探索：一是探索建立混合所有制企业有效制衡、平等保护的治理结构；二是探索职业经理人制度和市场化劳动用工制度；三是探索市场化激励和约束机制；四是探索混合所有制企业员工持股；五是探索对混合所有制企业的有效监管机制；六是探索混合所有制企业党建工作的有效机制。这两家试点单位具有共同的特点，都是处于充分竞争、高度分散的行业，实施混合所有制改革既是企业发展的内在需求，也是优化产业结构、提升国际竞争力的必然选择。

实际上，中国建材集团一直都是建材行业混合所有制改革的积极探索者和先行者，并且已经积累了相对成熟的混改经验。在过去的 10 年里，中国建材集团按照市场化原则，坚持宜控则控、宜参则参，与上千家民企成功混合，走出一条以“国民共进”方式进行市场化改革和行业结构调整的新路。在推动和构建混合所有制企业过程中，中国建材集团提出并践行了“央企市营”模式，始终坚持“央企的实力 + 民企的活力 = 企业的竞争力”的融合公式和“规范运作、互利共赢、互相尊重、长期合作”的“十六字”混合原则。截至 2013 年年底，在中国建材集团各级企业中，混合所有制企业数量已经超过 85%。2015 年混合所有制改革试点工作启动后，中国建材集团选取了中国建材股份有限公司等 6 家子公司，分别从健全公司法人治理结构、完善职业经理人制度和市场化劳动用工制度、完善市场化激励和约束机制、建立员工持股制度、探索建立有效监管机制及建立党组织发挥政治核心作用的有效机制等方面，有所侧重地开展试点，力争做出一批可复制的先进经验。以建材股份为例，中国建材集团提出在相对控股、第一大股东 1/3 多数的基本前提下混合，搭建了三层混合的股权结构，“正 37”和“倒 37”，一方面旨在引入积极的股东，另一方面又能避免股权过于分散。“正 37”是指，中国建材集团对建材股份持股比例可以在 30%—40%，其他的积极股东和公众股东在 60%—70%，既要保证大股东地位，也有利于引进社会资金，达到用少量的国有资本吸引和带动社会资本的目的；“倒 37”是指，建材股份持有所属子公司 60%—70% 的股份，员工持股留有 30%—40% 的股份，既保证集团战略决策、股权投资控股地位，同时也提高子公司自主精细化管理、技术改造等方面的积极性。在北新建材、中国巨石和凯盛科技等试点企业的改革中，始终坚持以上的“正37”和“倒37”基本原则，具体操作层面则针对不同企业采取“因企而制”。通过多年来的混合所有制改革，中国建材集团的市场占有率和国际竞争力显著提升，以300多亿元的自有资本，吸引了700多亿元的社会资本，实现了国有资本保值增值，扩大了国有资本的影响力。

在推进混合所有制改革的同时，中国建材集团还在多家下属企业中，探索实施了员工持股计划。在不断总结与优化过程中，中国建材集团提炼出员工持股的几个关键点：第一，要在以人力资本为主的企业中开展员工持股，如科研设计单位等，对于重资产行业和规模很大的企业，应该采用分红权的方式，在不同的企业应该有不同的操作方式；第二，员工持股一定要以公司骨干员工为主，设立之初就必须明确将这个原则写入制度和协议，同时应当设置回购和退出的通道，管理层持股比例可以略高，但离职后退股时间也要更长；第三，员工持股应当以员工持股平台的方式进入，不宜采用自然人持股的方式，这样可以保持公司员工持股比例的相对稳定，不会因为个别员工退股而影响公司正常运营；第四，员工持股和创业者持股要区别对待，员工持股属于后期人力资本投入，而创业者持股是体现前期投入的贡献，创业者比后进入员工承担了更大的风险，针对两类股东退股时的政策，员工持股平台应体现一定的差异性。中国建材集团实施员工持股计划取得了明显的效果，员工持股平台发挥了很好的决策支持作用。以南京凯盛为例，员工持股比例高达48%，自2002年以来，员工持股平台在投资决策中坚守价格底线，所投资的国际工程项目均未出现亏损现象，在激烈的市场竞争中保障了企业的健康持续发展。

在地方层面，混合所有制改革已成为各地国企改革的重点任务之一。地方国企发展混合所有制经济的主要途径包括：一是推进国有企业整体上市或主业资产整体上市；二是引进非国有资本参与国有企业改革；三是鼓励国有资本参股非公有制企业；四是对已完成或拟实施混合所有制改革的企业实行员工持股；五是支持各类社会资本通过PPP模式投资或参股基础设施、公用事业、公共服务等领域项目。多个省市政府对于混合所有制改革提出了明确目标：上海市加快国有企业集团整体上市和核心资产上市，确保整体上市企业占竞争类企业总量40%以上，“十三五”末力争超过50%；广东省则要求到2017年混改企业户数超过60%、2020年超过80%，2020年力争上市公司总数达到30家，实现5至6家省属企业整体上市，其中竞争性行业企业主营业务基本实现整体上市，省属国有企业资产证券化率达到70%。在具体实践中，地方政府根据当地国有企业现状各有侧重。2015年，江西省混合所有制改革第一单在江盐集团全面落地，实现了五个“第一次”：第一次尝试在省产权交易所进行增资扩股项目的公开挂牌操作；第一次聘请独立的第三方机构对项目实施进行路径设计、推介和指导；第一次全角度全面公开披露项目信息和进展；第一次在新公司章程中增加了企业党委、纪委等机构设置及履行职权等内容，第一次配合混改设计了全新的核心骨干员工持股计划，占总股本比例在6%左右。山东省政府成立了国惠改革发展基金，该基金采用母子基金模式，母基金规模60亿元，一期总体规模200亿元。国惠基金的主要定位就是参与混合所有制改革，将通过各类社会资本的广泛参与、市场化运作、专业化管理发挥其应有的示范带动作用。辽宁省政府为了引入战略投资者，积极发展混合所有制经济，向省内外战略投资者首批出售本钢集团、华晨集团、交投集团、水资源集团、辽宁能源集团、辽渔集团、抚矿集团、沈煤集团和铁法能源9家企业的股权，涉及总资产近6700亿元。成都市政府发布的《促进国内外高校院所科技成果在蓉转移转化若干政策措施》，即俗称的成都"新十条"中，围绕对职务科技成果分割确权、发明人可享不低于70%的股权等内容，首次提出了"职务科技成果混合所有制改革"的路线图。重庆市政府通过扎实推进PPP投融资项目，推动国资国企混合所有制改革，2016年拟重点推进的PPP项目有13个，项目总投资超过600亿元。

关于发展混合所有制经济的重要意义，已经得到了学者们的普遍认同。比较有代表性的观点如曾宪奎（2015）指出，过去的国有企业改革仍有一些遗留问题，提高生产效率是未来国有企业改革的主要方向，而混合所有制改革正是发挥不同所有制优势、提高生产和服务效率的有效途径。国有企业混合所有制改革是否存在最优比例？这是学者比较关注的一个问题。马连福、王丽丽和张琦（2015）的研究结果发现，简单的股权混合并不能改善公司的绩效表现，在完善的制度环境下，混合主体多样性才能体现出提升绩效的作用；混合主体深入性与公司绩效之间呈倒"U"型关系，当非国有股东持股比例处于30%—40%时，非国有性质股权提升绩效的作用最为显著。殷军、皮建才和杨德才（2016）通过构建模型分析发现，国有企业最优的混合比例取决于国有企业自身承担社会性负担的能力和社会性负担的大小，具体而言，国有企业最优的混合比例跟其成本控制能力、产品差异化程度、行业内私有企业数目以及生产负外部性对社会福利的损害程度存在负相关关系。此外，对于混合所有制改革的效果，学者认为国企改革并不是"一混就灵"，能否建立规范的公司治理结构和机制，是影响混改效果的重要因素。高明华（2015）提出，要强化混合所有制国企的公司治理，应通过多种机制实现不同产权主体或投资者的权利平等；规范董事会治理，充分认识并尊重董事会代表股东进行科学决策和独立有效监督经营者的职能及其独立性；赋予董事会独立选聘总经理的权利，加快经理人市场的建设步伐，使企业能够通过市场信号选择合适的经理人；提高企业的信息披露水平；对企业负责人进行合理激励，不同类别的董事和高管实行不同的激励方式和激励强度。杨红英、童露（2015）强调，除了完善内部公司治理机制外，作为外部环境和制度的职业经理人市场、行政化管理、市场竞争、资本进入和退出机制是混合所有制企业有效治理的保障，缺少了这些环境和制度，发展混合所有制的目的就难以实现。在有关混合所有制企业实施员工持股方面，黄速建和余菁（2015）分析了员工持股的两种制度属性以及企业员工持股在国内外的多种实践形式，结合作者对宁波案例企业的调研情况，探讨了对中国企业员工持股制度实践方向的认识，给出了针对中国企业员工持股的政策建议。贾壮（2016）认为，开展员工持股试点，与国有企业功能分类、混合所有制改革等其他相关政策之间的衔接非常紧密，应统筹推进。张孝梅（2016）认为，混改背景下的员工持股属于长期激励的一种，在众多约束条件下，要实现效率与公平并重，就需要完善和健全法律法规体系；建立政府、企业及员工的三方参与协调机制；强调增量分享，引导员工持股长期激励导向；等等。

从企业实践来看，十八届三中全会以来，从中石油、中石化、国家电网和中国建材等中央企业，到各省市的地方国有企业，都在混合所有制改革方面进行了积极的探索。但总体而言，无论是国有企业，还是非国有企业，都表现出参与改革的动力不足问题，许多企业都是采取边改革边观望的态度。一方面，出于对国有资产流失和竞争优势削弱的担忧，部分国有企业实施混改的决心和力度不够，尤其是自然垄断行业的改革并未取得突破性进展。比如，中石化放开的业务板块只是加油站等部分竞争性业务，对社会资本没有足够的吸引力；另一方面，非国有企业则担心混改后非但不能分享利润增长，反而拖累经营业绩、增大负债压力，并且混改后的退出路径也尚未明晰。同时，与规模庞大的国有资本相比，如果参股比例过小，会导致在经营决策中缺乏话语权。首批两家中央企业混合所有制改革试点已推出两年的时间，刚刚公布的第二批国企改革试点名单中，国企混合所有制改革试点缺席，相较其他国有企业改革试点进程显得缓慢，目前尚未形成相对系统、成熟、可复制的混改模式。实施混改后的国有控股企业，由于配套的人才管理和薪酬体制改革没有到位，在职业经理人市场化选聘和激励方面，仍然面临着工资总额的制约问题；在推行员工持股方面，由于缺乏完善的法律制度保障，也存在员工持股激励不足、参与治理作用弱化等一系列问题。

## 四 完善现代企业制度以及推进市场化选聘和管理经营管理者

完善现代企业制度，是十八届三中全会明确下来的深化国有企业改革的重要内容。国务院国资委在成立几年后，选择将国有企业董事会建设工作作为完善现代企业制度的突破口。2014 年和 2015 年分别新增 22 家和 11 家中央企业纳入了规范董事会建设试点范围，到 2015 年年底，106 家中央企业中已有 85 家建设了规范董事会。进入 2016 年，国务院国资委在落实董事会职权、推进市场化选聘经营管理者、推行职业经理人制度等试点工作方面，取得了一定的进展。在中国节能、中国宝钢、国药集团和新兴际华集团（以下简称“新兴际华”）4 家中央企业开展了董事会职权试点工作，授权试点企业董事会行使中长期发展战略规划、高级管理人员选聘、业绩考核、薪酬管理、工资总额管理和重大财务事项管理 6 项职权；在部分中央企业，按照“党组织推荐、董事会选择，市场化选聘、契约化管理”的思路，开展了市场化选聘和管理经营管理者的有关试点工作。

作为一家重要的试点企业，新兴际华在市场化选聘和管理经营管理者这项改革任务上，开展了相对较为彻底的改革，完成了总经理的市场化选聘，并对经理层副职全部实行聘任制和契约化管理。相比之下，其他参与试点的中央企业主要是开展了集团本部的一两位经理层副职的选聘工作，或是开展了企业领导人员的公开遴选工作，或是在二级企业层面开展了市场化选聘和管理经营管理者的改革工作。新兴际华在国务院国资委成立初期的营业收入，在中央企业排名中仅列第 130 名左右，而今，其位置已经居中央企业第 39 位——从 2005 年到 2015 年，新兴际华的营业收入已经从 100 多亿元发展到 2037 亿元。2005 年，新兴际华被列为中央企业首批 11 户董事会改革试点单位之一。十年间，新兴际华将抓董事会选聘工作和完善现代企业制度等改革任务，视作构建现代企业制度时最重要的法人治理问题。2014 年 7 月 15 日，国资委宣布新兴际华成为新一轮国企“四项改革”试点企业之一，开展董事会行使高级管理人员选聘、业绩考核和薪酬管理职权试点工作。2015 年 10 月，新兴际华在中央企业中率先完成了董事会选聘总经理工作；2016 年，又进一步完成了全部经理层副职的市场化选聘工作。新兴际华董事会以坚持党管干部原则和董事会依法选择经营管理者相结合的方式选聘总经理，并对选聘人员实行聘任制和契约化管理，通过《聘用合同书》和《经济责任书》来明确经理层的职责、聘期、考核目标及市场化退出办法。在市场化和契约化的管理体制下，经理层必须“时刻面对董事会的考核之剑”，没有正当理由而未完成合同约定的经营业绩考核目标的经理人员，可解除聘用合同。据统计，近两年，新兴际华通过换届考核，共计调整二、三级企业领导人员 144 人，占三级以上干部总数的39.1%，一批三级企业的经营业绩考核优秀的领导干部被选拔到二级公司担任重要领导要职。在另一家试点企业宝钢集团现有市场化选聘的经营管理者200余人，其选拔、任用、考核、激励方式都已采用市场化方式进行管理，选拔采用内部人才竞聘、社会公开招聘、股东推荐等多种方式。

地方国有企业在完善公司治理方面，也有一些重要的改革举措：一是健全和完善以董事会为重点的国有企业公司法人治理结构。像山东基本配齐了省管企业的董事会成员。有的地区修订和完善了国有企业公司章程，进一步理顺了出资人、董事会和经理层这三者各自的职权关系。二是加大力度市场化选人用人机制，推行企业高管人员的契约化管理，将党管干部与董事会依法选聘经营者有机结合起来。在山东，有12户省管企业和11户国有资本投资运营公司共23家省管企业推行了高管人员的契约化管理，占全部省管企业的77%。这23户企业经理层的选聘权、考核权、分配权均交由董事会行使。在所涉及的53名高管人员中，有49名选择了契约化身份，摘掉了国企高管的“官帽子”，在企业中产生了强烈的思想冲击。天津计划在未来几年，在具备条件的竞争类市管企业和二、三级企业全面推开市场化选聘经营管理者的改革。三是进一步改革和完善企业薪酬分配制度，完善对国有企业经营者的激励措施。一些有条件的上市公司实施了股权激励计划，另有少数非上市公司开展了各种形式的中长期激励试点工作。四是加强了国有企业财务监管、审计和监督，积极推进企业重大信息公开。例如，广东率先推行了国有产权首席代表报告制度，在省属企业开展了财务预算等重大信息公开试点。再如，山东正在努力将其国有企业打造成全国“透明度最高”的国有企业。另外，有个别地区已经出台了关于支持和鼓励国有企业改革创新、建立考核免责机制的意见，建立了改革创新容错机制，营造了有利于国有企业创新公司治理体制和加快改革体制机制的良好政策氛围与制度环境。

在理论研究方面：余菁（2016）指出，在全球范围内，公司治理实践同时呈现出了制度趋同化和差异化的趋势，致使人们很难在不同的治理制度安排之间做出明确的利弊权衡和偏好选择。国有企业将建立和完善公司治理作为实践方向，但国有企业公司治理问题比私人公司治理问题更加复杂。中国需要贴合国情的公司治理之道，国有企业应通过正确看待公司和国有企业作为经济组织制度的社会性质，积极探索多类型和多层次的国有企业制度，努力构建界定清晰且运行成本可控的政企关系，积极探索和创新适合自身国情的现代企业制度。边燕杰和雷鸣（2015）论述了国有企业管理者承担的政治和经济的双重角色。他们指出，一方面，作为公务人员，国有企业管理者肩负实现国家意志的责任；另一方面，作为经理人员，他们必须领导旗下的企业在市场竞争中持续盈利和胜出。这种国有企业管理者的双重角色是由国有企业本身具有的政治和经济双重性质决定的。在此情形下，国企管理者接受党纪国法和市场竞争的双重约束，企业的政治和经济表现产生了交叉回报，也就是说，政治表现可以带来经济机遇，经济表现也可以产生政治效果。鲁桐和党印（2015）强调，提高国有企业信息披露的透明度是改善国企公司治理的必要手段。中国国有资产管理和国有企业运行的薄弱环节是缺乏国企信息披露的透明度，不利于广大民众和高层权力机关对国有企业的监督。世界各国国有企业管理和运行的经验表明，确保企业层面充分的信息披露和透明度是改善国有企业治理和运行效率的必要途径。

从实践情况看，国有企业完善现代企业制度和公司治理体制的道路仍然会比较漫长。目前，很多改革的方向已经明确，但在实际操作中，仍然需要进一步探索和推进，有的改革任务的成效也需要更长的时间来作进一步检验。一方面，改革的广度需拓展。例如，市场化选聘经营管理者的试点范围，除新兴际华涉及集团层面的总经理及4位副总经理所组成的整个经营班子以外，其他三家参与试点的中央企业市场化选聘的经营管理者只涉及了1—2名副总经理，未能在更大的范围内选聘人才。而这4家企业，又只占全部中央企业的极少数。另一方面，改革的深度有待深入。主要体现为，一些非试点企业尽管有较强的推进全面市场化改革的意愿与要求，但受限于现有的体制机制，也只能在下属的个别二、三级企业推行有关改革工作，全面较快地推进有关改革的难度仍然比较大。即使是试点企业，其改革举措也是在不能突破现行制度框架约束下推进的。习总书记曾指出，"改革的目的是增强国有企业的活力"，在此方面，有关改革试点工作还有待改进。未来，应该给予有志于制度创新的国有企业更多的突破现有政策框架的自主权，给予有关国有企业董事会更充分的职权，只有这样，才能让国有企业的经营管理者更加积极主动地承担经营责任，更充分地激发国有企业活力。

**参考文献**


[1]《国企改革十二样本》，《国资报告》2016年第8期。

[2] 黄群慧：《央企分类要适合国情》，《光明日报》2015年1月8日。

[3] 陆军荣：《分产业推进国有企业改革》，《上海国资》2015年第7期。

[4] 宁金成：《国有企业区分理论与区分立法研究》，《当代法学》2015年第1期。

[5] 吴勇敏、何源：《德国公营事业对中国国有企业类型化之启示——以判例与立法为中心展开》，《社会科学战线》2015年第5期。

[6] 黄群慧、余菁、贺俊：《新时期国有经济管理新体制初探》，《天津社会科学》2015年第1期。

[7] 韩朝华：《思维创新："三层架构"的国有资产管理体制改革》，《探索与争鸣》2015年第6期。

[8] 夏荣静、陈莹：《推进我国国有资产管理体制改革的探讨综述》，《经济研究参考》2015年第12期。

[9] 李少婷：《中粮国投模式方案出炉　三年整合淘汰100家企业》，《每日经济新闻》2016年7月19日。

[10] 祝嫣然：《央企"瘦身"进行时：管理层级大幅压缩》，《第一财经日报》2016年8月2日。

[11] 李锦：《2016年上半年国有企业经济分析报告》，《企业家日报》2016年7月22日。

[12] 王绛：《国有资本投资、运营公司要注意五大问题》，《经济观察报》2016年7月16日。

[13] 徐锦庚等：《山东国企改革消顽疾》，《人民日报》2016年8月4日。

[14] 深圳市国资委：《国有资产监管体制改革探索》，《中国机构改革与管理》2015年第6期。

[15] 张莉：《深圳"大国资"战略站上风口》，《中国证券报》2016年6月3日。

[16] 高明华：《公司治理与国企发展混合所有制》，《天津社会科学》2015年第5期。

[17] 殷军、皮建才、杨德才：《国有企业混合所有制的内在机制和最优比例研究》，

《南开经济研究》2016 年第 1 期。

［18］曾宪奎：《国有企业的双重特性与混合所有制改革》，《红旗文稿》2015 年第 24 期。

［19］马连福、王丽丽、张琦：《混合所有制的优序选择：市场的逻辑》，《中国工业经济》2015 年第 7 期。

［20］杨红英、童露：《论混合所有制改革下的国有企业公司治理》，《宏观经济研究》2015 年第 1 期。

［21］黄速建、余菁：《企业员工持股的制度性质及其中国实践》，《经济管理》2015 年第 4 期。

［22］张孝梅：《混合所有制改革背景的员工持股境况》，《改革》2016 年第 1 期。

［23］贾壮：《国企员工持股，释放改革活力》，《人民日报》2016 年 8 月 25 日。

［24］余菁：《现代公司治理变革与国企制度创新》，《人民论坛·学术前沿》2016 年第 1 期。

［25］边燕杰、雷鸣：《国有企业管理者的双重角色》，《浙江学刊》2015 年第 4 期。

［26］鲁桐、党印：《改善国有企业公司治理：国际经验及其启示》，《国际经济评论》2015 年第 4 期。

（余菁、王欣，中国社会科学院工业经济研究所）

# 新工业革命背景下的制度创业问题研究:前沿进展

黄阳华　江鸿　贺俊

以智能化、数字化、网络化为核心特征的新一轮技术革命将成为未来影响全球经济发展的最为根本的技术性因素。在新一轮工业革命的背景下，创业形态将发生显著的变化。本文拟对有关新工业革命的技术经济范式和制度性创业最新研究成果进行梳理，以期推进国内有关新经济背景下制度创业问题的学术研究。

## 一　新工业革命研究的理论进展

“第三次工业革命”（新工业革命）成为热点话题已经四年有余。以中国知网上以“第三次工业革命”为关键词的主题文章为例，2011 年共有 10 篇文章，2012—2015 年，分别有 169 篇、453 篇、369 篇和 316 篇文章，2016 年前半年，约有 116 篇文章。如放松检索条件，以“产业变革”为关键词，2015 年共有 630 篇文献，2016 年前半年便有 422 篇。当我们回顾各界对于第三次工业革命的讨论时可以看到，迄今对于第三次工业革命内涵的理解还未达成共识，各种观点见仁见智。因此，当前对有关第三次工业革命的各种观点加以辨析，仍然十分必要。

### （一）关于第三次工业革命的界定与相关理论

各界对于第三次工业革命的看法众说纷纭，大致源于两个方面的原因。第一个也即主要的原因是，第三次工业革命这一概念进入中文语境有两个差异大于共性的来源。一是以美国趋势学家里夫金在其 2011 年 9 月出版的《第三次工业革命》一书中提出的观点为代表，也可以称为“新能源版本”，认为历史上的工业革命均是由新的通信技术与能源技术相结合所推动：第一次工业革命的技术基础是纸质媒体（报纸、杂志、书籍等）并以煤炭为主要燃料，第二次工业革命的技术基础是电子通信技术（电话、无线电、电视等）并以化石能源为主要燃料，而互联网技术与可再生能源的结合将推动全球发生第三次工业革命。二是以英国《经济学人》杂志 2012 年 4 月刊发的题为《第三次工业革命》的“特别报告”提出的观点为代表，也可以称为“制造业版本”，其对工业革命的划分依据是生产方式的根本性转变：第一次工业革命是 18 世纪晚期制造业的“机械化”所催生的“工厂制”，其发展取代了家庭作坊式的生产组织方式；第二次工业革命是 20 世纪早期制造业的“自动化”所创造的“福特制”，其发展使得“大规模生产”成为制造业的主导生产方式。而人类正在迎接的第三次工业革命是制造业的“数字化”，以此为基础的“大规模定制”很可能成为未来制造业的主流生产方式。第二个原因是国内参与第三次工业革命讨论的论者相当广泛，在对第三次工业革命“应该是”什么这个问题上，融入了具有自身知识背景或者专业特色的理解。比如，有论者认为第三次工业革命是信息技术创新、生物技术革命，或者材料技术革命，也有论者认为是工业系统变革、生产管理方式变革，等等；还有研究者提出人类即将进入或者迎接的是第四次产业革命或第六次技术浪潮。这就使得在第三次工业革命的内涵“是什么”这一问题上各执一端。

吕铁和邓洲（2013）从学理上指出，对工业革命的界定标准本身应具有自洽性，方能将人类进入工业社会以来的近代史划分出若干个相互连续又彼此互有区别的发展阶段，即若干次工业革命。从这个意义上讲，在第三次工业革命的诸多说法中，“新能源版本”和“制造业版本”的第三次工业革命相比于其他提法具有更强的学理基础。还要看到，第三次工业革命概念的提出具有明显的现实意义。毫无疑问，第三次工业革命将有利于全球金融危机后的世界经济重新定位发展方向，也将有助于解决传统发展模式下人与自然日益紧张的关系等问题。这也是“新能源版本”和“制造业版本”的第三次工业革命的相通之处。第三次工业革命的讨论兴起之际，适逢我国经济发展处于战略转型的关键时期，因此，第三次工业革命进入中文语境后迅速与我国的现实需要相结合，促使论者进一步探讨第三次工业革命对我国可能产生的影响及应对之策。冯飞（2013）认为判定是否存在工业革命大致有三种标准，第一个标准即是否引发了生产方式的变革，并且大幅度地提高劳动生产能力，进而出现一些新的产业形态。第二个标准即是否深刻地影响社会生活，比如以电气化为特征的第二次工业革命带来的是人类生活方式的重大变革。第三个标准即是否有标志性的技术和产业。他认为具备前述三个标准才可称为产业革命，而是否有大规模的应用是判定是否发生产业革命的最重要标准，技术革命肯定是早于产业革命的，先有技术革命才会有产业革命。黄阳华（2016）利用演化经济学中正统的技术经济范式框架，将当前备受关注的新一轮产业变革置于延续两个多世纪的全球工业化进程中加以系统化和理论化，主张对当前新一轮产业变革的研究仍然可以按照技术经济范式核心组件协同演化的框架加以剖析。新一轮产业变革可能是第六次技术经济范式（也即第六次康德拉季耶夫长波）的导入期。

### （二）关于第三次工业革命的影响

我国学者较早跟踪并自主开展了对第三次工业革命的研究。尽管在较短的时期内形成了大量的研究文献，但是除去具体行业、领域内观察家探讨第三次工业革命的细分研究，在宏观、理论和战略层面的代表性观点比较清晰。吕铁等（2012）、中国社会科学院工业经济研究所课题组（2012）、徐梦周和贺俊（2012）、贺俊等（2015）从生产方式变革的角度研判了第三次工业革命对全球分工体系和对我国产业的潜在影响，包括重塑国家间比较优势、重塑二三产业关系、重塑世界经济地理、重塑国家间利益分配机制等方面，具有一定的代表性。黄群慧和贺俊（2013）提出“第三次工业革命”是一场嵌入在技术、管理和制度系统中的技术经济范式的深刻变革。随着这场工业革命的不断深化，制造和制造业的经济功能可能被重新定义，国家和企业竞争力所依赖的资源基础和要素结构、乃至全球产业竞争格局可能被重构，为了迎接“第三次工业革命”以及未来与发达工业国家在价值链各环节的“全面竞争”的挑战，未来中国需要在转型升级战略、全球竞争战略、技术创新战略、产业发展战略、国家信息战略等多方面进行适时调整。

贾根良（2013a）按照演化经济学家佩蕾丝有关经济追赶的两种机会窗口理论，认为“第一种机会窗口”不可能存在追赶机会。但是，由于产品内分工和全球价值链的发展，“第一种机会窗口”在战略性新兴产业中也大量地出现了，这是否有追赶成功的可能呢？本文通过对我国光伏产业和机器人产业的案例研究，认为我国光伏产业和机器人产业的发展模式无法承担起迎接第三次工业革命的历史重任，其根本原因就在于我国在战略性新兴产业上仍然试图通过“第一种机会窗口”即继续沿袭劳动力成本低廉的比较优势应对新工业革命。为了抓住第三次工业革命的“第二种机会窗口”，我国战略性新兴产业的发展模式亟须重大变革。贾根良（2013b）认为目前我国有关新型工业化道路的内涵和实现途径并没有反映出目前已逐渐清晰的以第六次技术革命浪潮为核心的第三次工业革命对工业化道路的巨大影响。在第二次工业革命时，落后的美国和德国通过抓住“第二种机会窗口”成功地实现了跳跃式发展。从演化经济学的理论和经济史的视角进行分析，我国的新型工业化道路如果要取得成功，就必须依托民族产业和庞大的国内市场，从新技术革命的产业价值链高端入手，重塑我国在第三次工业革命中的竞争优势，这是我国与美、日、欧共同成为第三次工业革命领导者的必由之路。

贾根良（2014）提出第三次工业革命在范围上包括信息技术革命和可再生能源革命两次技术革命浪潮，信息技术革命将贯穿于始终。贾根良（2016）通过对马克思工业革命理论的阐释，不仅重申马克思有关“工具机革命”而非能源革命作为工业革命标志的观点，而且对历次工业革命中“工具机革命”与能源革命内在联系的历史规律性进行了讨论。第三次工业革命是对前两次工业革命的再“革命”，它具有两个突出的特征：一是与前两次工业革命的核心是资本替代体力劳动不同，第三次工业革命在本质上是对人的脑力劳动的替代；二是与前两次工业革命中的能源革命在本质上不同，可再生能源革命把能源采掘业转变成了制造业，在人类历史上，第一次使能源生产转变成了遵循收益递增规律的生产活动。

戚聿东和刘健（2014）从对第三次工业革命的技术经济特征和产业组织模式特征的分析入手，探讨了第三次工业革命对产业组织模式的影响，从政府职能定位、产业结构政策、反垄断政策、竞争政策、审批政策和补贴政策等方面阐述了促进第三次工业革命的产业政策体系。他们认为，以分布式发散式新通信技术与社会化民主化新能源体系有效融合为本质的第三次工业革命将使产业组织模式出现规模经济效应弱化、产业集中度和规模起点降低、市场进入壁垒下降、中小企业优势显现、可竞争市场结构形成等特征，第三次工业革命将驱使制造业的生产方式由大规模标准化制造向大规模个性化定制转变，并推动垂直结构、中央集权的组织模式向扁平化、社会化和竞合化的网络状组织模式转换，而传统能源结构与能源体制下所形成的垄断行业既得利益集团，很有可能阻碍或延缓第三次工业革命和产业组织模式转型的进程。黄阳华（2016）认为新一轮产业变革可能是第六次技术经济范式的导入期，或在如下方面发生“革命”：数据要素将成为新型核心投入，以新一代互联网技术为支撑的通信基础设施的重要性超过交通基础设施，以数据和新一代互联网技术驱动的制造业智能化将引领国民体系的智能化。最终，大规模生产也将受到严峻挑战，大规模定制化和社会化制造等新的生产组织方式将兴起。

### （三）关于第三次工业革命的进展

驱动第三次工业革命的重要技术是信息网络技术。黄阳华等（2015）提出，“互联网+”并非一项横空出世的颠覆性技术，是人类社会连续发生的工业革命的最新进展，将引领工业发展水平向更高层次跃进，对我国制造业转型升级产生跨时代的影响。黄阳华等认为，“互联网+”对中国制造业的影响具体表现为引领制造业产品的智能化和网络化，推动我国制造业生产和管理流程智能化，推动我国制造业研发设计的网络化协同发展，推动我国制造业企业组织关系的变革，推动我国制造业企业服务化转型，对针对制造业领域利用“互联网+”面临的突出问题提出了相应的对策。李晓华（2016）从五个层次界定了“互联网+”的内涵，认为可以从以下几方面理解“互联网+”：“互联网+”是互联网技术与其他领域的结合；“互联网+”是在信息网络技术进一步发展的基础上形成的，主要是云计算、大数据、物联网、移动互联网的发展为互联网向其他领域的渗透与融合奠定了基础；“互联网+”已成为重要的发展趋势，甚至是一种通用目的技术；“互联网+”已成为决定产业竞争力水平的关键，是世界各国致力于推动的领域。王大林和杨蕙馨（2016）从世界信息总量爆炸和“移动互联”发展趋势的背景出发，提出了“新产业生态系统”的概念，并以此研究我国现代产业体系的演进。此外，大量的研究结合行业特色，评述和展望了信息网络技术在行业层面的应用和可能影响。在微观层面上，一些学者已经注意到“互联网+”带来的影响，如跨界经营（赵振，2015）、大规模智能定制（吴义爽等，2016）、制造业服务化（童有好，2015）。

在国家层面上，黄群慧等（2014）整体概括了全球主要工业化国家应对新工业革命的主要战略。黄阳华和卓丽洪（2013）比较分析了美国制造业复兴计划与第三次工业革命之间的关系；黄阳华（2015）、国务院发展研究中心课题组（2016）系统研究了德国工业4.0的主要内容及相关进展；李金华（2015）比较了德国工业4.0与中国制造2025之间的异同；刘湘丽（2015）、方晓霞等（2015）研究了日本制造业提振政策的进展与特点。

## 二　制度创业的理论发展

面对“工业4.0”等浪潮的挑战，在高度不确定的情境下，如何推动新兴产业发展是我国政府、企业家和学者共同关注的话题。制度理论是探讨产业形成及变迁的重要理论视角。从这一视角出发，新兴产业的形成是一个产业规则逐渐形成和完善的制度建立过程，即“制度化”的过程。制度创业研究（DiMaggio，1988）通过探讨在特定制度安排下具有一定利益诉求的行动者如何借用资源的杠杆作用、创造新制度或变革现有制度来回答“制度从何而来”这一问题。现有的制度创业研究主要集中于探讨动因、主体与机制这三个核心问题。

制度创业动因研究旨在解决制度创业的外源性和内生性问题。强调制度创业外源性的研究（郭毅、殷家山和周裕华，2009）主要关注社会层面因素，如社会突变（Greenwood，Suddaby & Hhining，2002）、技术中断（Wang & Swanson，2007）、自然环境变化（Child，Lua & Tsai，2007）。强调制度创业内生性的研究主要关注各方面的使能因素，既包括场域不稳定性（Levy & Scully，2007）、制度异质性（Seo & Creed，2002）和制度多样性（Greenwood & Suddabay，2006）等场域层面因素，也包括组织内部要素（Greenwood & Hinings，1996）和组织所处网络位置（Boxenbaum & Battilanan，2005）等组织层面因素，还包括个体社会地位（Battilana，2009）与个体自身特质（Mutch，2007）等个人层面因素。

制度创业主体研究旨在识别制度创业中发挥核心能动作用的行动者及其行为方式，主要围绕三个方面展开。一是关于制度创业者身份识别的研究。Minsanyi、Weaver 和 Elms（2008）认为制度创业者可以是个体、组织，也可以是个体或组织结成的联盟。Child、Lua 和 Tsai（2007）则认为不同制度创业者在不同阶段作用不同，要根据其贡献程度来识别。二是关于制度创业者行为方式的研究。不同的制度创业者影响着制度创业的方式和过程。本身就是管制者的制度创业者通常采取“自上而下”的方式，而本身是被管制者的制度创业者则通常采取“自下而上”的方式（Child，Lua & Tsai，2007）。三是关于制度创业者意图的研究。Lounsbury 和 Crumley（2007）指出，制度创业者可能不是一开始就想改变制度，他们的活动可能是“无意识”偏离现有制度，但最终导致制度的改变。

制度创业过程研究旨在回答制度创业者如何为其倡导的新制度争取合法性。从作用机制来看，学者提出了基于不同视角、适用不同条件的制度创业模型。Seo 和 Creed（2002）从制度矛盾视角来研究新制度的构建过程，在制度矛盾、实践和制度变迁之间建立了重要联系，给出了四种制度改变的路径。Dorado（2005）从机会、资源的视角来探索制度创业的动态过程，给出了制度改变过程中场域特征、机会、资源和能动性之间的作用关系。Tracey、Phillips 和 Jarvis（2011）则发展了一个包括微观、中观、宏观的多层面制度创业模型。从创业策略来看，多数研究唯有策略的零散诠释（郭毅、殷家山和周裕华，2009；李雪灵等，2015）；根据其作用的制度场域维度，这些制度创业实施策略总体上可分为物质策略（Maguire，Hardy & Lawrence，2004）、话语策略（Ruebottom，2013）和组织策略。

国内制度创业研究最早可追溯到周其仁（1997）发表于《经济研究》上的论文，其中描述了横店集团徐文荣依托产权制度创新的创业案例。随后，此类行动开始引起学界的关注，如吉利集团李书福打破民企无法造车的壁垒、绿源公司游说政府合法化电动自行车、直销行业形成组织场域并拥有合法性等。针对各方面最新成果，尤树洋、杜运周和张祎（2015）采用内容分析和网络分析方法对 124 篇制度创业文献进行定量分析，发现现有制度创业文献偏重定性方法和在欧美地区的研究，缺乏量化分析和中国情境中的探索；偏重组织和组织场域层面的制度创业前因条件研究，而个体层面的前因条件探索才刚刚起步；侧重讨论制度创业者集体行动的过程和手段，缺乏对制度设计阶段行为者活动的剖析；制度创业的前因条件和过程研究相对独立，亟待整合性的理论研究框架。

从研究对象来看，国内学者的研究正逐步扩大制度创业视角的研究范围和应用范围。例如，朱蓉（2015）通过分析 2006 年至今中国 P2P 企业发展过程中新兴场域的演变和制度创业的动因和结果，认为 P2P 制度创业的过程也是合法性逐步获取的过程；随着制度变迁，P2P 创业的规制性、规范性和认知性之间的联系得到增强；新兴场域的制度创业呈现出“地位化—理论化—制度化”的过程。徐二明和谢广营（2015）同样将互联网金融视为对我国传统金融体制的一种制度性创新。通过分析制度创业获得组织合法性、确立新组织制度的需要，他们提出，互联网金融企业必须拥有普惠与用户思维、免费与流量思维、傻瓜型与简约思维、迭代与跨界思维，而移动型组织、社区型组织、利基型组织、开放型组织将成为互联网普惠金融企业的主要组织业态。奚艳燕（2014）将制度创业视角应用于跨国并购研究，采用案例研究方法，通过对中国林德集团收购德国帕西姆机场过程的分析，探索了新兴市场企业在成熟市场跨国并购过程中通过制度创业实现资源整合从而创造竞争优势的过程。李新锐（2015）突破了当前以民营企业单案例分析为主的窠臼，对国家开发银行在经济体制改革背景下的制度创业进行了案例分析，构建了转型经济下国有企业制度创业的影响因素模型和策略选择模型，构建并检验了相应的研究假设。

在制度创业动因和主体这两个领域内，苏晓华和王科（2013）以中国风险投资/私募股权投资（VC/PE）行业为案例研究载体，深入解析了转型经济下新兴组织场域制度创业的演变过程，并对每个阶段制度创业者的动因和作用进行了分析。袁庆宏、王利敏和丁刚（2013）基于社会网络视角，研究了个体在组织内部制度创业的可能性和动因。他们根据组织内部的正式和非正式网络，将个体的网络位置划分为四种类型，并依次分析了不同网络位置对个体资源获取、利益期望进而对其制度创业能力、意愿的影响。田志龙等人（2015）从我国政府高度参与产业发展的本土化情境出发探索众多行动者分散的能动性如何实现及影响了中国新能源汽车产业发展的集体性制度创业。他们发现，中央政府、地方政府及企业依次主导了新兴产业的产品化、产业化及商业化，这种主导响应关系来源于行动者能力的差异和内部能动性在不同类行动者之间的分散，其背后的原因是不同类行动者动机的差异。

在制度创业机制领域内，国内学者的研究仍以文献综述和单案例研究为主。从文献综述来看，方世建和孙薇（2012）回顾了六个较具典型意义的制度创业模型，以此介绍国外制度创业研究20年来的主要思想、方法和成果。项国鹏和阳恩松（2013）通过全面评述国外相关文献，把制度创业策略分为话语策略、理论化策略、社会网络策略与文化策略，并提出推进制度创业策略研究的若干建议。从案例研究来看，宋华、于亢亢和冯云霞（2013）以新疆特变电工为案例研究对象，通过纵向追踪该企业的发展过程，横向剖析其成熟阶段的两个关键事件，研究其如何采取合适的组织行动和策略，赢得组织合法性的动态平衡。他们发现，企业组织一方面不得不服从制度压力；另一方面采取对资源调配、意义建构、关系重塑的聚焦或融合战略重塑制度环境，以获得组织合法性。

不过，一个突出的进步是，国内学者不再拘泥于深入分析具体策略分类或特定策略过程的研究思路，转而尝试整合现有研究，探析不同情境或不同约束条件下制度创业的具体过程和策略选择。例如，项国鹏和黄玮（2016）提出场域、资源和合法性是将利益相关者纳入制度创业研究的三个理论基础要素，并从这三个要素出发阐释了利益相关者对制度创业过程的影响。谢青和田志龙（2015）根据异质性程度和制度化程度将组织场域划为四种类型，对比分析不同试点城市、不同时期内中国新能源汽车产业的商业模式创新，据此比较不同类型组织场域中制度创业行动者的社会地位、制度创业的困难和制度创业的策略。徐二明和肖坚石（2015）将既往被认为在制度创业研究中起“支持”作用的资源作为策略选择的影响因素，提出一个合法性与资源约束下的二元制度创业策略选择框架。在这个框架下，根据合法性对运营的重要性和资源约束的强度，企业会分别选择重点实施、暂缓实施、并行实施或者拼凑实施的不同制度创业策略。

**参考文献**

[1] 方晓霞、杨丹辉、李晓华：《日本应对工业4.0：竞争优势重构与产业政策的角色》，《经济管理》2015年第11期。

[2] 方世建、孙薇：《制度创业：经典模型回顾、理论综合与研究展望》，《外国经济与管理》2012年第34卷第8期。

［3］冯飞：《第三次工业革命是生产和生活方式的重大变革》，《中国党政干部论坛》2013 年第 10 期。

［4］国务院发展研究中心“德国工业 4.0 在中国的创新与应用”课题组：《对德国工业 4.0 的几点新认识》，《中国发展观察》2016 年第 10 期。

［5］贺俊、姚祎、陈小宁：《“第三次工业革命”的技术经济特征及其政策含义》，《中州学刊》2015 年第 9 期。

［6］郭毅、殷家山、周裕华：《制度理论如何适宜于管理学研究？——制度创业者研究中的迷思及适宜性》，《管理学报》2009 年第 12 期。

［7］黄群慧、贺俊：《“第三次工业革命”、制造的重新定义与中国制造业发展》，《工程研究——跨学科视野中的工程》2013 年第 2 期。

［8］黄群慧、贺俊：《“第三次工业革命”：科学认识与战略思考》，《决策探索（下半月）》2012 年第 12 期。

［9］黄群慧、贺俊：《“第三次工业革命”与“制造业服务化”背景下的中国工业化进程》，《全球化》2013 年第 1 期。

［10］黄群慧、贺俊：《“第三次工业革命”与中国经济发展战略调整——技术经济范式转变的视角》，《中国工业经济》2013 年第 1 期。

［11］黄阳华、卓丽洪：《美国“再工业化”战略与第三次工业革命》，《中国党政干部论坛》2013 年第 10 期。

［12］黄阳华：《德国“工业 4.0”计划及其对我国产业创新的启示》，《经济社会体制比较》2015 年第 2 期。

［13］黄阳华：《工业革命中生产组织方式变革的历史考察与展望——基于康德拉季耶夫长波的分析》，《中国人民大学学报》2016 年第 3 期。

［14］贾根良：《第三次工业革命与工业智能化》，《中国社会科学》2016 年第 6 期。

［15］贾根良：《迎接第三次工业革命的关键在于发展模式的革命——我国光伏产业和机器人产业的案例研究与反思》，《经济理论与经济管理》2013 年第 5 期。

［16］贾根良：《第三次工业革命与新型工业化道路的新思维：来自演化经济学和经济史的视角》，《中国人民大学学报》2013 年第 2 期。

［17］李晓华：《“互联网 +”改造传统产业的理论基础》，《经济纵横》2016 年第 3 期。

［18］里夫金：《第三次工业革命：新经济模式如何改变世界》，中信出版社 2012 年版。

［19］刘湘丽：《日本促进制造业发展的动因、措施及启示》，《中国经贸导刊》2015 年第 4 期。

［20］吕铁、贺俊、黄阳华：《如何应对第三次工业革命的影响》，《中国经济时报》2012 年 7 月 26 日。

［21］李新锐：《转型经济下中国国有企业的制度创业——以国家开发银行为例的案例研究》，《技术经济》2015 年第 34 卷第 7 期。

［22］戚聿东、刘健：《第三次工业革命趋势下产业组织转型》，《财经问题研究》2014 年 1 月。

［23］苏晓华、王科：《转型经济中新兴组织场域的制度创业研究——以中国 VC/PE

行业为例》,《中国工业经济》2013 年第 5 期。

[24] 田志龙、谢青、陈小洪、马骏、王浩、史俊:《分散的能动性与集体性制度创业》,《科学学研究》2015 年第 33 卷第 6 期。

[25] 王大林、杨蕙馨:《信息革命与新常态背景下的新产业生态系统》,《广东社会科学》2016 年第 1 期。

[26] 吴义爽、盛亚、蔡宁:《基于互联网 + 的大规模智能定制研究——青岛红领服饰与佛山维尚家具案例》,《中国工业经济》2016 年第 4 期。

[27] 徐梦周、贺俊:《第三次工业革命的特征及影响》,《政策瞭望》2012 年第 10 期。

[28] 中国社会科学院工业经济研究所课题组:《第三次工业革命与中国制造业的应对战略》,《学习与探索》2012 年第 9 期。

[29] 李雪灵、黄翔、申佳、王冲:《制度创业文献回顾与展望:基于"六何"分析框架》,《外国经济与管理》2015 年第 37 卷第 4 期。

[30] 周其仁:《"控制权回报"和"企业家控制的企业"——"公有制经济"中企业家人力资本产权的个案研究》,《经济研究》1997 年第 5 期。

[31] 尤树洋、杜运周、张祎:《制度创业的概念述评、量化分析与研究展望》,《管理学报》2015 年第 12 卷第 11 期。

[32] 朱蓉:《新兴场域中的制度创业研究——以中国 P2P 行业为例》,《管理现代化》2015 年第 6 期。

[33] 项国鹏、阳恩松:《国外制度创业策略理论探析及未来展望》,《科技进步与对策》2013 年第 30 卷第 13 期。

[34] 宋华、于亢亢、冯云霞:《制度创业:制度压力和组织合法性间的桥梁——对特变的案例研究》,《管理案例研究与评论》2013 年第 6 卷第 3 期。

[35] 项国鹏、黄玮:《利益相关者视角下的制度创业过程研究》,《科技进步与对策》2016 年第 33 卷第 2 期。

[36] 谢青、田志龙:《不同情境下新能源汽车商业模式创新的制度创业比较》,《中国科技论坛》2015 年第 10 期。

[37] 徐二明、谢广营:《互联网普惠金融发展趋向:一种制度性创业视角》,《中国流通经济》2015 年第 7 期。

[38] 徐二明、肖坚石:《中国企业制度创业战略选择探析》,《科学学与科学技术管理》2016 年第 37 卷第 2 期。

[39] 袁庆宏、王利敏、丁刚:《个体的网络位置对其制度创业的影响研究》,《管理学报》2013 年第 10 卷第 11 期。

[40] DiMaggio, P. J. , "Interest and Agency in Institutional Theory", in Zucker, L. , *Institutional Patterns and Organizations*, Cambridge: Ballinger, 1988.

[41] Greenwood, R. , Suddaby, R. , Hhinings, C. R. , "Theorizing Change: The Role of Professional Associations in the Intransformation of Institutionalized Fields", *Academy of Management Journal*, 2002, 45 (1), pp. 58 – 80.

[42] Wang, P. & Swanson, E. B. , "Launching Professional Services Automation: Institutional Entrepreneurship for Information Technology Innovations", *Information and Organization*,

2007, 17 (2), pp. 59 – 88.

[43] Child, J. , Lua, Y. , Tsai, T. , "Institutional Entrepreneurship in Building an Environmental Protection System for the People's Republic of China", *Organization Studies*, 2007, 28 (7), pp. 1013 – 1034.

[44] Levy, D. & Scully, M. , "The Institutional Entrepreneurship as Modern Prince: The Strategic Face of Power in Contested Fields", *Organization Studies*, 2007, 28 (7), pp. 971 – 991.

[45] Seo, M – G. & Creed, W. E. D. , "Institutional Contradictions, Praxis, and Institutional Change: A Dialectical Perspective", *Academy of Management Review*, 2002, 27 (2), pp. 222 – 247.

[46] Greenwood, R. & Suddaby, R. , "Institutional Entrepreneurship in Mature Fields: The Big Five Accounting Firms", *Academy of Management Journal*, 2006, 49 (1), pp. 27 – 48.

[47] Boxenbaum, E. & Battilana, J. , "Importation as Innovation: Transposing Managerial Practices across Fields", *Strategic Organization*, 2005, 3 (4), pp. 355 – 383.

[48] Battilana, J. , Leca, B. & Boxenbaum, E. , "How Actors Change Institutions: Towards a Theory of Institutional Entrepreneurship", *Academy of Management Annals*, 2009, pp. 65 – 107.

[49] Much, A. , "Reflexivity and the Institutional Entrepreneur: A Historical Exploration", *Organization Studies*, 2007, 28 (7), pp. 1123 – 1140.

[50] Minsanyi, V. F. , Weaver, G. R. & Elms, H. , "Ending Corruption: The Interplay among Institutional Logics, Resources, and Institutional Entrepreneurs", *Academy of Mangement Review*, 2008, 33 (3), pp. 750 – 770.

[51] Lounsbury, M. & Crumpley, E. T. , "New Practice Creation: An Institutional Perspective on Innovation", *Organization Studies*, 2007, 28 (7), pp. 993 – 1012.

[52] Dorado, S. , "Institutional Entrepreneurship, Partaking, and Convening", *Organization Studies*, 2005, 26 (3), pp. 385 – 414.

[53] Tracey, P. , Phillips, N. , and Jarvis, O. B. , "Bridging Institutional Entrepreneurship and the Creation of New Organizational Forms: A Multilevel Model", *Organization Science*, 2011, 22 (1), pp. 60 – 80.

[54] "The Third Industrial Revolution", *The Economist*, 21st April, 2012.

[55] Maguire, S. , Hardy, C. & Lawrence, T. B. , "Institutional Entrepreneurship in Emerging Fields: HIV/AIDS Treatment Advocacy in Canada", *Academy of Management Journal*, 2004, 47 (5), pp. 657 – 679.

[56] Ruebottom, T. , "The Microstructures of Rhetorical Strategy in Social Entrepreneurship: Building Legitimacy through Heroes and Villains", *Journal of Business Venturing*, 2013, 28 (1) .

（黄阳华、江鸿、贺俊，中国社会科学院工业经济研究所）

# 加速的改革进程与有待扩展的研究视野

## ——近年来我国政府会计改革研究综述

时杰

2016年以来，我国政府会计改革的步伐明显加快，与上一次1997年政府会计改革不同，甚至与新中国成立来历次政府会计改革的步骤都不同，本次政府会计改革步伐大大领先于财政改革步伐。纵观工业化革命以来世界各国的政府会计改革，这种变革路径也是非常有特色的。对政府会计改革面临的一系列问题研究，如改革的目标、改革的影响因素、改革借鉴的模式、改革路径与方法等，不仅具有重大的理论意义，也有重大的现实意义，值得仔细梳理研究。

## 一 研究背景：先于财政改革的政府会计改革

1992年党的十四大确定我国的社会主义市场经济体制，1994年我国税制改革，建立以增值税为主要税种的流转税为主、中央地方分税的新税制，政府财政支出逐步由建设财政演进成为公共财政，公共债务逐步增加。与财政制度的变革相适应，我国政府会计部门自1997年制定并颁布《财政总预算会计制度》《行政单位会计制度》《事业单位会计准则》《事业单位会计制度》等制度。

目前政府会计采取的是预算会计模式，顺应了政府财政体制变革的趋势，但与已经实现工业化、以直接税为主的财政体制的发达国家相比，我国的政府会计范围仅仅包括财政总预算会计、行政单位会计和事业单位会计、国库会计、收入征解会计和基建拨款会计。政府会计就是预算会计，其职能就是为预算执行服务，采用的是收付实现制。由于会计的职能受到限制，不能通过权责制全面反映政府的资产负债信息，以及政府活动的成本，也制约了预算改革，如绩效预算、中长期预算的发展。随着我国经济发展阶段的变化，具体而言，二十年前我国确立的预算会计中的完全的现金制弊端越来越明显：造成成本信息失真，无法准确评价政府营运的效率、效果，不支持绩效管理改革。产生隐性负债问题，不利于政府防范和化解财政风险，给财政经济健康运行带来隐患。不能体现政府会计分期的观念，无法配比各会计期间的政府财务收支，不利于评价收支节余的性质，难以体现纳税人税负公平；反映的财务后果易被管理当局操纵。不适应新的预算管理的要求，不能真实、完整地核算和反映实施政府采购制度和国库集中支付制度出现后的新业务，不利于预算管理活动的落实。

当前，在新一届政府领导下，中国新一轮的财税改革蓄势待发，预算管理改革是财税改革的重要组成部分，而且以目前改革趋势看，改革幅度之大，几乎超过学界的研究视野。随着我国经济发展进入新常态发展阶段、“四个全面”的不断推进，我国政府财政的预算管理也面临内外变革的压力。预算管理需要更加公开透明、更加讲求绩效、更加注重中期规划和长期可持续性，这对政府会计改革提出了更高的要求。

2013 年 11 月，党的十八届三中全会通过的《中共中央关于全面深化改革若干重大问题的决定》中提及“建立权责发生制的政府综合财务报告制度，建立规范合理的中央和地方政府债务管理及风险预警机制”。2014 年 8 月，全国人大常委会在新的预算法中加入第九十七条。该条款规定“各级政府财政部门应当按年度编制以权责发生制为基础的政府综合财务报告，报告政府整体财务状况、运行情况和财政中长期可持续性，报本级人民代表大会常务委员会备案”。这也给新的政府会计提供了强大的法律依据。2014 年 12 月 12 日国务院批转财政部《权责发生制政府综合财务报告制度改革方案》，要求加快推进政府会计改革，逐步建立以权责发生制政府会计核算为基础，以编制和报告政府资产负债表、收入费用表等报表为核心的权责发生制政府综合财务报告制度。要求各级政府执行。

政府会计改革进入加速的快车道：财政部提出自 2014 年起在 7 年内，建立权责发生制的政府综合财务报告系统，主要将建立以下四个健全的系统：（1）政府会计核算体系：会计核算体系包括独立的和相互关联的财务会计和预算会计，并为中期和长期财政发展、宏观经济监测和监管，以及政府信用的评估服务。（2）政府财务报告体系：报告体系包括部门报告和整体政府报告。这些报告会展示财务状况和经营状况，以及在政府层面的财政可持续性。（3）政府财务报告审计和公开机制：财务报告将接受审计，然后传送到立法机构，随后向社会公布。（4）政府财务报告分析应用体系：该体系直接关注财务状况、运营成本和财政可持续性；识别和管理财政风险；预算和资产管理；财政绩效。上述两个重要文件均对政府会计信息披露与政府综合财务报告提出了概要性的要求。

2015 年 10 月 23 日，财政部公布《政府会计准则——基本准则》（以下称《基本准则》），明确自 2017 年 1 月 1 日起正式施行。这是贯彻落实党的十八届三中全会精神、全面深化财税体制改革的重要举措，为我国政府会计的新一轮改革拉开了序幕，进一步明确了改革的具体路径。

《基本准则》的发布为我国整个政府会计标准体系提供了概念基础与行动纲领，具体体现在两个方面：一是统一界定并规范了政府会计中的重要概念。《基本准则》对政府资产、负债、净资产、收入、费用、预算收入、预算支出、预算结余等概念进行了科学的界定。这为未来政府会计具体准则及政府会计制度的制定奠定了统一的概念基础；二是进一步明确了政府会计改革的具体方向。《基本准则》充分体现了《权责发生制政府综合财务报告制度改革方案》的重要精神与基本思想，并进一步明确了未来政府会计标准体系的建设应该以“双系统”“双要素”“双基础”为行动纲领，分离政府财务会计与预算会计子系统，采用两套会计要素，分别使用权责发生制会计基础与收付实现制会计基础。《基本准则》的特点还有：名称的突破——我国非企业会计主要包括财政总预算会计、行政单位会计和事业单位会计等，其相关的制度规范为《事业单位会计准则》《财政总预算会计制度》《行政单位会计制度》《高等学校会计制度》《医院会计制度》等。此次发布的《政府会计准则——基本准则》，是在非企业会计领域首次以“政府会计准则”冠名。政府会计结构的创新——《基本准则》第 3 条提出，政府会计由预算会计和财务会计组成。

预算会计负责反映政府主体的预算执行情况，财务会计对政府会计主体发生的各项经济业务进行会计核算。这样的划分既涵盖了政府财政年度预算，又包括了详细的财产物资、债务及权益的增减变动情况，使政府会计的结构更为科学、全面且合理，从而能够更加准确地反映政府会计主体的情况。信息披露模式的创新——政府会计信息披露既包括决算报告，也包括财务报告。《基本准则》第5条指出，政府会计主体应当编制决算报告和财务报告。第50条指出，政府财务报告包括政府综合财务报告和政府部门财务报告。政府综合财务报告是由政府财政部门编制的，反映各级政府整体财务状况、运行情况和财政中长期可持续性的报告。政府部门财务报告是指政府各部门、各单位按规定编制的财务报告。决算报告与预算会计相适应，旨在向报告使用者提供预算执行情况的信息。政府财务报告与政府财务会计相适应，旨在向信息使用者提供政府财务状况、运行情况、运行成本、现金流量等信息。这样的信息能有效反映政府预算收支和财产物资、债务及权益等的变动情况，满足不同信息使用者的需要，从而实现政府会计解除受托责任和决策有用的双重会计目标。会计要素的创新——《基本准则》提出了八项会计要素，分别为预算收入、预算支出、预算结余、资产、负债、净资产、收入和费用，其中预算收入、预算支出和预算结余三项为预算会计要素，用来细分预算会计的核算对象；资产、负债、净资产、收入和费用五项为财务会计要素，用来核算和监督财务会计的具体内容。各要素均体现了可定义性、可计量性、相关性和可靠性的要求，界定清晰、内涵分明。此外，《基本准则》首次将自然资源资产列入政府财务会计资产要素的非流动资产项目，为提供自然资源的信息提供了法律依据，有助于摸清政府自然资源资产的“家底”。计量模式的创新——《基本准则》第30条指出，资产的计量属性主要包括历史成本、重置成本、现值、公允价值和名义金额。打破了长期以来以历史成本计量的单一模式，为不同情形下的资产计量提供了计价基础，也为提供准确、客观的资产信息提供了法规依据和技术保障，更加符合市场经济的环境背景。权责发生制会计计量基础的创新——政府财务会计采用权责发生制的会计基础是《基本准则》的重大突破和突出亮点，更是近年来政府会计改革研讨的核心所在。《基本准则》第56条指出，政府决算报告的编制主要以收付实现制为基础，以预算会计核算生成的数据为准。政府财务报告的编制主要以权责发生制为基础，以财务会计核算生成的数据为准。政府会计首次采用权责发生制进行会计核算，是我国借鉴经合组织（OECD）发达国家特别是新西兰等政府会计改革成功采用权责发生制的政府会计改革经验、深化政府会计改革研讨的重大成果。这一规范为考量政府工作成本与绩效、政府收入与费用的匹配等提供了政策支持，有助于提供客观、科学的政府财务信息，有助于建立现代财政制度，促进财政长期可持续发展和推进国家治理现代化的要求，加快打造绩效型、服务型政府的步伐。

加快推进政府会计改革，建立审计、公开机制和分析应用体系，落实相关配套措施，财政部提出力争在2020年前建立起具有中国特色的政府会计准则体系和权责发生制政府综合财务报告制度。2014—2015年，重点是建立健全政府会计准则体系和财务报告制度框架体系，清查核实政府资产负债信息，开展政府综合财务报告信息系统建设，为编制政府综合财务报告奠定制度、信息和技术基础。2016—2017年，在前期准备的基础上，开展政府综合财务报告编制试点。2018—2020年，在试点工作基础上，全面开展政府综合财务报告编制工作，建立健全政府财务报告分析应用体系，制定发布政府财务报告审计制度、公开制度等。

2016年7月14日，财政部印发了《政府会计准则第1号——存货》《政府会计准则第2号——投资》《政府会计准则第3号——固定资产》和《政府会计准则第4号——无形资产》，标志着2020年前建立起具有中国特色的政府会计准则体系和权责发生制政府综合财务报告制度的改革进入快车道。

## 二　国外政府会计改革的研究综述：国际经验与模式选择

一般来说，西方发达国家学者研究视野起点是20世纪70年代以后，一些国际组织对政府综合财务报告研究起步较早，特别是新公共管理运动开始以后，在国际组织的推动下，政府会计改革的研究基本是技术性的调整，因此，定性研究数量不如定量研究多，取得了许多研究成果。

（一）政府会计改革的国际经验

收付实现制是各国政府会计的传统基础，由于现金有易于跟踪和监督的特点，符合公立单位强调控制和确保不超支的传统做法。但收付实现制存在明显的缺陷，如不能如实地反映报告主体的真实负债情况和财务风险，不能完整地核算政府或公立单位的服务成本，也难以提供评价政府绩效的相关信息；还可能为财政机会主义提供更大的运作空间，收付实现制①这一核算基础要求费用与负债的核算只有在实际发生现金收支时才能进行，责任发生时只要没有支付现金就不需核算，这使反映的负债情况不完整，可能会使财政机会主义者过度负债。在权责发生制下，"确认"在费用与负债发生时，通常会早于现金的流出和流入，更接近于经济结果，更能全面、及时地反映会计主体的债务情况。因此，20世纪90年代以来很多国家的政府会计开始从收付实现制基础转向权责发生制，国际上公共部门采用权责发生制已是一个趋势。国际会计师联合会（IFAC）已经精心制定出台了公共部门的权责发生制会计准则。截至2009年，经合组织的30个国家中，有超过50%的国家不同程度地应用了权责发生制这一会计基础，政府会计中采用权责发生制这一会计基础的代表国家有新西兰、澳大利亚、英国、美国、加拿大、丹麦、芬兰、冰岛和意大利等。

美国政府会计准则委员会（GASB）在1999年发布了第34号准则《州和地方政府财务报表及管理层阐述与分析》，确立了州和地方政府综合年度财务报告体系及其基本构架，为了全面反映政府资产、负债和政府提供的公共服务支出等信息，要求州和地方政府在编制基金财务报告的同时还要编制以权责发生制为会计确认基础的政府综合财务报告。

国际货币基金组织（IMF）在1998年发布了《财政透明度手册》，并在2001年发布了其修订版。要求政府公开资产、负债和成本费用等财务信息，并对公开内容、程序及原则等都做了具体要求。提出了政府财政信息公开，最好的做法就是建立以权责发生制为基

① 以权利和责任的发生时间而不是货币的收到和支付确定收入和费用归属期，这种会计核算原则叫权责发生制。具体来讲，是指凡是在本期内已经收到和已经发生或应当负担的收入和费用，不论其款项是否收到或付出，都作为本期的收入和费用处理；反之，凡不属于本期的收入和费用，即使款项在本期收到或付出，也不应作为本期的收入和费用处理。权责发生制属于会计要素确认计量方面的要求，它解决收入和费用何时予以确认及确认多少的问题。具体到政府的会计活动，权责发生制也表现在政府不再以资金的收到和付出的时间作为确认收入和费用、调整资产和负债的标准，而是把本期应当确认的会计科目及时确认。

础的一套完整的核算和报告体系。麦克莱兰（Mdelland，2000）等人和戈尔（Gore，2004）研究了美国州与地方政府会计的会计信息披露问题，罗伯茨（Roberts R. W.，2004）等人则将研究转向了美国联邦政府税收政策对政府会计信息的影响问题，普卢默·E.（Plummer E.，2007）等人研究了美国州与地方政府财务信息披露的信息相关性问题，而科沃斯克·M.（Chwastiak M.，2001）研究了美国联邦政府对会计信息的应用管理，考皮兹和克雷格（Kopits and Craig，1998），对预算透明有如下定义："公开政府的结构与职能、财政政策、公共部门账户和预测信息"。

政府会计制度改革兴起于西方主要发达国家是有深刻原因的，主要是受到西方发达国家"新公共管理运动"等因素的推动。二战以后，随着西方主要发达国家社会福利体系的建立与发展，各国政府职能的扩张导致政府规模不断扩大、公共支出节节攀升、财政赤字居高不下，今天欧美爆发的金融危机就是这个进程的结果之一，财政的持续性与风险信息的披露不足，需要对政府会计进行改革，更需要寻找新的财政管理模式，在此背景下，新公共管理于20世纪70年代末80年代初在"欧洲病夫"英国率先兴起，随后便迅速发展成为一场席卷全球的政府再造和公共管理改革运动。新公共管理运动强调优化政府职能，引入竞争机制，讲求政府绩效，并在政府部门中积极引入私营部门的现代化管理技术。新公共管理运动的兴起对政府财务信息的披露提出了更高的要求，政府财务报告编报的会计基础逐渐由收付实现制向权责发生制改革。

对于采用权责发生制进行政府会计改革，1993年，澳大利亚联邦审计总长（Common Wealth Audit General）Pat Barrett的观点较具有代表性。他指出政府财政部门采用权责发生制会计的意义包含7个层次。第一层意义是，权责发生制会计有助于对政府项目的成本进行更为全面的识别；这进而引出第二层意义，权责发生制会计有助于政府把更多的重点放在成本控制与效率评估上；第三层意义是，权责发生制会计有助于为确定收费使用项目的定价政策提供信息支持；第四层意义是，在前面三层所讨论的成本自觉性增强的基础上，在存在工作场所协商制度（Work Place Bargaining Negotiation）的情况下，需要表明提高的生产率，而权责发生制会计有助于实现这一点；第五层意义是，权责发生制会计有助于强化公共部门资源投资与运用的受托责任；第六层意义是，权责发生制会计可以更清楚地衡量公共部门在代际公平方面的受托责任；第七层意义是，权责发生制会计有助于衡量政府政策的财务影响，并有助于和事前计划进行对比，从而在一些地区已经成为一项赢得广泛支持的重要动议，旨在追求"预算诚实"和对政府负债实行宪法约束。在学术界关于权责发生制政府会计改革的讨论中，Hines在1988年的论文中指出，会计是一个沟通方式，它既可以反映现实，也可以通过表达与创造一种图景而构建现实。Broadbent与Guthrie继而在1992年的论文中指出，会计师通过对核算什么、何时核算、如何核算等问题做出选择，塑造了作为背景因素的图景，而这相应地又会对被选择的核算方式产生影响。虽然会计不能主导这些过程，但是，会计的确会对它们产生影响。所以，政府会计在社会方面、政治方面或者经济方面不是价值中性的。Guthrie在1998年撰写论文进一步强调，权责发生制政府会计改革也不是一个无关乎利益的价值中性的技术变革活动。

R. E. Brown等（1982）认为，为了全面系统地反映政府受托责任及政府绩效，以及满足利益相关者的信息需要，就应对政府财务报告系统进行改革，使其包括财务效益、财务效果与财务合规等方面的信息。不仅应将财务信息加以整理和合并，也应提供全面的非财务信息，这样才能满足利益相关者在微观和宏观上的信息需求。

Tom Allen（2002）认为，为了评估政府财政绩效责任有必要在政府财务报表中引入权责发生制，但不能因此否定收付实现制，因为以收付实现制或修正的收付实现制为基础编制的预算报告能够有效地反映财务状况的变化和经营成果的取得。

（二）政府会计改革的环境影响因素是什么？会计是环境的产物。政府会计准则制定机构在确立政府财务报告目标之前，通常会从组织类别的角度对政府运行环境加以描述。James L. Chan（1989）分别从宏观角度——政府的规模及政府的功能，和微观角度——政府作为一个开放的系统以及政府融资和产出两个方面，对政府会计环境进行了详细、深入的分析和描述。欧洲政府会计专家 Klaus Gluder（1992）从政府会计改革国际比较的角度，提出外部环境对政府会计改革的影响。不同国家拥有不同的政治、经济、文化，这些因素将影响信息使用者对公共部门会计信息的预期，以及影响信息提供者在生产和提供会计信息上的行为，这就是不同国家之间的政府会计改革在诸多方面存在差异的根本原因。美国政府会计准则委员会（GASB）、美国联邦政府会计咨询委员会（FASAB）以及国际公共部门会计准则委员会在制定政府会计概念框架时，都会重点分析政府会计的环境特征。例如，FASAB 在第 1 号概念公告中，分别在主权、政府联邦制、政治制度、预算的重要性等方面，描述了联邦政府会计与财务报告的环境特征。萨谬尔（Samuel）等人提出目前对于政府会计和预算有关问题的研究公开数据少、远不能满足现实需求。政府会计的对象涉及的是公共资金领域，从会计的角度来说是对产权的核算和确认与保护，即政府会计维护着公共产权的秩序。当产权所属关系发生大的变迁时，就会引起所有利益主体的利益关系发生变革，会计制度也会因此而随之进行调整。

（三）政府会计改革的模式选择。归纳而言，依据政府会计与传统的公共预算之间的关系不同，西方国家的政府会计模式大致可分为美国模式、英国模式和德法模式三大类。

1. 美国模式：更接近企业会计准则的政府会计改革。在该模式下，政府会计既与传统的预算密不可分又试图摆脱预算，比如政府要遵守外部的会计准则，而这些准则可能并没有采用预算会计所经常采用的现金制确认基础。美国政府会计准则委员会（GASB）在现行的《政府单位会计与报告准则汇编》中明确指出，政府单位应当采用完全的或修正的应计制来核算财务状况和营运效果。该模式采用基金会计形式来监督预算的执行，财务会计报告能够满足实际的或潜在的内部及外部使用者的需求，以反映政府公共受托责任为重任。

2. 英国模式：政府会计改革率先使用应计制。英国、澳大利亚、新西兰、加拿大和东南亚一些国家都不同程度地采用了这一模式。该模式的政府会计基本上已经摆脱了传统的预算，且都采用了应计制确认基础。以英国为例，其关于将会计确认基础从现金制转向应计制的改革已初步成功，除少数几个政府部门仍处于过渡阶段外，其他中央预算单位和地方上包括省、市（县）、乡村三级政府部门和提供教育、卫生、社保等公共服务的单位在内的一万个预算单位都采用了应计制进行核算及编制财务报告，并且即将实现全面的政府会计报表合并。此外，政府和公共部门会计准则有逐渐向企业会计准则靠近的趋势。实质上，从政府会计的发展方向上看，美国模式的政府会计有向英国模式靠拢的趋势；从政府会计的目标来看，美国模式的政府会计也与英国模式基本相似，因此可以将二者合并称为英美模式。

3. 德法模式：加强政府管理的政府会计改革模式。德法模式的政府会计以德国、法国为代表，大部分欧洲大陆国家都采用了这一模式。它的最大特点是政府会计直属中央财政部，是一套独立于所有部门首长的平行行政系统，是中央政府监督和控制公共财政特别是地方公共财政的最重要的工具。政府会计的主要目标是通过记录预算拨款的用途，进行行政控制，提高行政效率，其次才是向议会报告政府公共受托责任的履行情况。会计确认基础传统上采用现金制，目前也在进行转向应计制的改革。归纳而言，德法模式主要特点是：会计信息主要向立法机关、行政部门提供；主要提供财政预算信息；提供这些信息，主要供议会和政府决策使用。德国明确：政府会计的主要目的是满足立法机关的信息需要；是"立法导向的"，用于"财政"目的而非"管理"目的。法国规定，所有的使用者不具有同等的重要性，政府会计信息首先必须确认政府部门自己（预算办公室、财政部）的需要是最重要的。

（四）政府会计改革的取向是什么？从英国、澳大利亚、加拿大以及美国联邦政府实施预算与政府会计改革的时间看，基本上都集中在20世纪80年代末90年代初。这段时间，正是西方世界出现经济和财政问题比较集中的一段时间，也是"新公共管理运动"兴起并发展的时间。受制于当时的经济财政状况，并在"新公共管理"理念的影响下，这些国家政府预算与会计改革的直接出发点是，加强政府财务管理和财务控制，但同时政府也承受外部的压力，必须充分重视外部信息使用者的需求。可以说，预算与会计改革承担了双重目标，既要加强财政管理，化解财政风险，改善公共管理，同时，接受议会和公众等外部力量对政府的监督。由于这种背景下的改革通常比较彻底，也被认为是激进式改革模式。

相比之下，法国、德国在20世纪90年代初，"管理主义"还未出现，"也不存在政治家或公众对官僚主义的抨击"（Derlien，1991）。可以说，当时法国、德国的官僚制仍然是韦伯式的，新公共管理的出现是受其他国家的影响。由于法国和德国是在没有经济危机的情况下，政府自上而下进行的一场治理改良运动，因此，政府预算与会计改革的深度、力度和影响力都不及前面提到的英语系国家。其改革可以被认为是一种温和的渐进式。而且，德国由于存在着"臣民文化"的许多要素，不同于英语系国家的公民文化模式（阿尔蒙德，1963），德国联邦政府至今缺乏编制政府财务报告的外在推动力，因此，其财务会计体系建设并不完善。

美国州和地方政府的情况比较特殊。由于美国是典型的联邦制国家，从法律上看，联邦和州政府是相互独立的，不存在上下级隶属关系。联邦政府对州政府的控制权较弱，州和地方政府的作用相对独立，州和地方政府在财政财务管理中具有高度的自治权，而且是风险自负。由于美国的债券市场比较发达，州和地方政府需要融资时通常是通过债券市场，因此，需要面临比较严格的风险评估。可以说，州和地方政府所承受的外部压力较大，其政府会计改革主要以满足外部信息使用者需求为风向标，其政府会计改革可以理解为面向外部使用者的财务报告导向。因此，可以看出，政府预算与会计改革的具体路径要根据一个国家的政治体制、经济状况、管理模式、文化传统等因素综合考虑。这样在整体改革方案设计时，才能够有更加清晰、明确的目标，制定合适改革的策略，进而确定是选择和风细雨的渐进式，还是天翻地覆的激进式。任何一项改革，只有适合所处的内在、外在环境，才能顺利进行。

西方各国政府会计对预算的影响力不同。针对西方各国实施的预算与会计改革，

Chan（2001）按照政府会计与公共预算之间的关系归纳：欧洲大陆国家（法国、德国等）主要采用模式 X（又称为德国模式），更关注政府运行和管理，认为政府有足够的基础设计会计系统。澳大利亚、加拿大、新西兰等国家主要采用模式 Y（又称为英国模式）关注外部使用者的信息需求，独立的公共监督是必要的，主要是“盎格鲁—萨克逊”国家采用。当然，在具体的国家，通常是两种模式的混合，以美国为代表，这里称为模式 XY（又称为美国模式）。按着上述模式划分，政府会计改革对预算的影响力也有所不同：美国模式以美国为代表。政府会计体系一方面以预算会计的形式监督预算执行，另一方面采用权责发生制的会计体系反映政府的成本、资产、负债信息。由于受政治的影响，预算与会计相对比较独立，除个别预算项目中引入了权责发生制技术外，预算基本还保持收付实现制。权责发生制的会计信息供预算编制时参考，提供对决策有用的信息，但并不直接影响到预算编制。英国模式下，政府所有的活动都采用了权责发生制基础，即使预算本身也接受了权责发生制，即采取了权责发生制会计与预算体系（accrual accounting and budgeting systems，AABS），澳大利亚、新西兰、加拿大等也都在不同程度上采用了这个体系。该体系下，企业会计中的技术——权责发生制，被广泛地应用在政府财务管理中。例如，英国的财政大臣同时拥有预算和财务管理职能，这种制度安排使预算和会计很容易融为一体，这一点体现在资源会计和预算新系统中。英国地方政府的预算采用权责发生制已经有很长一段时间，在中央政府层面，权责发生制会计对预算的影响尤其深刻，其部门预算要求反映折旧的支出以及债务的增加，以反映服务的经济成本。英国模式下，不仅增强了财政管理和财政控制的重要性，而且特别增强了政府会计的职能。通过巩固财政部长在内阁的地位增强了政府会计职能的重要性，财政部的职责定位更倾向于拓展向政府提出建议的渠道以及更高效地进行预售管理。例如，权责发生制技术下的资产折旧信息，被用来在预算管理中计算资产占用费以及决策未来的税收水平。加拿大采用权责发生制预算，权责发生制预算与会计采用同样的政策。可以说，受会计的影响确实比较突出，同时，对会计发展也起到了引导和限制。可以说，在英国模式下，会计技术改革对预算管理影响非常之深。以至于，Luder 和 Jones（2004）指出，“把公共部门改革要求作为会计改革推动力的重点，意味着这场改革的主要目的是（政府内部的）管理导向，而政府外部的受托责任导向发挥的作用较小”。

德法模式的政府会计以德国和法国为代表，大部分欧洲国家都采用了这一模式。该模式下政府会计被视作预算体系的附属物，应满足预算管理的要求，以强化政府财政管理为主。从目前德国的改革进展看，其政府会计改革主要集中在成本会计体系建设方面，根本目的是加强预算管理的有效性，即实施绩效预算，提高效率。法国在改革方面比德国要更进一步，建立了单独的财务会计体系，与预算会计、成本会计并行，同时编制财务报告。但从其立法及《中央政府会计概念框架》可以看出，预算管理对会计的影响仍非常深刻。例如，其《预算法组织法》第 27 条规定：“中央政府应记录所有的预算收入与支出账目，同时将所有的交易反映在一般目的账目下。此外，还应建立会计系统，反映各项项目活动的成本。”《中央政府会计概念框架》中进一步明确，保证预算会计系统与一般目的会计系统（权责发生制会计）的衔接是非常重要的目标。一般目的财务报表应能为预算编制以及理解预算执行提供有用信息。在财务报告主体范围方面，中央政府财务报表的范围定位于所有中央部委以及非法人机构，这同《预算法》（*Budget Act*）中对资源使用授权的部门范围是一致的。可以看出，法国虽然建立了权责发生制财务会计系统（也称为一般目的会计系统），试图摆脱传统的将会计作为预算附属物的定位，使会计核算取得了一定的独立性，趋向回归会计的天然职能，但该系统在目标及其他有关方面受深受预算的影响和制约。目前，负责制定法国公共部门会计准则的机构“公共部门会计准则理事会”（Public Sector Accounting Standards Council）就是根据 2008 年 12 月法国《预算法》修改后成立，是在法国财政部预算部长领导下的咨询性质机构，对于各项立法政策涉及的会计问题和会计处理提出建议。理事会主席也是由预算部长指定。从法国准则制定机构的性质可以看出，预算对于会计准则的制定影响还是非常大的。

## 三 我国政府会计改革研究综述：共识与分歧

就我国学界而言，研究趋势出现戏剧性分化，在 2014 年以前，学界研究，尤其是会计学界研究百花齐放，但更多偏重于具体会计角度而不是财政角度，2014 年之后，随着相应的改革路线图逐渐明朗，在一些政府会计层次的技术手段方面基本达成了共识。例如我国政府会计目标应兼顾政府预算管理与财务管理双重目标，收付实现制与权责发生制并行，具体为以下几个方面：

一是政府预算管理目标。学界一般认可，在我国，预算执行情况仍是立法机构、监督机构、主管部门及上级政府最为关心的信息。因此，我国未来的政府会计系统应在现行的财政总预算会计系统、行政单位会计系统、事业单位会计系统等基础上进行整合与优化，实现对预算收支的全流程控制与反映，确保向信息使用者提供预算收支信息，包括公共财政的收支、基金运营的收支及国有资本金的收支，以有助于评价预算资金使用的合规性（包括与预定目标及相关法规的符合程度）、使用效率与效果等，实现政府会计的预算管理目标。

二是政府财务管理目标。我国现行的预算会计系统难以满足政府的财务管理需求。但随着社会公众参政议政的意识逐步提升，对政府财务信息的关注程度也必将增强。政府的财务状况、运营成本与绩效等信息都将是政府会计的信息使用者们关心的内容。我国在未来实施政府会计改革时，有必要加强并凸显政府会计的财务信息披露功能，反映政府控制资源的存量与变化、债务承担与偿还情况，以及公共产品与服务的数量、质量与持续提供能力等，实现政府会计的财务管理目标。

三是权责发生制。政府综合财务报告制度改革是基于政府会计规则的重大改革，总体目标是通过构建统一、科学、规范的政府会计准则体系，建立健全政府财务报告编制办法，适度分离政府财务会计与预算会计、政府财务报告与决算报告功能，全面、清晰反映政府财务信息和预算执行信息，为开展政府信用评级、加强资产负债管理、改进政府绩效监督考核、防范财政风险等提供支持，促进政府财务管理水平提高和财政经济可持续发展。

四是首次正式使用“政府会计”，结束了十五年以来是否采用权责发生制这个问题的争论。《基本准则》的发布是建立中国的权责发生制政府综合财务报告制度的第一步。在其中中国政府首次正式使用“政府会计”一词，并明确指定了中国的政府会计包括收付实现制的预算会计和权责发生制的财务会计。《基本准则》包含概念框架的本质，其主要内容涉及必须确认和计量的会计要素，以及这两种会计体系下财务报表的种类。《基本准则》言简意赅，却有其重要意义，反映了政府内部各方已达到一定程度的见解和共识。

政府会计改革在共识之外，我国学界甚至还有些参与进来的外国学者，对我国政府会计改革的重要方面还有一些明显的分歧：

第一，政府会计的目标是什么？陈立奇（2004）在《美国政府会计的原则和重大变化简介》一文中把美国政府会计目标归纳为三层递进的目标等级：第一层的基本目标是保持公共资金的安全完整，防止和揭发贪污腐败；第二层的中级目标是促进合理的财务管理；第三层的高级目标是准确地计量和披露政府的财务状况，以便明确并解脱公共受托责任。李敬涛、陈志斌（2016）认为：基于国家治理的三个维度，剖析了政府会计治理效应的显现形式及作用路径：本体维度，政府会计主要通过更新价值理念、优化治理模式、完善治理制度，改进治理技术来优化国家治理要素；横向维度，政府会计通过优化治理手段、规范权力运行、强化受托责任，完善社会公共服务、提升社会满意度，完善自然资源管理、推进生态可持续发展，分别完善政府治理、社会治理与生态治理，进而以政府治理的核心地位为翘板同步完善国家治理其他子系统；纵向维度，政府会计通过促进地方治理、国家治理与全球治理的互动与制衡，实现国家治理纵向协同。James L. Chan 在 2003 年与李建发共同撰写的论文中，分层次地研究了政府财务报告目标：（1）基本目标，该层次下的政府会计系统以检查、防范舞弊和贪污，保护公共财政资金的安全与完整为主要目标；（2）中级目标，该层次下的政府会计系统以建立并完善健全公共部门财务管理，提高公共资金使用绩效为主要目标；（3）高级目标，该层次下的政府会计系统以帮助政府履行对外部使用者的受托责任为主要目标。Chan 的上述研究表明，政府会计系统的发展与完善与其所处的政治、经济环境及历史发展趋势密切相关。关于政府会计目标的问题：北京市预算会计研究会《政府会计课题组》（2006）认为应该关注以下问题：国外的政府会计改革，都有比较明确的会计目标。从西方国家看，对政府会计目标的表述（即回答三个问题，一是向谁提供会计信息；二是提供什么样的会计信息；三是提供这些会计信息干什么），这些可以从不同的财政治理模式上去寻找答案。

第二，政府会计改革的路径问题。对于政府债务核算引入权责发生制这一会计基础的必要性及范围和路径选择，楼继伟（2003）指出，根据我国的现实条件，权责发生制这一会计基础应采用渐进式的改革，可先考虑对那些比较明确，近、中期对预算安排影响较大的政府债务采用权责发生制进行核算；从中、长期看，需要在社会保险收支、国债收支、政府担保支出等方面实行权责发生制。王雍君（2007）认为鉴于预算系统与财务系统存在导向上和功能上存在实质性区别，以财务会计要素作为构造预算会计的概念框架是不恰当的。预算会计要素需要与财务会计要素区别开来；与此相对应，主要服务于预算执行控制的预算会计与主要服务于报告财务状况的财务会计，应作为政府会计的两大功能类别分别开来，并分别设立相对独立的账户体系。我国政府会计改革，应充分借鉴发达国家的双重方法，一方面采用基于支出周期概念的预算会计模式以确保对预算执行的有效监控，另一方面继续采用现金基础会计报告和披露公共部门的财务状况。为此，改革的战略次序是：在保留和完善现金基础的前提下，将核算范围扩展到支出周期各阶段的交易；只是在这项工作巩固后，才应考虑逐步引入（修正或全面的）应计基础。这个战略次序不应本末倒置。刘小兵、徐曙娜认为（2015）提出政府财务会计的模式，也只能先从收付实现制开始，逐步过渡到修正的收付实现制。在接下来的改革中，可以建立三种会计模式：收付实现制的预算会计，修正权责发生制的财务会计，权责发生制的成本会计。同时，可以提供权责发生制和收付实现制两类不同基础的财务报告。财政部《办法》中财务报告的范围是非常全面的，但从实践操作来看，很难一下子把财务报告的范围全部涵盖。可以采用逐步扩大的途径：先从核心机构，即行政单位汇总，再扩展到全额事业单位、差额预算单位，最后到实行政府职能的国企和自收自支事业单位和社会团体。路军伟（2010）认为当前我国政府会计中存在众多改革议题，需要解决两个问题：一是改革取向的定位，即我国当前及未来政府会计改革应坚持何种取向？二是改革路径的设计，即如何对各种改革议题进行优先次序安排并加以协调？基于多重理论视角，改革路径进行了初步设计，即按照控制（政府预算会计）到管理（政府管理会计）到报告（政府审计）的路径进行政府会计改革。

戚啸艳、韩静、赵建国（2013）聚焦众多热点问题包括政府会计改革现状与趋势，政府会计、内部控制与政府审计的互动关系，事业单位会计制度，政府会计监督与政府会计概念框架构建等，梳理了近10年国内政府会计研究成果，将政府会计改革看作一个系统性渐进式过程，并且涉及了诸多方面，因为我国的实际经济状况，导致会计改革肯定面临困难与挑战。所以，我们应当以国际改革经验与国内具体改革目的为基础，设计出一条适合于我国政治经济环境及会计体系的改革路径，克服改革道路中的困难与挑战，逐步实施，螺旋前进。

潘俊、陈志斌（2011）从关于我国政府会计改革的问卷调查的研究中得出结论，一个逻辑一致且严谨的理论体系就是政府会计概念框架结构，我国政府会计改革的趋向和路径选取主要参考其构成要素的内容选择，同时其基本原理和实践指导也给政府会计准则体系的构建提供了很多帮助。他们建议研究概念框架构成要素的具体内容选择，主要包括政府财政会计的各个会计要素及财务报告等，目的是为顺利推进政府会计改革和路径优化提供思路。

第三，基础概念如何定义？随着经济的不断发展和社会转型的要求，我国会计学界的研究范围更广。郭嘉和郭玲（2005）在《政府会计》中从会计体系、会计主体、会计规范、会计要素、会计报告五个方面对中美政府会计进行分析，寻找基础的会计概念定义。王帆和胡文华（2007）则是考虑到我国正处在经济转轨时期，从不同经济环境对二者进行比较。陈志斌（2011）认为，首先应探讨政府会计制度概念框架应当涉及的基本理论问题；再从西方政府会计制度的概念框架中寻找成熟理念；并从企业财务会计制度概念框架中汲取精华，弃之糟粕，借助政府会计制度概念框架整体分析模型构建我国的政府会计制度概念框架结构，而不是简单地修订和补充，努力为我国的政府会计制度概念框架的构建提供合理有益的借鉴。政府会计改革是一项大型的系统工程，是政府会计观念的重塑和新的概念框架以及财务报告体系的建立。

第四，政府会计改革当前任务是什么？马蔡琛、尚妍（2014）认为我国现行政府会计体系未能将隐性负债和或有负债纳入核算范围，即使对直接显性债务，仍遗漏了许多重要内容，比如，“对发行的国债及举借的外债，政府会计及财务报告只反映了当期本金数，而对由本期承担、在未来支付的利息则未能全面披露。特别是政府对国有企业的支持方式，由过去的直接支持转为担保或隐性承诺，政府承担的隐性负债呈现庞大且难以计量的特点。为全面及时地披露政府的真实负债情况，有效推进全口径预算管理体系的建设，需重新界定财政负债的核算范围”。可考虑纳入负债计量或核算范围的主要包括：直接显性负债产生的应计利息、社保支出缺口、商业银行的不良贷款、政府性担保等隐性负债及或有负债等。并根据不同特点采用不同的确认方法，可以量化且发生概率相对较高的隐性

（及或有）负债，应在报表中加以披露；难以量化或发生概率确属较小的，则可在报表附注中予以必要的说明。此外，对难以在报表中披露的重要事项（如政府承诺、贷款担保等），还可单独编制相关附表或附注。

第五，政府预算会计与政府财务会计是什么关系？近年来，随着 OECD 以及 IMF 等国际组织的大力推进，预算已经不再局限于年度预算管理，而是扩展到中长期预算、绩效预算等更广阔的空间，也对政府会计提出了更高的信息需求。而近年来，较少有学者对此趋势进行系统分析。国内外对政府会计的研究，主要是从财务会计的角度，一方面是受企业会计的影响，另一方面预算会计和成本会计更多地涉及政府预算管理的实际，更多是政府内部来制定有关制度办法，或者是直接操作，很少从学术层面研究。路军伟是国内最早最系统地提出构建政府预算会计和政府财务会计的。他认为，政府成本会计本质上是政府财务会计的延伸，并不单独成体系。也有学者，如王瑶等，虽然对政府成本会计构建进行了研究，但缺乏对政府预算会计、政府财务会计以及政府成本会计之间的联系和定位进行系统分析。通过对国内外研究的分析与综述，有必要进行以下方面研究：（1）从理论基础与实践探索两方面，讨论政府会计与政府预算管理的有机内在联系，弥补两者之间的缺口；（2）从当前政府预算管理的趋势出发，系统分析政府预算管理对政府会计所提出的信息需求，并以此为基础搭建政府会计体系构建的框架；（3）对政府会计体系构建的具体内容，即政府预算会计、政府财务会计和政府成本会计进行系统研究，并理顺三者之间的关系。

第六，政府会计改革的法律基础问题。闫华红、李政辉（2011）认为完整的法律法规制度是改革成功的重要保障，这不仅包括了会计相关的法律建立，还应该有其他的配套法律程序，因为政府会计权责发生制的改革涉及了社会经济的各个方面，需要一系列的改革配套措施才能保证改革的成功推进。这其中包括《会计法》的修订，强调权责发生制将在政府会计中占据主导地位，还有政府采购法、预算法、政府审计准则、政府会计准则等法规条例的制定和更正，尤其是政府会计准则将成为政府会计处理和会计行为的主要依据。在法律体系建成后，还需要严格的执法监督，杜绝有法不依、权大于法等威胁到法律权威的行为。只有当各个条件全部协调一致的情况下，政府会计的改革才能顺利进行。

## 四　国内外政府会计改革研究成果述评与未来研究方向

理论研究应该从现实问题出发，既是抽象的也是具体的，实现历史与逻辑的统一，不可偏废。从上述国内外有关研究前沿综述可以看出，相对于国外研究，我国学者对以权责发生制为基础的政府会计制度改革（以下简称“政府会计制度改革”）研究在数量上和研究深度上都有很大提升，尤其在一些定性领域的研究方面。这是因为西方发达国家和尚处于高速增长期向“新常态”转型的我国，政府会计制度改革的外部经济环境、法律制度环境都有很大不同，简单、机械地搬用国外现成的研究成果，而且主要是部分发达国家的经验，会不会导致研究盲区？例如，在过去 40 年中，世界范围内政府会计改革的全球总趋势是过渡到权责发生制的会计以及合并方式的财务报表，但这个技术方法选择的制度背景是什么？

中国政府的会计改革是伴随全球化、工业化进程展开的。1978 年以来，随着中国打开国门，经济逐步融入全球化进程、工业化进程的加速，社会的转型，政府预算规模的急剧扩展以及预算与公共支出管理改革的深化，预算已经取代传统的指令性计划、所有权控制和行政管制，成为各级政府施政的主要工具。中国应该并且可以在财政改革的背景下，借鉴国际经验、自主设计政府会计体系以适应本国结构转型需要。

2008 年全球金融危机后，中国的国际地位逐步上升，例证之一是 2016 年的 G20 杭州峰会，中国政府提出了世界经济发展的中长期愿景，并且作为世界上最重要的发展中国家，中国的财政体制改革甚至政府会计改革，实现依法财政治理，有利于中国参与和带动全球提高政府的财政透明度和加强财务问责制，通过财政改革实现经济的结构性调整，对广大发展中国家实现工业化、在工业化进程中发挥市场机制的积极作用、参与国际经济治理具有重要的借鉴意义。

实现以财政预算、财政报告和财政审计为主要手段的财政治理逐步成为国家治理的主要手段，至少以下四个问题成为研究财政治理的核心问题：

1. 财政治理的开放性、周期性等外部环境问题。
2. 财政治理的信息披露的法律依据问题。
3. 财政治理中的确认、计量与报告问题。
4. 财政治理中的中央与地方关系问题。

这些问题直接的研究和应对不足会导致一系列严重的经济社会问题。例如预算纪律松弛和财政风险问题，例如政府会计是进行控制和反映的主要手段，而预算会计系统却无力记录和报告旨在完整监控预算过程、妥善管理财政风险、有效控制公共支出所必需的一系列前瞻性信息。例如如何确定政府支出的绩效问题等。

就长期来看，我国理想的政府会计和财务报告系统应能够提供如下有用信息：一是评估中国长期财政和经济状况，包括与其他一些有参考价值国家的比较；二是衡量和管理中国公共部门的财政可持续性；三是协助政府执行管理维护公共财产的任务；四是测量和管理中国政府（特别是地方政府）的流动性和偿债能力。

从研究方面看，虽然论述预算会计和政府会计改革问题的国内文献甚多，但学界研究至今尚未提出逻辑严密的政府会计框架，究其原因在于研究出现盲区，基本没有论述财政制度与政府会计的关系问题，导致某些研究混淆了企业财务与政府财政的界限，导致相应的研究主要围绕第二个问题展开。

政府会计制度属于国家财政制度一部分，发达国家的财政制度与发展中国家的财政制度有着明显的区别，发达国家之间国家治理模式的不同，财政制度也有所不同。这些与其说是文化差异、社会差异，不如说是制度差异。简单地、机械地、不分性质地把蚂蚁和大象进行类比，这样的研究难免会缘木求鱼。

政府会计制度改革显然主要动因是政府财政体制改革，财政体制改革主要是法律规则的改革，而不仅简单是数量问题。相应的研究既要从世界各国政府会计理论出发，也应该从经济发展过程和国家治理演变进程的实践出发，这样的研究视野才能具有更强的理论与实践意义。

目前国内学者对于政府会计制度改革研究偏重于从经济学基本理论出发进行理论探讨、路径设计和提出方案，即把政府会计制度改革主要看成一个经济问题、看作一个相同制度下的静态研究的问题，这与外国相关机构和学者研究假设和出发点有很大不同。学术视野中仅仅把政府财政理解为经济变革问题而不是制度变革。

国内大多数学者认为政府会计改革应该从抽象的会计概念出发而不是具体的财政改革

实践出发，这应该和国内学者，包括相关主管政府官员的改革视野中主要关注英国、美国（尤其在国际金融危机之后）、新西兰、澳大利亚、加拿大等国家的政府会计改革研究动态和政府举措有关，也就是以视野范围局限的英美法系的发达国家为主。对于政府会计制度本质，以及政府会计制度背后的法律支撑体系认识存在盲区。政府会计制度改革研究仅仅从经济学理论出发是不够的，这直接导致了政府会计研究落后于政府会计改革的步伐，这种现象值得全体学界深思。

总体而言，在我国政府会计改革的研究中，当前出现了三个趋势值得反思并作为以后研究的线索：政府财政体制的变革与政府会计改革的关系是什么？政府会计改革的目标、路径、方法如何体现短期与长期相结合、国际接轨与中国特点相结合？在一个全球化背景下，中国经济转型进程中，着眼于提升治理能力和完善治理体系，政府财政体制改革和政府会计改革应该借鉴什么样的国际经验（目标、模式、路径、方法）？回答这些问题不仅是学界的重大问题，也是重要的实践问题。

（时杰，中国社会科学院工业经济研究所）

# 第四篇

# 论文荟萃

# 工商管理·企业管理

**【"十三五"时期新一轮国有经济战略性调整研究】**

黄群慧（中国社会科学院工业经济研究所）

《北京交通大学学报（社会科学版）》2016年第2期

15千字

改革开放以来，国有经济取得了巨大的发展，在保持我国经济高速增长、推进我国快速工业化进程、提高经济国际竞争力方面发挥了重要作用。"十三五"时期，为了适应经济增速趋缓、结构趋优、动力转换的经济新常态，必须推进新一轮国有经济布局的战略性调整。作者指出，当前国有经济存在总量大，但功能定位模糊、过于集中于重化工业、地方国企扩张较快、创新方向和效率还不能满足创新型国家的要求，面临国际"竞争性中立"的严峻挑战、自然垄断性行业有效竞争不够和竞争性行业产业集中度不高等问题。

针对以上问题，作者提出"十三五"时期的新常态下国有经济布局结构战略性调整的目标，应该重"质"轻"量"，不再纠结于国有经济占整个国民经济的具体比例高低的"数量目标"，而应更加看重优化国有经济布局、促进国有经济更好地实现其功能定位和使命要求的"质量目标"。具体需要基于功能定位分类推进国有经济战略性调整、基于国家战略性标准和公共服务性标准选择调整国有经济的产业布局、基于全面深化改革和优化市场结构双重目标来协同推进国有企业兼并重组。

（王欣）

**【国有企业合并重组提高了企业绩效吗？——以电信业为例】**

戚聿东、张任之（首都经济贸易大学工商管理学院）

《经济管理》2016年第12期

17.2千字

针对当前国有企业合并重组浪潮，文章以2008年电信重组为例，通过构建盈利能力和营运能力两方面的指标，从企业微观层面来评估企业并购绩效。结果发现，中国移动的经营效率和运行效率在合并前后变化不明显，中国电信的经营效率在合并后大幅下滑，但是，运行效率得到明显提升，中国联通的盈利能力和营运能力在合并后均出现了大幅度下滑，而造成中国联通和中国电信合并后盈利能力降低的主要原因是合并后企业内部成本费用的急剧上升。三家运营商合并后的企业规模差异较大，难以形成有效竞争的格局。从国际竞争力角度而言，合并后的中国联通和中国电信在盈利能力和营运能力方面与世界500强中的电信运营商还存在着较大的差距。

研究结论不仅适用于电信行业的发展，如果放眼于时下正在进行的大范围、大规模的国有企业重组浪潮，同样可以得到众多启示。为此，特提出如下两个层面的政策建议。第一，对行业层面而言，大规模的国有企业合并重组会加重市场集中和垄断程度，降低资源配置效率。一个产业中的企业数目取决于该产业内厂商的平均成本曲线和整个产业需求曲线之间的关系，具体的影响因素主要有市场容量和技术水平。一般而言，市场容量越大，行业中的企业数目就越多。因此，为了实现竞争性的市场结构，一方面，要对企业重组特别是国有企业合并进行严格的前置性竞争审查；另一方面，要放开电信行业以及其他垄断行业的市场准入，打破市场进入壁垒特别是制度性壁垒。第二，从企业层面而言，重组形成的巨型企业往往会产生X非效率、组织管理低效、动态技术低效等诸多“大企业病”。国有企业之间的合并重组显著提高了产业集中度，加剧了企业垄断程度。这种外部环境的变化会从上至下传导到企业中的每个员工，使企业可以坐享垄断利润，“平静地生活”，逐渐丧失追求成本最小化与利润最大化的动力，从而导致了企业内部X非效率的产生。此外，企业并购后整合更是一件非常耗费成本的事情，从电信业重组案例中可以发现，合并后的中国联通和中国电信两家运营商，由于企业规模的扩大引起企业内部的一般性管理费用急剧上升，最终导致企业盈利能力的下降。这反映了合并后的企业内部确实存在着组织管理低效问题。因此，企业不能一味通过合并去扩大企业规模，从长期来看，企业核心优势乃至国际竞争力的提升最终还是源自企业内部积累和成长。

（郭文）

**【我国国有企业的综合绩效影响因素研究——以2006—2014年沪深国有A股公司为样本】**

李烨、黄速建（中国社会科学院工业经济研究所）

《经济管理》2016年第11期
16.8千字

国有经济是实现国家宏观调控目标的重要载体，对于整个社会的经济发展发挥重要的作用。而国有企业作为国有经济的重要组成部分，在关系国民生计的重要行业和领域占据重要地位，其综合绩效直接决定了国有资产的使用率，对社会稳定以及国家的长治久安十分重要。

文章在深化国有企业改革的背景下，实证分析了国有企业综合绩效的影响因素，通过选取2006—2014年深沪两市国有A股上市公司作为研究样本，运用面板数据的随机效应模型，分析了高管特征、企业层级特征、董事会特征、股权与财务特征等变量对企业综合绩效指标的影响作用。从模型估计结果可知：第一，在薪酬管理方面，国有企业高管薪酬的增加对企业经营综合绩效有着显著的影响；但高管持股比例的增加对企业绩效的作用并不显著。并且，高管的两职合一会对企业综合绩效产生一定的阻碍作用。第二，在企业层级方面，地方国有企业相对中央企业而言，具有更优的企业综合绩效。第三，在董事会特征方面，建立薪酬委员会的国有企业其综合绩效相对较好。同时，企业的董事会具有相对独立性，也会对企业经营绩效有一定的益处。第四，在股权及财务方面，股权集中度越高，企业综合绩效越好，而财务杠杆对企业综合绩效指标的影响作用并不明显。

基于以上研究结论，提出下述相关建议：（1）不断健全公司法人治理结构。完善公司高管的内部结构、建立科学的负责人选聘机制、保持独立董事的独立性、强化国有企业相关负责人的责任意识、在企业中建立薪酬委员会等相关措施，对国有企业综合绩效的提高有着重要意义。（2）建立与国有企业类型相适应的差异化薪酬管理制度。为应对我国国有企业当前所面临的问题，综合考虑对高管的短期奖金激励和长期股权激励，按照国有企业行业类型、国有企业控股、所有制类型等多种情况，分类推进国有企业改革，并精准研究不同国有企业负责人的薪酬管理机制，建立与国有企业类型相适应的差异化薪酬分配办法，适当增加奖金在高管报酬中所占的比例，完善股权激励制度，并为其提供必要的政策支持和政策环境，可进一步提高高管的经营积极性，从而达到提升公司绩效的效果。（3）深入推进混合所有制改革，建立适度集中的股权结构。

（郭文）

**【外部监管能够改善国企经营绩效与改制成效吗?】**

盛丹、刘灿雷（南开大学国际经济研究所）

《经济研究》2016 年第 10 期
17.3 千字

能否通过外部监管改善国有企业的经营绩效和改制成效是国企发展和改革过程中所面临的关键问题。自 2003 年成立以来，国资委采取了一系列外部监管措施，旨在推进现代企业管理制度，改善国有企业经营绩效，提高国有企业改制成效。但鲜有文献系统地考察外部监管在国企改革中的影响作用。

基于此，文章以国资委成立作为准自然实验，利用 2000—2007 年的中国工业企业数据，采用双重差分法从国有企业经营绩效和改制成效两个维度，系统地评估了外部监管在国有企业改革中的影响及其作用机制。具体而言，从企业利润方面，就外部监管对国有企业经营绩效的整体效应进行了实证检验。在此基础上，将企业规模、管理费用、劳动、资本和全要素生产率指标纳入实证检验，进一步考察了外部监管的作用机制。研究结果显示：首先，外部监管能够改善国有企业的经营绩效，提高企业的盈利能力，其作用主要是通过扩大国有企业的生产规模和提高国有企业的生产效率实现的。其次，外部监管还能够提高国有企业的改制成效，充分释放体制变化所产生的效率能量，使改制企业的盈利能力进一步提升。最后，从行业层面来看，外部监管对国有企业经营绩效的改善主要作用在上游行业，而对国有企业改制的影响则主要集中在市场竞争较为激烈的中下游行业。

文章的政策含义十分明显，在我国当前法律法规尚未健全、资本市场仍有待完善的背景下，外部监管对于推进国有企业改革起到了积极作用。以国资委成立为标志的外部监管一定程度上弥补了国有资产管理的制度缺位，在改善国有企业经营绩效、提高国有企业改制成效方面发挥了积极作用。为此，在着力推进供给侧结构性改革的背景下，政府应依托国资委进一步推进和完善现代企业管理制度建设，提高国有企业的管理水平，激发自主能动性和创造力，促进自身效率的提高。与此同时，还应依托国资委进一步加强对国有企业改制行为的监管，充分释放体制变化所产生的效率能量，使得改制企业的经营绩效得到进一步提升。一个值得注意的问题是，在当前国有企业垄断上游行业，民营企业主导下游竞争性行业的背景下，虽然外部监管提高了国有企业的经营绩效，但可能会进一步强化上游垄断势力，从而阻碍经济增长。此外，在竞争缺乏的上游行业，外部监管对国企改制的效果仍相对薄弱。为此，有必要进一步引入市场竞争机制，从而对国企经营绩效和改制成效起到“双管齐下”的作用。

（郭文）

**【公共政策性国有企业的治理改革研究】**

肖红军（中国社会科学院工业经济研究所）

《经济体制改革》2016 年第 2 期
12 千字

基于功能定位的差异实施分类改革已经成为全面深化国有企业改革的基本方向。其中，公共政策性国有企业是一类非常特殊的企业，其设立的社会目的性要远远优先于经济目的性，公共政策性国有企业治理改革需要注重在承担使命、股权设计、治理结构和监管机制等方面的特殊性。

该研究认为，（1）公共政策性国有企业的使命界定需要回答两个方面的问题：为什么要设立公共政策性国有企业？公共政策性国有企业的使命是什么？后者又区分为公共政策性国有企业作为一个整体的使命是什么？以及特定个体的公共政策性国有企业使命如何界定？为了回答这几个方面的问题，需要分析研究公共政策性国有企业的使命源泉、使命主体、使命定位和使命内容。（2）公共政策性国有企业的使命特殊性决定其股权设计也有别于一般商业性国有企业和特定功能性国有企业，因此有必要针对性地对其股权投资来源、股权架构体系进行探讨和设计。（3）构建合理的组织治理结构是确保公共政策性国有企业高效运行的基础。公共政策性国有企业的使命特殊性和股权结构的特殊性，决定其组织治理结构也有别于一般性的企业。因此，需要有针对性地构建和设计公共政策性国有企业的组织治理结构，重要内容在于构建合意的高层管理者激励约束机制。（4）虽然公共政策性国有企业在数量上可能占全部国有企业的比重不过10%，但对其监管的成本却可能会占到整个国资管理体制运行成本的一半。这意味着有必要寻找到针对公共政策性国有企业行之有效的监管体制机制，在尽可能降低监管制度成本的同时，又确保公共政策性国有企业正当履行服务社会公共利益的职责。

（王欣）

**【战略导向、两栖创新与企业绩效】**

王德胜、辛杰、吴创（山东大学管理学院）
《中国软科学》2016年第2期
15千字

战略导向是企业对未来的发展定位与态势选择，是企业获取持续竞争优势与卓越绩效的关键。该文基于M—S理论与创新经济学相关理论，构建了“战略导向—两栖创新—企业绩效”的理论模型，并运用280家中国企业的数据对理论模型进行了实证检验，实证研究发现以下三个方面的结论。首先，战略导向发挥着对企业绩效的重要影响作用，但不同的战略导向对企业绩效的影响不同。具体来说，探测型战略导向对企业绩效的正向影响效应最为显著，分析型战略导向对企业绩效的正向影响效应次之，防卫型战略导向在一定程度上负向影响企业绩效的影响。其次，两栖创新在战略导向与企业绩效的关系中发挥着某种程度上的中介作用，战略导向通过影响探索式创新和利用式创新最终将影响作用传导于企业绩效。相比而言，探索性创新在战略导向与企业绩效关系中的中介效应更为明显。再次，战略导向对于企业的双栖创新选择具有重要的影响，具体来说，探测型战略导向对探索式创新显著正向影响，探测型战略导向对利用式创新显著正向影响；防卫型战略导向与探索式创新呈弱负相关关系，防卫型战略导向与利用式创新呈弱负相关关系；分析型战略导向对探索式创新显著正向影响，分析型战略导向对利用式创新显著正向影响。

该文的研究结论对于管理实践有着较为重要的启示意义。（1）探测型战略导向和分析型战略导向对企业绩效有显著正向影响，其中探测型战略导向的影响效应最大，宜在管理实践中积极培育和倡导。企业需明确这个时代唯一不变的就是变，对外部市场环境应快速反应，通过创造不确定性变化与竞争对手展开竞争，积极探索新的市场机会与新的产品技术，注重在产品和技术上的创新来开拓新的市场，为客户提供全新的产品与服务，尤其是在今天经济全球化和大数据背景下需要在新的市场领域内为客户提供全新的价值，从而创造和提升企业价值。（2）防卫型战略导向对企业绩效有弱的负向影响，这在证伪该文研究假设的同时也为管理实践提出了新的建议，即防卫型战略尽管培养的是稳健的战略风格，也能在一定程度上规避市场风险，专注于在现有的产品和服务领域内维持稳定的市场，但从企业发展的角度来看则不被提倡，企业应在管理实践中扬弃防卫型战略，明确积极进攻就是最好的防守的战略价值观，在战略管理中要有破有立，积极投入资源去拓展新的市场，在稳守住已有的成熟细分市场的基础上，继续做深做透品类细分市场，在把握用户细分化需求的基础上抢占用户的心智定位，发扬专注的精神并能在适当的时机开展相关多元化经营。（3）企业应发挥两栖创新对战略导向的引导效应，进而更好地实现探测型战略导向和分析型战略导向对企业绩效的正向影响，正如该文实证结果所示，探索式创新相比利用式创新其中介效应更明显，因此，企业更应在探索式创新方面加大投入力度，并培育基于探索式创新的企业文化，在管理实践中通过积极的激励机制鼓励创新行为甚至是试错性创新行为，不仅注重对现有技术、工艺的完善与改进，还不能忽视了破坏式创新和全新产品的研发推广。

（董昌娟）

**【企业家认知对企业战略变革前瞻性的影响：知识创造过程的中介效应】**

杨林（南京财经大学工商管理学院、企业发展战略研究所），俞安平（南京财经大学工商管理学院）

《南开管理评论》2016 年第 1 期
21 千字

在企业战略变革前瞻性的形塑与实现过程中，企业家认知和知识创造过程是关键性的前置变量因素，具有差异性影响机理和效应，而现有研究尚未对此进行深入的理论和实证探讨。该文综合运用有限理性理论、社会认知理论以及知识创造理论，剖析企业家认知、知识创造过程与战略变革前瞻性之间的影响机理，并采取统计分析和典型案例考察不同变量的影响关系模式及效应。研究结果表明，企业家认知和知识创造过程存在不同结构维度，它们会对战略变革前瞻性产生差异性影响效应。具体而言，配置认知对战略变革前瞻性具有直接正向影响，却未对知识创造过程产生显著影响；意愿认知通过社会化、外显化和组合化对战略变革前瞻性产生间接影响；能力认知经由社会化和外显化对战略变革前瞻性产生间接影响。从整体性而言，企业家认知对战略变革前瞻性具有直接影响，知识创造过程存在部分中介效应。

该研究结论对于企业家认知形塑及知识创造过程不同模式优化，进而促进战略变革前瞻性实现等方面具有积极的启示作用。

（1）创新企业内部管理制度，夯实企业家认知功效发挥的制度平台。在组织知识创造过程中，存在着个体知识向组织知识转移以及不同个体之间知识共享的“囚徒困境”，可以在激励机制设计中对影响知识转移与共享的关键源（高知识位势员工）引入激励方式，从而产生无限次重复博弈，使得打破知识转移与共享的“囚徒困境”成为可能。

（2）从整体上审视企业家认知维度，提升企业家的制度能力和战略管控能力。目前我国企业的预见性与世界一流企业之间的差距仍然十分明显，这反映出战略研究深度和战略管控能力的差距。我国企业需要借鉴世界知名企业的经验，洞悉产业发展的趋势和前景，经审慎评估确定发展战略并坚持不懈地为之奋斗，即使高管人员变更也不应轻易改变。

（3）促进隐性知识与显性知识之间的动态转化，优化知识创造过程不同模式。依据该研究结论，应该着重促进组合化和内部化两种不同模式，以增强企业知识创新的动力和持续推动知识的螺旋式上升。

此外，不同企业间的知识互补程度和整合效率会对创新网络结构产生一定的差异性影响，因而这两个要素之间存在适度匹配水平或者情境，从而使得创新网络结构表现出小世界特征。企业在设计跨企业甚至跨行业发展战略时，应充分考虑企业间的知识互补程度和整合的管理能力，立足于促进组织的持续创新，提升企业战略变革前瞻性。

（董昌娟）

**【新创企业内部资源与外部关系的战略平衡——中国情境下的经验研究】**

梁强（汕头大学商学院），李新春（中山大学管理学院），周莉（汕头大学商学院）
《管理科学学报》2016 年第 4 期
17.3 千字

由于受新创劣势的约束，新创企业的战略行为需平衡内部资源和外部关系：基于创业成长的演化视角，文章将创业导向和创新能力定义为内部资源，外部关系构念区分为支持型和合作型关系，分析其中的战略平衡机制。224 家上市创业企业的经验研究显示：内部资源与外部关系中的政府支持和金融机构支持形成战略替代效应，演进模型的检验也证实新创企业对这种非市场关系资源形成路径依赖的特征；而在合作型关系中，内部资源与企业联盟之间形成互补效应的平衡机制，但是在演进模型中并没有显著的变化趋势。

理论贡献如下：首先，对新创企业内部资源和外部关系之间的关系提出战略平衡的理论观点。战略平衡刻画了不同类型的内部资源和外部关系之间相互作用对创业成长绩效的影响，根据作用机制区分互补和替代两种平衡机制，可以从战略协同角度分析新创企业内部资源与外部关系之间的契合特征，明确新创优势的构建路径，完善战略创业观点。其次，分析了新创企业内部资源与外部关系之间的战略平衡在不同年龄阶段的绩效意义，从成长角度研究内部资源与外部关系对创业成长的影响。无论是战略性互补还是替代效应，从短期来看可能对创业成长都具有价值，但从长期而言，应关注不同的战略平衡机制产生的差异性，该观点为新创企业初期到早期成长阶段的内部资源培育和外部关系发展提供理论参考。最后，根据新近的创业资源拼凑观点，具有优秀企业家能力的创业者能够更合理地利用资源价值，这是在资源匮乏情境下具有更高资源拼凑能力的体现。

管理启示如下：新创企业进入成长阶段后应在战略上弱化对支持型关系的依赖。外部支持型关系不仅为创业成长提供资源和政策支持，也形成市场交易资质，特别是政府支持成为政策寻租的重要方式。但随着市场交易制度完善，新创企业应逐渐强化内部资源的战略地位，不仅可降低政策资源的依赖风险，也有利于提升外部资源的利用效率。中国新创企业的核心内部资源对于外部合作关系的战略意义具有二元性。内部资源既是外部关系的吸收能力，也是拓展外部关系的潜质，前者决定是否能有效整合外部关系资源，后者决定能否根据成长特征开发外部网络。在创业环境不完善的情境下，新创企业内部资源的声誉效应可能占据重要地位。那么，在一个要素资源市场化程度更高的环境，内部资源的吸收效应与声誉效应的平衡状态将发生转变，声誉效应将成为吸收效应的前置因素。

（郭文）

**【组织变革中工作压力的形成机理：基于国有企业样本的实证研究】**

林忠、孟德芳（东北财经大学工商管理学院），郑世林（东北财经大学工商管理学院、大连民族大学经济管理学院），夏福斌（东北财经大学工商管理学院、黑龙江

大学经济与工商管理学院）
《中国软科学》2016 年第 3 期
15 千字

越来越多的学者已经意识到工作压力在员工适应组织变革中的重要影响，但鲜有文献综合企业和员工个体两个角度来分析组织变革中工作压力的形成机理问题。该文借由工作特征和组织变革认知两个变量，以五家国有企业作为研究样本，利用相关分析、多层级回归分析等方法，在中国情境下，充分检验和阐释了在组织变革中，工作特征、组织变革认知以及工作压力（积极和消极）之间的关系机理。该文的创新点主要有两个方面：一是融合了组织和个体两个探讨组织变革中工作压力形成问题的研究视角，从而弥补了以往研究仅从组织或个体视角进行孤立研究的不足；二是兼顾组织变革中工作压力的消极效应和积极效应，厘清了不同工作特征所具有的不同工作压力效应，从而弥补了过去研究对组织变革中积极工作压力关注不够的缺陷，同时也为企业通过调整个体的工作特征而推进组织变革的顺利进行提供了理论上的参考。

根据上面的研究结果，该文得到了两个主要结论：一是组织变革中工作特征的改变会形成不同的工作压力效应。障碍性工作要求、挑战性工作要求和工作资源的不利变化会形成消极工作压力，障碍性工作要求和工作资源的有利变化会形成积极工作压力。因此，在组织变革过程中，企业管理者应该重点关注角色模糊、工作不安全，以及人际关系冲突等方面的障碍性工作要求的不利变化，通过工作再设计等手段尽可能地降低这些障碍性工作要求给员工所带来的消极工作压力。二是员工的组织变革认知对于顺利实施组织变革有着至关重要的影响，且员工正面的组织变革认知评价有利于推进组织变革。

因此，管理者要善于通过工作资源来塑造员工对组织变革的正面评价，进而提升员工的积极工作压力。如在组织层面，可以提供较多的薪水和更多的职业发展机会；在人际和社会关系层面，管理者可以尽可能给予员工较多的支持和帮助，并同时营造同事间互相支持的文化氛围；在任务层面，管理者可以通过工作再设计等手段提高员工工作的技能裁量权、任务重要性、自主性以及提供必要的绩效反馈等。与此同时，管理者也可通过降低障碍性工作要求来尽可能减少员工对组织变革的负面评价，以最大程度地限制消极工作压力的产生。总之，企业可以通过降低消极工作压力和提高积极工作压力“两手同时抓”的途径，提高员工对组织变革的适应性，以促进企业变革的顺利实施。

（董昌娟）

**【董事长—总经理的异质性、权力差距和融洽关系与组织绩效】**

张建君、张闫龙（北京大学光华管理学院）
《管理世界》2016 年第 1 期
16 千字

该研究的出发点是探索构成有效领导团队的结构和过程特征。作者认为异质性、权力差距和团队融洽是影响组织绩效的重要因素。对中国上市公司面板数据的分析结果支持了理论假设。研究发现，第一，董事长与总经理之间年龄和职能背景的异质性对公司绩效有积极的影响。第二，二者之间的权力差距（包括任期差异、创始人地位和政治地位差异）对公司绩效产生积极影响，任期差异和政治地位差异的正效果尤其显著。第三，任期重叠与公司绩效显著正相关。

同时，关于测量异质性和权力差距的几个变量，该研究也有有意义的发现，其中的某些发现凸显了中国传统和中国特色。研究发现：任期差异作为权力差距的来源和任期重叠带来的融洽关系，对于公司绩效都有积极意义，这再次证明了任期对于高管个人提高专业技能和积累社会资本，从而巩固权力的意义，以及高管之间共事经历（任期重叠）对于建立融洽工作关系和改进公司业绩的意义；董事长与总经理之间年龄差距对于公司业绩有正向作用，揭示了中国传统下社会规范的影响；二者之间政治地位的差异也对公司业绩有正向作用，这凸显了目前阶段的中国特色（当然背后也有历史传统的影子）。另一方面，反映现代社会人力资本的重要变量的教育（专业差异和学历差距）和职能背景的作用在该研究中并不突出，这可能揭示了代表人力资本的外在变量与实际能力之间的某种程度的脱节，也可能反映了这些变量在高管后续的职业生涯（相对于就职初期）中的衰减的作用。当然，这些发现还需要未来研究的进一步验证。

该文的研究结果表明高效的领导团队必须既有差异性又有相似性，既有活力又有秩序，既有建设性冲突又保持融洽关系。异质性、权力差距与融洽关系一起影响领导团队的有效性和公司绩效。异质性使团队在心智模式、技能和专业知识，以及社交网络方面互补，带来建设性冲突和团队活力；权力差距遏制了功能失调的冲突和权力斗争，维护团队秩序，实现统一指挥；融洽关系使得团队更容易取得默契，有效合作。因此，该研究认为，高管团队管理的精髓就是对内在张力的管理，即管理好差异性和相似性、冲突和团结之间的张力。

该研究对管理实践有一定的指导意义。领导团队的效率和执行力同时受到团队结构和互动过程的影响。第一，领导团队应该由不同的年龄、教育和职能背景的人组成，以实现互补。第二，一把手必须在某些方面（特别是非正式权力）优于其他成员，以保持组织秩序，实现统一指挥。第三，高管（尤其是高管核心成员）之间长期共事的经历可以使工作关系更加融洽，从而提高组织绩效。

（董昌娟）

**【关系如何发挥组织理性——本土企业差异化人力资源管理构型的跨案例研究】**

刘小浪、刘善仕、王红丽（华南理工大学工商管理学院）

《南开管理评论》2016 年第 2 期
25 千字

尽管流行的观点将关系置于传统组织理性思维的对立面，但关系却始终与组织不可分离。中国关系文化根植于本土企业，如何辩证看待关系的积极存在，决定了如何理解组织管理观念后现代变革过程。该研究基于人力资源管理构型视角，结合中国传统关系文化框架，采用嵌套式多案例研究方法，探索了中国情境下差异化人力资源管理构型及其演化。结果表明：（1）员工—组织关系基础和人力资本价值相互嵌入、共同驱动本土企业的差异化人力资源管理构型；（2）现阶段，本土企业员工关系结构和价值结构不匹配导致结构性摩擦，促使各构型之间动态转化；（3）在企业不同的生命周期表现出不同的构型组合模式。这意味着，一方面，高关系—低价值、低关系—高价值的结构性摩擦在本土企业越来越突出；另一方面，当关系嵌入到差异化人力资源管理实践过程时便不再是常识中的“偏私”色彩，而具备了组织行为理性。

结合该文的研究结论，可得出如下启示：

首先，本土企业员工—组织关系对人力资源管理有重要影响，并且与员工人力资本特征双向驱动形成了组织内部的差异化人力资源管理构型。依据员工组织关系特征实施差异化人力资源管理，一方面体现企业家“大家长”情怀，更重要的是组织理性。前者体现了华人组织管理高度的关系文化嵌入性，对于与组织建立情感关系员工的高投入；而后者的组织理性表现在关系基础和质量通常代表责任和信任，员工与组织高情感关系意味着对组织和组织目标的认同与承诺，同时也是执行力的保证，这一部分员工往往表现出高主动性和组织公民行为，被称为责任过载型员工。经过长久建立的责任规范了员工行为，为组织节约监督、管理等成本。因此，关系特征同样也为组织管理机制选择奠定了基础。

其次，高价值—低关系以及低价值—高关系在当前本土企业中呈现结构性摩擦，驱动高价值—低关系、低价值—高关系员工动态转化。同时，中国情境下管理的高关系嵌入也使得关系—价值不匹配成为相对稳定的存在。然而，可以看到现阶段本土企业中存在的关系与员工价值结构不匹配的结构性摩擦促使各构型之间相互转化。为促进正向转化，组织对高价值—低关系员工实施关系构建策略，表现为较高的薪酬和福利，专业范围内的授权等发展性激励。对高关系—低价值的员工，组织也会对其进行能力培养，以期重新担当重任。另外，由于组织环境的变化及员工自我职业生涯的定位，各人力资源管理构型之间也可能出现逆向淘汰。

最后，关系—价值的结构性摩擦促使构型之间动态转化，在组织层次表现为不同的人力资源管理构型组合模式。从企业发展的动态角度看，关系结构会与企业能力需求结构逐渐重合。在组织初创阶段，亲信关系结构能满足企业能力结构需求，员工多是天然的亲信。组织管理依赖于亲信之间的信任、恩权、责任等关系规则，实施共生型管理。在组织发展过程中，一方面要引进关键人才，一方面会淘汰一部分员工。在人才引进过程中，由于“关系基础”和关系规则的缺失，企业会强化制度化建设，提升制度化管理水平。当组织进入成熟期后，人员逐渐稳定，制度也逐渐成熟，此时组织的人力资源管理又进入平衡阶段。组织与核心员工建立了高情感联系，匹配于共生型人力资源管理构型。组织的初创期和成熟期人力资源管理构型组合模式相似，但两者又有本质区别。初创期是亲信能力结构和亲信关系结构的重合，而成熟期企业核心能力结构中吸收了更多的非天然亲信，是在雇佣双方合作过程中建立的情感关系。组织管理也经历制度化过程后的“关系化”，此时组织有了更稳定的能力结构与关系结构的匹配。

（董昌娟）

**【社会化过程中领导特质的类型及其形成与关系研究】**

徐立国、席酉民、郭菊娥、葛京（西安交通大学管理学院）

《南开管理评论》2016 年第 3 期
23 千字

该研究基于张瑞敏个案的社会化过程，探索了领导特质的类型及其形成与关系。研究结果表明，社会化过程中，领导特质表现为四种类型，即根源型、驱动型、思维型和事务型。根源型特质带有强烈的价值判断，积淀并固化于领导者的潜意识中，具有强烈的稳定性，是领导特质的核心层及领导者成长的根本依赖。驱动型特质是不带有价值性判断的领导者自身的主观行为特征，是形成其他领导特质的动力基础。思维型特质是领导者思维意识层面的特质，体现于对待事务时的思维模式。事务型领导特质是领导者对待事务时所呈现的特质，这种特质会依据思维特质的作用而有选择地呈现于领导行为中。根源型特质与驱动型特质基于关键事件冲击后领导者的感悟而形成，两者相互激发与固化，并基于关键事件、文化、家庭及教育等因素共同衍生出思维型特质及事务型特质。思维型特质是事务型特质呈现于领导行为的前提，决定了领导者面临一定情况时的事务型特质的呈现选择。根源型特质和驱动型特质共同决定了领导者的成长方向和效率，是区别领导者与非领导者的关键。思维型特质和事务型特质共同决定了领导者的行为方式和有效性，是区别有效领导者与无效领导者的关键。该研究结论不仅能够在领导特质的分类、形成、关系、整体作用、特质激活理论等方面推动领导特质理论的发展，并能为现实中企业领导者的培养和发展提供有效的启发。

该研究对领导特质理论研究的贡献主要有以下四个方面：

第一，使当前领导特质的整体性研究更加清晰。该研究超越了 Zaccaro 等对领导特质整体性的研究，基于领导者的社会化过程对领导特质进行了分类，并清晰地描述了各类特质之间的关系及其整体对领导的作用。

第二，该研究基于社会化过程揭示了领导特质的形成及关系机理，虽然已有文献涉及了家庭、教育等影响领导特质形成的因素，但并不具体，也没有挖掘其背后的作用机理。该研究超越了已有领导特质的纵向研究，从整体角度揭示了领导者社会化过程中领导特质的形成及其关系。

第三，该研究延伸了特质激活理论。特质激活理论强调个人和情境的互动，特质基于情境而呈现。然而特质激活理论并没有清晰地说明哪些特质基于情境呈现，哪些不依赖于情境，且背后呈现的机理没有清晰说明。该研究从思维型特质和事务型特质的关系对这些问题进行了解答，选择性事务型特质是基于情境而呈现的，但其呈现的前提是要通过思维型特质的过滤进行最后选择。

第四，该研究明确区别了有效领导者与无效领导者及非领导者的类型特质。已有文献从单一的特质进行研究，无法也不可能确定区别有效领导者与无效领导者及非领导者的特质。该研究明确得出根源型领导特质和驱动型领导特质共同决定了领导者的成长方向和效率，对领导者成长起到了重要作用，是区别领导者与非领导者的关键。思维型领导特质和事务型领导特质共同决定了领导者的行为方式和有效性，对领导有效性起到了重要作用，是区别有效领导者与无效领导者的关键。

（董昌娟）

**【转轨背景下官员兼职规制的经济效应】**

龙小宁、张训常（厦门大学王亚南经济研究院/经济学院），杨进（西南财经大学财税学院）

《中国工业经济》2016 年第 7 期
16.3 千字

文章以中组部〔2013〕18 号文为自然实验，通过检验 18 号文发布后中国股票市场的反应来估计企业聘任政府官员和高校领导担任独立董事对公司价值的影响，从而探究官员兼职对企业的作用。基于生存分析法的研究发现：18 号文的出台显著缩短了政府官员或高校领导在企业担任独立董事的时间，使其离职概率相对提高了 38.72%。采用事件研究法的结果显示：18 号文发布后，处理组企业在事件窗（-5，+5）的 9 个交易日内股票累计超额收益率比对照组平均下降了 1.14%，并且政府关联企业和高校关联企业都受到显著的负面影响。此外，文章还检验了 18 号文对企业绩效的长期影响，结合 2012—2015 年样本企业的季度数据，构建 DID 模型估计 18 号文发布以后对企业贷款规模、销售收入同比增长率、税负水平以及研发支出水平的影响。结果表明：18 号文的出台使官员兼职企业的贷款规模降低了 3%，销售收入同比增长率降低了 2.67%。这说明政府关联和高校关联为企业提供销售订单以及帮助企业获得贷款的优势，随着官员兼职规制文件的出台将逐渐消失。

研究结论的意义在于：（1）在一定程度上证实了官员兼职在企业中的作用，发现企业聘用官员兼职独立董事的寻租行为能够给企业带来更多的销售合同以及优惠贷款等，表明官员兼职这一非正式的经济手段妨碍了企业的公平竞争，佐证了反腐的必要性和迫切性。（2）突出了改善制度环境的重要性。政府的行为对企业的发展起着重要的作用，廉洁的政府能够减少寻租行为，从而避免利益在公共部门和私人部门间频繁传输；此外，减少政府的干预程度，使企业遵循市场规律展开竞争，能够改善公司的经营环境，使企业进行更多的创新投入。（3）与以往的限制官员在企业兼职的条款相比，18 号文对于切断政府官员、高校领导与企业之间利益输送机制更加有效，在很大程度上降低了官员领导和高校领导在企业的任职机会。（4）随着独立董事制度的引进，“政府依赖症”和“高校依赖症”成为中国上市公司的普遍症状。而随着 18 号文等官员兼职规制的引入，中国企业的营商环境将会更加公平和规范，企业应该从竞相争夺政治资源和高校资源，转向更多地改善自身的治理结构，创新利润增长点。

（郭文）

**【创新发展理念：发展观的重大突破】**

黄群慧、李晓华（中国社会科学院工业经济研究所）

《经济管理》2016 年第 11 期
12 千字

十八大以来，针对我国发展阶段的转变、面临的重要发展战略机遇以及经济发展中存在的深层次矛盾和问题，基于对世界各国经济发展历史的深刻洞察和对经济发展一般规律的科学认识，以习近平同志为核心的党中央提出了以创新发展为首要理念的发展观。不同于以往的发展观，这是一种具有系统性、继承性、科学性、战略性和人民性的发展观，既是对马克思主义创新思想的发展，又是中国特色社会主义理论的重要组成部分。

第一，以习近平同志为核心的党中央提出的创新发展理念，是一种系统性的发展观，这一方面体现在创新发展理念是由科技、文化、经济、社会、生态等各个领域的创新理念组成的系统，创新发展需要国家创新体系支撑，其中科技创新又是整个国家创新体系的核心；另一方面，创新发展理念不是一种孤立的发展理念，而是十八届五中全会提出的创新、协调、绿色、开放和共享“五位一体”的新发展理念体系中的首位和核心发展理念。

第二，以习近平同志为核心的党中央提出的创新发展理念，并不是凭空产生的，而是具有历史的继承性，是在继承上的创新。正如习近平同志指出：“我们是历史唯物主义者，要认识到没有继承，就没有发展；没有创新，就没有未来。必须始终坚持在继承中创新，在创新中发展。”

第三，以习近平同志为核心的党中央提出的创新发展理念，是基于国内外环境变化、创新发展趋势和发展规律提出的，是以实践为基础，尊重实际、崇尚科学、遵循规律的一种科学发展观。

第四，以习近平同志为核心的党中央提出的创新发展理念，是一种战略性的发展观，需要具体通过强化战略导向来实现。2016 年 5 月出台的《国家创新驱动发展战略纲要》，将创新发展理念具体化为创新发展战略目标、创新发展战略重点、创新发展战略项目等内容。

第五，从创新主体看，以习近平同志为核心的党中央提出的创新发展理念突出了人民群众的创新主体地位，是一种具有人民主体性特征的发展观。党中央一再提出，我们要激发创新创业活力，推动新技术、新产品、新业态、新模式、新产业加快发展，从而创造新供给，释放新需求，实现经济旧动能向新动能的转变。

（王欣）

**【中国产业政策与企业技术创新】**

余明桂、范蕊、钟慧洁（武汉大学经济与管理学院）

《中国工业经济》2016 年第 12 期
16.5 千字

文章利用中央“五年规划”对一般鼓励和重点鼓励产业规划的信息，采用手工收集的 2001—2011 年上市公司及其子公司的专利数据，实证检验中国产业政策对企业技术创新的影响。研究发现，混合回归和双重差分估计的结果都表明产业政策能显著提高被鼓励行业中企业发明专利数量和研发投入，并且这种正向关系在民营企业中更显著。这说明产业政策可以促进企业创新，尤其是民营企业的技术创新。另外，与一般鼓励相比，产业政策对重点鼓励行业中企业技术创新的影响更大。进一步地，该文检验了产业政策对企业技术创新的具体影响机制，发现产业政策能够通过信贷、税收、政府补贴和市场竞争机制促进重点鼓励行业中企业的技术创新，尤其是民营企业的技术创新。同时，产业政策能够通过市场竞争机制促进一般鼓励行业中企业的技术创新，但是政府补贴、信贷和税收机制的作用不显著。

基于以上结论，文章得出如下启示：(1) 政府要继续加大金融、财政税收等各方面改革，逐步消除民营企业在信贷、财税、市场进入政策等方面的歧视，激发民营企业创新活力，提高产业政策的有效性。相对于国有企业，民营企业无论是在债券融资还是股权融资方面都面临严重的“金融歧视”，使民营企业创新活动无法得到长期可靠的保障。与此同时，民营企业在项目资格审批、市场进入等方面面临严重的政策歧视，使民营企业缺乏发展机会，大大降低了其技术创新积极性。当面临鼓励产业政策的信贷、税收、政府补贴和市场进入机会激励时，相对于国有企业，民营企业会迅速抓住机会，提高自身技术创新水平。(2) 针对不同类型产业和微观主体，政府要注意采用不同的手段来促进其技术创新活动。同时，政府应该减少对市场准入资格的行政干预，通过提高市场竞争程度，完善市场竞争机制，让企业自发提高技术创新水平。

文章的边际贡献体现在：(1) 丰富了有关企业创新直接影响因素的研究；(2) 尝试通过混合回归和双重差分估计等方法，识别和检验产业政策对企业创新的直接促进效应以及影响机制；(3) 实证检验了产业政策的影响机制，发现产业政策对企业创新促进效应在民营企业中更显著。

（郭文）

**【董事的海外背景能促进企业创新吗?】**

宋建波、文雯（中国人民大学商学院）

《中国软科学》2016 年第 11 期
16 千字

创新是促进国家或地区经济可持续增长的重要源泉和不竭动力，也是促进企业发展、提升核心竞争力并获得超额利润的关键手段。创新活动源于企业的内部决策，董事在其中的咨询作用可能对企业的创新活动造成显著影响。然而，已有研究鲜有关注到董事的背景特征对于创新活动的影响。

该文手工搜集了 2001 年至 2013 年沪深 A 股上市公司董事海外特征背景数据，选取专利申请作为企业创新的代理变量，研究董事的海外背景对企业创新活动的影响。该文的研究结论表明，董事海外背景对企业创新起到了正向的促进作用。进一步研究表明，相对于海外学习经历，具有海外工作经历的董事对企业创新的促进作用更显著；相对于独立董事，具有海外背景的非独立董事对企业创新的促进作用更显著。通过双重差分法和 Heckman 二阶段程序等一系列稳健性测试后，该文的结论依然成立。

该文的研究贡献主要体现在以下四个方面。

第一，该文拓展了董事如何发挥咨询功能领域的研究。已有关于董事咨询功能的研究主要从董事会的结构及专业胜任能力的视角，研究董事的独立性、董事是否具备财务专长等对于公司业绩和公司价值的影响。也有一些研究关注到董事背景的异质性，比如董事的学历、工作背景、性别、军人身份等对于董事会运作及公司治理的影响。仅有极少数文献以新兴市场国家为切入点，探究董事的海外背景对于企业海外并购、海外融资、海外出口和薪酬业绩敏感性的影响。

第二，该文丰富了企业创新影响因素领域的文献。对企业创新的研究由来已久，学术界已经形成了非常丰富的研究成果，但迄今鲜有文献关注到董事海外背景特征对企业创新活动的影响，该文从这一视角拓宽了现有文献。

第三，该文使用专利申请作为企业创新的替代变量，相较于单纯使用研发支出进行度量的做法，专利申请量能够更加准确和全面地反映企业的创新产出，且其数额大小不易受到企业会计准则变动的影响，具有明显的优势。

第四，该文的研究具有重要的现实意义。伴随着国家及地方政府陆续推出的海归人才引进政策，海归人才回国的规模有了很大幅度的增长。但是，伴随着海归人数的增加，海归人才是否真正对我国现代化建设发挥了作用依然是有待检验的实证问题，该文的研究为推进我国“创新型国家”战略的实施、地区及企业人才引进策略提供了经验证据。在国家层面上，持续的海归人才引进工作具有重要的战略意义，有助于促进企业自主创新能力的提升和经济发展方式的转变，推动创新型国家战略的实施。同时，在企业层面上，该文为企业的海归人才招聘和引进提供决策参考，选聘具有海外背景的管理者能够降低信息不对称程度，在企业中营造鼓励创新的文化氛围，促进企业的创新能力的提升。

（董昌娟）

**【股权制衡、高管持股与企业创新效率】**

朱德胜、周晓珮（山东财经大学会计学院）

《南开管理评论》2016 年第 2 期
15 千字

考虑创新投入创造收益的滞后性和数据的可获得性，该文选取 2010 年以前上市的高新技术企业为研究样本，利用 2010—2013 年的面板数据，实证分析了股权制衡度和高管持股对企业创新效率的影响。研究发现，股权制衡度对企业创新效率有显著影响，股权制衡度高的企业创新效率更高；高管持股比例与企业创新效率之间具有显著的非线性关系；随着第一大股东持股比例的变化，股权制衡与高管持股在影响企业创新效率方面具有替代作用。

从该文的研究结果可得如下启示：

（1）合理的股权结构有助于提高企业的治理水平，提高企业股权制衡度和高管持股比例均能提升创新效率，实现企业价值增值。上市公司的治理机制有待进一步完善，董事长与总经理兼任不利于提高企业的创新效率，企业需加强董事会和监事会的监督职能，提高独立董事的独立性，使治理机构有效发挥各自的作用。

（2）为有效预防第一大股东与管理层串谋侵害中小股东利益行为的发生，有必要提高股权制衡度，使大股东之间相互牵制，从而使决策更加科学化，为创新效率的提升营造良好的内部环境。

（3）为降低股东的监督成本，公司应根据自身特点实施股权激励计划，促使高管与股东的利益趋同，避免高层管理人员的短视行为；同时也要将高管持股比例控制在合理的范围内，过高的高管持股比例会产生管理防御效应而不利于创新效率的提高。

（4）企业应将第一大股东持股比例控制在合理的范围内，避免大股东的寻租行为，使制衡股东和管理层都积极作为。股权制衡和高管持股均能促进企业的创新效率，两者具有替代关系，因此企业在提高股权制衡度的同时，也要避免制衡股东对高管的过度监督，使管理层不会因担心投资失败、经营绩效下降而缺乏创新投资积极性，适当给予管理层经营的自由。

（董昌娟）

**【创新驱动发展战略下优势传统企业的创新特性——基于苏州200家优秀科技创新企业的实证分析】**

徐天舒、朱天一（苏州科技大学）
《科技管理研究》2016年第15期
12千字

电子信息、装备制造、轻工、纺织、冶金和化工六大产业是对苏州工业经济起着重要支撑作用的传统产业。准确把握企业创新特性，无论是对于优势传统企业寻找转型之路，还是对于政府相关职能部门提供相应的激励手段和扶持政策，都具有非常重要的指导意义。通过企业创新相关主题的文献回顾，归纳企业创新特性变量，并基于苏州200家优秀科技创新企业进行实证分析。首先分析各创新特征变量的显著水平；其次运用结构方程模型验证优势传统产业的创新效应和企业效益的相关程度；最后选取部分控制变量进行探索性分析。

在创新发展战略下，如何依靠科技创新，准确把握企业的创新特性，实现优势传统产业的转型升级，是企业和政府关切的主题。该文对苏州200家优秀科技创新企业进行实证分析及结果讨论，从政府支持企业创新活动角度提出如下对策建议：

第一，政府依靠科技创新大力推进优势传统产业的转型升级，能帮助企业以较小的资金和人员投入实现较快的营业增长和较高的利润，并获得国家和地方税收的相应提高。

第二，高研发投入和高科研人员占比是优势传统企业鲜明的创新特性，并直接、正向、高效地影响企业的主要效益指标。

第三，政府对优势传统企业的创新活动支持，不仅要关注新近成立的公司，而且要加大对经营多年的企业的技术改造升级的支持力度。

第四，在政府予以资金支持的企业评审活动中，应淡化注册资金、人均劳动生产率等规模性指标，对于利润率指标也应避免一旦投入就要产出的急功近利思想，注重投入后的长线收益。

第五，样本企业的专利密度特征值尽管远远高于苏州市规模以上工业企业的同类水平，呈现出特别显著的差异，但在短期时间范围内并不产生积极的创新效应；而与苏州市规模以上工业企业水平相当的样本企业的专利申请成功率，更是对创新效应起到了负面的作用。该文的研究表明，在创新评价中，不仅要关注专利的数量，而且应高度重视专利的质量，譬如，与主营业务相关的、自有发明专利会比外购的、与主营业务相关度不高的实用新型专利产生更为正向的创新效应，对企业效益的促进作用也更为直接和有效。

最后，政府对企业创新活动的支持，并不需要在企业所有制形式和所属产业类别上执行差别化的政策。

（董昌娟）

**【企业创新网络中关系强度、吸收能力与创新绩效的关系研究】**

刘学元（武汉大学经济与管理学院、武汉大学企业优化研究中心），丁雯婧（武汉大学经济与管理学院），赵先德（中欧国际工商学院普洛斯供应链与服务创新中心、华南理工大学供应链整合和服务创新研究所）

《南开管理评论》2016 年第 1 期
23 千字

有关研究表明，在创新网络中，企业创新绩效受到外部网络关系和自身吸收能力两方面的影响，但网络关系的强弱对企业创新绩效的影响在学术界尚未达成共识。在中国关系社会的背景之下，该文构建了网络关系强度、企业吸收能力和创新绩效三者之间的关系理论模型，并以中国 278 家制造业企业为样本进行了实证研究。研究结果表明，创新网络关系强度和企业吸收能力均对企业创新绩效存在显著的正向影响，且企业吸收能力在网络关系强度和企业创新绩效之间起不完全中介作用。同时，该文检验了企业性质、产业类型和地域分布的影响，发现在私营企业、传统制造业企业和位于华东、华北地区的企业中，创新网络关系强度对创新绩效没有直接影响，但可以通过吸收能力对创新绩效产生间接影响。

在我国政府积极倡导“大众创业、万众创新”的大背景下，以上研究结论对企业自身和相关政府部门均具有一定启示作用：

首先，企业要致力于创新，更应该重视其创新绩效，而要提高创新绩效，企业就应该尽力与其供应链上下游企业（供应商、客户）乃至竞争对手、相关科研院所、技术中介、投融资金融机构及相关政府部门构建有多方参与的创新网络，制度化地组织或参与正式和非正式的紧密、频繁及主题突出的各类活动，形成良好的互动与合作关系，以促进网络内的知识、技术及资源的有效流动，更好地达成有较高绩效的协同创新。而政府相关部门也应该通过制定相应的制度、政策及法规，创造良好的创新合作平台与环境，组织和鼓励企业参与各类正式或非正式的知识、信息与资源分享活动（如创新论坛、技术交易会、创新咖啡等），并通过加强基础设施建设（如科技园、孵化器等）来促进企业间的联系，鼓励企业建立广泛的合作联盟，打造开放式的合作创新网络。

其次，该研究的结论还表明，为了提高其创新绩效，企业还应将其自身吸收能力的建设提高到战略高度，建立企业内部知识管理系统，组织各种跨部门的正式或非正式的知识与信息分享活动（如信息共享、主题知识竞赛、头脑风暴等），在整个企业内部形成良好的学习与合作氛围，以培养和提高员工的知识获取、消化、吸收和应用能力以及开发新产品和服务的创新能力。这一点，正如前文对该研究结果的分析与讨论所述，对于我国传统制造型企业和私营企业来说显得尤为突出和紧迫。而政府相关部门也应积极鼓励和引导企业与高校和科研机构进行交流与合作，同时及时发布最新的产业政策和产业趋势，鼓励合作创新，从而提高本地区的整体知识获取、吸收、转化及应用的能力，以进一步提高其整体的创新绩效。

（董昌娟）

**【合约执行效率与企业技术赶超】**

杨本建（暨南大学经济学院），李威（中山大学岭南学院），王珺（广东省社会科学院）

《管理世界》2016 年第 10 期
19 千字

近年来，政府希望通过制度改革来提升经济发展的效率水平，从而摆脱过去低成本、高投资的增长模式。这些制度改革对微观企业的技术赶超产生何种影响也就随之成为亟待研究的理论和现实问题。以往的经济学理论在分析企业技术赶超时，主要关注企业学习先进技术的能力以及外部的市场环境，如技术垄断和保护、政府管制、竞争程度、市场规模等方面。文章则是关注企业交易面临的最基本的制度环境——区域的合约执行效率——对企业技术赶超的影响。

理论方面，在现有的不完全合约理论的基础上，把事前的关系专用性投资和事后的机会主义行为引入到企业技术赶超的过程中，为分析合约执行效率如何影响企业的技术赶超提供一个理论框架。文章认为，即使企业的学习能力是相同的，追赶的企业要学习到前沿企业的技术，需要进行配套研发和投资，这就需要购买相应的要素、设备和中间产品，而提供这些要素、设备和中间产品需要事先进行关系专用性投资。由于合约不完全，事后机会主义会影响事前的关系专用性投资，合约执行效率会影响这种关系专用性投资事后遭受机会主义的风险大小，从而影响交易的实现，最终会对企业的技术赶超产生影响。

实证方面，文章运用中国1998—2007年的企业数据对这一框架的基本理论含义进行了检验。2SLS回归结果和各种稳健性的结果都发现：（1）区域的合约执行效率对企业的技术赶超有正向影响，但这种影响对于不同技术前沿距离的企业存在显著差异，越靠近技术前沿的企业，其技术赶超受区域合约执行效率的影响越大，越是远离技术前沿的企业，其技术赶超受区域合约执行效率的影响越小；（2）这种异质性的影响在不同的行业表现不同，在资本密集型的行业更大，在劳动密集型的行业更小。

研究结论的重要政策含义在于：通过改革来完善区域合约执行制度对于提升经济效率水平，从而提升经济增长质量具有重要意义。合约执行效率的改善更多的是有助于提升靠近前沿企业的技术水平，增强经济增长的潜力。随着我国的产业结构由劳动密集型转向资本密集型，合约实施制度的改革和完善对于企业技术水平和经济效率的提升愈发重要。

（郭文）

**【技术创新、股权融资与金融结构转型】**

张一林、龚强、荣昭（西南财经大学金融学院、法学院、经济与管理学院）

《管理世界》2016年第11期
20.5千字

经济增长的本质是技术进步带来的生产力的不断提升。中国经济的可持续发展建立在中国的产业优势从传统的“中国制造”向以技术创新为核心的“中国创造”进行升级和转型，这一过程依赖于金融体系提供有效的金融支持。

文章考察了股权融资在支持技术创新上相对银行信贷的优势。研究表明，在股权融资中，创新企业能够以新技术新产品的潜在高额回报吸引投资者，企业创新的资金需求和投资者追求高回报、承担高风险的激励相一致，创新企业通过股权融资往往更易获得资金。然而，股权融资的长期性和资金使用的信息不对称性，为不法企业攫取股东利益提供了可能，这使得优质的创新企业只有在严格的法律和有效的监管制度下才能获得投资者的充分信任，从而满足创新企业对股权融资的巨大需求。因此，股权融资的有效性必须基于良好的法律、监管等制度来对投资者权益进行有效的保护。股权融资市场的发展以及相关配套制度的完善，能够为中国产业的自主创新和产业升级注入动力。

文章的政策含义包括以下几个方面：（1）股权市场比银行更适合支持技术创新，股权市场的良好运转是我国技术创新和产业升级的关键。要从根本上解决技术创新的金融支持问题，关键在于发展股权市场（包括主板、中小板、创业板等），而要发挥股权市场促进技术创新的比较优势，需要在股权市场的定位和发展目标上达成共识。（2）发展股权市场的难点和关键点是克服投资者与创新企业的信息不对称，这需要政府发挥监管、立法、协调的重要职能。股权融资比银行融资更容易产生信息不对称问题，解决制度建设的协调、立法、外部性等问题需要依靠政府推动和完善信息披露、上市退市程序、内幕交易惩罚等制度。（3）未来我国银行业的专业化分工是为后发优势产业的技术引进、成熟劳动密集型产业的对外转移等提供金融支持。中国近30年奇迹般的经济增长得益于充分利用了技术后发优势和人口红利优势，银行体系在支持劳动密集型制造业、技术引进、基础设施建设等方面发挥了至关重要的作用。随着我国劳动力成本进一步上升，一些传统产业将逐渐丧失比较优势，在通过“走出去”战略将这些“夕阳”产业转移到劳动力成本更低、产业结构更加落后的东南亚、非洲等地区的过程中，银行将发挥重要作用。

（郭文）

**【熊彼特竞争，交叉效应与创新激励】**

蒋军锋（西安理工大学经济与管理学院），王茜（解放军博士后管理信息中心）

《管理科学学报》2016 年第 9 期
18 千字

创新激励致力于诱导团队成员的努力行为来控制各类风险以获取创新绩效。外部政治、经济与技术环境、市场结构、消费者偏好与收入、企业动态能力等因素引发的不确定性，在创新过程中逐步转化为两类风险：（1）技术风险，即产品的技术开发活动不能在预期时间内完成的风险；（2）市场风险，即产品的市场开拓活动不能获取预期效果的风险。通常，共同因素的存在会导致两类风险不能完全分离，这就会导致创新团队中技术与市场人员的努力存在交叉效应：技术人员在应对技术风险时会不可避免地影响新产品的市场风险，而市场人员在应对市场风险时也会影响新产品的技术风险。在委托—代理框架下，纳入不同专业人员在创新过程中的交叉效应，该文提供了创新激励优化模型。基于不确定性视角，创新被理解为通过专业人员的努力来控制不确定性因素来降低各类风险事件的发生概率，进而获取收益的过程。

论文在如下几个方面扩展了创新激励的既有理论。第一，创新专业团队之间的交叉效应带来了创新团队组织形式选择的必要性，这扩展了交易费用视角下组织形式选择的理论，也探讨了委托—代理视角下行为成本与收益不完全一致的情况；第二，创新激励作为企业响应外部竞争与内部管理的复合属性，纳入了行业熊彼特竞争强度的影响，这扩展了企业创新对象复杂性选择的理论；第三，行业竞争强度与创新产品的原创性特征也在一定程度上驱动了复杂创新项目的分阶段融资与实施，复杂创新项目分阶段融资的出现并不完全是委托代理或者交易费用驱动的结果。

论文借助委托代理框架研究了在行业熊彼特竞争下企业对创新对象复杂性、创新团队组织形式与创新团队剩余索取权分成系数的选择。研究结果显示，创新激励受到了企业所在行业的熊彼特竞争强度、创新原创性和专业人员努力水平的交叉效应的影响。如果不存在委托代理问题，该文证明了创新团队组织形式的选择是没有必要的，进而说明团队组织形式的选择是创新激励方案的一个维度。在专业人员努力成本与创新收益函数不随团队组织形式变化的前提下，创新激励合约时间长度（创新对象复杂性）的最优设计与创新的技术原创性、市场原创性和行业熊彼特竞争强度三者均呈反向相关：更为激烈的行业熊彼特竞争强度，或者更为冒险的技术原创性或者市场原创性，都会导致企业选择更短的激励合约持续期，这也意味着更为简单的创新对象。整体原创性、两类原创性差异与创新专业人员间的交叉效应这三者共同决定了创新激励的组织形式，行业熊彼特竞争强度对此并无影响：在整体创新原创性不变的情形下，技术与市场原创性的差别越大，分工型组织形式占优的交叉效应区间就越大，而技术与市场原创性的差别越小，整合型组织形式占优的交叉效应区间就越大。在该文的模型中剩余索取权的最优选择并不受上述因素的影响，但在技术原创性、市场原创性与行业熊彼特竞争强度给定的前提下，激励合约时间越长（创新对象越复杂），创新团队剩余索取权分成比例在持续下降。和通常研究一样，模型显示：企业创新的技术与市场原创性、行业熊彼特竞争强度、努力成本特征与创新人员的风险规避特征共同通过激励合约的持续时间（创新对象复杂性）、创新团队组织形式和剩余索取权分配比例来影响专业技术人员努力水平的选择。

未来研究需要关注如下几个方面。首先，在创新团队不同组织形式下，风险控制绩效的识别与监督成本一般会发生变化，这会影响到企业创新激励中的绩效监督成本；同时，不同的团队整合形式通常意味着不同的团队规模，而不同规模下的个体机会主义倾向会发生变化，这也会影响到创新激励的有效性。其次，创新激励还依赖于创新团队各专业团队的能力特征，未来研究应该纳入创新团队专业人员的异质性来分析创新团队的激励。

（肖汉雄）

**【研发模式、纵向一体化与自主品牌导入期的创新绩效】**

白让让、谭诗羽（复旦大学管理学院）

《管理科学》2016 年第 4 期
16 千字

加入 WTO 以来，中国汽车产业发展迅速，已经逐步实现了在生产规模和能力上对欧、美、日等汽车大国的赶超。但整体上，本土汽车生产企业的新产品研发和推广还处于向跨国公司“模仿性学习”的阶段。随着市场竞争焦点从规模、价格转化为品牌、品质和服务，经历了 2005 年至 2010 年的高速扩张后，自主品牌的市场份额从 2011 年开始持续下降，一些自主品牌制造企业要么被跨国公司主导的大集团所兼并（长丰、吉奥、哈飞等），要么压缩产品线长度，将有限的能力集中在 SUV 和 MPV 细分市场（长城和江淮）。该研究通过分析研发和生产模式对自主品牌创新绩效的影响，解释一度被学界和业界赞誉的自主品牌开发和生产模式却无法成为其核心竞争力持续来源的原因，进而为尚处于发展初期的自主品牌研发和生产体系构建提供宝贵的经验。在回顾已有研究的基础上，建立研发模式、纵向一体化与企业创新绩效之间关系的概念性研究框架，并以中国自主品牌乘用车制造企业为样本，利用面板数据泊松回归和随机前沿生产模型，分析研发模式和纵向一体化对自主品牌企业的专利数量和新产品价值这两类创新绩效的影响。

该研究结果表明，自主品牌制造企业的研发模式和纵向一体化程度对企业创新活动的这两类产出有着完全不同的影响，产品的技术引进和外包与专利数量存在不显著的替代关系。随着企业纵向一体化程度的上升，生产范围和规模扩展引发的对各类专业知识的需求，必然促使企业增加对研发的投入，即“干中学”会提高内部的知识存量，从而带来专利数量的上升。技术外包可以直接提高产品的设计，通过新产品的质量竞争获取更高的价格，最终提升企业新产品生产的技术效率和新产品价值。纵向一体化程度与新产品生产的技术效率和新产品价值负相关，说明本土企业的创新绩效被低效率的制造体系所侵蚀。这也从另一个方面说明，乘用车制造企业产品创新的实际效果由价值链的整体效率决定，各个环节之间是互补而非替代的关系。

该研究的理论价值表现在3个方面。第一，弥补了已有研究将专利数量与新产品价值等不同创新绩效割裂开来的缺陷，同时检验研发模式和纵向一体化对两种绩效的影响；第二，使用随机前沿模型将研发和生产的治理结构理解为影响企业技术效率的间接因素，避免了将结构性变量与资本和劳动力等直接投入混同处理所隐藏的技术缺陷或伪回归问题，从而为检验治理结构与创新绩效的关系提供了一个新的例证；第三，以汽车产业的经验数据为依据，弥补了技术创新路径已有研究中将差异化十分显著的多产业并行处理带来的不足，为特定产业技术引进政策的选择提供依据。

研究的局限之一是为避免变量之间的交互关系对主题的影响，只选择了2007年之前的样本，即选择自主品牌企业产品的技术来源或研发模式比较单一的时期进行计量检验，对近年来研发机制的多样性和相应的创新绩效未进行深入的讨论；另一个潜在的问题是没有将企业层面研发的资金、人员投入和产品定位等因素一并考虑，可能会低估自主品牌企业的创新努力和绩效。未来研究可在品牌而非企业的层面深入分析纵向治理结构与产品创新和过程创新的关系。

（肖汉雄）

**【知识产权保护执法力度、技术创新与企业绩效——来自中国上市公司的证据】**

吴超鹏、唐菂（厦门大学管理学院财务学系）

《经济研究》2016年第11期
16千字

知识产权制度及在其保护下的技术创新日益成为综合国力竞争的决定性因素。文章研究我国各省知识产权保护执法力度对上市公司技术创新及企业绩效的影响机制和作用效果。以1993—2013年我国2413家A股上市公司为样本，并基于我国知识产权执法体系，构建各省知识产权保护执法指数，进而展开实证检验发现：地方政府加强知识产权保护执法力度，可以激励当地企业增加研发投资强度，并提升专利产出；知识产权保护对企业创新的影响机制是减少研发溢出损失和缓解外部融资约束；当知识产权保护较强时，企业的专利产出对未来财务绩效的提升作用更大。

文章结论不仅具有理论价值，而且对我国地方政府和企业制定科技创新政策和战略具有重要的启发意义。首先，文章发现加强知识产权保护执法力度，对提升企业科技创新能力具有正面影响，因此各级政府部门可以通过加强知识产权保护执法力度，改善企业创新的法制环境，从而提升企业的创新能力，以科技创新驱动供给侧改革，实现地区经济发展方式的转型。其次，从行政执法、司法保护与执法效果三个维度度量知识产权保护执法力度，均发现其对企业创新的正面影响，因此政府加强知识产权保护的着力点可放在如下两方面：第一，提升各级法院以及地方知识产权局的执法水平；第二，加强党报对知识产权保护的宣传力度。

文章贡献在于：第一，从研究视角上看，国外研究主要基于跨国比较的视角考察各国知识产权保护水平对企业创新的影响，但各国知识产权保护既有法律条文的差异，又有执法水平的不同，无法清楚区分何者起作用。文章基于跨省比较的视角，由于我国各省只有执法力度差异，无立法差异，因此可以更集中地考察知识产权保护执法力度对企业创新的影响。第二，从研究内容上看，率先基于上市公司的数据来检验我国各省知识产权保护执法力度对企业创新活动的影响，相比于非上市公司，上市公司受较严厉监管，故其所披露的研发费用数据更可靠，因此以上市公司数据进行检验，结论可能更具说服力。第三，从研究工具上看，从我国知识产权保护执法运行体系出发，从行政执法、司法保护与执法效果三个维度，率先构建省级水平的知识产权保护执法指数，希望能为开展知识产权保护执法力度与经济金融领域的研究提供一个可资借鉴的分析工具和检验方法。

（郭文）

**【产品创新导向与供应商网络形态适配对产品创新绩效的影响】**

王玮、李随成、禹文钢、李娜（西安理工大学经济与管理学院）

《管理评论》2016 年第 6 期
18 千字

制造企业产品创新的过程是对组织内外部知识共享、利用的过程，对企业内外部知识的有效运用是产品创新成功的基础。在如今知识经济时代，企业创新模式正由“封闭式创新”向“开放式创新”转变，作为制造企业重要的外部合作对象，供应商已经被视为企业开放式创新所需知识的重要来源，供应商参与企业产品创新近年来受到广泛重视。同时，供应商管理相关研究中，制造企业与供应商关系研究重点已经从二元交易关系向网络关系转化，通过网络获取供应商知识促进企业产品创新已成为重要形式。供应商网络即是由制造企业主导并通过合约关系和物流关系所管理的供应商组成的网络，主动管理供应商网络是制造企业价值获取的重要途径。供应商网络形态有利于全面分析并有效管理供应商网络以共享并利用外部知识促进其产品创新，受到学术界广泛关注。然而现有研究不足之处在于：首先，现有研究虽然认识到网络对企业产品创新的重要作用，但利用网络提升企业创新绩效相关研究集中在战略联盟网络、企业间网络、创新网络等领域，对制造企业如何设计并主动管理的供应商网络及对企业产品创新的影响研究仍处于初步探索阶段。其次，现有研究仅关注网络结构、网络关系等方面对企业创新绩效的影响，未从网络形态视角，利用供应商网络形态各关键特征要素深入探索。研究依据供应商网络形态各要素的不同特征，将供应商网络形态分为开放式网络和封闭式网络两种网络形态，进一步探讨产品创新导向与供应商网络形态的适配关系，为企业针对其产品创新导向从多角度管理供应商网络，提升企业产品创新绩效提供指导。

该文在相关文献研究的基础上，对我国制造企业进行问卷调查，并采用实证研究考察企业产品创新导向与供应商网络形态的适配关系，依据供应商网络形态的网络结构、组织之间关系、网络位置、认知一致性和协调机制 5 个要素对组织间知识共享的影响，分析企业在不同产品创新导向下，何种供应商网络形态能够促进企业产品创新绩效提升。研究结果表明，产品创新导向与供应商网络形态相适配的制造企业较不适配的企业，所取得的产品创新绩效更高。适配关系分析研究结果显示，开发式产品创新导向与开放式供应商网络形态适配；利用式产品创新导向与封闭式供应商网络形态适配。对于开发式产品创新导向的制造企业，管理开放式供应商网络，相比于封闭式供应商网络能取得更高的产品创新绩效；对于利用式产品创新导向的制造企业，管理封闭式供应商网络，相比于开放式供应商网络能取得更高的产品创新绩效。企业产品创新绩效能否显著提升需要考虑企业产品创新导向与供应商网络形态是否适配。研究企业有效设计与管理供应商网络，以获取供应商网络中知识和资源，进而提升企业产品创新绩效时，忽视供应商网络形态与企业自身产品创新导向之间的适配关系会导致不一致的研究结论，使得供应商网络作用不能有效发挥。

该研究对企业管理实践的启示在于：第一，在不同产品创新导向下，企业应有针对性地管理供应商网络。企业的产品创新导向需要与供应商网络形态相适配，管理者在制定产品创新战略时，应该注重与供应商的合作开发并加强对供应商网络的有效管理，以提升产品创新绩效。第二，在企业产品创新过程中，从供应商网络形态的网络结构、组织之间关系、网络位置、认知一致性、协调机制各要素全面设计并管理供应商网络、利用供应商的知识对企业非常重要，也为其管理供应商网络提出了更高的要求。在分析供应商网络形态的基础上通过对供应商网络进行区分，依据产品创新导向和网络形态适配关系有目的地管理供应商网络，可以提高组织间知识共享及产品创新效率，提升企业产品创新能力。

该研究对制造企业在不同产品创新导向下，分析和设计供应商网络，提高产品创新绩效具有一定的指导意义，但也存在一定局限，后续研究应该考虑制造企业其他战略导向下供应商网络形态的特征，进一步了解供应商网络形态与企业采购战略的关系，从而为企业战略更有效实施提供理论借鉴。

（肖汉雄）

**【技术创业型企业经理层股权分配模式探讨与融资结构优化】**

惠祥、李秉祥、李明敏、王封青（西安理工大学经济与管理学院）

《南开管理评论》2016年第6期
16.2千字

适时融得外源资金、长久保持团队稳定是技术创业型企业持续发展亟须解决的两大难题，此类企业融资结构的优化设计与跟进取得、产品差异性的持续保持、市场空间的迅速扩展等良好表现主要取决于创业经理层主观能动性的超常发挥。

鉴于此，文章选择对技术创业型企业融资结构设计有参考价值的高新技术上市公司和非上市知名公司为样本，借鉴高新技术产业上市公司股权激励对债权融资向上或对股权融资向下的调节作用，以及知名非上市公司华为“虚拟受限股”持续性的优点，充分考虑技术创业型企业的特点，探讨创业经理层股权分配原理，并结合该股权分配设计融资结构，得出如下结论：首先，提出了以企业“即时资本总量”减去融资总额、创业资本及按市场上常规债务融资成本计算得出的创业资本增值后的“即时剩余资本增量”，为创业经理层股权公平量化分配的依据。其次，构建了既保证原始出资人利益期望，又利于创业经理层团队稳定的融资结构。因设计融资结构和经营融得资金而形成的企业“即时剩余资本增量”中创业经理层股权比例与“债权向上、股权向下”的融资结构密切相关，以“即时剩余资本增量”的股权分配原理为基础，设计的原始出资人增资并担保创业经理层获得借款以购买股权的融资结构，满足了技术创业型企业资金需求，并保证企业股权的完整。

文章界定了以核心技术持有者与原始出资人合作组建的技术创业型公司的特点，提出以“即时剩余资本增量”为股权公平量化分配的依据，构建的既保证原始出资人利益期望，又利于创业经理层团队稳定的融资结构，能够有效解决技术创业型企业步入快速发展阶段的资金需求问题，并满足创业经理层“创自己事业”的自我实现。研究结论对于在“万众创新”环境下急剧出现的技术创业型企业股权分配和融资结构设计具有借鉴意义；为解决我国目前普遍存在的技术创业型企业步入快速发展时期，由于难以获得充足资金而错失发展良机，或创业经理层因分配不公选择离职而导致企业无法维持发展等问题提供实践指导。

（郭文）

**【政策不确定性、政治关联与企业创新效率】**

陈德球、金雅玲（对外经济贸易大学国际商学院），董志勇（北京大学经济学院）

《南开管理评论》2016 年第 4 期
12.8 千字

近年来，政策的不确定性对微观经济主体行为的影响逐渐成为学术研究的热点之一，企业的创新效率是否会受到地方政府官员更替引发的政策不确定性的影响?

为回答上述问题，文章从地方官员更替的视角出发，考察政策不确定性与企业创新效率之间的关系。研究发现，中国上市公司存在着官员更替下的政策不确定性与公司创新效率之间的负相关关系，其可能的原因是，当上市公司管理层面对新政府的未来政策不确定性时，公司所面临的融资约束会增强，同时公司内部经营活动产生的现金流不确定性也会提高，进而降低公司创新投入。进一步研究发现，在不同类型的市委书记更替的特征中，政策不确定性对企业创新效率的影响会因为政策不确定性的强度而存在差异。政策不确定性降低企业创新效率在市委书记来自外地和非正常更替的样本中更为显著；政策不确定性影响企业创新行为的一个重要途径是提高公司所面临的融资环境不确定性，增强公司融资约束，同时，新任官员可能会减少对当地企业提供的财政补贴等直接支出，提高企业预防性动机，降低企业创新投入所需的资金。

研究贡献如下：（1）在转型经济背景下将宏观层面的地方领导人更替所引发的政策不确定性与微观层面的企业财务行为联系起来，而且利用地方市委书记更替这一具有“自然实验”性质的外生事件，明确了地方官员更替也可能是企业资源配置效率重要动因，丰富了已有解释中国经济增长微观基础的文献，而且进一步分析了政策不确定性与企业创新效率之间的关系会受到企业所面临的市场竞争程度和政策不确定性强度等情景因素的影响，从而深化人们对政策不确定性与企业创新效率关系的理解。（2）研究结论丰富了国际上关于政治不确定性的相关文献，也丰富了政治成本假说及宏观政策影响在我国制度背景下的研究思路。（3）采用专利的申请数量度量企业创新效率，在一定程度上能够克服已有研究采用 R&D 支出作为代理变量的噪音。这种度量指标为定量识别和理解政治权力转移分析框架下，市委书记更替引起的政策不确定性对地区经济增长的微观作用机制、揭开官员个体偏好导致的政策差异性特征、理解中国经济奇迹和地区经济发展提供了一个新的研究视角。

（郭文）

**【官员视察对企业创新的影响——基于组织合法性的实证分析】**

赵晶、孟维烜（中国人民大学商学院）

《中国工业经济》2016 年第 9 期
17.7 千字

动态政治环境下企业构建政治关系如何影响企业创新战略，是企业战略研究亟待探究的重要问题。作为企业动态构建政治关系的重要渠道，官员视察通过提升企业的合法性——获取外部政治环境信息、传递企业政治关系信息——影响企业创新意愿和资源获取，继而激励企业进行创新。

鉴于以往研究对企业政治关系研究视角与衡量方式的不足，文章首先基于组织合法性进行理论分析，初步解释了企业构建政治关系影响企业战略的内在机理：企业与政府官员互动构建政治关系的过程通过企业合法性机制降低信息不对称与资源依赖对企业战略选择的制约，进而从多条路径共同作用企业资源配置与战略导向，激励企业创新。此外，基于理论分析，提出三个基本假设：（1）官员视察显著提高企业创新水平；（2）相比具有政治关联的企业，官员视察对不具有政治关联企业的创新激励更强；（3）相比国有企业，官员视察对非国有企业的创新激励更强。

其次，对2008—2013年808家A股制造业上市公司的3556个年度观察样本进行OLS检验及Heckman两阶段检验，实证研究发现：（1）官员视察显著提升企业创新水平；（2）相比具有政治关联的企业，官员视察对不具有政治关联企业的创新激励更强；（3）相比国有企业，官员视察对非国有企业的创新激励更强；（4）官员更替带来的政治不确定性降低了官员视察对企业创新的正向激励。官员视察引起的合法性提升是激励企业进行创新的重要因素，而企业性质与既有政治关联则显著影响官员视察的创新激励效力。因此，文章认为，激励企业创新的关键在于提升企业合法性水平；在动态政治环境下，企业政治关系动态构建过程中合法性机制对企业创新战略的实施发挥重要作用；企业策略性地通过多种渠道构建政治关系，有利于抵御政治不确定性的影响、降低企业寻租倾向，进而激励以提升核心竞争能力为目标的战略选择。

文章的贡献在于：（1）在理论分析企业政治关系构建影响企业创新的内在机理后，分析检验了官员视察对企业创新的激励效应，一定程度上弥补了以往政治关系研究“寻租观”的不足。（2）在考虑企业特征的影响后，从中国现实政治环境出发，进一步分析检验了政治不确定性对官员视察的创新激励的抑制作用。（3）研究结论可为企业和政府提升企业创新能力、完善创新激励机制提供一定参考。

（郭文）

**【法治环境、财务信息与创新绩效】**

韩美妮、王福胜（哈尔滨工业大学管理学院）

《南开管理评论》2016年第5期
15.2千字

文章实证检验了法治环境、财务信息与创新绩效之间的关系。结果表明，不完善的法治环境会降低创新绩效；较高的财务信息质量能够提升创新绩效；较高的财务信息质量可降低不完善的法治环境对创新绩效的负面影响，即法治环境和财务信息在影响创新绩效方面存在替代关系。进一步的研究表明，相对于国有企业，不完善的法治环境对非国有企业创新绩效的负面影响较小，较高的财务信息质量对非国有企业创新绩效的提升作用较大，较高的财务信息质量可更显著地减轻不完善的法治环境对非国有企业创新绩效的负面影响。

研究结论为我国企业通过较高的财务信息质量来克服不完善的法治环境对创新绩效的限制提供了启示。法治环境的完善是一个长期逐步积累的过程，现阶段政府可通过加强对财务信息质量的监管等方式来促使企业提高财务信息质量，暂时弥补当前法治环境对投资者保护力度不够的弱势，提高市场信息流转效率和资源配置效率，以保证企业创新绩效的顺利实现。对企业来说，可以通过积极提供较高的财务信息质量的方式来缓解不完善的法治环境对创新绩效的负向影响，降低委托代理双方的利益分歧并优化自身融资条件，进而避免企业错失创新的机会。值得注意的是，与非国有企业相比，不完善的法治环境对国有企业创新绩效的负向影响更高，而较高的财务信息质量对其缓解作用又较弱。可见，一方面，建设完善的法治环境，降低国有企业的政策性负担，减轻国有企业创新的包袱，有助于激发国有企业提升创新绩效的活力。另一方面，降低不同产权性质的企业之间的监管和融资差异，鼓励国有企业通过财务信息向外界传达自身经营状况，促使国有企业在市场中公平地获取资本，有助于国有企业更高效地使用资本。

文章的贡献在于：（1）从财务信息质量角度，探究了提升创新绩效的新方法，发掘了缓解不完善的法治环境对创新绩效限制的新途径，为在法治环境建设过程中充分发挥财务信息对经济增长的积极作用提供了启示；（2）从创新绩效的角度，探讨了财务信息质量和法治环境究竟是互补关系还是替代关系，拓展了法治环境和财务信息质量之间关系的研究；（3）研究不同产权性质条件下，法治环境对创新绩效影响的差异，财务信息质量对创新绩效影响的差异，以及在对创新绩效发挥影响的过程中财务信息质量和法治环境相互关系的差异，从而加深对产权性质的经济影响的认识。

（郭文）

**【现代公司治理变革与国企制度创新】**

余菁（中国社会科学院工业经济研究所）

《人民论坛·学术前沿》2016 年第 1 期

12 千字

现代公司治理尽管极为重要，却没有放之四海皆准的实践原则。在全球范围内，公司治理实践同时呈现出了制度趋同化和差异化的趋势，致使人们很难在不同的治理制度安排之间做出明确的利弊权衡和偏好选择。一方面，国际商业竞争加剧和资本在全球市场上的跨国流动，驱使着不同国家都按照最符合资本配置效率要求的方式来构造本国的公司治理体制。很多国家不约而同地将董事会作为公司治理的核心，对董事会的独立性和公司治理的透明度提出越来越高的要求，在这些问题上，不同国家的公司治理制度实践呈现出明显的趋同化和一致化特征。另一方面，尽管所有的公司治理体制都是在力图经济理性地尝试去解决普遍典型存在的企业利益相关主体间的控制与协调问题，然而，每个国家又都只是进化成了在这些问题的某一特定方面高度发展而另一方面都欠发展的体系，而且，并不容易判断哪一种体制比另一种体制更有优势。即使是与之相提并论的“英美”体制，在实践中，英国和美国公司治理在具体的治理理念与制度细节上，依然有诸多不容忽视的差异性。正是在制度化的双元力量的驱动下，现代公司治理日益发达并加快朝着复杂制度体系的方向发展。

为应对实践中面临的诸多挑战，现代公司治理体制正在沿着三个方向去寻求制度变革之道。现代公司治理体制变革的第一个方向是推行渐进改良式的制度变革。在这个方向上，现代公司治理体制被视为一种总体有效的制度体系，因为它有效地支撑了整个 20 世纪的经济繁荣。现代公司治理体制变革的第二个方向是尝试从股东中心主义的现代公司治理体制转向受利益相关者理论支配的现代公司治理体制。从理论上讲，这意味着，公司不仅要考虑自己的和公司股东的商业目标，还要考虑关系到广泛的利益相关者利益的社会目标。现代公司治理体制变革的第三个方向是最富有挑战性的，它要求导入情境化和整体化的思维。情境化，意味着要放弃对放之四海皆准的公司治理的实践原则的追求，要转向更加重视公司治理体系中林林总总的制度安排的复杂性、多样性、互动过程和无数种演化的可能性。

国有企业将建立和完善公司治理作为实践方向，但国有企业公司治理问题比私人公司治理问题更加复杂。中国需要贴合国情的公司治理之道，国有企业应通过正确看待公司和国有企业作为经济组织制度的社会性质，积极探索多类型和多层次的国有企业制度，努力构建界定清晰且运行成本可控的政企关系，积极探索和创新适合自身国情的现代企业制度。

（王欣）

**【利益相关者、非正式参与和公司治理——基于雷士照明的案例研究】**

赵晶、王明（中国人民大学）

《管理世界》2016 年第 4 期
22 千字

既有研究主要从正式制度视角研究利益相关者如何参与公司治理，是一种正式制度分析范式。在正式制度健全的欧美国家，这种分析思路在大多数情况下是有解释力的。但在交易强调关系基础和个人化情境的东方背景的国家，这种分析范式的解释力不足。该文将非正式制度环境引入利益相关者和公司治理关系的研究中，从非正式制度的角度研究利益相关者如何参与公司治理。根据案例研究，该文发现：在中国，利益相关者可以通过非正式方式参与公司治理；具体包括游说策略、隐形代理人策略、动员集体行动策略、路径策略 4 种非正式方式；同时，利益相关者会根据焦点企业特征和自身群体特征对参与策略进行权变决策。该文突破了既有的利益相关者和公司治理关系研究的正式制度分析框架，建立了一个利益相关者非正式参与公司治理的分析范式，是对既有理论的一个补充和完善。

作者同时对雷士照明的研究提出了几个启发性的未来研究方向。

首先，对利益相关者而言，研究得出的 4 种参与策略并不是排他的，实践的不断发展还会带来更多的参与策略。这反映出质性研究在“解剖麻雀”之后必须面对普遍性和特殊性的辩证问题。为了给出更为一般性的结论，未来研究应该采用多案例研究或者定量研究的方法。

其次，该文重点关注了契约型利益相关者的实质影响。由于签订契约的双方在商业上本身就存在稳定的合作关系，彼此施加影响有更大的可能性与合法性。这 4 种策略能否适用于没有直接签订契约的企业和利益相关者关系上，是一个有待解决的问题。仅就作者观察到的现象而言，利益集团可以游说公共政策决定者，社会公众的集体行动也曾反复出现。这类现象与该文的研究发现有怎样的相似与差异是一个值得继续探讨的问题。

最后，研究探索了利益相关者对公司治理的非制度化影响模式，并指出这种模式与我国企业所面对的制度环境是直接相关的。随着制度的演进，这种影响模式会发生怎样的变化，是否也会纳入制度渠道当中去，仍待进一步研究。此外制度环境的特殊性可以在哪些方面与公司治理的实践发生耦合是一个非常有趣的话题，类似地使用开放系统的观点来看待公司治理会带来许多全新的认识。简而言之，作者相信公司治理问题和环境因素的交互需要更多的研究和关注，并希望其他研究者能够加入进来。

（董昌娟）

**【国有企业董事会权力配置模式研究——基于二元权力耦合演进的视角】**

曲亮、谢在阳、郝云宏（浙江工商大学工商管理学院、统计与数学学院、工商管理学院），李维安（南开大学中国公司治理研究院）

《中国工业经济》2016 年第 8 期
18.9 千字

国有企业董事会是公司治理的核心，扮演着指导公司战略发展和监督经营管理层的重要角色，更是实现国有企业转型升级、推进国有经济战略重组的关键部门，如何构建高效、科学的董事会，既充分发挥市场机制对要素配置的基础性地位又实现转型期政府宏观调控对国有经济的有效引导与监督，成为一段时期内国有企业董事会建设所面临的核心问题。

面对国有企业董事会当前改革进程中存在的制度合法性与行为有效性之间的矛盾。首先，分析国有企业董事会内部经济型权利和行政型权力的二元分化与耦合机制；立足中国国有企业公司治理转型的宏观背景，进一步构建董事会内部权力配置及其演化路径。理论框架表明，国有企业董事会通过协调和优化董事来源，可以有效配置董事会内部权力结构，从“行政决定型”逐步转向“行政监督型”。从而构建了符合中国公司治理情境的国有企业董事会内部权力配置模式。

其次，基于2012—2014年国有上市公司数据进行实证分析，实证结果表明，国有企业董事会存在“一把手决策、行政化严重、独立性较弱”等问题，政府行政干预对企业经营发展产生一定程度的负面影响，过多地依赖董事会经济型权力又容易导致“内部人控制”等问题，经济型董事比例与企业绩效存在显著的正“U”型关系，国有控股比例对董事会权利配置模式作用的发挥起到一定的调节作用。

最后，针对性地分析不同类型国有企业董事会权力配置模式，提出国有企业董事会未来权力配置需面对的新问题，探索性地提出精准治理的改革方向：（1）公益类国有企业要充分发挥行政权对于董事会的积极作用，防范治理真空出现；（2）商业类国有企业要充分发挥行政权对于内部人的制衡作用，发挥独立董事作为行政权力和经济权力的重要枢纽，防范掏空行为；（3）将“去行政化”内涵拓展为行政权力的分类演化并且分步推进，这是国有企业董事会治理的可选路径；（4）充分发挥“混合型”董事的独立专业性能力，形成跨区域、跨行业、跨履历的国有企业董事任命机制；（5）在董事会权力配置时要考虑充分发挥董事会多样性特征带来的积极影响；（6）重视“董、监、高”连锁化给国有企业董事会权力构成带来的复杂影响。

（郭文）

**【合伙人制度与创业团队控制权安排模式选择——基于阿里巴巴的案例研究】**

郑志刚、邹宇（中国人民大学财政金融学院），崔丽（美国约翰霍普金斯大学凯瑞商学院）

《中国工业经济》2016年第10期
18.8千字

伴随新兴产业的快速发展，阿里创业团队在进行以业务模式创新为特征的人力资本投资的同时面临信息不对称和合约不完全问题。基于阿里合伙人制度的案例研究，文章得出如下结论：阿里借助合伙人制度事实上完成了创业团队与外部投资者之间从短期雇用合约到长期合伙合约的转换，实现了阿里创业团队与外部投资者之间的信息共享和风险分担，节省了交易成本。具体而言，合伙人制度由此不仅成为信息不对称下外部投资者识别阿里独特业务模式的信号，而且成为合约不完全下激励创业团队进行人力资本投资的重要控制权安排实现形式。与此同时，“长期合伙合约”下的马云创业团队事实上成为阿里“不变的董事长”或“董事会中的董事会”，实现了“管理团队事前组建”和“公司治理机制前置”，使交易成本进一步节省。

文章中中国公司治理实践具有以下政策含义：（1）合伙人制度的出现是阿里在新兴产业快速发展过程中面对信息不对称和合约不完全问题时自发选择的市场化解决方案。阿里的实践再次表明，理论是灰色的，但生命之树常青。这事实上同样是中国从改革开放以来持续进行市场导向的经济转型的背后原因，因为市场总会内生地创造出一些新的控制权安排模式以更加有效地适应外部环境的变化。(2) 在中国公司治理实践中，应该摒弃“你雇用我”还是“我雇用你”的思维，树立全新的合作共赢的合作伙伴的新思维，像合伙人制度一样，实现从短期雇用合约到长期合伙合约的转换。(3) 未来中国资本市场应逐步放松对一股一票原则的要求，允许新兴产业创业团队以发行具有双层股权结构的股票上市，甚至像阿里一样推出合伙人制度。对于双层股权结构，不仅在形式上而且在实质上，创业团队与外部投资者的投票权是不平等的；而对于合伙人制度，尽管形式上是平等的，但通过与控股股东的一致行动协议和公司章程相关规定实现了投票权的实质不平等。是否有投资者愿意购买形式或实质具有不平等投票权的股票，并以什么价格购买，市场将会形成理性的判断。而上述制度的实际推出则不仅需要中国资本市场在法律层面突破上市公司发行“一股一票”的限制，而且需要赋予上市公司在公司章程等制定上具有更多的自由裁量权。

（郭文）

**【独立董事个人社会资本异质性的治理效应研究】**

高凤莲（南京审计大学会计学院、厦门大学管理学院），王志强（厦门大学管理学院）

《中国工业经济》2016 年第 3 期
18 千字

代理问题是公司治理的核心和关键，该文选取中国沪深两市上市公司为研究样本，探讨了独立董事社会资本对公司股东与管理者以及控股股东与中小股东间的两类委托代理问题的治理作用。在 OLS 回归和控制内生变量的 2SLS 回归结果中发现：社会资本高的独立董事能有效地缓解股东与管理者之间的委托—代理问题，提高公司整体资产的周转效率；随着独立董事社会关系网络的不断丰富与拓展，可以抑制控股股东肆意占用巨额资金等掏空行为，缓解控股股东与管理者间的第二类代理问题；考虑省份之间法律执行效率和信任水平的差异，实证结果发现，外部治理环境与独立董事社会资本在缓解代理问题方面存在替代效应。在法律保护或信任水平偏低的地区，独立董事利用自身社会资本更容易广泛地收集“内幕”信息，一定程度上能够弥补法律保护与信任水平的不足，抑制公司管理者和控股股东的逆向选择和道德风险问题，提高公司经营效率。

根据上述研究结论，该文分析得出以下政策启示：

（1）监管当局应当积极引导和鼓励上市公司聘任社会声誉好、专业声望高等已经积累了较高个人社会资本的社会精英担任公司独立董事。在声誉机制的作用下，这些独立董事更有动机也更有能力行使独立董事的职责，帮助公司提升治理水平。联想到中共中央组织部在〔2013〕18 号文件中提出的党政机关处级以上干部不得兼任独立董事的政策，该文认为，尽管政策制定者的初衷可能是杜绝独立董事选聘过程中的腐败和寻租行为，其出发点是好的。但根据该文的理论逻辑，在中国目前事业单位去行政化远未完成的背景下，政策的实施可能会导致一大批社会声誉好、职业操守高等社会资本高的社会精英被排除在独立董事的任职门槛之外，导致独立董事总体平均的社会资本水平下降，损害独立董事制度的治理效率。因此，该文的实证研究证据对该政策并不提供理论支持。

（2）提高独立董事个人信息透明度。该文实证结果发现，包含政治关系或政治身份的独立董事社会资本在监督公司两类代理成本方面均发挥着正面的积极作用。提高独立董事的信息透明度不仅可以加大独立董事渎职的机会成本，也可避免独立董事利用政治权力非法寻租对其职责履行带来负面影响。社会资本中的政治关系、专业技能、社会声誉和权力地位等均息息相通，过度袒护或抑制某一方面都将会影响综合社会资本效用的发挥。

（3）积极完善法律和信任等外部治理环境，只有健全外部治理环境与完善独立董事制度“双管齐下”时，才能富有成效地推进和系统地解决公司委托—代理矛盾与冲突，进而提升独立董事制度的治理效应。所以，还要持之以恒地改进宏观外部治理环境：不断完善投资者法律保护体系，加快促进政府由“职能型”向“服务型”的角色转变，切实提高政府监管机构的执法效率，为降低代理成本营造客观公正的法律环境；维护和推动市场中介机构的独立性，对政府权力寻租行为形成制约监督机制；加强精神文明建设和社会人文关怀，提高地区信任水平，增强社会公众的幸福感和集体归属感，营造彼此信任、开诚布公的良好氛围。

（董昌娟）

**【独立董事个体有效性监督的形成机理——面向董事会监督有效性的理论构建】**

周建、罗肖依、张双鹏（南开大学中国公司治理研究院、南开大学商学院、南开大学中国特色社会主义经济建设协同创新中心）

《中国工业经济》2016 年第 5 期
24 千字

面对上市公司董事会结构配置整体合规无法有效提升董事会监督有效性的现状，该文从微观视角出发，构建了基于独立董事个体有效的董事会监督有效性理论，个体有效指独立董事个体拥有高—监督潜能。该文提出了独立董事监督潜能的概念，构建并证明了独立董事高—监督潜能形成所需具备的一定初始水平之上的四属性特征（动机、灵活工作时间、独立性、专长），以及四属性特征相互匹配整合形成独立董事个体监督潜能“异质性”的过程。董事会中只有高—监督潜能的独立董事个体才更可能施加“少数人”影响力，通过监督的“模范”行为及“发声”质疑，改变阻止董事会有效监督的“默许”的规范，形成有利于董事会识别潜在问题的“警觉”的规范，进而提高董事会监督有效性，降低某一领域公司治理失败事件的发生率。

根据上述研究结论，该文分析得出以下政策启示：

第一，提升董事会监督有效性要注重“整体合规”与“个体有效”的结合。“整体合规”指董事会配置满足结构上的独立性要求，“个体有效”指独立董事个体能否有效监督即监督潜能的高低。整体合规与个体有效不是相互对立和矛盾冲突的关系，而是相互强化促进的。二者之间的具体关系表现为：（1）整体合规代表法律意义上对董事会独立性的一种强制性制度规定，能够为个体更为有效地发挥监督作用提供良好的“情境”。（2）个体有效代表董事会中存在高—监督潜能的独立董事个体，切实“有所为”，进而才能在“同构化”的董事会制度建设下，提高董事会监督有效性。

第二，鉴于高—监督潜能独立董事个体才更可能从事监督行为，董事会中存在高—监督潜能独立董事个体才是提高董事会监督有效性的根源所在。因此，中国证监会等监管部门应该从四属性特征方面加强对独立董事履职的规定及提高相应的任职标准：（1）为了使独立董事增加监督动机，可以有选择性地限制其他地方有全职工作的人士担任上市公司独立董事，逐渐实现独立董事任职职业化。（2）规定独立董事投入更多的时间到董事会事务中，可以增加每年董事会会议次数（能够增强独立董事与内部人之间的沟通，有利于独立董事获取更多的信息）；延长每次会议的时间，让每位独立董事切实参与到每一个董事会议案的讨论之中。（3）独立董事“不独立”，不仅因为从上市公司领取薪酬及受大股东和管理层提名及选聘的影响，还在于独立董事的信息劣势。因此，建议监管部门增加独立董事获取信息的渠道，如可以要求负责审计该上市公司的审计师为独立董事提供更详细的信息。（4）监管部门通过限制独立董事的任职标准来提高独立董事的专长。如规定必须具备某一领域的其他公司任职经验，来增强独立董事某一领域的专长。（5）明确独立董事无效监督的责任，监管部门可以规定上市公司在每次董事会会议中必须给独立董事提供“无效监督可能引致的后果及需要承担责任”的书面提醒，不仅表达出监管部门及上市公司对独立董事有效监督的期望，又能在事前对独立董事不尽责监督起到警示和防范作用。（6）针对民营控股公司内部人权力比较大及国有企业中政府干预程度比较强的情况。监管部门应该赋予此类企业独立董事更多的权力。

（董昌娟）

**【独立董事制度改革、独立董事的独立性与股价崩盘风险】**

梁权熙、曾海舰（广西大学商学院）

《管理世界》2016 年第 3 期

23 千字

公司治理机制对股票价格以及股票收益率分布特征的影响是近年来公司财务学领域研究的热点问题。该文主要运用独立董事制度改革的政策性外生冲击，以及我国上市公司特有的独立董事对董事会议案发表意见和进行投票的强制披露数据，考察独立董事的治理机制如何影响公司股价发生崩盘的风险。

该文首先以 2003 年为事件年度，以 1999—2007 年为事件窗口，以改革完成后独董比例维持在达标水平的公司为处理组，以独董比例高于达标水平的公司为控制组，通过面板数据的双重差分估计模型发现：独立董事制度改革显著地降低了公司股价发生崩盘的风险，具体表现为在改革完成后处理组公司相对于控制组公司的股价崩盘风险有了显著的下降。作为上述结论的一个补充，该文还检验了所有权结构对改革完成后公司独董比例的影响，发现政府实际控制的公司、实际控制人控制权和现金流权分离度较高的公司、股权制衡程度较低的公司更不愿意提高独立董事的比例，其在独立董事制度改革完成后更有可能将独立董事比例保持在达标水平。该结果表明治理环境越差（大股东的控制权私利越大）的公司，董事会增加独立董事比例面临大股东的阻力越强，从而间接验证了独立董事的治理作用。进一步地，该文利用中国特有的强制披露数据（即独立董事对董事会议案出具意见和投票结果）提供的研究机会，考察了独立董事的公开质疑行为对股价崩盘风险的影响，发现相比于不存在异议独立董事的公司，存在异议独立董事的公司股价发生崩盘的风险明显较低。该结论即使在控制了独立董事公开质疑行为的内生性（自选择）问题后仍然成立。这表明独立董事的监督行为有助于缓解代理问题，遏制管理层的坏消息窖藏行为，从而降低股价崩盘风险。此外，该文还进一步考察了独立董事辞职前后股价崩盘风险的变化，发现独立董事辞职当年及前一年的股价崩盘风险显著低于其他年度，该结果再次印证了独立董事监督对管理层坏消息窖藏行为的制约作用。

该文的研究结论具有重要的政策含义。在我国上市公司股权高度集中、一股独大的特殊背景下，如何设计合意的治理机制来遏制大股东对中小股东的侵害，保护中投资者的利益，是我国资本市场监管者的重要政策目标。该文从股价崩盘风险的崭新视角检验了我国上市公司独立董事治理机制的有效性。该文的研究表明，在投资者保护较弱的新兴市场国家，加强独立董事的治理机制特别是引入有不同意见的独立董事，对于防范股价崩盘风险、促进资本市场稳定具有重要的作用。该文的研究也为理解和评估我国推进上市公司独立董事制度改革的政策效果提供新视角和新证据。

（董昌娟）

**【中国企业跨境交叉上市改善了公司治理水平吗？——基于分析师预测准确度的实证研究】**

董秀良、张婷、孙佳辉（吉林大学管理学院）

《中国软科学》2016 年第 9 期
17.9 千字

公司治理问题产生根源是由于委托代理关系而引致的代理问题，而代理问题的实质则是信息不对称性，已有的理论研究表明，企业跨境交叉上市相当于为公司治理引进了一个新的外部治理机制，有利于提升公司信息披露质量。然而，限于大多数中国企业采用“先外后内”的特殊交叉上市路径，其对公司治理的影响则要复杂得多。

基于此，文章采用分析师盈余预测准确度作为衡量信息披露质量代理变量采用面板数据模型，首先利用 2008 年至 2013 年我国先 H 股后 A 股逆向跨境企业数据，对逆向跨境交叉上市之于公司治理的影响进行了实证考察，研究表明：尽管从横向对比上看，交叉上市公司的信息披露质量优于非交叉上市的纯 A 股公司，但这主要是由自选择问题造成的，而非交叉上市行为所引起的改善，即这些企业在赴香港市场上市前在内地同行业中就是龙头企业和佼佼者，而上市之后又要承受远比内地上市更加成熟的香港市场的严格监管，使得这些企业的公司治理远好于纯内地上市公司，但该种交叉上市行为却并没有使公司治理水平得到进一步的提升，因为进一步的检验发现，在纵向上的交叉上市后其企业的信息披露质量并未提高，反而下降。其次，为了对不同交叉上市路径之于公司治理的影响进行考察，还对“先内后外”的正向跨境交叉上市行为进行了检验，结果表明该种交叉上市路径则有助于公司信息披露水平的提高，对公司治理的改善具有促进作用。

研究结论还表明，“海归股”重返内地交叉上市的行为主要基于融资动机，为了获取更加低廉的资本，而非公司治理改善之目的，这一点应该引起监管部门的足够重视，尤其应加强对回归企业融资定价和融资资金使用的监管。另外，由于不同的交叉上市路径对公司治理会带来不同的影响，监管部门在对我国企业选择跨境交叉上市路径上，应鼓励先在境内 A 股上市，然后再到更高级、更成熟的境外市场上市，或者选择境内外同步上市，充分利用成熟市场监管的“绑定机制”促进公司治理的改善。而对于选择逆向交叉上市的企业，应鼓励其选择吸收合并，这样不仅可以有效地提升内地投资者在发行过程中的话语权，还可以降低我国境外上市企业利用国内不完善的市场制度和监管缺陷，利用不合理定价进行过度融资而损害内地投资者的行为发生。

（郭文）

**【两权分离与上市公司长期回报：利益侵占还是简政释权】**

田利辉、叶瑶（南开大学金融发展研究院），张伟（西南财经大学会计学院）

《世界经济》2016 年第 7 期
18.2 千字

资本市场发展的关键之一是如何保护中小投资者权益。中国上市公司中存在着“隧道”行为，大股东对中小投资者权益侵占严重。在一定程度上，利益侵占的“隧道效应”来自公司IPO之后所形成的两权分离的股权结构。然而，国有控股的上市公司是否也存在侵占行为?

基于此，文章以中国上市公司为研究对象，探讨两权分离与控股股东侵占中小股东利益的关系。通过对1154家上市公司长期数据的分析，发现控制权和现金流权的分离引致利益侵占，显著降低了IPO长期回报率。然而，在政府控股公司中，两权分离并未显著降低公司IPO长期回报。实际上，政府控股公司的两权分离有助于减少资金占用、增加股利分配、降低关联交易，也能减轻社会性负担和降低经理人代理成本。可见，在政府控股企业中，两权分离有助于减少政治干预，约束攫取之手，提升企业运营的市场化水平。

研究结论有助于加深对不同产权类型公司两权分离的认识。家族企业出于缓解本身融资约束的动机将其部分股份出售，通过金字塔结构、交叉持股、多重投票权等方式对上市公司进行实质性控制。然而，家族控股公司融资资源为整个企业集团共享，控股股东的深隐藏性以及较长的控制链条，加剧了控股股东潜在的掏空和道德风险，从而带来企业股票长期回报的下降。与之相对，政府出于提高企业效率的动机将国有企业部分股权进行出售，有意拉长了政府股东与上市公司之间的控制链条，增加了政府干预上市公司经营活动的难度和成本，向投资者发送了其减少政府干预的可置信性信号。同时，由于政府股权的公益属性，政府并不存在通过控股权来掠夺中小股东的动机。实际上，文章发现，随着两权分离的增大，政府控股企业的关联交易和资金占用下降，股利分配增大。

学术贡献如下：第一，率先提出并检验了政府释权假说，为政府控股下的企业集团混合所有制改革提供借鉴。第二，两权分离能有效降低政府控股企业的第一和第二类代理问题，能够提升政府控股企业的绩效，这发展了不同股权结构下的代理理论。第三，从新股发行市场的角度分析了两权分离与利益侵占的关系和终极控股股东的作用，对于所有权问题研究有所贡献。

（郭文）

**【所有制、出口行为与企业融资约束】**

余子良、佟家栋（南开大学经济学院）

《世界经济》2016年第3期
18.1千字

文章在区分所有制的前提下，使用中国工业企业数据库1998—2007年的数据出口探讨了所有制、出口行为对企业融资约束的影响，并在此基础上首次识别其影响渠道。结果发现，出口行为对不同所有制类型企业融资约束的影响及其影响渠道存在显著差异：出口可以缓解民营企业与外资企业的融资约束，但对国有企业影响甚微；出口主要通过“信号效应”与“销售市场多元化效应”缓解民营企业融资约束，而对于外资企业，则主要通过“销售市场多元化效应”与“融资市场来源的多元化效应”缓解其融资约束；参与出口可以有效减轻国有企业的“预算软约束”问题。

对出口广义边际与集约边际对企业融资约束影响的检验结果表明，不论是出口广义边际还是集约边际，均能显著改善民营企业与外资企业的融资约束状况，但对国有企业影响甚微。对出口集约边际的进一步分解，发现出口行为对民营企业融资约束的改善主要通过“信号效应”与“销售市场多元化效应”起作用，而外资企业主要通过“销售市场多元化效应”与“融资市场来源的多元化效应”起作用。然而参与出口的国有企业表现出“投资—现金流”敏感度增加的倾向，导致这一现象背后的原因可能是参与国际竞争使国有企业的投资行为更受市场规律约束，减轻了其

“预算软约束”问题。

企业出口行为对自身融资约束影响及其影响渠道的检验结果，从企业融资角度说明了进一步深化中国金融市场改革的必要。民营企业的外部融资主要依赖于国内资本市场，且金融机构对其质量的识别存在信息不对称或政策偏好问题；国有企业存在“预算软约束”问题；外资企业对国内金融市场的依赖程度较低。因此，应进一步采取措施促进国内金融机构发展与业务拓展，鼓励其向中小企业（民营企业多以中小企业为主）授贷，规范其与国有企业之间的经济往来关系；鼓励民营企业“走出去”，为其利用国外资本市场融资提供政策支持；继续推进国有企业改革，鼓励其更多地参与国内外市场竞争，使其行为更受市场经济规律约束，提高资金利用效率；同时，考虑到外资企业在国内资本市场上对本土企业的“挤出效应”较低，应继续鼓励外资流入以促进国内经济发展。

（郭文）

**【产权性质、领导权结构变化与公司业绩】**

朱滔、丁友刚（暨南大学管理学院）

《会计研究》2016 年第 5 期

16.6 千字

国内研究混淆了领导权结构变化和高管变更，文章通过模型设计对两者进行了区分，研究了领导权结构变化的效应。主要研究结论如下：（1）分离两职导致公司业绩显著下降，业绩平均下降幅度在经济意义上也是重要的。考虑产权性质因素后，发现分权带来的业绩下降主要存在于非国有上市公司，而国有上市公司分权对公司业绩没有显著影响。（2）合并两职整体上对公司业绩没有显著影响。考虑产权性质因素后，发现集权带来了非国有公司业绩的显著提高，而对国有上市公司没有显著影响。（3）在非国企中，领导权结构变化与公司风险水平密切相关，风险水平越高，越可能选择有利于快速决策的集中领导权结构。此外，集权提高了高管“薪酬—业绩敏感性”，分权则产生了相反的效应。

研究显示在非国企中，董事会领导权结构的集中是对公司风险环境的一种适应与协调。而国企领导权结构的变化更多地表现出迎合监管政策需要的特征。这些证据一方面表明，不宜将“两职合一”理所当然地作为高管权力过度或差的公司治理实践的“标志”。在后续研究中，需要区分领导权结构变化和高管变更。另一方面表明，需要重新审视监管部门出台政策一刀切式的引导企业普遍采用分权的领导权结构。最后，研究还从侧面为新一轮国企改革提供了经验支持，新一轮改革的重要方向之一是国资委将从“管资产”向“管资本”转变，“管资本”意味着向股东角色的回归，减少行政引导和干预，这将有利于公司治理结构（包括董事会领导权结构）的适应性调整，以实现治理结构与公司组织自身特征和外部环境条件的协调。

文章的贡献在于：首先，领导权结构变化必然伴随高管变更，反之则不然。通过研究设计首次明确区分了之前国内研究文献对领导权变化效应和高管变更效应的混淆，细化了高管变更和领导权结构的相关研究。其次，考察了领导权结构调整对公司业绩影响的可能途径，结合我国制度背景，对非国企提出了风险环境适应假说，而对国企提出了监管政策迎合假说，深化了领导权结构变化机理的相关研究。最后，研究发现具有重要意义，理论价值方面，研究结果表明需要重新审视理所当然地将“两职合一”作为差的公司治理实践的共识。此外，后续对高管变更的研究，需要有效地控制领导权结构变化的效应。政策含义方面，对监管部门出台政策一刀切式地引导企业普遍建立分权的领导权结构提出了质疑。

（郭文）

**【非国有股东提高了国有企业的内部控制质量吗？——来自国有上市公司的经验证据】**

刘运国、郑巧、蔡贵龙（中山大学管理学院/成本与管理会计研究中心）

《会计研究》2016 年第 1 期
16.5 千字

国有经济一直是我国国民经济的重要支柱，国有企业改革更是我国经济体制改革的中心环节。国有企业经过三十余年改革，已逐步建立起现代企业制度，并取得了一系列重大成就。然而，在产权配置、内部治理、政府控制与干预等方面我国国企仍存在较多问题。在新一轮深化国有企业改革的过程中，怎样才能提升国有企业的内部控制质量呢？

关于国企混合所有制改革的研究，现有文献大多停留在对混合所有制改革的理论讨论，对混合所有制改革能否提高国有企业经营与治理效率等问题的研究仍缺乏大样本的经验证据。文章以混合所有制改革为制度背景，从内部控制视角，通过人工搜集 2008—2015 年国有上市公司中非国有股东持股数据与人员委派数据，考察了非国有股东参与水平对国有企业内部控制质量的影响。结果发现，非国有股东在高层治理维度的参与有利于改善国有企业内部控制质量，且上述提升作用只存在于竞争性国有企业与地方国有企业。

基于以上结论，提出如下建议：第一，在进一步深化国有企业改革中，应当积极发挥非国有股东的治理作用。第二，国有企业改革不应该只停留于形式，而应该更加深入治理层面。在顶层设计、高层治理方面，保证非国有股东足够的话语权。第三，还应当加快推进国有企业分类改革。在对特定功能类企业与公益类企业保持绝对国有控股前提下，对于商业竞争类企业，可以加大混合所有制改革力度，使资源配置的权利真正回归市场、使国有企业更加健康发展。

研究贡献在于：第一，丰富了内部控制与股东治理的相关文献。研究发现，非国有股东能够对国有企业控股股东进行制衡，并有效监督国企高管行为，从而提升企业内部控制质量。第二，为当前国有企业混合所有制改革提供积极的政策参考。国有企业如何推进混合所有制改革及改革过程需要注意哪些问题，需要根据不同企业情景来设计。有必要从过去十多年来，我国在改革开放过程中已进行混合所有制改革的企业实践中总结经验，为后续的混合所有制改革设计寻找更为恰当的途径。文章从非国有股东能够有效改善国企内部控制的角度支持了混合所有制改革政策，也为当前混合所有制改革的进一步深入推进提供了一定的借鉴意见。

（郭文）

**【不同所有制企业创新的空间溢出效应】**

吴友、刘乃全（上海财经大学城市与区域科学学院）

《经济管理》2016 年第 11 期
17.7 千字

随着我国改革开放步入深水期与攻坚期，经济下行压力较大，结构调整任务较重，而实行创新驱动发展、建设创新型国家将成为当前我国经济发展的重中之重。现阶段，企业仍然是我国创新体系中的主体，特别是中国经济转型过程中，形成了国有企业、民营企业、外资企业等多种所有制企业共存的局面，发挥多种所有制企业的协同发展与创新溢出，对实现我国创新发展战略具有重要意义。

鉴于此，文章以我国 1998—2014 年各省份四种所有制企业的数据为样本，将空间因素纳入知识生产函数中，尝试性地分析了不同所有制企业之间的创新溢出大小与边界。研究结论显示：（1）创新溢出具有体制临近性，即同种所有制企业之间的创新溢出较大；（2）不同所有制企业间创新溢出具有非对称性，民营企业成为创新溢出的最大吸收方，国有企业难以获取其他企业创新投入的外部性，成为主要溢出方，港澳台资企业与外资企业之间具有“挤占效应”；（3）就不同所有制企业创新溢出的边界而言，国有企业之间在全国范围内存在溢出效应，民营企业间的溢出边界为1450千米，港澳台资企业间、外资企业间均为1650千米；（4）就不同所有制企业创新产出的影响因素而言，企业自身的研发经费与研发人员投入仍是创新产出的重要保障。

研究成果对当前我国外商投资政策、区域产业规划以及创新驱动发展战略的政策调整和改革，具有一定的指导意义。具体政策建议如下：第一，提升企业自主创新的积极性与动力，构建区域自主创新体系。各地区政府要加大科技投入的力度，通过财政补贴、融资优惠等政策鼓励企业自主创新。更重要的是，打破企业所有制歧视的观念束缚，设置和实施中小微企业的科技资助政策。第二，打造创新共享平台，实现多种所有制企业间的协同创新。探索“创新共享平台”的运行机制与管理办法，可以尝试通过股份制、公司制的方式来吸引不同性质企业之间构建协同创新实验室、研发中心、专家智库、行业发展数据库等；提高区域的交通基础设施建设与贸易开放度，降低企业之间交通成本与贸易成本，促进企业间的合作交流。第三，加快推进国有企业体制改革，提高国有企业的创新效率。按照分类改革与治理的思路，有条不紊地推进部分国有企业的混合所有制改革。第四，深化对外开放政策，加强港澳台资企业和外资企业与地区经济的适配性。

（郭文）

**【中国家族企业家族所有权配置效应研究】**

刘白璐、吕长江（复旦大学管理学院）

《经济研究》2016年第11期
14.8千字

虽然家族企业在市场经济活动中的重要性日益显著，但诸如中大集团、杨协成这种因家族内部利益冲突影响企业健康发展的案例突出了合理配置家族所有权的重要性。

基于以上背景，文章分别从家族整体和家族成员个体两个层面以及二者之间的联系研究了在我国家族企业中家族所有权配置方式与业绩的关系。研究发现，我国家族企业中家族总持股与企业业绩为正相关关系，家族所有权在家族成员之间的配置集中度与业绩之间为“U”型关系，即家族成员所有权配置充分分散或充分集中时，家族企业的会计业绩和市场价值最高；家族成员所有权配置相对集中时，来自内部家族成员之间的矛盾冲突会对会计业绩和市场价值产生不利影响。具体来说，单人持股家族企业的业绩比多人持股家族企业好；在多人持股家族企业中，家族持股赫芬达尔指数在0.53—0.59区间附近时，企业会计业绩和市场价值最低。最后，进一步检验发现家族传承冲突程度会在家族整体层面和家族成员个体层面削弱家族所有权配置效应。该文的研究结论说明，在我国家族企业中，不仅家族总持股，而且内部家族成员之间的股权配置方式也会潜在影响家族成员之间的地位和利益格局，进而对家族企业产生深远影响；特别的是，随着我国家族企业逐步进入“传承期”，家族企业所有权配置效应会受到家族传承冲突的影响。

相比较以往文献，文章的主要贡献有三点：第一，尽管国内外学者研究了家族企业股权与业绩的关系，但大部分文献，将家族视为一个整体进行研究并以家族总持股作为研究对象，忽视家族内部个体成员的偏好差异。文章从家族基本组成部分“家族成员”入手，以家族成员间的持股差异为研究对象，揭开家族持股的黑箱，为我国家族企业如何有效配置家族股份提供理论解释和经验证据。第二，以契约关系为基础的股东关系会对股东之间的地位、利益格局和势力冲突产生深远影响。家族股东作为一类股东关系明确且可变性低的股东群体，为研究控制股东关系的情况下所有权配置效应提供了很好的研究素材和机会。第三，选择家族企业必将经历的“企业传承”这一特定环境，将以亲缘关系为基础的家族冲突具体化，丰富了关于家族冲突的研究文献。

（郭文）

**【家族企业治理模式的分类比较与演进规律】**

吕鸿江、吴亮（东南大学经济管理学院），周应堂（南京农业大学）

《中国工业经济》2016 年第 12 期
17.6 千字

家族企业治理模式问题的根源在于信任机制的建立。在家族企业成长过程中，不同的发展阶段需要不同信任机制匹配的治理模式，但目前鲜有研究对不同阶段信任机制匹配的作用进行考察。

文章基于初始阶段与持续阶段的信任机制匹配的角度，将家族企业治理模式分为亲缘型家族企业治理模式、礼法型家族企业治理模式、交往型泛家族企业治理模式、契约型泛家族企业治理模式，通过构建这四类家族企业网络仿真模型，比较发现：礼法型家族企业治理模式具有最好的资源交换效率，契约型泛家族企业治理模式具有较好的资源交换效率和较好的公平性，亲缘型家族企业和交往型泛家族企业治理模式的资源交换效率则较低。此外，运用网络聚类系数、网络中心性、关系强度等整体社会网络特征分析了影响资源交换效率的原因。在此基础上，将家族企业治理模式演进总结为礼法化、泛家族化和契约化三个阶段，并指出这三个阶段是家族企业发展过程中的演进规律。

研究结论的理论贡献主要体现在以下三个方面：（1）以往研究主要关注家族企业信任机制组合的截面结构，但缺乏从纵向角度剖析家族企业信任机制组合模式和发展阶段，文章从不同时间维度将信任机制划分为初始信任机制和持续信任机制，并依据初始和持续的信任机制组合对家族企业治理模式进行的分类是对此类研究的深入细化和有力补充。（2）少数对家族企业治理模式进行纵向研究的理论还主要停留在推理阶段，文章从社会网络角度构建仿真模型对四类家族企业治理模式的资源交换效率和整体网络特征进行模拟比较，并指出以初始制度信任为主的礼法型家族企业治理模式和契约型泛家族企业治理模式具有较高的资源交换效率和较好的公平性，这是对以往相关理论的进一步验证和推进。（3）从动态演进角度提出家族企业治理模式演进的礼法化、泛家族化和契约化三个发展阶段，并对其过渡特征展开分析，有助于从信任机制的初次和持续的纵向时间角度厘清家族企业治理模式演进的复杂动态特征。

此外，随着当前中国家族企业传承高峰期到来，家族成员的治理模式和权力分配问题将愈发突出，从不同阶段信任机制组合角度对家族企业治理模式的分析对此也有重要管理启示。

（郭文）

**【代理问题、风险基金性质与中小高科技企业融资】**

燕志雄、张敬卫（暨南大学产业经济研究院），费方域（上海交通大学中国金融研究院）

《经济研究》2016 年第 9 期
18.7 千字

不同所有制性质的风险投资基金往往

面临不同的代理问题，从而导致不同的绩效表现。根据所有制性质不同，风险投资基金可以划分为三类：一是政府主导型基金。尽管它有资金成本优势，但是代理问题可能引发过高的代理成本，而降低了项目的可承诺支付。二是风险投资家型基金。尽管风险投资家监管可以降低代理成本，提高项目的可承诺支付，但是监管成本与高回报率却增加了企业的融资成本。三是政府引导型基金，它既可以利用风险投资家监管减弱企业家的代理问题，又可以让企业家获取廉价的政府资金。文章模型推导证明了，若风险投资家是风险中性的，则政府引导型基金在可获得性上严格占优于风险投资家型基金。并且，当企业家的代理问题很严重时，政府引导型基金的可获得性最高，而政府主导型基金的可获得性最低。更一般地，若风险投资家是风险厌恶的，则政府引导型基金在可获得性上更严格占优于风险投资家型基金。并且，随着项目的不确定性增加，风险投资家型基金逐渐变得不可获得，而政府引导型基金的可获得性并不一定单调递减。此外，无论是政府主导型基金还是政府引导型基金，均可能存在政府资金的挤出效应，但政府引导型基金具有很强的杠杆效应，大大地减少政府资金的挤出效应。

更进一步，考虑到政府资金的挤出效应，政府在引导型基金中的最佳出资比例应该权衡风险投资的可获得性与挤出效应（或杠杆效应）。在现实中，这表现为：首先，种子期和初创期。除了天使投资与企业家的自有资金之外，企业很少有其他的外部资金来源。政府资金不会存在多大的挤出效应。政府的出资比例应该尽可能地多，以提高政府引导型基金的可获得性。其次，早期和扩张期。企业从风险投资家型基金那里仍然很难获取或仅能获取很少的资金。也就是说，尽管市场失灵程度有所降低，但是仍然很严重。政府应该相应地降低出资比例，以免造成基金内的挤出效应。最后，成长期和成熟期。通常，绝大多数企业可以获取风险投资家型基金的资金支持。市场失灵已经不复存在，政府出资比例应该降低到零，以免发生基金间的挤出效应。文章较好地解释了为什么政府引导型基金比较成功但政府主导型基金却比较失败。

（郭文）

**【控制权转让、产权性质与公司绩效】**

王甄（上海财经大学金融学院），胡军（江西财经大学金融学院）

《经济研究》2016 年第 4 期
16.1 千字

文章以 2003—2011 年 A 股发生终极控制人变动的上市公司为样本，考察了四类控制权变动对公司绩效的影响。结果发现：（1）国有转民营和民营转国有都能显著提高公司绩效，而国有转国有和民营转民营对公司绩效的提高并不显著；（2）民营转国有对公司绩效的提高源于隧道效应的减弱，而国有转民营对公司绩效的提高则是隧道效应的减弱和经理人代理问题的降低两方面共同作用的结果。以上结论说明，产权性质的改变在控制权转让过程中起到了积极的作用，不同所有制结构在治理问题上各有优缺点：国有企业往往面临更为严重的经理人代理问题，而民营企业的大股东隧道效应更为严重。所有权性质的转变导致治理形式的转换，新的治理形式克服了原先治理形式的缺点，从而提高了效率。

研究结果具有重要的理论和现实意义：（1）无论控制权是由国有性质主体转让给民营性质主体，或是反之，公司的绩效都得到长期、显著的提高。该结论对于投资者正确评估公司控制权变动对公司绩效的影响有借鉴意义，有利于缓解有关“国进民退”的争论，同时为进一步推进混合所有制改革提供经验证据。（2）控制权转让能提高公司绩效的一个重要原因是控制权转让以后公司大股东侵占效应的降低。该结论支持证监会应该进一步加大对公司大股东侵占公司资产的查处和惩戒力度，从而抑制大股东的消极作用，发挥其监督和管理的积极作用。（3）控制权转让以后经理层—股东之间代理问题的减弱也是国有转民营后公司绩效提高的原因所在。国有企业高管的行政任命、政府支持引致的预算软约束、多元目标等导致国有企业高管激励不足、约束不够以及管理层管理能力与公司绩效之间因果关系的模糊。基于此，文章给出如下政策建议：政府应该降低国有企业高管任命中的行政干预，积极引入职业经理人制度，同时加快政企分离，明确国有企业目标，加强高管激励和市场约束程度，降低经理层—股东之间的代理问题。

文章的可能贡献在于：（1）样本的可靠和翔实；（2）为民营化的积极作用是源于公司治理效率的提高，而非简单的产权性质差异提供了经验证据。（3）从微观视角下提供了控制权转让对公司绩效影响的作用机制，发现控制权转让之所以能提高公司绩效的原因在于经理人代理问题和大股东侵占效应的减弱。（4）运用新的计量方法考虑了实证分析中可能存在的选择偏差和配对偏差等内生性问题。

（郭文）

**【企业工薪所得税筹划与职工薪酬激励效应】**

王雄元、史震阳（中南财经政法大学会计学院），何捷（北京大学光华管理学院）
《管理世界》2016 年第 7 期
20.2 千字

薪酬激励效应的产生不仅依赖于以工资奖金、住房条件以及工作强度等生存型报酬为主的显性激励机制，而且与以人际关系、认可度以及个人价值体现等归属型与发展型报酬为主的隐性激励机制密切相关。由于职工对名义税前薪酬与实际税后薪酬差异的认知偏差，工薪所得税因直接抵减薪酬而可能削弱薪酬的激励效应。纳税筹划减弱了工薪所得税对职工薪酬的抵减程度，既可能强化显性薪酬的激励效应，又可能重塑企业与职工的关系进而产生隐性薪酬的激励效应。

文章基于 2007—2013 年我国上市公司的数据，从职工薪酬发放特征上，比如薪酬是否均衡发放、是否不存在年度大额薪酬支付以及非应税薪酬项目占比是否较高等，判断企业是否进行了工薪所得税的纳税筹划，进而考察企业工薪所得税纳税筹划对职工薪酬激励效应的影响。结果显示：（1）企业工薪所得税纳税筹划对职工薪酬激励效应具有促进作用，这一结论在经过内生性处理以及改变变量计量方式的稳健性检验后仍然成立。（2）由于国有企业职工薪酬更高而且面临的税务风险较低，因此国有企业工薪所得税纳税筹划对职工薪酬激励效应的促进作用更强。此外，2011 年税制改革降低了工薪所得税的整体税负水平，从而削弱了工薪所得税纳税筹划对职工薪酬激励效应的促进作用。（3）高管权益性薪酬占比较低，财务背景高管较多，平均工资水平居中，企业越有动机进行工薪所得税的纳税筹划，其工薪所得税纳税筹划对薪酬激励效应的促进作用更强。（4）国有企业在征税强度较高时进行纳税筹划对职工薪酬激励效应的促进作用更强，而非国有企业在征税强度较弱时进行纳税筹划对职工薪酬激励效应的促进作用更强。

文章首次将税收纳税筹划研究拓展至工薪所得税领域，有助于丰富纳税筹划类文献。此外，研究结论对我国工薪所得税及其纳税筹划实务具有启示意义。首先，对职工产生激励的是扣除个人所得税后的薪酬净额，而不是应付职工薪酬总额，税收及其纳税筹划对薪酬均具有调节作用，而且两者具有替代效应。其次，从微观角度，个人所得税制度、税收征管以及企业纳税筹划都应以维持对职工的激励进而保持企业活力为目标，政府应以此为准确定合理的税负水平。最后，个人所得税纳税筹划虽然对于职工个人以及企业具有积极意义，但必然会导致个人所得税税额下降，因此个人所得税制度需要合理界定纳税筹划的空间。

（郭文）

**【新型雇佣关系结构模型构建及实证研究】**

郭文臣、李婷婷、田雨（大连理工大学管理与经济学部）

《南开管理评论》2016 年第 4 期
17.3 千字

处于变革时代的组织和员工正经历雇佣关系、心理契约和职业生涯管理观念等一系列变化的挑战，构建新型雇佣关系应对挑战早已成为企业和员工的共同愿望和责任。

鉴于此，文章基于组织支持理论、心理契约理论和个人—组织契合理论，从价值观层面、能力层面和需求层面构建了包括组织和员工相互承诺、相互投入、共同担责的新型雇佣关系结构模型。通过对 50 家企业管理者和员工的调查，获得 216 份有效问卷，并运用 SPSS19.0 和 LISREL8.7 对样本数据进行了统计分析，证实了相互承诺、相互投入、共同担责对组织绩效和职业成功均具有正向影响，并进一步论证了新型雇佣关系能够显著预测组织绩效和职业成功。该研究站在组织和员工双重视角构建的新型雇佣关系结构模型，不仅丰富了雇佣关系理论，使个人—组织契合理论的价值得以拓展，而且为组织和员工如何共同应对雇佣关系变化提供了观念、策略和行为导引，为在新型职业生涯下如何实现提高组织绩效、达成职业成功的双赢目标提供了行动指南。

此外，文章研究探讨了以下两个问题：(1) 新型雇佣关系与传统雇佣关系的差异。新型雇佣关系的产生源于传统雇佣关系的变化及挑战。雇佣关系的变化之一是长期的、情感性的交换关系不复存在，取而代之的是短期的经济交换关系，这一变化导致的现实挑战是短期化、柔性化的雇佣模式，易使员工产生职业不安全感，进而导致组织认同感、忠诚度降低。雇佣关系的变化之二是组织提供的终身就业保障不复存在，取而代之的是择优录用，能者上、庸者下，员工必须以可就业能力、工作业绩换取职业安全。这一变化导致的现实挑战是如果组织不雇佣具有可就业能力的员工就难以保持可持续竞争力，组织和员工面对的共同问题是如何培养和提高可就业能力。雇佣关系的变化之三是组织负全责的职业生涯管理不复存在，取而代之的是个人主导职业生涯管理。这一变化导致的现实挑战是员工离职率升高，从而导致人力成本高、组织稳定性差、工作绩效降低等，职业生涯管理成为组织和员工面临的另一新问题。(2) 构建相互承诺、相互投入、共同担责的新型雇佣关系的依据。具体从价值层面、能力层面和需求层面阐述了基于个人—组织契约理论构建新型雇佣关系模型的主要依据。

（郭文）

**【股权激励行权限制与盈余管理优序选择】**

刘宝华（西南交通大学经济管理学院），罗宏、周微（西南财经大学会计学院）

《管理世界》2016 年第 11 期
17.6 千字

股权激励以及盈余管理都是会计学和公司治理研究中的核心问题。股权激励是否会诱使高管进行盈余管理吸引了众多学者的讨论，但研究结论尚不一致。西方学者大都发现股权激励会导致应计盈余管理，我国学者却多发现股权激励与应计盈余管理没有显著关系。什么原因造成了中西方实证结果的系统性差异？

文章认为中国股权激励制度规定股权激励计划如果使用净利润作为业绩考核指标需要剔除非经常性损益的影响是回答上述问题的关键。已有考察股权激励与盈余管理的相关研究都关注应计和真实活动盈余管理，而在中国的股权激励制度下，股权激励公司通过分类转移操纵核心盈余的动机最为强烈，而且分类转移很可能会替代其他盈余管理方式。使用2006—2014年中国非金融行业A股上市公司为样本，实证考察股权激励对三类盈余管理的影响，并比较长期权益和短期权益激励的异同。结果发现高管持有的长期权益激励会诱发分类转移，抑制真实活动盈余管理，但与应计盈余管理没有显著关系；高管持有的短期权益会诱发分类转移和应计盈余管理，抑制真实活动盈余管理。实证结果说明高管使用分类转移达到股权激励行权业绩考核条件，同时使用分类转移和应计盈余管理操纵股价。此外，使用分类转移能达到股权激励行权业绩考核条件以及操纵股价时，高管会放弃损害企业长期价值的真实活动盈余管理。由于真实活动盈余管理对企业价值的影响最为负面，应计盈余管理次之，分类转移最小，这种权益类型和盈余管理的对应方式意味着行权限制抑制了部分股权激励的不良经济后果，提升了股权激励的公司治理效应。

研究结论的重要意义在于：揭示了中国上市公司股权激励不会导致应计盈余管理的原因，回答了已有研究遗留下的“谜题”。更重要的是，从盈余管理优序选择的视角提出了股权激励与盈余管理关系的新观点，并将两类盈余管理替代的研究拓展到三类盈余管理方式的优序，丰富了股权激励经济后果和盈余管理动因方面的研究。此外，实证结果说明行权限制能够抑制股权激励诱发的部分机会主义行为，提升股权激励的公司治理效应。研究结果提供了中国上市公司股权激励管理制度合理性的证据，为股权激励实践以及进一步完善股权激励管理制度提供了一定的借鉴意义。

（郭文）

**【股权激励强度是否会影响公司费用黏性】**

梁上坤（中央财经大学中国管理会计研究与发展中心）

《世界经济》2016年第6期
19.6千字

股权激励是中国上市公司近年来逐渐兴起的一种激励方式。以往研究发现股权激励总体上有助于降低公司的代理成本，文章以2006—2012年沪深两市实施股权激励的公司为对象，研究股权激励强度对公司费用黏性的影响。研究发现：股权激励强度越高，公司的费用黏性越低，股权激励强度对费用黏性具有抑制作用；区分治理主体的监督力度，股权激励强度对费用黏性的抑制作用主要体现在大股东和债权人监督力度较低的情况下；区分公司面临的产品市场竞争程度，抑制作用主要体现在产品市场竞争程度较低的情况下。进一步的研究显示：股权激励的有效期会影响抑制效果，有效期长的股权激励具有显著的抑制作用；股权激励对不同类型费用黏性的抑制存在差异，对管理层薪酬黏性的抑制作用较弱。

研究的意义主要体现在以下三方面：第一，丰富了股权激励经济后果的相关研究。通过探究公司经营状态变化时，股权激励强度如何作用于经营策略的动态调整，揭示了上述影响背后的一条路径：股权激励强度抑制了费用黏性，有利于公司价值的提高。同时，结合治理主体监督以及产品市场竞争的不同情况，进行了更深层次的探讨。结果发现，不同情形下股权激励作用的发挥存在差异，公司治理其他机制（治理主体监督、产品市场竞争）与股权激励的作用存在替代，这深化了对不同条件下股权激励作用效果的认识。第二，为费用黏性影响因素的探索增添了新证据。研究显示，总体上股权激励强度对费用黏性具有抑制作用，肯定了中国现实背景下股权激励的正面价值，也拓展了非西方国家背景下费用黏性影响因素的研究。第三，为国有企业管理效率提升以及股权激励推广等改革提供了一些现实启发。管理效率低下、管理费用高企等现状很大程度上来源于管理层的机会主义动机。然而目前非国有企业中股权激励发展较快，国有企业对之则较为谨慎。在条件允许的情况下，在国有企业引入股权激励，将有助于抑制管理层的机会主义行为，有益于提升管理效率。文章的后续研究显示，在大股东监督力度不足及保护性行业中，推行股权激励可能更有必要，效果也更好。考虑到未来的混合所有制改革中，国有资本会进一步退出，股权激励扮演的角色将越为重要。

（郭文）

**【经理薪酬激励与资本结构动态调整】**

黄继承、阚铄（中国人民大学财政金融学院），朱冰（中央财经大学会计学院），郑志刚（中国人民大学财政金融学院）

《管理世界》2016 年第 11 期
19.5 千字

文章以中国沪深两市 2001—2012 年 A 股上市公司为研究样本，考察经理薪酬激励对资本结构调整速度的影响，并尝试探讨其作用机理。实证结果表明，当资本结构低于目标时，经理薪酬越高，公司向上调整资本结构的速度越快；当资本结构高于目标时，经理薪酬越高，公司向下调整资本结构的速度越慢。在考虑目标资本结构的其他衡量方法、控制其他公司特征对调整速度的影响以及利用经理薪酬变化值进行的检验中，上述关系都稳健地存在。进一步的研究发现，在资本结构高于目标水平时，经理薪酬对资本结构调整速度的影响更大，大约是低于目标水平时的两倍；在成长机会较高的公司中，经理薪酬对调整速度的影响也显著更大。这说明，当债务对经理人的约束效应较强时，经理薪酬与资本结构调整速度之间的关系更加敏感，证实了代理冲突影响资本结构动态调整的债务约束效应机理。

文章还发现经理薪酬越高，公司向上调整资本结构的速度越快，而向下调整资本结构的速度越慢，据此可以预期，在资本结构水平上，经理薪酬越高，公司负债水平应该越高。但一些经验研究却发现经理薪酬与公司负债水平显著负相关。鉴于此，利用考虑公司固定效应的静态模型以及考虑资本结构滞后一期的动态模型，检验经理薪酬与公司负债水平之间的关系。结果表明，在静态资本结构模型中，当不考虑公司固定效应时，经理薪酬与资本结构负相关，但考虑初始资本结构等公司固定效应后，经理薪酬与资本结构之间的关系就变得不再显著。而在动态资本结构模型中，经理薪酬与资本结构呈现出显著的正相关关系，而且这一关系在不同负债水平下都显著存在。上述结果为文章发现的经理薪酬与资本结构调整速度的关系提供了逻辑一致的经验证据。

文章的贡献在于：从经理薪酬激励这一新的视角，研究了公司资本结构动态调整问题，并探讨其作用机理，丰富了资本结构、经理薪酬等领域的文献。同时，研究结论为 Morellec 等（2012）等文献提出的股东经理人代理问题影响资本结构动态调整的债务约束效应机理提供了一定的经验证据支持。此外，文章从经理薪酬激励角度为已有研究发现的资本结构调整速度“不对称性”现象提供了可能的解释。

（郭文）

【半强制分红政策、公司治理与现金股利政策】

刘星、谭伟荣、李宁（重庆大学经济与工商管理学院）

《南开管理评论》2016 年第 5 期
15.6 千字

公司治理与股利行为息息相关，然而囿于公司治理指标衡量带来的内生性缺陷，使得已有文献未能清晰回答公司治理和股利行为的因果关系。

鉴于此，文章以我国 2008 年半强制分红政策为制度背景，将其作为外部公司治理变量，利用中国 A 股上市公司 2004—2014 年 12320 个年度观察样本，考察公司治理与上市公司股利行为的关系。实证研究发现，作为外部公司治理变量的半强制分红政策对上市公司的股利分配行为有一定的正向促进作用，显著提升了资本市场中公司派发股利的意愿，一定程度上减少了公司内部人与外部投资者之间的代理冲突。但是，由于政策对最低股利支付率“门槛”规定偏低，并未能整体提高上市公司的实际股利支付水平。进一步研究发现，半强制分红政策对不同特征公司的影响效应也存在很大不同，即政策“迫使”具有再融资资格且规模较小的公司、内部公司治理水平差的公司提升了其股利支付水平，但是对那些具备再融资资格的高成长、低自由现金流公司而言，半强制的规定则给公司的股利支付带来了显著的“负面”影响。研究结果表明，公司治理对企业股利政策有显著影响。在弱法制和公司治理不健全的现实背景之下，借助于外部监管约束公司股利行为有一定的积极作用，促使我国上市公司现金股利支付渐趋理性。

研究具有重要的实践启示：首先，就半强制分红政策而言，采取“一刀切”式的强制性分红政策具有其不理性的一面，应在细则设计上充分考虑、区别对待不同融资约束及成长周期的公司，使监管更加科学、理性，从而真正意义上促进上市公司股利派发行为的规范性和连续性，让我国资本市场成长为一个高度关注投资人利益、注重长期投资、具有生命力的资本市场。其次，依靠外部监管制度来实施半强制分红政策的根源在于我国上市公司的公司治理机制不健全，而健全的公司治理才是公司保护投资者利益，制定持续、稳定股利政策的保障。目前，我国上市公司尚不能依靠自身完善的内部治理机制去实现以上功能，因而为完善资本市场的健康发展，只有通过外部监管部门制定相关的强制性、半强制性法规制度规范上市公司的股利政策，只是这种“治标不治本”的法规有其局限性，必须“依时而生、适时而灭”，让市场机制发挥其决定性的资源配置地位。

（郭文）

【中国上市公司高管薪酬的同群效应分析】

赵颖（中南财经政法大学财税学院、财政部财政科学研究所）

《中国工业经济》2016 年第 2 期
16 千字

高管薪酬的同群效应逐渐开始成为理解高管薪酬增加的一个重要视角。该文采用 1999—2012 年中国非金融上市公司的数据，通过使用倾向得分匹配的方式识别同群企业，并在考虑企业空间和行业异质性的基础上，对中国高管薪酬是否存在同群效应，以及这种同群效应与企业发展是掠夺式还是共享式的关系进行了分析。结论显示：中国非金融上市公司高管存在较为显著的同群效应，其中外聘 CEO 的同群效应最显著，经济层面和所有制层面因素对结论的影响较小；纳入行业和区域异质性后，发现同一区域内，同行业和其他行业对高管薪酬的影响显著高于不同区域内同一行业的影响；高管薪酬的同群效应有助于企业价值的创造，同时会在一定程度上降低企业在盈利方面的风险，具有一种共享式的发展模式。因此，在调整部分高管薪酬过高的同时，需要重视同群效应可能具有的积极影响，避免因为简单控制高管薪酬数量而弱化同群效应对企业发展可能具有的积极影响。

结合该文的研究结论，给出如下政策建议：

（1）将高管薪酬同群效应视为高管工作的机会成本，正确认识高管薪酬同群效应在薪酬水平制定中的重要作用，高管才能在一定程度上体现为薪酬水平的高低。高管薪酬同群效应的出现说明高级经理人市场上的信息和流动等摩擦在逐渐减少，机会成本的信号传递过程更加直接和透明，高管相对能力也更容易观察，这是市场化程度不断提升和市场化有效性增加的具体体现之一。

（2）注重高管薪酬同群效应的所有制差异。分析发现国有企业高管薪酬的同群效应低于私营企业中高管薪酬的同群效应，这主要与两类企业中公司治理的有效性和外部薪酬管制的差异有关。国有企业高管薪酬的同群效应较低，是因为这些高管能够通过在职消费等替代性薪酬的形式规避薪酬总量的管制，在一定程度上通过隐性薪酬的获取弥补了显性薪酬增长的诉求。因此，在进一步完善和规范高级经理人市场上薪酬的同群效应时，应充分考虑两种所有制企业中公司治理和薪酬管制条件差异下高管可能存在的机会主义行为。

（3）进一步将高管薪酬同群效应与企业发展联系起来。高管薪酬同群效应实现的重要基础即为企业的长期发展。虽然中国非金融上市公司内高管薪酬的同群效应可能会使高管薪酬水平不断上升，但是，在此过程中确实促进了企业的发展，在一定程度上减少了企业在生产经营中所面对的风险，具有一定的积极意义。一般而言，高管薪酬的同群效应可以被视为高管努力为企业创造价值的外部激励，和企业内部激励发挥着重要的互补作用。在调节部分高管薪酬畸高的过程中，需要重视这种行业内薪酬同群效应对企业价值创造的正面影响，通过设计更加合理的薪酬激励方案，严格控制高管潜在的机会主义行为，推动高管个人价值与企业社会价值的共同实现。

（4）防止高管盲目追求薪酬的增长。薪酬同群效应，一方面包含高管工作的机会成本，另一方面可能存在高管过度追求薪酬增长的现象。如果高级经理人流动性较差且同群效应较明显，联系高管薪酬的尺蠖效应，那么，高管薪酬会出现不断增加的趋势。同群效应的存在并非为高管薪酬的攀比提供了理论支持，而是在于揭示市场化不断发展的过程中，既定能力的高管可以通过信息传递和自身的流动实现薪酬水平基本一致，这是高级经理人市场有效性提升的显著特点之一。

（董昌娟）

**【关键高管的人力资本价值评估——基于关键高管突然去世事件的经验研究】**

罗进辉、李雪、黄泽悦（厦门大学管理学院）

《中国工业经济》2016 年第 5 期
21 千字

科学评估关键高管的人力资本价值是公司董事会制定激励相容的高管薪酬契约的前提条件。该文突破财务会计资产计价模型的长期束缚，以上市公司关键高管突然去世事件为契机，利用投资者的市场反应来评估涉事公司丧失关键高管的机会成本即关键高管的人力资本价值，并进一步检验了关键高管人力资本价值的异质性特征。研究结果表明：（1）在关键高管突然去世公告事件的［－1，3］窗口下，涉事公司的股价平均降低 1.32%，相当于市值平均损失约 1.1762 亿元，凸显了关键高管人力资本的重要价值。（2）关键高管权力越大，其突然去世事件引致的市场负面反应越强，涉事公司的市值损失也就越大，说明关键高管的人力资本价值因其掌握的权力大小而存在差异。（3）区分涉事公司的产权性质后，关键高管突然去世事件的市场反应并不存在显著差异，意味着关键高管的人力资本对国有企业和民营企业同等重要。

该研究不仅深化了对高管人力资本价值的认识，而且对高管薪酬政策具有重要的实践启示。

第一，该文的理论框架指出，关键高管的人力资本包括管理型人力资本和企业家人力资本，相对应地，企业应该应用货币年薪和长期股权契约来激励和留住拥有这些人力资本的关键高管。现代企业应该把部分剩余分配给拥有企业家人力资本的关键高管，从而实现创造剩余与分配剩余之间的有机匹配，充分激励关键高管发挥其企业家人力资本潜能。与此同时，企业可以通过关键高管的突然去世事件来准确评估关键高管人力资本对公司的实际价值，进而帮助企业制定出与关键高管人力资本价值水平相匹配的薪酬契约。

第二，该文的经验数据表明，并不是所有关键高管的人力资本都能够给任职公司带来积极价值。这一结果启示我们，企业特别是国有企业在考虑如何制定有效的薪酬契约以激励关键高管发挥其人力资本潜能之前，首先更应该做好的是关键高管的甄别与选聘。当且仅当关键高管的企业家人力资本与特定企业的条件和需求相匹配时才能使其企业家人力资本发挥积极价值，即关键高管的人力资本价值离不开特定的组织环境。

第三，该文的研究结论表明，关键高管的人力资本对国有企业和民营企业同等重要。虽然国有企业关键高管的薪酬与社会公平、腐败等热点问题存在千丝万缕的联系，但是，相关政府部门应该充分认识和尊重国有企业关键高管得到合理报酬的基本权利，特别是在制定国有企业关键高管的限薪政策时，应该区别对待行政任命和市场选聘的重要差异。对于市场选聘的关键高管，政府应该允许国有企业根据市场供求关系制定出与人力资本价值相匹配的薪酬政策，如此才能吸引并留住优秀人才为国有资本的保值增值服务。在员工持股计划正成为当前国有企业混合所有制改革“新宠”的大背景下，应该进一步放开对国有企业关键高管股权激励的政策限制，如此才能充分调动和发挥关键高管的企业家人力资本潜能。

第四，虽然关键高管的人力资本对于现代企业的发展至关重要，是企业稀缺的战略资源，但是把企业的长期发展系于少数关键高管的身上是非常脆弱的，企业在重视和吸引具有稀缺企业家人力资本的人才的同时，更应该着眼于建设和完善企业的组织与制度，尽可能避免企业因少数关键高管的离去而分崩离析，使之发展成为一个能够自治的基业长青组织。

（董昌娟）

**【高承诺人力资源管理对员工前瞻性行为的影响机制——基于计划行为理论的研究】**

林叶、李燕萍（武汉大学经济与管理学院）

《南开管理评论》2016 年第 2 期
18 千字

注重对员工的长期投入，能够为员工提供一种强有力的内在驱动机制，使员工能够自觉与组织目标保持一致，并努力完成个人和组织的工作任务，甚至主动承担超越工作描述的责任等，使其与前瞻性行为具有天然的契合性。该研究通过对来自武汉两家企业 211 名员工的两阶段调查，在计划行为理论基础上探讨了高承诺人力资源管理体系对员工针对自我、团队的前瞻性行为的影响机制，以及影响机制的差异性。研究结果表明：（1）高承诺人力资源管理对员工针对自我和团队的前瞻性行为具有显著的正向影响；（2）高承诺人力资源管理通过工作意义和感知到的前瞻性氛围影响员工针对自我的前瞻性行为；（3）高承诺人力资源管理通过基于组织的自尊和感知到的前瞻性氛围影响员工针对团队的前瞻性行为。该研究结果丰富和发展了前瞻性行为理论，为管理者有效激发员工对自我和团队的前瞻性行为，并鼓励员工前瞻性行为提供了重要的决策依据。

结合该文的研究结论，可得出如下实践启示：

第一，企业管理者应不断完善人力资源管理政策，尤其是构建高承诺的人力资源管理体系，通过强调潜能的招聘模式、注重知识和技巧的广泛培训、弹性的工作设计和员工参与、关注发展的绩效评估以及具有保障的雇用政策等一列措施，来激发员工的前瞻性，增强员工的变革意识和长远发展的意识，改善员工对环境的适应性，从而提高整个组织对外部环境的适应性。

第二，企业管理者需要区别对待不同指向的前瞻性行为。如希望员工表现出更多针对自我的前瞻性行为，管理者则需要通过工作扩大化、岗位轮换以及工作自主性等人力资源政策的调整来提高员工对工作意义和价值的认可；如希望员工表现出更多针对团队的前瞻性行为，管理者则需要通过广泛的培训、轮岗以及提供更多参与的机会等人力资源政策的调整来提高员工对自身能力和组织地位的自信程度，即提高员工基于组织的自尊。当然，无论是针对自我还是团队的前瞻性行为，员工不仅关注组织政策的内容，而且重视领导、同事的实际行为以及组织政策的落实。因此，管理者还需要通过承诺性人力资源管理政策的执行以及领导的模范带头作用来向员工传递积极信号，营造一种有利于员工前瞻性行为的氛围，以鼓励员工的前瞻性行为。

第三，中国的高权力距离增加了员工前瞻性行为的敏感性。尤其是针对团队的前瞻性行为，该行为涉及对团队工作流程和团队其他成员工作方式的改进，更容易受到同事和领导的误解，从而增加了员工行使该行为的心理负担。因此，如果管理者希望通过鼓励员工针对团队的前瞻性行为来改善团队的工作效率并促进团队的长远发展，则需要管理者通过实际行动缩小与员工的距离，打消员工的心理顾虑，通过更开放的沟通来吸收更多建设性意见。

（董昌娟）

**【本土领导者权力及其在企业不同阶段的演变】**

张琳、徐立国（西安交通大学管理学院），席酉民（西安交通大学管理学院、西交利物浦大学领导与教育前沿研究院）

《经济管理》2016 年第 1 期
16 千字

领导者权力是领导研究领域的重要关注点之一。该文基于对 W 企业的领导者 X 的个案扎根研究，探索领导者在企业不同发展阶段的权力来源及演变过程。首先，通过建构扎根理论归纳出本土领导者在企业发展过程中表现出的四种主要权力：魅力权、人情权、法定权和声誉权，其中，人情权和声誉权具有显著的本土特征。其次，研究发现，组织内外部环境和领导者个人特征的互动决定了企业不同发展阶段领导者权力的变化。该研究一方面识别了具有本土特色的领导者权力类型，拓展了已有权力研究；另一方面，揭示了领导者权力的动态演变过程。

该研究主要有两点理论贡献。首先，通过探索式的扎根研究，发现了两种具有本土特征的权力类型：人情权反映出领导者对他人产生的感情控制和束缚。与已有研究进行对比发现，人情权与 Fu 和 Liu (2008) 提出的关系权力既有联系又有区别：联系在于人情权与关系权力都关注人际关系；区别在于人情权更为关注的是领导者与被领导者的心理活动，是一种情感的复杂依赖，而关系权更多关注的是领导者与下属之间的关系网络。此外，人情权与西方现有研究中新型领导理论也具有联系和区别。新型领导理论（变革型领导、公仆领导等）中也有领导者关心下属的维度，此时领导者对下属的关心更多是基于工作本身，目的为促使下属更好地完成工作。然而，人情权所表现出的领导者对下属及其他利益相关者的关心，则更多体现在日常往来的情感交流中，目的是通过传达关心而得到他人对自己的认可。扎根所发现的声誉权与西方已有研究中声誉权定义相似，都表现为领导者名声、威望对他人形成的影响力。然而，西方声誉权的经典文献将其划分为四个维度：管理者作为其他公司外部董事的数目；管理者作为非营利机构董事的数目；管理者所参与的董事会平均等级（考虑公司的财务指标）；管理者的大学和研究生阶段是否属于精英教育。而该研究发现的本土领导者声誉权则包括领导者个人荣誉、企业荣誉、企业形象塑造和媒体舆论关注四个方面。本土扎根研究所发现的声誉权拓展了西方研究中仅关注领导者个人声誉的维度，从组织层面将领导者所在企业的市场荣誉、政府肯定、媒体关注等也融入了领导者通过声誉影响他人的权力来源。

其次，该文还描绘了领导者权力随企业生命周期的演变及原因。自 French 和 Raven（1959）识别五种权力类型后，领导者权力的研究就吸引了大量学者的关注。然而，多数研究采用实证方法对不同权力类型进行静态分析，忽视了领导者权力来源的动态性。该研究从动态视角出发，系统探索了四种权力类型相互作用下领导者权力随企业生命周期的演变过程，描绘出领导者 X 权力运用从“发挥魅力，以情动人，广得人心”（创业阶段）到“基于实力，盛享荣誉，行业尊重”（成长阶段），再到“理念描绘，多元发展，强制执行”（成熟阶段）的演化过程。并从组织内外部环境和领导者个人特征两个维度解释了领导者权力演变的原因，即领导者在特定的情境中会表现出什么样的权力，取决于企业在特定发展阶段面临的主要问题，以及领导者自身应对这些问题时表现出的特质和行为风格。

（董昌娟）

**【人力资源管理重要性与能力对企业雇佣关系模式选择的影响】**

赵曙明、席猛、蒋春燕（南京大学商学院）

《经济管理》2016 年第 4 期

15 千字

企业雇佣关系模式的多样性表明，企业的雇佣关系模式不是既定的外生变量。该文认为，企业雇佣关系模式的选择与形成并不脱离于企业自身，它与企业人力资源管理特征密切相关，是基于企业自身人力资源管理重要性与能力而选择的结果。基于我国三大经济圈（长三角、珠三角和京津塘）425 家企业的中高层管理者配对样本数据，该文研究发现，企业人力资源管理的重要性与能力是企业选择雇佣关系模式的重要前因变量，即人力资源管理在企业中的相对重要性越高、人力资源管理部门能力越强，企业越会选择组织导向型（相互投资型）雇佣关系模式；反之，企业则会选择工作导向型（准现货契约型）雇佣关系模式。

该文的研究结论具有重要的意义及启示。

第一，企业雇佣关系模式的选择最终

取决于企业内部人力资源管理实践。人力资源管理实践，如聘任合同的模式、薪酬分配制度、职业生涯规划、员工培训与晋升、雇员利益维护的途径、工作场所安全保护等，都会影响雇主与雇员之间的关系，产生不同的雇佣关系模式。然而，企业能否实施这些人力资源管理实践，取决于两个重要的因素：人力资源管理在企业中的相对重要性和人力资源管理部门的能力。该文的研究对回答不同的企业为什么会选择不同的雇佣关系模式，以及为什么会存在多种雇佣关系模式提供了一个重要的方向。

第二，企业雇佣关系模式的选择不能脱离企业自身，它是与企业自身人力资源管理特征密切相关的，是围绕企业人力资源管理重要性与能力的匹配性而进行的选择。该文的研究超越了以前将企业雇佣关系模式视为一个给定变量或企业实践，而将企业雇佣关系模式视为基于企业自身人力资源管理特征的自主选择结果。这对于我国企业多种雇佣关系模式并存的现状提供了理论上的解释，并有助于指导企业选择和建立与企业自身相适应的最佳模式。企业应该根据自身的人力资源管理实际情况，选择最合适的雇佣关系模式。

第三，人力资源管理重要性与能力是一个相互促进、相辅相成的过程。企业要想让人力资源管理部门为企业做出更多贡献，就必须重视企业人力资源管理建设，给予人力资源管理部门一定的资源投入，使得人力资源管理部门有更多的资源投入到企业人才培养上，同时，也能够提高企业人力资源管理部门的能力，帮助企业有效实施人力资源管理实践与政策。

第四，企业需要加强人力资源管理部门能力建设，以增强人力资源管理有效性。众多研究表明，人力资源管理对于提高企业绩效是积极有益的。然而，一些实践人员对此存疑。该文的研究从一定程度上间接地回答了这一问题：人力资源管理是否有效，在一定程度上取决于企业高层管理者的重视程度。企业高层管理者越重视人力资源管理建设，人力资源管理部门就越有更多的资源和能力提升员工的知识、技能，改善其态度，也有更多资源和能力促进企业绩效提升；而一味地抱怨人力资源管理部门，不重视人力资源管理，不强化人力资源管理能力建设，人力资源管理必然对于提升企业绩效无力。

（董昌娟）

**【公司内部晋升机制及其作用——来自公司人事数据的实证证据】**

张红、周黎安、梁建章（北京大学光华管理学院）

《管理世界》2016 年第 4 期
17 千字

晋升是公司人事管理中非常重要的一部分，不仅帮助公司筛选合适且有能力的员工，而且也为员工提供了有效的工作激励。因此，从学者们最初发现传统劳动经济学无法解释员工晋升的瞬间边际生产力并未增长而工资却突然大幅上升，到 Lazear 和 Rosen（1981）提出公司内部晋升的锦标赛模型，再到近 30 年来大量文献对于锦标赛的理论探讨与实证分析，晋升一直都是研究者们的关注重点。然而，由于公司内部数据的稀缺，学者们对于此话题的分析多限于公司外部数据，如体育赛事数据、实验室数据、社会调查数据等。这些研究虽然可以为锦标赛竞争提供一些实证依据，但其结论在公司实际竞争中的推广性依然有待讨论，从而使得该领域的研究尚有拓展的空间。

该文利用一家中国公司 13 年的人事数据弥补了这一缺憾，探讨了公司内部晋升以及晋升激励的效果。首先，用数据证实公司内部晋升确实是锦标赛竞争。员工的产出排序决定其晋升概率：员工自己的产出水平会提高其晋升的概率，而其他员工的平均产出水平则会减少该员工的晋升概率。另外，还发现低职级员工的竞争者更可能来自同一部门，而高职级员工面临的晋升竞争则更可能是全公司范围的竞争。其次，估计了晋升奖励的大小，探讨了影响该奖励的因素。该文发现晋升奖励与职级并非线性关系，随着职级的增长晋升奖励会先下降后上升。在产出风险较高的岗位中，公司为弥补产出风险带来的激励受损，会增加晋升奖励。最后，还发现晋升奖励确实存在激励作用，与员工产出之间存在正相关性，此正相关性在控制了员工个人固定效应之后依然非常显著。此外，还证实这种正相关性会受到该岗位产出风险和对外部劳动市场开放程度的影响而有所减弱。不仅如此，晋升奖励的增加会使员工产出整体提高的同时让其产出方差更小。

由于该文数据仅来自一家公司，结论的代表性与推广性会受到限制。当然作者也看到，该公司的员工依然可以在劳动市场上自由流动，公司大部分岗位均会对外招聘，这也意味着公司内部劳动市场与外部劳动市场存在均衡，因此该公司各职级的员工工资福利与其他在线旅游公司相比不会有太大的差异，因而该文基于大量员工数据得到的结论在作者研究的在线旅游业中依然具有一定的代表性。至于利用在线旅游业获得的研究结论能否推广到其他行业，还有待于未来的研究去检验。

（董昌娟）

**【供给侧改革与内涵式企业国际化】**

刘建丽（中国社会科学院工业经济研究所）
《经济管理》2016 年第 10 期
18 千字

新常态下的中国经济，正步入经济增长动力转换、产业结构调整的关键期。供给侧改革就是要通过各种改革措施，推进产业结构调整，减少无效产出和低端供给，使市场能够较快地回归到有效产出水平，增强供给侧对需求端变化的适应性，提高全要素生产率“三去一补一降”涉及与生产要素相关的所有领域，是一个系统工程。在市场经济环境中，企业国际化是企业作为供给主体的主动战略拓展行为，是可以引致宏观层面供给总量和供给结构变动的微观经济行为。该文区分了外延式企业国际化和内涵式企业国际化，并指出内涵式企业国际化与结构性改革和“三去一降一补”的五大任务在战略目标上完全契合，剖析了其促进供给侧改革的内在机理。

在分析当前对外投资形势和面临的新环境基础上，提出了当前鼓励企业内涵式国际化、促进供给侧结构性改革的政策建议。

第一，加快制度创新，鼓励高技术产业和战略性新兴产业“走出去”。高技术产业和战略性新兴产业的发展决定着中国在未来国际产业分工中的地位，发展壮大这些产业，是供给侧改革的应有之义。这些产业更早地吸收先进技术知识，更早参与国际高水平的竞争，才能够更快地提升其自身竞争力。

第二，支持传统优势产业的品牌国际化，提高中国企业的产业链控制力。供给侧改革的目标是推动发展方式的转变，使企业摆脱低层次的价格竞争，进入以创新和质量取胜的差异化竞争。唯有通过品牌国际化，才能提高“中国制造”的国内增加值和产业链控制力。

第三，加强对境外经贸合作区的宏观指导，提高企业抱团出海的成功率。今后，国家可重点加强区域布局指导和国别风险指导，避免重复投资和盲目投资；结合中国与“一带一路”沿线国家的合作协议及规划，谋划跨境经贸合作区及产能合作的主导产业；重点支持龙头带动型和集群支撑型产业集聚区项目，为中国企业尤其是中小企业营造海外投资的产业支撑环境，充分发挥集群投资的产业链优势。

第四，加强企业对外直接投资保险制度体系建构。对外直接投资存在巨大风险，其中政治风险、战争风险等非商业风险是企业自身难以抵御和承担的。我国应借鉴国际经验，尽早建立海外直接投资风险防范与保障体系。

第五，通过多种方式化解某些国家的贸易保护主义和投资保护主义。面对不断增加的贸易壁垒和投资保护主义，有时仅通过政治交涉、谈判磋商、法律抗辩等手段来应对是不够的，建议商务部等国家部门必要时启动反制措施，如反补贴调查、产业损害调查等，充分应用《反垄断法》，向对方国家企业施加压力，以保护本国企业的合理利益。

第六，增强政府对企业海外投资的信息咨询服务。企业投资之前的信息咨询服务也应该纳入政府的服务范围。建议由商务部定期派遣投资环境考察团，调查国外投资环境，编制中国企业海外投资数据库，建设统一的政府海外投资信息平台，为企业提供海外投资环境的相关信息。依托高等院校、法律中介机构及其他民间组织，积极发展咨询服务机构，广泛开展信息收集、分析研究、咨询和培训服务，为企业和政府有关部门提供专业咨询和法律咨询服务。

（董昌娟）

**【中国企业对外直接投资的动因：逆向投资与顺向投资的比较研究】**

吴先明、黄春桃（武汉大学经济与管理学院）

《中国工业经济》2016 年第 1 期
15 千字

现有的对中国企业国际化动因的研究往往得出模糊甚至相互矛盾的结论，究其原因，主要是未能将中国企业对外直接投资区分为逆向投资与顺向投资。该文选取 2003—2012 年中国对 55 个东道国（发达国家 29 个，发展中国家 26 个）直接投资的面板数据，对中国企业逆向投资与顺向投资的动因进行比较研究，同时考察了东道国制度环境的调节效应。研究发现，无论逆向投资还是顺向投资，中国企业均具有强烈的市场寻求动因和自然资源寻求动因。效率寻求动因在顺向投资中表现明显，而战略资产寻求动因在逆向投资中缺乏统计上的显著性。东道国的制度品质在逆向投资中对市场寻求型投资具有较强的吸引力；在顺向投资中，对效率寻求型投资具有明显的促进作用，但对市场寻求型投资具有显著的反向影响，即在发展中国家，中国企业愿意承担较大风险以利用市场机会。文化距离在顺向投资中对市场寻求型投资具有显著的负面影响，而在逆向投资中则有利于吸引战略资产寻求型投资。

该文的发现证实了中国企业不仅能够对发展中国家进行市场寻求型和自然资源寻求型直接投资，而且可以在发达国家以直接投资的方式开拓市场和获取重要的自然资源。这表明，中国企业的国际化是建立在独特的所有权优势之上的。这一发现拓展了对后发企业国际化行为的理解，具有重要的理论意义。对于中国企业国际化实践，该文的发现也富有启发性。中国企业对发达国家的直接投资兼具优势利用和优势寻求的双重特征，在现阶段，可资利用的所有权优势是相对的，而寻求优势的潜力还远未发挥。因此，对发达国家的直接投资对于中国企业的长远发展具有特别重要的战略意义。在发展中国家，中国企业同样遭遇来自发达国家跨国企业的竞争，其竞争优势的着力点应该放在对东道国环境的适应能力、对消费者需求的理解和提供高性价比的产品和服务方面。

（董昌娟）

## 【东道国制度环境与海外并购企业的创新绩效】

李梅、余天骄（武汉大学经济与管理学院）

《中国软科学》2016 年第 11 期
18 千字

作为最大的新兴经济体国家，中国企业海外并购呈现出风起云涌之势。虽然海外并购与企业创新能力提升在实践中已得到一定的证实，但是海外并购中东道国制度环境究竟如何影响企业创新目前还鲜有学者进行研究。该文以开展海外并购的沪深两市 A 股上市公司为研究样本，实证检验了东道国制度发展水平对海外并购企业创新绩效的影响，并进一步分析了企业国有股权比例、吸收能力和海外子公司的地理多样化对东道国制度发展水平与企业创新绩效关系的调节作用。结果表明，东道国制度发展水平对海外并购企业创新绩效有显著的正向效应，这种正向效应随着企业吸收能力增强会变得更加显著；但是当企业国有股权比例较高时，东道国制度发展水平对企业创新绩效的正向效应会受到抑制；海外子公司地理多样化对两者关系的调节作用不显著。

根据论文研究结论，得到如下启示：

第一，研究结论表明，东道国制度环境有利于海外并购企业创新绩效的提升，这意味着健全完善的东道国制度环境能在一定程度上弥补新兴经济体企业在海外并购中面临的外来者劣势，为子公司在东道国获取各项资源和服务支持以更好地开展创新活动创造便利条件。就我国而言，在意图通过技术寻求型海外并购获取东道国先进技术知识时，要重视并充分利用东道国的制度优势。企业应尽量选择制度环境比较发达完善的东道国的目标企业进行并购，这样才有机会获得东道国的先进技术和各种创新资源，为自身创新能力提升奠定良好的基础。

第二，虽然东道国制度环境总体来看有利于促进企业创新绩效的提升，但是并不是所有企业都应该到制度环境良好的东道国进行海外并购。企业国有股权对东道国制度环境和创新绩效的负向调节作用表明，如果跨国企业拥有较高的国有股权，那么并购进入一个与母国制度环境相似的、不是太发达的东道国，可能会更有利于其创新能力提高。因此，对于我国国有股权比例较高的企业，尤其是国有企业，在选择海外并购的东道国时必须谨慎考虑。当进入一个制度完善的东道国时，应该尽量避免和克服国有身份带来的不利于创新活动的各种制度压力。

第三，东道国制度环境对企业创新绩效的正向效应随着企业吸收能力的提高而增强。因此，企业在重视通过海外并购获取国外先进技术知识的同时，不能忽视自身吸收能力的培育。只有具备了充分的技术吸收能力，企业才可能有效吸收和利用国外市场获得的新技术知识，才能将国内和国外知识进行有效整合、消化吸收并进一步创新。

第四，海外子公司的地理多样化并未能如预期一样正向调节影响东道国制度环境对母公司创新绩效的促进效应。这意味着现阶段我国企业在国际化初期过快过多地进入不同东道国并不能增强多样化的东道国制度环境对母公司创新绩效的正效应。对于缺乏国际化经验的我国企业来说，并购进入多个东道国会面临对子公司的大量的协调和控制成本，这种成本甚至可能会超过母公司从多样化制度环境带来的制度优势中获得的收益。因此，采取适度的、有节奏的并购进入策略，可能更适合初入国际市场的新兴经济体跨国企业。

（董昌娟）

**【本土化还是一体化：中国跨国企业海外子公司网络嵌入的多阶段模型】**

张竹、武常岐（北京大学光华管理学院），谢绚丽（北京大学国家发展研究院），申宁（卧龙岗大学迪拜分校）

《南开管理评论》2016 年第 1 期
27 千字

不同于其他国家的跨国企业，中国的跨国企业由于资源与能力的限制以及制度环境的缺陷，在进行海外扩张时具有一定的独特性。为了识别出适合中国跨国企业海外子公司发展的路径，该文对多个中国跨国企业海外子公司的案例进行对比分析，研究了子公司成立后的一系列决策与行动。基于对子公司内部嵌入与外部嵌入之间相互关系的识别，提出了一个海外子公司在更发达国家地区发展的多阶段模型。该模型显示，子公司的战略制定过程是一个母子公司互相协商的过程，最终的决策与子公司的相对话语权有直接关系。在战略实施阶段，子公司加深嵌入程度的活动直接反映了其战略制定导向。该文认为，子公司的战略实施可进入“下降螺旋”和“上升螺旋”两种路径。子公司进入上升螺旋的关键因素是其是否获得了有价值、可分享的知识，这些知识对子公司话语权的获得与地位的转变有着至关重要的影响，直接影响着子公司能否实现“双元嵌入”。

该文对广大的跨国公司管理者，特别是海外子公司的高层管理者具有一定的指导作用。

首先，母公司应充分调动并利用子公司获取、积累国际化运营的知识与经验，并将它们在整个公司中进行传播与分享，帮助增强整个跨国公司的竞争力。母公司不仅要建设合理的知识分享渠道与适度的管控机制，保证知识分享渠道的畅通与分享的有效性，而且要建立合理的评价与激励体系，增强子公司的知识分享意愿，鼓励子公司打破自身的被动地位，积极参与到知识共享过程中，进而丰富整个跨国公司的知识储备。

其次，子公司管理者要有长远的目光，不能只关注子公司自身的短期发展，而要从跨国公司全局进行思考，注重与母公司的联系，加强在跨国公司中的嵌入。同时，子公司管理者也要保持清醒的头脑和开拓进取的精神。虽然母公司在子公司发展初期会给予帮助，但是真正长远的发展还是要依靠子公司自身的知识积累与能力培养。在面对发展瓶颈时，子公司管理者不能一味遵从母公司的命令，而要时刻保持开拓的精神，不畏变革，主动探索新的资源与知识来源，增强自身的话语权，从而在跨国公司的发展中做出更大贡献。

最后，研究显示，一味强调母公司的管控，或者完全放任子公司发展都非适宜的战略。现阶段，中国的跨国公司应该更多关注知识的积累，从一个优秀的“学习者”做起，通过关键能力的培养，逐渐转型为国际市场的“赶超者”，然后通过母子公司之间的有效统筹，最终发展成为全球市场的“领先者”。

（董昌娟）

**【全资子公司、合资两种 ODI 模式选择问题——对中国跨国公司样本的实证分析】**

邓宏、王丽、施建军（对外经济贸易大学国际商学院）

《南京社会科学》2016 年第 3 期
17 千字

该文的目的是基于 TCT、RBV 理论探索中国企业国外市场进入模式选择问题。由于世界经济发展布局和历史原因，作为一个中国 MNCs，进入其他国家更为困难。研究表明，当企业 R&D 能力越强时，拥有的特殊资源越多，越倾向于选择全资子公司。但是当加入企业社会责任时，这种倾向关系减弱了，这说明企业社会责任优势可以弥补企业创新能力和特殊资源方面的不足。

研究人员分别用 TCT、RBV 理论解释 R&D 能力、特殊资源与进入模式选择之间的关系。在研究中采用了代理变量和一些单一指标，从生态指标的角度分析，由于数据的限制，未来的研究可以开发多个指标来丰富变量的测量，并使用结构方程进行建模，检测测量误差。在这篇文章中研究人员只采用了 Pan 和 Tse's（2000）模型中的一级子公司，在以后的研究中也可关注子公司下面的企业。另外，在研究中，对进入模式分类采用了最简单的 JV 和 WOS 两种方式，以后的研究也许应该采用更详细的分类，如出口、许可和联盟等非股权模式，或者采用更详细的 4 分位的 JV 进入模式。最后影响 MNC、进入模式选择的因素很多，研究人员只选取了 TCT、RBV 理论中认为最重要的因素，对进入模式进行选择影响因素的研究，企业内部的管理者固然是最大影响因素，但是只是影响 OFDI 众多影响因素中某一个分支，因此接下来的研究应该继续关注进入国家的环境（市场潜力、投资风险）、国际经济背景（契约风险）、企业自身条件（跨国经营经验、产品的多样化程度）等。

基于国际化市场的国际经济背景，该文检验了不同企业创新能力对企业进入外部市场模式的影响，为企业在选择跨国经营方式上提供了一个新的视角，深化了对企业跨国经营方式的研究积累。从企业核心竞争能力视角发现，企业的产品创新越强，越倾向于选择合资经济的跨国经营模式。

该文的研究结论表明，全球化市场背景下，提高企业的 R&D 能力是提高企业海外市场竞争力的一个强有力的途径，但是由于文化差异和民族问题，在海外市场，企业更需要处理好社会问题，做好企业社会责任，提高企业的综合实力。上述结论在实证数据的检验下依然成立。该文的研究结果不仅有助于我国跨国企业加强综合创新能力，提高社会责任意识，而且让企业重视管理模式的创新，为企业其他创新能力和经营活动提供有力的保证。

（董昌娟）

**【不确定性下关联股东网络的并购经验与并购绩效研究】**

刘健、刘春林（南京大学商学院）

《南开管理评论》2016 年第 3 期
23 千字

该文通过股东网络研究并购经验对并购绩效的影响机制。结果表明，在股东关联构建的并购事件网络里，关联股东经验对并购绩效有着显著的促进作用。当事件公司结构洞增多时，结构洞提供的多种异质性并购经验和关联股东并购经验之间形成了互补，而这种作用会增强。当事件公司接近网络中心时，中心性提供的大量并购经验和关联股东并购经验之间可能会发生一定的重叠，使得决策者扫描经验信息的时间和精力增加，降低了决策效率，因而这种作用会减弱。虽然实证发现不确定性对于并购绩效有着显著的负面影响，但是，在不确定性越大时，事件公司会更加关注适应不确定性的经验，关联股东的经验越丰富，拥有适应性经验的概率也越大，对并购绩效的促进作用也越明显。高不确定的环境使事件公司决策者更关注经验扫描的效率，以及时应对快速变化的环境、准确把握商机。在较高的不确定性下，处于网络中心的事件公司向其联结的众多关联公司获取、扫描和关联股东经验重叠的并购经验，增加了决策者扫描的精力和时间，降低了决策效率，提高了获取经验的成本，因而事件公司此时更倾向于向关联股东获取经验，此时中心性减弱关联股东经验提高并购绩效的作用会得以缓解。结构洞可能提供的异质性并购经验并未和关联股东的并购经验发生重叠，事件公司拥有更多结构洞提供的异质性经验，能为决策者增加多样化决策依据，提高其决策有效性，因而结构洞促进关联股东经验提高并购绩效的作用会加强。

该文对并购经验影响并购绩效的实践机制提供了以下贡献：

第一，对于并购经验影响并购绩效的源头，不仅要关注事件公司自身经验学习的有效性，更要关注事件公司在多次并购中资源衰竭情况和及时恢复能力。吸引具有丰富并购经验的股东持股，不仅可以避免其既往多次并购占用事件公司的并购资源，更可以给事件公司带来经验和资源的增量，缓解事件公司因多次并购带来的持续资源衰竭。

第二，虽然公司的关联董事对于并购绩效有着一定的影响。但是，在关联董事不能有效代理股东利益的情况下，重视关联股东直接提供的经验可能更为有效。

第三，虽然公司在网络中不同的地位对于关联股东经验的作用有不同影响。然而，不同环境下公司应采取不同的应对策略：当面临较大的不确定性时，公司更应吸取关联股东提供的适应性经验，减少从关联公司处获取相同的经验，增强公司在网络中的中间人地位；当不确定性较小时，公司应弱化在网络中的中间人角色，增强和网络中关联公司的联系，减少从关联股东处提取相同的经验。根据不确定性的程度部署针对性战略，对于并购绩效的提高有着重要意义。

（董昌娟）

**【中国企业跨国并购成败影响因素实证研究——基于政治和文化视角】**

李诗（厦门国家会计学院），吴超鹏（厦门大学管理学院）

《南开管理评论》2016 年第 3 期
18 千字

近年来，中国企业海外投资并购增长趋势强劲，跨国并购已成为中国企业寻求新一轮发展的重要途径。但在全球跨境并购中，中国企业跨国并购失败率却远高于欧美企业。中国企业海外并购战绩不佳，与近年来世界各国日趋严厉的外资并购安全审查制度不无关系。此外，中国企业跨国并购的黯然落幕，除了政治因素外，文化的冲突亦是失败之源。政治和文化因素是中国企业跨国并购交易失败的两大关键原因。

为了考察政治和文化因素在跨国并购中的作用，该文以 1997—2010 年中国企业的 327 起跨国并购为样本，基于政治和文化视角，采用实证方法分析影响跨国并购交易成败的因素，研究发现：在中国企业进行跨国并购的交易中，当目标公司属于东道国的政治敏感性资产，即属于金融、国防、电信与战略资源四大行业时，相对于其他行业，并购成功的可能性更低；中国与东道国和睦友好的外交关系能够降低政治敏感性资产对于并购交易的影响，从而提升中国企业跨国并购的成功率；当东道国国民的诚信度越高时，中国企业在该国进行并购成功的可能性越大；两国交战史会对其居民的互信度产生重大影响，进而影响到两国之间的经济合作，中国企业到与历史上同中国极少交战的国家进行并购，将更容易获得成功。

该文的研究结论具有重要的理论和实践意义。

首先，该文率先考察了世界各国对华外交关系、东道国国民的诚信度以及中外历史交战情况对于中国企业跨国并购政治敏感性资产的影响，从而拓宽了这一领域的研究。由于“文化与金融”是一个新兴的领域，因此这项研究是一个初步尝试，后续的研究可以进一步拓展到这些政治与文化因素对于并购支付的溢价、并购后双方的业绩以及并购后双方的资本市场表现上来，从而完成这些因素对于跨国并购更多方位的考察。

其次，该文的研究对于政府部门和公司管理层都具有重要启示：中国政府应积极发展同世界各国的外交关系，从而在鼓励企业“走出去”的同时，创造良好的外部环境，为企业顺利“走出去”提供方便，对世界各国日趋严峻的外资安全审查制度，中国政府也应及时启动相应的制衡措施，以维护本国企业在国际化进程中的合法权益。

最后，中国企业在选取跨国并购的投资区域时，应选择国民诚信程度较高、与中国外交关系较亲密、历史友谊源远流长且少有交战史的国家，以减少东道国排华情绪对并购交易的影响，降低并购所面临的政治和文化风险，而且企业在海外收购前，也应充分了解东道国的安全并购审查制度，以免因东道国政府的阻挠而使并购交易最终流产，浪费在初始谈判阶段投入的大量时间和资金。

（董昌娟）

**【为什么中国出口面临如此多的贸易救济行为：基于多国和多行业数据的实证研究】**

田祥宇（山西财经大学），谢申祥（山东财经大学），王琪（中国银行），王孝松（中国人民银行）

*China & World Economy* 2016 年第 6 期
15 千字

该文使用多国和多行业数据集，综合分析了大量贸易中对中国采取贸易救济行为的原因。现有研究表明，中国合作伙伴的宏观经济形势对其是否会与中国出现贸易摩擦的可能性有很大的关系，而且，行业越强大针对中国采取贸易救济行动的可能性越大。实证结果表明，中国贸易在 WTO 机制下受到了伤害，自由贸易协定的数量与贸易救济行动的启动和批准是负相关的。基本上，反补贴和双重补救措施的决定因素是相同的，而反倾销措施决定因素不同。因此，加强和贸易伙伴之间的沟通将减轻中国与其贸易伙伴之间的摩擦。与此同时，利用国外游说的权力，积极融入国际贸易制度和参与区域贸易协定是中国的处理贸易摩擦“新常态”的有效途径。

在该文中，作者利用一个新的国家工业时期数据集来分析针对中国的贸易救济行动的原因。作者专注于三大类贸易救济行动，包括 AD、CVD 和 DR。基本上，实证结果是直观的，作者深入了解贸易摩擦的原因对策。结论如下：

一是合作伙伴的宏观经济形势对其是否对中国采取贸易救济行动影响很大。当贸易伙伴经济衰退，国内企业更有可能启动 CVD 和 DR，中国政府更有可能给国内企业更多的保护。另外，汇率也是一个重要的决定因素。人民币贬值时，中国商品会遇到更多的 AD 申请。但是，整体贸易赤字的增长率并不是很重要的因素。发展中的合作伙伴是 AD 用户。这可能是由于中国与发展中国家出口结构的相似之处：激烈的竞争造成很大的摩擦。

二是行业越强大，就越有可能针对中国的贸易救济行动。此外，中国贸易伙伴进口激增仍然是触发“贸易战”的重要因素。越是有竞争力的行业战略性产业越是对国民经济重要。而且，这样的行业可以在政治上组织起来，往往对贸易决策有更大的影响作用。实证结果表明，一个行业的竞争力指数对 CVD 和 DR 判定有显著的正面影响。这个结果部分支持了预期的理论模型。

三是中国受到世贸组织开始关税减让的伤害。一些合作伙伴倾向于使用 DR 等允许措施来涵盖关税的影响让步。因此，在未来确定如何充分利用 WTO 规则来处理贸易摩擦和建立世界经济新秩序将是非常重要的。

四是FTA参与的程度与CVD和DR的启动负相关。这证明在中国自由贸易协定没有明显的贸易转移效应。但是，自由贸易区成员之间的贸易壁垒通过双边对话更容易解决摩擦。

（田祥宇）

**【出口与企业自主技术创新：来自企业专利数据的经验研究】**

李兵、岳云嵩（中央财经大学国际经济与贸易学院），陈婷（美国普林斯顿大学和香港中文大学）

《世界经济》2016年第12期
19.8千字

文章在企业层面合并了1998—2007年专利数据库和中国工业企业数据库，使用倾向值得分匹配之后的双重差分方法识别了企业出口对企业自主技术创新的影响。结果表明，出口促进了企业的自主技术创新，尤其对技术含量相对较高的发明专利和实用新型专利有显著促进作用，而对外观设计专利的作用不显著。进一步的异质性检验发现，出口主要促进了中高和高技术行业企业的自主技术创新，对中低和低技术行业企业的影响并不显著。此外，还合并了2000—2007年的海关数据库，发现出口对一般贸易企业的自主创新有促进作用，但对加工贸易企业的自主创新却产生抑制作用。最后，出口对内资企业的出口创新效应更为显著，而对外资企业的影响不显著。

研究在理论上为国际技术外溢通过出口这一渠道发生作用找到了一个新机制，企业通过出口学习到新技术后，增强了自身的创新能力，称为“出口引致创新”效应。这一机制可以看作是对文献中“出口学习”效应的一个延续和拓展。结合企业专利数据、工业企业数据和海关贸易数据，使用PSM－DID方法处理了潜在的自选择与遗漏变量偏误问题，系统考察了出口对企业自主技术创新的影响，在经验研究上为这一机制提供了证据。研究结论为出口与企业绩效关系研究、企业创新影响因素的研究提供了新的机制和证据。

第一，出口确实促进了企业的自主技术创新，尤其对技术含量相对较高的发明专利和实用新型专利有显著的促进作用，对技术门槛相对较低的外观设计专利的影响在统计上并不显著；第二，出口对企业技术创新的影响呈现出倒“U”型特征，企业需要时间来学习接触到的技术，所以企业刚刚出口的即期效果较小，之后慢慢增大，最后又减弱；第三，分行业来看，出口主要促进了中高技术行业和高技术行业企业的技术创新，而中低技术行业和低技术行业的创新受到出口的影响并不显著甚至出现负效应；第四，分贸易方式来看，主要从事一般贸易企业的发明专利和实用新型专利申请数受到出口的正向影响，混合贸易企业受到的影响并不显著，而主要从事加工贸易企业的专利申请数受到了出口的负向影响；第五，分所有制类型来看，出口对内资企业有显著的“引致创新”效应，对外资企业没有显著影响，甚至对外资企业的发明专利还有负向影响。

（郭文）

**【制造业投入服务化与企业出口的二元边际——基于中国微观企业数据的经验研究】**

刘斌、王乃嘉（对外经济贸易大学中国WTO研究院）

《中国工业经济》2016年第9期
16.4千字

以服务化引领产业结构转型升级已成为当前全球制造业发展的重要趋势。当前廉价劳动力依然是中国出口的比较优势，在面临外部冲击时，这种贸易模式会表现出极大的脆弱性。近年来，随着外需持续低迷和国内生产要素成本的上升，中国对外贸易形势进入较为严峻的时期。

基于以上背景，文章试图从制造业服务化的视角探寻中国贸易结构转型的新路径。文章以最新的海关进出口企业数据为样本，对出口贸易进行结构性分解，计算得到中国出口贸易的扩展边际和集约边际，并在此基础之上，对接中国工业企业数据库和WIOD数据库，计量分析了制造业服务化对中国企业出口表现的影响。研究结果表明：总体而言，制造业投入服务化优化了中国企业出口的“二元边际”。制造业投入服务化增加了企业出口概率，提升了企业出口的产品价格，扩大了企业出口的产品种类和出口市场范围。从服务要素投入异质性的视角，分销服务化、金融服务化均有利于优化企业的出口表现。电信服务化和运输服务化的正向效应并没有得到充分发挥。

研究结论具有如下政策含义：（1）加快推进中国制造业投入服务化进程，提高制造业行业中的服务要素渗透率。特别是在皮革和鞋类制品业、纺织业、橡胶塑料业等传统劳动密集型行业，亟须加大服务要素投入，促进企业出口贸易结构转型。（2）降低制造业企业中的服务“内置化”程度，加快制造业企业的“主辅分离”，逐步分离和外包制造业企业的运输、营销等非核心服务业务，集中优势资源，提升制造业企业主导产品的核心竞争力，提高企业的运营效率。（3）合理规划产业布局，扩大制造业和服务业的市场融合空间。增进企业间的产业分工和黏合度，改变当前产业园区“只集聚、不融合”的现状。（4）以金融服务化和分销服务化为重点，增加生产性服务要素的有效供给。建立和健全现代金融体系，金融机构应适当放宽对出口企业提供信用、融资、担保等金融服务的门槛，创新金融产品，有效缓解中国出口企业的融资约束。（5）稳步推进制造业产出服务化进程。企业应围绕核心产品开拓服务业务，搞好产品生命周期服务。发展维护检修、远程咨询、仓储物流、电子商务等增值服务。

（郭文）

**【模仿同构对企业国际化—绩效关系的影响——基于制度理论正当性视角的实证研究】**

陈立敏、刘静雅、张世蕾（武汉大学经济与管理学院）

《中国工业经济》2016年第9期
18.6千字

中国企业对外直接投资连续13年高速增长并位列全球前三甲，但面临国际化水平较低、国际化经验不足、国际化绩效较差等诸多问题。在国际化能提高绩效时企业进行国际扩张是合理的选择，为什么还有许多企业在国际化绩效并不好的情况下也选择国际化？

为回答上述问题，文章基于制度理论正当性视角和组织场域的模仿同构行为，采用2009—2014年中国制造业上市公司数据进行实证分析，结果发现：（1）作为新兴经济体中的后发企业，中国企业绩效随国际化程度的变动关系呈现低国际化程度时与绩效负相关、高国际化程度时与绩效正相关的“U”型形态；总体上，中国企业国际化与绩效间关系已经是正相关关系。（2）基于制度正当性而进行的模仿同构对企业的国际化—绩效关系具有显著的积极调节作用，不管是文章构造的相似企业模仿指数还是成功企业模仿指数，都能有效增强企业国际化—绩效的正相关关系，或有效减弱两者之间的负相关关系。这说明，企业可以通过模仿同构而获得更多组织正当性、改善国际化绩效。这一独特的制度正当性理论视角，将给企业国际化—绩效关系研究，贡献以组织场域中的模仿同构作为调节因素的企业国际化绩效改善机制。

以上结论除具有上述理论意义外，对企业的国际化经营颇具实践价值和政策启示：（1）新兴经济体中的后发企业进行国际化，虽然难以避免“U”型关系的理论规律，即常常在低国际化程度的初期，经历受新入者劣势和外来者劣势影响的绩效负相关阶段，但在企业的合理经营之下，这一负相关是阶段性的，正如目前的中国“走出去”企业已经在总体上进入到正相关阶段。因此，有关企业与协调部门在符合发展战略的前提下应该勇于国际化。（2）对成功企业和相似企业，尤其是成功企业的国际化经营行为进行模仿，有利于“走出去”企业减低国际化过程中的不确定性影响，建立起东道国正当性，并对企业绩效产生积极作用。（3）高管具有海外背景经历、企业具有良好的资本结构，是企业国际化过程中获得认可和盈利的优势来源，但企业的大型和高龄则不是，与规模小、年龄轻的企业相比，规模较大、成立已久却只有同样国际化程度的企业，由于其进入东道国的行为相对偏晚和落后，反而不利于东道国的制度环境认可和正当性建立。

（郭文）

**【企业社会责任的价值创造机理及实证检验——基于利益相关者理论和生命周期理论】**

王清刚、徐欣宇（中南财经政法大学会计学院）

《中国软科学》2016 年第 2 期
18 千字

在创新驱动的新常态下，社会责任已成为与资本、技术和人才同样重要的竞争要素。企业是创造价值和履行社会责任的统一体，企业履行社会责任能够促进价值创造目标的实现。该文从利益相关者理论和企业生命周期理论出发，探讨了企业社会责任价值创造的机理，并以 2010—2014 年沪深主板全体上市公司为样本，检验了企业在不同发展阶段履行对各利益相关者的社会责任对企业价值的影响。根据相关的理论分析和实证检验，得出以下主要结论：履行对投资者的社会责任在初创期、成长期和成熟期能够显著地为企业创造价值；履行对员工的社会责任在整个生命周期都能为企业创造价值。而履行对供应商、客户和消费者的社会责任主要在成长期和成熟期两个阶段创造价值。企业履行对环境、政府和公众的社会责任在整个生命周期与企业创造价值的相关性都不显著。基于上述主要结论，提出以下几点政策建议：

第一，企业是履行社会责任和创造价值的统一体，履行社会责任能够促进价值创造目标的实现，企业价值的提升反过来又可促进企业履行更多的社会责任。在创新驱动的新常态下，企业应树立社会责任意识，高度关注社会责任价值创造的作用，由被动地履行社会责任义务转向主动为各利益相关方创造价值的社会责任管理，把社会责任理念及其核心价值观融入经营战略和日常管理中，战略决策和战略实施应综合考虑各利益相关者的价值取向和利益诉求。

第二，不同利益相关者在企业发展的不同时期所起的作用是不同的，企业要特别重视对员工、投资者、供应商、客户和消费者的社会责任。无论企业处于什么时期，员工和资本永远是企业价值创造的源泉。企业应建立“以人为本”的人力资源政策，提供良好的员工薪酬，重视员工健康、安全和发展，尊重员工人格，维护员工尊严，切实维护员工合法权益；企业要努力为投资者创造价值，逐步提高投资者回报，重视投资者关系，保护投资者利益；同时，企业要维护好与客户和供应商的关系，建立合作共赢伙伴关系。

第三，企业需要根据自身所处生命周期阶段和承受能力，有侧重地履行对不同利益相关者的责任，使企业发展与社会责任协调统一，互相促进。例如，公益慈善和服务公众需要达到一定规模才引起媒体和公众关注，企业若为博眼球而实施超过自身实力的此类行为，可能会造成自身实力和价值的降低。

第四，在微观层面，企业履行对环境、政府和公众的社会责任对自身价值创造弱相关。因此，研究者建议分层次建立环境、政府和公众的社会责任促进机制，将部分责任上升为国家层面的战略。

（董昌娟）

**【企业社会责任寻租行为研究】**

肖红军（中国社会科学院工业经济研究所），张哲（清华大学社会科学学院）
《经济管理》2016 年第 2 期
18 千字

企业社会责任发展正呈现出前所未有的“悖论”，企业社会责任运动蓬勃深入开展与企业社会责任异化现象大量涌现交织在一起，其中，企业社会责任寻租行为与现象的不断出现，正在成为阻碍企业社会责任持续健康发展的重要因素。在社会大众对企业社会责任的偏好前提下，由于企业社会责任领域的模糊性，为企业以社会责任的名义向公权力、公信力和垄断力寻租提供了可能，并导致了严重的经济社会后果。该文首次对企业社会责任寻租概念、特征、前提假设、租金来源和影响后果进行系统研究，并构建了以企业、权力主体和终端决策者为主体组成的社会责任寻租的网络治理框架，提出了基于偏好治理的社会责任寻租治理原则，并针对性地提出了企业社会责任寻租治理的具体建议。

（1）社会责任寻租的治理原则——基于偏好治理的分析。个体对于群体非理性的结果是有所认识的，这是一种无法自拔的“囚徒困境”，要想实现困境中的突破，就必须为个体追求利益最大化的行为进行边界限制，并且在既有缺乏对个体理性思考的制度框架（正式或非正式）中加入个体理性。租金的产生提供了条件。因此，对社会责任偏好的治理，首先要增加社会责任偏好的规范，即对社会责任的标准进行更为明确的界定，并且将社会责任偏好从非正式的社会共识向正式的社会制度推进。

（2）企业社会责任寻租行为的非理性结果矫正。一是正式制度约束企业寻租行为。此处针对企业的社会责任正式制度建立，需要考虑国家法律层面的普遍约束制度，并且还应该推进企业自身着手建设社会责任制度。二是声誉制度参与寻租动机矫正。非正式制度中的声誉制度是矫正企业社会责任寻租动机的关键。企业履行社会责任的重要动机之一在于提高声誉，而选择寻租虽然可以降低社会责任成本，但是，也增加了社会责任风险，一旦寻租行为被曝光，其建立起来的社会责任声誉被毁，有可能会严重影响其经济绩效。

（3）设租主体行为的治理。设租主体是公权力、公信力和垄断力的拥有者。由于社会责任在社会网络中的传播特征，使得他们有了设租的可能。由于三种权力性质的不同，因此对社会责任设租主体的治理，应从正式制度制约和大众监督的层面入手，着重分析对公权力和公信力两种主要社会责任设租主体的治理建议。

（4）社会责任行为评价标准化。增强终端决策者对社会责任信息的辨别能力，是减少社会责任寻租的直接、有效方法。除了上文提到的将更加广大的终端决策者纳入公信力的参与和监管中外，更重要的是要对企业的社会责任行为评价进行标准化。政府部门或公权力机关根据本国或本地的社会责任发展状况以及战略规划，制定容易理解的企业社会责任行为评价标准，帮助消费者和投资者等终端决策者识别传播信息，评价企业社会责任行为。

（董昌娟）

**【中国民营企业社会责任背离之谜】**

李增福（华南师范大学），汤旭东（厦门大学），连玉君（中山大学）

《管理世界》2016 年第 9 期
17.3 千字

近年来，我国慈善事业突飞猛进，取得了快速的增长，其中的一个突出表现就是捐赠金额的高速增长，企业尤其是民营企业纷纷加入慈善捐赠的大军中并成为中流砥柱，民营企业正在给人们展示着自身的企业社会责任担当的形象。

然而，基于2007—2013 年 A 股民营上市公司的数据，考察后却发现民营上市公司的捐赠倾向和捐赠额度均与避税程度正相关，意味着我国民营上市公司存在着“明里捐赠，暗里避税”的现象，文中将这一现象称为中国民营企业社会责任背离之谜。根据中国转型经济的制度背景，提出了“慈善捐赠—寻租—避税”假说来解释这一现象，并实证检验了法制环境好坏以及政治关联有无导致的慈善捐赠的避税效应的差异。研究发现：第一，相对于法制环境差地区的企业来说，法制环境好的地区，民营企业的慈善捐赠的避税效应更显著；第二，相对于没有政治关联的民营企业来说，有政治关联的民营企业慈善捐赠的避税效应更显著。研究发展了慈善捐赠的工具观，揭示了当前中国转型经济的制度背景下，民营企业通过慈善捐赠来向政府寻租，用以寻求政府宽松的税收执法的现象。

研究结果表明，中国民营企业帮助政府完成政治或者社会目标；而政府给予企业经济利益。这一互惠行为催生了一个很具中国特色的企业社会责任背离现象，即“明里捐赠，暗里避税”。社会法制环境的不健全和政企之间的政治关联使这一现象得以加重和强化。政企之间捐赠避税行为的发展不仅使我国的慈善捐赠事业偏离其应有的轨道，而且也是对法制环境和市场公平的破坏。对这一现象的遏制，首先要健全法制，切断政府通过税收容忍对企业的利益输送，从而降低企业通过慈善捐赠帮助进行避税的积极性；其次要对企业的避税行为，包括合理的避税行为进行监察和披露，通过声誉效应抑制企业的避税行为。

文章的主要贡献可以归结为如下几个方面。其一，该文首次提出了企业的“慈善捐赠—寻租—避税”假说，并提供了稳健的经验证据。其二，该文的研究提供了在转型经济国家中，慈善捐赠和企业避税行为并存的经验证据，有助于更好地理解二者之间的关系。其三，寻租理论认为，企业具有很强的动机与政治家结成同盟，并通过影响政治环境和政治过程来使特殊利益集团获得“租金”。该文从慈善捐赠和企业避税角度为这一理论假说提供了新的经验证据。

（郭文）

**【管理者能力与企业风险承担】**

何威风、刘巍、黄凯莉（中南财经政法大学会计学院）

《中国软科学》2016 年第 5 期
16 千字

管理者是企业的直接决策主体，其能力直接影响着企业风险承担水平。在全球经济艰难复苏中，如何激励管理者的冒险精神以提高企业风险承担水平和促进经济发展，防范管理者过度冒险行为以避免潜在经济危机出现，成为公司金融乃至资本市场研究中的一个十分重要的问题。该文基于异质性管理者视角，运用数据包络分析法度量管理者能力，采用中国上市公司数据，研究了管理者能力对企业风险承担的影响。研究发现，能力越强的管理者所在企业，其风险承担水平越低。进一步研究发现，控股股东控制和管理者薪酬激励能够抑制管理者厌恶风险的特征；管理者权力则进一步加强了管理者能力与企业风险承担之间的负向关系。

该文的研究贡献是：

第一，丰富了企业风险承担的研究内容。现有企业风险承担的影响因素研究主要集中在公司治理、管理者激励、管理者权力、管理者特征以及文化特征等方面，该文则基于管理者异质性，首次从管理者能力角度探讨了企业风险承担的影响因素，为企业风险承担行为提供了新的解释。

第二，拓展了管理者能力的研究范围。从异质性管理者角度分析企业财务行为是近年来财务理论研究的重要内容，包括研究管理者能力对企业融资、投资等行为的影响，该文则将其拓展到企业风险承担这一新领域。

第三，该文研究也具有重要的现实意义。企业风险承担反映了企业投资决策的风险选择，并将会影响企业的长远发展和宏观经济增长。尽管较低的风险选择有利于企业控制风险，但也反映出企业资本性支出减少，风险性投资和创新投入不足，这将会不利于企业竞争优势的提升和对投资机会的利用，也将长远影响企业未来业绩和发展。该文研究发现我国上市公司中管理者能力越强，企业承担风险越低。为此，我国应该高度重视管理者在公司决策中的作用，创造条件，鼓励有能力的管理者积极进行合理的风险投资，从而促进企业长远发展。

（董昌娟）

**【国有金字塔层级对公司风险承担的影响——基于政府控制级别差异的分析】**

苏坤（西北工业大学管理学院）

《中国工业经济》2016 年第 6 期
20 千字

风险承担越高表明企业越具有更高的冒险创新精神和经营活力，这对于一个企业的成功和长期发展至关重要。由于历史的原因和国有企业的产权本质，转型经济背景下中国国有企业的经营活力与风险承担受到政府干预的束缚。同时，政府干预对企业绩效和价值产生了不利的影响，但政府干预影响企业价值的中间路径尚需进一步探究。基于此，以中国国有企业改革的第二条路径——政府放权为背景，以中国沪、深两市国有控股上市公司的 3631 个样本观察值为研究对象，系统研究了政府放权的重要手段——国有金字塔层级如何影响公司风险承担以及上述影响在不同政府控制级别公司间的差异，进一步地，公司风险承担在国有金字塔层级（政府放权）与企业价值间扮演着何种角色。研究结果表明：（1）国有金字塔层级的延长降低了政府干预程度，有助于企业（管理层）按照市场化的规则勇于担当风险，提高企业决策权和经营活力，提升了国有企业风险承担水平。（2）由于地方政府对所控制企业的干预更强，与中央政府控制企业相比，地方政府尤其是市、县级政府控制企业国有金字塔层级对公司风险承担的促进作用更显著。（3）国有金字塔层级的延长减轻了政府干预政治成本的影响，提升了企业价值，国有金字塔层级与企业价值正相关。（4）提高公司风险承担有利于增加企业价值，且在国有金字塔层级与企业价值间的关系中风险承担发挥着显著的中介作用，风险承担是降低政府干预、提升企业价值的重要路径与来源。

结合该文的研究结论，给出如下政策启示：

第一，当前，中国经济体制改革的重要任务仍然是进一步深化社会主义市场经济体制改革，降低政府干预尤其是对国有企业的行政干预。而产权改革无疑是降低政府干预的关键，在不能通过大规模的产权转让来实现民营化的背景下，通过增加政府与国有企业间的金字塔代理链层级，建立更为市场化的股权结构无疑是更为现实的路径。因此，要进一步推进国有企业的市场化改革，降低政府干预，必须减少政府对国有企业的直接控制，增加政府干预的成本，进一步建立政府与国有企业之间的金字塔多层级机制。

第二，政府的财政压力和过多的社会职能是其干预企业的根源，低层级政府尤其是市、县级政府的干预程度相对更大，要彻底解决过多的政府干预企业问题，还必须清晰界定政府的“责”“权”问题，保证政府尤其是地方政府的财权，做到财权、事权相匹配，需要进一步明晰政府职能，避免政府履行过多的社会职能，从根源上解决政府干预企业的动机问题。同时，要特别注意地方政府尤其是市、县级政府的干预问题，更加注重对它们所控制企业金字塔结构作用的发挥。

第三，公司风险承担是影响企业价值的重要路径，改革中应深刻认识企业风险承担所具有的重要作用与现实意义，注重对国有控制公司管理层企业家精神的培育，调动他们的经营积极性，采取措施推动国有控制公司勇于担当风险、提升企业经营活力，有效识别并重视对风险承担项目（高风险但预期净现值为正项目）的投资，降低在投资决策中风险规避的程度，进而促进企业价值的提升。

（董昌娟）

**【组织变革中的战略风险控制——基于企业互联网转型的多案例研究】**

谢康、吴瑶、肖静华、廖雪华（中山大学管理学院）

《管理世界》2016 年第 2 期
25 千字

该文遵循复制逻辑，通过对 4 家在初期进行互联网转型尝试中受组织惯性影响遭遇挫折，后通过有效的风险控制成功实现转型的传统企业的研究，对企业在突破组织惯性和形成新惯例过程中的战略风险识别和风险控制机制进行了探讨。研究发现，在突破组织惯性阶段，企业面临的战略风险主要是模式、能力和资源的变异风险，企业主要通过组合变革、组合学习和组合重构形成风险控制机制，以降低变异风险；在形成新惯例的阶段，企业面临的战略风险主要是模式、能力和资源的适应风险，企业主要通过模式迭代匹配、能力迭代提升和资源迭代整合形成风险控制机制，以降低适应风险。该文将两阶段的战略风险识别与控制整合为一个整体框架，提出通过“组合”方式控制战略变异风险，通过“迭代”方式控制战略适应风险，由此形成企业互联网转型的“组合—迭代”战略风险控制框架。这一研究一方面将战略风险引入组织变革和组织惯性的讨论中，丰富了组织变革和组织惯性的研究视角；另一方面，通过对互联网转型情境高风险和双重风险的探讨，拓展了战略风险领域对转型战略风险的讨论。研究结论对技术突变情境下的转型风险控制形成了理论创新。

该文的研究为企业有效控制转型战略风险提供了以下启示。

第一，在企业突破组织惯性的阶段，面临“转不好”的风险，即战略变异风险。对此，企业一要根据所处行业特性及自身发展特点等情况，对不同业务模块选择渐进式或激进式的变革方式，通过“渐进式＋激进式”的组合变革来降低模式变异的风险；二要根据自身原有的能力基础和转型方向，通过跨界和交互学习培养互联网的思维和能力，通过产品和服务的迭代试错锻炼适应互联网的产品研发能力和服务设计能力，通过“跨界/交互学习＋产品/服务迭代试错”的组合学习来应对能力变异的风险；三要根据自身原有的资源基础和转型需要，对不同类型的新资源采取互补式或替代式的资源重构方式，通过“互补式＋替代式”的组合重构来控制资源变异的风险。

第二，在企业形成新惯例的阶段，面临“立不稳”的风险，即战略适应风险。对此，首先，企业需要根据行业特征与产品特性，通过迭代试验和模式调整等方式，使运作模式与环境变化相匹配，从而降低模式适应的风险；其次，企业需要根据互联网发展对其能力的要求，通过持续的跨界学习、交互学习和内外部迭代协同等来形成能力的迭代提升，使能力与环境变化相适应，从而降低能力适应的风险；最后，企业需要根据互联网发展对资源的要求，通过内部及内部与外部的资源迭代整合，使其能有效支撑环境的变化需要，从而降低资源适应的风险。通过对风险的控制提高转型的成功概率，实现“凤凰涅槃”。

（董昌娟）

**【平台商业模式创新研究——基于互联网环境下的时空契合分析】**

冯华、陈亚琦（北京交通大学经济管理学院）

《中国工业经济》2016 年第 3 期
21 千字

在互联网环境下，物理时空约束特别是时间约束被打破，平台企业价值创造与价值实现的经济时空向广度深度延展，必然引起商业模式创新内涵、动因与过程的变化。该文从互联网环境的经济时空与物理时空契合分析角度建立新的解释框架，是基于以往的研究仅仅关注物理时空特征的表象；实际上，经济时空与物理时空之间的契合变化直接影响了商业模式创新的动因与过程。沿着这个思路，该文以互联网经济作为研究背景，诠释了平台商业模式创新的新内涵。

该文发现：（1）随着社会经济发展由工业经济时代演进到互联网经济时代，经济时空与物理时空的契合度从高度契合状态逐渐弱化，经济时空的外延向外拓展，其内涵逐渐突破物理时空而在互联网平台的虚拟环境也能够释放出巨大经济价值。在无限延展的经济时空，不仅交易时间可以不一致，而且交易空间也可以不一致。从时间角度看，平台双方不受地点、场所、时间的限制并能利用碎片时间，对买方而言用于交易活动的必要时间被极大地“压缩”，被“压缩”了的这部分时间买方能够任意安排用于提高收入或者闲暇效用的事情，而这部分被重新分配用于工作或闲暇的时间实际上在通过平台进行交易的过程中产生了增值，间接提高了买方的总体效用；从空间角度看，经济时空的延展扩大了人流、物流、信息流、资金流及交易流的协调空间，连接到平台就连接到了无限延展的经济时空。（2）经济时空与物理时空契合的变化引发了平台商业模式创新，从时间和空间两个维度产生商业模式创新的驱动力。经济时空与物理时空高度契合时强调供给方规模经济与范围经济，经济时空的内涵与外延突破物理时空向外拓展后形成了需求方规模经济与范围经济，大量的需求方与供给方在平台上良性互动，进一步带来供给方的规模经济与范围经济，产生了空间效应，成为平台商业模式创新的一个重要推动力；由于互联网环境下的平台能够使买方的消费时间价值产生增值，在交叉网络外部性作用下，平台一方时间价值的改善能够对平台另一方、平台厂商及平台产业产生溢出效应，并带动产业链相关行业的效益，由此提高社会效益。传统意义上的网络效应是商业模式创新的重要方面，但对于互联网环境下的平台商业模式创新，其创新的动因更重要的是要满足消费时间价值增值的网络时间溢出效应。（3）经济时空与物理时空高度契合时尽可能维持商业模式的稳定保证静态效率比较重要，而在无限延展的经济时空，商业模式创新的动态效率更为重要，因为突破物理时空限制后，生产与消费的时间机会成本减少，商业模式创新更加灵活，收入模式、价值创造模式和要素支撑体系需要不断创新才能保证经济时空的效率。(4) 经济时空与物理时空的契合变化后，商业模式创新从只能考虑物理时空现有资源配置的经济活动，逐渐转变为提高各种资源在经济时空的配置效率，要素支撑体系在这个过程中起到重要作用。

（董昌娟）

**【无边界企业的构成要素与成长路径研究】**

李晓翔（安徽大学商学院）

《中国工业经济》2016 年第 6 期
18 千字

随着管理边界的消除以及互联网经济对时空约束的突破、对用户价值的强调，企业内部结构被打破和重新组织，企业内核与资源单位成为企业内部的主要构成，面向特定主题、围绕企业内核、基于资源单位建立起的生态圈成为无边界企业的存在方式。鉴于主题的预设性，该文主要从企业内核、资源单位的视角探讨无边界管理模式下企业的成长路径。考虑到互联网经济时代知识对企业生存和成长的重要性，该文认为资源单位主要基于知识及其依附的人所建立，相关分析及样本企业的选择也按此思路开展。该文发现：(1) 企业内核在能力、权力维度的增大造成内部资源单位规模减小和外部资源单位规模增大，权力的向外延伸同时造成内部资源单位相互关联的减弱，资源单位的这些变化均有利于企业做大。(2) 企业内核在效率维度的减小造成外部资源单位规模减小、相互关联减弱，进而带来企业做强。

根据结论可得到如下实践启示：

第一，在无边界管理模式下，管理者得以从烦琐的事务中解脱出来，有必要且能够专注于清晰定义企业内核维度以及所需要的维度状态，并可以从内核变化出发找到促进企业成长的新的着力点。驱动内核变化的因素既包括社会的发展以及企业天然存在的利益追求，也包括企业具体的战略决策、行为活动等。内核在效率维度的缩小策略则包括战略聚焦、外包不重要的业务活动，发现并识别内部进一步分工协作的机会和空间以及建立内部统一的管理、服务平台等。内核在不同维度的增大和减小分别对应不同类型的成长，差异化、情境化对待这些维度很有必要，企业需要分等分级区分出内核变化的促进和阻碍因素，并把变化的维度、层级、时间和企业成长的目标值、关键时间点相锚定，据此凝练出管理者的工作目标和内容。因此考虑到企业内核形成和调整的复杂性、必要性和常态性，企业可建立起专门的、常设性的内核管理体制。

第二，无边界管理并非简单地破除垂直或水平的组织边界，更不意味着无管理、无规律甚至无企业，关键在于重构整个企业存在、竞争的模式和机制，而且边界有价值的功能依然需要保留和实现。去中心化、去权威化也并不意味着完全失去和放弃对资源单位的管理，企业还可以通过内核影响资源单位及其作用。该文关于资源单位和成长关系的发现还说明，企业如果做大可以采取外向型资源配置模式以发挥自有资源的杠杆效应，企业如果做强则需要采取收缩型资源合作模式。资源单位规模小、关联弱对应于社会网络理论中的弱关联，该文结果同时显示内部和外部的弱关联尽管均带来企业的成长，但是成长类型和机理完全不同，这是对社会网络理论的推进，即与外部空间的弱关联有益于获取至关重要的多样化知识等，进而促进企业做强；在内部空间的弱关联尽管无法增加知识等资源的多样性，但是却伴随着企业对外部环境的关注和倚重，这为吸收外部资源提供了动力和可能性，而有利于企业做大。

第三，尽管做大和做强分别对应不同

的成长路径，但并非说明二者之间毫无关联。从企业内核的角度看，一味地拓展能力、权力的难度，成本会逐步增加，做大的阻力增大，但是之前增加的规模又为效率的收缩提供了动力和空间，这时管理者应当努力实现企业做强。类似地，效率向内收缩的难度同样逐步增加，而企业这时可专注于能力、权力的拓展。因此，该文视角下的内核增大和减小交替进行会更有效率。做大和做强能够相互促进和衔接，企业可以并且应当基于内核维度和资源单位的交替性、周期性变化制订成长计划，实现成长的可持续性，而企业在遭遇成长缓慢或者停滞时还可以从内核、资源单位变化周期等角度寻找问题的根源所在。

（董昌娟）

**【多渠道整合对零售商权益的影响：基于线上与线下的视角】**

吴锦峰、侯德林（武汉纺织大学管理学院），常亚平（华中科技大学管理学院）

《南开管理评论》2016 年第 2 期
23 千字

在多渠道正成为零售业标准模式的趋势下，线上与线下渠道的整合已成为零售商 O2O 转型的当务之急。该研究以 O2O 转型中的传统零售商为研究对象，探讨多渠道整合对零售商权益的作用机理。构建了多渠道整合对零售商权益影响的理论模型，并采用结构方程模型方法对假设进行验证。研究发现，产品与价格信息整合、促销信息整合、交易信息整合通过线上商店态度对整体零售商权益产生积极的影响；产品与价格信息整合、促销信息整合、信息获取整合、顾客服务整合通过线下商店态度对整体零售商权益产生积极的影响；线下商店态度积极地影响线上商店态度；线上商店态度对整体零售商权益的影响弱于线下商店态度。该结论为零售商利用线上、线下的整合营销行为进行品牌建设提供了理论指导。

该研究结果表明，零售商可利用多渠道整合改善消费者对线上和线下商店的态度，从而促进零售商权益的增值。

第一，产品与价格信息整合、促销信息整合、交易信息整合能通过线上商店态度积极影响整体零售商权益，因此，这些多渠道整合维度都可成为利用线上商店态度提升零售商权益的切入点。在产品与价格信息整合方面，线上商店出售实体店的畅销商品能提升线上商店对顾客的吸引力，如国美在线利用“爆款专区”出售正在实体店热卖的家电产品；在促销信息整合方面，零售商可考虑利用实体店的店员、海报、宣传册、购物袋向经常惠顾实体店的老顾客宣传线上商店，如 GAP 实体店的收银员会在顾客结账时建议顾客光顾其线上商店；在交易信息整合方面，零售商可利用顾客在线上、线下的搜索痕迹和交易记录挖掘其个性化的需求，进而为顾客提供定制化的购买推荐。

第二，产品与价格信息整合、促销信息整合、信息获取整合、顾客服务整合能通过线下商店态度对整体零售商权益施加积极的影响。此外，产品与价格信息整合、促销信息整合能通过线下商店态度影响线上商店态度，这也意味着，零售商在产品与价格信息整合、促销信息整合上的良好表现，不仅能改善消费者对线下商店的态度，还能推动消费者对线下商店的态度向线上商店转移。因此，为提升零售商权益，零售商可针对这四个多渠道整合维度采取相应的改进措施。在产品与价格信息整合方面，为增加顾客对实体店的好感，零售商应保证实体店与线上商店能以相同的价格出售商品，如苏宁电器的所有门店与网上商城都实现了“同款同价”；在促销信息整合方面，线上商店可考虑利用广告、专栏、电子邮件等形式对实体店进行宣传，如屈臣氏的网上商城能通过“实体店精选”栏目提供各地区实体店的地图和促销快讯；在信息获取整合方面，零售商应根据顾客的行走“动线”，在实体店的合适区域设置能接入线上商店的终端查询机，以方便顾客现场查询；在顾客服务整合方面，零售商应考虑利用线上商店为顾客在实体店购买的商品提供便捷的售后服务，如苏宁易购的“在线服务中心”，不仅能受理实体店所售出商品的安装、维修和退换货申请，还能为实体店的订单提供售后咨询和解决投诉等服务。

（董昌娟）

**【供应链治理理论研究：概念、内涵与规范性分析框架】**

李维安（南开大学中国公司治理研究院、天津财经大学商学院），李勇建（南开大学商学院、南开大学中国公司治理研究院、中国特色社会主义经济建设协同创新中心），石丹（大连理工大学商学院）

《南开管理评论》2016 年第 19 期
23 千字

由于科学技术的迅猛发展和经济的全球化，企业面临着更为强劲的竞争对手和更为复杂的竞争环境，供应链逐步引起学术界和实业界的高度重视，这也对传统以股东为中心的公司治理结构提出了新的要求。供应链治理的提出，是环境演化和组织变迁的结构性反映。尽管经济学和管理学领域关于治理机制和治理结构的研究已经备受关注，但这一问题远未得到彻底解决，尤其是在供应链领域，由于缺乏系统性的理论框架和正式化的逻辑表述而限制了供应链治理理论的研究和应用。该文在治理研究相关理论的基础上，包括交易成本理论、资源理论以及社会关系理论，结合供应链管理的研究进展，探讨供应链治理的必要性，建立了供应链治理研究的逻辑思路和分析框架。

该文提出的供应链治理框架，尝试性地将治理理论应用于供应链的研究，以弥补供应链理论中所忽视的治理问题，未来可以从治理环境—治理行为—治理效应逐步推进的研究视角分析供应链。

（1）在治理环境方面，可开展基于交易特性、能力特性和环境特征三个维度背景下的治理行为选择的影响因素研究。特别是考虑中国特有情境这一大环境的影响，对中国情境嵌入和情境依赖的供应链治理问题进行研究。从政治制度方面看，中国特色的政治制度以及政府对市场强大的宏观调控能力，对供应链治理有着重要的影响。从社会文化方面看，以和谐互利为目的的中华文化，讲究相互信任、相互帮扶和付出，因此，关系和信任背景下供应链治理机制的选择研究在以西方学者提出的传统供应链框架下是难以开展的。

（2）在治理行为分析方面，一个最重要的研究问题就是“特定治理环境下应该选择什么样的治理结构和机制”。从动态分析的视角看，治理机制的学习与演化规律也是一个重要的研究方向。在供应链生命周期的某一阶段，一般会存在某种主流的治理形式并扮演着主导角色，治理机制的不同选择会引起治理因素的动态性变化，比如成员之间的交易频率增加、关系增强，核心企业对交易的组织能力增强，这种变化又会进一步对供应链的资源配置方式产生结构性的影响，引发治理机制的改变。因此，有必要基于动态演化的视角，探究供应链中治理机制的演变规律以及适应性变化问题。

（3）在治理效应方面，将研究范围从治理行为选择拓展到行为对治理效应的影响，探讨供应链治理行为的效能机制，从效应层次上来解释特定供应链治理行为的有效性。此外，还可以考虑供应链外部边界的治理研究，例如，如何选择适当的治理机构与合作伙伴以保证供应链的交易参与方承担应有的社会责任，避免供应链上的“血汗工厂”；如何应对政策变化，对供应链治理模式进行优化和调整；在供应链金融环境下供应链合作伙伴与债权人之间的利益协调机制等。此外，随着循环经济和可持续发展与绿色供应链发展理念的提出与实施，如何通过有效的治理行为承担环境责任、保证安全、绿色和清洁生产也是未来研究的方向。

（董昌娟）

**【产业链视角下的国有企业效率实现机制——基于消费品行业的多案例诠释】**

谢莉娟、王晓东（中国人民大学商学院），张昊（中国社会科学院财经战略研究院）
《管理世界》2016 年第 4 期
27 千字

产业链布局对于企业效率实现具有重要的先行决策意义，而国有企业还同时面临着区别于一般性企业的功能约束和资源特点。该文从产业链视角出发，在消费品行业中选取 6 家国有企业，依据其是否具有重要功能加以分类，并采用多案例分析方法考察其效率实现机制。研究发现，国有企业实现其特定功能的要求并不一定妨碍微观效率的实现，基于资源的内部化而形成的重资产运营也并不意味着资源误配和效率流失；在竞争性条件下，即便国有企业因宏观职能或资金优势而获得了一部分资源利用的优先性和便利性，也未必是垄断经营的结果，独占性资源的获取实际上与国有资本的品质掌控、信誉担保和基于一般性战略合作而形成的关系网络密切相关。通过选择合理的产业链布局模式以及将国有资金注入关键段落和核心环节形成一定的自有能力支持，国有企业具备通过竞争效率来提升经营业绩和实现盈利追赶的内在机制。

该文基于产业链视角的研究有助于为争论已久的国有企业效率问题重新打开思路，也为新一轮的国有企业分类改革提供了一定的政策启发，相关案例启示主要在于下述方面。

第一，全产业链“通吃”并不是国有企业在竞争性环境中的理性选择，大型国企应综合自身的功能性和竞争性特征合理地决策产业链布局的环节与模式。对于首要发挥宏观职能的重要功能型国有企业而言，效率实现的关键在于通过上游产业链的纵向一体化实施品牌化发展路径，通过国有资本独有的品质信号和信誉担保发挥品牌效应并形成品牌溢价，同时以战略合作和市场交易的方式构建中下游的渠道网络；而对于充分竞争环境中的一般性国有企业，则更加应当规避全产业链运营的发展模式，避免在产业链上实施多环节的纵向一体化，应更多利用资金优势聚焦主营业务环节，通过单环节控制构建横向扩张和自我服务能力，并通过核心环节控制和多环节外部合作而构建纵向的约束力与影响力。

第二，轻资产营运的服务型产业链并不是适合国有企业职能与资源特点的转型升级方向。该案例研究发现，国有企业的特殊性质促使其形成了一定的重资产营运特征，并且在产业链布局中具有借助关键资源的内部化来支持自身效率实现的机制，这种依托重资产的产业链特征与国有企业固有的决策机制也是相匹配的，故而在国有企业改革中，不可忽视因国有企业的职能约束和资源特点所带来的上述特征和其内含的可能优势；而最新的实证研究也指出了轻资产营运与高利润率之间并没有显著关系，不应过度追求轻资产营运的财务目标。

第三，国有企业改革无法回避国有资本的“进”“退”决策，这也是混合所有制改革中的一个核心问题。根据该文的多案例研究，未来应加强政策鼓励和支持，引导国有企业在关系国计民生的重要商品经营领域形成理性的投资跟进，地方政府可以根据特定行业的具体特征，联合大型国有企业形成“资金蓄水池”，通过更加合理的资金融通为关键环节的产业链延伸构建支持，鼓励国有资金更多投入品质保障、流通设施和技术装备建设等方面。

（董昌娟）

**【中国企业转型升级的基本状况与路径选择——基于570家企业4794名员工入企调查数据的分析】**

程虹、刘三江、罗连发（武汉大学质量发展战略研究院、宏观质量管理湖北省协同创新中心）

《管理世界》2016年第2期
20千字

该文使用了一个最新的企业劳动力匹配调查数据，对新常态下企业转型升级的现状进行了全貌式的研究。基于调查数据的分析，得出企业在新常态下转型升级的主要特征性事实是：企业整体已经从高速增长进入了中低速的增长阶段，依靠大规模的低成本的要素数量投入所驱动的模式已经难以为继，但企业的总体效益指标趋于稳定；全要素生产率作为企业创新的重要衡量指标出现了小幅下降趋势，反映出企业在创新能力的提升方面面临着瓶颈；面对劳动力成本上升的现实压力，企业正在进行着多个方面转型升级的行为调整，主要表现为劳动力资本水平的不断提升，特别是对于技能型劳动力的使用快速增长，企业对于技术研发投入也以较快的速度增长；质量盈利型模式的优势明显，成为企业的转型升级的主要方向。同时，企业的转型升级也面临着大量约束条件，最大的约束就是企业家精神难以适应新常态的发展要求，制度型企业家精神仍然占据主导，创新型企业家精神发育不足。大量企业仍然处于速度型盈利模式，对于政府的宏观经济调控政策的依赖性仍然较强。

基于调查结论，该文提出企业转型升级的主要路径是：一是要实现从“制度型企业家”向“创新型企业家”的根本转变，消除对于制度寻租的依赖，更多地形成面向市场竞争的核心能力，这是企业成功实现转型升级最为重要的前提；二是盈利模式要实现从“速度盈利型模式”向“质量盈利型模式”的转变，走质量竞争型道路，着力提升企业的质量品牌能力；三是要加快形成企业的人力资本红利，尤其是要注重对于技能型劳动力的使用和培养，以支撑质量盈利型增长模式；四是要持续加大技术创新投入，形成以原创技术为主的核心竞争力。

结合企业转型升级的主要任务和目标，该文提出了以下4个方面的政策建议。

（1）将“制度型企业家”向“创新型企业家”转变作为供给侧改革的立足点。为让企业更好地适应新常态，加快实现转型升级，政府应制定有利于企业家转型的系列支持政策。

（2）消除政府的“父爱主义”，加快“僵尸企业”退出市场。建议加快取消政府对于企业的“父爱主义”，让无竞争能力的企业能够正常地从市场退出，政府做好社会公共服务，缓解企业退出市场所导致的社会经济增长风险。

（3）大力发展以技能人才为基础的国家人力资本培养体系。提高劳动者技能的是提高企业劳动生产率，应对劳动力成本上升的重要途径。通过公共政策的投入进一步提高人力资本的水平，优化人力资本结构真正形成人力资本红利，是加快企业转型升级的重要支撑。

（4）加快有利于优质优价的多元质量信号充分供给的制度建设。建议参照德国、美国等发达国家的经验，大力发展类似于TEST（测试）、Consumer Report（消费者报告）等社会第三方的产品比较试验机构，向消费者提供专业而权威的产品质量信息。同时，要加快落实标准化体制的改革要求，将团体标准作为我国标准体系的重要组成部分，鼓励企业直接在产品标识中标明所采用的团体标准。通过质量信息的多元化供给，区分不同产品的质量水平，从而推动优质优价的市场机制的形成，加快企业从“速度盈利型模式”向“质量盈利型模式”的转变。

（董昌娟）

# 工商管理·会计学

**【基于财务视角的商业模式研究】**

李端生、王东升（山西财经大学会计学院）

《会计研究》2016 年第 6 期

11 千字

有关商业模式（Business Models）的研究大多立足于经济学和管理学视角，很少有学者从财务视角讨论商业模式问题。在新产业、新业态不断涌现，商业模式创新层出不穷的今天，从财务视角入手，科学揭示商业模式对财务管理的影响机理，科学构建财务视角的商业模式研究框架，既有助于深化商业模式下的企业财务战略、财务管理模式、财务管理手段和方法等的研究，不断拓展和创新财务管理理论，又有利于商业模式的转型和创新。

该文从商业模式概念出发，采用概念导向的理论研究范式，首先对商业模式的国内外研究现状进行了客观评价，诠释了商业模式与企业财务之间的内在关系，回答了为什么从财务视角研究商业模式的问题。

其次，以商业模式的构成要素（Who、Why、How、What 四个基本问题）作为切入点，探寻了从商业模式视角拓展和完善财务管理理论的三个维度（盈利驱动、资源配置和价值创造）以及由三个维度派生出的八种模式（收入驱动模式、利润驱动模式、资产配置模式、资本配置模式、虚实资源匹配模式、成长驱动模式、回报驱动模式和成长回报双轮驱动模式），并按照四个基本问题、三个维度、八种模式之间的逻辑关系，搭建了财务视角商业模式研究的“438”框架，回答了如何从财务视角研究商业模式的问题。

最后，针对三个维度的财务问题进行了具体分析。其中，盈利驱动维度的分析从收入驱动模式和利润驱动模式两个方面着手。认为与“Who”相对应的主要是收入驱动模式，与“How”相对应的主要是利润驱动模式，二者均与商业模式设计中的“定位”相关；资源配置维度的分析从资产配置模式、资本配置模式和虚实资源匹配模式三个方面进行。认为资源配置主要解决的是商业模式设计中“凭什么”赚钱的“What”问题，由此衍生的资产配置、资本配置和虚实资源匹配之间的关系为：资产配置决定了资本配置，资本配置具有相对独立性且反作用于资产配置，资产配置中轻重资产（虚实资源）的比例关系决定了企业的资本密集程度；价值创造维度的分析则从成长驱动模式、回报驱动模式和成长回报双轮驱动模式三个方面展开。认为价值创造聚焦于两个问题：一是分析价值创造的原因，发现价值的驱动因素；二是寻找价值驱动因素的内在联系，诠释价值创造的路径和方法。通过三个维度的分析，回答了从财务视角研究商业模式什么内容的问题。

（郭文）

**【企业的战略类型会影响盈余特征吗——基于会计稳健性视角的考察】**

刘行（东北财经大学会计学院）

《南开管理评论》2016 年第 4 期
17.3 千字

借鉴 Miles 和 Snow 的企业战略类型学，文章按照战略的不同将企业分为三类：探索者、分析者和防御者。以 2007—2013 年 A 股非金融行业的 7647 个观测值为样本对企业战略的实证度量，从会计稳健性视角考察了战略类型对企业会计盈余特征的影响。结果显示，当企业的战略类型越有可能是探索者时，其会计稳健性程度越低；当企业的战略类型越有可能是防御者时，其会计稳健性程度越高；分析者的会计稳健性程度则位居其中。在改变会计稳健性的度量模型和考虑可能的内生性问题之后，上述结论依然成立。

文章的贡献有以下两个方面：（1）已有研究考察了企业战略对薪酬、会计控制系统和预算使用情况的影响。新近一些研究则进一步考察了企业战略对会计信息特征的影响。例如，Bentley 等研究了企业战略对财务报告违规概率和审计费用的影响，叶康涛等探讨了企业战略偏离行业战略的程度对会计信息价值相关性的影响。可以看出，这类跨学科的研究有增长的趋势，但现有证据依然非常有限。依然不太了解企业战略在如何影响企业的会计决策以及企业的会计信息特征。会计稳健性视角的研究对已有的文献是一个重要的补充和拓展。（2）研究结论有助于加深对会计稳健性影响因素的认识。Watts 阐述了影响会计稳健性的四大主要因素：契约、管制、税收和诉讼风险。Watts 认为，契约不仅包括薪酬契约、债务契约、公司治理在内的正式契约，还包括管理会计、控制系统等组织安排。然而，现有的文献主要考察了薪酬契约、债务契约、公司治理等正式契约对会计稳健性的影响，却较少有研究从组织安排的契约视角展开分析。文章发现企业战略作为企业组织安排的一个重要组成部分，可以显著影响企业的会计稳健性。因此，这一结论加深了对契约与会计稳健性关系的认识。

（郭文）

**【企业避税行为影响其银行债务契约吗——基于 A 股上市公司的考察】**

后青松、袁建国、张鹏（华中科技大学管理学院）
《南开管理评论》2016 年第 4 期
17.2 千字

公司避税行为减少了公司利益向政府财政的流入，因而传统的理论认为避税是提高公司价值的有力手段。但近期的研究却表明，这一观点忽视了避税行为中潜在的代理成本，在全面考虑潜在的代理成本后，税收规避行为不仅不能提升公司价值，反而可能损害公司价值。

基于此，文章基于债权人视角考察企业避税行为的经济后果，利用 2001—2014 年我国 A 股上市公司的数据进行研究，结果显示：在控制其他影响因素后，公司税收规避行为伴随着更多的短期贷款，而长期贷款则与之不相关；企业避税行为引致了更高的贷款成本、更短的贷款期限。进一步的分析显示，相比于民营控股企业，银行在信贷决策中更加容忍国有企业的避税行为；债务违约风险越高的企业银行贷款率越低，贷款成本越大。这些发现与下述观点一致：企业激进的税收规避行为一般伴随着复杂的交易，会加剧企业信息不透明性，并将导致委托代理问题，从而损害企业价值。进一步研究发现，当公司具备良好的外部治理机制时，例如更多的分析师跟踪，公司税收规避行为对银行贷款行为的负面影响减弱。

文章从以下几个方面对现有文献做出了有益的贡献：第一，深入分析了企业避税行为对银行债务契约可能的影响机制，丰富了银行信贷机制的相关研究。企业避税行为导致的股东与银行之间的代理成本是影响债务契约的重要因素；税收规避可能导致的信息不透明及其潜在的代理成本是影响银行债务契约的重要因素。第二，从债权人利益的视角考察了企业避税的经济后果。尽管企业避税是经济学、财务学和会计学共同关注的重要话题，但是国内相关的研究还相对稀缺。仅有的一些经济后果的研究也是站在股东利益的立场。第三，研究结论对于企业制定税收政策和融资决策也具有一定的启示。企业税收规避会对企业债务融资产生重要影响，显著提高银行借款成本、降低借款期限，因而企业在进行税收筹划时需要在税收成本和资本成本之间进行权衡。

（郭文）

**【研发支出资本化或费用化：税收视角的解释】**

王亮亮（东南大学经济管理学院）

《会计研究》2016 年第 9 期
9 千字

税收是公司会计政策选择的重要决定因素。事实上，西方学者较早前就曾从税收视角对单一会计政策选择，如存货会计政策选择（先进先出法还是后进先出法）展开研究，相关研究成果表明避税是公司采用后进先出法核算存货的重要动机。在此之后，限于适合考察避税动机的单一会计政策选择问题较少等原因，学者们大多从综合会计政策选择净效应，如操控性经营应计利润等角度展开研究。从已有的学术文献来看，税收动机的会计政策选择研究尽管成果不少，但是涉及的研究对象和场景仍然比较有限。会计准则国际趋同的背景下，我国 2006 年颁布的新会计准则允许公司的研发支出进行有条件的资本化。而在企业所得税方面，研发支出资本化或费用化也直接关系到税前可以抵扣的费用大小，且二者的税收后果差异明显，这就给从税收视角研究单一的会计政策选择提供了机会。换个角度来看，从已有的研发支出会计政策选择文献来看，学者们还主要是从盈余管理等角度展开研究，还没有税收动机视角的直接经验证据。首先，由于会计准则无法非常明确和具体地规定研发支出资本化和费用化的部分，客观上需要公司自身的判断，这就给公司提供了一定的裁量权。已有的研究成果也的确表明，公司在研发支出资本化上存在着机会主义行为。其次，信息经济时代下，研发支出在公司的战略地位越来越高，应该说，研发投入对公司经济利益的影响已经非常明显，如以该文研究样本为例，研发投入与公司净利润比值的中位数约为 41%。正是由于研发支出的重要性已然很高，因而公司通过研发支出操控盈余以及满足避税需求的动机也越来越明显。最后，从研发支出税前扣除新的规定来看，费用化的部分可以在当期直接按 50% 加计扣除，而资本化的部分需要在不低于 10 年内按 150% 摊销，这使得资本化和费用化研发支出在税收后果方面存在非常显著的差异。总之，上述几方面为税收动机的研发支出会计政策选择研究提供了契机。因此，该文从税收动机视角考察研发支出的会计政策选择问题，一方面丰富了税收视角会计政策选择问题研究的学术文献，尤其是针对单一会计政策选择问题的研究；另一方面还提供了研发支出资本化决策影响因素方面新的视角（税收）的经验证据。

该文以 2008—2011 年中小板上市公司作为研究样本，检验结果表明：相较于低税率公司，高税率公司由于费用化研发支出的税收收益更高，因而资本化率更低；相较于财务报告成本较低的公司，财务报告成本较高的公司更需要权衡避税收益带来的非税成本，因而财务报告成本较高公司中税率与研发支出资本化率之间的负向关系被削弱；与国有企业相比，非国有企业中税率与研发支出资本化率之间的负向关系更显著，反映了非国有企业在税收筹划方面更为激进；与处在税收征管力度较弱地区公司相比，处在税收征管力度较强地区公司税率与研发支出资本化比例之间的负向关系被削弱，表明税收征管成本提高能够抑制公司的税收筹划。该文的研究结论不仅丰富了税收视角的会计政策选择文献，还提供了研发支出会计政策选择影响因素以及经济后果方面新的经验证据。

（肖汉雄）

**【税会分离价值相关性探讨——以沪市金融类上市公司为例】**

王玉兰（山西财经大学）

《税务研究》2016 年第 1 期
12 千字

税会分离是 1978 年美国财务会计准则委员会以“决策有用观”提出的新要求，并于 1992 年正式提出了所得税会计处理之“资产负债表债务法”，1996 年此法得到了国际会计准则理事会的认可和大力推广。我国于 2006 年引入，并在上市公司普遍实施。那么，税会分离是否达到了信息的决策有用性目标呢？该文以沪市 32 家金融类上市公司 2014 年年报为研究对象，通过对其年报中披露的税会分离相关信息的描述性统计和分析，发现普遍存在披露名称杂乱、与会计准则规定差异较大、自身勾稽关系缺失现象严重以及利用所得税会计政策操纵利润等问题，得出税会分离相关信息披露质量不容乐观；会计肆意与税法分离给税务部门、会计人员以及信息披露的监管部门增加了工作难度和障碍，给企业、会计行业的发展和国家财政收入带来了不利影响，弊大于利。以上结论丰富了我国税会分离价值相关性研究文献，为提高我国上市公司税会计分离相关会计信息质量提供了决策参考。该文提出的解决对策如下：

第一，以尊重税法为轴心，尽量缩小会计准则与税法间差异范围，降低征税成本和会计成本。

第二，对于必要的分离，会计必先利其器。要在完善相关会计准则，预防企业肆意歪曲会计规范，提高会计规则的透明度、清晰度的同时，加强会计规则间的逻辑关系，明确相关项目数据间的勾稽关系。一是完善所得税会计准则，统一税会差异项目名称、明确披露方法、确定披露方式、固定披露位置；二是完善公允价值计量准则，明确公允价值计量范围和计量方法；三是完善财务报告准则，增加税会分离信息披露报告。

第三，加强信息披露监管力度，要求上市公司必须在年报附注中公开披露公允价值政策。对每一项资产所采用的公允价值、资产减值多少、数据确定标准，提供确定方法的有效证据，以明确显示相关项目间的勾稽关系，严防企业捉迷藏，建数字迷宫，玩数字游戏，给信息使用者制造不必要的困惑和烦恼。

第四，建立税会分离专项审计制度，要求企业在年报中公开披露“税会分离专项审计报告”，增加注册会计师的审计责任。

第五，在企业所得税汇算清缴申报表中增加“递延所得税资产和递延所得税负债专项审计报告”。因 2014 年新版企业所得税汇算清缴申报表要求披露的税会差异信息均为纳税人的会计资料，征税方对其正确性难以考证，需由注册会计师站在第三方立场，进行专项审计，并出具审计报告。

（王玉兰）

**【我国企业债务的结构性问题】**

钟宁桦（同济大学经济与管理学院），刘志阔（上海财经大学中国公共财政研究院和公共经济与管理学院），何嘉鑫（清华大学经济与管理学院），苏楚林（中山大

学岭南学院)
《经济研究》2016 年第 7 期
18.1 千字

近期，驱动我国过去十几年高速经济增长的人口红利正在耗尽。并且，由于计划生育政策的实施，未来几年我国将经历快速老龄化。在这样的背景下，我国若要保持高速经济增长：一靠资本的优化配置；二靠持续的技术创新。对于这两个目标的实现，我国金融体系配置金融资源的效率都是至关重要的。资金是否能配置到真正高效的、有现实生产力的企业中？能否配置到有创新潜质的早期项目中，以支持它们的发展？另外，近些年，我国的整体负债水平不断上升，“去杠杆”的呼声和压力越来越大。是否应该“去杠杆”？又应该如何“去杠杆”？

基于 1998—2013 年近 400 万个规模以上工业企业数据，文章提出：第一，非金融企业的杠杆率整体水平很高，但具体高在哪里？研究发现，在这 16 年的时期内，大部分的工业企业已经显著地“去杠杆”了；而显著“加杠杆”的是少数的大型、国有、上市的公司。第二，杠杆率的变化是否有着基本面的支持？文章先考察了样本企业的一些重要的企业特征变化，并发现，负债率的整体下降和某些特征的显著变化是一致的，包括经营性风险的上升、有形资产比例的下降以及盈利能力的提高。随后的回归分析进一步发现，私营企业的负债率基本符合文献中的发现；但国有企业负债率的决定因素中有更多“非市场化”的成分。第三，资金的供给方并不是完全按利润原则来配置资金的，在控制了重要的企业、地区和行业因素之后，国有企业和私营企业在获得贷款的概率上的差异越来越大；此外，给“僵尸”国有企业贷款的现象在 2008 年前就已存在，而 2008 年之后更加显著。金融体系非市场化配置资金暗示着统一的、宽松的货币政策未必是有效的，反而只会增加“僵尸”贷款的总量，并进而加剧日后银行不良贷款的隐患。

不同于已有文献，文章着重考察“时间序列”上的变化——在我国整体经济结构转型的大背景下理解企业负债率的显著变化：在 1998—2013 年这段并不长的样本期间，我国企业的负债率和特征都发生了极其显著的变化。这种现象只会在中国这样高速转型的国家中出现。在成熟经济体中，无论是企业的融资还是主要特征都要稳定得多，因此有关企业资本结构的研究自然就更多关注截面上的差异。

（郭文）

**【会计准则变迁、资产类型与资产减值应计可靠性】**

顾署生（武汉大学政治与公共管理学院），周冬华（江西财经大学会计发展研究中心）
《经济管理》2016 年第 11 期
17.5 千字

应计可靠性是会计信息质量的重要特征之一。基于现行准则对不同类型的资产减值会计处理的差异化规定，文章研究了不同类型资产减值信息应计可靠性的差异及其原因。研究发现，由于资产减值的计提和转回过程中存在较多的盈余管理行为，资产减值应计的可靠性低于非资产减值应计的可靠性。现行会计准则禁止转回已计提的资产减值准备提高了资产减值应计的可靠性，导致了现行会计准则非流动资产应计可靠性高于流动资产应计的可靠性。

基于以上结论，给出如下建议：重点监控流动资产的减值计提和回转行为，尽可能地抑制流动资产减值的计提和转回过程中存在的盈余管理行为，加强对流动资产减值计提和转回的信息披露，加强流动资产减值计提和转回操纵行为的监管力度，提高流动资产减值信息的可靠性，从而有利于投资者投资策略的制定。另外，现行资产减值会计准则只是简单规定上市公司不能直接转回已计提的非流动资产减值准备，但准则在关上门的同时预留了一扇窗，上市公司仍然可以通过处置非流动资产等实际交易转回已计提的非流动资产减值准备，因此，相关监管机构应该严厉监控上市公司非流动资产出售等处置过程中可能存在的盈余管理行为，从而提高上市公司资产减值的应计可靠性。

研究结论有助于补充会计信息可靠性相关文献，主要表现为：（1）针对流动资产减值和非流动资产减值具体项目的应计，深入研究分析其可靠性，从而得出了流动资产减值与非流动资产减值应计的可靠性存在显著性差异的结论。这一结论有助于后续研究更为细分不同类型应计可靠性研究提供思路，相关研究结果有助于丰富和扩充资产减值应计可靠性相关文献。（2）研究分析了目前我国现行资产减值准则中禁止转回已计提的非流动资产减值的相关规定对减值信息应计可靠性的影响，结果表明，非流动资产减值应计可靠性在现行会计准则阶段得以提高。这为我国现行会计准则对于资产减值准备的计提和转回的差异性规定提供了经验证据。（3）研究结论还表明，上市公司盈余管理行为会显著降低会计信息可靠性，而且扭亏行为和大清洗行为分别对流动性资产减值和非流动资产减值应计可靠性存在显著性差异，相关研究结论有助于补充和丰富上市公司盈余管理行为的经济后果相关文献。

（郭文）

**【成本粘性和盈余稳健性的衡量】**

步丹璐（西南财经大学会计学院），文彩虹（西北师范大学商学院），Rajiv Banker（美国 Temple 大学 FOX 商学院）

《会计研究》2016 年第 1 期
15.2 千字

盈余稳健性，如存货的成本与市价孰低法、固定资产和无形资产的减值准备等，被 Basu（1997）用利润与股票回报率的盈余反应不对称衡量；调整成本（Adjustment Costs）、管理者乐观预期（Managers Optimism）以及代理问题（Agency Problem）导致的成本粘性，同样会导致利润与股票收益的非对称性。由于成本粘性产生的非对称性与由于合同、诉讼、税收以及制度等驱动因素而产生的盈余稳健性的内在机理不同，因而，在盈余稳健性的度量中，应该考虑销售收入变动的影响，否则会把成本粘性所引起的盈余反应不对称混淆在盈余稳健性的度量中。

文章在传统的盈余稳健性估计模型中考虑成本粘性的因素，把成本粘性对盈余与市场收益的非对称性的影响剔除出来，从而衡量更准确的盈余稳健性。以中国 2001—2012 年的 A 股上市公司为样本，在控制销售收入的增减情况等成本粘性的因素下，基于 Basu（1997）模型重新对盈余稳健性进行了估计。首先控制销售收入的增减情况对 Basu 模型进行回归检验，研究表明销售的增减情况等经营因素，由于成本粘性的存在，的确会混淆盈余反应不对称的估计结果，因而，控制销售的增减情况后，能增加盈余稳健性的度量准确性。其次，进一步在 Basu（1997）模型中加入衡量成本粘性的变量，并发现控制了成本粘性可以剔除成本粘性对盈余反应不对称的混合影响，从而得到更为准确的盈余稳健性的度量数据。

进一步利用控制成本粘性的修正盈余稳健性的估计模型分析会计政策变更对会计稳健性的影响，首先，检验了会计政策变更对 Basu 模型的影响，回归结果显示会计政策变更降低了对盈余稳健性的要求，其次，考虑销售变动增减情况，基于 Basu 模型控制了会计政策变更和销售增减因素，研究结果发现，控制了销售增减变动后仍发现会计政策变更降低了盈余稳健性的要求，并且，控制销售收入的增减增加了盈余稳健性衡量的准确性。还进一步在Basu模型中控制衡量成本粘性的相关因素，同样发现会计政策的变更降低了对盈余稳健性的要求，同时控制成本粘性的相关因素能剔除成本粘性对盈余不对称的混淆影响，从而使盈余稳健性的衡量结果更加准确。

（郭文）

**【会计观念、薪酬契约与管理层决策行为——会计准则变革非预期效应的经验证据】**

贾兴飞（东北财经大学会计学院、中国内部控制研究中心），张先治（大连民族大学国际商学院）

《会计研究》2016年第10期

16.1千字

会计准则变革不仅影响财务报告和资本市场，其带来的会计观念转变也将引起企业经营理念的变化，从而影响管理层的决策行为。文章分析了会计观念转变对高管薪酬契约的影响及由此带来的管理层经营理念及决策行为的变化，并以2003—2013年我国A股上市公司的数据进行检验。研究结果表明，第一，会计准则变革后，会计观念由收入费用观转向资产负债观，净利润与高管薪酬的敏感性显著下降，而净资产与高管薪酬的敏感性显著上升，反映了管理者在经营理念和决策行为上更注重资产管理与资产资产增值。第二，会计观念转变后，其管理层经营理念及决策行为转变程度更大。会计敏感度较大的公司受准则变化影响程度更大，会计观念对公司经营理念的影响和渗透更为深刻，使得净资产带来更多的信息含量，促进管理层在决策行为上更为注重资产经营与资本经营。第三，与非国有控股公司相比，国有控股公司在会计观念转变后，其管理层经营理念及决策行为转变程度更大。会计观念由收入费用观向资产负债观的转变所带来的对于净资产关注正好契合了国有企业改革的目标，使得净资产能够为国有企业的资产管理带来更多的信息含量，引导管理者决策注重资本增值与企业长远发展。

文章的贡献在于：第一，扩展了会计准则变革的非预期效应研究，并提供了中国的证据；第二，基于薪酬契约理论视角研究会计准则变革的影响和后果，丰富了会计准则影响后果研究的理论基础；第三，将会计观念变革与企业经营理念变革、经营方式变革和管理层决策行为相结合，探索了会计准则变革效应研究新的视角与路径；第四，基于中国制度背景和中国问题的研究，强调会计准则的国家（地区）间异质性和中国会计准则的实践，进一步考察了会计敏感性和产权性质等研究对象的异质性。研究对于全面评估会计准则变革的效应，拓展会计准则变革的非预期效应研究有着重要的价值。

（郭文）

**【上市公司控股合并中业绩承诺补偿的会计处理——基于五家公司的案例分析】**

谢纪刚、张秋生（北京交通大学经济管理学院、中国企业兼并重组研究中心）

《会计研究》2016年第6期

14.8千字

根据我国会计准则规定，业绩承诺补偿应被确认为或有对价，但关于其会计要素分类以及取得补偿款时如何进行会计处理，现行会计准则却未有明确的规定，会计人员只能根据职业判断来进行会计处理。又因为我国政府强调发挥资本市场推动企业并购重组的作用，监管原则是会计处理不能成为业务发展的障碍，使得业绩承诺补偿会计处理的监管较为宽松，这造成了各上市公司的业绩承诺补偿会计处理不一致，从而影响会计信息质量及利益相关者的经济决策。鉴于业绩承诺补偿及取得现金补偿的诸多会计处理争议，已有文献认为其主要原因是没有系统完整的政策法规可以遵照。业绩承诺补偿涉及的会计准则及相关规定有何不完善？已有文献并未明确指出，也缺少理论上的深入分析。

为了能解答以上问题，并期待能进一步丰富会计理论研究，文章通过对五宗非同一控制下控股合并案例的比较，总结了业绩承诺补偿会计处理的各种分歧，并从会计准则和会计理论两个层次对会计处理分歧进行了分析。文章从会计准则角度发现，金融工具准则及权益性交易相关规定不够明确，使得或有对价的要素分类和权益性交易界定困难；特殊事项的会计规定缺失，造成控股股东业绩补偿会计处理不符合经济实质。从会计理论角度发现，在资产负债观的会计确认逻辑下，现金补偿应计入当期损益，股份回购补偿应计入资本公积。

文章的结论，对于深刻理解业绩承诺补偿的会计处理方法选择，提高信息质量有着重要意义。对会计人员来说，文章的研究能够帮助会计人员理解业绩承诺补偿的经济实质，选择符合会计准则和会计理论的会计处理方法。对投资者来说，研究结论能够帮助投资者识别业绩承诺补偿会计处理相关的盈余管理，降低投资风险。对监管机构来说，研究能为修订和完善相关会计准则及其他规范提供一定的政策性建议。现阶段，在修订金融工具准则过程中要充分考虑或有对价的会计要素分类标准，可通过制定会计实务指引来规范业绩补偿的权益性交易判断，也可通过会计实务指引或补充解释公告来规范控股股东业绩补偿这种特殊事项的会计处理原则。

（郭文）

**【社会责任信息披露、会计稳健性与融资约束——基于产权异质性的视角】**

钱明、徐光华、沈弋（南京理工大学经济管理学院）

《会计研究》2016 年第 5 期
16.2 千字

社会责任报告能够向政府、投资者及其他利益相关者提供财务报告以外的信息，成为外界了解企业情况的重要途径之一，国内外已有不少学者针对数量不断增长的社会责任报告进行了研究。但现有的有关社会责任信息披露经济后果的研究主要关注的是其与资本成本之间的关系，关于社会责任信息披露与融资约束之间关系的研究还较少，且未有研究将社会责任信息披露与会计稳健性联系起来，考察二者对融资约束影响的交互效应，这不利于在实务上为企业的决策提供理论指引。

鉴于此，文章以我国 2010 年度至 2014 年度 A 股上市公司为样本，区分民营企业和国有企业考察了社会责任信息披露、会计稳健性及融资约束之间的关系，研究发现：(1) 社会责任信息披露有助于缓解融资约束，且这种影响主要体现在民营企业中，在国有企业中并不显著；(2) 由于资源约束的限制，企业社会责任信息披露与会计稳健性在对融资约束的影响上主要呈现出替代关系；(3) 社会责任信息披露对融资约束的影响及其与会计稳健性之间的替代效应主要存在于经济发达地区，在经济发展水平较低的地区并不显著。

较之于现有的文献，文章的主要贡献在于：(1) 考虑我国的特殊国情，区分国有企业和民营企业，研究了社会责任信息披露对融资约束的影响，发现社会责任信息披露对融资约束的影响主要体现在民营企业中，而在国有企业中并不显著；(2) 分析了社会责任信息披露与会计稳健性在对融资约束影响上的交互效应，发现在我国，社会责任信息披露与会计稳健性之间存在着替代效应，这一发现在更深层次上揭示了社会责任信息披露与会计稳健性的影响机制，并能够为企业的实践提供指引，企业可以通过披露社会责任信息来部分替代会计稳健性的作用，从而避免过高的会计稳健性所带来的损害；（3）考虑我国地区发展不平衡的现实情况，区分经济发展水平高低进行研究，发现社会责任信息披露对融资约束的影响主要存在于经济发达地区，进一步增加了相关研究的深度。

（郭文）

**【社会责任披露对股价崩盘的影响研究：基于会计稳健性的中介机理】**

权小锋（苏州大学东吴商学院、北京大学光华管理学院），肖红军（中国社会科学院工业经济研究所）

《中国软科学》2016 年第 6 期
25 千字

企业社会责任信息披露到底体现了股东“价值主义”还是管理层“机会主义”，这个问题成为近年来财务学和社会学交叉研究的热点问题。该文切入会计稳健性的中介效应检验视角，系统分析了社会责任信息披露与股价崩盘风险之间的内在关系及其形成机理。研究发现：社会责任信息披露水平与条件性会计稳健性存在显著负向关系，且这种负向关系仅在强制披露和未进行第三方信息鉴证的社会责任报告公司存在；而条件性会计稳健性会负面影响未来期股价的崩盘风险。进一步的机理分析证实会计稳健性是社会责任信息披露与股价崩盘风险之间的部分中介因子，表明在我国资本市场，非财务信息的披露会影响管理层的会计政策选择进而对资本市场产生极端影响。总体结论证实我国企业社会责任信息披露体现了“机会推动”而非“价值驱动”的假说。

该研究的政策建议包括：

（1）针对企业管理层。应切实加强对管理层社会责任意识的定期思想教育和引导，对于管理层社会责任意识的培养是不能懈怠的。企业管理层只有切实提高自身的“社会责任意识”和“道德意识”，才能更好地提高自身的职业声誉，推动企业的可持续发展。

（2）针对上市企业，应鼓励企业进行组合信息披露，即在披露社会责任报告等非财务信息的同时披露投资、融资、股利、定期报告等财务信息。组合披露有利于利益相关方通过对财务信息和非财务信息的交叉核对，探究管理层社会责任信息披露的真实动机，有利于发挥外部利益相关方的监督角色和功能。

（3）针对市场中介机构。应鼓励引进更为独立、公正、权威的第三方鉴证机构为社会责任报告提供鉴证和信息审核，为鉴证机构展开市场和声誉竞争创造良好的激励环境，社会责任信息披露的监管政策可由针对上市公司披露行为的直接监管转向针对市场鉴证中介机构的市场监管。

（4）针对监管层。建议加快推进社会责任立法并积极制定和出台国家层面的企业社会责任战略性文件，并制定统一的社会责任报告披露标准和规范，明确企业社会责任履行及披露的内容、范围、意义，约束当前企业社会责任报告披露的非平衡怪象，切实加强和提升中国企业建设社会责任的实践水平。总之，当前我国企业社会责任信息披露正处于政策建设和规范时期，如何引导企业切实履行社会责任信息的披露义务，提高非财务信息的透明度，在上市公司战略认知层面仍然任重道远，需要监管层、研究学者、投资者、社会大众付出共同的努力。

（董昌娟）

**【盈余管理、IPO 审核与资源配置效率】**

黄俊、李挺（上海财经大学会计与财务研究院）

《会计研究》2016 年第 7 期
16.3 千字

文章以 2006—2012 年申请上市公司为

样本，基于盈余管理视角对发审委审核决策进行了考察。研究发现，拟上市公司IPO审核通过率与上市前盈余管理显著负相关，但这一关系仅在公司盈余管理程度较高时成立。进一步的分析显示，当拟上市公司为国有企业或其所在行业获得产业政策支持时，其IPO申请更不会因盈余管理而被否定；同时，对于拥有政治关联背景或经营业务复杂的拟上市公司，IPO审核通过率与公司盈余管理的负相关关系变弱。最后，实施程度较高盈余管理并通过发行审核的公司，上市后的股票收益和经营业绩更差，由此表明，拟上市公司的盈余管理降低了资本市场资源配置的效率。

自2001年我国股票发审实施核准制以来，证监会发审委成为拟上市公司能否取得上市资格的最后关卡，其审核决策的重要性不言而喻，关系到证券市场的健康发展和投资者权益的有效保护。然而，研究显示，拟上市公司盈余管理对IPO审核的负面影响仅在盈余管理程度较高时成立；同时，这两者间关系还受到所有权性质、产业政策、政治关联和业务复杂度等因素的影响，由此在一定程度上降低了资本市场资源配置效率。因此，今后的新股发行制度改革应考虑如何进一步改进发审委的运作机制和提高发审委的运行效率，以真正筛选出优质的企业上市，提升我国资本市场资源配置的功能。

该文研究贡献如下：第一，已有公司上市过程盈余管理的分析较多只是证实会计操纵行为的存在，而盈余管理如何影响公司上市，尤其在中国这样一个管制背景下，公司盈余管理是否影响了IPO审核，不得而知。基于盈余管理视角考察公司IPO发审，文章的分析为认识发审委的运作及其效率提供了经验证据。第二，传统公司财务、会计研究讨论的多是公司上市后行为，关于公司上市过程，相关分析还很少见，仅有的研究主要围绕IPO抑价现象进行分析。因此，公司上市还是个“黑箱”。文章从会计信息角度考察盈余管理如何影响公司首发上市，由此增进对我国公司IPO过程的理解。第三，2001年我国股票发行制度开启了市场化改革，一个重要体现是实施核准制。在核准制下，发审委对股票发行申请人进行审核，决定拟发行人能否公开上市。然而，就这一制度的实施效果而言还存有争议。因此，文章的研究有助于对我国现行的股票发审制度进行评判，为实现我国资本市场资源优化配置提供政策建议。

（郭文）

**【政府审计能够抑制国有企业高管超额在职消费吗?】**

褚剑、方军雄（复旦大学管理学院会计系）

《会计研究》2016年第9期

15.1千字

在我国上市公司中，高管在职消费现象十分普遍，达到其薪酬的十倍以上。作为公司正常经营所需和契约不完备性的必然产物，在职消费具有一定的合理性。但是一旦超出正常额度，在职消费则往往转变为公司的代理成本。与此同时，只有不足40%的上市公司选择自愿披露在职消费信息，而且往往是以总额的形式披露等，这些披露方面的不足使得外部股东无法有效区分正常的商业支出与非正常的私有利益攫取，进而刺激了超额在职消费的泛滥。我国资本市场起步较晚，法律、金融等各项基础性制度发展不完善，作为一项强有力的政府监管措施，政府审计能否抑制国有企业高管超额在职消费行为是重要的研究话题。

基于以上背景，文章利用2010—2015年审计署实施的中央企业审计事件，采用双重差分模型系统检验了政府审计对中央企业控股上市公司高管超额在职消费行为的影响，研究发现：政府审计能够抑制央企控股上市公司高管的超额在职消费行为，这为刘家义审计长2008年提出的政府审计“免疫系统”论提供了经验证据；政府审计的这种治理效应在上市公司的公司治理状况较好、审计署的监督力度较强时更明显，这表明审计署在发挥审计监督作用的同时需要关注自身监督执行状况的改善以及央企公司治理水平的提高。

文章的贡献主要包括以下两个方面：第一，在职消费一直是高管薪酬和公司治理领域中的经典研究话题，已有研究表明良好的内部治理、机构投资者、审计师、媒体等能够降低高管的超额在职消费，文章则从政府监管的角度研究了政府审计对超额在职消费的抑制作用，为超额在职消费的制约因素的研究提供了新的证据；第二，政府监管作为一项重要的外部治理机制，它对公司微观行为的影响也是当前公司治理领域的热点话题，现有文献主要考察了证券监管和税收征管缓解公司代理问题的作用，而文章则选取政府审计作为切入点研究了政府审计对高管超额在职消费的治理效应，研究表明，政府审计不仅具有直接治理效应，关注被审计单位的职务消费等问题，曝光和处罚被审计单位发生的超额在职消费行为，而且还通过信息溢出方式产生间接治理效应，公开的审计公告将被审计单位的问题曝光于众，吸引媒体的介入，导致企业股价的下跌，进而促使公司改善内部治理，最终制约未来超额在职消费的发生。

（郭文）

**【高管控制权、审计监督与激进避税行为】**

代彬（四川外国语大学国际商学院、四川外国语大学国别经济与国际商务研究中心），彭程（四川外国语大学国别经济与国际商务研究中心），刘星（重庆大学经济与工商管理学院）

《经济管理》2016年第3期
20千字

当前，伴随“内部人控制”而催生的治理困境使得包括避税在内的企业财务决策不同程度地镶嵌了高管的权力寻租动机，并成为上市公司加强财务决策合规性、提升公司治理水平的潜在阻碍和隐患。该文利用2008—2013年的7027个上市公司研究样本进行了实证分析，结果显示，企业的激进避税程度会因高管权力强度的擢升得到显著加强，高质量的外部审计则助长了公司的税收激进性，而强权高管的存在则进一步强化了外部审计对公司激进避税行为的促进作用。上述研究不但为Bebchuk等（2002）提出的“高管权力论”基于避税这一具体的财务决策视角增添了来自中国的经验佐证，同时，在我国新兴加转轨制度背景下对McGuire等（2012）关于审计师特征如何影响避税行为的研究进行了重要补充。

立足于转型经济的制度背景，上述研究结论对于厘清我国上市公司控制权配置的经济后果以及独立审计的治理含义有着重要的理论和政策启示：

首先，既然强权高管更偏好于选择激进避税策略，因此，如何通过各种监管措施约束高管日益隐蔽的财务自利行为，则是公司治理改革应重点关注的问题，例如，可尝试引入大数据分析等新型科技手段加强对高管自利性决策的动态监管。

其次，研究表明，传统意义上理应具有更好的声誉形象和质量保障的“审计大所”并未能展示出备受期待的监督功效，这提示管理当局在逐步完善针对纳税人避税监管的同时，还应未雨绸缪地关注审计师特别是“大所”在客户避税决策中的利益导向及行为模式，通过加大法律责任风险、强化避税信息披露等手段，抑制其从事激进避税服务的原动力。

最后，该文的研究还证实，在内部治理相对失效的环境下，以“大所”为代表的高声誉审计师可能成为了高管借避税交易进行权力寻租的“挡箭牌”甚至“合谋者”，这表明，只有当优化审计师聘任决策与改善执业环境做到内外兼修之时，独立审计的应有功效才能得以有效发挥。

（董昌娟）

**【公司治理、管理者代理问题与财务重述研究】**

高芳（江汉大学商学院、华中科技大学）
《南开管理评论》2016 年第 3 期
17 千字

该文基于公司治理和委托代理理论，以我国 2011—2013 年进行了财务重述的 427 家 A 股上市公司及配对公司为样本，考察管理者代理问题对公司财务重述的影响，并探讨公司的内外部治理机制对其影响的调节效应。研究结论表明，管理者代理问题与财务重述正相关；内部治理机制中的控股股东国有化性质、管理者持股对管理者代理问题的影响有正向调节作用，控股股东持股比例和审计委员会对管理者代理问题的影响有反向调节作用，而独立董事比例对管理者代理问题的治理效应并不显著；外部治理机制中的市场化进程、法律制度和媒体监督对管理者代理问题均有较好的治理效应。

该文的研究对于深入理解管理者自利动机对公司财务重述的影响，以及我国公司治理机制当前所发挥的治理效应具有一定的启示意义，并能为政府相关管理机构和企业管理实践提供借鉴。基于该文的研究结论，可以得出以下政策建议：

（1）加大对上市公司财务重述行为的监管力度，根据诱发财务重述的不同原因采取有针对性的措施。愈演愈烈的公司财务重述现象对资本市场的投资者，甚至是上市公司本身都产生了巨大的影响，从而也备受监管当局与投资者关注。但导致公司财务重述的原因既可能是客观无意识的差错，也可能是主观盈余管理的结果。针对前者，应着重提高公司财会部门的业务水平，强化财会人员的工作职责，通过制定各种奖惩制度来提高公司会计信息披露质量；而针对后者，需要进一步探寻导致公司盈余管理的深层次原因，综合运用内外部治理机制加以约束。

（2）重视管理者代理问题对公司财务重述的影响。公司的盈余管理行为源自公司广泛存在代理冲突，代理人的自利动机使得他们的行动并不总是考虑委托人的最大利益，进而导致其行为目标发生冲突。因此需要制定相应的监管措施，加强对管理者自利行为（即管理者代理问题）的约束。

（3）辩证地考量公司内外部治理要素的治理效应。本质上说来，基于传统委托代理理论的诸多公司治理要素其实是一把双刃剑，如针对公司高管的薪酬激励、股权激励、股票期权激励等诸多措施，一方面能激发他们的工作热情、提高绩效水平；另一方面又能诱发其自利动机，从而引发管理者代理问题，进而导致公司财务重述行为发生。

（4）重视公司内外部治理机制的综合治理作用。公司的治理机制是一个联动系统，各治理要素之间存在交互影响，片面强调某个治理要素的作用可能会影响其实际治理效果。如内部治理机制中的控股股东国有化性质、对管理者的股权激励对管理者代理问题的影响有正向调节作用。而控股股东持股比例、审计委员会对管理者代理问题的影响却有反向调节作用。因此如何对这些治理要素进行合理的匹配至关重要。

（5）强化公司的内外部治理机制。当前我国上市公司治理机制的治理效果差强人意，尤其是在内部治理机制方面尚存在较大差距。因此，如何强化公司的治理机制是我国政府相关管理机构和上市公司当前亟待解决的问题。

（董昌娟）

**【会计事务所人力资本特征对审计延迟的影响】**

刘笑霞（河海大学商学院），李明辉（南京大学商学院）

《经济管理》2016年第1期
17千字

在审计效果既定的前提下，审计延迟很大程度上可以反映审计效率。该文利用沪深两市A股上市公司及其主审会计师事务所2008—2009年数据，考察了会计师事务所人力资本密度、注册会计师教育水平、经验水平和参加高层次培训情况四个人力资本特征对审计延迟的影响。结果发现，会计师事务所人力资本综合度量与审计延迟之间呈显著负向关系；就四个单项特征而言，人力资本密度、注册会计师教育水平与审计延迟没有显著关系，而注册会计师经验水平和参加高层次培训状况均与审计延迟呈显著负向关系。因此，会计师事务所人力资本有助于缩短审计延迟。

进一步研究表明，会计师事务所人力资本与不同审计质量度量之间均未表现出显著的负向关系，说明人力资本与审计延迟之间的负向关系是建立在没有降低审计质量的基础上的。换言之，会计师事务所人力资本水平较高时，在保证审计质量的基础上，完成审计所需的时间缩短了。此外，人力资本特征与审计费用之间也呈显著负向关系。这样，就排除了人力资本与审计延迟之间负向关系是以减小审计范围、牺牲审计质量为代价的竞争性解释，也排除会计师事务所通过增加审计资源投入来缩短审计时间的可能。综合以上研究结论，可以认为，会计师事务所的人力资本有助于提高审计效率。

该文的研究表明，对会计师事务所这样的知识型组织而言，人力资本有助于提高审计效率，并可以显著降低审计费用。这表明，尽管进行人力资本投资可能会导致会计师事务所人力成本上升，但人力资本带来的效率提升却可以抵消人力成本的上升，会计师事务所进行人力资本投资具有较高的投资回报。会计师事务所要想在激烈的市场竞争中生存和取胜，必须注重进行人力资本投资。对于会计师事务所而言，吸引经验丰富的注册会计师加入，可能要比吸引高学历的注册会计师加入更为有用。相关部门应进一步加强注册会计师的培训，而会计师事务所也应当鼓励本所注册会计师积极参与高层次培训。

（董昌娟）

**【金融危机冲击、融资约束与公司避税】**

王亮亮（东南大学经济管理学院）

《南开管理评论》2016年第1期
21千字

金融危机影响公司的机制吸引了理论界和实务界的共同关注，而公司避税的影响因素长期以来更是学者们关注的焦点。鉴于此，该文从公司避税视角探索性地检验金融危机对我国公司避税程度的影响，以期在丰富金融危机影响机制方面学术文献的同时，获得公司避税影响因素方面的经验证据。

该文以2007—2009年我国A股上市公司作为研究样本，实证检验金融危机期间公司避税程度的变化，并以此为基础进一步检验公司融资约束程度、外部金融市场化水平等对金融危机下公司避税程度的影响。研究发现：

（1）受到金融危机的冲击，公司面临的外部融资环境恶化，公司的内源融资需求提高，另外风险转移倾向也会变得更为明显，因此公司避税的激进程度显著提高。（2）金融危机期间，与融资不受约束公司相比，融资约束公司避税的激进程度提高更为明显，表明融资约束公司的流动性更稀缺，避税的动机更强。（3）公司所处地区金融市场化水平提高能够在一定程度上缓解金融危机的冲击，削弱金融危机对公司避税程度的影响，表明金融市场化改革能够促进公司的抗金融风险的能力。

基于该文的研究结论，可以得到以下启示：

第一，金融危机期间公司有可能通过避税以减少所得税支出，如果经济体当中所有公司的避税程度都显著提高，那么会进一步放大金融危机对政府财政收支造成的负面影响，该文的研究发现有助于政府决策部门更全面地理解金融危机的影响路径和经济后果。

第二，金融危机期间，公司的内部融资约束程度也是影响避税程度变化的重要因素。与融资约束公司相比，融资不受约束公司受金融危机的影响较小，该结果从侧面表明公司提高盈利水平、优化资本结构以及加强流动性管理等才是抵御风险更为重要的基础。

第三，该文检验发现，金融市场化程度提高能够削弱金融危机带来的冲击，间接提供了金融体系市场化改革能够带来“改革红利”的经验证据。

（董昌娟）

**【流动资金需求测算方法研究】**

张金昌（中国社会科学院工业经济研究所），杨国丽、周亚平（中国社会科学院研究生院）

《中国工业经济》2016 年第 5 期
23 千字

银监会在2010 年颁布的《流动资金贷款管理暂行办法》中提出商业银行流动资金贷款需求测算公式。该文研究了银监会测算公式存在的问题。首先，采用“宝钢股份”的财务数据说明了银监会方法和新方法的计算差异，并发现仅用一个企业的计算结果很难证明两种方法在预测准确性上是否存在显著差异。然后，用 A 股制造业企业 2010—2014 年的大样本财务数据对两种方法的准确性进行了实证检验，从两种方法对资金需求的预测方向一致性看，新方法预测的准确率高于银监会方法，但两种方法的准确率均不高。该文进一步研究发现，上市企业存在较高比例的非理性流动资金借贷行为，这种行为干扰了预测准确性。剔除非理性行为干扰之后，两种方法预测准确率会明显提高，并且两种方法在准确率上的差距也显著缩小。

该文认为银监会用制度的方式明确流动资金贷款测算方法对于中国商业银行流动资金贷款管理走向精细化、科学化具有重要指导意义。但银监会测算方法是建立在企业的销售利润率和营运资金周转次数的计算之上，这种方法存在的内在缺陷，主要表现在将成本费用支出总额作为流动资金需求测算的基础，其优点是充分考虑了企业成本费用支出对资金的需求，但却没有考虑资金占用、资金来源和企业的收入、成本变动方向不一致所带来的影响。该文从资金供求相互满足、相互平衡的角度提出流动资金贷款需求测算新方法，具有一定的理论创新。该文的逻辑思路仍然是基于理论界和相关教材中对营运资金、营运资金需求量的定义，认为企业的流动资金需求量是企业经营活动的资金占用不能被经营活动创造的资金来源所满足、需要企业筹集的资金，这种方法从本质上来说是基于企业的资金供求状况来确定企业的资金需求数量。鉴于企业的资金供求状况随企业经营、投资、融资活动的变化而变化，该文提出了从静态和动态两个角度来预测企业流动资金需求数量的方法。

从静态看，企业的经营活动资金需求就是企业的经营性资金占用被企业的经营性资金来源满足之后不足的部分，企业需要从银行借款的是这部分资金需求被企业的长期资金来源富余所不能满足的一部分。

从动态来看，企业的资金需要是企业经营活动、投资活动、筹资活动各个科目共同变化的一种结果，可以通过预测各个科目的变化来实现动态预测。在投资活动、经营活动正常开展、没有大的变化的情况下，也可以用收入增长率对这些科目的变化进行预测。新方法的优点是考虑了资金占用和资金来源之间的平衡，考虑了收入、成本与企业资金占用、资金来源不匹配所带来的扭曲，但其缺点是没有考虑企业成本费用支出对资金需求的影响，尽管这种影响在一定程度上能够反映在企业资产科目和负债科目的变动之中。新方法的另外一个缺点是对决定企业未来资金需求的科目逐项进行预测尽管更加精细和科学，但工作量会较大。

（董昌娟）

**【上市公司委托理财与盈余波动性】**

孙健（中央财经大学会计学院），文雯、袁蓉丽（中国人民大学商学院），石玉凝（伯明翰大学）

《中国软科学》2016 年第 6 期
15 千字

上市公司通过金融机构开展委托理财业务，会对整个资本市场的发展带来影响，因此上市公司开展委托理财的动因及其经济后果是理论界和实务界关注的话题。该文以 2001—2013 年沪深 A 股主板上市公司为样本，采用 Heckman 两阶段方法，实证检验上市公司进行委托理财业务的动因及其对盈余波动性的影响。作者发现，国有控股、管理层的持股比例高、董事长和总经理两职合一、现金比率大、公司规模大的上市公司更倾向于进行委托理财，而成长性快、资产负债率高的公司更不倾向于进行委托理财。进一步研究发现，委托理财能够降低上市公司的盈余波动性，在客观上起到了稳定公司收益的作用。该文的研究丰富了上市公司委托理财经济后果领域的研究，拓展了委托理财领域的研究视角。

该文的研究发现对上市公司和监管部门具有重要的实践意义。

对上市公司而言，由于委托理财往往能给上市公司带来稳定的收益，保证盈余的稳定性，因此更应重视委托理财业务背后存在的风险。上市公司应建立健全委托理财业务的风险控制机制，谨慎选择专业性的理财公司，加强委托资产的跟踪分析，切实保证资金的安全，提高资金的使用效率。同时，委托理财收益的增加有可能使得上市公司降低对主营业务的重视程度。如果委托理财发生亏损，上市公司流动资金很可能因此紧张，从而影响主营业务的发展。所以，上市公司开展委托理财业务应严格遵照证监会的相关规定，只把暂时闲置的募集资金进行委托理财；对于规定用途的募集资金，上市公司应投资于实体经济。从长远和可持续发展的角度看，上市公司只有把资金投入主业中，才能保持其在主营业务领域的核心竞争力，才能更稳健地为股东创造财富。

对证券监管部门而言，既然上市公司的委托理财业务会对盈余波动性产生影响，证券监管部门就应当明确上市公司委托理财业务信息披露的具体要求，提高委托理财业务的信息透明度，以便及时充分掌握委托理财资金的流向和动态；同时，监管部门应该加强对上市公司募集资金规定用途的监管，引导上市公司积极关注并加强主营业务的发展。

（董昌娟）

**【投资者对 R&D 投入的反应：企业财务状况的信号作用】**

栗新、王铁男、郝凡浩（哈尔滨工业大学管理学院）

《中国软科学》2016 年第 12 期
15 千字

在投资者的视角下，主要研究R&D投入对投资者反应的影响，以及企业财务状况对R&D投入价值评价所起到的信号作用。基于市场信号理论和战略匹配理论，R&D投入被看作是一个具有不确定可信度与质量的信号，作为R&D投入匹配能力的财务状况向投资者发出了有关R&D信号可信度与质量的重要信息，并进一步影响了R&D投入与投资者反应之间的关系。采用2007—2011年医药行业上市公司的数据进行回归分析，研究结果表明：（1）R&D投入是一个积极的正向信号，投资者时该信号产生了显著的正向回应；（2）高发展能力提高了R&D信号的可信度，使得R&D投入与投资者反应之间形成了更强的正向关系；（3）高负债水平降低了R&D信号的可信度，使得R&D投入与投资者反应之间的正向关系变弱；（4）盈利能力并没有影响投资者对R&D信号可信度的判断，因此不存在信号作用。

该文的理论贡献有以下几点：

首先，该文首次将市场信号理论引入R&D问题的研究领域，拓展了信号理论的解释范围。以往有关信号理论的文章已经研究了董事会结构的信号作用，公司治理特征的信号作用，公司多样性的信号作用，公司所有权的信号作用，管理质量的信号作用，高管团队异质性的信号作用等。但是，到目前为止还很少有相关文献研究R&D的信号价值以及如何评价R&D的信号质量，因此该研究拓展了信号理论的解释边界。

其次，从投资者视角来研究R&D的信号价值，该文丰富了R&D价值评价领域的研究视角。以往的有关R&D价值的文献大都基于企业的视角来研究R&D的作用与影响，该视角下的研究逻辑为：在时间t，企业对R&D进行了投资；在时间t+1，R&D提高了企业的创新能力与竞争优势；在时间t+2，进一步提高了企业的组织绩效（例如，生产率或财务绩效等）；而基于信号理论从投资者视角出发的研究所关注的并不是R&D对企业的实际作用，而是R&D信号如何向外部投资者发出了有关企业未来增长潜力的信号，以及其他信号又是如何帮助投资者推断R&D的信号质量，进而更加准确地评价R&D投资的潜在价值，并减少信息不对称行为。

再次，该文发现了财务能力在R&D投入与投资者反应之间所起到的调节效应，也就是投资者在评价R&D信号质量过程中所起到的信号作用。到目前为止，还很少有国内外文献研究企业的财务状况在R&D投入与投资者之间的信号作用。基于信号理论，该文发现通过释放更高成长能力和更低负债率信号，投资者会将R&D信号视为更可信的信号，于是引起投资者对该信号更为强烈的正向反应。该发现说明投资者运用了企业财务状况信号来减少信息不对称问题，进而影响了投资者对R&D投入潜在价值的预估与判断。

（董昌娟）

**【外部技术获取与企业财务绩效的关系：产品多元化的中介作用研究】**

赵凤、王铁男、王宇（哈尔滨工业大学管理学院）

《经济管理》2015年第5期
17千字

外部技术获取作为一种重要的技术获取手段，其对企业财务绩效的影响及影响机理研究具有重要的理论和实践价值。该研究从获得外部技术采用的模式角度出发，将外部技术获取分为外部技术获取广度和外部技术获取深度两个维度，研究外部技术获取对企业财务绩效的影响及产品多元化的中介作用。以2012—2013年深沪市高技术制造业A股上市公司的190个年度数据为样本数据进行多元层次回归分析，回归结果显示，外部技术获取广度对企业财务绩效没有显著影响，外部技术获取深度对企业财务绩效有显著的正向促进作用；外部技术获取广度对产品多元化没有显著影响，外部技术获取深度对产品多元化有显著的正向促进作用；产品多元化在外部技术获取广度与企业财务绩效间没有中介作用，产品多元化在外部技术获取深度与企业财务绩效间有部分中介作用。

该研究的理论贡献主要有三个方面。第一，补充和丰富了相关领域的研究成果。以往学者主要关注外部技术获取与企业创新绩效的关系，而且多从企业与外部知识源合作的角度研究外部技术获取，即使有从获得外部技术采用的模式角度展开的研究，也主要关注某种或几种外部技术获取模式对企业绩效的影响，却忽略了企业整体外部技术获取情况对企业财务绩效的影响。该文实证研究了外部技术获取模式角度下的企业整体外部技术获取情况与企业财务绩效的关系。第二，该研究借鉴从企业与外部知识源合作角度展开的研究中的开放广度和开放深度两个概念，将外部技术获取分为外部技术获取广度和深度两个维度，使研究问题和得到的结论更加深入、具体。第三，该研究扩展了外部技术获取对企业财务绩效影响机理的研究。以往研究多将企业内部 R&D 作为中介变量或情境因素来研究其对外部技术获取与企业绩效间关系的影响。该研究将产品多元化作为二者关系的中介变量，并通过实证检验验证了产品多元化的中介效应。

该研究对企业管理实践有一定的启示。第一，对企业利用外部技术获取提高企业财务绩效具有指导价值。根据研究结果，企业可以提高采用各外部技术获取模式进行外部技术获取行为的频率来促进企业的财务绩效。第二，对企业实现产品多元化具有指导意义。企业可以从企业外部获得技术资源，并利用这些技术生产新产品，实现产品多元化。外部技术获取中要注意，提高采用各外部技术获取模式进行技术获取的频率要比增加外部技术获取模式的种类对产品多元化的促进作用更显著。第三，对企业更清楚认识外部技术获取如何对企业财务绩效产生影响提供指导。企业在获得外部技术后，可以利用技术形成多元化的产品，进而对企业财务绩效产生影响。

（董昌娟）

**【中小企业金融排斥的财务结构效应——来自我国中小企业板上市公司的微观证据】**

李建军、张丹俊（中央财经大学金融学院）
《经济管理》2016 年第 6 期
20 千字

中小企业遭受的金融排斥可细分为地理排斥、评估排斥、技术条件排斥。该文以中小企业板上市公司为样本，构建了企业财务结构与金融地理排斥、评估排斥、技术条件排斥之间的关系模型，检验不同金融排斥对企业财务结构的影响。结果显示，金融评估排斥增加了中小企业内源融资与非银行融资的比重；而金融地理排斥与技术条件排斥使得企业短期债务率提高，债务短期化程度加重，降低了企业财务的稳健性与可持续性。改善中小企业财务结构，一方面需要从缓解金融排斥入手，增加中小企业担保机制，加强金融机构建设，推进信息化云平台建设；另一方面，需要规范、适度鼓励非金融机构的发展，拓宽企业融资渠道，并提高企业资产担保能力，提升信誉，增强企业的内涵竞争力。

基于该文的研究成果，对于改善中小企业财务结构有如下管理启示：

第一，评估排斥缓解有助于改善中小企业银行融资环境，减少企业从商业信用获取资金的比例，这会降低中小企业融资成本与融资风险，增加企业财务可持续性。为了缓解评估排斥，一是可以从增加中小企业担保机制，设立担保基金等入手，建立一个针对中小企业的担保体系，降低由于逆向选择导致的信息不对称，并在此基础上完善与担保体系配套的风险分担机制，化解担保风险；二是要引导和鼓励银行等金融机构建立科学有效的评估程序，建立可持续的银企合作关系。

第二，地理排斥与信息技术排斥缓解有助于中小企业银行融资期限结构改善，增加中小企业获取银行长期融资的能力。一是要加强金融机构建设，建立一批为中小企业服务的中小金融机构。近年来，尽管各商业银行推出一系列服务中小企业的金融产品，然而其改善融资的效果有限。大型金融机构与中小企业信息不对称程度高，阻碍了大型金融机构向中小企业放贷的动力，而中小金融机构对中小企业的了解程度高，这会降低逆向选择与道德风险，有效提升金融机构的地理可及性。二是要推进信息化云平台建设，改善企业信息技术应用程度，特别是加强中西部地区信息技术基础设施建设，增加该地区企业银行融资对技术条件排斥的反应敏感程度，减小技术条件排斥对银行融资的地区差异，增加企业财务稳健性。

第三，通过对比分析不同金融排斥指标对非银行融资的作用效果及其区域差异，发现随着金融排斥程度改善，东部地区中小企业非银行融资水平显著降低，而对于中西部地区中小企业而言，非银行融资是其主要外源融资渠道，金融排斥减缓对中西部地区企业非银行融资的降低效果有限。因此，在拓展间接融资渠道的同时，规范并适度鼓励非金融机构等直接融资渠道的发展，创新金融产品，服务中小企业融资，这一方面可以形成与金融机构的竞争市场，增强银行类金融机构为中小企业融资的动力，提高金融机构地理可及性；另一方面，拓宽了中小企业融资渠道。近年来，随着网络借贷平台的出现，中小企业融资服务得到了提升。此外，中小企业规模、资产担保能力以及流动性提升在一定程度上有助于中小企业债务水平、债务期限结构以及银行融资环境改善。企业应从自身出发，提高信誉与内部管理，扩大企业规模、资产担保能力与流动性等，增加自身市场竞争力，提高融资获取能力，改善期限结构。

（董昌娟）

**【资产减值会计的合理性辨析】**

周华、戴德明（中国人民大学商学院、中国人民大学会计财务理论研究所）

《经济管理》2016 年第 3 期
20 千字

理论界往往以谨慎性原则（或稳健性原则）为名对资产减值会计大加颂扬，但从其实施效果来看，资产减值会计规则是一套默许企业管理当局操纵会计数据的失当规则。散见于现行企业会计准则体系的资产减值会计规则分别以“客观证据”“确凿证据”“减值迹象”为减值测试的触发条件，然而，这些触发条件就本质而言并不属于法律事实，相应的记账行为缺乏法律证据（原始凭证）的支持，这就导致资产减值会计所生成的信息缺乏公益性和公信力。

面对域外缺乏合理逻辑的资产减值会计规则及其理论主张，我国会计立法当如何应对？一方面，应该看到，资产减值信息对某些利害关系人具有一定的参考价值，因此，应当允许和鼓励企业以适当的形式披露资产减值信息。如果不允许企业提供资产减值信息，那么当企业资产大幅减值而企业财务报表却未提供此类信息时，则有可能对相关利害关系人造成误导。谨慎性原则的支持者往往以《德国商法典》《巴塞尔资本监管协议》等域外经验为例来论证资产减值会计的合理性。但那些例证多是从计算清算价值的角度来利用会计报表的。《德国商法典》强调谨慎性的目的是保护商业银行等债权人的利益。以美联储、巴塞尔委员会为代表的银行业监管机构基于审慎监管理念，大力倡导计算贷款损失准备等各种“拨备”。这些情形下，谨慎性原则的应用已经背离了会计的“真实反映”职能，因此，并不具有借鉴意义。

另一方面，资产减值信息可能对某些人有用，但这并不意味着此类信息就有资格进入会计程序进行处理。虽然资产减值会计规则的出台目的可能不是造假，但它毕竟为管理当局随心所欲地计算净利润打开了方便之门。因此，问题的症结不是不需要资产减值信息，而是以何种方式提供资产减值信息。历史经验一再证明，会计和审计的发展趋势是力图使会计记录与企业可核查的客观事实保持一致，并尽可能使会计的结果免受企业管理当局的鲁莽和错误意图所左右。为了实现帮助管理当局和其他人士了解企业的真实状况这一首要目标，会计必须对数据进行如实的分类、正确的浓缩和充分的报告。非会计专业人士（尤其是经济学家和证券分析师）一般认为，财务报表中的历史成本数据对于证券投资决策存在“有用性”方面的局限性。但会计的目标是帮助人们了解企业的财务状况和过往业绩，而不是直接帮助投资者炒股。可能人们对利润的理解互有差异，但利润表中列示的利润数据应当基于社会公认的会计概念，不要强求它仅仅反映某一个利益集团的看法。因此，历史成本会计是不可或缺的。

综上所述，以“历史成本会计＋公允价值披露”取代资产减值会计，应当是会计立法的改进方向。

（董昌娟）

# 工商管理·技术经济及管理

**【中国企业制度创业战略选择探析】**

徐二明、肖坚石（中国人民大学商学院）

《科学学与科学技术管理》2016 年第 2 期

12 千字

行动者需要采取一系列有目的的战略行为以变革组织场域中的现有制度或建立新制度，实现制度创业的意图。基于对已有研究的整理和分析，以中国企业为研究对象，该文探讨了合法性和资源约束对企业制度创业战略选择的影响，并提出了一个制度创业战略选择的分析框架。研究表明：

（1）在制度创业的过程中，一方面，企业制度创业战略的选择是有“顺序”的，企业对某一类型合法性（规制合法性、规范合法性或文化认知合法性）的重视程度会随着制度创业阶段的发展而演化发展，并会根据该类型合法性在各阶段的重要性来安排和采用相对应的制度创业战略；另一方面，在每个制度创业的阶段，虽然不同类型合法性的重要性可能会不同，但是它们会共存、相互作用并随着制度创业阶段的发展而发生相对重要性的转变，因此企业的制度创业战略可能会产生“交叠”和“重复”的现象。

（2）在实施制度创业过程中，企业需要动员资源以支持制度创业行为。因此在进行制度创业战略选择时，企业需要充分考虑实施战略所需要资源的可获得性，也就是说，企业会根据资源约束（或者可动员的资源）情况来选择制度创业战略。同时，随着原来制度创业战略的推进，企业的可利用资源或者资源约束状态会发生动态变化，继而也会造成企业制度创业战略的变化发展。

（3）在特定时间上，企业对某一类型制度（规制性制度、规范性制度或文化认知性制度）的制度创业战略选择同时取决于该类型制度对应的合法性的重要性程度和企业资源约束的强度。合法性的重要性强，而资源约束弱，企业倾向于优先或重点实施类战略；合法性的重要性强，并且资源约束也强，企业倾向于采用拼凑实施或暂缓实施类战略；合法性的重要性弱，但资源约束也弱，企业倾向于采用并行实施或暂缓实施类战略；合法性的重要性弱，同时资源约束强，企业倾向于采用暂缓实施类战略。在不同时间点上，企业制度创业战略选择会随着合法性重要性程度和企业资源约束强度的动态变化而演化发展。

该文的研究具有重要的理论意义和实践意义。理论上，该研究将合法性和资源两个要素作为分类维度，同时结合时间因素考虑了合法性和资源的动态变化，以此构建了一个制度创业战略选择的动态分析模型。实践上，该研究为企业理解影响制度创业战略选择的因素、如何做出战略选择以及做出何种选择等问题提供了一定的指导，同时文章在论述过程中引用了大量中国企业的实践案例，这也为企业的制度创业学习提供了参考对象和实践指引。

（徐二明）

**【知识产权保护强度与中国的高新技术产品进口】**

魏浩（北京师范大学经济与工商管理学院）
《数量经济技术经济研究》2016 年第 12 期
20 千字

对于处在转型升级关键时期的中国经济来说，进行产业结构调整是大势所趋，也是加快经济发展方式转变的主动选择。高新技术产品进口是获取国外先进技术与科学知识的重要途径之一，产业结构转型升级关键在于技术进步，因此，大量进口国外的高端技术产品可以促进国内技术进步，进而加快产业结构转型升级的速度。高新技术产品是指技术密集度和知识密集度较高的产品。高新技术产品的研发密度较高，高新技术产业所拥有的关键技术开发难度较大，因此，需要强有力的专利保护，免受侵权。一般认为，专利保护对科技创新具有显著的促进作用。2000 年第二次修订专利法以来，国内外的专利申请数量年均增长 23%。需要注意的是，虽然中国的专利申请量以惊人的速度增长，但是中国的专利保护强度尤其是实际执行力度远远没有达到书面法规的要求，所以在衡量中国的专利保护强度时，需要同时考虑名义上的保护和实际的执行力度。从贸易数据来看，中国 1996—2010 年的高新技术产品进口不断增加，年均增长率为 20%。中国在提高专利保护方面的努力是否显著增加了高新技术产品的进口呢？中国的高新技术产品进口增长是否由于专利保护加强引起的呢？该文对此问题进行实证研究。

该文使用引力模型研究了国内外专利保护强度对中国高新技术产品进口的影响，主要发现是：第一，从整体上来看，不仅中国国内的专利保护强度提升能够促进高新技术商品进口，而且，出口国的专利保护强度提升也会促进其对中国的高新技术商品出口。第二，中国专利保护程度的提升会增加高新技术产品的进口，但是，这种效应对于从专利保护指数较低国家、发展中国家进口更明显，也就是说，中国专利保护程度提高后，从发展中国家进口高新技术产品的增加幅度高于发达国家。第三，出口国专利保护强度提升对中国不同类型高新技术商品进口的促进作用具有一定的差异性。出口国产权保护程度提升不一定有利于中国进口航空器材、医药制品、非电力机械、化学材料、武器与军用设备五类产品，出口国产权保护程度提升有利于中国进口电脑及办公设备、电子通信设备、科学设备、电力机械四类产品。第四，中国专利保护强度提升对高新技术商品进口的促进效应高于世界平均水平。不仅世界各类出口国专利保护程度提升对进口国高新技术产品进口贸易的平均促进效应明显小于中国，而且世界各类进口国专利保护程度提升对本国高新技术产品进口贸易的平均促进效应（大部分不显著）也明显小于中国（都是显著的）。第五，中国国内专利保护程度提升对中国从不同类型国家进口不同类型高技术产品的影响具有一定的差异性。中国国内产权保护程度提升对中国从发达国家进口航空器材、电子通信设备、医药制品、科学设备、电力机械、化学材料、武器与军用设备的促进作用是显著的正效应，对中国从发达国家进口电脑及办公设备、非电力机械的促进作用不显著。第六，中国专利保护强度对于中国高新技术产品进口的影响主要从进口产品广度和进口产品数量两个途径发生，另外，出口国专利保护强度同样从这两个途径对中国高新技术产品进口产生影响。

作者指出，为了进一步扩大从外国特别是技术领先的发达国家进口高新技术产品，我国加强知识产权保护程度应该重视以下几个方面：首先，完善重点进口高新技术产品的知识产权法律法规。依据我国今后重点发展的战略性新兴产业、高新技术产业，针对航空器材、医药制品、科学设备、电力机械、化学材料等相关重点进口的产品及其产业制定详细的、有针对性的知识产权保护法律法规。其次，加大知识产权保护执法力度。我国知识产权保护存在有法不依、执法不严的现象，这种现象大大降低了法律的实际效果，既不利于高新技术产品的进口，也与我国建设创新型国家的目标不一致，因此，在加强立法工作的基础上，国家政府要加强知识产权的执法力度，提升知识产权法律的保护效果。再次，提高知识产权违法成本。一般来说，创新成本远远大于短期的创新收益，抄袭和模仿成本大大地低于短期的抄袭和模仿收益，从而导致抄袭和模仿的情况日益严重。因此，提高知识产权违法的成本和代价，有利于降低企业的违法行为。关于这一点，应该在中国专利法中进行明确修订。最后，加快知识产权国际化人才的培养。随着中国对外开放程度的进一步提升，中国的知识产权法律法规的制定将与国际接轨，中国涉外的知识产权案件将越来越多，我国政府部门和企业都急需一批能熟练运用国际语言、精通世界各国以及国际组织知识产权法律法规及相关工作的复合型人才。因此，中国政府应该尽快大规模培养知识产权国际化人才。

（肖汉雄）

**【技术进步如何影响我国产品质量？——基于劳动倦怠视角的实证研究】**

邓悦、黄诗雅（武汉大学质量发展战略研究院）

《宏观质量研究》2016 年第 2 期
24 千字

经济新常态下，制造业企业必须进行产品质量升级，以应对低附加值产品低销售、低利润与不断提高的劳动力成本之间的矛盾。在此背景下，文章在梳理以往学者对劳动力、产品质量、技术进步相关研究的基础上，以我国制造业大省广东为例，考察我国制造业企业员工的劳动倦怠程度，并利用产品质量作为切入点，分析其与劳动倦怠、技术进步的关系，进而反映制造业企业转型升级的内在动力。就劳动力倦怠数据与其所在企业技术进步与产品质量数据匹配而言，该文所用的 CEES 调查数据提供了反映制造业企业转型升级内在动力的逻辑自洽的样本，此调查最终获取了 570 家企业样本，以及与其匹配的 4794 名员工的有效样本，大样本数据为该文的研究提供了稳健性的数据基础。

文章提出两个研究假设：其一是劳动倦怠对产品质量存在负向影响，企业一线员工劳动倦怠程度越高，其生产的产品质量越低；其二是企业的技术创新投入越大，拥有的技术创新能力越强，产品附加值越高，其一线员工的倦怠程度对产品质量的影响也就越小。运用描述统计、相关性分析、回归分析方法对数据与模型进行分析验证，最终得到如下结论：

第一，企业研发程度和工业增加值率越高的企业，产品质量越好，同时越是技术进步程度高的企业，倦怠程度越低。

第二，就企业规模来看，产品质量与企业规模呈显著的正相关，也就是说小型企业的产品质量较差，而小型企业的一线员工劳动倦怠程度最高，其研发程度与工业增加值率也都处于低的水平，这说明劳动倦怠和技术进步均对小型企业产品质量产生强的负向影响。

第三，就企业所处的经济发展区域来看，产品质量与经济发展水平呈正相关，而经济越是发达地区的企业一线员工劳动倦怠程度越高，且经济发达的珠三角地区企业研发强度和工业增加值率都高于其他地区，这说明技术进步比劳动倦怠更能影响经济发达区域的产品质量。

第四，就企业的行业特征来看，劳动密集型企业由于其技术进步处于较低水平，倦怠程度显著高于其他类型企业，其产品质量也呈现出最差的结果；然而虽然技术密集型企业一线员工的劳动倦怠程度偏高，研发程度也较低，但工业增加值率比其他类型企业高出 0.03%，其产品质量呈现最好的结果，这说明劳动密集型企业虽然研发投入较少，但其本身的技术水平、管理经验等智力因素对产品质量有更强的正向影响。

第五，劳动倦怠对产品质量存在负向影响，企业一线员工劳动倦怠程度越高，其产品质量越差。其中虽然固定工作时间与工资都对产品质量有较为显著的正向影响，但加班时间对产品质量的负向影响更为显著，说明加班越长的企业，产品质量会更差。

第六，企业员工受教育水平越高，其倦怠程度越低，且由于倦怠产生对产品质量的影响越低。

根据以上结论，文章提出一线员工劳动行为如何影响产品质量，技术进步如何通过提高技术质量来影响产品质量，并通过降低劳动者倦怠程度影响产品生产质量的机制：长时间劳动和低单位收入引起的劳动者倦怠影响产品生产质量，而技术进步通过提高产品技术质量，提高劳动者单位收入，减少劳动时间，降低劳动倦怠程度，从而提高产品生产质量，进而促进整体产品质量的提高。

（孟艳华）

**【能源技术创新如何促进中国煤炭资源型经济转型】**

郭丕斌、王婷、李丹、周喜君（忻州师范学院经济管理系）

*Energy Policy* 2016 年第 1 期
8 千字

中国煤炭资源型区域面临严重的资源与环境问题，基于能源技术创新理论视角，能源技术创新投入、创新组织、创新能力和创新政策等要素，构成煤炭资源型区域向可持续发展转型的动力因素。运用结构方程模型，以中国煤炭生产大省的山西和内蒙古的煤炭企业中 314 个高层管理人员及技术部门主管调查数据为样本，探索煤炭资源型区域向可持续发展转型动力因素的作用机制。研究结果发现，除了创新政策不能通过能源消费结构正向作用于可持续发展转型、创新投入和创新能力分别不能通过资源财富投资矫正、转型环节改善对可持续发展转型产生正向作用以外，15 个设定机制中的 10 个得到证实，表明四个要素是煤炭资源型经济转型的重要因素，并通过能源消费结构转型、资源财富投资矫正和转型环境改善三个中间变量发挥作用。以上结论充实了技术创新对资源经济型区域转型作用机制的研究，为煤炭资源型地区推进可持续发展转型提供了政策依据。该文研究结论的政策启示如下：

第一，能源技术创新的四个组成要素——创新政策、创新投入、创新能力和创新组织，对煤炭资源型经济转型的作用和影响程度有所不同。创新组织对转型环境改善和能源消费结构转型的路径系数分别达到了 0.708 和 0.701；创新政策对资源财富矫正的路径系数达到了 0.603，创新政策和创新组织的作用相对比较大，而能源技术创新投入的影响最小。因而，在能源技术创新活动及其煤炭资源型经济转型过程中，政府的创新政策与创新组织非常重要。

第二，实现煤炭资源型经济的转型，要通过市场的力量改变中国的能源消费结构。研究结果显示，对煤炭资源型经济转型起直接作用的主要是能源消费结构转型和转型环境改善，路径系数分别达到了 0.769 和 0.742。因此，多年来通过产业结构转型来实现经济转型违背了市场经济规律，在没有改变能源消费结构的基础上人为地减少煤炭供给，这种转型思路欠缺转型的动力基础。

第三，能源技术创新对煤炭资源型经济转型的影响经过了中间传导机制和作用过程。煤炭资源型经济转型的实现，是一个“技术经济范式”转换的过程，需要通过能源市场机制进行调节，以能源消费与供给结构的转变以及良好的外面环境支持来实现，同时，能源结构的转型是在能源技术创新的基础上实现的，而技术创新本身就存在着市场失灵问题，需要政府的政策加以激励，因此，煤炭资源型经济的可持续发展转型，既需要充分发挥市场调节能源供需的作用，又要发挥政府主导的创新政策与创新组织对能源技术创新活动的引导作用。

（郭丕斌）

**【从族商的兴衰看创新对企业发展的重要性——以闽西四堡印书业族商的兴衰为例】**

戴腾荣、郭熙保、蔡立雄（龙岩学院经济与管理学院）

《武汉大学学报（哲学社会科学版）》2016年第6期
15千字

文章以四堡代表性刻书商——邹家和马家书商为研究对象，解释族商制度与四堡刻书业的组织创新、产品创新、市场创新的关联性及对产业兴衰的影响。

族商是指以家族内部人力资源为主导或主体力量在较长时间内面向市场开展工商业经营，经营成果也主要在家族内部进行分配的商业家族；族商以整个家族经营某一非农产业为主导，是否共产并不重要，但毫无疑问，所经营的产业以从属整个家族经济为特征；族商在商业运作中，将宗法与商业规则高度结合，在家族经济内部，商业规则从属于宗法。由此，族商就兼有血缘关系和商业关系的双重特点，宗族力量与工商业力量互相支撑、互相联结、互相强化。

族商制度即是族商关于资本组织、内部控制、经营管理和剩余分配的行为规则。族商对市场变化高度敏感，决策与执行速度快，委托—代理成本低，能快速集聚创新与发展要素，所特有的集体学习机制使创新因素能传承，有助于降低创新的风险。

四堡印书业是在家族内组织进行的，由于商业关系对传统的家族治理结构的渗透，最终在家族内部形成了一个个庞大的经济单位，以族商制度创新为基础进行的创新体现在：生产组织创新、分配与扶助制度创新、产品与市场创新、协作组织创新。但工商业与宗族力量的过于紧密捆绑使族商在商业化社会与技术环境变化面前缺乏足够的应变能力，其反技术进步、反社会信用、违背商业利益的资本投向、弱激励倾向与生产要素使用上的过度僵化等，导致了刻书业在急剧的社会变革面前迅速崩溃。族商的兴衰表明创新是引领发展的第一动力，创新成就了族商的辉煌，创新不足也导致了族商的衰亡。

（孟艳华）

**【大数据驱动社会治理的创新转向】**

陈潭（广州大学公共管理学院）

《行政论坛》2016年第6期
12千字

大数据是推动时代发展和社会进步的重要战略引擎，是推进国家治理体系和治理能力现代化的重要战略资源，也是提升社会治理能力和水平的重要创新工具。大数据驱动社会治理创新不但节约社会治理的时间、资源和人力成本，而且建构社会治理的新思路和新模式，实现创新转向并提出具体要求：

（1）从封闭式管理走向开放式治理。大数据以“全体数据”为分析对象的特点，要求信息采集做到全方位、全时段、多元化，这意味着政府必须摆脱其作为绝对信息拥有者的身份，拓展信息挖掘、流通与反馈渠道。为此，大数据驱动社会治理走向开放性治理要求：制定大数据管理标准；消解数据壁垒和数据孤岛，构建整体性治理模式；拓展数据挖掘和搜集能力，提升政务数据开放程度。

（2）从静态化管理走向流动性治理。要求善于运用大数据收集实时性信息，善于运用大数据开展适应性管理，善于规避大规模数据的流动性风险。

（3）从精细化管理走向精准化治理。要求：运用大数据做好社会风险的研判工作、运用大数据做好社会舆情的关联分析、运用大数据提高社会治理的精确性和靶向性。

（4）从网格化管理走向网络化治理。要求：运用大数据搭建公共服务大数据平台，进一步整合基层服务力量和社会资源；运用大数据编制个性化的公共服务网络，提高网络化治理的便利性和惠民性；运用大数据建立虚拟化团队对专项事务进行管理，将核心职能部门与运营部门分离。

（5）从单向度管理走向协同化治理。要求：政府必须打破单向度、碎片化的管理模式，铺设联通政府内部各部门、政府与其他社会治理主体间的信息分享平台；民间组织等政府外的社会治理主体需要加快大数据知识和技术结构水平的更新，培养对真假信息的鉴别能力和一定的数据处理、分析、监管能力，强化自我管理与社会参与能力，提高社会参与的规模和质量；社会治理是一个系统工程，需要运用政治、经济、法律、文化等多种手段对政府与社会组织进行协调、指导、规范、监督，合理配置社会资源，维护社会秩序，保障社会稳定。

（孟艳华）

**【运用大数据进行出版服务转型升级】**

刘硕（北京印刷学院经济管理学院）

《中国出版》2016 年第 8 期
6 千字

基于数字技术的出版物形态、介质变化改变了人们传统的阅读模式与习惯，海量网络数据的累积和大数据技术的普及为探索读者阅读规律和偏好提供了数据资源和技术支持。分析了当前读者阅读特点和大数据分析在读者阅读、出版服务决策优化领域的应用可行性、适用性和具体流程。研究表明：数字阅读正逐渐成为人们主流的阅读方式；我国文化传媒和出版服务企业已经具备了收集、组织读者阅读行为特征数据的能力，具备了利用大数据技术分析读者阅读规律进行服务优化的技术条件；大数据将会对传统产业的经营模式产生巨大冲击，基于经验的传统文化服务模式亟须向基于大数据与用户需求的全新服务模式转型，文化企业经营模式转型升级势在必行。以上结论探讨了大数据技术与传统出版业的融合，为我国传统出版业转型升级路径提供了参考，并得出以下启示：

第一，在“逐步发挥市场在资源配置中的决定性作用”作为主线贯穿我国文化产业发展路径的政策方针指引下，非公有制文化企业的准入、小微型文化企业的扶植将会给整个文化产业市场带来更为激烈的竞争；大力度的金融扶植政策将使得有特色、优质的文化企业获得更多的融资机会和更广阔的发展空间。我国传统的文化传媒企业和出版服务企业已经处于转型升级的关键时期，提高自身服务质量、进行文化服务创新和转型升级已迫在眉睫。

第二，大数据时代的到来为文化企业带来了全新的机遇，大数据中蕴含的读者规律为企业提供了全新的商业价值挖掘空间。就目前我国文化传媒和出版服务业整体信息化水平而言，已经具备了应用大数据分析提升读者服务决策科学性、推进读者服务升级的必要条件，大数据分析技术在阅读服务和出版发行决策优化领域具有应用可行性；同时，基于大数据分析的读者阅读和出版发行服务决策可以更好地迎合读者阅读需求，为文化传媒和出版服务企业带来可观的商业价值，因此，大数据分析技术在读者阅读和出版服务决策支持和优化领域具有很强适用性。

第三，大数据时代的经营模式转型涉及企业的软硬件升级、业务流程重组、人力资源配置等诸多方面的调整，是一项复杂的系统工程，需要有规划、有步骤地推进，否则可能会造成转型低效益甚至转型失败。就当前我国文化传媒和出版服务企业总体信息化水平而言，首要的工作是转变传统的经营观念，以满足读者需求为经营出发点，以现有软硬件条件和人力资源为依托，逐步提高大数据分析对日常管理和业务决策的支持力度，渐进实现大数据的商业价值，其间有规划地进行软硬件升级和人才培养，最终实现大数据时代的读者服务转型升级，推进我国全民阅读事业，促进我国文化产业的繁荣。

（刘硕）

**【"一带一路"背景下的结构改革与创新创业人才培养】**

阚阅、周谷平（浙江大学"一带一路"合作与发展协同创新中心、浙江大学教育学院）

《教育研究》2016 年第 10 期
7.5 千字

"一带一路"倡议的实质在于"以开放促改革，以改革促发展，以发展促转型"。结构改革是指通过制度和激励措施，促进经济结构的变化，实现有效率和可持续的生产、投资和就业。"一带一路"是我国新时期对外开放的总体战略，而结构改革是适应和引领经济发展"新常态"的迫切要求。作为推动"新常态"下经济持续发展的战略举措，"一带一路"对助推供给侧结构改革具有重要意义。体现在内生变量与要素供给方面和外生变量与制度供给方面。

结构改革的驱动力量在于人力资本、技术创新和创业精神。经济持续增长有赖于对这三个动力要素给予有效的激发。加强创新创业人才培养需要关注如下几个方面：

（1）形成科学理解和正确认识。优先发展教育以及提升人力资本素质，并以此作为促进经济社会转型和可持续发展的基本路径。创新创业人才培养不应囿于缓解局部的和短期的燃眉之急，而应成为现代社会永续发展源源不断的动力。相关部门应该大力支持。

（2）加强制度建设和体制改革。调动社会成员创新创业的积极性，营造尊重创新和鼓励创业的社会氛围，激活有利于创新创业的政策制度环境，改善评价与流动等配套措施，使创新智慧和创业潜能得到充分发挥。

（3）注重整体推进和构建生态。创新创业人才培养是一项整体性的系统工程，整体推进是创新创业教育发展的基本策略。形成息息相关的创新创业人才培养生态链，形成以知识与创新为主要媒介的"溢出"效应，以及以资金、经验、机会为主要媒介的"反哺"效应，促进创新创业人才培养生态系统的良性循环与可持续发展。

（4）突出面向全民和贯穿终身。打造终身体系是创新创业人才培养的内在要求。对此，高校要主动承担创新创业人才培养的枢纽，既向中小学辐射，引领中小学创新创业教育趋向，同时也要衍射继续教育，提供高质量创新创业技能培训，帮助成人提升创新创业能力，并由此去开拓未来的世界，促成全民终身创新创业的美好图景。

（5）重视国际合作和教育交流，在推进"一带一路"建设过程中，应与沿线国家就创新创业人才培养与创新创业资源方面形成互补、共享与协作的机制，从而实现创新创业的集聚效应与引领效应。

（孟艳华）

**【劳动力成本上升对企业创新行为的影响——来自中国制造业上市公司的经验证据】**

董新兴、刘坤（济南大学商学院）

《山东大学学报》2016 年第 4 期
15 千字

改革开放以来，近似于无限供给的低成本劳动力资源一直是中国经济赖以快速发展的重要比较优势。中国的制造业企业会不会因为较低的劳动力成本而缺乏创新的动力，进而导致“中国制造”难以向“中国创造”转型呢？文章为回答此问题利用 2007—2013 年 516 家制造业上市公司的面板数据，检验了实际工资水平对企业创新行为的影响。

作者对以往研究成果进行梳理之后认为，劳动力成本（或实际工资水平）对企业创新行为的影响，无论是从劳动力数量意义上来说，还是从人力资本质量意义上来说，实际工资水平的提升都是有利于企业增加创新投入的。实际工资水平提升影响企业创新行为的作用机制，不但包含劳动力数量节省途径，还包括人力资本质量提升途径。由此，作者提出研究假说如下：假说 1：实际工资水平越高，企业的创新支出水平越高。假说 2：资本强度越大，企业越倾向于增加创新支出。

文章首次提出了劳动力成本上升影响企业创新行为的双渠道（人力资源水平与要素替代效应）分析框架，并对二者之间的关系进行了实证检验，利用建构计量模型对数据进行处理分析和假设验证，研究发现：（1）实际工资水平的提升有利于促进企业增加创新方面的支出；（2）实际工资增加带来的人力资本质量提升效应比要素替代效应具有更强的创新激励作用。研究结论支持了劳动力成本上升有利于促进创新支出的假说，证实了我国制造业存在一定程度上的“劳动力资源诅咒”，丰富了创新激励方面的文献，并且为更深入理解最低工资、就业与创新的关系提供了初步的经验依据。

最后作者提出针对性的政策建议：加快收入分配体制改革，提高工资性收入在一次分配中的比重，增加劳动者收入，迫使企业减少产能过剩领域的低水平投资；促使企业增加研发投入，在社会上形成以提高劳动生产率和技术进步为导向的创新氛围。

（孟艳华）

**【服务外包情境下供应商创新的形成机制——对顾客创新性、供应商依赖与两种组织学习角色的实证研究】**

王永贵（对外经济贸易大学国际商学院），赵春霞（河北科技师范学院工商管理学院），赵宏文（对外经济贸易大学国际商学院）

《经济管理》2016 年第 12 期
14 千字

供应商创新的形成机制问题在理论界一直未得到足够的重视与解决。该文以服务外包产业为实证研究背景，基于组织学习理论和资源依赖理论，从发包方（顾客创新性）和承包方（供应商依赖）两个视角探讨了供应商创新的形成机制，并剖析了基于两种组织学习的影响机理。该文采用调查问卷的形式，以北京、深圳、无锡、东莞、广州等地的服务外包企业为调查对象。实证结果表明：

第一，一方面，创新性强的顾客为供应商提供了更多的学习和创新机会，当顾客创新性较强时，合作过程中双方的互动、沟通、交流，使顾客知识从组织边界渗出，通过供应商的探索式学习和利用式学习，促进供应商创新；另一方面，创新性越强的顾客，为供应商创新提供了更大的学习和创新空间，顾客创新性越强，外包项目的创新水平较高，在完成这些高端外包项目的过程中，强化了供应商的“干中学”，促进了供应商的利用式学习和探索式学习，从而促进供应商创新。

第二，文章发现依赖可以通过主动和被动两种学习机制提升供应商的创新水平。首先，依赖刺激了供应商主动学习的动机，学习能力的高低和学习速度的快慢决定了双方之间权力—依赖关系的动态改变的方向，对顾客的依赖性越强，学习动机就越强烈，因为只有积极地学习，才能减少或控制这种依赖。其次，被动的学习动机来自依赖性越强的供应商，越希望通过学习以满足和回应顾客的要求与期望，与顾客继续保持合作关系。

第三，该文证明，相比顾客创新性，供应商依赖对企业组织学习的影响更大。这一结论可能是由于顾客发包到我国的高端业务较少，产业创新知识转移效果不佳，如软件外包中我国的供应商仍然主要停留在软件开发及测试、数据录入等领域，很少承接设计到整体解决方案、研发等高端业务领域；另外，也为我国服务外包供应商为了摆脱依赖境地而大力发展以知识和研发为主要特征的离岸知识流程外包业务提供了理论支持。

第四，文章发现学习也是可供组织选择的控制或减少依赖的主动选择行为。采用动态的视角，证明供应商可以通过组织学习，改变现有的权力—依赖结构，挖掘了依赖对供应商创新的积极作用，丰富了资源依赖理论在创新领域的研究，并印证了前人提出的依赖是动态变化的，而这种动态变化对供应商的行为产生了重要影响，是对依赖积极作用的有利探讨。

第五，文章对我国服务外包企业创新能力的提升给出指导：其一，要积极开发创新型顾客源，并充分利用与顾客的合作机会，提高创新水平，扩大创新空间。其二，正确对待依赖顾客的现状，充分发挥主观能动性，加强组织学习，于细微处谋优势。

（孟艳华）

**【社会企业：发展异质性、现状定位及商业模式创新】**

谢家平、刘鲁浩、梁玲（上海财经大学国际工商管理学院）

《经济管理》2016 年第 4 期
15 千字

社会企业在弥补公共部门提供社会服务能力不足和私人部门创造社会公益“市场失灵”方面越发具有重要性。多元推动因素下的社会企业在创造经济价值和社会价值上体现出不同的效率，呈现出异质性的特点。社会企业需要整合商业和公益元素从而处于一种富有成效的平衡状态，实现社会价值与经济价值的均衡性，才有利于社会企业的可持续发展。

该文基于发展异质性的视角，在回顾梳理中国社会企业的发展现状和面临的困境，深入探析中国社会企业所面临的外部环境和自身模式的局限，并提出中国社会企业存在两种递进关系的发展定位：一是由政府引导、公民社会推动、市场供需驱动融合促进社会企业的多元化发展；二是社会企业兼顾经济和社会价值均衡共创发展。进而，借助商业模式的典型三维体系，将客户价值主张作为目标、企业资源和能力作为支撑、盈利模式作为基础，从目标定位、运营创新和理念更新三个方面对社会企业的商业模式进行了重构。（1）主张突破传统客户价值的目标定位。（2）探寻新的融资模式和生产经营模式的运营创新。（3）坚定社会企业的“社会使命”理念更新。

最后，给出中国社会企业发展的政策建议：（1）完善法律体系，加强对社会企业的政策扶持；（2）创新管理体制，促进社会企业商业模式的顺利施行；（3）传播社会创业理念，增强公众对社会企业的认识。

（孟艳华）

**【跨界搜寻与商业模式创新的关系——吸收能力的视角】**

朱益霞、沙振权（华南理工大学工商管理学院），周飞（华侨大学工商管理学院）

《经济管理》2016 年第 11 期
15 千字

知识是组织创新的核心资产，而跨界搜寻是跨越组织边界、获取异质性知识的有效途径，也是实现知识转移和知识吸收的重要前置阶段。文章基于创新搜寻理论和知识超模理论，从吸收能力的视角研究，结合市场知识和技术知识的差异，研究跨界搜寻与商业模式创新之间的关系。

文章对三个概念进行了明确界定，认为跨界搜寻是一个分布在本地—异地连续体上的变量，同时包含了地理维度、时间维度和认知维度等多个层面的内容。组织间网络是跨界搜寻的重要渠道，搜寻的知识类型主要是市场知识和技术知识两种类型。将商业模式界定为企业与其所依存的商业网络伙伴，通过多层次的合作实现的企业交易内容、交易结构和治理等运营机制。将商业模式创新分为效率型商业模式创新和新颖型商业模式创新。将吸收能力界定为：企业获取、消化、转移和利用外部知识的一种具体的动态能力。

文章选择广东创新型（试点）企业作为样本企业，在广州科学城和广州南沙科技中心两地进行实地发放，得到有效问卷 119 份。

研究结果表明：（1）技术知识跨界搜寻对商业模式创新有显著正向影响，而市场知识跨界搜寻对商业模式创新存在倒“U”型影响；（2）技术知识跨界搜寻和市场知识跨界搜寻的交互效应对商业模式创新存在正向影响；（3）吸收能力分别在技术知识跨界搜寻和市场知识跨界搜寻与商业模式创新之间起到了部分中介作用，并且完全中介了市场知识跨界搜寻与技术知识跨界搜寻的交互效应对商业模式创新的正向关系。

最后给出管理启示：首先，需要注重组织知识跨界搜寻能力的培育；其次，要注重市场知识和技术知识两类知识对商业模式创新的不同影响；再次，要注意企业吸收能力在实现外部创新知识源向内部知识吸收、利用、转化、应用中的关键驱动作用。

（孟艳华）

# 工商管理·管理科学与工程

**【电子商务产品定价与返利策略】**

余牛、李建斌、刘志学（华中科技大学管理学院）

《管理科学学报》2016年第11期
16千字

随着电子商务的迅速发展，产品促销已经成为网络零售商刺激销售、增加收益的有效途径之一。近年来，一种新的促销商业模式——商品推广方案（CPS，commodity promotion solution）开始兴起，第三方返利平台（返利网站）就是其中重要的一种。大多数的网络零售商为了提高产品销量，会通过专业的返利网站来进行促销，并将根据实际的销售情况，支付给返利网站一定数额（或比例）的佣金；而返利网站又会将佣金的部分返还给消费者，即返利。其运作流程为：消费者通过返利网站提供的网络接口进入网上商城购买商品后，返利网站会承诺返还一定的利润，待消费者确认收货后，返利网站会把返利（或等值的虚拟货币、打折卡、优惠券等）汇入到消费者账户，消费者可以申请提现或再次购买时使用该返利。国外一些比较成熟的第三方返利平台，如Ebates、Fatwallet、Mr. rebates等已经运营了近10年，近年来国内的返利网站也快速发展达百家之多，以51返利网、给惠网、米折网、56折、返现网等为代表。那么对网络零售商来说，该不该引入返利模式？返利模式的引入，会对传统电子商务直销模式产生什么影响？当引入第三方返利平台参与的返利模式后，网络零售商该如何定价？返利平台该如何返利？这些都是非常有意义的研究问题。

该文在电子商务网络直销模式的基础上，考虑了引入基于第三方返利平台参与的返利模式。在这种混合模式下，网络零售商需要决策的问题是如何确定商品的零售价格以及向返利平台支付的佣金，以使自己利润最大化；而第三方返利平台则要根据网络零售商支付的佣金，确定向消费者返还其购买产品的最佳返利。该文依据消费者效用理论，分别研究了在供应链集中式决策与分散式决策下，网络零售商与第三方返利平台的最优定价和返利策略。同时针对分散式决策下的“双重边际效应”，设计了一种收益共享合同来协调系统，并采用Pareto优化策略进行了改进。结果表明，该收益共享合同能够有效规避“双重边际效应”，同时使网络零售商与第三方返利平台实现“共赢”。

该文的研究结果表明，网络零售商是否引入返利模式，与返利产品的满足率、消费者花费的额外成本及返利兑现率密切相关。只有当上述影响因素满足一定的条件时，网络零售商才会考虑引入返利模式。对集中式决策下的企业来说，引入返利模式有利于增大产品的市场覆盖面，增加模式总需求和总利润。而当网络零售商和第三方返利平台独立决策时，会导致“双重边际效应”。为此设计了一种改进的收益共享合同（T，ϕ）来协调整个系统，即网络零售商适当提高最优零售价格，同时根据收益共享系数ϕ的大小决定支付给第三方返利平台的佣金（分享给返利平台的收益比例越高，则支付的佣金越低）；而第三方返利平台需要增加提供给消费者的返利。最后，针对协调后利润分配不均的问题，利用Pareto改进策略对系统总利润进行重新分配，使得双方最终分配的利润均大于各自的保留利润。

（肖汉雄）

**【供应链中制造商应对强势零售商的混合渠道策略】**

但斌、曲祯经、张海月、刘灿、张旭梅
（重庆大学经济与工商管理学院）
《管理评论》2016年第12期
13千字

随着传统零售市场集中度的提高，一些大型零售商的渠道控制力逐渐增强，在供应链中处于强势地位，对制造商的决策产生重要影响，零售商与制造商的关系受到供应链主导权的影响而变得更加复杂。与此同时，电子商务的高速发展影响着消费者的购买习惯，使网上销售成为日益重要的产品分销渠道。为摆脱对单一渠道的依赖，更好地满足消费者的网上购物需求，越来越多的制造商开始将传统销售渠道与电子销售渠道结合，建立多渠道分销系统。制造商在构建电子渠道时可能选择不同的进入策略，渠道策略的差异直接影响着供应链成员利益，传统零售商的强势地位也使制造商需要考虑增加电子渠道所引发的渠道冲突。网络分销渠道的兴起使得强势零售商不能一味压低批发价格，损害制造商的利润，这有可能导致双方合作关系的破裂。因此，对制造商来说，如何合理构建分销渠道以摆脱其在传统渠道供应链中的被动地位是一个亟待解决的重要问题。

当制造商在通过传统渠道销售产品的同时开辟电子渠道，供应链中不仅存在制造商和传统零售商之间的纵向竞争，还产生了传统渠道和电子渠道之间的横向竞争。竞争形式的复杂化使双渠道供应链与单一传统渠道供应链相比表现出许多新的特点，制造商的混合渠道策略问题受到研究者普遍关注。基于上述分析，该文拟在强势传统零售商和制造商组成的单一传统渠道供应链的基础上，研究制造商在保持传统零售渠道不变的情况下进一步建立电子直销渠道或增加电子零售商渠道这两种混合渠道策略。

通过不同情形下供应链成员的均衡决策来分析渠道策略之间的差异，研究制造商的最优渠道策略及其对供应链成员的影响。针对存在强势传统零售商的供应链，该文研究了制造商应对强势零售商竞争的混合渠道策略。作者通过对单一传统渠道供应链和两类双渠道供应链最优决策的分析，发现制造商开辟电子渠道总能促进利润水平的提高，不同混合渠道策略的选择受到电子渠道的成本结构和消费者对产品的价值评价的影响。鉴于传统零售商在单一传统渠道供应链中处于主导地位，该文进一步分析了制造商的混合渠道策略对传统零售商的影响，发现在双渠道供应链中，制造商通过控制电子直销渠道的零售价格或电子零售商渠道的批发价格来与传统零售商展开博弈，削弱了传统零售商的竞争优势，使其压低采购价格的竞争方式失效；传统零售商在不同双渠道供应链情形下的市场需求存在差异且这种差异受到消费者对产品的价值评价的影响。考虑到消费者的电子渠道接受程度会随电子商务的普及而逐步上升，制造商更早地建立电子渠道留给了传统零售商更多适应竞争环境变化的时间，可以减轻传统零售商的抵触，有助于供应链的良性发展。

（肖汉雄）

**【共享经济与零售企业：演进、影响与启示】**

齐永智（山西财经大学工商管理学院、首都经济贸易大学工商管理学院），张梦霞

（对外经济贸易大学国际经济贸易学院）
《中国流通经济》2016 年第 7 期
9 千字

共享经济的本质是整合闲置资源使其以较低价格提供产品或服务从而换取经济收益的一种方式。共享经济重塑了消费者之间、消费者与商家的关系，给零售行业带来了全新的视角和变革启示。该文主要分析了共享经济对消费者的影响，对零售企业的影响以及启示。

首先，分析了共享经济对消费者的影响。一是消费者价值观的改变：从重视所有权到重视使用权。共享经济颠覆了消费者传统的所有权价值观，所有权相比较使用权显得不再那么重要。二是消费者角色的改变：从被动消费到主动产消。共享经济颠覆了企业所有与个人消费的产业模式，使每个人都可以同时成为消费者和生产者，消费者从被动消费阶段进入主动产消阶段。三是消费者消费过程的改变：从复杂购买过程到便捷购买过程。共享经济的发展简化了消费者的消费过程。四是消费者消费价值的改变：从低价值回报到高价值回报。共享经济的发展增加了消费者经济意义上的消费者剩余价值以及消费者体验和情感上的价值。

其次，分析了共享经济对零售企业的影响。一是对零售企业传统经营理念的冲击。共享经济对零售企业冲击最大的是其传统的“坐商”被动经营观念与封闭式管理思维。二是对零售企业传统管理模式和业务流程的冲击。共享经济模式中，零售企业传统重资产管理模式和销售业务流程都无法适应新的环境。三是对零售企业传统服务模式的冲击。共享经济模式中，产品和服务更具人性化和适用性，传统零售企业的标准化服务模式已无法对接这种需求。

最后，分析了共享经济对零售企业的启示。一是应转变传统经营理念。比如，尝试部分商品销售使用权而非所有权；发现并协助为顾客销售二手物品提供便利等。二是应重构管理模式与业务流程，过去零售企业的重资产模式需要不断地“去重量化”。三是应共享自身客流资源。零售企业可以通过将一直以来自身封闭的客户资源开放并共享出来，作为参与共享经济的切入点，从而吸引更多的资源聚合过来并产生价值。四是零售企业共享物流与服务资源。实体零售企业可以利用和整合共享经济企业作为新的物流与服务资源。

总结来看，共享经济并没有创造出新的产品和技能，而是对时间、信息、商品进行连接、匹配、组合与利用，以满足消费者的个性化需求，这将极大地改变消费者的生活方式和消费方式，并进一步对传统的零售企业商业模式产生深远的影响。零售企业除了在经营理念、管理模式、销售业务流程、共享客流、共享物流与服务方面借鉴共享经济的思路与方式外，还可以在共享采购、共享库存、共享金融等方面去探索转型之路。

（齐永智）

**【基于演化博弈的制造企业服务衍生稳定性研究】**

罗建强、李伟鹏、赵艳萍（江苏大学管理学院）
《系统工程学报》2016 年第 6 期
11 千字

制造产业内技术趋向成熟加剧了产品的同质化，出现了与客户日益追求的个性化需求之间的矛盾，致使企业陷入了产能过剩、产品积压与利润下滑的困境。制造企业如何以现有业务为基础寻求新的利润增长点成为企业界和学术界常议的话题之一。企业实践已出现了诸如此类的现象，如 Atlas 公司通过向客户提供基于产品的服务，能使客户更为可靠地使用产品，并减少了能耗，由此而拓展的服务业务带来的收入逐渐超越了制造业务，并成为企业的主要利润源；Océ 公司通过向客户提供印刷设备的维修、备件、消耗品、金融、租赁等服务，在扩大产品销量的同时，使企业收益得以巨大提升；陕鼓集团与深圳创为合作研发了基于 INTERNET 的远程管理在线监测及故障诊断系统，为客户提供“远程诊断”“状态管理”“共建备件库”等服务，陕鼓集团借此获得了骄人的业绩。这些企业的共性表现为：制造企业能够依托优势制造资源，以产品为载体，借助新兴的服务技术，在产品的产前、产中或产后衍生出解决客户问题的服务。服务衍生逐渐成为当今制造企业摆脱产品同质化竞争、获取长期利润的有效手段。

中国制造企业必须依靠自身在资金、技术、产业链上的优势，基于产品制造体系衍生出新产品与新服务相互融合的商业模式。但制造企业受自身资源的约束，所衍生的服务在一定程度上无法满足日益个性化、跨地域化和碎片化的客户需求，实现过程需要生产性服务商的介入，即借助生产性服务商的服务资源和技术，共同构建服务衍生网络，如上例所提的陕鼓集团与深圳创为的服务衍生项目。鲜有文献将制造企业、生产性服务商和客户纳入同一框架下进行研究。综上，在制造企业服务衍生过程中，企业与生产性服务商合作的意愿、客户对服务的接受程度等都直接影响最终服务衍生的效果。因此，服务衍生的过程也是三方合作博弈的过程。演化博弈对解决多方博弈问题具有较好的使用价值。

该文以制造企业服务衍生过程为研究对象，在刻画制造企业、生产性服务商和客户三者行为特征的基础上，给出三者在相关行为策略下的收益，根据收益矩阵，计算演化博弈各方策略的动态复制方程，求解均衡点并分析其稳定性，进而分析不同行为策略下的演化路径，以期寻求影响制造企业服务衍生的相关因素通过各参数变化对服务衍生结果的影响得到，在制造企业与生产性服务商合作进行服务衍生的情境下，服务衍生成本和客户使用成本的压缩，各参与主体价值创造的增加，以及企业间合理的动态利润分配政策有利于制造企业服务衍生的成功实现。最后，利用 MATLAB 软件进行了数值模拟，验证了研究结论的科学性与有效性。研究结论可为制造企业服务衍生实施提供理论指导。后续研究将在服务衍生条件分析的基础上，关注于各参与主体如何依托实物产品展开有效的服务衍生活动，以期通过服务衍生实现各方的价值共同创造。

（肖汉雄）

**【网络舆情演进过程参与主体策略行为仿真和政府引导】**

胡珑瑛、董靖巍（哈尔滨工业大学管理学院）

《中国软科学》2016 年第 10 期
13 千字

随着互联网技术的飞速发展，网络不仅是提供信息交流和信息服务的平台，也是拥有强大社会影响力和舆论动员力的重要新闻传播工具，尤其是以微博、论坛、门户网站以及移动通信为代表的网络媒介呈现出日新月异的变革，其对网络舆情演进的影响更加复杂深刻。我国正处在改革关键期和矛盾突发期，公共危机事件发生的领域多、频率高、破坏性强，网络舆情演进的影响不容忽视。近年来，国内外学者不断关注公共危机方面的研究，其中有关网络舆情演进的研究成为当前研究热点。上述研究主要立足于公共危机信息传播本身，很少有学者从信息传播应对角度进行分析。尤其在公共危机领域，政府如何应对群体性突发事件中公共危机信息扩散已成为一个值得研究的问题。因此，该文在前人研究的基础上，运用多主体建模仿真方法对网络舆情演进的政府应对问题进行建模仿真，重点分析网络主体属性以及网络主体之间的关系强度对政府应对舆情效果的影响，以期为政府有效应对网络舆情事件提供科学的决策依据。

根据运用 Netlogo 仿真软件对瓮安事件中政府、媒体和网民三者的行为和网络舆情动态演进过程进行仿真可以看出，通过改变政府、媒体、网民等网络主体的属性以及各自影响的权重，调整网络环境属性的取值即通过改变网络主体之间的关系强度，可以测度和分析政府、媒体、网民之间网络关系的变化对网络舆情动态演进的影响。如果政府的影响权重较大，绝大多数网民和媒体都会与政府保持一致态度。一旦网民、媒体、政府的影响权重比较接近，网民、媒体在舆情演进过程中所持态度就容易产生各种各样的波动。即使在一些政府公信力不高、政府影响权重稍弱的情况下，政府加大监管力度、提前监管并介入等措施具有明显的积极意义，可能向媒体或网民释放积极信号，影响到网络舆情的演进过程。政府的公信力等属性具有累积效应。某个地方政府对危机事件的应对失误或不当行为可能间接导致其他政府部门的公信力受到影响。因此，中央和地方政府都应该在舆情应对过程中总结经验，树立良好形象，尽可能挽回或减少负面效应，保持和提高政府的公信力。根据网络舆情动态演进的路径按照四阶段的划分方式，形成期是政府通过信息发布干预危机事件的黄金期，这也符合复杂网络的小世界、无标度、随机性、开放性等特点。在网络舆情的爆发期和反复期，网民提出了更多的信息需求，这也是政府持续进行信息发布、维护自身公信力的重要时期。这两个时期更充分地反映了网络舆情的无标度、几何式增长、群体极化、幂律等复杂网络特征。政府必须积极、公正、持续地发布所掌握的与事实真相有关的信息，有多少发多少，表明积极的事件应对态度和措施有效；同时对社会事件中的负面现象和不良影响进行评判和抨击，释放积极信号，维护政府的公信力，降低后期成本。网络舆情的消散过程也反映了参与主体之间的无标度和小世界等复杂网络特征。在这个阶段，事件主体部门的行为态度和采取措施将直接影响网络舆情的后续进展和变化，由于相关部门的及时回应，大量的事实证据被公布，相关责任人被处理，事件得到有效解决，网民对于探寻事件真相的愿望诉求得以满足，媒体追踪新闻热点的作用得以发挥，就会弱化对网络舆情的关注度和参与度，使网络舆情平息直至消散。

作者指出，目前，我国社会正处于经济转型期，社会矛盾加剧，教育公平、医患纠纷、房屋拆迁等潜在矛盾容易被一些焦点事件所触发，在网络围观力量的推动下容易快速演化为网络舆情。该文构建的政府、媒体、网民三类主体之间的 SNO 网络舆情演进仿真模型可以作为政府快速处理公共危机舆情事件、避免网络舆情事件恶性演化的决策工具，但对各主体之间交互规则的细化和整合还有待进一步研究。

（肖汉雄）

**【中国风电固定上网电价政策的实物期权理论与实证分析】**

李庆（中国科学院数学与系统科学研究院），陈敏（中南财经政法大学统计与数学学院）

《中国管理科学》2016 年第 5 期
12 千字

可再生能源是解决当前能源短缺、环境污染和气候变暖等问题的重要途径。可再生能源电力包括风电、太阳能光伏发电、生物质发电、海洋潮汐能发电和地热能发电等，其中风电发展较早、规模较大而且政策体系最为成熟，因此关于风电政策的关注与研究也最为广泛，作者希望通过风电发展政策的研究为其他种类的可再生能源电力发展提供借鉴。为了促进可再生能源电力发展，各国政府实施了财政补贴和税收优惠等财税政策，并且还制订了各种电价方案，如招标电价、固定上网电价、溢价电价、配额制和绿电电价等电价机制。但固定上网电价政策简单实用，给出明确的价格信号，可以保障投资者获取稳定收益，保证了可再生能源发电企业能够获得稳定的收益，被许多国家所采用，尤其是在可再生能源市场初级阶段。中国风电于2009年开始施行标杆上网电价（固定上网电价在中国称为标杆上网电价），截止到2013年年底，中国已经超越德国成为世界风电第一大国。学者们从定性和定量角度分析了财税政策、固定上网电价政策、配额制政策和可再生能源证书等政策激励可再生能源发展效果，认为在可再生能源发展初级阶段，固定上网电价政策是促进可再生能源发展的最有效政策。鉴于风电发电项目的实物期权性质和国内外学者研究现状，结合我国风电实施的固定上网电价具体政策，该文在实物期权理论框架下，研究风电固定上网电价政策的实物期权模型并对我国风电上网电价调整幅度进行实证分析。

该文在实物期权理论中不确定性下的投资决策原理基础上，分析风电发电项目投资决策原理，同时建立了风电固定上网电价政策的实物期权模型，求解得到了上网电价最优投资值（上网电价投资临界值）的表达式，根据上网电价投资临界值关于上网电价的期望增长率和波动率的关系式，证明了上网电价期望增长率和电价波动率与上网电价投资临界值成正比。在理论模型基础上，该文选取了2012年国家发改委核准建设的河北张北油篓沟元山子风电场工程项目为例进行实证分析，计算出了发电项目的上网电价投资临界值，并且和目前该风区的风电固定上网电价水平比较，得到促进风电发电项目投资的最优策略是风电上网电价水平平均每年应该降低1%左右。长期稳定的激励政策才能够有效促进风电、太阳能光伏发电等可再生能源发展，固定上网电价政策给投资者提供了明确的价格信息，明确的价格政策也为可再生能源投资者提供了明确的投资信号，投资者根据投资成本和固定上网电价得出投资收益，不用担心价格波动带来的收益不确定性风险。但是，固定上网电价制度保障了可再生能源发电企业的稳定收入，不利于可再生能源企业进行技术创新和降低投资成本，导致可再生能源发电项目生产效率低下。所以不断调低风电上网电价水平，增加发电企业竞争压力，促进其不断进行技术创新、降低投资成本，才能不断地促进风电等可再生能源电力的广泛应用。该研究可以为风电投资者投资决策以及风电价格政策部门提供很好的参考价值。

（肖汉雄）

**【基于代表性异质投资者的金融危机传染微观机理研究】**

张一、吴宝秀、李喆（东北大学工商管理学院）

《运筹与管理》2016年第5期
11千字

金融危机传染一直是学术界的热点研究问题。近年来，随着全球金融一体化程度的不断加深以及几次影响深远的国际金融危机发生后，对于金融危机传染的理论与实证方面的研究更是大量涌现。这些研究大多聚焦在对金融危机传染效应进行检验，采用的方法多是基于收益的相关性分析或是金融资产收益率的波动性相关性分析。作者指出，以往研究虽然对金融危机传染的效应进行了检验，也对传染强度进行了定量的衡量，但并没有从本质上回答引起金融危机传染的微观机理是什么。金融危机传染的主要表现就是市场间的联动效应加强，共同大幅涨落，而价格最终是由市场中参与者的交易行为所形成的。由于金融市场中参与者人数众多且利益取向不一致，有限理性且理性程度参差不齐，这些交易者会集在一起相互作用，构成了金融市场价格运动的微观基础。该文研究了开放市场中异质交易行为主体下的金融危机传染微观机理，在经典的异质交易模型的基础上，考虑存在着价格形成过程中的第三个影响因素——国际投资者，并构建当同时存在着基础投资者（基础因素）、技术投资者（技术因素）和国际投资者（国际因素）三类异质投资者时资产定价模型，其中国际因素的影响效应即可作为金融危机传染的判断依据。采用异质交易理论解释金融危机传染问题具有较强的理论基础和现实意义，也是研究的主要创新之处。

该文主要从交易者行为的角度对金融市场传染的微观机理进行了研究，结合异质交易理论，考虑在开放的市场环境下，将市场价格变化的影响因素归因于三类交易者的交易行为，分别是基础投资者，技术投资者和国际投资者。由于三类交易者在市场演化的不同阶段对价格影响的程度是具有时变性的，故引入区制转换机制，使得所建立的模型演变为具有时变权重系数的向量误差修正模型，各个因素的权重系数即衡量了该因素对价格变化的影响作用。其中，国际因素的权重系数可作为市场之间传染的判断依据并定量刻画传染强度。为了检验模型的有效性，该文以中国和美国市场为代表进行实证研究，分析其价格变化的驱动机理，结论是美国市场和中国市场的价格影响方式明显不同。对于美国市场，在金融危机爆发前的市场平稳期，其价格变化一直由基础投资者所主导，技术投资者和国际投资者影响不明显。但在危机爆发后，技术因素和国际因素的影响效果则显著加强。对于中国市场，其市场价格一直由技术因素所主导，但在危机爆发后，国际因素显著上升并成为金融危机爆发期间的主要驱动因素。两国市场在危机期间的国际因素权重均显著上升，这表明了传染效应的存在。该文用异质交易理论对金融传染问题进行了研究，对于更好地检验金融传染效应及理解金融传染的微观机理提供了新的研究手段和研究视角。

（肖汉雄）

# 农林经济管理

**【以信息化助推农村教学点发展的成效、问题及对策】**

付卫东、王继新、左明章（华中师范大学人文社会科学高等研究院）

《华中师范大学学报》2016年第5期
17千字

文章基于华中师范大学信息化与基础教育均衡发展协同创新中心在湖北咸安区、恩施市、来凤县和四川凉山彝族自治州等地建立了10余个实验区，通过实践和实验探讨如何利用信息技术助推农村教学点发展。

当前农村教学点发展面临的困境体现在教育质量低下、师资问题和留守儿童问题突出，针对这些实际困难文章提出利用信息化助推农村教学点发展的主要措施有：建设农村教学点数字学校、进行多种形式的混合式教学、开展多层次的教师信息化教学能力培训、建设"亲子桥"和"家校通"系统。为此，文章主要采用了"一体、双核、四驱"的基本模式和UGBS运行机制在实验区开展实验。

所谓"一体、双核、四驱"模式的含义是："一体"是指农村教学点数字学校建设；"双核"是指"多方协同"和"应用创新"；"四驱"是指"地方优质主干课程建设""多层次教师培训""数字化教师培养"和"学生成长观察"。UGBS协同合作运行机制，"U""G""B""S"分别代表的是"高校""政府""企业"和"中小学"，它是以"解决现实问题，推动区域教育信息化发展"为目的，以"多方协同发展，创新教育教学实践，提升区域教育质量"为理念，以"共享资源，共担责任，相互支持，协同共进"为策略，利用信息化手段促进区域内优质教育资源共享。

利用信息化手段，通过建设"一体、双核、四驱"模式的农村教学点数字学校等措施，使农村教学点教育质量明显提高，教师信息技术能力显著提升，农村留守儿童和父母沟通机会增多。但与此同时，信息化助推农村教学点发展还面临经费投入不足、协同不力和数字化教育资源不足等问题。基于此，提出建立政府主导的多元化投入机制、完善UGBA运行机制、加大数字教育资源建设力度、完善教师激励约束机制和加强农村教学点学生信息化管理等建议。

信息化助推农村教学点发展取得的初步成效体现在学生流失率大大降低、"开不齐课，开不好课"的现象得以缓解、学习兴趣明显提高、中心学校主讲教师和农村教学点教师的信息技术能力显著提升、留守儿童与父母沟通机会明显增多。

（孟艳华）

**【要素禀赋结构变迁中的农业适度规模经营研究】**

罗浩轩（成都理工大学马克思主义学院）

《西部论坛》2016年第5期
15千字

要素禀赋结构是指经济发展所需要的各类生产要素的比例关系。要素禀赋结构对经济发展有着关键性的作用，对农业适度规模经营同样有着非常直接的影响。

文章首先指出以往研究存在研究对象较模糊、静态研究方法不能揭示机理、研究结论缺乏时效性和可比性等问题。然后构建以土地、劳动力和资本为变量的农业要素禀赋结构模型，探讨在开放、自由和竞争的市场环境下要素禀赋结构变迁对农业适度规模经营的影响之后对比分析市场在某种程度上受到限制之后出现的情况。揭示要素禀赋结构变迁中农业适度规模经营的动态机理以及政府过度干预要素市场行为对农业适度规模经营的影响。

政府过度干预要素市场，将会造成农业经营规模偏离农业要素禀赋结构，政府促进农业适度规模经营的政策必须建立在符合要素禀赋结构的前提上。当前，为促进我国农业适度规模经营，应该着力为农业适度规模经营创造条件：

第一，对于发展中国家而言，农业农村基础设施是一个紧约束，政府应当提供必要的基础设施以促进农业适度规模经营。

第二，要使农业生产单位自发选择符合要素禀赋结构的要素投入比例和技术，必须有一个能正确及时反映要素稀缺性的竞争性市场。政府应当着力打造一个开放、自由和竞争的市场环境，使市场在农业要素特别是土地要素的资源配置中起决定性作用。

第三，中国最终能否从农业大国转型为农业强国，有赖于千千万万的农业生产单位是否具有适应市场环境的自生能力。

第四，由于农业生产单位对要素投入比例的把握和对新技术的选择都是一个不断试错的过程，因此农业规模经营无疑是存在风险的，而规模经营本身不能抵抗自然风险、不能降低劳动成本、不能抵御市场风险。对此，作者建议：政府应当按照《农业保险条例》等规定，明确“政府引导、市场运作”的基本思路进行配套的保险制度和补偿机制建设，降低农业规模经营风险。

（孟艳华）

**【共享发展理念下农村土地增值收益分配制度改革研究】**

徐美银（扬州大学商学院）

《中州学刊》2016 年第 9 期
9 千字

长期以来，我国农村土地增值收益分配问题一直没有得到很好解决，成为制约农业发展、农民增收、农村进步的重要因素，引起了决策部门和社会各界的普遍关注。当前，我国农村土地增值收益分配存在的主要问题有：（1）农村土地产权界定模糊，土地增值收益分配不合理；（2）农村土地产权权能不完整、土地价值不能得到充分实现；（3）对农村土地实行多重管制、造成效率损失；（4）没有明确建立土地发展权制度，农村土地征收存在着土地发展权缺失；（5）法律制度不健全，农民土地权益得不到充分保障；（6）土地增值收益分配观念存在偏差，增值收益分配缺乏规制等问题。

共享发展理念与农村土地增值收益分配之间存在着较强的关联性，需要以共享发展理念指导农村土地增值收益分配制度改革，树立“涨价归民、地利共享”的观念，合理设计农村土地增值收益共享分配机制；改革农村土地产权制度，赋予农民家庭完整的土地承包经营权，实现土地所有权、承包权、经营权三权分置，逐步建立土地发展权制度，建立城乡统一的建设用地市场。保证农民公平分享土地增值收益；建立健全农村土地法律体系，依法保障农民和农村集体等产权主体的土地增值收益。

（孟艳华）

**【创业型农村合作组织培育与发展研究】**

邓俊森（南阳师范学院经济与管理学院）

《南都学坛》2016 年第 4 期
15 千字

文章旨在探讨组织层面上形成创业能力，通过农村合作组织创业能力的提升和创业行为的发生，提升我国农村合作组织的竞争优势。为培育组织层面的创业精神，建构创业型组织是农村合作组织发展的关键途径。

创业型农村合作经济组织的培育机制主要从创业精神培育、合作能力培育、学习能力培育三个层面进行构建，力求实现组织成员层面合作与创业精神和跨组织层面的合作创业，为个体农户层面和战略联盟层面的创新，最终达到组织适应性制度变迁。

对创业型农村合作组织的发展机制的培育，首先要建立组织内部的企业家精神。文章建议从顶层企业家顶层设计、形成组织内部成员参与的集体创业精神、在组织内部形成有利于创业的制度规范。从这三方面在内部建构适应创业的制度能够推动创业精神的形成。其次是谋求组织内部创业精神的持续发展，主要是在组织内部建立具有创新的新的经济生态体系，在组织内部建立创业思想的交流平台，推动创业思想和精神在企业内部传递，并在组织内部建构一个创新型的工作组，把不同层面的创业精神和创意思维聚集起来，统一聚集或者加工组织为可持续的创业精神。再次是实现组织内部和跨组织合作发展，主要从强化组织层面的社会资本建立、建构与科研机构、高校、技术推广和中介机构之间的战略合作关系，加深跨组织合作的深度和强度，使得合作能够低成本地获得合作组织的创业资源。最后，建构组织内部和组织间的合理的创业租金配置机制。

最后文章提出创业型农村合作经济组织发展的对策：农村合作组织内部形成有效的治理结构、农村合作组织内部形成合理的创业租金分配机制、建立基于农村合作组织的协同创新机制、建构组织内部有效的资本聚集和配置机制。

（孟艳华）

**【国外农民协会发展模式及对中国的经验启示】**

沈费伟、肖泽干（南京农业大学公共管理学院）

《世界农业》2016 年第 9 期
11.5 千字

农民协会（Farmer Association），是指农民在自愿与平等的基础上成立的互利合作的自治组织，它是新时期农民提高组织化程度，改变自身在市场经济中弱势地位的重要途径。农民协会对于维护农民权益，提高农民收入，促进农业现代化，实现国家与社会的稳定具有重要作用。

文章在对政府推动型的日本农民协会、市场主导型的法国农民协会、自由发展的印度农民协会、网络协作型的德国农民协会、综合多元型的美国农民协会、居民参与型的马来西亚农民协会、集约经营型的荷兰农民协会以及互助合作型的韩国农民协会 8 种农民协会发展的典型模式进行概括分析的基础上总结了国外农民协会成功发展的经验：

（1）政府支持，提供法律制度和给予资金支持；（2）城市帮助、带动农民协会发展与壮大；（3）学校、企业、行业协会等组织提供服务支撑；（4）居民参与，助推农民协会共同发展。以及因地制宜地实现农民协会整体效益。在此基础上，结合中国农民协会发展的现状与问题，提出对中国发展农民协会的建议是：正确认识农民协会的核心价值、调动农民协会相关主体的积极性、兼顾农民素质提高和农村公共服务完善、培育富有地方特色的农民协会。

（孟艳华）

**【农村人口外出流动与家庭多维贫困动态演进】**

向运华、刘欢（武汉大学社会保障研究中心）

《吉林大学社会科学学报》2016年第6期
17千字

在我国精准扶贫工作逐步深入的背景下，为更好地识别农村家庭贫困特征，实现精准、有效脱贫，该文尝试基于Alkire、Foster等人提出的A—F多维贫困测度法进行家庭多维贫困发生率及其分解研究。综合国内外关于多维指标的选取，最终选取收入、健康、医保、教育及生活质量五个维度进行分析。该文使用中国营养与健康调查数据库数据中2004—2011年4次调查的农村样本数据。在对农村家庭多维贫困发生率进行多维分解之后，进一步创新性地对外出务工特征及老人家庭对多维贫困发生率变化的影响进行分析；在此基础上，选取家庭工作特征变量分析多维贫困发生率对于在家务农、外出务工及本地非农就业选择的影响。

多维贫困测度方法源于贫困剥夺理论。由Alkire、Foster等人提出的贫困指数测度方法，其基本思路是利用建立双重界限的“双界限”法来识别贫困。其中，第一部分是定义多维贫困的维度，确定是否存在单维度下的贫困剥夺；第二部分定义维度贫困的界限值，从而确定是否出现多维贫困。

研究发现，农村家庭多维贫困发生率总体呈下降趋势，其中教育与收入维度贫困贡献率占比较高。通过引入农村人口外出务工特征及有无老人变量对家庭多维贫困发生率进行回归分析，实证结果显示：

（1）收入贫困发生次数、有无老人、户主年龄、上年是否在家务农对家庭是否外出务工有显著正向影响；外出务工次数与家庭人均收入贫困发生次数、有无老人、户主年龄显著正相关，家庭人均收入与外出务工次数显著负相关；家庭人均收入贫困发生次数、上年是否在家务农及户主年龄与家庭外出人数显著正相关，家庭人均收入与家庭外出务工人数显著负相关。

（2）是否外出务工对医保维度、慢性病指标贫困及多维贫困发生率有显著正向影响；外出务工人数对收入贫困维度贫困发生率有显著正向影响；外出务工次数对医保、收入、教育及多维贫困发生率有显著正向影响，与慢性病指标贫困发生率显著负相关；是否为老人家庭与收入维度、慢性病指标贫困发生率显著正相关，与生活质量维度和教育维度贫困发生率显著负相关；户主年龄与收入维度、慢性病指标及生活质量维度贫困发生率显著正相关，与医保维度、教育维度及多维贫困发生率显著负相关。

（3）在以在家务农为参照组进行回归后发现，贫困维度为教育、收入时，外出务工的可能性较大；发生健康维度BMI指标贫困时，外出务工的可能性较小。发生教育、医保、收入、健康维度慢性病指标贫困时，选择本地非农就业比在家务农的可能性大；健康维度BMI指标贫困时，选择在家务农比本地非农就业的可能性大。多维贫困发生率对外出务工、本地非农就业都有显著正向影响，即选择外出务工或者本地非农就业比在家务农的可能性要大。

（孟艳华）

**【近代中国农业合作金融制度的演进——基于国家与社会之间关系视角的研究】**

易棉阳（中南财经政法大学经济学院）

《财经研究》2016年第4期
13.7千字

文章从国家与社会之间的关系视角来考察近代中国农业合作金融制度的演进历程，试图从制度演进角度来展现近代中国农业合作金融的全貌。

近代中国之农业金融，是麦金农和爱

德华·肖所定义的现代与传统并存的二元结构制度。一方面，钱庄、合会和商店等传统金融组织和私人部门向农民发放高利贷；另一方面，银行、信用合作社、国家农贷机构和合作金库等现代金融组织向农民发放利率相对较低的信用贷款和抵押贷款。构建现代农业金融制度以缓解农村金融枯竭，是近代中国各界的努力目标。近代中国的农业合作金融制度对当时农村的社会经济发展产生过重大影响，但并没有取得预期的效果。

国家与社会是近代中国农业合作金融制度构建过程中的两大关键变量。近代中国农业合作金融制度的演变过程实际上就是国家与社会反复博弈、互为消长的过程。该文采用的分析工具是国家与社会之间的关系理论。研究表明：（1）近代中国的农业合作金融先后经历了三种不同的制度模式，即北洋政府时期的社会引动与农民自动型制度、南京国民政府前期的国家和社会引动以及社会自动型制度、南京国民政府后期的国家代动与农民被动型制度。（2）无论哪一种制度模式，虽然起到了缓解农村金融枯竭、打击传统高利贷和促进农村经济发展的作用，但又都未能跳出合作金融悖论的怪圈：悖论一：合作金融本来为解决近代中国农村金融枯竭而生，但真正的金融资源枯竭者却难以得到合作社的金融服务；悖论二：合作金融本应是农民的自主自为，但近代中国合作金融的设计者和引动者始终不是农民而是外部力量；悖论三：合作金融本应惠民，但近代中国合作金融因内部人控制而逐步蜕变为扰民的工具。

当前，新的农业合作金融体系呼之欲出，在构建新型农业合作金融制度的过程中，应充分吸取近代中国农业合作金融的历史经验与教训：

第一，政府作用是引动，表现为扶持与规制新型农业合作金融组织的发展，不可控制和主导其发展；第二，要致力于唤起农民的合作自觉，这样才能确保新型合作金融组织办成农民自己的组织；第三，从一开始就要严格按照“三性”要求来组建新型合作金融组织，以防止内部人控制。

（孟艳华）

**【农村基层治理结构：现状、问题与展望】**

张晓山（中国社会科学院农村发展研究所）

《求索》2016 年第 7 期

13 千字

农村存在的许多问题实际上是农村基层组织机构和治理机制弊端的反映，农村的发展在很大程度上取决于农村基层组织和乡村治理结构的改革与完善，改革也必然涉及农村集体产权制度改革和村民自治制度的完善。

中国农村基层各种组织之间的关系特点是：（1）农村基层组织呈现政治、经济、社会“三合一”的综合性质；（2）村委会与村集体经济组织职能交叉产生问题；（3）人员流动后出现的村民与成员之间的矛盾；（4）部分地区取消城乡户籍划分，农民的身份也要重新界定。在农村社会结构相对稳定，工业化、城镇化和农业现代化处于初始阶段的地方，农村地区“三合一”的综合型基层组织还能保持正常运转。应该承认，这种组织形式在一定程度上节约了行政管理成本和摩擦成本，有其存在的合理性。但当一些地区工业化、城镇化和农业现代化的大潮滚滚而来，土地增值收益变得足够丰厚时，上述组织架构所存在的矛盾就必然显现。

地方政府与村级组织之间的经济关系主要体现在财权和支出责任的划分上。在现有财税体制和行政管理体制下，农村基层权力行政化，乡镇和行政村的职能难以转化，村组层级的政企分开、政资分离事实上很难做到。在城乡统筹发展的历史进程中，出现干部权力的加强和权力的资本化倾向，干群矛盾有了新的表现形式，构建新型干群关系必须建立权力制衡机制。

农村基层干部与村民之间的关系特点是：(1) 干部权力的加强和权力的资本化；(2) 农村基层民主不仅是民主选举；(3) 构建新型干群关系必须建立权力制衡机制。

农村基层的治理模式与行政组织架构没有必然的联系。乡镇和行政村即使是政府机构或政府派出机构，也可以同时成为高度自治的社区组织。在新形势下，农村基层的治理模式要想真正由自上而下的行政管理型转为群众参与的自治型，由全能型转向有限功能型，迫切需要进行农村基层组织与治理机制的创新，要深化行政管理体制和财税体制改革，公共财政应覆盖到行政村一级，政治、经济和社会“三合一”的综合性农村基层组织的解构以及统一规范的农村社区建设应提上政府的议事日程。要界定农村集体经济组织和成员资格，培育各种类型的社会组织来接手乡镇与行政村组织的一些功能，应积极探索将自治功能下沉到村民小组或自然村一级，用新的农村基层治理机制来理顺各方面的利益关系。

(孟艳华)

**【劳动关系对农民工入户中小城镇意愿的影响——基于广东省151家企业的调查】**

韩清池、谌新民（华南师范大学经济与管理学院）

《中国人口科学》2016年第5期
13千字

在对相关文献综述基础上，文章假设农民工入户中小城镇的意愿不仅受个体、家庭、地域等层面因素的影响，还受企业层面内劳动关系相关因素的影响。并基于广东省佛山市顺德区151家企业1460份农民工问卷，应用Logistic回归模型并结合列联表分析，研究在控制个体、家庭、地域等因素的条件下，劳动关系对农民工入户中小城镇意愿的影响。

研究结果表明，尽管新生代农民工与老一代农民工入户中小城镇的意愿都处于较低水平，但影响入户意愿的因素存在显著的代际差异。工作自主权仅对新生代农民工具有显著影响，而劳动关系满意度对新老两代农民工都具有显著影响。在控制变量方面，文化程度、婚姻子女状况、户口所在地、对顺德的归属感是影响新生代农民工入户意愿的显著因素，而住房状况、对顺德的归属感是影响老一代农民工入户意愿的显著因素。与老一代农民民工相比，影响新生代农民工入户中小城镇意愿的因素更加复杂。

最后提出政策建议：(1) 应进一步放宽直至取消中小城镇落户限制；(2) 建设和谐劳动关系，推动农民工入户；(3) 完善公共服务与社会保障体系，营造尊重、接纳农民工的社会文化氛围。

(孟艳华)

**【农民的行动策略与政府的制度理性——对我国征地拆迁中“闹大”现象的分析】**

杨华（华中科技大学马克思主义学院），罗兴佐（西南政法大学政治与公共管理学院）

《社会科学》2016年第2期
14.8千字

“闹大”的定义是农民个人或集体通过激烈的行动或运用网络、媒体等问题化工具把矛盾冲突公开化，引起社会各方面的高度关注的行动过程，是使社会问题由小问题发展成大事件，进而推动社会力量特别是（上级）政府来解决这些问题的演变过程。可分为主动性闹大和演变性闹大两类。

文章分别梳理农民的逻辑：行动策略与利益最大化和政府的逻辑：制度理性与

问题最小化。

农民征地拆迁中“闹大”的原因有：征地拆迁中农民多元化、细碎化、个性化和复杂性的诉求与政府的有限理性的矛盾。正常渠道中不同政府单位的利益相关性，对于农民而言，大部分救济渠道事实上并不通畅，唯有选择“闹大”。征地拆迁中利益再分配的一次性或短暂性，不抓住短暂的机会就会在利益博弈中失败，或者再进行博弈，维权成本就更高，更难达到目的。农民需要在征地拆迁及再分配的时限内实现自己的诉求，“闹大”也就成了他们不得不做出的选择。普通农户是群体性“闹大”的主体，“钉子户”是个体性“闹大”的主体。

“闹大”的产生除与农民的行为逻辑有关外，还与政府的制度理性有关。制度理性是指通过制度安排和制度内在机制的建立，保证制度的连续、稳定与公平。在征地拆迁中，“闹大”的产生与我国政治系统的压力型体制、官僚制、地方官员政绩考核制和征地拆迁体制的理性化机制密切相关。

“闹大”带来了严重的负面后果：（1）彰显了官治化和人治化的社会效应。（2）政府在处理“闹大”时容易“捂盖子”，甚至花钱买平安、买稳定，只注重平息具体事件，而掩盖更深层的问题。（3）政府害怕事情“闹大”，民众就越把闹大当作手段，当作要挟政府、讨价还价的筹码，一方面使政府被“闹大”捆绑而极端被动，自主性越来越弱，越难以主动去发掘、回应和处理社会问题；另一方面，民众尝到了“闹大”的甜头，就容易滋生投机心理和谋利的“闹大”行为，典型的如通过上访或威胁上访从地方政府手中捞取好处。（4）“闹大”一旦成为弱势群众所依赖的表达诉求、解决问题的唯一“可行”路径，就会被效仿。

基于此，作者提出治理“闹大”的策略建议：（1）正确判断“闹大”行为的性质。（2）规范政府行为，建立开放的政策信息导入机制和民主化的政策议程设置机制，使不同群体尤其是弱势群体的利益诉求、不满情绪和问题能够有效地被政府感知和关注，并尽可能地使政策设置的标准更倾向于它们。（3）增加民众诉求表达空间和渠道，提高基层组织解决问题和矛盾的能力与效率。（4）规范农民的利益博弈和诉求表达渠道，对以“闹大”的方式要挟政府、牟取私利的行为和个人应予惩戒，维护政府的权威公正。

（孟艳华）

**【农业现代化进程中的农民决策及其文化认同】**

朱蓉蓉、徐之顺（苏州大学政治与公共管理学院）

《南京农业大学学报（社会科学版）》2016年第2期
12千字

当前中国农业的发展必须突破城乡二元结构而走城乡一体化的道路，然而中国农业发展的未来正遭遇工业化农业的困扰。实际上，现代农业发展存在两个基本思路：一是工业化农业，二是可持续农业。在中国农业现代化的实践中，关于工业化农业和可持续农业的争论必将伴随着城乡一体化进程而生发，城市和农村所代表的两种生产方式将如何在农民的生产、生活以及交往活动中得以和谐共生，这是城乡文化和谐共生研究的一个基本命题。

文章首先应用 ANT 为分析工具来评估农民作为网络成员的影响。可以看到，工业化农业网络是人类和非人类的构成物的一种异质性组合。必须探讨在工业化农业网络中，农民与其他行动者共同协商建构决策行动时，农民的决策实践和文化认同如何被建构起来。

在农业现代化进程中，农民的决策实

践逐步浸透了越来越多的城市文化要素，并因此影响了农民在工业化农业网络中的决策行动。贷款的使用、信用额度的积攒、商品观念、农业生产的专业化、风险承担、保险文化等互相影响并衍生出农民另一行动策略：经济上的压力会导致农民寻求最大限度地提高短期收益和利润，而这些却是以消耗土地资源和农业的长期生产能力为代价的。

在农民决策中，一方面，农民必须像企业管理者那样作出短期的、更经济的决策；另一方面，他们还要像环境保护者那样作出长期的、生态友好的决策，这二者之间出现了紧张关系。这种紧张关系在农民决策中是普遍存在的，并表现为几组冲突关系，它们揭示了网络中农民是如何不断地在不同角色之间进行调适的。

论文通过考察在农业现代化进程中影响农民决策的相关因素，进而在多元主体参与的农业决策网络中考察农民参与是如何形塑他们自己的决策以及如何认同城乡两种文化并实现其和谐共生。

（孟艳华）

**【劳动力价格上涨和老龄化对农村土地租赁的影响】**

杨进（华中科技大学经济学院），陈志钢（国际食物政策研究所）

《中国农村经济》2016 年第 5 期
17 千字

该文利用 2004—2008 年农业部固定观察点农户调查数据，包含了湖南、四川、江西、山东和黑龙江 5 个省份。研究了农村劳动力价格上涨和老龄化对土地租赁的影响。

数据表明，农民劳动力外出打工工资水平在 2004 年以后都呈现出大幅度上涨的趋势。2000 年时，中国人口结构呈现出正金字塔形状。2005 年中国农村人口年龄和性别结构相对于 2000 年农村人口而言，15 岁以下、15—29 岁两个档次的农村人口比例在逐渐缩小。2010 年，中国农村人口年龄和性别结构呈现出典型的橄榄球形状，即中部稍大，顶部和底部稍小。农户租入和租出土地面积随时间呈现出不断增大的趋势，平原地区的均值从 2004 年的 5 亩增加至 2008 年的 6 亩，山岭地区的均值从 2004 年的 2. 3 亩增加至 2008 年的 3. 8 亩。

文章构建模型并运用回归分析等方法进行，文章研究结论是：农村劳动力价格上涨对农户租入土地和租出土地的行为有显著的正向影响。这意味着，劳动力价格上涨会促进农村土地租赁市场发育。农村劳动力价格上涨对土地市场的影响，实证分析结果表明，只有在平原地区，农村劳动力价格上涨才对土地租赁产生正向效应，而在山岭地区，这种正向效应并不显著。山岭地区土地的特点是细碎化更加严重，土地租赁的交易成本可能远大于种植收益，所以，即使农村劳动力价格大幅度上涨，也很难诱使细碎化的土地进入市场流转。

劳动力老龄化对土地市场的影响，实证分析结果表明，无论是用实变量，还是用虚拟变量来表征，所得到的结果都不显著。在分析农村劳动力老龄化是否会加剧劳动力价格上涨对农村土地租赁市场的影响方面，实证结果也表明其结果不显著，说明农村劳动力老龄化并没有加剧劳动力价格上涨对农村土地租赁的影响。这种现象存在的原因可能主要在于，自 2004 年以来，农村已经广泛出现了农业机械化服务，即使出现农业劳动力老龄化的现象，农户家庭依然可以通过使用农业机械作业服务来弥补农业劳动供给的不足。

（孟艳华）

**【间接驱逐与身份改造——大都市郊区农业规模经营的治理逻辑】**

马流辉（华东理工大学社会学系暨社会发展研究中心）

《中国农业大学学报》2016年第6期
13千字

当前，在大都市城郊的农业生产领域，由于本地农民的退出，异地务农者成为地方农业发展的主力，农业劳动力的“土客替代”现象普遍发生。异地务农者为大都市城郊农业作出贡献的同时，也产生了一系列的治理顽疾。作为回应，地方政府推进农业规模经营，希冀以此来化解基层社会的治理困境。

文章以上海城郊农业的治理经验为典型案例，分别分析两种不同类型的规模经营，即粮食生产领域的实质性规模经营与经济作物种植领域（主要是蔬菜种植）的形式化规模经营，揭示其背后所匿藏的超经济的社会治理逻辑，以此来说明大都市城郊农业规模经营与传统农业区的差异。在此基础上，反思和检讨这种以驱逐和改造异地务农者为依归，并充斥着社会治理意图的农业规模经营所具有的限度。

研究发现，在大量异地务农者替代本地农民的背景下，大城市启动了农业的规模经营。无论是粮食生产领域的实质性规模经营，还是经济作物种植领域的形式化规模经营，它们都无一例外地指向沉淀于上海农业生产领域的异地务农者的治理。所不同的是，前者侧重对他们进行间接驱逐，后者更为看重对其进行身份改造。大城市郊区农业规模经营已超越纯粹的经济逻辑，隐含着深刻的治理意蕴，这与中西部纯农区的农业规模经营有着本质差异。这种依靠政府过度干预并以社会治理为依归的农业规模经营，在实践中扭曲了资源配置，并暴露出可持续性的危机，表现在三方面：（1）作为实质性规模经营的家庭农场，其经营者被完全限定在本地社区内部，异地务农者被排斥在外。（2）地方政府为实现基层社会治理秩序，不断驱逐异地务农者，这已在一定程度上影响了地产农产品的市场供给。（3）过度依靠政府补贴的农业规模经营，尤其在低附加值的粮食生产领域，其可持续性令人存疑。因此，其难以成为中国农业未来的发展方向，更不具有推广价值。

（孟艳华）

**【完全成本视角下新生代农民工城市住房成本构成研究——一个理论分析框架】**

倪建伟（浙江财经大学公共管理学院），
桑建忠（浙江财经大学工商管理学院）
《经济社会体制比较》2016年第6期
13千字

解决住房问题是中国城乡二元体制下新型城镇化进程中新生代农民工向市民角色整体转型的保障基础，如何细分住房成本类型、构建住房成本分担机制是新生代农民工住房问题能否有效解决的关键。

文章以新生代农民工作为主要研究对象，从完全成本的视角切入，在新生代农民工城市住房成本构成的基础上，从消费者住房市场行为完整周期和不同类型出发，立足于完全成本视角，构建新生代农民工城市住房成本构成模型，以期为探究新生代农民工城市住房成本规模与分担机制奠定基础。

文章基于完全成本和生命周期成本理论的考量，文章认为，新生代农民工城市住房成本是指，新生代农民工这一特定群体在寻求“落定”城市过程中，从搜寻住房开始到考虑居住乃至退出住房的整个过程中产生的各种成本。具体而言，完全成本视角下新生代农民工城市住房的成本可以分为：获利成本、搬迁成本、居住成本和风险成本。在此基础上，进一步构建了单位住房成本构成模型、租赁住房成本构成模型和购买住房成本构成模型。

通过对新生代农民工住房成本问题的现有研究进行综述，文章尝试从完全成本视角构建新的分析框架与模型，得到如下结论：（1）基于完全成本视角探讨新生代农民工这一特殊群体的城市住房成本构成问题更加符合现实、更具科学性。（2）完全成本视角下新生代农民工城市住房模式差异导致了成本构成的不同。（3）在目前无论是大城市还是中小城市普遍房价奇高的背景下，新生代农民工通过以租房为主的居住方式实现“低成本城镇化”，是特定现实条件下的一种理性选择，但可持续性有待探究。

（孟艳华）

**【新常态背景下我国村镇银行信贷产品创新：模式建构与实施】**

韩成（吉林大学商学院），金晓彤（吉林大学数量经济研究中心）

《经济管理》2016 年第 3 期
13 千字

随着我国经济发展步入“新常态”轨道，“三农”的需求结构发生了重大变化，“三农”问题进入新的发展阶段。村镇银行通过信贷产品的创新，可以加强助农支农的力度，满足“三农”发展中多元化的资金需求。

该文从产品创新的视角出发，在全面分析我国村镇银行发展现状的基础上总结出我国村镇银行在信贷产品创新过程中存在三方面问题：信贷产品创新缺乏深度与广度；对支农信贷产品创新的认识不足；信贷产品创新的风险控制能力亟待提高。对村镇银行的创新路径进行分析，提出了我国村镇银行信贷产品创新的模式与路径设计及相应的政策建议。

我国村镇银行信贷产品创新模式选择方面有：（1）村镇银行信贷产品创新的模式。如联保贷款模式、农业供应链融资模式。（2）村镇银行信贷产品创新的方案实施，各地可以根据自身的条件，因地制宜地开发出创新的信贷产品。从畜牧业和种植业两方面考虑信贷产品创新，并对信贷产品进行方案设计与实施。如畜牧养殖信贷产品、“农超对接”信贷产品。使资金有效供给与有效需求得到了最佳匹配，为服务“三农”提出了更多的行动方案。

在村镇银行通过信贷产品创新，加强对农村地区的金融服务的同时，国家还要加大政策的扶持力度，努力创造一个良好的金融环境，加快其信贷产品创新的步伐。最后，提出以下几点政策建议：（1）强化内部的风险管理；（2）加大政策的扶持力度；（3）完善农村的信贷担保机制；（4）促进农业保险的迅速发展。

（孟艳华）

**【农业生产率进步、劳动力转移与工农业联动发展】**

徐建国（北京大学国家发展研究院），张勋（北京师范大学统计学院金融统计系）

《管理世界》2016 年第 7 期
19 千字

文章探讨农业生产率进步在中国经济增长中的作用。为此，文章借鉴并拓展农业生产率与结构转型的相关研究，建立一个包含农业生产率、劳动力转移以及资本深化的一般均衡模型。模型包含了农业和非农两个部门，探讨农业生产率在经济结构转型中的作用。然后采用中国省级面板数据（1987—2010 年）进行实证分析。核心变量包括劳动力转移率、农业生产率、农业机械总动力水平和资本深化程度。根据上述理论模型，对 4 类核心变量的理论关系进行依次验证，得到 4 点结论：

（1）农业生产率进步促进劳动力转移；（2）劳动力转移促进非农部门发展；（3）非农部门发展带来农业机械化；（4）农业机械化水平促进农业生产率进步。初步佐证了农业生产率进步带来工农业联动发展的理论关系：农业生产率进步促进了劳动力转移，劳动力转移提升了资本回报率，促进非农部门的资本深化，而后者进一步提高了农业机械化水平，农业机械化水平的提高则是农业生产率进步的关键。因此，农业生产率进步带来了工农业的良性互动发展。然后采用中介效应模型进行实证分析，检验如下逻辑链条，即：（1）农业机械化通过带来农业生产率进步促进劳动力转移；（2）非农部门发展通过促进农业机械化带来农业生产率进步。

该文分析的联动效应对于目前的政策制定，培育进一步经济增长的潜力，也具有切实的政策含义。现实中比较严重的问题，是正反馈机制的作用渠道受阻，城乡对流的效果减弱，主要体现在如下两个方面：（1）户籍制度中依然存在阻碍农村人口进城的因素，主要体现在养老、医疗、教育、住房、就业等方面对农村人口的歧视。（2）现行的农村土地制度，依然限制农村土地的流转，包括农用地和农村集体建设用地的流转，都受到很多限制，这会产生两个后果。其一，对农用地流转的限制，不利于农村经营规模的扩大，不利于提高农业生产率，这样农业部门释放劳动力的能力也就受到了阻碍。其二，对农用地和农村集体建设用地流转的限制，在一定程度上不利于劳动力的转移。

（孟艳华）

**【规模化经营、农户生计策略与收益递增——来自晋西北地区右玉、岢岚、河曲等县的调查研究】**

凌日平、陈园园、秦作霞、石莎、殷海善
（太原师范学院管理系）

《经济研究参考》2016年第39期
10千字

农户家庭的脱贫致富不是一个仅仅依赖外部援助就能够解决的社会问题，更多地需要探讨源自农户经营决策引致收益递增的内源脱贫致富机制。以2013—2015年在晋西北地区对农户家庭的连续入户调查资料为样本，讨论了人口减少后土地的规模经营和规模经营是否带来收益递增，也讨论了农户在人口外迁、土地资源供给增加后的生计策略，以及对其收益递增的作用。研究结果发现，晋西北地区农户生计策略倾向兼业和多样化经营，生计投入与选择较为保守，规模化经营带来农户家庭收益增长，但收益递增存在适度规模，土地资源、劳动力年龄和数量是影响农户生计策略选择与适度规模水平的主要因素。以上结论丰富了农村土地利用与农户经营规模的文献，为农村经济管理提供了参考。该研究的启示如下：

第一，晋西北农户家庭生计策略选择表现出兼业、多种经营的特征，但更多农户的生计策略选择明显保守，更倾向于农耕辅助养殖的传统经营和小规模、低投入经营，农户家庭生计选择较为分散。农耕仍然是农户最为主要的生计，但养殖、打工等经营活动在家庭中处在辅助地位，但收入贡献却极为重要，因而，在晋西本地区应该鼓励农户兼业和多样化经营，为农户创设技术服务和合作社机制，引导农户脱困致富。

第二，规模化经营有助于收益增长，但在现有土地和劳动力资源条件下，晋西北农户生产经营规模宜适度。研究发现，右玉县农耕规模跨越60亩规模收益递增幅度最为明显，岢岚县养殖大户、农耕大户较多，但受土地资源限制，农耕经营在跨越52.6亩规模时收益增福最为明显；养羊尽管对右玉农户收入递增极为重要，但限于劳动力资源，养羊规模及其收入贡献体现在40只偏小水平，而劳动力年轻、生产率较高的河曲、岢岚2县的养羊规模达到40只以上，其收入才在家庭收益中显示出重要性。

第三，晋西北地区农户中兼业家庭和打工家庭的收入水平明显地高于农耕家庭，非农生计途径较多、选择越多则带来农户家庭收益越高，研究证实，绝大多数家庭收入依赖农耕收入，但养殖、打工等兼业生计和经营促使家庭收入水平趋于上升，以非农生计为主要选择的农户家庭的平均收入水平更高。显然，在晋西北地区，加强对农户进行生产技能培训，更多地引导农户家庭兼业经营，增加养殖、非农生计等经营活动，有利于农户家庭收益增加。

综上所述，农户年龄、劳动力数量和农耕用地对农户家庭经营的意义最为重要。在晋西北地区人口外流、农业经营趋于规模化的背景下，农户年龄、劳动力数量和农耕用地状况决定家庭的生计策略和适度经营规模，并影响着农户家庭的收益水平。晋西北农村地区脱困致富要从农村劳动力生产技能的职业化培训、建设标准农田、改善农村基础设施等方面着力。

（凌日平）

**【贫困农户农地流转行为及驱动因素分析——基于山西岢岚县的调查】**

冯旭芳、李初妙、卫晓霞（太原师范学院管理系）

《经济研究参考》2016 年第 39 期

7 千字

该文利用山西省岢岚县 8 乡（镇）26 村 206 户农户调研数据，对贫困农户农地流转行为展开研究。受访农户共承包土地 427.93 公顷，42.98% 的承包土地进行了流转；67.48% 的农户进行了农地流转。其中，转入农地农户 102 户，占 49.51%，转入农地面积 143.07 公顷，户均转入面积 1.43 公顷。转入农地位置多靠近自家土地，转入形式以转包和出租为主。农地转入均约定了流转期限，基本以口头协议为主。转入土地的原因主要基于经济和社会两方面的考虑，扩大规模、增加收入是农户转入土地的根本原因。转入土地七成以上用于粮食种植。调查发现，2/3 的农户还愿意转入更多的农地。转出农地的农户 43 户，占 20.87%，共转出农地面积 40.87 公顷，户均转出 0.95 公顷，转出形式主要有转包、出租、免费代种、代耕，农地转出对象，以本村其他组村民为主。从社会关系上看，大多转给了其他人。转出土地的原因主要是由于劳动力短缺而致。另有 67 户没有发生农地流转行为，占调查总户数的 32.52%。针对无流转农户的调查表明，47.62% 的农户对农地流转持愿意态度，其中愿意转入农地的占 2/3，愿意转出农地的占 1/3。

为深入剖析农户农地流转行为的驱动因素，该研究通过建立 Logistic 模型，从户主自身特征（包括户主年龄和户主受教育程度 2 个解释变量）和农户家庭特征（包括家庭人口数、打工人口比重、种植业收入比重、畜牧业收入比重及种植面积 5 个解释变量）两方面对影响农户农地流转行为（分为农地转入与农地转出两种类别）的内在决定因素进行定量分析。结果表明，户主年龄越大、受教育程度越高越有利于贫困农户转出农地行为的发生；农户家庭人口数量越多、农户收入水平越高、农户种植土地面积越大越有利于贫困农户转入农地。因此，促进贫困地区农地流转，实现农业适度规模经营，必须大力发展农村教育，提高农户的受教育水平，增强贫困农户的知识技能，促进非农就业，刺激农户农地流转行为的发生；应当依托特色农业，切实提高贫困地区农牧业生产的比较效益，有效促进农地流转，通过专业化生产、规模化经营，从根本上改变贫困地区的落后面貌，实现农业增产、农民增收、土地增效的共赢。

（冯旭芳）

# 公共管理

**【补助性财政政策绩效目标为什么会走样？——基于广东三项省级财政专项资金绩效第三方评价】**

郑方辉（华南理工大学公共管理学院、华南理工大学经贸学院），邓霖、林婧庭（华南理工大学公共管理学院）

《公共管理学报》2016 年第 3 期
20 千字

补助性财政政策是世界各国常见的公共财政政策，但以专项资金为主要工具却具有典型的“中国特色”。在我国财政支出分类体系中，专项资金拥有特殊的属性和地位。从专项资金本身及政策评价的角度，主要问题是政策初衷与实施效果背离，政策目标不能实现，同时衍生诸如数字造假、资金截留、假公济私等违规违法行为，甚至因补助对象认定不公正而导致社会群体事件。近十年来，虽然各级财政部门在规范资金管理、压缩资金规模等方面做了不少工作，但专项资金项目并没有出现实质性的削减，资金绩效也没有明显改善，所产生的问题更没有得到有效遏制。补助性财政专项资金具有典型的中国特色，它通常决策于中央，涉及省、市、县三级地方财政及政府，服务于当时的重大决策及中心工作，成为实现体制性目标的重要工具和推手。这类专项资金的目标“走样”不仅仅是政策目标实现与否的问题，更能直接影响政府的公信力。因此，面对问题，剖析这类专项资金目标“走样”的原因，寻求改进之策，为“压缩专项，扩大一般支出”改革提供决策依据，成为政府及学界的共识。逻辑上，该文立论涉及两个主要问题：一是如何科学衡量资金绩效目标及检验目标的实现程度，或者说目标“走样”与否及其程度；二是资金绩效目标“走样”的表现及其背后的缘由。

该文运用政府绩效评价的理念与方法，对广东省三项省级补助性财政专项资金绩效第三方评价结果的研究发现，政策目标的实现程度与预期存在较大差距，目标出现走样。究其原因在于：理论源头存在悖论、专项设立论证不足、绩效目标流于形式、主体责任缺位错位、政策社会认同度低，等等。与财务审计不同，财政支出绩效评价以政府（部门）为主要对象，重点关注专项资金设立及分配的科学性与民主性，是对政府决策的一种“评判与纠错机制”。现实条件下，推进第三方绩效评价是检验与遏制绩效目标走样的可行手段，为我国“压专项，增一般”的财税改革注入了动力，有利于推进现代财政制度建立，提高公共财政的公信力与执行力。

该文提出了以下政策建议：一是基于公共财政理念，在现有的基础上，本着“一般转移支付解决公平问题，专项转移支付注重效率”的原则，重建转移支付制度，进一步将“压专项，增一般”的政策取向落到实处。二是对于需要保留或过渡性保留的补助性财政政策，应在资金管理办法中明确绩效目标，包括总体目标及阶段性目标，并确保目标具有可检验性，同时，改革政府财政干预的手段与方式，如对困难农户住房支持，未必一定要求困难农户自建产权住房；对于确因重大社会经济需求而需新增设的专项资金，应规范论证流程，论证主体应相对独立，论证过程应全面公开，论证参与人士应具有充分的代表性与专业性。三是全面取消基层地方政府（尤其是市县两级政府）配套资金要求。四是加强对资金管理办法论证审核，尤其是对资金的使用方向、范围、程序的要求应贴近实际，既方向明确又留有弹性，同时，除非涉及国家机密，所有财政专项资金管理办法应主动公开。五是强化对专项资金绩效评价，尤其引入第三方评价，重点关注资金绩效目标的实现程度以及社会对此反应，公开评价结果，夯实结果应用。

（肖汉雄）

**【财政分权与企业税收激励——基于地方政府竞争视角的分析】**

贾俊雪、应世为（中国人民大学财政金融学院财政金融政策研究中心）

《中国工业经济》2016 年第 10 期
19 千字

作为市场经济的核心主体，企业的成长发展对于提升市场活力、实现经济长期可持续增长至关重要。因此，如何有效激发企业发展动能、促进企业快速成长就成为现阶段中国“供给侧改革”以及财税政策转型的核心着力点，而降低企业税负、增强企业税收激励无疑将是一个极为重要的政策选择。尽管关于税收竞争的经济影响还存在较大争议，但已有文献普遍认同：税收政策具有良好的灵活性且作用更为直接，因此，低税负竞争策略业已成为财政分权体制下地方政府吸引企业投资、争夺稀缺资源的重要手段。近十年来，一些学者对中国地方政府税收竞争行为也进行了较深入的研究。

该文旨在深入揭示财政分权体制安排对地方政府竞争策略进而对企业税收激励的影响，丰富拓展此类文献，为中国税收激励政策实践提供良好借鉴。具体而言，该文从企业视角出发，首先构建一个理论分析框架，刻画财税体制安排对地方政府竞争策略选择进而对企业税收激励影响的逻辑机理，提出核心理论假说；然后以中国 2000—2008 年规模以上工业企业调查数据和 233 个地级市（含所辖区县）面板数据为基础，测算出企业前瞻性有效平均税率（Forward – looking Effective Average Tax Rates）和有效边际税率（Effective Marginal Tax Rates），以此全面刻画企业税收激励，考察财政分权体制安排（包括支出分权、收入分权和纵向财政失衡）对企业税收激励的影响，对该文核心理论假说进行实证检验。

研究表明，样本期内，中国地级市各类企业的有效边际税率尤其是有效平均税率总体呈现明显增加态势，意味着企业税收激励不断减弱。不同所有制企业存在明显的税收差别待遇，民营企业的有效平均税率和有效边际税率在三类企业中最高。财政收支分权对三类企业的有效平均税率具有明显的非对称影响：赋予地方政府较大的收入自主权将促使其更多运用低税负竞争策略，加大企业税收激励力度以吸引企业投资；支出自主权的增加则会促使地方政府在地区竞争中更多运用高支出竞争策略，减少企业税收激励为快速增加的支出融资。财政收支分权对三类企业的有效边际税率同样具有非对称影响但显著性较差，表明地方政府税收竞争进而税收激励政策的主要着力点在于吸引企业进入，对企业边际投资行为的关注则较弱。财权与事权错位带来的纵向财政失衡会促使地方政府通过财政转移支付等公共池渠道转嫁企业税负，这在吸引企业进入环节表现得尤为突出。地方政府针对不同所有制企业的税收竞争行为存在明显差异，对民营企业具有较突出的政策歧视。上述结论总体具有良好的稳健性，不仅很好地证实了该文的核心理论假说，对中国税收激励政策实践及相关制度安排亦具有重要启示。

作者指出，激发企业活力、促进市场发展不仅需要整体税收政策的适时转变——采取更加积极的减税政策，更关键的是与之目标兼容和激励相容的财税体制安排的优化调整及其决定的地方政府竞争行为的转变，唯此才能真正确保国家税收政策调整的有效落实。当前中国财税体制改革的首要任务是有效改变不当的分权模式。具体而言，中央政府应适当下放财权、上收事权，形成一个财政收支责任更为匹配的分权格局；以此来积极引导、促进地方政府转变竞争策略，切实摒弃“高投资高税收”的竞争模式，更加积极规范地运用税收激励政策降低企业税负、激发企业活力、促进市场发展；同时也应采取有效措施消除所有制差异和民营企业税收歧视，营造更加公平的政策环境，促进民营经济快速发展，推动中国经济顺利步入一个更具质量、更具持续性的新的发展阶段。

（肖汉雄）

**【财政透明度与城投债信用评级】**

潘俊（南京审计大学会计学院、南京审计大学国家治理与政府会计研究中心），王亮亮（东南大学经济管理学院），吴宁（江苏大学财经学院），王禹（海南大学经济与管理学院）

《会计研究》2016 年第 12 期

10 千字

近年来，随着地方债务规模的快速扩张，地方政府的债务融资行为及相关风险愈发引人关注。1995 年起实施的《预算法》在 2014 年年底完成修订之前，明确规定地方政府不得举债，因此为了筹集城市公益性项目的建设资金，地方政府只有通过间接发债（融资平台）来进行债务融资。自 2008 年以来，城投债的发行量增长迅速，逐步成为地方政府融资平台的主要融资渠道。城投债的发行确实较好地解决了地方政府的资金缺位问题，然而在其迅猛发展过程中，相关的资金风险、信用违约等问题逐渐暴露出来，并引起全社会的广泛关注。城投债信用评级是对城投公司发行的债券质量、风险程度以及城投公司的资信状况进行的综合评判，能够为债券投资者和筹资者提供信息服务，它是城投公司进入债券市场的“通行证”，评级高的债券能够以较低的成本公开发行，顺利进入债券市场，也能更有效地解决投资者与城投公司之间的信息不对称，以便扩大融资渠道。在此背景下，关注城投债信用评级的影响因素显得尤为重要。国内文献主要检验了会计和审计信息对普通企业债券评级的影响，有关影响城投债信用评级因素的相关文献还较为缺乏。

该文以 2012—2014 年的城投类企业债为样本，采用实证研究方法探寻地方政府财政透明度对城投债信用评级的影响。实证研究结果表明：财政透明度越高，城投债信用评级越好；城投债规模越大，财政透明度与城投债信用评级的正相关关系越显著；城投债存在信用担保，会弱化财政透明度对其信用评级的正向影响。同时，城投公司的偿债风险越小，财政透明度对城投债信用评级的正向作用越弱。进一步研究发现，财政透明度对于城投债信用评级的正向促进作用在债券发行规模越大和债券无担保情况下的效用越大。此外，该文也实证检验了财政透明度、公司偿债风险和城投债信用等级之间的关系，对于公司偿债风险较高的城投债，财政透明度的提高对于债项评级的正向效应也越明显；反之，偿债风险较低的城投债，由于其违约概率较低，一定程度上削弱了财政透明度对于债项评级的影响效应。上述研究结论表明地方政府财务信息披露水平的提高，能够促进城投债信用评级的提高，有效地缓解地方政府在融资上的约束。而中国政府财政透明度水平仍处于较低水平，市级政府间的财政透明度差距依然很大，财政信息公开存在严重不足的现象，且伴随着城投债发行数量的急剧增多，地方政府面临巨大的偿债压力和财政风险。故应积极推进政府会计改革，提高财政透明度，加大信息公开披露力度，降低市场参与主体之间的信息不对称现象。该文从地方政府财政透明度角度，检验其对城投债评级的影响，实证研究结果能直接提供城投债信用评级影响因素方面新的经验证据，既丰富了城投债评级的研究，也能够丰富地方政府财政透明度后果方面的研究；该文还可以为有效防范可能出现的地方政府债务信用风险，以及地方政府发行债券的信用评级等提供有益借鉴。

（肖汉雄）

**【动态博弈下引导企业低碳技术创新的政府低碳规制研究】**

王志国（安徽工程大学、合肥工业大学），李磊（安徽工程大学），杨善林（合肥工业大学），龚本刚（安徽工程大学）

《中国管理科学》2016 年第 12 期
11 千字

由于全球气候环境的变化，低碳经济一直以来都是理论界和实践者关注的课题，中国政府承诺到 2020 年单位 GDP 碳排放比 2005 年下降 40% 至 45%。在我国，企业应该积极制定低碳目标并确定实现目标所需要的投入及有效分析工具，积极探索和采用高效率的低碳技术，改变现有的“三高一低”的增长模式，从而避免被锁定在高碳增长的方式上。政府也应该建立和营造技术创新的机制与环境，在提供资金、监管责任、税收制度、产业政策等方面发挥作用。政府更应该制定切实可行、行之有效的政策和制度，通过完善价格机制、交易制度等引导、激励、帮助企业进行技术创新。但是，进行低碳技术创新短期内的高成本、低收益让企业望而却步，地方政府在保增长目标下，监管上存在放松。政府通过惩罚，在政府的强令下企业只有被动的消极应对，政府通过项目激励，企业有时仅仅为了获得政府优惠政策和财政补贴，无法激发其低碳技术创新热情。不同的企业由于所属行业特征、产品制造过程制造工艺、领导意识、市场对低碳产品需求、低碳技术创新成本等的不同，其低碳技术创新的热情不同。企业是低碳技术创新的主体，在激励企业进行技术创新时，奖赏和惩罚是经常被使用的手段。如何充分挖掘企业的低碳技术创新的动力，引导企业进行低碳技术创新是低碳环境的要求，政府有责任进行政策规制引导。

该文分析了政企低碳博弈形成机理和低碳背景下政府和企业的低碳决策模型，提出了赋时动态合作博弈模型，为企业低碳策略的选择及低碳行为推进构建提供了科学的依据。政府通过法律法规约束企业转变生产与经营方式、促使企业自觉地进行低碳技术创新，必要时甚至牺牲企业当前的部分利益，通过政府补贴、奖罚、政策、立项等形式体现资源均衡协调。企业既要遵循国家发展与气候保护的政策法规，顺应发展低碳经济的潮流和趋势，同时还要根据自身的特点和企业利益，寻找一条协调长期与短期利益、权衡各类政策目标、谋求双赢的低碳发展道路。低碳技术是复杂技术系统，政策的制定应有利于不同的创新主体，应该优势互补，降低技术创新的风险与不确定性。政府在激励中小企业进行低碳技术创新时，要努力降低其边际成本，保证其经济效益，从而保证企业参与的动力。政策制定有利于提高低碳技术创新企业的利润，政策规制应该引导供应链系统制定合理的成本与利益分享机制。在机制设计时，尽量平衡不同类型的企业指标量，设计统一的制度，但是要针对不同的企业类型，因其规模、行业发展影响、企业在行业的发展特征等不同，引导政策要有所不同。从安徽省企业的数据来看，我国大多企业低碳技术创新尚处在探索性开发阶段，缺乏经济利益驱动下的主动性。而我国减排目标的实现不能仅仅靠压力和管制，政府通过优惠专项资金补助、节能降耗技术支持以及碳交易市场的实施等，营造出投资者愿意为绿色企业多付钱的市场环境，使得企业在低碳的同时企业价值也得到提高，从而引导企业自发的低碳行为。技术创新各个不同阶段，政府应该在资金和政策上支持与扶持一部分有潜力的公司进行低碳技术创新开发，避免大量引进国外的低碳技术，从而被锁定在中低端创新阶段。

（肖汉雄）

**【当前我国中小企业促进政策的缺陷与调整方向】**

贺俊（中国社会科学院工业经济研究所）
《中州学刊》2016 年第 10 期
12 千字

从产业组织形态的角度理解我国发展方式转变，实际上就是我国经济的长期增长从过去更多依靠大企业扩张转向更多依靠中小微企业的大量涌现和快速成长。我国经济增长方式转变和产业转型升级，主要就是广大中小企业转变发展方式和转型升级的问题。鉴于此，对近年来我国的中小企业政策进行系统梳理，特别是识别出当前我国中小企业政策在思路设计和工具选择方面存在的缺陷和不足，进而厘清未来我国中小企业政策进一步调整优化的方向，具有重要意义。

近年来，为切实支持中小企业创新发展、转型发展，政府从改善融资条件、完善服务体系、加大扶持力度等方面先后出台了一系列有针对性的政策措施。尽管近年来政府不断加大中小企业政策扶持力度，但整体上看，我国中小企业的发展绩效仍然不能尽如人意，中小企业政策仍然不能有效支撑中小企业转型升级。总体上看，当前我国的中小企业促进政策仍然存在政策间协调性差、扶持性资金使用效率低下、企业实际税费负担沉重、优惠政策落实不到位、公共服务质量不高等问题。

通过进一步深化供给侧结构性改革，完善中小企业发展的竞争环境、融资环境、创新环境和服务体系，是未来我国中小企业政策调整优化的主要方向。针对新时期我国中小企业创新发展的现实需求，未来我国中小企业政策调整优化的基本思路是：一方面，积极借鉴发达工业国家实践证明已基本成熟的政策设计和工具，替代我国具有相同政策目标的中小企业政策。如针对中小型科技企业的扶持政策，目前我国仍实行一次性的补贴政策，而美国、日本等国家普遍采用全生命周期扶持和服务的 SBIR 政策。另一方面，根据我国自身的国情和产业发展需求，探索性地在少数领域推出创新性的中小企业政策，或者对国外相对还不成熟的中小企业政策加以适应性的改进。

（王欣）

**【基于虚拟社区感知与社区参与动机影响的社会资本与组织公民行为关系研究】**

徐光（哈尔滨师范大学管理学院），张雪（哈尔滨工业大学经济与管理学院），李志刚（中国海洋大学管理学院），田也壮（哈尔滨工业大学经济与管理学院）
《管理评论》2016 年第 7 期
16 千字

2014 年第 33 次《中国互联网发展状况统计报告》调查结果表明，2013 年 12 月，中国网民数量达到 6.18 亿。互联网的快速发展对人的心理和行为都产生了重大影响。虚拟社区中成员因具有较强的道德责任，自愿帮助他人而非旨在获得报酬的行为在本质上属于组织公民行为，这种行为保证了虚拟社区的价值增值和持续运营，提高了其生存能力。社会资本作为组织获得竞争优势的稀缺资源，可以促进组织公民行为的产生，帮助组织形成更加密切的网络关系。社会资本理论认为组织可以通过构建关系来获得收益。已有研究表明社会资本与组织公民行为存在着正向关系。社会资本作为一种嵌入在社会结构中的资源，可以促进社区成员之间的知识共享。虚拟社区作为一种没有正式结构和职权的自发组织，成员间的关系表现出不同于其他社会情境的独特性。由此，为了更好地解释虚拟社区中的组织公民行为的内在作用机理，该文将虚拟社区社会资本对组织公民行为的作用看成是一种社群认同过程，并构建出不同社区参与动机下的理论模型，试图为揭示网络行为的规律和特征提供理论和实践经验的依据。

研究发现，虚拟社区情境下，结构维度、关系维度以及认知维度社会资本对组织公民行为均有显著正向影响；虚拟社区感知在结构维度、关系维度和认知维度社会资本与组织公民行为的关系中起部分中介作用。工具性动机、社区强化动机对虚拟社区感知与组织公民行为之间关系起调节作用，但是社会交往动机对虚拟社区感知与组织公民行为的关系的调节作用不显著。同时，在工具性动机的不同水平下，通过虚拟社区感知对虚拟社区社会资本与组织公民行为之间的关系被调节中介作用显著；然而，通过虚拟社区感知对虚拟社区社会资本与组织公民行为之间的关系被调节中介作用只有在高社区强化动机和接近均值的水平上才显著。总体来说，实证分析结果显示该文所提出的 4 个假设都得到了较好的支持。该研究结果表明虚拟社区情境中结构、关系和认知维度的社会资本对组织公民行为均有显著的正向影响。

这一研究结果对于认识虚拟社区感知的作用过程，揭示社会资本与组织公民行为关系具有重要的理论意义。该文的研究结果显示，社区参与动机显著地增强结构维度、关系维度和认知维度的社会资本与组织公民行为之间的正向联系，并且这种调节效应是通过虚拟社区感知产生的。这表明，在虚拟社区背景下，降低成员的工具性动机，提高社区强化动机会激发拥有社会资本的成员增强其对虚拟社区的感知，进而促进组织公民行为的产生。社区成员的组织公民行为不仅是虚拟社区平稳运行的重要保证，也是提高虚拟社区生存能力和竞争优势的关键因素，该研究从社会认同理论和动机理论视角帮助规范互联网行为以及激励社区成员提高其组织公民行为。

（肖汉雄）

**【经济补偿与部署警力：环境污染群体性事件应急处置的优化模型】**

沈焱（电子科技大学经济与管理学院），邹华伟（东北财经大学管理科学与工程学院），刘德海（东北财经大学管理科学与工程学院），李仕明（电子科技大学经济与管理学院）

《管理评论》2016 年第 8 期
10 千字

随着人民生活水平提高、环保健康和公众参与意识增强，环境污染问题以及由此诱发的群体性事件成为我国当前创新社会治理、保障国家安全的重大挑战之一。环境污染群体性事件不仅直接威胁公众的生命财产安全，而且会给社会心理带来恐惧和不安全感，使得政府丧失公信力，甚至会对社会基本价值和行为准则造成冲击和威胁。及时处置和妥善应对环境污染群体性事件是对政府处理复杂问题能力的现实考验，直接考量着政府在公共危机状态下能否用最短的时间控制局面、化险为夷、赢得转机。

应急管理的优化研究是一个理论和实

践中的热点问题，现有文献主要集中在反恐问题和自然灾害的应急管理优化措施分析中。不同于恐怖主义袭击活动，我国当前社会转型期背景下环境污染群体性事件属于人民内部矛盾，少用和慎用警力处置成为一项基本应急管理原则。不同于自然灾害应急管理问题，环境污染群体性事件涉及周边民众等利益相关者，需要在优化分析的同时考虑到周边民众的博弈行为。该文构建了地方政府应急处置环境污染群体性事件的效用函数，其中包括了经济补偿和部署警力两种途径的成本收益，并在不同情境下得出了最优的理论解。然后，结合数值分析更加直观地揭示地方政府部门各种情境下不同应急处置方案效果。

该文构建了应急处置环境污染群体性事件的优化模型，并根据事态潜伏期或初期阶段采取经济补偿策略、事态扩大化阶段后部署警力妥善处置和处置不当事态恶化的三种情境，分别给出了最优的理论解。研究结果表明：第一，事态恶化概率和造成的损失越大，地方政府在事态前期提供的最优补偿额越高。但是从长期来看，这将导致周边民众产生“不闹不解决、小闹小解决、大闹大解决”的闹大心理。因此，地方政府不依法治理、单纯提供经济补偿的解决思路，从长期上看反而不利于长治久安。第二，地方政府是否采取动用警力平息事态的应急处置方案，很大程度上取决于事态恶化的风险，以及当地政府能否提供足够经济补偿的财政状况。第三，即使地方政府采取部署警力的应急处置方案符合有关条件，但是面临着一旦处置不当造成事态扩大化的风险。因此，地方政府处置环境污染群体性事件过程要坚持“三个慎用”原则。

该文贡献在于首次提出了环境污染群体性事件的应急处置优化模型，并且揭示了地方政府需要根据事态发展不同阶段等具体情境权衡经济补偿和部署警力两种应急处置策略。由于该文重点在于分析地方政府部门在经济补偿和动用警力两种应急处置策略的权衡，因此忽略了周边民众对于不同处置策略的可能反应。在未来研究中，可以结合博弈论的思想对该文研究加以深入扩展。

（肖汉雄）

**【信息化对中国犯罪率的影响分析】**

贾济东（华中科技大学法学院），雷志春（中南财经政法大学法治发展与司法改革研究中心），饶映雪（中南民族大学公共管理学院）

《管理世界》2016 年第 7 期
4 千字

随着计算机技术和数字通信技术的快速发展，我国信息化水平不断提高，信息技术逐渐渗透融合到经济社会各个领域，为人们获取信息、沟通交流及商务交易、金融服务等提供了诸多方便，但也产生了一些负面影响：互联网电子商务、网络借贷、期货投资等领域的诈骗和非法集资等犯罪行为层出不穷。因此，信息化水平对中国犯罪率有何影响，如何有效治理信息化时代的犯罪行为，降低社会的风险系数，增强民众的安全感，促进和谐社会的构建，已成为我国社会治理中必须高度重视的课题。该文根据相关数据构建空间面板模型，实证考察信息化对中国犯罪率的影响。

研究结论，表明各地区间的犯罪率并不是相互独立的。在经济社会相互影响、人口流动频繁、网络信息技术提高、政府辐射作用增强的情况下，一方面地区间的犯罪行为会相互影响，另一方面犯罪活动的蔓延和转移也更为便利。在影响犯罪率的其他因素中，多数变量与犯罪率有显著的相关关系。第一，人均实际 GDP 与犯罪率正相关，但不显著，说明一方面，经济发展水平的提高使犯罪收益增加，对犯罪活动有一定的促进作用；另一方面，经济发展水平的提高使预防犯罪的资源投入增加，对犯罪活动有一定的抑制作用。第二，城市化水平对犯罪率的影响显著为正，说明随着城市的发展和城市人口的增加，犯罪的可能性增加，而被发现、立案和逮捕的可能性更低，从而使犯罪率增加。第三，收入差距对犯罪率的影响为正，但不显著，说明城乡收入差距可能引起分配不公和仇富心理，从而激化社会矛盾，使部分低收入群体产生犯罪行为，但收入差距加大是否增加犯罪还取决于低收入群体的社会保障与救助、就业帮扶和培训等一系列政策是否有效推行。第四，人口流动性对犯罪率的影响显著为正，说明迁移人口占本地人口的比例越高，对流动人口的监督和社会管理工作难度越大，从而导致犯罪率上升。第五，人口密度对犯罪率的影响显著为正，说明人口越密集的地方，潜在犯罪人口越多，且发现和查处犯罪活动的难度更大，从而对犯罪率起到促进作用。第六，失业率与犯罪率显著正相关，说明失业人员，特别是缺乏社会保障失业人员的增加会使城市居民和进城务工人员生活困难，福利受损，社会矛盾凸显，产生犯罪倾向，进而提高犯罪率。第七，教育水平与犯罪率负相关，但不显著。说明一方面，教育水平的提高能提升人们的道德标准和合法收益，提高犯罪成本，从而抑制犯罪行为；另一方面，教育水平的提高也能提高犯罪分子的犯罪能力和犯罪收益，从而导致犯罪率上升。第八，社会福利支出对犯罪率的影响显著为负，说明增加抚恤与社会救济等公共财政政策能够提高社会福利条件和改善民生，减少因收入差距过大等产生的社会冲突，从而有效降低犯罪率。第九，司法支出对犯罪率的影响为负，但不显著，说明公安、法院、检察院和监狱等司法支出在财政支出中的比重逐年提高，对犯罪行为产生威慑作用，但效率有待提高，对犯罪的抑制不及社会福利支出。对于犯罪治理而言，好的社会政策可能比刑法和刑事政策起到更大的作用。

该文认为，应当具体从以下三个方面入手，降低信息化时代犯罪行为发生的概率：一是针对收入差距过大、人口和流动人口稠密、失业率过高等社会矛盾突出的问题，制定抚恤与社会救济等公共财政政策。二是完善信息安全法律法规，促进信息社会的法治建设，尽可能将违法行为消灭在萌芽状态。三是强化信息安全法律法规与刑法的有机衔接，使刑法能更好地对新型犯罪做出应对。在此基础上，还应当完善犯罪治理效果的监控、评估和优化机制。

（肖汉雄）

**【一种测度基层政府财政透明度执行力的新方法】**

申亮（山东财经大学财政税务学院），王玉燕、刘培德（山东财经大学管理科学与工程学院）

《数量经济技术经济研究》2016 年第 6 期
18 千字

在一个公共问题成为政策议程后，对于如何解决它有各种各样可选择的建议，当政府做出选择后，剩下的事情就是如何将决定付诸实施，即考察的是执行力。理论研究一般把政府执行力分三个角度进行：一是把政策的执行理解为一个“自上而下”的过程主要涉及怎样使执行官员更有效地工作的问题。这种方法提供了对政策执行的清晰的研究方向，但缺陷是把重点放在了决策者身上，而在政策的执行上，低层官员及公务人员显然比高层决策者更具影响力。二是从那些被政策的执行所影响和牵涉的人的观点出发，认为政策的执行是一个“自下而上”的过程。该方法把政府执行力研究的方向从决策中解脱出来，从而引发了对问题中涉及的所有行动主体和机构的研究。三是把上述两种研究结合起来，既考虑到决策者所发挥的作用，也考虑到政策执行者的自由裁量权及对政策执行的影响。但实践中更强调政府执行力的科学性，即如何才能够有效地测度政府执行力的高低。早在20世纪90年代就有学者强调政府执行力研究的科学性，把理论的构建建立在严谨的定量分析的基础上，但是这种研究路径的跟随者却并不多。在我国，大多数的研究者主要侧重于政府执行力的影响因素和评价指标体系的构建，而在测度政府执行力的方法方面，重视程度和办法显得并不多，这也使作者的研究更具有意义。目前关于政府执行力测度方法的研究比较少，主要有多指标加权评价法和灰色关联评价法，而且这两种方法都存在明显的缺陷。

鉴于这些方法的不足，作者提出测算政府执行力的新方法——DELPHI－TOPSIS综合分析法。该方法将DELPHI法与TOPSIS法结合应用于政府执行力的评价中。在计算中，首先，采用DELPHI法给出客观、全面、科学的权重数值；然后，对样本数据进行有效的检验；最后，采用TOPSIS法对政府执行力进行测算。这是首次将“DELPHI－TOPSIS综合分析法”应用于政府执行力的评价中，相比以前的研究方法，该方法的优点是：第一，对准则层指标的权重设计了统一的赋值原则，全面考虑了各指标对测度结果影响程度的大小差异。第二，在计算过程中，既考虑了客观指标数据度量单位对计算结果的影响，也考虑了主观指标数据的赋值原则，按照特定的法则和逻辑过程进行归纳和综合，建立各可行方案之间具有可比性的数量关系。第三，该方法对原始数据的信息利用最为充分，以最优理想解和负理想解两个基准为依据，其结果能精确地反映各评价方案之间的差距。第四，该方法对数据分布及样本含量、指标多少没有严格的限制，数据计算亦简单易行，不仅适合小样本资料，也适用于多评价对象、多指标的大样本资料。

该文分析评价了政府执行力指数，得出以下结论：第一，基层政府财政透明度的执行力整体水平较低，只有少数县市能够贯彻中央提升财政透明度的要求，大部分县市政府按照执行力的系统要求来考察财政透明度问题时做得还远远不够。第二，基层政府还没有用治理的思维来看待财政透明度问题。在基层政府财政透明度执行力中，组织力的平均相对贴近度最高，以下依次为解释力、实施力、监控力。2015年新预算法实施后，基层政府的财政透明度实施力有所改善，上升到第二位，而解释力和监控力依然排在后两位，表明基层政府在向社会公众宣传、动员、解释方面努力还很不够。这说明，对于提高财政透明度的要求，基层政府还没有上升到政府治理的高度，没有把它当成是提升政府公信力、维护公众权益、规范政府行为的重要手段，仅仅是为公开而公开，反映出基层政府在财政透明度问题上还缺乏足够的认识。第三，新预算法的实施对基层政府财政透明度执行力影响并不明显。新修订的预算法承载了党的十八届三中全会对于现代财政制度的构想，提出了建立透明预算制度的改革理念。但从已经实施的情况来看，对于财政信息公开的要求基层政府贯彻得并不彻底。这和新预算法本身对财政透明度的要求不高有关，而且在监督执行上也缺乏具体明确的措施，削弱了法律的严肃性。

（肖汉雄）

**【政府分权与企业舞弊：国有上市公司的经验证据】**

刘行（东北财经大学会计学院、中国内部控制研究中心），李小荣（中央财经大学财政学院、中国财政发展协同创新中心）

《会计研究》2016年第4期

14 千字

改革开放以来，为提升国有企业的运营效率，政府对国有企业进行了多次改革。回顾历次改革，虽然具体措施各异，但政府的分权一直是国企改革的重心。20 世纪 90 年代以来，中国政府提出建立现代企业制度的国企改革方案。在这一时期，大量国有资产从政府机关剥离出来组建成新的公司。这些新成立的公司虽然终极控制人为政府，但通过金字塔形式的股权结构，其实际运营权已层层下放至专业的国有资产管理公司或从事生产经营活动的国有企业。这一举措极大地降低了政府对企业的干预。该文正是试图探讨这种以金字塔结构为形式的政府分权对国有企业舞弊活动的影响。对于以金字塔结构为形式的政府对国企分权化改革的经济后果，现有文献有褒有贬。政府分权所带来的管理者机会主义行为会导致国有企业投资决策上的无效，加剧自由现金流的过度投资，政府分权所引发的代理成本同样不可小觑。

基于中国 A 股国有上市公司 2004—2010 年的数据，作者实证考察了政府分权对企业舞弊的影响。实证结果显示，金字塔层级与企业舞弊的概率显著负相关，这说明政府分权显著降低了国有企业从事舞弊活动的概率。进一步，将企业舞弊类型细分后的结果显示，政府分权主要降低了国有企业在信息披露和资本市场交易方面的舞弊，但是对与企业资金相关的舞弊和其他类型的舞弊并未产生显著影响。作者还对企业舞弊的严重程度进行了划分，结果发现，政府分权对于不同严重程度的舞弊活动的影响，并未呈现显著差异。最后，作者还发现，政府分权对企业舞弊的影响只存在于位于政府干预动机较强地区的企业。这源于政府干预动机越强的地区，政府分权所导致的政治成本的降低幅度越大。该文的结论有以下几点启示：第一，理论上，政府分权一方面会降低国有企业的政治成本，另一方面会加剧代理问题。现有的文献对于这两种不同的理论预期都提供了实证证据。该文研究发现，政府分权所形成的国有企业金字塔结构可以显著降低国有企业的舞弊概率。这一结论一方面是对已有文献的重要拓展，另一方面也从会计信息质量的视角支持了政府对国有企业的分权化改革。第二，该文的结论对股票投资人员有一定启示：对于那些受政府干预严重的国有企业，投资者需谨慎行事。因为相比管理权被下放的国有企业，受政府干预严重的国有企业更有可能从事舞弊活动，而企业舞弊会使投资者遭受巨额损失。

（肖汉雄）

**【中国房地产税与地方公共财政转型】**

张平（复旦大学国际关系与公共事务学院），任强（中央财经大学财政税务学院），侯一麟（美国西拉丘斯大学）

《公共管理学报》2016 年第 4 期

21 千字

随着 20 世纪末开始的中国住房制度改革的进行，中国家庭和个人拥有房产的比例迅速提高。在 21 世纪初，中国政府将房地产税制度的建立和完善提上了改革日程。同时，中央政府也希望通过开征物业税，增加基层财政收入，进一步理顺中央、省、市、县等各级政府间的财政关系。从表面上看，房地产税改革以短期内控制不断飙升的房价为目标。作者认为，政府也在投石问路，试图通过此举验证房地产税是否能在试点城市产生“一石多鸟”的效果，即检验房地产税是否能够形成基层政府稳定的财政收入，是否能在完善政府间财政关系上起到作用，是否有利于完善政府治理。房地产税应该对中国未来几十年的税制改革、基层政府治理和政府结构改革起到基础性的作用。该文从多个视角对现代房地产税改革与地方公共财政转型作深度解析。

作者指出，房产税和财产税在中国的早期历史中即以不同的形式存在并对社会经济的发展产生了重要作用，但与现代房地产税所能发挥的治理属性有所区别。中国的现代房地产税改革在法理基础上存在土地所有权和使用权年限设置问题，以及与土地出让金重复征收等问题，作者对这些疑问一一进行了阐述，实际这些并不会成为房地产税改革的法理障碍。对不同地方政府的收支模拟则充分证明了房地产税具备成为地方政府重要财源的潜力，将房地产税用于当地基本公共服务将可以显著提高相应的公共服务水平。对上海重庆两地试点轻言失败有失偏颇，这取决于从什么角度来看待试点的目的。作者同时提出，要成功推进中国的房地产税改革，需要将5个方面作为着力点：（1）充分保证房地产税作为受益税的特性；（2）使基层具有征收和使用房地产税的自主权；（3）在设计和征管上充分考虑房地产税在政治上的可接受性、技术上的可行性、管理上的便利性以及房地产税作为税源的收入充足性；（4）从理顺房地产的税费体系的角度推进房地产税改革；（5）充分发挥房地产税对地方公共财政转型和基层治理的作用。在现有税制条件下，大部分收入归于中央政府，而大部分支出由基层政府来提供，其中的差额利用转移支付补充。过度依赖转移支付打破了政府收入和支出之间的直接联系，降低了居民对政府收支行为的监督意愿。引入房地产税后，对于纳税人来说，缴纳的税收与所能享受的公共服务数量质量将直接相关；对于基层政府来说，公共服务支出将直接影响当地的税基（房产价值），基层财政收入水平与当地公共服务供给的联系被建立起来。因而，基层政府将获得有效的激励去提供更多更好的公共服务，以维持较高的税基水平，增加当地的财政收入。由于居民缴纳的税收与获得的公共服务直接联系，纳税人也具有很高的积极性去监督政府的收支行为，从而真正建立起以全民监督为基础的社会问责。由此形成良性循环：纳税人积极地监督政府，政府在财政激励作用下努力提供公共服务供给水平，最终达到满足居民需求、优化基层治理的目的。

（肖汉雄）

**【资源型城市财源建设的风险识别与制度优化路径——以陕西省延安市为例】**

宋敏（西安财经学院陕西资源环境与区域经济研究中心），刘学敏（北京师范大学资源学院），Hal T. Nelson（Claremont Graduate University）

《中国软科学》2016年第10期
8千字

始于1994年的分税制财政管理体制经过二十多年的不断改革，初步理顺了中央与省（自治区和直辖市）之间的财政分配关系，但在地方税收体系建设滞后、地方政府财政困难、提供基本公共服务能力弱等方面始终没有取得实质性进展，导致市县财政困难现象较为普遍，严重制约了财税制度整体效能发挥。该文基于对于资源型城市延安市的实地调研，认为影响能源富集区最突出的矛盾和问题就是其矿产资源开发所带来的大量收益没有得到合理的分配，推动能源富集区的财税体制改革或许应成为突破口和首要任务。根据公共财政理论税收公平的原则要求，理论上而言，税收与税源之间应该保持一致。税收分配应以提供税源的多少为依据，谁提供税源，谁就有权力分享其中的税收收入。然而，随着对区域经济发展与税收增长协调性的深入研究，发现区域税收与税源背离现象严重，尤其是在资源型城市，其财力更是捉襟见肘。该文以延安市为例，研究地方政府财源建设风险及制度优化路径。

该文认为，国内资源型城市因资源富集目前正蒙受着资源流失和利润流失的双重损失，与此同时，在矿产资源开发中地方政府却承担了诸如生态修复、移民安置、环境治理、开采设施维护等较多的事权。具体到延安市，这种财税体制缺陷严重影响了延安市地方政府的财源建设进程。因此，为了进一步优化资源型城市财源建设，作者建议如下：

第一，结合主体功能区划的定位，成立“能源税费综合改革试点”。该文建议：先从重点开发区内的能源富集区入手，研究能源税费改革，如在延安或陕北（含榆林）成立“能源税费综合改革配套试验区”，通过先行先试，为推进税费改革积累经验。通过成立“陕北能源税费综合改革配套试验区”，寻求财税体制和政策的突破与创新，建立中央、省、市三级利益共享、风险分担的财税新体制。

第二，构建现代产业体系，稳固地方政府财源供给现代产业体系的构建与财源建设息息相关，这事关地方政府能否实现持续、稳定、优质的财政收入来源的目标。然而，产业结构不合理，第二产业特别是以石油化工为主的单一型工业结构，以及第三产业特别是以非公有制经济成分为主的服务业发展滞后，始终是资源型城市发展所面临的突出矛盾。对于延安来说，在构建以能源化工、现代农业、现代服务业为主导，装备制造、高载能、新兴能源、农产品加工业为支撑的特色产业体系的基础上，应坚持三次产业并举、能源与化工并举、新兴产业与传统产业并举，促进非油煤工业快速增长，着力推进第三产业的快速发展。

第三，扶持民营企业快速发展，培养未来财源新支柱。延安市的非公有制经济规模小、发展慢、贡献小，财源培养潜力巨大。非公经济的发展状况与发达程度是衡量区域市场经济体制、机制培养程度的重要标志。社会主义市场经济发展实践也表明，非公经济越发达，市场经济越繁荣。延安市财源建设与培养的根基就在于民营企业，今后应继续发挥产业结构调整专项基金及其他财税、信贷、产业、土地、水电等政策的杠杆作用，扶持民营企业发展。结合提升消费拉升经济增长的巨大潜力空间，依托红色“三产”，借助科教优势，促进创新型民企的迅速发展。

（肖汉雄）

**【自贸区设立、贸易发展与资本流动——基于上海自贸区的研究】**

项后军（浙江财经大学经济学院），何康、于洋（上海财经大学经济学院）

《金融研究》2016 年第 10 期
15 千字

设立上海自由贸易实验区作为国家在上海地区进行的推动改革与开放的极其重要的政策实验，迄今已经三年了，其制度创新的绩效及影响效应如何？深入地回顾与评价自贸区设立对相关区域内贸易发展及资本流动的影响，不仅是上海自贸区三年来建设成效总结与评估中不可或缺的重要一环，也为后续推出的自贸区建设以及接下来在目前复杂多变的宏观经济形势下继续深化改革、扩大开放等提供一些参考经验。分析现有文献，作者发现当前研究中还有一些可扩展之处：首先，现有文献多从定性角度分析自贸区设立后贸易政策变化对货物或服务贸易进出口的影响，且多为对进出口总体的影响研究，较为缺乏对进口与出口的差异化分析。其次，更为重要的是，这种贸易上净出口的变化对应的是资本的跨境流动问题，而现有文献对后者的研究则相对更为匮乏。现有研究对资本流动的考察多集中于宏观（国家）层面，问题是，诸如设立上海自贸区等决策可能不仅对中国整体的资本流动产生重大影响，更可能对某一省市等微观区域（如上海地区）的资本流动产生决定性影响，且后者作为理解前者的微观基础，更需要加以分析。再次，将设立自贸区等类似的政策视作自然实验，进而采用双重差分模型来评估政策效果的研究思路是自然且普遍的，但不少文献忽视了研究对象之间可能存在的内生性关系，以及应用双重差分模型的诸多前提。此外，目前对资本流动，特别是区域（省级）层面资本流动的准确测量方面颇有分歧，亦需仔细推敲选择。而一些定量研究中样本频率多为年度，导致时间跨度过短，结论的可靠性也值得商榷。最后，如果自贸区设立后上海地区的资本流动确有明显变动的话，除了自贸区的影响之外，是否还有其他值得注意的影响因素？尽管这一问题可能会牵涉许多方面，很难回答，但仍有其重要的研究价值。

鉴于自贸区的一个重要方面是通过制度创新来促进贸易便利化，作者首先考察了自贸区设立对上海地区货物贸易进出口的差异化影响，并分析了贸易净出口的这种变化可能对相应的跨境资本流动产生影响的作用机理，通过断点回归设计及扩展后的非线性双重差分模型实证考察了样本期内自贸区的设立对上海资本流动的影响。得到以下结论：第一，自贸区设立对货物贸易进出口有明显的差异化影响，具体是对货物贸易进口有显著正向影响，但对货物贸易出口的影响则是不显著的，也即自贸区设立对货物贸易净出口有显著负向影响。由货物贸易净出口变化与跨境资本流动的比较分析发现，上海地区服务贸易在自贸区设立后呈现快速增加的净进口态势。第二，通过省级进出口贸易与资本流动的关系的分析，并基于模糊断点回归设计和非线性双重差分模型的研究发现，自贸区设立对上海地区资本流动也有显著正向影响，且企业家信心因素与自贸区这一渠道在影响资本流动时存在有效的交互作用。第三，至于影响的稳健性估计，通过对不同叶宽情况下非参数估计值的考察，表明标识变量的基准结果十分稳健。同时为了排除广东、天津、福建等省市的特殊性，作者采用了剔除及延长样本期的方式重新进行了检验，结果进一步证实了上述结论的可靠性。

（肖汉雄）

**【PPP 的治理作用——基于公共治理视角的分析】**

郭勇（盐城工业职业技术学院），郑传军（东南大学土木工程学院），王炳监（盐城工业职业技术学院）

《国际经济合作》2016 年第 7 期
12 千字

作为创新采购和交付公共服务的工具，公私合作伙伴关系（PPP）引发了基础设施和公共服务领域的全球革命。中国已成为全球 PPP 研究和实践领域最为活跃的国家之一。2014 年财政部发布《关于推广运用政府和社会资本合作模式有关问题的通知》推广 PPP 模式，并密集出台了一系列后续政策和法规，将 PPP 提到一个前所未有的高度。公共产品供给在西方国家经历的政府主导的完全公有化，市场主导的完全私有化，再到公私合作正是政府“划桨”到“掌舵”的转变，代表了传统行政管理向公共治理的转变。但是，PPP 在中国所经历的探索、试点、推广、调整与规制阶段表明，它在中国的发展过程并非一帆风顺。目前，PPP 示范项目存在的签约率低和落地难的问题反映了国内还存在制约 PPP 发展的障碍，政府需要反思和调整自身角色，以适应公共管理领域的变革。PPP 的本质在于正确处理政府、市场和社会三者之间的关系，反映了公共产品和服务供给领域的多元治理特征。因此，基于 PPP 所处的新时代背景，通过公共治理视角认识 PPP 所发挥的治理作用，将有助于推动 PPP 的健康发展。

为了推动 PPP 发展，提升公共治理水平，该文提出以下建议：首先，推动 PPP

专门立法，为PPP发展提供法律保障。PPP是一套突破传统公共产品供给的制度创新，必然牵涉PPP制度与其他部门的冲突、创新和衔接问题。虽然中国出台了《基础设施和公用事业特许经营管理办法》，但由于该办法属于行政规章，而且特许经营并不能完全代表PPP，所以它的调节和规制功能极为有限。同时，自2013年中国财政部工作会议提出PPP，以发改委和财政部为主的国务院各部门出台了许多政策文件，客观上形成了推动PPP实践的多头管理和条块分割，急需一部提纲挈领的法律进行规范。但是，PPP的多头管理和条块分割使得相关政策法规呈现出两条线：一个是国家发改委主导下的特许经营相关规定，另一个是财政部主导下的PPP系列规定。因此，传统科层行政管理局限于职能或地域的弊端凸显，政府部门之间出现的不协调影响了PPP推行的公信力，急需一部提纲挈领的法律进行规范。长期以来，政府作为中国传统行政管理中的单一权威中心形成了较强的制度依赖，造成了政府成为公共管理和公共服务的单一提供者，社会和市场的作用受到抑制。目前，私营部门参与PPP的动力仍然不足，处在转型和改革进程中的PPP机制，更需要专门立法来调整国家、市场和社会之间的关系。其次，建立PPP专门中心，为PPP发展提供机构支撑。传统科层行政管理按照法律划分自己的行政责任，容易因职能部门的分割影响协作效率，自上而下的问责缺少外部监管和制约。PPP涉及国家发改委、财政部、国资委和行业部门，以及中央和地方政府的职责划分，需要重构机构以提高管理效率并确保私营部门的强大回应。PPP专门中心的设立有助于解决中国PPP推行过程中“多龙治水”的问题，为PPP政策制定与协调、项目开发与分析、项目采购管理和质量监控提供具有公信力的框架。PPP专门机构的设置可视为政府打破内部樊篱并顺应多元共治的尝试，未来也可以进一步发展为推行公共治理的平台。

（肖汉雄）

**【城镇低保政策的再分配效应——基于中国家庭收入调查的实证分析】**

陈宗胜（南开大学经济学院），文雯（复旦大学中国经济研究中心），任重（天津农商银行）

《经济学动态》2016年第3期
14千字

我国于1993年开始着手在城市建立最低生活保障制度，即通常简称的“低保政策”。在低保建立之初，该项制度只是一项与国企改革相配套的临时性措施，主要面向下岗失业人员，通过发放生活补贴缓和经济转型造成的社会冲击，优先满足社会成员温饱等“基础性需求”，确保“底线公平”，达到维护社会稳定的目的。但是，该项制度是否有效维护了“底线公平”，它究竟在多大程度上缩小了居民之间的收入差别，仍有待进一步深入研究。国内对于包括城市低保在内的社会救助政策多采用定性分析，而且主要是从理论上阐述该项制度对于缓解贫困、维护社会稳定以及贫困者劳动就业的影响，与国外比较丰富的效果测度研究相比，我国专门研究低保政策及全部社会救助政策的收入再分配效应的文献，只是最近几年才开始出现。该文利用中国家庭收入调查2002年和2007年两次微观调查数据，对我国城市低保政策的再分配效果进行分析和测度，可以弥补之前研究的疏忽和遗漏，并为下一阶段我国建立更加成熟完善的低保救助政策，应对社会转型与经济发展对分配公平造成的冲击，提供有针对性的依据。

该文研究指出，2002年，经低保救助后，我国居民收入差别的基尼系数下降了0.35%，2007年下降了0.82%，表明当前我国城镇低保的再分配效应有改善的趋势，但力度仍然较弱；城镇低保再分配效应的分解结果显示，低保补贴的发放导致了水平不公平问题，部分低收入家庭的相对贫富关系因低保补贴发生改变；在低保再分配效应的分类测算中，作者发现单人户、女性户主、户主残疾、户主无业家庭是低保的主要救助群体。综合上述分析，该文提出以下结论及政策建议：

第一，当前我国城镇低保政策与政策的再分配效应整体可测，且有改善趋势，但力度仍然较弱。根据我国“十三五”规划纲要的要求，要消除贫困、全面实现小康社会，就必须加大低保投入。建议在防止出现“福利依赖”的前提条件下，适度提高低保救助补贴标准，扩大低保覆盖面，使更广泛的人群获得更有力度的低保救助，进而缩小收入差别，最大限度地实现“底线公平”。

第二，当前低保救助的水平差别有扩大迹象。这说明部分低收入人群目前还排除在低保救助范围之外，应引起有关部门足够的重视；城市低保政策的救助对象，除了应该包括家庭人均收入低于保障标准的贫困人口、老年人、儿童、丧失劳动能力者等传统意义上的困难群体之外，还应该包括因教育、医疗等刚性支出导致收支失衡、入不敷出的贫困家庭以及外来人口构成的城市新贫困群体。只有不断扩大城市低保的覆盖范围，才能真正实现“应保尽保”。

第三，中国城镇低保救助政策改革和政策改善的空间仍然较大。水平差别的扩大，表明可能还存在对低保对象识别不准确，差额发放不到位导致部分低收入家庭的相对贫富关系因低保补助而发生改变，尤其是改变了那些收入水平接近但又分别位于低保线上下的家庭的相对贫富关系，形成了新的水平差别。应进一步做好城市低保对象的识别与认定。随着就业形式的多样化和家庭收入的多元化，非正规就业和隐性收入增加了城镇低保对象的识别难度。为了解决上述问题，首先在家庭经济状况调查中，应该综合利用个人申报法、入户调查法、邻里走访法、信函求证法、部门联动法、跟踪了解法以及居民代表评议法等，客观、全面地对贫困家庭的经济状况进行评估。此外，在基本确保低保救助水平及发放标准与当地经济发展水平相一致的同时，有关部门应当通过联动和协调，使低保救助政策在缩小省际收入差别方面发挥更大作用。这是一个应当日益强化的趋向。同时，力推“精准救助”和“靶向扶贫”，继续强化对单人户、女性户主、户主残疾、户主无业等各类易于致贫家庭的低保救助力度，以进一步缩小收入差距。

（肖汉雄）

**【流动、嵌入与网络认同个体化——流动人口网络社区的文化认同】**

董敬畏（浙江行政学院社会学文化学教研部、科学发展观与浙江发展研究中心、中国社科院马克思主义学院）

《浙江学刊》2016 年第 4 期
9 千字

在现阶段加快城市化进程的背景下，“三个一亿人”作为一种城市化战略被提出，国家也在诸如户籍制度（《国务院关于进一步推进户籍制度改革的意见》）、公共服务（《居住证暂行条例》）等方面持续推进改革。制度和结构的坚冰在逐渐溶解，这些都是推动流动人口城市融入的客观必备条件，然而流动人口自身如何看待这些问题依然有待于深入研究。梳理国内学界对于流动人口群体的现状研究，大体分为三种思路：第一种思路是阶级形成思路，第二种思路是劳工社会学思路，第三种思路是国内一些学者借鉴劳动力迁移理论、公民社会理论、社会融入理论等对流动人口进行的相关研究。然而，中国社会的复杂在于同时存在前现代、现代、后现代的发展阶段，这三种发展阶段的交互使得许多问题还没有思考清楚就已经落伍。流动人口群体的研究也存在类似问题，正当作者秉持阶级形成、工厂政体等思路对其进行研究之时，网络的出现为流动人口研究又增加了一个复杂变量，尤其是网络与代际更替之后的流动人口群体的遭遇，正在深刻地影响流动人口的群体意识和行为，有关这方面的研究基本阙如。而已有三种解释思路在研究之前已经预设了分析框架，从而限制了研究与实践的结合，使其研究很难延伸到流动人口群体与网络遭遇之后产生的一些实际问题。现有拆分型劳动力生产体制下，流动人口的流动在多大程度上影响其在城市的再嵌入、流动人口的再嵌入通过何种方式完成、流动人口的再嵌入方式对当前和未来会产生何种影响等问题都还未得到深入的研究。

文章认为，市场经济背景下，流动性已经不可避免，然而因为路径依赖，流动的结构性制约因素的消除是一个渐进的过程，当前流动人口的城市嵌入是在网络社区中完成的。流动人口网络社区的嵌入是以个体化的方式进行的，这种个体化的认同方式导致流动人口无论是参与网络社区的活动还是实体社会的活动都无法突破现有的双重二元困境，反而与网络社区具有的分散化特征结合起来，消解了流动人口的阶级意识形成和集体行动的产生。国家支持个体在经济生活、私人生活方面的作用，但防止个体对政治权力的诉求，且不能容忍个体组织起来的群体性行为，后果是个体无法自然地再嵌入和维护自主身份。作者在研究流动人口网络社区的认同时发现此一结论，而且因为资本力量的加入，流动人口的城市再嵌入是以一种个体化方式间接进行的。个体化主要表现在政府和资本共同限制流动人口在城市的集体行动，他们在城市的生活空间、社会空间都是个体化的。网络社区与流动人口的遭遇更加剧了流动人口城市再嵌入的个体化。通过网络社区中血缘、地缘关系的构建，流动人口更容易沉浸和强化流出地的文化习惯、生活方式和关系网络，弱化和消极构建流入地的文化习惯、生活方式和关系网络的适应和融入，这是一种基于网络社区的认同个体化。流动人口网络认同个体化无论对于中国社会的现代化进程还是落脚城市的流动人口来讲，都不是正面消息。首先，对于中国社会的现代化进程来讲，需要具有普遍主义原则、理性化的公民，而非沉浸在特殊主义原则和以自我为中心的乡民。其次，对于希望落脚城市的流动人口群体来讲，都市乡民的个体化生存模式无论对于个体还是群体都是有风险的，无法保护自身权益。同时都市乡民的个体化再嵌入也无法有效推动和实现城乡统筹和一体化发展。作者指出，未来中国需要的不是都市里的村庄和都市乡民，而是无论身处城乡还是乡村，也无论是寄居还是定居，他们享受的权利是平等的，公共服务是相同的，认同是一致的。只有如此，民众的公民意识才会滋生，城乡一体化发展才得以可能，民族复兴梦最终才能得以实现。

（肖汉雄）

**【基于动态门限的制度质量、金融发展与OFDI影响研究】**

王昱（大连理工大学管理与经济学部），成力为（大连理工大学商学院），王昊（东北财经大学经济学院）

《运筹与管理》2016年第5期
14千字

2013年，中国对外直接投资规模突破1000亿美元，创下1078亿美元的纪录新高，增长22.8%，令中国连续第二年成为全球第三大对外直接投资国。结合中国近年来吸收外来直接投资增幅放缓情况，如果两者的增长差大致维持的话，那么短期之内中国对外输出直接投资就很有可能超过本身所吸收的外来直接投资，从而在直接投资方面成为净输出国。究其原因，在很大程度上得益于新兴经济体制度缺失和经济发展相对滞后（总量庞大但平均水平较低）条件下的政府政策推动作用以及母国经济体长期积累的大量外汇储备构成的金融所有权优势支持，实现经济体的跨越式 OFDI 发展特征。经济体制度差异以及金融发展的不平衡是导致其 OFDI 出现不同特征的重要影响因素，该文试图从国家制度质量、金融发展视角对经济体对外直接投资的影响进行系统性阐述。作者扩展经济体的制度质量指标范围（法律保护强度、综合制度改革、私有化程度及经济开放度等）并与经济体金融发展水平（规模和质量层面）相结合，利用动态门限模型来验证二者作用于不同类别国家时对其 OFDI 产生的不同路径机理影响并形成鲜明对比，从这一视角完善现有研究。

作者运用世界 73 个经济体 2000—2008 年数据，结合动态门限模型和两阶段 DEA 将制度质量（法律保护、公共管理、私有化及经济开放度等）以及金融效率作为经济体金融规模发展水平对 OFDI 影响的门槛，探究制度质量和金融发展对经济体的不同影响路径和机理，结果发现：第一，发达经济体制度质量与 OFDI 显著正相关，发展中经济体则相反。第二，随着制度质量的改善，信贷规模主要显著促进发展中经济体 OFDI，股市规模主要显著促进发达经济体 OFDI。第三，金融效率的改进有助于提升金融规模发展对 OFDI 的促进影响。

基于研究，该文结论得到如下启示：第一，政策制定者应该注重实行制度变革，包括私有化进程、企业重组、价格自由化、贸易和外汇自由化、竞争政策、银行体系改革和利率市场化、证券市场和非金融机构变革等。这些领域的进步可以增强经济体的综合竞争力，进而提高对外投资水平。第二，政府应该运用宏观金融优势为企业 OFDI 提供金融支持，但同时要注重金融市场改革和开放程度，提高资本配置效率。不但要扩大本国金融市场的规模，也要提升金融市场的效率。第三，政府应该注重 OFDI 政策的有效性，避免 OFDI 成为资本外逃的途径。

（肖汉雄）

# 旅游管理

**【创意旅游发展模式与运行机制研究】**

张胜男（首都师范大学资源环境与旅游学院）

《财经问题研究》2016 年第 2 期
9.4 千字

创意旅游是一种具有可持续发展特征的旅游形式，其本质是一个主动参与学习体验的过程，可以促进旅游者自身发展和度假目的地的文化建设。文章针对具有生产者与消费者双重身份的创意旅游者的研究，挖掘多方利益需求的创意旅游产品设计，构建基于信息技术与传统视角的目的地审美环境，探索具有广泛社会性和多元化特征的中国创意旅游发展路径。创意旅游具有互动要素、个性化要素和促进个人发展等核心要素，这一带动可持续发展的社会功能将挑战传统旅游学研究的基础理论。文章通过对创意旅游本质及发展模式进行相关性研究，探索具有自然有机性、环境适应性和价值合理性的旅游业发展途径与良性运行模式，并提出基于真实性与互动性的创意旅游运行机制：

第一，城市公共空间真实性探索。创意旅游外延宽泛，与基于众多产业的社会管理内容深度相切。其中，互动性成为最重要的因素：其一，互动体验解决了城市发展中的真实性挑战。创意产业逐渐成为城市消费空间的再生和转型的工具，创意在开发城市和旅游空间中起到越来越重要的作用。其二，保持“真实”城市的探索。城市真实性一直是学术界多年关注的热点与难点，在创意体验中，真实性不是依靠外部的参照物或体验的直接环境，而是取决于体验自身以及旅游者的想象力和技能变化的潜力。

第二，基于多方利益主体的创意旅游产品设计。旅游产品以旅游者与旅游目的地之间创意性的互动为核心要素，旅游者通过此过程实现知识或技能的输入，开发个人创意潜能形成个性化的旅游体验及旅游经历。目的地主客交往的过程对目的地形象感知产生重要影响，都市与乡村的创意空间将成为旅游发展的中心地，具有巨大的旅游开发潜力。创意产业与文化旅游产品整合发展，在旅游产品设计、旅游市场营销、创意产业链等环节充分利用创意手段创新旅游产品，将带来旅游业功能的转型。

第三，基于信息技术与传统视角的目的地审美环境构建。目的地不仅表现为建筑物等物质元素，也表现为人、网络及其他无形的元素，如记忆、历史、社会关系、情绪体验和文化认同等。开发创意旅游的重要基础是识别与特定地区密切联系的活动，寻找目的地资源和游客需求之间的联系，以搭建供给和需求之间的桥梁。文化集群与事件集群融合实现了居民与游客共同的归属感，增强了创意群体的吸引力。

发展创意旅游不仅要兼顾美学规划与环境设计的视角，实现人、环境及二者的和谐，而且还要兼顾多方权利，包括政府的权利、旅游目的地设计者的权利及参与目的地居民和游客的权利等。

（孟艳华）

**【国内乡村旅游社区研究综述】**

张建荣（陕西师范大学旅游与环境学院），
赵振斌（山西大学商务学院管理学院）

《经济管理》2016 年第 6 期
12 千字

乡村旅游社区具有旅游社区和乡村旅游的一些共性，但又有其自身的特点，该文仅限于围绕“乡村旅游社区”主题研究的文献进行探讨，研究对象是已经以旅游及其相关产业为主要产业构成的乡村社区，而不是一般意义上的乡村社区。近十年来，对“乡村旅游社区”的学术关注度不断提升，截至 2015 年 8 月，共有 701 篇相关论文。

研究方法以实地调查为基础，实证研究比例越来越多，占到 30% 以上。在这些案例实证研究过程中，普遍结合了田野调查法和问卷调查法、访谈法、文献分析法、比较研究法、层次分析法和扎根理论分析法。此外，还应用到了结构方程模型、统计分析法、回归分析、相关性分析等定量方法。

理论支撑方面应用最多的是社会学相关理论，其次还涉及地理空间理论和经济理论。具体涉及的理论有收入漏损理论、村落共同体理论、愤怒指数理论；地理空间理论、演化理论、旅游地生命周期理论、权利关系理论、制度变迁理论、现代化理论、社会转型论、冲突论、参照群体理论、旅游系统理论、涵化理论、可持续发展理论；社会资本理论、行动者网络理论、社会表征理论、利益相关者理论；社会交换理论、博弈理论、增权理论、产权理论。

研究视角选择呈现多元化特征，按照时间和空间序列的变化，可以从宏观和微观的领域将其分为同时具有两个维度的两大视角：一是微观的乡村旅游社区居民群体及其行为；二是不同类型的宏观的整个乡村旅游社区演变或变迁。无论从哪一个视角出发，都是研究范畴的一个限定，往往在这一视角下，研究社区参与、利益分配、社区权能、性别差异等问题。

研究内容主要集中在社区参与的领域，能占到所有研究成果的一半以上，主要围绕参与模式、参与机制、参与事务、参与中的利益分配、参与中的权利进行研究。另外就是居民感知和利益分配问题，对于社区变迁和社区影响研究的内容数量基本相当。

乡村旅游社区的研究趋势呈现：研究对象细分化、实证调查基础化、方法内容交叉化、倾向国际化、阵地突出化、时间延续化趋势。与国外研究相比，国内乡村旅游社区研究更应该以相关的“人”为核心，铺陈于社区空间、权利关系、社会制度、文化本底、综合环境等交织化的背景关系中，从利益相关者的多途径博弈切入，从咨询、教育、决策、监督、分配多个方面完善乡村旅游社区功能，对相关理论研究的实践应用以及具体操作与学理探讨的结合给予足够重视。要不断纳入案例和实证线索，对乡村旅游社区发展进行持续化跟踪，以求得理论研究与实践操作的动态更新和延续俱进。要深入实地或群体当中，充分了解当地情况，把乡村旅游社区当成一种独特的社区来看待，注重社区和旅游双重功能，借鉴国外相关理论和案例，做好结构均衡化治理，加强乡村旅游社区冲突管理，积极倡导增权并做好参与能力提升工作，关注社区多方利益协调，推进有效增权和增权有效性的实现，最终乡村旅游才能可持续健康发展。

（孟艳华）

**【国外旅游研究知识体系演变与共现】**

余构雄（华南理工大学经济与贸易学院）

《经济管理》2016 年第 11 期
18 千字

该文以国外旅游学术刊物影响因子及引用率排名最前的 *Annals of Tourism Re-*

*search* 和 *Tourism Management* 1986—2015 年载文的书写关键词为研究对象，采用文献计量法及内容分析法，历时性与共时性交替贯穿于研究中，通过可视化软件“引文空间分析”进行数据统计分析，借此演绎国外旅游研究知识体系。

研究结果显示：（1）旅游研究知识体系演变呈现宽泛—收缩，其本质是旅游研究知识体系的演变脉络逐渐清晰，其演变呈现“稳中有变”“稳优于变”及“热点不再—热点演进—热点连贯”的特点；“稳中有变”的“稳”主要指旅游研究知识体系在三个阶段及连续阶段间有一定的稳定性，“变”主要指各阶段及跨阶段研究热点有一定的变化性。（2）构建了由旅游研究主要内容、旅游研究地理区域和旅游研究方法组成的国外旅游研究知识体系共现框架。其中研究内容包括：旅游者与目的地居民、旅游发展与影响、旅游目的地、旅游市场营销、旅游接待业管理、旅游类型。

最后，较为细致地探讨国内外旅游业及旅游研究发展历程、旅游研究主要内容、旅游研究地理区域、旅游研究方法的异同，以期为深化国内旅游研究提供借鉴与启示。研究发现：

（1）旅游研究知识体系演变方面：通过对比旅游研究三个阶段的知识图谱节点、连线、密度、树状等，呈现点多线少密度低向点少线多密度高演变、呈现“树状分叉”向“树状交叉”演变，可知其演变呈现从宽泛到收缩，其本质是旅游研究知识体系的演变脉络逐渐清晰，研究领域在第二阶段和第三阶段逐步收缩。对比旅游研究三个阶段高频关键词数量及词义的变化，旅游研究知识体系呈现整体连续性优于阶段间连续性、阶段间连续性优于跨越间连续性、各阶段的连续率高于单一率，可知其演变呈现“稳中有变”“稳优于变”及“热点不再—热点演进—热点连贯”的特点。

（2）旅游研究知识体系共现方面：基于30年的高频关键词及知识图谱的关键节点，构建了国外旅游研究知识体系共现框架，包括由旅游者与目的地居民、旅游发展与影响、旅游目的地、旅游市场营销、旅游接待业管理、旅游类型所构成的旅游研究主要内容，旅游研究的地理区域和旅游研究的方法。

（孟艳华）

**【彰显个性：旅游景观传播的坐标】**

王海荣（绥化学院经济管理学院）

《学术交流》2016年第11期
7.5千字

鉴于当下部分旅游城市建设及其景观形象传播同质化趋势加剧甚至产生“赶客效应”的实际状况，保持个性是旅游景观传播应遵循的基本规律，彰显个性契合了旅游市场发育机理与受众审美期待，应该必须成为旅游景观形象传播的坐标。因为个性化景观传播满足了旅游受众的认知、体验、审美和休闲心理。以新、奇、特为标志的个性化景观对旅游受众心理的内在契合尽管各有侧重，但并非泾渭分明、截然分开的，它们往往“你中有我、我中有你”，甚至是一种景观的传播兼容并蓄，满足了旅游受众不同的审美期待。

彰显个性是旅游景观传播应践行的基本策略，包括四个方面：

第一，明确主题，使景观传播理念较之同类景区景点具有差异性和独到性；差异化是景观客体的表现；独到性是旅游受众的主体感受，二者的和谐统一，构成了明确主题的丰富内涵。

第二，立足地域，地域是孕育个性化景观的母体，对于我国来说，可供旅游开发的自然资源丰富充裕。借助地域资源的独特性彰显景观形象的个性，必将使受众寓认知、探索、审美、体验于全部旅程。

第三，特色为美，运用适宜的艺术手段塑造景观，使受众产生强烈的视觉冲击力和持久的审美愉悦感。所谓特色为美，是指在聚焦地域优势资源的基础上，按照所明确的主题与传播理念，遵循美学原理，运用夸张、变形、通感等一系列艺术表现形式，使所塑造的景观形象具有亲和力，令旅游受众以其所熟稔的本地本土文化为视角，去鉴赏异域他乡异质文化的新奇性价值，从而产生深切持久的审美愉悦。实施特色为美的策略彰显个性，既取决于撷取地域题材的独特性，也取决于景观表现形式以及表现手段的独创性。

第四，修旧如旧，以尽可能恢复文物建筑固有的样态与风貌为准则，确保历史的传承性。之所以要修旧如旧，在于这些文物古迹历经岁月风雨，千淘万漉，从总体上完好地保存下来，其民族文化的底蕴性、别致造型的奇特性和审美鉴赏的意象性，成为旅游景观个性化的最佳范式范本。

（孟艳华）

**【乡村旅游：美丽家园的重塑与再造】**

明庆忠、刘宏芳（云南财经大学旅游文化产业研究院）

《云南师范大学学报》2016 年第 4 期
11 千字

文章在深刻反省大规模城镇化跃进带来的“城镇包围乡村”、乡村建设的困境基础上，首次系统界定乡村美丽家园的内涵与外延，分析研究乡村旅游为何会成为美丽家园重塑与再造的主要路径和关键点以及解决“乡村建设之困”问题的主要抓手。研究重塑与再造美丽家园的本质和核心，提出乡村旅游促进美丽家园再造的主要路径等。从“困境”到“解困”、从内涵到构建、从观念到实践全方位思考乡村旅游与美丽家园的建设，为建设美丽中国及美丽家园建言献策。

美丽家园应有之义包括建设以人为本的活化家园、人与自然和谐的生态家园、物质文明的富裕家园、精神文明的文化家园、整体关系的和谐家园。乡村旅游成为美丽家园重塑与再造的主要驱动力，主要表现在提高经济活力、是美丽家园建设的重要产业基础、多元需求赋予美丽家园新价值、弥合乡土与城市。

乡村美丽家园应是以人为本的活化家园、人与自然和谐的生态家园。乡村美丽家园重塑与再造的本质在宜业宜居、核心在“人的再乡村化”。

乡村旅游促进乡村美丽家园再造的主要路径是：重识乡村价值，重构乡村文化；推动本土化规划与主题发展；实现乡村旅游产业在地化；鼓励乡村旅游社区参与，释放乡村活力；通过新型发展模式，构筑乡民安居乐业、旅游者旅居生活的美丽家园。

（孟艳华）

**【基于美学视角的旅游城市品牌设计研究】**

徐燕、陆晓云（南通大学艺术学院）

《湖湘论坛》2016 年第 6 期
8 千字

旅游城市的城市品牌价值是旅游者对城市品牌的认知态度。城市品牌美学设计是基于旅游城市地域文化，深入研究历史和民风，提炼富有个性的品牌符号，进行美学规划设计。城市品牌的视觉要素主要包含品牌标识、品牌字体、品牌色彩以及品牌的辅助图形等。基于美学视角的城市品牌设计是旅游城市竞争的重要表现形式和手段。

旅游城市可以通过开发，创造具有美感的品牌标识、字体、色彩、辅助图形等视觉形象，树立具有独特视觉美感的城市品牌，展现城市的审美观和价值观以及城市的独特个性，以多种形式影响旅游者，促进城市品牌文化的传播和旅游产业的发展。其中，城市品牌标识是城市品牌系统构建的视觉核心，是一种具有象征性的视觉语言。城市品牌的标识美体现在形式美、意象美、动态美。

（孟艳华）

**【中国旅游经济与生态环境协调发展度测算及区域差异分析】**

刘德光、屈小爽（中南财经政法大学工商管理学院）

《广东财经大学学报》2016 年第 4 期
12 千字

文章在已有的研究成果基础上，构建旅游经济与生态环境协调发展度评价指标体系，其中，生态环境子系统与旅游经济子系统为一级指标，从子系统的构成要素角度各选择两个二级指标，即生态资源指标和环境治理指标，旅游效益指标和行业发展指标，并甄选出 10 个突出反映生态环境的三级指标和 8 个突出反映旅游经济的三级指标。采用因子分析法和协调发展度模型，考察了我国大陆 31 个省、直辖市、自治区 2005—2014 年旅游经济与生态环境的协调关系及时空特征，并判断其旅游经济与生态环境的滞后类型。

旅游经济与生态环境协调发展度的时空特征有：时间维度的动态演化上，协调发展度在波动中逐步增长，但近年有下降迹象。自 2005 年以来，我国旅游经济与生态环境协调发展度在波动中缓慢增长，但近年来有下降的迹象；协调发展度区域间的差异随协调发展度变化而变化。从空间上看，我国旅游经济与生态环境协调发展整体水平偏低。协调发展度高的省份往往属于生态环境滞后型。协调发展度低的省市往往属于旅游经济滞后型。协调发展度区域差异明显，东部地区协调发展度明显高于其他地区。最后，按照旅游经济和生态环境两个维度，将 31 个省、直辖市、自治区划分为四种类型：高旅游高环境、高旅游低环境、低旅游高环境、低旅游低环境，并提出实施统筹兼顾、优化升级、适度跳跃、开拓变革等发展战略。

（孟艳华）

**【“一带一路”与中国—东盟旅游安全合作】**

马超、张青磊（上海师范大学法政学院）

《云南社会科学》2016 年第 4 期
9 千字

面对逐年攀升的人员交往、日趋复杂的安全环境及双方在安全各领域内逐步深入的交流与合作，旅游安全合作不应成为中国与东盟双方安全合作的盲点。梳理相关研究可发现，中国与东盟旅游安全合作相关研究仍属空白。从已有研究可发现，中国与东盟旅游安全合作应归于非传统安全合作范畴，但仍处于学界和社会关注焦点之外。因此，作者提出因此，亟须进一步深入探讨中国与东盟旅游安全合作的动力来源、现实挑战及构建路径。

中国与东盟开展旅游安全合作有着广泛的动力来源表现在：（1）旅游安全是中国与东盟共同安全关切和安全利益；（2）旅游安全应纳入综合安全视角统筹考虑；（3）旅游安全合作彰显“合作安全”主题；（4）旅游安全合作是实现“以可持续发展促进可持续安全”的有效举措。

中国—东盟旅游安全合作挑战表现在：涉及的旅游安全事件类型增多、旅游安全事件遍布东盟各国，发生地域分散、群死群伤事件频发，游客受侵害程度较重。“一带一路”合作倡议坚持共商、共建、共享下的政府推动、企业主导、商业运作的方针，受惠的不仅是沿线各国政府，更惠及普通群众。作者认为中国—东盟旅游安全合作完全符合“一带一路”倡议，并可从以下方面着手推进完善：

（1）以共商、共建、共享为原则，凝聚旅游安全合作共识；（2）以中泰旅游安全合作为抓手争取“早期收获”，发挥示范引领作用；（3）“双轨”互动，上下合力促成旅游安全合作；（4）建立旅游安全形象互塑机制维护彼此旅游形象；（5）完善中国出境游安全保障体系。

（孟艳华）

**【全球旅游分工新体系和中国旅游业定位】**

金准（中国社会科学院财经战略研究院），廖斌（北京联合大学旅游学院）

《经济管理》2016 年第 4 期

17 千字

当前，全球分工体系正在发生深刻变化，世界各国的旅游需求和供给对接更为紧密，旅游业的板块间水平分工和板块内的混合分工正在形成，以中国等金砖国家驱动的新兴国家旅游产业发展和升级正推动全球旅游要素流动和要素组合的变化。

该文的研究主要分为三步：第一步，通过研究各国宏观旅游业数据变动情况分析全球旅游新格局；第二步，参考投入产出法，以跨区域旅游流动为核心指标，研究全球旅游分工体系，所谓投入产出法是指利用国际投入产出表对全球价值链进行测度；第三步，研究全球旅游分工体系的主要节点国之间的旅游流动情况以及中国所在板块的内部旅游消费的分配情况，分析中国旅游业所处位置。文章用国际的游客流动和消费替代投入产出表，研究流动矩阵、分流节点和分流情况，以此研究分工情况。该文研究对象涵盖了全球 218 个国 1995—2013 年的主要旅游业数据，数据主要来自世界旅游组织。

分析显示，板块层面，世界旅游业进入新的全球化红利期，欧洲进入成熟期，亚太市场增长带来大变局，欧洲和亚太地区是世界旅游市场的两大引擎，亚太将发挥越来越重要的作用；国家层面，中等收入国家旅游经济全面崛起。中等收入国家在世界旅游格局中份额猛增，中等收入国家驱动全球旅游增长，经济发展格局和旅游业发展格局间存在直接关系。呈现的分化形式表面为高旅游收入国家和低旅游收入国家间存在陡峭断崖；世界旅游经济的分工体系发生重大变化，表现为从双板块时代到多板块时代，全球旅游分工体系变得日益多元丰富，从双板块时代到多板块时代，全球旅游分工体系变得日益多元丰富，八个核心国和九个次核心国连起板块间的水平分工，各板块内围绕核心国和次核心国形成混合分工体。

中国旅游业在全球旅游业中的地位是：（1）中国作为亚太旅游的发展引擎驱动世界旅游业增长；（2）中国是中等收入国家的旅游领头羊，正进入经济大国和旅游大国的同步崛起进程；（3）中国是全球旅游分工体系中的亚太核心国，是亚太地区国际旅游的中心型目的地（4）中国旅游业在世界旅游业中具有特殊性，全球最大的内需市场令中国旅游模式和其他国家迥然不同。

中国与世界其他核心国或地区比较，特征为：（1）旅游竞争力综合水平不高；（2）五大优势项为安全保障、行业的价格竞争力、人力资源、自然资源和文化资源；（3）十大弱势项为政策法规、环境的可持续发展、健康和卫生、旅游的优先次序、空中交通基础设施、地面交通基础设施、旅游设施、资讯科技基础设施、国际开放度和商业环境。

世界旅游业进入新的全球化红利期，板块革新、交流、互动成为世界旅游业发展的全新动力。在此过程中，中国正在成为一个基于内需的全球化旅游经济强国，并在全球旅游价值链中发挥着越来越核心的作用。这对亚太乃至全球国际旅游新格局，都具有正向的力量，也是今天中国旅游业发展和改革的价值所在。

（孟艳华）

**【中国旅游经济增长质量的空间格局演化】**

刘佳、王娟、奚一丹（中国海洋大学）

《经济管理》2016 年第 8 期
21 千字

该文构建了由效率、结构、环境三个子系统构成的旅游经济增长质量评价体系。运用综合指数评价模型，采用空间四分位图和区域重心分析模型，分析了中国旅游经济增长质量的整体空间分布特征与动态变化状况；运用空间统计分析方法，探讨了 2003—2012 年中国旅游经济增长质量的空间集聚特征和演化态势，揭示不同省域之间在空间上的相关性和依赖性；进一步构建空间面板数据模型，分析了中国旅游经济增长质量空间差异形成、空间关联演化的主要原因，进而提出促进中国旅游经济增长质量整体提升的对策建议。

文章得出如下结论：

第一，中国旅游经济增长质量的空间格局总体上具有相对稳定性和连续性，呈现出东部沿海地区质量水平高、中西部地区相对较低的显著空间差异。东部沿海地区旅游经济增长质量较高，其旅游经济效率较高、旅游产业结构较为合理和旅游环境质量良好；中西部地区旅游经济增长质量相对较低，旅游产业结构合埋化和高度化水平有待提升。

第二，中国旅游经济增长质量的空间集聚特征呈现阶段性演化态势。2003—2012 年，各省域之间的增长质量存在明显的空间自相关性，表现为显著空间溢出效应，各省域的旅游经济增长质量的发展受到邻近省域旅游经济增长质量的影响，并在空间上形成高低不同类别的集聚模式，并且集聚类型逐渐形成由高到低、由东向西的分布特点。

第三，中国旅游经济增长质量发展状况受到多因素的综合影响。各种因素以直接或间接的方式作用于旅游经济增长质量，推动或制约旅游经济增长质量的提高。主要集中在以下几个方面：较高的经济发展水平是推动旅游经济增长质量提升的主要因素；完善的公共服务基础设施是重要保障；生态环境的保护虽然具有滞后性，但是，旅游经济的增长依赖于生态环境的改善，环境效益最终会促进旅游经济增长质量的螺旋式上升。人力资本和技术创新因素对旅游经济增长质量提升作用不明显。

最后提出三点建议：（1）实施区域旅游经济差异化发展，充分发挥区域空间集聚、关联与溢出效应，重视区域旅游合作。（2）落实政策规制，注重旅游产业效率提升、结构协调和环境整体优化。（3）加强人才、技术支撑，促进旅游技术创新成果转化。

（孟艳华）

**【我国乡村旅游中的游客满意度评估及影响因素分析】**

周杨、何军红（广东工业大学管理学院），荣浩（五邑大学经济管理学院）

《经济管理》2016 年第 7 期
15 千字

游客满意度，主要指的是游客将旅游前的预期和旅游后的体验进行对比后的一种心理评价，反映游客预期与实际体验的落差。实际体验高于事前预期，则游客满意；反之，则游客不满意，逐渐发展为期望差异模型。

该文基于 2013 年广东省四地区乡村旅游点的实地调查，对乡村旅游中游客的总体满意度，乡村旅游各构成要素（乡村旅游环境、乡村旅游支持系统、乡村旅游吸引物、乡村旅游服务、投诉便利性）满意度及游客重游意愿进行分析，并进一步利用 Logistic 回归模型分析影响乡村旅游中游客满意度的因素。

文章研究结论如下：

第一，乡村旅游中的游客总体满意度较高，但乡村旅游各构成要素的满意度评价差距明显，乡村旅游的五个构成要素中，乡村旅游环境的满意度最高，其次为乡村旅游支持系统，乡村旅游吸引物的满意度评价适中，乡村旅游服务及投诉便利性的满意度评估较差。

第二，乡村旅游中游客重游意愿的强弱与乡村旅游满意度之间存在明显的相关关系；乡村旅游的游客群多为城镇人、中产者，其乡村旅游行为多为重复博弈行为。

第三，个人特征层面的性别、受教育程度，旅游行为层面的游客出游方式、游客年出游次数，目的地总体评价层面的乡村旅游环境、乡村旅游支持系统等因素，显著影响乡村旅游中的游客满意度评价。

第四，乡村旅游的发展不仅要重视旅游者的体验性和满意度，更要重视旅游服务总体质量的提升。

第五，纵观2016年国家旅游局推出的全年工作大纲整体，乡村旅游、全域旅游都被作为全年的重点关注对象。发展乡村旅游，在重视旅游者的体验性、满意度和精神追求的同时，也要重视旅游服务总体质量的提升，发挥政府、社会、市场三方面的积极性。

鉴于该文研究中发现游客对乡村旅游各构成要素的满意度评价依然存在明显差距，未来的乡村旅游开发中，无论是政府管理部门制定政策措施还是开发实践中，都必须更新观念，致力于为旅游者呈现全新形态的旅游目的地，即旅游相关要素配置完备、游客体验需求能够全面满足、能够进行开放式旅游的目的地，全面提升游客满意度。

（孟艳华）

# 其他学科

**【"面子工程"还是"真才实干"？——基于政治晋升激励下的国有企业创新研究】**

周铭山、张倩倩（西南财经大学金融学院）

《管理世界》2016 年第 12 期
20 千字

该文从国有企业 CEO 的双重身份出发，研究政治晋升激励对国有企业创新的影响。首先，从国有企业 CEO 晋升激励视角来看，政府对 CEO 业绩考核虽然强调了创新的重要性，但政府对国有企业的压力始终是多方面的。我国国有企业的实际控制人是中央政府或当地政府，政府为了实现经济增长目标或者社会稳定目标，经常将就业压力和政府业绩要求转嫁给当地国有企业。其次，作为理性经济人，国有企业 CEO 也面临着风险和收益的权衡。创新活动不同于常规生产活动，创新是一项高风险的长期投资，具有独特性，创新活动因更加具有探索性，初期更容易失败。此外，国有企业高管每届任期仅有 3 到 4 年，而且具有不确定性，而创新投入形成无形资产或者实际生产力通常具有滞后性，这意味着过多的研发投入可能无法形成其任期内绩效。再次，政府尤其是地方政府在其辖区内通常监管多家国有企业，形成一个委托人多个代理人的管理模式。地方政府的精力相对有限，无法根据每家公司特性对其管理层工作进行评价，导致政府对国有企业高管的评价往往是结果导向的。根据已有文献和上述理论分析，该文通过选取 2007—2014 年国有上市公司 CEO 变更数据，实证检验了政治晋升激励对企业创新投入和创新产出的影响。

该文研究结果发现，国有企业政治晋升激励在降低企业创新投入的基础上，提高了企业创新产出。进一步研究证实，创新产出的增加源于政治激励下创新投入产出率的提高。通过对比创新产出可能存在的"面子工程"和"真才实干"两种机制，作者发现，国有企业政治晋升激励提高了创新产出的价值增值能力，这意味着政治晋升激励作用下国有企业高创新产出是真实有效的，进而支持了"真才实干"假说。此外，该文对高管薪酬激励、在职消费和政治晋升激励在国有企业创新活动中的相互关系进行了检验，结果表明薪酬激励和在职消费对创新的政治晋升激励有效性存在调节作用，相对于低薪酬激励，高薪酬激励时国有企业创新的政治晋升激励有效性更高；相对于高在职消费，低在职消费时国有企业创新的政治晋升激励有效性更高。

该文的研究结论具有重要的现实意义。第一，该文从高管政治晋升激励的视角研究企业创新，突破了以往仅从薪酬激励方面分析企业创新的研究范式。第二，该文的研究结果表明，对于国有企业作者应该全面客观地认识和分析政府在企业经营活动中扮演的角色，伴随着国有企业改革的进行，作者应重新评价国有企业经营效率，并在此基础上探讨可能影响国有企业经营效率的新因素。第三，该文发现政府对国有企业的高管的选拔机制会影响企业的经营活动，各级政府可通过完善政绩考核制度设计改善国有企业经营效率。第四，为了提高国有企业创新产出效率，除了完善政绩考核制度设计之外，可配合使用提高国有企业高管薪酬水平、控制国有企业高管在职消费等举措。

（肖汉雄）

**【地区幸福感、社会资本与企业公益性捐赠】**

修宗峰（中南大学商学院），周泽将（安徽大学商学院）

《管理科学》2016 年第 2 期
21 千字

目前，学术界将幸福感研究有机地融合到管理学研究之中，而企业公益性捐赠问题一直是管理学研究的一个热点话题，关于企业公益性捐赠研究经久不衰的一个重要原因是，企业公益性捐赠不仅是经济行为，而且涉及企业家的道德范畴，即公益性捐赠涉及捐赠主体在经济利益与道德良心之间的选择和权衡，更易引起社会公众的广泛关注，使对公益性捐赠的研究越来越深入。该研究拓展了企业公益性捐赠的利他动机研究，通过对幸福感与信任、网络、道德伦理规范等之间关系的理论分析，初步构建地区幸福感与企业公益性捐赠的理论关系，从社会资本角度将地区幸福感导入企业社会责任尤其是公益性捐赠行为的研究中，增进了福利社会学和社会心理学在公司治理层面的研究积累。

该文基于 2007 年至 2013 年中国 A 股上市公司的公开财务数据，基于社会资本的相关理论，从地区幸福感视角考察企业公益性捐赠的影响因素，在此基础上，进一步检验产权性质和制度环境对地区幸福感与企业公益性捐赠之间的关系的影响。研究结果表明，地区幸福感对中国 A 股上市公司公益性捐赠具有积极的正向作用，也就是说，上市公司所在地区的幸福感水平越高，其自身进行公益性捐赠的可能性越大、捐赠水平越高，但上述正向效应仅存在于民营控制的上市公司中，这在一定程度上说明幸福感水平高的企业家（或者公司高管）具有一定的利他动机来回报社会，从而获取更高的心理效用；对政府控制的企业来说，地区幸福感对其公益性捐赠的正向作用随地区制度环境的改善而增强，制度环境的激励效应在国有上市公司和民营上市公司中均存在。通过进一步考察地区幸福感和公益性捐赠的替代变量，上述研究结论保持不变。该研究结论对于深入理解地区幸福感的作用以及如何在新兴市场中积极引导企业履行社会责任、促进经济和社会的可持续发展均具有一定的启示和指导意义。

该研究的基础和现实意义，主要体现在如下几个方面。目前，无论是理论界还是实务界更多关注的是社会百姓幸福感水平的高低以及其决定因素，较少关注不同地区幸福感水平差异的后果尤其是经济后果，研究证据表明地区幸福感具有一定的经济后果；如何理解地区幸福感的本质和作用等理论问题也亟须厘清和探索，结合已有国内外研究，该研究从社会资本这一非正式制度安排的角度对地区幸福感的本质和作用进行初步的分析和解读，并发现了地区幸福感在促进企业公益性捐赠方面的积极作用；从利他动机角度检验企业（或个人）公益性捐赠的经验研究较少，这是因为学术界很难选取一个代理变量来适当地反映企业（或个人）的利他动机，该研究为公益性捐赠的利他动机提供了一个替代性的解释变量；根据研究结论，地区幸福感对企业公益性捐赠具有正向作用，这说明地区幸福感的提高能够增强社会大众和企业的“仁爱”之心，从而有利于促进社会公平及可持续发展。因此，在中国当前新的发展时期，如何切实提高地区和居民的幸福感是各级政府要积极面对的重大现实社会问题。

（肖汉雄）

**【房价波动与社会福利——基于内生化企业进入的研究】**

雷文妮（北京科技大学东凌经济管理学院），龚六堂（北京大学光华管理学院）

《金融研究》2016 年第 8 期
14 千字

房地产部门是国民经济中的重要组成部分，其具有涉及产业链长、对居民支出影响大等特性。近年来，房价快速高涨，一些知名的制造业民营企业争相进入房地产行业。宋昭和王文春利用 2001 年到 2008 年全国 35 个大中城市非房地产上市企业数据发现，截至 2008 年已经有近 74.2% 非房地产上市企业先后进入房地产行业。房地产行业的过热发展对其他行业发展空间的挤压，以及对国民经济和社会福利的影响，是一个受到社会普遍关注的热点问题。对此，该文建立一个动态随机一般均衡（DSGE）模型，对房价波动影响其他部门的传导机制和社会福利损失进行研究。

该文运用 1998 年到 2010 年中国 35 个大中城市面板数据建立实证模型，对模型中房价波动影响企业进入的机制进行检验，考虑了在内生化企业进入下，房价对资源配置和社会福利的影响。该文研究发现，考虑企业进入行为后，非房地产部门技术进步、政府管制放松和不动产供给总量增加都会改善社会福利，但是在考虑房价对进入成本的影响后，如果冲击带来房价下降，通过房价影响厂商进入行为的渠道会放大冲击对社会福利改善幅度，例如不动产供给总量增加冲击。如果冲击使得房价上升，这一渠道则会减少冲击对社会福利的改善幅度，例如非房地产技术进步冲击和政府管制放松政策冲击。其中土地等不动产供给总量增加使得房地产部门对非房地产部门的挤占效应明显，加之房地产部门在总消费的比例较小，不动产总量供给增加对于整个社会福利改善非常微弱。不同冲击对社会福利的影响大小与房价对企业进入成本的传递程度和房地产部门占经济中的比重直接相关。非房地产部门技术进步冲击并不一定会带来非房地产部门的企业数目的增加，当房价对企业进入成本的传递程度较大时，非房地产部门企业数目反而减少，加剧了非房地产部门的垄断程度，降低了社会福利，这和以往的理解是不同的。

与之前的研究相比，该文的创新之处主要表现在以下方面。第一，该文在传统的 DSGE 模型中纳入企业的进入决策，对企业数目、部门集约扩张和外延扩张进行分析，这是以往代表性企业模型无法考虑的。第二，该文对简政放权和增加土地供给等热点政策对经济的影响进行了分析，具有一定的现实意义。第三，作者建立实证模型验证了房价通过改变进入成本进而影响企业进入决策机制的存在，增强了理论模型的可信性。

（肖汉雄）

**【风险态度不对称下的企业间知识转移研究】**

陈果（广东财经大学工商管理学院），齐二石（天津大学管理与经济学部）

《中国管理科学》2016 年第 12 期
13 千字

知识经济时代，企业核心竞争力的提升不仅源于对自身核心知识的集成和更新，还依赖于对外部关键知识的整合和吸收，企业间知识转移日趋普遍。企业间知识转移是知识发送方企业为了使知识接收方企业获取实现某共同目标的能力，将积累的一系列知识传授给缺乏该知识的知识接收方企业的过程。为了最大化自身利益，知识接收方可能发生知识模仿、知识盗用。已有的研究证明，知识发送方的风险态度会影响其对知识接收方的监督程度，以及其对知识接收方机会主义行为的察觉概率和惩罚力度，进而影响知识转移双方行为。然而，知识发送方的风险态度在知识流失风险普遍存在的企业间知识转移中的重要性尚未引起学界重视。大多数研究仅考虑了决策主体的风险态度为"共同信息"的情形，忽略了决策主体的风险态度通常为私有信息，且其风险态度披露决策会影响风险防控效果。故承接前人研究，该文将知识发送方区分为风险厌恶程度相对较低的风险偏好方和风险厌恶程度相对较高的风险厌恶方，并进一步假设知识发送方的风险态度为私有信息，知识发送方可以公布真实或者虚假的风险态度类型，知识接收方可以相信或者不相信对方公布的信息，且当知识发送方公布虚假信息，或者知识接收方不相信对方的行为被发现时会遭受对方的诚信惩罚，通过利用演化博弈论研究知识发送方风险态度披露策略与知识接收方信息处理策略的演化均衡，以及其对知识转移的影响，找出既能最大化知识转移双方总收益又能避免知识流失的最佳演化均衡，并探讨实现该均衡的方法，有效防控知识流失风险。

该文以知识发送方的风险态度为视角，利用演化博弈论研究了企业间知识转移中，具备有限理性的知识发送方的风险态度披露策略和具备有限理性的知识接收方的信息处理策略的演化均衡，以及其对知识转移的影响，找出了既能最大化知识转移双方总收益又能避免知识流失的最佳演化均衡，探讨了实现该均衡的方法，主要贡献及研究结论如下：第一，发现知识发送方为风险偏好方时，最佳演化均衡为风险偏好方采取欺骗策略，知识接收方采取相信策略；知识发送方为风险厌恶方时，最佳演化均衡为风险厌恶方采取诚实策略，知识接收方采取相信策略。第二，提出为实现最佳演化均衡，知识发送方应结合自身风险态度设置诚信惩罚，风险厌恶程度越低的风险偏好方和风险厌恶程度越高的风险厌恶方应设置越大的诚信惩罚；当知识发送方设置的诚信惩罚足够大时，一定能实现最佳演化均衡，否则，仅风险厌恶方可能通过增大诚信惩罚，选择对其诚信惩罚较大的知识接收方，实现最佳演化均衡。第三，在实践方面，该文结论有助于指导风险态度类型不同的知识发送方应采取何种风险态度披露策略，以及应如何设置诚信惩罚，选择知识接收方，以改善企业间知识转移效果，防控知识流失风险。

（肖汉雄）

**【竞争异质性、管理者道德认知与企业的生态创新研究】**

王霞（华东师范大学经济管理学部），徐晓东（上海交通大学安泰经济与管理学院）

《上海财经大学学报》2016 年第 4 期
15 千字

目前各国政府积极推动的环保举措虽然很多，但是生态创新是环境治理的本源。只有越来越多的企业生产环保节能型产品，才能控制环境污染的源头，节能减排的目标就会顺理成章地实现。因而生态创新提供了达成多赢局面（环境—社会—经济）的可能性，研究企业生态创新的影响因素无疑具有重要理论意义与实践价值。该文从经济学与管理学的双重视角出发，研究了市场竞争与管理者道德认知作用于企业生态创新的内在机理。结果表明：我国环境敏感型企业的生态创新水平整体上不高，各企业间的生态创新水平差异较大。企业的生态创新水平受到来自外部的产品市场竞争的影响，生态创新与市场竞争在整体上呈正相关关系。进一步的研究发现，不同性质的市场竞争对生态创新的影响作用存在差异，市场竞争的激烈程度与企业生态创新水平之间呈倒“U”型的二次曲线关系。管理者道德认知对生态创新始终具有正向的促进作用，但这一正向促进作用是条件依存的。当企业具有寡头垄断势力、进行生态创新的意愿不足时，管理者的道德良心能够驱使企业扩大生态创新的支出；但是当企业处在或接近完全竞争市场，激烈竞争导致企业盈利能力低下、内部资源不足时，管理者道德认知在促进企业的生态创新方面无能为力。

作者从研究中得到的启示是：让企业更好地履行环境治理责任、扩大生态创新水平，政府部门在政策拟定上要结合其面临的市场竞争环境。由于市场竞争激烈程度与企业生态创新水平之间呈倒“U”型的二次曲线关系，因而处于或接近完全竞争市场的企业以及寡头垄断市场的企业是政策引导的重点。寡头垄断市场的企业大多是国家控股，该文的研究也发现，国有股权不利于企业生态创新。这类企业具有市场定价权和政治关联，环境丑闻或由此导致的市场惩罚对它们的影响较小，进行生态创新的意愿不足，究其原因还在于体制问题。因此，对于这类企业，政府部门除加强环境监督、通过立法大幅提高其环境违法成本以促进其进行生态创新外，引入混合所有制不失为一条有效的途径。通过混合所有制实现国有资本与民营资本交叉持股、相互融合，无疑可以提高企业的生态创新水平，既有助于环境治理，也有利于盘活国有资本。对于处在接近完全竞争状态的企业，生态创新的水平较低，而且管理者道德认知对促进这类企业的生态创新无能为力。处于该种市场竞争情境的企业通常规模较小，但是中小企业数量可观，在国民经济中占据重要的地位，生态创新对中小企业同样具有重要意义，只有中小企业能够真正重视并解决生态创新问题，才可能提升整个国家的生态创新水平。对于这类企业，政府应该在政策上给予更多的引导和鼓励，可考虑制定专门针对中小企业生态创新的特殊政策，为它们提供用于生态创新的贷款，给予利率优惠，扶持中小企业开展生态创新。由于管理者道德认知有助于企业生态创新，抵御较强的垄断势力对生态创新产生的弱化效应。因此，除了在整个社会倡导环保主题，提升管理者的环保意识之外，对企业高管的考评以及奖励措施要扩大到管理者道德认知的维度，定期通过媒体公布捐赠、公益活动获奖企业或管理者的名单。对高管的选拔也要充分考虑管理者的道德认知。早期文献的研究表明，管理者的社会责任感受教育程度、年龄、性别、军事经历的影响，因此，在选拔管理者时可以参照其个人特征因素。

（肖汉雄）

**【国家赋权、村庄民主与土地产权的社会认同——基于农户的土地产权合法性、合理性和合意性认同】**

仇童伟（华南农业大学经济管理学院），
李宁（南京财经大学粮食经济研究院）
《公共管理学报》2016年第3期
24千字

现代产权理论认为，界定明晰和完备的产权体系可以促进交易的发生和提高经营主体的生产性激励。在农村土地产权领域，安全的土地产权可以通过降低农地交易价格、激励农户生产投资等方式提高土地流转市场的发育。但尽管1998年以来我国颁布了诸多旨在提高产权安全的法律法规，但农村土地调整仍然时常发生。现实中不安全的土地产权不仅降低了农户的产权安全感知，还导致农户对土地产权的认知与实际产权状况产生较大偏差。因此，村庄治理作为承接国家政策执行和村庄事务自主管理的媒介，它对农户土地产权社会认同的影响不仅反映了国家治理的介入，也折射出乡俗民约等传统道德规范的作用。为进一步明确土地产权社会认同形成的层次性差异及国家赋权和村庄自治互动对它的形塑作用，该文从国家赋权和村庄民主两个层面分析农户土地产权社会认同的形成，并考察村庄民主治理如何影响国家赋权在法律与现实维度的作用绩效。

该文利用苏、赣、辽三省2379户农户的调查数据经验分析了国家赋权、村庄民主对土地产权社会认同的影响，并考察了不同民主化程度下国家赋权的作用差异。研究结果表明，土地产权合法性认同和土地产权合理性及合意性认同分别对应于公共治理与村庄自治，且具有村庄民主治理依赖性。经验结果表明：第一，土地法律文书提高了土地产权合法性认同，村庄土地调整则分别强化和弱化了土地产权合理性和合意性认同；第二，村庄民主治理有助于提高土地产权合法性认同，但降低了土地产权合理性和合意性认同，且认知民主对土地产权社会认同的正向激励作用强于形式民主；第三，村庄民主治理对土地法律文书的产权合法性激励具有替代效应，并强化了土地调整对产权合理性和合意性认同的作用。由上文分析可知，农户的土地产权社会认同表现出公共治理和村庄自治层面的结构性差异，并且土地产权合法性认同、合理性认同及合意性认同由于国家法律意识与村庄文化之间的差异难以有效统一。这就要求在转变治理结构和协调民主与法律关系的同时还需要加强对农户土地法律知识的宣传，结合法制有效性、法制规范性和法制合理性等内容提高农户对村庄治理中法制嵌入的需求，从产权认知、法律需求和治理参与等维度转变目前农村地区普遍存在的错误的土地产权认知和提高三个层次土地产权社会认同与产权治理的协同性。

该文的主要贡献在于：首先，从社会学和心理学维度阐述了土地产权社会认同的理论内涵及其在产权强度分析中的自洽性，并从产权强度理论出发提出了三层次的土地产权社会认同——土地产权合法性、合理性和合意性认同。其次，从国家赋权和村庄民主治理互动的维度阐述了土地产权实施面临的法律道德和村庄文化的双重情景，进而剖析了土地产权社会认同的内在逻辑差异及层次性差异，为提高公共治理与村庄治理的协同性和农村土地制度改革绩效提供了经验参考。

（肖汉雄）

**【区域创新系统协同演进研究】**

苏屹（哈尔滨工程大学经济管理学院、清华大学经济管理学院），姜雪松（哈尔滨工程大学经济管理学院），雷家骕（清华大学经济管理学院），林周周（哈尔滨工程大学经济管理学院）

《中国软科学》2016年第3期
20千字

区域创新系统的发展过程并不一定遵循线性演化过程，其可能出现某阶段的跃迁，实现跨越式发展。因此，需要从系统科学的视角对区域创新系统问题进行更加深入的剖析。该文基于B—Z反应，研究区域创新系统的协同演进问题，构建基于B—Z反应的区域创新系统协同演进方程，并进行实证研究。通过复杂性科学理论、协同学理论来构建区域创新系统协同演进分析框架，为系统科学进一步应用于区域创新系统的研究奠定一定的基础。

该文从区域创新系统的概念出发，认为区域创新系统是一个包含有创新主体子系统、创新资源子系统、创新环境子系统三个部分的复杂系统。通过隐喻方法，借鉴B—Z反应这一非线性化学反应，选择创新效果、创新潜力、创新配置三个状态变量隐喻B—Z反应中的三种主要物质，外界综合投入指数隐喻B—Z反应的控制参数，三个状态变量的调整参数隐喻B—Z

反应中的反应速率，构建区域创新系统协同演进模型，并进行实证研究。研究结果表明：一方面，从演进阈值增减性来看：近一年的发展中，黑龙江、江苏、广东、广西、海南、贵州、甘肃、宁夏、青海9个省级行政区的阈值增大，说明经过一年的发展，9个省级行政区域相对于上一年远离了区域创新系统的演进点。另一方面，从演进阈值大小来看：创新能力较强省份和创新能力较弱省份的区域创新系统的阈值趋于两极化，创新能力较强省份的阈值部分极大，部分极小；创新能力较弱省份也出现了同样的状况。作者在实证研究的基础上，结合区域创新系统的三个状态变量（创新效果、创新配置、创新潜力），从增强创新效果、优化创新配置、提升创新潜力三个方面提出促进我国区域创新系统的协同发展对策。

（肖汉雄）

**【文化创意产业集聚效益分析——以北京市文化创意产业发展为例】**

姜玲、王丽龄（中央财经大学政府管理学院）

《中国软科学》2016年第3期

8千字

在全国文化创意产业发展中，北京市占据重要地位，出版、影视、艺术品交易等若干领域都在全国位于前列甚至占据全国半壁江山，其发展方向和举措对全国具有重要示范意义，其文化创意产业的集聚发展战略尤为突出。根据北京市国有文化资产监督管理办公室介绍，北京市全国第三次经济普查数据显示，全市20个文创功能区有文创单位7.4万个，占全市总量的50.8%；文创从业人员119.6万人，占全市总量的65.2%；文创资产总值14108.3亿元，占全市总量的68.5%；文创收入8331.4亿元，占全市总量的67.3%，产业空间集聚、集约发展的态势日益显现。但是，文化创意产业集聚是否有显著效益，从这组数据中无法明确看出。因为用简化的劳动生产率来看，计算收入与就业的商，仅为1.03，集聚效益并不是特别显著，当然这与数据使用的是功能区数据也有关系。对于文化创意产业集聚是否有显著效益这一问题，相关研究也存在着争论。该文认为，对文化创意产业集聚是否有效益这一问题，值得深入研究，而且需要深入产业内部进行精细化分类研究。由于北京市在我国文化创意产业中的地位和其旗帜鲜明的文化产业集聚区政策，该文选择北京市作为案例。试图通过计量方法，分类分析文化创意产业的三大类代表性细分产业的集聚效益，试图解答文化创意产业集聚效益是否存在、集聚效益的大小和变化情况如何、如何分类引导有效集聚的问题。

该文研究发现，大城市集聚经济行业规模和企业多样性文化创意产业的集聚总体上来说是有正效益的。但某些细分产业的集聚达到一定程度可能会出现变化，如文化类产业未来是否要继续把重点放在集聚上值得进一步分析。2008年后文化类产业集聚的效益是由正变负的趋势，可能说明了集聚对于文化类或者说部分文化类产业的作用方向在发生转变。科学研究类产业的专业化水平对集聚效益有重要作用，但是北京市的科研院所集中的特点及其国家事业单位属性反而可能影响了近年来该产业的社会化发展及北京市政策对其的影响力，集聚作用的发挥需要市场竞争主体的参与。要在集聚形成阶段获得和提升集聚效益，需要从如下方面着手：（1）鼓励龙头企业发展，扩大企业平均生产规模，获得规模收益。（2）对北京市来说，信息传输类和科学研究类产业的专业化水平需要得到进一步提升。北京市这两个产业的区位商都比较高，具备一定的对外服务能力。但信息传输类产业布局集聚经济系数为负，说明产业专业化水平虽然很高，但产业上下游衔接不佳，区位优势没能发挥。（3）需要进一步鼓励文化创意产业的多样化。要减少文化创意产业的进入壁垒，促进产业多元化发展，通过增加各类企业数来提高城市集聚经济指数，满足城市居民多样化的需求，提升正向集聚效益。

（肖汉雄）

**【中国无形资产测算及其作用分析】**

田侃、倪红福（中国社会科学院财经战略研究院），李罗伟（中国人民大学经济学院）
《中国工业经济》2016 年第 3 期
15 千字

无形资产（知识资本）包括 R&D（Research and Development）、组织资本、人力资本和信息资本等，是现代经济的基础，也是现代服务业发展和科技创新的决定性因素，成为经济增长的重要源泉之一。因此，科学合理地测度无形资产并分析其对经济增长的贡献，对于制定中长期经济发展政策具有重要的现实意义。由于无形资产的无形性，定义和测度无形资产要比测度物质资本（如煤和石油）困难得多。虽然国外有关无形资产的研究文献很多，但是大多集中在 R&D 无形资产的研究，R&D 只是决定创新的无形资产的一部分，人力资本、组织资本、广告、市场营销等无形资产同样是影响创新进而决定经济增长的重要因素，这些无形资产也许对未来经济增长的作用更加重要。事实上，无形资产在中国一直被忽视。结合中国经济发展实践，完善无形资产的统计和测算方法，这有助于制定更加科学合理的创新支持政策和竞争力促进政策。目前有关中国宏观层面上无形资产的测算研究几乎没有。相对于已有文献，该文利用大量统计数据，详细测算了中国宏观层面的无形资产，并分析了其对经济增长的贡献。主要得到以下结论：第一，21 世纪以来，中国无形资产投资快速增长。现价无形资产投资从 2001 年的 3906 亿元增加到 2012 年的 46600 亿元，年均增长 25.28%。第二，近十年来，中国无形资产投资和占 GDP 比重大幅增加，但与发达国家相比，中国无形资产投资的规模和比重依然相对较低。第三，无形资产的范围远比 R&D 要大，科学 R&D 投资只占无形资产投资较少一部分（约为 20%）。第四，在无形资产投资内部结构中，中国计算机化信息资产、创新资产的比重明显高于主要发达国家，而经济竞争力无形资产的投资比重低于主要发达国家。第五，增长核算结果表明，无形资产对近十年来中国的经济增长发挥了重要作用，无形资产的贡献率约为 1/3，且 2008 年金融危机后，无形资产对经济增长的贡献程度更加突出。

该文的重要创新之处在于：第一，充分考虑中国国民经济核算实践与美国的差异，以使无形资产分类和核算尽量与中国实践保持一致。第二，利用微观调查数据计算比率，再结合宏观数据推算相关无形资产支出。第三，该文使用的无形资产测算数据样本年限较长，且能够分析金融危机后中国无形资产的变化趋势。第四，该文对中国无形资产界定、核算方法、数据以及测算中可能存在的问题做了详细讨论，为后续中国无形资产相关研究提供基础。

该文的启示主要有：第一，应加大对无形资产投资的支持力度，形成经济增长新动力。第二，突破仅局限于研发的支持政策，实施更加广泛的创新支持政策。第三，进一步完善无形资产的统计核算体系，尤其是修改国民经济核算体系，尽快推行 R&D 资本化。第四，发挥无形资产助推服务业大发展的第一作用，进一步促进产业结构转型升级以及服务业和制造业在全球价值链的攀升。第五，无形资产理论将改变对经济增长源泉的传统认识。

（肖汉雄）

**【宗教影响、控股股东与过度投资：基于中国佛教的经验证据】**

杜兴强（厦门大学管理学院会计系），蹇薇（厦门国家会计学院），曾泉（厦门大学管理学院会计系），常莹莹（集美大学工商管理学院）

《会计研究》2016 年第 8 期
16 千字

由于存在信息不对称和代理问题，企业实际投资可能偏离最优点，进而导致投资过度或不足。特别是，当管理者投资某些净现值为负的项目时，将产生过度投资，因此识别能够约束过度投资行为的因素显得尤其重要。部分学者认为，正式的制度如股东权力、机构投资者、财务信息等有助于降低企业的非效率投资行为。但现存文献鲜少关注非正式制度（如文化和宗教）对公司投资行为的影响。基于此，该文将对宗教这一特定的非正式制度是否影响公司的过度投资进行探索。该文的研究动机源于对中国产业投资过度现象的关注。改革开放以来，产业投资成为推动中国经济快速发展的重要驱动之一。据统计，中国过去十年间的固定资产投资占国内生产总值（GDP）的比例平均高达 39%。但是，不可否认的是，宏观经济和微观经济中投资错配的现象普遍存在。此外，该文之所以研究佛教对过度投资的影响，与中国的制度背景有关。首先，中国资本市场的发展历史相对较短，标准的公司治理机制如薪酬计划和集团诉讼制度仍不完善，并不足以限制管理者的不道德行为。其次，中国社会的道德规范遭遇了严峻的挑战。不完善的正式制度和不成熟的道德规范促使作者转而关注非正式制度对企业过度投资行为的影响。

该文以 2001 年至 2012 年中国资本市场 12820 条观测数据为基础，检验了宗教对公司投资行为的影响。结果显示，佛教与过度投资之间存在显著的负相关关系。此外，控股股东的控制权削弱了佛教对过度投资的抑制作用。该文研究的启示如下：首先，在公司治理机制尚不完善的中国资本市场，佛教可以作为一种非正式制度和替代机制抑制管理者的过度投资行为。该文发现，佛教作为一项重要的社会规范，可以影响管理者在决策制定中的伦理行为，激励管理者减少过度投资，而不论其是否信教。此外，该文研究表明，佛教丰富了社会伦理环境，为先前的研究提供了重要的经验证据。第二，该文发现控股股东的控制权削弱了佛教对过度投资的抑制作用，揭示出佛教作为一种非正式制度与正式的治理机制（如所有权结构）之间对降低过度投资具有的替代效应。以上研究表明，在监管环境下，宗教社会规范可发挥一定的作用。该文存在以下的不足需要进一步研究：首先，该文采用上市公司注册地一定距离半径内的全国重点宗教场所的数量构建了地理近邻性的宗教变量。但中国的宗教场所数以千计，由于数据限制，该文仅对佛教的全国重点寺院进行了统计。第二，受数据限制，该文仅关注了佛教对过度投资的影响，而未对其他宗教的作用进行研究。因此，为更好地研究宗教与过度投资之间的因果关系，未来的研究可针对不同市场，检验不同宗教对过度投资的竞争效应。

（肖汉雄）

**【成本外部化陷阱：创新与经济转型最大的制度性障碍——“去外部化”的政策选择】**

陈圻（南京航空航天大学经济与管理学院），陈佳（国立新加坡大学全球生产体系研究中心）

《中国软科学》2016 年第 2 期
15 千字

创新和经济转型在我国提了十几年，为什么总是转不过来？该文通过跨学科系统性分析和哲学、经济学考察提出：创新和经济转型受阻最根本的原因在于，高环境污染、高资源消耗、低劳动权益和低消费者权益的“两高两低”增长方式使得企业部分成本外部化——现阶段许多生存能力很弱的企业将本应承担的环境污染、生态破坏、资源浪费产生的成本转嫁到社会的其他主体乃至后代身上，降低劳动者福利、损害消费者利益，由此大幅度地“降低”成本，以此获得生存和利润，使企业获得了超强“成本领先”优势，因此缺乏创新和转型的动力。从理论上看，外部化是市场失灵的重要表现。与正外部化相反，成本外部化属于负外部化，会使供给过多，造成产能过剩。成本外部化现象在发展中国家中广泛存在，但在我国，由于几十年来生产要素价格的长期政府管制，其表现最为典型。由于它长期推动过经济（尤其是外向型经济）增长，国内外有一种畸形观念，认为这种成本外部化是经济发展不可避免甚至在经济上合理的，“发展是硬道理”演变出“廉价是硬道理”。但成本外部化带来种种问题会日益严重，已经成为一个陷阱，阻碍经济转型。它也是“低收入陷阱”“中等收入陷阱”的重要原因。国际学术界已经对成本外部化及其相关概念有所关注，相关讨论多隐匿于关于比较优势、污染避难所、劳动力倾销、“向下竞争”、中等收入陷阱等方面的分散研究中，且未揭示其实质。

该文从我国现阶段实际入手，分析成本外部化现象的四种主要形式，估算其直接和间接损失占国内生产总值的比重，分析其制度化原因和路径依赖，以及地方政府在其中所起的作用，提出解锁的路径。研究表明，四个方面的外部化成本保守估计共占 GDP 的 17.2%，外部化成本接近于全部税收，或各行业总利润的总和。地方政府事实上已成为成本外部化的强势推动者，既得利益和制度使得经济运行锁定在这一状态。该文提出“去外部化”是创新型国家和转型成功的必由之路和关键；逐步“解锁”成本外部化具有可行性；“去外部化”必须进行顶层制度设计；从地方政府考核激励机制、税制、环保部门管辖与运行制度和社会保障体系改革四方面提出了政策建议。作者设想通过扭转成本外部化的重大改革措施逐步见效，使价格发挥正向调节作用，逐年以部分成本较为正常的生产能力替代外部化严重的产能（可以称为“存量替代”），以实现较为平稳的经济转型，估计其过程需要 20 年。顶层设计的思路有以下几方面。第一，改革地方政府考核激励机制。地方政府行为的根源在于考核激励机制和“保 GDP”思维。根本办法是改革地方政府考核激励机制，改革以 GDP 作为主要考核指标的制度，代之以城乡居民收入和社会福利指标，推行资源、环境、劳动一票否决制。第二，改革税制，减轻平均税负。在“营改增”基础上，通过绿色税收和大面积普遍减税（流转税、增值税）来改变企业的比较收益结构。第三，改革环保部门管辖与运行制度。仿照纪委改革模式，地方环保部门的官员由上级任命和考核，对上级环保部门负责；推行中央环保、国土、社会保障部门到地方调查制度。第四，全面完善社会保障体系及其考核制度。降低领取养老金的年限，修改个人退保而企业所交保费不退的不合理规定；增加政府对社保基金的投入，降低社保费率。

（肖汉雄）

# 第五篇

# 著作选介

**【转变经济发展方式再认识】**

周叔莲（中国社会科学院）

经济管理出版社 2016 年版

211 千字

该书作者周叔莲研究员长期致力于我国经济体制改革和经济发展的研究。由其所著的经济管理出版社出版的《转变经济发展方式再认识》一书总结了转变经济发展方式的经验，包括转变经济发展观念、调整产业结构、促进自主创新、实行科学发展、深化体制改革等重要经验。针对存在的突出问题，如盲目追求高速度，重增长数量轻发展质量，第一、第二、第三产业发展不协调，工业化、城市化与新农村建设不协调，居民收入差距过大等，提出了有针对性的意见和建议，并对转变经济发展方式和跨越中等收入陷阱、全面建成小康社会的关系进行了比较深入的探讨。

（申桂萍）

**【中国工业增长趋势及转型方向研究】**

金碚、杨宽宽、江源、原磊（中国社会科学院）

经济管理出版社 2016 年版

278 千字

目前，中国工业发展已经进入深度调整期，随着工业增长速度的持续下滑，结构调整和转型升级再次成为中国工业发展面临的首要课题。与以往的转型升级有所不同，目前中国工业的发展基础、增长动力、生产组织模式乃至世界工业发展趋势都在发生着深刻变化，工业转型升级不再意味着单纯的产业结构高级化，其内涵更加丰富，路径也更为复杂。

因此，探讨工业增长趋势与转型具有重要意义。由金碚等人所著的、经济管理出版社出版的《中国工业增长趋势及转型方向研究》一书紧紧围绕我国工业发展实践，分析了工业经济增长的动力机制和未来趋势，提出了在经济新常态的背景下实现产业结构转型升级的具体路径和实施建议。该书的研究成果能够为中央和各级地方政府制定工业发展与转型政策提供理论支持，为全面建设小康社会和到 2020 年基本实现工业化的实践提供有益的参考。

（申桂萍）

**【人单合一管理学——新工业革命背景下的海尔转型】**

王钦（中国社会科学院工业经济研究所）

经济管理出版社 2016 年版

205 千字

伴随着数字商业时代的到来，“组织僵化”这一世纪管理难题的拷问愈发惨烈，昔日成功的企业在加速倒下。回归常识，超越“管理者”与“被管理者”的思维框架，海尔将管理的注意力聚焦在“员工”（人）和“用户”（单）身上，持续追求员工和用户价值的合一双赢，破解组织僵化这一难题，寻求“涅槃重生”的转型之路。

人单合一管理经历了十年探索，海尔经历了从自主经营体、利共体，到小微的组织变革，企业平台化、员工创客化、用户个性化的管理新场景正在形成，协同共享、共创共赢的生态圈竞争优势加速涌现。《人单合一管理学——新工业革命背景下的海尔转型》是作者多年来参与式研究的最新成果，从观念、方法论和行动三个层面对人单合一管理实践进行了刻画和解析，试图为读者认知企业转型打开一扇窗。

（申桂萍）

**【生产要素价格上涨与中国工业发展模式转型研究】**

李晓华（中国社会科学院工业经济研究所）

经济管理出版社 2016 年版

168 千字

改革开放以来，中国经济奇迹的取得

很大程度上是通过积极参与到国际分工体系，充分发挥了劳动力、土地等生产要素成本低廉的比较优势，凭借低成本和低价格成为了世界的加工制造中心。但是进入21世纪以来，中国的生产要素成本呈持续快速上涨趋势，低成本国际竞争力受到削弱，工业发展面临迫切的转型升级压力。

《生产要素价格上涨与中国工业发展模式转型研究》一书作者对近年来我国生产要素价格快速上涨和工业成本结构变化的情况进行描述和分析，对生产要素价格上涨的原因进行全面的剖析，探讨了生产要素价格上涨对工业技术效率、产业和产品国际竞争力的影响，利用投入—产出方法分析了企业对生产要素价格上涨的反应并解释了我国制造业“成本上涨与利润增长共存之谜”。在归纳日本、韩国、中国台湾等国家和地区应对生产要素价格上涨政策经验的基础上，总结对我国的启示并提出我国工业发展模式转型的政策建议。

（申桂萍）

**【战略联盟的动态稳定性与协同机制研究】**

蔡继荣（重庆工商大学）

西南财经大学出版社 2016 年版

250 千字

该书旨在研究战略联盟的稳定性机理及其协同机制，其中的战略联盟主要是能够充分体现竞合关系特征的竞争性战略联盟。在研究中，战略联盟被视为联盟成员企业选择其生产组织模式的决策行为及其交互影响的均衡结果。在战略联盟的自组织系统中，联盟关系的协同可以通过联盟成员选择战略联盟生产组织模式的参与约束条件，以及在战略联盟中争夺相关收益的博弈均衡所体现的激励相容条件共同决定。因而，在这一著作的研究中，协同机制的设计是具有内生属性的，是基于协同动力学的，因而能够有效促进战略联盟的协同并促进战略联盟稳定发展，能适应战略联盟的研究要求，从而有利于弥补相关研究中存在的学术缺口。

围绕研究目标，《战略联盟的动态稳定性与协同机制研究》将通过对战略联盟失稳条件的研究，探索清楚影响战略联盟协同的主变量，并在联盟成员关于生产组织模式选择决策的模型分析基础上，刻画实现战略联盟协同的条件。接下来，该书将基于可靠性模型分析战略联盟的协同实现路径，并在此基础上针对性地提出集中主要的协同机制。

战略联盟的稳定性研究是该研究的基础理论，在对战略联盟的稳定性文献进行梳理的过程中，作者了解到，战略联盟是建立在自由选择、自愿交换、信息不完全及决策分散化条件下的自组织系统，如何确保联盟成员之间的行为选择一致和同步，远比通过市场进行交易和中央集权下的权威管理复杂，因为其中存在的不仅是发现彼此之间真实努力水平的信息揭示问题，以及团队生产中的偷懒问题，更主要的是围绕关系性资产投入而隐藏信息和行为的机会主义行为问题。因此，波特（Porter，1990）就断言，战略联盟是一种不稳定的合作模式，其他一些学者也肯定，战略联盟与生俱来就是难以实现协同的。

该研究逻辑基于协同学理论框架而展开，即从战略联盟的失稳条件分析入手，揭示战略联盟稳定性的影响因素及其作用机理，并探索其中的主变量以及由专业化经济性、分工协作效应和学习效应构成的战略联盟序参量，最后将研究的重点放在战略联盟协同原理及其机制设计方面。

（杨芸榛）

**【企业专利战略模式的竞争优势及核心竞争力研究】**

姜军（南京理工大学）

华中科技大学出版社 2016 年版

315 千字

随着知识成为当今经济发展的主要经济要素，知识转化而来的专利已越来越受到国家、企业和个人的高度重视。我国经济进入新常态，在希望通过创新实现经济发展模式转换的新时期，了解、熟悉、掌握专利战略对于我国经济发展、企业竞争都有着极其重要的意义。

该书在归纳总结前人关于企业核心竞争力理论研究和专利战略理论研究的基础上，从企业战略管理的高度和企业专利技术创新管理与专利经营管理的维度，运用管理学、经济学、法学等多学科知识，结合专利战略、平台战略和标准化战略等理论成果，凭借集成理论及方法，提出了专利平台战略和专利标准战略的概念。通过分析典型专利战略模式在技术、组织、制度和市场等各方面所具特色和重要的竞争优势，进而提出了专利战略集成管理的新概念，认为专利战略集成管理是以培养动态集成能力为导向，以知识创造和价值倍增为终目标，以各种创新要素的系统集成为手段，力求不同类型的创新资源和能力产生 A + B > C 的集成效应。这种战略集成管理方式可为今后企业专利战略模式的研究和实践提供一种新的战略规划思路和方法。

该书从企业战略管理的高度，以及企业专利技术创新管理与专利经营管理的维度，通过分析典型专利战略模式的各种竞争优势，深入探究企业专利战略模式的核心竞争力之所在。作者着重于应用集成理论及方法，提出了专利平台战略和专利标准战略的概念，并以这两种典型专利战略模式为例，阐明了专利战略在技术、组织、制度和市场等各方面所具特色和重点的竞争优势，进而深入探索了企业专利战略集成管理的核心竞争力问题。

该书一共分为 6 章，从写作的意义、企业战略的基本理论、专利战略、集成创新与管理的基本概念和理论入手，分别对专利平台战略、专利标准战略与企业竞争优势的关系进行了探讨，最后研究了专利战略集成管理模式与核心竞争力的问题。从涉及有关专利与战略关系的章节看，第三章、第四章和第五章研究的是有关专利的平台战略、标准战略和集成管理模式，它告诉读者，专利作为一种企业的竞争策略或战略，一定要在技术平台上整合，在标准化方面提高，特别是围绕企业各种职能、软硬件实现系统性的优化，以确保专利战略的正确实施和谋求提升核心竞争力，最终形成“会当凌绝顶，一览众山小”的竞争优势。

（杨芸榛）

**【基于战略柔性的高管团队异质性与企业绩效】**

刘力钢、王朝辉（辽宁大学）
经济管理出版社 2016 年版
227 千字

经济转型背景下，企业所处的经营环境愈加复杂，企业之间的竞争日趋激烈，在动态复杂的环境下，企业高管的素质直接决定企业的决策行为和管理层的工作绩效。高管团队的异质性一直以来都是高阶理论的研究重点，高管团队异质性与企业绩效之间关系的研究大多基于高阶理论进行研究。该书在已有研究的基础上，通过引入战略柔性这一中介变量，对二者之间的关系做进一步的解释，从一个新的视角对高管团队异质性与企业绩效之间关系进行了较深入系统的研究。该书基于资源基础理论、动态能力理论，以企业高管团队异质性和企业绩效之间的关系为研究主线，探讨了高管团队异质性对企业绩效提升的影响以及战略柔性中介作用对企业绩效的影响程度，为企业在现阶段的制度环境及文化环境下开发并培育战略柔性、提高企业绩效提供理论支持和实践对策。具体研究的内容包括：高管团队异质性对企业绩效的影响；高管团队异质性对战略柔性的影响；战略柔性对企业绩效的影响；战略柔性的中介效应。研究的过程中，充分地利用日渐完善的高阶理论，尝试在高管团队异质性和结果变量间加入中间变量的研究方法，揭示高管团队运作过程中的“黑箱”之谜，探讨战略柔性在高管团队异质性和企业绩效之间的中介效应。书中主要探讨了高管团队异质性、战略柔性与企业绩效间的逻辑关系。企业高管应该对战略柔性给予足够重视，将其作为适应市场竞争和环境变化的“调节器”。资源柔性和协调柔性作为企业战略柔性的重要维度，一方面，企业决策层应该在人财物方面加大投入，积极培育和发展资源柔性，提升企业绩效；另一方面，企业应该充分利用协调柔性提高企业现有资源的利用水平。只有做到资源整合最优化或者努力挖掘现有资源的利用途径，才能够在复杂多变的市场环境中，维持企业竞争优势，增强企业抗风险能力，进而提升企业绩效。

（阳镇）

**【领导—成员交换关系与团队成员的创造力】**

于慧萍（山西财经大学）

中国财政经济出版社 2016 年版

200 千字

创新在我国已成为国家发展的重要战略。以往的研究表明：在影响创造力的众多因素中，领导是最重要的情境因素之一，不同的领导行为和领导风格对创造力所带来的影响是不同的，有必要了解在组织中领导是如何影响员工们创造力的发挥。该书在个体和团队两个层面考察了领导—成员交换关系与创造力的关系，并且检验了创新角色认同在个体和团队层面所起的中介作用。此外，以往研究常常只是单独地考察领导—成员交换关系或领导—成员交换关系差异。该书从个体和团队层面全面讨论领导—成员交换关系的作用，扩展了领导—成员交换关系的团队层面和跨层次关系的研究，有助于加深对领导—成员交换关系作用的理解。具体来说，该书在理论方面的贡献有以下三点：

第一，首次验证了领导—成员交换关系对创新角色认同具有积极影响。同时又验证了创新角色认同在领导—成员交换关系与创造力关系中的中介作用。通过解释领导—成员交换关系是如何通过增强员工创新角色认同来影响员工创造力，为组织管理者激发员工创造力提供了启示。

第二，首次从团队层面考察领导—成员交换关系对员工创造力的影响作用及其机制。以往研究鲜有涉及团队层面领导—成员交换关系对员工创造力的影响作用。该书不仅考察了团队层面领导—成员交换关系对员工创造力的直接影响，还检验了团队领导—成员交换关系和领导—成员交换关系差异对领导—成员交换关系与创新角色认同关系的不同调节作用，研究结果不仅证实了团队领导—成员交换关系的积极作用，而且也发现了领导—成员交换关系差异对领导—成员交换关系与创新角色认同的积极关系有反向抑制作用。

第三，尝试将创新角色认同从个体层面上升到团队层面，来考察团队层面的领导—成员交换关系如何通过影响团队层面的创新角色认同来影响员工创造力。不仅证明了团队创新角色认同的存在，并且实证了它与团队领导—成员交换关系以及员工创造力的积极作用，并且在团队领导—成员交换关系和员工创造力的关系中起跨层次的中介作用。

（于慧萍）

**【基于企业惯例的企业竞争优势培育研究】**

嵇国平（南昌工程学院）

经济管理出版社 2016 年版

148 千字

自20世纪60年代战略管理学诞生以来，企业竞争优势的培育研究一直是战略管理界密切关注的中心命题之一；尤其是90年代以来，企业竞争优势的培育研究越来越引起管理界及企业界的广泛兴趣和重视。企业在市场经济中的兴衰存亡是企业竞争优势强弱、有无的具体反映，在市场经济条件下，培育自身的竞争优势已成为现实中企业的永恒追求。所以说，企业竞争优势的培育研究有重大的理论意义和实践意义。现实中，人往往是按照惯例进行思考和行动的；而由人构成的企业也是如此。企业惯例对企业的生存和发展起着至关重要的作用，它通过对企业资源的有效配置而成为企业竞争优势之源。但迄今为止，主流企业竞争优势理论主要从企业能力或资源视角研究企业竞争优势的来源和培育，而忽视了企业惯例这一视角。该书在界定企业惯例和企业竞争优势概念的基础上，揭示了在现实中企业普遍存在着惯例行为这一事实。该书主要采用归纳推理法和假设—演绎法，从企业惯例视角阐述企业竞争优势的来源机理，结合培育企业竞争优势中存在的主要问题，通过探寻有效的企业惯例的培育途径，寻求培育企业竞争优势之路。该书从企业惯例视角剖析了企业竞争优势的来源机理，并探讨了其培育途径，在企业竞争优势研究方面，这是一种新的尝试；也许可以为今后战略管理理论界对企业竞争优势的研究开创一个新的局面。从企业惯例视角探寻中国培育企业竞争优势的基本途径，可为企业在竞争日益激烈的市场环境中，在寻求和培育自身的竞争优势方面带来有益的思考和探索。

（阳镇）

**【企业市场进入的战略决策模式研究】**

薄秋实（南昌大学）

经济科学出版社2016年版

280千字

大量的产业实践和经验数据表明，具有不同历史背景的企业在进入同一市场之后会选择和实施不一致的战略行动，继而面临着迥异的命运，因而市场进入已经成为理解企业演进、成功和失败的一项中心论题。该主题下的研究者们认为先前经验是市场进入者获取竞争优势的重要来源，并致力于观察企业在先前市场中积累的各种技术性、市场性与管理性经验能否产生持续影响其在新市场中的组织形式、研发策略和产品特征的“烙印效应”。

然而“先前经验”本身仍然是一个相对笼统的概念，一些研究虽然讨论和区分了先前经验的内容和维度，并强调各种先前经验会导致不同性质的组织能力的发展，但是这些研究均未详细阐明先前经验产生作用的微观基础和动态过程，因而对企业在市场进入过程中的实践缺乏实质性的指导作用。事实上，Fern 等指出，异质性的先前经验是身处相同市场的企业构想出并采取独特性战略决策的根源所在，其中从企业先前经验中提取的一些知识会限制决策制定者对战略决策的选择，而另一些知识则会打破这种限制。

基于决策理论学派整合和拓展了市场进入研究，提出了一项探讨企业的先前经验如何影响其在新市场中战略决策过程中的理论分析框架，在此基础上利用探索性案例研究方法对2家企业进行深度访谈，进而获取了7个市场进入的案例样本，并通过跨案例的比较和分析刻画了企业在战略决策不同阶段的各项过程维度即知觉性表征、分析性表征、直觉性搜索和系统性搜索，最终将这些过程维度组合形成的战略决策过程界定为以不同的问题解决方式为特征的4种战略决策模式。

当前商业环境中新产品市场的不断涌现对于所有企业的生存和发展来说既是机遇又是挑战，即无论是在位企业还是潜在的创业型企业都需要考虑如何在适当的时间进入相应的市场中，而这些战略决策的制定将是企业获取竞争优势的重要来源。以往研究在资源基础观的视角下关注于市场进入者战略决策的具体内容，即进入时机的选择和对先前经验的运用如何导致各种不同类型的市场进入者的绩效差异，这些研究的局限性在于涉及过多的研究变量而使得实证结果往往缺乏一般性。基于此，《企业市场进入的战略决策模式研究》选择了决策理论学派作为整合和拓展市场进入研究的理论基础，以市场进入者的战略决策制定过程对组织绩效的影响为研究的分析主线，并将与先前经验有关的企业知识基础和与进入时机有关的市场环境特征分别作为这一作用关系的前因变量和调节变量，逐步开展从理论探索到实证检验的一系列相互依存的研究。

（杨芸榛）

**【国有控股母子公司管理控制——基于中央企业的研究】**

姚望春（首都经济贸易大学）

经济管理出版社 2016 年版

274 千字

母子公司管理控制是企业组织理论研究的重点问题。在建立和完善社会主义市场经济的伟大进程中，国有资产管理体制不断创新，国有企业持续改革，母子公司管理控制在其中的作用日益凸显。

该书在借鉴企业产权理论、公司治理理论、企业网络理论和管理控制理论的基础上，以中央企业集团公司所设立的上市公司为代表，通过其发布的年报获得客观的数据资料，并对所得数据资料进行系统梳理，从公司治理和企业网络两个角度构建国有控股母子公司管理控制模式，同时针对整体上市后的中央企业运用案例分析方法，论证所构建的母子公司管理控制模式的适用性。《国有控股母子公司管理控制——基于中央企业的研究》可以丰富企业理论的研究，为国有控股母子公司管理控制的研究提供有益参考。

（申桂萍）

**【企业文化与企业绩效】**

张其仔（中国社会科学院工业经济研究所）

经济管理出版社 2016 年版

307 千字

迄今为止，企业文化与企业绩效的研究主要循着两条路径进行：一是分析企业文化的强弱与企业绩效的关系；二是分析不同类型的企业文化与企业绩效的关系。该书在研究企业文化与企业绩效时，仍旧遵循这两条路径，既分析了文化强弱对企业绩效的影响，也分析了不同类型的企业文化与企业绩效的关系。全书分为三大部分。第一部分对企业文化与企业绩效关系的相关研究进行了梳理，重点对华人企业文化、日本企业文化、美国企业文化与企业绩效关系进行研究；第二部分则研究了中国企业文化与企业绩效的关系，对国有企业和私营企业文化的差异有所讨论；第三部分重点讨论影响企业文化变革的因素，包括市场转型、政府信任、企业家以及技术变革等。从多个维度对企业文化进行分类，研究了不同类型的企业文化对企业绩效的影响，对国有企业和私营企业文化的差异也有所讨论。第三部分重点讨论影响企业文化变革的因素，包括市场转型、政府信任、企业家精神和技术变革等。这对于理解企业文化变革、推动企业文化建设具有参考价值：对于深化企业文化与企业绩效关系的研究，具有重要借鉴作用。

（阳镇）

**【基于移动互联网的协同型绩效评价体系研究：员工绩效层面】**

周学军（华东交通大学）

四川大学出版社2016年版
186千字

绩效评价是企业实现企业管理的必需手段，而许多企业没有通过绩效评价达到管理的目标，绩效评价系统不协同是产生这一问题的重要原因，员工绩效评价系统是识别、衡量和提高员工绩效的管理工具，但只有绩效评价系统本身协同，并使绩效评价系统评价出来的员工绩效能落到实处才能真正发现员工绩效与岗位工作内容的要求差距，进而可能进行有效的绩效管理，以提升群体绩效和组织绩效，并推动企业持续发展，实现企业战略目标。企业可以利用移动互联网技术有效挖掘员工绩效信息、畅通绩效沟通渠道、实现企业信息共享，使绩效评价系统各个环节的关键业务信息置于“决策点”上，以更好地强化绩效评价系统中各个子系统的互动，提升绩效评价系统的协同性，并且使绩效评价系统与企业管理的其他系统相互连接，从而跨越绩效评价管理的新边界，真正实现员工绩效与企业战略目标的动态对接，不仅仅可以凸显员工绩效的特征及寻找到提升员工绩效的“良药”，还可以降低企业管理成本、规避企业经营风险，发展企业自己的核心竞争力。

该书在方法上运用了结构方程的方法对影响绩效评价系统因素的统计数据进行了分析，深入刻画了绩效评价功能、绩效评价系统之间的因果反馈路径，实现了以量化形式系统分析绩效评价系统发展机制，拓宽了绩效评价系统研究方法的思路，从而促进了理论研究的深入。该书以协同理论为理论基础，将移动互联网技术引入绩效评价系统中，对绩效评价系统本身的协同及其应用协同进行了深入探讨。其主要研究内容如下：分析了绩效评价系统协同机理，依据协同学、管理学、系统学、组织行为学等相关理论，利用移动互联网技术提出移动互联网背景下的协同型绩效评价系统理论框架及运作模式，并提出了绩效评价系统内部协同与绩效评价系统应用协同等两种不同的协同运作模式；在已有基于移动互联网的协同型绩效评价系统研究成果的基础上，对基于移动互联网的绩效评价的内涵、特性及内容进行了归纳，并阐述了绩效评价的层次及协同型绩效评价系统的特征，同时，围绕移动互联网给绩效评价带来的变化，分析了传统绩效评价系统与移动互联网时代的绩效评价系统的区别，重点分析了基于移动互联网的协同型绩效评价系统的影响因素；依据移动互联网对绩效评价系统带来的变化，对移动互联网背景下的影响协同型绩效评价系统的关键因素进行了分析，并构建了影响协同型绩效评价系统的指标系统，然后运用结构方程模型方法对基于移动互联网的协同型绩效评价系统关键因素进行分析与识别；构建了基于移动互联网的协同型绩效评价系统，强化了绩效评价系统本身的协同及绩效评价系统与绩效应用的协同，展望了协同型绩效评价系统的实施等。

（杨芸榛）

**【合作型人力资源管理与企业核心竞争力——基于员工间社会网络的视角】**

苏中兴（中国人民大学）
中国人民大学出版社2016年版
153千字

随着知识经济时代的来临，企业的核心竞争力从有形资产转向知识创造，而组织内部的知识分享、整合和创造通常发生在员工之间的社会联系与互动合作上。因此，知识经济时代的战略人力资源管理的重要目标之一就是要促进组织内部员工之间的社会联系和交流。就中国的管理实践而言，改革开放三十多年以来，我们更多的是在强调如何通过人与人之间的竞争机制来提高员工的劳动生产率。然而，过多依靠人与人之间的竞争来激活企业是有后遗症的，因为它扼杀了人性中宝贵的分享与合作精神，企业终会因为员工之间缺乏合作与分享而失去创新与活力。随着人类社会的发展和管理实践的进步，合作必将取代竞争成为管理的主旋律，只有促进员工合作的人力资源管理才能重塑知识经济时代的企业核心竞争力。

该书提出的合作型人力资源管理（Collaborative HRM）是由重视员工的合作能力培养、强化员工与同事的合作动机以及为员工之间提供更多交流与合作机会的一系列管理制度和实践组成。与以往的人力资源管理模式强调组织对员工个体的投入和激励不同，合作型人力资源管理更多强调企业对员工之间的社会网络与合作机制的投资和建设，目的在于促使员工之间形成更多、更强的社会联系，从而帮助员工获得更多的信息、知识和来自同事的支持。该书不仅在理论上阐释了合作型人力资源管理的重要性，也试图通过实证研究来检验和揭示合作型人力资源管理对企业核心竞争力的重要影响及其作用机制。跨层面研究结果表明，合作型人力资源管理与员工的组织内社会网络的联系数量和联系强度都存在显著正相关。研究结果还表明，员工的组织内社会网络能够提高员工的工作满意度、组织承诺、工作投入和创新行为，还能降低员工的离职意向。合作型人力资源管理对员工态度和行为的影响正是通过组织内社会网络的中介作用实现的。而在组织层面上的研究结果表明，合作型人力资源管理能够通过员工的组织内社会网络促进企业财务绩效的提高。

（杨芸榛）

**【工作搜寻与社会网络：实验研究的观点】**

董占奎（河南大学）

中国经济出版社 2016 年版

200 千字

随着 2002 年度诺贝尔经济学奖颁给实验经济学家弗农·史密斯（Vernon, Smith），实验经济学越来越受到国内经济学界的重视。实验手段作为检验因果关系的直接工具，具有调查数据、现实数据无法比拟的优点。该书以实验研究为基本方法，系统地探讨了人力资源领域个体择业者的工作搜寻行为。该书首先分析了搜寻成本和失业补贴对于搜寻行为的影响。其次，在对传统常见的影响因素分析的基础上，尝试着找出一些新的能够影响搜寻行为的因素。考虑到近些年中国一个比较突出的现象——“考证热”，该书通过实验的方法定量地对“考证”的影响机理进行研究。再次，首次通过实验室实验的方法研究了社会网络对于工作搜寻行为的研究。最后，考虑了一种典型结构的社会网络——完全型社会网络，分别探讨了该网络结构下两种内部特征对于工作搜寻的行为——社会距离效应和信息披露效应。许多被试都提高了自身的保留工资水平，也就是对于工作有了更高的要求。和社会距离效应的研究结果结合起来，该书认为在特定结构的社会网络中，的确存在所谓的“红眼效应”，这跟许多心理学、社会学有关社会网络研究的结论一致。就工作搜寻本身而言，这样的结论意味着虽然社会网络在很多时候能够给我们的工作搜寻提供便利，但作为择业者不能将过多的精力放在和网络成员的比较上，过多的对比会改变自身的心理偏好，对工作达成来说是不利的。同时，对相关职能部门而言，在针对某些特定群体公布有关工作尤其是工资水平的信息时，需要更多顾及中低阶层的心理感受和变化，因为过多的信息披露将有可能导致劳动力市场工作匹配效率的降低。

（阳镇）

**【高绩效工作系统、工会与管理层关系氛围以及雇佣氛围的实证研究】**

林亚清（厦门大学）

厦门大学出版社2016年版
163千字

随着我国经济的快速增长，我国劳动争议事件和工人群体冲突事件进入了多发期，企业的雇佣关系日趋紧张。这种雇佣关系的不和谐甚至是过激的冲突表现形式已经成为我国经济和社会持续健康发展的巨大障碍。在这种情况下，企业营造和谐的雇佣关系氛围显然十分重要。但是，雇佣关系氛围作为日常生活中雇主和员工关系质量的反映仍然缺乏足够的探讨。该书首次以雇佣关系研究的两大传统研究视角——人力资源管理和产业关系学派为基础，检验了高绩效工作系统、工会与管理层关系氛围对于雇佣关系氛围的重要影响。同时，为了考察雇佣关系氛围在雇佣关系管理中的重要性，该书还验证了雇佣关系氛围与员工态度，即工作满意度和情感承诺之间的关系。此外，基于社会信息加工理论和社会情境理论，该书进一步检验了雇佣关系氛围在高绩效工作系统、工会与管理层关系氛围在对员工态度的影响过程中所起的中介作用。

该书的实证研究为企业全面认识我国现阶段人力资源管理、工会和雇佣关系氛围提供了重要启示。理论上，该书大大地丰富了已有的雇佣关系氛围研究，为雇佣关系氛围的研究提供了重要的借鉴意义。同时，扩展了社会信息加工理论和社会情境理论在组织氛围和人力资源管理研究中的应用，并且检验了这两个理论在中国情境下的有效性。并且，该书首次在国内讨论了工会与管理层关系氛围这一概念，为国内已有的工会研究提供了新的视角。此外，该书通过对工会与管理层关系氛围、雇佣关系氛围和员工态度的关系探讨，为组织氛围的整合研究提供了重要的借鉴。

（阳镇）

**【中国背景下职业成功观的结构、测量及其影响效应】**

周文霞（中国人民大学）
中国人民大学出版社2016年版
143千字

21世纪的今天，企业的核心竞争力就是人才的竞争，管理者也越来越意识到这样的问题，从而使他们不得不考虑如何调整企业战略及人力资源管理策略，如何提高这个核心竞争力。而在竞争日益激烈的环境中，如何使员工能够获得职业生涯的成功来提升企业竞争力已成为一个备受关注的问题，同时也是员工在职场生涯中追求的目标。有很多因素影响着员工的职业生涯成功，职业成功观是该书提出的一个新的理论构念，其内涵是指人们心目中评价职业成功的标准。该书通过一系列的相关研究清晰界定了职业成功观的内涵，确定了职业成功观的结构，开发了职业成功观的测量问卷，对其信度效度进行了检验，并利用研制的问卷，探讨了个人职业生涯发展阶段（早期、中早期、中后期）、不同的组织类型（高校及研究机构、企业员工、国家机关工作人员）和性别对职业成功观的影响，检验了他们职业成功观的差异，还进一步探讨了职业成功观对人的心理和行为的影响作用，初步建立起了基于中国背景的职业成功观结构模型，为今后的研究提供了测量工具和研究框架。该书是职业成功理论研究的进一步深化，对职业指导、职业选择和组织中的人员激励都具有重要的应用价值。

（阳镇）

**【最低工资的制度逻辑：基于劳动力的社会成本与策略选择的视角】**

盛龙飞（首都经济贸易大学）
中国劳动社会保障出版社2016年版
147千字

近年来，在全球化大潮的冲击下，当一些弱势群体被逐渐边缘化时，能否提高最低工资标准已经成为许多国家政府的一项重要政策目标。劳动者应当得到足够的最低工资已为人们普遍接受。可以说，到目前为止，世界所有发达国家及绝大部分发展中国家都实行了最低工资制度或类似规定，其目的是为劳动者得到足够的最低工资提供法律依据。同时，研究发现，最低工资有益于长期的效率和经济增长。首先，稳定的产权关系对市场经济很重要；其次，随着雇员在企业中的工作年限的增加，他们倾向于认为拥有当前的工作是其权利；再次，最低工资通过设置竞争的底线，可以保护对人力资本、物质资本和研发进行长期投资的企业；最后，最低工资立法可以诱导更多的人力资本积累，因为最低工资将降低对非熟练劳动力的需求，可能会激励工人进行人力资本投资，从而对经济增长起到积极作用。

该书探讨了设置低工资标准的必要性。设置低工资标准是我国政府采取的一项产业关系调整措施。笔者选取了两个角度，第一个是从矫正劳动力的社会成本的角度展开论述，第二个是从国家所奉行的调整劳资利益分配过程的策略的角度进行论证。笔者首先借助制度经济学家提出的个体劳动者谈判劣势的分析框架以及不完全雇佣合同理论，论证了低工资标准的作用之一，即设置低工资标准矫正劳动力的社会成本，维护劳动力市场持续而有效率地运行。随后，笔者从政府调整劳资利益分配关系的策略的角度来论述低工资标准的作用之二。

（杨芸榛）

**【创新型企业研究：网络化环境，商业模式与成长路径】**

司春林（复旦大学）

清华大学出版社 2016 年版

280 千字

“提高自主创新能力，建设创新型国家”是我国面向未来的重大战略。我国的《国家中长期科学和技术发展规划纲要(2006—2020 年)》，确定了在 2020 年使我国进入创新型国家行列的目标。关于这一战略与目标，人们在理论上与实践中已做了许多探索。该书对创新型企业的研究开始于关于如何寻求实施建设创新型国家的路径问题的思考。该书认为关于建设创新型国家的路径问题，首先应当从建立国家创新体系入手，国家创新体系的主要含义是创新主体及其相互关系，即除了企业作为创新的主体之外，国家科研机构和高校、科学技术应用与传播体系等均是这个系统中的重要组成部分。

建设创新型国家根本的途径是创建一批创新型企业。创新型企业是依靠创新生存与发展的现代意义的企业，即通过创新建立知识产权资产，并通过知识产权资产经营实现盈利。知识产权资产经营的基本途径是使知识产权资产与企业内外部的互补性资产结合以实现创新的价值，从而创新型企业可带动众多企业特别是传统企业一起进行创新。创新型企业的涌现向经济学的企业理论、管理学的企业创新与战略管理理论提出了挑战。该书最核心的部分是关于创新型企业商业模式的研究，该书首先从分析企业创新环境与创新方式的变化着手探讨创新型企业产生与运营的环境条件，在此基础上通过理论分析与案例研究考察了创新型企业的三种典型的商业模式；该书还进一步提出，创新型企业的成长在内部依赖于知识管理层次的提升，在外部依赖于知识密集型服务网络；创新型企业成长的双重依赖，决定了其成长路径具有多样性。该书着重探讨了传统企业转型为创新型企业，知识密集型服务企业发展成创新型企业，以及通过科技创业的创新活动迅速成长为现代创新型企业的模式。

（杨芸榛）

**【科技型中小企业跨界搜寻与创新绩效】**

刘力钢、孟伟（辽宁大学）

经济管理出版社 2016 年版

216 千字

该书在分析了已有研究存在的局限性基础上，以中国科技型中小企业为研究对象，围绕“企业如何通过跨界搜寻提升科技型中小企业创新绩效”这一基本问题展开研究。研究结论有利于企业认识外部市场环境和技术环境对企业跨界搜寻行为和动态能力产生的影响，通过积极发现和利用外部环境中的技术知识和市场知识来调整企业跨界搜寻行为，增强动态能力，进而提高科技型中小企业创新绩效。该书具体探讨四个方面的问题：

第一，跨界搜寻能否促进科技型中小企业创新绩效提升？该书在这一问题上的研究重点是，关注技术知识跨界搜寻和市场知识跨界搜寻对科技型中小企业创新绩效的影响差异。第二，跨界搜寻促进科技型中小企业创新绩效的中间机制是什么？在开放式创新领域，企业的跨界知识搜寻影响创新绩效的过程依然存在明显的“过程黑箱”问题，因此，该研究认为，有必要检验跨界搜寻、动态能力与创新绩效之间的关系模型，以有效识别和阐述企业跨界知识搜寻行为的作用机制。第三，环境动态性下跨界搜寻对科技型中小企业创新绩效的影响有何不同？为了更深入地理解跨界搜寻对科技型中小企业创新绩效的影响机制，该书将从市场动态性和技术动态性两方面来考虑环境动态性对跨界搜寻与科技型中小企业创新绩效关系的调节作用。第四，环境动态性下动态能力对科技型中小企业创新绩效的影响有何不同？动态能力概念的产生背景使其与生俱来就与外部环境有千丝万缕的关系。已有研究表明，动态能力不仅能够在动态环境中使企业获取竞争力，在相对稳定的环境中也可以发挥作用。目前，关于环境动态性是如何作用于动态能力对企业创新影响的研究较为匮乏。因此，有必要从市场动态性和技术动态性两方面考虑环境动态性对动态能力与科技型中小企业创新绩效关系的调节作用。

（杨芸榛）

**【创新驱动：中小企业转型发展研究】**

锁箭（云南大学）

经济管理出版社 2016 年版

280 千字

经济新常态的到来，预示着中小企业在新时期的发展从高速增长向中高速增长转变，也预示着中小企业在新时期的增长源泉从依靠要素投入增加向依靠全要素增长率提升转变。与此同时，随着第三次工业革命影响的持续深化、国内市场消费升级和“大众创业、万众创新”政策的推进，中国中小企业的发展也迎来了新的创新来源、市场机会和政策环境。因此，研究新时代背景下以创新驱动中国中小企业的转型升级具有重要的现实意义。加上第三次工业革命影响的持续深化、国内市场消费升级和“大众创业、万众创新”政策的推进，中国中小企业的发展也迎来了新的创新来源、市场机会和政策环境。因此，研究新时代背景下以创新驱动中国中小企业的转型升级具有重要的现实意义。

锁箭所著的《创新驱动：中小企业转型发展研究》首先对中小企业的概念做了界定，接下来分析了中国中小企业转型发展的现状及其影响因素。在此基础上，作者提出了创新驱动中小企业转型发展的理论逻辑和国际经验借鉴，如美国、日本、德国、韩国、英国和中国台湾等国家和地区中小企业转型的经验总结。其次，该书分析了创新驱动中小企业转型的路径，以及针对产品创新、技术创新、管理创新、战略创新、金融体系创新、社会服务体系创新驱动下的中小企业转型方式。书末，作者提出了创新驱动中小企业转型发展的建议，对我国政府制定相应的政策具有重要的参考价值。中小企业是一个相对的概念，它既具有规模较小这一“量的规定性”，也具有决定其自身特征的“质的规定性”，中小企业在经济系统中不仅占据着数量上的绝对地位，也是促进国民经济增长、促进就业、推进创新和社会发展的重要力量。

（阳镇）

**【创新中国——逆向创新理论及其在技术引进型企业的应用研究】**

甄伟丽（四川大学）

四川大学出版社2016年版

247千字

面对全球金融危机和欧债危机的影响，全球的需求严重不足，尤其是发达国家市场已趋于饱和，增长的空间有限。欧美跨国公司瞄准新兴市场巨大的市场需求和增长潜力，采用逆向创新的全新模式，在占领新兴市场国家的广大市场之后，经过修改完善再返销欧美国家的细分市场，取得了不错的成绩。在改革开放三十多年的发展过程中，我国的技术引进型企业做出了巨大的贡献，但不可否认，我国不少重要产业技术引进型企业仍在循环往复地不断引进先进技术，但却难以跟上全球技术和产业发展的步伐，面临破产的困境。经过预研发现，发达国家跨国公司这种“飞去来”战略和我国技术引进型企业“来而往”的战略在产品空间运行轨迹、技术来源、目标等诸多方面都有惊人的相似之处。所以，该书针对技术引进型企业成败原因、关键因素、成功模式等问题，利用逆向创新理论来促进和深化我国技术引进型企业的引进—消化吸收—再创新的研究，在对逆向创新理论不断丰富和充实的同时，为我国技术引进型企业创新研究提供理论和实践指导。

（阳镇）

**【创新驱动战略下中国技术进步的路径选择研究】**

余泳泽（南京财经大学）

经济管理出版社2016年版

306千字

该书以创新驱动战略下中国技术进步的路径选择为研究主题，对于理解和实施中国创新驱动发展经济战略具有一定的借鉴和指导意义。该书共分为五篇十五章，其中：（1）现实背景篇。从中国技术进步路径选择的背景分析出发，对改革开放以来中国技术进步的现实情况以及中国经济增长动力的时空转换进行了分析，为后续的研究奠定了现实背景基础。（2）理论基础篇。从中国技术进步路径选择的理论争议出发，对中国技术进步路径选择的演进机制进行了理论分析，在此基础上以“中心—外围”理论和“南北技术扩散”理论框架下的分析范式，设定了技术后发国家如何从技术后发优势到技术赶超的技术进步路径的理论模型，得出了后发国家技术进步路径选择的“门槛条件”。理论基础篇为后续的实证研究奠定了理论基础。（3）现状分析篇。从创新价值链和创新模式选择两个视角分析了中国区域差异化技术进步路径选择的现状，并对中国区域技术路径选择的困境与问题进行了详细阐述。（4）实证研究篇。以理论基础篇为国家、区域和产业三个层面对中国技术进步路径选择进行了实证研究。包括了第十章“技术势能”、FDI技术外溢与中国技术进步路径选择，第十一章要素禀赋、适宜性创新模式与区域技术进步路径选择和第十二章产业结构“二元”特征与中国技术进步路径选择三个实证章节。（5）政策建议篇。从国家、区域和产业三个层面提出了创新驱动战略下中国技术进步的路径选择的政策建议，从而可以从实践操作层面指导创新驱动战略的实施。

（申桂萍）

**【创新驱动、转型升级与中国装备制造业发展——经济新常态的视角】**

邵慰（浙江财经大学）

中国社会科学出版社 2016 年版

209 千字

该书结合国内外制造业发展趋势和中国装备制造业发展的实际，首先区别了经济发展的"旧常态"和"新常态"的概念，然后对新常态下装备制造业的机遇和挑战及其基本发展趋势、装备制造业和传统制造业的协同发展关系及困境做出判断；进而研究了旧常态下的中国装备制造业竞争力；新常态下中国装备制造业转型升级、协同发展、技术跃升、人才培引和制度创新，提出了我国装备制造业技术跃迁的一般路径、海外并购路径和自主创新路径及策略；最后就中国装备制造业竞争力提升的制度创新机制优化和制度环境提出了政策建议。

该书将新制度经济学的研究成果，即诺贝尔经济学奖获得者赫维兹的机制设计理论，结合当前中国经济新常态背景下作为新兴产业的装备制造业如何创新发展并促进传统制造业转型升级的具体约束条件来研究提高中国装备制造业竞争力，可以说是用前沿的理论研究前沿的问题。一是具有开拓性。在新制度经济学视角下研究提高装备制造业竞争力问题。将规范和质的分析与实证和量的分析相结合，实现理论和实践的统一。二是具有针对性。该书在 2014 年中央经济工作会议背景下进行，针对特定的时代背景，针对装备制造业振兴存在的特定问题和发展"瓶颈"提出解决的方法和对策。

（申桂萍）

**【企业技术创新的制度安排】**

孔莉（云南大学）

中国社会科学出版社 2016 年版

172 千字

从当前全球经济发展趋势和格局来看，国与国之间的竞争根本上就是企业与企业的竞争，其本质就是以技术创新为核心的竞争。基于此，《企业技术创新的制度安排》一书既系统地回顾和总结了企业技术创新理论的演进，又提出了对技术创新本质特征的看法，还运用新制度经济学的理论及方法，对技术创新成本及其构成、技术创新成本与企业制度安排行为的关系、企业内外部制度安排与企业技术创新关系等进行了剖析，不仅在理论上给出了系统的诠释，而且还通过美国及日本的经验给出借鉴之道。最后，该书站在中国转型发展的角度，考察了改革开放以来企业技术创新的制度安排历程及其中存在的问题，并提出了对相应制度进行完善的建议，对中国企业技术创新实践具有积极的现实指导意义。

（申桂萍）

**【领导风格对员工创新行为的作用机制研究】**

王忠诚（江西财经大学）

经济管理出版社 2016 年版

334 千字

自主创新是近年来国家发展的重要战略方针，"十三五"事业发展规划提出要深入实施创新驱动发展战略，企业要坚定不移地继续走自主创新之路。创新是一项复杂的、高风险性的脑力劳动，企业领导会以各种方式深刻地影响员工的态度及行为，因此深入地探讨领导与员工创新行为之间错综复杂的关系就显得非常有必要。在日常工作中，领导常常扮演着举足轻重的关键角色，时刻影响着企业员工的心理动机、自我效能及行为；而对员工来说，每天所必须经历的工作环境中最有效、最有力量的影响因素恰好就是其领导者。由此，领导行为影响员工态度及行为的研究也就成为管理学及组织行为学研究中的永恒性主题。而领导也正是推动企业创新进程中非常重要的关键环节，所以从领导风格角度来探讨如何激发员工创新行为，进而不断提升企业自主创新能力就显得格外有意义。

该书从领导者与员工间的关系视角，诠释领导行为是怎样影响员工创新过程中的情绪、态度及行为的。全书以领导风格与员工创新心理及行为、领导成员关系的能动交互作用为主线，通过实证研究，探索了中国情境下的伦理型领导、心理安全的结构维度，探讨了变革型领导、交易型领导、伦理型领导对员工创新行为的直接影响效应，员工创新自我效能、心理安全、知识共享的中介效应，LMX 的调节效应，从而深刻地揭示出领导风格对员工创新行为的内在作用机制。通过研究领导风格对员工创新行为的有效影响，对于推进管理创新与技术创新、提升有助于促进员工创新的领导力等方面将具有实践借鉴意义。

（阳镇）

**【企业集群创新网络内多主体间的合作创新机理研究】**

李星（贵州财经大学）
中国社会科学出版社 2016 年版
338 千字

该书从社会网络的角度出发，科学利用产业经济学、演化博弈理论、概率论、系统科学等相关理论来研究企业集群创新网络多主体间合作创新机理，研究内容主要包括以下几个方面：

（1）对企业集群创新网络内多行为主体及其连接模式（包含核心网络、支撑网络、外部网络）进行了分析，并探讨了核心网络层主体间、核心网络层主体与支撑网络层主体之间，以及核心网络层与外部网络层的互动机制，并在此基础上，从三个方面论述了集群创新网络中多主体间合作的动力因素。

（2）在阐述企业集群创新网络结构特点的基础上，分析了创新网络内各行为主体的决策行为模式、群体（或社团结构）对创新网络内行为主体的影响函数，提出了在群体（或社团结构）影响下，创新网络内主体行为调整的结构模型，并引入了正面权重影响指数和负面权重影响指数来衡量群体（或社团结构）对创新网络内行为主体的影响程度。

（3）建立了一个企业集群创新网络内多企业动态合作创新微分博弈模型，在给定两个假设前提下，结合实际案例从主体理性的角度比较分析了在合作创新与自主创新情形下集群创新网络内企业所采取的最优策略及其对应的最优价值函数。

（4）利用概率论中的状态转移方程对集群创新网络多主体合作信任机制的动态性进行了分析，并利用仿真手段分析了企业集群创新网络中企业间的信任关系的动态演变特性，得出了与集群发展实际相吻合的四个重要结论。

总结来说，该书重点分析了多主体间的互动机制与合作动力、合作决策行为影响机制与合作涌现机制、合作博弈过程与利益分配机制，以及合作主体间的信任机制等问题。该研究不仅是对现有理论的补充，同时还具有一定的实践意义。

（杨芸榛）

**【绿色创业导向研究】**

李华晶（北京林业大学）
中国人民大学出版社 2016 年版
363 千字

该书瞄准绿色创业研究前沿，以中国可持续发展情境下的高新技术企业作为研究对象，将创业导向作为研究线索，从绿色创业导向与高新技术的融合出发，按照跟踪式案例研究与问卷调查相结合的研究设计，运用案例研究、文献分析、比较研究、扎根理论和统计分析等方法，考察高新技术企业绿色创业导向影响因素和价值实现过程的本质联系，揭示基于社会创业导向和生态创业导向的高新技术企业绿色创业导向对可持续发展的作用机理，据此提炼绿色创业环境优化对策，挖掘出提升高新技术企业对可持续价值创造贡献水平的解决方案，解答高新技术企业绿色创业发生和作用机制的本源和方向问题，以紧扣中国创业情境的基础研究来丰富绿色创业研究、指导绿色创业实践。

该书主要内容具体包括以下四个部分：第一，绿色创业内涵体系研究。这一部分研究内容的理论出发点在于，企业绿色创业在创业管理领域中具有重要地位。第二，高新技术企业绿色创业实践过程研究。这一部分研究内容关注绿色高新技术与绿色创业在企业层面的理论融合及其实践方式。第三，高新技术企业绿色创业导向价值实现路径研究。这一部分聚焦高新技术企业绿色创业导向的实施过程及价值创造机理，依据知识溢出和学术创业的观点，结合团队和环境等关键管理要素，对高新技术企业绿色创业导向开展了实证分析，以期提炼中国高新技术企业情境下绿色创业的动态过程和贡献水平，进一步明确绿色创业导向各环节和企业可持续价值创造之间的内在联系。第四，高新技术企业绿色创业路径优化研究。这一部分研究内容在组织和区域多个层面，开展提升绿色创业水平和贡献度的对策方案研究，围绕组织管理的关键要素和政策环境的建设重点，同时结合创业研究领域的前沿问题，揭示经济转型背景下高新技术企业如何更好地提高绿色创业对企业可持续成长和区域绿色增长的贡献水平。

该书通过对几家创业型企业的成长过程进行分析发现，绿色创业企业在创立期倾向于选择制度导向，以度过生存考验并获得初期快速发展的保障；在成长期，随着企业成长阶段的演进，绿色创业企业的成长重心逐步向市场导向转移；在成熟期，则倾向于实行市场导向，以适应市场环境并推动产业的发展。总体而言，市场导向是贯穿绿色创业企业成长路径的核心动力，制度导向则更多地为绿色创业企业成长提供保障和支撑。

（杨芸榛）

**【上市公司业绩预告与分析师预测互动机制研究】**

黄晓蓓（北方工业大学）
中国人民大学出版社2016年版
144千字

什么样的内外部因素会影响企业的披露行为？不同的披露行为会产生什么样的经济后果？中国作为一个发展迅速的新兴市场，披露制度与上市公司的披露行为同西方发达资本市场存在何种差异？在中国特殊的制度背景下，作者开始思考，无论是发达市场还是新兴市场，预测性盈利信息的另一个重要来源——分析师，是如何与上市公司管理层披露的业绩预告相互作用的呢？二者将如何影响我国上市公司的预测性盈利信息披露环境呢？

该书对国内外管理层盈利预测、业绩预告以及分析师预测的相关文献进行梳理，在简述我国业绩预告制度变迁史、分析师行业的兴起与发展以及二者共同形成的我国上市公司预测性盈利信息披露环境的基础上，使用实证研究的方法分别探讨了分析师对我国上市公司强制预告的违规、自愿预告以及预告质量的影响机制，以及业绩预告对我国分析师盈利预测修正以及准确性的影响。以同一会计年度我国上市公司的业绩预告与分析师盈利预测作为研究对象，结合我国的资本市场环境与制度特征，探寻二者之间的互动机制，揭示我国上市公司预测性盈利信息的披露环境特征，为监管机构制定相关政策，促进我国资本市场信息披露的健康有序发展提供经验证据。

（阳镇）

**【基于竞争力视角的中小企业资本结构调整研究】**

梁春梅（山东师范大学）

中国社会科学出版社 2016 年版

203 千字

中小企业在我国经济社会发展中占据着重要地位，日益成为推动经济市场化、工业化、信息化、城镇化和农业现代化的基本动力。然而，在转型时期，我国中小企业的资本结构不合理、调整成本高、调整能力有限等问题在一定程度上制约着中小企业的快速、健康和可持续发展。

该书首先以“企业资本结构调整的影响因素、企业竞争力与资本结构调整之间的关系”为主线，在梳理现有研究文献成果的基础上，从中小企业竞争力的来源入手，将企业竞争力分为结构竞争力、资源竞争力和能力竞争力三种类型，构建了一个用于分析中小企业竞争力对资本结构调整产生影响的理论分析框架，从理论上阐释、分析了这三种竞争力对资本结构调整所产生的影响及其作用机理。其次，基于对山东省中小企业的调查问卷数据，对山东省中小企业的资本结构现状进行了详细的统计描述和分析，构建动态非平衡面板数据模型对山东省中小企业竞争力作用于资本结构调整的机理进行了深刻的实证检验与分析；并以 A 公司为例，对中小企业竞争力作用于资本结构调整的机理展开了细致、深入的案例分析。最后，从提升竞争力的视角出发，提出了促进中小企业资本结构调整、优化的政策建议。

（杨芸榛）

**【财务灵活性对上市公司财务政策的影响机制研究】**

张玮婷（厦门大学）

经济管理出版社 2016 年版

193 千字

该书以财务灵活性对公司财务决策的影响机制作为研究主线，系统地研究了财务灵活性原则下公司财务决策中权衡行为的内在逻辑。结合理论分析和实证研究方法，《财务灵活性对上市公司财务政策的影响机制研究》首先研究财务灵活性对公司财务政策的单独影响，阐释财务灵活性原则的影响机理。接着引入外部变量，进一步研究了公司在外部融资环境变动的背景下如何在财务政策间进行权衡决策，以小化公司损失及风险。

该书通过以财务灵活性的视角研究公司财务决策，《财务灵活性对上市公司财务政策的影响机制研究》力图打开公司财务实践中的决策机理这一“黑箱”。研究结果一致表明，财务灵活性是我国上市公司财务决策中重要的影响因素。不管是在中国特色的政策背景下，还是在全球信贷危机的冲击之下，抑或是因为公司自身所处的地域因素，财务灵活性不仅是财务高管在进行公司资本结构决策时重要的决策变量，同时还明显地影响了公司的现金持有政策和股利政策。该书将财务灵活性纳入传统的公司财务理论研究框架，在我国具有现实意义。

（阳镇）

**【控制股东：投资者保护与会计稳健性】**

肖作平（西南交通大学），梁利辉（四川理工学院）

东北财经大学出版社 2016 年版

164 千字

会计稳健性一直被认为是编制财务报表的重要特性之一，对公司治理和债务契约等方面的代理问题以及信息不对称问题都有一定的影响。该书在对相关文献进行回顾的基础上，系统分析了中国制度背景，揭示控制股东、投资者保护与会计稳健性研究制度背后的因素。此外，结合中国制度背景理论和实证分析控制股东、投资者保护与会计稳健性之间的关系。研究发现，控制股东、投资者保护以及两者的交互效应确实是影响会计稳健性的决定性因素。

为此，该书研究终极控制股东、投资者保护及二者的相互作用对会计稳健性的影响。在中国特殊的制度背景下，开展终极控制股东、投资者保护与会计稳健性之间关系的研究具有重要的意义，主要体现在以下方面：

第一，剖析终极控制股东的掠夺行为和信息操纵行为，揭示终极控制股东在会计稳健性中的作用机理，有助于增强契约的效率性和帮助投资者进行合理的投资决策，减少信息和代理问题。

第二，揭示投资者保护在会计稳健性中的作用机理，寻求有利于提高会计稳健性的制度因素，有助于提高上市公司和证券市场运作的透明度，降低信息披露主体的道德风险和机会主义行为，推动公司治理机制的不断完善，促进证券市场的健康发展。

第三，剖析终极控制股东与会计稳健性之间的关系是否以及如何随着投资者保护的变化而变化，探讨提高包括会计稳健性在内的会计信息质量的途径或方法，为提高中国上市公司会计信息质量和透明度、降低信息不对称、优化资本市场资源配置提供经验证据和政策建议。

（杨芸榛）

**【国有企业并购行为、并购绩效与财务风险控制研究】**

李光贵（河南财经政法大学）

经济管理出版社 2016 年版

204 千字

该书基于国家经济转型、国家大力推进国有资本调整和国有企业并购重组，以及全面加强国有企业风险管理的政策背景，依据并购重组的相关理论，对国有企业并购重组行为特征、财务绩效及风险控制等问题进行研究。研究发现，我国国有企业并购重组市场总体向好，但在目标企业的选择、价值评估以及融资支付对价等方面仍旧存在较大的风险，因而需要进一步加强并购重组的财务风险控制。

该书借助 EVA 评价指标，对国有企业并购绩效进行了实证检验，发现企业规模对国有企业并购绩效有着重要的影响。以此为基础，《国有企业并购行为、并购绩效与财务风险控制研究》对国有企业并购财务风险控制方法策略进行了全面分析。根据《国有企业并购行为、并购绩效与财务风险控制研究》的研究结论，我国应当在坚持市场化为导向的国有企业并购方向的前提下，建立健全国有企业并购重组的相关法律体系，不断完善国有企业并购重组的中介服务体系，尤其要依据并购战略来强化目标企业的选择，并构建科学的、适合国有企业并购重组的价值评估体系和国有企业的并购绩效评价体系，从而引导和规范国有企业的并购行为，有效防范和控制国有企业并购重组的财务风险。

（阳镇）

**【社会网络视角下中小企业融资问题的研究】**

米晋宏（上海海事大学）

复旦大学出版社 2016 年版

146 千字

随着 2007 年次贷危机的发生以及中国经济进入转型发展阶段，过去政府主导的增长模式已难以维系，而微观层面的中小企业发展环境也已经不可持续，中小企业融资困境已成为影响中小企业能否生存的重要因素。中国经济若要进一步地发展将需要改变原有的政府主导要素配置模式，让企业尤其是中小企业能够有机会获得市场化价格的要素资源，以推动其自身发展以及优化整个经济的资源配置效率，这意味着全面的要素市场化改革是中国经济进一步可持续发展的根本路径。在现代经济中，要素市场配置的中心是金融市场，而中国经济的转型发展意味着中小企业的发展决定了中国经济是否能够在未来优化经济结构，实现经济转型升级。所以该书将研究问题界定为中小企业在金融市场获取要素资源所存在的问题。

在理论研究方面，在对当前所出现的与中小企业融资困难相关的金融脱媒问题，该书运用数理分析方法进行了理论分析，研究表明金融脱媒现象是一个非常自然的金融发展历史现象，只不过由于中国目前金融现实条件存在的扭曲较为严重，使得中小企业融资困难问题和金融脱媒之间的关系变得更为直接相关，在中国还因为社会网络关系的影响，使得政治关联关系降低了中小企业融资效率，也促使中国金融领域的金融脱媒现象具有较强的中国特色。就一般意义来看，在一定系统性风险水平条件下，金融脱媒的发展是能够缓解中小企业融资困难问题的。另外，就新技术的金融领域运用，如互联网金融现象，该书也进行了必要说明和探讨，并将其作为论文下一步要展开的研究内容。并且该书还从中小企业融资路径方面进行了理论探讨。该书从社会网络化视角的研究方式，对于理解中小企业融资问题有新的价值和意义，尤其从政治关联因素对中国的中小企业融资问题的实证讨论能够对于金融脱媒和中小企业融资困境有更好的理解。

（阳镇）

**【价值创造型财务组织研究】**

刘华（暨南大学）
经济科学出版社 2016 年版
150 千字

科学技术的迅猛发展和经济的全球一体化使得企业面临的经济形势复杂多变，各种不确定性加大。为了生存发展，企业需要不断利用新技术，快速调整经营战略和商业模式。能够在新的社会经济环境中取得竞争优势的企业，必须适应经济和技术发展的需要，及时对资源配置进行调整。在企业对决策信息要求更全面、更及时、更相关的情况下，业务、财务和信息技术开始出现融合，价值创造型财务组织应时而生。

企业要在环境越来越不确定、竞争越来越激烈的市场中取得竞争优势，必须构建以价值创造为核心的管理模式，充分发挥财务管理的价值引领功能，管理企业的价值创造活动，推动企业持续的价值创造。价值创造型财务管理就是以企业价值目标的实现为出发点，以价值管理为基础，以价值创造“过程”导向为核心，通过主动参与价值创造，在投资活动、经营活动和融资活动运用价值管理、通过价值评价与奖惩来促进企业价值创造活动落到实处，实现企业价值持续增长的一种财务管理模式。

该书研究了财务组织创造价值的机制，影响财务组织创造价值的因素和价值创造型财务组织的构建。对于财务组织创造价值的机制，该书从价值引领、价值保障、价值报告三个方面进行了研究。价值引领体现在财务组织通过商业模式选择、税务规划和流程诊断能够引领企业的价值创造。价值保障体现在在线监控系统通过收集数据、处理数据来发现业务操作流程和企业经营管理的异常和偏差，从而减少舞弊、纠正偏差，以达到保障企业价值的目标。价值报告应该能为管理层提供更实时更有用的信息，以帮助企业抓住新的商机，及时调整发展战略、经营目标；对员工的产出进行更准确、更客观的衡量以激励员工并促进员工行为的调整；加强企业内部信息的沟通，以促使企业各个部分能及时获知变化并对变化做出快速反应。

（杨芸榛）

【权力配置、外部审计与企业财务政策：国际经验与中国例证】

代彬（四川外国语大学）

中国经济出版社 2016 年版

200 千字

该书主要关注经济转型期我国上市公司高管的权力配置及其经济后果。如何有效防范和约束管理者的自利行为已成为公司治理、产权制度以及资本市场改革等亟待解决的重要议题。该书立足于我国上市公司管理层掌控企业实际控制权的现实背景，回顾了高管权力与自利动机的研究现状，并从企业税收规避角度分析了外部审计与治理效应的理论关系，同时分析了权力配置与高管寻租的机理，从而构建了高管权力配置、外部审计与公司避税行为的研究理论模型，通过规范和实证相结合的研究方法，深入、系统地探讨了我国上市公司权力配置特征对税收规避决策、财务信息披露策略、国际化战略等公司具体财务政策产生自利性影响的驱动因素、作用机制以及其中蕴含的外部审计监督效应，进而为当前有关以优化权力配置为导向的公司治理改革，以及加强审计独立性和上市公司财务决策监管的政策导向提供重要的经验启示。

（阳镇）

【董事会治理功能及其评价研究】

周婷婷（北京第二外国语学院）

经济管理出版社 2016 年版

206 千字

董事会是公司治理的核心，是股东与经理层之间联系的纽带，在公司运营中扮演着举足轻重的角色。但是，董事会的"运作黑箱"在一定程度上阻碍了公司治理研究者对于董事会功能及其评价的研究。公司治理研究者通常通过董事会的结构以及特征，比如董事会规模、董事薪酬和独立董事比例等探究董事会功能，并借此评价董事会治理质量。这显然存在一定的偏颇。

立足于内部控制与风险承担，该书探讨了董事会的监督功能与战略功能，并依据制度背景与公司治理准则，构建了中国上市公司在美上市公司董事会治理评价指标体系。在构建董事会治理评价指标体系的过程中，该书尽量凸显董事会运作指标。在构建中国上市公司董事会治理评价指标体系中，涵盖了董事会专业委员会履职情况汇报、董事股份变动合规性、董事会议事规则、董事培训等指标。在构建中国在美上市公司董事会治理评价指标体系中，涉及董事会业绩评估、董事权利赋予、董事会职能发挥和关联交易等指标。在董事会功能研究中，立足于内部控制行为与管理层风险承担行为，探讨董事会在内部控制中承担的监督职能，在公司创新行为中承担的战略引导职能。研究发现，良好的董事会治理质量意味着公司内部控制行为的正规、有效。完善的董事会治理机制能够增强问题管理层的风险承担意愿，进而促进公司的技术创新行为。

（阳镇）

【董事会资本对董事会治理效率与企业技术创新影响研究】

邓晓旭（陕西师范大学）

中国社会科学出版社 2016 年版

209 千字

该书使用社会网络分析方法和社会统计学分析方法，对中国转型时期董事会资本的演变特征和功能定位，董事会资本对董事会治理效率与企业绩效，对企业技术创新的影响进行尝试性探讨；并对基于西方实践而构建的资源依赖理论和代理理论在中国情境下的适用性进行了检验；进而在揭示董事会资本的积极效果与不利影响的同时，为董事会治理效率与企业创新绩效的改善提供理论支持与实证依据。该书就董事会资本、董事会治理效率与企业技术创新的关系进行研究，可以揭示董事会资本的功能定位，为企业积极寻求与获取各种资源支持的同时，为从政府层面合理规范董事阶层的寻租行为提供参考。

（申桂萍）

**【民营上市公司创始人与董事会治理有效性研究】**

石晓飞（河北经贸大学）

中国社会科学出版社2016年版

196千字

该书深入研究了在我国市场经济的特殊背景下，民营上市公司中创始人如何影响公司价值，考察创始人董事及其特征的影响。在此基础上，进一步探讨创始人董事对董事会治理有效性的影响。该研究明晰了创始人影响公司价值的路径，突破了以往单纯研究管理者影响公司价值的范式，将创始人对企业的影响推进到了具体的治理层面，从创始人的结果性层面深入创始人董事对董事会治理有效性影响，在董事会结构内研究了创始人董事与董事会治理之间的关系。

（申桂萍）

**【农产品供应链整合研究】**

纪良纲、刘东英（河北经贸大学）

人民出版社2016年版

222千字

该书针对我国农产品流通的实际情况，提出目前提高农民收入、保障食品安全的重要途径是推进农产品流通现代化，而实现农产品流通现代化的主要手段是对发育不良的农产品供应链进行整合。农产品供应链整合的目的是要获得增值，为此，必须在三个方面做出努力，一是建立长期的稳定的战略合作伙伴关系，谋求交易成本的降低；二是保证现代信息技术在供应链上无障碍使用，将时间成本和空间成本降到很低；三是持续提高物流作业质量，提升产品的客户价值。对前面所提到的三个问题的回答在该书中由组织整合、信息整合和资源整合三部分完成。组织整合回答谁和谁结成供应链合作伙伴的问题。信息整合回答什么信息需要整合、整合需要什么技术，如何实现技术的无障碍使用和信息的顺畅流动问题。资源整合重点回答供应链资源的协调与集约使用问题。

（杨芸榛）

**【供应链管理与商业模式：分析与设计】**

胡奇英（复旦大学）

清华大学出版社2016年版

339千字

作者将供应链管理的定义从传统的降低物流成本推广为对上下游企业之间的竞争与合作关系的管理。因此，其范围包括企业决策的所有领域。而传统的供应链管理只是企业的运营管理，通常所说的是物流、信息流、资金流，而实际上是以物流为主，围绕物流的信息流、资金流的研究。在作者的上述观点下，供应链管理的内容就变得比传统供应链管理庞大许多，因为它包括了企业管理的方方面面，如营销、生产、研发、财务与会计、人力资源、组织行为，等等，即“供应链管理框架”。供应链管理这一概念将与企业管理相融合，企业的任何决策，都需要在供应链的框架下来考虑。

总体来说，该书认为“供应链管理”“商业模式”“互联网+”这三个概念的核心是相同的，其主要观点包括：第一，任何企业都有供应链，就是与它一起为客户提供产品与服务的所有企业所组成的整体，其目的既包括增值也包括降成本。第二，企业所做的任何决策（营销、财务、研发、会计、人力资源、组织结构等），都应该在供应链的框架下考虑。第三，商业模式的核心与骨架是供应链，就是其利益相关者所组成的整体及之间的合约。因此，可以用供应链管理的方法来分析商业模式的性能，并基于此设计、改进商业模式。第四，“互联网＋”是将一切业务数据化，基于此做减法以重组供应链，然后与其他企业做加法。该书用企业实例来支持上述观点，提出了企业界、学术界所应该考虑、研究的相关问题，并且尝试回答了其中的部分问题。

（杨芸榛）

**【高管政治联系的“双刃剑”效应：作用路径、经济后果与治理机制】**

郭剑花（广东财经大学）

厦门大学出版社 2016 年版

276 千字

当前，作为改革开放三十多年来的产物，民营经济已经成为我国国民经济的基础和社会主义市场经济的重要组成部分，是促进社会生产力发展的重要推动力量，是巩固和完善社会主义制度的重要依靠力量。首先，随着市场化进程的发展，民营企业在整个国民经济中的份额逐步上升。民营企业在企业数量、注册资金、固定资产投资、进出口总额等方面持续增长，增长速度均高于全国平均水平，呈现出良好的发展态势。随着民营经济的不断发展，经济实力的不断增强，民营企业家开始登上政治舞台，在政治上有了一定的话语权。随着民营企业家参政议政的意识和兴趣不断增加，中国民营企业的高管具有政治联系的现象越来越普遍。

该书以民营企业为研究对象，研究以下几个问题：首先，高管政治联系可能发挥“关系”作用，也可能成为政府对民营企业进行干预的途径。那么，究竟是政治联系的“政府干预”作用导致的政策性负担，还是“关系”作用，抑或是两者同时或相互作用，使得政治联系企业更容易获得政府的各种救助资源，导致企业的预算约束软化？这是该书研究的核心之一。其次，政治联系改变了政府资源的流向，其配置效率如何也值得研究。这是该书关注的第二个核心问题。最后，如何治理高管政治联系的“双刃剑”效应呢？这是该书研究的第三个核心问题，即探讨企业内部的治理机制与外部的治理环境对政治联系“双刃剑”效应及经济后果的治理作用。该书系统性地研究了民营企业的高管政治关联性问题，有效地弥补了学术界缺乏对民营企业的政企关联的关注，且系统性地研究了“双刃剑”效应，总的来说具有重要的学术价值。

（阳镇）

**【多项目管理方法及其应用研究】**

单汩源、李林凤、张人龙（湖南大学）

中国人民大学出版社 2016 年版

459 千字

多项目管理是指针对组织中所进行的多个项目的全生命周期管理。多项目管理是伴随着项目管理方法在企业或政府部门等组织中的广泛运用而形成的一种以长期性组织为对象的管理模式，是站在企业层面对现行组织中所有项目进行筛选、评估、计划、执行与控制等管理活动的手段。单项目管理是在假定项目资源能够得到保障的前提下进行项目管理，与单项目管理不同，多项目管理是在假定存在多个项目的前提下，通过协调和分配现有项目资源，获取最佳项目实施组合的管理过程。其思考角度与单项目管理“由因索果”的方式相反，一般采取“由果索因”的分析方式。

该书着重对项目族工作分解结构模型与配置和多项目进度优化模型与算法展开研究与探索。该书共分为六个部分，计 15

章。第一部分主要介绍多项目管理研究概况，主要目的是为后续研究作背景铺垫。第二部分着重阐述项目族工作分解结构模型构建与配置机理。该部分对项目族内WBS元素进行归并、标准化及WBS词典属性化，建立了项目族工作分解结构。第三部分从项目族工作分解结构应用角度，分别介绍项目族工作分解结构在模型构建、项目配置及成本估算方面的扩展。第四部分主要介绍基于GWBS多项目计划方法的研究成果。第五部分从大规模定制企业多项目并存的特点出发，采用项目进度计划方法对大规模定制企业生产计划进行改进研究。第六部分则对多项目管理进行跟踪研究，并提出该领域未来的研究热点和新型多项目管理组织结构展望，为进一步研究提供指导。

（杨芸榛）

**【物联网商业模式：构建机制与绩效影响】**

胡保亮（杭州电子科技大学）

经济科学出版社2016年版

200千字

该书围绕物联网商业模式展开研究，主要包括以下内容：

首先，该书集成物联网的技术能力和物联网的商业价值，揭示出了一个可操作化的物联网商业模式概念构思，即物联网商业模式由基于感知的效率、基于感知的新颖、基于智能的效率与基于智能的新颖四个维度构成，促进了物联网商业模式概念收敛以及为进一步研究物联网商业模式理论机制提供了变量构思及其测量工具。这一构思回答了物联网商业模式是什么的问题，相应地，企业用户可以选择这一构思中的一个或多个维度作为他们物联网商业模式的设计主题。

其次，该书整合网络资源、网络流程、网络价值创造理论，探讨双重网络嵌入（网络资源）、价值模块整合（网络流程）、物联网商业模式（网络价值创造）之间的层次关系，发现双重网络嵌入能够通过价值模块整合的中介作用影响物联网商业模式，揭示出了物联网商业模式的构建机制。该构建机制回答了如何构建物联网商业模式的问题，相应地，可以指导企业用户构建物联网商业模式。

最后，该书通过探究物联网商业模式、顾客集成与企业绩效之间的传导机制，一方面发现物联网商业模式各个维度对企业绩效的影响效应具有差异性，另一方面发现物联网商业模式各个维度不仅对企业绩效具有直接的影响，而且通过顾客集成的中介作用对企业绩效具有间接的影响，推进了物联网商业模式的绩效影响机制研究。该传导机制回答了如何获取物联网商业模式绩效影响的问题，相应地，可以指导企业用户获取物联网商业模式的绩效影响。

（杨芸榛）

**【企业剩余权劳资共同治理模式研究】**

胡静锋（重庆社会科学院）

中国社会科学出版社2016年版

202千字

该书在理论上证明了劳资共同参与的剩余权治理模式在效率上优于单边治理模式，劳资共同治理模式所体现的公平要求，可以实现企业内部在生产上的公平与效率的统一，也是企业内部劳资和谐关系得以建立的保证。在详细考察了两种代表性的剩余权治理模式，即英美资本单边治理模式和德日共同治理模式之后，结合中国社会主义市场经济体制的内在要求发现，中国企业建立创新的剩余权治理模式具有现实中国经济环境、法律制度以及社会经济思想的支撑，劳资共同治理模式的建立是构建社会主义和谐社会的必然要求，也是中国经济持续稳定高速发展的微观基础。具体来说，该书包括以下几部分内容：

第1章导论部分，对研究背景、研究

的现实意义和理论意义、研究的重点和难点、研究方法、研究的可能创新之处做出了较细致的阐述；第 2 章是该研究的综述部分，首先对企业的契约理论做出综述，然后对既存的共同治理理论做出述评；第 3 章对分别从资本主义企业和社会主义企业两个角度，对企业剩余权治理展开讨论，认为社会经济制度对企业剩余权治理模式存在着约束；第 4 章从企业得以建立的劳动契约角度研究剩余控制权。通过对不完全契约的详细考察之后，发现包含劳务的契约是不完全程度最高的长期契约，接着对剩余控制权概念进行了辨析；第 5 章通过数理模型证明劳资共同治理模式是最有效率的剩余权制度安排模式以及实现这种模式有赖于公平与效率的统一；第 6 章对剩余权治理模式的不同实践模式加以研究，并提出中国国企治理创新模式，实践中有两类较大影响的模式，即英美模式和德日模式。任何一个国家的公司治理模式都必须基础于本国的社会文化制度和经济环境状况。

（杨芸榛）

**【异质性企业国际化路径选择研究】**

李春顶（中国社会科学院世界经济与政治研究所）

经济管理出版社 2016 年版

342 千字

新—新贸易理论是国际贸易的理论前沿，它从微观企业异质性视角重新分析和解释了国际贸易与投资以及跨国企业全球组织生产的抉择。该书将新的理论与我国现实的需要结合起来，对理论提供了中国数据的检验并进行了扩展，从理论与实证结果出发，指出了当前中国的外贸发展战略与投资战略调整思路，剖析了中国企业的国际化路径选择，该书的主要内容包括：

（1）异质性企业出口贸易行为选择部分。在模型中，引入了企业对于市场信息明确和对称的假设，推导结果显示：生产率高的企业选择出口，而生产率低的企业只供应国内市场；而出口贸易对于企业生产率的影响方向是不确定的，但会提高整个社会的生产率水平。该研究提出了适应我国需要的“市场主导的非对称出口促进战略”，即以市场主导的自由贸易战略为主要方向，对那些技术含量高的重点产业有区别的鼓励和支持其对外出口的一种策略措施。

（2）异质性企业出口贸易与对外直接投资行为选择部分。该书在模型中，加入了企业对于自身的生产率信息清楚和对称的假设，从而能够确定自身是否应该进入市场以及是否应该出口或 FDI。得出的结论显示：生产率高的企业会选择对外直接投资，而生产率低的企业会选择出口贸易；在出口和 FDI 之间，多数情况下存在的是替代关系。实证中，根据我国分行业企业数据，用三种方法计算和校正了各行业的真实生产率状况，参照有关国外的企业对外直接投资生产率水平指标，对比的结果表明：我国整体行业和企业的生产率水平并不高，尚没有到大规模对外直接投资阶段，企业应该根据自身的生产率状况决定出口和 FDI。

（3）异质性企业对外直接投资模式选择部分。在模型中，对相关文献框架进行了简化，专注于分析企业跨国并购与绿地投资选择。模型将企业的异质性分为两类：一类表现在具有可流动能力的产业，即企业的差异化能力和竞争力可以在国际流动和传递；另一类表现在具有不可流动能力的产业。得出的结论是：异质性表现在具有可流动能力的产业，生产率高的企业选择跨国并购，而生产率低的企业选择绿地投资；异质性表现在具有不可流动能力的产业，生产率高的企业选择绿地投资，而生产率低的企业选择跨国并购。

（杨芸榛）

**【中国企业跨国经营中的员工关系研究】**

何燕珍、王玉梅（厦门大学）
清华大学出版社2016年版
239千字

在全世界奏响“我们生活在全球化的背景下”的主旋律之时，我国企业加快了国际化的步伐，也取得了斐然的业绩。但是，在光鲜的数据背后，中国跨国企业的海外经营中其实面临诸多新的问题和挑战。企业多数不是被竞争对手击垮，而是失败于内部管理问题。海外的中国企业的软实力往往被过于忽视了。不少国内经营业绩卓越的企业也往往在国外遭遇“滑铁卢”。更何况，还有数量众多的中小企业，也悄然在境外投资。这些企业通过海外并购走出国门，却因为人力资源管理的落后和国际管理人才的缺乏而陷入困境，陷入经营业绩上更多的不确定性，非但未能实现预期的国际化所带来的绩效，反而因此影响了国内自身经营，降低了整个企业的绩效。然而，我国业界和学术界对海外企业的关注与研究，更多的是战略和企业所处环境，明显地对企业微观的“软”管理行为的关注甚少，尤其是跨国企业软性管理中的核心——员工管理，更只在字里行间提及。从企业微观层面研究我国海外企业的员工关系管理，迫在眉睫。

该书借助前期的相关研究成果，以情理法不同管理层面为研究框架展开对我国海外企业员工关系的研究，关注海外企业员工关系的特殊性，系统探索这些企业员工关系管理体系运行模式的影响因素，并提出分析工具和理论指导。研究成果深化了我国员工关系管理领域的研究，探讨文化因素对员工关系的影响，对我国即将“出海”的企业少走弯路，无疑具有理论价值和实践意义。

一方面，该书整合员工关系不同层面的管理，从法理维度的劳动契约管理到情理维度的心理契约管理，关注硬管理到软管理的阶梯性，使得员工关系管理更有理论系统性。另一方面，为了深入挖掘员工管理背后的机理，采取扎根理论、案例研究、元分析和计量经济学等研究方法，以专题的方式，研究我国现有跨国企业员工关系的内在逻辑。在此基础上，提出我国企业的海外经营中员工关系管理的政策建议。

（杨芸榛）

**【全球价值链分工下的中国代工企业品牌升级研究】**

胡大立、张璐、陈燕连、刘丹平（江西财经大学）
经济科学出版社2016年版
230千字

该书基于时代背景以及理论和现实需求的驱动，特选全球价值链分工下的中国代工企业品牌升级研究为题，对中国代工企业品牌升级中相关的重要理论和实践问题进行研究，并按照“提出问题—分析问题—解决问题”的思路，初步探讨了全球价值链背景下中国代工企业品牌升级的动因、升级路径以及升级策略，主要内容包括：

该书阐述了中国代工企业“低端锁定”的现状、风险及其转型升级的必要性，总结了国际代工的产生与发展、中国代工企业发展历程、代工企业对中国经济发展的贡献、中国代工企业特征、中国代工企业“低端锁定”的现状、中国代工企业“低端锁定”的战略风险、中国代工企业“低端锁定”的成因、中国代工企业转型升级的必要性。并且分析了中国代工企业品牌升级的现状及困境，包括中国企业自有品牌的现状，中国代工企业品牌升级现状，中国OEM企业品牌升级面临的困境，中国代工企业品牌升级困境产生的原因。在对中国代工企业品牌升级动因及其动力机制缺失进行的分析中，具体探索了中国代工企业品牌升级动因模型、内部动因、外部驱动，中国代工企业品牌升级动力机制逻辑模型，企业内部动力机制缺失，全球价值链治理者的封锁力。

同时，该书还对中国代工企业自有品牌创建影响因素进行了分析，研究假设及验证方案设计，统计分析与假设检验，结果讨论与政策启示。该书在后半部分探索了品牌创建的主要模式、主要模式说明，中国代工企业自有品牌创建模式及案例研究、案例分析总结等内容。在对中国代工企业转型升级路径进行分析时，该书给出了基于全球价值链理论的代工企业基本升级路径，基于全球价值链驱动模式的代工企业升级路径，基于市场扩张的代工企业品牌升级路径，基于“三力一链”框架的代工企业升级路径，提出了中国代工企业品牌升级策略，主要内容包括从品牌萌芽到品牌初创的关键升级策略，从品牌初创到国内品牌的关键升级策略，从国内品牌到国际品牌的关键升级策略。

此外，该书还对中国代工企业品牌升级模型及案例进行了研究，并给出了中国代工企业品牌升级的政策措施，最后对该研究结论进行了归纳总结，并提出了未来研究的方向。

（杨芸榛）

**【在线零售商营销道德行为的消费者响应及其治理】**

*沈鹏熠（华东交通大学）*

*西南财经大学出版社 2016 年版*

200 千字

随着以高科技产业与信息产业为基础的新经济发展，旧的商业模式受到了极大的冲击，以互联网为基础的新商业模式在 21 世纪得到了迅速发展，我国消费者的网络购物规模持续扩大。快速增加的电子商务和网络零售为经济发展和顾客选择创造了机会，但也为非道德行为的产生创造了新的环境，为违法违德行为的多发式增长提供了温床，加强在线零售商营销道德建设势在必行。然而，学界关于营销道德的研究主要集中在实体企业情境中，对于在线零售商营销道德问题还缺乏详尽分析。因此，该书以 B2C 在线零售商为研究对象，全面、系统、深入分析在线零售商营销道德行为的消费者响应及其治理对策。全书的主要研究内容共分为八章，主要研究内容和结论如下：

首先，该书探索了在线零售商营销道德失范的内涵、成因及治理机制进行了初步的定性探讨和分析。在全面分析了在线零售商营销道德失范的起源、内涵和表现类型的基础上，提出了在线零售商营销道德失范的治理机制，从而为在线零售商营销道德失范行为的有效治理提供决策参考和指导意见。其次，该书在文献回顾和访谈研究的基础上，构建了在线零售商道德性营销决策的前因、后果及其调节机制模型，并通过 B2C 在线零售商的问卷调查数据进行了实证分析，通过实证研究探索了在线零售商营销道德行为的消费者响应机理，发现在线零售商营销道德行为（ORE）感知绩效对期望一致性和 ORE 满意感有正向影响，ORE 期望对期望一致性有负向影响，期望一致性对 ORE 满意感有正向影响，ORE 满意感对消费者在线购买意愿有正向影响。最后，该研究构建了在线零售商营销道德行为与消费者购买意愿的调节机制研究框架，并基于实验法实证检验三个消费者个体特征因素（消费者信任、消费者支持、消费者网络专长）和一个网站特征因素（在线零售服务质量）的调节效应。

该书研究结论对在线零售商营销道德治理水平的提升有重要的理论价值和实践意义。

（杨芸榛）

**【企业转型过程中的知识转移模型及其应用】**

郭东强、谭观音、蔡林峰（华侨大学）
社会科学文献出版社 2016 年版
426 千字

企业转型是宏观经济结构调整的微观行为，也是在内外环境变化的情况下转型企业的一种自适应和调整，其目的是提高企业的竞争力。企业在转型过程中有效地把企业中原有的知识（组织内知识）和其他企业的先进知识（组织间的知识）转移到转型后的企业中去，从而促进转型后企业的优化和升级，提高企业的竞争力和效率，进而实现企业的可持续发展，对我国产业结构调整优化和企业转型的发展将具有重要的理论价值和现实意义。

该书重点关注企业转型过程中的知识转移，主要内容如下：

（1）企业转型过程中知识转移的形成机理与关键影响因素研究。企业转型过程中的知识转移动因包括知识本体性、降低交易成本、知识缺口弥补和知识创新目标等。通过知识需求驱动、知识缺口弥补，实现知识的过程转移。通过实证研究发现，影响企业转型过程中知识转移效果的因素主要有三：转移主体、被转移的知识和企业的支撑平台体系。

（2）企业转型过程中知识转移的系统仿真与生态演化研究。通过对相关影响参数的设定，仿真了各策略均衡点的演化过程，并依据相应的策略总结了对应的策略建议。按照转型不同时期对知识的不同需求，该书将企业转型划分为四个阶段，系统阐述了企业转型过程中知识转移的综合模型。

（3）企业转型过程中的技术参考模型的构建。该书主要从技术层面对转型企业的知识转移过程进行研究，以求为知识转移平台的开发提供参考模型，从技术角度为转型企业知识转移过程的高效运行提供支持。

（4）企业转型过程中知识转移的组织参考模型。在前面研究的基础上，从知识维度、环境维度和结构维度三个方面对组织参考模型进行分析，重点分析了结构维度中组织分工方式、沟通协调方式和权力配置方式的选择，得出团队型的组织结构和超文本的组织结构与企业转型知识转移组织的行为过程最匹配的结论。

（5）企业转型过程中知识转移的激励措施及其效用。企业转型通过知识转移获得并集成、整合知识源企业的知识与技术，使其能够保持持续创新能力，这种跨组织知识转移的结果所产生的创新绩效，就是企业自主创新能力的效用。

最后将前面的理论研究应用于企业转型过程中知识转移的具体实践，选择了典型企业作为分析对象，来初步进行实例验证研究，为进一步完善研究提供实践经验。

（杨芸榛）

**【知识链组织之间风险管理研究】**

杨翠兰（西南科技大学）
经济科学出版社 2016 年版
200 千字

在当前的知识经济时代，组织在市场竞争中成功与否主要取决于它拥有的知识和运用知识的创新能力。由于组织自身能够拥有和开发的知识是有限的，必须整合组织外部的知识，知识链也就运用而生。作为一种合作组织，知识链不像其他非合作组织一样对自身的经营有较强的约束力；同时，随着竞争的加剧，知识链的范围越来越广，成员数量越来越多，彼此之间的关系越来越复杂；加之知识本身具有的复杂性、隐含性、模糊性、难以量化性等特征，知识链面临着众多风险，如何有效地识别、评估与控制这些风险，以保证知识链的成功运作，成为一个需要迫切解决的问题。

该书从知识链风险的定义、风险的识

别、风险的评估、风险的处置和风险的监控五个方面对知识链风险进行了研究，建立了一套完整的知识链风险管理理论体系。

主要内容及创新之处体现在如下 5 个方面：

（1）该书首先研究了知识链风险管理的含义和过程。作者指出，知识链风险是指由知识链所处的外部环境的变化、单个成员组织自身特性、合作组织的特性和知识本身的特性等引起的、导致知识不能在知识链成员组织间有效流动、共享和创造，造成合作结果与知识链协议目标的偏差或知识链的中断或终止的风险。

（2）该书研究了知识链风险的形成机理并识别了各种风险。作为一种以知识为纽带的合作组织，知识链风险产生的影响因素主要有四个方面：外部环境因素、由单个成员组织自身特性、一般合作组织的特性和知识本身的特性。

（3）该书创新性地应用组合评价法对知识链风险作了评估。应用组合评价方法，对知识链中各种风险的重要性作定量评估，其中，组合评价方法中包括了“风险矩阵法”“SPSS 中多响应变量分析法”“Borda 序值法”和“专家调查法”。

（4）该书对知识链风险的处置作了系统的研究。知识链风险处置包括风险规避、风险自留、风险控制和风险转移四种策略，其中，风险控制是研究的重点。

（5）该书创新性地提出了知识链风险监控的措施。该书构建了基于“链媒体”的知识链风险监控平台，并指出该“链媒体”的成功运作需要聚合技术的支持。

（杨芸榛）

**【企业知识管理构面与绩效关系的研究】**

娄赤刚（浙江大学宁波理工学院）
经济管理出版社 2016 年版
171 千字

企业怎样利用所占有的知识资源，选择适当的知识管理策略，发挥知识管理能动力，完善知识管理过程能力来提高知识管理绩效是一个很重要的问题。目前所研究的范围已经涵盖知识管理策略、知识管理能动力、知识管理过程能力等知识管理构面对知识管理绩效的影响。综观国内外相关研究成果，知识管理的研究与提高组织绩效和竞争能力密不可分，但很少有研究关注到知识管理策略、知识管理能动力、知识管理过程能力等构面间存在的作用以及这种作用可能对知识管理绩效产生的影响。

基于此，该书对学者在知识管理策略、知识管理能动力、知识管理过程能力等构面与知识管理绩效的研究成果做出梳理，并建立一套整体知识管理构面的组成维度，以建立较为明晰的理论体系。在以知识管理绩效为核心影响要素的基础上，发展知识管理构面之间的关系模型，并增加了组织属性构面这一影响因子，以加强概念模型的完整性，在整体的理论模型中考察知识管理策略构面、知识管理能动力构面、知识管理过程能力构面、组织属性构面与知识管理绩效之间的关联性。同时在关注知识管理构面之间关系的时候有所侧重，将知识管理过程能力构面作为中介变量研究知识管理过程能力构面对知识管理绩效、能动力、组织属性等构面与绩效之间关系的中介效应。此外，还引入知识管理策略平衡度这一概念，并将其作为变量研究对知识管理绩效的影响。

该研究帮助企业管理者打开知识管理策略与知识管理能动力的全新视角，在更深的层次对组织知识管理过程进行发掘，能够引导管理者更有效地运用有利于提高知识管理绩效的知识管理策略。

（杨芸榛）

**【中国特色现代国有企业制度创新研究：兼论中国国企模式的形成、内涵和发展】**

罗虎［中国远洋运输（集团）总公司］
社会科学文献出版社2016年版
264千字

该书着重对下一步如何坚持和发展中国特色现代国有企业制度，分别从坚持和发展中国特色现代国有企业党的领导制度、国有企业资产监管制度、国有企业产权制度、国有公司治理制度和国有企业管理制度五大制度角度进行了系统阐述，最后提出了一个综合五大制度创新来实现国有企业做强做优做大的理论框架。该书的主要观点包括：

第一，关于国有资本投资运营公司并非在现国资委和国有企业之间新设而主要是在符合条件的现中央企业集团公司基础上改建的观点。该书中指出，十八届三中全会提出组建国有资本投资运营公司，并不是如部分学者所认为的那样，国资委成立前，在有些地方曾经出现的三层国资监管架构，即在国资监管机构和国有企业之间再专门组建一层国有资本经营公司。

第二，关于中央企业集团层面改制的重点是股权多元化的观点。现在大多数中央企业集团公司层面发展混合所有制面临的一个重大现实问题就是难以找到合适的非国有资本来混合的问题。如果严格按照混合所有制的定义，中央企业的国有资本只有与民营资本、社会资本或外资合资才能算混合所有制。考虑到我国的民营资本大多规模小、公司治理不规范、对业务赢利性要求高等特点；从外资来看，则有国家战略性产业的安全等考虑；从社会资本来看，则有投资稳定和营利性的较高要求。这样许多中央企业其实在集团公司层面一时都很难与民营或外资或社会资本合资。

第三，关于中央企业规范董事会建设试点不应硬性规定建立外部董事占多数甚至由外部董事任董事长的董事会的观点。书中的观点认为中央企业规范董事会建设应以混合所有制改革为契机，充分重视、规范发展多元化的董事会。与今后股权多元化的产权改革相适应，中央企业规范董事会建设应通过合理配置国有股派驻董事（适当减少国有股执行董事在董事会中的数量）、其他类型股东选派董事、外部董事、独立董事（上市公司）、职工董事，建立健全能有效保护中小股东的累计投票制、表决权回避制度等，建立规范的运作程序和机制，来逐步构建各类股东公正平等、各司其职、有效制衡、协调运转的多元化董事会。

总体上看，该书对中国特色现代国有企业制度的理论形成、主要内涵和创新发展进行了全面系统研究，对于增强中国特色社会主义和国企制度自信、坚持和深化国企改革发展具有重要意义。

（杨芸榛）

**【国企改制与东北振兴：构建工会与企业社会责任的互动机制】**

卜长莉（长春理工大学）
社会科学文献出版社2016年版
273千字

国有企业改革并不是纯粹的市场问题、经济问题，而是一个整体性的结构变迁过程。在国企改制过程中，国家与工人阶级的关系发生了变化，国家—资本—工人阶级结构最大的问题是职工权益受损害的现象时有发生。面对劳资对立的冲突，保障劳动者权益是解决矛盾、实现劳动和谐的基础。习近平总书记提出要解决劳资矛盾，保障劳动者基本权益，努力让劳动者实现体面劳动、全面发展。劳动关系是最基本的社会关系之一。要最大限度增加和谐因素、最大限度减少不和谐因素，构建和发展和谐劳动关系，促进社会和谐。新一轮东北振兴以保障和改善民生为基础进行政策设计，更多地着眼于长效机制建设。国有企业改革要依靠职工，要让国有企业职工共享社会发展成果。和谐的劳动关系，有利于广大职工和企业增进利益，有利于经济发展与社会稳定。推动经济发展是东北振兴的第一要务，其出发点和落脚点都是切实增进民生福祉。在新一轮东北振兴和国企改制过程中，必须把最直接、最现实的职工利益问题放在突出位置。

该著作揭示了改制企业职工权益的变化特点，并结合六个东北国有企业改革中的典型的维权事件，对改制后国有企业职工权益的变化情况，从产权权益、社会保障权益、劳动报酬权益、劳动安全卫生权益、劳动发展权益五个方面做了细致而深入的剖析，揭示了改制企业职工的境遇变迁以及权益的受损情况。该著作提出通过工会与企业社会责任互动的方法来维护职工权益，试图建立工会与企业责任的互动机制，弥补了单纯从工会视角或企业社会责任视角进行研究的不足，对国企改制中如何有效保护职工合法权益具有重要的启发意义。

该著作不仅揭示了在国企改制过程中，工会组织和企业社会责任对职工维权的双重失灵的状况，探讨失灵的原因及其影响因素，还针对调查中发现的工会组织和企业社会责任在维护职工权益过程中存在的问题，提出相应的对策和建议。

（杨芸榛）

**【责任价值论——让社会责任真正对社会负责任】**

肖红军（中国社会科学院工业经济研究所），郑若娟（厦门大学），李伟阳（国家电网公司）

经济管理出版社 2016 年版

356 千字

该书以实现企业社会责任真正做到对社会负责任为着眼点，从综合价值创造视角对企业社会责任进行了系统性研究，重新审视了对企业社会责任的认知、企业社会责任的检验与评价、企业社会责任的影响因素、企业社会责任的影响效应、企业社会责任信息披露和企业社会责任异化现象，获得了一些创新性的结论，在一定程度上丰富了企业社会责任理论研究，对推进企业社会责任实践发展也有所裨益。

（阳镇）

**【消费者响应视角下的企业社会责任行为研究】**

黄舒萍（首都经济贸易大学），程熙鎔（中国人民大学）

经济管理出版社 2016 年版

153 千字

自 20 世纪企业社会责任的概念提出以来，经过数十年的研究与讨论，无论是学术界还是实业界对于企业社会责任的争论焦点已经从“是否承担”转移到了“如何承担”上。该书将企业社会责任划分为强制性社会责任和自发性社会责任，聚焦于企业在履行自发性社会责任实践的情形。

针对已有文献的不足，该书解决了如下几个问题：（1）企业通过从事企业社会责任行为究竟能够从消费者那里获得怎样的积极响应以及影响路径？（2）在消费者处理企业社会责任信息的心理机制中，消费者对企业的信任扮演着什么样的角色？（3）善因匹配和归因因素对企业社会责任行为转化为良好的企业社会责任形象有着什么样的影响？（4）为了达到从企业社会责任行为中获得商业回报的目的，企业该怎么做？总的来说，《消费者响应视角下的企业社会责任行为研究》基于影响消费者响应的视角，讨论了如何使得企业社会责任行为取得成效的问题，以便指导我国企业履行企业社会责任的实践。

（阳镇）

**【消费者响应企业环境责任行为的机理研究】**

李祝平（长沙理工大学）

经济管理出版社2016年版
210千字

随着我国经济高速发展，环境污染和破坏问题也日益严重，积极推进可持续发展的生产、消费方式已刻不容缓。如何促使企业和消费者这两大环境保护的行为主体在经营和消费活动中形成良性互动，共同承担起环境保护的责任，逐渐引起人们的重视。该书通过对国内外学者的相关研究进行回顾和梳理，明确了该书涉及核心概念的内涵与外延，以及相关理论基础，并发现现有企业环境责任对消费者影响的研究，主要针对现有研究的两个不足展开：

一是在企业社会责任研究中提及企业的环境责任对消费者的响应、支持、购买意愿的影响，一般未细化到具体的企业环境责任行为对消费者的影响。

二是多数研究以消费者内心的感知为起点，较少考虑在企业环境责任行为的外部刺激之下，消费者亲环境行为和绿色购买行为的变化。

为此，该研究综合运用营销学、社会学、心理学的基本理论和方法，结合中国消费者的实际情况，采用深度访谈、问卷调查和实验研究等方法，就消费者对企业环境责任的响应机制进行了定性和实证研究。该研究探寻消费者对企业环境责任行为的认知与响应的心理机制，有利于促进企业环境责任与营销战略的整合，有利于企业有针对性地开展环境责任活动，获得消费者的认可，为促进人与自然的关系保持平衡和协调提供现实的指导和帮助。

（阳镇）

**【企业组织公民行为的激发机制和影响效应研究】**

魏江茹（南京邮电大学）
经济科学出版社2016年版
190千字

该书从环境变化和企业发展对员工主动性和合作性的需要出发，通过对组织公民行为提出以来二十多年的研究文献的回溯和评价，探讨了我国经济转型时期组织公民行为的激发机制和影响效应。

基于印象管理理论，该书利用结构方程模型把印象管理作为调节变量，研究对组织公民行为和任务绩效、好印象的关系的调节作用。结果表明，员工的印象管理高时，组织公民行为对任务绩效的影响变小；员工的印象管理低时，组织公民行为对任务绩效的影响变大。员工的印象管理高时，组织公民行为对好印象的影响变大；员工的印象管理低时，组织公民行为对好印象的影响变小。

该研究利用传统的社会交换理论解释了企业人力资源管理实践对培育和激发组织公民行为的作用，作为社会交换理论的补充，该书同时引入了印象管理理论解释当前我国经济转型时期员工的组织公民行为的影响效果。现实的需求缺口和国内外文献的研究积累，为该研究提供了良好的研究契机。这种契机的出现一方面可以缓减当前我国经济转型时期出现的劳资关系紧张、员工主动性不高等现实问题；另一方面也为能够丰富我国背景下的人力资源管理和组织行为学理论提供了可能性。

（杨芸榛）

**【商业模式创新与顾客价值主张：理论、模型与实证】**

冯雪飞（中国大连高级经理学院）
经济管理出版社2016年版
252千字

近年来，商业模式创新因其在创业企业发展壮大和成熟企业战略转型过程中的决定性作用，得到了业界和学界的广泛关注，学者们普遍认为商业模式创新更能让企业与众不同并创造战略性竞争优势。在构成商业模式的基本要素中，最一致认同的要素是“顾客价值主张”，顾客价值主张是企业最重要的组织原则，是商业模式创新的源头、引领和基石。然而，目前学者们的研究焦点主要放在了商业模式创新的价值创造、价值传递和价值俘获环节，对其源头——顾客价值主张的研究较少，特别是鲜有研究深入探析商业模式创新过程中顾客价值主张的概念，形成的前因以及对企业创新绩效的影响等。

该书重点探讨了以下三个问题：商业模式创新中顾客价值主张的概念化及其操作化测量研究；商业模式创新中顾客价值主张的影响因素研究；商业模式创新中顾客价值主张的有效性研究。经过文献借鉴、案例研究、理论推导建模和定量实证检验等严谨的科学研究过程，该书很好地解决了上述问题，得出如下创新性结论：

（1）该书界定了商业模式创新中顾客价值主张的概念，揭示了该概念的本质特征，并挖掘提炼出商业模式创新中顾客价值主张的四个构成要素，开发了具有较高信度和效度的测量量表，丰富和深化了对顾客价值主张概念的研究，提供了对其进行定量实证检验的测量工具。

（2）该书发现创新文化、高层管理者推动和驱动市场导向是影响商业模式创新中顾客价值主张形成的重要前因，并对其进行了实证检验，部分解决了目前文献中影响因素过多、混乱、关键要素不突出等问题，丰富了有关顾客价值主张影响因素的研究成果。

（3）该书通过定量实证研究证实了顾客价值主张对企业创新绩效的有效性，并进一步发掘出价值创造、价值传递和价值俘获是影响企业商业模式创新中顾客价值主张与商业模式创新绩效之间关系的中间变量，认证了商业模式创新四要素构成的观点，厘清了四者的关系，拓展了顾客价值主张与创新绩效关系理论。

（申桂萍）

**【绿色供应链核心制造企业供应商选择与协调策略研究】**

刘明（西南交通大学）
中国社会科学出版社 2016 年版
213 千字

《绿色供应链核心制造企业供应商选择与协调策略研究》一书分析了绿色供应链管理的内涵和特点，指出绿色供应链下的供应商管理关系到环境目标的实现，具有十分重要的地位。通过对供需双方博弈过程的定量分析，指出在没有外在约束的情况下，供需双方将进行非绿色交易，证明了政府参与的必要性。从环境管理角度分析了政府、供应商和核心企业之间的委托代理关系及其特点。鉴于目前绿色产品与非绿色产品相比竞争力不足的实际情况，分析了其原因和对策，认为绿色供应链想要提升竞争力、扩大利润，政府的扶持至关重要。

（申桂萍）

**【统筹工业化、城镇化和农业现代化问题研究——基于农民工流动问题的视角】**

刘刚（中国人民大学）
经济管理出版社 2016 年版
195 千字

该书基于农民工流动这一独特视角，系统探讨了“三化”统筹发展问题，提出了基于农民工流动的“三化”联动模型与“三化”联动的农民工流动典线模型，解释了我国农民工流动与“三化”发展的内在联系，并基于第二次全国农业普查的截面数据，建立了“三化”与农民工流动关系的静态模型，对“三化”的发达程度和协调程度与农民工流动间的关系进行了回归分析；同时，建立了格兰杰因果检验模型与 VAR 模型，对“三化”与农民工数量之间的动态关系进行了分析，探究了“三化”与农民工数量间的因果关系以及累积效应。在此基础上，作者从农民工流动问题的视角，针对中央、农民工流入地、流出地分别提出了“三化”统筹发展的政策建议，针对农民工流入地企业、流出地企业分别提出了相应的对策建议。

（申桂萍）

**【中国生态文明建设区域比较与政策效果分析】**

史丹（中国社会科学院工业经济研究所）
经济管理出版社2016年版
439千字

该书立足不同经济发展成都区域生态文明建设现状，基于我国当前升级资源开发利用、能源利用、城镇化、生态环境治理等多方面探讨其对生态环境的影响，分析我国在经济发展过程中，生态文明建设所面临的新挑战、新问题，并对当前我国实施的有关生态文明建设财税政策效果进行评价和分析，从而指出我国生态文明建设应注意的重点区域和领域，结合国外生态环境保护的财政政策经验，提出以生态文明建设为指向的财税支持政策框架与措施研究，为我国生态文明建设提供决策依据。

（申桂萍）

**【中国能源消费革命：策略与保障】**

乔海曙、李颖、夏越（湖南大学）
经济管理出版社2016年版
210千字

近年来，经济增长、能源短缺与环境污染的矛盾日益突出，中国面临着能源需求压力巨大、能源供给制约较多、能源生产和消费对生态环境损害严重、能源技术水平总体落后等众多挑战，以往的能源供给和消费模式已经难以为继。从国家发展和安全的战略高度，找到顺应能源大势之道，掀起一场“提能效”和“促替代”并重的能源领域革命是大势所趋。《中国能源消费革命：策略与保障》一书基于对我国能源安全形势的考察，运用理论与实证相结合的研究方法，针对能源消费革命展开深入探讨，寻求顺利推进能源消费革命所必需的策略与保障。

该书认为，中国能源消费革命实质上是以节能为主旨的减量革命，而节能的含义既包括提高能源效率也包括控制能源消费总量这样的观点在学术界已经引起共鸣。因此，节能的短期策略需要利用产业集聚效应提高能源利用效率，实现城镇化节能；节能的中期策略需要控制能源回弹效应避免能源消费总量的进一步上升，把总量控制在“能源消费红线”之内；节能的长期策略需要提高要素替代弹性，实现能源的内部替代与外部替代，从根本上解决能源安全问题。此外，能源供给革命、技术革命与体制革命作为能源革命的重要组成部分，是能源消费革命的天然保障。替代能源开发、人力资本积累、资本体现式技术进步和能源市场化改革对节能革命的保障作用不容小觑；同时，要打造现代能源体系，还须坚定不移地采取强有力的能源价格、税收与补贴政策等为之“保驾护航”。该书可供能源、经济相关学科的高等院校师生、科研人员及相关政府部门参考。

（申桂萍）

**【基于能源消费的资本与能源替代效应研究】**

赫永达（山西财经大学）
山西人民出版社2016年版
134千字

近年来，我国经济发展面临严重的下行压力和生态环境恶化约束，协调达成经济增长和节能减排的双重目标已成为经济发展可持续性的必然要求。《基于能源消费的资本与能源替代效应研究》一书以能源消费为出发点，从生产要素的视角，考察资本与能源替代性，以期在节能减排背景下，对经济的可持续增长提供新思维、新角度。该书主要的贡献如下：

一是深入刻画了能源需求与经济增长之间的关系和特征。引入 Divisia 理想指数能值加总法和 Toda – Yamamota 检验方法与传统 Granger 因果检验，比较阐释了我国经济增长对能源消费影响关系的特征。构建以当期经济增长率为转移变量的 LST-VAR 模型，运用广义脉冲响应函数从动态冲击的角度进一步刻画在不同状态下的经济增长与能源消费间的冲击影响特征，揭示了不同的经济增长状态下经济增长和能源消费的相互冲击具有非对称性。

二是运用弹性工具刻画不同经济区域能源与非能源之间的替代关系和替代程度，并结合产业结构、要素禀赋、能源结构等方面的差异，建立空间面板模型，运用广义矩估计方法对我国八大经济区域的资本与能源替代弹性系数进行估算，对能源消费缺口造成能源价格上涨所引发的资本与能源替代的区域差异性进行测度和分析。

三是基于制造业分行业数据，借助 MES 模型和系统估计方法，研究了制造业分行业层面的资本使用与煤炭、电力、石油三种典型能源之间的替代异质性和替代的非对称性效应。将资本对能源的替代研究从区域层面推进到制造业分行业层面进行研究，并融入能源的异质性思考，分析制造业及其分行业表现出的资本与能源替代特征，为根据制造业资本与典型能源品种使用的差异，制定更为微观的行业节能减排政策提供有力支持。

四是在随机前沿框架下，借用双产出生产函数和投入方向距离函数的分析工具，在静态与动态比较式框架下，分析资本替代能源对区域能效及减排效果的影响；并将资本能源比、能源结构因素纳入联合回归模型，分析其对能源效率的影响程度以及省域差异。不仅丰富了能源效率的研究手段，而且为我国长期节能减排和经济可持续发展提供了重要的视角。

（赫永达）

**【中国出版业转型与升级战略研究报告】**

王关义（北京印刷学院）

中国财政经济出版社 2016 年版

266 千字

以文化建设为中心是党和国家战略重心的重大调整，新闻出版业是国家文化产业的重心，而转型与升级则是我国由出版大国迈向世界出版业强国的必由之路。《中国出版业转型与升级战略研究报告》一书立足学术视角，密切关注当下出版业改革的着力点，以出版业转型升级内容与过程的理论分析为原因剖析，以出版业转型升级战略的实践路径探讨为对策研究，由表及里、由浅入深地对现实进行理论总结与概括，又运用管理学和产业经济学的相关理论对出版业转型升级的改革进行针对性指导，实现理论落地。除此之外，《中国出版业转型与升级战略研究报告》一书还以专题形式分别讨论了出版业转型升级改革中的财税政策调整、市场化进程、数字化转型、管理素质提升、投融资政策法规建立等重大问题。

该书体现出三大创新之处：第一，在国内同水平研究中，率先分析数字技术背景下中国出版业转型与升级的内容和过程，拓展出版产业素质的内涵；第二，明确提出出版业转型与升级的三种战略模式，即政府力量主导模式、市场因素拉动模式、技术力量驱动模式，认为中国出版业转型与升级在政府引导、市场拉动和技术驱动三种力量交叉更替引导下形成了独特的升级战略模式；第三，运用可持续发展理论和战略研究思路，从国家、产业和出版主体三个层面探讨中国出版业转型与升级的趋势和可持续发展的战略对策，为政府宏观决策以及企业、行业和产业确定转型升级的改革战略提供借鉴和参考，填补了国内对出版业转型与升级战略理论研究的空白。

（王关义）

**【中国出版业素质升级研究报告】**

王关义（北京印刷学院）
中国财政经济出版社 2016 年版
319 千字

近年来，以出版业为核心的文化产业对 GDP 增长的贡献率以及对国民经济增长的促进作用日益明显，伴随着我国经济发展新常态阶段的到来，国家新闻出版业也进入了转型升级的关键阶段。《中国出版业素质升级研究报告》一书聚焦我国文化产业改革的重中之重——出版业的素质升级，通过大量调查研究和理论剖析，对我国出版业素质升级进行比较系统的研究。该书在内容和研究方法上有着鲜明特色：

一是立意高远，紧贴我国出版业发展现实情况。该研究将出版业改革放入国家文化产业发展的宏观背景中进行考察，体现了出版业的本质属性。党和国家把发展文化产业，提高文化软实力上升到了国家战略的高度。出版产业作为文化产业的核心组成部分，在国家文化建设层面具有不可替代的功能，而在经济建设层面同样需要贡献价值。出版业素质升级是出版体制改革不断向前发展的必然要求，是提升出版业在国家建设贡献值的必经之路。在文化产业发展的大背景下研究出版业的素质升级无疑是一种更高的立意和视角。

二是着力点准确，牢牢把握我国出版业改革脉搏。伴随着社会主义市场经济体制改革的逐步深入，我国出版业也进入改革的深水区，立足于数字技术对传统出版业态产生的冲击以及面对新的出版生态，结合文化体制改革以及建设出版强国的战略目标，出版产业素质已经不能满足其持续发展的需要，出版产业素质升级迫在眉睫。结合国际范围内出版业发展的实际，该书总结产业升级的动因，可将产业升级的模式概括为三种，即政府推动型、市场牵引型和技术驱动型。并对每一种模式的特征进行了细致的分析和归纳。全书分别从管理与制度素质、从业人员素质、技术素质等角度着力探寻进一步推动我国出版业素质升级的规律，切合出版体制改革的命脉，是助推出版产业持续向前发展的有益尝试。

三是落脚点务实，将学术研究回归到产业发展的实际需要。课题组历时一年多，针对出版社从业人员（包含图书、音像和电子）和图书发行从业人员（包含新华书店、民营书商），分别调查了全国 28 个省、直辖市、自治区出版从业人员素质的现状。其中，出版社从业人员共涉及 121 家出版社，回收有效问卷共计 2572 份。书店从业人员调查了 200 家书店，回收有效问卷共计 2025 份。该书以调查得出的数据为依据，分析了图书从业人员素质的现状，针对素质升级中存在问题，提出了相应的解决对策，不仅在理论上拓展了出版产业研究的理论视野，同时也为政府部门制定推动我国出版业转型升级的政策提供借鉴和指导。

（王关义）

**【我国社会保障公平的非均衡发展研究】**

吕学静、江华（首都经济贸易大学）
经济管理出版社 2016 年版
214 千字

自现代社会保障制度建立以来，其整个发展进程无不包括调整和修正社会保障在不同群体之间公平分配程度。改革与调整经济公平程度是世界各国社会保障的发展目标。我国政府也一直在不断探索与中国国情相适应的城乡统筹、全体国民共享的社会保障制度体系，但社会保障事业在快速发展中忽略了二元经济结构条件下城乡社会保障的公平分配，省际经济发展的非均衡条件下社会保障配置不公平以及这种不公平的根源出自何处等重要问题，偏离了社会保障资源分配公平的终极目标。因此，对社会保障经济公平的评估显然对于推进我国社会保障发展进程的理论创新，进而探索社会保障经济公平均衡发展的思路建议具有重要意义。

对此，《我国社会保障公平的非均衡发展研究》一书立足于中国社会保障快速发展的现状，以城乡、区域的行政区划为框架，运用实证与规范分析方法，深入、系统研究中国社会保障公平的非均衡问题，提出我国社会保障公平均衡发展的方法与途径，以期为党和政府制定与实施社会保障政策提供新的观点及科学依据，推进中国特色社会保障事业公平、均衡、科学发展。

（申桂萍）

**【中国城市公用事业政府监管体系创新研究】**

王俊豪（浙江财经大学）
中国社会科学出版社 2016 年版
435 千字

城市公用事业改革的重要目标是通过简政放权、深化市场化改革，实现市场在城市公用事业资源配置中起决定性作用，提高城市公用事业运行效率。这些都要求政府加强城市公用事业的有效监管，更好地发挥政府作用。由浙江财经大学王俊豪教授著的《中国城市公用事业政府监管体系创新研究》一书，对中国城市公用事业政府监管体系创新问题作了深入研究，具有重要的理论价值和现实意义。该书至少在以下几个方面较有特色：

该书紧密结合中国城市公用事业民营化改革、新型城镇化建设和城市管理职能转变等方面的现实情况，从理论上系统分析了中国城市公用事业政府监管体系创新的客观需求；根据实现有效监管的要求，构建了中国新型城市公用事业政府监管体系的整体制度框架，并从完善城市公用事业政府监管法规政策体系、监管机构体系、多元监督体系和监管绩效评价体系这四个方面论证了城市公用事业政用监管体系创新的实现途径。这些理论研究成果具有系统性，并有相当的创新性。同时，该书强调以实际问题为导向进行理论研究，从而使理论研究成果植根于中国城市公用事业政府监管实践之中。

该书对促进中国城市公用事业政府监管体系创新、提高政府监管效率产生积极影响。同时，该书的许多理论成果对电力、石油、天然气、电信、交通运输等基础设施行业的政府监管体系创新具有重要的参考价值。

（申桂萍）

**【城市房地产空间预期评估研究】**

赵华平（山西财经大学）
经济科学出版社 2016 年版
220 千字

中国地大物博，城市间发展水平差异显著，房地产市场发展不平衡，且区隔现象明显。资源型城市房地产市场风险凸显，备受理论界与实务界关注。《城市房地产空间预期评估研究》一书从房地产空间预期评估的理论、技术、方法及应用方面进行了许多卓有成效的探索工作，实现了传统的房地产静态、定性、平面、现实评估向动态、定量、空间、预期评估的转变。综观全书，呈现出以下主要特点：

一是在理论上完善了房地产评估体系。作者以城市宜居性为切入点，构建了城市宜居性特征体系，分析了城市宜居性对房地产价格的作用机理；以矿业城市为研究对象，探讨了资源特征对房地产价格的作用过程，构建了矿业城市房地产价格影响因素体系；以预期理论为基础，证明了市场参与者异质预期作用下的房地产市场均衡价格的决定理论，研究了规划预期作用下的城市房地产价格预期评估体系。这些研究成果使得房地产评估理论得到进一步的深化和拓展。

二是探讨了房地产空间预期评估的创新技术。以3S技术的集成为指导思想，作者探讨了3S集成技术在城市房地产空间预期评估中的具体应用流程，并设计开发了城镇数字化地产评估系统，实现了房地产评估技术的创新，达到了房地产评估的自动化、智能化和实时性。

三是丰富了房地产评估方法。作者主要建立了城市房地产宜居性特征空间评价模型、矿业城市房地产价格空间评价模型、市场参与者异质预期对房价影响的双固定效应变截距模型、城市房地产预期评估模型、包含宏观调控虚拟变量的房价与租金变系数面板模型、房价变动对宏观经济影响的面板向量自回归模型，这些研究从空间和预期角度进一步丰富了房地产评估方法。

四是以实证研究为途径，强化理论与方法的应用，探索现实问题的解决思路。作者分别以中国35个大中城市，矿业与非矿业城市，31个省、直辖市、自治区为实证对象，对比研究了城市间房价的差异、矿业城市与非矿业城市房地产价格影响因素的差异、市场参与者异质预期对房价的影响效果及正负预期对房价的影响差异、不同规划预期因素的提前作用期差异、国家宏观调控政策对不同城市的房价和房租的影响差异、房价变动对居民消费、住房投资、居民收入差距影响的区域差异。这种比较分析，在一定程度上深化了研究内容，使得研究结论更显透彻。

（赵华平）

# 第六篇

# 研究课题

**表 1　　2016 年度国家社科基金重大项目立项一览表（应用经济学与管理学）**

| 序号 | 课题名称 | 首席专家 | 责任单位 |
|---|---|---|---|
| 1 | 21 世纪世界马克思主义发展状况与前景研究 | 王凤才 | 复旦大学 |
| 2 | 中国特色社会主义政治经济学探索 | 王立胜 | 中国社会科学院经济研究所 |
| 3 | 中国经济特区发展史（1978—2018） | 陶一桃 | 深圳大学 |
| 4 | “十三五”时期供给侧改革与需求侧协同下的我国产业结构调整与升级研究 | 郭克莎 | 华侨大学 |
| 5 | 供给侧结构性改革与发展新动力研究 | 严成樑 | 中央财经大学 |
|  |  | 叶初升 | 武汉大学 |
| 6 | 供给侧结构性改革视阈下的社会结构与经济增长研究 | 邵宜航 | 厦门大学 |
| 7 | 基于大数据的中国宏观经济景气衡量方法研究 | 刘涛雄 | 清华大学 |
| 8 | 中国各地 HDI 指数的编制和研究 | 杨永恒 | 清华大学 |
|  |  | 任　栋 | 西南财经大学 |
| 9 | 促进科技与经济深度融合的体制机制研究 | 冯　华 | 北京交通大学 |
|  |  | 李善民 | 中山大学 |
| 10 | 信息网络技术驱动中国制造业转型战略、路径和支撑体系研究 | 张金隆 | 华中科技大学 |
| 11 | “互联网 +”驱动传统产业创新发展路径及模式研究 | 梅国平 | 江西师范大学 |
|  |  | 张　骁 | 南京大学 |
| 12 | “一带一路”沿线城市网络与中国战略支点布局研究 | 屠启宇 | 上海社会科学院 |
| 13 | 城市关联网路视角下长江经济带发展战略研究 | 唐子来 | 同济大学 |
| 14 | 海绵城市建设的风险评估与管理机制研究 | 陈前虎 | 浙江工业大学 |
| 15 | 共享发展理念下的我国新型城乡土地制度体系构建研究 | 顾海英 | 上海交通大学 |
|  |  | 唐　健 | 中国土地勘测规划院 |
| 16 | 精准扶贫战略实施的动态监测与成效评价研究 | 聂凤英 | 中国农业科学院农业信息研究所 |
|  |  | 向德平 | 武汉大学 |
| 17 | 西部地区易地移民搬迁工程的精准扶贫机制、综合效益评价与政策创新研究 | 白永秀 | 西北大学 |
| 18 | 全面深化改革背景下的完善农村集体林权制度改革研究 | 刘伟平 | 福建农林大学 |
| 19 | 中国特色和谐劳动关系的演进路径与机制构建研究 | 宋晓梧 | 北京师范大学 |
| 20 | 中国经济下行阶段就业结构调整与防范失业战略研究 | 赖德胜 | 北京师范大学 |

续表

| 序号 | 课题名称 | 首席专家 | 责任单位 |
|---|---|---|---|
| 21 | 现代治理框架中的中国财税体制研究 | 吕冰洋 | 中国人民大学 |
| 22 | 国家创新驱动发展战略的财税支持政策 | 王　乔 | 江西财经大学 |
| 23 | 面向国际趋同的国家统一会计制度优化路径研究 | 戴德明 | 中国人民大学 |
| 24 | 后危机时代全球金融经济周期理论的新发展与应用问题研究 | 陈昆亭 | 浙江工业大学 |
| 25 | 人民币加入 SDR、一篮子货币定值与中国宏观经济的均衡研究 | 丁剑平 | 上海财经大学 |
| | | 彭红枫 | 武汉大学 |
| 26 | 中国消费金融的发展、风险与监管研究 | 吴卫星 | 对外经济贸易大学 |
| 27 | 经济发展新常态下货币政策的结构调整功能及其有效性研究 | 唐文进 | 中南财经政法大学 |
| 28 | 全球经济新格局下最后贷款人制度的理论前沿与实践问题研究 | 刘莉亚 | 上海财经大学 |
| 29 | 加快构建开放型经济新常态下的国际经贸新规则研究 | 洪俊杰 | 对外经济贸易大学 |
| 30 | 中国国际援助和开发合作体系创新研究 | 黄梅波 | 厦门大学 |
| 31 | “一带一路”相关国家贸易竞争与互补关系研究 | 许和连 | 湖南大学 |
| | | 陈继勇 | 武汉大学 |
| 32 | 丝绸之路经济带框架下的中俄全面合作研究 | 李　兴 | 北京师范大学 |
| 33 | 中缅泰老“黄金四角”跨流域合作与共生治理体系研究 | 武友德 | 云南师范大学 |
| 34 | 中国 IFDI 与 OFDI 互动发展的内在机制与经济学解释 | 黄新飞 | 中山大学 |
| | | 田素华 | 复旦大学 |
| 35 | 基于“互联网＋”新动能成长的我国绿色制造体系构建研究 | 张　伟 | 南京航空航天大学 |
| 36 | 城市垃圾危机转化原理与方法研究 | 杨　青 | 武汉理工大学 |
| 37 | 中国与湄公河流域国家环境利益共同体建设研究 | 张　阳 | 河海大学 |
| 38 | 基于大数据融合的气象灾害应急管理研究 | 李廉水 | 南京信息工程大学 |
| 39 | 城市交通政策和设施建设对大气环境影响的评价研究 | 彭仲仁 | 上海交通大学 |
| 40 | 海洋生态损害补偿标准与制度设计 | 李京梅 | 中国海洋大学 |
| 41 | 海洋生态损害补偿制度及公共治理机制研究——以中国东海为例 | 沈满洪 | 宁波大学 |
| 42 | 中国多区域投入产出数据库建设 | 王亚菲 | 北京师范大学 |
| 43 | 巨灾保险的精算统计模型及其应用研究 | 孟生旺 | 中国人民大学 |

续表

| 序号 | 课题名称 | 首席专家 | 责任单位 |
|---|---|---|---|
| 44 | 基于大数据的跨境电子商务统计监测、评估与监管体系研究 | 苏为华 | 浙江工商大学 |
| 45 | 中国社会应急救援服务体系建设研究 | 曹 杰 | 南京信息工程大学 |
| 46 | 面向国家公共安全的互联网信息行为及治理研究 | 齐佳音 | 上海对外经贸大学 |
| 47 | 我国职业安全与健康问题的合作治理研究 | 陈 红 | 中国矿业大学 |
| 48 | 大数据时代国际人才集聚及中国战略对策研究 | 姚 凯 | 复旦大学 |
| 49 | 我国边疆治理体系和治理能力现代化的系统理论及其指数化研究 | 方盛举 | 云南大学 |
| 50 | 大数据驱动下的政府治理能力建设研究 | 张小劲 | 清华大学 |

资料来源：国家社科基金项目数据库（http：//fz. people. com. cn/skygb/sk/）。

**表2 2016年度国家社科基金重点项目、一般项目、青年项目、西部项目立项一览表（管理学）**

| 序号 | 项目类别 | 课题名称 | 负责人 | 工作单位 |
|---|---|---|---|---|
| 1 | 重点项目 | TPP知识产权规则及其对我国出口企业的影响与应对策略研究 | 王黎萤 | 浙江工业大学 |
| 2 | 重点项目 | 优化开发区域率先实现碳排放峰值目标路径研究 | 孙振清 | 天津科技大学 |
| 3 | 重点项目 | 基于新动能成长的西部地区绿色制造体系构建研究 | 揭筱纹 | 四川大学 |
| 4 | 重点项目 | 技术驱动下的新能源汽车产业商业模式创新研究 | 刘颖琦 | 北京交通大学 |
| 5 | 重点项目 | 供需匹配视角下提升我国新兴产业企业家创业胜任力的政策供给研究 | 黄永春 | 河海大学 |
| 6 | 重点项目 | 创新驱动下客户治理与营运资本决策的协同机制及策略研究 | 李　姝 | 南开大学 |
| 7 | 重点项目 | 供给侧结构性改革下企业并购特征及产业优化效应研究 | 赵　息 | 天津大学 |
| 8 | 重点项目 | 国有控股公司分类治理及其创新驱动机制研究 | 徐　伟 | 济南大学 |
| 9 | 重点项目 | 平台经济视阈下商业舞弊行为的协同治理研究 | 易开刚 | 浙江工商大学 |
| 10 | 重点项目 | 互联网情景下顾客参与价值共创的C2B供应链管理模式研究 | 卜祥智 | 汕头大学 |
| 11 | 重点项目 | 基于重大灾害中情景构建的应急物流安全动态协同决策与架构支持研究 | 朱佳翔 | 常州大学 |
| 12 | 重点项目 | 利用互联网信息技术提升农产品流通效率研究 | 吕建军 | 中国农业大学 |
| 13 | 重点项目 | 农民工回流视角下的农村养老保障研究 | 李　放 | 南京农业大学 |
| 14 | 重点项目 | 中国失能老人长期照护财务供给多元主体融合机制、模式与制度架构研究 | 曹信邦 | 南京财经大学 |
| 15 | 重点项目 | 市场经济下公共服务供给中的公私部门角色关系定位研究 | 顾建光 | 上海交通大学 |
| 16 | 重点项目 | IAD框架下集中连片特困地区主动协商型扶贫开发模式研究 | 段豫川 | 贵州大学 |
| 17 | 重点项目 | 面向大数据驱动的极端灾害性气象事件态势生成与可视化原型系统构建研究 | 杨继君 | 中共广西自治区委党校 |
| 18 | 重点项目 | 特重大自然灾害后恢复重建机制建设研究 | 龚维斌 | 国家行政学院 |
| 19 | 重点项目 | 学校办学自主权边界及落实机制研究 | 蒲　蕊 | 武汉大学 |
| 20 | 重点项目 | 我国区域知识资本报告及其应用研究 | 董必荣 | 南京审计大学 |
| 21 | 重点项目 | 兵役制度比较与发展研究 | 李建海 | 军事科学院 |

续表

| 序号 | 项目类别 | 课题名称 | 负责人 | 工作单位 |
|---|---|---|---|---|
| 22 | 重点项目 | 加强我国军事能源体系建设研究 | 童蕴河 | 军事科学院 |
| 23 | 重点项目 | 陆军无人化作战力量建设研究 | 曾杨智 | 解放军理工大学 |
| 24 | 重点项目 | 习近平总书记关于军队建设和管理思想研究 | 张松旭 | 解放军信息工程大学 |
| 25 | 一般项目 | 支撑制造强国战略的新型制造体系构建及保障策略研究 | 刘洪伟 | 天津大学 |
| 26 | 一般项目 | “互联网+”农产品订单质押融资模式创新及风险防范机制研究 | 徐　鹏 | 西南政法大学 |
| 27 | 一般项目 | 基于贝叶斯方法的社会网络大数据使用与隐私保护平衡机制研究 | 李凤英 | 上海交通大学 |
| 28 | 一般项目 | 基于社会网络的企业社会责任与绿色治理的关系研究 | 王建琼 | 西南交通大学 |
| 29 | 一般项目 | 网路治理与网路组织创新机制研究 | 齐　羽 | 浙江工商大学 |
| 30 | 一般项目 | “一带一路”基础设施项目投资利益相关者分析及合作建设研究 | 谭英双 | 重庆大学 |
| 31 | 一般项目 | 碳排放视角下超大城市绿色低碳发展路径研究 | 任继勤 | 北京化工大学 |
| 32 | 一般项目 | 基于知识资本驱动的新型制造体系构建研究 | 刘英基 | 河南师范大学 |
| 33 | 一般项目 | 推进中医药服务贸易发展路径与策略研究 | 侯胜田 | 北京中医药大学 |
| 34 | 一般项目 | 我国产业政策对商业模式创新的作用机制研究 | 李永发 | 安徽财经大学 |
| 35 | 一般项目 | 新规制经济学视角下电商扶贫及其商业模式创新研究 | 颜锦江 | 四川大学 |
| 36 | 一般项目 | 中国零售业“走出去”对接“一带一路”国家战略的途径及对策研究 | 朱瑞庭 | 上海建桥学院 |
| 37 | 一般项目 | 中国水电工程技术标准“走出去”竞争模式、治理机制与对策研究 | 唐　震 | 河海大学 |
| 38 | 一般项目 | 中国主导下的“一带一路”沿线国家物流网络的深度融合研究 | 姚红光 | 上海工程技术大学 |
| 39 | 一般项目 | “互联网+”背景下制造企业供给侧结构性改革路径研究 | 李　刚 | 西安邮电大学 |
| 40 | 一般项目 | 创新网络活跃度对产业集群升级影响研究 | 赫连志巍 | 燕山大学 |
| 41 | 一般项目 | 促进生物质利用及技术创新的政策激励机制研究 | 钱艳俊 | 西北工业大学 |

续表

| 序号 | 项目类别 | 课题名称 | 负责人 | 工作单位 |
|---|---|---|---|---|
| 42 | 一般项目 | 劳动力成本上涨对我国制造业的影响研究 | 黄顺春 | 江西理工大学 |
| 43 | 一般项目 | 少数民族特色产品小微企业的发展模式与升级路径研究 | 王瑞永 | 内蒙古财经大学 |
| 44 | 一般项目 | 新常态下我国装备制造业海外并购风险异质性与预警机制研究 | 宋维佳 | 东北财经大学 |
| 45 | 一般项目 | 制造业转型升级的协同创新战略与实现机制研究 | 柏　丹 | 大连大学 |
| 46 | 一般项目 | 中国制造业企业跨国并购后整合路径与战略互补机制研究 | 范黎波 | 对外经济贸易大学 |
| 47 | 一般项目 | 基于创业生态系统的众创空间运行机制与促进政策研究 | 向　武 | 成都信息工程大学 |
| 48 | 一般项目 | 基于决策者行为的创业风险动态测度及预控机制研究 | 李晓峰 | 四川大学 |
| 49 | 一般项目 | 基于领投跟投制的天使投资众筹联合投资网络研究 | 李姚矿 | 合肥工业大学 |
| 50 | 一般项目 | 基于社会网络演化的创业投资风险缓解动态机制及多维策略研究 | 杨艳萍 | 河南工业大学 |
| 51 | 一般项目 | 创业团队成员隐性人力资本激励研究 | 程　江 | 天津财经大学 |
| 52 | 一般项目 | 自组织众创行为的形成、演化及促进策略研究 | 蔡　莉 | 江苏大学 |
| 53 | 一般项目 | “区域医疗协同平台”协同效益提升机制研究 | 游　静 | 重庆科技学院 |
| 54 | 一般项目 | 基于“微笑曲线”视角的产业融合与制造业绿色转型升级路径研究 | 付　宏 | 湖北经济学院 |
| 55 | 一般项目 | 基于价值链创新的新型孵化器竞争力研究 | 徐梦周 | 中共浙江省委党校 |
| 56 | 一般项目 | 价值创造视角下互联网平台企业商业模式创新的影响因素与创新路径研究 | 刘建刚 | 常州大学 |
| 57 | 一般项目 | 跨行政区域创新主体协同创新平台构建及运行机制研究 | 吴和成 | 南京航空航天大学 |
| 58 | 一般项目 | 嵌入视角下高校产学研用协同创新网络治理模式与机制研究 | 赵彦志 | 东北财经大学 |
| 59 | 一般项目 | 知识生态化视阈下创新生态系统演进范式与治理机制研究 | 詹湘东 | 湖南省社会科学院 |
| 60 | 一般项目 | 技术创新与价值创新耦合视角的中国企业转型升级路径选择及其实现策略研究 | 刘锦英 | 河南大学 |

续表

| 序号 | 项目类别 | 课题名称 | 负责人 | 工作单位 |
|---|---|---|---|---|
| 61 | 一般项目 | 社会资本、知识管理与科技型小微企业成长研究 | 陶秋燕 | 北京联合大学 |
| 62 | 一般项目 | 我国制造业企业创新驱动的国际标准化战略研究 | 谢宗杰 | 重庆大学 |
| 63 | 一般项目 | 工业互联网背景下企业技术创新路径演化研究 | 魏国江 | 福建师范大学 |
| 64 | 一般项目 | 技术集成能力对复杂装备性能的影响研究 | 贺　俊 | 中国社会科学院 |
| 65 | 一般项目 | 技术联盟组织间知识转移有效性的动态影响机制与提升路径研究 | 张红兵 | 山西财经大学 |
| 66 | 一般项目 | 新产品开发模糊前端阶段企业技术差异化能力的提升机理研究 | 裴旭东 | 西安石油大学 |
| 67 | 一般项目 | 高端装备制造业企业持续创新实现研究 | 杨　栩 | 哈尔滨工程大学 |
| 68 | 一般项目 | 双重逻辑下新创企业的创新行为机制研究 | 李宏贵 | 安徽财经大学 |
| 69 | 一般项目 | 中资银行跨境并购的绩效检验及路径选择研究 | 刘瑞波 | 山东财经大学 |
| 70 | 一般项目 | 公共服务购买模式与组织间管理控制的匹配性研究 | 何　晴 | 首都经济贸易大学 |
| 71 | 一般项目 | 国企政策性负担、财务信息透明度与政府优惠资源配置效率 | 叶松勤 | 江西师范大学 |
| 72 | 一般项目 | 城市基础设施 PPP 项目融资风险与财政应对研究 | 肖建华 | 江西财经大学 |
| 73 | 一般项目 | 基于生态圈视角的 P2P 网络借贷信用风险传导、动态评测与防控策略研究 | 谭中明 | 江苏大学 |
| 74 | 一般项目 | 资产误定价与系统性金融风险平滑性释放及动态监管研究 | 张肖飞 | 河南财经政法大学 |
| 75 | 一般项目 | 利率市场化背景下商业银行系统性风险诱发及传染机制研究 | 吴成颂 | 安徽大学 |
| 76 | 一般项目 | 新常态初期区域金融风险生成机理及防控对策研究 | 沈　丽 | 山东财经大学 |
| 77 | 一般项目 | 反倾销应诉的环境成本研究 | 孙凤英 | 中南林业科技大学 |
| 78 | 一般项目 | “限薪令”对改进中央企业薪酬管理的效力评估及作用机理研究 | 舒　艳 | 西南财经大学 |
| 79 | 一般项目 | 保险公司治理、投资效率与投保人利益保护研究 | 郝　臣 | 南开大学 |
| 80 | 一般项目 | 创新要素投资有效性评价及其与知识产权融资绩效的关系研究 | 姚王信 | 安徽大学 |
| 81 | 一般项目 | 法律制度差异和文化距离对外资企业资本结构作用机制研究 | 王进猛 | 南京审计大学 |
| 82 | 一般项目 | 国有企业混合所有制并购中的信任创新机制研究 | 王　艳 | 广东财经大学 |

续表

| 序号 | 项目类别 | 课题名称 | 负责人 | 工作单位 |
| --- | --- | --- | --- | --- |
| 83 | 一般项目 | 货币政策对企业财务非对称性传导效应研究 | 黎　春 | 西南财经大学 |
| 84 | 一般项目 | 基于有效性视角的中国高等院校财务资源配置研究 | 冯宝军 | 大连理工大学 |
| 85 | 一般项目 | 新常态下劳动力成本上涨对微观企业产业转移的倒逼机制研究 | 姚文韵 | 南京财经大学 |
| 86 | 一般项目 | 互联网配置交易模式下企业会计核算云端化问题研究 | 丁胜红 | 南京农业大学 |
| 87 | 一般项目 | 环境会计视角下的武陵山片区生态补偿会计核算体系构建研究 | 周信君 | 吉首大学 |
| 88 | 一般项目 | 碳权资产估值方法及其应用研究 | 梁美健 | 首都经济贸易大学 |
| 89 | 一般项目 | 研发费用所得税加计扣除政策对企业开发支出会计政策选择的影响及经济后果研究 | 刘永涛 | 首都经济贸易大学 |
| 90 | 一般项目 | 股票操纵网络的演化机理与治理模式研究 | 张建锋 | 西安理工大学 |
| 91 | 一般项目 | 管理防御对企业选择性环境信息披露的影响及控制机制研究 | 李　强 | 中国矿业大学 |
| 92 | 一般项目 | 基于“业财融合”视角的先进制造业实时 ABMS 研究 | 易颜新 | 杭州电子科技大学 |
| 93 | 一般项目 | 僵尸企业的僵化指数与市场退出机制研究 | 栾甫贵 | 首都经济贸易大学 |
| 94 | 一般项目 | 大数据下公允价值会计数据挖掘与智能决策的方法与运行机制研究 | 郝玉贵 | 杭州电子科技大学 |
| 95 | 一般项目 | 供给侧改革中的价值分配财务与会计动力创新研究 | 常华兵 | 南京财经大学 |
| 96 | 一般项目 | 自媒体时代“微平台”信息披露对资本市场流动性的影响研究 | 徐　静 | 济南大学 |
| 97 | 一般项目 | 国企“混改”中的职业经理人制度建构机制研究 | 钱士茹 | 安徽大学 |
| 98 | 一般项目 | 合法性约束下家族企业跨代成长研究 | 吴　炯 | 东华大学 |
| 99 | 一般项目 | “互联网+”驱动的制造企业商业生态系统形成机制研究 | 卢宝周 | 中国石油大学 |
| 100 | 一般项目 | 基于利益相关者集体选择的中国双重股权结构研究 | 杜　媛 | 中国海洋大学 |
| 101 | 一般项目 | “一带一路”战略下新疆企业投资中亚市场进入方式选择研究 | 王海芳 | 新疆财经大学 |
| 102 | 一般项目 | 所有者管理对家族企业公司治理的影响研究 | 宋小保 | 汕头大学 |

续表

| 序号 | 项目类别 | 课题名称 | 负责人 | 工作单位 |
|---|---|---|---|---|
| 103 | 一般项目 | 需求不确定下企业绿色技术创新激励与政策效应研究 | 申成霖 | 天津工业大学 |
| 104 | 一般项目 | 供应链视角下服务转型制造企业的服务创新影响因素研究 | 冯长利 | 大连理工大学 |
| 105 | 一般项目 | 新常态下绿色建筑供应链相关主体合作创新驱动要素与激励机制研究 | 李　明 | 江西财经大学 |
| 106 | 一般项目 | 基于构型理论的可持续供应链治理模式与情景适配研究 | 倪文斌 | 浙江财经大学 |
| 107 | 一般项目 | 基于区域整合与一体化战略的长江经济带内河港口泊位配比与运作优化研究 | 李明琨 | 上海大学 |
| 108 | 一般项目 | O2O 背景下服务企业顾客间互动与价值共创研究 | 蒋　婷 | 济南大学 |
| 109 | 一般项目 | 基于 CAS 理论的品牌联盟组织间协作及其演化机制研究 | 黄春萍 | 河北工业大学 |
| 110 | 一般项目 | 快速迭代情境下创新产品扩散障碍识别与营销变革研究 | 杨　强 | 天津理工大学 |
| 111 | 一般项目 | 基于大数据的消费者多参照点选择及其影响的研究 | 汪　平 | 浙江师范大学 |
| 112 | 一般项目 | 基于领域本体的企业产品网络口碑危机预警研究 | 何有世 | 江苏大学 |
| 113 | 一般项目 | 基于轻型评论与 RFM 双视角的重复购买用户识别研究 | 程艳霞 | 武汉理工大学 |
| 114 | 一般项目 | 符号学视阈下中国传统文化元素的品牌呈现方式与传播策略研究 | 陈立彬 | 北京工商大学 |
| 115 | 一般项目 | 顾客语言认知视角下的企业家口碑对品牌形象的影响研究 | 袁　兵 | 浙江师范大学 |
| 116 | 一般项目 | 企业社会响应视角下的管理者伦理敏感性研究 | 郭志文 | 湖北大学 |
| 117 | 一般项目 | “互联网+”环境下乡村教师能力素质提升的机制创新研究 | 罗江华 | 西南大学 |
| 118 | 一般项目 | 高新技术产业集群产业链协同创新中的人力资本效率评价及提升路径研究 | 张延平 | 广州大学 |
| 119 | 一般项目 | 供给侧结构性改革背景下中国制造企业结构性和谐劳动关系研究 | 李长江 | 浙江师范大学 |
| 120 | 一般项目 | 共享发展理念下企业员工薪酬的协调决策研究 | 王　庆 | 天津商业大学 |

续表

| 序号 | 项目类别 | 课题名称 | 负责人 | 工作单位 |
|---|---|---|---|---|
| 121 | 一般项目 | 我国健康人力资本的结构维度、测量体系及提升策略研究 | 卿　涛 | 西南财经大学 |
| 122 | 一般项目 | 我国制造业转型升级与劳动力成本上涨的耦合研究 | 刘　毅 | 济南大学 |
| 123 | 一般项目 | 新常态下兼顾雇佣双方利益的高绩效工作系统的结构及其作用机制研究 | 苗仁涛 | 首都经济贸易大学 |
| 124 | 一般项目 | 转型中的工会实践对民营企业绩效的影响研究 | 曹　玲 | 南京信息工程大学 |
| 125 | 一般项目 | “互联网+”背景下知识型员工绩效薪酬偏好影响创新行为的机理研究 | 李春玲 | 北京工商大学 |
| 126 | 一般项目 | 基于工作系统模型的护士留职意愿与创新行为的影响机制及其干预策略实证研究 | 章雅青 | 上海交通大学 |
| 127 | 一般项目 | 企业创新变革情境中的员工投入性工作资源管理研究 | 胡　俏 | 浙江工业大学 |
| 128 | 一般项目 | 相互投资型雇佣关系下TMT对员工主动性行为的作用机理研究 | 乔　坤 | 大连理工大学 |
| 129 | 一般项目 | 新常态背景下TMT运作过程对战略决策绩效的影响机制研究 | 刘喜怀 | 周口师范学院 |
| 130 | 一般项目 | 中国企业跨国并购中工会——企业关系对东道国员工承诺的影响机制研究 | 王凌云 | 南京航空航天大学 |
| 131 | 一般项目 | 两化融合情境下双元性人力资源实践对创新绩效影响的跨层纵向研究 | 陈　耘 | 武汉理工大学 |
| 132 | 一般项目 | 中国情境下创业企业家心理资本的影响因素及开发对策研究 | 张　铭 | 三峡大学 |
| 133 | 一般项目 | 大别山连片特困区旅游精准扶贫研究 | 李　锋 | 河南大学 |
| 134 | 一般项目 | 供给结构调整下的我国本土邮轮旅游开发研究 | 叶欣梁 | 上海工程技术大学 |
| 135 | 一般项目 | 基于移动互联网定位服务的智慧旅游城市研究 | 吴士锋 | 河北经贸大学 |
| 136 | 一般项目 | 旅游精准扶贫中的知识转移与政府职能研究 | 饶　勇 | 中山大学 |
| 137 | 一般项目 | 长江经济带湘鄂渝黔省际边境民族地区非物质文化遗产基因传承与保护性旅游开发研究 | 杨　洪 | 湖南科技大学 |
| 138 | 一般项目 | 赴港“自由行”旅游交往中的文化冲突与解决策略研究 | 杨丽琼 | 中国旅游研究院 |
| 139 | 一般项目 | 网络嵌入、社区重构与传统村落旅游创新演化研究 | 李文兵 | 湖南理工学院 |

续表

| 序号 | 项目类别 | 课题名称 | 负责人 | 工作单位 |
|---|---|---|---|---|
| 140 | 一般项目 | 城市更新背景下游憩公共空间提供机制与方式研究 | 吴国清 | 上海师范大学 |
| 141 | 一般项目 | 国家公园资金保障机制与对策研究 | 邓　毅 | 湖北经济学院 |
| 142 | 一般项目 | 国内自驾旅游客流时空集散行为研究 | 李　伟 | 河南师范大学 |
| 143 | 一般项目 | 海南国际旅游岛建设纵深推进的品牌化模式研究 | 曲　颖 | 海南大学 |
| 144 | 一般项目 | 区域旅游目的地社交媒体营销中负面偏差引导机制研究 | 陈旭辉 | 天津财经大学 |
| 145 | 一般项目 | 旅游孤岛效应测度与调控机制研究 | 田卫民 | 云南大学 |
| 146 | 一般项目 | 三峡库区扶贫开发、生态承载和社会治理复合系统协调发展路径研究 | 杨光明 | 重庆理工大学 |
| 147 | 一般项目 | 经济演化视阈下的热带农业技术创新体系研究 | 王佳楠 | 海南大学 |
| 148 | 一般项目 | 农户视角的农技推广效果评估及提升策略研究 | 黄　武 | 南京农业大学 |
| 149 | 一般项目 | 农民合作社社会资本的多维减贫效应及政策研究 | 李　博 | 湖北经济学院 |
| 150 | 一般项目 | 农民资金互助合作组织的扶贫效应及相关政策研究 | 张笑寒 | 南京审计大学 |
| 151 | 一般项目 | 欠发达地区村庄基础设施管护中公众参与行为选择、影响因素与激励机制研究 | 谈存峰 | 甘肃农业大学 |
| 152 | 一般项目 | “互联网+”背景下社会资本对农产品供应链整合与绩效的影响研究 | 符少玲 | 华南农业大学 |
| 153 | 一般项目 | 基于供给侧结构性改革理论的中国热带农产品流通效率研究 | 郑晓非 | 中国热带农业科学院 |
| 154 | 一般项目 | 供给侧结构性改革下的“互联网+农业”社会化服务体系研究 | 唐　润 | 南京财经大学 |
| 155 | 一般项目 | 基于农户利益的新型农业经营主体纵向一体化发展研究 | 涂洪波 | 武汉工程大学 |
| 156 | 一般项目 | 粮食主产区土地适度规模经营补偿机制研究 | 杨俊孝 | 新疆农业大学 |
| 157 | 一般项目 | 社会扶贫项目实施中的嵌入性、价值共创与减贫效应研究 | 赵　辉 | 浙江农林大学 |
| 158 | 一般项目 | 网购食品安全监管体系研究 | 洪　岚 | 北京物资学院 |
| 159 | 一般项目 | 异质性农户农用化学品减量投入及其替代技术选择促进政策研究 | 王永强 | 西北农林科技大学 |
| 160 | 一般项目 | 地缘政治影响下天然气进口博弈及储备策略研究 | 张　荣 | 重庆大学 |

续表

| 序号 | 项目类别 | 课题名称 | 负责人 | 工作单位 |
|---|---|---|---|---|
| 161 | 一般项目 | 供给侧结构性改革视角下水生态空间治理路径优化研究 | 张　伟 | 山东师范大学 |
| 162 | 一般项目 | 环境污染问题政治成本的产生机理、测度方法与治理模式研究 | 张再生 | 天津大学 |
| 163 | 一般项目 | 基于环境群体性事件的环境治理多元合作模式研究 | 李雪梅 | 大连理工大学 |
| 164 | 一般项目 | 碳排放峰值约束下区域协同减排的调控政策研究 | 王世进 | 江苏师范大学 |
| 165 | 一般项目 | 网络化治理视阈下工业污染生成与全过程共治机制研究 | 郭　伟 | 天津城建大学 |
| 166 | 一般项目 | 交通运输行业能源回弹效应与能源效率提升政策有效性研究 | 刘　朝 | 湖南大学 |
| 167 | 一般项目 | 我国新能源产业“污染弊端”、“低端加工陷阱”治理政策研究 | 罗来军 | 中国人民大学 |
| 168 | 一般项目 | 藏川青藏区建立基于“生态系统服务支付”机制的草原生态补偿机制优化研究 | 云丹尼玛 | 四川大学 |
| 169 | 一般项目 | 基于大数据与可视化的我国城市雾霾成因分析研究 | 武　装 | 首都经济贸易大学 |
| 170 | 一般项目 | 基于公众健康视角下的区域大气污染联动治理路径及对策研究 | 薛　俭 | 石家庄邮电职业技术学院 |
| 171 | 一般项目 | “互联网+”背景下基于医养结合协同发展的健康养老模式及路径研究 | 冯桂平 | 大连理工大学 |
| 172 | 一般项目 | 城镇职工养老保险的代内收入再分配效应及制度优化研究 | 易　菲 | 湘潭大学 |
| 173 | 一般项目 | 大数据背景下基于多维风险指数的留守儿童预警和分级干预机制研究 | 戴建兵 | 上海应用技术学院 |
| 174 | 一般项目 | 基于SD的城乡居民医疗保险基金风险动态评估与管控机制仿真研究 | 孙　菊 | 武汉大学 |
| 175 | 一般项目 | 公私合作制权益配置对合作效率的影响机制研究 | 龚军姣 | 温州大学 |
| 176 | 一般项目 | 供给侧结构性改革下的激励性食品安全治理研究 | 袁文艺 | 湖北经济学院 |
| 177 | 一般项目 | 环境类邻避设施社会风险链阻断机制研究 | 张　郁 | 湖北工业大学 |
| 178 | 一般项目 | 人口—土地—产业城镇化协调发展机制与优化路径研究 | 张光宏 | 中南财经政法大学 |
| 179 | 一般项目 | 基于大数据应用的地方政府治理模式创新研究 | 谭海波 | 清华大学 |

续表

| 序号 | 项目类别 | 课题名称 | 负责人 | 工作单位 |
| --- | --- | --- | --- | --- |
| 180 | 一般项目 | 政府干预与农业现代转型的条件、风险及其限度研究 | 黄忠怀 | 华东理工大学 |
| 181 | 一般项目 | 政府与社会资本合作中的地方政府信用风险防范机制研究 | 陈　琤 | 中山大学 |
| 182 | 一般项目 | 自然垄断行业竞争性业务的开放与政府管制调整研究 | 刘华涛 | 华北水利水电大学 |
| 183 | 一般项目 | 大数据背景下贫困县分类施策精准扶贫考核指标体系研究 | 李晓园 | 江西师范大学 |
| 184 | 一般项目 | 基于“双联”行动的精准扶贫模式绩效评估研究 | 杨　瑚 | 河西学院 |
| 185 | 一般项目 | 基于战略性新兴产业动态演进的政策窗口触发机制研究 | 刘洪民 | 浙江科技学院 |
| 186 | 一般项目 | 减排政策执行中的激励扭曲机制研究 | 周碧华 | 华侨大学 |
| 187 | 一般项目 | 新能源汽车政策评价研究 | 鞠雪楠 | 中央财经大学 |
| 188 | 一般项目 | 分类管理改革视野下民办学校退出机制研究 | 张利国 | 大连民族大学 |
| 189 | 一般项目 | 基于绩效提升的财政性科研经费柔性化管理及实现机制研究 | 赵立雨 | 西安理工大学 |
| 190 | 一般项目 | 基于心理契约的乡村教师队伍建设研究 | 李　恺 | 华中农业大学 |
| 191 | 一般项目 | 营利性与非营利性民办职业院校分类管理配套政策的耦合机制研究 | 朱　浩 | 湖北师范学院 |
| 192 | 一般项目 | 农村义务教育学生营养改善计划实施效果及政策建议研究 | 杨红霞 | 湖北科技学院 |
| 193 | 一般项目 | 基于知识资本理论的科研人员成果转化收益分享比例研究 | 司晓悦 | 东北大学 |
| 194 | 一般项目 | 基于胜任力模型的公务员岗位绩效评估研究 | 赵　蕾 | 上海大学 |
| 195 | 一般项目 | 全面二孩政策背景下托幼公共服务需求预测与有效供给路径研究 | 裘指挥 | 江西师范大学 |
| 196 | 一般项目 | 管办评分离背景下大学社会评价体系和机制的研究 | 余小波 | 湖南大学 |
| 197 | 一般项目 | 县域内城乡流动教师身份认同的影响因素及其政策支持研究 | 李茂森 | 湖州师范学院 |
| 198 | 一般项目 | 风险感知视角下邻避冲突中群体行为演化与治理对策研究 | 汤志伟 | 电子科技大学 |

续表

| 序号 | 项目类别 | 课题名称 | 负责人 | 工作单位 |
| --- | --- | --- | --- | --- |
| 199 | 一般项目 | 应对危险化学品危害的城市居民风险沟通机制与实施路径研究 | 刘铁忠 | 北京理工大学 |
| 200 | 一般项目 | 基于系统分析方法的港口重大化学品事故管控体系建构研究 | 张应语 | 曲阜师范大学 |
| 201 | 一般项目 | 突发事件网络舆情的政府监控研究 | 易臣何 | 湘潭大学 |
| 202 | 一般项目 | 西北少数民族地区公共危机管理与应急体系建设创新研究 | 许云斐 | 兰州财经大学 |
| 203 | 一般项目 | M—HEALTH 导向下农村公共卫生服务供给侧创新研究 | 于　勇 | 湖南农业大学 |
| 204 | 一般项目 | 大数据背景下基于复杂网络的城市应急药品分发研究 | 张池军 | 吉林财经大学 |
| 205 | 一般项目 | 大数据环境下中医医案数据规范与特色保护协同机制研究 | 袁　锋 | 山东管理学院 |
| 206 | 一般项目 | 基于双边关系的医患信任违背与修复机制研究 | 张泽洪 | 温州医科大学 |
| 207 | 一般项目 | 探索药物基因组学检测项目临床准入模式的研究 | 吕　军 | 西安交通大学 |
| 208 | 一般项目 | 基于 REPAST 仿真平台的医疗检查控制机制及路径研究 | 孙　刚 | 南方医科大学 |
| 209 | 一般项目 | “一带一路”沿线国物流节点安全预警系统建设研究 | 赵光辉 | 曲靖师范学院 |
| 210 | 一般项目 | 城市公共文化服务场所拓展及其协同营建模式研究 | 王桢栋 | 同济大学 |
| 211 | 一般项目 | 社会组织参与公共服务购买的模式与机制研究 | 王川兰 | 复旦大学 |
| 212 | 一般项目 | 涉公服务采买过程中隐性风险的识别与治理研究 | 倪东生 | 北京物资学院 |
| 213 | 一般项目 | 农村留守儿童寄宿制学校建设与管理创新研究 | 任运昌 | 重庆第二师范学院 |
| 214 | 一般项目 | 分享经济下基于 TRIZ 理论的网络约租车服务创新研究 | 左文明 | 华南理工大学 |
| 215 | 一般项目 | 基于案例分析法的大数据社会治理创新模式和评估方法研究 | 吴湛微 | 上海交通大学 |
| 216 | 一般项目 | 双向农村 O2O 商业模式的创新设计及系统整合研究 | 张新香 | 中南财经政法大学 |
| 217 | 一般项目 | 大数据背景下基于语义挖掘的网购消费者行为模式研究 | 毛郁欣 | 浙江工商大学 |
| 218 | 一般项目 | 购后失调的网络广告因素及其社会福利效应影响研究 | 阮丽华 | 湖北大学 |

续表

| 序号 | 项目类别 | 课题名称 | 负责人 | 工作单位 |
|---|---|---|---|---|
| 219 | 一般项目 | 移动政务环境下基层政府（街道）城市服务质量提高机制研究 | 温新民 | 北京理工大学 |
| 220 | 一般项目 | 新型城镇化视野下的棚户区改造研究 | 孟延春 | 清华大学 |
| 221 | 一般项目 | “中新（重庆）战略性互联互通示范项目”管理体制和运行机制研究 | 赵金锁 | 重庆工商大学 |
| 222 | 一般项目 | “一带一路”背景下新疆现代物流业发展战略研究 | 曹　云 | 新疆教育学院 |
| 223 | 一般项目 | 长江经济带节点城市的要素集聚功能研究 | 白永亮 | 中国地质大学 |
| 224 | 一般项目 | 长江经济带跨区域生态环境“共建—共治—共享”机制研究 | 戴胜利 | 华中师范大学 |
| 225 | 一般项目 | 长江经济带战略性新兴产业集群协调创新模式及其路径选择研究 | 谢荣见 | 安徽工程大学 |
| 226 | 一般项目 | 滇桂黔石漠化片区农村新型合作组织多元扶贫效应实证及对策研究 | 韦克游 | 广西财经学院 |
| 227 | 一般项目 | 基于区位—配置模型的京津冀地区医疗卫生设施布局优化研究 | 于涛方 | 清华大学 |
| 228 | 一般项目 | 京津冀区域生态位异质化作用下农业产业链空间协同效应与发展策略研究 | 赵桂慎 | 中国农业大学 |
| 229 | 一般项目 | 雾霾治理的区域联动机制研究 | 蔡　岚 | 广东外语外贸大学 |
| 230 | 一般项目 | 西部地区特色优势产业集群绿色发展的制度创新研究 | 吴中伦 | 贵州财经大学 |
| 231 | 一般项目 | 中国创新资源与区域产业结构的空间错配及修正机制研究 | 陈　治 | 山西财经大学 |
| 232 | 一般项目 | 城市群产城融合视角下国家级城市新区空间布局优化机理与路径研究 | 周　霞 | 北京建筑大学 |
| 233 | 一般项目 | 创业、创新生态系统构建与城市“大众创业、万众创新”战略支持体系研究 | 刘彦平 | 中国社会科学院 |
| 234 | 一般项目 | 国家级城市群非期望产出的测度及其消减路径研究 | 苗建军 | 南京航空航天大学 |
| 235 | 一般项目 | 基于非对称信息视角的我国城市信用体系建设驱动关系分析与实现方法研究 | 徐　斌 | 中央财经大学 |
| 236 | 一般项目 | 泛县域视角下产城融合共生路径研究 | 黄小勇 | 江西师范大学 |

续表

| 序号 | 项目类别 | 课题名称 | 负责人 | 工作单位 |
| --- | --- | --- | --- | --- |
| 237 | 一般项目 | 供应链金融促进京津冀实体经济适应性发展的创新模式研究 | 何向军 | 首都经济贸易大学 |
| 238 | 一般项目 | 我国工业遗产自然与文化双重保护协同机制及模式研究 | 邵耀辉 | 南通大学 |
| 239 | 一般项目 | “互联网+”背景下昆曲协同创新保护传承模式研究 | 周　凯 | 南京大学 |
| 240 | 一般项目 | 创意园区“千区一面”的品牌化升级模式研究 | 王兴全 | 上海社会科学院 |
| 241 | 一般项目 | 非互信性合作与南海危机管控研究 | 李功森 | 解放军理工大学 |
| 242 | 一般项目 | 建立我军特色作战需求产生与管理机制研究 | 贾现录 | 陆军军官学院 |
| 243 | 一般项目 | 经济建设与国防建设资源配置一体化研究 | 张　涛 | 军事经济学院 |
| 244 | 一般项目 | 军民融合自主创新示范区运行机制与发展模式研究 | 谢玉科 | 国防科技大学 |
| 245 | 一般项目 | 低空通用无人机飞行安全监管研究 | 李宗璞 | 空军工程大学 |
| 246 | 青年项目 | 我国 PPP 模式 VFM 定量评价方法研究及应用 | 汪雯娟 | 首都经济贸易大学 |
| 247 | 青年项目 | “互联网+”背景下零售服务业与制造业跨界融合研究 | 赵　霞 | 兰州财经大学 |
| 248 | 青年项目 | 中国对外投资跨境基础设施项目风险识别模式与防控体系研究 | 尤　荻 | 云南大学 |
| 249 | 青年项目 | 我国建设项目群成功及促成路径研究 | 颜红艳 | 湖南财政经济学院 |
| 250 | 青年项目 | 可持续创业的驱动因素与发展机制研究 | 刘容志 | 中南财经政法大学 |
| 251 | 青年项目 | 中国情境下创业导师指导行为对创业绩效影响的实证研究 | 刘　凤 | 西南交通大学 |
| 252 | 青年项目 | 复杂任务众包市场的质量控制机制研究 | 刘　颖 | 长沙理工大学 |
| 253 | 青年项目 | 服务型制造企业内外部激励、顾客参与创新与服务创新绩效的关系研究 | 蒋　楠 | 西安理工大学 |
| 254 | 青年项目 | 连片特困地区制度环境对农民工新创企业成长的影响研究 | 袁明达 | 吉首大学 |
| 255 | 青年项目 | 我国专利密集型企业知识产权能力系统研究 | 于丽艳 | 黑龙江大学 |
| 256 | 青年项目 | “嵌入—变迁”框架下区域协同创新的府际合作治理研究 | 王路昊 | 电子科技大学 |
| 257 | 青年项目 | 高校财政性科研经费的资助力度、管理现状及其使用效率研究 | 付玉梅 | 石河子大学 |

续表

| 序号 | 项目类别 | 课题名称 | 负责人 | 工作单位 |
|---|---|---|---|---|
| 258 | 青年项目 | 应对经济新常态西藏企业创新内控管理系统激发新动力研究 | 乔鹏程 | 西藏民族大学 |
| 259 | 青年项目 | 可变利益实体下我国引入双重股权结构的制度设计与风险防范研究 | 张横峰 | 南昌大学 |
| 260 | 青年项目 | 证券化产品的最优设计与信用风险管理研究 | 王　宏 | 东南大学 |
| 261 | 青年项目 | 城区低碳物流配送的协作策略与政府激励机制研究 | 饶卫振 | 山东科技大学 |
| 262 | 青年项目 | 基于社会偏好及其认知动态演进的供应链契约优化与协调研究 | 覃燕红 | 重庆理工大学 |
| 263 | 青年项目 | 基于服务主导逻辑的物流服务价值共创机理与服务生态系统构建研究 | 王　坤 | 西南交通大学 |
| 264 | 青年项目 | 移动社交网络（微信）对服务企业组织沟通与协作模式的影响研究 | 应天煜 | 浙江大学 |
| 265 | 青年项目 | 中国知识型员工过度劳动的特点与对策研究 | 颜　立 | 重庆科技学院 |
| 266 | 青年项目 | “互联网+”战略下我国智慧会展产业发展模式与驱动机制研究 | 刘　枭 | 厦门理工学院 |
| 267 | 青年项目 | “一带一路”建设对我国区域旅游承载力影响的评估与对策研究 | 张　博 | 济南大学 |
| 268 | 青年项目 | 地方政府行为对旅游产业结构动态优化的作用机制研究 | 孙盼盼 | 华侨大学 |
| 269 | 青年项目 | 环境容量约束下热点城市旅游经济增长的时空模拟与政策响应管理研究 | 王　佳 | 南昌大学 |
| 270 | 青年项目 | 精准脱贫视角下滇桂黔石漠化集中连片特困地区旅游扶贫研究 | 韦欣仪 | 贵州师范学院 |
| 271 | 青年项目 | “一带一路”背景下入境旅游统计分析及优化布局研究 | 吴良平 | 四川师范大学 |
| 272 | 青年项目 | 旅游目的地游客安全感测评与提升路径研究 | 邹永广 | 华侨大学 |
| 273 | 青年项目 | 新疆屯垦文化遗产保护与旅游发展协同研究 | 张春香 | 石河子大学 |
| 274 | 青年项目 | 历史文化遗产旅游地的“迷思”与“活化”研究 | 彭　丹 | 湖南师范大学 |
| 275 | 青年项目 | 跨境游客往来便利化的制度性障碍分析及对策研究 | 张金山 | 北京联合大学 |
| 276 | 青年项目 | 旅游目的地网络形象对游客出游行为的影响研究 | 廉同辉 | 安徽工程大学 |
| 277 | 青年项目 | 西北地区红色旅游游客行为与价值回归研究 | 任　婕 | 宁夏社会科学院 |

续表

| 序号 | 项目类别 | 课题名称 | 负责人 | 工作单位 |
|---|---|---|---|---|
| 278 | 青年项目 | 基于可持续供应链管理视角的我国食品安全共同治理研究 | 王　晶 | 北京工商大学 |
| 279 | 青年项目 | 政府与社会资本合作模式下我国农业保险大灾风险分散机制研究 | 方伶俐 | 湖北大学 |
| 280 | 青年项目 | 基于多维贫困和脆弱性分析的金融扶贫项目贫困瞄准研究 | 杨　龙 | 福建农林大学 |
| 281 | 青年项目 | 农村新型合作组织的扶贫效应及相关政策研究 | 杨　丹 | 西南大学 |
| 282 | 青年项目 | 京津冀乳制品冷链物流系统优化研究 | 王　琛 | 北京农学院 |
| 283 | 青年项目 | 农业劳动力老龄化对粮食绿色生产的影响机理及对策研究 | 杨志海 | 华中农业大学 |
| 284 | 青年项目 | 区域秸秆全量化利用策略与激励机制研究 | 李　想 | 农业部 |
| 285 | 青年项目 | 我国参与国家管辖范围以外区域海洋遗传资源国际规则制定研究 | 郑苗壮 | 国家海洋局 |
| 286 | 青年项目 | 中国城市居民 PM2.5 污染物减排行为形成机理及引导策略研究 | 汝醒君 | 杭州电子科技大学 |
| 287 | 青年项目 | 水权资产价值测度及其证券化研究 | 王娟娟 | 中南财经政法大学 |
| 288 | 青年项目 | 城乡居民基本养老保险制度可持续发展研究 | 王作宝 | 东北大学 |
| 289 | 青年项目 | 互联网时代下新生代员工的工作—生活平衡与促进对策研究 | 唐汉瑛 | 华中师范大学 |
| 290 | 青年项目 | 养老、就业和家庭政策统筹协调机制的研究 | 蒙　克 | 清华大学 |
| 291 | 青年项目 | 医疗保险制度对农民工流动的影响研究 | 孟颖颖 | 武汉大学 |
| 292 | 青年项目 | 社会治理视阈下新中国农地制度沿革与变迁趋势研究 | 杨璐璐 | 中国矿业大学（北京） |
| 293 | 青年项目 | 食品生产者的造假行为与治理工具研究 | 牛亮云 | 安阳师范学院 |
| 294 | 青年项目 | 地方政府绩效评价的价值协同研究 | 孙　斐 | 兰州大学 |
| 295 | 青年项目 | 地方政府间断均衡式污染治理行为研究 | 彭铭刚 | 广州大学 |
| 296 | 青年项目 | 我国政府购买公共服务风险识别、预警与防范研究 | 王春婷 | 南京工业大学 |
| 297 | 青年项目 | 中国地方政府“参与性”财政支出行为实证研究 | 叶　静 | 对外经济贸易大学 |
| 298 | 青年项目 | 中国地方政府绩效博弈行为的模式、诱因和防范机制研究 | 李佳源 | 广东外语外贸大学 |
| 299 | 青年项目 | 城市中心区低效工业用地退出机制研究 | 饶映雪 | 中南民族大学 |

续表

| 序号 | 项目类别 | 课题名称 | 负责人 | 工作单位 |
| --- | --- | --- | --- | --- |
| 300 | 青年项目 | 经济激励对贫困地区乡村教师吸引与保留的影响效应研究 | 姜金秋 | 首都经济贸易大学 |
| 301 | 青年项目 | 社会治理创新中“行动者网络”建构研究 | 周　军 | 南京农业大学 |
| 302 | 青年项目 | 任期不确定与县级政府行为模式研究 | 庞保庆 | 上海大学 |
| 303 | 青年项目 | 基础教育信息化城乡差异分析及影响因素研究 | 卢　春 | 华中师范大学 |
| 304 | 青年项目 | 我国新高考招生制度试点改革跟踪与评价研究 | 刘希伟 | 杭州师范大学 |
| 305 | 青年项目 | 蒙汉双语的大数据分析平台下社会矛盾预警研究 | 杨　菁 | 内蒙古工业大学 |
| 306 | 青年项目 | 中国城市社区疫病灾害弹性构建研究 | 张　惠 | 华南师范大学 |
| 307 | 青年项目 | 大数据背景下突发事件跨界治理创新研究 | 李诗悦 | 湖南农业大学 |
| 308 | 青年项目 | 基于复杂耦合网络的非常规突发事件多源知识融合与推演研究 | 汪　婧 | 福州大学 |
| 309 | 青年项目 | 公立医院和社会资本合作模式运行中面临的问题与对策研究 | 邓　勇 | 北京中医药大学 |
| 310 | 青年项目 | 人口老龄化及“互联网＋”时代背景下社区居家智慧养老服务研究 | 周文刚 | 大理大学 |
| 311 | 青年项目 | 在线医疗服务对医疗服务体系的影响效应及引导机制研究 | 马骋宇 | 首都医科大学 |
| 312 | 青年项目 | 纵向整合模式下基层卫生机构服务功能实现程度研究 | 袁莎莎 | 北京协和医学院 |
| 313 | 青年项目 | 社会力量参与社区老龄人口健康服务的机制研究 | 张　强 | 上海工程技术大学 |
| 314 | 青年项目 | 政府网上公共服务绩效问责体系及其实现路径研究 | 李世颉 | 中南民族大学 |
| 315 | 青年项目 | “互联网＋会计”背景下云会计资源共享风险管控及实现路径研究 | 吴花平 | 重庆理工大学 |
| 316 | 青年项目 | “精准扶贫”背景下的我国跨省后发地区城镇化质量研究 | 戴志颖 | 中共重庆市委党校 |
| 317 | 青年项目 | 城市社区网格化管理对社区治理绩效的影响研究 | 叶　岚 | 中共上海市委党校 |
| 318 | 青年项目 | 资金配置与西藏文化产业发展的路径及对策研究 | 王小娟 | 西藏民族大学 |
| 319 | 青年项目 | 集群创新驱动下国防科技工业军民融合深度发展机理和路径研究 | 董晓辉 | 国防科技大学 |
| 320 | 青年项目 | 新形势下军民融合式推进南海岛礁建设研究 | 陈通剑 | 海军指挥学院 |

续表

| 序号 | 项目类别 | 课题名称 | 负责人 | 工作单位 |
|---|---|---|---|---|
| 321 | 西部项目 | 山地城市雨洪灾害防治设施规划建设与运行管理机制研究 | 李云燕 | 重庆大学 |
| 322 | 西部项目 | 儒家文化对我国上市公司治理的影响研究 | 胡少华 | 云南财经大学 |
| 323 | 西部项目 | 长江上游水运口岸通关效率及提升路径研究 | 冯檬莹 | 重庆交通大学 |
| 324 | 西部项目 | 后发追赶视角下我国企业国际化研发网络的构建研究 | 何建洪 | 重庆邮电大学 |
| 325 | 西部项目 | 经济新常态下中国债券市场的风险控制研究 | 吴　涛 | 重庆工商大学 |
| 326 | 西部项目 | 财政性科研项目经费管理和使用研究 | 韦善宁 | 中共广西壮族自治区委员会党校 |
| 327 | 西部项目 | 企业网络与营销动态能力相匹配的商业模式创新研究 | 李　文 | 内蒙古科技大学 |
| 328 | 西部项目 | 增权视角下我国革命老区旅游精准扶贫的机制创新与路径优化研究 | 王会战 | 西安科技大学 |
| 329 | 西部项目 | 协同响应视角下农业社会化服务供应链构建与运行机制研究 | 彭建仿 | 重庆工商大学 |
| 330 | 西部项目 | 基于草原牧区家庭牧场尺度建立草原多灾种风险评估和风险管理机制的研究 | 塔　娜 | 内蒙古社会科学院 |
| 331 | 西部项目 | 河西走廊内陆河流域水资源矛盾冲突及其协调管理研究 | 尚明瑞 | 甘肃农业大学 |
| 332 | 西部项目 | 大众创业背景下社会网络对大学生就业的作用机理研究 | 谭建伟 | 重庆理工大学 |
| 333 | 西部项目 | 基于“互联网+”视角的社会服务供给模式创新研究 | 王　刚 | 中共广西壮族自治区委员会党校 |
| 334 | 西部项目 | 边民互市贸易政策背景下促进中国—东盟跨境电商发展的体制机制研究 | 李隽波 | 桂林理工大学 |
| 335 | 西部项目 | 资源型城市可持续农业与农村发展协调机制与制度创新研究 | 刘晓琼 | 西北大学 |

资料来源：国家社科基金项目数据库（http：//fz. people. com. cn/skygb/sk/）。

表 3　　2016 年度国家自然科学基金重点项目立项一览表（管理学）

| 序号 | 项目名称 | 项目负责人 | 工作单位 |
|---|---|---|---|
| 1 | 系统可靠性建模与分析的理论与方法研究 | 崔利荣 | 北京理工大学 |
| 2 | 交通系统中个体和群体出行选择行为的实验研究及复杂性分析 | 王文旭 | 北京师范大学 |
| 3 | “互联网+”经济形态下信息产品与服务管理研究 | 李敏强 | 天津大学 |
| 4 | 大数据环境下经济政策评估和分析的计量理论与方法 | 蔡宗武 | 厦门大学 |
| 5 | 基于互联网金融模式的结构性理财产品风险度量及应用研究 | 陈荣达 | 浙江财经大学 |
| 6 | 大数据环境下的评价理论、方法和应用 | 杨　锋 | 中国科学技术大学 |
| 7 | 新型城镇化导向下的城市地下物流系统集成与管理研究 | 陈志龙 | 中国人民解放军理工大学 |
| 8 | 面向互联网金融服务平台的结构性理财产品风险测度与集成 | 王宗润 | 中南大学 |
| 9 | 家庭购买决策过程与机制研究：基于“匹配”和“社会比较”的视角 | 符国群 | 北京大学 |
| 10 | 转型升级背景下组织创新的多层因素及动态机制研究 | 张志学 | 北京大学 |
| 11 | 互联网环境下制造业企业转型升级规律 | 欧阳桃花 | 北京航空航天大学 |
| 12 | 新技术环境下的组织创新研究 | 苏敬勤 | 大连理工大学 |
| 13 | 中国企业专业化管理研究 | 贾良定 | 南京大学 |
| 14 | 互联网时代企业的财务行为与治理特征 | 陈信元 | 上海财经大学 |
| 15 | 可持续供应链协同管理与创新 | 朱庆华 | 上海交通大学 |
| 16 | 基于价值链重构的互联网环境下制造业企业转型升级研究 | 董　明 | 上海交通大学 |
| 17 | 新媒体发展管理理论与政策研究 | 谢新洲 | 北京大学 |
| 18 | 生产供应过程的食品安全风险识别与预警研究 | 文晓巍 | 华南农业大学 |
| 19 | 中国宏观经济模型研究 | 张　春 | 上海交通大学 |
| 20 | 地方治理体系与治理能力的影响因素、改革路径与治理效果 | 杨开峰 | 中国人民大学 |
| 21 | 食品安全消费者行为与风险交流策略研究 | 曾寅初 | 中国人民大学 |
| 22 | 经济新常态下的国家金属资源安全管理及其政策研究 | 黄健柏 | 中南大学 |

资料来源：国家自然科学基金委员会管理科学部（http：//www. nsfcms. org/index. php？ r = search/index）。

# 第七篇

# 学界动态

# “创新、创业与企业管理”学术研讨会暨<br>中国企业管理研究会 2016 年年会

2016 年 9 月 24 日，由中国企业管理研究会、江苏大学、蒋一苇企业改革与发展学术基金联合主办，江苏大学管理学院、《中国工业经济》杂志社、《经济管理》杂志社、中国社会科学院管理科学与创新发展研究中心、江苏省中小企业发展研究基地联合承办的“创新、创业与企业管理”学术研讨会暨中国企业管理研究会 2016 年年会在江苏大学召开。

中国社会科学院工业经济研究所所长、中国企业管理研究会理事长黄群慧，中国企业管理研究会会长、中国社会科学院工业经济研究所研究员黄速建，江苏大学副校长梅强教授，中国企业管理研究会副会长、副理事长，全国各高校、研究机构、出版社、新闻媒体等 60 余所单位的 250 多位与会代表以及江苏大学管理学院的部分师生参加了会议，大会开幕式由黄群慧主持。

黄群慧指出，此次年会受到管理学界和企业界的积极响应，年会规模超出预期，共收到会议论文近百篇，参会单位 70 余所，与会代表 250 多名。黄群慧代表中国企业管理研究会向江苏大学管理学院表示衷心的感谢，尤其对江苏大学校方的鼎力支持表示诚挚的谢意。

随后，梅强代表江苏大学致欢迎词。他向与会专家、学者简要介绍了江苏人学管理学科的历史演变和发展情况，并对中国管理研究会对江苏大学的信任与肯定表示感谢。梅强相信此次会议定会对深化企业改革发展、推进管理创新升级以及增强计划市场主体的活力产生积极的影响，他也希望江苏大学以此为契机，展现学科实力，加强交流与合作，推进学校及学科建设发展。

黄速建代表中国企业管理研究会致辞。他指出，无论是消除与先发国家之间的“最后最小差距”，还是成功规避“中等收入陷阱”，都要求加快推动中国经济发展动力源的转换，即由“学习模仿”驱动转向“创新”驱动，实现由正在消失的“后发优势”甚至日益呈现的“后发劣势”向打造形成“先发优势”转型，这就需要多个创新动力、多个创新层次、多个创新构面、多种创新方式、多个创新要素。他希望大家围绕大会主题展开深入研讨，充分交流思想、广泛分享观点、全面展示成果、深入探讨方向，希望此次研讨会能够成为“创新、创业与企业管理”的饕餮盛宴。

会议内容分主题报告和分组讨论两部分。黄群慧、西交利物浦大学教授席酉民、天津财经大学教授李维安、梅强、上海国家会计学院教授李扣庆、对外经贸大学教授施建军、江西财经大学教授吴照云、东北财经大学教授杨光、西安理工大学教授党兴华、复旦大学教授苏勇、山西财经大学教授杨俊青、北京师范大学教授唐任伍、重庆工商大学教授梅洪常、南京理工大学教授周小虎、江苏大学教授庄晋财共 15 名学者作了大会主题发言。

分组讨论则围绕“企业创新与创业管理”“新工业革命与管理创新——企业实践与理论探索”“改革、创新与公共政策”三个议题进行，分别由山东建筑大学教授吴彬、中国人民大学教授徐二明、首都经济贸易大学教授戚聿东主持。

（吴楠、周以林，中国社会科学网，摘自 http：//www. cssn. cn/gd/gd_ rwhd/xslt/201609/t20160928_ 3219537. shtml）

# 新竞争环境下的管理理论创新——“管理学在中国”2016年会（第九届）

为了从中国管理现实问题出发有选择地对政府、企业和非营利机构关心的管理热点与难点问题进行研讨，推动中国管理研究与实践的进步，2016年10月15日至16日，由重庆大学经济与工商管理学院承办的“管理学在中国”2016年会（第九届）在重庆大学B区第一综合楼101会议厅召开。此次会议共有来自全国各大高校的15位知名教授、全国知名企业家以及各大高校的老师、学生等100多人参加，现场就报告人分享的问题展开了激烈的讨论。

21世纪以来，随着全球化浪潮中网络技术、数据科学以及知识经济的迅猛发展，竞争环境的复杂性、模糊性与不确定性特征日益显著，组织正面临着更为突出的产业与制度转型挑战。竞争环境的迅速变化正深刻而彻底地影响着当下的中国管理实践。面对已有管理理论与管理实践之间的突出矛盾，新竞争环境下的本土组织管理急需理论的创新。在此背景下，由教育部科技委员会管理学部、中国管理现代化研究会组织与战略管理专业委员会、西安交通大学中国管理问题研究中心、重庆大学经济与工商管理学院主办并承办，管理学报杂志社协办的“管理学在中国”第9届会议围绕“新竞争环境下的管理理论创新”这一主题召开。此次会议包含了“管理学在中国”实践探索与“管理学在中国”理论研究两大板块的内容。与此同时，此次会议共征集了56篇相关理论研究论文，涵盖战略管理、组织领导、金融投资、商业模式、管理研究方法以及公共政策等方面。结合大会报告、会议论文与现场交流及研讨情况，该研究从以上3个方面的内容进行综述与点评。

此届“管理学在中国”年会传承了历次年会“从中国管理现实问题出发，有选择地对政府、企业和非营利机构关心的管理热点与难点问题进行探讨，探索适用的管理模式和管理工具，促进中国自己的管理理论的创立、发展与传播，推动中国管理研究与实践的进步”的会议宗旨。自2008年首届“管理学在中国”年会召开以来，系列会议至今已经成功举办了9届。“管理学在中国”年会主题历经“管理学在中国”的概念与研究意义、管理学在中国发展的基本脉络、管理学“理论与实践、问题与方法”、中国特色管理学的构建、中国学者原创的管理理论、管理学：百年回眸与世纪展望、经济转型与管理创新、本土化管理理论研究与实践、网络环境下的管理理论研究和实践探索、新常态下的管理新挑战、新竞争环境下的管理理论创新。此次“管理学在中国”会议的探索愈发切近中国实践，愈发关注时代环境的特征，并为管理理论与实践关系的探索提供了愈发深入的思考与分享。在此次会议上，理论家与实践者们的互动与交流更加紧密，对话与思考更加频繁、深刻，聚焦话题更为多元化，与会人士更加直面管理研究与实践的挑战。诚然，在中国本土管理理论与实践面前，无论是学者还是企业家，无论是“共识”还是“争鸣反思”，能推动前进的必然是真诚而又坚韧的努力。

（庞大龙、葛京、王磊，西安交通大学管理学院，摘自《管理学报》2017年第6期）

# 第九届中国战略管理学者论坛

2016年10月22—23日，第九届“中国战略管理学者论坛”（以下简称“论坛”）在山东大学举行。此届论坛基于“中国制造2025”及“互联网+”的时代背景，以“战略转型与制造业升级”为主题，采取大会主题演讲、大会报告和分组讨论三种研讨形式。其层次之高、规模之大、参与学者之多、主题之丰富广博创历届论坛之最。

论坛期间组织了三阶段发言，来自各学校、各专业知名学者对自己的科研成果进行了分享和交流。第一阶段，与会学者及专家听取了浙江大学魏江教授题为“研发国际化：技术与组织模块化设计”的报告，对外经济贸易大学范黎波教授题为“中国装备制造业全球化进程中的竞争力研究”的报告，电子科技大学杜义飞教授的“在悖论视角下释放‘潜在’：现象探究和方法探索”，山东大学王益民教授的“高管团队视角下的中国企业国际化速度研究”。第二阶段，与会学者及专家听取了安徽财经大学陈忠卫教授题为“分享经济时代的战略迷失”的报告，华南理工大学宋铁波教授题为“制度压力下的优势企业转型升级：动力、能力与过程”的报告，南京理工大学周小虎教授的“创业何时会推动创新?”，东北大学孙新波教授的“自对称破缺下的制造业转型战略式盘研究初探”。第三阶段，《经济管理》杂志社副社长刘建丽的“经济管理杂志新变化”，南开大学许晖教授的“制造业服务创新战略：服务主导逻辑的演进与重塑”，山东大学张雷副教授的“战略管理教学”，以及中国海洋大学李志刚教授的“扎根理论研究战略问题”。南京大学陈传明教授、东北财经大学韵江教授以及清华大学李东红副教授作为点评嘉宾，就战略管理领域的研究前沿与重要问题表达了自己的观点，整个大会是一场高端学术思想的碰撞。

据悉，中国战略管理学者论坛是目前国内战略管理领域最高端的专业会议，至今已成功举办至第九届。此次论坛由山东大学管理学院主办，《经济管理》杂志社、《管理学报》杂志社以及《山东社会科学》杂志社联合承办，山东青年社会科学工作者联合会为协办单位，齐道儒商EMBA联合会提供经济支持。来自中国社会科学院和国内多所包括北京大学、清华大学、中国人民大学、浙江大学、南京大学、山东大学、南开大学、武汉大学、中国海洋大学、中南大学、重庆大学、对外经济贸易大学、中央财经大学、华南理工大学、电子科技大学等在内的高等院校以及来自《经济管理》《管理学报》和《山东社会科学》杂志社的专家学者，来自国内外著名企业的商界人士参加了此次会议。在“互联网+”大背景下，论坛的成功召开，必将促进中国管理理论的创新与中国企业战略转型与产业升级实践。

（钟耕深，山东大学管理学院，摘自《经济管理》2016年第12期）

# 第十二届中国科技政策与管理学术年会

2016 年 11 月 12—13 日，由中国科学学与科技政策研究会主办，西南大学经济管理学院承办的“第十二届中国科技政策与管理学术年会”成功举行。中国科学学与科技政策研究会名誉理事长方新教授、西南大学校长张卫国教授担任大会主席。

12 日上午，大会举行开幕式，西南大学经济管理学院院长温涛教授主持开幕式，校长张卫国教授代表学校致欢迎词。中国科学学与科技政策研究会理事长、中国科学院科技战略咨询研究所党委书记穆荣平教授，中国科学技术发展战略研究院院长胡志坚教授，吉林大学党委常务副书记蔡丽教授，南京信息工程大学党委书记李廉水教授，上海交通大学安泰经济与管理学院执行院长李垣教授，武汉大学发展研究院院长李光教授，浙江大学发展战略研究院常务副院长魏江教授，中国科学院大学经济与管理学院柳卸林教授等研究会理事成员和非会员代表共计 460 余人参加大会。

大会报告期间，穆荣平理事长对新时期创新发展政策科学面临的问题与挑战进行了深入分析。胡志坚院长对我国当前创新研究的思考引发了参会代表的共鸣。上海交通大学李垣教授指出，在强调产业升级的同时，更要注重企业创新管理理念。清华大学陈劲教授、吉林大学蔡莉教授、中国科学院柳卸林教授、大连理工大学苏敬勤教授、上海交通大学吴建南教授、中国科协创新战略研究院陈锐研究员分别就“建设科技创新强国”“对创业生态系统的思考”“创新的评价困境与政策错位”“国家政策还是国家逻辑——给予企业创新视角的思考”“战略执行目标偏差如何发生?”“第三方评估视角下的区域创新管理”等进行了精彩的大会报告。西南大学温涛教授、肖亚成教授分别作了主题为“创新要素集聚、行政腐败与创新效率”“挑战与抉择：科研经费管理政策目标取向的思考”的大会报告。

大会设立了“科技政策”“科技人力资源”“区域创新”“创业创新”“科技基础设施”五个分会场和“科学学与科学计量学”“科技与创新政策”“企业创新与管理”“产业创新”“区域创新”“创新与发展”六个分组进行专题研讨，与会专家围绕实现创新驱动发展战略的政策与制度保障、科技和创新体制改革、创新和创业、绿色发展生态文明与科技创新、科学学理论与科学计量学等领域进行深入研究讨论，专家学者们以高远立意阐发观点，碰撞学术思想，深入探讨学术问题，积极为科技创新政策与管理工作献计献策。

此次年会收到论文近 200 篇，最终评出优秀论文 13 篇，方新名誉理事长、穆荣平理事长、张卫国校长等专家向优秀论文作者颁发了荣誉证书。

（中国科学学与科技政策研究会，摘自《科学学研究》2016 年第 12 期）

# 第七届中国技术未来分析论坛

2016 年 7 月 9—10 日，第七届中国技术未来分析论坛在北京工业大学召开。此次论坛依托北京工业大学黄鲁成教授主持的国家社科基金重大项目、北京工业大学学科建设项目和北京现代制造业发展研究基地。来自清华大学、北京大学、中国人民大学、北京航空航天大学、哈尔滨工程大学、中船重工、中国国际航空、中国联通、海尔集团、上海电气、中关村发展集团、中国科协创新评估研究所、中国科技发展战略研究院、国家科技评估中心、中国科学院科技政策所、中国科学技术信息研究所等单位的专家学者约 200 人出席论坛。论坛主题是：“数据驱动的新兴技术未来分析与创新管理”。

黄鲁成教授在开幕致辞中回顾了前六届技术未来分析论坛的精彩片段。清华大学杨德林教授、南京理工大学戚湧教授、哈尔滨工程大学孙冰和陈伟教授共同主持了学术报告。中国科协创新评估研究所陈锐所长报告了“面向感智社会的技术预见理论、方法与实证”、中国科技发展战略研究院武夷山副院长和杜建博士报告了“如何识别睡美人文献和王子文献”、北京航空航天大学陈向东教授报告了“经济学视角观测专利质量”、海尔开放创新中心首席科学家李刚报告了“海尔在数据时代的开放式创新”、中国科学院科技政策所余江研究员报告了“数字化时代平台与体系创新机制思考”、中国人民大学保建云教授报告了“基于大数据的风险评估方法研究”、中国科学技术信息研究所徐硕副研究员报告了“基于论文和专利资源的技术机会发现研究”。黄鲁成教授及团队成员也在大会作了报告，其中，黄鲁成教授报告了“面向超前研发的技术未来分析——数据驱动的范式”，报告阐述了数据驱动创新的范式及特征，翟东升教授报告了“技术融合轨道监测预测系统研究”，吴菲菲教授报告了“企业研发合作伙伴识别与选择”，苗红副教授报告了“福祉技术创新现状与展望”。

与会代表围绕论坛主题进行了深入交流与知识分享，从宏观到微观，从企业到产业，从技术领域到市场活动，从管理理论到管理实践等方面，全面展现了数据驱动创新的多元化发展，同时也涌现出了许多新方法、新思想、新成果，有力地促进了技术未来分析领域专家学者的深入交流。

（中国技术经济学会）

# "新形势下会计理论与实务创新"——中国会计学会2016年学术年会

2016年7月9—10日，由中国会计学会会计教育分会主办、重庆工商大学承办的中国会计学会2016年学术年会在重庆工商大学召开。来自全国130所高校、科研单位、企业的代表300余人出席了会议。大会由中国会计学会会计教育分会会长、西安交通大学张俊瑞教授，重庆工商大学会计学院院长李定清教授、厦门大学曲晓辉教授、武汉大学王永海教授分别主持。重庆工商大学校长孙芳城教授、中国会计学会副会长杨敏、重庆市财政局总会计师彭涌分别致辞。财政部会计司王鹏副巡视员、重庆工商大学校长孙芳城教授、中国海洋大学王竹泉教授、西南财经大学马永强教授等8位专家分别作了主题发言。与会代表围绕新形势下会计理论与实务创新、财务管理理论与实践、管理会计与成本会计、审计与内部控制、政府会计与人才培养等议题进行分组讨论。会议内容丰富、观点新颖，对进一步提高我国会计理论研究水平与教学能力，推进会计学科的发展起了积极作用。

此次会议就以下几个方面进行了集中讨论和交流：

一、新形势下管理会计创新。主要包括盈余信息的预测、披露与市场反应；管理层的外部监督、内部控制及其相互作用；薪酬激励、薪酬公平及薪酬业绩的敏感性；企业社会责任、责任评价与责任风险；结合战略与环境的管理会计发展。

二、国家治理现代化背景下审计与内部控制扩展性研究。主要包括努力提升国家审计的国家治理功能，进一步完善国家审计制度；构建新机制，不断提升环境审计的环境治理功能；中国海外上市公司应确定专门的监管部门以弥补监管空白；鼓励并支持会计师事务所培育行业专长，提升整合效果。

三、财务会计理论创新与实践价值。包括资金错配，亟待会计概念体系完善；法律环境、未决诉讼影响企业股利政策，凸显新的投资风险；内部控制提升薪酬业绩敏感性；机构投资者具有公司治理功能，兼具提升信息质量功能；企业社会责任绩效评价体系亟须完善。

四、财务管理研究成果。主要包括成本粘性方面的研究成果；融资成本方面的研究成果。

五、人才观点梳理。协同创新理论是改革会计人才培养质量的有效手段。

（钟廷勇、李定清、黄辉，重庆工商大学，摘自《商业会计》2016年第16期）

# 2016 第十四届管理科学与工程论坛

2016 年 10 月 21—23 日，由中国管理科学与工程学会主办、江苏大学管理学院承办的“管理科学与工程学会 2016 年年会暨第十四届中国管理科学与工程论坛”在江苏大学举行。此次年会主题是“供给侧改革下中国管理科学与工程的发展：机遇与挑战”。学会名誉理事长李京文、杨善林院士、多位长江学者、国家杰出青年基金获得者，以及来自清华大学、浙江大学等国内外 200 多家高校及企业的 700 多名专家学者参加了会议。

会议开幕式于 10 月 22 日上午在小礼堂举行，学会常务副理事长、浙江大学马庆国教授主持开幕式，江苏大学党委书记、校长袁寿其教授致欢迎词，他对各位专家学者及同人长期以来对江苏大学的关心与支持表示衷心的感谢，并表示江苏大学将紧紧抓住各位专家“传经送宝”的难得机遇，充分借鉴兄弟院校的成功经验，着力在教学、科研、学科建设等方面打造更加鲜明的特色，努力为推动江苏大学管理科学与工程学科专业不断迈上新台阶而不懈奋斗！开幕式上，国家自然科学基金委管理科学部常务副主任李一军教授、学会理事长高自友教授分别致辞，期待以此次会议为平台，增强学界交流，加快我国管理科学与工程学科的发展，把握学科的发展方向和国际前沿，推动管理科学与工程理论与实践的融合，促进各方的学术交流与合作，研讨学科建设与人才培养发挥积极作用。

中国工程院院士杨善林教授，国家自然科学基金委刘作仪处长，江苏大学副校长梅强教授，北京航空航天大学副校长、杰青获得者、长江学者黄海军教授，复旦大学戴伟辉教授，哈尔滨工业大学管理学院院长、杰青获得者叶强教授，上海交通大学产业组织与技术创新研究中心主任陈宏民教授，天津大学管理与经济学部副主任何桢教授，俄罗斯自然科学院外籍院士、杰青获得者、长江学者、北京交通大学高自友教授作大会主题报告。

大会开设了管理学院院长论坛、博士生论坛、神经管理与神经工程研究会分论坛、工业工程研究会分论坛、大数据与商务分析研究会分论坛、协同创新与管理研究会分论坛和交通运输管理研究会分论坛七个分论坛。

中国管理科学与工程论坛是我国管理科学与工程学科领域内最具影响力的高峰论坛，此次会议的成功举办，不仅提升了江苏大学在全国的学术影响力，还对提高江苏大学管理科学与工程学科及相关学科的建设水平具有重要意义。

（江苏大学管理学院）

# 第十一届中国管理学年会——绿色与共享:新常态下的管理与创新

2016 年 9 月 29 日，由中国管理现代化研究会、复旦管理学奖励基金会主办、哈尔滨工业大学承办的第十一届中国管理学年会召开。黑龙江省副省长孙东生、校党委书记王树权、国家自然科学基金委管理学部常务副主任李一军、中国管理现代化研究会轮值理事长石勇、复旦大学管理学院党委书记黄丽华出席会议并讲话。

孙东生指出，哈工大经管学院以国家重大需求为己任，以服务地方经济为职责，解决了一系列国民经济重大的管理经济问题，为国家培养了大量高级管理人才，为国家经济社会发展和服务黑龙江经济做出了积极的贡献。黑龙江正处于转型与振兴的关键时期，为管理理论研究与实践创新提供了广阔的平台，希望与会专家学者以此次会议为契机，为黑龙江经济转型升级把脉、为黑龙江走出全面振兴的新路子献计献策。

王树权表示，经管学院是我国首批建立的管理学院之一，在长期的办学中，始终坚持面向国家重大需求、面向国际科技前沿、面向国民经济主战场，坚持开放式、国际化、有特色的一流管理科学研究与教学机构的办学目标，坚持管理理论与管理实践相结合，为国民经济建设和培养各层次、各种规格的高级管理人才做出了重要贡献。希望通过此次会议，进一步深化哈工大与国内外著名大学、科研机构、学术组织在管理学领域的学术交流与互利合作，为推动管理学的快速发展注入新的力量，积极为中华民族伟大复兴的中国梦和黑龙江走出全面振兴新路子述学立论、建言献策、培育英才。

此届年会共有来自学术界、产业界和社会各界的 600 余名专家学者参会，围绕“绿色与共享：新常态下的管理与创新”主题开展跨学科、跨行业、跨地区的学术研讨，为实现“绿色与共享”的管理与创新提出建议与意见。中国工程院院士杨善林、凌文，北京交通大学高自友教授，清华大学陈国青教授，中国科学院杨晓光教授，美国亚利桑那州立大学商学院副院长顾彬分别作了主题为“智能互联时代的能源系统管理”“神华集团煤电超低排放技术的创新实践”“积极关注颠覆性技术对管理科学研究与发展产生的变革性影响”“新形势下管理挑战与研究思考”“系统性风险和边缘革命”“共享经济下的管理模式”的报告。

大会设立“市长论坛”“校长 + 院长论坛”“女管理学家论坛”“期刊论坛”“企业家 + EDP + EMBA 论坛”等分论坛，专家学者们就组织与战略、会计与财务、金融管理、组织行为与人力资源管理、运作管理、市场营销、管理与决策科学、信息管理、公共管理、创业与中小企业管理、技术与创新管理、城市与区域管理、平行管理、商务智能、公司治理、管理案例研究、大数据、电子商务等有关议题进行了深入探讨。大会同时举行了高层次人才招聘会、复旦管理学奖励基金会中国管理学青年奖颁奖和年会优秀论文颁奖活动。

中国管理学年会是中国管理学领域规模最大、层次最高的综合性学术会议，旨在加强中国管理学界的合作与交流，推动中国管理科学研究的发展，提升中国管理实践的水平。

（哈尔滨工业大学管理学院）

# 管理会计在中国企业的实践——中国会计学会管理会计专业委员会2016年学术年会

2016年11月4—5日，由中国会计学会管理会计专业委员会主办、上海师范大学承办的中国会计学会管理会计专业委员会2016年学术年会暨高层论坛在上海师范大学召开。此次年会的主题是“管理会计与中国企业的市场化、智能化、多元化和国际化”。出席此次年会的有中国会计学会副会长杨敏，中国会计学会副会长、中国会计学会管理会计专业委员会主任委员、中航工业集团副总、总会计师顾惠忠，中国会计学会管理会计专业委员会副主任委员、清华大学于增彪教授，上海市会计学会学术委员会副主任、上海财经大学潘飞教授，美国管理会计师协会总裁兼首席执行官杰弗里·汤姆森先生，中国商用飞机有限责任公司总会计师田民、上海国家会计学院院长李扣庆以及来自60余所高校和26所科研学术机构的学者、40余家企业代表和15家期刊出版单位代表参会。大会共收到120余篇论文，经筛选后收录大会论文集40篇。

开幕式由上海师范大学商学院院长茆训诚主持，上海师范大学校长朱自强代表承办方致欢迎词，中国会计学会副会长杨敏代表中国会计学会致开幕词，顾惠忠主任委员和潘飞教授分别代表中国会计学会管理会计专业委员会和上海市会计学会致辞并发表重要讲话。

会议采用大会主题报告和分会场小组讨论相结合的形式，年会主题报告环节，分别由中国人民大学孙茂竹教授和中航工业无线电电子研究所总会计师曹阳主持。上海财经大学潘飞教授、厦门大学傅元略教授、中国商用飞机有限责任公司C919型总会计师杨慧敏女士、美国管理会计师协会总裁兼首席执行官杰弗里·汤姆森先生、重庆长江电工集团总会计师张德勇、浙江省财政厅会计处副处长周克俭、上海飞机设计研究院总会计师邵光兴、首都经贸大学党委副书记杨世忠和山西大同煤矿集团总会计师王团维分别作了以“中国管理会计体系研究”“贝塔—MA：管理机制设计理论与AI应用的融合”“中国商用民机研制项目成本管理实践”“风险管理与科学决策、内部控制框架、绩效管理与组织发展”“兵器装备集团管理会计应用实践”“浙江省企业管理会计实践与探索”“经济性约束在大型客机设计研发阶段成本管理的应用案例”“论高等学校的绩效与成本绩效”“新常态下企业如何去杠杆”为题的主题报告。大会主要围绕管理会计研究的现状和趋势、管理控制系统、成本管理、业绩评价、风险管控与组织发展、新常态下企业的债务问题等内容展开研讨。

（黄虹、潘飞、刘红梅，上海师范大学商学院/上海财经大学会计与财务研究院，摘自《会计研究》2017年第3期）

# 国际趋同背景下的金融会计与金融监管规则——中国会计学会金融会计专业委员会2016年学术年会

近年来，金融监管与金融创新的互动成为理论界和实务界共同关心的话题。在会计准则国际趋同的大背景下，为深入探讨完善金融会计与监管规则、引导金融创新有序发展的可行路径，由中国会计学会金融会计专业委员会主办、桂林电子科技大学商学院承办、《金融会计》杂志社和北京金融衍生品研究院协办的“中国会计学会金融会计专业委员会2016年学术年会”，于2016年8月20—21日在桂林成功举办。

此次学术年会的主题是“国际趋同背景下的金融会计与金融监管规则”，研讨内容涵盖国际趋同背景下银行业、保险业、证券业、信托业、基金行业、期货行业等领域的金融创新及其对现行金融会计规则的挑战和冲击，一级工商企业的风险管理策略及其相关会计问题。会议组织了两场主题报告，围绕金融会计的三大领域（一是我国商业银行的内部控制与管理；二是会计准则、会计信息及会计处理在不同领域中的问题；三是实务性问题的分析与研究）进行论文研讨，提出了一系列富有建设性的新思想和新观点。

在会计处理的研究领域中，可交换债近年来备受关注。越来越多上市公司股东在寻求传统股票减持、直接股权融资之外的融资方式。可交换债，尤其是私募可交换债，因其仅要求被交换的股票在换股期间不为限售股，渐渐成为众多持有限售股的上市公司股东青睐的融资方式，故近两年来可交换债蓬勃发展，其发行规模呈井喷之势。华润深国投信托有限公司财务管理部副总经理徐琨指出，实务中可交换债条款约定较为多样化和个性化，其业务性质和会计属性的判定存在一定难度，对于可交换债会计处理，目前尚无详细规定，有针对性地结合相关条款，研究和制定合适的会计处理规范，有助于提升会计信息质量，保障投资者利益。徐琨副总经理详细、深入剖析了可交换债的概念及发行情况、可交换债发行目的以及可交换债的会计处理，使与会人员对可交换债有了一个更高层次的了解。

综上所述，此次年会的特邀主题报告和学术论文具有鲜明的创新性，与会学者集思广益，对金融会计的前沿问题有了更深入的了解，对实务中亟待解决的问题提出了富有建设性的建议和方案，对我国金融会计研究的深入开展具有积极的理论意义和实践价值。

（周华、杨小平、王莹、李帆，中国人民大学商学院/桂林电子科技大学商学院/北京科技大学东凌经济管理学院/北京金融衍生品研究院，摘自《会计研究》2016年第10期）

# 规则、质量、责任、治理与政府会计改革——第七届“政府会计改革理论与实务研讨会”

2015年10月23日，财政部发布了《政府会计准则——基本准则》，并于2017年1月1日起施行。2015年12月，我国成立了政府会计准则委员会。在此背景下，由中国会计学会政府及非营利组织会计专业委员会主办、山东科技大学承办的第五届“公共管理、公共财政与政府会计跨学科论坛”暨第七届“政府会计改革理论与实务研讨会”于2016年5月7日在青岛召开。来自财政部会计司、中国会计学会及国内多所高校、科研院所以及《财务与会计》等专业期刊的150余名代表参加了会议。

财政部会计司巡视员应唯认为，《政府会计准则——基本准则》为政府会计改革提供了概念框架。针对政府会计改革当前面临的形势，应唯提出了“265”观点，即：迫切需要做到两个方面，即建立规则、提高大家的意识；指出6个方面的重点和难点问题，分别是政府资产的确认与计量、无形资产的处理、政府收入的确认、政府成本的核算、政府财务报告的主体范围及政府会计信息化，尤其提到了政府自然资源资产和基础设施资产的确认与计量问题、无形资产价值计入资产负债表的三种想法、医院及高校人才成本计量问题等；强调要处理好5方面的关系，包括政府会计与企业会计的关系、政府会计资产管理与预算管理的关系、中国政府会计实务与国际经验的关系、政府会计核算与报表编制的关系、政府会计理论研究与实践的关系。厦门大学副校长李建发作了题为“财务信息供求与政府会计改革”的报告。基于供给侧和需求侧，他指出需求的“三驾马车”为投资、消费、出口，供给的四大要素为劳动力、土地、资本、创新。李建发提出，政府会计信息供给不足，需要补短板推进政府会计改革、提质量确保政府财务信息供给；需求抑制，需要欲望释放、引导刺激。供给的改革应以需求为基础，政府会计改革应该是供给侧和需求侧的双侧改革。研究政府会计需要结合公共管理、公共财政，跳出“就会计论会计”的圈子，进行跨学科研究。同时，要协调推进改革。注重改革配套；要增强政府会计能力，完善信息供给链。

此次会议主题为政府及非营利组织会计的改革与创新，分为主题学术报告和分论坛论文交流研讨两部分。与会代表就政府会计改革的路径、政府会计准则与制度的制定、政府综合财务报告、政府会计信息披露、政府会计透明度、地方政府债务、医院及高等学校会计制度与内控建设等问题进行了深入的讨论与交流，达成诸多共识。

（张月玲、刘立华、花双莲、李真，山东科技大学经济管理学院，摘自《财务与会计》2016年第16期）

# 依靠技术创新推进农业供给侧结构性改革——2016年中国技术经济学会农业技术经济分会年会

由中国技术经济学会农业技术经济分会主办，上海市农业科学院农业科技信息研究所上海市农学会承办的“2016年中国技术经济学会农业技术经济分会年会”于2016年9月23—25日在上海市隆重召开。会议的主题是“技术创新与农业供给侧结构性改革”。来自中国农业科学院，各省、直辖市、自治区农业科学院和中国人民大学等高校在内的30多家单位90余名专家学者齐聚上海，围绕会议主题开展了充分的交流与讨论。在大会开幕式上，分会理事长赵芝俊研究员代表学会致开幕词，上海市农业科学院副院长毛祥东研究员致欢迎词，中国技术经济学会常务副秘书长郭晓刚先生代表中国技术经济学会致辞，分会副理事长李瑾研究员主持会议开幕式。大会邀请了上海市人大农业与农村委员会孙雷主任、中国人民大学农村发展学院孔祥智教授和中国农业科学院农经所赵一夫研究员分别作了主旨报告，其余12位专家学者分别从不同角度报告了各自的研究成果。此次学会年会取得以下成果。

一、农业供给侧结构性改革的背景与理论内涵。经过改革开放30多年来的不断发展，我国农业与农村经济取得了巨大成就，粮食及农业综合生产能力显著提高，农民收入稳定增长，农业结构不断优化。但由于人口众多、资源不足，以及工业化、城市化等对有限资源的占用与挤压，加上落后的生产方式和乏力的科技支撑等长期困扰我国农业与农村发展的传统问题非但没有从根本上得到解决，有些还出现了恶化的趋势，特别是一些由于资源错配带来的农业供给侧结构性问题，已经严重削弱了我国农业的市场竞争力和可持续发展能力。不推进供给侧结构性改革，农业就没有出路。因此，2015年中央农村工作会议提出了农业供给侧结构性改革，使得农业供给侧结构性改革问题很快成为国内理论和实践探讨的热点。2016年中央“一号文件”和十二届全国人大四次会议，进一步提升了对农业供给侧结构性改革的认识，力求通过农业供给侧结构性改革，提高农业综合效益和竞争力，这为今后我国农业政策改革和完善指明了方向。

二、农业供给侧结构性改革的探索与实践。在进行农业供给侧结构性改革内涵和理论研究的同时，我国各地方按照中央政策文件要求，并结合自身面临的问题，积极制定各项政策措施，开展农业供给侧结构性改革的探索与实践，并积累了大量经验与做法。

三、农业科技创新国内外借鉴。通过深化制度供给创新，释放各类创新主体活力，进而盘活创新资源，提升利用效率，最终提高农业供给体系质量和效率，使农产品供给数量充足、品种和质量契合消费者需要，真正形成结构合理、保障有力的农产品有效供给。其中充分利用公私部门的科研资源、促进农业科技创新、提高科技的支撑能力，也是此次会议讨论的重点内容。

与会代表就专家汇报内容中技术创新促进农业供给侧结构性改革等相关内容各抒己见。同时，会议也呼吁专家学者积极开展深入研究，为促进我国农业供给侧结构性改革以及农业产业结构调整贡献力量。会议实现了预期目标。

（赵芝俊、朱福守，中国农业科学院农业经济与发展研究所，摘自《农业技术经济》2016 年第 12 期）

# 第十届中国林业技术经济理论与实践论坛

2016年5月20—22日，第十届中国林业技术经济理论与实践论坛在福建农林大学李常盛会议中心举办。此次论坛由中国林业经济学会技术经济专业委员会、中国技术经济学会林业技术经济专业委员会、中国林牧渔业经济学会林业经济专业委员会与福建农林大学管理学院（旅游学院）、福建省社科研究基地生态文明研究中心联合主办，福建农林大学经济学院协办。此次论坛的主题为“建设美丽中国，创新林业发展”。

来自国家林业局、中国人民大学、西北农林科技大学、北京林业大学、东北林业大学、东北农业大学、澳门科技大学、福建农林大学、河北农业大学、华南农业大学、华中农业大学、江西农业大学、江西社会科学院、南京林业大学、内蒙古农业大学、宁德师范学院、沈阳农业大学、西南林业大学、浙江农林大学、中南林业科技大学、中国社会科学院、江西环境工程职业学院、中国林业出版社和《林业经济》编辑部、中国林业经济学会和《林业经济问题》编辑部、《中国林业经济》杂志社等30多个单位、100多名林业技术经济领域的专家学者出席此次论坛。

开幕式上，福建农林大学校长兰思仁、福建农林大学管理学院（旅游学院）院长陈秋华、中国林业经济学会副秘书长穆志明、中国林业经济学会技术经济专业委员会和中国技术经济学会林业技术经济专业委员会主任陈建成分别致辞，开幕式由福建农林大学管理学院（旅游学院）党委书记谢志鸣主持，兰思仁向与会人员介绍了福建农林大学的发展历程和最近几年的学科发展情况及未来发展规划，并期待与国内各高校和科研院所共同努力，促进林业技术经济发展。陈秋华向与会人员介绍了福建农林大学管理学院（旅游学院）为筹办此次论坛所做的努力和准备，并感谢领导和兄弟院校对筹备工作的支持以及对与会人员的热烈欢迎。陈建成回顾了中国林业经济学会技术经济专业委员会和中国技术经济学会林业技术经济专业委员会的发展历程，介绍了林业经济学科的最新发展以及在第四轮学科评估中的促进策略，感谢福建农林大学管理学院（旅游学院）为筹办此次论坛而付出的努力、做出的精心安排和热情周到的服务。

全天的论坛主要围绕“建设美丽中国，创新林业发展”的主题展开深入讨论。在上午的主旨报告活动中，兰思仁校长、中国社会科学院农村发展研究所所长李周、国家林业局经济发展研究中心刘璨研究员分别作了题为“林业路在何方?”“经济转型中的林业发展”“关于林业经济研究的几点思考”的主旨演讲，三位主讲嘉宾向与会人员分享了关于全球林业经济的发展、林业经济在社会经济中的地位和作用以及关于林业经济研究的最新研究选题和研究方法等前沿理论和实务知识。

在下午的专题论坛中，北京林业大学姜雪梅、西北农林科技大学李敏、沈阳农业大学石小亮、中南林业科技大学曹兰芳、福建农林大学陈钦、华南农业大学周伟、西北农林科技大学杨扬、东北林业大学韩旭超8位与会代表分别报告了各自最新的研究成果，内蒙古农业大学包庆丰教授、福建农林大学黄和亮教授、国家林业局经济研究中心刘粲研究员、福建农林大学戴永务教授分别就报告人的选题、研究视角、理论分析、数据来源、实证模型和结果分析等提出了许多完善建议，华中农业大学的王雅鹏教授、浙江农林大学石道金教授分别主持了专题论坛并对此次论文的总体情况做了总结。

此次论坛共收到48篇高质量的学术论文，绝大多数论文采取了将理论分析和实证检验相结合的方法研究前沿科学问题。经此次论坛论文评审小组讨论和建议，并经中国林业经济学会技术经济专业委员会和中国技术经济学会林业技术经济专业委员会主任会议讨论决定，28篇论文分别获得一、二、三等奖。中国林业经济学会技术经济专业委员会和中国技术经济学会林业技术经济专业委员会主任、北京林业大学陈建成教授在总结时认为，福建农林大学管理学院（旅游学院）在筹办此次论坛中进行了精心准备，“特别周到，特别满意，特别让人放心”，对此深表感谢，同时也感谢各位专家学者对此次论坛的关心和支持；与此同时，陈建成还就林业经济学科发展以及优秀期刊建设提出了一些新的设想。紧接着，福建农林大学管理学院（旅游学院）副院长石德金就此次论坛的实践环节做了安排和注意事项的说明。

（汪金祥，福建农林大学管理学院，摘自 http://net.fafu.edu.cn/shkxc/43/07/c5514a148231/page.htm）

# 中国公共管理学学术年会(2016)暨第二届公共管理青年学者论坛

2016年11月10日，中国公共管理学学术年会（2016）暨第二届公共管理青年学者论坛在中山大学举行。参加此次年会暨论坛的嘉宾有复旦管理学终身成就奖获得者、中山大学政治与公共事务学院名誉院长夏书章教授，中山大学副校长李善民教授，中山大学政务学院院长肖滨教授，复旦大学敬乂嘉教授，南京大学孔繁斌教授等诸多专家，以及《中国行政管理》《公共管理学报》《公共行政评论》、*Asian Journal of Political Science* 等期刊的主编、副主编。来自大陆及港澳台地区共计百余名青年学者和专家参与了会议交流。会议讨论的主题有：新常态下的公共治理转型、创新治理与全球合作、大数据时代的治理工具变革、地方与基层治理变革、公共产品与服务供给、公共管理研究新视野、社会治理与政府职能转变、体制变革与行政改革、政策执行与绩效评估。

（中山大学政治与公共事务管理学院）

# 落实发展新理念　加快农业现代化建设——2016年中国农业技术经济学会学术研讨会

由中国农业技术经济学会主办、华南农业大学经济管理学院承办的2016年中国农业技术经济学会学术研讨会于2016年10月12—14日在广州召开。在全国农业技术经济学界同人的鼎力支持下，此次研讨会围绕“落实发展新理念，加快农业现代化建设”这一主题，采取“大会报告+分组报告”的形式，展开了为期两天的热烈讨论和思想碰撞。

大会开幕式由中国农业科学院农业经济与发展研究所副所长王济民研究员主持，中国工程院副院长、中国农业技术经济学会会长刘旭院士致开幕词，他说，进入21世纪以来，我国粮食生产连年丰收，粮食产量连创新高，农业发展取得了举世瞩目的成就，但是依然面临着农业资源要素偏低、农业环境恶化、农业劳动力结构发生巨变等新情况、新挑战，当前迫切需要加快转变农业发展方式，着力构建现代农业体系，在保证资源产出率的同时，提高劳动生产力，推动绿色生产模式。未来5到10年，必须牢固树立大食物观、全产业链以及绿色化、多功能的发展理念。转变农业发展目标、生产方式、经营方式、资源利用方式和管理方式等是落实发展新理念，加快农业现代化建设的重要举措。他认为，到2020年我国要建成现代农业产业体系、生产体系和经营体系，提高农业质量效益和竞争力，推动粮经饲统筹、农林牧渔相结合、种养加一体化、一二三产业融合发展，形成产出高效、产品安全、资源节约、环境友好的现代农业。

主办单位华南农业大学党委书记李大胜教授、经济管理学院院长万俊毅教授分别致辞。随后，大会选举产生了新一届中国农业技术经济学会会长，同时还增补了蔡辉益、张越杰、青平、李建平、唐忠、吴冬立、赵敏娟、温涛、孙素芬9名常务理事，辛毅、肖洪波、赵姜、王志丹、郭天宝5名理事以及1名副秘书长李建平。

随后，新当选学会会长中国农业科学院副院长唐华俊院士发表了热情洋溢的讲话，对学会未来发展方向和工作重点进行了专门阐述，明确学会应该在服务政府决策、推进学科建设、支撑产业发展、开展多样活动、实施第三方评估、做好人才推介和科研成果评价7个方面要有所作为。接着，进入学术报告和讨论环节。此次会议共有来自全国60多所高等院校和科研单位的400多名专家、学者参会，共收到学术论文170多篇，6位知名教授向大会作了主题报告，66位代表分别围绕农业供给体系质量和效率、农户技术采用及其行为选择、农业资源环境保护与农产品质量安全、农业产业融合发展及精准扶贫、粮食安全与农产品供给，以及农地确权与农户收入等主题进行了分组讨论和交流。

此外，大会还设置了研究生专场，让来自全国各大高校的研究生在同一场域进行交流，共有12名研究生在研究生专场作了学术报告，并得到相关专家的评议和指导，为培养我国农业技术经济学后继人才搭建了一个知识和信息共享的平台。

最后，在大会闭幕式上，吕新业研究员代表大会秘书处对此次大会进行了总结，他认为此次会议是贯彻落实农业“十三五规划”的一次重要会议，并倡议在实现农业现代化建设目标的征途中，农业经济领域的前辈和后起之秀携起手来，紧跟时代潮流，共同开拓农业技术经济研究的新天地。

（罗明忠、李怡、张奕靖，华南农业大学经济管理学院，摘自《农业技术经济》2016年第11期）

# 2016 年战略管理国际会议（ICSM）

2016 年 3 月 10—11 日，以“互联网时代下创新创业与战略”为主题的 2016 战略管理国际会议（2016 International Conference on Strategic Management，2016 ICSM）在四川大学召开。四川大学副校长晏世经教授，会议学术委员会主席徐二明教授，川大商学院相关负责人出席会议开幕式并致辞。四川大学战略与发展研究中心主任揭筱纹教授主持开幕式。知名期刊 *Journal of Bussiness Research* 主编 Arch Woodside、*Australasian Marketing Journal* 主编 Roger Marshall，来自美国、澳大利亚、新西兰、俄罗斯、加纳、印度、巴基斯坦、中国香港、中国澳门、中国台湾等国家和地区有关院校，以及中国大陆的中国人民大学、南开大学等高校与科研院所的 120 余名相关领域专家与部分青年学者出席了会议。

晏世经副校长代表四川大学致辞。他对会议的召开表示热烈祝贺，向出席会议的专家、学者表示诚挚的欢迎。他简要介绍了四川大学的基本情况，并希望会议代表以此次会议为契机，促进相关领域学术交流，激发创新思维的碰撞，推动全球战略管理领域的相关研究持续发展。顾新教授代表主办单位致辞。他特别表达了对 *International Journal of Tourism Anthropology*（*IJTA*）、《管理学报》等会议协办单位的谢意，并希望会议能为全球战略管理相关领域的学者提供交流互动平台，为全球创新与创业提供学术支持。中国人民大学徐二明教授代表会议学术委员会致辞。他结合会议主题强调了举办会议的重要意义。在创新驱动下，中国乃至全球经济发展与企业管理中凸显出众多值得关注和研究的新问题，企业战略决定了企业转型的方向、路径和目标，对企业成功与否至关重要。

为期两天的会议，围绕“互联网时代下创新创业与战略”为主题，安排了 6 个大会报告，并分设“创新、创业与企业成长”“企业转型：战略与决策”“旅游发展：路径与协调”“新经济背景下的行为管理”五个主题的平行会场，各位相关领域专家学者，从不同角度作了主题发言。在精彩的发言中，既有严谨的理论研究、深入浅出的方法论述，也有生动的案例分享和积极创新的探索。个个发言都结合了当今管理学界理论和实践的前沿热点，让与会代表开阔了思维与视野，并在交流互动中，对管理学理论和实践有了更加深刻的体验和启发。

此届会议还安排了以“Quantitative Modeling of Case - Level Data and How to Publish in A * and A Ranked Journals”为主题的 Workshop，来自 *Journal of Bussiness Research* 期刊主编、美国波士顿大学的管理专家 Arch Woodside 教授就研究中的数据模型和高级别学术期刊发表做了精彩的专题分享与互动。

（廖芹，四川大学商学院，摘自 http：//www. scu. edu. cn/news2012/cdzx/webinfo/2016/03/1455861054247959. htm）

# 第九届中国青年会计学者研讨会

2016 年 7 月 13—17 日，第九届“中国青年会计学者学术研讨会暨会计与公司财务全国研究生暑期学校”在光华管理学院成功举办。此次活动由北京大学光华管理学院会计系和中国会计学会《会计研究》编辑部联合主办，旨在推动我国会计学术研究的发展，为从事会计研究的青年学者建立一个专业的交流和学习的平台，近 70 名来自全国各地的青年教师及有志于从事学术研究的博士生和硕士生参加了此次活动。

7 月 13 日上午的开幕式由北京大学光华管理学院会计系副主任罗炜教授主持，北京大学光华管理学院会计系主任李怡宗教授致开幕词。李怡宗教授代表光华管理学院会计系欢迎青年会计学者及有志于学术研究的研究生参加此次活动，并简要介绍了中国青年会计学者学术研讨会与暑期学校的历史以及主旨。最后，他祝愿各位参会人员通过学术研讨会的交流和暑期学校的学习能够有所收获。

随后，来自墨尔本大学的 Naomi Soderstrom 教授作了题为“Innovation in Accounting Research and the Publication Process—Use Your Senses!”的主题演讲。Soderstrom 教授在演讲中将学术研究中的五个步骤比喻为人的五种感官，分别是味觉（研究问题）、听觉（理论基础）、视觉（研究情境）、触觉（研究方法）、嗅觉（对研究的评价）。她通过自己的 3 篇研究论文具体阐述了如何进行这五个步骤。最后，Soderstrom 教授与大家分享了她在论文写作和投稿中的一些心得。Naomi Soderstrom 的精彩演讲赢得了与会者的阵阵掌声。

7 月 13 日下午和 14 日上午为论文研讨环节，分别由会计系罗炜和王立彦主持。经过相关研究领域专家的匿名评审，此次研讨会筛选确定了 8 篇报告论文，论文主题涵盖了财务会计、公司财务和管理会计等领域。论文研讨包括作者报告论文、专家点评和与会者提问互动三个环节。

研讨会结束后，“第九届会计与公司财务全国研究生暑期学校”举行了简短的开学典礼。李怡宗教授代表光华管理学院会计系欢迎来自全国各地的 60 多位学员参加此次暑期学校，暑期学校旨在帮助青年学者、在校博士生及硕士生学习会计研究的相关理论和研究方法。

北京大学光华管理学院会计系一直致力于推动我国会计学术研究的发展，迄今已成功举办了九届青年会计学者学术研讨会和暑期学校活动，吸引大量中国各高校优秀青年会计学者踊跃参与。活动为推进会计与公司财务的学术研究搭建了良好的平台，为青年会计学者、在校博士生及硕士生提供学习相关领域研究方法的机会。

（北京大学光华管理学院）

# 新形势下我国会计研究的反思与创新——中国会计学会高等工科院校分会2016学术年会

2016年8月20—21日，由中国会计学会高等工科院校分会主办、兰州理工大学承办、澳大利亚公共会计师协会（IPA AU）支持的中国会计学会高等工科院校分会第23届学术年会在金城兰州隆重举行。来自全国40余所高校和科研机构、6家企事业单位、8家出版机构以及4家专业杂志社的150余位代表参加了此次会议。

在兰州理工大学经济管理学院副院长张清辉教授的主持下，会议按时开幕。首先，俞树荣副校长代表兰州理工大学对此次大会的成功召开表示祝贺，对来自全国各地学界业界的专家学者表示欢迎，并向来宾介绍了学校的基本情况和经济管理学院会计学专业的发展成就。中国会计学会学术部主任喻灵女士代表中国会计学会对此次会议的承办单位以及与会嘉宾、代表对会议的支持表示感谢，重点介绍了目前中国会计法律法规、准则的改革进展，总结了当前经济形势对会计理论研究提出的新课题和新需求。甘肃省财政厅注册会计师协会罗刚秘书长介绍了甘肃省会计事业的发展情况。中国会计学会高等工科院校分会王泽霞会长介绍了此次会议的筹备情况及具体安排。

在随后的大会主题报告环节，来自中南财经政法大学、西安交通大学等知名学府的会计专家学者分别围绕审计改革前沿、中国会计研究国际化问题、财务云服务平台模式创新等主题作了主题报告；另有来自中兴通讯股份有限公司副总裁陈虎先生，浙江大华技术股份有限公司副总裁魏美钟先生结合业务开展，介绍了该两家公司财务共享服务中心的实践经验。

此次会议的圆桌论坛特邀南京大学长江学者特聘教授陈冬华、重庆大学辛清泉教授、合肥工业大学朱卫东教授以及东南大学陈志斌教授与主持人哈尔滨工业大学王福胜教授一起探讨“新形势下中国会计研究如何创新发展”，将会场气氛推向高潮。

大会结尾，高等工科院校分会名誉会长、合肥工业大学赵惠芳教授进行了会议总结。经学会常务理事会表决通过，决定增补上海交通大学夏立军教授为学会副会长；改选吉林大学王旭教授为学会副会长；增补杭州电子科技大学会计学院江乾坤副院长为学会副秘书长；增补兰州理工大学为学会常务理事单位，增补经济管理学院副院长张巧良教授被为学会常务理事。经分论坛召集人、学会常务理事共同评议，授予兰州理工大学杨文黎老师和张华老师2016年度学会突出贡献奖。

（张巧良、何珮珺、张青，兰州理工大学，摘自《财务与会计》2016年第19期）

# 中国农业经济学会 2016 年年会

2016 年 11 月 12—13 日，中国农业经济学会 2016 年会在中国人民大学苏州校区召开。此次年会由中国农业经济学会主办，中国农业科学院农业经济与发展研究所承办，中国人民大学国际学院、中国人民大学农业与农村发展学院、中国农业经济学会青年工作委员会协办，会议主题为“促进产业融合，推进农业供给侧结构性改革，大力进展现代农业”。来自全国各政府机关、高校和研究机构的 300 多名农业经济领域的专家学者参加了会议。

11 月 12 日上午，开幕式在中国人民大学苏州校区图书馆报告厅举行，中国农业经济学会会长尹成杰主持并致开幕词。苏州市委副书记、市长曲福田，中国人民大学党委常务副书记张建明出席开幕式并致辞。农业部党组成员、陈晓华副部长代表农业部致辞并作题为“深入推进农业供给侧结构性改革”的专题报告。陈晓华副部长期望大家深刻领会贯彻习近平总书记重要讲话精神，围绕论坛主题，广泛交流、深入研讨，形成更多有益于农业农村经济进展的真知灼见，为推进农业供给侧结构性改革、进展现代农业而共同努力。

11 月 12 日下午，举行了中国农业与发展“长江学者高端对话”。教育部长江学者特聘教授、中国人民大学苏州校区党委书记兼国际学院、中法学院院长朱信凯出席并主持高端对话，与北京大学农业政策研究中心主任黄季焜、山东大学经济研究院院长黄少安、华南农业大学教授罗必良、河南农业大学教授马恒运等教育部长江学者特聘教授一起，围绕“农业经济理论的发展与创新”这一主题展开深入的对话研讨。五位长江学者的精彩对话，引起了诸多专家学者的共鸣，大家纷纷举手发言，就有关农业经济理论的发展与创新问题与五位长江学者交流讨论。

年会期间，全国政协常委、全国政协经济委员会副主任、中央农村工作领导小组原副组长兼办公室主任陈锡文，中国农业科学院党组书记陈萌山，中国农业大学校长柯炳生，农业部政策法规司司长张天佐，农业部农村经济研究中心主任宋洪远，中国农业大学教授、国务院参事何秀荣分别作了主题报告。此外，年会设置了三个分会场进行分组学术交流，分别由中国农业经济学会常务理事翟琇、贾大明和罗久序三位教授主持，旨在全面提升农业经济领域的学术交流水平，促进我国农业经济学科的建设与创新发展。

（桑明旭、华贝、郑真、宇娟、惠琪、花磊、张红，中国人民大学苏州校区，摘自 http：//ic. ruc. edu. cn/pub_ ic/schoolnews/20161113/11025. html）

# “城镇化过程中农户与农民工可持续生计”研讨会

2016 年 8 月 16 日，“城镇化过程中农户与农民工可持续生计” 学术研讨会在山西省太原市并州饭店举行。该研讨会是对国家自然基金课题 “晋西北城镇化农民非农生计可持续性及农地流转” 的阶段性研究成果的汇报和探讨，太原师范学院管理系安祥生教授是这一课题的主持人，召开并主持了此次学术研讨会，新南威尔士大学的李秉勤教授、伦敦政治经济学院的 Sunil Kumar 教授、中国科学院地理与资源研究所的徐勇和王传胜教授、西南科技大学的王青教授以及北京师范大学、江西师大、山西大学、山西省农科院和太原师范学院等国内、国外学者近 30 人参加了此次研讨会。

此次研讨会分为上、下午共计 11 场学术报告，包含四个方面的主题。一是从外来人口融入城市视角，澳大利亚新南威尔士大学的李秉勤教授首先作了题为 “共同缔造与外来人口的社会融入——海沧案例分析” 的报告，对海沧各个利益相关者进行深度调查及小组座谈，探讨了共同缔造在处理外来人口在社会责任感、社会参与和城市公民权的获得等方面所起到的作用，同时提出在这个过程中出现了政府与社会关系的角色转变，认为自下而上的共同缔造理念和自上而下的政策过程之间存在结合难题，需要在新旧体系之间进一步地制度创新；Sunil Kumar 教授从大规模城市建设工程对建筑工人的需求以及引起的迁移，讨论了建筑行业特性、工头制下进入城市就业的建筑工人在工资、工时、性别、组织方面所面临的不可持续性。二是进城农民工生计可持续问题，太原师范学院安祥生教授根据晋西北地区农民问卷调查的分析结果，提出晋西北农民工生计资本薄弱且与农村联系紧密，尽管留城意愿强烈，但城市非农生计可持续性并未得到生计资本、政策等强有力的作用；中国科学院地理科学与资源研究所徐勇研究员报告了半城镇化农民非农生计稳定性及其影响因素，并对陕西黄土高原案例区农民工非农生计的稳定性进行了评价，分析了农民工迁出地耕地流转给当地农民增收、生态效益带来的有益作用。三是农户生计变化及区域效应，中国科学院地理科学与资源研究所王传胜副研究员以秦岭地区——甘肃省陇南市为案例区域，借鉴英国国际发展部（UKDFID）农户生计资本分析的理论框架，通过植被指数、土地利用和统计数据分析，对退耕还林政策实施以来农户生计的变化做了详细分析，认为退耕农户生计资本显著改善，生计能力提升，收入增加明显，并且区域土地利用趋向集约化、生态化，区域整体生态优化；西南科技大学环境与资源学院的王青教授报告岷江上游藏羌民族的生计可持续性与环境变化的关系，分析了藏羌民族适应山地环境所形成的生态位垂直分异和生计方式特征，以林树下线的定位及其移动规律反映环境变化，并分析了藏羌民族的耕地耕作率的分布变化及农耕生计所面临的风险。四是农民工迁出地的土地流转及其影响研究，山西省农业科学院的殷海善研究员讨论了贫困落后地区土地流转与适度规模经营，认为在贫困落后地区土地流转的频度很高，从人口和劳动力迁出、农业产业形态、土地价值三方面指出贫困落后地区更具备实现适度规模经营的条件，在贫困落后地区可探讨大型家庭农场的形式和政策；太原师范学院管理系冯旭芳教授报告了贫困农户的农地流转行为及驱动因素，认为户主年龄越大、受教育程度越高越有利于土地转出行为，家庭人口数量多、收入水平高、种植面积大的农户更倾向于转入土地。

（凌日平，太原师范学院管理系）

# 不负时代重托　放眼世界研发中国内部控制理论——中国会计学会内部控制专业委员会2016年学术年会

2016年6月4日，由中国会计学会内部控制专业委员会主办、南京审计大学承办的中国会计学会内部控制专业委员会2016年学术年会暨内部控制专题研讨会于江苏南京召开。此次会议主题是"内部控制标准化教材建设"。中国审计学会会长董大胜，财政部会计司副巡视员王鹏，中国财政科学研究院原副所长王世定，中国会计学会培训部主任夏烨，中国会计学会内部控制专业委员会主任委员杨雄胜、副主任委员魏明海、杨有红、杨家义、于广纯、方红星等17位委员，南京审计大学校长晏维龙，以及其他来自各高校、科研院所和企事业单位的40余名代表出席了会议。

上午的主题演讲围绕"内部控制理论与内部控制规范的关系""内部控制理论与内部控制实务的关系"两个主题展开，由北京工商大学杨有红教授、中国节能环保集团杨家义先生主持。王鹏副巡视员作了"新时期、新形势、新理念、新战略、新任务、新课题"的主题演讲，围绕财政部会计司近年来的内部控制规范建设，总结了内部控制规范建设的必要性、现有成果和未来研究方向。南京大学李心合教授以"COSO困局与超越COSO"为题作了主题报告，提出COSO框架不完全适用于中国国情，建议转换方法论、扩展研究视角、调整研究路线实现内控研究本土化；南京审计大学池国华教授作了题为"内部控制与国家治理"的主题报告，他认为内部控制是内嵌于社会各组织单元的免疫系统，是实现国家治理"善治良治"的重要途径；中石化企业改革管理部方春生主任以"内控实践与内控理论框架——中国石化实施内部控制体会"为题，介绍了中石化在建设内部控制体系过程中的先进经验和体会。南京审计大学郑石桥教授、中国平安保险集团张云平经理、中国人民大学支晓强教授担任点评嘉宾，进行了精彩点评。

下午议题讨论是由内部控制专业委员会专家和南京审计大学教师就内部控制问题互相提问，实现思想的交流与碰撞，尹平教授主持。双方对如何理解中国特色的内部控制、是否需要构建中国的内部控制概念框架、如何制定内部控制缺陷认定标准、如何解决内部控制审计报告内容单一、信息含量低的问题进行了精彩的辩论和深入的探讨。

议题讨论后，会议围绕内控专业委员会、中国企业内控标准委员会与财政部会计司共同主持研发的《中国内部控制标准化教材》开展主题报告和讨论，安徽工业大学林钟高教授主持。东北财经大学方红星教授报告了"内部控制原理教材大纲"，时现教授报告了"行政事业单位内部控制教材大纲"，与会专家各抒己见，为两本教材的编写提供了更多的思路和更宽广的视角。

中山大学林斌教授主持了会议论文的报告与讨论，会议共收到专业论文26篇，经专家评审选取4篇为大会报告论文，各位与会专家对报告论文展开了自由讨论，并建议通过研讨会的形式多为青年学者提供交流讨论的机会和平台。

在闭幕式上，杨雄胜教授对会议进行了总结，指出我国内部控制的理论发展具有先天优势，并且依托于中国会计学会的平台，我国在内部控制研究上具有组织优势，理论界应该合力为构建中国特色的内部控制规范体系提供智力支持，作为内部控制学者应该有这样的责任与担当。

此次会议为内部控制理论界与实务界的交流提供了平台，对于推动我国内控理论研究与实务发展、提升中国会计学会内部控制专业委员会社会影响力、加强内部控制教材规范建设具有重要影响。

（董必荣、树成琳，南京审计大学会计学院/南京大学会计与财务研究院，摘自《会计研究》2017年第1期）

# 中国会计学会会计教育专业委员会2016年年会暨第九届会计学院院长论坛

2016年8月18—19日，由中国会计学会会计教育专业委员会主办、南京审计大学会计学院承办的“2016年学术年会暨第九届会计学院院长论坛”在江苏南京顺利召开。此次会议主题是“互联网+时代的会计学专业人才培养与教育教学改革研究”。中国会计学会副会长、会计教育专业委员会主任委员刘永泽，副主任委员广东财经大学校长王华、中国人民大学王化成、西南财经大学樊行健、中国会计学会学术部主任喻灵等20位委员参会，会议还特别邀请了厦门大学曲晓辉、南京大学财务与会计研究院院长杨雄胜、对外经贸大学副校长张新民，财政部会计资格评价中心处长谢秀芳、南京审计大学副校长时现等嘉宾出席。出席此次会议的还有来自全国高校的会计学院（系）、科研院所和企事业单位的代表，与会人员共计226名。

此次大会开幕式由南京大学杨雄胜教授主持。时现副校长代表南京审计大学致欢迎词，刘永泽教授、喻灵主任代表中国会计学会、会计教育专业委员会致辞。

18日上午主题演讲围绕“国际化与信息化”“互联网+时代”两大会计专业教育主题展开，由西南财经大学樊行健教授主持。厦门大学曲晓辉教授以“如何建设国际一流学科”为题，联系当前高校事业编制改革，从AACSB、EQUIS、AMBA、CWUR等国际认证视角，分析在新形势下如何把握国际学科评价标准，不断凝练学科特色方向和培育新形势下的竞争优势。南京大学杨雄胜教授以“国际化与信息化：来自南京大学MPAcc培养模式的探索”为题作了主题报告，介绍了南京大学MPAcc在国际化、信息化和互联网思维下通过课程模块设置，实现结果与过程、学位教育与人格完善的有机融合，把碎片化知识转化为系统的课程体系，并取得了学生、社会和学校的多方认同。中国人民大学王化成教授作了题为“MPAcc合格评估与教育质量认证”的主题报告，回顾了2004年至今MPAcc历史沿革，指出学位委员会通过“合格评估”选择差学校，通过“质量认证”选择有特色的优质学校做标杆，实行优胜劣汰，全面提升MPAcc教学质量和社会认可度。对外经贸大学张新民教授作了题为“互联网+时代的会计教育国际化思考”的主题报告，从国内鲜花在线预订引出互联网下信息操纵与公司价值，并从专业教育和职业发展视角分析传统教学存在的不足，提出争创特色“第一”主旋律。南京审计大学董必荣教授作了题为“南京审计大学会计学院特色发展之路”的主题报告，围绕学校“审计”特色介绍会计学院人才培养方案，以及在国际化合作教学、实践、网络作业平台等方面的创新和取得的成果。

18日下午围绕“互联网+时代的会计专业人才培养改革”“会计课堂教学与实践教学改革”和“会计教育教学管理与硕士研究生培养”三大主题设置了三个分会场。其中，第一分会场由杨政、钱爱民主持，第二分会场由潘煜双、丁友刚主持，第三分会场由刘中华、薛祖云主持。会议邀请了高校会计学院（系）代表和业界人士等30余人汇报了他们的最新教育教学研究成果，与会代表和委员进行了相应的提问与点评，各会场气氛热烈，真正实现了教育教学思想的交流与碰撞。

19日上午围绕“会计改革”与“虚拟现实”两大主题展开，由西安交通大学张俊瑞教授主持。中国会计学会副会长、会计教育专业委员会主任委员刘永泽教授作了题为“会计学专业本科人才培养的改革”的主题演讲，刘教授认为现有专业教学存在碎片化误区，而互联网下资源共享，促进了线上线下教学有机结合，需要教师角色由演员向主持人转变，提出要实施一体化的教学改革，改变教学理念，让网上资源广泛地为教学服务。广东财经大学王华教授作题为“互联网+环境下经管实验教学深化改革研究”的主题演讲，认为在注重学生人格教育基础上，合理利用“互联网+”环境下的信息和网络实现中国本土化的实验教学，未来将借助国际、政府和企业合作平台积极开展绿色实验。南京审计大学时现教授以“审计学专业本科人才培养的改革”为题的主题演讲，围绕我国审计事业的发展，探讨了如何培养审计人才满足社会需求，并通过介绍南京审计大学办审计学专业的经验与教训，提出审计学专业本科人才培养模式改革的关键节点。

此次大会的闭幕式由刘永泽教授主持，广东财经大学校长王华教授对此次大会进行了总结。王华教授详细回顾了此次大会的各个环节，并指出面对互联网、资本市场的发展，中国会计学会会计专业教育委员会肩负着全国高校会计教育教学改革的历史重任，有责任引领社会各界积极参与其中。此次会议共收到教育教学改革论文59篇，经专家网络匿名评审和会议评审，评选出6篇论文为优秀论文，并授予南京审计大学会计学院论文最佳组织奖。

此次会议为研究和探讨“互联网+”时代下会计教育教学改革提供了交流平台，对于推动我国会计教育教学改革研究与实践、提升中国会计学会会计教育专业委员会的社会影响力具有重要意义。

（南京审计大学会计学院）

# 中国金融会计学会2016年学术年会

2016年12月16日，中国金融会计学会2016年学术年会在京召开，会议主题为“经济新常态下金融企业管理会计的挑战”。中国人民银行党委委员、副行长陈雨露出席会议并作主旨演讲。会议由中国金融会计学会会长马德伦主持。

陈雨露指出，管理会计是会计的重要分支，在企业和行政事业单位的内部规划、决策、控制和评价等方面发挥着重要作用。在我国经济发展进入新常态的大背景下，积极有效地推进管理会计在金融业的应用，具有重要的现实意义和深远影响。一是有利于提升金融机构的现代公司治理水平。通过深度挖掘管理会计活动提供的丰富信息，为完善组织架构、科学评估管理层经营业绩、建立健全合理的激励约束机制提供强有力的信息支撑，完善重大事项的决策机制和程序，把现代公司治理的要求真正落实到经营管理之中。二是有利于提升金融机构经营管理的绩效。依托管理会计的分析工具，通过对价值创造节点和成本节点的识别、计量与分析，提升资产和负债端管理精细化水平，有效拓展盈利空间。三是有利于提升金融机构风险管理水平。充分发挥管理会计的独特优势，从机构整体、长周期的视角动态把握风险状况，增强风险抵补能力，促进审慎合规稳健经营。同时，希望金融机构立足自身的实际情况，选择适用的管理会计工具方法，推进面向管理会计的信息系统建设，加强管理会计人才队伍培养，切实发挥管理会计的本质功能。

（中国金融会计学会秘书处，摘自《金融会计》2017年第1期）

# 2016 国企管理年会

为深入贯彻习总书记在全国国有企业党的建设工作会议中的重要讲话精神，推动国有企业深化改革，促进国有企业管理人员和相关领域专家学者的交流，2016 年 10 月 14—16 日，由《国企管理》杂志和中国企业管理研究会共同主办，以“新国企 · 新动力 · 新增长”为主题的2016 国企管理年会在京举行。来自财政部、国务院国资委、国家税务总局、中国社会科学院、国务院发展研究中心和全国各省市国资国企监管部门、中央企业、地方国企以及部分大专院校、研究机构的 200 多名代表参加了会议。

在主题报告环节，围绕“打好国企提质增效攻坚战”这一主题，国务院发展研究中心研究员、企业研究所原所长陈小洪，天津财经大学校长李维安，中国国际税收研究会副秘书长靳东升，国务院国资委研究中心研究员胡迟分别从不同的视角作了报告。陈小洪认为，国企改革是一个系统工程，要做好改革必须抓住关键和重点，否则无法推进、突破。改革包括三个方面，第一是企业制度改革；第二是国资监管体制改革；第三是市场化竞争改革。李维安就“供给侧改革与国企做强做优做大”作主题报告，他认为国有企业是国家治理体系的主要组成部分，国企改革涉及政府治理、社会治理、市场治理，这三类治理要协同推进。他进一步指出，做强、做优、做大国企需深化自身治理与推进混合所有制改革；政府治理与社会治理需协同与配套。靳东升在发言中提出了在供给侧结构性改革大背景下，税收政策和落实所面临的问题，他从税收政策与供应学派税收政策异同的角度分析了供给侧结构性改革背景下的税收政策的系统性、针对性、复杂性，提出了税收政策适应供给侧结构性改革的新思路。胡迟认为，国有企业提质增效是一个复杂、系统的工程，实施见效需要一个过程，不能太急躁。国有企业既有维护社会稳定的社会性功能，也有实现经济效益的市场性功能，所以国有企业不能单纯用经济效益多少来考核与评价。

此次会议还围绕不同主题开展了三场高峰对话。近二十名国有企业管理人员和专家学者分别就“国企价值的重塑与再造”“细节决定成败”“新国企需要怎样的企业领袖”三个论题进行了深入探讨。

（中国经济网）

# 丘逢甲先生诗选

李宏健 注

暨南大學出版社
JINAN UNIVERSITY PRESS
中国·广州

**图书在版编目（CIP）数据**

丘逢甲先生诗选／李宏健注. —广州：暨南大学出版社，2014.3
ISBN 978-7-5668-0820-2

Ⅰ.①丘…　Ⅱ.①李…　Ⅲ.①古典诗歌—诗集—中国—清后期　Ⅳ.①I222.752

中国版本图书馆CIP数据核字（2013）第247877号

出版发行：暨南大学出版社

---

地　址：中国广州暨南大学
电　话：总编室（8620）85221601
　　　　营销部（8620）85225284　85228291　85228292（邮购）
传　真：（8620）85221583（办公室）　85223774（营销部）
邮　编：510630
网　址：http：//www.jnupress.com　http：//press.jnu.edu.cn

---

排　版：弓设计
印　刷：佛山市浩文彩色印刷有限公司

---

开　本：850mm×1168mm　1/16
印　张：24.5
彩　插：9
字　数：610千
版　次：2014年3月第1版
印　次：2014年3月第1次

---

定　价：53.80元

---

（暨大版图书如有印装质量问题，请与出版社总编室联系调换）

丘逢甲先生像

丘逢甲先生出生地，台湾苗栗县铜锣乡李氏家塾

丘逢甲先生的“进士”牌匾

丘逢甲先生故居（位于原广东蕉岭文福镇澹定村，1983年改名为“逢甲村”）

2006年5月25日，丘逢甲先生故居被国务院列为第六批“全国重点文物保护单位”

丘逢甲先生故居南横屋。“念台精舍”四字为丘逢甲自拟，潮州太守李士彬题写，对联由广东巡抚许仙屏书赠

丘逢甲先生故居正门之“培远堂”，清末翰林温仲和题

清朝状元夏同龢书赠丘逢甲先生楹联“马来西极，龙卧南阳”

丘逢甲先生墓（位于广东蕉岭文福镇印山村）

有关丘逢甲先生的学术研究著作

桂岭书院，现位于蕉岭中学内。1904 年丘逢甲先生在此创办镇平县初级师范传习所，培养教育人才

丘逢甲先生故居连廊门对联

丘逢甲先生故居后堂屋上横匾“心泰平草庐”，为丘逢甲自拟，清朝广东巡抚许振祎题

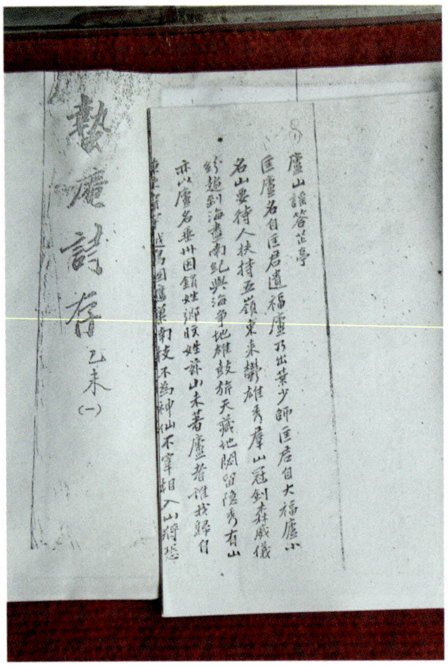

丘逢甲先生撰写的部分诗文

丘逢甲先生台湾亲属敬赠的工艺摆件

丘逢甲先生故居的后堂屋，为主人起居与议事之地

丘逢甲先生故居厢房“潜斋”，为丘逢甲父亲的会客室。题匾由清朝状元夏同龢书赠，两侧对联“松寿千岁，桂馨一山”由清末岭南教育家蒋式芬题写

丘逢甲先生故居北横屋的书房，题匾“岭云海日楼”由清朝进士吴道镕题写，对联由清朝状元夏同龢书赠。丘逢甲的《诗钞》就在岭云海日楼编成，后人以此厅名将文集命名为“岭云海日楼诗钞”

蕉岭中学图书馆设有丘逢甲先生专题展览，图为展览内容

# 序 言

多年来在大陆，关于李宏健先生，人们知道最多的是他的台湾会计专业人士、学者身份，以及20多年前大陆出版社出版他所著的《现代管理会计》一书。李宏健先生是台湾学者，会计专业人士。早年毕业于台湾政治大学企业管理研究所，是首批台湾公派留学美国加州大学攻读博士学位的留学生，后在台北做执业会计师，并在台湾中兴大学、东吴大学兼职教授管理会计课程。

其实李宏健先生自幼传承家学，有着相当深厚的文学功底。多年来，在会计师繁忙业务之余，他一直从事着中华古典诗词的研究与教学。他是目前两岸仅存的能够用古韵吟读古诗的学者之一，懂吟诗作赋，书法亦颇有功底。这些年来，他先后注释并在台湾出版了《笠翁对韵声律启蒙合璧》、《历代咏花诗选》等著作。

前年李宏健先生赠予我一本他注释的台湾版《台湾先贤诗选》，浏览之余，我告诉李先生，温家宝总理曾经在一个记者招待会上引用过台湾著名诗人丘逢甲的诗句“四百万人同一哭，去年今日割台湾”，可惜此书未见收录此诗，李先生说，他正在着手编辑和注释《丘逢甲先生诗选》，会特别留意辑录此诗。

认识李宏健先生，与我的博士生导师即中南财经大学杨时展先生和我大学同班同学文硕（当时任民办的“用友现代会计审计研究所”所长）分不开。1989年，文硕去厦门公务之余，在鼓浪屿遥望金门岛时，突然想到，为什么我们两岸会计界不能彼此交流一下呢？他找到香港中文大学的教师任枝明谈及此事，后者将此意向转告他台湾的朋友李宏健先生，于是就有了1989年秋天在北京举行的“海峡两岸会计审计理论研讨会”。经李宏健先生牵线，台湾逢甲、淡江、东吴三所大学的会计学者组团参加。当时大陆会计主管部门对此活动有些犹豫，因为这毕竟是没有先例的由一个民间组织发起的海峡两岸的专业交流活动。但这次活动确实非常成功，打破了海峡两岸自1949年以来互不来往的局面，从此也开启了海峡两岸会计界的交流之路。当时我随杨时展先生参加了此次会议，并随后在武汉先生的家中，见到前来拜访的李宏健先生。李宏健先生曾经与台湾会计界著名学者鲍尔一先生同事，而20世纪40年代鲍尔一曾经与杨时展先生在杭州英士大学一起任教，因此李宏健先生总是以对待师长的态度对待杨时展先生。此后多年间，两人的来往一直没有中断。

1993年冬，经李宏健先生邀请，杨时展先生和中南财经大学郭道扬教授，暨南大学的何任远、胡仁宽教授踏上访台之路。李宏健先生对杨时展先生一行关照备至。在台期间，在李宏健先生的安排和陪同下，杨时展先生一行专程拜望了他的老校长陈立夫先生，90

多岁的陈立夫先生在著名的台北园山饭店设宴招待他这位也已经80周岁的学生。在我见到过的大量杨时展先生晚年的照片中，都是先生坐着，其他人站着；唯独与陈立夫先生的这张合照，是陈先生坐着，杨时展先生毕恭毕敬站在后面。杨时展先生曾任武汉市政协副主席，是当时到过台湾的大陆方面最高级别的人士。杨先生向陈立夫先生介绍了大陆改革开放以来的变化，并邀请陈立夫先生方便时到大陆观光访友。1995年，再次应李宏健先生邀请，杨时展先生又踏上了台湾宝岛。那次我有幸陪同先生在台湾活动，一起游览了台湾著名的风景区太鲁阁。1997年秋天杨时展先生去世，1999年我请中国财经出版社出版了他的遗著《1949—1992年中国会计的演进》，李宏健先生读后写过一副对联“读史常怀千古恨，举杯每叹故人稀”。

从20世纪90年代初到2001年间，经李宏健先生邀请，大陆各大学陆续有数十位学者赴台湾进行学术访问与交流，两岸大学之间，也逐步形成交流的常态化。比如在广州的暨南大学，自1998年以来，会计专业及后来的税务专业、法律专业开始成班地招收台湾籍的研究生，最初也是由李宏健先生牵线的。常言道“饮水不忘掘井人”，李宏健先生就是两岸人民交流的“掘井人”。

请暨南大学出版社出版李宏健先生注释的《台湾先贤诗选》和《丘逢甲先生诗选》的简体字版，目的是支持海峡两岸的文化交流，让大陆诗词爱好者和研究人员了解和欣赏近代台湾诗人的作品，同时也为了感谢李宏健先生多年来守护中华文化和在两岸专业和文化交流方面所作出的卓越贡献。广州市政府为此书出版提供了资助，在此一并申谢！

张杰明

2013年秋于广州

# 自 序

丘逢甲为中国近代著名诗人、教育家及爱国志士。

逢甲本姓丘，因雍正皇帝为避孔子讳，强令其祖改姓为“邱”。辛亥革命后，逢甲恢复姓为“丘”，字仙根，又字仲阏，号蛰仙、蛰庵，诗文自署南武山人或仓海君。1864 年生于铜锣湾（即今苗栗县铜锣乡）。因生逢甲子年，所以父亲把他命名为“逢甲”。他六岁能诗，七岁能文，十四岁时台湾府举行岁试，父亲虚报他的年龄为十六岁，当时主考官福建巡抚兼学台丁日昌亲临会场，见他年纪最小而交卷最早，想测试他的才学，便以“甲年逢甲子”为上联，要他作对，他对曰：“丁岁遇丁公。”丁日昌大为惊叹，便再以“全台利弊论”为题试验他，他振笔疾书二千余言，文不加点。丁日昌称赞曰：“奇童!”并赠送他“东宁才子”印一枚。

中法战争结束后，清廷派作战有功之唐景崧为台湾兵备道。唐氏出身翰林，颇有文才，对丘逢甲所作之《台湾竹枝词》百首甚为赞赏，乃拔擢他至海东书院深造，获得进士施士洁及唐景崧之指导，并得以饱览唐氏之藏书，及参加道署斐亭之“文酒之会”，见识日益广阔。1888 年，逢甲中举。1889 年赴北京参加会试及殿试，中己丑科三甲第九十六名进士，被授予工部虞衡司主事之职。但他到署不久，即告假而归。

逢甲荣归后，应唐景崧之聘，担任台南崇文书院山长，后又兼任台中宏文书院与嘉义罗山书院，讲学不遗余力。

1894 年中日甲午战争爆发，清廷战败，签订《马关条约》，将台湾、澎湖割让予日本。逢甲三次上书反对，力争保台，台湾绅士拥戴唐景崧为总统，宣告自立。日军登陆台湾，唐景崧抗日兵败，乃出走内渡大陆。而逢甲统领之义军，在新竹、苗栗等地亦战败，逢甲乃乘船赴闽转粤，并定居于祖居地镇平县印山村。

之后，逢甲先后讲学于潮州韩山书院、潮阳东山书院、澄海景韩书院，采用西方先进之教育方法。创办东同文学堂、镇平初级师范传习所、景朝书院。辛亥革命成功后，他被广东革命军政府推举为军政府教育部长。民国成立后，他被推举为临时参议院议员。民国元年（1912）二月十五日逝世，得年四十九岁，遗嘱：“葬须南向，吾不忘台湾也。”

逢甲之诗文沉郁苍凉，悲壮雄健，慷慨激昂，真切流露，感人肺腑，有如陆放翁、元遗山。梁启超《饮冰室全集》评其诗文，称“若以诗人之诗论，丘仓海亦天下健者矣”。并称他为“诗界革命一巨子”。在论及逢甲之历史地位时，近代诗人李渔叔认为他是自沈光文以来，台湾最杰出之诗人。

截至目前，已发现逢甲诗共计 2 559 首，主要刊载于《柏庄诗草》及《岭云海日楼诗钞》。前者，系其年轻时在台作品；后者，则为其内渡大陆后之作品。

本书选录835首，对逢甲先生诗文深奥之典故及词句，均详加注释，俾读者得以欣赏及理解。

笔者公私栗六，加之才疏学浅，挂一漏万之处，殆所难免，千祈海内方家不吝指正，实所企盼。

本书得以在大陆顺利出版，全仗好友张杰明（原暨南大学教授，现任广州市审计局局长）之热心支持与鼓励，以及暨南大学出版社有限责任公司之鼎力协助，高谊隆情，谨此致谢。

李宏健 谨识

二〇一三年七月于心无挂碍无嗔念时刻

# 目 录



## 青少年时期诗作

## 柏庄诗草

## 岭云海日楼诗钞

### 卷一　乙未稿（1895 年）

**卷四　戊戌稿（1898 年）**

**卷六　己亥稿下（1899 年）**

**卷七　庚子稿（1900 年）**

卷八　辛丑、壬寅稿（1901 年、1902 年）



卷九　癸卯、甲辰稿（1903 年、1904 年）



卷十　乙巳、丙午、丁未稿（1905 年、1906 年、1907 年）

**卷十一　戊申稿（1908年）**



**卷十二　己酉稿（1909年）**



**卷十三　庚戌、辛亥、壬子稿（1910年、1911年、1912年）**

# 青少年时期诗作

## 学堂[1]即景[2]

（九岁作）

三落[3]书房菊蕊开，玲珑[4]秀色[5]满园堆。
儿童扫迳[6]尘埃地[7]，灌[8]者观花影上来。

**注释**

①学堂：旧称学校为学堂。
②即景：眼前之景色。
③落：院落；自成部分之庭院。
④玲珑：明见貌。
⑤秀色：秀丽的姿色。
⑥迳：径，小路。
⑦尘埃地：尘埃落地。
⑧灌：以水浇灌，栽培作物。

## 万寿菊[1]

（九岁作）

采见南山[2]几岁重，古香古色[3]艳秋容。
爱花合为渊明[4]寿，酒浸黄英[5]晋[6]万钟[7]。

**注释**

①万寿菊：菊科，一年生草本，花呈金黄色或橙黄色。
②南山：泛指南面的山峰。陶潜《饮酒》：“采菊东篱下，悠然见南山。”
③古香古色：散发出古雅清香和姿色。
④渊明：东晋诗人陶潜，字渊明。嗜爱菊花。
⑤黄英：黄花，菊花。
⑥晋：进。
⑦钟：量名，六斛四斗为钟。一说十斛为钟。

## 赋得[①]“天容海色本澄清”[②]得“清”字[③]

（丁丑[④]年作，时年十四岁）

偶然信步[⑤]上高城，一片空明[⑥]入望平。只觉天容真洁净，但看海色最澄清。

微云散后鹏收翼，巨浪低时雁有声。遍览乾坤[⑦]偕[⑧]众士，春风得意马蹄轻。[⑨]

注释

①赋得：凡摘取古人成句为诗题，诗题多冠以“赋得”二字。如南朝梁元帝之《赋得兰泽多芳草》即是。科举时代之试帖诗，因试题多取古人成句，故题前均有“赋得”二字，如清朝之“赋得万户捣衣声，得声字”。亦应用于应制之作及诗人集会分题。后遂将“赋得”视为一种诗体，即景赋诗者亦常以“赋得”为题。古人写旧诗标题常以“赋得”之字样，“赋得”者定题分韵，拈得一字，即用它为韵作诗。

②天容海色本澄清：语出苏轼《六月二十日夜渡海》。

③得“清”字：古时几人在一起相约作诗，事先规定用某一些字为韵，每人分得一字或数字，便根据这些字所属韵目中所包括之字为韵作诗，并要用分得之字作为这首诗中之韵脚。逢甲分得“清”字，因此这首诗便以“清”字为韵。

④丁丑：光绪三年（1877）。

⑤信步：漫无目标，随意行走。

⑥空明：透明光亮。多用以形容水、月光、天空等。

⑦乾坤：天地。

⑧偕：共同。

⑨春风得意马蹄轻：孟郊《登科后》：“春风得意马蹄疾，一日看尽长安花。”

## 请试他题，[①]以“试场即景”得“殊”字

（五言六韵。[②]丁丑童子试时加试之作）

奕奕[③]神童[④]象[⑤]，千秋[⑥]说晏殊[⑦]。诗因曾作矣，题请试他乎。

胸里虽成竹，[⑧]毫端[⑨]恐合符？笔开花[⑩]在手，春暖墨留壶[⑪]。

旧样添新样，今吾即故吾。一经遴选[⑫]出，声价[⑬]重皇都[⑭]。

注释

①请试他题：逢甲参加童子试，未至规定时辰即已完卷，试官谢怡吾见其年幼，以为他是猜中考题，事先背熟的，便再出题，要他再作诗应试。

②五言六韵：五言十二句排律。

③奕奕：神采焕发的样子。

④神童：聪颖异常的幼童，即天才儿童。

⑤象：形象，形态。

⑥千秋：千年。

⑦晏殊：北宋词人，江西临川人。七岁能写作文章，真宗景德二年（1005）以神童应试，赐同进士出身。

⑧胸里虽成竹：胸有成竹。本指宋朝诗人、画家文同画竹先有腹稿，后喻人处事有定见，凡事成算在心。

⑨毫端：笔端，笔毫的尖端，也代指文章、著述。

⑩笔开花：笔头生花，也作笔底生花。多用以形容文笔的秀丽神妙。

⑪壶：腹方口圆之容器。

⑫遴选：审慎选拔。

⑬声价：名誉和身份地位。

⑭皇都：京城。

## 春三月，选初表兄游<br>捒东[①]将归送行二律

### 其　一

篮舆[②]得得[③]逐春风，竟引春光到捒东。万里游踪杨柳绿，一肩行李杏花红。

盛传天禄[④]从今始，拔取人才自古同。肯访故交[⑤]山径里，白云深处路能通。

注释

①捒东：地名，捒东堡。在今台中市北屯区一带。捒，音 sè。

②篮舆：古代供人乘坐的交通工具，形制不一，一般以人力抬着行走，类似于后来的轿子。

③得得：任情自得貌。

④天禄：天赐的福禄。

⑤故交：旧友。

### 其　二

几日停车共苦吟[①]，红尘[②]飞不到山林。名高两郡[③]人都识，话久三更月又临。

历劫不磨才子气，著书能得昔贤心。如何遽[④]唱离驹[⑤]去，春树暮云望复深。

注释

①苦吟：反复吟咏，苦心推敲。

②红尘：车马扬起的飞尘。

③两郡：指郑成功入台所设的天兴县及万年县。

④遽：仓促，匆忙。

⑤离驹：《骊驹》，逸《诗》篇名，是古代客人告别时所唱的歌词。

## 恭祝汝玉[①]兄令堂[②]游太孺人[③]五秩[④]

（三首）

### 其　一

曾闻画荻教欧阳[⑤]，合与君家较短长。此母自然生此子，季方真不让元方。[⑥]

高才世仰三珠树[⑦]，佳日堂称万寿觞[⑧]。为问绮筵[⑨]人济济[⑩]，绿衣[⑪]记否杜黄裳[⑫]。

注释

①汝玉：即吕大瑜玉，字汝玉。因排行最大，故称吕大。光绪邑庠生。台中神冈乡（今台中市神冈区）三角仔人。

②令堂：称对方母亲的敬辞。

③孺人：古人对大夫的妻子的称呼。明清时为七品官的母亲或妻子的封号，亦通用为对妇人的尊称。

④五秩：五十岁。

⑤画荻教欧阳：欧阳修四岁而孤，家贫，母郑氏以荻管画地写字，教其读书。

⑥季方真不让元方：后汉陈寔有六子，长子纪，字元方；次子谌，字季方，最贤。父子三人并著高名，见《后汉书·陈寔传》。

⑦三珠树：古代传说中的珍木。对唐初王勔、王勮、王勃兄弟三人的美称。

⑧万寿觞：万寿，长寿，祝福之词。觞，盛满酒的杯子。

⑨绮筵：华丽丰盛的筵席。

⑩人济济：人才济济。谓人才众多。

⑪绿衣：指邮递员。

⑫杜黄裳：唐朝京兆人，字遵素。由太常卿升门下侍郎，曾请德宗削弱藩镇，朝廷纲纪因而大振，宪宗时累官同平章事，后出任河中、晋、绛等州节度使，封邠国公，谥宣献。

### 其　二

云拥高空宝婺[①]明，天河风静彻宵清。香飘丹桂[②]莱衣[③]舞，宴赴蟠桃[④]寿酒盈。

银烛座分星万点，玉钩[⑤]帘卷月三更。昆山[⑥]应有新翻[⑦]曲，奏到樽前逸兴[⑧]生。

注释

①宝婺：指婺女星。常借指女神，亦用为妇女的美喻。

②丹桂：桂树的一种，红色的木樨花。

③莱衣：相传春秋时老莱子侍奉双亲至孝，行年七十，犹着五彩衣，为婴儿戏，以娱其亲，后以着莱衣表示对双亲的孝养。

④蟠桃：神话中的仙桃。蟠，音 pán。

⑤玉钩：玉制的挂钩。

⑥昆山：山名，昆仑山的简称。古代神话传说昆仑山上有瑶池、阆苑、增城、县圃等仙境。

⑦翻：演唱，演奏；谱写，改编。

⑧逸兴：超逸豪放的意兴。

## 其 三

思将介寿①赋新诗，只恐才疏又不宜。乐奏《霓裳》②疑月殿③，衣裁云锦④似瑶池⑤。

赞扬已得如椽笔⑥，吟咏须赓⑦绝妙辞⑧。（谓芸翁吴夫子⑨及施先生⑩）

更待韶华⑪添五十，我来堂上祝期颐⑫。

注释

①介寿：《诗·豳风·七月》："为此春酒，以介眉寿。"介，助也，后以"介寿"为祝寿之词。

②《霓裳》：唐代著名法曲《霓裳羽衣曲》，为开元中河西节度使杨敬忠所献。初名《婆罗门曲》，经唐玄宗润色并制歌词，后改用今名。传说中亦有为唐玄宗登三乡驿望女儿山及游月宫密记仙女之歌归而所作等说，虽荒诞不可信，但常被诗人搜奇入句。

③月殿：月宫。

④云锦：丝织品的一种，锦纹华丽悦目，有如彩云。其上更织有花草、虫鱼、瓜果、鸟兽、彩云等图案。

⑤瑶池：古代传说中昆仑山上的池名，西王母所居。

⑥如椽笔：《晋书·王珣传》："珣梦人以大笔如椽与之，既觉，语人云：'此当有大手笔事。'俄而帝崩，哀册谥议，皆珣所草。"后遂以"如椽笔"比喻笔力雄健。也言大手笔。

⑦赓：继续，连续。音 gēng。

⑧绝妙辞：绝妙好辞，指极其美妙的文辞。

⑨芸翁吴夫子：指吴子光。字芸阁，号云壑，晚号铁梅老人。原籍广东嘉应白渡堡。清同治四年（1865）补行甲子科第五十二名举人。曾东渡来台，淡水同知陈培桂倡修《淡水厅志》，礼聘他为笔政。咸丰二年（1852）在竹堑（今新竹市）、猫里（今苗栗）设帐授徒。光绪二年（1876）受聘于文英书院，并在三角仔（今台中市神冈区）筱云山庄吕氏家族担任西席，吕汝玉、丘逢甲均受教于吴子光。

⑩施先生：施士洁，名应嘉，字云舫。台南人，清朝进士，曾任海东书院山长。逢甲曾在海东书院深造。乙未（1895）割台，携眷内渡，后任同安县马巷厅长，民国六年（1917），应聘入闽修志局，既而寄居鼓浪屿，郁郁而终，著《后苏龛合集》。

⑪韶华：美好的时光，美好的年华。

⑫期颐：一百岁。

## 法华寺[1]

同此城[2]南眼界[3]开，登临多为昔贤[4]哀。衔花鹿去余青草，吊古人稀长绿苔。

佛座钟声惊梦幻，旃檀[5]香篆[6]爇[7]炉灰。当年蝴蝶今何在？惆怅庄周[8]此日来。

**注释**

①法华寺：寺名，在今台南市。原为福建龙溪孝廉李茂春之梦蝶园，归清后，改建为法华寺。中置一龛，祀李孝廉。

②城：指赤嵌城。

③眼界：目力所及的范围。

④昔贤：指李茂春。李茂春，福建龙溪人，避乱隐于台湾，日诵佛经，人称李菩萨。

⑤旃檀：檀香。旃，音 zhān。

⑥香篆：香名，形似篆文。也指焚香时所起的烟缕，因其曲折似篆文，故称。

⑦爇：烧，焚烧。音 ruò。

⑧庄周：战国时蒙县人，著《庄子》一书。《庄子·齐物论》："昔者庄周梦为胡蝶，栩栩然胡蝶也。自喻适志与！不知周也。俄然觉，则蘧蘧然周也。不知周之梦为胡蝶与？胡蝶之梦为周与？"

## 竹溪寺[1]

白云深处见清溪，独带诗情到水西。似我行踪千里雁，唤人魂梦一声鸡。

莲开香国[2]花常在，柳拂沙堤草又齐。岁月蹉跎[3]仍故我，只今唯有乱莺啼。

**注释**

①竹溪寺：寺名。在台南市南门外，康熙三十年（1691）建。清溪一曲，修竹万竿，可避尘嚣。春秋佳日，地方人士修禊于此。壁上题诗甚多，惜已被俗僧抹去。

②香国：花城植花之地。

③蹉跎：光阴虚度，年华消逝。

## 嘲[1]寺僧

风云龙虎[2]自奇才，向日山门两扇开。

不料诸君都不俗，老僧原是俗中来。

**注释**

①嘲：调笑。

②风云龙虎：《易·乾》："云从龙，风从虎。"后以"风云龙虎"喻英雄豪杰际遇得时。

## 城[1]南眺望

锦绣江山峙[2]海东，披襟[3]人在画图中。云迷列嶂千层翠，日射寒潮万里红。
芳草难消宫女恨，沧桑[4]犹见大王[5]风。我来无限吟诗意，敲破山门碧玉钟。

注释

①城：指赤嵌城。
②峙：耸立。
③披襟：敞开衣襟。多喻舒畅心怀。
④沧桑：沧海桑田的略语。大海变成农田，农田变成大海，比喻世事变化巨大。
⑤大王：指郑成功。

## 竹溪寺池莲

红尘[1]脱尽住仙家，映日含风个个[2]斜。叶里如来[3]花世界，水中人影月光华[4]。
绝无妩媚[5]情原淡，剩有香心味转加。过客不知莲子苦，朝朝留与碧云遮。

注释

①红尘：佛教、道教谓俗世为红尘。
②个个：指每朵莲花。
③如来：佛的别名。又为释迦牟尼的十种法号之一。
④光华：景色美丽。
⑤妩媚：姿容美好，可爱。

## 至郡城数日即游竹溪寺，与诸名士吟咏终日，归，见览青叔及汝玉、汝修兄《步七十二峰羁客韵》诗，依韵奉和[1]

（二首）

### 其一

宝刹[2]能容自在身[3]，刚逢时序玉调辰[4]。草经过雨犹分润[5]，花落随风各有因。
莫咏暮云嗟两地，不须明月作三人[6]。思量浊世[7]惟堪醉，莽莽[8]蛮州市[9]用银。

**注释**

①依韵奉和：和诗时按照他人诗歌的韵部作诗，韵脚用字只要求与原诗同韵而不必同字。
②宝刹：佛国，佛土；佛寺，佛塔。
③自在身：佛教语，谓心离烦恼、舒适自在的身躯。
④玉调辰：谓四季气候调和，四时之气和畅。
⑤润：滋润，使潮湿。
⑥明月作三人：李白《月下独酌》：“举杯邀明月，对影成三人。”
⑦浊世：佛教语，指五浊恶世。
⑧莽莽：无涯际貌；渺茫，迷茫。
⑨蛮州市：南蛮集市。

## 其　二

利锁名缰[1]笑此身，为偿诗债[2]又芳辰[3]。暂邀庄子寻残梦[4]，更向菩提[5]问夙因[6]。
风舞莲花鱼出水，日遮榕影鸟亲人。茫茫[7]沧海槎[8]何在？夜冷星河[9]一带银。

**注释**

①利锁名缰：受名利束缚。
②诗债：谓他人索诗或要求和作，未及酬答，如同负债。
③芳辰：美好的时光，多指春季。
④庄子寻残梦：《庄子·齐物论》：“昔者庄周梦为胡蝶，栩栩然胡蝶也。自喻适志与！不知周也。俄然觉，则蘧蘧然周也。不知周之梦为胡蝶与？胡蝶之梦为周与？”
⑤菩提：佛教名词。佛教用以指豁然彻悟的境界，又指觉悟的智慧和觉悟的途径，亦为树名。释迦佛在此成道。在印度、缅甸视其为神圣之树。
⑥夙因：前世因缘，前世的根源。
⑦茫茫：广大而辽阔。
⑧海槎：用竹木编制的渡海的筏。槎，音 chá。
⑨星河：银河。

## 郡治[1]热甚，汝玉、汝修昆仲[2]与览青叔皆袒裼[3]露胸跣足[4]，因取陈司马香根《三五罗汉脚[5]》句联成一首

三五罗汉脚（香根），聚谈烟一壳（子亦）。清风吹我襟，相视何逆莫[6]（汝修）。
一欹青藤枕[7]，一挥槟榔箨[8]（汝修）。其一笑不言，独倚柴门角（仙根）。
有室静临池，添书字数幅（汝玉）。红映两盆花，青摇万竿枝（汝修）。
茫茫天地宽，何处非安乐？明朝游竹溪，诸子皆可作（汝玉）。

注释

①郡治：即今台南市。

②昆仲：称人兄弟。长曰昆，次曰仲。

③袒裼：脱去上衣，裸露肢体。

④跣足：赤脚，光着脚。跣，音 xiǎn。

⑤罗汉脚：台湾俗语，指过了适婚年龄而尚未结婚的单身汉，或指无业游民。

⑥逆莫：莫逆。《庄子·大宗师》：“（子祀、子舆、子犁、子来）四人相视而笑，莫逆于心，遂相与为友。”后遂以谓彼此志同道合，交谊深厚。

⑦青藤枕：以青藤编织而成的枕头。

⑧槟榔箨：槟榔的外皮。

## 台湾竹枝词[①]（四十首）

### 其　一[②]

唐山[③]流寓[④]话巢痕[⑤]，潮惠漳泉[⑥]齿最繁[⑦]。
二百年来[⑧]蕃衍[⑨]后，寄生小草已深根。[⑩]

注释

①台湾竹枝词：据丘叔园《仓海诗话》之记载：“记岁丁亥（光绪十三年，公元 1887 年），灌阳唐公薇卿以部郎请缨出关回，擢为台澎道，下车观风，题有《台湾竹枝词》。时南郡有妙妓四辈，同人约仙根能在三日内作《竹枝词》百首无旧语，当遍招诸妓觞之。仙根笑诺。自甲夜至丙夜，已毕百首，词皆新艳可喜，同人遂如约，仙根亦以受知唐公。”丘念台之《岭海微飙》一书则谓此诗系丘逢甲十四岁时应丁日昌之令而作。目前仅存四十首。竹枝词，乐府名，本为巴渝间的民歌。唐朝贞元中，刘禹锡在沅、湘，以里歌鄙陋，于是模仿民歌，作《竹枝》新词九章，其体盛行于贞元、元和之间。因诗中用“竹枝”为和声，因名《竹枝词》。

②此诗描绘台人之由来。

③唐山：移民来台人士称其祖籍地为唐山。连横《雅堂文集》：“台湾固海上荒服，我民族入而拓之，以长育子孙，遥望故乡，称为唐山。”荒服为五服之一，指距离京城最远的属地。古时服事天子的邦国称服，这些邦国，依距离天子京城的远近而分为五等，称为五服。

④流寓：旅居他乡。

⑤巢痕：鸟窝的痕迹，喻指祖籍地、原居地或老家。苏轼《六年正月二十日复出东门仍用前韵》：“五亩终成终老计，九重新扫旧巢痕。”

⑥潮惠漳泉：指广东省之潮州、惠州（今惠州市惠阳区）及福建省之漳州、泉州，是

早期移民来台最多之地方。

⑦齿最繁：人数最多。齿，数。

⑧二百年来：指明清之际移民来台定居已经超过两百年。

⑨蕃衍：繁盛众多。

⑩寄生小草已深根：喻由内陆来台之移民已经扎根并定居台湾。

## 其　二[①]

东宁[②]西畔树降旂[③]，六月天兴[④]震叠[⑤]师。
从此东周[⑥]遗老[⑦]尽，更无人赋“采薇”[⑧]诗。

注释

①此诗描绘明朝之亡殁。

②东宁：指明郑时代的台湾。郑成功攻克台湾，改台湾为东都，永历十八年（1664），郑经又改称为东宁。

③降旂：降旗。

④天兴：郑成功入台之后，设一府二县。府是承天府，二县是天兴县及万年县。

⑤震叠：震惊，恐惧。

⑥东周：周自平王东迁迄赧王，均都洛邑，史称东周。此处喻指明朝。

⑦遗老：先帝时任用的旧臣，前朝的旧臣。此处指明朝旧臣。

⑧“采薇”：周武王灭殷纣，伯夷、叔齐以为可耻，誓不食周粟，在首阳山归隐，采薇而食，以致饿死。临死作歌：“登彼西山兮，采其薇矣。”

## 其　三[①]

印收监国[②]剧[③]堪嗟[④]，泪洒孤坟[⑤]日已斜。
城北城西千万树，哀魂应化杜鹃花。

注释

①此诗哀郑克壓之死。

②监国：太子未正式即位或君主因故不能亲政，由近亲代行职务，称为监国。郑经以长子克壓为监国，号监国世孙。克壓监国时，上至董国太（郑成功之夫人）、诸叔，下及兵民，都以礼法约束，结怨颇多，权臣冯锡范鼓励董国太收监国相印。锡范说克壓为乳母所生，不宜继承王位，并缢杀克壓，改由十二岁的克塽继位。详见连横《台湾通史·建国纪》。

③剧：甚，极。

④嗟：感叹。

⑤孤坟：指克壓之坟墓。

## 其　四[1]

北园[2]荒草几经春，监国不亡国岂沦[3]？
若究祸端[4]肇[5]亡国，九原[6]应怨董夫人[7]。

注释

①此诗描绘郑氏败亡，郑成功之原配应负部分责任。

②北园：北园别墅。郑经所建，以奉母。故址在今台南开元寺。

③沦：沉没，沦亡。沈葆桢书监国墓云："夫死妇从死，君亡明乃亡。"

④祸端：祸根。

⑤肇：招惹，引发。

⑥九原：墓地的代称。

⑦董夫人：郑成功之原配董氏。郑成功之子郑经，居厦门，与乳媪通，生子克壓，成功大怒，谕令郑泰监杀经及董夫人，以教子不严。未果。时权臣冯锡范（克塽岳父）不喜克壓，鼓励董夫人收克壓之监国相印，并缢杀克壓，由克塽继位，实际大权由冯锡范掌握。董夫人听说克壓是乳母所生，原只欲改变他的职位，但冯锡范却杀克壓，以致董夫人对克壓之死，郁积于怀而薨。1683 年，清廷派施琅率水师攻澎湖，郑军溃败，冯锡范等奉印至澎湖请降，克塽被送回福建南安故里，明朝亡。详见连横《台湾通史·建国纪》。

## 其　五[1]

自设屏藩[2]障[3]海滨，荒陬[4]从此沐[5]皇恩。
将军不死降王去，[6]无复田横[7]五百人。

注释

①此诗谓郑氏败亡后，已尽失抗清力量。

②屏藩：屏障藩卫。屏、藩同义，都是障蔽之物。

③障：防守。自设屏藩障海滨，谓郑氏收复台湾巩固海防。

④荒陬：荒郊。陬，角落，音 zōu。

⑤沐：蒙受。

⑥将军不死降王去：施琅原为郑芝龙部将，后降清，任水师提督。1683 年，施琅率水师攻澎湖，郑军溃败，郑经次子克塽请降，被送回福建南安故里。

⑦田横：秦末人。齐王田荣死后，其弟田横继续统领众人，自立为齐王。汉高祖统一全国后，田横率领徒众五百人逃入海岛，汉高祖派人招降，田横羞为汉臣，遂自杀。

## 其　六①

师泉井②上阵云③屯④，夜半潮高鹿耳门⑤。
如此江山偏舍去，⑥年年荒草怨王孙⑦。

注释

①此诗描述郑军在澎湖被击败后，即降清。

②师泉井：井名，误传在澎湖，传说是施琅驻兵澎湖时的汲水井，因施琅向神明祈求而井泉立刻涌出，且日夜不断因而得名。连横《雅堂文集》："施靖海（按即靖海侯施琅）《师泉记》，《台湾府志》载于《艺文》，然师泉在平海澳，非在澎湖。后人不察，遂以妈宫之井为师泉，亦附会也。"实为清康熙二十一年（1682）孟冬，施琅奉命统率舟师徂征台湾，领兵三万余人，驻集福建平海之澳，俟长风，破巨浪，以靖扫台湾，是时天际旸亢，泉流殚竭。惟于天后宫庙之前，得一井，其味咸苦。施琅乃祈求神明，不久泉流斯溢，味转甘和，汲取而供兵众之饮用。施琅引《易·师·象》"地中有水，师。君子以容民畜泉"之句，将泉命名为师泉，并镌石纪异。详见施琅《靖海纪事·师泉井记》。

③阵云：战地气氛，战阵烟云。

④屯：聚集。

⑤鹿耳门：岛名，原在台湾七鲲身屿及北线尾屿以北，郑成功率军到台湾最先登陆的地点。后西海岸泥沙淤积，已与台湾本岛相连。约在今台南市西北海边鱼塭地区。

⑥如此江山偏舍去：谓郑克塽降清。

⑦王孙：帝王的子孙、后代。指郑克塽。

## 其　七①

馆娃②遗址许禅棲③，云水④僧归日已西。
话到兴亡同坠泪，可能诸佛尽眉低。

注释

①此诗描述郑氏别墅沦为佛寺。

②馆娃：馆娃宫，西施居住的宫殿，春秋吴王夫差所筑，在今江苏省苏州市的灵岩山上。此处喻指北园别墅，为郑经所建，以奉董夫人（郑成功之原配），后改为海会寺，即今之开元寺。

③禅棲：出家隐居。

④云水：指行脚僧或游方道士。他们到处为家，行踪不定，有如行云流水。

## 其　八①

鼾睡②他人未肯容，开山新议③达宸衷④。

荒山逐渐开硗确⑤，草草⑥何能便濬封⑦。

**注释**

①此诗描述清朝决议将台湾列入版图并予开垦。

②鼾睡：熟睡而发出鼾声。宋朝岳珂《桯史·徐铉入聘》："王师征包茅于煜，骑省复将命请缓师，其言累数千言，上谕之曰：'不须多言，江南亦何罪，但天下一家，卧榻之侧，岂容他人鼾睡耶！'"

③开山新议：指沈葆桢、刘铭传等人之开山抚番，增置郡县，移驻巡抚，整顿军务，采掘煤矿，弛禁移民等。

④宸衷：帝王的心意、关注。

⑤硗确：土地贫瘠多砂石。音 qiāo què。

⑥草草：匆忙。

⑦濬封：疏通水道及堵塞水患。

## 其　九

教士①都凭器识②先，海东旧院③暮云连。

岱④云去作三山⑤雨，灯火荒凉四十年。⑥

**注释**

①教士：教师。

②器识：器量和见识。

③海东旧院：海东书院，在台南市宁南门内，为兵备道课士之所，内置讲堂，堂前有老榕。唐景崧因爱逢甲之才，邀其至海东书院就读。

④岱：泰山的别名。

⑤三山：古代神话传说中的三座神山，即方丈、蓬莱、瀛洲。

⑥末两句谓海东书院已人去楼空。

## 其　十①

峰头烈焰火光奇，②南纪③岗峦仰大维④。

寄语沸泉休太热，出山终有冻流时。

注释

①此诗描述关子岭水火同源。

②峰头烈焰火光奇：嘉义东南有关子岭，岭上有火从石罅出，高及丈，而水自火中流，乡人谓之“水火同源”。

③南纪：南方。

④维：维星，星宿名。

## 其十一

菊满东篱荷满池，“少寒多暖”鹭洲[1]诗。
星轺[2]不到鸡笼[3]岛，寒彻罗衣[4]总未知。[5]

注释

①鹭洲：张湄，字鹭洲，浙江钱塘人，雍正十一年（1733）进士。于乾隆六年（1741）巡视台湾，著《瀛堧百咏》：“少寒多燠不霜天，木叶长青花久妍。真个四时皆是夏，荷花度腊菊迎年。”

②星轺：帝王使者所乘的车子。轺，音 yáo。

③鸡笼：地名，即今基隆。连横《雅堂文集》则谓鸡笼屿，为澎湖群岛之一。

④罗衣：轻软的丝织成的衣服。

⑤末联谓张鹭洲不知台湾北部之严寒。

## 其十二[1]

浮槎[2]真个到天边，轻暖轻寒别有天。
树是珊瑚[3]花是玉[4]，果然过海便神仙。

注释

①此诗描绘台湾景物与大陆有异。

②浮槎：木筏。传说天河与大海相通，每年八月有木筏往来其间。槎，音 chá。

③树是珊瑚：珊瑚树，树名，即绿珊瑚，又名绿玉。树多枝丫，而无花叶，色绿可爱，台湾沿海植以为篱。或云种自吕宋。

④花是玉：玉花，喻指玉兰花。

## 其十三[1]

水仙[2]宫外水通潮，潮去潮来暮又朝。
几阵好风吹得到，碧桃[2]花下听吹箫。

注释

①此诗描绘海边景物怡人。

②水仙：传说中的水中仙人。

③碧桃：复瓣的桃花，又名千叶桃。

## 其十四[①]

竹边竹接屋边屋，花外花连楼外楼。
客燕[②]不来泥滑滑[③]，满城风雨正骑秋[④]。

注释

①此诗描述台湾夏天特有之西北雨。

②客燕：外地飞来的燕子。

③泥滑滑：鸟名，竹鸡的别称。南方人以其鸣声泥滑滑，故称。音 ní huá huá。

④骑秋：连横《雅堂文集》："台湾降雨，南北不同。浊水以南，每当夏季，时有骤雨来自西北，谓之西北雨，滂沱而下，暑气顿消，瞬息即霁。若至七、八月，雨淫浃辰，谓之骑秋，中秋乃止。"

## 其十五[①]

任他颜色照银泥[②]，一样朱唇黑齿[③]齐。
螓首蛾眉[④]都易事，教人难觅是瓠犀[⑤]。

注释

①此诗描述台湾一些女子嗜吃槟榔，牙齿不美观。

②银泥：银饰或粘贴银粉的衣裙。

③朱唇黑齿：指台人吃槟榔导致牙齿黑的情景。朱唇，红唇。

④螓首蛾眉：额广而眉弯。常用以形容妇人容貌美丽。

⑤瓠犀：瓠瓜的子。因排列整齐，色泽洁白，所以常用来比喻美人的牙齿。瓠，音 hù。

## 其十六[①]

牛车辘辘[②]走如雷，日日城东去复回。
红豆[③]满车都载过，相思载不出城来。

注释

①此诗描述乡村牛车。

②辘辘：形容车行的声音。

③红豆：相思子的异名。

## 其十七[1]

番社[2]曈昽[3]曙色[4]开，枪雷箭雨打围[5]回。

黍罂[6]酒热朝餐早，手擘[7]奇柑煮鹿胎。

注释

①此诗描述原住民的打猎生涯。

②番社：原住民的部落。

③曈昽：光线由暗渐明的样子。音 tóng lóng。

④曙色：黎明时的天色。

⑤打围：狩猎时合围以捕禽兽，故称狩猎为打围。

⑥罂：大腹小口的瓦器。音 yīng。

⑦擘：剖分。音 bò。

## 其十八[1]

门栏惨绿[2]蜃楼[3]新，道左[4]耶稣最诱民。

七十七堂宣跪拜，痴顽[5]齐礼泰西[6]人。

注释

①此诗描述人民迷信洋教。

②惨绿：淡绿色。

③蜃楼：幻景，海市蜃楼，由蜃吐气所形成的宫楼。此处指基督教之教堂。

④道左：旁门左道。

⑤痴顽：愚昧顽固。

⑥泰西：欧美各国。泰西人，此处指西洋之传教士。

## 其十九[1]

竹子高高百尺旛[2]，盂兰[3]胜会话中元[4]。

寻常一饭艰难甚，粱肉[5]如山飧[6]鬼门[7]。

注释

①此诗描述中元普度之盛况。

②旛：幅长下垂的旗子。

③盂兰：盂兰盆会，佛家弟子救度亡魂的法会。佛教徒在每年农历七月十五日，设斋供养佛、菩萨及众僧，祈求他们的法力能救度先亡倒悬之苦。

④中元：时节名。道教以农历七月十五日为中元节。旧时道观在此一天作斋醮，寺僧作盂兰盆斋。

⑤粱肉：饭粱食肉，指佳肴美食。

⑥飨：祭献，用酒食款待。

⑦鬼门：众鬼出入的门户。

## 其 廿①

罂粟②花开别样鲜，阿芙蓉③毒满台天。
可怜驵侩④皆诗格⑤，耸起一双“山”字肩⑥。

注释

①此诗描述鸦片之毒害。

②罂粟：二年生草本，果未熟时，采取乳状白液可制鸦片。

③阿芙蓉：鸦片的别称。

④驵侩：买卖牲畜的商人，音 zǎng kuài。驵，牡马，公马。

⑤诗格：诗的体式，诗的风格。

⑥“山”字肩：两肩耸起有如山字。形容人的瘦削。

## 其廿一①

大东门②接小东③过，衾④艳衣香羡此多。
闻说花田重征税，花排花串价增高。

注释

①此诗描述近郊种花的情景及花价的变化。

②大东门：门名，一名迎春门，在今台南市东门路、胜利路口。

③小东：小东门。在今台南市台湾成功大学校内。

④衾：大被，用以覆身。

## 其廿二①

盘顶②红绸裹髻丫③，细腰雏女④学当家⑤。
携篮逐队随娘去，九十九峰⑥采竹芽。

注释

①此诗描述采茶女之生活。

②盘顶：盘在头顶。

③髻丫：盘在头顶左右两侧的发结。

④雏女：幼女。

⑤当家：主持家务。

⑥九十九峰：连横《连雅堂先生全集·台湾史迹志·火焰山》："火焰山在台中之东，猫罗、猫雾两山为之左右，危峰突兀，秀插云霄，状若火焰。……《府志》所谓'焰峰朝霞'，为彰化旧八景之一，而《诸罗志》所谓九十九峰者，则指此也。"一说九十九峰位于南投县草屯镇东北角，分跨平林、双冬两里，国姓乡乾清村与台中县雾峰乡（今台中市雾峰区）万丰、峰谷村。

## 其廿三[①]

相约明朝好进香，翻新花样到衣裳。
低梳两鬓花双插，要斗时新上海装。

注释

①此诗描述进香女爱时髦。

## 其廿四[①]

唱罢迎神又送神，港南港北草如茵[②]。
谁家马上佳公子？不看神仙只看人。

注释

①此诗描述纨绔子弟。

②草如茵：绿草（地）平整如茵。

## 其廿五[①]

一剑霜寒二十秋，大王风急送归舟。
雄心尚有潭[②]边树，夜夜龙光[③]射斗牛[④]。

注释

①此诗咏剑潭。

②潭：剑潭，在台北。相传荷人插剑于潭边之大树，故名。或谓郑成功投剑在此，风雨晦明，尚腾奇气，故有"剑潭夜光"之景。

③龙光：宝剑的光芒。

④斗牛：斗宿和牛宿。

## 其廿六[①]

铁笛[②]吹来竹外烟，梅花消息素怀[③]牵。
瑶台[④]芳讯[⑤]来何暮？惆怅溪桥欲雪天。

注释

①此诗描绘赏花日子。

②铁笛：铁做的笛子。

③素怀：平素的抱负；本心。

④瑶台：古代神话中仙人所居之地。

⑤芳讯：春暖花开的讯息。

## 其廿七[①]

为怜归燕一开门，斜日红棉易断魂[②]。
燕子自双人自独，[③]此情消得[④]几黄昏？

注释

①此诗描述燕子成双成对的情景。

②断魂：魂销神往。形容情深或极度感伤。

③燕子自双人自独：晏几道《临江仙》：“去年春恨却来时，落花人独立，微雨燕双飞。”

④消得：禁得起。

## 其廿八[①]

好吟应是太痴生，笔墨因缘记不清。
谁把四弦[②]弹夜月？新词唱遍赤嵌城。

注释

①此诗描述诗人之唱酬。

②四弦：四弦琴。

## 其廿九[①]

鲲身[②]香雨竹溪[③]孤，海气笼沙罨画[④]图。
衬出觉王[⑤]金偈[⑥]地，斑枝[⑦]花蕊绿珊瑚[⑧]。

注释

①此诗描述竹溪寺。

②鲲身：地名，即明清时的七鲲身屿，原为台南市西南海中的古岛屿，自南而北，绵延七岛。17 世纪时荷兰人曾在此建热兰遮城，18 世纪后港湾逐渐淤浅，1882 年在一次大洪水中，港湾填淤成平地，岛屿遂与台南市西郊陆地相连接。

③竹溪：寺名，在台南南门外。清溪一曲，修竹万竿，可避尘嚣。春秋佳日，地方人士修禊于此。

④罨画：彩色的绘画。罨，音 yǎn。

⑤觉王：佛家语，佛的别称。

⑥金偈：佛所说的韵语。偈，音 jì。

⑦斑枝：斑枝花，木棉的一种，又名攀枝花。树身高大，花朵鲜红。

⑧绿珊瑚：树名，一名绿玉。树多枝丫，而无花叶，色绿可爱，台湾沿海植以为篱。或云种自吕宋。



## 其　卅①

番檨②花开又一年，不寒不暖早春天。

开正③复喜开春宴，赢得诗狂更酒颠。

注释

①此诗描述春天诗人聚宴的情景。

②番檨：土生芒果。产于热带地区，夏熟，形如鹅卵，皮青肉黄，味甘美。檨，音 shē。

③开正：正月初一，即农历新年。正，音 zhēng。

## 其卅一

新岁尝新已荐瓜①，春风消息到儿家。

绿磁②正汲③南坛④水，一树玫瑰夜点茶。

注释

①荐瓜：用瓜果献祭。

②磁："瓷"的俗字。

③汲：取水。

④坛：土筑的高台。古时筑坛祭神，而朝会、盟誓、封拜大将等事，也多设坛，以示郑重。

## 其卅二①

晚凉新曲按②琵琶，茉莉花开日已斜。
一担季风满城送，深宵散作助情花。

注释

①此诗描绘茉莉花香。

②按：弹奏。

## 其卅三①

半种花园半种田，儿家生计②总由天。
楝花风③后黄梅雨④，满地珍珠⑤不计钱。

注释

①此诗描述暮春田家。

②生计：谋生的方法、能力。

③楝花风：最后的花信风。江南自小寒至谷雨有八节气二十四候，每五日一番风候，各以一花名其风，梅花最早，楝花风最后。

④黄梅雨：中国南方暮春夏初所下的雨，因时值梅子正黄而得名。常连绵多日不晴。

⑤珍珠：喻指落花。

## 其卅四①

黑海②惊涛大小洋，草鸡③亲手辟洪荒④。
一重苦雾一重瘴⑤，人在腥风⑥蜃雨⑦乡。

注释

①此诗描述早期移民生活之困苦。

②黑海：台湾与厦门间隔岸七百里，号曰“横洋”。中有黑水沟，色如墨，曰“黑洋”，惊涛鼎沸，险冠诸海。

③草鸡：郑氏入台时有“草鸡”之谶。王渔洋《池北偶谈·厦门砖刻》：明朝崇祯庚辰岁，有闽僧贯一者，居鹭门（即今厦门）。夜坐，见篱外坡陀有光，连三夕。怪之，因掘地得古砖，背印两圆花突起，面刻古隶四行，其文曰：“草鸡夜鸣。长耳大尾，干头衔鼠，拍水而起。杀人如麻，血成海水，起年灭年，六甲更始，庚小熙皞，太平千纪。”凡四十字。闽县陈衎盘生，明末著《槎上老舌》一书，备记其语，至今癸亥四十四年矣。识者曰：鸡，“酉”字也，加草头大尾长耳，“郑”字也，干头，“甲”字，鼠，“子”字也。谓郑芝龙以天启甲子起海中为群盗也。明年甲子，距前甲子六十年矣。庚小熙皞，寓

年号也。前年万正色克复金门、厦门，今年施琅克澎湖，郑克塽上表乞降，台湾悉平。六十年海氛一朝荡涤，此固国家灵长之福，而天数已预定矣，异哉！此处之草鸡，指郑成功及其子郑经。

④洪荒：指太古未开化时混沌不分的状态。

⑤瘴：指中国南部、西南部一带山水湿热蒸郁而成的气。

⑥腥风：带有腥臭气味的风。

⑦蜑雨：蛮风蜑雨。形容偏远地区荒凉的景象。蛮、蜑，均为古代南方种族名。

## 其卅五[①]

风光绝胜[②]说江城，树里湖容一片明。
拟刺[③]朱家船子去，万荷花里读书声。

注释

①此诗描绘乡村渔家生活。

②绝胜：最佳。

③刺：刺船，撑船。

## 其卅六[①]

红罗[②]检点[③]嫁衣裳，艳说[④]糖团馈[⑤]婿乡。
十斛[⑥]槟榔万蕉果，高歌《黄竹女儿箱》[⑦]。

注释

①此诗描绘妇女之嫁聘。

②罗：轻软的丝织品。

③检点：查点。

④艳说：艳羡地评说。

⑤馈：赠送。

⑥斛：量器名，十斗为斛。音 hú。

⑦《黄竹女儿箱》：古乐府《黄竹子歌》：“江干黄竹子，堪作女儿箱。一船使两桨，得娘还故乡。”

## 其卅七[①]

贺酒新婚社宴[②]罗[③]，双携雀嫂与沙哥[④]。
鼻箫吹裂前峰月，齐叩[⑤]铜环[⑥]起跳歌。

注释

①此诗描述新婚之夜，宾主尽欢的情景。
②社宴：社祭日所安排的宴会。
③罗：排列。
④雀嫂与沙哥：喻指新娘、新郎。
⑤叩：打、击、敲。
⑥铜环：铜制的圆环。

## 其卅八[①]

白露满天蝙蝠飞，寒阶枯坐[②]水生衣[③]。
竹丝闻续烧三丈，心烬[④]待郎郎未归。

注释

①此诗描述妇女盼望夫婿归来的情景。
②枯坐：干坐，无事而坐，呆坐。
③水生衣：衣上沾湿露水。
④烬：火烧后剩下的余灰。

## 其卅九[①]

生平未睹此中天[②]，好向居人叩[③]末颠[④]。
遍地槟榔传几代？从头乞为话便便[⑤]。

注释

①此诗叙述探询吃槟榔之缘由时的情景。
②中天：天运正中。古史皆称尧舜之世为中天之世，后为颂扬盛世的词语。
③叩：探问，询问。
④末颠：颠末，本末，前后经过情形。
⑤便便：形容善于辞令、口若悬河。音 pián pián。

## 其四十[①]

一年天气晴和[②]来，四序[③]名花次第[④]开。
手把酒杯酬[⑤]徐福[⑥]，如今我辈亦蓬莱[⑦]。

注释

①此诗描述台岛四季如春，人民幸福。

②晴和：晴朗和暖。

③四序：春、夏、秋、冬四季。

④次第：依次。

⑤酬：答谢。

⑥徐福：秦方士，齐人。曾上书始皇，言海上有蓬莱、方丈、瀛洲三仙山，始皇乃遣之率童男女数千人，入海求仙，而一去不返。

⑦蓬莱：海上三仙山之一。

## 女儿酒[1]（三首）
### （限微、真、麻韵）

### 其　一

梨花熟后菊花新，并作兰闺[2]廿载陈[3]。玉瓮蕴[4]香珍酒母[5]，金樽留宴待冰人[6]。

碧桃[7]窗畔藏琼液[8]，黄竹箱[9]边泛曲尘[10]。姊妹双封开不得，流涎[11]莫误宋东邻[12]。

注释

①女儿酒：浙江省绍兴市人于生女之年，酿酒若干瓮，埋藏地下，待女出嫁时，拿出宴飨客人，称为女儿酒。

②兰闺：本指汉代兰林殿的内处，即皇妃的居处，后泛称妇女的居室。

③廿载陈：二十载陈年老酒。

④蕴：积聚，蓄藏。

⑤酒母：酿酒用的曲。

⑥冰人：媒人。

⑦碧桃：复瓣的桃花。即千叶桃。

⑧琼液：美酒。

⑨黄竹箱：古乐府《黄竹子歌》："江干黄竹子，堪作女儿箱。一船使两桨，得娘还故乡。"

⑩曲尘：酒曲表面所生的菌丝，颜色微黄似尘。后因称淡黄色为曲尘。

⑪流涎：流口水。

⑫宋东邻：战国时楚国宋玉著《登徒子好色赋》："楚国之丽者，莫若臣里。臣里之美者，莫若臣东家之子。……然此女登墙窥臣已三年，至今未许也。"

### 其　二

一瓮珍同碧玉瓜[1]，十千待价在儿家。瓦窑[2]消息通泉郡[3]，溪水温柔酿若耶[4]。

绮岁[5]味逾[6]新制曲[7]，黄封[8]香蕴[9]未开花。芳名二字销魂[10]甚，酣酒[11]居然国色[12]夸。

注释

①碧玉瓜：多指十六岁时。唐朝李群玉《醉后赠冯姬》：“桂形浅拂梁家黛，瓜字初分碧玉年。”

②瓦窑：古代称生女为瓦，因以瓦窑比喻生女不生男的妇女。

③泉郡：泉州。

④若耶：溪名。在浙江省绍兴市南若耶山下，北流入镜湖。相传为西施浣纱处，故又名浣纱溪。

⑤绮岁：青春年少的时期。

⑥逾：益，更加。

⑦曲：酒母。泛称酒。

⑧黄封：古代宫廷酿造的酒，因用黄罗帕束封而得名。也用以泛称美酒。

⑨蕴：积聚，蓄藏。

⑩销魂：形容伤感或欢乐到极点，若魂魄离散躯壳。

⑪酣酒：畅饮美酒。

⑫国色：形容女子有绝顶出众的美貌。

## 其　三

珠娃生日瓮头春[①]，贵比云英[②]未嫁身。一样黄花称女子[③]，廿年红友[④]属佳人。

酒星[⑤]旧侍天孙[⑥]室，香露愁过妒妇[⑦]津。笑煞杭州帘下店，佳名处处效施颦[⑧]。

注释

①瓮头春：酒名。此处指初熟的酒。

②云英：人名，唐代钟陵妓。罗隐《偶题》：“钟陵醉别十余春，重见云英掌上身。我未成名君未嫁，可能俱是不如人。”

③黄花女子：黄花女儿，指未嫁的女子。

④红友：薄酒的别称，此处指女儿酒。

⑤酒星：星名，即酒旗星。

⑥天孙：星名，即织女星。神话中织女是天帝的孙女。

⑦妒妇：善妒忌的妇人。

⑧效施颦：东施效颦，比喻丑拙者强效美好，不得其美，反益增丑拙。

# 典衣[1]买书（二首）

## 其　一

自笑难登著作庭，贫中书尽购零星[2]。轻裘[3]付与长生库[4]，一卷携归问字[5]亭。

寒士性情能耐冷，秀才风味喜横经[6]。何时借读函[7]中秘，照我朝衫太乙青。[8]

注释

①典衣：以衣服抵押借钱。

②购零星：零星购买书本。

③轻裘：轻暖的裘衣。

④长生库：宋代寺院开设的当铺。

⑤问字：后人受学或请教为“问字”。《汉书·扬雄传》载扬雄多识古文奇字，刘棻曾向扬雄学奇字，即“问字”。

⑥横经：横捧经书，或平置经书。表示严肃敬道之意。

⑦函：匣椟。

⑧照我朝衫太乙青：《三辅黄图·阁·天禄阁》载：“刘向于成帝之末，校书天禄阁。专精覃思，夜有老人著黄衣，植青藜杖，叩阁而进见。向暗中独坐诵书，老父乃吹杖端烟然，因以见向，授五行《洪范》之文。……至曙而去。”老父，即太乙（天帝的别名）。

## 其　二

一瓻[1]难借读三冬[2]，典[3]到青衫[4]费足供。入库酒痕双袖满，拥城[5]书味十分浓。

输金共论文章价，[6]脱布思罗锦绣胸[7]。相国寺[8]前碑版[9]好，易安夫妇[10]最情钟[11]。

注释

①瓻：酒器，古人借书，以此盛酒为酬。音 chī。

②三冬：三个冬季，代表三年。

③典：以物质抵押钱财。

④青衫：青色的衣衫。古代职位低的官员穿着蓝色的长衫，便服也称青衫。

⑤拥城：据有书籍如城。《魏书·逸士传碑》：“丈夫拥书万卷，何假南面百城。”

⑥输金共论文章价：汉武帝时陈皇后退居长门宫，愁闷悲思，闻司马相如工文章，奉黄金百斤，令为解愁之辞，相如作《长门赋》，帝见而伤之，复得亲幸。

⑦脱布思罗锦绣胸：脱下布衣想换穿锦衣。罗锦绣胸，即胸罗锦绣。

⑧相国寺：寺名，在今河南省开封市城南，本为战国时魏公子无忌的故宅。庭庑广

阔，可容万人，每月对外开放五次，形成货物集散的大市集。

⑨碑版：刻在石上的文字。

⑩易安夫妇：南宋女词人李清照，号易安居士，其夫赵明诚，为金石考据家，有《金石录》三十卷。夫妇共同致力于书画金石的搜集整理。

⑪情钟：钟情。对某人、事或物特别富有感情。

## 青　塚①

**（限支、鱼、阳韵）**

年年塞上②草如丝，遗塚谁怜绝世③姿。埋藓④坟高朝汉远，葬花土暖入秋迟。

魂归月黑琵琶冷，⑤泪洒冬青⑥毳幕⑦悲。蕙恨兰愁三尺地，更无碑篆署⑧阏氏⑨。

**注释**

①青塚：汉王昭君的坟墓。在今内蒙古呼和浩特市城南。

②塞上：边界。

③绝世：举世无双。

④藓：苔藓。音 xiǎn。

⑤魂归月黑琵琶冷：杜甫《咏怀古迹》："群山万壑赴荆门，生长明妃尚有村。一去紫台连朔漠，独留青塚向黄昏。画图省识春风面，环佩空归月夜魂。千载琵琶作胡语，分明怨恨曲中论。"

⑥冬青：植物名，常绿乔木，可栽供观赏。

⑦毳幕：毛帐。毳，音 cuì。

⑧署：题字。

⑨阏氏：汉时匈奴称其君长之嫡妻曰阏氏。阏，音 yān。

## 五妃墓①

**（限支韵）**

《玉带歌》②残吊古词，五云③散后剩④荒碑。地疑崖海⑤全妃墓，人比湘江二女⑥祠。

三尺土乖同穴⑦望，百枝签乞进香诗。凄凉魁斗山⑧头路，十首哀吟范九池⑨。

**注释**

①五妃墓：明宁靖王朱术桂于郑克塽降清后，以义不可辱，从容就节，其嫔妾袁氏、王氏、荷姑、梅姑、秀姊亦相从以死，葬于台南宁南门外桂子山（又名魁斗山）。台人士感五妃之义，就墓为庙。每年以六月二十五日（即郑氏奉表降清，而明朝灭亡之日）致祭。

②《玉带歌》：即《玉带生歌》。宋朝文天祥珍藏之砚石，紫色中有白纹一条如玉带，命门人张宪作《玉带生歌》。砚石后归谢翱，至元朝又归杨维桢，至清朝则为李鸿章所有。

③五云：青、白、赤、黑、黄等五色彩云，五色瑞云。引申指天子所在。

④剩：余留。

⑤崖海：崖，崖山。在广东省江门市新会区南大海中。南宋末张世杰奉帝昺扼守于此。兵败，陆秀夫先驱妻子投海，再背负帝昺蹈海死。

⑥湘江二女：指舜的二妃娥皇、女英。相传舜崩后，二妃投湘水死，遂成为湘水之神。

⑦穴：墓穴。

⑧魁斗山：山名，又名桂子山，在今台南市大南门外。墓前建造五妃娘庙，供人凭吊。

⑨范九池：范贞吉，号九池，浙江仁和人。雍正元年（1723）进士，官居御史，乾隆十年（1745）巡台。著《浣浦诗钞》、《婆娑洋集》。其咏五妃墓诗首句云：“明亡已历四十载，死节犹然为故明。荒塚有人频下马，真令千古气如生。”



## 黑　蝶

**（限先、阳韵）**

前身合是漆园庄[1]，栩栩[2]来登粉墨场[3]。雾里滃[4]迷花世界，雨余霉涴[5]彩衣裳。

棲香宛肖[6]鸦儿色[7]，染笔谁描凤子[8]妆。自向花丛留幻影[9]，梦魂游出黑甜乡[10]。

**注释**

①漆园庄：战国楚人庄周，曾为漆园吏，一生隐于田园，不慕名利，曾梦化为蝴蝶。

②栩栩：欢欣的样子。栩，音 xǔ。

③来登粉墨场：粉墨登场。化妆演戏，剧人登台表演时，面上需用粉墨油彩加以化妆，或画成种种脸谱。

④滃：云气。

⑤涴：沾污。

⑥宛肖：宛若，好像。

⑦鸦儿色：色黑如鸦。

⑧凤子：大蛱蝶。

⑨幻影：虚幻而不真实的影像。

⑩黑甜乡：梦乡。

## 老　伶[1]

**（限东、支、麻韵）**

妆束[2]登场唤可儿[3]，十年领队属专司[4]。新班歌舞颜如玉[5]，老辈头衔[6]鬓似丝。

金缕[7]尚留残曲本，青衫[8]无复旧风姿。故交[9]多少郎官[10]在，怕说翩翩[11]美少时。

**注释**

①老伶：年老的乐人、乐工。

②妆束：装扮。

③可儿：可人，性行可取的人。

④专司：专主其事。

⑤颜如玉：容貌美好。

⑥头衔：官衔，职务。

⑦金缕：《金缕曲》，即《金缕衣》。杜牧《杜秋娘诗》："秋持玉斝醉，与唱《金缕衣》。"注："劝君莫惜金缕衣，劝君惜取少年时。花开堪折直须折，莫待无花空折枝。李锜长唱此辞。"

⑧青衫：青色的衣衫。古代职位低的官员穿着蓝色的长衫，便服也称青衫。

⑨故交：旧友。

⑩郎官：汉代称中郎、侍郎、郎中为郎官。

⑪翩翩：形容风采、文辞的美好。

## 老妓（二首）

**（限文、寒、尤韵）**

### 其　一

刻意[1]留欢[2]不住欢，欢场[3]变相讶鸠盘[4]。雨云[5]迎送韶华[6]去，风月[7]消磨兴味[8]阑[9]。半世声名钱树子[10]，旧时情态玉绵团。几回欲作商人妇[11]，怕守空船水上寒。[12]

**注释**

①刻意：专心一致。

②欢，古时民歌中称所爱者。

③欢场：寻欢作乐的场所。

④鸠盘：鸠盘荼的简称，佛书中谓啖人精气的鬼。常用来比喻丑妇或妇人的丑陋之状。

⑤雨云：云雨，指男女欢合。

⑥韶华：青春年华。

⑦风月：指男女间的情爱。

⑧兴味：趣味，情趣。

⑨阑：尽；稀，衰。

⑩钱树子：摇钱树，指妓女。因鸨母靠妓女而得钱，故称。

⑪商人妇：白居易《琵琶行》："门前冷落车马稀，老大嫁作商人妇。"

⑫怕守空船水上寒：白居易《琵琶行》："商人重利轻别离，前月浮梁买茶去。去来江口守空船，绕船月明江水寒。"

## 其　二

脂粉[1]生涯局未收，年华[2]无计共春留。烟花[3]际里迟青眼[4]，风月场[5]中易白头。

暮齿[6]美人伤坠溷[7]，多情荡妇[8]怕经秋。当年纵使归金谷[9]，房老[10]相呼也自羞。

注释

①脂粉：胭脂与香粉，化妆用的物品。

②年华：岁月，时光；年纪。

③烟花：妓女。

④青眼：器重对方，予以正视。

⑤风月场：风月场所。

⑥暮齿：晚年。

⑦坠溷：落入粪坑。喻人命运不佳。溷，厕所，音 hùn。

⑧荡妇：以歌舞为业的女艺人。

⑨金谷：金谷园，在今河南省洛阳市西北。晋朝石崇建，园中有清凉台，即石崇姬绿珠坠楼自尽处。

⑩房老：年老而色衰的婢妾。《拾遗记·晋时事》载："石季伦（石崇字）爱婢名翔凤，……石崇受谮润之言，即退翔凤为房老，使主群少。"婢妾年久而衰退者，称为房老。

## 老　僧

**（限鱼、萧、阳韵）**

颓唐[1]年纪打包[2]余，枯木堂[3]前见客疏。传钵偈[4]先遗弟子，铸金像早拜休屠[5]。

禅心历炼莲花座[6]，僧腊[7]消磨贝叶[8]书。记得少年曾说法[9]，左街承宠赐绯鱼[10]。

注释

①颓唐：衰颓，精神萎靡不振。

②打包：包裹行李或货物。

③枯木堂：佛家语，禅堂的别称。

④钵偈：钵，僧人食具。或指衣钵，前人传下来的思想、学术、技能等。偈，偈颂，佛经上的唱颂词，每句三字、四字、五字、六字、七字乃至多字不等，通常以四句为一偈。

⑤休屠：僧侣。

⑥莲花座：莲座，佛家语，指诸佛的莲花座位、莲台。

⑦僧腊：佛家语，指僧人受戒后的年龄。

⑧贝叶：印度贝多罗（Pattra）树的叶子。古印度人先用水浸泡其叶，晒干后再将佛经书写其上。

⑨说法：佛家语，宣说正法，教化众生。

⑩绯鱼：绯鱼袋，指绯衣与鱼符袋，旧时朝官的服饰。唐朝韩愈《董公行状》："入翰林为学士，三年出入左右，天子以为谨愿，赐绯鱼袋。"《续资治通鉴·宋高宗绍兴十二年》："右承奉郎，赐绯鱼袋张宗元为右宣议郎、直秘阁。"

## 老马（二首）

**（限灰、先、侵韵）**

### 其一

未靖[1]边尘[2]志敢灰？关山[3]顾影一徘徊。成功空剩[4]千金骨[5]，展足原非百里才。

刍豆[6]旧恩依虎将[7]，桑榆晚景[8]痛龙媒[9]。可怜末路[10]英雄感，移到天闲[11]上乘[12]来。

注释

①靖：停止。

②边尘：战士驰逐于边疆，风尘四起，故以边尘指战争。

③关山：泛指关隘和山川。也指家乡。

④剩：余留。

⑤千金骨：千金买马骨。战国时郭隗用马做比喻，劝燕昭王招揽人才，说古代君王悬赏千金买千里马，三年后，得一良马，而马已死，仍用五百金买下马骨，于是不到一年，便得到三匹千里马。

⑥刍豆：喂牲畜的草料和豆料。

⑦虎将：勇将。

⑧桑榆晚景：桑榆暮景，比喻晚年。桑、榆，日落之处。

⑨龙媒：骏马。

⑩末路：路途的最后一程。

⑪天闲：天子的马厩。

⑫上乘：上等的好马。乘，音 shèng。

## 其　二

曾共将军百战来，九边[1]无事废长材。识途尚望能收效，伏枥[2]虽鸣不乞哀。

内府[3]画图传骏骨，胡沙风雨梦龙堆[4]。生成汗血[5]天山[6]种，那怕驹光[7]日日催。

注释

①九边：明代北边的九处要镇，即辽东、蓟州、宣府、大同、山西、延绥、宁夏、固原、甘肃。各设重兵，统以大将。

②伏枥：马伏于槽橱。《乐府诗集·步出夏门行》："老骥伏枥，志在千里。烈士暮年，壮心不已。"

③内府：内廷的府库。

④龙堆：白龙堆，沙漠名，今名库木塔格，在今新疆天山南麓，为寸草不生的沙地。

⑤汗血：大宛名马。因马奔驰后，汗沾在赤毛上，状如流血，故名。

⑥天山：祁连山。

⑦驹光：比喻易逝的光阴。

## 酒　痕

**（限冬、支、庚韵）**

曾记寻欢[1]酒不辞，旧痕重认倍相思。榴花裙污[2]犹留处，杏子衫轻未褪[3]时。

环影似分杯底印，曲[4]香疑带盏[5]中脂。匆匆一醉杭州梦，襟[6]上重题白傅[7]诗。

注释

①寻欢：寻求欢乐。

②污：污损。

③褪：脱掉衣服。

④曲：酒名。此处泛指酒。

⑤盏：小杯。

⑥襟：衣服的交领。

⑦白傅：唐朝白居易于开成初，授太子少傅，故称白傅。

## 梦蝶园[①]（三首选二）

**（限东、真、阳韵）**

### 其　一

二百年前老道人，[②]曾从此地托闲身。草鸡[③]已叹雄图[④]改，花蝶犹寻旧院春。

心事自同黄檗[⑤]苦，遗民[⑥]犹见白衣[⑦]新。如何栗主[⑧]无人祀，有客伤心荐[⑨]藻萍[⑩]。

**注释**

①梦蝶园：为明朝遗老李茂春所建，在台南小南门外，归清后，改建为法华寺。李茂春，字正青，福建龙溪人，隆武二年（1646）举孝廉，时往来厦门，与诸名士游。永历十八年（1664）春，郑经将入台，邀请避乱缙绅东渡，茂春从之，卜居永康里，筑梦蝶园，日诵佛经以自娱，人称为李菩萨。

②二百年前老道人：指二百年前之李茂春。

③草鸡：王渔洋《池北偶谈·厦门砖刻》：明朝崇祯庚辰岁，有闽僧贯一者，居鹭门（即今厦门）。夜坐，见篱外坡陀有光，连三夕。怪之，因掘地得古砖，背印两圆花突起，面刻古隶四行，其文曰："草鸡夜鸣，长耳大尾。干头衔鼠，拍水而起。杀人如麻，血成海水。起年灭年，六甲更始。庚小熙皞，太平千纪。"凡四十字。闽县陈衎盘生，明末著《槎上老舌》一书，备记其语，至今癸亥四十四年矣。识者曰：鸡，"酉"字也，加草头大尾长耳，"郑"字也，干头，"甲"字，鼠，"子"字也。谓郑芝龙以天启甲子起海中为群盗也。明年甲子，距前甲子六十年矣。庚小熙皞，寓年号也。前年万正色克复金门、厦门，今年施琅克澎湖，郑克塽上表乞降，台湾悉平。六十年海氛一朝荡涤，此固国家灵长之福，而天数已预定矣，异哉！

④雄图：宏大的谋略。

⑤黄檗：植物名，落叶乔木。檗，音 bò。

⑥遗民：指国家灭亡后所遗留下来的人民。也指改朝换代后，不肯在新朝廷任职的人。

⑦白衣：古代未仕者着白衣，后世用为庶民之称。

⑧栗主：用栗木做成的神牌位。后来泛称宗庙神主。

⑨荐：进献。

⑩藻萍：水草。可用作食物，也可供祭祀或婚仪用。

### 其　二

赤嵌城外客游春，半亩荒园寄慨频。南峤飘零唐义士，[①]西台痛哭宋遗民。[②]

骑鲸[③]正拓红彝[④]地，化蝶[⑤]来居白帽[⑥]人。故里新昌[⑦]残碣尽，大书特为表贞珉[⑧]。

注释

①南峤飘零唐义士：指入台明朝遗老李茂春。

②西台痛哭宋遗民：西台，即子陵台，在今浙江省桐庐富春山，相传为汉光武帝时隐士严光（字子陵）钓鱼处。南宋遗民谢翱，福建福安人，元兵攻下临安时，丞相文天祥檄各州郡勤王，翱散尽家财，募集乡兵，入闽赴难，天祥署为咨议参军，不久别去。及闻天祥死节，与友吴思齐、冯桂芳、严侣等人，赴西台，设天祥神位，酬奠号泣，并以竹如意（一号铁如意）击石，作楚歌为天祥招魂，并作散文名篇《西台恸哭记》及五言律诗《西台哭所思》以寄托哀思。

③骑鲸：乘鲸，借指死亡或隐遁。

④彝：古代宗庙保存用以祭祀的器皿。

⑤化蝶：指庄周梦中化为蝴蝶。后用以指睡梦。

⑥白帽：丧服，吊唁时戴用。

⑦新昌：地名，新昌里，在台南。李茂春之墓在此。

⑧贞珉：坚贞可作碑铭石刻的石块，也为碑石的美称。珉，音 mín。



## 品 茶

**（限先韵）**

第一岩茶第一泉[①]，头纲[②]九等品题全。旨探鸿渐[③]经三卷，论抵君谟[④]谱一篇。

数典[⑤]岂同茶博士[⑥]，评香不独酒神仙。谁知诗味清如许[⑦]，都在春风啜茗[⑧]天。

注释

①第一泉：唐朝刘伯刍品水，以中泠泉（在江苏镇江丹徒区西北金山下江中）为第一泉，惠山虎丘次之。唐朝陆羽则称庐山康王谷之竹帘泉为天下第一泉。

②头纲：第一批运送到京都的春茶。

③鸿渐：唐朝茶道家陆羽，字鸿渐。能诗文，长于音乐，尤其嗜茶，撰有《茶经》，凡三卷，备言茶之原、茶之法、茶之具。

④君谟：北宋书法家蔡襄，字君谟。福建仙游人。工诗文，通史学，并擅长书法。著有《茶录》一篇。

⑤数典：历举典故。音 shǔ diǎn。

⑥茶博士：本指善于茶道的人，后泛称卖茶的人或茶馆的跑堂。

⑦如许：如此。

⑧啜茗：饮茶。音 chuò míng。

## 军中闻笛

（限东、真、阳韵）

牙旗[①]风卷万营霜，吹笛何人向战场？惊梦声飞边月黑，撩愁[②]音遏[③]塞[④]云黄。

怨来《杨柳》[⑤]关河[⑥]夕，落到《梅花》[⑦]帐幕凉。一夜同听浑[⑧]不寐[⑨]，受降城[⑩]外各思乡。

注释

①牙旗：天子或将军所立于军前的大旗。

②撩愁：挑起愁绪。

③遏：阻止，断绝。

④塞：边界，指国家险要之地。

⑤《杨柳》：即《杨柳枝》，汉乐府横吹曲辞。

⑥关河：指函谷、蒲津、龙门、合河等关和黄河，也泛指一般山河险要之地。

⑦《梅花》：即《梅花落》，曲调名，为汉横吹曲。

⑧浑：简直，几乎。

⑨寐：睡着。

⑩受降城：城名。汉朝受降城在今内蒙古乌拉特中旗石兰计的狼山山口。唐朝受降城有东、西、中三城。为张仁愿所筑，用以防御突厥。唐朝东受降城在今内蒙古呼和浩特市内；西受降城在今内蒙古巴彦淖尔市内；中受降城在今内蒙古包头市内。

## 逢旧识校书[①]（二首）

（限先、尤、咸韵）

### 其　一

小结春风一晌[②]缘，再相逢处倍相怜。花看鸿爪[③]留痕地，梦续莺花[④]惜别天。

滞[⑤]我行踪伤酒后，忆卿[⑥]情态破瓜年[⑦]。画兰丰格[⑧]弹琴手，怕读梅村[⑨]感旧篇。

注释

①校书：古代对有文才的妓女的雅称。

②一晌：片刻。

③鸿爪：鸿鸟的爪。比喻往事的痕迹。

④莺花：黄莺和花朵。此处泛指春天景物。

⑤滞：久留，停留。

⑥卿：朋友间的尊称。

⑦破瓜年：指女子十六岁。因古“瓜”字可拆为两个“八”字。

⑧丰格：神韵，风格。指作家或艺术家在作品上所表现的特殊才性。

⑨梅村：清朝诗人吴伟业，号梅村。明崇祯进士，清康熙时任国子监祭酒。因身经变乱，故作品苍凉凄楚，号称“诗史”。

## 其　二

旧时红粉[1]旧青楼[2]，相见新愁间[3]旧愁。未嫁美人伤命薄，再来名士尚风流。

烟花[4]南部[5]温前梦，松柏西陵[6]感故游。我有归期卿有主，尊前一霎[7]且勾留。

注释

①红粉：指美女。

②青楼：妓院。

③间：错杂。

④烟花：春天艳丽的景色。

⑤南部：南方。

⑥西陵：清代帝陵名，在河北省易县永宁山。

⑦一霎：即一阵子。形容时间的短暂。

## 烧香女

**（限支、麻、青韵）**

绣裙簇蝶[1]髻[2]盘鸦[3]，侍婢[4]携香上宝车[5]。酬愿文教郎具草[6]，买脂钱为佛开花。

三千界[7]热黄金鼎[8]，十六年同碧玉瓜[9]。心字[10]烧残心事祝，相思诉遍梵王[11]家。

注释

①簇蝶：花名，又名万蝴蝶、玉蝴蝶。

②髻：束发于头的结。

③盘鸦：古代妇女的一种发髻式样。

④侍婢：婢女。

⑤宝车：佛家语，以众宝装饰之大白牛车也。

⑥草：起稿。

⑦三千界：三千世界，佛家语，原是古印度传说中一个极大世界的名称。如以须弥山为中心，铁围山为外郭，是一个小世界，合一千个小千世界为中千世界，合一千个中千世界为大千世界，总称三千世界。

⑧黄金鼎：黄金做的香炉。

⑨碧玉瓜：碧玉，宋朝汝南王妾。孙绰《情人碧玉歌》：“碧玉破瓜时，郎为情颠倒。”瓜，指十六岁，因古“瓜”字可拆为两个“八”字。

⑩心字：炉香名，心字香。

⑪梵王：大梵天王的异称。色界十八天的通名，然通常都就初禅梵天之王而言。

## 舟中听客话故乡事（三首）

（限冬、青、尤韵）

### 其一

盼到家山一发[①]青，轻舟踪迹聚浮萍[②]。乡关旧梦圆人月[③]，水国[④]高谈集客星[⑤]。

莼菜[⑥]情怀维缆[⑦]话，梅花消息倚篷[⑧]听。归心此夕因君急，唤起篙师[⑨]去莫停。

**注释**

①一发：形容微现的远山。

②浮萍：比喻到处流浪的人。

③圆人月：月圆人亦圆。

④水国：江河密布的地方。

⑤客星：不定期出现或不常见的星。

⑥莼菜：水中植物。嫩叶可食，质滑味美，晋朝吴人张翰到洛阳做官，见秋风起，乃想起故乡的莼羹、鲈鱼脍，因此马上辞官回家。后人遂以莼鲈之思来形容厌倦客居，怀念故乡。莼，音 chún。

⑦维缆：系舟索以停泊。

⑧篷：船舱。

⑨篙师：熟练操舟的人。篙，音 gāo。

### 其二

守风闷坐木兰舟[①]，有客乡音话柁楼[②]。万里家山增梦想，十年湖海愧淹留[③]。

停船合谱《长干曲》[④]，去国难忘下泽[⑤]游。听罢月明人不寐，江干触起故园愁。

**注释**

①木兰舟：木兰树制造的舟船。木兰树材质佳，古人多用以造船。

②柁楼：舵楼。船上操舵之室，亦指后舱室。因高起如楼，故称。

③淹留：滞留，逗留。

④《长干曲》：乐府杂曲歌辞名。系描写长干里（古金陵里巷名，故址在今南京市南）一带男女生活和爱情的作品。

⑤下泽：下泽车，一种适宜在沼泽地上行驶的短毂轻便车。《后汉书·马援传》：“吾

从弟少游，常哀吾慷慨有大志，曰：‘士一生一世，但取衣食裁足，乘下泽车，御款段马，为郡掾吏，守坟墓，乡里人称善，斯可矣，致求盈余，但自苦耳。’”

## 其三

偶然俦侣[①]一舟中，听到乡音气味同。笑语如披《耆旧传》[②]，江湖最爱滑稽[③]雄。

停桡[④]话久沈山月，隔舫[⑤]愁生忆土风[⑥]。从此大家情谊切，每谈家事便收篷。

**注释**

①俦侣：朋友，伴侣。俦，音 chóu。

②《耆旧传》：《晋书·陈寿传》载：“寿撰《益都耆旧传》十篇。”耆旧，著老故旧。耆，音 qí。

③滑稽：形容人能言善辩。

④桡：船桨。音 ráo。

⑤舫：船。

⑥土风：地方固有的风俗。

## 菊　枕

**（限齐、阳、侵韵）**

秋色秋香满榻侵，落英[①]缝出美人针。佳名尽把鸳鸯唤，芳梦应教蛱蝶寻。

衾[②]底凉招三径[③]月，床头富拥一囊金。梅花纸帐[④]芦花被[⑤]，一样清高惬[⑥]素心[⑦]。

**注释**

①落英：落花。

②衾：大被，用以覆身。

③三径：三条小径，起于蒋诩的故事。西汉末年兖州刺史蒋诩因王莽专政而隐居，家园中开三径，与求仲、羊仲两人交游。后用以比喻隐士居所或泛指家园。

④纸帐：用藤皮、茧纸缝成的帐子。

⑤芦花被：以芦苇种子上的小细毛作为丝絮，所做的被子。

⑥惬：称心、快意。音 qiè。

⑦素心：心地纯正朴质。

## 典　琴

**（限灰、尤韵）**

典[①]尽春衫已可哀，救穷搜到古桐材[②]。七弦劫坠长生库[③]，三叠[④]声停避债台[⑤]。

玉轸[⑥]未甘贫日卖，锦囊[⑦]还望赎[⑧]时开。质[⑨]钱欲买文君酒[⑩]，无奈求凰[⑪]奏不来。

**注释**

①典：以物质抵押借钱。

②古桐材：指古琴。因桐木可做琴，故称。

③长生库：宋代寺院开设的当铺。

④三叠：古时奏曲反复咏唱某句三遍的方法。

⑤避债台：本名誃台，周景王所筑。后因周赧王避债于此，故名。

⑥玉轸：玉制的琴轸。轸，琴下系弦的小柱，音 zhěn。

⑦锦囊：锦制的袋子，古人用以藏珍贵物品或诗稿。

⑧赎：换回，指以财物换回人质或抵押品。

⑨质：抵押。

⑩文君酒：卓文君，西汉临邛人，富商卓王孙之女。早寡，司马相如遇饮于卓氏，以琴心挑之，文君夜奔相如，同归成都。因家贫又返回临邛，与司马相如卖酒，文君当垆。

⑪求凰：相传司马相如作客临邛时，见富人卓王孙有女文君新寡，便以琴心相挑，成琴歌二章，其中一章有"凤兮凤兮归故乡，遨游四海求其凰"词句。

## 下第①别妓

**（限微、元、萧韵）**

青楼②愁把别时樽，话到登科③已断魂④。一第艰难名未就，十年薄幸⑤梦难温！

柳枝⑥惜我仍从事⑦，花榜输卿早状元。霓咏⑧欠工骊唱⑨速，游春情绪怕重论。

**注释**

①下第：考试不中，落第。

②青楼：妓院。

③登科：唐科举制，举子上榜后称及第，于吏部复试得中，始称登科。唐以后，凡应试入选，均称登科。

④断魂：魂销神往。形容情深或极度悲伤。

⑤薄幸：女子对所欢爱者的昵称，即冤家、薄情、寡情。杜牧《遣怀》："十年一觉扬州梦，赢得青楼薄幸名。"

⑥柳枝：伎名，韩愈的宠伎，善弹琵琶。或指白居易的宠伎，即樊素、小蛮。白居易《对酒有怀寄李十九郎中》："往年江外抛桃叶，去岁楼中别柳枝。"

⑦从事：办事，致力于某种事务。

⑧霓咏：时台北有女伶曰咏霓裳。其曲师京、沪班人，声调步骤悉如正音。

⑨骊唱：骊歌，告别的歌。

# 赋得[①]《马饮春泉踏浅沙》

（得“泉”字，[②]五言八韵[③]）

饮马[④]江村暮，沙隄踏影圆。浅痕消宿雨[⑤]，春意逗[⑥]寒泉。
柳絮晴嘶栈[⑦]，桃花缓著鞭[⑧]。隔云喧瀑布，喷雪上连钱[⑨]。
鳞皴[⑩]吹初散，蹄轻没未全。模糊搀[⑪]鸟篆[⑫]，蹀躞[⑬]搅鸥眠。
待步溪头月，斜冲渡口烟。亲耕瞻跸路[⑭]，按辔[⑮]肃[⑯]班[⑰]联。

**注释**

①赋得：唐以来科举考试中采用的一种诗体。考官以古人诗句或各种事物为题目，题目前并冠以“赋得”二字，使考生作五言排律诗六韵或八韵，称之为试帖，又名赋得体。本诗系以“马饮春泉踏浅沙”为题目。

②得“泉”字：数人聚会作诗，共同选定数字为韵，因拈得“泉”字，诗人即用“泉”字所属韵部之文字押韵作诗。

③五言八韵：五言十六句排律。

④饮马：马饮水。

⑤宿雨：前夜所下的雨。

⑥逗：止，停留。

⑦栈：豢养牲口的栅栏。

⑧著鞭：抢先一步成功。

⑨连钱：马的一种配饰。也作“连乾”。

⑩鳞皴：像鱼鳞一样的裂痕。皴，音 cūn。

⑪搀：混杂。

⑫鸟篆：形如古篆的鸟爪迹。

⑬蹀躞：马行的样子。音 dié xiè。

⑭跸路：天子所行的道路。

⑮按辔：乘马时扣紧缰绳缓步慢行。辔，音 bì，今读 pèi。

⑯肃：恭敬，谨慎。

⑰班：行列。

## 哭吕汝修[1]同年[2]（三首）

### （按举人吕赓年于己丑[3]秋重九卒）

### 其　一

热血难消唤奈何[4]，百方无计起沉疴[5]。遗诗尚在同人集，拔剑难闻斫地[6]歌。

千古敢期《文苑[7]传》，一生遽了孝廉[8]科。于今欲作忧天想，只剩狂夫[9]涕泪多。

**注释**

①吕汝修：人名，台中神冈（今台中市神冈区）三角仔人，吕汝玉之弟。

②同年：科举制度同榜的人称同年。

③己丑：清光绪十五年（1889）。

④唤奈何：《世说新语·任诞》：“桓子野每闻清歌，辄唤奈何。”唤，叫喊，呼叫。晋朝桓伊，小字子野，工音律，尤善吹笛。

⑤沉疴：久治难愈的疾病。疴，音 kē。

⑥斫地：砍地，表示愤激。杜甫《短歌行赠王郎司直》：“王郎酒酣拔剑斫地歌莫哀，我能拔尔抑塞磊落之奇才。”

⑦文苑：谓文人之所荟萃也。正史中所列《文苑传》，并记博学能文之士。

⑧孝廉：明、清时称举人为孝廉。

⑨狂夫：作者自称。

### 其　二

廿年朋旧[1]两诸生[2]，万卷藏书屡借荆[3]。相诣[4]何曾过十日，共谈不觉到三更。

醇醪[5]久醉周公瑾[6]，噩梦[7]先惊范巨卿[8]。谁料词场[9]同角逐[10]，春明[11]一聚了交情。

**注释**

①朋旧：老朋友。

②诸生：明、清时经本省各级考试，取入府、州、县的，称生员，生员又有增生、附生、廪生、例生等多称，统名为诸生。

③荆：素所景慕之人。

④诣：往见。

⑤醇醪：醇厚的美酒。音 chún láo。

⑥周公瑾：三国吴将周瑜，字公瑾。出身士族，精通音律。曾率吴军与刘备合兵，大破曹兵于赤壁，病卒，年三十六。

⑦噩梦：令人惊愕的梦，不祥的梦。

⑧范巨卿：东汉人范式，字巨卿。少年与汝南张劭为友，情谊深厚。二人并告归乡里，约定两年后，式将登门拜访劭的双亲。届时果至，升堂拜母而饮，尽欢而别。劭卒，式于梦中见劭，告以死日及葬期。式乃依期而往，时丧已发，至墓穴前，而柩不肯进，待式素车白马，号哭而来，为执绋引进，柩乃进。

⑨词场：文词科试的场所。

⑩角逐：较量，争执。

⑪春明：城门名，唐代京都长安东面的城门之一。引申为京城的通称。

## 其　三

曾同达旨[①]究蒙庄[②]，也合忘怀到子桑[③]。当世奈多蜍志[④]在，故交偏见玚桢[⑤]亡。

菊筵[⑥]遽罢登高[⑦]会，蕙帐[⑧]愁看拜母堂。回忆平生肝胆语，从今风雨倍神伤。

注释

①达旨：表达思想。

②蒙庄：庄子。庄子为蒙县人，故名。

③子桑：人名。春秋秦人公孙枝，字子桑。

④蜍志：蟾宫展志，指科举应考而登第上榜。

⑤玚桢："建安七子"中之应玚和刘桢。应玚，三国魏汝南人，曹操征召为丞相掾属，后为五官中郎将文学；刘桢，东汉文学家，字公干，宁阳人，曾任丞相掾，长于五言诗。

⑥菊筵：重阳节饮菊花酒。

⑦登高：指农历九月九日登高的风俗。

⑧蕙帐：帐的美称。

## 夜出吴淞口[①]放洋[②]

**（以下十五首追录己丑入都[③]作）**

残月西沉星汉[④]斜，大江[⑤]东尽海云遮。

塔灯红出波心[⑥]火，莫误南槎[⑦]作北槎。

注释

①吴淞口：地名，吴淞江的江口，控长江的咽喉。

②放洋：船舶驰往海洋。

③己丑入都：光绪十五年（1889）二月，逢甲与吕汝修、许南英等人前往北京参加会试，三月抵京，据《明清历科进士题名碑录》所载，逢甲为三甲第九十六名进士。

④星汉：银河。

⑤大江：指长江。

⑥波心：水中央。

⑦槎：木筏，竹筏。

## 舟次[①]登莱[②]间书感

鲁连[③]耻帝秦，田横[④]羞臣汉。

海上怀古人，登舟发浩叹[⑤]。

注释

①舟次：泊舟，停船。

②登莱：登，登州。唐置登州（故治在今山东烟台牟平区），不久徙治蓬莱（即今蓬莱市）。莱，蓬莱市，在山东半岛的最北角。

③鲁连：鲁仲连，战国时齐人，曾游于赵，会秦围赵急，魏使新垣衍入秦，请尊秦为帝以罢兵。仲连见衍，伸以大义，秦将闻之，为却军五十里。

④田横：秦末人。其兄齐王田荣死后，田横继续统领众人，自立为齐王。汉高祖统一全国后，田横率领徒众五百人逃入海岛，汉高祖派人招降，田横羞为汉臣，遂自杀。

⑤浩叹：长叹，大声叹息。

## 大沽口[①]待潮

扁舟[②]留滞[③]海门[④]东，献赋[⑤]金门[⑥]路未通。

迟我江头三日信，春潮不及马当[⑦]风。

注释

①大沽口：海港口，天津市的新港，在天津东南，以白河为入海口，为京、津的通海门户。

②扁舟：小船。

③留滞：停留；搁置，阻塞。

④海门：海口。

⑤献赋：献上所作的赋。

⑥金门：金马门，指朝廷或帝都。此处借指翰林院。

⑦马当：山名，在安徽省东流镇西南，与江西省彭泽县分界，北临长江。李白《横江词》："海潮南去过浔阳，牛渚由来险马当。"

## 塘沽[1]坐火轮车[2]抵津门[3]（二首）

### 其　一

丁沽[4]潮浅拥平沙，断续春冰阻客槎[5]。
电影雷声三百里，角[6]飞城畔试飞车[7]。

注释

①塘沽：镇名，位于河北省宁河县南白河左岸，为天津外港。
②火轮车：火车之旧称。
③津门：地名，即今天津。
④丁沽：地名，位于今天津市红桥区。
⑤客槎：旅客所搭的船。槎，木筏，竹筏，借指船。
⑥角：五音之一。
⑦飞车：火轮车，即火车。

### 其　二

轮舟通后海门[1]开，万垒防秋[2]拱[3]将台。
不动夷氛[4]三十载，等闲[5]笑看火车来。

注释

①海门：海口。
②防秋：秋季的边防。唐代突厥、吐蕃等常在秋季入侵，因称调兵守边为防秋。
③拱：环绕，环卫。
④夷氛：指外人入侵的战祸。
⑤等闲：寻常，平常。

## 北平守[1]

老作北平守，不侯[2]殊可哀。
安知汉丞相，须用下中材[3]。

注释

①守：官名。秦时为一郡之长，后为郡守、太守、刺史的简称。

②不侯：不封侯。

③下中材：中下等人才。

## 蔡村[1]夜发

起拥重裘[2]夜不温，骡车驮[3]梦一灯昏。
铃声断续平沙路，晓月随人出蔡村。

注释

①蔡村：地名。

②重裘：厚的裘衣。

③驮：以牲口负物。音 tuó。

## 黄金台[1]

闻道昭王此筑台，依然悬格[2]待奇才。
年年车马燕山[3]道，不为黄金客不来。

注释

①黄金台：古台名。故址在今河北省易县东南的北易水南。相传战国燕昭王筑，置千金于台上，延请天下贤士，故名。

②悬格：公布标准。

③燕山：山名，在天津市蓟县东。

## 琉璃厂[1]

古香[2]压架价堪论，碑板周秦椠[3]宋元。
十八房书三馆楷，年年纸贵海王村。

注释

①琉璃厂：地名，亦曰琉璃厂甸，在北京城南。自明以来，为书籍、字画、古玩荟萃的地方。本名海王村，以其有琉璃窑，因有此名。

②古香：古书画所散发的古雅清香。

③椠：书版；刻本；版本；书籍。古代削木为牍，未经书写的素牍称椠。音 qiàn。

## 下斜街邸[1]中春晓（二首）

### 其　一

东风分绿上庭槐，一树丁香[2]破晓[3]开。
花气满帘春梦醒，五更铃语骆驼来。

**注释**

①邸：酒店，茶馆。

②丁香：常绿木本，产热带，花白色和紫色居多。

③破晓：天刚亮。

### 其　二

软红尘[1]里自萧闲[2]，日上红窗户尚关。
花落忽惊春事[3]晚，出门残雪满西山[4]。

**注释**

①软红尘：谓繁华热闹。

②萧闲：清寂暇逸。

③春事：春色，春意。

④西山：山名，在河北省宛平县西，是太行山的支脉，北京的右臂，桑干河和白河的分水岭。

## 潞河[1]舟次[2]

十幅[3]蒲帆[4]晚待开，斜阳回首隔金台[5]。
潞河杨柳年年绿，送尽南樯北棹来[6]。

**注释**

①潞河：水名，即白河，古称沽水或沽河，为北运河的上游。

②舟次：泊舟，停船。

③幅：一张。

④蒲帆：以蒲叶编成的船帆。

⑤金台：黄金台。

⑥南樯北棹来：南来北往的船只。

## 南归舟中见槎山[1]

天风吹送客舟还，万里波涛缥缈[2]间。
独倚柁楼[3]三日望，吴云一抹[4]见槎山。

注释

①槎山：山名。
②缥缈：高远隐约貌。
③柁楼：船上操舵之室，亦指后舱室。因高起如楼，故称。
④一抹：涂抹一笔的意思。常用以比喻轻微的痕迹。

## 静安寺[1]

第六泉[2]边野草青，南朝僧去寺门扃[3]。
春风十里喧莺燕[4]，无复虾蟆[5]出听经。

注释

①静安寺：寺名，在今上海市。始建于三国，清光绪年间重建。
②第六泉：唐朝刘伯刍将吴淞江水评为第六。刘伯刍，字素芝，进士及第，善谈谑。
③扃：关闭。音 jiōng。
④莺燕：莺和燕。因为都是春鸟，所以也用以代指春日景物。
⑤虾蟆：青蛙和蟾蜍的统称。

## 归舟口号[1]

过尽吴山过越山，闽山指顾[2]海云间。
双轮一日三千里，不待风潮送客还。

注释

①口号：未经起草随口吟成。号，音 háo。
②指顾：手指，目视；指点顾盼。

## 辞别维卿[1]师

一第[2]归来海外天，程门[3]重立兴悠然。
秀才风味依然在，犹似春灯问字[4]年。

注释

①维卿：唐景崧，字维卿，广西灌阳人。曾任台湾巡抚，因爱逢甲之才，邀他至海东书院就读。逢甲以师礼称之。

②第：及第。丘逢甲二十六岁时进士及第。

③程门：《二程集·外书·十二》："游（游酢）、杨（杨时）初见伊川（程颐），伊川瞑目而坐，二子侍立。既觉，顾谓曰：'贤辈尚在此乎？日既晚，且休矣。'及出门，门外之雪深一尺。"后以"程门立雪"形容师道之严及学生对老师的尊敬。

④春灯问字：指元宵节猜谜。问字，称从人受学或请教为"问字"。《汉书·扬雄传》中记载扬雄多识古文奇字，刘棻曾向扬雄学奇字。

## 净翠园[①]敬步维卿[②]师元韵[③]（十二首）

### 其一

五十开藩[④]不算迟，官忙犹赋《筑园诗》。
莳花[⑤]洗竹闲功课，添入桓公[⑥]运甓[⑦]时。

注释

①净翠园：园名，唐景崧所建，台南道署花园之别称。唐景崧所署，唐赞衮新之，花木扶疏，雕栏焕彩，风光极为雅致。

②维卿：唐景崧，字维卿。

③步……元韵：步韵。赠答诗中，和人之作，仿照他人来诗的韵脚并按照其先后次序所写的诗。

④开藩：清代指到外省任高级官职。

⑤莳花：栽种花木。

⑥桓公：晋朝陶侃薨，成帝策谥曰"桓"，祠以太牢。

⑦运甓：指晋朝陶侃早晚搬运砖头，以锻炼身心、培养毅力和勤劳的习性。《晋书》："侃在州无事，辄朝运百甓于斋外，暮运于斋内，人问其故，答曰：'吾方致力于中原，过尔优逸，恐不堪事。'"

### 其二

板舆[①]奉母辟精庐[②]，小处娱亲[③]更自娱。
竹屋三间书万卷，此中官气一分无。

**注释**

①板舆：由人抬扛的一种板车，为古代老人常用的代步工具。后用以指官吏在任而迎养其父母。

②精庐：精雅的房舍。

③娱亲：使父母快乐。

## 其　三

春灯乐事谜争猜[1]，诗社钟声约竞来。
欲向红阑观碧海，万花扶客上澄台[2]。

**注释**

①谜争猜：争先猜谜。

②澄台：台名。在台南斐亭之左，高四丈余，东挹群山，西临巨海，故《府志》有“澄台观海”之景。台为高拱乾建，乾隆间蒋允焄修之，光绪初，夏献纶修建，今已毁。

## 其　四

玉轴[1]牙签[2]损俸钱[3]，古香春满画堂前。
异书合对名花读，不碍窥园董广川[4]。

**注释**

①玉轴：卷轴的美称。

②牙签：藏书者在书函上所著以备检取的标志。古以象牙制成，故称牙签。

③俸钱：秩禄。即今之薪水。

④董广川：西汉董仲舒，河北广川人。少治《春秋公羊传》。景帝时为博士，下帷讲读，三年不窥园。

## 其　五

手种幽兰花满盆，春风二月醒香魂。
门前多少新桃李[1]，不及园栽久受恩。

**注释**

①桃李：桃树和李树以桃李结实，比喻所栽培的门生或所推荐的人才。

## 其　六

春风[1]坐上不知寒，细议商量检食单[2]。
酒半茶初诗兴好，楝花影里倚栏干。

**注释**

①春风：春天温和的风。比喻和蔼可亲的气象或恩惠。

②食单：列食物的单子。

## 其　七

三更电语壁钟鸣，花睡初浓烛尚明。
春梦重重回应处，西清[1]铃索夜来声。

**注释**

①西清：指夹室前堂清净的地方。

## 其　八

吟罢探骊[1]说擅场[2]，尽容獭祭[3]入曹仓[4]。
花阴围住诗人坐，应胜春明[5]觅句[6]堂。

**注释**

①探骊：探骊得珠。古代传说深渊中有骊龙，其颔下有千金之珠，得之不易。《古今诗话·探骊得珠》："元稹、刘禹锡、韦楚客同会乐天舍，各赋《金陵怀古》。刘诗先成，白曰：'四人探骊，子先获珠，所余鳞角何用？'三公乃遂罢作。"

②擅场：以强胜弱，专据一场。

③獭祭：獭性贪，常捕大量的鱼，四面陈列，如陈列祭品，故称獭祭。

④曹仓：曹家书仓。晋朝王嘉《拾遗记·后汉》："曹曾书垂万余卷，及世乱，家家焚庐，曾虑其先文湮没，乃积石为仓以藏书，故谓曹氏为书仓。"后以"曹仓"泛指藏书的仓库。

⑤春明：城门名，唐代京都长安东面的城门之一。引申为京城的通称。

⑥觅句：诗人写作，深思苦吟以求美句。

## 其　九

五华[1]判[2]毕此经过，把酒谈心感慨多。
谁信书生清瘦貌，洗兵[3]曾自挽银河。

注释

①五华：地名，在今广东省梅州市内。

②判：分别，分离。

③洗兵：洗净兵器、收藏起来，即停止战争。亦指准备作战或出兵。

## 其 十

长安看罢杏花红，我亦园居赋揀东[1]。
壹是[2]未曾知己报，敢将种菜老英雄？

注释

①揀东：地名，揀东堡。在今台中市北屯区一带。揀，音 sè。

②壹是：一切，一律。

## 其十一

长物[1]曾无带万钉，公余涛爱晚来听。[2]
谁知小揖[3]图书府，大海清音过斐亭[4]。

注释

①长物：多余的东西。

②公余涛爱晚来听：斐亭之左右多竹，风晨月夜，谡谡有声，故有“听涛”之景。唐景崧好诗，常邀僚属于此为文酒之谦。

③揖：拱手为礼。音 yī。

④斐亭：台南道署中之亭名。唐景崧任兵备道，用为雅集之所。

## 其十二

名贤宦迹古来留，半亩终传海上头。
此是城[1]西读书处，可能韩孟[2]共千秋。

注释

①城：指赤嵌城。

②韩孟：指唐韩愈、孟郊二人。二人并称当时，唐朝赵璘《因话录》卷三载：“韩文公与孟东野友善。韩公文至高，孟长于五言，时号孟诗韩笔。”两人诗风相近似，故后人论诗，常以韩孟并称。

# 台湾县[1]八景（台中八咏）

## 鹞峰晴雪[2]

山意晚生寒，阴岭[3]雪微积。
寻梅晓出城，云间一峰白。

注释

①台湾县：康熙二十三年（1684）四月，划台湾为一府三县，隶属福建省，以明郑的旧天兴州改为诸罗县，万年州分为台湾、凤山二县。

②鹞峰晴雪：鹞峰，山名，在今台中市东势区。丘逢甲《科山生圹诗集序》："有山张两翼，上出云表，曰鹞峰。冬常晴雪，海上诗人所咏为'鹞峰晴雪'者也。其山脉西出，大甲、大安两溪之水夹之。有巍然起于东势角之西北者。"一误作"瑶峰"。

③阴岭：山的北面。

## 焰山[1]朝霞

山灵抱奇气，光焰作霞彩。
东风吹不散，捧日照炎海[2]。

注释

①焰山：即火焰山。亦称九十九峰。见本书《台湾竹枝词》其二十二注释。《台湾府志》有"焰峰朝霞"，为彰化旧八景之一。

②炎海：火海。比喻非常炎热的地方。

## 度山[1]观海

（山肖卧龙冈[2]。时范继庭为台湾县令）

山与卧龙埒[3]，奇观接混茫。
何人挥羽扇？筹策[4]奠[5]南洋。

注释

①度山：今台中市大肚山。

②卧龙冈：地名，在今河南省南阳市西南。诸葛亮曾结庐于此。

③埒：相同，齐等。音 liè。

④筹策：计谋策划。

⑤奠：建立。

## 大墩[1]眺月

不尽秋宵兴，登临云影开。
万家忧乐意，移照上心来。

注释

①大墩：地名，即今台中市。

## 双溪[1]渔火

欲觅渔村路，双溪薄暮[2]天。
西风明灭影，红出荻[3]花边。

注释

①双溪：指大甲溪、大安溪。

②薄暮：太阳快下山时，傍晚。

③荻：一种多年生草本。

## 梧汊[1]归帆

归舟乘晚潮，港近西风猛。
樯鸟迎客来，片片斜阳影。

注释

①梧汊：地名，即今台中市梧栖区。汊，水歧流，音 chà。

## 鸳湖[1]问荷

（在县东，仙根有别业曰樵隐山庄，著有《鸳湖诗》，故云）

地埒[2]湖州[3]胜，人吟工部[4]诗。
水光山色里，香满欲开时。

注释

①鸳湖：湖名，即鸳鸯湖。在今台中市亚哥花园停车场。

②埒：相同，齐等。音 liè。

③湖州：地名。清时治乌程、归安二县，辖乌程、归安、长兴、德清、武康、安吉、孝丰七县。民国废。

④工部：即唐诗人杜甫。曾任尚书工部员外郎，故有杜工部之称。

## 龙井[①]品茶[②]

汩汩[③]度山[④]阴[⑤]，客来秋正深。
贪廉不在水，[⑥]自在使君[⑦]心。

**注释**

①龙井：地名，即今台中市龙井区。有龙目井一口。
②品茶：品尝茶味，饮茶。
③汩汩：流水声。音 gǔ gǔ。
④度山：山名，今台中市大肚山。
⑤阴：山之北面。
⑥贪廉不在水：在今广东南海境有贪泉，相传饮贪泉者其心贪得无厌。晋朝吴隐之任广州刺史，素以廉洁著称，因前往饮之，并赋诗曰："古人云此水，一歃怀千金，试使夷、齐饮，终当不易心。"
⑦使君：汉时对刺史的别称。此处指吴隐之。

## 瀛堧[①]八咏（台湾八景）

### 东溟[②]晓日

朝曦[③]潋滟[④]拥东溟，射出毫光[⑤]万点星。
瀛海[⑥]扶桑[⑦]真咫尺[⑧]，烛龙[⑨]从此好长瞑[⑩]。

**注释**

①瀛堧：海岸，海边。瀛，海。堧，岸，音 ruán。
②东溟：东海。
③朝曦：朝辉。
④潋滟：水波相连的样子。
⑤毫光：光芒四射如毫毛，故称毫光。
⑥瀛海：大海。
⑦扶桑：古传说东海神木。
⑧咫尺：八寸曰咫，十寸曰尺。形容距离极近。
⑨烛龙：钟山神名。为神话中的神兽，人面龙身，在西北无日之处，衔烛以照幽阴。
⑩瞑：睡，眠。音 míng。

## 西屿[1]落霞

孤鹜齐飞句有神，[2]丹霞[3]一缕袅[4]澎津[5]。
散来余绮[6]真堪爱，风景依稀[7]洛浦[8]晨。

注释

①西屿：地名，澎湖州六小岛之一。

②孤鹜齐飞句有神：唐朝王勃《滕王阁序》："落霞与孤鹜齐飞，江水共长天一色。"

③丹霞：日光照在云上所成的赤色云气。

④袅：摇曳的样子，缭绕。

⑤澎津：地名，即澎湖。

⑥绮：光色，光芒。

⑦依稀：仿佛，不清楚的样子。

⑧洛浦：洛水水边。传说为洛神经常出没的地方。

## 安平[1]晚渡

红毛城[2]外海天浮，万里征帆[3]一望收。
好是月平风定后，有人天际识归舟。[4]

注释

①安平：安平港，在今台南市。

②红毛城：赤嵌城，在今台南市。1624 年荷兰人在外海七鲲身与北一鲲身上建砂土城，1633 年改建成砖石城堡。清初倒塌失修，今只留砖砌土台和古炮（非原物），称为安平古堡。

③征帆：远行的船。

④有人天际识归舟：宋朝柳永《八声甘州》："不忍登高临远，望故乡渺邈，归思难收，叹年来踪迹，何事苦淹留！想佳人，妆楼颙望，误几回，天际识归舟。争知我，倚栏干处，正恁凝愁。"

## 沙鲲[1]渔火[2]

隔江渔火列星星[3]，照到龙宫[4]睡不成。
蟹舍[5]鸥村烟漠漠[6]，灯光帆影不分明。

注释

①沙鲲：七鲲身屿。因岛由泥沙淤积而成，故称。连横《连雅堂全集·台湾史迹

志》："七鲲身在府治西南，……今诗客称台湾为鲲溟，而旧志亦有'沙鲲渔火'之景。"

②渔火：渔舟上的灯火。

③星星：细小的样子。同"点点"。

④龙宫：水中龙神的居所。

⑤蟹舍：捕蟹人所住的房子。

⑥漠漠：弥漫的样子。

## 鹿耳①春潮

铁弩②三千射未回，银山十二③拥成堆。
余声昼夜冲沙岸，知是春潮带雨来。

**注释**

①鹿耳：鹿耳门，岛名。原在七鲲身屿及北线尾屿以北，是郑成功率军到台最先登陆的地点。后西海岸泥沙淤积，已与台湾本岛相连。约在今台南市西北海边鱼塭地区。"鹿耳春潮"为台湾八景之一。

②弩：用机械发射的弓，力量大可达远处。音nǔ。

③银山十二：喻指七鲲身屿与北线尾屿南北连亘的十二个小岛。

## 鸡笼①积雪

炎②消瘴海③玉楼④寒，三伏⑤全无暑气干。
盈尺漫言⑥丰稔⑦兆，有人穷巷卧袁安⑧。

**注释**

①鸡笼：地名。连横《台湾诗钞》："大鸡笼屿，在澎湖东北二百五十里，有福州街旧址，……上建石城，所谓称'鸡笼积雪'，澎湖八景之一也。"

②炎：暑热。

③瘴海：唐宋时，称岭南一带弥漫瘴雾的海域为"瘴海"。

④玉楼：仙人住处，此处是楼的美称。

⑤三伏：农历节候名，即初伏、中伏、终伏。《阴阳书》曰："夏至后第三庚为初伏，第四庚为中伏，立秋后初庚为后伏。"

⑥漫言：莫道，不要说。

⑦丰稔：农作物丰收。

⑧袁安：东汉汝阳人。尚未腾达时，洛阳大雪，人多出乞食，安独自僵卧不起，洛阳令举为孝廉，出任阴平长、任城令。永平间，拜楚郡太守。

## 澄台[①]观海

扁舟[②]破浪记曾来，利济生平挟壮才。
此日登临增感慨，防山防海要徘徊。

注释

①澄台：台名。在台南斐亭之左，高四丈余，东挹群山，西临巨海，故《府志》有“澄台观海”之景。台为高拱乾建，乾隆间蒋允焄修之，光绪初，夏献纶复修。今已毁。

②扁舟：小船。

## 斐亭[①]听涛[②]

微似楼头振笛笙，俄[③]如海底吼鲵鲸[④]。
夜来午枕听无倦，瘦竹幽亭[⑤]一味清。

注释

①斐亭：台南道署中之亭名，唐景崧任兵备道，用为雅集之所。

②听涛：斐亭之左右多竹，风晨月夕，谡谡有声，故有“听涛”之景。

③俄：须臾，片刻。

④鲵鲸：雌鲸。鲵，音 ní。

⑤幽亭：指斐亭。

# 柏庄诗草

## 立春①前一日，与吕大瑜玉②游部子山③，用前冬游韵
（四首）

### 其　一

水曲山重画意存，小桃红处访仙源。
莫成刘阮④归来日，已见人间七代孙。

注释

①立春：节气名，在农历二月二日至五日。

②吕大瑜玉：人名。字汝玉，因排行第一，故称吕大。彰化县三角仔（今台中市神冈区三角村）人，光绪邑庠生。逢甲抗日创办义军，委瑜玉为帮办。抗日失败后，瑜玉见大势已去，遂叛变投敌，为掩饰自己的罪行，遂散布逢甲“卷饷”内渡之谣。

③部子山：山名，在今台中市大坑廍子里。

④刘阮：刘晨及阮肇。传说东汉明帝永平五年，二人共入天台山（山名，在浙江省天台县北）采药迷路，巧遇二仙女，欣然随往其家，半年后回家，子孙已过七代。

### 其　二

又占浮生①一日闲，寻春人在白云间。
欲从丛桂吟《招隐》②，不数《淮南》大小山③。

注释

①浮生：指人生。《庄子·刻意》：“其生若浮，其死若休。”

②《招隐》：《招隐士》，篇名。东汉文学家王逸收入《楚辞章句》，通常被认为是悯怀屈原而作，托意深远，文字清丽。

③《淮南》大小山：《淮南》，即《淮南子》，是由淮南王刘安组织其门客苏非、李尚、左吴、田由、雷被、毛被、伍被、晋昌等八公，及诸儒大山、小山等共讲论道德、总统仁义，而著之书。八公及诸儒大山、小山是该书的主要撰写人员，刘安为全书主编。一般认为《招隐》是小山所作。

## 其　三

沧海横流[1]居未安，一丘[2]一壑[3]此心宽。
他年雪夜如相访[4]，请作山阴道士[5]看。

注释

①沧海横流：大海之水到处泛滥，造成灾祸。比喻乱世。

②丘：土堆，小山。

③壑：山谷，聚水的沟坑。

④雪夜如相访：晋朝王徽之尝居山阴，夜雪初霁，月色清朗，四望皓然，独酌酒咏左思《招隐诗》，忽忆戴逵。逵时在剡，便夜乘小船访之，至门不入而返，人问其故，答曰："我本乘兴而来，兴尽而返，何必见戴?"

⑤山阴道士：指王徽之。字子猷，羲之子。山阴，地名，在今浙江省绍兴市。



## 其　四

利锁名缰[1]百不宜，林泉[2]佳处系幽思。
世间可作王官谷[3]，红杏春开客品诗[4]。

注释

①利锁名缰：指名利。因其如锁如缰，足以羁绊人生。

②林泉：林木与泉石。指隐居的地方。

③王官谷：地名，今名横岭，在今山西省永济市中条山之石楼峪西。岩洞深邃，泉壑幽胜。唐末司空图曾隐居于此。其《诗品》一书，评论诗的二十四种境界，对后代诗论影响很大。

④品诗：评论诗人的作品而定其名目。

## 人日[1]过筱云山庄[2]用历樊榭[3]《立春后一日集瓶花斋》韵

新符[4]换遍届春初，三径[5]来寻处士[6]庐。午院茶香留客话，夜窗灯火课儿书。
居因同里过从密，人渐中年意气[7]除。谈笑又逢煎饼会[8]，辛盘[9]次第[10]荐[11]园蔬。

注释

①人日：农历正月初七。《荆楚岁时记》："正月七日为人日，以七种菜为羹，剪彩为人，或镂金薄为人，以贴屏风，亦戴之头鬓，又造华胜以相遗，登高赋诗。"

②筱云山庄：前清举人吕汝修的祖宅，建于清同治五年（1866），购书两万余卷藏其

中，淡水举人吴子光题联云：“筱环老屋三分水，云护名山万卷书。”位于今台中市神冈区，目前为市定古迹，丘逢甲幼年时曾在此读书。

③樊榭：清朝文学家厉鹗，号樊榭。浙江钱塘人。康熙举人。博学，工诗词。著有《樊榭山房集》等书。

④新符：新年悬于门户旁的桃符。古代新年时用桃木板画神荼、郁垒二神或书写二神之名于其上，悬于门户旁，用以驱鬼、避邪，称为桃符。至五代后蜀时又于桃符板上书写联句，后又改以纸代桃木，遂演变为今日之春联。

⑤三径：三条小径。西汉末年兖州刺史蒋诩因王莽专政而隐居，家园中开三径，与求仲、羊仲两人交游。后用以比喻隐士居所或泛指家园。

⑥处士：有道德学问而未做官或不做官的人。

⑦意气：指行事任性、不顾后果。

⑧煎饼会：《荆楚岁时记》：“正月七日为人日，……北人此日食煎饼于庭中。”

⑨辛盘：五辛盘。古时元旦日，以葱、韭、蒜、蓼、蒿芥杂和供食，叫五辛盘，简称“辛盘”。取迎新的意思。

⑩次第：顺序，次序；依次；转眼，顷刻。

⑪荐：进献。

## 早春园居（二首）

### 其　一

玉笛声中听《落梅》[1]，番风[2]次第[3]放春回。时平不碍身先退，花好偏宜[4]手自栽。

醉月坐间群季[5]集，《停云》[6]吟罢故人来。满园桃李催开宴，又费青莲[7]作序才。

**注释**

①《落梅》：《落梅花》，一名《梅花落》，羌族乐曲。李白《与史郎中钦听黄鹤楼上吹笛》：“黄鹤楼中吹玉笛，江城五月《落梅花》。”

②番风：二十四番花信风。应二十四候花期而来的风，因为古人认为风应花期而来，故称信。由小寒至谷雨共八个节气，一百二十日，每五日为一候，共二十四候，每候应一种花信。小寒：一候梅花、二候山茶、三候水仙；大寒：一候瑞香、二候兰花、三候山矾；立春：一候迎春、二候樱桃、三候望春；雨水：一候菜花、二候杏花、三候李花；惊蛰：一候桃花、二候棠梨、三候蔷薇；春分：一候海棠、二候梨花、三候木兰；清明：一候桐花、二候麦花、三候柳花；谷雨：一候牡丹、二候荼蘼、三候楝花；楝花竟，则立夏。

③次第：顺序，次序；依次；转眼，顷刻。

④偏宜：独宜，特宜。

⑤群季：众弟，诸弟。李白《春夜宴桃李园序》：“群季俊秀，皆为惠连；吾人咏歌，

独惭康乐。”

⑥《停云》：陶潜有《停云诗》以怀念友人。陶潜《停云诗序》：“停云，思亲友也。”

⑦青莲：唐朝诗人李白别号“青莲居士”，曾作《春夜宴桃李园序》一文。

## 其　二

已付闲身等系匏[①]，故林聊此作安巢。看花约为春阴改，接树方从里老抄。

诗句得来三易草[②]，名心芟[③]尽一团茅[④]。东风门户重重闭，未许侯芭[⑤]载酒敲。

注释

①系匏：匏瓜味苦不能吃，没有用处，所以悬置一旁。《论语·阳货》：“吾岂匏瓜也哉，焉能系而不食。”比喻被置不得出仕，或久任微职不得升迁。匏，音 páo。

②三易草：经过三次修改诗稿。

③芟：割除。音 shān。

④团茅：一团茅草。

⑤侯芭：汉朝巨鹿人。扬雄弟子，受《太玄》、《法言》，雄卒，为起坟，心丧三年。

## 鸣桂馆与谢四[①]颂臣夜话

满庭风露橘花香，藻[②]影纵横[③]月上墙。

怕倚阑干谈往事，酒痕茶梦费思量[④]。

注释

①谢四：丘逢甲先生之表兄。名道隆，字颂臣。台中市揀东上堡人。因排行第四，故称谢四。诸生。博学工诗，且精岐黄术。乙未年（1895）之役，台湾被割让予日本，激于义愤，曾有“刺血三上书”壮举，旋从逢甲倡组义军，事败，后走闽粤，遁归台湾，隐于医。与林朝崧、连横等过从甚密。年四十，筑生圹于大甲溪侧，另于林壑深处构草堂，署名“小东山”。春秋佳日，招引良朋，携名伎，作文酒之会。1915 年殁，遗有《小东山诗存》，未刊，乙酉年（1946）台湾光复后，始由其后人付梓传世。

②藻：水藻。

③纵横：交错，众多。

④思量：思考，考虑。

# 早春园花次第[1]开放，各赏以诗（十六首选六）

## 梅　花

孕珠[2]含玉短墙间，老干攲[3]云藓有斑[4]。
一夜东风透消息，嫩寒春晓梦孤山[5]。

注释

①次第：依次。

②孕珠：蚌类怀胎。后比喻妇人怀胎，此指含苞。

③攲：倾斜，偏斜。音 qī。

④藓有斑：苔藓在岩石上所成的斑痕。

⑤孤山：山名，在浙江省杭州市西湖中。孤峰独耸，秀丽清幽，为湖山胜地。宋朝处士林逋曾在此隐居，植梅养鹤。

## 桃　花

曾种天台[1]二女家，匆匆春梦隔烟霞。
墙头一片斜阳影，画出东风饼样花。

注释

①天台：山名，在浙江省天台县北。古神话有刘晨、阮肇入天台山采药迷路，巧遇二仙女，欣然随往其家，半年后回家，子孙已过七代。

## 橘　花

浓香微透绣帘[1]垂，蛎粉[2]墙头花满枝。
记取樊川[3]诗兴好，楚乡寒食[4]正开时。

注释

①绣帘：绣有花纹的帘幕。

②蛎粉：牡蛎壳所烧成的灰。

③樊川：水名，在今陕西省西安市长安区南。唐朝诗人杜牧著有《樊川集》。因指杜牧。

④楚乡寒食：《荆楚岁时记》：“去冬节一百五日，即有疾风甚雨，谓之寒食，禁火三日。”

## 梨　花

惆怅东栏雪一枝，[①]旧时烟景[②]怕回思。
春风院落[③]溶溶[④]月，写出人间富贵诗。

注释

①惆怅东栏雪一枝：苏轼《东栏梨花》："梨花淡白柳深青，柳絮飞时花满城。惆怅东栏一枝雪，人生看得几清明！"

②烟景：春天美好的景色。

③院落：庭院。

④溶溶：广大、宽广的样子。

## 含笑[①]花

倚阑含笑孕香胎，脉脉[②]幽情特地开。
我为惜花春起早，卷帘疑是太真[③]来。

注释

①含笑：花名。

②脉脉：相视的样子。含情脉脉不语。音 mò mò。

③太真：唐朝杨贵妃的道号。

## 桂　花

天上分根种绕廊[①]，东风吹送广寒[②]香。
年来贬损文章价，戏署[③]芗林[④]卖卜[⑤]堂。

注释

①廊：屋外有遮盖的走道。

②广寒：广寒宫。传说唐玄宗于八月望日游月中，见一大官府，榜曰："广寒清虚之府。"后因称月中仙宫为"广寒宫"。

③署：题字。

④芗林：园林名。宋朝向子諲因忤秦桧意，遂辞官闲居，将其宅号为"芗林"。

⑤卖卜：靠为人占卦谋生。

## 吕大瑜玉①许分红梅一本，未至，诗以催妆②

芳讯③罗浮④总未闻，双身⑤曾许玉阑⑥分。
东风消息来何缓？久启妆台⑦待紫云⑧。

**注释**

①吕大瑜玉：人名，字汝玉。

②诗以催妆：作催妆诗。旧俗新婚之夕，赋诗催促新妇梳妆，称为“催妆诗”。后文人作催妆诗，仅是朋友间成婚时相互应酬之作。此处指以诗催促吕大速送红梅。

③芳讯：花开的消息，借指人的来信。美言，敬称对方的言辞。

④罗浮：山名，在广东省惠州市博罗县西北部。相传东晋葛洪得仙术于此。风景优美，为粤中游览胜地。相传赵师雄在此梦遇梅花仙女，后多为咏梅典实。

⑤双身：两棵红梅。

⑥玉阑：栅栏的美称。用竹木编成的篱落，以供障蔽。

⑦妆台：梳妆台。

⑧紫云：唐时妓女。

## 早春即事

东风微雨起疏慵①，韶景②芳时取次③逢。捣④药臼从邻媪⑤借，贮⑥诗囊⑦泥⑧内人⑨缝。
缘⑩渠⑪安碓⑫水声活，移架临池⑬花气浓。无限春光作吟料⑭，可无佳兴胜残冬。

**注释**

①疏慵：慵懒散漫。

②韶景：美景，多指春景。

③取次：次第，挨次。

④捣：舂，捶。

⑤媪：年老的妇人。音 ǎo。

⑥贮：装，盛，储藏起来。

⑦诗囊：盛诗稿的锦囊。

⑧泥：用软语要求。音 nì。

⑨内人：妻子。

⑩缘：顺，沿。

⑪渠：水沟。

⑫碓：舂谷的器具。多用脚操作，也有用水力发动的。

⑬临池：靠近水边。

⑭吟料：诗料。作诗的词汇和资料。

## 题村居壁

万竹青围郭[①]外村，竹阴缺处小柴门。康成[②]墙剥牛书字[③]，鲁望栏喧鸭对言。[④]

婚嫁朱陈[⑤]多聚族，去来王谢[⑥]少争墩[⑦]。稻田蔬圃茅苫屋[⑧]，故业[⑨]能留与子孙。

注释

①郭：外墙。

②康成：东汉经学家、数学家郑玄，字康成。

③牛书字：相传郑玄家的牛能识字，古谚有“郑玄家牛，触墙成八字”。

④鲁望栏喧鸭对言：唐朝文学家陆龟蒙，字鲁望。曾居笠泽，养一绿头小鸭，善人言，常自呼其姓名。栏，养牲畜的圈。此处为养鸭的圈。

⑤朱陈：唐朝诗人白居易《朱陈村》：“徐州古丰县，有村曰朱陈，……一村两姓，世世为婚姻。”后多喻为两姓缔结婚姻之辞。

⑥王谢：指名门望族。晋朝王、谢世为望族。

⑦墩：平地上土积累而成的小高地，也指在平原中土地高起供居住的小村落。晋朝谢安曾居南京市蒋山之半山上，故名“谢公墩”，宋朝王安石也曾居此地。

⑧茅苫屋：用白茅草织编制成的覆盖物。苫，音 shān。

⑨故业：旧业。

## 夜寒甚，不寐[①]作

四更梅月印窗纱，风雪穷庐卧拥花。

知否长安名利客[②]，已扶残梦上骡车。

注释

①寐：睡着。

②长安名利客：长安为汉、唐以来经常建都的地方。因以长安道上比喻名利场所。佚名《贺圣朝》：“长安道上行客，依旧利深名切。”

## 春日书怀

五星[①]幡[②]影舞东风，春转苍龙[③]女宿[④]中。儿女青红催老大，神仙黄白[⑤]误英雄。

马卿[⑥]仕宦[⑦]供多病，韩子[⑧]文章托送穷。且为看花消永日[⑨]，等闲[⑩]休放酒尊空。

注释

①五星：指金、木、水、火、土五行星。

②幡：幅长下垂的旗子，又为旌旗的总称。

③苍龙：星名。东方七座星宿，即角、亢、氐、房、心、尾、箕的总称。

④女宿：星名，二十八宿之一。北方玄武七星的第三宿，在牛宿与虚宿之间，有四星。

⑤黄白：指道家炼丹点化金银的法术。

⑥马卿：西汉辞赋家司马相如，字长卿。景帝时为武骑常侍，因病免。武帝时，拜孝文园令，又以病免。

⑦仕宦：做官，服公职。

⑧韩子：唐朝古文家、诗人韩愈，著有《送穷文》。送穷，祭送穷鬼。

⑨永日：终日，整天。

⑩等闲：无端。

## 上元①后一夕，斌儿痘②殇③志④痛（二首）

### 其一

小时何了了，⑤已解识“之”、“无”。

凄凉月圆夜，掌上失明珠⑥。

**注释**

①上元：农历正月十五日。元宵节。

②痘：病名，俗称天花。

③殇：未成年而夭折。

④志：记识事物。

⑤小时何了了：幼年多聪慧。

⑥明珠：明亮的宝珠，此处指珍贵的人物。

### 其二

才及周晬①期，遽②堕天花厄③。

可怜《黄台瓜》④，伤心已三摘⑤。

（乙酉一子生数日殇，丁亥葬女生周期而殇，及此已三矣）

**注释**

①周晬：小儿满一岁的生日。晬，音 zuì。

②遽：仓促，急速。

③厄：遭难。

④《黄台瓜》：即《黄台瓜辞》。《新唐诗·承天皇帝倓传》：“泌曰：‘陛下尝闻《黄

台瓜》乎？'" 后乃喻兄弟。

⑤摘：摘取。

## 拨闷[1]（四首）

### 其　一

畎畎[2]窥天太白[3]高，行吟[4]声答夜虫号。

千秋亭畔无穷感，潘岳[5]华年已二毛[6]。

**注释**

①拨闷：排除烦闷。

②畎畎：光辉闪烁的样子。韩愈《东方半明》："残月晖晖，太白畎畎。"畎，音 shǎn。

③太白：星名，即金星。

④行吟：一面行走，一面吟诗。

⑤潘岳：西晋文学家，字安仁。

⑥二毛：年老的人。因其鬓发斑白有二色，故称。潘岳《秋兴赋·序》："余春秋三十有二，始见二毛。"

### 其　二

穷巷萧条[1]辙迹[2]深，典衣[3]沽酒[4]怯春阴。

年来谀墓[5]文无价，何事刘叉[6]更攫金[7]。

**注释**

①萧条：寂寥冷落。

②辙迹：车轮的行迹，或指痕迹。

③典衣：以衣服抵押钱财。

④沽酒：买酒。

⑤谀墓：替人作墓志铭阿谀死者。谀，音 yú。

⑥刘叉：唐朝元和人。少任侠，因酒杀人亡命。会赦出，更折节读书，能为歌诗。闻韩愈接天下士，往归之，后以争语不能下宾客，因持愈金数斤去，曰："此谀墓中人得耳，不若与刘君为寿。"遂行归齐、鲁，不知所终。

⑦攫金：《列子·说符》："昔齐人有欲金者，清旦衣冠而之市，适鬻金者之所，因攫金而去。吏捕得之，问曰：'人皆在焉，子攫人之金何？'对曰：'攫金之时，不见人，徒见金。'"后因以攫金谓盗劫财物。

## 其　三

词客[①]伤心赋罢时，空仓雀鼠[②]替啼饥。
人前无处缄愁[③]告，说与韩陵片石[④]知。

注释

①词客：擅长词章的文士。

②雀鼠：大老鼠。

③缄愁：写信给人倾诉相思之苦。

④韩陵片石：指北魏温子升所作《韩陵山寺碑》。《朝野佥载·六》："梁庾信从南朝初至北方，文士多轻之。信以《枯树赋》示之，自后无敢言者。时温子升作《韩陵山寺碑》，信读而写其本。南人问信曰：'北方文士何如？'信曰：'唯有韩陵山一片石堪共语，薛道衡、卢思道少解把笔，自余驴鸣犬吠，聒耳而已。'"韩陵，山名，在河南省安阳市东北。

## 其　四

漫[①]将枨触[②]话前尘[③]，拨闷闲抽[④]百感身。
留与穷愁[⑤]作吟料[⑥]，天公[⑦]原不薄诗人。

注释

①漫：放纵，不受拘束。

②枨触：内心受到外物刺激而有所感。音 chéng chù。

③前尘：佛家语。指人世间当前虚幻的尘境。尘指色、香、声、味、触、法等六尘，造成了现实世界。而此现实世界皆为虚幻。

④抽：弹奏，吹奏。

⑤穷愁：穷苦而忧伤。

⑥吟料：诗料。

⑦天公：天帝。

## 种　菜

水北花南半亩幽，不须求益买街头。闭门雷雨迟先主，亡国河山隐故侯[①]。
《瓠史》[②]盛传千本富[③]，豆棚凉话一锄[④]秋。西风黄叶休惆怅，为问根能咬得不[⑤]？

注释

①隐故侯：秦朝东陵侯召平于秦亡后，在长安城东种瓜，瓜味甚美，世称"东陵瓜"，

又称“青门瓜”。

②《瓠史》:《汉书》的别称。《事物异名录·书籍部·史》:“梁有僧,南渡赍一葫芦,有《汉书》班固真本,宣城太守得之,谓之《匏史》。”瓠,音 hù。

③千本富:《汉书》,东汉班固撰。固父彪因司马迁所作《史记》,自武帝太初以后阙而不录,而作后六十五篇;固更缀集所闻,加以补充,而作《汉书》;后固以窦宪事死于狱中,其书未竟;和帝诏固妹昭据东观藏书续成之。全书百篇,一百二十卷;本纪十二、表八、志十、列传七十。

④锄:用锄头整理田地。

⑤不:否。音 fǒu。

## 老番行①

中路②岸里③等社归化④最早,于诸屯⑤中亦最有劳绩⑥。后以侵削⑦地无尽,多流移入埔里社⑧,安故⑨居者仅⑩矣。今闻设厅,来番业又日蹙⑪,流移⑫将无地,是可哀也。作此以告当道⑬之言抚番⑭者。

牛困山⑮前逢老番,为人结束⑯能人言。自云旧住麻薯屯⑰,播迁⑱以来今抱孙。
二百年前归化早,皇威震叠⑲临台岛。鸡羽传书⑳麻答㉑少,鹿皮纳税必丹㉒老。
猎罢山中并业农,长官无役不相从㉓。诸戎㉔犄角㉕微劳著㉖,个雾㉗擒余捡㉘骨宗㉙。
指屈㉚当年设屯始,会称天地狐鸣起。渡海平之福贝子㉛,海侯㉜相助贼魄褫㉝。
惟番向导㉞功狗㉟比,一百二十巴图鲁㊱。爱番趫捷㊲乐番使,旋㊳预㊴梯杭㊵集上都㊶。
八旬圣寿㊷效嵩呼㊸。谁知断发文身㊹状,曾入先朝㊺《王会图》㊻。
圣恩赐土归来日,耕凿㊼相传薄纳租。百余年来时事异,奸民嬲㊽番占番地。
堂上理番虽有官㊾,且食蛤蜊㊿知许事[51]!况乃屯粮亦虚额[52],中饱[53]年年归黠吏[54]。
故业[55]萧条眨眼[56]中,社番十户九贫穷。新居未免谋迁绛[57],名论真宜译[58]徙戎[59]。
故山苍苍惨将别,举家[60]移向生番穴[61]。仍占[62]鸟语作耕猎,更验桐花[63]定年节。
铭刻[64]天朝[65]累代[66]恩,未敢杀人持寸铁[67]。偶出山前过故居[68],巢痕毕扫增呜咽[69]。
山风吹发遽[70]衰秃[71],若识生年定耄耋[72]。方拟桃源世世居,谁请凿空[73]张骞说。
玉斧[74]应知画界难,重关[75]山险启泥丸[76]。所欣岩谷残年日,犹得威仪[77]拜汉官。
官威难弭[78]汉民奸,又占山田启讼端[79]。日久深山无甲子[80],风生小海有波澜[81]。
眼看番地年年窄,覆辙[82]伤心话畴昔[83]。方今全山毕开辟,更从何处谋安宅?
番丁业尽为人役,空存老朽沟中瘠[84]。况闻抚番待番厚,生番日醉官中酒。
同沐[85]天家[86]浩荡[87]恩,老番更比诸番久。可怜为熟不如生,衰落余年偏不偶[88]。
夜半悲呼山月暗,哀思难向青天剖[89]。我闻此语为兴嗟,台民今亦伤无家。
开山聊藉五丁[90]力,岂皆荐食[91]为长蛇?山田弓丈[92]则[93]下沙[94],赋重应比山前差。
长官终有廉来日,故业可复安桑麻。此歌聊向春山咏,东风开遍番樣[95]花。

注释

①老番行：行，古代诗文的一种。番，指台湾早期原住民。此处指巴则海族。此诗叙述原住民之悲惨遭遇。依序述明族群之兴起、衰落、眼前之困境及作者之心声。

②中路：清朝将台湾建省以后，其地方行政机构分为台南府（南路）、台湾府（中路）、台北府（北路）、台东直隶州。台湾府（中路）辖台中县、彰化县、云林县、苗栗县及埔里社厅。

③岸里：番社名。番人的聚居曰“社”。故址大甲溪北岸，约在今台中市神冈、丰原、后里。中路岸里社归化最早。清乾隆五年（1740）赐土目墩仔姓潘氏，并赏衣冠，闽人入垦，渐向埔里迁徙。

④归化：归服而受其教化，这里指汉化。

⑤屯：聚集。

⑥劳绩：劳苦所得的功绩。

⑦侵削：侵夺，削夺。

⑧埔里社：番社名，在今南投县埔里镇。

⑨安故：安于旧俗，不轻易改变。

⑩仅：少。

⑪蹙：削减，收缩。

⑫流移：流亡迁徙。

⑬当道：当权的人。

⑭抚番：即遍查番社的户口，慎选土官，教番人学习汉语，改变他们的风俗。

⑮牛困山：今作牛眠山。

⑯结束：安排，处置。

⑰麻薯屯：麻薯社，岸里九社之一，故址约在今台中市后里区内。

⑱播迁：迁徙，迁移。

⑲震叠：惊惧。

⑳鸡羽传书：羽书，古代军中的文书。若插有羽毛，表示军情紧急，必须迅速传递。

㉑麻答：或称“麻达”，平埔族语。意即未婚男子。一说为听差者，即仆役。

㉒必丹：平埔族语。意即部落中世袭的土官，是番社中的首脑人物。权限为约束番众，总理社务。

㉓无役不相从：无役不从。

㉔戎：种族。

㉕犄角：兽角。

㉖著：明显，显著。

㉗个雾：人名，反对清廷统治之平埔族人。

㉘捦：通“擒”。

㉙骨宗：人名，水沙连番酋长，性狞悍，清雍正中叛，为官军捕杀。

㉚指屈：曲指。弯曲手指计算事物的数目。

㉛福贝子：即清代福康安。字瑶林，号敬斋，姓富察氏。满洲镶黄旗人。乾隆五十二年（1787）秋八月诏以康安为大将军，领侍卫内大臣超勇侯海兰察为参赞，率军队及巴图鲁侍卫等一百二十余员来台平定林爽文、庄大田之乱。平定后，曾上善后策十六事，即习戎备、除奸民、清吏治、速邮政等。又以归化番人效力军前，请援四川屯练之制，设置屯丁。因功晋封“贝子”。贝子，为清朝授给宗室和蒙古外藩的爵位名。为满语贝勒的复出之数的名称。凡一府仅有一贝勒，其子弟皆为贝子。在原始满族中，贝子为天生的贵族，清代颁定爵位次序中，有固山贝子，简称“贝子”。位居亲王、郡王贝勒之下，镇国公之上。

㉜海侯：即侍卫内大臣超勇侯海兰察，满洲人。勇敢善战，福康安每统帅，海兰察辄为参赞，所向克捷。平林爽文之后，以功晋封超勇公，图形紫光阁。御制平定台湾二十功臣像赞。

㉝褫：革除，夺去。音 chǐ。

㉞向导：向导，指引道路的人。

㉟功狗：汉高祖刘邦称萧何为功人，诸将为功狗。

㊱巴图鲁：蒙古语，指勇士。元代称为霸都鲁或拔督鲁，清代对满族、蒙古族有功绩的人，多赐此称号。连横《台湾通史·福康安列传》：“乾隆五十一年冬，彰化林爽文起事，凤山庄大田应之，南北俱扰，……五十二年秋八月，诏以康安为大将军，领侍卫内大臣超勇侯海兰察为参赞，率领队大臣……及巴图鲁等一百二十余员……往平之。”

㊲趫捷：矫健敏捷的样子。趫，音 qiáo。

㊳旋：随即。

㊴预：参与。

㊵梯杭：梯山航海。缘梯登山，乘舟渡海。形容跋涉远道，经历险阻。杭，通“航”。

㊶上都：京都，首都。

㊷八旬圣寿，即乾隆五十五年（1790），乾隆皇帝八十岁。

㊸嵩呼：旧时颂祝帝王之辞。汉元封元年（前 110），武帝登嵩山，吏卒听到三次高呼万岁的声音。后来诗文中遂用嵩呼来祝颂帝王。

㊹断发文身：剪短头发，身绘花纹，是古代东南吴、越民族的风俗。

㊺先朝：前朝，多指上一个朝代，或指先帝。

㊻《王会图》：图册名。唐朝画家阎立本所绘的四夷朝会图。《旧唐书·南蛮西南蛮传·东谢蛮》：“贞观三年，元深入朝，冠乌熊皮冠，若今之髦头，以金银络额，身披毛帔，韦皮行縢而著履。中书侍郎颜师古奏言：‘昔周武王时天下太平，远国归款，周史乃书其事为《王会篇》。今万国来朝，至于此辈章服，实可图写，今请撰为《王会图》。’从之。”后用以泛指朝会图。《台中县·人物志》云：“（平大甲西社）事件后，（张）达京保解降番晋京，雍正帝嘉其功，钦赐七品京官衔，并钦颁御衣一袭。”张达京，字振万，号东斋，生于广东潮州府大埔县，康熙五十年（1785）渡台，居岸里社。晓番语，识番情，值疫疠盛行，乃以医术行于其间，治人无数。土官阿莫称其才德，以女妻之。雍正元年（1723）任岸里五社总通事。雍正十年（1733），协助清军平定大甲西社首魁林武力等番乱，护送降番至京，赐七品京官，拜领御衣一袭回台。乾隆十五年（1750）遭革职，被

遣送回籍。

㊼耕凿：耕田而食，凿井而饮，指田园生活。

㊽嬲：戏耍，抵赖。音 niǎo。

㊾理番虽有官：理番同知。官名。清代专责管理番务的官吏。当时“熟番”早已归化，土地多遭汉人占有，许多人因而流离失所。为了防止“熟番”因流失土地而逃入深山，再度变为“生番”，于是增设“理番同知”一职。职司任命通事、鼓励风俗改良、学习汉化、清查土地、征收赋税与处理汉番间之纠纷等。

㊿蛤蜊：动物名。栖近海沙底。《南史·王弘传》：“昭略云：‘不知许事，且食蛤蜊。’”音 gé lí。

51许事：何事。

52虚额：限额外的数目。

53中饱：中间阶层饱足。今称经手公款，从中非法牟利为中饱。

54黠吏：奸狡的官吏。黠，音 xiá。

55故业：旧业。

56眨眼：眼睛一开一合，引申为瞬间。

57迁绛：春秋晋国晋穆侯自曲沃迁都于绛（故城在今山西省翼城县东南），及晋景公，又迁都新田，改名“新绛”，也称“绛”（故城在今山西省曲沃县西南）。

58译：通“择”，选择。

59徙戎：晋代统治阶级中企图用武力强迫少数民族外迁的一种主张。《晋书·江统传》：“统深惟四夷乱华，宜杜其萌，乃作《徙戎论》……帝不能用，未及十年，而夷狄乱华，时服其深识。”清项□□《〈中西纪事〉叙》：“窃惟驭外之要，不越剿抚二端。乃由前而论，择将之难，汉文拊髀而兴叹；由后而论，徙戎之患，江统蒿目而生忧。”

60举家：全家。

61生番穴：尚未汉化的原住民的巢穴。

62占：瞻视。音 zhàn。《诸罗县志》：“无卜筮，凡出草，入山樵采，必听鸟声以卜吉凶；吉乃往，鸟若鵪鶉（番名曰鵪麦）。”连横《雅堂文集》：“台湾生番出草之时，则卜鸟语，以定方向。如闻鵪鶉之声则返，改日再卜。”

63桐花：刺桐花。

64铭刻：镂刻，把文字刻在金石等物品上，表示记忆深刻。

65天朝：对朝廷的尊称。外部藩属旧以中国为宗主国，也称中国朝廷为天朝。

66累代：历代。

67寸铁：形容短小的兵器。

68故居：旧时的居所。

69呜咽：伤心哭泣的声音。

70遽：惶惧，窘迫。

71衰秃：衰老秃发。

72耄耋：年寿高，也指老年人。音 mào dié。

73凿空：凿山使通，开发道路。《史记·大宛列传》：“然张骞凿空，其后使往者皆称博望侯，以为质于外国，外国由此信之。”

㉔玉斧：玉所制的斧。

㉕重关：险要的关塞。

㉖泥丸：小泥球。用丸泥封塞，即可阻敌，比喻地势险要。《后汉书·隗嚣传》：“元请以一丸泥为大王东封函谷关。”

㉗威仪：古代大臣出行，前后持仪仗的随从，称为“威仪”。

㉘弭：止息。

㉙讼端：诉讼之事端。

㉚甲子：甲为十天干之首，子为十二地支之首，干支依次相配，如甲子、乙丑……有六十种不同的变化，始称六十甲子。古人用以纪年、纪月、纪日、纪时。

㉛波澜：波浪，比喻世事的变迁。

㉜覆辙：翻车的轨迹，比喻失败的教训。

㉝畴昔：从前，往日。

㉞沟中瘠：因饥寒而死于沟壑的人。

㉟沐：蒙受。

㊱天家：帝王之家，皇家。

㊲浩荡：形容壮阔。

㊳偶：偶然。

㊴剖：辩解。

㊵五丁：古代传说中的五力士。

㊶荐食：一再吞食，比喻不断侵略，贪得无厌。

㊷弓丈：测量土地。弓，度名，用以量地。丈，测量。

㊸则：等第。

㊹下沙：低级沙地。

㊺番檨：土芒果。

## 乞归已逾[①]三载，感赋（二首）

### 其　一

吟罢长安及第花，[②]便依南斗望京华。[③]医贫已误三年艾[④]，浇俗[⑤]难凭七品茶。

万里劝行良友札，五更入梦早朝车。此身匏系[⑥]成何益？目断东风海上槎[⑦]。

**注释**

①逾：超过，超越。

②吟罢长安及第花：孟郊《登科后》：“昔日龌龊不足夸，今朝放荡思无涯。春风得意马蹄疾，一日看尽长安花。”郑谷《曲江红杏》：“女郎折得殷勤看，道是春风及第花。”

旧称科举中试为及第。

③便依南斗望京华：杜甫《秋兴》：“夔府孤城落日斜，每依北斗望京华。”

④三年艾：存放三年的陈艾，可用来治病。《孟子·离娄上》：“今之欲王者，犹七年之病，求三年之艾也。”

⑤浇俗：人情淡薄，只知争利的风俗。

⑥匏系：匏瓜系而不食，比喻贤才不得志。

⑦槎：木筏，竹筏。

## 其　二

惆怅牙琴①操②里音，此生终恐误山林。未酬车马题桥③愿，空抱江湖恋阙④心。（维卿⑤师有“山林终恐误英雄”句，盖相勖⑥语也）。

亲健固容成远志，家贫何术铸黄金⑦？卖文⑧自悔生涯拙，桃李门前春又深。

**注释**

①牙琴：传说春秋时伯牙善弹琴。后因以“牙琴”泛指高手奏琴。

②操：琴曲名。

③题桥：指西汉司马相如赴长安，离开蜀郡故乡，在升仙桥柱上题字的故事。比喻追求功名的豪情壮志。

④阙：古代宫庙门外建立的二台，其间阙然有路可通。宫门，宫殿，多用以指帝王的居处。

⑤维卿：唐景崧，字薇卿（或书维卿），号南注（生），广西灌阳人。光绪年间，中、法越南战争，镇守谅山，打败法军。后来担任台湾省巡抚，在台期间，颇好文事，建万卷堂，组牡丹诗社，纂《台湾通志》，著有《诗畸》行世。中日战争，台湾被割让给日本，乡民拥戴景崧为总统，宣告自立。日军登陆台湾，所属兵败，遁归大陆。

⑥勖：勉励。音 xù。

⑦铸黄金：炼金。

⑧卖文：写文章赚取酬劳。

# 邻居皆农家者流①也，春作方忙，为作农歌以劝之（八首）

## 其　一

爆竹声中岁琯②更，照完虚耗③待春耕。

农家共上封人④祝，户户春联写太平。

**注释**

①流：一类人物。

②琯：玉管。历家用以候气者，以玉为之。用葭莩的灰填在律管的内端，到冬至时阳气生，因热胀冷缩，便会灰飞而管通。见《后汉书·律历志》。杜甫诗："吹葭六琯动飞灰。"音 guǎn。

③照虚耗：宋朝京师的一种习俗。午夜时，点明灯于阴暗处，以祛除鬼怪。虚耗，鬼名，所至之处，令人财物损失，库藏空竭。

④封人：周礼官名。地官司徒之属，掌管守护帝王社坛及京畿疆界。春秋时为典守国家疆界之官。

## 其　二

卜歉占丰[1]预记明，刺桐[2]花发叶初生。
天公肯遂田家愿，又放交春[3]一时晴。

**注释**

①卜歉占丰：以蓍草、龟甲的卜兆来占问农作物歉收或丰收。

②刺桐：植物名。落叶乔木，树干有突瘤，枝条有粗刺，花深红色。

③交春：春天到来。

## 其　三

种罢春田学种鱼，《鱼经》[1]珍重等《农书》[2]。
秧针渐绿鱼苗出，春水桃花二月初。

**注释**

①《鱼经》：探讨养鱼技术和方法的书籍。

②《农书》：宋朝陈勇撰，三卷。上卷论农事，中卷论养牛，下卷论养蚕。

## 其　四

鞭春[1]才罢为春忙，露湿春旂[2]出绿杨。
难得班春[3]贤太守，劝农[4]来说粪渣[5]香。

**注释**

①鞭春：鞭打春牛以迎春。

②旂：通"旗"。酒旗。音 qí。

③班春：颁布春令。班，通"颁"。

④劝农：官名。唐、宋置劝农使。主劝勉农事，亦称奖励农事。

⑤粪渣：粪，秽土，不洁之土。渣，含汁物去汁后所余的干质。

## 其　五

一春烟雨①湿农蓑，稻叶初齐草又多。
手眼分明良莠②别，论才须中力田③科。

注释

①烟雨：迷蒙细雨。

②良莠：好坏。莠，音 yǒu。

③力田：乡官名。为一种农官，汉时与孝弟并举，有孝弟力田科。

## 其　六

未逢惊蛰①已闻雷，雨足春田接熟梅。
早稻欲花春事晚，饭香先入梦中来。

注释

①惊蛰：节气名，在农历三月五日或六日。此时值逢春天，气温回升，蛰居地下冬眠的动物惊醒，开始活动，故名。蛰，音 zhé。

## 其　七

等闲①休负好春光，也送儿童上学堂。
领略②农家真事业，《孝经》③先讲《庶人》④章。

注释

①等闲：无端。

②领略：领会，晓悟。

③《孝经》：书名。记孔子与曾子问答，以明孝道及孝治之义的一部经典。有古文、今文二本。今文本郑玄注，分十八章；古文本，孔安国注，分二十二章。

④《庶人》：《孝经》中第六章名。文曰："用天之道，分地之利，谨身节用，以养父母，此庶人之孝也。故自天子至于庶人，孝无终始，而患不及者，未之有也。"

## 其　八

回首春明①旧梦遥，干云意气②学农消。
薄田几亩完供③早，也算涓埃答圣朝④。

注释

①春明：城门名。唐代京城长安东面的城门之一，引申为京城的通称。

②干云意气：形容意气高昂可触及云际。

③供：奉献。

④涓埃答圣朝：涓埃，滴水与尘埃，比喻微小。圣朝，朝廷。杜甫《野望》："唯将迟暮供多病，未有涓埃答圣朝。"

## 谈 兵

箐[①]雨峦烟筑将台，穷荒山学五丁[②]开。空陈充国[③]屯田[④]策，枉用张骞凿空[⑤]才。
蝼蚁[⑥]穴中劳挞伐[⑦]，螳螂[⑧]车畔费招徕[⑨]。年来入告都成例[⑩]，纸上谈兵[⑪]又一回。

注释

①箐：大竹林。音 qìng。

②五丁：古代传说中的五力士。

③充国：赵充国。汉武帝时破匈奴有功，后与霍光迎立宣帝，封为营平侯。又平羌人叛乱，并奏陈屯田十二便，储粮制敌，寓兵于农。

④屯田：汉制，利用官军或农商垦种边境土地，征取收成以为军饷，称屯田。其后历代均有此制，有军屯、民屯、商屯之别。

⑤凿空：凿山使通，开发道路。《史记·大宛列传》："然张骞凿空，其后使往者皆称博望侯，以为质于外国，外国由此信之。"

⑥蝼蚁：蝼蛄与蚍蜉，比喻微小。音 lóu yǐ。

⑦挞伐：本指迅疾讨伐。后解为挞击攻伐。挞，音 tà。

⑧螳螂：节肢动物名。螳螂奋举腿臂以阻挡车轮，比喻自不量力，轻易抗敌，称为"螳臂当车"。

⑨招徕：招致。徕，音 lái。

⑩例：照成规进行的。

⑪纸上谈兵：战国赵括少学兵法，与其父奢谈论兵事，奢难不倒他的儿子；后括代廉颇为将，被秦将白起所破，赵国折兵四十万；蔺相如称赵括只知空谈理论，不知通变。

## 梦汝修[①]

离离[②]宿草[③]见无期，入梦灯昏漏[④]转时。
何事容颜[⑤]更清瘦，九泉[⑥]应是苦吟诗？

注释

①汝修：人名。吕汝修，吕汝玉之弟。今台中市神冈区人。清朝孝廉。

②离离：繁盛的样子。

③宿草：隔年的草。后用以指墓地，成为丧逝的委婉用法。

④漏：古代计时器，漏壶。

⑤容颜：容色面貌。

⑥九泉：冢墓、墓地，死后之地。

## 去思[①]词（四首）

### 其　一

子规[②]声里使君[③]归，原草初长马正肥。
剜肉医疮[④]无限泪，春风吹遍万民衣。



注释

①去思：人民对于官吏离去后的怀思。

②子规：杜鹃鸟。

③使君：汉时对刺史的别称。东汉以后对州郡长官的尊称。

④剜肉医疮：比喻先救眼前之急，无暇顾及往后。剜肉，音 wān ròu。

### 其　二

官声好处听民歌，荐剡[①]频登上考[②]多。
莫道无心谈抚字[③]，年年才力尽催科[④]。

注释

①荐剡：推举贤才的公函。音 jiàn yǎn。

②上考：旧称官吏考绩居上等。

③抚字：抚爱养育。

④催科：催租。租税有科条法令，故称“催科”。

### 其　三

千箱百箧[①]运脂膏[②]，饱挂归帆意气高。
岂是郁林[③]无石载，宦囊已足压波涛！

注释

①箧：长方形藏物的竹器。音 qiè。

②脂膏：民脂民膏。民众用血汗辛苦换来的财富。

③郁林：郁林石，廉石。相传为汉末陆绩取以镇压轻舟，以便行船的大石头。

## 其四

遍征诗[1]册艳归装，自撰清操[2]刻[3]报章[4]。
他日倘登循吏[5]传，人间遍地是龚黄[6]。

**注释**

①征诗：征求他人的诗文。

②清操：高尚的操守。

③刻：雕刻文字、图画于石头或器物上。

④报章：酬答的诗文或书信，新闻纸。

⑤循吏：奉公守法的官吏。

⑥龚黄：指汉朝循吏龚遂、黄霸。龚遂，宣帝时为渤海太守，渤海时逢饥荒，多民盗，遂开仓济贫，劝民农桑，民皆卖剑买牛，卖刀买犊，境内大治。黄霸，宣帝时，任扬州刺史、颍川太守，为政宽和，狱无重囚。

# 游仙词[1]（十二首）

## 其一

白雀声中阊阖[2]开，五云[3]夕拥九龙[4]回。
刘翁宫殿张翁占，一样南朝筑禅台[5]。

**注释**

①游仙词：游仙诗，诗题名。借描述灵异仙境以寄托作者思想感情的诗歌。梁朝萧统《文选》列为诗的一类，选录晋朝何劭和郭璞的作品。以郭璞的《游仙诗》十四首较为著名，利用游仙观念，表达归隐山林、追求心灵自由的愿望。后世拟作者颇多，也借以描写男女情爱。

②阊阖：传说中的天门。音 chāng hé。

③五云：青、白、赤、黑、黄等五色彩云。

④九龙：汉文帝的九匹骏马。

⑤禅台：禅关，禅门。

## 其　二

罢读《黄庭》[①]《内景》[②]篇，道人日日学烧铅[③]。
飞升[④]不必神仙骨，身有黄金便上天。

**注释**

①《黄庭》：道藏经名，《黄庭经》的简称。

②《内景》：篇名，道家称阴为内景。

③烧铅：道家指用炉火烧炼矿石或丹药的方术。

④飞升：升天。

## 其　三

巫峡朝云梦楚王，[①]天台[②]花片引刘郎[③]。
仙官[④]不劾[⑤]床帷事[⑥]，任试房中《素女方》[⑦]。

**注释**

①巫峡朝云梦楚王：宋玉《高唐赋序》："昔者先王尝游高唐，怠而昼寝，梦见一妇人曰：'妾巫山之女也，……旦为朝云，暮为行雨，朝朝暮暮，阳台之下。'"先王，即楚王。

②天台：山名。在浙江省天台县北。古神话中有刘晨、阮肇入天台，采药遇仙的故事，相传即此山。

③刘郎：刘晨。

④仙官：道家语。指神仙中有爵位者。

⑤劾：断狱，判决讼案。

⑥床帷事：闺房中的私事，床笫之私。

⑦《素女方》：素女，古代传说中的神女擅长房中之术者。《隋书·经籍志三》著录中有《素女养生要方》、《素女方》等。

## 其　四

天钱易借苦难偿，织女[①]年年怨七襄[②]。
天上故应名士少，竟无婚费助牛郎[③]。

**注释**

①织女：星名，即织女星。上古传说是织布女，为天帝的女儿，与牛郎相恋结为夫妇，因疏于工作，被天帝分于天河两侧。

②七襄：《诗·小雅·大东》："跂彼织女，终日七襄，虽则七襄，不成报章。"七襄，织文之数也。

③牛郎：星名，即牵牛星。

## 其五

九霄[1]幢盖[2]肃[3]千官，天上谁云礼法[4]宽？
莫使人间骄贵气，已闻守厕谪[5]刘安[6]。

**注释**

①九霄：九天云霄，指极远的天空。

②幢盖：旌旗和伞盖，古为将军、刺史的仪仗。

③肃：身体直立，容貌严肃，微下手以拜。

④礼法：礼仪法度。

⑤谪：罚罪，多用以指官吏降调至边远地区或指仙人被降调至人间。

⑥刘安：西汉思想家、文学家。文帝弟淮南厉王的长子。文帝十六年（前164），袭父封为淮南王。好读书鼓琴，善为文辞。曾招致宾客方术之士数千人，以道家的自然天道观为中心，综合先秦道、法、阴阳等各家思想，集体编写成《淮南鸿烈》（也叫《淮南子》）一书。元狩元年（前122），被告谋反，下狱自杀。崔豹《古今注》："淮南王安服食求仙，遍礼方士，遂与八公相携俱去，莫知所适。"刘安既上天，坐起不恭，仙伯主者奏安不敬，谪守都厕三年。

## 其六

不夸清要[1]领瀛洲[2]，不仗文章擅玉楼。[3]
但得腰缠钱十万[4]，等闲[5]骑鹤上扬州。

**注释**

①清要：清高而显要的职位。

②瀛洲：传说中仙人所居的神山。

③不仗文章擅玉楼：相传唐朝诗人李贺（字长吉）之死，系受天帝之召而赴白玉楼。李商隐《李贺小传》："长吉将死时，忽昼见一绯衣人驾赤虬，持一版，书若太古篆或霹雳石文者，云：'当召长吉。'长吉了不能读。欻下榻叩头言：'阿祢老且病，贺不愿去。'绯衣人笑曰：'帝成白玉楼，立召君为记，天上差乐，不苦也。'长吉独泣，边人尽见之。少之，长吉气绝。"

④腰缠钱十万：《殷芸小说》："有客相从，各书所志；或愿为扬州刺史，或愿多赀材，或愿骑鹤上升，其一人曰：'腰缠十万贯，骑鹤上扬州。'欲兼三者。"

⑤等闲：平常，随便。

## 其　七

丹鼎[1]功成夕上笺[2]，遍携鸡犬共升天[3]。

妖狐更擅通灵[4]术，早拥幢幡[5]领列仙。

注释

①丹鼎：道家语，一种炼丹的器具。

②上笺：呈报奏记。

③鸡犬共升天：一人登天，鸡犬也都成仙。后用此讥讽一个人得了高位，亲信便尽居要位。《神仙传·刘安》："时人传八公安临去时，余药器置在中庭，鸡犬舐啄之，尽得升天；故鸡鸣天上，犬吠云中也。"

④通灵：通于神灵，与鬼神相感通。

⑤幢幡：佛前所立的旌旗，后泛指一般旌旗。音 chuáng fān。



## 其　八

辟谷[1]由来语未真，《素书》[2]还质[3]甕头春[4]。

日餐龙髓麒麟脯[5]，天上原无戒[6]杀人。

注释

①辟谷：道士的修炼术之一。不吃五谷，以求成仙。辟谷时，仍食药物，并须做导引等工夫。

②《素书》：兵书名。旧题黄石公撰，宋朝张商英注，一卷。大旨以道、德、仁、义、礼五者为一体。

③质：抵押。音 zhì。

④甕头春：酒名，指初熟的酒。

⑤脯：干肉。音 pǔ。

⑥戒：戒除，禁绝。

## 其　九

游戏瑶池[1]遇婉罗[2]，玉卮[3]下嫁隔银河[4]。

神仙也少宜男相[5]，金母[6]宫中弄瓦[7]多。

注释

①瑶池：仙境。古代神话中，相传为西王母所居之地。

②婉罗：仙女名。

③玉卮：仙女名，西王母小女。
④银河：天河。
⑤宜男相：称妇人多生男子之相。
⑥金母：古代神话中的女神，即西王母。
⑦弄瓦：生女儿。

## 其　十

东方[1]生性太痴顽[2]，天上偷桃数往还。
弄[3]罢风雷[4]无个事，又贪游戏下人间。

**注释**

①东方：西汉文学家东方朔，字曼倩。性诙谐滑稽，长于文辞。古神话，西王母种桃，三千年一结子，东方朔曾三次偷食王母仙桃，乃被谪降人间。见《汉武故事》。
②痴顽：愚昧顽固。
③弄：玩弄。
④风雷：风和雷。

## 其十一

未许人间望戴盆[1]，诸天[2]体统[3]本来尊。
空劳呵壁灵均[4]问，虎豹沉沉[5]守九阍[6]。

**注释**

①望戴盆：戴盆望天。比喻行为举止与目的正好相反。司马迁《报任少卿书》：“仆以为戴盆何以望天。”善注：“言人戴盆则不得望天，望天则不得戴盆，事不可兼施。言己方一心营职，不假修人事也。”
②诸天：天界，天空。
③体统：规矩，制度。
④呵壁灵均：楚国屈原（字灵均）遭受放逐，忧心憔悴，经过楚先王庙及公卿祠堂，见壁间图画天地山川神灵及古圣贤事迹等，因作《天问》书于壁上，呵而问之，以舒郁愤。呵，大声怒骂，音 hè。
⑤沉沉：形容声音幽渺。
⑥九阍：九天之门。

## 其十二

雷鼓声中掣[1]电鞭，射狼弧矢[2]列星[3]悬。
诸仙何事神通[4]小，空让群魔据洞天[5]。

注释

①掣：抽取。

②弧矢：弓和箭。

③列星：排列在天上而定时出现的群星。

④神通：神奇的本领。

⑤洞天：道家称仙人所居之处。

## 读史（二首）

### 其一

漫说[1]经生[2]稽古[3]荣[4]，助边[5]入粟[6]起功名[7]。
牧羊俦侣[8]争相羡，卜式[9]年来已九卿[10]。

注释

①漫说：莫说，不可说。

②经生：汉代称五经博士为经生，后世也沿用为治经学生的通称。

③稽古：考察研习古代的事理。《书·尧典》："曰若稽古帝尧。"《后汉书·桓荣传》："荣大会诸生，陈其车马印绶，曰：'今日所蒙，稽古之力也，可不勉哉！'"

④荣：桓荣，东汉沛郡人。光武帝时官拜议郎，授太子经，迁少傅、太常，赐辎车乘马。

⑤助边：捐献财物以资助边防费用。《汉书·卜式传》："时汉方事匈奴，式上书，愿输家财半助边。"

⑥入粟：古时人民向官府捐纳银钱谷物，用以赎罪或买得官爵。

⑦功名：功绩与名誉，建功立名。

⑧俦侣：朋友，伴侣。俦，音chóu。

⑨卜式：汉朝河南人。以牧羊致富。武帝征匈奴时，式捐输家财的一半充为军饷，又助济贫民，乃拜为中郎官；后转为相、御史大夫。因不习文章，被贬为太子太傅。

⑩九卿：古代中央政府九种官署的长官。

### 其二

贫穷难掩气凌云[1]，游宦[2]归来尚卖文[3]。
空作周旋[4]笑王吉[5]，怜才原逊[6]卓文君[7]。

注释

①凌云：高耸入云，用来比喻气势豪壮或笔力矫健。

②游宦：在外任官，迁转无定。

③卖文：写文章赚取酬劳。

④周旋：古代行礼时进退揖让的动作，后引申为交际、应酬。

⑤王吉：汉朝皋虞人，字子阳。为昌邑王中尉。后王以荒淫废，吉以常谏王得减死。髡为城旦，宣帝召为博士，谏大夫，吉上疏言得失，帝以为迂阔，谢病归，与贡禹为友，世称“王阳在位，贡公弹冠”。贡禹，琅琊人。与王吉同为谏议大夫，二人相知，趣舍相投。

⑥逊：不如。

⑦卓文君：西汉临邛人。富商卓王孙之女。早寡，司马相如过饮于卓氏，以琴心挑之，文君夜奔相如，同归成都。因家贫又返回临邛，与相如卖酒，文君当垆。卓王孙深以为耻，分财产给他们，使回成都。后相如欲聘娶茂陵女为妾，文君赋《白头吟》，相如才停此念头。

## 春　暝①

斜阳欲下袅②晴烟，蛎粉③墙西小沼④边。宿鸟⑤移枝花影碎，游鱼吹水浪纹圆。

愁生海上栽桑⑥地，梦绕江南嫁⑦杏天。无限相思钩欲起，一弯新月柳梢⑧悬。

注释

①暝：天黑，日暮。

②袅：缭绕。

③蛎粉：牡蛎壳烧成的灰。

④沼：水池。

⑤宿鸟：夜间止息的鸟儿。

⑥海上栽桑：沧海变桑田。

⑦嫁：卖，售。

⑧柳梢：柳枝末端。

## 病热后不寐①，喜谢四颂臣②见过

《停云》③吟罢客来时，瘦骨珊珊④强⑤自支⑥。一院药⑦香春卧病，三更茶话夜论诗。

因人已愧梁鸿⑧热，砭俗⑨须求扁鹊⑩医。稍释松窗愁不寐，梦中张惠⑪慰相思。

注释

①寐：睡着。

②谢四颂臣：人名，丘逢甲先生之表兄，谢道隆。

③《停云》：晋朝陶潜有《停云诗》以怀念友人，后以停云比喻思慕亲友。

④珊珊：通“姗姗”。缓慢移动貌。

⑤强：努力，勉强。音 qiǎng。

⑥支：维持，支撑。

⑦药：芍药花。

⑧梁鸿：人名，东汉高士，字伯鸾，扶风人。与妻孟光隐居霸陵山中。后往吴依靠皋伯通，居廊下小屋内，替人佣工舂米。每归，妻为他准备餐食，举案齐眉，伯通惊异而收留他们。不久病死。

⑨砭俗：纠正不良风俗。砭，纠正，救治，音 biān。

⑩扁鹊：战国时人。姓秦，名越。为当时名医，治病首创以诊脉法为主，医术精良。

⑪张惠：人名。不详。



## 颂臣[①]和旧作“鸥”字韵诗，叠韵[②]酬[③]之（二首）

### 其一

月旦[④]休评尾、腹、头，多君皮里有阳秋[⑤]。苔岑[⑥]臭味[⑦]交原厚，芋火[⑧]前程愿未酬[⑨]。

身似公羊[⑩]须起疾[⑪]，人逢洗马[⑫]合言愁。负心[⑬]太息[⑭]多吾辈，人独银杯化海鸥。

注释

①颂臣：人名，丘逢甲先生之表兄，谢道隆。

②叠韵：赋诗重用前韵。

③酬：以诗文赠答。

④月旦：品评人物。

⑤皮里有阳秋：嘴里不说好坏，而内心有所褒贬。

⑥苔岑：不同的苔生在同一山崖上，比喻志同道合的朋友相聚在一起。

⑦臭味：气味。因同类东西气味相同，以此比喻彼此意见、嗜好相同的人或事物。

⑧芋火：煨芋的炭火。相传唐代衡岳寺僧明瓒性懒喜食残，号懒残。李泌尝读书寺中，异其所为，深夜往谒，懒残拨火取芋以啖之，曰：“慎勿多言，领取十年宰相。”后泌显达，封为邺侯。

⑨酬：实现愿望。

⑩公羊：复姓。战国初年鲁有公羊高，是子夏的弟子。

⑪起疾：起病，使病者恢复健康。

⑫洗马：官名。秦置，汉代沿用。清光绪时仍有此官衔，是让翰林升转用的虚衔官名。至清末始废。

⑬负心：违弃良心而忘恩德。

⑭太息：长长地叹息。

## 其二

漫[1]向邯郸[2]借枕头，卢生痴梦误千秋[3]。科名[4]要脱仙人障[5]，诗句聊寻冷宦酬[6]。

风月有天难补恨，江山无地可埋愁[7]。世间我已忘机[8]者，也学图澄[9]狎[10]海鸥。

注释

①漫：徒然，枉然。

②邯郸：唐朝卢生在邯郸遇吕洞宾，吕以枕授生，生睡枕上入梦。梦中历尽数十年荣华富贵，醒后却发现主人所炊煮的黄粱还未煮熟。

③千秋：千年。

④科名：科举中试。

⑤仙人障：谓人成仙的障碍。

⑥冷宦酬：冷宦，谓职务清闲而不烦剧之官。酬，以诗文互相赠答。

⑦埋愁：隐藏忧愁。

⑧忘机：涤净与人计较或巧诈虚伪的心机，比喻心地纯正、不与人争。

⑨图澄：佛图澄，沙门，晋时天竺罽宾国小王的长子，精通法术。西晋怀帝永嘉四年(310)至洛阳参与石勒征伐，勒尊他为大德，使佛教在北方大为盛行。后卒于邺。

⑩狎：亲昵。音 xiá。《晋书·艺术·佛图澄》："支道林在京师，闻澄与诸石游，乃曰：'澄公其以季龙为海鸥鸟也。'"支道林，支遁，晋高僧。诸石，指石勒（五胡乱华时后赵的君子）、石虎。石勒从子石虎，字季龙，骁勇，酷虐嗜杀。勒卒，虎杀其子弘自立，称大赵天王，复称帝。

## 病起书怀

春来情绪总无聊，无限闲愁酒莫浇[1]。万里雄心因病减，一腔热血借诗消。

浮名[2]杜甫呼工部[3]，私愿王褒[4]谥[5]洞箫。冷抱相如[6]车马志，年来漫灭[7]旧题桥[8]。

注释

①浇：消，解除。

②浮名：虚浮不实的人生。

③工部：唐朝诗人杜甫检校尚书工部员外郎，故有杜工部之称。

④王褒：汉辞赋家，作《洞箫赋》。

⑤谥：人死后，按其生平行迹，评定褒贬，而予之称号。王褒《洞箫赋》："幸得谥为洞箫兮。"音 shì。

⑥相如：西汉司马相如。

⑦漫灭：磨蚀消灭。

⑧题桥：司马相如赴长安，离开蜀郡故乡，在升仙桥柱上题词："不乘赤车驷马，不过汝下也。"

## 《大甲溪歌》并引[1]

溪界台苗[2]间，源发大乌山番界，于全台诸溪险为最；石森立[3]，亦甲诸溪。入海处横径五六里，夏秋淫潦[4]，连月阻渡；每热风起，水辄涨浊，不必雨也；最后为白露水，浑[5]黑一二日许。过此乃渐落，可成梁矣。出石鲽鱼，大小寸许，黑质微斑，千百为队，皆从王；王独红色，如南屏[6]金鲫状，得王则群不去，如蜂然，可为鲊[7]。又出觖鱼，多肉少刺，不常出，出辄岁荒无种。土人云，檺树花所化，溪头甚小，渐出渐巨，末流乃尺许，檺读若"豪"；觖读若"决"，皆俗音俗字，亦如"番檨[8]"之"檨"，音"蒜"，为字书所无也。发源处时吐火，水温可浴。野番云又出水晶，大径[9]尺，小径寸，如石状。番时出鬻[10]人，特不可多得。其支流溉田，苗十之一，台五之四，利亦普矣。所病者，夏秋涉耳！庚辰、辛巳间，西林[11]岑中丞[11]役台民于下流垒石隄，渡以铁桥，中丞[13]去，隄圮[14]桥坏不可复，盖潦[15]之为害云。潦固溪性，夏秋固潦时，不俟落而争之，诚未可以人力为也。

大石如人班立[16]肃[17]，小石如羊群卧伏。连营八百断复续，不数八阵[18]垒鱼腹。
水挟石走西行速，群山随溪互直曲。惊湍[19]十丈下深谷，沙飞泥坼[20]无平陆。
东来就海为归宿，溪色微黄海深绿。赤道以南火上烛，热风夜出荡坤轴[21]。
晓发浑流黑河浊，不关天漏[22]秋雨足。何况淫霖[23]岁相属[24]，天惊石破走飞瀑。
两山交牙[25]作钤束[26]，南冲北突怒难蓄。洪涛[27]千寻[28]舞大木，百尺桐僵万松秃。
压山坏云作黑纛[29]，崩崖如赭[30]山灵[31]哭。声喧万鼓势万镞[32]，鞭策[33]群力水怪勠。
黑蛟人立夜相逐，鼓波上拒雷神戮[34]。蛟人[35]堰[36]敢准[37]山筑，十日拏舟[38]九日覆[39]。
须逢白露洩[40]秋毒，西风倒吹水始缩。洪波五里往而复，落为径丈清可掬[41]。
乃容矼石桥[42]缭竹，溪流曲处石如屋。山含海育富水族[43]，檺花夜落觖鱼簇[44]。
米市告荒鱼市熟，石鲽群归泉穴育。千头随王等臣仆，取之为鲊夸口福[45]。
此皆异种良罕瞩[46]，海鳗河鲤皆常畜。溪东群山屏[47]万幅[48]，往往寻源获水玉[49]。
水中吐火照林麓[50]，仙人投药病可浴。琐闻[51]喜得自番俗，下流况分万沟渎[52]。
一水之利生金粟[53]，名之陆海秦[54]难独。行人病涉夏五六[55]，万口[56]为溪腾[57]谤讟[58]。
安知怒流不可触，亦能屈曲[59]从民欲。百里余润富田谷，恶名莫等愚溪[60]辱。
有如奇人骇俗[61]目，渊乎莫测凛[62]难黩[63]。愤发[64]不为常流[65]局[66]，功能济物众斯[67]服。
我欲镌[68]石将诗录，年年安流为溪祝。

**注释**

①引：文体名，其结构如序文而稍为简短。

②台苗：台中、苗栗。

③森立：森列。形容数量众多，如森林一般排列。

④淫潦：因淫雨而形成的水灾。

⑤浑：混浊。

⑥南屏：山名。在浙江省杭州市，为西湖胜景之一。宋朝苏轼《去杭州十五年复游西湖用欧阳察判韵》："我识南屏金鲫鱼，重来拊槛散斋余。"

⑦鲊：藏鱼。经过加工以便于贮藏的鱼类食品。音 zhǎ。

⑧樣：芒果。

⑨径：直径的简称。

⑩鬻：出卖。音 yù。

⑪西林：地名。在广西西部。

⑫岑中丞：岑毓英，字彦卿。广西西林人。曾任福建巡抚、云贵总督。光绪七年(1881)巡视台湾，以大甲溪险，控南北，源自内山，奔流而西，以达于海，夏秋之间，水急难渡，乃劝绅民捐银二十万两，以造铁桥。

⑬中丞：官名。清代称巡抚为中丞。

⑭圮：崩塌。音 pǐ。

⑮潦：淹水、积水。

⑯班立：班列。依照位次等级站立。

⑰肃：拜礼之一，即"揖"。

⑱八阵：军队的八种形式。相传为黄帝所作，用来破蚩尤。

⑲湍：急速的流水。音 tuān。

⑳坼：裂开，崩落。音 chè。

㉑坤轴：古人想象中的地轴。

㉒天漏：形容雨多、不停息。

㉓淫霖：久下不止的雨。

㉔相属：相连续。属，音 zhǔ。

㉕交牙：如犬牙相交叉。

㉖钤束：锁闭。钤，锁。

㉗洪涛：巨大的波浪。

㉘寻：八尺。

㉙纛：古代用羽毛制成的一种舞具。音 dào。

㉚赭：红土。音 zhě。

㉛山灵：山神。

㉜镞：箭头。

㉝鞭策：驱策，策动。

㉞戮：合力，齐力。音 lù。

㉟蛟人：神话传说中居住海底的人鱼。

㊱堰：挡水的低坝。音 yàn。

㊲淮：汇聚。

㊳拏舟：撑船。拏，同“挐”，音 ráo。

㊴覆：翻倒，倾倒。

㊵洩：停歇。

㊶掬：两手捧取。

㊷矼石桥：石桥。矼，音 gāng。

㊸水族：水中动物的总称。

㊹簇：聚集。

㊺口福：能吃到好东西的运气，饮食的享受。

㊻瞩：视。

㊼屏：屏障、屏风。

㊽幅：张。

㊾水玉：水晶。

㊿林麓：山林。

51琐闻：琐碎的传闻或新闻。

52沟渎：沟渠。渎，音 dú。

53金粟：钱与米。

54秦：禾名。

55夏五六：夏天五、六月。

56万口：众口。

57腾：传送。

58谤讟：诽谤。讟，音 dú。

59屈曲：弯曲。

60恶溪：溪名，又名鳄溪。在今广东省潮安县东北。相传唐时溪中有鳄鱼害民，韩愈为潮州刺史曾作文以驱之。

61骇俗：惊世骇俗。

62凛：寒冷。

63黩：轻慢。音 dú。

64愤发：振作精神，努力向目标前进。

65常流：固定的流径。

66局：形势。

67斯：皆，尽。

68镌：雕刻。

## 走　笔[①]

竟将勋业[②]托文章，盖地笺[③]天走笔忙。书劣尚堪欺项籍[④]，诗低聊可傲吴王[⑤]。

难删[⑥]诛[⑦]意《心中史》[⑧]，欲觅医愁《肘后方》[⑨]。谁识茫茫沧海上，日看弧矢[⑩]射天狼[⑪]。

注释

①走笔：提运笔写字或运笔疾书。

②勋业：功业。

③笺：注释古书，以表明己意。

④项籍：秦末下相人，字羽。少有奇才，力能扛鼎。从叔父项梁起兵吴中，大破秦兵，率诸侯入关，杀秦降王子婴，自立为西楚霸王。后与刘邦争天下，败，至乌江，自刎而死。

⑤吴王：即春秋时吴王夫差，父阖闾，败越于会稽。越王勾践经十年的生聚教训，灭吴国，夫差自杀。

⑥删：削除。

⑦诛：剪除。

⑧《心中史》：《心史》，宋朝郑思肖撰，书中多载宋亡时杂事。

⑨《肘后方》：医书名。

⑩弧矢：弓和箭。

⑪天狼：星名，即天狼星。屈原《楚辞·九歌·东君》："青云衣兮白霓裳，举长矢兮射天狼。"

## 园中唐棣[1]花盛开，同三弟崧甫作（四首）

### 其　一

剪雪裁冰一簇[2]圆，春风开遍画栏边。

花光写出元公[3]笔，《小雅》[4]篇章《尔雅》[5]笺。

注释

①唐棣：植物名。落叶乔木，春季开花，花白色，有香味。唐棣古说有二，一说郁李，一说白杨树。《尔雅·释木》："唐棣，栘。"注："似白杨，江东呼夫栘。"

②一簇：一丛。物丛集一处。

③元公：宋朝周敦颐，是宋代儒学的开山祖，卒谥"元公"。

④《小雅》：《诗经》的体裁分《风》、《雅》、《颂》；而《雅》又分《小雅》、《大雅》两部分。小雅共七十四篇，大都为西周后期和东周初期之作。一部分为宴会诗，有的表现周室与西北戎狄部族以及东方诸侯各国之间的征战，故多怨悱。

⑤《尔雅》：书名。为《十三经》之一。本来相传为周公所作，或谓孔子门徒解释六艺之作，但不可信。大概系秦、汉间经师缀辑旧文，递相增益而成，不出于一时一人之手。今本三卷，十九篇。前三篇《释诂》、《释言》、《释训》解释语词，后十六篇专门解释名物术语。

## 其 二

无限丰神[1]逸[2]句工，一枝婀娜[3]舞东风。
何妨寄远将花写，亲谱相思入卷中。

**注释**

①丰神：容姿，风采。
②逸：通“异”。不同于平常。
③婀娜：姿态柔美的样子。音 ē nuó。

## 其 三

可曾仙李[1]共根苗？花萼分辉寄托遥。
诗集题签[2]楼署[3]榜[4]，千秋[5]佳话艳[6]唐朝。

**注释**

①仙李：李树。杜甫《冬日洛城北谒玄元皇帝庙》：“仙李盘根大。”
②题签：在简或书札上题字。
③署：题字，签名。
④榜：布告牌。
⑤千秋：千年。
⑥艳：文辞华丽、光彩。

## 其 四

未与风人[1]旨趣[2]殊[3]，花前兄弟共提壶[4]。
要从桃李飞觞[5]后，重写西园[6]《夜讌[7]图》。

**注释**

①风人：古代王者采诗以观民风，故称所采之诗为“风”，采诗者为“风人”。后也称诗人为“风人”。
②旨趣：宗旨，意义。
③殊：不同。
④提壶：提酒壶。
⑤飞觞：举杯。
⑥西园：曹操所建的园林，在邺县（在今河南省临漳县西）旧址，古今题咏甚多。
⑦讌：聚饮，宴会，同“宴”。

## 千叶桃[①]花

天台[②]重叠建霞标[③]，一笑东风万恨消。
商略[④]美人簪戴[⑤]好，此花曾助玉奴[⑥]娇。

注释

①千叶桃：碧桃。

②天台：山名，在浙江省天台县北。古神话有刘晨、阮肇入天台，采药遇仙的故事，相传即此山。

③霞标：语出晋朝孙绰《游天台山赋》："赤城霞起以建标。"后用以指赤城山的标记。宋朝沈遘《天台山送僧象微归山》："赤城建霞标，上与斗牛附。"又指山峰或高峻挺立之物。

④商略：讨论，筹划。

⑤簪戴：帽上插花。

⑥玉奴：齐国东昏侯妃潘氏，小字玉儿，也称玉奴。另外，唐玄宗妃杨太真，小字玉环，也称玉奴。

## 萱　花[①]

露粉烟苗满砌[②]幽，撷芳[③]还拟佐晨馐[④]。春风故国慈亲梦，落日空堂戍妇愁。
摇佩[⑤]颂宜公子作，传觞[⑥]谱待酒人修。年来养性[⑦]须中药，惆怅难忘是杞忧[⑧]。

注释

①萱花：萱草所开的花。萱草可以使人忘忧，故又称忘忧草。常借指母亲。

②砌：台阶。

③撷芳：采摘芳草。撷，音 xié。

④佐晨馐：作为早餐用的食品。馐，膳食，美味。

⑤摇佩：郭璞《江赋·感交甫之丧佩·善注》：《韩诗外传》："郑交甫遵彼汉皋台下，遇二女，与言曰：'愿请子之佩。'二女与交甫，交甫受而怀之，超然而去，十步循探之，即亡矣，回顾二女，亦即亡矣。"

⑥传觞：宴饮中传递酒杯劝酒。

⑦养性：养生。

⑧杞忧：杞人忧天。《列子·天瑞》："杞国有人，忧天地崩坠，身亡所寄，废寝食者。"后用以比喻不必要的忧虑。

# 修禊[①]之夕，积雨寒甚，追感旧游，怃然[②]成咏（四首）

## 其　一

海棠犹睡柳犹眠[③]，风雨花迟扑蝶筵。
冷抱梨云[④]作春梦，丽人天是闷人天。

注释

①修禊：古代民俗于农历三月上旬的巳日（三国魏以后始固定为三月三日）到水边嬉戏，以祓除不祥，称为"修禊"。

②怃然：怅然失意貌。

③柳犹眠：《三辅旧事》："汉苑中有柳，状如人形，号曰人柳，一日三眠三起。"

④梨云：梨花。

## 其　二

今年春较去年迟，惆怅寒宵[①]独卧时。
怕觅楝[②]花园里梦，锦袍银烛夜阄诗[③]。

注释

①寒宵：寒夜。

②楝：落叶乔木。四五月间开淡紫色小花，有清香。楝花开时当暮春。

③阄诗：将诗书卷成大小不等的纸片，任人拈取，据诗意以定可否的一种游戏。

## 其　三

蕉风竹露怯凭阑[①]，九九图[②]穷候尚寒。
忽忆疲驴残雪路，杏花消息满长安。

注释

①凭阑：靠着栏杆。阑，通"栏"。

②九九图：九九消寒图。旧俗冬至后八十一日之计日图，亦称"九九图"。

## 其　四

寻诗懒作暮春游，寒绽[1]春闺吉贝裘[2]。
孤负十分花事好，三分风雨七分愁。

注释

①绽：衣缝裂开。

②吉贝裘：吉贝，梵语 Karpāsa 或马来语 Kūpas 的译音，古时兼指棉花和木棉。吉贝裘，棉袍。

## 柬[1]颂臣[2]

一榻眠云[3]自在身[4]，米盐中馈[5]任艰辛。卧添佳句何嫌病，食有先畴[6]不算贫。
妙语解吟花姊妹，（君少作有佳句云："姊妹同看姊妹花。"）古方能辨药君臣[7]。
应知屡负游山约，昏嫁[8]年来已累人。（与君累约游山不果，闻今春将嫁女云）

注释

①柬：寄柬帖、信件、名片等。

②颂臣：人名，丘逢甲先生之表兄，名道隆，字颂臣。

③眠云：卧云，指山居生活。因山中多云，故称。

④自在身：佛家语，谓心离烦乱、舒适自在的身躯。

⑤中馈：指家中供膳诸事。

⑥先畴：先世所遗的田畴。

⑦药君臣：用药来治病，各有所主，主治者为君，辅治者为臣。

⑧昏嫁：婚嫁。昏，通"婚"。

## 三月五日小园偶成[1]，用樊榭山房[2]韵

十日春阴一日晴，三分春在爱闲行。池塘水满流花急，帘幙[3]风微落絮[4]轻。
佳士班行[5]环碧笋，美人笑口粲[6]朱樱[7]。残红[8]扫罢铺茵[9]坐，坠地青梅看雀争[10]。

注释

①偶成：偶然写成。多用于诗词题中。

②樊榭山房：清朝之厉鹗，字太鸿，号樊榭，浙江钱塘人，康熙举人。诗品清高，五言诗幽新隽妙。著有《樊榭山房集》等书。

③帘幙：帘幕。用于门窗处的帷幕。幙，古同"幕"。

④絮：柳絮。

⑤班行：依照位次等级排列。

⑥粲：笑。因为笑时露出白齿，有如白米。

⑦朱樱：樱桃的一种，成熟时呈深红色，故称。喻美女之口。

⑧残红：凋残的花，落花。

⑨茵：成片的嫩草。

⑩雀争：麻雀相争。

## 病起戏柬瑜玉①、颂臣②

春风一月卧绳床③，约束④诗情怕放狂。未许看花邀梦得⑤，苦教秤药⑥累真长⑦。（瑜玉屡给药物，颂臣并为定方）

闷怀借遣《天中记》⑧，急效旁求海上方⑨。自是消磨⑩能愈⑪疾，人间惜少杜兰香⑫。（时阅唐、宋人小说，拟为类集）（兼用西医药）



注释

①瑜玉：人名。吕大瑜玉，字汝玉，彰化县三角仔（今台中市神冈区）人。光绪邑庠生。

②颂臣：人名，丘逢甲先生之表兄，名道隆，字颂臣。

③绳床：一种可以折叠且有靠背的轻便坐具。因其式样来自西域，故又称“胡床”。

④约束：束缚，限制，管束。

⑤梦得：唐朝诗人刘禹锡，字梦得。

⑥秤药：以秤衡量药物多寡。

⑦真长：明末名臣黄尊素，字真长。

⑧《天中记》：书名，明朝陈耀文撰，六十卷。以居所近天中山故以为名。

⑨海上方：西药。

⑩消磨：排遣时光。

⑪愈：病好转，痊愈。

⑫杜兰香：神话传说中的仙女。

## 雨中春思①

濛濛②如雾复如烟，泼③处真疑火不燃。挑菜园林生紫蕨，养花时节④湿红棉⑤。

潮添逸少⑥流觞⑦水，云压庞公⑧上塚天。梦里晓寒诗赋就，美人催写衍波笺⑨。

注释

①春思：春日的思绪、情怀。

②濛濛：迷茫貌。

③泼：将液体向外倾洒，使……散开。

④养花时节：养花天，指暮春牡丹开花时节。因天多轻云微雨，适宜养花，故称。

⑤红棉：木棉花。

⑥逸少：晋朝书法家王羲之，字逸少。曾于永和九年（353）和朋友共四十一人，在绍兴兰亭修禊作诗，逸少写了《兰亭集序》为记。

⑦流觞：曲水流觞。古人在每年农历三月上旬的巳日，聚集于水边聚饮，以袚除不祥。后人仿行，在环曲的水渠边聚饮，并置酒杯于上流，随水而下，杯停人前，即取杯饮酒。

⑧庞公：庞德公，汉朝襄阳人。躬耕于岘山，与诸葛亮、司马徽、徐庶等人交游。后归隐鹿门山，采药以终。

⑨衍波笺：诗笺名。《诗话总龟》卷三十四引宋朝王直方《直方诗话》："萧贯少时，尝梦至宫廷中……见群妇人如神仙，视贯，惊问何所从来？贯愕然，亦不知所对。贯自陈进士，能为诗，中有一人授贯纸，曰：'此所谓衍波笺，烦赋《宫中晓寒歌》。'贯援笔立成。"





## 送黄大令芝生①还浙②（二首）

### 其　一

抚字③催科④四载忙，新城百役费牙璋⑤。
去思⑥无限亲栽树，留取清阴⑦覆讼堂。

注释

①黄大令芝生：名承乙。光绪十八年（1892）任台湾县知县。大令，旧时对县令的尊称。

②浙：浙江。

③抚字：对百姓的安抚体恤。

④催科：催收租税。租税有科条法规，故称。

⑤牙璋：古代的一种兵符。亦借指将帅。

⑥去思：人民对于贤良官吏离去后的怀思。

⑦清阴：相传周时召伯巡行南国，曾在棠树下听讼断案，不厌劳烦，后人爱召伯而敬其树不忍剪伐，世因以棠阴为去官有遗爱的美誉。

### 其　二

千石①膏腴②手划分，讲堂③亲拟署宏文④。
万间广厦⑤何时就？多少孤寒念使君⑥。

**注释**

①石：容量单位，十斗为石。音 dàn。

②膏腴：形容土地肥沃。

③讲堂：讲习学问的堂舍，学校教室。

④署宏文：即题“宏文书院”四字。署，题字，签名。宏，通“弘”。弘文。

⑤万间广厦：杜甫《茅屋为秋风所破歌》：“安得广厦千万间，大庇天下寒士俱欢颜。”

⑥使君：汉时称刺史为使君。又用作对人的尊称。

## 寄吴鼎卿、熊瑞卿[①]鹾馆[②]（二首）

### 其　一

客中诗思[③]近何如？小别经年候简[④]疏。
为语江城盐市罢，春潮早晚寄双鱼[⑤]。

**注释**

①吴鼎卿、熊瑞卿：人名。吴鼎卿，名鼎臣，广东人；熊瑞卿，名瑞图。二人皆唐景崧幕友。

②鹾馆：掌管盐务的官署。鹾，音 cuó。

③诗思：作诗的思路、情致。

④简：书简。

⑤双鱼：书信。蔡邕《饮马长城窟行》：“客从远方来，遗我双鲤鱼，呼童烹鲤鱼，中有尺素书。”尺素谓“绢”，古人在绢上写信，常结出双鲤形寄出。

### 其　二

九十春光[①]半病中，游春心懒骋[②]青骢[③]。
小楼听雨[④]无眠夜，只有诗怀[⑤]与昔同。

**注释**

①九十春光：春天九十日。

②骋：奔驰，奔跑。音 chěng。

③青骢：毛色青白相杂的骏马。

④小楼听雨：陆游《临安春雨初霁》：“小楼一夜听春雨，深巷明朝卖杏花。”

⑤诗怀：诗人的胸怀。

# 虫豸[①]诗（五十首选十五）

## （有序）

有倮[②]之虫，三百六十，以圣人[③]为之长。人，固盘古[④]虫也。循蜚[⑤]穷蝉尚已[⑥]，降[⑦]而王蠋[⑧]公孙虿[⑨]之徒，已卑无足道，其族类则蜮民[⑩]蛇种，各有分土，而以蚕丛[⑪]开国为最先，今蜀是也。后世蝼蚁[⑫]之道无闻，蒲卢之政[⑬]不作；蛛喜蛙怒，情状百出；蚓廉蝇贪，旨趣[⑭]万端。虽起百虫将军[⑮]志怪[⑯]之才，未易如螺文[⑰]指数[⑱]；况俗书[⑲]蛇蚓[⑳]，盛行于代；科斗古文[㉑]，无人复识，《尔雅》[㉒]释虫，名目而已。蠢蠢[㉓]者流[㉔]，遂得以蜚[㉕]民虿毒，肆[㉖]其牙爪，不按虫书而辨之，患[㉗]其曷[㉘]有豸乎？蜗居[㉙]无俚[㉚]，闲乐齐梁蝉噪[㉛]，窃[㉜]取以虫鸣秋之意，得脰[㉝]鸣、注[㉞]鸣、旁鸣、翼鸣、股鸣、胸鸣之类，复以却行[㉟]，仄行[㊱]、连行[㊲]、纡行[㊳]之属附之，筮[㊴]之"易"[㊵]得大衍[㊶]之数，固不能蝴蝶三百之多，亦不及梦中蟋蟀片语为工也。第[㊷]事非象[㊸]鼎而刻镂[㊹]物情，君子或以为伤厚，蚍蜉之撼[㊺]当不免已。昔王贻上[㊻]见西樵[㊼]虫豸诸诗，以为卞彬[㊽]蚤虱虾蟆赋之流，虽游戏三昧[㊾]，亦极才人能事，识者以为知言。今仍其名题而互益[㊿]其题目，词虽不及其数则过之。暇日[51]当付吾弟崧甫[52]，以为阅世[53]龟鑑[54]，诚不必如渔洋山人之赞叹其兄也。

**注释**

①虫豸：昆虫的通称。有足称虫，无足称豸。豸，音 zhì。

②倮：通"裸"。外面没有毛、羽、鳞、甲或其他东西包着的动物。

③圣人：智慧、品德、才能达到最高境界的人。

④盘古：相传为开天辟地、创世的人。即盘古氏。

⑤循蜚：太古时代名。十纪中的第七纪。

⑥尚已：久已。

⑦降：此时以后。

⑧蠋：桑虫，后为蛾蝶类幼虫之通称。

⑨虿：毒虫名。蝎类。音 chài。

⑩蜮民：古国名。《山海经·大荒南经》："有蜮山者，有蜮民之国，桑姓，食黍，射蜮是食。有人方杅弓射黄蛇，名曰蜮人。"

⑪蚕丛：上古蜀主。因其教民蚕桑之事，故名。

⑫蝼蚁：蝼蛄与蚍蜉。

⑬蒲卢之政：《中庸》："夫政也者，蒲卢也。"注引《诗经》曰："螟蛉有子，蜾蠃负之，螟蛉，桑虫也。蒲卢取桑虫之子去而变化之以成为己子。政之于百姓，若蒲卢之于桑虫然。"蒲卢、蜾蠃，谓土蜂也。蒲卢之政，谓爱民如子之政。

⑭旨趣：宗旨，意义。

⑮百虫将军：古代传说的神仙名，指伯益。《水经注·洛水》："又有《百虫将军显灵碑》，碑云：'将军姓伊氏，讳益，字隤敳。帝高阳之第二子伯益者也。'"

⑯志怪：记载鬼神、怪异的事。

⑰螺文：螺纹。手指或脚趾上的纹理。

⑱指数：用手指计数。

⑲俗书：世俗间通行之书籍。

⑳蛇蚓：喻字画之屈曲。

㉑科斗古文：科斗，通“蝌蚪”。先秦书体的一种。文字的笔画头粗尾细，形似蝌蚪而得名。

㉒《尔雅》：书名。为《十三经》之一。今本三卷，十九篇。后十六篇专门解释名物术语。这是中国第一部解释词义的训诂专书。

㉓蠢蠢：众多而混乱的样子。

㉔流：传布，流行。

㉕蜚：虫名。食稻花之害虫，使稻穗不实，形如蚊，青色，且能发恶臭。

㉖肆：放纵。

㉗患：忧虑。

㉘曷：何不。

㉙蜗居：自谦住宅简陋狭小。

㉚无俚：无聊。

㉛齐梁蝉噪：齐梁，南北朝之齐与梁。蝉噪，蝉鸣，转谓喧噪之义。韩愈《荐士》：“齐梁及陈隋，众作等蝉噪。”

㉜窃：私下，私自。

㉝脰：颈项。音 dòu。

㉞注：鸟口。

㉟却行：后退而行，如蚯蚓。

㊱仄行：横着走，指蟹类。

㊲连行：鱼类相随而行。

㊳纡行：曲折而行。纡，音 yū。

㊴筮：以蓍草占卜吉凶。音 shì。

㊵易：《易经》，为古代卜筮的书。

㊶大衍：用大数来演卦。衍，通“寅”。是古代的占筮法。大衍的数据为五十，故俗言五十是大衍之数。

㊷第：但。

㊸象：类推，类比。

㊹刻镂：刻指刻木，镂指雕金，后用刻镂泛指雕刻。

㊺蚍蜉之撼：蚍蜉撼树。以小飞蚁的力量去摇撼大树，比喻不自量力。

㊻王贻上：清朝诗人王士祯，字贻上，号阮亭，又号渔洋山人，山东新城人。顺治进士，官至刑部尚书。论诗创神韵说。擅长各体，尤工七绝，为一代宗师。

㊼西樵：王士祯之长兄士禄，字子底，号西樵。顺治进士，历官吏部考功员外郎，著有《十笏草堂集》等。

㊽卞彬：南朝齐人。才操不群。文多指刺，间巷传诵。性嗜饮，多诡异之行，自称

"卞田居"。

㊾游戏三昧：佛家语。三昧译为定，佛菩萨能定心以普度众生为游戏，故称。佛家所称游戏，即自在、无碍的意思；三昧，是正宗、定、专心于一境的意思。今称世人知游戏的神妙为得游戏三昧。

㊿益：增加。

51暇日：悠闲空暇的时候。

52崧甫：即丘树甲（1873—1900），早慧能诗，甲午秋协助丘逢甲筹建台湾义军抗日，事败内渡。

53阅世：经历时世。

54龟鉴：龟镜。龟用以卜吉凶，镜可以别美丑，故以喻借镜前事。

## 蟹

躁[①]扰诚何益！横行[②]亦自雄[③]。
不知投鼎[④]釜[⑤]，聊[⑥]取眼前红。

注释

①躁：浮动，粗暴。

②横行：蟹的别名。纵横奔驰。

③自雄：自豪，自以为了不起。

④鼎：一种三足两耳的容具，可用来烹煮及装盛食物。

⑤釜：烹饪器，今称锅。

⑥聊：且，姑且。

## 蝶

花里活一生，风怀[①]殊[②]不恶。
非无好文彩[③]，可惜太轻薄[④]。

注释

①风怀：宏伟的怀抱或风情。

②殊：极，甚。

③文彩：光艳绚丽的色彩。这里指才华，文才。

④轻薄：言行不庄重、不敦厚。

## 螳　螂

当车[①]解[②]示勇[③]，翳[④]叶能用智。
黄雀在高枝，莫遽[⑤]鸣得意。

注释

①当车：螳螂奋举腿臂以阻挡车轮。比喻自不量力，轻易抗敌。

②解：明白，知道。

③示勇：显示气盛而无所畏避。

④翳：遮蔽。音 yì。

⑤遽：遂，就。

## 蜣　螂[1]

亦有向上心，其如粪壤[2]陋[3]。
纵学十分圆，不脱一身臭。

注释



①蜣螂：昆虫名，俗称推车客，或称粪球金龟子。常用兽类粪便做成圆球，并将粪球滚回自己挖的洞穴内，再慢慢食用，并将卵产于粪上，孵化之幼虫也以粪便为食。蜣，音 qiāng。

②粪壤：秽土，粪土。

③陋：貌丑。

## 蜂

衙参[1]不辞劳，缘附[2]来举族[3]。
但觉蜜在口，安知毒满腹。

注释

①衙参：官吏到上司的衙门，排班参见长官，报告公事。

②缘附：攀附，依附。

③举族：全族。

## 蚊

闻声令人憎[1]，恶党况群结。[2]
钻刺一何工[3]，拼命博膏血[4]。

注释

①憎：厌恶。

②恶党况群结：成群结党。

③工：擅长。

④膏血：血汗。

## 蝉

高洁[1]世莫识，不平时自鸣。[2]
谁知珥貂[3]贵，贻误[4]在虚声[5]。

注释

①高洁：志行崇高纯洁。

②不平时自鸣：本指事物不得平衡而发出的鸣声，后世多用以指受了委屈而申诉的呼声。韩愈《送孟东野序》："大凡物不得其平则鸣。"

③珥貂：插貂尾。汉代侍中、中常侍等官员，冠上插貂尾为饰。曹植《王仲宣诔》："戴蝉珥貂，朱衣皓带。"

④贻误：遗误，缺失。

⑤虚声：虚张声势。

## 蜘蛛

阴谋戕[1]同类，一网思打尽。
敢道无经纶[2]？此心太残忍。

注释

①戕：杀害，残杀。

②经纶：整理丝缕时，理出丝绪叫"经"，编丝成绳叫"纶"。

## 叩头虫[1]

六卿[2]可跪人，发响如捣蒜[3]。
世无强项[4]令，对尔多惭汗[5]。

注释

①叩头虫：昆虫名。体长，椭圆形，全身呈有光泽的黑色，腹节可自由屈曲，故如使其腹部朝上，即自行跃起，如以指压住其体，即频频叩其头。常喻指受制于权势，没有主见，唯命是从的人。

②六卿：春秋时晋国的范、智、中行、韩、赵、魏，世为晋卿，号称六卿。

③捣蒜：形容一再地叩头的样子。

④强项：刚直不屈，不能低首向人。

⑤惭汗：羞愧得出汗，极言羞愧之甚。

## 蛾[1]

附火[2]殊太急，只寻红处来。
何曾借余耀，转累尔身灰。[3]

注释

①蛾：昆虫名。体圆肥，多毛，触角多数羽状或栉状。夜间活动，具有正趋光性。飞蛾扑火即属此一特性。

②附火：很靠近火。

③转累尔身灰：飞蛾肌肉的特性，遇光热即引起向内反射收缩，因此造成赴火现象。比喻自取灭亡。



## 蠹[1]

经史[2]容穿凿[3]，群书饱尔[4]身。
谁知误天下，乃出咬文人。

注释

①蠹：蛀蚀衣服、书籍的虫。音 dù。

②经史：经书和史书。

③穿凿：凿通，打通。形容深入研究，细加琢磨。

④尔：作“汝”。

## 蝗[1]

所过无完田，千里成赤地[2]。
农夫不敢伤，额[3]间有“王”字。

注释

①蝗：蝗虫，飞蝗。常群飞，食量惊人，给农作物造成很大的损害。

②赤地：遍地不生五谷，形容灾害严重。

③额：頞。两眉之上，发根之下的部分。

## 蜉　蝣[1]

出身粪土中，羽仪[2]耀人目。
不知朝暮事，[3]但遑[4]好衣服。

注释

①蜉蝣：昆虫名。幼虫期约三年，经多次蜕变成为成虫，成虫在数小时内交尾产卵而死亡。多见于山间溪流附近，有趋光性。

②羽仪：羽翼，翅膀。《诗·曹风·蜉蝣》：“蜉蝣之羽，衣裳楚楚。”

③不知朝暮事：蜉蝣，渠略也，朝生夕死。渠略，蜉蝣的异名。

④逞：矜夸，炫耀。

## 蔗　虫

蔗虫食蔗甘，应笑蓼虫[①]苦。
岂知口腹[②]徒[③]，采尔登食谱[④]。

注释

①蓼虫：寄生于水蓼的昆虫。比喻各安其所，不知迁徙。鲍照《代放歌行》：“蓼虫避葵堇，习苦不言非。”蓼，音 liǎo。

②口腹：用口吃东西，用腹盛食物，泛指饮食。

③徒：同类的人。

④食谱：即有关食品菜肴调配与烹调方法之书册。

## 应声虫[①]

后儒逞[②]臆说[③]，议论[④]辄[⑤]蜂起[⑥]。
尔虫尚可嘉，不敢妄[⑦]同异。

注释

①应声虫：唐朝人传说有人腹中生虫，人说话，腹内虫即小声应和。

②逞：放纵，恣肆。

③臆说：毫无根据的言论，毫无根据地说话。

④议论：批评，讨论。

⑤辄：即，就，则。

⑥蜂起：如蜂出巢，成群而起。比喻众多。

⑦妄：随便，胡乱。

## 梦中神剑歌

**（有引[①]）**

寒食前一日，梦与亡友汝修[②]同登一峰极顶，同赋七言古诗。觉，止记四句。为足成篇，以梦中语作落句[③]。

故人九泉[④]呼不起，夜半神交[⑤]吐灵语。地下难埋神剑气，天河[⑥]无声斗牛[⑦]紫。

神剑削出青芙蓉[⑧]，一掷化作雌雄龙。一升九天[⑨]一坠地，烟云万古青濛濛[⑩]。

**注释**

①引：文体名。其结构如序文且稍为简短。

②汝修：吕汝修，吕大瑜玉之弟，今台中市神冈区人，清朝举人。

③落句：诗的结句。也指诗中每联的第二句，或称对句。

④九泉：黄泉。指人死后的葬处。

⑤神交：梦魂相交会。

⑥天河：银河。

⑦斗牛：斗宿和牛宿。

⑧芙蓉：芙蓉剑。汉朝袁康《越绝书·外传记宝剑》载越王勾践有宝剑名纯钧，相剑者薛烛云："手振拂扬，其华捽如芙蓉始出。"后因此指利剑。

⑨九天：天空最高处。

⑩濛濛：迷茫貌。

## 纵　酒[①]

纵酒狂歌强自宽[②]，茫茫秋思海云端。西荒神异[③]挑灯[④]说，南斗[⑤]灾祥[⑥]把剑看。

孤岛十年民力尽，边疆千里将材难。闻鸡谁作中宵舞？[⑦]一席名山愧便安[⑧]。

**注释**

①纵酒：酗酒，任意狂欢。

②强自宽：强，勉强，音 qiǎng。自宽，自我安慰以解除忧闷。杜甫《九日蓝田会饮》："老去悲秋强自宽，兴来今日尽君欢。"

③西荒神异：唐玄奘《大唐西域记·呾密国》："（呾密国）诸窣堵波及佛尊像，多神异，有灵鉴。"亦以为神灵奇异。

④挑灯：拨动灯火，点灯。亦指在灯下。

⑤南斗：星名。即斗宿，有星六颗。在北斗星以南，形似斗，故称。

⑥灾祥：指吉凶灾变的征兆，犹祸福。

⑦闻鸡谁作中宵舞：《晋书·祖逖传》："逖与司空刘琨，共被同寝，中夜闻荒鸡鸣，

蹴琨觉曰：‘此非恶声也。’因起舞。”后世用以称有志之士及时奋励者。

⑧便安：便利安稳、安通。

## 与吕大[①]、谢四[②]夜话近事

吹尽春风未展眉[③]，百般愁入快谈时。天高敢信能开眼，地瘠[④]何堪再刮皮[⑤]！

劫[⑥]拨秦灰[⑦]心爇火[⑧]，言翻晋石口衔碑[⑨]。关情更有双桦烛[⑩]，同向人前各泪垂。

**注释**

①吕大：人名，吕瑜玉，字汝玉。见《立春前一日，与吕大瑜玉游部子山，用前冬游韵》诗注。

②谢四：人名。谢道隆。见《鸣桂馆与谢四颂臣夜话》诗注。

③展眉：因喜悦而眉开。

④地瘠：土地不肥沃。

⑤刮皮：刮地皮。

⑥劫：灾祸。

⑦秦灰：指秦始皇所烧书籍的灰烬。

⑧爇火：焚烧。爇，音 ruò。

⑨口衔碑：《古乐府》：“石阙生口中，衔碑不得语。”按碑为悲之隐语。

⑩桦烛：用桦木皮卷成的烛。

## 三月正当三十日[①]

三月正当三十日，不胜[②]惆怅[③]怨芳时[④]。煖[⑤]寒骤变衣难袷[⑥]，贫病交供[⑦]鬓渐丝。

咒[⑧]笋有心惊见竹，护花无力惜辞枝。拼将今夜春愁尽，转恨钟声报晓迟。

**注释**

①三月正当三十日：贾岛《三月晦日送春》：“三月正当三十日，风光别我苦吟身。”

②不胜：承受不了。胜，音 shèng。

③惆怅：因失意或失望而伤感、懊恼。

④芳时：良辰，花开时节。

⑤煖：通“暖”。

⑥袷：无棉絮的两层夹衣。

⑦贫病交供：贫病交迫。人不幸地同时受贫穷和疾病的煎熬。

⑧咒：祷告。

## 孔雀（二首）

### 其　一

宫殿春风燕雀高，锦屏①零落翳②蓬蒿③。
出山多为文章④误，莫向人间逞⑤羽毛。

注释

①锦屏：孔雀艳丽之尾羽。
②翳：隐藏，隐没。
③蓬蒿：杂草。
④文章：错杂的色彩或花纹。
⑤逞：矜夸，炫耀。

### 其　二

天风吹下五云①端，仙鹤班②前惜羽翰③。
何事年来减声价④，等闲⑤丢⑥遍贵人冠。

注释

①五云：五色瑞云。
②仙鹤班：仙人的行列。
③羽翰：翅膀。
④声价：名誉和身份地位。
⑤等闲：轻易，随便。
⑥丢：抛，掷。音 diū。

## 闲居杂兴（二首）

### 其　一

踪迹何曾敢陆沉①？不能朝市②且山林③。除官崔烈嫌铜臭④，闭户袁安⑤任雪深。
亲老怕浓游宦⑥味，调高难作入时音。寻常车马长安客，孤负平生出处⑦心。

**注释**

①陆沉：陆地无水而沉，此处比喻隐居。

②朝市：朝廷和市集，泛指尘世。

③山林：山与林，此处借指隐居。

④崔烈嫌铜臭：铜臭，铜钱的恶臭味，也用以讥讽用钱买官的人。《后汉书·崔骃传》："烈时因傅母入钱五百万，得为司徒。……从容问其子钧曰：'吾居三公，于议者何如？'……钧曰：'论者嫌其铜臭。'烈怒，举杖击之。"

⑤袁安：东汉人。尚未腾达时，洛阳大雪，人多出乞食，安独自僵卧不起，洛阳令举为孝廉，出任阴平长、任城令。

⑥游宦：在外任官，迁转无定。

⑦出处：出世做官和退隐闲居。

## 其 二

未悔匆匆赋《遂初》[①]，无官潘岳爱闲居。[②]忧时欲觅中山酒[③]，归里聊乘下泽车[④]。

冷暖浮沉[⑤]三品[⑥]鸟，委心[⑦]穷达[⑧]十年书。如何苦被时人议，湖海元龙[⑨]气未除。

**注释**

①赋《遂初》：辞官归隐，达成原来的愿望。《晋书·孙楚传》："有高尚之志，居于会稽，游放山水，十年有余，乃作《遂初赋》以致其意。"

②无官潘岳爱闲居：晋代潘岳辞官家居，作《闲居赋》，后人称罢官或闲居无事为赋闲。今也指失业。

③中山酒：相传产于中山的一种名酒，又称千日酒，亦泛指名酒。

④下泽车：便于在沼泽地上行驶的短毂车。

⑤浮沉：随俗上下，与时俯仰。

⑥三品：三等。

⑦委心：任随自然的本性。

⑧穷达：困穷与显达。

⑨元龙：陈登，东汉下邳人，字元龙。举孝廉，为人忠亮高爽，有扶世救民的大志，沉稳有谋略，历任广陵、东城太守，平吕布有功，封伏波将军。《三国志·魏志·张邈传》："许汜与刘备共在刘表坐，表与备共论天下人。汜曰：'陈元龙湖海之士，豪气不除。'"

## 初夏雨中（二首）

### 其　一

压院云阴暑气消，空斋人静似僧寮。黄梅雨[①]久天疑漏，苍术[②]烟多地尚潮。

豆荚[③]渐肥应可摘，菊秧初种不须浇。幽人[④]正醒南窗[⑤]梦，闲把敲诗[⑥]破寂寥[⑦]。

**注释**

①黄梅雨：中国南方春末夏初所下的雨。因时值梅子正黄而得名。常连绵多日不晴，也简称“梅雨”。

②苍术：多年生草本植物。秋天开白花或淡红色的花，嫩苗可以吃，根肥大，可入药。音 cāng zhú。

③豆荚：豆的外壳。

④幽人：闲居隐逸的人，隐士。

⑤南窗：向南的窗子。因窗多朝南，故亦泛指窗子。

⑥敲诗：诗谜的一种。又指推敲诗文。

⑦寂寥：寂静无声，沉寂。

### 其　二

一霎[①]斜阳弄晚晴，遮山又见湿云横。[②]入梅天气衣裳润[③]，洗竹人家枕簟[④]清。

瓜蔓篱喧饥雀语，豆花棚出早蝉声。[⑤]廉纤[⑥]尽著催诗意，莫引闲愁傍[⑦]夜生。

**注释**

①一霎：一阵，短暂的时间。霎，音 shà。

②遮山又见湿云横：又见湿云横遮山。

③润：潮湿。

④枕簟：枕席，泛指卧具。簟，音 diàn。

⑤豆花棚出早蝉声：早蝉声出豆花棚。

⑥廉纤：指细雨。

⑦傍：靠近。音 bàng。

## 浊水溪①歌

乐府[2]新翻[3]歌《独漉》[4]，不畏水深畏泥浊。水挟泥行万万斛[5]，突出洲心[6]啮[7]山足[8]。
车陷针难掀以出，舟胶[9]昭[10]岂征[11]能复。纵解凌波袜亦尘[12]，况嗟郑婢[13]泥中辱。
一斗之水泥六升，淫潦[14]夏降洪流[15]腾。行人坐守估客[16]叹，篙师[17]百呼不一应。
南风猎猎[18]战[19]芦苇，夜半飞磷[20]啸溪鬼。蟠[21]泥龙起喷黑水，劫灰[22]疑出昆池[23]底。
连山触断牛现口，余派[24]凶成虎履尾[25]。北盈[26]南涸[27]流互歧，东干西溢行复移。
群贤厄[28]恐马驿续，一笑事敢龙图[29]期。鹊巢不过溪南树，竹屋瞰[30]溪留客住。
泊舟更唱《箜篌引》[31]，潇潇暮雨公无渡。

**注释**

①浊水溪：溪名。在台湾彰化、云林二县境内，全长一百八十余公里。

②乐府：古代掌理音乐的官署，又指诗体名。本指乐府官署所采集制作的乐歌，也用以称魏、晋至唐代可以入乐的诗歌，以及后人仿乐府古题的作品。

③新翻：依旧谱制新词。

④《独漉》：古乐府中晋朝和南朝齐国拂舞歌辞名。

⑤斛：量器名，十斗为一斛。

⑥洲心：水中陆地的中央。

⑦啮：侵蚀。音 niè。

⑧山足：山脚下。

⑨舟胶：用胶黏合的船。胶遇水即解。

⑩昭：显著。

⑪征：行，远行。

⑫凌波袜亦尘：凌波，形容美人步履轻盈。曹植《洛神赋》："凌波微步，罗袜生尘。"

⑬郑婢：郑康成家婢。《世说新语·文学》："郑玄家奴婢皆读书。尝使一婢，不称旨，将挞之，方自陈说，玄怒，使人曳著泥中。须臾，复有一婢来，问曰：'胡为乎泥中?'答曰：'薄言往愬，逢彼之怒。'"后以"郑玄家婢"指知书的婢仆。

⑭淫潦：因淫雨而形成的水灾。

⑮洪流：大水流。

⑯估客：商人。

⑰篙师：熟练操舟的人。

⑱猎猎：风声。

⑲战：摇晃。

⑳磷：磷火，鬼火。

㉑蟠：盘曲蛰伏。《法言·问神》："龙蟠于泥，蚖其肆矣。"音 pán。

㉒劫灰：兵火余烬。

㉓昆池：昆明池，在陕西省西安市长安区西南。汉武帝元狩三年（前120），为攻打昆明而挖掘的人工湖泊，用来训练水军打水战。因称昆明灰为兵火后的灰烬。

㉔派：水的支流。

㉕虎履尾：踩虎尾，比喻处于危险的境地。

㉖盈：溢，充满。

㉗涸：水枯竭。音hé。

㉘厄：困境，危险急难。

㉙龙图：河图的别名，古代传说中龙马从黄河中背负而出的图。

㉚瞰：俯视。

㉛《箜篌引》：汉朝乐府相和歌辞，也称《公无渡河》。《古今注·音乐》："《箜篌引》，朝鲜津卒霍里子高妻丽玉所作也。子高晨起，刺船而濯，有一白首狂夫，被发提壶，乱流而渡，其妻随呼止之，不及，遂堕河水死。于是援箜篌而鼓之，作《公无渡河》之歌，声甚凄怆，曲终，自投河而死。霍里子高还，以其声语妻丽玉，丽玉伤之，乃引箜篌而写其声，闻者莫不堕泪饮泣焉。丽玉以其声传邻女丽容，名曰《箜篌引》焉。"



## 诸罗[①]杂咏（十首）

### 其　一

提封[②]千里旧山川，遥控鸡笼[③]北戒[④]全。
两郡划余[⑤]仍大邑[⑥]，夕阳城郭万家烟。

**注释**

①诸罗：旧县名。清康熙二十三年（1684）置。治所在佳里兴堡，即今台湾省台南县的佳里镇；康熙四十三年（1704）移址今嘉义市。乾隆五十三年（1788）改名为嘉义。清廷将台湾收入版图之后，成为福建省下的一个府，下辖台湾、凤山、诸罗三县。雍正元年（1723）将诸罗县北方的"半线"另设彰化县及淡水厅。光绪元年（1875），台湾设有台南、台北两个府。前者包括台湾、彰化、凤山、恒春、嘉义五个县和澎湖、埔里社、卑南三厅；后者包括淡水、新竹和宜兰三个县及基隆厅。中法战役后，台湾由南到北，设有台南府、台湾府、台北府及台东直隶州。

②提封：总共，为举其总数而言，亦指管辖的区域、疆界。

③鸡笼：地名，即今之基隆。

④戒：界限，分界。通"界"。

⑤两郡划余：雍正元年（1723），将诸罗县北方的"半线"，另设彰化县及淡水厅。

⑥邑：古地方区域名。

## 其　二

司设牛头[1]事已过，天兴[2]改罡改诸罗。
遗民[3]总诵先皇诏[4]，袍泽[5]岩疆[6]义士[7]多。

**清代台湾行政区域之演变**

<table>
<tr><th colspan="2">康熙二十三年—<br>康熙六十一年<br>（1684—1722）</th><th colspan="2">雍正元年—<br>同治十三年<br>（1723—1874）</th><th colspan="2">光绪元年—<br>光绪十二年<br>（1875—1886）</th><th colspan="2">光绪十三年—<br>光绪二十一年<br>（1887—1895）</th></tr>
<tr><td rowspan="4">台湾县</td><td rowspan="4">台湾县<br>凤山县<br>诸罗县</td><td rowspan="4">台湾县</td><td rowspan="4">台湾县<br>澎湖厅<br>［雍正五年<br>（1727）］<br>凤山县<br>诸罗县<br>［乾隆五十二年<br>（1787）］<br>彰化县<br>淡水厅<br>［雍正元年（1723）<br>设淡水北分府，属台<br>湾府之分支机关一般<br>仍称淡水厅］<br>［雍正九年（1731）始<br>为与县级相当之独立厅］<br>噶玛兰厅<br>［嘉庆十六年（1811）<br>核准设立，嘉庆十七年<br>（1812）<br>各级官员到任］</td><td rowspan="2">台南府</td><td rowspan="2">台湾县<br>澎湖厅<br>凤山县<br>恒春县<br>嘉义县<br>彰化县<br>埔里社厅<br>卑南厅</td><td>台南府（南部地方）</td><td>安平县<br>（旧台湾县改）<br>澎湖厅<br>嘉义县<br>凤山县<br>恒春县</td></tr>
<tr><td>台湾府（中部地方）</td><td>台湾县<br>（今台中）<br>彰化县<br>云林县<br>苗栗县<br>埔里社厅</td></tr>
<tr><td rowspan="2">台北府</td><td rowspan="2">新竹县<br>淡水县<br>基隆厅<br>宜兰县</td><td>台北府（北部地方）</td><td>新竹县<br>淡水县<br>基隆厅<br>宜兰县<br>南雅厅<br>［光绪二十年<br>（1894）<br>今桃园］</td></tr>
<tr><td>台东直隶州（东部地方）</td><td></td></tr>
</table>

注释

①司设牛头：荷兰统治台湾时期，原住民不懂得耕稼，荷兰人乃利用由大陆来台的汉人从事耕作，所有的耕牛、农具、籽种以及修筑陂塘堤圳的费用，都由荷兰东印度公司供应借贷。东印度公司曾由印度采购一百多头牛来台，并驯养野牛为耕牛。荷兰人在南北两处设牛头司从事牛只繁殖。诸罗即是公营饲养牛只的场所。

②天兴：郑成功占据台湾后，设一府二县。府是承天府，二县是天兴县、万年县。

③遗民：国家灭亡后所遗留下来的人民，或朝代改变后，不肯在朝廷任职的人。

④诏：告，告语。乾隆五十一年（1786）林爽文叛乱之际，南北厅县相继沦陷，诸罗城亦被重重包围。城内市民几乎绝粮，但仍与官军协力防守十个月，终得保全诸罗城。当时之乾隆皇帝嘉许誓死守城的忠诚，特下诏把县名“诸罗”改为“嘉义”。此后即维持此称。

⑤袍泽：长袍与内衣。泽，通“襗”。现在军人彼此相称为“同袍”或“袍泽”，即取患难相共的意思。

⑥岩疆：边疆险要的地方。

⑦义士：有操守、明辨是非的人。



## 其　三

飓风[①]吹送海天[②]来，遗老[③]衣冠[④]怅劫灰[⑤]。
故冢[⑥]已平残集[⑦]佚[⑧]，更无人问沈文开[⑨]。

注释

①飓风：热带海上因气流剧变所形成的强烈暴风。沈文开于（沈光文，字文开，号斯庵）永历五年（1651）自金门航海入泉州，舟过围头遇飓风，漂流至台湾。

②海天：海上之天空，或指海与天。

③遗老：先帝时任用的旧臣，或指前朝的旧臣。

④衣冠：指官宦之家，代称缙绅、士大夫。

⑤劫灰：兵火余烬，佛家语，称世界终尽，劫火焚烧世界灰飞烟灭。

⑥故冢：沈光文之坟墓，光文死于诸罗（今嘉义）。

⑦残集：沈文开著有《台湾舆图考》一卷，《草木杂记》一卷、《流寓考》一卷、《台湾赋》一卷、《文开诗文集》三卷。据连横《台湾诗乘》之记载：“清人得台，游宦渐集，斯庵亦老矣，犹出而结诗社，名曰：‘东吟’，所称《福台新咏》者也。斯庵作序，载台湾文存，是为诗社之始。序中所列十四人，曰无锡季蓉洲麟光。曰宛陵韩震西又琦、曰金陵赵苍直龙旋、曰福州陈克瑄鸿猷、曰无锡郑紫山廷桂、曰武林韦念南渡、曰福州翁辅生德昌、曰无锡华苍崖衮、曰会稽陈易佩元图、曰金陵林贞一起元、曰上虞屠仲美士彦、曰福州何明卿士凤、曰泉州陈云卿雄略、曰宁波沈斯庵光文。而张鹭洲《瀛壖百咏》末章云：‘《福台新咏》萃群英，调绝音希孰继声。’注谓《东宁诗》一名《福台新咏》。四明

沈光文、宛陵韩又琦、关中赵行可、会稽陈元图、无锡华衮、郑廷桂、榕城林弈、丹霞吴蕖、轮山杨宗城、洛阳王际慧，前后唱和之作。闻吴有《桴园诗集》，杨有《碧浪园诗》，按鹭洲所注之人，与《东吟社序》略有不同。东吟社中唯季蓉洲为诸罗知县，著《海外集》一卷，林贞一为府经历，余皆流寓，无可考。《福台新咏》亦久失传。”

⑧佚：逸，散失。

⑨沈文开：沈光文，字文开，号斯庵，明浙江鄞县（今宁波市鄞州区）人。工于诗文。明思宗死，福王即位，任光文为太常博士，转太仆寺少卿。永历三年（1649），为避清军而至福建。后二年到台湾，成为入台的第一位文人，以行医讲学为生。1661年，郑成功驱逐荷兰人后，对之加以礼遇，后因批评郑经而一度逃亡。郑氏之后，清廷曾加笼络，沈不为所动。后死于诸罗（即今嘉义）。清道光四年（1824），在鹿港设文开书院纪念他。光文在台三十多年，历经三代，保存许多台湾早期的史料。

## 其四

海滨斥卤[①]遍量[②]还，盗警[③]宵严[④]户早关。

父老相逢垂泪说，好官难得似朱山[⑤]。

注释

①斥卤：指不能耕种而只能供晒盐的咸地。

②量：丈量，测量土地的面积。

③盗警：发生盗贼劫掠事件。

④宵严：戒严期间，规定夜晚某段时间内，禁止行人及车辆在路上通行。

⑤朱山：人名。浙江归安人。知彰化，有循声，《台湾通史》载其政绩。他上任时，先至监狱探视，以掌握实情，避免狱吏滥权，甚至亲放窃贼罪犯，还送银子，助其自力更生。参阅连横《台湾通史·列传六·循吏列传·朱山》。

## 其五

探巢掘穴保孤城，[①]围解[②]何因得罪名[③]？

不肯橐鞬[④]迎上相[⑤]，将军原逊[⑥]李西平[⑦]。

注释

①探巢掘穴保孤城：乾隆五十一年（1786）爆发林爽文事件，诸罗城被包围，时担任总兵的柴大纪与民坚守，久之，城中断粮，民众掘树根、煮豆粕为生，力保孤城。

②围解：解除被敌军包围的危困。清廷派满洲镶黄旗人福康安为大将军，率领大军前来解围。

③何因得罪名：诸罗解围后，柴大纪出迎福康安，自以“参赞伯爵”，不执橐鞬之仪。福康安衔恨，劾其前后奏报不实，任内贪黩，闹到北京，柴大纪因此遭到斩杀，时论冤

之。参阅连横《台湾通史·列传三·福康安列传》。

④橐鞬：收藏兵甲弓矢的囊袋，引申为收藏。《左传·僖公二十三年》："其左执鞭弭，右属橐鞬，以与君周旋。"橐，音 gāo。鞬，音 jiān。

⑤上相：本是宰相的尊称，此处喻指福康安。

⑥逊：不如。

⑦李西平：唐朝李晟。少从王忠嗣征吐蕃，劲勇称"万人敌"。德宗时平朱泚，收复京师，解帝奉天之围，累官司徒，封西平王。

## 其 六

禁旅①亲提出海东②，贼风摧灭大王雄。③
曲端④杀后声名减，时论终难恕魏公。⑤

注释



①禁旅：皇宫中的卫队。

②亲提出海东：乾隆五十一年（1786）冬，彰化林爽文起事，凤山庄大田应之，南北俱扰。乾隆五十二年（1787）秋八月，诏以福康安［满洲镶黄旗人，乾隆三十二年（1767）授三等侍卫，继擢至一等，曾任陕甘总督］为大将军，领侍卫内大臣海兰察为参赞，率领军队、巴图鲁等一百二十员往平之。

③贼风摧灭大王雄：乾隆五十二年（1787）十一月，清兵收复彰化，救诸罗，爽文兵败，解诸罗之围，爽文被缚，监送北京，庄大田亦被擒，磔于府治，余党悉平。康安调闽越总督，后以功晋封贝子，嘉庆元年（1796）薨，晋封郡王。海兰察以功晋封超勇公，图形紫光阁。

④曲端：宋人。知书善属文。长于兵略。历泾原路将，夏人入寇，力战败之。金兵攻陕西，端治兵泾原，招流民溃卒，道不拾遗。张浚宣抚川、陕，承制拜端宣州观察使。知渭川。颇恃人凌物，后浚畏端难制，送恭州狱，九窍流血死。陕西士大夫莫不惜之。及浚得罪，追谥壮悯。此处喻指柴大纪。诸罗解围之后，柴大纪出迎福康安，自以"参赞伯爵"，不执橐鞬之仪。康安衔之，至时劾其前后奏报不实，被高宗处斩。

⑤时论终难恕魏公：张浚徙曲端于恭州，置狱，九窍流血而死，陕西军士，皆流涕怅恨，多叛去者。曲端之死，时论或以为冤。柴大纪被福康安劾奏，逮至京，再三称冤，及廷讯，始引咎，仍微诉其枉。于是大纪处斩，时论冤之。魏公，宋朝张浚，绵竹人。徽宗时进士。高宗时官川、陕、京西诸路宣慰使，志在恢复，力主抗金，因秦桧主和，而被贬永州。孝宗时，任枢密使，都督江、淮军事，封魏国公。此处喻指福康安。

## 其 七

陆海原资①郑白渠②，膏腴③极目④稻苗疏。
谁将抹月批风⑤笔，来著山城水利⑥书？

注释

①原资：可以利用的自然物。

②郑白渠：郑渠和白渠，水利工程名。郑渠，是上古关中平原的灌溉渠道。秦王嬴政十年（前237），依郑国的建议开凿，从申山西瓠口（陕西省泾阳县）引泾水东流，至今三原北合浊水，再引流东经今富平、蒲城南，注入洛水，长三百多里，可灌溉四万多顷田地（约今280万亩），成为关中的农业精华区，提升了秦国的经济和国防力量。唐以后逐渐湮灭。白渠，在今陕西省渭河谷地。汉武帝太始二年（前95），赵中大夫白公奏议引泾水，首起谷口，尾入栎阳（今陕西临潼），注渭河。历经泾阳、三原、高陆、临潼诸县。灌溉田地四十五万亩。

③膏腴：形容土地的肥沃。

④极目：穷尽目力，眺望远方。

⑤抹月批风：把风月细切，当作菜肴。为文人表示家贫无可待客的戏言。

⑥水利：水流的利用，指疏浚河道、修筑堤防、灌溉农田等工作。





## 其八

压城岚气①雨余②青，玉枕③遥连玉案④横。
零落百年残志⑤本，看山无处觅⑥图经⑦。
（《诸罗》旧志本已佚）

注释

①岚气：山中的雾气。

②雨余：雨后。

③玉枕：山名，又名火山或枕头山。因形状如枕，故名。在今台南县白河镇。

④玉案：山名，因形状如几案，故名。在今台南县白河镇。

⑤残志：指《诸罗县志》，于清雍正二年（1724）完成。

⑥觅：寻求，寻找。

⑦图经：指在文字之外，附有图画的书籍，多为地理志书。

## 其九

故人①消息隔重泉②，剑树③凄凉起暮烟。
（谓徐仞千④主事⑤）
扶醉⑥怕过仙掌路⑦，晓风残月⑧哭屯田⑨。

注释

①故人：旧交，老朋友，或称死者，已亡故的人。此处指徐仞千主事。

②重泉：指地下，一说黄泉，哀挽死者常用的词。

③剑树：佛教语，十六小地狱之一。见《长阿含经·地狱品》。一说酷刑之一。

④徐仞千：即徐德钦（1853—1889），原云林人。因避戴春潮之乱，迁居嘉义。1885年中举，翌年，与林启东联榜进士，官工部屯田司主事。后应嘉义知县罗德祥之邀担任玉峰书院讲席。工诗、古文、词。

⑤主事：官名。

⑥扶醉：酒醉而被搀扶着走路。

⑦仙掌路：《分甘余话》："柳耆卿（柳永）卒于京口，王和甫葬之。然今仪征西地名仙人掌，则是葬于真州，非润州也。"王士祯《真州绝句》："残月晓风仙掌路，何人为吊柳屯田。"此处喻指徐仞千之坟地。

⑧晓风残月：清晨的微风与将消失的月亮，形容黎明时的景色。柳永《雨霖铃》："今宵酒醒何处？杨柳岸，晓风残月。"

⑨屯田：北宋词人柳永，原名三变，字耆卿，因排行第七，也称柳七。崇安（今福建省）人。仁宗景祐年间进士，官屯田员外郎，故人称柳屯田。一生潦倒，放浪不羁，常年眠花宿柳，走马章台，留情歌伎，故作品多描述城市风光、娼妓生活；而羁旅行役、长亭泣别之作尤工。



### 其十

一席名山①两载强②，海天留滞③水曹郎④。
无人与说忧时感，闲看荷花过北香。

**注释**

①一席名山：指任罗山书院山长。名山，名山事业。

②两载强：两年多。

③留滞：停滞留止不前，此处指身处困境。

④水曹郎：官名，水部曹郎。掌津梁、沟洫、舟楫、漕运等有关水道之事。南朝诗人何逊与唐朝诗人张籍都曾任水部郎。

## 唐韡之①观察②，以《净翠园③诗》见示，有怀旧园主人维卿④方伯⑤师（四首）

### 其一

蕉芭叶展楝花开，铃阁⑥深严⑦客又来。
喜是诗人重管领⑧，不曾孤负好亭台。

注释

①唐韡之：人名，名赞衮。湖南善化人，同治癸酉举人。光绪十七年（1891），由台南府知府继陈起鹗权台澎兵备道。光绪十八年（1892），回台南知府。好咏事。辑刊《澄怀园唱和集》，著有《台阳集》、《鄂不斋集》。

②观察：官名。清代的道员。

③净翠园：台南道署花园之别称。唐景崧所署也。唐赞衮新之，花木扶疏，雕栏焕彩，风光极为雅致。

④维卿：唐景崧，字维卿。广西临桂（今广西灌阳县）人。光绪年间，中法“越南”战争，镇守谅山，打败法军。后来担任台湾省巡抚，中日战争，台湾割让给日本，乡民拥戴景崧为总统，宣告自立。日军登陆台湾，所属兵败，遁归大陆。光绪十三年（1887）逢甲在三日内作《台湾竹枝词》百首，其才华自此受到唐景崧器重，并拔擢逢甲至海东书院深造攻举子业，并经常参加道署斐亭所举行的文酒之会。

⑤方伯：一方诸侯之长，泛指地方长官。巡抚为一省之长，故称。

⑥铃阁：指翰林院以及将帅或州郡长官办公的地方。

⑦深严：深邃严密。

⑧管领：管辖统领。

## 其　二

惜花心与爱才同，新咏红蕉句子工。
想见风流贤刺史①，微吟②巡遍药栏③东。

注释

①刺史：官名。为州郡的长官。

②微吟：低吟。

③药栏：芍药之栏，泛指花栏。

## 其　三

旧事思量倍惘然①，鸣珂②人正去朝天③。
谁知利市斓衫客④，坐领春风已六年。

注释

①惘然：失志不得意的样子。

②鸣珂：马勒佩饰。古时显贵人家的马匹，都佩玉为饰，行走时玉块撞击作声，故名。

③朝天：拜见天子。

④利市斓衫客：宋朝王禹偁《寄砀山主簿朱九龄》：“利市斓衫抛白纻，风流名纸写红笺。”利市，吉利，好运。斓衫，色彩鲜艳的衣服。

## 其　四

花笺[①]重叠墨痕浓，大海涛声荡客胸[②]。
自散锦袍[③]银烛[④]会，诗魂[⑤]时绕斐亭[⑥]钟。

注释

①花笺：印有花纹的精致笺纸。
②荡客胸：洗涤人的心胸。
③锦袍：锦作的官袍。
④银烛：明亮的烛火。
⑤诗魂：诗人的精神。
⑥斐亭：台南道署中之亭名。唐景崧任兵备道，用为雅集之所。



# 韡之[①]见和前作，叠韵[②]奉酬[③]（四首选三）

## 其　一

捧读瑶章[④]笑口开，寻诗人又海天来。
袖中管领[⑤]江山笔，新咏真堪压《福台》[⑥]。

注释

①韡之：人名。唐韡之，名赞衮。
②叠韵：赋诗重用前韵。
③酬：以诗文互相赠答。
④瑶章：对他人诗文、信札的美称。
⑤管领：管辖统领。
⑥《福台》：《福台新咏》。

## 其　二

九天[①]纶綍[②]拜恩同，吟到思亲句更工。
料得慈云[③]凝望处，去思[④]还满浙[⑤]西东。

注释

①九天：比喻皇宫深远。

②纶綍：《礼·缁衣》："王言如纶，其出如綍。"后世因称诏敕为纶綍。音 lún fú。

③慈云：佛教语。比喻慈悲心怀如云之广覆盖世界、众生。

④去思：人民对于贤良官吏离去后的怀思。

⑤浙：浙江。

## 其　三

选韵留题事偶然，也传爪印[①]海东天。
算从台岛论风雅[②]，破到穷荒[③]二百年。

注释

①爪印：鸟兽足爪留于泥沙上的痕迹，也借喻往事。

②风雅：指真挚感人、有益教化的优秀作品或文风。

③穷荒：贫穷荒芜。

# 署台南守包君哲臣[①]容，旧嘉令也。有德嘉人。其人士思以诗歌颂之，属为先唱。包君在嘉，予适掌教罗山[②]。署南守，予又崇文[③]主讲也。为采舆论，属词焉，以予嘉人汇以赠包君（三首）

## 其　一

九派[④]江流到海清，扁舟[⑤]琴鹤[⑥]出专城[⑦]。汉家本重循良治，海上争传孝肃[⑧]名。
去蠹[⑨]秋堂刀笔判，劝蚕春院纺车声。要从凋敝[⑩]回元气[⑪]，不独寻常饮水情[⑪]。

注释

①包君哲臣：名容。江西南昌人。光绪十四年（1888），以纳捐署安平知县，光绪十六年（1890），调嘉义县，政简刑轻，德声四播，光绪十七年（1891）五月，擢台南知府。

②罗山：古地名，即今嘉义。

③崇文：崇文书院，在府治东方坊。康熙四十三年（1704）建。

④九派：长江在湖北、江西一带，有很多支流，因以九派称这一带的长江。

⑤扁舟：小船。

⑥琴鹤：琴与鹤，均为古代高士自娱之物。

⑦专城：一城之主。古时多用来称呼州牧、太守等地方官吏。

⑧孝肃：宋朝包拯，性耿直，敦厚。仁宗除授龙图阁直学士，历知开封府，迁右司郎中，立朝刚毅，卒谥孝肃。

⑨蠹：蛀虫。比喻祸国害民的人或事。音 dù。

⑩凋敝：衰败。

⑪元气：人的精神、精气。

⑫饮水情：饮水思源。或指“如人饮水冷暖自知”。

## 其　二

得时[1]能吏[2]太纷纷[3]，舆颂[4]谁知属使君[5]。一片持心如霁月[6]，万家稽首[7]祝慈云[8]。

爱民每慎鱼符[9]下，课士亲将鹤俸[10]分。毕竟天老[11]相报速，包容有子已能文。



注释

①得时：得到权势时。

②能吏：能干的官吏。

③纷纷：盛多的样子。

④舆颂：众人的言论。

⑤使君：汉时称刺史为使君。又为对人的尊称。

⑥霁月：雨后的明月。比喻一个人胸襟开朗。

⑦稽首：古时一种跪拜礼，叩头至地，是九拜中最恭敬者。

⑧慈云：佛家语，比喻佛的慈心有如大云覆盖世界众生。

⑨鱼符：隋唐时期朝廷颁发的符信，雕木或铸铜为鱼形，刻画其上，剖而分执之，以备符合为凭信。

⑩鹤俸：鹤料。唐代称幕府的官俸，后亦泛指官俸。

⑪天老：指宰相重臣。

## 其　三

天兴[1]父老拜征尘[2]，擢[3]守嵌城[4]圣泽新。生意[5]在胸庭草长，去思[6]满眼县花[7]春。

卖刀龚遂[8]颁宽政，下榻[9]周璆[10]本部民[11]。冷抱千秋《心史》[12]笔，待书循吏[13]传中人。

注释

①天兴：郑成功占据台湾后，设天兴及万年二县。

②征尘：旅途中的风尘，引申为长途远涉、劳碌辛苦的意思。

③擢：举拔，提升。

④嵌城：赤嵌城，指台南。

⑤生意：生机，生命力。

⑥去思：人民对于贤良官吏离去后的怀思。

⑦县花：晋朝潘岳曾任河阳令，于城内遍植桃花。

⑧龚遂：西汉人。宣帝时为渤海太守，渤海时逢饥荒，民多盗，遂开仓济贫，劝民农桑，民皆卖剑买牛，卖刀买犊，境内大治。

⑨下榻：接待宾客，寄宿。

⑩周璆：后汉临济人，字孟玉。以高洁称。前后郡守招命莫肯至，唯陈蕃为太守能致焉。蕃每见璆，字而不名，特为置一榻，去则悬之。

⑪部民：管辖区内的人民。

⑫《心史》：书名。宋朝郑思肖撰，七卷。思肖字所南，宋末遗民。书中多载宋亡时杂事，明末于吴中承天寺井中发现。

⑬循吏：奉公守法的官吏。

## 重过台南道署①（十二首选十一）

忆自丁亥②入署读书，文酒之会③极盛，至园亭新筑，唱和之作，裒然④成册。觅旧梦而难忘，思坠欢⑤之莫续。用前《净翠园即事》诗韵，赋寄维卿师，时师方入觐⑥，将南还也。

### 其　一

重摛⑦残锦笑丘迟⑧，春去园林客赋诗。
谁识替花惆怅意，再来不必落红时。

注释

①道署：清廷将台湾府连同厦门府，合置分巡台厦兵备道，兼有指挥监督文武职官之大权，并兼理学政。道署为兵备道之办公处所。

②丁亥：光绪十三年（1887）。

③文酒之会：指饮酒赋诗消遣一类的事。

④裒然：众多貌。裒，音 póu。

⑤坠欢：称已成过去的欢宴等事。

⑥入觐：臣子进入朝廷觐见帝王。

⑦摛：舒展，传布。音 chī。

⑧残锦笑丘迟：《南史·江淹传》：淹少以文章显，晚节才思微退……夜梦一人自称张景阳，谓曰："前以一匹锦相寄，今可见还。"淹探怀中得数尺与之，此人大恚曰："那得割截都尽！"顾见丘迟，谓曰："余此数尺既无所用，即以遗君。"锦，锦缎。丘迟，南朝乌程人，八岁能属文，辞采丽逸。

## 其　二

花竹清幽退食[①]庐，满堂宾从[②]借诗娱。
太平风雅[③]公卿[④]事，不独年来海上无。

注释

①退食：指臣子退朝后在家就食休息。

②宾从：宾客和他的随从。从，音 zòng。

③风雅：指诗文之事。

④公卿：本指三公九卿，后引申为高官。

## 其　四

分廉[①]记办筑园钱，杜句[②]亲书署院[③]前。
自送朝天[④]严仆射[⑤]，诗人零落去西川[⑥]。

注释

①分廉：分配财物不苟取。

②杜句：杜甫诗句。

③署院：台南道署。

④朝天：拜见天子。

⑤严仆射：严武。唐朝安史之乱，随玄宗入蜀，肃宗即位，收复长安后，累官至剑南节度使。在蜀为官时奢靡无度，杜甫颇受他的礼遇。卒，赠尚书左仆射。宝应元年（762）七月，杜甫送严武还朝，到绵州。仆射，官名。音 pú yè。

⑥西川：西河。古称黄河在西部地区南北流向的一段为西河。

## 其　五

佳句王郎[①]“茧[②]出盆”，海涛声断醒诗魂[③]。
空镌[④]“夕照亭生”印，冷对东风忆受恩。
（王贡南有“夕照亭生”印章）

注释

①王郎：王贡南，字毓菁，闽县人。

②茧：蚕吐丝所结成的椭圆形壳。

③诗魂：诗人的精神。

④镌：雕刻。

## 其　六

高台吟眺海云寒，幕府[1]人多客自单。
铁马金戈[2]谈往事，筹边[3]曾侍倚阑干。

注释

①幕府：将帅的府署，也指地方军政首长的衙署。
②铁马金戈：形容威武雄壮的士兵和战马，也谓战事、兵事。
③筹边：筹划边境的事务。

## 其　七

亲将东野[1]许诗鸣，传唱花前烛影明。
一自江村归去后，梦回惊听晓钟声[2]。

注释

①东野：唐朝诗人孟郊，字东野。其诗多寒苦之音，写作态度严谨，感情深挚。
②钟声：斐亭之钟声。

## 其　八

锦袍[1]银烛[2]罢登场，示病空山觅扁仓[3]。
枉费[4]三书传北雁，谈诗人卧海珊堂。
（师于春间屡书速赴北，以病未行）

注释

①锦袍：用锦做的官袍。
②银烛：明亮的烛火。
③扁仓：古代名医扁鹊、仓公的并称，亦泛指名医。
④枉费：白费，空费。

## 其　九

鸿指[1]重重印已过，海天怀旧感偏多。
使君[2]应返朝天[3]节，官舫[4]银灯出潞河[5]。

注释

①鸿指：鸿爪，鸿鸟的爪印，比喻往事的痕迹。

②使君：汉时称刺史为使君。又为对人的尊称。

③朝天：拜见天子、天帝。

④舫：船。

⑤潞河：水名，即白河。古称沽水或沽河，为北运河的上游。

## 其　十

画堂重展蜀笺[①]红，铜玉[②]诗鸣大海东。
写出芙蓉人镜[③]笔，一时都算出群雄。
（唱和诗闻师令刘伯崇殿撰[④]书悬厅事。刘，师婿也）

注释

①蜀笺：四川所产精致华美的纸。

②铜玉：击玉发声。

③芙蓉人镜：《酉阳杂俎续集·支诺皋中》："相国李公固言，元和六年下第，游蜀，遇一老姥，言：'郎君明年芙蓉镜下及第，后二纪拜相，当镇蜀土，某此时不复见郎君出将之荣也。'"

④殿撰：即状元。

## 其十一

漫诮[①]银合笑铜钉，七字铃圆句细听。
佳话诗钟[②]新署[③]榜[④]，吟花休问露香亭。
（斐亭[⑤]，即露香亭故址）

注释

①漫诮：胡乱责备。诮，责备。音 qiào。

②诗钟：一种文字游戏。其方法为任取意义绝不相同的两个字或词，或嵌字，或分咏，创作五言或七言诗两句，以凑合自然工整不落俗套且有寄托为上乘。

③署：题字。

④榜：匾额。

⑤斐亭：亭名，在台南郡署内。康熙三十三年（1694），巡道高拱乾建。光绪十四年（1888）唐景崧修之，并邀僚属于此作文酒之谦。

## 其十二

海滨欢喜得恂留[①]，移节[②]仍居江上头。
为问满堂豪翰[③]在，可能高会[④]再千秋[⑤]。

注释

①恂留：东汉时寇恂曾任颍川太守，后随光武出征，再到颍川，当地士绅谓光武曰：“愿从陛下复借寇君一年。”后因以“借寇”或“寇留”为地方挽留官吏的典故。

②移节：古使者持节而行，后称地方长官迁调他处任职为移节。

③豪翰：毫翰。毛笔，或指文字。豪，通“毫”。

④高会：盛大的宴会。

⑤千秋：千年。

## 七夕旅中寄内[1]

庭柯[2]槭槭[3]转商飙[4]，乌鹊南飞罢驾桥[5]。
钩起离愁一弯月，人天同是可怜宵。

注释

①内：内人，指妻妾。

②庭柯：庭园中的树木。

③槭槭：象声词。落叶声。槭，音 qì。

④商飙：秋风。

⑤驾桥：传说牛郎、织女分居天河两岸，每年七夕，喜鹊飞临天河，汇聚成桥，使之相会。

## 七月十六夜大风雨

兔[1]匿蟾[2]沉不敢明，蛟龙云黑起窥城。满空瓠子河[3]流势，一夜昆阳[4]屋瓦声。
驱暑宵中传急令，鏖[5]秋天半出奇兵。倚楼无限绸缪[6]意，不独寻常广厦情[7]。

注释

①兔：传说月中有玉兔，因借指月亮。

②蟾：传说月中有蟾蜍，因借指月亮。

③瓠子河：河名，在今河北省。

④昆阳：地名，在今河南省叶县。

⑤鏖：竭尽力量苦战。

⑥绸缪：形容情意殷勤恳切、亲密的意思。

⑦广厦情：杜甫《茅屋为秋风所破歌》：“安得广厦千万间，庇天下寒士俱欢颜。”

## 自山中以茯苓[①]为沈太夫人[②]寿，赋呈维卿[③]师

画省[④]瑶觞[⑤]六度开，荷衣[⑥]亲祝向瀛台[⑦]。山中故事松根梦，海上奇方药笼材。

爱日心情官舍永，劚云[⑧]踪迹洞天[⑨]回。自知小草[⑩]难捐[⑪]报，聊佐神仙服食[⑫]来。

注释

①茯苓：植物名。可供食用。味甘淡，可治尿少、脾虚、心悸失眠等疾病。

②沈太夫人：唐景崧之母亲。

③维卿：唐景崧，字维卿。

④画省：尚书省。汉代尚书省以胡粉涂壁，上画古烈士像，故别称“画省”。

⑤瑶觞：玉杯，酒杯的美称。

⑥荷衣：用荷叶编成的衣服，也指隐者高士的衣着。

⑦瀛台：台名，在北京故宫西苑内太液池中。

⑧劚云：喻遥远也。劚，掘取。音 zhǔ。

⑨洞天：道教称神仙的居处，意谓洞中别有天地，后常泛指风景胜地。

⑩小草：中药名。远志的苗，可供药用。《广雅·释草》：“蕀苑，远志也。其上谓之小草。”《广雅疏证》：“苗曰小草，根曰远志。”

⑪捐：献出财物。

⑫服食：服用丹药，为道家养生修炼之法。

## 双峰[①]道中

压舆[②]峰影落秋空，一角残阳隔岭红。山腹人家虹气里，林腰驿路[③]鸟声中。

荒畬[④]断雨秋收稻，阴涧[⑤]微霜夜染枫。羡煞[⑥]樵歌归去乐，有人踪迹愧飘蓬[⑦]。

注释

①双峰：山名，即双峰仔山，在今苗栗县铜锣乡樟树村。两峰并峙，比立云霄，故名。

②压舆：笼罩大地。压，覆盖，笼罩。舆，大地。

③驿路：驿道，大道。

④畬：粗放耕种的田地。音 shē。

⑤涧：山间的水沟。

⑥羡煞：羡甚，羡极。

⑦飘蓬：飘飞的蓬草，比喻漂泊无定。

## 苗栗县

田制奇零[①]亩，溪流浅急声。乱山多近市。新县未围城。

土瘠[②]迟官税，民贫长盗萌[③]。眼前无限感，过客此孤征[④]。

注释

①奇零：不满整数的数，零星。奇，音 jī。

②瘠：不肥沃。

③萌：开始，产生。

④孤征：只身远行。

## 台北秋感（三首）

### 其　一

北戒[①]舆图[②]岛国开，上游高踞[③]控全台。百年洗刷穷荒气，一战支离[④]故将材。

入海江随残照尽，抱[⑤]城山送早秋来。谈兵谁识陈同父[⑥]？兀自[⑦]桥头策马[⑧]回。

注释

①戒：通“界”。

②舆图：疆土，土地，地图。

③踞：蹲，坐，盘踞。

④支离：分散，分裂。

⑤抱：围绕。

⑥陈同父：南宋陈亮，字同父，婺州永康人。有奇才，为人才气超迈，喜谈兵。孝宗时宋与金议和，亮作《中兴五论》上书反对，力主抗金。

⑦兀自：径自，公然。兀，无义。音 wù。

⑧策马：鞭马使其前行。

### 其　二

西风江上水微波，十载征人七度过。出海生涯茶市减，入城租税稻田多。

雷车电索蛮夷[①]气，越调闽腔[②]妇女歌。郭外寻秋划蟒甲[③]，剑潭[④]老树正婆娑[⑤]。

注释

①蛮夷：古代对四方边远地区少数民族的通称。

②越调闽腔：指来自各地人民的语音。

③蟒甲：即艋舺。北部平埔族称独木舟，为 Banka 的译音。

④剑潭：地名，在今台北市圆山附近。

⑤婆娑：舞动的样子。

## 其　三

压城海气昼成阴，洋舶[1]时量港浅深。蛇足[2]谈功诸将略，牛皮借地[3]狡夷[4]心。

开荒有客夸投策[5]，戚旧无番[6]议采金[7]。我正悲秋同宋玉[8]，登临聊学楚人[9]吟。

注释

①洋舶：西洋之船只。

②蛇足：《战国策·齐策二》载，数人相约，画地为蛇，先成者饮酒，一人蛇先成，因添画足而失其酒。后因以“蛇足”比喻多余无用的事物。

③牛皮借地：荷兰人来台，借地于土番（早期台湾原住民），土番不同意，荷兰人欺之，曰：“愿得地如牛皮，多金不惜。”遂允许，荷兰人乃剪皮为缕，周围里许，筑热兰遮城以居，驻兵二千八百人。

④狡夷：狡，诡诈刁钻。夷，东方之种族，指外族，即荷兰人。

⑤投策：弃杖。张协《七命》：“阳乌为之顿羽，夸父为之投策。”

⑥番：番人，指少数原住民。

⑦采金：开采金矿。

⑧悲秋同宋玉：悲秋，对萧瑟秋景而伤感。宋玉，战国时楚人。其流传作品，以《九辩》最为可信。《九辩》首句为“悲哉秋之为气也”，故后人常以宋玉为悲秋悯志的代表人物。

⑨楚人：指宋玉。

# 杨花[1]（六首）

## 其　一

濛濛[2]飞送魏宫春，揉雪团云逐塞[3]尘。

燕子不衔[4]窠[5]里去，渡江愁煞[6]踏歌[7]人。

注释

①杨花：柳絮。杨柳于春天开花，而成白絮飞散，故名。

②濛濛：迷茫不清的样子。

③塞：边界。

④衔：口中含物。
⑤窠：兽及虫的窝。音 kē。
⑥愁煞：愁甚，愁极。
⑦踏歌：用脚踏地作节拍而歌舞。

## 其 二

画舫[①]轻摇住复飞，雷塘[②]西畔送斜晖。
东风吹起亡隋恨，随著春流不肯归。

注释

①画舫：彩饰图像的游船。舫，音 fǎng。
②雷塘：地名，故址在今江苏省扬州城北，今已堙为民田。隋炀帝葬于此。

## 其 三

青鸟[①]衔巾逐冶游[②]，丽人[③]天气曲江[④]头。
芙蓉小苑[⑤]边风急，冷共苹[⑥]花起暮愁。

注释

①青鸟：古代传说中西王母的使者。
②冶游：遨游、狎妓。
③丽人：美人。杜甫《丽人行》：“三月三日天气新，长安水边多丽人。”
④曲江：曲江池。为一人工湖泊。在今陕西省西安市雁塔区，有河水，水流曲折。每过佳节，游客如云，新科进士，也多赐宴于此。今已堙为陆地。
⑤芙蓉小苑：芙蓉苑，园名。唐代长安宫内的名园。
⑥苹：落叶性水生多年生草本。根茎细长。

## 其 四

漫空[①]飞逐马蹄来，万树隋堤[②]记旧栽。
一自鲤鱼[③]天上去，江南又让李花开。

注释

①漫空：漫天。弥漫天空。
②隋堤：隋炀帝开永济渠，并沿渠筑御道，植杨柳，后人称为隋堤。
③鲤鱼：书信。

## 其　五

飞满宫中蒂未牢，微词吟共月儿高。
谁知乐府[1]新翻[2]曲，曾累鳗鱼入海逃。

注释

①乐府：诗体名。本指乐府官署所采集制作的乐歌，也用以称魏晋至唐代可以入乐的诗歌，及以后人仿效乐府古题的作品。宋、元、明以后的词、散曲和戏曲，因配合音乐，有时也用此称。

②新翻：依旧谱制新词。

## 其　六

云样飘零雪样轻，春江坠处觉萍生[1]。
等闲[2]七字阳关调[3]，成就诗人一代名。

注释

①坠处觉萍生：《广群芳谱》谓浮萍为杨花入水所化。

②等闲：平常，平白地，无端。

③七字阳关调：即王维的《阳关曲》："渭城朝雨浥轻尘，客舍青青柳色新。劝君更尽一杯酒，西出阳关无故人。"

## 贺林俊堂[1]内弟[2]朝崧新昏[3]

春风吹上七香车[4]，咏絮清才出谢家。[5]
嫁得孤山[6]林处士[7]，料应风格[8]似梅花（新人谢姓）。

注释

①林俊堂：林朝崧，字俊堂，号痴仙。雾峰（今台中市雾峰区）林刚愍公文察之从子。工诗，书法柔丽。著有《无闷草堂诗存》。

②内弟：妻子之弟弟。内，指内人，妻子。

③新昏：新婚。昏，通"婚"。

④七香车：以香料涂饰的华贵车子。

⑤咏絮清才出谢家：东晋才女谢道韫，聪识有才辩。尝在家遇雪，叔父谢安曰："白雪纷纷何所似？"安兄子朗曰："撒盐空中差可拟。"道韫曰："未若柳絮因风起。"安大悦。世称"咏絮才"。

⑥孤山：山名，在浙江省杭州市西南。宋处士林逋曾在此隐居。

⑦处士：有道德学问而未做官或不做官的人。此喻林俊堂。

⑧风格：称人的风标、格调。

## 云林晓发

香橼[①]渡口寒流急，石榴班[②]头晓烟湿。云中一迳[③]穿林出，扑面万山迎客立。
山鹊巢空勒竹[④]枯，荒渠拍拍飞水凫[⑤]。村翁卖饭临路店，为言岁歉[⑥]多萑苻[⑦]。
行李萧条[⑧]客憔悴，绿林[⑨]何用相回避。客囊正有葫芦[⑩]本，卖剑遗风忆龚遂[⑪]。

注释

①香橼：即枸橼。植物名。橼，音 yuán。

②石榴班：地名，在今云林县斗六市。

③迳：通“径”。小路。

④勒竹：竹名。有刺而坚，广东人以刺为勒，故称“勒竹”。

⑤凫：野鸭。音 fú。

⑥歉：歉收。

⑦萑苻：葭苇丛密的草泽，经常是盗贼或反叛者藏匿的地方，因此后世也称盗薮、贼窝为萑苻。音 huán fú。

⑧萧条：匮乏。

⑨绿林：泛指结伙聚集山林，反抗官府或抢劫财物的盗贼。

⑩葫芦：植物名，也称壶芦、匏瓜。果实干老后可作盛器。

⑪龚遂：西汉人。宣帝时为渤海太守，渤海时逢饥荒，民多盗，遂开仓济民，劝民农桑，民皆卖剑买牛，卖刀买犊，境内大治。

## 过鸿指园[①]（二首）

### 其一

满院榕阴郁[②]古青，虹梁[③]连亘[④]敞云屏[⑤]。
百年乔木[⑥]依稀[⑦]在，斜日来寻四合亭。
（园四合亭故址，有榕梁榕屏）

注释

①鸿指园：园名。在旧台南府署内，即郑氏之承天府。乾隆乙酉春，知府蒋允焄始建。有古榕三株，盘根屈曲，《台湾府志》称“榕梁”，枝叶屏翠，又称“榕屏”，旧四合亭址。

②郁：繁盛畅旺。

③虹梁：形状似虹的曲梁。

④连亘：从此端直贯到另一端。亘，音 gèn。

⑤云屏：绘有云形图案的屏风。

⑥乔木：树木中具有一主干，且树干在地面上至相当高度后始行分枝者。

⑦依稀：仿佛，不清楚的样子。

### 其　二

匆匆爪印[①]怕重寻，太守残碑藓[②]半侵。
留与海天传故事，东坡断句古墙阴。
（园有郡守蒋允焄碑及所书东坡诗）

**注释**

①爪印：鸟兽足爪留于泥沙上的痕迹，也借喻往事。

②藓：苔藓，青苔。

## 崇文书院[①]寒夕，寄怀邓季垂[②]明府[③]嘉缜（四首）

### 其　一

月冷风尖夜有霜，柝[④]声敲梦五更长。
摊笺[⑤]自写怀人句，坐对寒灯蛾术堂[⑥]。
（书院有蛾术堂）

**注释**

①崇文书院：康熙四十三年（1704）建，原在府治东安坊，乾隆十五年（1750），台湾知府鲁调梅移海东书院于旧址，而以遗址为崇文书院。

②邓季垂：名嘉缜，广东新会人，光绪十七年（1891）冬任嘉义县正堂。

③明府：唐代以后称县令为明府。

④柝：守更巡夜人敲打的木梆子。音 tuò。

⑤摊笺：铺开精致华美的纸。

⑥蛾术堂：在崇文书院中，知府鲁调梅书额。本《礼记·学记》“蛾子时术之”之意。

## 其二

山城寒雨夜潇潇[①]，官舍挑灯[②]话寂寥。

一阕[③]词题《新乐府》[④]，吟声高压海天潮。

（予《台阳新乐府》明府题词）

注释

①潇潇：风暴雨急的样子。

②挑灯：拨动灯芯，使灯火更加明亮。

③阕：歌曲一首。

④《新乐府》：是从古乐府演变革新的一种新体诗，创始于初唐。初唐人写乐府诗，除沿用汉、魏、六朝乐府旧题外，已有少数诗人另立新题，虽辞为乐府，已不被于声律，故称“新乐府”。

## 其三

瓦官寺[①]畔旧柴关[②]，看竹西园野意闲。

想见风流为政暇，六朝[③]松石念家山。

注释

①瓦官寺：寺名。

②柴关：柴门。

③六朝：吴、东晋、宋、齐、梁、陈都建都在建康（即今南京市），合称为六朝。

## 其四

朔风[①]吹海水云奔，夜半涛声撼客门。

谁听荒鸡[②]同起舞？人间豪士[③]忆刘琨[④]。

注释

①朔风：北风。

②荒鸡：在半夜不按时间啼叫的鸡。

③豪士：有才学胆识的人。

④刘琨：晋文学家、将领。曾与祖逖午夜闻鸡起舞。平东平王有功，封广武侯。建武初，讨石勒，为大都督。

## 次韵[1]奉酬[2]陈仲英[3]太守[4]

### 文禄见赠之作（二首）

### 其　一

越国甘棠[5]手遍栽，鲲洋[6]又借济时才。杨公[7]世业留清遗，廉守[8]循声[9]惜暮来。

善幻人情开蜃市[10]，破荒文字出鸾台[11]。海滨翘首[11]观新政，要向阳城[13]问抚催[14]。

**注释**

①次韵：诗人在和别人的诗时，仿照原诗用韵的次序作诗，也称“步韵”。

②奉酬：奉，对人的敬辞，表示恭敬。酬，以诗文互相赠答。

③陈仲英：名文禄。湖南祁阳县人。同治十三年（1874）进士，改庶吉士，授编修，出为福建某府知府，以忧不能赴，光绪十八年（1892），任台北府知府。工诗文，有善政，擢署兵备道。

④太守：官名，即知府。

⑤甘棠：植物名。此处用来称颂有惠政的地方官吏。原为《诗·召南》篇名。相传周武王时，召伯巡行南国，曾憩甘棠树下，后人因思其德惠，乃作《甘棠诗》。

⑥鲲洋：台湾安平外海，古有七鲲身屿，嘉义县外有南北鲲身、青鲲身等小屿，故台海曰鲲洋。

⑦杨公：东汉杨震。年五十在州郡为官，清廉自守。任荆州刺史时，有人夜赠金十斤，谓：“夜无知者。”震拒绝说：“天知、神知、我知、子知，何谓无知。”

⑧廉守：清廉的太守，对州郡长官的敬称。

⑨循声：指为官有循良之声。

⑩蜃市：海市蜃楼，幻景。

⑪鸾台：官署名。

⑫翘首：举首而望，也形容盼望殷切。

⑬阳城：地名，即湖南祁阳县，喻指陈仲英。

⑭抚催：抚字催科，地方官吏之治政。

### 其　二

海天留滞[1]叹蹉跎[2]，拜衮[3]年华寂寂过。慷慨荒鸡推枕舞，[4]凄凉老骥击壶歌[5]。

粲花[6]议论风生[7]座，种麦时光雪满坡。闲煞[8]雄心诗卷里，人间不武[9]笑随何[10]。

**注释**

①留滞：滞留。

②蹉跎：指光阴虚度，年华消逝。

③拜衮：受命任三公之官职。衮，三公所服。

④慷慨荒鸡推枕舞：祖逖与刘琨共被同寝，夜半闻荒鸡鸣，乃与琨起身舞剑。后世比喻有志之士及时奋起。

⑤老骥击壶歌：《晋书·王敦传》："欲专制朝廷，有问鼎之心……每酒后，辄咏魏武帝乐府歌曰：'老骥伏枥，志在千里；烈士暮年，壮心不已。'以如意打唾壶为节，壶边尽缺。"

⑥粲花：形容言谈之生动优美，如百花灿烂。

⑦风生：生风。形容风趣四溢，善于言谈，谈笑风生。

⑧闲煞：闲甚，闲极。

⑨不武：不足以示英雄、威武。

⑩随何：汉初谋士，善辩。楚汉之战，曾为刘邦游说黥布背楚归汉。刘邦即帝位后，封他为护军中尉。





## 台山有虎谣

台山乃无虎，无虎古所传。台山忽有虎，有虎来何年？
上不从九天[1]，下不从九泉[2]。千百豺与狼，拥之踞[3]山巅。
山亦有民园，山亦有民田，田园已就芜，樵苏[4]且难前。
凶番据故巢，出入乃晏然[5]。谓番命在天，生杀非虎权。
翳[6]彼山中民，何独垂馋涎[7]？上当告九天，守阍[8]恐有连。
下欲达九泉，九泉何冥冥[9]？台山瘴[10]不开，哀哉有虎篇。

注释

①九天：形容其极高。

②九泉：墓地。九是数字的极限，泉是地下水，以九泉比喻地下最深处。人死后埋葬以深为佳，所以用九泉指死后之地。

③踞：蹲，两脚伸开弯着膝而坐。

④樵苏：砍草、刈草。

⑤晏然：安逸。

⑥翳：隐藏，隐没。

⑦馋涎：因嘴馋而生涎水。

⑧守阍：守门。

⑨冥冥：昏暗。

⑩瘴：指山川湿热蒸郁而成的气，能使人得病。

## 谢四[①]以《蹭蹬[②]诗》见示，即次其韵[③]

诗境居然似放翁[④]，穷愁[⑤]时节句尤工。庄周[⑥]有论难齐物[⑦]，殷浩[⑧]无书不向空[⑨]。

送炭人稀深巷雪，[⑩]破帆天厄[⑪]截江风。中年忧乐君家感，[⑫]但解豪吟也自雄。

注释

①谢四：人名。丘逢甲先生之表兄，名道隆，字颂臣。

②蹭蹬：险阻难行，失势貌。困顿，失意。音 cèng dèng。

③次其韵：次韵。依次用所和诗中的韵作诗，也称“步韵”。

④放翁：宋朝诗人陆游，字务观，号放翁。

⑤穷愁：穷困愁苦。

⑥庄周：战国宋蒙县人。与梁惠王、齐宣王同时，尝为漆园吏，著书五十二篇，名之《庄子》。



⑦齐物：春秋战国时老庄学派的一种哲学思想。认为宇宙间一切事物，如生死寿夭，是非得失，物我有无，都应当同时看待。

⑧殷浩：晋朝人。好《老》、《易》，为风流谈论者所宗。征姚襄败，为桓温所奏劾，废为庶人，终日书空，作“咄咄怪事”四字。寻温将以为尚书令，遗书告之，浩误达空函，由是遂绝。

⑨无书不向空：殷浩被废，终日以手指画空间，虚构字形。唯作“咄咄怪事”四字。

⑩送炭人稀深巷雪：深巷里人稀于雪中送炭。

⑪厄：被困，受苦。

⑫中年忧乐君家感：《世说新语·言语》：“谢太傅（安）语王右军（羲之）曰：‘中年伤于哀乐，与亲友别，辄作数日恶。’”

## 草阁[①]新成喜赋

三间草阁面群山，茅正诛[②]完甓运[③]闲。雪后瑶光[④]寒扑牖[⑤]，雨余岚翠[⑥]晓当关。

数弓[⑦]旷地花分种，万顷春田水总环。寄傲[⑧]此中吾意慰，更无才调[⑨]语时艰。

注释

①草阁：草屋。

②诛：除去，芟除。

③甓运：运甓。晋朝陶侃常搬砖以习勤，勉人惜光阴。

④瑶光：玉的光彩，比喻白光，雪光。

⑤牖：窗户。音 yǒu。

⑥岚翠：苍翠色的山雾。

⑦弓：量词。原为与弓同距离的长度单位，与步相应。后亦用作丈量地亩的计算单

位，其制历代不一。

⑧寄傲：寄托旷放的情志。

⑨才调：才气。

## 割花叹

### （有引[①]）

台市每冬令[②]，水仙花船由厦来。千筐百篓，堆积盈肆[③]，礌礌[④]者，皆花叶未萌[⑤]也。市儈[⑥]割其本之半，种之盆盎[⑦]以售。叶茁辄拳曲[⑧]，花早吐短干间，蕊小于常，亦易谢。虽复楚楚[⑨]，全无天然致，盖剥削[⑩]已甚，真气内损。花如有知，应自叹所遭之不幸耳！市人顾群亦为美而效之，是可叹也！

烘[⑪]而出之名唐花[⑫]，薰炙[⑬]犹惜消英华[⑭]。爱之何忍更用割，玉质岂任霜锋[⑮]加？
杀风景[⑯]事何不有，国香[⑰]况落市人手。居然手刃等罗虬[⑱]，此劫偏教水仙受。
珊珊[⑲]微步由天然，刖[⑳]之使小岂复妍[㉑]？凌波[㉒]无语色憔悴，绿章[㉓]诉虐[㉔]谁笺天[㉕]？
天苍苍[㉖]兮水茫茫，仙乎宛在[㉗]当中央。西子[㉘]捧心[㉙]痛刻划[㉚]，徐妃[㉛]半面成残妆。
护花无力对花叹，他生作尉[㉜]惭司香[㉝]。吁嗟乎！荆姬[㉞]细腰饥欲死[㉟]，
蛮娘[㊱]雕面[㊲]警[㊳]未已。世间赏鉴[㊴]无真美，洛神[㊵]避妒独翔立。
怨粉愁香满江水。

**注释**

①引：文体名。其结构如序文而稍为简短。

②冬令：冬季。

③肆：市集中的店铺。

④礌礌：石众多堆积貌。

⑤萌：斫伐。

⑥市儈：介绍双方买卖而居中取利的人。因专门会合市人，从中取利，后称唯利是图的商人为市侩。

⑦盎：一种大腹敛口的盆子。音 àng。

⑧拳曲：卷曲不伸。拳，通“蜷”。

⑨楚楚：丛生的样子。

⑩剥削：搜刮，榨取。

⑪烘：烘焙。

⑫唐花：指冬天在室内烘焙而早开的花，又称堂花。王士祯《居易录谈·下》：“今京师腊月即卖牡丹、梅花、绯桃、探春，诸花皆贮暖室，以火烘之，所谓堂花，又名唐花是也。”

⑬薰炙：熏陶。

⑭英华：形容草木之美。

⑮霜锋：雪亮锐利的刀刃。

⑯杀风景：破坏别人雅兴。

⑰国香：一国中最香的香味，这里指兰花或其他花。

⑱罗虬：唐朝台州人。与邺、隐齐名，号三罗。累举不第，为鄜州从事。鄜州李孝恭家歌妓名杜红儿善歌，与罗虬交好，虬令之歌，赠以彩，孝恭不令受。虬怒，手刃红儿。虬又后悔无已，于是列举古来美人以比红儿，作绝句《比红儿》百篇一卷，以为自来美人皆不如红儿。

⑲珊珊：形容玉、铃、钟、雨等舒缓的声音。宋玉《神女赋》："动雾縠以徐步兮，拂墀声之珊珊。"

⑳刖：断，绝。音 yuè。

㉑妍：美好。

㉒凌波：凌波仙子。水仙花的别名。

㉓绿章：古代道士祷告上天时，用朱笔书写青藤纸的奏文。

㉔诉虐：诉说被不公平之待遇。



㉕笺天：行文以祭告上天。

㉖苍苍：深蓝色。

㉗宛在：似乎，好像。《诗·秦风·蒹葭》："溯游从之，宛在水中央。"

㉘西子：西施。

㉙捧心：因心病疼痛而用手捧抱胸口。《庄子·天运》："故西施病心而矉其里，其里之丑人，见而美之，归亦捧心而矉其里。"

㉚刻划：用文字等描摹表现。

㉛徐妃：南朝梁元帝妃，姓徐，名昭佩。妃以帝眇一目，每知帝将至，必为半面妆以俟，帝见则大怒而出。

㉜尉：古代官名。

㉝司香：明代内侍官名，多由宦官担任。负责烧香等事宜。

㉞荆姬：楚姬。

㉟细腰饥欲死：细腰，纤细的腰，也指腰围纤细的人。《后汉书·马援传》："楚王好细腰，宫中多饿死。"

㊱蛮娘：指南方青年女子。

㊲雕面：如雕之面目。比喻面目狰狞、猥琐。

㊳赝：伪，假。

㊴赏鉴：对人或事物能品评鉴别。

㊵洛神：古代神话人物。即洛水的女神洛嫔。本宓（伏）羲之女，称为宓妃，因渡洛水淹死，成为水神。

## 冬晚陪家大人①游山

林落见群峰，游趣生冬晚。东山淡寒翠，相对觉意远。
杖履②随侍余，眷言③陟④层巘⑤。村尽溪路长，泉脉缩枯堰⑥。
野烧陂陀⑦间，傍麓畬⑧初垦。诸山互交牙⑨，一迳⑩独蜿蜿⑪。
微风坠零叶，残雪压修箭⑫。林喧噪寒鸦，崖枯走饥鼹⑬。
悬磴⑭不觉高，但任芒鞋⑮稳。置身白云外，如出世混沌⑯。
登峰极目⑰望，尘海何滚滚⑱？人生贵知止，回驭⑲九折坂⑳。
谢家游山屐，㉑毋为过限㉒损。长安正风雪，投刺㉓纷策蹇㉔。
年来客意冷，欲共翁名遯㉕。渴饮山中泉，饥餐山中饭。
供养借烟霞㉖，乌哺㉗吾当反。山西已夕阳，行共樵人返。
犹留不尽意，睡觅徐熙㉘本。



**注释**

①家大人：对他人称自己的父亲。
②杖履：对老者、尊者的敬称。
③眷言：回顾貌。言，词尾。
④陟：由低处向高处走。音 zhì。
⑤层巘：重叠的山峰。
⑥堰：挡水的低坝。
⑦陂陀：长陛。倾斜不平貌。音 bēi tuó。
⑧畬：先用刀砍除地面杂草，再用草焚烧成灰，作为从事耕种的土地的肥料。
⑨交牙：如犬牙相交错。
⑩迳：通“径”。步道，小路。
⑪蜿蜿：屈曲貌。
⑫箭：竹名。
⑬鼹：鼠的一种。
⑭悬磴：石桥。
⑮芒鞋：用芒茎外皮编织的鞋，草鞋。
⑯混沌：古代传说中指世界开辟前元气未分、模糊一团的状态。
⑰极目：纵目，用尽目力远望。
⑱滚滚：大水涌流貌。
⑲回驭：掉转马头，返回。
⑳坂：斜坡，山坡。音 bǎn。
㉑谢家游山屐：南朝宋国谢灵运登山所穿的木屐，上山时去前齿，下山则去后齿，以利行走陡坡。

㉒限：门槛。

㉓投刺：投递名帖。

㉔策蹇：乘跛足驴。

㉕遯：通“遁”。隐居，隐避。

㉖烟霞：烟雾霞光，泛指山水景色。

㉗乌哺：乌鸦反哺。

㉘徐熙：南唐画家，世为江南显族。善画花果林木禽鱼草虫，常至园圃细察动植物情状，富写生精神，落笔清逸有致。

# 岭云海日楼诗钞

## 卷一 乙未稿（1895 年）

### 离台诗[1]（六首）

（将行矣，草此数章，聊写积愤，妹倩[2]张君请珍藏之，十年之后，有心人重若拱璧[3]矣，海东遗民[4]草）

#### 其 一

宰相[5]有权能割地，孤臣[6]无力可回天。
扁舟[7]去作鸱夷子[8]，回首河山意黯然[9]。

**注释**

①离台诗：作于乙未年六月四日（1895 年 7 月 25 日）晚，丘逢甲率台中义勇军抗日失败，内渡大陆的前夕，丘氏与表兄谢道隆至台中大雅乡（今台中市大雅区）上枫村妹夫张晓峰家，敲开私塾学海轩大门，索笺未得，便在《增补全图足本本草备要》一书的后页空白处，仓促题写此六首诗。诗稿交张晓峰收藏。次日，搭乘由张家“源发商号”提供的帆船，自涂葛堀港（在大肚溪出口北侧，1912 年因山洪暴发和海潮倒灌而被淹灭）内渡。一九二五年八月，丘念台游台时录得此诗。

②妹倩：妹婿。

③拱璧：大璧。后用以喻极其珍贵之物。

④海东遗民：逢甲自署“海东遗民”。海东，指台湾。

⑤宰相：指李鸿章。与日本伊藤博文签订《马关条约》，将台湾割让予日本。

⑥孤臣：丘逢甲自称。

⑦扁舟：小船。

⑧鸱夷子：即鸱夷子皮。范蠡帮助越王破了吴国，后见越王义薄，乃扁舟游五湖，变姓名，自谓鸱夷子皮。

⑨黯然：感伤沮丧貌。江淹《别赋》：“黯然销魂者，唯别而已矣。”柳宗元《别舍弟宗一》：“零落残魂倍黯然，双垂别泪越江边。”

## 其　二

虎韬豹略[1]且收藏，休说承明[2]执戟郎[3]。
至竟虬髯[4]成底事[5]，宫中一炬类咸阳！[6]

**注释**

①虎韬豹略：虎韬，古代兵书《六韬》之一。泛指兵书。豹略，古代兵书《六韬》中有《豹略》篇，后因以《豹略》指用兵的韬略。

②承明：汉宫殿名。在未央宫内。

③执戟郎：秦汉时的宫廷侍卫官。因执勤时手持戟，故名。《史记·淮阴侯列传》："臣事项王，官不过郎中，位不过执戟。"

④虬髯：蜷曲的连鬓胡须。隋末豪侠张仲坚，须赤而蜷曲似虬，号虬髯客。仲坚有雄才大略，见世方乱，欲起事争天下，会李靖携红拂奔经灵石，遇于旅舍，因与靖至太原，得见李世民，识为英主，乃悉以其家所有赠靖别去。

⑤底事：何事。

⑥宫中一炬类咸阳：项羽在鸿门宴之后，率领大军进入咸阳，他看到秦宫的富丽代表秦皇的暴政，就放了一把火，把秦宫烧毁，大火烧了三个月。此处指日军之放火焚烧。《史记·秦始皇本纪》："项籍为从长，杀子婴及秦诸公子宗族。遂屠咸阳，烧其宫室，虏其子女，收其珍宝货财，诸侯共分之。"《史记·项羽本纪》："烧秦宫室，火三月不灭。"

## 其　三

卷土重来未可知，[1]江山亦要伟人持。
成名竖子[2]知多少，海上谁来建义旗[3]？

**注释**

①卷土重来未可知：唐朝杜牧《题乌江亭》："胜败兵家事不期，包羞忍耻是男儿。江东子弟多才俊，卷土重来未可知。"

②成名竖子：竖子，对人的鄙称，犹今言"小子"。《晋书·阮籍传》："阮籍尝登广武，观楚汉战处，叹曰：'时无英雄，使竖子成名！'"后指无能者侥幸得以成名。

③义旗：为正义而战的或起义的军队的旗帜。亦俗指义师。

## 其　四

从此中原[1]恐陆沉[2]，东周积弱[3]又于今。
入山冷眼观时局，荆棘铜驼[4]感慨深。

注释

①中原：古称河南及其附近地区为中原；至东晋、南宋亦指黄河下游为中原。此处指中国大陆。

②陆沉：陆地无水而沉。比喻国土沦陷于敌手。

③东周积弱：东周，朝代名。周自平王东迁迄赧王，均都洛邑，史称东周。东周前期为春秋时代，周室衰微，诸侯相继争霸。积弱，长期衰弱。

④荆棘铜驼：汉铸铜驼两座，原置洛阳宫外。晋朝索靖有远量，知天下将乱，指铜驼叹曰："会见汝在荆棘中耳！"后因以喻世乱荒凉。

## 其　五

英雄退步即神仙，火气消除《道德》编。[①]
我不神仙聊剑侠，仇头斩尽再升天[②]。

注释

①火气消除《道德》编：消除火气靠《道德经》。火气，怒气。《道德经》相传为老子所著。分上、下两篇。因上、下篇首句各有"道"字与"德"字，故名。

②升天：飞升登天。

## 其　六

乱世团圆[①]骨肉[②]难，弟兄离别正心酸。
奉亲且作渔樵[③]隐，到处名山可挂单[④]。

注释

①团圆：亲属团聚，多指夫妻或父母子女而言。

②骨肉：身体。比喻至亲，指父母兄弟子女等亲人。

③渔樵：打鱼砍柴。渔人和樵夫。指隐居。

④挂单：行脚僧就寺院投宿。单，指僧堂里的名单。游方僧投宿寺院把衣钵挂在名单下，故称。

## 鮀江[①]秋意

**（鮀江即今汕头，旧设鮀浦司）**

海上瀛洲[②]已怕谈，浩然[③]离思[④]满天南[⑤]。
西风一夜芦花雪，鮀浦秋痕上客衫。

注释

①鮀江：即今汕头。丘氏率一家大小及部属，先内渡至泉州，后辗转至汕头，溯韩江至梅县松口，改走陆路，回祖籍镇平。

②瀛洲：海上三神山之一。喻指台湾。

③浩然：盛大的样子。

④离思：离别的心意。

⑤天南：指汕头。

## 潮州舟次①

抱②江城郭夕阳红，百口③初还五岭④东。关吏钓鳌疑海客，舟人驱鳄话文公⑤。

九秋⑥急惊传风鹤，万里愁痕过雪鸿⑦。独倚柁楼⑧无限恨，故山⑨回首乱云中。



注释

①舟次：泊舟，停舟。

②抱：围绕。

③百口：指其全家大小及部属。

④五岭：通往岭南的五条道路。指自福建长汀入广东循梅。或指大庾、骑田、都庞、萌渚、越城五山岭。

⑤驱鳄话文公：相传唐时广东省潮安县东北有鳄鱼害民，韩愈为潮州刺史曾作祭鳄鱼文以驱之。

⑥九秋：秋季的九十天。

⑦雪鸿：雪泥鸿爪。雪地上偶然留下的鸿雁爪印。比喻往事遗留的痕迹。

⑧柁楼：舵楼。船上设置用以控制方向装置的地方。

⑨故山：指台湾。

## 舟入梅州①境

凄绝②天涯雁叫群，秋江一棹入斜曛③。阴那山④色云中现，篷辣⑤滩声雨里闻。

隔岭树疑孤塔露，得风帆带乱峰奔。平生去国怀乡感，只合⑥江头醉十分。

注释

①梅州：地名。即今广东省梅州市。

②凄绝：极度凄凉或伤心。

③斜曛：斜阳、夕阳。

④阴那山：山名。在广东梅县雁洋，位于梅县与大埔县交界处。那，音 nuó。

⑤篷辣：滩名。

⑥只合：只应该。

## 客 愁

烽火[1]天涯梦，琴尊[2]劫[3]外身。新亭[4]空洒泪，故国莽[5]怀人。
文字穷愁贱，交情患难真。[6]客愁无遣处，沧海尚扬尘。[7]

注释

①烽火：边境有警，白天举烟，夜晚举火以报警。喻战乱、动乱。

②尊：通“樽”。

③劫：灾祸。

④新亭：亭名。在今南京市南。三国时吴建。西晋灭亡，士人东渡江南，每遇良辰便在新亭宴饮，面对江北故乡而垂泪。《世说新语·言语》：“过江诸人，每至暇日，辄相邀新亭，藉卉饮宴。周侯中坐而叹曰：‘风景不殊，正自有山河之异。’皆相视流泪。唯王丞相愀然变色曰：‘当共戮力王室，克复神州，何至作楚囚相对泣邪？’”

⑤莽：深远而渺茫的样子。

⑥交情患难真：患难见真情。

⑦沧海尚扬尘：比喻时势变易快速。《神仙传·麻姑》：“麻姑自云：‘接待以来，已见东海三为桑田，向到蓬莱，水又浅于往者，会时略半也，岂将复还为陵陆乎？’方平笑曰：‘圣人皆言海中复扬尘也。’”

## 乙未[1]秋日归印山[2]故居，因游仙人桥[3]作（二首）

（印山在镇平县文福乡中部。仙人桥在镇平县文福乡西，邑八景之一“仙桥飞渡”即此）

### 其 一

海上归来意怆然[4]，石梁[5]重自认秦鞭[6]。一庵斜日坠红叶，万嶂[7]秋空开碧莲。
家近洞天[8]宜入道，人经浩劫[9]欲逃禅。松楸[10]古墓枌榆社[11]，早结仙家未了缘。

注释

①乙未：清光绪十一年（1885）。

②印山：山名。在今蕉岭县（旧称镇平县）文福镇中部。印山下尚存祖居老屋。

③仙人桥：在今蕉岭县文福镇西。邑八景之一“仙桥飞渡”即此。

④怆然：悲伤貌。

⑤石梁：石桥。

⑥秦鞭：相传秦始皇于海中作石桥，欲渡海看日出处，时有神人，能驱石下海，石去不速，神辄鞭之，皆流血。

⑦嶂：高险的山。

⑧洞天：道家称仙人所居之处。

⑨浩劫：巨大的灾难。

⑩松楸：松树和楸树，因多植于墓地，故用以指墓地。

⑪枌榆社：本指汉高祖的里社。后用作故乡的代称。《史记·封禅书》：“高祖初起，祷丰枌榆社。”

## 其　二



溪转峰回石气阴，悬崖[1]高阁[2]客登临。虹腰一角连山合，雪乳千年古洞深。

入穴人疑营窟[3]世，题桥[4]诗总杂仙心。中年学道时偏早，领略[5]樨[6]香思不禁[7]。

注释

①悬崖：高峭矗立的山崖。

②高阁：高大的楼阁。

③营窟：累土而居，掘地而居。

④题桥：指西汉司马相如赴长安，离开蜀郡故乡，在升仙桥柱上题字的故事。比喻追求功名的豪情壮志。

⑤领略：欣赏。

⑥樨：江南人称桂花为木樨。音 xī。

⑦不禁：不制止。禁，音 jīn。

# 有书时事者，为赘[1]其卷端（四首）

## 其　一

化碧[2]三年血有痕，当年哀感满乾坤[3]。

鹑维剪后天方醉，[4]无路排云[5]叩[6]九阍[7]。

注释

①赘：通“缀”，装饰。

②化碧：碧血化作碧玉。多用以称颂忠臣志士。

③乾坤：天地。

④鹑维剪后天方醉：指老天昏瞶如醉，把台湾割让给日本。张衡《西京赋》载春秋时代，秦穆公梦朝天帝，天帝醉了，于是以鹑首之地（今湖北襄阳、安陆之地）赐秦。陈子龙《秋日杂感》："不信有天常似醉，最怜无地可埋忧。"

⑤排云：高入云霄。

⑥叩：叩门。登门拜访。

⑦九阍：九天之门。

## 其　二

此局①全输莫认真，东南风急海扬尘②。
世间傥有虬髯客③，未必扶余④别属人。

**注释**

①此局：即乙未年抗日事。

②海扬尘：海中扬起尘土。比喻时势变易快速。《神仙传·麻姑》："麻姑自云：'接侍以来，已见东海三为桑田，向到蓬莱，水又浅于往者，会时略半也，岂将复还为陵陆乎？'方平笑曰：'圣人皆言海中复扬尘也。'"

③虬髯客：隋末豪侠张仲坚，须赤而蜷曲似虬，号虬髯客。仲坚有雄才大略，见世方乱，欲起事争天下，会李靖携红拂奔经灵石，遇于旅舍，因与靖至太原，得见李世民，识为英主，乃悉以其家所有赠靖别去，后入扶余国，杀其主自立。

④扶余：古国名。位于松花江中游平原，居民务农。

## 其　三

残山剩水冷斜晖①，独向西风泪满衣。
皂帽②藜床③成底事④？全家辽海管宁⑤归。

**注释**

①斜晖：斜日，斜阳。指傍晚的阳光。

②皂帽：黑色的帽子。

③藜床：藜的老茎所编结的床。

④底事：何事。

⑤管宁：三国魏人。字幼安。自幼笃志于学，曾与华歆同席读书。有人乘轩冕过门，歆放下书往看，宁即与割席分坐。汉末黄巾作乱，避居辽东，聚徒讲诗书，民众受到感化，无人斗讼。乱平，还郡，朝廷屡征，皆辞不就。

## 其　四

人间成败论英雄，野史[1]荒唐[2]恐未公。
古柳斜阳围坐听，一时谈笑付盲翁。

注释

①野史：私家编撰的史书。不同于史官所记的正史。

②荒唐：广大而不着边际，引申为夸大不实或荒谬无理。

## 中秋夕乌石冈眺月同三弟崧甫[1]作

**（乌石冈在今蕉岭城东南四里东山杨子仙师庙侧）**

秋风送暑夜光寒，高会[2]依然似子桓[3]。弹指[4]仙凡[5]相隔易，称心人月并圆难。（岗为杨子仙师旧游地）
樨[6]香客里新诗卷，潮满天涯旧将坛[7]。犹有山河留影在，不妨千里且同看。

注释

①崧甫：即丘树甲。协助逢甲筹建台湾义军抗日，事败后内渡。

②高会：盛大的宴会。

③子桓：魏文帝。曹丕，字子桓。曹操次子。喜爱文学，创作和理论都有成就。著有《典论》及诗赋一百余篇。

④弹指：弹击手指。用以形容极短的时间。

⑤仙凡：神仙与凡人（平凡的人）。

⑥樨：江南人称桂花为木樨。

⑦将坛：拜将坛。

## 题《读白华草堂诗集》[1]

**（《读白华草堂诗集》，邑人黄香铁先生钊著；**
**《红杏山房集》[2]，嘉应州宋芷湾先生湘著）**

嘉道[3]以还论粤派，谭张[4]之外此名家。
瓣香[5]故里[6]尊《红杏》，养志[7]高堂[8]谱《白华》。
七子[9]鼓旗[10]雄后劲，一官蕺铎[11]老天涯。
寻秋曾过诗人墓，重检残篇发浩嗟[12]。

注释

①《读白华草堂诗集》：黄香铁作。黄香铁，名钊，字谷生。广东镇平人。长于苏州。

嘉庆举人。充内阁中书，任县令。老归于镇平原籍。

②《红杏山房集》：宋湘著。宋湘，字芷湾。工诗善书，为岭南诗派人物之一。

③嘉道：嘉庆和道光皇帝。

④谭张：广东籍诗人谭敬昭（字子晋，号康侯。阳春人。嘉庆丁丑进士）、张维屏（字子树，号南山，番禺人，道光壬午进士）。

⑤瓣香：拈香一瓣，以表示对他人的敬仰。

⑥故里：故乡。

⑦养志：奉养父母，以承继、顺从其心志。

⑧高堂：称父母。

⑨七子：指在北京的广东籍诗人谭敬昭、林辛山、吴秋航、黄小舟、黄香石、黄香铁、张维屏等七人。结社吟咏，时相唱和。

⑩鼓旗：旗和鼓。

⑪鼗铎：鼗，有柄的小鼓，音 táo；铎，古乐器，形如铃而大。

⑫浩嗟：浩叹。长叹，深深感叹。





## 潮州喜晤温慕柳同年[1]别后却寄[2]（四首）

**（温慕柳名仲和，嘉应州松口人，清乙丑翰林）**

### 其　一

故人[3]今洞主，雄镇[4]古瀛州[5]。白鹿[6]经犹讲，红羊劫[7]未收。

秋城明落照，孤塔枕[8]寒流。独客[9]来天末[10]，相思倚柁楼[11]。

**注释**

①同年：科举制度同榜的人称同年。

②却寄：回寄。

③故人：指温慕柳。

④雄镇：形势险要，足以控制四方的重镇。

⑤瀛州：州名。辖境大约在今河北省河间市一带。

⑥白鹿：白鹿洞。在江西星子县北，庐山五老峰南。宋朝朱熹曾著书讲学于此。

⑦红羊劫：指国难。宋理宗时柴望作《丙丁龟鉴》一书，历记自秦襄王五十二年丙午，迄五代后汉天福十二年丁未，千余年来的运数，其中凡值丙午、丁未的年份，皆有乱事；后人以丙、丁均属火，色赤，未为羊，故称红羊劫。

⑧枕：临，靠近。音 zhěn。

⑨独客：丘逢甲自称。

⑩天末：天的尽头。指极远的台湾。

⑪柁楼：舵楼。船尾用以控制船方向的地方。

## 其 二

七载春明[①]别，重逢五岭[②]东。共惊须鬓改，暂喜笑言同。
落叶人千里，寒庐雪满篷[③]。相看遽[④]乖隔[⑤]，归棹太匆匆。

注释

①春明：城门名。唐代京都长安东面的城门之一。引申为京城的通称。
②五岭：通往岭南的五条路。或指大庾、骑田、都庞、萌渚、越城五山岭。
③篷：用以遮蔽风雨、日光的棚子。
④遽：遂，就。
⑤乖隔：分离。

## 其 三

程水[①]愁边溯[②]，韩山[③]望里遥。秋风吹古渡，落日满浮桥。
沧海使方出，绿林[④]兵未消。过君江上宅，暮雨怅萧萧[⑤]。

注释

①程水：水名。在广东省。
②溯：迎，逆。流布。
③韩山：山名。在广东省。
④绿林：泛指结伙聚集山林，反抗官府或抢劫财物的强盗。
⑤萧萧：雨声。

## 其 四

梅口[①]临江住，蕉阳[②]近郭居。犬牙[③]百里地，雁足一行书。
雨雪忧方大，风尘道岂殊。寒云时极目，早晚报双鱼[④]。

注释

①梅口：松口，在广东省梅州市梅县区东。
②蕉阳：地名。即镇平县。因在蕉岭之南，故称。
③犬牙：比喻交错的地势或地形。
④双鱼：书信。

## 送谢四[1]之桃源（二首）

### 其　一

谢子[2]患难友，行义侔[3]古贤。浮海同归来。买山[4]苦无钱。
云有桃源居，先世曾垦田。今晨暂辞我，借得渔人船。
翘首[5]眺八极[6]，满目多风烟。但求避世地，宁希拔宅仙[7]。
君沿桃花水[8]，或得古洞天[9]。仙人多贤达，当与君周旋[10]，
迳[11]将今世人，置之太古[12]前。莫便不归来，令我思渺然[13]。

**注释**

①谢四：人名。谢道隆。因排行第四，故称。幼读经史，甲午之后，激为义愤，投笔从戎。乙未年，台湾割让予日本，旋走闽、粤，密图恢复，亦均失志。遂回台遁居林下，佯狂诗酒以娱年。去宅东十里，林壑幽美，作草堂，颜曰：小东山。不时邀良朋，携美妓，为诗酒之会，以解郁闷之气。

②谢子：指谢四。

③侔：齐，等。音 móu。

④买山：购置山地，作为隐居之处。

⑤翘首：举首而望。形容盼望殷切。

⑥八极：极远的地方。

⑦拔宅仙：拔宅上升。全家成仙。

⑧桃花水：桃花盛开时，河水猛涨，称为桃花水。

⑨洞天：指未被世俗沾染的清净地方。

⑩周旋：追逐，辗转相从。

⑪迳：直。

⑫太古：上古时代。

⑬渺然：长远的样子。

### 其　二

昔者陶靖节[1]，为文工寓言[2]。凿空[3]出渔人，飞花满仙村。
遂使瞰名[4]者，处处名桃源。蓬莱[5]古仙岛，清浅生沙痕。
沧桑[6]一转瞬[7]，变迁安足论。变迁犹自可，况复成沉沦[8]。
龙伯[9]钓鳌后，三山[10]今无存。恐君到桃源。已异昔所闻。
租税遍桑麻，丁役[11]及子孙。桃花斫[12]为薪，渔舟觅无门。
君当废然[13]返，就我同灌园[14]。送君古渡头，黯然为销魂。[15]

颢气[16]海上来，莽莽[17]风尘昏。

**注释**

①陶靖节：东晋诗人陶潜，一名渊明，字元亮，私谥靖节。作《桃花源记》。

②寓言：有所寄托或比喻的言语或文章。指《桃花源记》。

③凿空：凭空穿凿。

④啗名：喜好名誉。啗，音 dàn。

⑤蓬莱：海上三仙山之一。喻指台湾。

⑥沧桑：沧海变桑田。比喻时势的变迁或人事的变化。

⑦转瞬：转动眼珠。比喻极短的时间。

⑧沉沦：沉没。

⑨龙伯：传说古巨国的人。《列子·汤问》：“而龙伯之国有大人，举足不盈数步而暨五山之所，一钓而连六鳌，合负而趣归其国，灼其骨以数焉。”

⑩三山：古代神话传说中的海上三仙山。即方丈、蓬莱、瀛洲。

⑪丁役：服劳役的壮丁。

⑫斫：击。用刀斧砍劈。

⑬废然：灰心丧志貌。失望貌。

⑭灌园：灌溉田园，从事农作。多用以指隐居不仕。

⑮黯然为销魂：形容伤感到极点，若魂魄离散躯壳。江淹《别赋》：“黯然销魂者，唯别而已矣。”

⑯颢气：明洁清新之气。

⑰莽莽：广大而无边际的样子。



## 野　菊

**（寻秋东皋[1]，有金英[2]烂然于陇之畔，开不后时，而乃无赏者。喜其独秀，而复伤其不遇也。长言咏叹，岂曰不宜）**

入眼惊看秋气新，孤芳难掩[3]出丛榛[4]。英华[5]岂复关培植，烂熳[6]依然见本真[7]。

淡极君心宜在野，生成傲骨不依人。陶潜[8]死后无知己，沦落天涯为怆神[9]。

**注释**

①东皋：泛称高阜、高地。陶潜《归去来兮辞》：“登东皋以舒啸，临清流而赋诗。”

②金英：黄花。菊花。

③掩：遮蔽、覆盖。掩藏。

④丛榛：丛生的草木。榛，丛木。

⑤英华：形容草木之美。

⑥烂熳：光彩焕发。

⑦本真：本来面目。
⑧陶潜：东晋诗人。一名渊明，字元亮，私谥靖节。酷嗜菊花。
⑨怆神：心神悲伤。

## 补 裘

一领蒙茸[1]敝[2]莫论，皮毛缀缉[3]幸犹存。寒闺灯火忙纤手，客路风霜护绽[4]痕。
事到弥缝[5]原费力，士当穷困易为温。时艰衮职[6]应多阙[7]，冷落江湖愧负恩。

注释

①蒙茸：杂乱的样子。
②敝：坏，破旧。
③缀缉：收集，编辑。
④绽：缝补。衣缝裂开。
⑤弥缝：弥补缝合。多用为补救缺失。
⑥衮职：三公的职位。
⑦阙：待补的官额。缺额。

## 天 涯

天涯雁断少书还[1]，梦入虚无缥缈间[2]。兵火余生[3]心易碎，愁人未老鬓先斑。
没蕃[4]亲故沦沧海，归汉郎官[5]遁[6]故山[7]。已分[8]生离同死别，不堪挥涕说台湾!

注释

①雁断少书还：很少收到书信。传说古代以雁足系书信。
②虚无缥缈间：白居易《长恨歌》："忽闻海上有仙山，山在虚无缥缈间。"
③兵火余生：战火中幸存的生命。
④没蕃：指台湾沦陷。蕃，泛指外国。
⑤归汉郎官：回中国之郎官。指丘逢甲。
⑥遁：遁隐。隐居，避开俗世。
⑦故山：故乡。
⑧分：料度。

# 镇平[1]城北近校场[2]半里许，有奇石离立山谷间，邑人所名为石伯公者也，予援南宫[3]故事，字之曰“石丈”，并缀[4]以诗（三首）

## 其 一

奇峰特起势玲珑[5]，“石丈”亲呼向谷中。
不让米颠[6]夸韵事，空山袍笏[7]拜松风。

注释

①镇平：地名。在广东省北部。

②校场：操演教练或比武的场地。校，音 jiào。

③南宫：北宋书法家米芾官至礼部员外郎，掌省中书文翰，谓之南宫舍人，故世又称为米南宫。嗜金石古器，尤喜奇石。

④缀：连接，连缀。

⑤玲珑：形容器物的精巧。

⑥米颠：米芾。因其人狂纵不羁而得名。

⑦袍笏：古代官员上朝时穿的官服和手拿的笏板。

## 其 二

杨柳春旗马射还，搜奇人坐藓痕[1]斑。
韩陵一片[2]愁相语，萧瑟江南庾子山[3]。
（一作“韩陵一片闲同语，愁煞江南庾子山”）

注释

①藓痕：藓斑。藓苔在岩石上所成的斑痕。

②韩陵一片：指北魏温子升所作《韩陵山寺碑》。《朝野佥载·六》：“梁庾信从南朝初至北方，文士多轻之。信将《枯树赋》以示之，自后无敢言者。时温子升作《韩陵山寺碑》，信读而写其本。南人问信曰：‘北方文士何如？’信曰：‘唯有韩陵山一片石堪共语，薛道衡、卢思道少解把笔，自余驴鸣犬吠，聒耳而已。’”

③庾子山：南北朝时期文学家庾信，字子山。出使西魏，被留，屈身事敌，请归不许，内心痛苦，作《哀江南赋》。

## 其　三

旧事真成椎误[①]挥，兵书[②]重读惜时非。
留侯[③]未老身先遁[④]，城北[⑤]寻公[⑥]泪满衣。

注释

①椎误：秦灭韩，张良在博浪沙椎击秦始皇，误中副车。

②兵书：论述兵法的书籍。

③留侯：张良助刘邦灭项羽，定天下，封留侯。

④遁：隐居。遁世。

⑤城北：镇平城北。

⑥公：石伯公。

## 当　歌

落落[①]当歌槊自横[②]，九州[③]无地著狂生[④]。枯枰[⑤]潦草棋收局，残席喧呶[⑥]酒罢兵[⑦]。
劫火[⑧]余灰腾谤[⑨]焰，恨天遗石筑愁城[⑩]。凄凉法曲[⑪]唐天宝，唱到关山入破声。

注释

①落落：孤独、特立的样子。指难随合于世人。

②槊自横：横槊。横置戈矛。《旧唐书·文苑传·杜甫》："曹氏父子鞍马间为文，往往横槊赋诗。"

③九州：中国古代分全国为九州。后用以泛指中国。

④狂生：作者自称。

⑤枰：棋枰。

⑥喧呶：喧，大声讲话或吵闹。呶，喧哗声。

⑦酒罢兵：罢酒兵。酒兵，指酒。饮酒可解愁，如用兵能克敌，故称酒兵。

⑧劫火：佛家语。世界从建立到毁灭为一劫。劫火，指世界毁灭时的大火，后也用以称乱世的灾火。

⑨谤：以夸大的言辞，说人的坏话，以破坏其名誉。

⑩愁城：喻愁苦难消的心境。

⑪法曲：佛教或道教法会所奏的乐曲。原为西域各族民乐，传入中国与清商乐结合，形成隋代的法曲。乐器有铙、钹、钟、磬、洞箫、琵琶等。唐玄宗喜爱法曲，选坐部伎子弟三百人在梨园学习，声有错误的，玄宗亲自加以指正。唐法曲名目有《破阵乐》、《一戎大定乐》、《长生乐》、《霓裳羽衣》等。

## 倦　客

鼎鼎[①]年华[②]去若流，天涯倦客怯登楼。飘零落叶思朋好，憔悴梅花入客愁。
小醉试尝新煮酒，薄寒[③]先上旧征裘[④]。干戈[⑤]满眼平生恨，梦里犹应痛昔游。

注释

①鼎鼎：蹉跎光阴。
②年华：岁月，时光。
③薄寒：微寒。
④征裘：行旅在外的御寒衣服。
⑤干戈：兵器的通称。比喻战争。

## 次韵答伯群（二首）
### （伯群姓丘，镇平县东山人）

### 其　一

又向山林作隐君，天涯胡马[①]正成群。故乡归计从今决，旧族遗风异昔闻。
入海溪声千里梦，读书灯影一家分。卜居[②]荏苒[③]三秋[④]过，久累西头住陆云[⑤]。

注释

①胡马：指日本在台军队。
②卜居：占卜选择居住的地方。
③荏苒：因循苟且，蹉跎光阴。
④三秋：三年。
⑤陆云：西晋文学家。字士龙。与兄机并有才名，时称二陆。

### 其　二

《阳关》[①]笛里变声多，戎马[②]书生罢枕戈。身似伯鸾[③]犹赁[④]庑[⑤]，人因康节[⑥]有行窝[⑦]。
山中泉石千秋在，海上风云一梦过。沦落只今君勿笑，不能绛灌[⑧]不随何[⑨]。

注释

①《阳关》：《阳关三叠曲》，亦即《渭城曲》。
②戎马：战马。借指战争、战事。
③伯鸾：东汉高士梁鸿，字伯鸾。往吴依靠皋伯通，居廊下小屋内，替人佣工舂米。

④赁：租借。

⑤庑：堂下周围的廊屋。

⑥康节：宋理学家邵雍，卒谥康节。

⑦行窝：宋代邵雍自名居室为安乐窝。每出游，乘小车，一人挽之，随兴往游，好事者别作居室，仿雍所居，迎接其来访，名为行窝。

⑧绛灌：汉名将绛侯周勃与颍阴侯灌婴。曾佐汉高祖屡立建功。

⑨随何：汉初谋士，善辩。楚汉之战，曾为刘邦游说黥布背楚归汉。

## 村居书感，次崧甫[1]韵（二首）

### 其　一

寥落[2]田园隔虏尘[3]，买山[4]聊此息劳人。昔贤原少闲忧乐[5]，吾道何曾绌[6]贱贫？
入传且栽元亮柳[7]，行歌肯负买臣薪[8]？补天[9]填海[10]都无益，空洒东风泪满巾。

**注释**

①崧甫：人名。丘逢甲之弟，即丘树甲。

②寥落：凄凉空虚。

③虏尘：敌寇或叛乱者的侵扰。

④买山：购置山地，作为隐居之处。

⑤忧乐：范仲淹《岳阳楼记》："先天下之忧而忧，后天下之乐而乐。"

⑥绌：贬损。

⑦元亮柳：东晋诗人陶潜，字元亮。因宅边有五棵柳树，自称五柳先生，作《五柳先生传》以自喻。

⑧买臣薪：汉朝朱买臣，早年家贫，卖薪自给，其妻羞而求去。

⑨补天：传说古代之时，苍天西北角有破缺之处。于是女娲氏炼石以补苍天，使无缺损。

⑩填海：相传炎帝之女溺死，化作精卫（鸟名），常衔木石以填海。

### 其　二

乾坤[1]苍莽[2]正风尘，力挽狂澜[3]仗要人。岂有桃源[4]堪避世？不妨蔬水且安贫。
天阊[5]辽阻[6]愁呵壁[7]，时局艰危痛厝薪[8]。只恐南阳[9]难稳卧，中原戎马[10]待纶巾[11]。

**注释**

①乾坤：天地。

②苍莽：形容空阔无边的大地。

③力挽狂澜：用力挽救不可遏止的潮流或时势。狂澜，猛浪，汹涌的波涛。常用以比喻不可遏止的潮流或时势。

④桃源：桃花源。东晋陶潜作《桃花源记》，以虚构的笔法，描写了一个没有苛政，从事农耕的理想社会，表现生活的向往。

⑤天阊：天上的门。皇宫的大门。

⑥辽阻：远阻。

⑦呵壁：呵壁问天。楚国屈原遭受放逐，忧心憔悴，经过楚先王庙及公卿祠堂，见壁间图画天地山川神灵及古圣贤事迹等，因作《天问》书于壁上，呵而问之，以舒郁积。

⑧厝薪：厝火积薪。置火于堆积的柴薪下面。比喻隐患。

⑨南阳：地名。在今河南省新野县北。城西有卧龙岗，是诸葛亮隐居处。

⑩戎马：战马。借指战争、战事。

⑪纶巾：古时以青丝带编成的头巾。又名诸葛巾。相传为三国时诸葛亮所创。



## 岁暮作

消尽年光是客愁，倚阑斜日下山楼。还乡羽羡双黄鹄①，入世心惊万火牛②。

故纸风云供刻画③，野人木石慰居游。壮怀未遂身将老，满眼寒山早白头。

注释

①黄鹄：大鸟名。

②万火牛：战国时，燕国攻打齐国，齐国将领田单集城中牛千余头，着彩衣，以油浸苇，束于牛尾，点火燃烧，使牛群冲向燕军，因此燕军大败。此处指利欲驱人的力量，有如万只火牛。形容利欲熏心的力量。

③刻画：雕刻绘画。

# 卷二　丙申稿（1896 年）

## 微　雨

微雨轻云扫墓天，东风消息又经年。

棠梨①花发千林雪，独对春山意惘然②。

注释

①棠梨：植物名。落叶乔木。叶菱状卵形或长卵形，边缘具尖锐锯齿。伞形总状花序，花白色。

②惘然：失志不得意的样子。

## 见 雁

雁与人同去，雁归人未归。剧怜①沧海阔，独傍②故山飞。
云水③愁相失，风尘④计已非。天涯足矰缴⑤，休恋稻粱⑥肥。

注释

①剧怜：甚怜，极怜。
②傍：靠近。
③云水：云与水。
④风尘：风沙。指宦途、俗世。
⑤矰缴：系以丝绳，用以射鸟的短箭。
⑥稻粱：稻和粱。谷物的统称。



## 李 花

蛎粉墙①西易夕阳，讨春②消息为春伤。
李花开落东风里，惆怅离人自断肠。

注释

①蛎粉墙：用牡蛎壳烧成的灰所筑的墙。
②讨春：寻春，探春。

## 雨中漫成长句

高田下田①麦欲枯，前山后山雨模糊。濛濛②水气生春燕，平皋③极目④疑江湖。
一春闭户少游趣，饥雀窥窗自来去。闲庭花落宾客稀，东风已绿邻家树。

注释

①下田：低田。
②濛濛：迷茫不清的样子。
③平皋：水边平展之地。
④极目：纵目。用尽眼力眺望远方。

## 愁 云

愁云极目①昼成阴，飞鸟犹知恋故林。破碎河山收战气，飘零身世损春心。
封侯未遂空投笔，②结客无成枉散金。③梦里陈书仍痛哭，纵横残泪枕痕深。

注释

①极目：穷尽目力，眺望远方。

②封侯未遂空投笔：东汉班超少有大志，父卒，因家贫而为人抄书以养母，曾叹道："大丈夫无它志略，犹当效傅介子、张骞立功异域，以取封侯，安能久事笔研间乎！"遂投笔从戎。明帝永平年间，出使西域，使西域五十余国得以安宁，且纳贡于汉。受封定远侯。逢甲虽曾投笔起义兵抗日，唯失败，未遂成功之志。

③结客无成枉散金：战国时韩人张良尽散家财，求刺客在博浪沙椎击秦始皇，欲以报亡韩之仇，误中副车，逃亡下邳。逢甲结客欲报日人据台之仇，亦未成功。

## 次颂臣[①]《感怀》韵（二首）

### 其　一

天涯烽火[②]客西归，沦落宁[③]教素志[④]违[⑤]。
解道哥哥行不得[⑥]，鹧鸪言语未曾非。

注释

①颂臣：人名。丘逢甲先生之表兄，谢道隆。
②烽火：边境有警，白天举烟，夜晚举火以报警，喻战乱、动乱。
③宁：岂。
④素志：向来的志愿。
⑤违：违背。
⑥哥哥行不得：俗谓鹧鸪之鸣声为："行不得也哥哥。"

### 其　二

何劳珍药寄当归[①]，养志[②]萱堂[③]愿已违。
回首楼台沉蜃气[④]，故山虽好事全非。

注释

①当归：植物名。根可供药用。
②养志：奉养父母，以承继、顺从其心志。
③萱堂：喻指母亲。
④楼台沉蜃气：海市蜃楼。

# 送颂臣[1]之台湾（八首）

## 其　一

涕泪看离棹[2]，河山息战尘。故乡成异域[3]，归客作行人，
鲲海[4]三更梦，鸥天万里春。分明来路近，未信遽[5]迷津[6]。

注释

①颂臣：人名。丘逢甲先生之表兄，谢道隆。
②棹：桨。舟船。
③异域：他乡，异乡。
④鲲海：鲲溟。鲲，指七鲲身。诗家常称台海为鲲溟。
⑤遽：就，遂。
⑥迷津：迷路。

## 其　二

小别宁[1]须惜？天涯叹此行，家书沉远道，兵火[2]脱余生。
东渡龙无气，南飞鹊有声。送君惟梦寐[3]，同到刺桐城[4]。

注释

①宁：岂。
②兵火：战火。
③梦寐：睡梦中。也比喻时时刻刻。
④刺桐城：泉州市之别名。

## 其　三

此去仍乡里，家山拥画鞍。未颁新改令，犹见旧衣冠[1]。
落日鸥盟[2]改，寒云雁影单。相逢翻一笑，已作汉人看。

注释

①衣冠：衣服与礼帽。借指文明礼教。
②鸥盟：与鸥为友。指隐居江湖。

## 其　四

漫作[①]居夷[②]想，何妨海且浮。冠裳[③]虾[④]建国，金碧[⑤]蜃嘘楼[⑥]。
沦落怜交旧，迟回问钓游。都将留恋意，扶泪上归舟。

**注释**

①漫作：休作，莫作。
②夷：边远，海外的地方。
③冠裳：冠和衣服。用以指仕官的代称。
④虾：虾夷人。日本民族之一。分布在日本北海道。
⑤金碧：金黄和碧绿的颜色。
⑥蜃嘘楼：海市蜃楼。一种因光线折射而使眼前呈现景物的幻象。多出现于海边或沙漠。蜃是一种有角的蛟龙，古人以为海中市镇、楼台是蜃吐气所形成的。

## 其　五

残垒过南嵌[①]，孤城枕[②]北江。鬼雄[③]多死别，人士半生降。
战气花间堞[④]，夷[⑤]歌柳外艭[⑥]。伤痍[⑦]犹满目，愁煞[⑧]倚篷窗[⑨]。

**注释**

①南嵌：地名。在今桃园县芦竹乡南崁村。
②枕：临，靠近。
③鬼雄：鬼中之雄杰。用以誉为国捐躯者。
④堞：城上的低矮土墙，形如齿状，设有箭孔，可射箭或窥视。
⑤夷：旧时对外国人的称呼。指日本人。
⑥艭：小船。
⑦伤痍：受创伤。
⑧愁煞：愁极，愁甚。
⑨篷窗：船窗。

## 其　六

亲友如相问，[①]吾庐榜“念台”[②]。全输非定局，已溺[③]有燃灰[④]。
弃地[⑤]原非策，呼天傥见哀。[⑥]十年如未死，卷土定重来。[⑦]

**注释**

①亲友如相问：唐朝王昌龄《芙蓉楼送辛渐》：“洛阳亲友如相问，一片冰心在

玉壶。”

②榜“念台”：匾额题“念台精舍”。榜，匾额。念台，思念台湾。

③溺：淹没或陷落水中。

④燃灰：死灰复燃。比喻失势或失位者重新得势、得官。《史记·韩长孺列传》：“蒙狱吏田甲辱安国。安国曰：‘死灰独不复然乎。’田甲曰：‘然即溺之。’”然，即燃；溺，淹死。

⑤弃地：割让台湾予日本。

⑥呼天傥见哀：呼天抢地或许可以受到上天的哀怜。傥，或许，倘若，或者。

⑦卷土定重来：卷土重来。倾其全力，以图恢复。杜牧《题乌江亭》：“江东子弟多才俊，卷土重来未可知。”

## 其七

王气中原在，英雄识所归。为言乡父老，须记汉官仪[①]。
故国空禾黍[②]，残山少蕨薇[③]。渡江[④]论俊物，终属旧乌衣[⑤]。

注释

①官仪：官府的礼仪。或做官者的仪容风度。

②禾黍：《诗·王风·黍离》：“（黍离），闵宗周也。周大夫行役至于宗周，过故宗庙宫室，尽为禾黍。闵宗周之颠覆，彷徨不忍去而作是诗也。”后以“禾黍”为悲悯故国破败或胜地废圮之典。

③蕨薇：蕨草和薇草。《诗·小雅·四月》：“山有蕨薇，隰有杞桋。”

④渡江：南渡。渡水而南。晋元帝、宋高宗皆渡长江迁于南方建都，故史称“南渡”。

⑤乌衣：乌衣郎。东晋望族王、谢两家的子弟。

## 其八

预计君来路，榴花照眼中。山光仍故国，海气满征篷[①]。
鳌背[②]看红日，鲲身[③]静黑风。洗尘[④]尊酒在，收泪话瀛[⑤]东。

注释

①征篷：远行的船。篷，舟上用以遮蔽风雨、日光的棚子。

②鳌背：喻指龟山岛。

③鲲身：七鲲身。见本书《台湾竹枝词》其二十九诗注。

④洗尘：设宴以欢迎远来或远归的人。

⑤瀛：瀛洲，海上三仙山之一。喻指台湾。

# 《古别离[1]行[2]》送颂臣[3]

乍愿[4]君如天上之月，出海复东来，[5]不愿君如东流之水，到海不复回[6]。

有情之月无情水，黯然销魂别而已；[7]况复一家判[8]胡越[9]，百年去乡里，[10]

关门断雁[11]河绝鲤[12]，万金不得一家书。[13]噫嘻[14]乎！嗟哉远游子[15]，春风三月戒[16]行李[17]。

留不住箫上声，拭[18]不灭玉上名。千尘万劫，销不得屋梁落月[19]之相思、河梁[20]落日之离情。

山中水，出山不复清，[21]海中月、出海还复明。不惜君远别，惜君长决绝[22]。

知君来不来，看取重圆月。

**注释**

①古别离：乐府杂曲歌辞篇名。这类诗多写男女别离，具消沉感伤的情调。《乐府诗集》所收，以南朝梁国江淹之作为最早。

②行：古代诗体的一种。如长歌行、短歌行。

③颂臣：人名。谢道隆，见《鸣桂馆与谢四颂臣夜话》诗注。

④乍愿：初愿。

⑤出海复东来：回台后又由台湾回来。

⑥东流之水，到海不复回：李白《将近酒》："君不见黄河之水天上来，奔流到海不复回。"

⑦黯然销魂别而已：江淹《别赋》："黯然销魂者，唯别而已矣。"黯然，心神沮丧、失意的样子。

⑧判：分别，分离。

⑨胡越：指两地遥隔。比喻关系疏远。因胡地在北，越地在南，造成空间上的阻隔。

⑩百年去乡里：喻离开故乡已很长时间。

⑪断雁：书信断绝。古以为雁足可以传书，后用以指书信。

⑫河绝鲤：书信断绝。鲤鱼，指书信。汉朝蔡邕《饮马长城窟行》："客从远方来，遗我双鲤鱼。呼童烹鲤鱼，中有尺素书。"

⑬万金不得一家书：杜甫《春望》："烽火连三月，家书抵万金。"

⑭噫嘻：叹息的声音。

⑮远游子：远离家乡的人。指颂臣。

⑯戒：准备。

⑰行李：指外出旅行的人所携带的行装。

⑱拭：揩，擦。

⑲屋梁落月：杜甫《梦李白》："落月满屋梁，犹疑照颜色。"

⑳河梁：指送别的地方。古代送人至河桥而别。

㉑山中水，出山不复清：杜甫《佳人》："在山泉水清，出山泉水浊。"

㉒长决绝：长久离别。

## 春第相从有年，去岁复间关[①]渡海随予来粤，今乃请携家归台，并以绢[②]乞诗为永念，怆然[③]赋此

**（丘春第字金杏，台湾台中人）**

此去成乖隔[④]，相从十载余。病劳调药物，闲仗[⑤]护琴书。

离别他乡苦，交情患难疏。将诗与吟诵，天末[⑥]傥[⑦]怀余。

注释

①间关：辗转。

②绢：生丝织成的帛。

③怆然：悲伤。

④乖隔：分离。

⑤仗：持，执。

⑥天末：天的尽头。指极远的地方。杜甫《天末怀李白》：“凉风起天末，君子意如何？”

⑦傥：倘若。

## 春愁[①]

春愁难遣[②]强看山，往事惊心泪欲潸[③]。

四百万人同一哭，去年[④]今日割台湾。

（四百万人，指当时台湾人口概数）

注释

①春愁：二〇〇四年三月十四日温家宝总理在第十届全国人大二次会议记者会上以及五月在德国接见华侨、华人和留学生时，皆引用此诗。

②遣：排遣。

③潸：泪流之样子。

④去年：乙未年。清光绪二十一年（1895）。

## 铁汉楼怀古

**（铁汉楼在今梅县城北门，宋时建以表刘元城之节者，元城贬梅州[①]，不以险阻动心，苏轼以为铁汉也，楼已毁无存）**

瘴云[②]飞不到城头，庵圮[③]楼荒客[④]独游。并世[⑤]已无真铁汉，群山犹绕古梅州。

封章[⑥]故国回天[⑦]恨，梦寐中原割地[⑧]愁。欲倚危栏酹杯酒，程江[⑨]呜咽[⑩]正东流。

注释

①梅州：地名。即今广东省梅州市。

②瘴云：南方酷热林地，郁积有使人生病的潮湿云雾。

③圮：崩塌。音 pǐ。

④客：作者丘逢甲自称。

⑤并世：同生于当世。

⑥封章：封缄的机密奏章。

⑦回天：能移转不易挽回的形势。

⑧割地：指台湾割让予日本。

⑨程江：水名。在广东省。

⑩呜咽：流水声。



## 凌风楼怀古

**（凌风楼在今梅县城南门，宋文天祥过梅州诗有“楼角凌风回，孤城隐雾深。万事随转烛[①]，秋光近青岑[②]”句。明潮州知府郭十章建以纪念文丞相[③]，摘句为楼名）**

依旧危城隐雾中，丽谯[④]残榜[⑤]署[⑥]“凌风”。逃亡君相[⑦]成行国[⑧]，破碎河山失故宫[⑨]。地似西台宜痛哭[⑩]，客归南峤[⑪]怆孤忠。欲移卦竹[⑫]栽千本，遍洒天涯血泪红。

注释

①转烛：比喻世事变化太快，如风中之烛。

②岑：山小而高。

③文丞相：南宋文天祥。

④谯：楼的别称。音 qiáo。

⑤榜：匾额。

⑥署：题字。

⑦逃亡君相：南宋末年端宗、文天祥。

⑧行国：游牧的民族。

⑨故宫：旧宫，老宫殿。

⑩西台宜痛哭：西台，即子陵台，在今浙江省桐庐富春山，相传为汉光武帝时隐士严光（字子陵）钓鱼处。南宋遗民谢翱，福建福安人。元兵攻下临安时，丞相文天祥檄各州郡勤王，翱散尽家财，募集乡兵，入闽赴难，天祥署为咨议参军，不久别去。及闻天祥死节，与友吴思齐、冯桂芳、严侣等人，赴西台，设天祥神位，酬奠号泣，并以竹如意（一说铁如意）击石，作楚歌为天祥招魂。并作散文名篇《西台恸哭记》及五言律诗《西台哭所思》以寄托哀思。

⑪南峤：岭南。五指岭以南的地区。

⑫卦竹：竹名。

## 往　事

往事何堪说，征衫①血泪斑。龙归天外雨，鳌没海中山。

银烛②鏖诗③罢，牙旂④校猎⑤还。不知成异域⑥，夜夜梦台湾。

注释

①征衫：征衣。行旅在外的御寒衣服。

②银烛：明亮的烛火。

③鏖诗：用心作诗。

④牙旂：天子或将军所立于军前的大旗。

⑤校猎：设栅栏圈围野兽，然后猎取。

⑥异域：他乡，异乡。

## 答王晓沧①

曾见王郎②海上行，十年重晤凤皇城③。消磨花月④新诗卷，沉郁⑤风云旧酒兵⑥。

往事欲谈宜痛哭，此生贻误⑦是浮名⑧。尊⑨前豪语⑩劳君记，孤负移山⑪志不成。

注释

①王晓沧：（1850—1905）王恩翔，字晓沧。广东嘉应人。拔贡生。曾游台湾，光绪二十四年（1898）奉檄赴潮州劝账救灾，与时在潮汕讲学之丘逢甲重晤，感时唱和，得诗数百首，删存者一百五十余首，经丘菽园编校刊行，名《金城唱和集》。一九〇〇年随丘氏游南洋。著有《鹧鸪村人诗稿》。

②王郎：指王晓沧。

③凤皇城：潮州的别名。

④花月：花朝月夕。即良辰美景。

⑤沉郁：深沉蕴积。

⑥酒兵：指酒。饮酒可解愁，如用兵能克敌，故称酒兵。《南史·陈庆之传》："故江谘议有言：'酒犹兵也，兵可千日而不用，不可一日而不备。酒可千日而不饮，不可一饮而不醉。'"

⑦贻误：遗误。遗漏错误。

⑧浮名：虚浮不实的名声。

⑨尊：通"樽"。

⑩豪语：壮语，有气魄的话。

⑪移山：将山移开。本《列子》愚公移山的故事。后用来比喻有志者事竟成。

## 去岁[1]秋初抵鮀江[2]，今仍客游至此，思之怃然[3]（二首）

### 其　一

琴剑萧然[4]尚客游，海天容易又经秋。
渡江人物[5]消沉尽，谁识当时第一流？

**注释**

①去岁：清光绪二十一年（乙未年，即1895年）。

②鮀江：地名。即今汕头。

③怃然：茫然自失的样子。

④萧然：空寂的样子。

⑤渡江人物：南渡人物。原指晋元帝或宋高宗渡长江迁于南方建都时之人物。此处指作者。

### 其　二

沦落[1]天涯气自豪，故山[2]东望海云高。
西风一掬[3]哀时泪，流向秋江作怒涛。

**注释**

①沦落：流落在外。

②故山：故乡。指台湾。

③掬：两手捧取。

## 菊坡精舍[1]作

**（菊坡精舍旧址在今广州市北观音山麓[2]，市立第二中学地）**

古木萧森[3]护讲堂，当年曾是午桥庄[4]。园开丞相秋花晚，席冷经师宿草[5]荒。
山色尽收全粤壮，潮声遥送一城凉。风尘[6]满眼文章贱，倚剑危栏[7]夕照黄。

**注释**

①精舍：学舍。南宋抗金名臣崔兴之，字菊坡，尝结庐于广州越秀山，清代在其地建菊坡精舍。

②山麓：山脚下。

③萧森：寂寥衰落的样子。

④午桥庄：唐朝裴度绿野堂别墅的名称。在今河南省洛阳市南。

⑤宿草：隔年的草。《礼记·檀弓上》："朋友之墓，有宿草而不哭焉。"后用以指墓地，成为丧逝的典故。

⑥风尘：风沙。风起尘扬，天地昏暗。比喻世局的扰攘不安。

⑦危栏：高栏。

## 镇海楼（二首）

**（镇海楼即今广州博物馆，在越秀山上，附近有南越王赵佗①古迹）**

### 其一

独上层楼唱越②风，尉佗③城郭夕阳中。九州④南尽余沧海，万里秋高作寓公⑤。

旌节⑥雄藩⑦秦塞改，衣冠⑧故国楚庭空。倚栏欲写兴亡感，依旧江山霸气⑨雄。

**注释**

①赵佗：秦朝真定人。秦始皇时为南海龙川令，秦二世时，南海尉任嚣死，佗代理尉职务，故亦称尉佗。秦亡后，自立为南越武王，吕后时，自尊为南越武帝。

②越：南越。

③尉佗：即赵佗。

④九州：中国古代分全国为九州。后用以泛指中国。

⑤寓公：古时国家灭亡而寄居他国的诸侯。或泛称有官吏身份而寄居外乡的人。

⑥旌节：古时使臣出外所执，以为信物的一种符节。以竹为之，柄长八尺，上加旄牛尾为饰。

⑦雄藩：重大的方镇。

⑧衣冠：衣服与礼帽。借指文明礼教。

⑨霸气：争雄求功的意气。

### 其二

高踞①仙城②最上头，万方多难此登楼。③金汤④空抱筹边⑤略，觞咏⑥难消吊古愁。

绝岛风尘狮海⑦暮，大江云树虎门⑧秋。苍茫自洒英雄泪，不为凭阑忆故侯⑨。

**注释**

①踞：蹲。据，依靠。

②仙城：指广州市。相传周时有五仙人至此。

③万方多难此登楼：杜甫《登楼》："花近高楼伤客心，万方多难此登临。"

④金汤：金城汤池，比喻城池非常险固。金用来比喻坚固，不易攻破；汤用来比喻沸热不敢接近。

⑤筹边：筹划边境的事务。

⑥觞咏：饮酒咏诗。

⑦狮海：地名。又称狮子洋。在今广州市番禺区莲花山旁的海面。

⑧虎门：地名。在广东省东莞市西南海中，东有大虎山，西有小虎山，对峙如门，因名。地处珠江入海之口，有炮台，是海防重地。

⑨故侯：过去曾经封侯拜爵的人。后也以曾出任过官长的人称为故侯。指赵佗。

## 珠江①书感

窄袖轻衫②装束新，珠江风月③漾④胡尘。



谁知宠柳娇花地，别有闻歌感慨人。

注释

①珠江：江名，也称粤江。在广东省。

②窄袖轻衫：指西方服饰。

③风月：清风和明月。也比喻雅事。

④漾：水的波光摇荡。

## 羊城①中秋（三首）

### 其　一

长啸天南念远游，尉佗②台畔作中秋。酒杯借我酬③佳节，明月随人到广州。

说饼④但余名士气，飞觞⑤终取虏⑥王头。大江东去连沧海，且听珠娘⑦发棹⑧讴⑨。

注释

①羊城：地名，广州市的别称。相传周时有五仙人，手执各穗，一茎六出，乘羊而至，乃腾空而去，因此有五羊城或羊城之称。

②尉佗：即赵佗。见《镇海楼》其一诗注。

③酬：报答，应对。

④饼：中秋节月饼。

⑤飞觞：举杯。

⑥虏：对敌人的蔑称。

⑦珠娘：闽越呼女孩为珠娘。

⑧发棹：发船。

⑨讴：歌。

## 其　二

故乡风景想依然，月满东南半壁[①]天。海外阴晴终有定，人间圆缺古难全。[②]

重完破碎山河影，与结光明世界缘。甲帐[③]珠襦[④]寻旧梦，不知今夕是何年？

注释

①东南半壁：东南半边。

②人间圆缺古难全：苏轼《水调歌头》："人有悲欢离合，月有阴晴圆缺，此事古难全。"

③甲帐：帐幕就其装饰和用途以甲乙编次，因有甲帐、乙帐之称。《北堂书钞·服饰部·帐》：《汉武帝故事》云："上以琉璃珠玉，明月夜光杂错天下珍宝为甲帐，次为乙帐。"

④珠襦：以珍珠为饰。

## 其　三

西风梧叶下空冈[①]，歌舞承平[②]霸业[③]荒。沧海潮生珠有泪，[④]贲隅[⑤]秋老桂初香。

万家愁喜圆今月，一尉[⑥]东南忆故王。玉宇高寒[⑦]归未得，待将消息问吴刚[⑧]。

注释

①冈：小山，丘陵。

②承平：太平。

③霸业：称霸天下的功业。

④沧海潮生珠有泪：李商隐《锦瑟》："沧海月明珠有泪，蓝田日暖玉生烟。"

⑤贲隅：番禺。地名。在广东省。贲，bēn。

⑥尉：尉佗。见《镇海楼》其一诗注。

⑦玉宇高寒：苏轼《水调歌头》："我欲乘风归去，又恐琼楼玉宇，高处不胜寒。"玉宇，指天上。

⑧吴刚：神话中的仙人。传说为汉朝西河人，因学仙有过，被罚到月宫，砍伐一株五百丈高的桂树，但树干随砍随合，始终砍不断，因此只好无止境地砍下去，永远不得自由。

## 广州晤刘葆贞[①]编修[②]可毅

漠漠[③]连天海气昏，越王台[④]上望中原。何人更下新亭泪[⑤]，有客同倾浊酒尊。

月旦[⑥]汝南[⑦]逢许劭[⑧]，人才江左数刘琨[⑨]。（谓许仙屏中丞）与君欲作闻鸡舞，夜半寒涛撼虎门[⑩]。

**注释**

①刘葆贞：名可毅，光绪十八年（1892）壬辰科会元。

②编修：官名。清时属翰林，掌修国史。

③漠漠：密布的样子。弥漫的样子。

④越王台：纪念南越王赵佗之古迹。

⑤新亭泪：新亭，故址在今南京市南。西晋灭亡，士人东渡江南，每遇良辰便在新亭宴饮，面对江北故乡而垂泪。《世说新语·言语》：“过江诸人，每至暇日，辄相邀新亭，藉卉饮宴。周侯中坐而叹曰：‘风景不殊，正自有山河之异！’皆相视流泪，唯王丞相愀然变色曰：‘当共戮力王室，克复神州，何至作楚囚相对邪！’”后用以比喻士人对时局绝望而产生的悲愤心情。

⑥月旦：品评人物。本作月旦评，后省作月旦。

⑦汝南：地名。在今河南省境。

⑧许劭：东汉平兴（今河南省汝南县）人。喜评议乡党人物，每月更换品题，所以汝南习俗有月旦评。曾评曹操为治世之能臣，乱世之奸雄。

⑨刘琨：晋文学家、将领。少有志气，曾与祖逖午夜闻鸡起舞。

⑩虎门：地名。在珠江口。

## 仙屏[1]中丞[2]手书“扫除万事付诸[3]命，卓荦[4]高才独见君”楹帖[5]见赠赋谢

南极[6]文章照上台，琼瑶[7]飞降戟门[8]开。谁知挥洒烟云处，别具评量月旦[9]来。

君相果然能造命[10]，英雄从古必怜才。句奇语重吾能喻[11]，从此王郎[11]歌莫哀。

**注释**

①仙屏：许仙屏，字振炜。时为广东巡抚。

②中丞：官名。清代称巡抚为中丞。

③诸：于。之于二字的合音。

④卓荦：超绝出众。音 zhuó luò。

⑤楹帖：题于楹柱或悬挂、张贴在壁间的联语。

⑥南极：磁针指向南的一端叫指南针，所指方向为南极。

⑦琼瑶：美玉，美石。称美别人所赠的礼物或诗文、书信。

⑧戟门：唐制，官、阶、勋俱三品得立戟于门，因此用以比喻显贵之家。

⑨评量月旦：月旦评。品评人物。《后汉书·许劭传》：“初，劭与靖俱有高名，好共核论乡党人物，每月辄更其品题，故汝南有月旦评焉。”

⑩造命：开创命运。指转祸为福。

⑪喻：明白，知道。

⑫王郎：指三国时魏文学家王粲，字仲宣。曾避乱荆州，依附刘表，未被重用。一日

登当阳县（今湖北省当阳市）城楼，触景怀乡，感怀身世，因作《登楼赋》以抒其悲苦烦闷之情。

# 卷三　丁酉稿（1897 年）

## 赠梁诗五[1]孝廉（二首）

### 其　一

五十不卿相[2]，公才负黑头[3]。艰难困衣食，著述[4]慰穷愁[5]。
天意方难测，人材世鲜[6]求。谁知梁叔敬[7]，生待取封侯。

**注释**

①梁诗五：梁居实，字诗五。清末嘉应人。中举后历任羊城、应元、菊坡书院山长。一九〇三年出任外交官，历任驻日、德、比等国使馆参赞。著《梁诗五先生遗稿集》。与逢甲为莫逆之交，并结为儿女亲家。

②卿相：执政的大臣。

③黑头：头发乌黑。比喻少壮之年。

④著述：写作。

⑤穷愁：穷苦而忧伤。

⑥鲜：稀少。

⑦梁叔敬：东汉梁竦，字叔敬。著有《七序》。《后汉书·梁统列传》："班固见而称曰：'孔子著《春秋》而乱臣贼子惧，梁竦作《七序》而窃位素餐者惭。'"此处指梁诗五。

### 其　二

潦倒[1]天南客，登台吊尉佗[2]。相逢剧[3]如故，当哭有长歌。
西日天方暝[4]，东风海正波[5]。何当奋雄略[6]，拔剑斫[7]蛟[8]鼍[9]。

**注释**

①潦倒：不如意，不得志。衰老多病。

②尉佗：汉南越王赵佗。曾为南海尉，所以又称尉佗。秦亡后，自立为南越武王，吕后时，自尊为南越武帝，孝文帝派陆贾出使南越加以安抚，使赵佗仍向汉朝称臣。

③剧：甚，极。

④暝：天黑。
⑤海正波：东海正扬波。
⑥雄略：雄才大略。指有超人的才能和谋略。
⑦斫：击，用刀斧砍劈。
⑧蛟：蛟龙。
⑨鼍：动物名。俗名猪婆龙。音 tuó。

## 秋怀（八首选四）

### 其　一

如此乾坤[①]付越[②]吟，剩[③]将诗卷遗光阴。镜中白发愁来早，衣上缁尘[④]劫后深。

半壁[⑤]河山沉海气，满城风雨入秋心。留侯[⑥]博浪[⑦]椎无用，笑抚残书酒独斟。



注释

①乾坤：天地。
②越：南越。指今广东省。
③剩：余留。
④缁尘：尘污。比喻世俗的污垢。
⑤半壁：半边。
⑥留侯：汉初张良助刘邦灭项羽，定天下，封留侯。
⑦博浪：地名。博浪沙，在今河南省。汉朝张良使大力士椎击秦始皇，误中副车。

### 其　二

古戍斜阳断角[①]哀，望乡何处筑高台？没蕃[②]亲故无消息，失路[③]英雄有酒杯。

入海江声流梦去，抱[④]城山色送秋来。天涯自洒看花泪，丛菊于今已两开。[⑤]

注释

①角：号角。断角，断断续续的号角声。
②没蕃：指台湾沦陷。蕃，泛指外国。
③失路：迷路。
④抱：围绕。
⑤丛菊于今已两开：杜甫《秋兴》：“丛菊两开他日泪，孤舟一系故园心。”

## 其　三

策策①西风吹晚凉，惊秋人共雁南翔②。海山缥缈③半烟雾，泽国④萧条初雨霜。
谁许半千论古阵，且逢重九⑤醉他乡。莫嗟欲济无舟楫⑥，待起鼋鼍⑦与架梁⑧。

**注释**

①策策：状声词。相当于沙沙。

②雁南翔：魏文帝《燕歌行》："秋风萧瑟天气凉，草木摇落露为霜，群燕辞归雁南翔，念君客游思断肠。"南翔，南飞。

③缥缈：高远隐约的样子。

④泽国：水乡。多水的地方。

⑤重九：重阳节。农历九月九日。

⑥欲济无舟楫：孟浩然《望洞庭湖赠张丞相》："欲济无舟楫，端居耻圣明。"

⑦鼋鼍：大鳖与鼍龙。音 yuán tuó。

⑧架梁：架桥。

## 其　四

笺①天谁为写离愁，愁大翻②怜隘③九州④。《明鬼》⑤迳须从墨翟⑥，望洋⑦聊与说庄周⑧。
等身书⑨卷供行路，故国山河入倚楼。怕向天涯舒⑩倦眼，伏风⑪阑雨⑫不成秋。

**注释**

①笺：笺咏。在笺纸上题咏诗词。

②翻：反而。

③隘：狭窄。

④九州：中国古代分全国为九州。后用以泛指中国。

⑤《明鬼》：《墨子》篇名。《墨子》是以墨翟思想为主的一部墨家著作。墨子不但相信鬼神，而且认为相信鬼神可以"敬畏取祥"，可以"治国家，利万民"，可以作为对治"国家淫僻无礼"的药方。

⑥墨翟：战国时思想家。鲁人，曾为宋国大夫，后周游列国，宣扬兼爱、非攻的思想。

⑦望洋：望洋兴叹，比喻因力量不足，而感到无可奈何。望洋，仰视的样子。《庄子·秋水》："秋水时至，百川灌河……于是焉河伯欣然自喜，以天下之美为尽在己，顺流而东行，至于北海，东面而视，不见水端。于是焉河伯始旋其面目，望洋向若而叹曰：'野语有之，曰：闻道百以为莫己若者，我之谓也。'"

⑧庄周：战国时宋蒙县人。名周，曾为漆园吏，一生隐于田园，不慕名利。他的思想以无用为用，以逍遥为乐，齐生死是非，而保养生命之真。

⑨等身书：所读的书与身体同高。比喻人读书极多。
⑩舒：张开。
⑪伏风：夏季的风。
⑫阑雨：夏、秋之间所下的雨。

## 次韵[1]陈衡仲正常招饮可园（二首）

### 其一

销兵[2]聊当太平年，小饮林亭意豁然[3]。大海潮声来笔底，满城山色落尊前。
酒能益寿姑[4]谋醉，诗恐伤时不放颠[5]。（时饮君自酿菊酒）
如此消闲[6]宜夜谳[7]，待呼冷月照炎天[8]。



**注释**

①次韵：根据别人诗篇所用的韵，并且依原韵先后次序写出的诗。即步韵。
②销兵：销毁兵器，或减缩兵员。
③豁然：无所拘束貌。
④姑：姑且。
⑤放颠：放纵癫狂。
⑥消闲：解闷。
⑦谳：聚会在一起喝酒吃饭。
⑧炎天：炎热的天气。

### 其二

理废锄荒花自栽，阴晴梅气长阶苔。官闲座客谈诗集，吏散园丁取事回。
把酒喜逢江月满，传笺忙逐岭云开。凭君莫话沧桑[1]劫，横槊[2]雄心百感来。

**注释**

①沧桑：沧海变桑田。比喻时势的变迁或人事的变化。
②横槊：在军旅中横置戈矛。

## 题陈衡仲《可园图》

天下事今无一可[1]，多君犹以“可”名园[2]。壶觞[3]清雅诗人集，树石苍凉古意[4]存。
半载经营全局活，百花供养[5]一官尊。闲情且向丹青写，落日秋城海气昏。

**注释**

①可：合意，认为正确。

②名园：作为园的名称。

③壶觞：酒壶和酒杯。泛指酒。

④古意：古代的风格趣味。

⑤供养：佛家语。佛家以生活所需资养佛、法、僧三宝，奉香花、灯明、饮食等为供养。

## 寄怀许仙屏①中丞②（四首选三）

### 其一

万里惊涛赋壮游，天南回首穗城③秋。使君④正运桓公⑤甓⑥，归客新乘少伯⑦舟。

五岭⑧关河⑨通骆越⑩，百灵⑪风雨会罗浮⑫。相逢抵掌⑬谈时事，曾许筹边⑭上节楼⑮。

**注释**

①许仙屏：人名。字振炜。曾任广东巡抚。

②中丞：清时对巡抚的称呼。

③穗城：广州市的简称。

④使君：对人的尊称。

⑤桓公：晋朝陶侃薨，成帝策谥曰“桓”，祠以太牢。

⑥运桓公甓：晋朝陶侃早晚搬运砖头，以锻炼身心，培养毅力和勤劳的习性。《晋书·陶侃列传》：“侃在州无事，辄朝运百甓于斋外，暮运于斋内，人问其故，答曰：‘吾方致力于中原，过尔优逸，恐不堪事。’”

⑦少伯：春秋楚人范蠡，字少伯。范蠡助越王勾践灭吴，以勾践难与共安乐，乃辞去，乘扁舟，浮江湖。

⑧五岭：通往岭南的五条路。或指大庾、骑田、都庞、萌渚、越城五山岭。

⑨关河：关山河川。

⑩骆越：古种族名。居于今云南、贵州、广西之间。

⑪百灵：各种神灵。

⑫罗浮：山名。在广东省惠州市博罗县西北部。瑰奇灵秀。相传东晋葛洪得仙术于此。

⑬抵掌：击掌。指人在谈话中的高兴神情。

⑭筹边：筹划边境的事务。

⑮节楼：节度使驻节办公之处所。

## 其　三

归飞越鸟恋南枝[①]，劫后余生[②]叹数奇[③]。破例山公[④]初启事[⑤]，投荒[⑥]韩偓[⑦]尚吟诗。

注书已厌谈孙武[⑧]，变姓仍难隐子皮[⑨]。早岁钤韬[⑩]且收拾，横渠[⑪]依旧拥皋比[⑫]。

注释

①越鸟恋南枝：《文选·古诗〈行行重行行〉》："胡马依北风，越鸟巢南枝。"越鸟，南方的鸟。

②劫后余生：大灾大难后留存下的人或物。

③数奇：命运不好，遇事多不利。奇，音 jī。

④山公：晋朝山涛的简称。

⑤启事：山公启事。晋山涛甄拔人物的启奏。《晋书·山涛传》："涛再居选职十有余年，每一官缺，辄启拟数人，诏旨有所向，然后显奏，随帝意所欲为先……涛所奏甄拔人物，各为题目，时称山公启事。"

⑥投荒：贬谪、流放至荒远地方。

⑦韩偓：唐诗人，字致尧，小字冬郎。为诗慷慨激越。后见恶于朱全忠，贬邓州司马。

⑧孙武：春秋齐人，知兵法。著有《孙子》十三篇。

⑨子皮：鸱夷子皮。春秋楚人范蠡，事越王勾践二十余年，苦身戮力，卒以灭吴。蠡以勾践难与共安乐，乃辞去，变易姓名，自谓鸱夷子皮。耕于海畔，苦身戮力，父子治产。

⑩钤韬：古代兵法有《玉钤篇》和《玄女六韬要诀》，后因以"钤韬"泛指兵书或谋略。

⑪横渠：北宋张载之学派。载学以《易》为宗，以《中庸》为的，以《礼》为体，以孔孟为极。故其教授后学，亦以学古力行为主。所至搜访人才，唯恐失其成就，故门中学者郁兴。

⑫皋比：虎皮。古人坐虎皮讲学。后因以指讲席。比，音 pí。

## 其　四

旌门[①]载别又经年，菊秀兰芳八月天。每赋秋容怀潞国[②]，偶谈边计托樊川[③]。

呼鸾道远思瑶节，化象[④]潭清制锦笺[⑤]。手写新诗寄铃阁[⑥]，报章[⑦]遥盼雁来[⑧]前。

注释

①旌门：古代帝王出行，张帷幕为行宫，宫前树旌旗为门，称旌门。

②潞国：春秋时国名。其民为北方少数民族赤狄之别种。公元前六世纪末，为晋所灭。

③樊川：唐诗人杜牧的别称。杜牧别业于樊川，有《樊川文集》，故称。
④化象：化像。
⑤锦笺：精致华美的笺纸。
⑥铃阁：将帅办事的地方。也用作官府的别称。
⑦报章：酬答之诗文或书信。
⑧雁来：雁足传书。

## 家①芝田漱秀市②菊，数盆见赠，已冬十月矣，感其晚芳，摛③我郁抱④，聊赋拙什以质⑤芝田（三首）

### 其　一

寒雨潇潇⑥下凤城⑦，秋光残后见金英⑧。失时未贬⑨文章价，入市难逃隐逸⑩名。
香国⑪久推黄种贵，蛮花休慕黑洋生。（近人多植洋菊）吟芳冷抱无穷感，过酒墙头且共倾。

注释

①家：本家。宗族。
②市：买卖。
③摛：发。音 chī。
④郁抱：愁闷不舒畅。
⑤质：就正，请人评量。
⑥潇潇：风声、雨声。
⑦凤城：凤凰城。广东省潮州的别称。
⑧金英：黄色的花。特指菊花。
⑨贬：减损。
⑩隐逸：隐居，隐遁。
⑪香国：花国。

### 其　二

两开空忆故园芳，①开处都因傍战场。②仙客采余舟已去，先生归后迳全荒。
（台东绣姑峦山③多菊花，俗传时有仙人乘舟采焉，余居柏庄④亦多菊）
黄金旧赋高皇甲，⑤紫绶⑥新飘岛国章。（日本有菊花章）
风景不殊人事改，有花便合作重阳。

注释

①两开空忆故园芳：杜甫《秋兴》："丛菊两开他日泪，孤舟一系故园心。"

②开处都因傍战场：唐朝岑参《行军九日思长安故园》："遥怜故园菊，应傍战场开。"

③绣姑峦山：即今秀姑峦山。在今花莲县境。

④柏庄：地名。在台中县潭子乡（今台中市潭子区）大埔厝。逢甲幼时尝居于此。

⑤黄金旧赋高皇甲：黄巢《题菊花》："他年我若为青帝，报与桃花一处开。"又《不第后赋菊》："冲天香阵透长安，满城尽带黄金甲。"

⑥紫绶：紫色丝带。古代高级官员用作印组，或作服饰。

## 其 三



一帘秋色顿萧疏[①]，如为餐英[②]《赋卜居[③]》。鱼市人家斜照里，凤城[④]花市晚寒初。（余寓鱼市巷与芝田居相近也）

群阴蒙覆[⑤]容高傲，百卉凋零等扫除。莫怪闭门今不出，幽香深处读奇书。

注释

①萧疏：寂寞，凄凉。萧条。

②餐英：以落花为食。诗文中常用来指文人雅士高尚的情操。

③卜居：选地居住。

④凤城：凤凰城。广东省潮州的别称。

⑤蒙覆：覆盖，掩蔽。

# 寄家[①]菽园[②]孝廉[③]炜萱新加坡（三首）

**（丘菽园名炜萱，福建海澄人，清举人，经商南洋）**

## 其 一

韩苏[④]笔力不到处，石破天惊[⑤]自著书。未悔居夷[⑥]从凤鸟，真看横海[⑦]掣[⑧]鲸鱼。

河山烟点齐州[⑨]外，文字云屯[⑩]草昧[⑪]初。闻说[⑪]鸡林争购集[⑬]，百蛮[⑭]齐拜孝廉车。

注释

①家：本家，宗族。

②菽园：在新加坡创办《天南新报》，鼓吹维新，与丘逢甲相交多年，著有《菽园赘谈》、《啸虹生诗钞》、《五百石洞天挥尘》等。

③孝廉：明清称举人为孝廉。

④韩苏：指韩愈、苏轼。

⑤石破天惊：形容震撼力的强大。本指箜篌声的凌厉激越，出人意料，后常用以指文章议论的出奇惊人。

⑥夷：边远、海外的地方。即指新加坡。

⑦横海：汉将军的名号。指能横行海上。

⑧掣：牵引。

⑨齐州：中州。指中国。李贺《梦天》："遥望齐州九点烟，一泓海水杯中泻。"是说人从高空往下望，则九州不过点烟杯水，一览无遗。

⑩屯：聚也，陈也。

⑪草昧：指天地初成，文明未兴的情状。泛指事物的初创。

⑫闻说：听说。

⑬鸡林争购集：鸡林，朝鲜的别名。唐朝白居易工诗，其诗为当时士人争传，鸡林商人，以白诗一篇易一金售与相国。后遂以比喻诗名盛传。

⑭百蛮：指与华夏对称的诸少数种族。亦指马来西亚人。





## 其　二

中原有客[①]正悲歌，事去曾挥指日戈[②]。谁解闻鼙思将帅，誓将倾篑[③]障江河。

诗篇涕泪唐天宝[④]，梦寐[⑤]贤良汉特科[⑥]。遥寄尺书[⑦]沧海曲[⑧]，古来义士岛人多。

**注释**

①中原有客：丘逢甲自称。

②曾挥指日戈：执戈挥动，使太阳为之反行。《淮南子·览冥训》："鲁阳公与韩构难，战酣日暮，援戈而挥之，日为之反三舍。"

③篑：盛土竹器。音 kuì。

④天宝：天宝当年，指追忆昔时往事。天宝，唐玄宗年号。

⑤梦寐：睡梦中。也比喻时时刻刻。

⑥贤良汉特科：汉制，郡国举士，其科目大别有二，曰孝廉，曰贤良方正。孝廉重品行，故应贤者寡，贤良方正则稍有文墨才学之士皆得充选，每举辄百余人。

⑦尺书：书信。

⑧沧海曲：海曲，海隅。指临海之地，包括沿岸岛屿。

## 其　三

翠暖珠香侍舞筵，七洲[①]洋外辟诗天。华灯夜敞红云宴[②]，吟钵朝飞白雪篇[③]。

胸次[④]难消兵十万，眼中同醉客三千。高歌自抱神州感，漫作寻常侠少年。

注释

①七洲：世界七大洲。

②红云宴：古代荔枝收获时所举行的宴会。席上及窗壁都摆设荔枝，望之如红云，故称红云宴。

③白雪篇：古乐曲名。泛指高格调的歌曲。

④胸次：胸中，怀抱。

## 答王贡南同年[1]（四首）

（贡南访予不值[2]，留诗而去）

### 其一

浩浩[3]天风入素琴[4]，刺船[5]人去有遗音[6]。

不须更恨神山远，[7]留取相思海样深。

注释

①同年：科举制度同榜的人称同年。

②不值：不遇。值，遇到。

③浩浩：广大、盛大的样子。

④素琴：无装饰的琴。

⑤刺船：撑船。

⑥遗音：余音。指贡南的留诗。

⑦不须更恨神山远：宋朝宋祁《鹧鸪天》："刘郎已恨蓬山远，更隔蓬山一万重。"

### 其二

弱水[1]三神仙有劫[2]，灵山[3]一会佛无缘。

何当再结人天果[4]，铜狄[5]摩挲[6]五百年。

注释

①弱水：西方绝远的地方。古人称水浅或偏僻不通舟楫的地方为弱水。《史记·大宛列传》："安息长老传闻条枝有弱水、西王母，而未尝见。"安息，古波斯国名。条枝，汉西域国名。

②劫：灾祸。

③灵山：佛家以浙江省杭州市之灵鹫山为灵山。

④人天果：人与天的因果。

⑤铜狄：铜铸的人。即铜人或金人。陆游《斋中杂兴十首以丈夫贵壮健惨戚非朱颜为韵》："何当五百岁，相与摩铜狄。"

⑥摩挲：用手轻抚。

## 其　三

杨柳鹃声[1]荡[2]古愁，陆沉[3]无力挽神州[4]。
不如同学希夷[5]蛰[6]，梦醒梁唐晋汉周[7]。

（贡南《天津书感》有："三月鹃声万杨柳，天津桥上望中原。"之句）

**注释**

①鹃声：杜鹃鸟的叫声。

②荡：萌动，开始生长。

③陆沉：陆地沉没。比喻国家领土沉沦。

④神州：指中土、中国。

⑤希夷：陈抟的名号。陈抟，五代北宋间道士。后唐长兴时考进士不中，于是隐居武当山。相传服气绝食，一睡常百余日不起。宋太宗赐号希夷先生。

⑥蛰：虫类伏藏于洞穴不出。喻指隐居。

⑦梁唐晋汉周：后梁、后唐、后晋、后汉、后周合称五代。

## 其　四

十载空随侠客装，扶余[1]何处有真王？
火龙[2]天遁[3]真吾法[4]，万里西风曳[5]剑光。

**注释**

①扶余：古国名。也作夫余。东汉时秽貊别族所建，位于松花江中游平原，居民务农。《后汉书·东夷列传》："夫余国，在玄菟北千里。南与高句丽，东与挹娄，西与鲜卑接。"

②火龙：燃烧的烈火。

③天遁：遁入天中。

④法：法术。

⑤曳：拖，拉。

# 卷四　戊戌稿（1898年）

## 水仙花诗奉家君[1]命作（二首选一）

### 其　二

白石清泉足雅供，赏春休倚醉颜红。
（花最忌酒）
满堂金玉饶仙福，近水楼台总化工[2]。
（花千叶俗曰重台，单叶曰单台）
高绝[3]声华[4]香茗附，等闲[5]出处素兰同。
（建茶[6]有名水仙花者）（水仙与兰均为福建产）
年年一现天人影，不在凡花色相[7]中。
（一花不再花，故岁须易种）

注释

①家君：自称其父。
②化工：自然形成的工巧。
③高绝：高超绝伦。
④声华：美妙的声名。
⑤等闲：寻常，平常。
⑥建茶：武夷茶。
⑦色相：佛家语。指一切物质存在的外在形状。也特别指人或物的外在相貌、状态。

## 答台中友人（四首）

### 其　一

极目[1]风涛怆[2]梦思，故山迢递[3]雁书[4]迟。渡江[5]文士成伧父[6]，归国降人谤义师。[7]老泪纵横同甫[8]策，雄心消耗稼轩[9]词。月明海上劳相忆，凄绝[10]天涯共此时[11]。

注释

①极目：满目，充满视野。

②怆：伤心。

③迢递：遥远的样子。

④雁书：书信。

⑤渡江：南渡。晋朝五胡乱华，元帝渡江，自洛阳迁都建业，史称“南渡”。又宋徽、钦二帝，为金人所掳，自汴梁迁都临安，也称“南渡”。

⑥伧父：晋、南北朝时，南人讥北人粗鄙，蔑称之为“伧父”。

⑦归国降人谤义师：逢甲在抗日保台战争期间，曾委任他幼年时好友吕赓虞（字汝玉，今台中市神冈区三角仔筱云山庄人）担任义军营务处帮办，义军失败后，吕某叛变投敌，为摆脱日军纠缠，乃散布逢甲挟十万两银内渡的谣言。义师，为正义而战的军队。

⑧同甫：南宋陈亮，字同甫，学者称龙川先生。孝宗时宋与金议和，亮作《中兴五论》上书反对，力主抗金。遭当权者嫉恨，屡次被捕入狱，受尽折磨。

⑨稼轩：南宋词人辛弃疾，字幼安，号稼轩。

⑩凄绝：极度凄凉或伤心。

⑪天涯共此时：唐朝张九龄《望月怀远》：“海上生明月，天涯共此时。”



## 其　二

抱石申屠[1]剧[2]可怜，一庵[3]待死伴枯禅[4]。
（台人有贾[5]于泉[6]者，闻台乱家亡，投万安桥[7]下而死）
（内渡[8]后有诸生[9]为僧）
湛身[10]难诉遗民[11]苦，殉义[12]谁彰[13]故部贤？
（谓部下吴、徐、姜、丘诸将领[14]）
碧血[15]纵埋非汉土，赤心[16]不死尚唐年。
（台中义士，尚奉中国正朔[17]）
扁舟[18]但益飘零感，过海何曾便是仙？

**注释**

①申屠：汉朝申屠嘉，初从高祖击项羽、黥布，为都尉。会拟诛宠臣邓通，后赖文帝曲意请托，方免。可见其正直的个性。景帝时反对晁错变更法令，拟杀晁错未成，愤恨吐血而死。

②剧：甚，极。

③庵：圆形的草房。

④枯禅：老僧。

⑤贾：贾卖，经商。

⑥泉：福建泉州。

⑦万安桥：即洛阳桥，在福建省惠安县洛阳江上，宋蔡襄任泉州太守时所建。

⑧内渡：指台湾割让日本后，移居福建、广东。

⑨诸生：明清时经本省各级考试，取入府、州、县学的，称生员。生员又有增生、附生、廪生、例生等名称，统名为诸生。

⑩湛身：沉身。投水而死。湛，音 zhàn。

⑪遗民：国家灭亡后所遗留下来的人民。

⑫殉义：为道义而死。

⑬彰：显扬，表扬。

⑭部下吴、徐、姜、丘诸将领：即逢甲抗日时之部属吴汤兴、徐骧、姜绍祖、丘国霖。

吴汤兴，苗栗铜锣湾人，诸生。抗日于杨梅、中坜等地，后阵没于八卦山，其妻闻报，亦投水死。

徐骧，苗栗人，诸生。力战日军于新竹、头份、斗六溪、树仔脚。败于他里雾，中弹亡。

姜绍祖，世居北埔，家巨富，为一方豪。年方二十，散家财募军，得健儿五百，率以抗日，兵败阵亡。



丘国霖，生员。曾任逢甲试字营长官。率所部七百人与日军激战予大湖（今湖口）等、尖笔山（今苗栗县竹南镇）一带。阵亡。

⑮碧血：忠臣义士所流的血。

⑯赤心：赤诚的心。

⑰正朔：即代表新纪元的开始。正，一年的开始；朔，一月的开始。

⑱扁舟：小船。

## 其　三

闻君犹采首山薇①，欲话中原泪满衣。四海共推天子②圣，百年难复大朝③威。

玩刑④民托祆神教⑤，避税商悬异国旗。一样已无干净土⑥，可怜扶义⑦说西归。

**注释**

①采首山薇：《史记·伯夷列传》：“武王已平殷乱，天下宗周，而伯夷、叔齐耻之，义不食周粟，隐于首阳山，采薇而食之。”

②天子：皇帝。

③大朝：清朝。

④玩刑：沉迷。

⑤祆神教：即拜火教。泛指西方传入中国的天主教、基督教等宗教。

⑥干净土：净土。指庄敬洁净。没有五浊的极乐世界。佛国。

⑦扶义：仗义。

## 其　四

归来谁与话酸辛？满目茫茫劫后尘①。末俗②嚣浮③欺客户，长官尊重薄④流民⑤。本无旷土容安插，难恃⑥高文济困贫。冷守平生心迹⑦在，朝衫零落泣孤臣。

注释

①劫后尘：劫尘。兵火余烬。
②末俗：低下的习俗。
③嚣浮：虚浮、不切实际。
④薄：不厚。
⑤流民：流亡外地的人。
⑥恃：依赖，凭借。
⑦心迹：存心与行事。

# 元夕①无月（五首）

## 其　一

满城灯市荡②春烟，宝月③沉沉④隔海天。
看到六鳌⑤仙有泪，神山⑥沦没已三年。

注释

①元夕：元宵节。
②荡：摇动，摆动。
③宝月：明月。
④沉沉：深沉。
⑤六鳌：神话中负载五仙山的六只大龟。
⑥神山：海上仙山。喻指台湾。

## 其　二

三年此夕月无光，明月多应在故乡。
欲向海天寻月去，五更飞梦渡鲲洋①。

注释

①鲲洋：诗家曾称台海为鲲洋。

## 其 三

鲲[①]云梦断夜潮寒，佳节偏怜见月难。
十二楼台春寂寂，满身花露倚栏干。

注释

①鲲：七鲲身。原为台南市西南海中的古岛屿。自南而北，绵延七岛。荷兰曾在此建热兰遮城，郑成功收复台湾后，改城为安平城，俗称赤嵌城。后因洪水，港湾填淤成平地，岛屿遂与台南市西郊陆地相连接。七鲲身，亦作七鲲鯓。

## 其 四

倚栏痴待月华[①]来，万斛[②]春愁酒一杯。
恨煞[③]蛮云[④]遮隔住，东风无力为吹开。

注释

①月华：月光。

②万斛：极言容量之多。古代以十斗为一斛。

③恨煞：恨极，恨甚。

④蛮云：蛮云蜑雨。形容偏远地区荒凉的景象。

## 其 五

蛮云[①]黯黯[②]海天昏，冷对春灯[③]忆梦痕。
今月纵明输古月，更无人说夺昆仑[④]。

注释

①蛮云：蛮云蜑雨。形容偏远地区的景象。

②黯黯：光线昏暗，隐藏不露。

③春灯：元宵节花灯。

④夺昆仑：昆仑关，在广西壮族自治区南部邕宁区东北昆仑山上，居高临下，形势非常险要。宋朝皇祐五年元夜，狄青曾引兵潜度此关大败敌军。

## 黄田山行

黄田山下寒飙肃[①]，白发老妪[②]当道哭。问妪何事何愁蹙[③]？妪言有儿昨伐木，遇虎于山饱虎腹。兹山往昔安樵牧[④]，年来有虎伤人畜。啸侣呼群食而宿，狼藉[⑤]满山飞血肉。犬豕未能餍[⑥]所欲，近村噬[⑦]人今五六。谈者色变谁能逐？空山辗转穷无告，残年自悲成老独。嗟哉妪悲良足悲，惜尔不遇陈公网鳄时！鳄杀儿，诉公知，公杀鳄，偿孤儿。鳄且可杀，虎何能为？妪乎今则将安之？妪悲妪徒悲，不如勿悲妪且归。妪若不归虎将来，寒云黯黯[⑧]白日颓[⑨]。

**注释**

①飙肃：飙，狂风；肃，衰萎。
②老妪：老妇人。妪，音 yù。
③愁蹙：局促不安。
④樵牧：打柴放牧。樵夫与牧童。也泛指乡野之人。
⑤狼藉：散乱的样子。
⑥餍：吃饱，满足。
⑦噬：啮。音 shì。
⑧黯黯：光线昏暗，隐藏不露。
⑨颓：下。

## 春日游别峰寺（四首）

### 其　一

不作参禅[①]客，看山合此行。移舟泊春麓[②]，回磴[③]瞰[④]江城。
亭僻兼云憩[⑤]，畲[⑥]荒罢火耕。隔林知寺近，花外度经声[⑦]。

**注释**

①参禅：佛家语。指禅家透过参究而悟入禅境。
②麓：山脚。山脚下的林木。
③磴：石台阶。
④瞰：看，俯视。
⑤憩：歇息，停，放。
⑥畲：火耕地。南方以火除杂草后所开垦出来的旱田。音 shē。
⑦经声：诵经的声音。

## 其二

山路到庵[1]尽，依山见梵楼[2]。隔江屏远翠，走石笕[3]潜流。

僧野能吴语，樵归答粤讴[4]。浮生闲半日，已共佛无愁。

注释

①庵：出家的女子所居之寺。多指比丘尼所居。

②梵楼：佛寺的楼阁。

③笕：用对剖并内节贯通的毛竹连续衔接而成的引水管道。音 jiǎn。

④粤讴：广东话。

## 其三

寺小群山合，林深万木春。烟霞[1]僧供养[2]，香火佛生辰。

南国多游女，西方拜美人。道旁求布施[3]，凄绝[4]是饥民。

注释

①烟霞：烟雾，云霞。泛指山水、山林。

②供养：佛家语。佛家以生活所需资养佛、法、僧三宝，奉香花、灯明、饮食等称为供养。又分财供养与法供养两种，财供养为供香花、饮食等；法供养为说经义、修行等出世法，利益众生。

③布施：施舍给人的财物或恩惠。

④凄绝：极度凄凉或伤心。

## 其四

好静寻山去，山中笑佛忙，不须杯珓[1]祝，且证木樨[2]香。

幢[3]影摇春霭，钟声送夕阳。匆匆下归棹[4]，回首万峰苍。

注释

①杯珓：杯筊。占卜用具。珓，音 jiào。

②木樨：桂花。

③幢：佛教的一种柱状标识，饰以杂彩，建于佛前，表示麾道群生、制伏魔众之意。音 chuáng。

④棹：船桨。借指船。

# 闻海客[1]谈澎湖事（二首）

## 其　一

绝岛[2]周星[3]两受兵[4]，可怜蛮触[5]迭纷争。春风血涨珊瑚海，夜月燐飞牡蛎城[6]。
故帅拜泉留井记，[7]孤臣掀案哭雷声。不堪重话平台事，西屿残霞[8]怆客情。
（西屿，澎湖三十六屿之一）

**注释**

①海客：航海的人。

②绝岛：远隔海外的孤岛。此处指澎湖。

③周星：岁星。

④两受兵：指清军及日本军两次攻打澎湖。

⑤蛮触：为小事而争斗者。

⑥牡蛎城：用牡蛎壳烧成的灰筑成的城墙。

⑦故帅拜泉留井记：按师泉井，系井名，历来台湾人士及逢甲先生均误认在台湾之澎湖，传说为施琅驻兵澎湖时之汲水井。施琅曾向神明祈求使泉水立刻涌出，且日夜不断而得名。连横之《雅堂文集·台湾漫录·师泉》："施靖海（按：即靖海侯施琅）《师泉记》，《台湾府志》载于《艺文》，然师泉在平海澳，非在澎湖。后人不察，遂以妈宫之井为师泉，亦附会也。"按施琅于清康熙二十一年（壬戌，1682）孟冬，奉命统率舟师徂征台湾，领兵三万余人，驻集福建平海之澳，俟长风破巨浪，以靖扫台湾，是时天际旸亢，泉流殚竭。唯于天妃宫庙之前，得一井，其味咸苦。施琅乃祈求神明，不久泉流，味转甘和，汲取而供兵众之用。施琅引《易·师·象》"地中有水，师。君子以容民畜泉"之句，将泉命名为师泉，并镌石纪异，此在施琅之《靖海纪事·师泉井记》中记载甚详。故帅，指施琅。

⑧西屿残霞：西屿在今澎湖县。西屿落霞为瀛堧八景（台湾八景）之一。

## 其　二

全台门户[1]此荒礁[2]，三载前仍隶大朝[3]。斗绝[4]势成孤注[5]立，交争[6]祸每弹丸[7]招。
尚书[8]墓道蛮云[9]暗，大令[10]文章劫火[11]烧。我为遗民[12]重痛哭，东风吹泪溢春潮。

**注释**

①门户：比喻出入口或必经之地。

②礁：隐现于海洋水面的岩石。

③大朝：清朝。

④斗绝：陡峭险峻。斗，通“陡”。

⑤孤注：把所有的钱作一次赌注。比喻仅存的可资凭借的事物。

⑥交争：纷争。

⑦弹丸：弹弓射击所用的丸。

⑧尚书：官名。

⑨蛮云：蛮云蜑雨。形容偏远地区荒凉的景象。

⑩大令：旧时对县令的尊称。

⑪劫火：佛家语。世界从建立到毁灭为一劫，劫火，指世界毁灭的大火，后也用以称乱世的灾火。

⑫遗民：指国家灭亡后所遗留下来的人民。

## 春日杂诗（四首选二）



### 其一

乱红成阵满天涯，黯黯[1]春帆细雨斜。
何处仙源[2]容避世？赚[3]人毕竟是桃花。

注释

①黯黯：昏暗不明的样子。

②仙源：仙人所住的地方。

③赚：诳骗。

### 其二

雨丝风片[1]暗清明，乡梦惊回杜宇[2]鸣。
无限春愁似原草[3]，到无人处更丛生。

注释

①雨丝风片：形容春天的风雨。

②杜宇：古蜀帝名。又号望帝。相传死后其魂魄化为鸟，名杜鹃，后人因称杜鹃为杜宇，也叫子规。

③原草：原上草。白居易《草》：“离离原上草，一岁一枯荣。野火烧不尽，春风吹又生。”

## 得颂臣[1]台书却寄[2]（二首）

### 其 一

同洲况复是同文，太息[3]鸿沟[4]地竟分。尺籍[5]已成新国土，短衣谁忆故将军！

刀环[6]空约天边月，尊酒愁吟日暮云。犹喜强亚近开会，不须异域[7]怅[8]离群。

注释

①颂臣：人名。谢道隆。

②却寄：回寄。

③太息：长长的叹息。

④鸿沟：古运河。故道在今河南省北部荥阳市、郑县之西。楚汉相争时，曾划此为界。此处借指台湾海峡。鸿沟地竟分，喻指台湾割让予日本。

⑤尺籍：一尺长的木板。汉代将杀敌斩首的功绩，写在一尺长的竹板上，称为尺籍。

⑥刀环：刀头的环。环与还同音，故以“环”隐喻“还”意。

⑦异域：他乡，异乡。

⑧怅：恼恨，惆怅。

### 其 二

故人[1]消息隔乡关[2]，花发春城客思闲。一纸平安天外信，三年梦寐[3]海中山。

波涛道险鱼[4]难寄，城郭人非鹤未还。[5]去日儿童今渐长，灯前都解问台湾。

注释

①故人：指颂臣。

②乡关：故乡。

③梦寐：睡梦中。也比喻时时刻刻。

④鱼：古代木制成鱼形的信函。

⑤城郭人非鹤未还：城郭如故，人民非，而远游的人尚未还家。相传汉代辽东人丁令威在灵虚山学道成仙，后化鹤归来，栖止于城门华表柱上。有少年欲射之，鹤乃飞鸣作人言：“有鸟有鸟丁令威，去家千年今始归，城郭如故人民非，何不学仙冢累累。”

## 寄怀维卿①师桂林（八首选七）

### 其　一

极目②苍苍③八桂④林，春风迢递⑤客愁深。峰回独秀孤云远，江入相离别梦沉。（独秀峰在桂林城；相离广西之江水名，在东北境）

阅⑥岁但增归鹤感，窥天⑦难测剪鹑⑧心。刺船⑨人去波涛急，凄绝⑩成连海上琴。

**注释**

①维卿：人名。唐景崧。见《乞归已逾三载，感赋》其二诗注。

②极目：纵目。用尽眼力眺望远方。

③苍苍：深蓝色。

④八桂：广西的代称。

⑤迢递：遥远的样子。

⑥阅：经历。

⑦窥天：看天。

⑧剪鹑：春秋时代，秦穆公梦朝天帝，天帝醉了，于是把鹑首之地（今湖北襄阳，安陆之地）赐秦。此喻指老天昏愦如醉。鹑，音 chún。

⑨刺船：撑船。

⑩凄绝：极度凄凉或伤心。

### 其　二

鼍①愤龙愁战气昏，东来应有未招魂②。平安梅峤③迟双鲤④，变幻桑田⑤痛七鲲⑥。

珠薏⑦余生⑧安下泽⑨，金瓯⑩全局哭中原。不曾竟落权奸⑪手，归养⑫林泉⑬是国恩。

**注释**

①鼍：动物名。背部灰褐色，上有黄斑和黄条，腹部灰色，上有黄灰色小斑和横条，尾部有灰黑相间的环纹。穴居池沼底部，以鱼、蛙、小鸟及鼠类为食，皮可用以张鼓。

②招魂：招回死者的灵魂。

③梅峤：广东梅县。

④双鲤：书信。蔡邕《饮马长城窟行》：“客从远方来，遗我双鲤鱼。呼童烹鲤鱼，中有尺素书。”尺素谓绢，古人在绢上写信，常结成双鲤形寄出。

⑤变幻桑田：沧海变桑田。比喻时势变易快速。

⑥七鲲：七鲲身。原为台湾台南市西南海中的古岛屿，自南而北绵延七岛，1882 年在一次大洪水中，港湾填淤成平地，岛屿遂与台南市西郊陆地相连接。

⑦珠薏：薏苡明珠。《后汉书·马援传》："初，援在交趾，常饵薏苡实，用能轻身省欲，以胜瘴气。南方薏苡实大，援欲以为种，军还，载之一车。……及卒后，有上书谮之者，以为前所载还，皆明珠文犀。"

⑧余生：幸存的生命。

⑨下泽：下泽车。便利在沼泽上行驶的短毂车。

⑩金瓯：金制的瓯。以喻国土的完整巩固。

⑪权奸：握有权势而又专横的奸臣。

⑫归养：回家奉养父母。回家休养。

⑬林泉：林木与泉石。指隐居的地方。

## 其　四

轮铁南交走电轶[①]，苍梧[②]西上又扬舲[③]。河山破碎羊肠[④]险，楼阁空濛[⑤]蜃气[⑥]腥。
百粤[⑦]安危关互市[⑧]，五洲[⑨]消息迫重溟。谢公[⑩]高卧[⑪]应难稳，丝竹[⑫]中年带泪听。

注释

①轶：有帷幕的车子。音 píng。

②苍梧：地名。在广西壮族自治区。

③扬舲：扬帆。

④羊肠：形容路径曲折。

⑤楼阁空濛：空中楼阁。

⑥蜃气：海面波平时，见远山、船舶或城市宫室倒映天空，此一现象称蜃气。是由空气疏密不同，光线反射而引起。古人以为是蜃所吐的气，故称蜃气。

⑦百粤：即百越。古代中国及越南的民族之一。

⑧互市：互相往来贸易。

⑨五洲：五大洲。全球大陆的总称。旧分世界为五大洲，即亚、欧、非、澳和美洲。今分为七大洲。

⑩谢公：东晋谢安，出身于士族，曾隐居于会稽东山。

⑪高卧：高枕而卧。形容安适的样子。

⑫丝竹：指琴、瑟、箫、管之类乐器。也是音乐的总称。

## 其　五

消耗雄心强自宽[①]，家园春谳[②]正承欢[③]。闲居境偶同潘岳，[④]大事人终逊吕端[⑤]。
落日闻鼙[⑥]思上将，空山观奕感长安[⑦]。可能再为苍生[⑧]出，莽莽[⑨]神州海色寒。

注释

①强自宽：杜甫《九日蓝田崔氏庄》："老去悲秋强自宽，兴来今日尽君欢。"强，努

力，勉强，音 qiǎng。

②谳：相聚叙谈。宴会。

③承欢：迎合人意，博取欢心。多指侍奉父母。

④闲居境偶同潘岳：晋朝潘岳辞官归家，作《闲居赋》。

⑤吕端：宋人。太宗时，为户部侍郎平章事，帝欲以为相，有人指吕端糊涂，太宗说："端小事糊涂，大事不糊涂。"立朝持重识大体，以清简为务。

⑥鼙：军鼓。

⑦观奕感长安：杜甫《秋兴》："闻道长安似弈棋，百年世事不胜悲。"

⑧苍生：百姓、民众。

⑨莽莽：广大而无际的样子。

## 其　六



十年剑佩记追随，鹿耳惊涛①怆梦思。铁马金戈②春教战，锦袍银烛夜谈诗。

荒山镵③影悲今日，残月钟声异昔时。欲写哀歌寄天末④，红棉⑤飞遍越王⑥祠。

注释

①鹿耳惊涛：为台湾八景之一。鹿耳，即鹿耳门。岛名。今台南市西北海边。

②铁马金戈：武装的马与金制的戟。指战事或精壮的军队。

③镵：铁制掘土器。音 chán。

④天末：天际，指极远的地方。

⑤红棉：木棉花。

⑥越王：南越武王赵佗。

## 其　七

牙旂①玉帐②卷东风，绝岛同归患难中。故国愁春三月闰，遥天寻梦一星终。

铁衣③绣雨蛮花碧，铜鼓椎潮④劫火⑤红。袖手⑥南洲观战局，山林未许老英雄。⑦

注释

①牙旂：天子或将军所立于军前的大旗。上以象牙为饰，因而得名。

②玉帐：出征时主将所居的军帐。李商隐《重有感》："玉帐牙旂得上游，安危须共主君忧。"

③铁衣：铁甲。铁制的战衣。

④椎潮：用椎打击海水。

⑤劫火：兵火。乱世的灾火。

⑥袖手：把手藏在袖中。比喻旁观而不过问事情。

⑦山林未许老英雄：维卿有"山林终恐误英雄"句，见《乞归已逾三载，感赋》其二。

## 其八

百疏[①]哀陈阻九阍[②]，东南形势系鲲洋[③]。留黔[④]臣敢希庄跻[⑤]，守绛[⑥]民思磔[⑦]聂昌[⑧]。
计竭拒秦全上党[⑨]，力图戴[⑩]晋等前凉[⑪]。千秋成败凭谁论？回首台山泪万行。

注释

①疏：文体名。奏疏之类。

②九阍：九天之门。指朝廷。

③鲲洋：台南安平外海，有七鲲身小屿，嘉义外有南北鲲身、青鲲身等小屿，故台海曰鲲洋。

④黔：贵州省的简称。

⑤庄跻：战国楚将。威王时为将军，约于楚顷襄王二十年，奉命占领巴、蜀、黔中以西之地，跻至滇池，将其划入楚国。正欲归报，恰逢秦国攻击楚国，占领了楚的巴郡和黔中部，道路阻塞不通，遂于滇称王。秦灭六国后，只有楚国的后裔为西南夷的君长。后来投降汉朝，改设为益州郡。

⑥绛：绛县。故城在今山西省曲沃县西南。

⑦磔：剖开罪犯的尸体。即古代分尸的酷刑。音 zhé。

⑧聂昌：宋人。由太学上舍累官户部尚书，领开封府，遇事奋然不顾，敢诛杀。李纲之罢，太学生陈东等挝鼓伏阙，王时雍欲寘陈东等狱，昌力言不可，乃止。京师戒严，拜同知枢密院，入谢，即陈扞敌之策。金人再议和，割两河，诏耿南仲及昌报聘，至绛，绛人闭壁拒之。昌持诏抵城下，缒而登，州钤辖赵子清害之，谥忠愍。

⑨上党：地名。战国时韩地，秦设上党郡，辖今山西省东南部。

⑩戴：拥戴。

⑪前凉：晋时十六国之一。张轨为凉州刺史，数传至张祚，僭称凉王，史称前凉。有今甘肃省西部与北部及新疆东部等地，后为秦所灭。

## 寄怀陈省三[①]望曾、许韫伯[②]南英游宦广州（二首）

**（陈省三，名望曾，台湾台南府人，清末任广东劝业道；韫伯，名南英，又字蕴白，清进士，曾任广东三水知县。台湾台南府人，祖籍漳州）**

## 其一

同作浮家客[③]，多君尚宦游[④]。天涯惊物序，海色入乡愁，
鸡凤争栖日，龙蛇[⑤]起陆秋。东风千里目，怀远此登楼。

注释

①陈省三：陈望曾，字省三，号鲁村。本噶玛兰（今宜兰）人，后徙台南。同治十三年（1874）进士，授内阁中书，清光绪年间，久任官内地，官至广东布政使，乙未年割台后，尝返里省亲，旋仍内渡，隐居香港。

②许韫伯：许南英（1855—1917）字子蕴，号蕴伯，又号蕴白或韫伯，署窥园主人、留发头陀、龙马书生等。台南人。光绪十六年恩科进士，授兵部车驾清吏司主事，不就。归台后，究心垦土化番之务；嗣应聘协修通志。乙未之后，筹办台南团练局，任统领，屯兵番界，以备一战。日军入台南，悬像索之，乃内渡。旋游南洋；返国后任知县。武昌革命起义，投袂从之，被推为闽南革命政府民事局长，摄龙溪县事。民国五年赴苏门答腊棉兰。翌年卒。著《窥园留草》。

③浮家客：离乡远游的人。

④宦游：在外做官。

⑤龙蛇：龙和蛇。比喻非常之人。



## 其　二

谁可陈蕃[①]匹[②]？吾尤念许虔[③]。几同岭外[④]谪[⑤]，等是汝南[⑥]贤。

仙令丹砂[⑦]地，蛮王左纛[⑧]天。何时渡江[⑨]客，聚语永嘉[⑩]年。

注释

①陈蕃：东汉人，汝南平舆（属河南省）人。为人方正，厌恶特权，为太学生所敬重。

②匹：相比，相较。

③许虔：后汉人。劭兄，与弟劭俱峻名节，时称“二龙”。

④岭外：指五岭山脉以南的地区，包括广东、广西等地。

⑤谪：罚罪。多用指官吏降调至边远地区。

⑥汝南：汉时地名，清时包括河南省汝宁、陈州二府，又安徽省颍州府等地。

⑦丹砂：药名，朱砂。

⑧左纛：古代帝王的座车，车衡的左面有纛，称左纛。纛，音 dào。

⑨渡江：指晋五胡乱华，元帝渡江，自洛阳迁都建业（今南京市）。

⑩永嘉：晋怀帝年号（307—312）。聚语永嘉年，指晋永嘉中五王南渡长江的童谣：“五马浮渡江，一马化为龙。”马指晋帝姓司马。龙指睿登帝位，即所谓龙。

## 潮州春思（六首选五）

### 其　一

银花宝树①彰重重，衬出春光别样②浓。
歌管③满城灯似海，珠帘齐卷拜青龙④。

注释

①银花宝树：形容灯火繁盛。古时多用以指正月十五元宵节，家家张灯结彩的盛景。
②别样：不同寻常，特别。另一种。
③歌管：唱歌奏乐。管，指各类管乐器。
④青龙：东方星宿名。即苍龙。

### 其　二

南国①消沉霸气②雄，依然花草媚③春风。
踏青④齐上刘王⑤埒⑥，满地香勾⑦印落红⑧。

注释

①南国：南方。
②霸气：强悍专横的意气。
③媚：美好。
④踏青：春天时到野外郊游。
⑤刘王：五代时十国之一之南汉王刘隐。
⑥埒：矮墙。音 liè。
⑦勾：招引。
⑧落红：落花。

### 其　三

波光虹影接春城，泥梦时光半雨晴。
鸡卜①庙边春市晓，隔帘香送卖花声。

注释

①鸡卜：古代以鸡骨占卜吉凶的方法。

## 其　四

送青水榭[1]小陶然[2]，零落春痕五十年。

老铁[3]风流谁得似？美人虹气[4]惘[5]尊前。

注释

①水榭：临水或建于水上的楼台。

②陶然：欢乐的样子。

③老铁：黄钊，字香铁，广东镇平县人。

④虹气：天地的精气。

⑤惘：茫然失意的样子。

## 其　六

曲院春风啜茗[1]天，竹炉[2]榄炭手亲煎[3]。

小砂壶瀹[4]新鸕嘴[5]，来试湖山处女泉。

注释

①啜茗：饮茶。音 chuò míng。

②竹炉：一种外壳为竹编，内安小钵，用以盛炭火取暖的用具。

③煎：煎茶，煮茶。

④瀹：烹煮。音 yuè。

⑤鸕嘴：形似鸕鹈嘴之壶嘴。

## 水帘[1]亭

路转峰回叠磴[2]遥，携笻[3]人上翠微[4]腰。一亭嵌[5]水古流曲，万石镵云[6]秋气骄。

寒洞声喧山阁雨，大江目极海门潮。岳阳胜概[7]休相忆，横槊[8]雄心郁[9]未消。

（同游陈艮山同年，时极谈洞庭之胜）

注释

①水帘：从高处流下如垂帘的水，多指瀑布。水帘亭，亭名，在广东省汕头市潮阳区。

②磴：石台阶。

③携笻：拿着手杖。笻竹宜于制杖，故用以泛指手杖。

④翠微：青翠掩映的山腰幽深处。

⑤嵌：张开貌，镶嵌，音 qiàn。

⑥镵云：刺入云天，形容高。镵，音 chán。

⑦胜概：美景，美好的境界。

⑧横槊：横持长矛，指从军或习武。

⑨郁：积滞。

## 岩泉义士祠

望帝[①]魂归怨海棠，哀歌有客殉[②]潮阳。虞渊[③]落日青衫泪，古井寒泉碧血[④]香。

胜国衣冠留异代，秀才性命答先皇。（祠旧有义士衣冠）

辘轳[⑤]怀尽遗祠在，独拜秋衙老树旁。

**注释**

①望帝：相传战国末年杜宇在蜀称帝，号望帝，为蜀除水患有功，后禅位，退隐西山，蜀人怀之。

②殉：为某种目的或理想而舍弃生命。

③虞渊：传说为日没处。《淮南子·天文训》："日至于虞渊，是谓黄昏。"

④碧血：碧色的血。常指忠臣志士为正义而舍身。

⑤辘轳：利用轮轴原理制成的井上汲水的起重装置。

## 秋溪即目（二首）

### 其　一

绿减蕉阴夜有霜，园柑林柿间[①]丹黄[②]。

扁舟坐爱秋溪晚[③]，七曲屏山半夕阳。

（一作："人家画入秋光卷，七曲屏山上夕阳。"）

**注释**

①间：间杂，夹杂。音 jiàn。

②丹黄：红黄。

③坐爱秋溪晚：杜牧《山行》："远上寒山石径斜，白云生处有人家。停车坐爱枫林晚，霜叶红于二月花。"坐，因，由于。

### 其　二

园林村舍接双堤，十里烟波一棹迷。

昨日斜阳今细雨，菊花时节过秋溪。

## 对月书感（二首）

### 其　一

明月出沧海，我家沧海东。独怜今夜见，犹与故乡同。

丧乱[①]山河改，流亡邑里[②]空。相思只垂泪，顾影[③]愧归鸿[④]。

注释

①丧乱：战乱丧亡。

②邑里：乡里。

③顾影：自顾其影。

④归鸿：归雁。诗文中多用以寄托归思。

### 其　二

把酒酹[①]明月，客怀殊不欢。流光[②]当此夕，照梦到长安。

水落龙愁夜，山空鹤话寒。中天[③]宫阙[④]迥[⑤]，孤对岭梅看。

注释

①酹：以酒浇地，表示祭奠。音 lèi。

②流光：如水般流泻的月光。

③中天：高空。神仙世界。

④宫阙：宫殿。苏轼《水调歌头》："明月几时有？把酒问青天。不知天上宫阙，今夕是何年？"此处指月宫。

⑤迥：遥远。

## 次韵[①]答王晓沧[②]广文[③]

漫说[④]曾驱十万师[⑤]，河湟[⑥]收复竟无期。秋风老骥思千里[⑦]，故国鹪鹩困一枝[⑧]。

醇酒[⑨]悲凉公子泪，麻鞋奔走小臣诗。劳君尚记《虬髯传》[⑩]，心冷全输此局棋。

注释

①次韵：依次用所和诗中的韵作诗。步韵。

②王晓沧：人名。嘉应州鹧鸪凹人，清朝拔贡生。

③广文：泛指清苦闲散的儒学教官。

④漫说：莫说，不要讲。

⑤曾驱十万师：刘长卿《送李中丞归汉阳别业》：“流落征南将，曾驱十万师。”

⑥河湟：黄河与湟水的并称。亦指河湟两水之间的地区。

⑦老骥思千里：三国魏曹操《步出夏门行》：“老骥伏枥，志在千里。烈士暮年，壮心不已。”后常以喻有志之士虽年老但雄心不减。

⑧鹪鹩困一枝：《庄子·逍遥游》：“鹪鹩巢于深林，不过一枝。”后遂以“鹪鹩”比喻聊可自慰的处境。

⑨醇酒：味厚的美酒。

⑩《虬髯传》：前蜀杜光庭《虬髯客传》。虬髯客，隋末人，姓张，赤髯如虬，故称虬髯客。时下天方乱，欲起事中原。于旅邸遇李靖、红拂，与红拂认为兄妹。因李靖得见李世民，以为“真天子”，乃遁去。悉以其家所有赠靖，以佐真主。临行云：“此后十年，当东南数千里外有异事，是吾得事之秋也。”贞观十年，南蛮入奏：“有海船千艘，甲兵十万，入扶余国，杀其主自立。”靖知虬髯客成事，归告红拂，沥酒贺之。





## 次韵晓沧《秋雨感怀》

黯黯[①]湘帘[②]窣[③]地垂，茂陵[④]卧病枉[⑤]寻思。全军左袒[⑥]无周勃，逐客留书有李斯。[⑦]

孺子[⑧]《阴符》[⑨]空北面[⑩]，故人高会罢南皮[⑪]。寻常车马今萧寂[⑫]，酹酒[⑬]秋原唤可儿[⑭]。

**注释**

①黯黯：隐藏不露，不显扬。

②湘帘：用湘妃竹做的帘子。

③窣：下垂。音sū。

④茂陵：地名。在陕西省。汉司马相如病免后家居茂陵。

⑤枉：徒然，白费。

⑥左袒：脱左袖，露出左臂。汉高祖刘邦死后，吕后擅政，大封吕姓以培植势力。吕后死，太尉周勃谋诛诸吕，行令军中说：“为吕氏右袒，为刘氏左袒。”军中皆左袒。

⑦逐客留书有李斯：《史记·李斯列传》：“诸侯人来事秦者，大抵为其主游闲于秦耳，请一切逐客。”逐客，驱逐由外国来本国游说或做官的人。

⑧孺子：小孩的通称。汉朝张良曾步游下邳桥上，有一老人即黄石公故意将鞋子掉落桥下，要张良下去取鞋，良很有耐心地为老人拾取穿上。老人说：“孺子可教矣！后五日平明，与我会此。”因以《太公兵法》授良。

⑨《阴符》：即《阴符经》，古兵书名。旧题黄帝撰。有太公、范蠡、鬼谷子、张良、诸葛亮、李筌六家注。

⑩北面：面向北。指臣服于人。

⑪南皮：地名。秦置。今属河北省。汉末建安中，曹丕为五官中郎将，与友人吴质等文酒射雉，欢聚于此，传为佳话。后成为称述朋友间雅集宴游的典故。

⑫萧寂：萧条寂静。

⑬酹酒：以酒浇地，表示祭奠。古代宴会往往行此仪式。

⑭可儿：性行可取的人，可人。

## 次韵答晓沧《冬日见过草庐》

罗雀门庭[1]客退闲[2]，漫天风雪入愁颜。良朋命驾[3]每千里，广厦庇人空万间。[4]

满座酒尊怀北海，[5]中年丝竹[6]负东山[7]。与君怕作河桥别[8]，衰柳飘零不可攀。

**注释**

①罗雀门庭：门可罗雀。形容门庭冷落，来客绝少。

②退闲：辞官闲居。

③命驾：命人驾马车。谓立即动身。南朝刘义庆《世说新语·简傲》："嵇康与吕安善，每一相思，千里命驾。"

④广厦庇人空万间：杜甫《茅屋为秋风所破歌》："安得广厦千万间，大庇天下寒士俱欢颜。"

⑤满座酒尊怀北海：汉末文学家孔融，曾为北海相，故称孔北海。尝曰："座上客常满，樽中酒不空，吾无忧矣。"尊，同"樽"。

⑥丝竹：弦乐器与竹管乐器之总称。亦泛指音乐。

⑦东山：地名。在广东省汕头市潮阳区东三里。

⑧河桥别：河梁别。送别。汉朝李陵《与苏武》诗之三："携手上河梁，游子暮何之。……行人难久留，各言长相思。"后因以"河梁"借指送别之地。

## 寄怀萧伯瑶布衣[1]踺常

**（萧伯瑶，名踺常，潮阳人，清生员[2]）**

绝代[3]萧夫子[4]，十年羁[5]岭东。牢愁[6]满沧海，文字困英雄。

岁月磨头白，关山落照[7]红。相思渺烟水，天末[8]怅冥鸿[9]。

**注释**

①布衣：平民的衣服。因用以称平民。

②生员：科举时代，在学学生的通称。因有一定的员额，故称生员。

③绝代：冠绝当代，举世无双。

④萧夫子：萧伯瑶。

⑤羁：寄居作客。

⑥牢愁：忧愁，忧郁。

⑦落照：夕阳的余晖。

⑧天末：天的尽头。指极远的地方。

⑨冥鸿：高飞的鸿雁。比喻高才之士或有远大理想的人。

## 忆旧述今，次韵答晓沧见赠十绝句（十首选九）

### 其一

莽莽[①]乾坤[②]岁又周[③]，尊前人减旧风流。
江山满目[④]都非昔，不待人言意始愁。

注释

①莽莽：无涯际貌。渺茫，迷茫。
②乾坤：天地。
③周：反复，循环。
④满目：满眼。

### 其二

哀丝豪竹[①]负中年，弃甲[②]南来异锦旋[③]。
十载风尘双鬓雪[④]，剪灯[⑤]情话更凄然[⑥]。

注释

①哀丝豪竹：指悲壮的乐声。丝，弦乐器；竹，管乐器。
②弃甲：丢弃铠甲。表示战败。
③锦旋：衣锦荣归。
④双鬓雪：双鬓雪白。
⑤剪灯：翦灯，修剪灯芯。后常指夜谈。
⑥凄然：哀伤。

### 其三

涕泪何曾为酒悲，干戈[①]满地怆离思[②]。
流亡南渡谁收恤[③]？愁说江淮[④]唱义[⑤]时。

注释

①干戈：兵器的通称。干是盾牌，戈是平头戟。比喻战争。
②离思：离别的心意。
③收恤：收容救济。

④江淮：长江、淮河一带。

⑤唱义：倡义，倡导起义。

## 其　四

冠裳①全异昔时观，筹保东藩②力已殚③。

海上贡貂稀闲使，诏书行不到三韩④。

注释

①冠裳：衣冠。

②东藩：东方的藩国。东方州郡的泛称。指台湾。

③殚：尽，竭尽。音 dān。

④三韩：汉朝时朝鲜南部有马韩、辰韩、弁韩，合称三韩。后也以三韩为朝鲜之代表。



## 其　五

风雪关河①有梦还，海天漠漠②对孤鹇③。

暗香疏影④寒溪月，万树梅花忆故山。

（寒溪在台湾县⑤东溪上，山有予别庐，曰樵隐，多梅花）

注释

①关河：泛指一般山河险要之地。

②漠漠：寂静无声。

③鹇：鸟名。雄的背部白色，有黑纹，腹部黑蓝色；雌的全身棕绿色。分布于中国南部。

④暗香疏影：宋朝林逋《山园小梅》："疏影横斜水清浅，暗香浮动月黄昏。"

⑤台湾县：指今台中市。

## 其　六

海国诗坛①旧主盟，登台坐对玉山清。

（玉山在台湾嘉义县东北，三峰并列，人迹罕至，终岁雪封，为台岛最高山，倭占台后更名新高山）

斐亭②钟绝风流散，落日寒芜赤嵌城。

（斐亭在台湾道署，为昔与灌阳③中丞④偕宾客赋诗地，中丞句云："千秋高会斐亭钟"是也，赤嵌城在台南安平县，荷兰人所建）

注释

①诗坛：诗人会集的地方。

②斐亭：亭名。台南道署中之亭名，唐景崧任兵道，用为雅集之所。
③灌阳：地名。在广西壮族自治区。
④中丞：官名。巡抚。指唐景崧，广西壮族自治区灌阳人。

## 其七

热血[①]填胸郁[②]不凉，骑麟披发[③]走南荒。
未酬戎马[④]书生志，依旧吾庐榜[⑤]“自强”。
（“自强不息”为予旧斋额[⑥]，今拟重书以自励）

注释

①热血：指有血性且富同情心的人。
②郁：积滞。
③披发：披散着头发。
④戎马：古代驾兵车的马。借指战乱、战争。
⑤榜：匾额。
⑥斋额：书斋上悬挂的匾额。

## 其八

行踪曾为荔支留，琴剑[①]西风记昔游。
独上朝台[②]吊斜日，短衣匹马过南州[③]。

注释

①琴剑：琴与剑。古代文人常随身携带琴剑二物，故二字联称。
②朝台：台名。在广州。
③南州：泛指南方地区。

## 其九

坠欢[①]重续凤城[②]西，坐久长河[③]影渐低。
话到家山约偕隐，扁舟钓月老梅溪[④]。

注释

①坠欢：往日的欢乐。
②凤城：凤凰城。即潮州市。
③长河：银河。
④梅溪：水名。在广东省内。

## 疾风甚雨，海山苍茫①，遂有斯作

太阴②黑入日华③消，鳌足④难安八极⑤摇。震地瓦声飞汉屋，雨空鞭血断秦桥⑥。

蛟云覆海潮神泣，麟火烧天飓母⑦骄。满目洪流⑧方澒洞⑨，童山⑩无树与悬瓢⑪。

**注释**

①苍茫：旷远无边、视野迷茫的样子。

②太阴：月亮。

③日华：日光，阳光。

④鳌足：大龟的四足。相传共工氏怒触不周山，折断天柱，后来女娲氏以大龟的四足立四极。

⑤八极：极远的地方。

⑥鞭血断秦桥：《三齐略记》：“始皇作石桥，欲过海观日出处。于时有神人，能驱石下海，石去不远，神人辄鞭之，尽流血，石莫不悉赤，至今犹尔。”

⑦飓母：夏秋之季，天空出现如虹色的晕，称为飓母。是飓风来临的前兆。

⑧洪流：洪水。

⑨澒洞：相连无涯无际的样子。澒，音 hòng。

⑩童山：不生草木的山。

⑪悬瓢：葫芦瓢。古代用以为盛酒器。

## 嗟哉行

钢是铁所为，铮铮①抑②何美！安知经火炼，竟化柔绕指③。

噫吁乎嗟哉！行百者半九十里，晚节④末路⑤之难乃如此。

君不见扶风⑥大儒宫中才子，当时果以投荒⑦死，岂不贤名溢青史⑧！

左手抚图右引剑，人生变节须臾⑨耳。

适从何来集于此，逼人富贵徒为尔。

大衔赫赫⑩书铭旌⑪，相公竟葬咸阳矣！

邓绾⑫好官曾几时？人笑褚公今冷齿⑬。

**注释**

①铮铮：金铁相击声。

②抑：表示赞美。通“噫”。

③柔绕指：绕指柔。刘琨《重赠卢谌》：“何意百炼钢，化为绕指柔。”

④晚节：晚年，老年。

⑤末路：比喻穷困潦倒。

⑥扶风：疾风，暴风。

⑦投荒：被贬谪、流放到荒远的地方。

⑧青史：古时用竹简记事，所以后人称史籍为青史。

⑨须臾：片刻，暂时。

⑩赫赫：显耀盛大的样子。

⑪铭旌：丧具的一种。指竖立在灵柩前，写有死者的封赠、谥号、官职、姓名等的长方形旗播。

⑫邓绾：宋朝进士。官通判宁州，以媚王安石，得荐于朝，除集贤校理、御史中丞。后斥知虢州，元祐初，知郑州，卒。

⑬褚公今冷齿：谓讥笑也。笑必开口，屡笑则口屡开而齿为之冶也。《南史·乐预传》："此事，人笑褚公，至今齿冷，无为效尤。"

## 黄香铁先生钊故宅有楼翼然①，今斥②为酒家矣，与客饮此，追话遗事，感赋六绝句

**（黄钊字香铁，镇平县人，清乾、嘉时人，著有《白华草堂集》、《石窟一征》等书行世）**

### 其 一

西风吹散美人③虹，七子④才名冷粤中。
落日满城邻笛怨，酒垆⑤人更吊黄公⑥。

**注释**

①翼然：鸟展翅貌。常用以形容山石或亭台等建筑物高耸开张之状。

②斥：扩建房屋，使之广大。

③美人：虹的别称。

④七子：清嘉庆、道光年间，在北京的广东籍诗人谭敬昭、林辛山、吴秋航、黄小舟、黄香石、黄香铁、张维屏等七人，结社吟咏，时相唱和，时人称之为"七子"。

⑤酒垆：酒店，卖酒的地方。

⑥黄公：指黄香铁。

### 其 二

为筑高楼贮绿珠①，玉山醉倒②遣花扶。
买丝合把吴公绣，如此怜才旷代③无。

（吴公名均，潮守也。为先生筑宅买园，并赠孺子妾二，以娱其老）

**注释**

①绿珠：晋朝石崇所善爱的歌姬名。美而艳，善吹笛。

②玉山醉倒：玉山颓。形容饮酒醉倒的样子。刘禹锡《扬州春夜李端公益张侍御……以志其事》："寂寂独看金烬落，纷纷只见玉山颓。"

③旷代：当时所没有，无人可比的。

## 其　三

《草堂》遗集[1]尽风流，欲问诗中几酒楼。
依旧壶卢[2]山色好，不妨才语识千秋。

（先上楼上楹帖有"壶卢排酒具，任玉山醉倒，酣睡楼头"语，人以为谶[3]云）

注释

①《草堂》遗集：指黄香铁所著之《白华草堂集》等书。

②壶卢：瓠、匏、蒲芦等瓜类的总称。

③谶：预言，征验。音 chèn。

## 其　四

青帘[1]风紧酒微波，更遣吴姬[2]压酒歌。
莫问黄鹂巷边宅，山塘杨柳倍愁多。

（先生少长姑胥[3]；黄鹂巷，其故居也）

注释

①青帘：古时酒店的青布招子。俗称酒旗。

②吴姬：吴地的女子。

③姑胥：即姑苏，今苏州。胥，音 xù。

## 其　五

赎宅何须费百千，楼头酒客正酣眠[1]。
西山曾洒山丘泪，零落羊昙[2]更十年。

（钟遇宾侍御，先生甥也。曾拟赎[3]之不果，今侍御[4]归道山[5]亦有年矣）

注释

①酣眠：熟睡，沉睡。

②羊昙：晋朝泰山人。谢安之甥，多才艺，为安所钟爱。安死，昙辍乐整年，行路不经安所住西州路。一日醉过州门，经从者告之，悲吟曹植诗："生存华屋处，零落归山丘。"恸哭而去。

③赎：换回。以财物换回人质或抵押品。购买。

④侍御：清代对御史的通称。

⑤归道山：去世。道山是传说中仙人所居的山。俗因称人死为归道山。

## 其　六

诗人老去半逃形[①]，割宅空怜乞佛灵。
舍与酒徒还更胜，秋楼吊月酹[②]刘伶[③]。

注释

①逃形：藏身。

②酹：洒酒在地上祭神。音 lèi。

③刘伶：西晋名士。竹林七贤之一。性嗜酒，常乘鹿车携酒，使人荷锸相随，说：“死便埋我。”著有《酒德颂》。

# 赠马总戎[①]（四首）

（名维骐，号介堂，云南哈密州人）

## 其　一

岭海古雄镇[②]，将军今伏波[③]。威名铜柱[④]大，战血铁衣[⑤]多。
专阃[⑥]屡推毂[⑦]，忧时还枕戈[⑧]。北风近方劲[⑨]，雨雪满关河[⑩]。

注释

①总戎：清朝称各省提督下所设的总兵为总戎。

②雄镇：形势险要，足以控制四方的重镇。

③伏波：东汉马援，扶风人。曾任伏波将军，远征交趾。

④铜柱：铜制的柱子。《后汉书·马援传·峤南悉平·注》：“广州记曰：‘援到交趾，立铜柱，为汉之极界也。’”威名铜柱大，谓威名之大有如马援。

⑤铁衣：铁甲，铁制的战衣。

⑥专阃：专主城郭以外的军事大权。将帅在外统领军队。阃，音 kǔn。

⑦推毂：推动车轮轴，使车前进。引申为荐举人才。

⑧枕戈：枕戈待旦。枕着兵器等待天明。形容杀敌心切，一刻也不懈怠。

⑨劲：强而有力。

⑩关河：泛指一般山河险要之地。

## 其　二

战气不可极，黯然[①]沧海东。九州[②]谁健者[③]？万里靖[④]边戎[⑤]。
南海新除重，西林[⑥]旧部雄。黄金印如斗，终待立奇功。

注释

①黯然：心神沮丧，失意的样子。
②九州：中国古代分全国为九州。后用以泛指中国。
③健者：骁勇健壮之将士。
④靖：平定。
⑤边戎：边界地区的战争。
⑥西林：地名。在广西壮族自治区西部，与云南省接邻。

## 其 三

兵法在整暇①，治书②如治军③。纵横④飞白⑤字，变化点苍⑥云。
壮采溢毫素⑦，雄心逼篆⑧分。金山⑨伏虎石，重见勒奇文。（总戎能书）

注释

①整暇：好整以暇。形容从容不迫的样子。
②治书：写书。
③治军：编练军队或带兵作战。
④纵横：交错，众多。
⑤飞白：书体的一种。东汉蔡邕所创。笔势飞举，而笔画中丝丝露白，像枯笔写成的样子。
⑥点苍：山名。在云南省大理西部。
⑦毫素：笔与纸。
⑧篆：用篆体字书写铭刻。
⑨金山：地名。在广东省开平市南。

## 其 四

我亦相时者，结交多伟人。平生好男子，不帝虎狼秦。①
入世心肝古，谈兵天地春。相逢各珍重，八极②正风尘③。

注释

①不帝虎狼秦：义不帝秦。不对如狼似虎的敌国称帝。虎狼，比喻凶残的敌人。
②八极：极远的地方。
③风尘：风起尘扬，天地昏暗。比喻世局的扰攘不安。

## 题康步崖中翰①咏《出塞集》（八首选六）

### （康步崖，名咏，福建上杭人）

### 其 一

出关人拜令公祠，南客才名塞上②知。

赢得弓衣③齐绣遍，春风杨柳④小蛮诗。

（“平明独拜令公祠”，集中《次古此口》句也。又《承德杂诗》注：“塞外人呼南人曰‘蛮’。”予居此，人目为“小蛮子”云）

注释

①中翰：清代称内阁中书为中翰。

②塞上：边塞。

③弓衣：装弓的袋子。

④春风杨柳：唐朝王之涣《凉州词》：“羌笛何须怨杨柳，春风不度玉门关。”

### 其 三

王大司空①盖虎牙②，英雄故里客停车。

（王梁③，安阳人）

渔阳④突骑⑤都非昔，惆怅云台⑥说汉家。

（盖延⑦，渔阳人）

注释

①大司空：官名，即工部尚书。

②虎牙：古将军名号。《后汉书·盖延传》：“光武即位，以延为虎牙将军。”

③王梁：后汉安阳人，字君严。从光武灭王莽，封武疆侯，后迁济南太守，改封阜成侯，多战功。

④渔阳：地名。在今河北省蓟县。白居易《长恨歌》：“渔阳鼙鼓动地来。”

⑤突骑：冲破敌军阵地的骑兵。

⑥云台：东汉宫中高台名。《后汉书·朱祐传》：“永平中，显宗追感前世功臣，乃图画二十八将于南宫云台。”

⑦盖延：后汉人，助光武灭王莽，光武即位，授虎牙将军。

## 其 四

寻秋独上白狼山[①]，涕泪思乡客袖斑。
（白狼山，今名布佑图山，在建昌县）
匕首[②]千金诗一卷，秋风匹马入榆关[③]。

注释

①白狼山：山名。在今辽宁省凌源市东南。今称布龙图山。

②匕首：短剑。因其头部呈半圆形，类似饭匕，故名。匕，音 bǐ。

③榆关：关名。即今山海关。

## 其 五

凤阁[①]新除[②]侍从[③]臣，彩毫还带塞垣[④]春。
长安不少鸡林贾[⑤]，都识能诗白舍人[⑥]。

注释

①凤阁：唐代中书省的别名。

②除：拜受官位。

③侍从：随侍在帝王的左右。

④塞垣：指长城。

⑤鸡林贾：古代朝鲜的两人。鸡林，朝鲜的别名。唐朝白居易工诗，其诗为当时士人争传，鸡林商人，以白诗一篇易一金售与相国。后遂以比喻诗名极盛。

⑥白舍人：喻指康步崖。舍人，战国至汉初，王公贵官的侍从宾客、亲近左右，通称舍人。

## 其 六

十载幽并[①]跃马[②]行，久拼关吏笑书生。
（集中有《述关吏言》诗）
云骧阁上闻鸡夜，风雪漫天梦柳城[③]。
（云骧阁在汀州，为鸡鸣最早处）

注释

①幽并：幽州、并州。古代为燕、赵之地，居民以慷慨悲歌、尚气任侠著名。故在诗文中常并称。并，音 bīng。幽州，在今河北省一部分及辽宁省等地；并州，在今河北保定、正定，山西太原、大同等地。

②跃马：策马飞跃前进。比喻富贵得志。

③柳城：地名。即今福建省南安市。

## 其　八

展卷如闻《敕勒歌》[1]，登临不负好诗多。

（登临多好诗，集中句[2]）

剪灯便作秋边色[3]，夜半天风叫驾鹅[4]（从本音）。

注释

①《敕勒歌》：北朝民歌。敕勒是种族名。歌词是从鲜卑语译出，词曰："敕勒川，阴山下，天似穹庐，笼盖四野。天苍苍，野茫茫，风吹草低见牛羊。"

②集中句："登临多好诗"为康步崖《出塞集》中之诗句。

③边色：边地之景物。

④驾鹅：野鹅。

# 次韵和马总戎[1]《都龙纪胜》四绝句

## 其　一

猎猎[2]西风旧战场，星碉[3]云堡靖[4]山梁[5]。

纪功合有[6]磨崖[7]笔，曾受蛮[8]师十万降。

注释

①马总戎：名维骐，号介堂，云南哈密州人。

②猎猎：风声。

③碉：用以防守或瞭望的军事建筑。

④靖：平定。

⑤山梁：山间的桥梁。

⑥合有：应该有。

⑦磨崖：磨崖碑。唐碑名。立于祁阳浯溪石崖上。碑文为《大唐中兴颂》，唐朝元结撰，颜真卿书。

⑧蛮：古代称南方的种族。

## 其　二

万里滇[1]云筑将台，班师[2]久奏凯歌回。

九山天半青如故，又费将军倚马[3]才。

注释

①滇：云南的别称。

②班师：出征的军队回来。

③倚马：晋朝桓温北伐时，袁宏曾倚马前草拟文告，顷刻写成七纸。后用以比喻文思敏捷。

## 其 三

战火连山夜击刁[1]，边功人说霍嫖姚[2]。

攻心[3]毕竟推诸葛，万古威名倚碧霄。[4]

注释

①刁：铜制的军用器具。可供军中夜击以警戒传时。



②霍嫖姚：西汉霍去病为嫖姚校尉，故名。霍去病善骑射，前后六次出击匈奴，远涉沙漠，解除西汉初年以来匈奴对汉朝的威胁。

③攻心：利用心战，使敌人顺服。

④万古威名倚碧霄：杜甫《咏怀古迹》：“诸葛大名垂宇宙，宗臣遗像肃清高。三分割据纡筹策，万古云霄一羽毛。”碧霄，青天，蓝空。

## 其 四

飞车[1]消息近何如？海上妖云[2]誓扫除。

立马东南望天象[3]，狼星[4]魔焰眼中无。

注释

①飞车：古代传说能在军中迅速飞行的车。

②妖云：迷漫的瘴疠云气。

③天象：天空所呈现的现象。指日月星辰运行的景象。

④狼星：天狼星。古时视天狼星为凶星。

# 意溪访陆处士故居（四首）

（意溪在潮安城北）

## 其 一

青山江上足烟霞[1]，三百年前处士[2]家。

比似西湖和靖[3]宅，惜无人与种梅花。

**注释**

①烟霞：烟雾霞光。泛指山水景色。

②处士：有道德学问而未做官或不做官的人。

③和靖：北宋诗人林逋，隐居西湖孤山，于所居处植梅养鹤以自娱，因有“梅妻鹤子”之称。诗中多咏梅之作。卒谥和靖先生。

## 其 二

江头扶醉想高歌，菊迳[①]松庐野意多。
毕竟红尘无路隔，此溪曾过郭青螺[②]。
（“红尘隔断一条溪”，处士句）

**注释**

①菊迳：种植菊花的小路。

②郭清螺：明朝郭子章，字青螺。

## 其 三

孤忠异代挹[①]清芬[②]，落拓[③]生涯号隐君[④]。
半亩墓田孙傍祖，菜花黄上相公坟。
（陆丞相[⑤]衣冠冢[⑥]旁即处士窘[⑦]所，处士盖丞相裔云）

**注释**

①挹：引，传。

②清芬：清香。引申指芬芳洁美的德行。

③落拓：穷困失意。

④隐君：隐君子，隐士。

⑤陆丞相：宋末忠臣陆秀夫。元军破崖山时，秀夫先驱妻子投海，再背负赵昺跳海而死。

⑥衣冠冢：为纪念死者，而埋葬死者衣冠的坟墓。

⑦窘：墓穴。音 cuì。

## 其 四

有客思寻片石[①]谈，携筇[②]来访旧精蓝[③]。
寒芜[④]漠漠[⑤]江村夕，一角斜阳尺隐庵[⑥]。
（尺隐庵额为处士笔）

注释

①片石：孤石，一块石。

②携筇：拿着竹杖。筇，手杖，音 qióng。

③精蓝：佛家语。是精舍和伽蓝的混称。精舍，精进修行者居住的地方；蓝，伽蓝的简称，指佛家寺院。

④芜：草。

⑤漠漠：寂静无声。

⑥尺隐庵：庵名。

## 小春[1]泛舟[2]北溪作

东风双桨打潮忙，漠漠[3]墟[4]烟送夕阳。
满载寒香[5]北溪舫[6]，梅花万树过官塘[7]。

注释

①小春：农历十月。又称小阳春。

②泛舟：船行水上。

③漠漠：寂静无声。

④墟：村落。

⑤寒香：指梅花的香气。

⑥舫：船。音 fǎng。

⑦官塘：官府兴建的水塘。

## 岁暮与晓沧[1]游西湖山作（六首）

（湖在潮安城西门外）

### 其　一

城外西湖湖上山，嵌空[2]楼观[3]古崖[4]间。
满城乞尽仙人药，留取梅花伴客闲。
（大和观祀华佗[5]，乞药者麇集[6]）

注释

①晓沧：王晓沧。人名。

②嵌空：玲珑透明的样子。

③楼观：高楼的泛称。

④崖：山边。

⑤华佗：东汉名医。精方药、内、外、儿、妇科和针灸麻醉术，并创五禽戏。曾为关羽刮骨医毒，也为曹操治愈头风，求归后，曹操屡召不至，遂下狱被杀。

⑥麇集：成群。麇，音 qún。

## 其 二

紫竹庵[1]空剩[2]碧漪[3]，游人还说放生池[4]。
空明[5]一片湖心水，枯柳残荷太守碑。

**注释**

①紫竹庵：庵名。

②剩：尽。

③碧漪：绿波。

④放生池：佛家以不杀生为善举，梁武帝因笃信佛教而设立放生池，放养收购的龟、鱼、螺、蚌等，称长命洲。

⑤空明：透明光亮。多用以形容水、月光、天空等。

## 其 三

古洞沉沉访老君[1]，换鹅[2]谁写五千文[3]？
一丸泥[4]塞函关[5]路，花冷青牛[6]卧石云。
（老君洞门已为僧所塞）

**注释**

①老君：即老子。也称太上老君。

②换鹅：晋朝王羲之见山阴道士养有好鹅，以黄庭经相交换。《晋书·王羲之传》："又山阴有一道士，养好鹅，羲之往观焉，意甚悦，固求市之，道士云：'为写《道德经》，当举群相赠耳。'义之欣然写毕，笼鹅而归，甚以为乐。"

③五千文：老子《道德经》相传共五千余言，所以指《道德经》为五千言。

④一丸泥：用丸泥封塞，即可阻敌。比喻地势险要。

⑤函关：函谷关。在今河南省灵宝市东北。东自崤山，西至潼津，通名函谷，号称天险。因关在谷中，形势深险如函，故名。

⑥青牛：道家语。称仙人所骑的牛。《列仙传·老子》："后周德衰，乃乘青牛车去，入大秦过西关，关令尹喜待而迎之。"

## 其　四

刘王[1]埒[2]近草芊芊[3]，满目江山荡夕烟。
修路莫寻南汉记，空崖苔蚀兔丝[4]年。

注释

①刘王：五代时十国之一之南汉王刘隐。都兴王府（今广州）。

②埒：矮墙。音 liè。

③芊芊：草木茂盛的样子。

④兔丝：植物名。又名女萝。一种寄生的蔓草。

## 其　五

一角寒岚照碧波，园亭无奈废兴[1]何！
七分荒塚三分庙，如此湖山鬼占多。

注释

①废兴：衰盛。

## 其　六

十万人家山作屏，蒙蒙[1]人望海云青。
更无老铁[2]风流笔，冷坐乘风待月亭。
（亭额为黄香铁先生书）

注释

①蒙蒙：迷茫不清的样子。

②老铁：黄钊，字香铁。广东梅州市蕉岭县人。清朝乾、嘉时人。著有《白华草堂集》、《石窟一征》等书。

## 岁除[1]日与晓沧登金山

一年三百六十日，只余此日谁能闲？城人十万闲者两[2]，短衣杖策[3]登金山。
寒光万里动西极[4]，青山也作岁除色。中原一发[5]苍茫间，独有雄心除不得。

注释

①岁除：年终。除夕。旧俗于腊岁前一日击鼓驱逐鬼怪瘟疫，所以后来称一年的最后一日为岁除。

②两：指作者与晓沧。

③杖策：拄杖。

④西极：西方极远的地方。

⑤一发：形容微现的远山。苏轼《澄迈驿通潮阁》："杳杳天低鹘没处，青山一发是中原。"

# 卷五　己亥稿上（1899年）

## 除夕示五弟时甫[1]三绝句

### 其　一

江城残腊[2]客思亲，爆竹声中历又新。

忽忆四年前此夕，柏庄[3]家讌[4]满堂春。

**注释**

①时甫：逢甲之五弟丘兆甲，民国后曾任蕉岭县长、蕉岭沧海职业学校校长等职。

②残腊：腊月将尽时。残冬。

③柏庄：丘逢甲在台之故居，在今台中市大埔厝（今潭子、神冈一带），曾为台湾义军司令部。后被日本摧毁，今仅存遗地。

④讌：聚饮，宴会。

### 其　二

草草[1]杯盘饯岁[2]筵，莫嫌风味逊[3]从前。

满城多少贫儿屋，难过钱荒米贵年。

**注释**

①草草：杂乱不整齐。

②饯岁：设宴送年。

③逊：不如。

## 其　三

一尊今夕弟兄同，镜里愁颜醉转童。
自笑呆痴老难卖，横戈[1]还想立奇功。

注释

①横戈：在军旅中横置戈矛。

# 吴秀才赠水仙花赋谢（二首）

## 其　一

生花妙手[1]夺春工，莫笑金银气太浓。
网得西施[2]肯相赠，风裳水佩出吴宫。

注释

①生花妙手：比喻文思巧妙。也称生花妙笔。

②西施：春秋时越国的美女。越王勾践在会稽被吴王夫差打败，范蠡把美女西施献给夫差，夫差为其色所迷，终至亡国。

## 其　二

矾弟兰兄[1]总绝尘[2]，入门便作十分春。
珊珊[3]一片凌波[4]影，更遣陈王[5]赋《洛神》[6]。

注释

①矾弟兰兄：矾，山矾，常绿灌木。小寒至谷雨有八节气二十四候，每候五日，各以一花名其风。大寒一候瑞香，二候兰花，三候山矾。谓兰花早开，而山矾花后开。

②绝尘：超脱世俗红尘。

③珊珊：形容玉、铃、钟、雨等舒缓的声音。宋玉《神女赋》：“动雾谷以徐步兮，拂墀声之珊珊。”

④凌波：形容美人步履轻盈。曹植《洛神赋》：“凌波微步，罗袜生尘。”

⑤陈王：曹植，曹操第三子，封陈王。善辞赋，其《洛神赋》尤其出名。

⑥《洛神》：即《洛神赋》。曹植作。一说怀念甄氏而作，一说是感念朝廷及因文帝曹丕的猜忌疏远而作。

## 雨中春望

骤煖[1]还寒昨夜风，江城东望晓溟濛[2]。
不知春色在何处？三十二峰烟雨中。

注释

①煖：同“暖”。

②溟濛：模糊、迷蒙的样子。

## 元夕[1]无月感赋（四首选二）

### 其　三

江楼听雨散春声，家国茫茫百感生。
四载故山今夜月，不会流照到金城[2]。

注释

①元夕：元宵节。

②金城：金城山。山名，在潮州城北。

### 其　四

火树银花[1]句懒吟，望京楼畔客愁深。
他年见月应回忆，寒雨春灯[2]此夕心。

注释

①火树银花：形容灯火繁盛。古时多用以指正月十五日元宵节，家家张灯结彩的盛景。苏味道《正月十五夜》：“火树银花合，星桥铁锁开。”

②春灯：元宵节花灯。

## 春日寄怀丘菽园[1]新加坡（二首）

### 其　一

极目[2]天南赤道遥，选楼高筑岛云飘。海山苍莽[3]连诸国，古碣[4]荒凉话六朝[5]。（《南洋蠡测》云：新加坡华人墓碑有梁朝年号者）

蛮语[6]未谙花代解，边愁无际酒难浇。都将万里想思意，付予重溟[7]早晚潮。

**注释**

①菽园：丘菽园，名炜爰，福建海澄人，清举人，经商南洋。

②极目：纵目，用尽目力远望。

③苍莽：广阔无边的样子。

④碣：圆顶石碑。

⑤六朝：三国吴、东晋和南朝的宋、齐、梁、陈，相继建都建康（今南京市），史称六朝。

⑥蛮语：指南洋居民的语言。

⑦重溟：指海。

## 其　二



珠海[1]星洲[2]两寓公[3]，眼看时局感应同。讥驱彩凤成凡鸟[4]，聋迫神龙化蛰虫[5]。

鬼国夜开跳月[6]宴，阴天春足妒花风。手挼[7]斗柄[8]愁相语，东指齐州[9]劫火[10]中。

**注释**

①珠海：地名。在广东省境内。

②星洲：新加坡。

③寓公：古时国家灭亡而寓居他国的诸侯。泛称有官吏身份而寄居外乡的人。

④彩凤成凡鸟：晋朝嵇康与吕安善，每一相思，千里命驾。安后来，值康不在，康之兄喜出户延之，不入。题门上作“凤”字而去。喜不觉，犹以为欣。故作“凤”字，凡鸟也。

⑤蛰虫：藏在泥土中过冬的虫豸。

⑥跳月：苗族旧时的婚俗。在每年初春或暮春的明月夜，未婚男女群集野外，和自己所爱的人唱歌跳舞，叫做跳月。舞会完毕，男子就牵着女子回家成为夫妇。

⑦挼：揉搓，摩挲。音 ruó。

⑧斗柄：北斗的第五至第七星。即卫、开泰、摇光。唐朝韩愈《读东方朔杂事》：“瞻相北斗柄，两手自相挼。”

⑨齐州：中国。

⑩劫火：指世界毁灭时的大火，后也用指乱世的灾火。

## 送王晓沧[1]之汀州[2]

韩江[3]别思满扁舟[4]，春水新添五尺流。

一路青山送眉妩[5]，鹧鸪声里到汀州。

注释

①王晓沧：名恩翔。广东嘉应人。清朝拔贡生。

②汀州：地名。在福建省。

③韩江：水名。发源于福建省宁化县及江西省界之英竹山、观音岭，曲折南流，经长汀、上杭入粤境，至大埔县，称为韩江。

④扁舟：小船。

⑤眉妩：双眉妩媚可爱。

## 赠柳参军[①]（二首选一）

一官留滞[②]凤凰城[③]，十载能诗旧有名。

江上新词传唱遍，晓风残月[④]柳耆卿[⑤]。

注释

①参军：官名。

②留滞：滞留，久留。

③凤凰城：广东潮州的别称。清朝黄遵宪《将至潮州》："片帆遥指凤凰城，屈指家山尚几程。"

④晓风残月：清晨的微风与将消失的月亮。形容黎明时的景色。柳永《雨霖铃》："今宵酒醒何处？杨柳岸、晓风残月。"

⑤柳耆卿：北宋词人柳永，原名三变，字耆卿。喻指柳参军。

## 次韵答马竹坪孝廉[①]

**（名兆麟，诏安[②]人。时馆[③]和平里）**

蚝墩[④]遗碣[⑤]访文公[⑥]，踪迹天涯愧断蓬[⑦]。异域[⑧]逢君话桑梓[⑨]，好音遗我过丝桐[⑩]。

功名漫说[⑪]垂青史[⑫]，世事惟宜醉碧筒[⑬]。预约东山[⑭]重握手，大忠祠[⑮]畔木棉红。

注释

①孝廉：明清称举人为孝廉。

②诏安：地名。在福建省最南端。

③馆：留宿，寓居。

④蚝墩：地名。即广东省潮阳和平里。因靠海产蚝，故名。传说文天祥兵败至潮，路经蚝墩，在小食店用餐后，恐元兵追踪，匆匆赶路，仓促之间，竟把团扇遗失，跑一段路后才发觉，而这枝扇内有文天祥的姓名，因恐被元兵查出，便沿路奔回寻找，店家将原物奉还，天祥认为乡民和蔼可亲，便将里名改为和平，并亲书"和平里"三字赠送，后来里民便将这三字制成匾额，竖立牌坊，供人瞻仰。《潮州府志》说："文信国（文天祥）在

军，恒不寐，及讨刘兴，至蚝墩，安寝信宿，询居人何地，或告之。曰：‘地气和平，何不名和平?’遂改称焉。此后蚝乃不生。”

⑤碣：圆形的碑石。

⑥文公：即唐代文学家韩愈。博通经史百家，崇儒术，辟佛老。文笔闳中肆外，自成一家。曾任潮州刺史，官至吏部侍郎，卒谥文。

⑦断蓬：飘飞的蓬草。比喻漂泊无定所。

⑧异域：他乡，异乡。

⑨桑梓：乡里的代称。

⑩丝桐：即琴。古时制琴多用桐木，练丝为弦，故以丝桐为琴的别名。

⑪漫说：漫言，泛言。

⑫青史：古时用竹简记事，所以后人称史籍为青史。

⑬碧筒：卷荷叶为筒以饮酒也。

⑭东山：山名。在广东省汕头市潮阳区东三里。

⑮大忠祠：祠名。在东山灵威庙左，祀文天祥。



## 叠韵再答竹坪

豪竹哀丝[1]愧谢公，天涯小聚感萍蓬[2]。客愁寒食东风柳，农占[3]荒年二月桐。异域[4]江山开画本[5]，新交音问[6]托诗筒[7]。（孝廉善画）吟情锐减[8]因忧旱，惆怅南云火样红。

**注释**

①豪竹哀丝：悲壮的管弦乐。

②萍蓬：多年水草本。比喻辗转迁徙，没有固定居所。

③占：占卜。察视龟壳上所显示的兆纹以推知吉凶。

④异域：他乡，异乡。

⑤画本：绘画之范本。

⑥音问：音讯，消息。

⑦诗筒：盛放诗的竹筒。

⑧锐减：大减。

## 马莘飞孝廉如龙斋中小集答竹坪

蚝墩[1]墩畔话乡关[2]，满眼沧桑[3]客退闲[4]。
不是争墩王介甫[5]，与君各自占东山[6]。
（君居亦有东山，故云）

**注释**

①蚝墩：地名，即广东汕头市潮阳区和平里。墩，平地上由土堆积而成的小高地。

②乡关：故乡。

③沧桑：沧海变桑田。比喻时势的变迁或人事的变化。

④退闲：辞官闲居。

⑤王介甫：北宋文学家王安石，字介甫。《景定建康志》："墩在半山报宁寺之后，基尚存。"诗话曰："或云：'介甫好与人争。在庙堂则与诸公争新法，归山林则与谢安争墩。'此亦善谑也。"《景定建康志》："谢公墩在半山寺。里俗相传，谢安所尝登也。其事殊无足据。江左谢氏衣冠最盛，谓之谢公，岂独谢安也？今半山寺所在，旧名康乐坊，谢玄封康乐公，恐是玄及其子孙所居，后人因名之耳。"

⑥东山：《景定建康志》："土山，亦名东山，在城东南二十里。周回四里，高二十丈。无岩石，故曰土山。"此外，广东省汕头市潮阳区东三里，亦有东山。

## 答庄柳汀孝廉学忠用与竹坪唱和韵（二首）

### 其一

眼前时局太非常，观海麻姑[1]鬓有霜。
但觅温柔风味好，不须重话白云乡[2]。
（原诗有"玉杵玄霜"句，又君新纳小星[3]，故调之）

**注释**

①麻姑：古代神话中的仙女，东汉桓帝时，曾应仙人王方平之召，在蔡经的家里，年十八九，容貌美丽，对王方平说："接待以来，已见东海三为桑田。"

②白云乡：传说仙人所居的地方。仙乡。

③小星：小星星。后转为妾的代称。

### 其二

五夜[1]传烽[2]迫九关[3]，吟诗海上且偷闲[4]。
雄师[5]百万春听令，梦绕医无间[6]外山。

**注释**

①五夜：五更。

②烽：烽火。

③九关：九门，天帝所居之处。

④偷闲：在百忙中抽出时间以过休闲生活。

⑤雄师：雄劲善战的军队。

⑥医无闾：山名。是辽宁省努鲁尔虎山的余脉。历代古迹颇多，风景绝佳，有北镇庙、仙人岩、桃花洞、飞岩瀑。

## 寄怀竹坪（三首）

### 其一

三绝[①]几同谢琯樵[②]，毫巅[③]余力尚超超[④]。
画家亦有桑钦[⑤]笔，注了南条注北条。

注释

①三绝：三种超绝突出的才艺。

②谢琯樵：谢颖苏（1811—1864），字琯樵、管樵。号北溪渔隐、懒云山人、书画禅。福建诏安人。精诗、书、画。曾来台，与台湾北部名士为文酒会，曾客居竹堑（今新竹市）潜园，同治三年随林文察进剿太平军，殉难于漳州万松关。

③毫巅：笔端。

④超超：卓越之貌。

⑤桑钦：汉朝河南人，字君长。从平陵涂惮受《古文简书》、《毛诗》。今世传《水经》三卷，旧题桑钦撰。

### 其二

山海罗胸[①]尔许[②]奇，苍然古色现须眉。
平生误博[③]丹青[④]誉，牢落[⑤]闽南老画师。

注释

①山海罗胸：胸罗万有。

②尔许：若此，如许。

③博：换取。

④丹青：绘画。

⑤牢落：寥落，荒废。空虚寂寞，无所寄托。

### 其三

海上相逢道不孤，封侯残梦尚模糊。
要将十丈鹅溪[①]绢，乞写《天山破敌图》。

注释

①鹅溪：地名。在四川省盐亭县西北。以产绢著称。

## 西园重见《诗畸①》刻本，为之黯然②

**（《诗畸》乃唐中丞③，在台抚署④时辑门人、幕客、诗社同人所作诗钟⑤也，有公序文及作品。斐亭⑥，台湾道署古迹）**

斐亭钟断阵云⑦阴，杳杳⑧相思八桂⑨林。一卷琳琅⑩才子语，十年锁钥⑪老臣心。（维卿师昔赠诗有“一年不见丘才子”句）

传人妄计⑫先灾木，割地⑬谁知竟赂金⑭。重检残编春院夕，五更红烛泪痕深。

注释

①诗畸：即诗钟。1893年唐景崧刊刻《诗畸》，内收丘氏诗钟215联、七律诗习作51首。

②黯然：心神沮丧，失意的样子。

③唐中丞：唐景崧，字维卿。清朝广西人，曾任台湾巡抚。明清两代称巡抚为中丞。

④抚署：巡抚的办公处所。

⑤诗钟：一种文字游戏。在一定时限内，焚香拈题，所写成的对联，称为诗钟。清代初年流行于福建一带，至清末而极盛。其方法是取意义绝不相干的两个字或词为题，而作之对联。

⑥斐亭：亭名。台南道署中之亭名，唐景崧任兵备道，用为雅集之所。

⑦阵云：战地气氛，战阵烟云。

⑧杳杳：幽暗深远的样子。

⑨八桂：广西的代称。

⑩琳琅：指诗文的华丽。

⑪锁钥：防守、守御。

⑫妄计：荒诞不合常理的计策。

⑬割地：指台湾割让给日本。

⑭赂金：把黄金送给人。

## 拜大忠祠[①]回咏木棉花（二首）

### 其　一

枯木寒鸦吊大忠，力回阳九[②]气熊熊[③]。化身待挽芙蓉[④]劫，洒血疑开杜宇[⑤]宫。（花能解鸦片烟毒）

铜鼓哀歌春庙古，铁椎奸魄满庵红。扫除冰雪持炎运[⑥]，合率群花拜祝融[⑦]。

**注释**

①大忠祠：祠名，祀文天祥。

②阳九：古代阴阳家、方士以4617岁为一元，初入一元为106岁，有旱灾9年，称为阳九。指灾异年景和厄运。

③熊熊：形容壮盛的样子。

④芙蓉：阿芙蓉。鸦片的别称。

⑤杜宇：古蜀帝名。相传死后其魂魄化为鸟，名杜鹃，后人因称杜鹃为杜宇。

⑥炎运：五行家称以火德而兴的帝业之运。

⑦祝融：火神。

### 其　二

阳枢[①]星化木森森[②]，撑拄[③]南天夜不阴。赤制待除花九锡[④]，紫琼分琢玉千林。

五云[⑤]拥护朝天面，万烛光明坠地心。锦绣江山春一统，西台朱鸟莫哀吟。[⑥]

（花皆上开。山中民扫落花，云备药材，并可熬油）

**注释**

①阳枢：星名。北斗七星第一星。又称天枢。

②森森：茂密的样子。

③撑拄：支持，支撑。

④九锡：古代诸侯有德，天子所赏赐的九种器物，即车马、衣服、乐则、朱户、纳陛、虎贲、弓矢、斧钺、秬鬯。

⑤五云：青、白、赤、黑、黄等五色彩云。

⑥西台朱鸟莫哀吟：西台，即子陵台，在今浙江省桐庐富春山，相传汉光武帝时隐士严光（字子陵）钓鱼处。南宋遗民谢翱，字皋羽，号晞发子。福建福安人。元兵攻下临安，丞相文天祥、开府延平，檄各州郡勤王，翱散尽家财，募集乡兵，入闽赴难，天祥署为咨议参军，不久别去。及闻天祥死节，乃与友吴思齐、冯桂芳、严侣等人适西台，设天

祥神主，酬奠号泣，并以竹如意（一说铁如意），击石作楚歌为天祥招魂，歌云："魂朝往兮何极！暮归来兮关水黑！化为朱鸟兮有味焉食！"也作散文名篇《西台恸哭记》及五言律诗《西台哭所思》以寄托哀思。

## 游白牛岩（二首）

### （白牛岩在潮阳县）

### 其一

有客婆娑[①]大海南，白牛岩畔访禅庵[②]。
颠僧[③]老死文公[④]去，细雨松花扑石龛[⑤]。

**注释**

①婆娑：留恋。
②禅庵：出家女子所居之寺。多指比丘尼所居。
③颠僧：唐代高僧大颠宝通禅师，广东潮阳人，曾在潮阳兴建灵山寺。
④文公：指黄香铁。
⑤龛：塔。音 kān。

### 其二

海色山光文起楼，才人遗墨壁间留。
（文起楼在石岩寺，为黄香铁先生建。楼额[①]楹帖[②]尚存，皆先生手书）
春林石气漾[③]寒碧，落日倚栏云满头。

**注释**

①额：横匾。
②楹帖：堂前直柱上写的诗文。
③漾：水的波光摇荡。

## 乡间人有误以予为武进士者，戏纪以诗

书生[①]面目太槎牙[②]，太息[③]封侯[④]念已差。漫说[⑤]旧衔[⑥]同武爵，颇闻外论比文虾。
（内务府人目侍卫曰虾。咸、同间有翰林出领兵者，人谑[⑦]之曰"文虾"）
老兵欲唤桓元子[⑧]，故将谁知李左军[⑨]？刁斗[⑩]能铭[⑪]矛解用，丈夫何事愧刘巴[⑫]？

**注释**

①书生：指作者丘逢甲。

②槎牙：参差不齐的样子。

③太息：长长地叹息。

④封侯：受封为列侯。

⑤漫说：莫说，不要讲。

⑥衔：官阶，职称。

⑦谑：调笑。

⑧桓元子：晋桓温，字元子。娶明帝南康长公主，拜驸马都尉。因征伐有功，官至大司马，都督内外军事，封南郡公，加九锡。权倾一时，把持朝政。曾说："既不能流芳后世，不足复遗臭万载邪！"

⑨李左军：秦汉间人。初仕赵，汉使韩信率兵攻赵，为韩信所败，赵破归韩信，用其策，乃下燕、齐诸城。

⑩刁斗：古代军中用具。铜质，有柄，能容一斗。白天用来炊饭，夜晚敲鸣，用来报更巡逻。



⑪铭：题记，镂刻。

⑫刘巴：蜀汉烝阳人。字子初，少知名。先主辟为左将军西曹掾。先主为汉中王，巴为尚书，后代法正为尚书令。诸葛亮尝曰："运筹帷幄之中，吾不如子初。"巴躬履清俭，不治产业，又惧见猜嫌，恭默守静，退无私交，非公事不言。

## 废　园

林泉[①]萧瑟[②]是谁家？人去庭空感物华[③]。病树有枝巢贱鸟，荒池无水俸[④]私蛙。
黄枯秋圃公孙橘，红瘦春篱姊妹花。头白园丁更惆怅，残畦[⑤]种菜老生涯。

**注释**

①林泉：林木与泉石。指隐居的地方。

②萧瑟：形容寂寞凄凉。

③物华：风光景物。

④俸：奉。

⑤畦：种植稻禾瓜果的田地。音 qí。

## 寄怀虞笙[①]孝廉葵阳

东风吹客送吟鞭[②]，桃李满城花正妍[③]。晕碧[④]楼台沧海气，踏青[⑤]裙屐[⑥]丽人[⑦]天。
梦回[⑧]京国[⑨]八千里，唤起神童[⑩]五百年。欲托春心惟望帝，[⑪]不须重问月公禅。
（丁雨生[⑫]师《葵阳竹枝》有"各抱春心问月公"之句）

**注释**

①虞笙：林虞笙。

②吟鞭：诗人的马鞭。多以形容行吟的诗人。

③妍：美好。

④晕碧：泛现青绿色。

⑤踏青：春天时到野外郊游。古代踏青的日期，因各地习俗不同而异，有农历正月初八、二月初二或三月初三的曲水宴。后世多以清明节出游为踏青。

⑥裙屐：原指六朝贵游子弟的衣着。后泛指富家子弟的时髦装饰。裙，下裳；屐，木底鞋。

⑦丽人：美人，佳人。杜甫《丽人行》："三月三日天气新，长安水边多丽人。"

⑧梦回：从梦中醒来。

⑨京国：京城，国都。

⑩神童：聪颖异常的幼童。中国古书中所说的神童很多，如东汉的杜安，魏的任嘏，晋的杜育，梁的谢庄、谢几卿、刘孝绰、刘显，北齐的徐之才，唐的李百药等。

⑪欲托春心惟望帝：李商隐《锦瑟》："庄生晓梦迷蝴蝶，望帝春心托杜鹃。"相传战国末年杜宇在蜀称帝，号望帝，为蜀除水患有功，后禅位，退隐西山，蜀人怀之，时逢二月，子规（杜鹃）啼鸣，蜀人谓子规为其魂化，因呼子规为杜宇。

⑫丁雨生：丁日昌，广东丰顺人，字雨生。官至江苏巡抚。

## 乞眉仙作《东山丝竹图》（三首选二）

### 其 一

但无丝竹[1]有东山[2]，要乞丹青[3]补黛鬟[4]。
莫被比邻文信国[5]，满前姬侍[6]笑儒酸[7]。
（东山有文丞相祠）

**注释**

①丝竹：指琴、瑟、箫、管之类乐器。也用作音乐的总称。

②东山：山名。在广东省汕头市潮阳区东三里。

③丹青：丹砂和青雘。都是可制成颜料的矿石。泛称绘画时所用的颜料。

④黛鬟：形容女子青黑的鬟髻。

⑤文信国：南宋政治家、文学家文天祥，于元兵南下时，应诏勤王，受命使元军议和被执，后遁去，相端宗，封信国公。

⑥姬侍：姬妾侍于左右，故谓姬妾曰姬侍。

⑦儒酸：寒士的酸腐。

## 其　二

中年哀乐宜丝竹，此意惟应逸少①知。
恰好流觞逢曲水②，管弦添写在山时。
（流觞曲水在东山）

注释

①逸少：晋朝书法家王羲之，字逸少。

②流觞逢曲水：古人在每年农历三月上旬的巳日，聚集于水边宴饮，以祓除不祥。后世仿行，在环曲的水渠边聚饮，并置酒杯于上流，随水而下，杯停人前，即取杯饮酒，称流觞曲水。



# 游西岩作（二首）

## 其　一

路曲林幽别有天，出城岩翠接春田。孤云出树疑残塔，大海回潮应伏泉。
（岩故有塔，故又名塔山）
扫墓人来东晋族，开山僧说盛唐①年。宝通②药地传灯③冷，零落南宗④六祖⑤禅。
（山下有晋郎官范昌谷墓）

注释

①盛唐：唐代自玄宗开元至代宗大历年间。

②宝通：宝通禅师，唐朝高僧，曾在广东省汕头市潮阳区铜盂村灵山上倡建灵山寺。

③传灯：佛家语。佛像前点置的长明灯。

④南宗：佛教禅宗，自五祖后分为南北二宗，以六祖慧能布化江南，故其所传为南宗。

⑤六祖：中国禅宗第六祖，俗姓卢，因也称卢行者。原籍范阳，后迁居南海新州。幼丧父，家贫，卖柴养母，后闻人念《金刚经》，遂立志学佛，投黄梅、弘忍门下，得衣钵，至岭南开展以顿悟为主的禅宗。

## 其　二

沧洲东望昼冥冥①，一角荒山仗佛灵。夹径②花霏连理树③，断碑苔没读书亭。
（海潮寺有连理树）
六时钟磬④林光碧，万里帆樯⑤海气青。坐对石头⑥无法说，将诗吟与蛰龙⑦听。

注释

①冥冥：昏暗。

②夹径：狭径。夹，通“狭”，音 xiá。

③连理树：不同的两棵树，其枝干相连为一体。

④钟磬：乐器中的钟和磬。

⑤帆樯：船桅，帆杆。

⑥石头：唐朝高僧石头希迁禅师。广东肇庆府人。俗姓陈。时人称为石头和尚。

⑦蛰龙：藏伏在水中的蛟龙。

## 得伯质太守书，知乞归[1]未得，赋寄

（李士彬字伯质，时为潮州知府[2]）

一载仍容借寇恂[3]，双旌[4]山畔粤江春。封章[5]郑重[6]循良绩，归计迟留畎亩[7]身。（时方保卓异[8]）

海舶[9]利成旁落势，陆梁[10]风起近边民。艰难正仗匡时[11]手，未许扁舟[12]理钓纶[13]。

注释

①乞归：请求辞职回乡。

②知府：官名。为一府的长官。

③借寇恂：本寇恂任颍川太守有功绩，百姓挽留，向皇帝借寇一年的故事。后因称挽留地方官为借寇。

④双旌：两面旌旗。唐制，节度使或太守赐双旌双节。

⑤封章：封缄的机密奏章。

⑥郑重：审慎。

⑦畎亩：田间。

⑧卓异：清制。经吏部大计评定为才能特优的官吏。

⑨海舶：航行海上的大船。

⑩陆梁：地区名。秦时称五岭山脉以南的地方，即今广东省、广西壮族自治区等地区为陆梁。

⑪匡时：匡正时世，挽救时局。

⑫扁舟：小船。

⑬钓纶：钓丝。系于钓竿上的细线。

## 答潘兰史[1]、丘菽园[2]，用王晓沧[3]韵

龙血玄黄[4]战正酣[5]，海山何处筑诗龛[6]？《权书》[7]枉著苏明允[8]，《心史》[9]空留郑所南[10]。

斫地[11]有歌哀骥老[12]，攀天无路阻鸾骖[13]。蛮云黯黯愁思阔，聊写新词当尘谈[14]。

**注释**

①潘兰史：广东番禺人。清孝廉，善辞章。字飞声。号独立山人。著有《说剑堂集》。曾任德国柏林大学汉学教授。

②丘菽园：名炜萲。福建海澄人。清举人，经商南洋。

③王晓沧：广东省嘉应州鹧鸪凹人，清拔贡生。

④玄黄：黑与黄。

⑤酣：剧烈，猛烈。

⑥龛：塔，塔下室。

⑦《权书》：书名。宋朝苏洵撰，十篇。是讲军政谋略的著作，有心术、法制、强弱、攻守、明问、孙武、子贡、六国、攻籍、高祖十篇。

⑧苏明允：北宋散文家苏洵，字明允。

⑨《心史》：书名。宋郑思肖撰，七卷。

⑩郑所南：南宋诗人、画家郑思肯，号所南。元兵南下，宋亡，改室名本穴世界（本穴即大宋两字的隐语），以示不忘赵宋之意；又自称三外野人，常南向痛哭，因又号所南，善墨画兰，入元后，画兰而不画土，以示国土已沦亡，又记宋亡之痛而著《心史》。

⑪斫地：砍地。表示愤激。唐朝杜甫《短歌行赠王郎司直》："王郎酒酣拔剑斫地歌莫哀，我能拔尔抑塞磊落之奇才。"

⑫骥老：老骥。年老的骏马。多喻年老而壮志犹存之士。

⑬鸾骖：仙人的乘车。

⑭尘谈：魏晋清谈名士常持尘尾，因此后世称客座清谈为尘谈。

## 丘园八咏为顺德①龙山家②仲迟驾部③诰桐作（八首选六）

（丘诰桐字仲迟，顺德县龙山人）

### 紫藤花馆

名园高馆最玲珑④，藤影花光护绮栊⑤。
璎珞⑥四垂珠万串，一春长住紫云⑦中。

**注释**

①顺德：地名。在广东省。

②家：本家，宗族。

③驾部：官名。掌舆辇、传乘、邮驿、厩牧之事。清末废。

④玲珑：形容器物的精巧。

⑤栊：窗上格木。用以指窗户。

⑥璎珞：用珠玉串成的装饰品。喻紫藤花。音 yīng luò。

⑦紫云：唐时妓女。喻指紫藤花馆。

## 流春桥

垂虹[①]影落碧波寒，流尽春花春欲阑[②]。
独有春愁流不去，中原一发[③]倚阑[④]看。

注释

①垂虹：喻流春桥。

②阑：晚，尽。

③一发：一根头发。比喻极细。形容微现的远山。苏轼《澄迈驿通潮阁》："杳杳天低鹘没处，青山一发是中原。"

④倚阑：倚栏杆。

## 涵碧亭

收尽云光夜见星，临波面面敞珠棂[①]。
眼中碧海无风浪，人卧乾坤一草亭。

注释

①棂：栏杆上或窗上的木格子。音 líng。

## 淡白径

漠漠[①]梨云[②]出梦迟，春风花迳独行时。
别开冷艳[③]幽香境，来写吾家[④]左掖[⑤]诗。

注释

①漠漠：弥漫的样子。

②梨云：梨花。

③冷艳：形容耐寒的花。如梨花、梅花、菊花等是。

④家：本家，宗族。指唐诗人丘为。

⑤左掖：唐朝中央官署名，即门下省。丘为《左掖梨花》："冷艳全欺雪，余香乍入衣。春风且莫定，吹向玉阶飞。"

## 浣风台

雄风[①]赋罢气飞腾，还似兰台[②]快共登。
沧海不尘天若洗，观星人立最高层。

注释

①雄风：威武出众的气概。宋玉《风赋》：“清清冷冷，愈病析酲，发明耳目，宁体便人，此所谓大王之雄风也。”

②兰台：宋玉《风赋》：“楚襄王游于兰台之宫，宋玉景差侍。有风飘然而至，王乃披襟而当之。曰：‘快哉此风。’”

## 绛雪楼[1]

天半寒光幻绮霞[2]，倚楼人正赋尖叉[3]。

屏风写出嵰山[4]景，万树燕支[5]六出[6]花。

注释

①绛雪楼：楼名。



②绮霞：彩霞。

③尖叉：指作诗用险僻字为韵。宋苏轼《东坡集》有《雪后书北台壁》与《谢人见和前篇诗》都用“尖”、“叉”字为韵，是用险韵的显著例子。

④嵰山：山势高峻。

⑤燕支：草名。染粉可为面饰，即今之胭脂。

⑥六出：雪的代称。雪花的结晶呈六角形，所以称为六出。

## 东山[1]春思（二首）

### 其　一

春泉流涧[2]晓潺潺[3]，古院无人尽日闲。

落尽碧桃[4]归未得，望仙桥[5]畔望家山。

注释

①东山：山名。在广东省汕头市潮阳区东三里。

②涧：两山之间的流水。

③潺潺：水流声。

④碧桃：复瓣的桃花。即千叶桃。

⑤望仙桥：桥名。在广东省汕头市潮阳区东山杨子仙庙旁。

## 其　二

云壑风泉入画图，水帘亭[1]畔客怀[2]孤。
海桐花发山桑熟，细雨春林叫鹁鸪[3]。

注释

①水帘亭：亭名。在广东省汕头市潮阳区。

②客怀：作客他乡的情怀。

③鹁鸪：鸟名。即水鹁鸪。音 bó gū。

## 赠夏季平殿撰[1]同龢（二首）

**（夏季平名同龢，一字用卿。贵州省人，清状元）**



## 其　一

周南[2]留滞得归迟，三策天人[3]圣主知。四海喜闻新政日，六街[4]争看状元时。

小臣下士[5]纵横涕，世事长安反覆棋。[6]回首觚棱[7]俱远梦，天涯相对怅秋期。

注释

①殿撰：即状元。

②周南：地名。即今河南省洛阳以南。

③天人：比喻超凡出众的人。

④六街：唐宋时京城都有六街，由金吾衙使管辖，下设左右金吾将军维持六街的治安。

⑤下士：在野之人，下愚的人。

⑥世事长安反覆棋：杜甫《秋兴》："闻道长安似弈棋，百年世事不胜悲。"

⑦觚棱：宫殿上转角处呈方角棱瓣形的孔脊。音 gū léng。

## 其　二

海天龙雨走惊雷，黯黯[1]蛮云瘴[2]不开。万里梦回庄跻[3]国，千金装问赵佗[4]台。

本无温饱平生志，待济艰难旷代[5]才。约吊文山[6]酹[7]尊酒，世忠[8]亭畔看潮来。

注释

①黯黯：昏暗不明的样子。

②蛮云瘴：蛮云蜑雨。形容偏远地区荒凉的景象。

③庄跻：战国楚将。约于楚顷襄王二十年奉命占领巴、蜀、黔中以西之地，跻至滇池，将其划入楚国。正欲归报，恰逢秦国攻击楚国，占领了楚的巴郡和黔中郡，道路阻塞不通，遂于滇称王。

④赵佗：汉人。秦始皇时为南海龙川命；秦二世时，南海尉任嚣死，佗代理尉职务，秦亡后，自立为南越武王。吕后时，自尊为南越武帝。孝文帝派陆贾出使南越加以安抚，使赵佗仍向汉朝称臣。

⑤旷代：当时所没有，无人可比的。

⑥文山：南宋政治家、文学家文天祥，号文山。

⑦酹：洒酒在地上祭神。音 lèi。

⑧世忠：宋朝中兴名将韩世忠。曾破金将兀术于黄天荡。

## 风雨中与季平①游东山，谒双忠、大忠祠，兼寻水帘亭、紫云岩诸胜，叠《与伯瑶②夜话》韵（二首选一）

**（灵威庙在潮阳东山麓，即双忠祠，祀张巡③、许远④；大忠祠在灵威庙左，祀文天祥）**

### 其　二

万石捧云郁⑤飞舞，神龙出布状元雨。寒鸦无语杜鹃语，心恻大忠来吊古。

等是金鳌背上人，悲歌重写《沁园春》⑥。河山一统初破碎，繄⑦余更属浮萍身。

零丁洋⑧边与君遇，灵威庙前诵遗句。同揩⑨远目青山间，一发⑩中原夕阳气。

**注释**

①季平：夏季平，名同龢，一字用卿。贵州人，清光绪廿四年戊戌科状元。

②伯瑶：人名。即萧伯瑶。

③张巡：唐朝邓州南阳人。开元末进士。安禄山起，巡与许远合守睢阳城，诏拜御史中丞，安军不退，巡坚守数月，后粮尽城陷，骂贼被杀。

④许远：唐朝杭州盐官人。安禄山反，玄宗召为睢阳太守，累加防御使。张巡率兵三千到睢阳，远与合兵拒贼。被围数月，粮尽，士多饿死，外援不至，城陷被执，不屈而死。

⑤郁：繁盛，闭塞。

⑥《沁园春》：词牌名。文天祥《沁园春》：“为子死孝，为臣死忠，死亦何妨，自光岳气分，士无全节，君臣义缺……骂贼睢阳，爱君许远，留得声名万古香。……”

⑦繄：唯。语气词。

⑧零丁洋：地名。在广东珠江口的海面。宋末文天祥为元兵所败，被俘，过此，作《过零丁洋》：“惶恐滩头说惶恐，零丁洋里叹零丁。人生自古谁无死，留取丹心照汗青。”

⑨揩：擦拭。

⑩一发：一根头发。比喻极细。形容微现的远山。苏轼《澄迈驿通潮阁》：“杳杳天低鹘没处，青山一发是中原。”

## 游东岩叠韵[①]答柳汀

**（东岩在潮阳县。庄柳汀名学忠，江苏人，孝廉）**

留衣废亭石云舞，卓锡[②]古泉冷飞雨。持赠山僧有才语，畀[③]与大颠[④]共千古。

渡海来为南粤人，五年伤别兼伤春。生似昌黎[⑤]厄磨蝎[⑥]，终日坎壈[⑦]缠其身。

名山幸与名贤遇，留镇山门藉诗句。千年重出起衰手，睒睒[⑧]中天[⑨]北斗[⑩]气。

**注释**

①叠韵：赋诗重用前韵。

②卓锡：泉名。唐代所建。在今广东省汕头市潮阳区铜盂村灵山上。

③畀：给，赐。音 bì。

④大颠：即大颠宝通禅师。唐朝高僧，贞元七年（791）在今广东省汕头市潮阳区铜盂村灵山上倡建灵山寺。寂于长庆四年（824）。

⑤昌黎：唐朝韩愈，其先世居昌黎，每自称昌黎韩愈，宋朝元丰中追封昌黎伯，世称韩昌黎。

⑥磨蝎：星名。十二宫之一。俗称命运不佳为命宫遭逢磨蝎。《东坡志林·一》：“退之诗云：‘我生之辰，月宿南斗。’乃知退之磨蝎为身官，而仆乃以磨蝎为命。平生多得谤誉，殆是同病也。”音 mó xiē。

⑦坎壈：穷困不得志。音 kǎn lǎn。

⑧睒睒：光辉闪烁的样子。音 shǎn shǎn。

⑨中天：天空的中央。

⑩北斗：星名。

## 叠韵[①]赠林生

庭院无人燕交舞，手订别风证淮雨[②]。渊渊[③]如闻金石[④]语，皋比[⑤]兀坐[⑥]形容古。

君是羲皇以上人[⑦]，胸中碑板[⑧]蕴古春。侍儿亦作古妆束，翩翩[⑨]玉立[⑩]何长身？

练[⑪]浦[⑫]秋风始君遇，一春屡诵惊人句。手书直迫《瘗鹤铭》[⑬]，上皇[⑭]山樵饶道气。

**注释**

①叠韵：赋诗重用前韵。

②别风证淮雨：南朝梁国刘勰《文心雕龙·练字》："《尚书大传》有'别风淮雨'，《帝王世纪》云：'列风淫雨。'别、列、淮、淫，字似潜移。淫、列，义当而不奇，淮、别、理乖而新异。"后称用讹字，以求新异为"别风淮雨"。

③渊渊：形容鼓声。

④金石：钟磬之类用金属或石器制成的乐器。

⑤皋比：虎皮。虎皮制的座席。后指教师的讲席、讲座。音 gāo bǐ。

⑥兀坐：端坐，静坐。

⑦羲皇以上人：羲皇上人。太古时代的人。比喻生活恬淡，胸无俗念的人。陶潜《与子俨等疏》："常言五、六月中，北窗下卧，过凉风暂至，自谓羲皇上人。"羲皇，即伏羲氏。

⑧碑板：刻在石上的文字。

⑨翩翩：形容风采、文辞的美好。

⑩玉立：喻人姿态高挺秀美。今人多用以形容少女姿态之美。

⑪练：练江。在广东省东北部，发源于揭阳西南，南流经普宁市，折东至广东省汕头市潮阳区，入南海。

⑫浦：水边，河岸。

⑬《瘗鹤铭》：碑石。梁朝天监十三年华阳真逸撰，上皇山樵人逸少书。用笔浑厚雄肆。宋朝欧阳修《集古录》称该碑书法近颜真卿体，以为顾况所书；黄伯思《东观余论》则以为出陶弘景之手，铭文记仙家养鹤，后鹤死而埋之事。碑在江苏省镇江市丹徒区焦山崖石上，后陷落江中，南宋中曾挽出，后又坠江，清康熙年间陈鹏年募工捞取，共五石。瘗，音 yì。

⑭上皇：上古的帝王。指伏羲氏。因他是三皇之首。

## 祝文信国[①]公生日，日得伯瑶[②]《风雨中见怀》诗，答寄，叠前韵（二首）

### 其　一

七忠祠前陈[③]羽舞[④]，闪闪云旂[⑤]降风雨。
荒山夜出英灵[⑥]语，如闻此会足千古。
谁其尸[⑦]者狮山人，万里来话琼林[⑧]春。
（季平自号狮山山人）
会者齐吴楚闽粤，来祝带血啼鹃[⑨]身。
（马隽卿秀才生于齐，庄柳汀孝廉长于吴；马荦飞孝廉学于楚；予台人，台故隶闽；余子皆粤人也）
此会惜君未得遇，五日江风阻诗句。
（来函雨阻迟到）
西台[⑩]莫唱《朱鸟吟》，东山尚蟠[⑪]冷龙气。

**注释**

①文信国：南宋政治家、文学家文天祥，相端宗，封信国公。

②伯瑶：人名，即萧伯瑶。

③陈：群集或列阵。

④羽舞：乐舞名。

⑤云旂：绘有彩画如云彩的旗子。

⑥英灵：对已死去的人，称其灵魂为英灵。

⑦尸：主持，主其事。

⑧琼林：琼树之林。古人常用以形容佛国、仙境的瑰丽景象。

⑨啼鹃：杜鹃鸟。

⑩西台：即子陵台。传为汉朝严光钓鱼处。南宋遗民谢翱散尽家财，协助文天祥。天祥死节，谢翱赴西台，设天祥神位，酬奠号泣，作《西台恸哭记》及五言律诗《西台哭所思》以寄哀思。《朱鸟吟》，谢翱作，即“魂朝往兮何极，暮归来兮关山黑。化为朱鸟兮有咮焉食”。

⑪蟠：盘曲蟄伏。音 pán。

## 其　二

痴龙兀[1]挟云阵舞，海天十日九风雨。脉脉[2]隔江不得语，冒雨寻僧禅趣古。

（连日与季平诸人遍游东西岩）

何期海上听潮人，心花怒放天地春。豪吟杜陵[3]《洗兵马》[4]，天涯慰我哀时身。

开缄[5]喜若与君遇，顿释愁怀诵佳句。云阴蔽天无斗牛[6]，漫倚楼阑[7]看剑气。

**注释**

①兀：浑然无知的样子。

②脉脉：含情脉脉不语。

③杜陵：古地名。在今陕西省西安市长安区东南。杜甫自称杜陵布衣。

④《洗兵马》：洗兵牧马。洗擦兵器，喂养战马。指做好作战准备。杜甫《洗兵马》：“安得壮士挽天河，净洗甲兵长不用。”

⑤开缄：开拆（函件等）。

⑥斗牛：斗宿与牛宿。

⑦阑：栏杆。

## 白牛岩[1]次季平[2]韵

寺楼悬踞[3]最高层，路转松阴百级升。山为出云常作雨，人虽辟[4]佛不嫌僧。

散花[5]丈室[6]泉声古，落日空江练色[7]澄。我自擎天[8]拜柱石[9]，爱他风骨[10]独岐嶒[11]。

**注释**

①白牛岩：地名。在广东省汕头市潮阳区。

②季平：夏季平，名同龢，一字用卿，贵州人，清朝光绪廿四年戊戌科状元。

③踞：蹲。

④辟：避。

⑤散花：佛家语。为礼佛而散布花朵以示敬意。佛家散花布地，是最尊敬的礼仪。

⑥丈室：方丈室，寺庙住持之房。

⑦练色：白色。练，洗煮过的丝缯。多指洁白的熟绢而言。

⑧擎天：托住天。形容坚强高大而有力量。

⑨柱石：房屋的柱子与承柱的石基。

⑩风骨：指人的风采气度。

⑪崚嶒：比喻特出不凡。比喻刚正不阿、坚贞不屈。



## 金顶寺赠僧能意（二首）

### （金顶寺在潮阳县）

### 其　一

但有名僧山便灵，宝通[①]禅派未凋零。诸天[②]花雨[③]蒲团[④]坐，大海潮音[⑤]贝叶经[⑥]。

古寺寻碑金顶冷，空岩说法[⑦]石头[⑧]听。重来看卓泉[⑨]边锡，云掩寒关佛火[⑩]青。

**注释**

①宝通：唐代高僧大颠宝通禅师，广东潮阳人。曾在潮阳倡建灵山寺。

②诸天：佛家语。佛经上说欲界有六天，色界的四禅有十八天，无色界的四处有四天，其他有日天、月天，韦驮天等诸天神，总为诸天。

③花雨：佛教语。诸天为赞叹佛说法之功德而散花如雨。

④蒲团：用蒲草织成的圆垫。僧侣打坐或跪拜时所用。

⑤潮音：海潮的声音。后用海潮音的略称，象征佛家大慈大悲为众生而说法的声音，如海潮音，无念无辍。

⑥贝叶经：佛家语，指佛经。因印度人用贝多罗叶书写经文，所以称为贝叶经或贝叶书。

⑦说法：佛家语。宣说正法，教化众生。

⑧石头：大颠宝通禅师曾参石头禅师，石头禅师问他：“哪个是你的心？”宝通日夜精勤参究，并经石头禅师讲解，终于大悟。

⑨卓泉：泉名。在广东省汕头市潮阳区铜盂村灵山上，唐代时建。

⑩佛火：指供佛的油灯香烛之火。

## 其 二

浴佛[1]才过客此游，禅花开落剧[2]清幽。西来劫火[3]遮灵鹫[4]，南下宗风[5]衍[6]白牛[7]。
文字前因僧有幸，沧桑[8]满眼佛无愁。乾坤何处藏吾拙？戎马[9]书生句又留。
（僧署室曰藏拙）

**注释**

①浴佛：用香料浸水灌洗佛像的仪式。取法于佛教龙王以香火洗灌太子的故事。印度在平时举行，中国则于每年四月八日释迦牟尼佛生日举行，俗称浴佛节。

②剧：甚，极。

③劫火：佛家语。世界从建立到毁灭为一劫，劫火指世界毁灭时的大火，后也用以称乱世的灾火。

④灵鹫：灵鹫山。在中印度摩揭陀国王舍城的东北。释尊曾在此讲《法华经》、《无量寿经》等。

⑤南下宗风：南宗。佛教禅宗，自五祖后分为南北二宗，以六祖慧能布化江南，故其所传为南宗。

⑥衍：分布，展延。

⑦白牛：白牛岩。在广东省汕头市潮阳区。

⑧沧桑：沧海变桑田。比喻时势的变迁或人事的变化。

⑨戎马：战马，军马。借指战争、战乱。

## 游西山海潮岩用前游韵（二首）

**（西山海潮岩在潮阳县）**

## 其 一

梅雨[1]初过浴佛[2]天，寺门香拥稻花田。七层金碧[3]消砖塔，万里风潮长石泉。
楼观总含沧海气，江山还属太平年。劫尘[4]屡换名僧尽，唤起闲云与话禅。

**注释**

①梅雨：梅子成熟时有连续潮湿效应的连绵雨。

②浴佛：用香料浸水灌洗佛像的仪式，印度在平时举行，中国则于每年四月八日释迦牟尼佛生日举行。

③金碧：金黄和碧绿的颜色。

④劫尘：劫灰。佛家语。称世界终尽，劫火焚烧世界灰飞烟灭。

## 其　二

一片斜阳入渺冥①，再来人更访山灵②。江帆叶叶③收前浦，野鸟时时下古亭。

满院吉祥花气紫，半林连理树④阴青。（山中吉祥花盛开）

归筇⑤如带西来意，风送钟声下界⑥听。

注释

①渺冥：邈远。

②山灵：山神。

③叶叶：片片。

④连理树：不同的两根树，其枝干相连为一，称为连理树。

⑤筇：手杖。

⑥下界：人间。

# 叠韵①答夏季平②（二首）

## 其　一

旧恨新愁满海天，封侯③休说面如田④。凤饥何计翔千仞，龙蛰⑤真忧到九泉⑥。

白马⑦潮来悲往事，红羊劫⑧换感流年⑨。西山⑩薇蕨无人问，且话莲花⑪贝叶⑫禅。

注释

①叠韵：赋诗重用前韵。

②夏季平：名同龢，一字用卿，贵州人。清光绪廿四年戊戌科状元。

③封侯：受封为列侯。

④面如田：田字面。面方者的俗称。为富贵之相。《南史·李安人传》：“卿面方如田，封侯相也。”

⑤龙蛰：龙伏藏水中不出。

⑥九泉：深渊。

⑦白马：古津渡口。在今河南省滑县北。旧为河水分流处，今已湮没。

⑧红羊劫：指国难。宋理宗时柴望作《丙丁龟鉴》一书，历记自秦庄王五十二年丙午，迄五代后汉天福十二年丁未，千余年来的运数，其中凡值丙午、丁未的年份，皆有乱事；后人以丙、丁均属火，色赤，未为羊，故称红羊劫。

⑨流年：年华，时光。

⑩西山：首阳山。在今山西省永济市南。殷时孤竹国君长的两个儿子伯夷、叔齐，因彼此让位而逃离国内。后来周武王伐殷，二人曾叩马进谏。殷亡后，耻食周粟，隐居首阳

山，采薇而食，最后饿死。

⑪莲花：喻佛门妙法。

⑫贝叶：古代印度人用以写经的树叶。亦借指佛经。

## 其 二

寥空[1]双鹤破苍冥[2]，睥睨[3]千秋佛乞灵。霸国山川吟粤峤[4]，翰林[5]风月忆柯亭[6]。

身经忧患先头白，名著文章愧汗青[7]。十万军声来夜半，问潮泉畔且同听。

注释

①寥空：空虚寂寥的天空。

②苍冥：天地。

③睥睨：斜视的样子。音 pì nì。

④峤：山岭。

⑤翰林：鸟栖的树林。

⑥柯亭：相传东汉末蔡邕经会稽柯亭，见屋东第十六椽竹可制笛，便取来制用，果然能发妙声。

⑦汗青：古代在竹简上书写，先以火炙竹简去湿，再刮去竹青部分，便于书写，并可防蛀，称为汗青。指史册。

## 与季平[1]访柳汀[2]，用季平赠僧能意韵

入室古芳满，庭花连理枝[3]。乡音脆[4]吴语[5]，风格拗[6]唐诗。

远算就时见，深尊劝客持。千金载西子[7]，少伯[8]是吾师。

注释

①季平：夏季平，名同龢，一字用卿。贵州人。清光绪廿四年戊戌科状元。

②柳汀：庄柳汀，名学忠。江苏人。孝廉。

③连理枝：不同的两棵树，其枝干相连为一。

④脆：声音清晰嘹亮。

⑤吴语：江苏省东南部分和浙江省大部分地区的方言。

⑥拗：指作旧诗时平仄不依常规。音 ào。

⑦西子：古代越国美女西施。

⑧少伯：春秋楚国人范蠡，字少伯。范蠡把美女西施献给吴王夫差，并助越王勾践灭吴，以勾践为人可与同患难，不能共安乐，乃去越。后来西施归范蠡，同游五湖而去。

## 叠前韵戏赠柳汀

冷抱香云卧，骄人[①]花一枝。才名高顾怪[②]，音节变吴诗。

客至家姬[③]出，宵征[④]阃[⑤]律持。城南树精老，唐突[⑥]化人[⑦]师。

注释

①骄人：对人骄傲。

②顾怪：指清朝顾炎武。清朝江藩《汉学师承记·顾炎武》："炎武生而双瞳子，中白边黑，见者异之。读书一目十行，性耿介，绝不与世人交。独与里中归庄善，同游复社，相传有归奇顾怪之目。"

③姬：古代对妇女的美称。也用作美女的代称。

④宵征：夜行。

⑤阃：闺门，指妇女的居处。借指妇女。音 kǔn。

⑥唐突：冒犯。横冲直撞。

⑦化人：要弄幻术的人。

## 与季平、柳汀饮东山酒楼（四首）

### 其　一

岩翠潮光共一楼，江山今日顿[①]风流。

诸天[②]洗出云雷气，供养[③]群仙坐上头。

注释

①顿：突然地。

②诸天：佛家语。佛经上说欲界有六天，色界的四禅有十八天，无色界的四处有四天，其他有日天、月天、韦驮天等诸天神，总称为诸天。

③供养：佛家语。佛家以生活所需资养佛、法、僧三宝，奉香花、灯明、饮食等称为供养。

### 其　二

六百年中电掣[①]回，东山又见状元[②]来。

平生心醉文丞相[③]，莫向他人借酒杯。（谓季平）

**注释**

①电掣：形容行动的迅速。

②状元：清朝状元夏同龢，字季平。

③文丞相：南宋政治家、文学家文天祥，官至右丞相。

## 其　三

花气濛濛[1]酒半醺[2]，掀髯[3]休笑故将军。

谈兵杜牧狂言甚，只向尊前念紫云[4]。（戏柳汀）

**注释**

①濛濛：密布的样子。

②醺：酒醉。

③掀髯：欢欣捋髯的样子。

④紫云：唐时妓女。见《唐诗纪事·杜牧》。

## 其　四

浣花[1]天气雨初晴，也当遨头[2]宴锦城[3]。

一片千秋七星石[4]，水帘亭[5]畔看题名[6]。

**注释**

①浣花：古时四川人每年于农历四月十九日，在成都浣花溪边宴游聚会，称为浣花日。《老学庵笔记·八》："四月十九口，成都谓之浣花遨头，宴于杜子美草堂沧浪亭，倾城皆出，锦绣夹道，自开岁宴游，至是而止，故最盛于他时。予客蜀数年，屡赴此集，未尝不晴。蜀人云：'虽戴白之老，未尝见浣花日雨也。'"

②遨头：宋朝成都四月十九日称浣花，太守此时出游，士女倾城出现，称太守为遨头。

③锦城：锦官城。在今四川省成都市南。后人用为成都的别称。季平长于蜀，故有锦城之语。

④七星石：七星岩。在广东省肇庆市北，七峰峻拔，山腰多洞窟及历代石刻，是著名风景区。

⑤水帘亭：亭名。在广东省汕头市潮阳区。

⑥题名：写上姓名作为标记。

## 东山酒楼次柳汀韵

第一仙人数宋郊[①]，羊裘更说子陵[②]高。天公速客[③]先风雨，山寺开门受海潮。

游迹待传文上石，边[④]愁无计锈生刀。狂吟且共楼头醉，酒虎诗龙各自豪。

注释

①宋郊：北宋文学家宋庠，初名郊。天圣初举进士第一，与弟祁俱以文学称世，人称二宋。

②子陵：东汉严光，字子陵。少与光武同游学，光武即位，因厌恶政治险恶，归隐富春山，以耕钓为乐。常披羊裘在山前富春江钓鱼。

③速客：受邀请而来之客人。

④边：边境。

## 季平[①]为书“澹定村”三大字，并书赠“马来西极，龙卧南阳[②]”二语为楹帖，赋谢（二首）

### 其　一

三字千秋“淡定村”，大书留处万灵尊。

他年乞与和平里[③]，同证名贤雪爪痕。

注释

①季平：即夏同龢。字季平，号用卿。贵州人。光绪廿四年戊戌科状元。

②马来西极，龙卧南阳：意谓逢甲如来自远方日驰千里之骏马；才志超凡，智比诸葛。

③和平里：夏同龢与宋朝文天祥同为状元。文天祥曾为潮阳题“和平里”三大字，每字高二尺许，小字九，曰“宋庐陵文山文天祥题”。

### 其　二

下笔真成千丈强，更将龙卧许南阳。

何当窥井[①]重炎火[②]，天马[③]西来汉道昌。

注释

①窥井：观井。

②炎火：烈火。

③天马：指大宛所产之骏马。《史记·大宛列传》："初，天子发书《易》云：'神马当从西北来，得乌孙马，名曰天马。'"

## 雨中与季平待柳汀不至，戏寄（三首）

### 其　一

暮雨潇潇[1]客未行，吴娘别后最关情。

玉关[2]杨柳无消息，惆怅高楼夜笛声。

注释

①潇潇：风暴雨急的样子。

②玉关：玉门关。王之涣《凉州词》："羌笛何须怨杨柳，春风不度玉门关。"

### 其　二

东风吹絮[1]点前汀[2]，绿满龙津旧酒亭。

（龙津亭故址在潮阳南）

恼乱儿童无处捉，柳花飞去作浮萍[3]。

注释

①絮：柳絮。

②汀：水边平地。

③浮萍：植物名。浮水性草本。《群芳谱》谓浮萍为杨花入水所化。

### 其　三

无奈城南老树何，柔花弱蔓引交柯[1]。

精灵[2]倘识神仙过，来听江楼倚剑歌。

注释

①交柯：交叉的树枝。柯，草木的茎干。

②精灵：神明、鬼神的泛称。

## 得柳汀答诗，知方卧病，次前韵[①]（三首）

### 其一

海天漠漠[②]云不行，淫霖[③]十日难为情。
何堪风雨怀人夕，更听猿啼三峡声[④]。
（小朱明洞天，连夕猿啼甚苦）

注释

①次前韵：次韵。诗人在和人的诗时，仿照原诗用韵的次序作诗。

②漠漠：寂静无声。

③淫霖：久下不止的雨。

④猿啼三峡声：《水经·江水注》："每至晴初霜旦，林寒涧肃，常有哀猿长啸，属引凄异，空岫传响，哀转久绝，故渔者歌曰：'巴东三峡巫峡长，猿鸣三声泪沾裳。'"

### 其二

坐拥文君[①]思柳汀，梦中螃蟹来旗亭[②]。
不知别我向何处？大海茫茫风阁萍。
（昨梦柳汀衣冠来别）

注释

①文君：西汉卓文君。早寡，司马相如过饮于卓氏，以琴心挑之，文君夜奔相如，同归成都。此处借指美女。

②旗亭：酒楼。

### 其三

东方未明奈乐何？广庭珊树[①]交枝柯。
玉清[②]嬿婉[③]太白[④]病，行雨洞中方醉歌。

注释

①珊树：珊瑚树。植物名。常绿灌木或小乔木，可植庭园以供观赏。

②玉清：道家语。道书中有玉清、上清、太清三境，皆天帝所居。

③嬿婉：柔顺美好。

④太白：唐诗人李白，字太白。此处借指诗人柳汀。

## 萧氏西园雅集[①]作成（四首）

### 其　一

一时佳话遍江城，海上喧传击钵声。
莫怪《霓裳》[②]众仙集，洞天[③]新署[④]“小朱明”。

注释

①雅集：雅会。

②《霓裳》：《霓裳羽衣曲》的简称。

③洞天：指未被世俗沾染的清净地方。

④署：题字。

### 其　二

平地楼台气更奇，半闲遗址草迷离[①]。
（萧氏之先曰铁峰修撰，有园在城西，曰“半闲”，杨升庵[②]为赋《八咏》者也。今已废）
待将“银汉金茎”笔，重赋升庵《八咏》诗。
（银汉金茎，《八咏》中语）

注释

①迷离：模糊不明。

②杨升庵：明文学家杨慎，号升庵。正德间试进士第一，著《升庵集》。

### 其　三

难得平原十日留，岭梅初熟麦方秋[①]。
剧[②]惭秦缶乌乌语[③]，唱向延晖楼[④]上头。

注释

①麦方秋：指农历四月麦子成熟的时候。

②剧：甚，极。

③秦缶乌乌语：乌乌，歌呼声，也作呜呜。李斯《上书秦始皇》：“夫击瓮叩缶，弹筝搏髀，而歌呼呜呜快耳者，真秦之声也。”

④延晖楼：楼名。

## 其 四

天上文昌[①]气似珠，吟声万里合笙竽[②]。
黔[③]云台雨姑苏月，写入《西园雅集图》。
（同集多潮人，惟季平黔人；柳汀吴人；予则台人也）

注释

①文昌：神名。又名文曲星或文星。
②笙竽：皆乐器名。指笙和竽。笙有十三簧，而竽则有卅六簧。
③黔：贵州的简称。

# 乞夏季平重书文信国《沁园春》词并拙作双忠庙联语（二首）

## 其 一

枯木寒鸦夕照迟，大书深刻壁间词。
淋漓[①]元气[②]千秋笔，俨雅堂前第二碑。
（俨雅堂在双忠庙[③]）

注释

①淋漓：形容充盛、酣畅的样子。
②元气：人的精神、精气。
③双忠庙：庙名。在潮阳东山。祀唐朝抵御安禄山之张巡、许远。

## 其 二

轮囷[①]肝胆定交初，同吊双忠[②]古愤摅[③]。
留与南疆谈掌故[④]，水曹[⑤]楹帖[⑥]状元[⑦]书。

注释

①轮囷：屈曲的样子。囷，音 qūn。

②双忠：指唐朝张巡、许远。文天祥谒东山双忠庙《沁园春》词云：“为子死孝，为臣死忠，死又何妨？自光岳气分，士无全节，君臣义缺，谁负刚肠？骂贼张巡，爱君许远，留取声名万古香。后来者，无二公之操，百炼之钢。嗟哉！人生翕欻云亡，好烈烈轰轰做一场。使当时卖国，甘心降虏，受人唾骂，安得流芳？古庙幽沉，遗容俨雅，枯木寒

鸦几夕阳？邮亭下，有奸雄过此，仔细思量。”

③愤摅：抒发积愤。摅，舒也，音 shū。

④掌故：乡里人物或名物制度的故事。

⑤水曹：官名。水部的别称。

⑥楹帖：楹联。挂或贴于楹柱的对联。

⑦状元：夏季平，名同龢，一字用卿。贵州人，清朝状元。

## 萧台①谳月②和季平

向夕③阳焰息，赤道收热风。高台④旷登眺，疏星缀⑤圆穹⑥。
团团⑦海上月，涌出东山东。山海浩一色，凉波碧蒙蒙⑧。
光华⑨变云气，缤纷⑩间青红。坐对开心颜，不辞清尊空。
谁家双玉笛，吹月高城中。同唱苏仙词⑪，旷代⑫情为钟。
棲乌若相答，哑哑⑬啼烟丛。把酒怀古人，今月仍古同。
下界⑭劫尘灰⑮，不到广寒宫⑯。欲归访嫦娥⑰，安得桥如虹！
醉看群宾散，斜月西岩⑱钟。

**注释**

①萧台：台名。

②谳月：月下聚谈。

③向夕：黄昏。日将晚。

④高台：指萧台。

⑤缀：装饰。

⑥圆穹：天空。

⑦团团：形容圆的样子。

⑧蒙蒙：密布的样子。

⑨光华：光芒四射。

⑩缤纷：众多的样子。

⑪苏仙词：指苏轼《水调歌头》。

⑫旷代：隔世。指时间久远。

⑬哑哑：鸟叫声。哑，音 yā。

⑭下界：人间。

⑮劫尘灰：兵火余烬。又佛家语，称世界终尽，劫火焚烧世界灰飞烟灭。

⑯广寒宫：相传唐玄宗于八月望日游月中，见一大官府，榜曰：“广寒清虚之府。”后因称月中仙宫为广寒宫。

⑰嫦娥：月神名。为后羿妻子。相传后羿从西王母处得到长生不死药，嫦娥窃取，奔向月宫。

⑱西岩：地名。在广东省汕头市潮阳区。

## 夏夜与季平萧氏台听涛，追话旧事作

大海惊涛似昔时，高台同听不胜悲。五年乡泪愁中制[①]，半夜军声梦里驰[②]。
铁弩何时开越国[③]？素车[④]终古走灵胥[⑤]。如闻鹿耳[⑥]鲲身[⑦]畔，毅魄[⑧]三更哭义旗[⑨]。

**注释**

①制：禁止。

②驰：传播。

③越国：五代钱镠封越王，不久自称吴越国王。曾征发民工，修建钱塘江海塘。

④素车：以白土涂饰的车。一说是未经雕饰上漆的车。为凶事所用。

⑤灵胥：水神。《越绝书》："子胥死，王使捐于大江口，乃发愤驰腾，气若奔马，乃归神大海，盖子胥水仙也。""胥"字，落韵，盖作者偶误。

⑥鹿耳：地名。鹿耳门。

⑦鲲身：七鲲身。

⑧毅魄：英灵。

⑨义旗：本指维护正义的军队的旗帜。因以代称义师。

## 题絜斋丈《鸳湖舟隐图》（十首）

（沈守廉，字絜斋，时为惠潮嘉[①]兵备道[②]，浙江海盐人，后荐丘氏庚子年赴南海考察侨务）

### 其　一

起家任子[③]旧星郎[④]，四省屏藩[⑤]廿载强。
归去楼台无地筑，一帆春水问鸳鸯。

**注释**

①惠潮嘉：广东省之惠州、潮州、嘉应。

②兵备道：明代的官府。分巡道的首长，兼管军务，负责保持管区内的安宁秩序。

③任子：子弟由于父兄的庇荫而得到官位，称为任子。

④星郎：汉侍郎、即中皆称郎官，掌宿卫，应列宿，故又称星郎，唐以后专指郎中而言。

⑤屏藩：屏障藩卫。

## 其　二

唱彻《陂塘》买未能，乡心闲写大吴绫①。
（丈自题《买陂塘》一阕）
秋来烟云楼头梦，饱啖莼鲈羡季鹰②。

注释

①吴绫：丝织品的一种。或称吴地出产的绫。

②莼鲈羡季鹰：西晋文学家张翰，字季鹰。因见政事混乱，乃托词思念故乡菰菜、莼羹、鲈鱼脍等物，辞官归吴。

## 其　三

前身等是戒禅师①，百八钟声入妙词。
画上湖船最风景，荷花国里写苏诗。
（世丈又有集苏绝句百首，夫人集苏为《金缕曲》八阕，皆为此图作）

注释

①禅师：佛家语。对禅家修道者的尊称。《冷斋夜话》略云：子由、云庵与聪禅师一夕同梦出城迓五祖戒禅师既觉，私怪之，良久东坡至，东坡曰：轼年八九岁，往来陕右，又先妣孕时，梦一僧来，记其颀然而眇一目。云庵惊曰：戒陕右人而失一目，暮年弃五祖，游高安，终于大愚，逆数盖五十年。东坡时年四十九。自是东坡常以五戒和尚后自居。

## 其　四

尊前《金缕》①按②前歌，春日宜人诗意多。
更比王夫人福好，湖山皆隐傲东坡。

注释

①《金缕》：《金缕曲》。曲调名。

②按：弹奏。

## 其　五

卸帆亭畔怅离群，天末看云念卯君①。
何日扁舟遂归计？联床风雨②话湖③云。

注释

①卯君：指在卯年出生的人。苏轼《子由生日以檀香观音像……为寿》：“缭绕无穷合复分，东坡持是寿卯君。”注：“卯君，子由也。子由已卯生，故云。”

②联床风雨：宋朝苏辙从苏轼读书，未尝一日相舍。既壮，将游宦四方，读韦苏州诗，至“安知风雨夜，复此对床眠”。恻然感之，乃相约早退，为闲居之乐。

③湖：鸳湖。

## 其六

嵩[①]云岱[②]雪思依依[③]，琴鹤南来未得归。
有客西州[④]说遗爱，十年泪满蜀人衣。



注释

①嵩：嵩山。在河南省登封市内。为五岳中的中岳。

②岱：泰山的别名。五岳中的东岳。

③依依：流连不忍分别的样子。

④西州：古城名。旧址在江苏省南京市朝天宫西望仙桥一带。晋朝羊昙为谢安之甥，为安所爱重，安死，昙辍乐整年，行路不经安所住西州路。一日醉过州门，经从者告知，悲吟曹植诗：“生存华屋处，零落归山丘。”恸哭而去。

## 其七

欲回天地入孤舟，家住由拳[①]古越州[②]。
为语君王正尝胆[③]，未容少伯五湖游[④]。

注释

①由拳：旧县名。在今浙江省嘉兴市南。

②越州：地名。在今浙江省绍兴市。

③尝胆：典出越王勾践卧薪尝胆事。后引申为刻苦自励的意思。

④少伯五湖游：春秋楚国人范蠡，字少伯，助越王勾践灭吴，以勾践为人可与同患难，不能共安乐，乃去越，与西施作五湖游。

## 其八

我家海上有鸳湖，烟柳风荷丙舍[①]图。

（台湾县东有鸳鸯湖，《县志》八景所谓“鸳鸯湖访荷”也。予有丙舍曰“樵隐山庄”，来潮每忆及之）

百口渡江无宅住，绿篷鳄海[2]念东都[3]。
（潮船名绿篷，潮人谓台为“东都”）

注释

①丙舍：正室旁的别室。

②鳄海：指潮州。

③东都：郑成功占领台湾，于永历十五年（1661）改台湾为东都。

## 其 九

窥江[1]虏马[2]气方骄，难遣雄心郁[3]怒潮。
（意人[4]方索三门湾[5]，英人亦索长江上下游）
便住张融[6]船亦好，莫教风景似南朝。

注释

①窥江：窥伺江南。

②虏马：敌人的兵马。虏，古时对北方外族或南人对北方人的蔑称。

③郁：蕴结。

④意人：意大利人。

⑤三门湾：东海海湾名。在浙江省宁海县东，宁波、台州交界处。湾内水深而阔。

⑥张融：南齐人。字思光。有早誉。广越嶂崄，獠贼执融将杀之。融神色不动，方作《洛生咏》，贼异释之，浮海至交州（地名，相当于今广东、广西两地及越南境），于海中作《海赋》，文辞诡激。累官至太子中庶子、司徒左长史。太祖奇爱之，尝曰：“此人不可无一，不可有二。”有文集《玉海》。

## 其 十

横流[1]满目[2]未能安，持节[3]天南仗汉官。
蓑笠[4]烟波[5]渔父[6]梦，不妨聊写画图看。

注释

①横流：水道阻塞，水由两旁流出而泛滥。形容局势动荡。音 hèng liú。

②满目：满眼。

③持节：指出使。古代出使者多执符节以为凭证。

④蓑笠：蓑衣和斗笠。

⑤烟波：云烟与水波。指雾霭苍茫的水面。唐朝张志和去官后，舟居江湖，人称烟波钓徒。

⑥渔父：渔翁。指捕鱼的老人。父，音 fǔ。

## 答柳丞

二松之间屋压头，老丞哦诗夜不休。新篇连牍晓寄我，爽气欲扑山中楼。

楚山矗矗[1]楚水流，楚材[2]自昔推奇尤。但使能坚季布[3]诺，人间何患无曹丘[4]。

吁嗟乎！匈奴嫚[5]书恣嘲弄[6]，季布之言竟何用？樊哙[7]方行十万众。

注释

①矗矗：巍峨高耸的样子。

②楚材：楚国的人才。也泛称南方特出的人才。《左传·襄公二十六年》："虽楚有材，晋实用之。"

③季布：楚人。初为项羽将，后归汉。任侠有名，重然诺，楚人有"得黄金百斤，不如得季布一诺"的谚语。

④曹丘：曹丘生。汉朝季布任侠好勇，楚辩士曹丘生到处赞扬他，季布因此享有盛名。

⑤嫚：轻侮，倨傲。

⑥嘲弄：嘲笑戏弄。

⑦樊哙：汉初人。少以屠狗为业，后从高祖起兵，屡立战功。鸿门之宴，范增欲杀高祖，赖樊哙责项羽，得免。

## 春感次许蕴伯[1]大令[2]韵（十首选七）

### 其　一

一夜东风满凤城[3]，春愁黯黯[4]共潮生。新年莺燕他乡感，落日鲸鲵[5]故国情。

款局[6]有人通秀吉[7]，残疆无计守延平[8]。天涯何限哀时泪，洒向花前月不明。

注释

①许蕴伯：许南英，字蕴伯。台南人。光绪十六年恩科进士，授兵部车驾清吏司主事，不就。乙未之年，筹办台南团练局，任统领，屯兵番界，以备一战，日军入台南，悬像索之，乃内渡。旋游南洋。民国五年卒于棉兰。南英是现代文学家许地山之父。

②大令：旧时对县令的尊称。

③凤城：凤凰城。广东省潮州市的别称。

④黯黯：昏暗不明的样子。

⑤鲸鲵：鲸。雄的叫鲸，雌的叫鲵。指身被戮杀者。

⑥款局：和议的局面。《明史·外国传三·日本》："于是封贡之议起，中朝弥缝，惟敬以成款局。"

⑦秀吉：日本军人丰臣秀吉。1590年消灭群雄，完成统一。1592年出兵朝鲜，与明交战。

⑧延平：延平郡王。明郑成功的封号。

## 其 二

浮云飞絮澹[①]春前，梦忆虮臣[②]吁[③]九天[④]。照海旌旗忠义社，渡江帆楫永嘉[⑤]年。

遗殃[⑥]箕子[⑦]明夷[⑧]地，并割颜回[⑨]负郭[⑩]田。独对东风倍惆怅，故山回首郁[⑪]愁烟。

**注释**

①澹：恬静，安定。

②虮臣：虮虱臣。犹言微贱之臣。

③吁：呼告。

④九天：比喻皇宫深远。

⑤永嘉：晋怀帝年号（307—312）。西晋末年，刘聪陷洛阳，执怀帝，寻弑之，此次丧乱，古书亡逸甚多。史称永嘉之乱。

⑥遗殃：遗留祸殃。遗留祸殃之事。

⑦箕子：商纣的叔父。纣无道，屡谏不听。后避往朝鲜，遂为朝鲜始祖。

⑧明夷：《易经》卦名。离下坤上。表示光明被上面的黑暗遮住，含有君主在上昏暗，贤下在下不得志而退避的意思。

⑨颜回：春秋鲁人。孔子弟子。敏而好学，贫居陋巷，箪食瓢饮，不改其乐，孔子称其贤。早卒。

⑩负郭：接近城郭的地方。《史记·苏秦列传》："且使我有雒阳，负郭田二顷，吾岂能佩六国相印乎？"

⑪郁：闭塞，蕴结。

## 其 三

沉郁[①]雄心苦未灰[②]，他年卷土傥重来[③]。愁人断句悲青坂[④]，战地残枪卧绿苔。

梦里国仇[⑤]惭越报[⑥]，眼前儿戏感吴呆[⑦]。故知块垒[⑧]浇难尽，且为看花借酒杯。

**注释**

①沉郁：深沉蕴积。

②未灰：未灰心。

③卷土傥重来：傥，倘若，或者。卷土重来，倾其全力，以图恢复。杜牧《题乌江亭》："江东子弟多才俊，卷土重来未可知。"

④坂：山的斜坡。

⑤国仇：国家的仇敌。

⑥越报：春秋时越王勾践之父亲与吴王阖闾相攻，父死。勾践即位，又为吴王夫差所败，乃忍辱求和，后用文种、范蠡为相，卧薪尝胆，十年生聚，十年教训，终兴兵灭吴。

⑦吴呆：春秋时吴国击败越国，越王勾践请降和，吴王夫差答应，伍员反对，进谏不听。九年之后，越国终于灭了吴国。

⑧块垒：累积在心中的郁结。

## 其　四

濛濛[1]海气遍东西，何日干戈许再提？华表[2]空闻丁鹤语[3]，乱萌先兆子规啼。[4]

饮河腹满[5]千年浊，问道心惊七圣[6]迷。五载伤春复伤别，忏除[7]绮语[8]未重提。

注释

①濛濛：迷茫不清的样子。

②华表：古代帝王为表示纳谏而竖立的木柱。也用以标示衢路。或指建在桥梁、城门、宫殿、帝王坟墓前的大柱。

③丁鹤语：汉朝辽东人丁令威在灵虚山学道成仙，后化鹤归来栖止于城门华表柱上。有少年欲射之，鹤乃飞鸣作人言："有鸟有鸟丁令威，去家千年今始归，城郭如故人民非，何不学仙冢累累。"

④乱萌先兆子规啼：宋朝邵雍在洛阳天津桥上闻子规的叫声，即预测"不二年，南人当入相，天下自此多事矣"后，王安石果以南人当国，天下从此多事。

⑤饮河腹满：勉人知足，贪多无益。《庄子·逍遥游》："偃鼠饮河，不过满腹。"

⑥七圣：道家指黄帝等七位上仙。

⑦忏除：专指为生人或死者消罪。

⑧绮语：佛家语。指一切淫词或杂秽不正的言辞。

## 其　六

九州[1]无地不胡尘[2]，难觅名山老此身。屡划鸿沟[3]开鬼国[4]，更移犴狱[5]避祆神[6]。

论文竞凿[7]中央[8]帝，抟土[9]先愚上古人。莫向武陵寻旧梦，桃花零落不成春。

注释

①九州：中国古代分全国为九州。后用以泛指中国。

②胡尘：胡人兵马扬起的沙尘。喻胡兵的凶焰。

③鸿沟：比喻界限分明。

④鬼国：神话传说中的北方国名。借指异国。

⑤犴狱：监狱。音 àn yù。

⑥祆神：祆神教。古代波斯的宗教。祆，音 xiān。

⑦凿：牵强附会。

⑧中央：掌握国家最高权力的机构。《韩非子·扬权》：“事在四方，要在中央。”注：“四方谓臣民，中央谓主君。”

⑨抟土：抟土作人。相传女娲氏曾抟黄土作人。俗说天地开辟，未有人民，女娲抟黄土作人，剧务力不暇供，乃引绳于絙泥中，举以为人。故富贵者，黄土人也；贫贱凡庸者，絙人也。

## 其八

谶[1]秦何必定归胡，谁遣关中[2]缺挽输[3]？独客春心怜望帝[4]，参军蛮语叹娵隅[5]。

沉沉大泽狐能语，黯黯[6]钟山[7]鸟自呼。欲取奇胲[8]察时变，登台先验海星[9]图。

注释

①谶：谈论预言、征验的书籍。《史记·赵世家》：“公孙支书而藏之，秦谶于是出矣。”

②关中：地名。相当于今陕西省渭河盆地。

③挽输：用车运送货物。

④望帝：古代蜀王杜宇称帝，号望帝，为蜀除水患有功，相传死后化为杜鹃鸟。

⑤娵隅：魏晋南北朝时南方人称鱼为娵隅。《世说新语·排调》：“郝隆为桓公南蛮参军，三月三日会作诗……云：‘娵隅跃清池。’桓问娵隅是何物？答曰：‘蛮名鱼为娵隅。’”音 jū yú。

⑥黯黯：昏暗不明的样子。

⑦钟山：山名。在南京市中山门外东北。又称紫金山、蒋山。

⑧奇胲：奇祕。胲，音 gǎi。

⑨海星：棘皮动物。生活在浅海石缝中。吃牡蛎、扇贝等软体动物，对海水养殖业有害。

## 其十

顾曲[1]当筵唤奈何[2]，春江愁饫[3]木鱼歌[4]。奔天素女[5]月华[6]冷，话海麻姑[7]霜鬓多。

断续乡心车铎语[8]，煖寒天气酒杯和。故人勾漏[9]今仙令[10]，欲乞丹砂[11]治睡魔。

注释

①顾曲：欣赏音乐、乐曲。《三国志·吴志·周瑜传》：“瑜少精意于音乐，虽三爵之后，其有阙误，瑜必知之，知之必顾。故时人谣曰：‘曲有误，周郎顾。’”

②唤奈何：《世说新语·任诞》：“桓子野每闻清歌，辄唤奈何。”唤，呼叫，呼喊。晋朝桓伊，小字子野。工音律，尤善吹笛。

③饫：饱足。音 yù。

④木鱼歌：木鱼书。弹词的一种。清代中后期流行于粤语区域。虽皆附会无稽之作，

要其大旨无一非陈述忠孝节义者。惜乎限于方言，不能远播。

⑤奔天素女：嫦娥奔月。素女，素娥。

⑥月华：月光，月色。

⑦麻姑：古代神话中的女仙名。东汉桓帝时，会应仙人王方平之召，降在蔡经的家里，年十八九，容貌美丽，对王方平说："接侍以来，已见东海三为桑田。"

⑧铎语：祭祀神灵，用铎声节歌舞以祭。

⑨勾漏：山名。在广西北流东北。有山峰耸立如林，溶洞勾曲穿漏，故名。为道家所传三十六小洞天的第二十二洞天。

⑩仙令：对县令的美称。

⑪丹砂：药品。即朱砂。

## 舟泊凤凰台[①]寄怀季平[②]

乐莫乐兮新相知，悲莫悲兮初别离。鮀江[③]水黄海水绿，与君一夜东西驰。

凤凰台边客帆卸，遥忆维舟[④]九龙夜。欲知别后相思意，茫茫江海愁人心。

注释

①凤凰台：台名。在广东省凤凰山（在饶平、潮安两县界）。

②季平：夏季平。名同龢，一字用卿。贵州人。清朝状元。

③鮀江：地名。即今广东省汕头。

④维舟：系船靠岸停泊。

## 叠《望月》韵答柳汀[①]

闲愁万种扫难清，漠漠[②]蛮[③]江雨又晴。归国人才辛弃疾[④]，通天[⑤]心事沈初明。

《停云》[⑥]八表[⑦]思朋好，朗月三生发古情。书罢《逍遥》[⑧]莺鸠[⑨]笑，剧[⑩]怜愤世[⑪]有庄生[⑫]。

注释

①柳汀：庄柳汀。名学忠。江苏人。清朝举人。

②漠漠：密布的样子。

③蛮：古代称南方的种族。

④辛弃疾：南宋名词人。山东省历城县人。生长于金人统治下的北方。二十三岁召集义师投归南宋。词作反映爱国爱民的精神和英雄情怀。著有《稼轩词》。

⑤通天：汉武帝在甘泉山建通天台，似可上通于天。沈初明，梁人，为西魏所掳，恒思归国，尝独行经通天台，为表奏之，陈己思归之意。

⑥《停云》：陶潜有《停云诗》以怀念友人。陶潜《停云诗序》："停云，思亲友也。"

⑦八表：八方以外。指极远的地方。

⑧《逍遥》：《逍遥游》。《庄子》篇名。描写个体不受外物牵累，万物责任性自然，

即为逍遥至乐。今指无忧无虑，自适自在的境界。

⑨鸴鸠：鸟名。又作学鸠。多用以比喻贱者或小人。《庄子·逍遥游》：“蜩与学鸠笑之曰：‘我决起而飞，枪榆枋，时则不至，而控于地而已矣，奚以之九万里而南为？’”鸴，音 xué。

⑩剧：甚，极。

⑪愤世：愤恨世事不平。

⑫庄生：庄子。喻指庄柳汀。

## 潮州东门城楼寄怀梁仲遂（二首）

（梁仲遂，即梁诗五，名居实，嘉应州白土堡人，清孝廉。时主讲广州应元、菊坡等书院）

### 其　一

万国无安土，东楼[①]纵目[②]初。独怜沧海客[③]，不得广州书。
忌讳[④]文章少，穷愁[⑤]问讯疏。《五噫歌》[⑥]自苦，旅抱[⑦]近何如？

注释

①东楼：东门城楼。

②纵目：放眼远看。

③沧海客：指梁仲遂。

④忌讳：因风俗或畏惧权势，而禁避某些言语或举动。

⑤穷愁：穷苦而忧愁。

⑥《五噫歌》：歌名。后汉梁鸿因事出关，过洛阳，见宫室侈丽，作《五噫歌》，共为五句，每句都用一“噫”字，曰：“陟彼北芒兮，噫！顾览帝京兮，噫！宫室崔嵬兮，噫！人之劬劳兮，噫！辽辽未央兮，噫！”

⑦旅抱：作客他乡的情怀。

### 其　二

倪[①]上朝台望，应怜去雁迟。三年今不见，千里每相思。
客枕新愁重，佣书[②]旧业卑。梁鸿[③]仍海曲[④]，与尔[⑤]负明时[⑥]。

注释

①倪：倘若，或者。

②佣书：替人抄书写字。

③梁鸿：东汉高士。与妻孟光隐居霸陵山中。曾因事出关，过洛阳，见宫室侈丽，作

《五噫歌》。事为章帝所知，为避祸，遂改姓名，东逃齐鲁。后往吴依靠皋伯通，居廊下小屋内，替人佣工舂米，每归，妻为他准备餐食，举案齐眉，伯通惊异而收留他们在家中。此处喻指梁仲遂。

④海曲：海隅。指临海之地。

⑤尔：你。

⑥明时：圣明的朝代。

## 卷六　己亥稿下（1899 年）

### 观芷谷居士[①]画，有怀其兄菽蕃先生

**（芷谷居士姓刘，嘉应州人，兄名菽蕃）**

梅水[②]东流系别思，披图[③]如见古须眉。遥知忆弟看云日，应是疲农待雨时。

寥落音书黄耳[④]犬，艰难世局白衣夔[⑤]。画中省识[⑥]桃源[⑦]路，聊写陶潜写意诗。

**注释**

①居士：佛家语。在家信佛的人。

②梅水：水名。在广东省梅州市。

③披图：打开画图欣赏。

④黄耳：犬名。为陆机所养。《晋书·陆机传》："初机有骏犬，名曰黄耳，甚爱之。既而羁寓京师，久无家问，笑语犬曰：'我家绝无书信，汝能赍书取消息不？'犬摇尾作声。机乃为书以竹筒盛之而系其项，犬寻路南走，遂至其家，得报还洛。"

⑤夔：神话中的怪兽名。

⑥省识：曾经认识。

⑦桃源：世外桃源。指与世隔绝、安和乐利、不知祸乱忧患的理想境地。见陶潜《桃花源记》。

## 东山酒楼放歌

**（黄公后人指夏同龢[1]。裴中令[2]裔指裴景福，时为潮阳令。兰陵[3]诸萧指萧伯瑶、萧永声、萧永华等。天家骨肉暗指清慈禧太后囚德宗事）**

丈夫生当为祖豫州[4]，渡江誓报祖国仇，中原不使群胡留。不然当作李邺侯[5]，
翩然[6]衣白与帝游，天家骨肉[7]畀[8]无尤。胡为只学谪仙[9]醉，到处吟诗题酒楼。
今日何日东山[10]陬[11]，云阴阴兮风飕飕[12]。山中五月如清秋，补禊[13]曲水觞可流[14]。
座中主客清且修，黄公后人[15]今状头，裴中令裔[16]新政优。兰陵诸萧[17]才力遒[18]，
人师我愧东家丘。儒书无能解国忧，仡仡[19]食古[20]心不休，飞蓬[21]自转落叶下，
谁实作俑[22]为车舟？坐令机械生西欧，古制破裂不可收，天地日月驱作球。
小儒咋舌大儒叹，迳欲问天穷所由，天公方醉不了酬。万事变灭如浮沤[23]，
山川虽缺仍金瓯[24]。陇头飞鸟入妖梦，夜半鸣狐思火篝[25]。何如沉醉与天共，
乞君大白[26]为我浮[27]。浮之不尽群客醉，何妨呼酌车前驺[28]。自有此山数游者，
昌黎[29]文山[30]皆吾俦[31]。彼皆身取千古去。乃畀我任[32]今日愁。海门[33]西望海色幽，
眼中一醉无五洲[34]。

**注释**

①夏同龢：字季平，一字用卿。贵州人。清朝状元。

②中令：中书令的简称。

③兰陵：地名。在今山东省临沂市西南或今江苏省常熟市武进区内。

④祖豫州：东晋名将祖逖，慷慨有节。元帝以逖为奋威将军、豫州刺史。时晋室大乱，逖率部曲百余家渡江，中流击楫而誓曰："祖逖不能清中原而复济者，有如大江！"

⑤李邺侯：唐李泌，字长源。博涉经史，能文工诗，为唐代名臣，德宗时拜相。数为权幸忌嫉，常以智免，屡退屡进，封邺县侯，也称李邺侯。

⑥翩然：欣喜自得的样子。

⑦天家骨肉：暗指清慈禧太后囚德宗事。

⑧畀：给，赐。音 bì。

⑨谪仙：称誉一个才学优异，清超拔俗，就像谪降尘世的仙人。《唐书摭书》载："李白始自西蜀至京，道未甚振，因以所业贽谒贺知章，知章览《蜀道难》一篇曰：'子，谪仙人也。'"

⑩东山：山名。在广东省汕头市潮阳区东三里。

⑪陬：山脚。音 zōu。

⑫飕飕：风声。飕，音 sōu。

⑬禊：修禊。

⑭曲水觞可流：曲水流觞。

⑮黄公后人：指夏同龢。

⑯裴中令裔：指裴景福，时为潮阳令。

⑰兰陵诸萧：指萧伯瑶、萧永声、萧永华等。

⑱遒：强劲。音 qiú。

⑲仡仡：壮勇的样子。仡，音 yì。

⑳食古：食古不化。死读古书，而不知灵活运用。

㉑飞蓬：植物名。二年生草本。草随风飞转。

㉒作俑：比喻恶事的开端。也指开始制造恶事的人。

㉓浮沤：漂流在水面上的浮泡。沤，音 òu。

㉔金瓯：金制的瓯。比喻国土的完整巩固。

㉕火篝：篝火。外罩有竹笼的火。

㉖大白：酒杯。

㉗浮：罚酒。

㉘驺：驾驶车马的小吏。音 zōu。



㉙昌黎：唐文学家、诗人韩愈。其先世居昌黎，宋朝元丰中追封昌黎伯，所以世称韩昌黎。

㉚文山：南宋政治家、文学家文天祥，号文山。

㉛俦：伴侣。同辈。

㉜任：负担，负载。

㉝海门：海口。

㉞五洲：五大洲。世界陆地，旧分亚洲、欧洲、非洲、大洋洲、美洲，合称五大洲。

## 凤凰山下投宿[①]文氏家，询之，盖信国公[②]裔也，出其庐陵[③]所刊族谱及公诗文集、自订年谱、遗像、三手书一幅见示，感而有作

**（凤凰山在饶平、潮安两县界）**

凤凰山下野人村，中有庐陵旧德门[④]。世系一编唐相表，衣冠[⑤]廿代信公孙。

画图重省[⑥]云中梦，剪纸曾招海上魂。惭愧斩蛟长剑在，千秋心事共谁论？

（手书有“世间蛟龙如不斩，腰间长剑欲何为”句）

**注释**

①投宿：进住旅舍或人家休息。

②信国公：南宋政治家、文学家文天祥。恭帝德祐元年，元军南寇，奉诏勤王，明年拜右丞相，奉使入元军议和，被拘，夜遁走。奉益王于福州，都督诸路军出江西，兵败，奔循州。卫王立，加少保信国公，屯潮阳，被捕。拘燕三年，元世祖知其终不屈，乃杀之。

③庐陵：地名。今江西省吉安市吉安县西。文天祥庐陵人。

④德门：能恪遵礼教道德的人家。

⑤衣冠：衣服与礼帽。指官宦之家。

⑥省：视。

## 饶平①杂诗（十六首）

### 其　一

梦醒三更画角②吹，万山深处客来时。
坏墙半堵③双流寺，重出梅溪旧勒碑。

（王公十朋④手书十六字碑，《邑志》云：为某令立去思碑磨去。今双流寺墙坏，碑乃在壁间，惟字残缺不完矣）

注释

①饶平：地名。在今广东省梅州市大埔县南。

②画角：古乐器名。多用于军中，以司晨昏，振士气。

③堵：土墙。

④王公十朋：王十朋，宋朝温州乐清人。字龟龄，号梅溪。绍兴间进士，历知饶、夔、湖、泉诸州，多善政，官至龙图阁学士。著有《梅溪集》。

### 其　二

战裙化蝶①野云香，百丈埔前废庙凉。
碧绣苔花残瓦尽，更无人拜许娘娘。

（百丈埔在潘段，为张公世杰②夫人许氏大战元兵殉节处，旧有庙，土人称曰娘娘庙，今废久矣）

注释

①化蝶：指庄周梦中化为蝴蝶。见《庄子·齐物论》。后用以称睡梦。

②张公世杰：南宋张世杰。元军南下，世杰辗转随从帝昺退驻崖山，封越国公。元将张弘范破崖山，世杰率十余舰走海上，欲求立赵氏后代，遇大风，舟覆溺死。

### 其　三

海云南护六龙①奔，凄绝②辞郎酒满尊。
一曲《平元》万行泪，红螺洲上望崖门③。

（红螺洲即辞郎洲，为邑人宋张都统④达妻陈璧娘送夫率义师勤王⑤处。《平元曲》，璧娘作）

注释

①六龙：天子车驾的六匹马。

②凄绝：极度凄凉或伤心。

③崖门：也称崖山、崖门山。在广东省江门市新会区南珠江口南侧大海中。宋末张世杰奉帝昺扼守崖门山，被元督张弘范打败，陆秀夫背负帝昺投海而死，宋亡。

④都统：官名。《宋书·薛安都传》：“由是伪雍、秦二州都统，州各有刺史，都统总其事。”

⑤勤王：以兵力救援王室。

## 其　四

二凤杨家旧有声，薛家父子亦知名。
（杨骥、杨鸾兄弟，薛亹①、亹子雍皆讲学）
只今谁讲阳明学②？莫怪南来道不行。

注释

①亹：音 wěi。

②阳明学：明朝王守仁的学派。以致良知为主，提倡知行合一的思想。

## 其　五

循名①曾记御屏留，龙眼城中故宅秋。
残局庙堂多水火②，苦将遗句忆廉州③。

（宋张夔《训子诗》云：“慎勿与人交水火。”夔守廉州有惠政，高宗亲书其名于御屏。龙眼城张姓皆夔裔孙。）

注释

①循名：美名。

②水火：形容势不两立的样子。

③廉州：地名。在今广西合浦县。

## 其　六

程斋①残稿付虫鱼②，逸老堂③空冷故居。
未敢乡祠荐④萍藻⑤，千秋遗议两尚书。
（盛尚书端明，⑥黄尚书锦，皆邑人，《邑志》均有佳传）

注释

①程斋：人名。未详。

②虫鱼：虫与鱼。后世讥讽琐屑的考据学为虫鱼。

③逸老堂：堂名。

④荐：进献。

⑤萍藻：萍和藻，皆水草名。古人用来作祭品。

⑥盛尚书端明：明朝饶平人。字希道，弘治进士，授检讨，累官右副都御史，自言通晓药石，服之可长生，由陶仲文以进，严嵩亦左右之，遂召为礼部右侍郎，进尚书。端明颇负才名，晚由他途进，士论耻之。

## 其七

山城落叶客衣单，海气阴阴夕照残。
愁向尊君台上望，九秋[1]风雨北来寒。
（望耕台即尊君台，以尊君山得名）

注释

①九秋：秋季的九十天。

## 其八

东南风急怒潮雄，此去闽关有路通。
望海峰头秋满眼，故乡遥隔战云中。
（抵分水关为诏安界，柏嵩关为平和界。望海岭在县东）

## 其九

翠柏森森[1]岭势回，九仙亭畔绣衣[2]来。
空岩铁佛冷无语，笑指山花落复开。
（“铁佛岩前霜叶老，绣衣岭上午风清”，御史某句也。岭由此得名，九仙亭在岭上）

注释

①森森：茂密的样子。

②绣衣：绣衣岭。

## 其　十

南坛墓碣①蚀苔斑，华表飘零怅鹤还。②

欲觅先臣旧精舍③，西风残照满金山。

（先枢密④公南宋初来居此，筑金山精舍，后即居为祠，墓即在琴峰下。设邑治后，墓迁南坛，祠迁金山后）

**注释**

①碣：圆形的碑石。音 jié。

②华表飘零怅鹤还：相传汉朝辽东人丁令威，在灵虚山学道成仙，后化鹤归来，栖止于城门华表柱上。有少年欲射之，鹤乃飞鸣作人言："有鸟有鸟丁令威，去家千年今始归，城郭如故人民非，何不学仙冢累累。"

③精舍：学舍。

④枢密：枢密院，旧官署名。宋朝枢密院与中书省分掌军政，号称二府。

## 其十一

班春①车畔紫芝新，梦入黄山夜有神。

爱说吾家两贤令，胜朝循迹话遗民。

（前明邑令丘天佑、丘金声皆循吏②也。车生芝，天佑事；黄山神梦，金声事）

**注释**

①班春：颁布春令。

②循吏：奉公守法的官吏。

## 其十二

椎结①遗风尚宛然②，凤凰山畔种畲田③。

山中自作槃瓠④国，更在佗王⑤左纛⑥前。

（山中有盘、蓝、雷、钟四姓，土人云"狗头王子孙"也）

**注释**

①椎结：将头发编束成锥形的髻。

②宛然：委曲顺从的样子。

③畲田：先用刀砍除地面杂草，再用火焚烧成灰，作为肥料，从事耕种的土地。畲，音 shē。

④槃瓠：古神话中的人物，相传高辛氏配以少女，槃瓠背女入山，经三年，生子十二

人，六男六女，自相配偶，子孙繁衍，号为蛮夷。

⑤佗王：赵佗，汉人。秦始皇时为南海龙川令，秦二世时，南海尉任嚣死，佗代理尉职务。秦亡后，自立为南越武王。

⑥左纛：古代帝王的座车，车衡的左面有纛，称左纛。纛，音 dào。

## 其十三

古洞云深锁百花，香泉飞饮万人家。
春风吹出越溪女，来摘山中待诏茶。
（百花洞在待诏山，山出茶）

## 其十四

莫笑山农语不经[①]，豆棚闲话倚锄听。
量沙测水关何术？争[②]说潭灵井更灵。
（测灵潭、谷仓潭沙测验井水，皆可占丰歉）

注释

①不经：不法，不合常规。

②争：怎。

## 其十五

山中城雉[①]郁[②]嵯峨[③]，山外长鲸万里波。
休问麻姑买沧海[④]，桑田变后战争多。
（末句一作“年来公案讼田多”，则为沿海诸邑近状言也）

注释

①城雉：城上的短墙。

②郁：树木丛生的样子。

③嵯峨：山岭高峻的样子。

④麻姑买沧海：《神仙传·麻姑》：“麻姑自云：‘接待以来，已见东海三为桑田，向到蓬莱水又浅于往者，会时略半也，岂将复为陵陆乎？’”

## 其十六

迳[①]畔行人拜更勤，中原灾旱正如焚。
九龙潭畔呼龙起，重向人间作雨云。
（飞龙迳，一作拜龙迳。九龙潭，《邑志》云祈雨往往有验）

注释

①迳：飞龙迳。

## 黄子惠曾由沪上[1]同舟至直沽[2]，一别十年矣，相见饶平县廨[3]，尊酒话旧，赋此为赠

（黄子惠名恩，是时署[4]饶平县）

剪烛[5]衙斋[6]岁欲周[7]，十年郭李[8]记同舟。飞凫[9]仙令[10]循良治，戎马[11]书生汗漫[12]游。析木[13]津[14]潮寒旧雨[15]，大金山[16]月照清秋。南来喜听舆人[17]诵，赢得廉声岭外[18]州。

注释

①沪上：地名，即上海。

②直沽：水名。在天津市东北。即海河。

③廨：官署的通称。音 jiè，今读 xiè。

④署：摄官，代理。

⑤剪烛：唐朝李商隐《夜雨寄北》："何当共剪西窗烛，却话巴山夜雨时。"后以"剪烛"为促膝夜谈之典。

⑥衙斋：古代官员办公的地方。

⑦岁欲周：年欲终。

⑧郭李：东汉郭泰与李膺相善，归乡时，二人同舟而济，众宾客望而以为神仙。

⑨飞凫：飞翔的凫鸟。曹植《洛神赋》："体迅飞凫，飘忽若神。"

⑩仙令：对县令的美称。

⑪戎马：战马。借指战争、战事。

⑫汗漫：广泛而无边际。

⑬析木：析木城。地名。在今辽宁省海城市东南。

⑭津：渡口。

⑮旧雨：旧友。

⑯大金山：山名。在潮州城北。

⑰舆人：众人。

⑱岭外：指五岭山脉以南的地区。岭南。

## 山村即目[1]（三首）

### 其一

轧轧[2]车声水满陂[3]，溪山佳处客行迟。

林腰一抹炊烟[4]淡，知是人家饭熟时。

注释

①即目：眼前所见。
②轧轧：车行的声音。轧，音 yà。
③陂：水池。音 bēi。
④炊烟：烧火煮饭之烟。

## 其　二

一角西峰夕照中，断云东岭雨濛濛[1]。
林枫欲老柿将熟，秋在万山深处红。

注释

①濛濛：微雨纷纷的样子。

## 其　三

山田一雨稻初苏[1]，村景宜添七月图。
鸡犬惊喧官牒[2]下，农忙时节隶[3]催租[4]。

注释

①苏：再生，复活。
②官牒：记载官吏姓名、爵禄的文书。
③隶：衙役。
④催租：催纳赋税。

## 七月十五日饶溪[1]舟次[2]

南国[3]中元节，西风下水船。溪声喧[4]百里，峰影蘸[5]双莲。
（南北两莲花山，舟中皆见）
野祭人呼鬼，温汤[6]客试泉。团栾[7]明月上，照梦鹤山前。

注释

①饶溪：溪名。在广东省饶平县。
②舟次：行船的航程。
③南国：南方。
④喧：吵闹。
⑤蘸：把东西浸入水中。音 zhàn。

⑥汤：温泉。
⑦团栾：形容圆的样子。

## 过黄冈

**（黄冈在饶平县南）**

落日孤城望里遥，北来山势接三饶[①]。隔林野店人沽酒[②]，拢[③]岸溪船客候潮。
官狃[④]承平[⑤]兵气弱，地当冲要[⑥]市声嚣。秋风吹梦黄冈路，海色蒙蒙[⑦]夜未消。

**注释**

①三饶：地名。在广东省。
②沽酒：卖酒。
③拢：接近。
④狃：习惯。音 niǔ。
⑤承平：太平。
⑥冲要：险要。
⑦蒙蒙：迷茫不清的样子。

## 寄怀谢四颂臣[①]台湾（四首）

### 其　一

独听荒鸡[②]夜，天涯忆故人。烟霞[③]仍痼疾[④]，雷雨负经纶[⑤]。
梦寐孤灯影，文章断发[⑥]身。相思隔沧海，极目[⑦]叹扬尘[⑧]。

**注释**

①谢四颂臣：人名。逢甲先生之表兄谢道隆。今台中市丰原区人。
②荒鸡：在半夜不按时间啼叫的鸡。
③烟霞：烟雾霞光。泛指山水景色。
④痼疾：积久不易治愈的病。比喻难以克服的恶习或嗜好。
⑤经纶：治理丝缕时，理出丝绪叫经，编丝成绳叫纶。
⑥文章断发：断发文身。剪短头发，身绘花纹，是古代东南吴、越民族的风俗。
⑦极目：穷其目力，眺望远方。
⑧扬尘：扬起尘土。比喻时势变化快速。

## 其　二

文武[①]新茶火，君臣[②]旧药笼。泉香乖[③]昔嗜，方[④]古误书穷。
索醉归谋妇，佯痴[⑤]近作翁。信陵[⑥]醇酒[⑦]意，潦倒几英雄。

注释

①文武：文武火。文火，不猛烈的火，与猛烈的武火相对称。
②君臣：用药来治病，各有所主，主治者为君，辅治者为臣。
③乖：离。
④方：药方。
⑤佯痴：假装癫狂。
⑥信陵：信陵君。战国四公子之一。魏昭王少子，名无忌。仁而下士，有食客三千人。屡次破秦国的侵略，救赵存魏。后被谗不能受魏王重用，于是近酒色而卒。
⑦醇酒：味道醇厚的美酒。

## 其　三

秋水芙蓉[①]国，斜阳燕子家。青衫封敝簏[②]，红烛赏残花。
历劫多情在，寻春故约差[③]。壶芦墩[④]畔月，冷照旧琵琶。

注释

①芙蓉：荷花。
②簏：高而圆的竹箱。
③差：失当，错误。
④壶芦墩：地名。即今台中市丰原区。谢颂臣系丰原人。

## 其　四

遥忆登临处，今应付卧[①]游。吹云孤笛夜，落月万山秋。
挂壁舆图[②]改，寻碑屐齿[③]留。年来腰脚健，还似旧时不[④]？

注释

①卧游：卧于床榻，却能游赏风景。多指观昼、读游记而言。
②舆图：疆土。
③屐齿：木屐底部的齿。
④不：否。音 fǒu。

## 东山[①]景贤楼

（题壁）

双旌[②]五马[③]旧登临，北斗[④]文章自古今。新邑弦歌开瘴[⑤]户，大湖云气起甘霖[⑥]。

留衣偶共山僧话，建校谁知刺史[⑦]心？独上景贤楼上望，红棉花[⑧]发练江[⑨]深。

注释

①东山：地名。在广东省汕头市潮阳区东三里。

②双旌：两面旌旗。唐制，节度使或太守赐双旌双节。

③五马：古称太守。因太守出行时皆御五马，故名。

④北斗：泰山北斗。泰山是上古被认为天下最高的山；北斗七星是天上最显著的星座，为古人计时的指针。因用以比喻有名望、为世人瞻仰的人。

⑤瘴：指中国南部、西部一带山川湿热蒸郁而成的气，能使人得病。

⑥甘霖：及时雨。

⑦刺史：官名。

⑧红棉花：别名英雄树，干高花伟。

⑨练江：江名。在广东省汕头市潮阳区南，源出云落山，东入海。

## 东山秋晚

庭柯[①]策策[②]动商音[③]，紫翠连峰夕照沉。秋色西来山郭暮，大江东去海门[④]深。

空崖石抱阴阳气，古洞泉流冷暖心。苦盼银河乌鹊信，望仙桥[⑤]畔客孤吟。

注释

①柯：草木的茎干。

②策策：状声词。相当于“沙沙”。

③商音：秋声。

④海门：海口。

⑤望仙桥：桥名。在广东省汕头市潮阳区东山杨子仙庙旁。

## 追和裴君《晚登阜民台》之作

（台在无锡故署[①]，相传周公瑾[②]故第也）

斜阳满目[③]起城笳，天末吴云点暮鸦。醇酒醉寻公瑾宅，远山晴入小乔[④]家。

高台春晚秋铜雀[⑤]，废署年深长石花。怀古登临倍惆怅，东风何处载沉沙？[⑥]

注释

①署：官府，官衙。

②周公瑾：三国吴名将周瑜，字公瑾。出身士族，精通音律。曾亲率吴军与刘备合兵，大破曹兵于赤壁。

③满目：满眼。

④小乔：三国时吴国周瑜妻。与姊大乔合称二乔。

⑤铜雀：铜雀台。汉末曹操所建。故地在今河南省临漳县西南。

⑥东风何处戟沉沙：杜牧《赤壁》：“折戟沉沙铁未销，自将磨洗认前朝。东风不与周郎便，铜雀春深锁二乔。”

## 东山感秋词，次康步崖[①]中翰[②]《题壁》韵（六首）

（八月初六夜作）



### 其　一

痛哭秋风又一年，觚棱[③]梦落练江天。
（练江在潮阳南，源出云落山，东入海）
拾遗[④]冷作诸侯客，袍笏[⑤]空山拜杜鹃[⑥]。

注释

①康步崖：名咏。福建上杭人。

②中翰：清代称内阁中书为中翰。

③觚棱：宫殿上转角处呈方角棱瓣形的瓦脊。音 gū léng。

④拾遗：谏官名。有左右拾遗之分。杜甫曾任左拾遗，后入蜀依节度使严武。

⑤袍笏：古代官员上朝时穿的官服和手拿的笏板。

⑥拜杜鹃：杜甫《杜鹃》：“杜鹃暮春至，哀哀叫其间。我见常再拜，重是古帝魂。……今忽暮春间，值我病经年。身病不能拜，泪下如迸泉。”

### 其　二

天涯心逐白云飞，瑟瑟[①]秋芦点客衣。
回首大宛山上月，更无缄札[②]问当归。
（先母墓在大宛山）

注释

①瑟瑟：风声。

②缄札：书信。

## 其　三

斜日江声走急滩，残棋别墅局方难。
后堂那有闲丝竹[①]？陶写[②]东山老谢安[③]。

**注释**

①丝竹：指琴、瑟、箫、管之类的乐器。也用作音乐的总称。

②陶写：陶冶性情，宣泄郁闷。写，通“泻”。

③东山老谢安：东晋阳夏人谢安，出身士族，曾隐居会稽东山。《世说新语·言语》：“谢太傅语王右军曰：‘中年伤于哀乐，与亲友别，辄作数日恶。’王曰：‘年在桑榆，自然至此。正赖丝竹陶写，’”



## 其　四

寒蛟海上趁人来，漠漠[①]秋尘扫不开。
满目桑田清浅水[②]，五云[③]楼阁失蓬莱[④]。

**注释**

①漠漠：密布的样子。

②桑田清浅水：《神仙传·麻姑》：“麻姑自云：‘接侍以来，已见东海三为桑田，向到蓬莱水又浅于往者，会时略半也，岂将复为陵陆乎?’”

③五云：青、白、赤、黑、黄等五色彩云。

④蓬莱：海上三神山之一。

## 其　五

万树秋声撼[①]睡童，读书情趣逊欧公[②]。
挑灯[③]自写纫兰[④]句，一卷《离骚》[⑤]当《国风》[⑥]。

**注释**

①撼：摇动。

②欧公：欧阳修。著《秋声赋》。

③挑灯：拨动灯芯，使灯光愈明。

④纫兰：联纫香草而佩戴于身。屈原《楚辞·离骚》：“扈江离与辟芷兮，纫秋兰以为佩。”纫，索也；兰，香草。

⑤《离骚》：《楚辞》篇名。战国楚人屈原撰。

⑥《国风》：《诗经》的体裁之一。共160篇，大抵为周至春秋中叶的民间歌谣。

## 其　六

冷落山斋运甓[①]身，天门八翼[②]梦无因。
西风吹起神州恨，尘尾清谈[③]大有人。

注释

①运甓：晋朝陶侃早晚搬运砖，以锻炼身心，培养毅力和勤劳的习性。甓，砖。

②八翼：《晋书·陶侃传》："（侃）又梦生八翼，飞而上天见天门九重，已登其八，唯一门不得入。阍者以其杖击之，因坠地，折其左翼。"后作为志愿不遂的典实。

③尘尾清谈：魏晋名士清谈常持尘尾，称尘尾清谈。

## 刘慧君少拔廿年旧友，曾从余义军，内渡寓漳，来潮见访，赋赠

（刘慧君名少拔）

义旗[①]风卷海东云，零落登坛十万军。幕府[②]昔曾惊杜牧，名场[③]久已重刘蕡[④]。
青山故国余哀涕，黄叶清秋下夕曛[⑤]。闲煞[⑥]钤韬[⑦]无用处，可怜尊酒更论文。

注释

①义旗：本指维护正义的军队的旗帜。因以代称义师。

②幕府：将帅的府署。军旅出征，无固定住所，常以帐幕为府署，故称。

③名场：古代的考场。以其为士子争名之处，故称名场。

④刘蕡：唐政治家。精通《春秋》。文宗时应贤良对策，引用《春秋》故事，极言宦官祸国，劝帝诛灭权奸，考官叹服，然畏权阉，不敢拔取。

⑤夕曛：落日余晖。

⑥闲煞：闲极，闲甚。

⑦钤韬：古代兵法有《玉钤篇》和《玄女六韬要诀》。后因以"钤韬"泛指兵书或谋略。

## 重阳作

（呈伯质太守）

秋风万里南归客，欲耕无田住无宅。重阳无酒无黄花，更嗟不及陶彭泽[①]。
五年客里逢重阳，江山信美嗟吾乡。黄花犹向战场发，次公[②]虽醒何能狂？
青山入城夸富贵，卜居[③]已失山家味。每逢佳节欲登高，却嫌山有金银气。
湘子[④]桥颓石欲枯，文公[⑤]祠古寒秋芜。潮州老守挂冠[⑥]去，南来吾道行益孤。
海气昏昏天欲坠，且食蛤蜊知许事。[⑦]满城风雨铸新诗，幸无败兴催租[⑧]吏。

注释

①陶彭泽：东汉诗人陶潜，曾任彭泽令八十多天，因不能为五斗米折腰，遂辞官归隐，作《归去来兮辞》以见志。

②次公：汉朝盖宽饶字次公。为官廉正不阿，刺举无所回避。平恩侯许伯治第新成，权贵均往贺，宽饶不行，请而后往，自尊无所屈。许伯亲为酌酒，宽饶曰：“无多酌我，我乃酒狂。”丞相魏侯笑道：“次公醒而狂，何必酒也？”

③卜居：占卜选择居住的地方。

④湘子：唐时人。世传即八仙之一的韩湘子。

⑤文公：南宋政治家、文学家文天祥，号文山。

⑥挂冠：辞官。

⑦且食蛤蜊知许事：《南史·王弘传》：“昭略云：‘不知许事，且食蛤蜊。’”许事，何事。



⑧催租：催纳赋税。宋朝诗人潘大临，字邠老。家贫。闻搅林风生，题壁曰：“满城风雨近重阳”，忽催租人至，遂败意而止。

## 朱梅农来访，手诗集见赠，用集中李子黻长荣题词韵

**（朱梅农名尔田）**

吟鞭①遥指海云开，且借官书觅句来。岭路晓收鹦鹉瘴②，秋风人上凤凰台③。

客帆影里追前梦，官鼓声中老此才。昨过东山④辱相访，水帘亭⑤畔负流杯⑥。

注释

①吟鞭：诗人的马鞭。多以形容行吟的诗人。

②鹦鹉瘴：病名。唐朝段公路《北户录·鹦鹉瘴》：“广之南新、勤春十州呼为南道，多鹦鹉。凡养之，俗忌以手频触其背。犯者即多病颤而卒。土人谓为鹦鹉瘴。愚亲验之。”

③凤凰台：台名。在凤凰山（饶平、潮安县界）。

④东山：地名，在广东省汕头市潮阳区东三里。

⑤水帘亭：亭名。在广东省汕头市潮阳区。

⑥流杯：古代上巳日的一种习俗。即置杯于上游，使其顺流而下。流觞。

## 果园见访潮州，次前《寄怀》韵

空江渔火①夜初然②，有客新停鳄渚③船。水阁④芙蓉秋坠露，金城杨柳⑤夕愁烟。

旅鸿⑥消息来今日，戎马⑦纵横话昔年。莫向乘风亭畔望，九州⑧南尽海浮天。

**注释**

①渔火：渔舟上的灯火。

②然：即燃。

③鳄渚：鳄溪。在今广东省潮州市东北。相传韩愈作《祭鳄鱼文》驱逐鳄鱼之溪即此。

④水阁：临水的楼阁。

⑤金城杨柳：《晋书·桓温传》："温自江陵北伐，行经金城，见少为琅琊时所种柳皆已十围，慨然曰：'木犹如此，人何以堪！'攀枝执条，泫然流涕。"后遂用为世事兴废之典。此诗之金城为潮州之别称。

⑥旅鸿：南徙之鸿雁，群飞之鸿雁。

⑦戎马：战马。借指战争、战事。

⑧九州：中国古代分全国为九州。后用以泛指中国。

## 寄怀黄公度遵宪（二首）

**（黄公度[①]名遵宪，嘉应州城外下市人，别号人境庐主，清孝廉，官至湖南布政使）**

### 其　一

茫茫海道九秋[②]思，渺渺凉波万顷陂[③]。八月灵槎虚汉使，[④]三闾奇服怨湘妃。
醉倾沧海麻姑酒，劫入商山[⑤]橘叟棋[⑥]。铁汉楼高[⑦]闲怅望，岭云南护《党人碑》。

**注释**

①黄公度：清末广东梅县人黄遵宪，字公度。曾任驻日、英使馆参赞及旧金山、新加坡总领事等职，后官湖南按察使。因参加戊戌政变，罢归。平日善为诗，主张"我手写我口"，所以用语通俗。著有《人境庐诗草》、《日本国志》、《日本杂事诗》。

②九秋：秋季的九十天。

③陂：水池。

④八月灵槎虚汉使：杜甫《秋兴》："听猿实下三声泪，奉使虚随八月槎。"

⑤商山：山名。在陕西省商县东南。

⑥橘叟棋：牛僧孺《幽怪录·橘中之乐不减商山》："巴邛橘园中，霜后，见橘如缶，剖开，中有三老叟象戏。一叟曰：'橘中之乐，不减商山，但不得深根固蒂耳。'一叟取龙脯食之，食讫，余脯化为龙，众乘之而去。"

⑦铁汉楼高：铁汉楼。本为宋代梅州城北门城楼，明朝人建祠其上，以表北宋名臣刘安（元城）之节，元城贬梅州，不以险阻动心，苏轼以为铁汉。楼已毁无存。

## 其 二

万木萧森[①]夜有霜，登高怀古客心伤。斜阳澹[②]作黄昏色，残月遥分太白[③]光。
卧病梦持明主节[④]，起居缄[⑤]费远人珰[⑥]。著书闲对秋灯影，独乐园中漏点长。

注释

①萧森：寂寞衰落的样子。
②澹：浅淡。
③太白：星名。
④持明主节：明主，圣明的君主。持节，指出使。古代出使者多执符节以为凭证。
⑤缄：信封，信札。
⑥珰：耳珠，耳环。



## 朱梅农归羊城[①]，三叠前韵为送

十幅蒲帆[②]鳄渚[③]开，行装捆[④]载好诗来。人归国子[⑤]先生庙，秋在蛮夷[⑥]大长台。
珠海[⑦]群花供客笑，金山[⑧]明月照论才。平生我最思张翰[⑨]，跌宕[⑩]千秋一酒杯。

注释

①羊城：地名。广州市的别称。
②蒲帆：以蒲叶编成的帆。
③鳄渚：鳄溪。在今广东省潮州市东北。相传韩愈作《祭鳄鱼文》驱逐鳄鱼之溪即此。
④捆：用绳束缚。
⑤国子：贵族子弟。包括王世子、诸侯、卿、大夫之众子，元士的嫡长子。
⑥蛮夷：古时汉民族对四夷的简称。
⑦珠海：地名。在广东省。
⑧金山：地名，在潮州城北。
⑨张翰：西晋文学家，字季鹰。吴郡人。因见政事混乱，乃托词思念故乡莼羹、鲈鱼脍，辞官归吴。尝曰：“使我有身后名，不如即时一杯酒。”
⑩跌宕：行为放逸，不受拘束。

## 鸡笼[①]金

（《忆台杂咏》之一）

鸡笼山畔阵[②]云阴，辛苦披沙一水深。
宝藏尚存三易主[③]，人间真有不祥金。

注释

①鸡笼：地名。基隆之旧名。
②阵：显示，排列。
③三易主：三次改朝换代。易主，换主人。

## 有感书赠义军[1]旧书记（四首）

### 其　一

拜将坛高卓[2]义旗[3]，五洲[4]睽目[5]属[6]雄师[7]。
当时力保危台意，只有军前壮士知。

注释

①义军：丘逢甲在台时组织抗日的军队。
②卓：建立，竖立。
③义旗：本指为维护正义而战的军队的旗帜。因以代称义师。
④五洲：泛指世界各地。
⑤睽目：张目注视。
⑥属：瞩目。注目，注视。音 zhǔ。
⑦雄师：雄劲善战的军队。

### 其　二

宰相有权能割地，孤臣无力可回天。
（别台旧句）
啼鹃[1]唤起东都[2]梦，沉郁[3]风云已五年。

注释

①啼鹃：杜鹃鸟。
②东都：台湾。郑成功攻克台湾，改台湾为东都。
③沉郁：沉闷忧郁。

### 其　三

凤凰台[1]上望乡关[2]，地老天荒[3]故将闲。
自写鄂王词[4]在壁，从头整顿旧河山。[5]

注释

①凤凰台：台名。广东省阳江市东北凤凰山上。

②乡关：故乡。

③地老天荒：谓改朝换代。

④鄂王词：岳飞手书《满江红》词。岳飞死后，嘉定中追封为鄂王。

⑤从头整顿旧河山：岳飞《满江红》："待从头收拾旧山河，朝天阙。"

## 其 四

谁能赤手[①]斩长鲸？不愧英雄传里名。
撑起东南天半壁[②]，人间还有郑延平[③]。

注释



①赤手：空手。

②半壁：半边。

③郑延平：郑成功。1658 年桂王立，封为延平郡王。

## 次韵答兰史[①]香江[②]见赠

乾坤何地许扬眉[③]？海上逢君泪满衣。泥饮[④]已虚蝴蝶会[⑤]，寄愁[⑥]惟咏杜鹃诗。
平陵[⑦]松柏[⑧]人谁问？京雒风尘[⑨]客自知。拟约子猷[⑩]重过访，扁舟春雪预相期。
（时招晓沧[⑪]南游）

注释

①兰史：潘兰史。番禺人，别号独立山人。清朝举人。

②香江：香港的别称。

③扬眉：扬眉吐气。得意的样子。

④泥饮：喝醉酒。

⑤蝴蝶会：清代宴集的一种名目。《两般秋雨盦随笔·蝴蝶会》："今同人携酒一壶，肴二碟，醵饮，名之曰蝴蝶会。匪仅谐声，亦以象形也。"

⑥寄愁：寄托忧思的情怀。

⑦平陵：陵名。汉昭帝之陵。在陕西省咸阳市之西北。

⑧松柏：指坟墓。因古人墓地多植松柏而得名。

⑨京雒风尘：京雒，即京洛，指洛阳。陆机《为顾彦先赠妇诗》："京洛多风尘，素衣化为缁。"

⑩子猷：晋朝王徽之，字子猷。居山阴时，夜雪初霁，月色清朗，四望皓然，独酌，咏左思《招隐》诗，忽忆戴逵，便夜泛小舟至剡溪，至门不入而返，人问其故，答曰：

"我本乘兴而来，兴尽而返，何必见戴?"

⑪晓沧：王晓沧。广东嘉应州人。清朝拔贡生。

# 卷七　庚子稿（1900年）

## 元旦试笔（二首）

### 其　一

大九州[1]当大一统[2]，书生原有觉民权。

（乙未至己亥，上元皆无月）

待将宣圣[3]麟书笔[4]，遍布王春海外天。

注释

①九州：中国古代分全国为九州。后用以泛称中国。

②一统：天下或全国统一而不分裂。以别于割据的形势。

③宣圣：汉平帝元始元年，追谥孔子为褒成宣尼公。自汉以来，历代帝王皆尊孔子为圣人，后诗文中多称孔子为宣圣。

④麟书笔：麟笔。称史官的笔。取孔子著《春秋》绝笔于获麟事以见意。

### 其　二

除旧居然又布新，[1]溶溶[2]四海[3]一家春。

皇威万里行儒教，八表[4]同风拜圣人。

注释

①除旧居然又布新：除旧布新。除去旧景观，布陈新气象。

②溶溶：广大、宽广的样子。

③四海：古代以为中国四境皆有海环绕，故称四方为四海，即天下。

④八表：八方以外。指极远的地方。

## 早春有怀兰史，用高常侍[1]《人日[2]寄杜拾遗[3]》韵

**（潘兰史别号独立山人，著有《说剑堂集》）**

东风夜入说剑堂，引杯自醉梅花乡。韩江[4]有客远相忆，江声正搅愁人肠。
闻鸡欲舞[5]谁相与？神州[6]陆沉[7]剧[8]堪虑。只今海上无仙山，缥缈[9]飞楼寄何处？
蟠桃[10]花发天为春，安知沧海方扬尘[11]？与君行觅咏诗地，我亦苍茫独立人。

**注释**

①高常侍：唐诗人高适。所作边塞诗，多古体、乐府，对边塞的地势、景色和保国卫土的豪情有突出的描写。著有《高常侍集》。

②人日：农历正月初七。

③杜拾遗：唐诗人杜甫，肃宗时拜左拾遗。

④韩江：江名。在广东省。

⑤闻鸡欲舞：晋朝祖逖与刘琨共被同寝，夜半闻荒鸡鸣，乃与琨起身舞剑。后世比喻有志之士及时奋起。

⑥神州：中国。

⑦陆沉：陆地沉没。比喻国家领土沉沦。

⑧剧：极，甚。

⑨缥缈：隐隐约约、若有若无的样子。

⑩蟠桃：仙桃。

⑪沧海方扬尘：比喻时势变易快速。《神仙传·麻姑》：“麻姑自云：‘接侍以来，已见东海三为桑田，向到蓬莱，水又浅于往者，会时略半也，岂将复还为陵陆乎？’方平笑曰：‘圣人皆言海中复扬尘也。’”后为世事变迁之典。

## 林鹭云[1]郎中[2]鹤年寄《题蚝墩忠迹诗册》追忆旧事，次韵遥答（八首）

### 其一

故人天末缄[3]诗至，格似龙标[4]供奉[5]多。
不愧南中称十子，一时人望属西河。
（菽园[6]拟刻《南中十子诗》，君预焉。西河，君望也）

**注释**

①林鹭云：福建安溪人。名鹤年，号铁林。光绪八年举于乡，后以道员加按察使衔。光绪间曾来台，寄籍淡水。台湾割让日本之后，回厦门，筑怡园于鼓浪屿。

②郎中：旧时官名。

③缄：闭藏。隐藏。

④龙标：唐诗人王昌龄，晚年以不谨细行贬龙标尉。

⑤供奉：官名。唐代有高洁修养的文人及艺术家，皆被皇帝罗致左右，供他一人使唤，称为供奉。李白曾供奉翰林。

⑥菽园：丘菽园。名炜爱。福建海澄人。清朝举人，经商南洋。

## 其 二

笔端浩气满乾坤①，桑海②归来义愤③存。

碎破河山同感慨，更将忠迹表蚝墩④。

**注释**

①乾坤：天地。

②桑海：沧海变桑田。比喻世事多变，人生无常。

③义愤：基于正义公理而激发的愤怒。

④蚝墩：地名。在今广东省潮阳和平乡。靠海产蚝，故称。传说宋末文天祥兵败至潮，路经蚝墩，在小食店用餐后，恐元兵追踪，匆匆赶路，匆促之间把团扇遗失，跑了一段路后，发觉。这枝扇内有文天祥的名字，恐元兵查出，于是原路奔回寻找，店家即将原物奉还。文公认为乡民和蔼可亲，便将乡名改为和平，并亲书“和平里”三字赠送。

## 其 三

当时痛哭割台湾，未肯金牌奉诏还①。

仓葛②哀呼竟何补？全军难保武峦山③。

（方君参某太仆④团防军事时，予总统全台各路义军。割台之役，太仆仓猝⑤内渡⑥。予独抗议保台，卒乃转战支离⑦，无成而去。武峦山在台中。）

**注释**

①金牌奉诏还：宋代驿传分三等，至熙宁中又增金字牌急脚递，日行五百余里，最为快速。其版以木牌朱漆金字，若有前线军机要事，则自御前发下，叫做金牌。岳飞大破金兵，而秦桧主力和议，遂一日降十二道金牌诏令，要岳飞罢兵。

②仓葛：周朝人。襄王以阳樊、温原、欑茁之田与晋，阳樊不服，晋军围之。仓葛呼曰：“德以柔中国，刑以威四夷，宜吾不敢服也。此谁非王之亲姻，其俘之也，乃出

其民。"

③武峦山：大武峦山。即今之玉山。

④太仆：官名。清光绪间并入陆军部。

⑤仓猝：急遽仓皇。

⑥内渡：指返回大陆内地。

⑦支离：分散。

## 其四

英雄愧说郑延平[①]，目断残山一角青。
何日天戈竟东指，誓师[②]海上更留铭！

（保台之举，日人平山氏比予为郑成功，可愧也。"海上誓师"，朱子磨崖[③]字。或以为郑有台谶[④]云。）



注释

①郑延平：郑成功于1658年由桂王封为延平郡王，人称郑延平。

②誓师：出征的军队，在未出发之前，聚集将士而宣誓告诫。

③磨崖：山崖石头上镌刻的文字。

④台谶：郑氏入台时有"草鸡干头"之谶。王渔洋《池北偶谈·厦门埠刻》：明季崇祯庚辰岁，有闽僧贯一者，居鹭门（即今厦门）。夜坐，见篱外坡陀有光，连三夕。怪之，因掘地得古砖，背印两圆花突起，面刻古隶四行，其文曰："草鸡夜鸣，长耳大尾。干头衔鼠，拍水而起。杀人如麻，血成海水。起年灭年，六甲更始。庚小熙皞，太平千纪。"凡四十字。闽县陈衍盘生，明末著《槎上老舌》一书，备记其语，至今癸亥四十四年矣。识者曰：鸡，"酉"字也，加草头大尾长耳，"郑"字也，干头，"甲"字，鼠，"子"字也。谓郑芝龙以天启甲子起海中为群盗也。明年甲子，距前甲子六十年矣。庚小熙皞，寓年号也。前年万正色克复金门、厦门，今年施琅克澎湖，郑克塽上表乞降，台湾悉平。六十年海氛一朝荡涤，此固国家灵长之福，而天数已预定矣，异哉！

## 其五

黯黯[①]归云拥海槎[②]，浪纡[③]筹策[④]事量沙[⑤]。
岛中义士依然在，伏腊[⑥]年年奉汉家。

注释

①黯黯：昏暗不明的样子。

②海槎：渡海的木筏。

③纡：屈曲。

④筹策：计谋，谋划。杜甫《咏怀古迹》："三分割据纡筹策，万古云霄一羽毛。"

⑤量沙：《南史·檀道济传》："道济时与魏军三十余战多捷，军至历城，以资运竭乃还。时人降魏者具说粮食已罄，于是士卒忧惧，莫有固志，道济夜唱筹量沙，以所余少米散其上。及旦，魏军谓资粮有余，故不复追，以降者妄，斩以徇。"后以"量沙"为安定军心，迷惑敌人之典。

⑥伏腊：夏季的伏日。夏至后第三庚日起，三十日内，称为伏日，是夏季最热的时日。

## 其六

经史[1]无功世贱[2]儒[3]，空山披褐[4]感潜夫[5]。
斩新[6]花样愁经眼[7]，颠倒天吴[8]紫凤[9]图。

注释

①经史：经史子集。中国古代图书分类的四个总目。经包括经籍及小学；史为史书。

②贱：轻视。

③儒：有道德的学者。

④褐：粗布衣或由粗麻制成的衣服。

⑤潜夫：隐居而不欲人知之人。

⑥斩新：极新，最新。

⑦经眼：杜甫《曲江二首》："且看欲尽花经眼，莫厌伤多酒入唇。"

⑧天吴：海神名。《山海经·海外东经》："朝阳之谷，有神曰天吴，是为水伯，其为兽也，人面八首，八足八尾，皆青黄也。"

⑨紫凤：紫色凤凰。杜甫《北征》："天吴及紫凤，颠倒在短褐。"

## 其七

尊酒[1]东山[2]拜大忠[3]，浩歌[4]人尚气如虹[5]。
残篇重检王炎午[6]，来祭庐陵信国公[7]。

注释

①尊酒：樽酒。一杯酒。

②东山：地名。在今广东省汕头市潮阳区东三里，绵亘六十里。

③大忠：大忠祠。在潮阳东山麓，祀文天祥。

④浩歌：长歌，放声歌唱。

⑤气如虹：气势之盛，足贯长虹。形容意气的壮盛。

⑥王炎午：宋朝庐陵人。初名应梅，字鼎翁，别号梅边。咸淳间补太学生。临安陷，谒文天祥，毁家以助军饷，天祥留置幕府。已而以母病归。未几，天祥被执，应梅作生祭文以励其死，自是杜门却扫，益肆力于诗文，更其名曰炎午，名其所著曰《吾汶稿》，皆

示不仕异代之意也。

⑦庐陵信国公：文天祥，江西庐陵人。封信国公。

## 其 八

徙[①]尽虹桥桥畔蚝[②]，北风吹客冷萧骚[③]。
《沁园》[④]一阕君须记，"落木斜阳"[⑤]句更豪。

注释

①徙：迁移。

②蚝：牡蛎的别名。

③萧骚：状声词。形容风声。

④《沁园》：即《沁园春》，词牌名。见文天祥《沁园春》词："为子死孝，为臣死忠，死亦何妨，自光岳气分，士无全节，君臣义缺……骂贼睢阳，爱君许远，留得声名万香……"

⑤落木斜阳：文天祥《沁园春》词有"枯木寒鸦几夕阳"句。

## 将之南洋，留别亲友（八首）

## 其 一

一水茫茫[①]络[②]五洲[③]，此行心已遍全球。衣冠[④]异代图王会[⑤]，书剑[⑥]平生快壮游。
花缦[⑦]俗探柔佛[⑧]国，锦袍人上谪仙[⑨]舟。要知吾道其南意，鲁叟先言海可浮。[⑩]

注释

①茫茫：辽阔旷远的样子。

②络：缠绕。

③五洲：五大洲。世界陆地旧分五洲。今分七大洲。

④衣冠：衣和冠。古代士以上戴冠，因用以指士以上的服装。

⑤图王会：王会图。图册名。唐代画家阎立本所绘的四夷朝会图。《旧唐书·南蛮西南蛮传·东谢蛮》："贞观三年，元深入朝，冠乌熊皮冠，若今之髦头，以金银络额，身披毛帔，韦皮行縢而著履。中书侍郎颜师古奏言：'昔周武王时天下太平，远国归款，周史乃书其事为《王会篇》。今万国来朝，至于此辈章服，实可图写，今请撰为《王会图》。'从之。"后用以泛指朝会图。

⑥书剑：书籍和宝剑。书和剑是古代读书人毕生所求的两大目标，书代表文章，指读书做官；剑代表武艺，指仗剑从军。

⑦花缦：将花朵连贯成串，作为饰物。

⑧柔佛：地名。马来西亚的一州。在马来半岛的最南端。

⑨谪仙：称誉一个人才学优异，清超拔俗，就像谪降人间的仙人。

⑩鲁叟先言海可浮：鲁叟，指孔子。《论语·公冶长》："道不行，乘桴浮于海。"

## 其　二

书生三十旧登坛[①]，落拓[②]防身剑气寒。异国谈瀛[③]夸海客[④]，中天[⑤]列宿[⑥]愧朝官。

千年鹤爪书何苦？一卷《虬髯传》[⑦]未残。独上柁楼[⑧]看象纬[⑨]，东南风急送青翰[⑩]。

**注释**

①登坛：登上坛场。拜将。

②落拓：穷困失意。

③瀛：瀛洲。海上仙山名。喻指台湾。

④海客：航海的人。也指流浪江湖的人。

⑤中天：天空的中央。

⑥列宿：群星。指二十八星宿。宿，音 xiù。

⑦《虬髯传》：《虬髯客传》。唐朝杜光庭撰。述李靖见杨素识红拂，红拂慧眼识英雄，夜奔李靖。二人在旅邸遇虬髯客，三人结为兄妹。至太原见李世民，虬髯客以为天下有主，便举家赠靖，另图发展。

⑧柁楼：舵楼。船上操舵之室。亦指后舱室。

⑨象纬：象数谶纬。指日月五星。

⑩青翰：青翰舟。刻饰鸟形，涂以青色，故称。

## 其　三

五载金城客闭门，拍天海气昼昏昏。九边[①]田牧[②]思班壹[③]，二帝邀游笑马援[④]。

（五载金城，由丙申至庚子五年间居潮州。金城，即潮州）

地陷东南浮大岛，天留豪杰救中原。抚髀[⑤]漫下英雄泪，新野[⑥]应容一旅[⑦]屯。

**注释**

①九边：明代的九处要镇。即辽东、蓟州、宣府、大同、山西、延绥、宁夏、固原、甘肃。各设重兵，统以大将。

②田牧：畜牧。汉朝桓宽《盐铁论·西域》："往者匈奴据河山险，擅田牧之利，民富兵强，行入为寇。"《后汉书·马援传》："（援）少有大志，诸兄奇之。尝受《齐诗》，意不能守章句，乃辞兄，欲就边郡田牧。"

③班壹：汉人。秦末避地楼烦（古国名，秦末属于匈奴，在今山西省），以牧起家，自采访使入为大理少卿。过大梁，刺史倪若水饯之，立望其行尘，久之及返，谓官属曰："班生此行，何异登仙。"

④马援：东汉马援，扶风茂陵人，字文渊。王莽末年，任新成大尹，后依陇西隗嚣，

终归刘秀。任陇西太守，后任伏波将军，远征交趾。

⑤髀：大腿。刘备住荆州数年，尝于刘表坐起至厕，见髀肉生，慨然流涕。

⑥新野：地名。在河南省西南部南阳市，东汉末刘备曾屯兵于此。

⑦旅：军队编制的单位。古以五百人为一旅，或以二千人为一旅。

## 其 四

破荒[①]文字走风雷[②]，草昧[③]思从海外开。挟策[④]九夷[⑤]嬉[⑥]凤去，携竿三岛[⑦]钓鳌来。
天回博望乘槎[⑧]路，人陋相如[⑨]谕[⑩]蜀才。无限抱孙椎结[⑪]辈，待教绝徼[⑫]筑朝台。

注释

①破荒：破天荒。打破古老的洪荒世界，使它进入新的境域。《摭言·二》："荆南解比，号天荒。大中四年刘蜕舍人以是府解及第，时崔魏公作镇，以破天荒钱七十万资蜕。蜕谢书略曰：'五十年来，自是人废；一千里外，岂曰天荒！'"后以指前所未有或第一次出现。

②风雷：形容气势很盛。

③草昧：混乱的时代。

④挟策：持鞭，扬鞭。喻奔走、行动。

⑤九夷：古代称东方的九种民族。亦指其所居之地。

⑥嬉：游戏取乐。

⑦三岛：古代以为渤海中有蓬莱、方丈、瀛洲三个神仙所住的山岛，称为三岛。

⑧博望乘槎：张华《博物志》："天河与海通。近世有人居海渚者，年年八月有浮槎去来不失期。人有奇志，立飞阁于槎上，多赍粮，乘槎而去。至一处，有城郭状，居舍甚严。遥望宫中多织妇，见一丈夫牵牛渚次饮之。此人问此是何处。答曰：'君还至蜀郡，访严君平则知之。'后至蜀，问君平。曰：'某年月日，有客星犯牵牛宿。计年月，正是此人到天河时也。'宗懔《荆楚岁时记》引此，谓此人即汉名臣张骞。"张骞曾封博望侯。

⑨相如：西汉辞赋家司马相如，蜀郡成都人。工辞赋。

⑩谕：得知，明白。

⑪椎结：将头发编束成锥形的髻。

⑫绝徼：极为边远的地方。音 jué jiào。

## 其 五

万里南车[①]过越裳[②]，春风原不阻炎荒[③]。虚无龙鼎[④]讹[⑤]黄帝，郑重《麟书》[⑥]拜素王[⑦]。
骠国[⑧]乐来天酒醉，鲛人[⑨]市罢海珠光。蛮花万树开如雪，难遣填胸[⑩]热血[⑪]凉。

注释

①南车：指南车。用以分辨方向的一种车子。相传为黄帝所作。

②越裳：古国名。在今越南南部。

③炎荒：南方酷热荒远之地。

④龙鼎：《史记·封禅书》："黄帝采首山铜，铸鼎于荆山下。鼎既成，有龙垂胡髯下迎黄帝。"

⑤讹：谣言。错误。

⑥《麟书》：《麟经》。《春秋》的别名。因孔子作《春秋》止于获麟。

⑦素王：指有王者之道而无王者之位的人。即空王。后来儒家则用以专指孔子。

⑧骠国：古缅甸国名。

⑨鲛人：传说居住在海底的怪人。龙属，人状，善织。《述异记·下》："南海中有鲛人室，水居如鱼，不废机织，其眼能泣，则出珠。"

⑩填胸：填膺。塞满心胸。

⑪热血：指有血性富同情心的人。

## 其　六

极外占星[①]计水程，天门[②]残梦搅涛声。青牛[③]道远流沙[④]阻，白马经[⑤]荒劫火生。

看日果逢人北向，行云如送客南征。亶洲[⑥]洲上瞻尼父[⑦]，海燕春风正满城。

注释

①占星：用星宿配合人的出生时日，来占卜命运的好坏。

②天门：天宫之门，或皇宫之门。

③青牛：道家语。称仙人所骑的牛。《列仙传·老子》："后周德衰，乃乘青牛车去，入大秦，过西关，关令尹喜待而迎之。"

④流沙：指中国西北的沙漠地区。

⑤白马经：后汉明帝时，派遣博士王遵等人出使西域，迎接佛法。遇迦叶摩腾、竺法阑二僧，带白毡画释迦像、《四十二章经》，以白马驮之，于是邀二僧至洛阳，从此中国受佛教的影响。

⑥亶洲：岛名。在东海中。唐朝杨炯《遂州长江县先圣孔子庙堂碑》："坐于缁帷之林，浮于亶洲之海。"

⑦尼父：对孔子的尊称。

## 其　七

骊歌[①]声里即天涯，胡越何妨竟一家！大海从新开世界，群山依旧拱[②]中华。

贡[③]金待铸先朝史，碾[④]玉教图异域花。岛国王侯看下拜，书生此念太豪奢[⑤]。

注释

①骊歌：告别的歌。

②拱：环绕。

③贡：进献方物。

④碾：研磨。

⑤豪奢：豪华奢侈。

## 其　八

南溟[①]从古是天池，笑看鲲鹏[②]变化时。已遣少师[③]先入海，可容箕子[④]独明夷[⑤]。

人来上国[⑥]仍冠冕[⑦]，诗出中原更鼓旗。箧[⑧]有中朝[⑨]新乐府[⑩]，遍传骑象戴花儿[⑪]。

注释



①南溟：传说中的南方大海。本作南冥。《庄子·逍遥游》："是鸟也，海运则将徙于南冥。南冥者天池也。"后多作南溟。

②鲲鹏：古代传说中的大鱼和大鸟。《庄子·逍遥游》中记载北冥大鱼名鲲，化而为大鸟名鹏。

③少师：乐官名。《论语·微子》："少师阳，击磬襄，入于海。"

④箕子：商纣的叔父。纣无道，屡谏不听，乃被发佯狂为奴，因而被囚。周武王克殷，释箕子之囚，以箕子归镐京。箕子为武王陈《洪范》，论治国大法。后箕子避往朝鲜，遂为朝鲜始祖。

⑤明夷：《易经》卦名。离下坤上。《易·明夷》："明夷，利艰贞。"表示光明被上面的黑暗遮住，含有君主在上昏暗，贤者在下不得志而退避的意思。

⑥上国：古称中国为上国。对夷狄而言。

⑦冠冕：古代帝王、官员所戴的帽子。

⑧箧：长方形藏物的竹器。

⑨中朝：中国。

⑩新乐府：从古乐府演变革新的一种新体诗。创始于初唐。初唐人写乐府诗，除沿用汉魏六朝乐府旧题外，已有少数诗人另立新题，虽辞为乐府，已不被于声律，故称新乐府。

⑪骑象戴花儿：指中南半岛之居民。

## 初发韩江[①]

韩山[②]云气拥双旌[③]，江上扁舟第一程。四海客怀鸿鹄志[④]，三春人别凤凰城[⑤]。

九州[⑥]有九征[⑦]吾说，南斗以南快此行。无限雄心消不得，倚篷[⑧]闲看暮潮生。

**注释**

①韩江：水名。又名恶水、恶溪。又名员水。以产鳄鱼故，所以又称为鳄溪。韩江之名因韩愈而得，即韩愈驱鳄鱼处。

②韩山：山名。在韩江附近。

③双旌：两面旗帜。唐制节度使或太守赐双旌双节。

④鸿鹄志：远大的志向。比喻英雄豪杰之志。《史记·陈涉世家》："嗟乎！燕雀安知鸿鹄之志哉？"

⑤凤凰城：广东省潮州的别称。清朝黄遵宪《将至潮州》："片帆遥指凤凰城，屈指家山尚几程。"

⑥九州：中国古代分全国为九州。后用以泛指中国。

⑦征：证验。

⑧篷：船舱。



## 鮀江[①]喜晤许韫伯[②]大令[③]（五首）

### 其　一

崎峻[④]台边话故晨，天涯五见异乡春。相逢岭峤[⑤]投荒[⑥]地，同是江淮[⑦]唱义[⑧]人。

笔下雄文消鳄气，[⑨]匣中长剑秘龙身。[⑩]愁看清浅蓬莱水[⑪]，满目茫茫[⑫]碧海尘。

**注释**

①鮀江：地名。即汕头。

②许韫伯：人名。许南英。见《春感次许蕴伯大令韵》诗注。

③大令：旧时对县令的尊称。

④崎峻：崎，山路不平；峻，高峭。

⑤岭峤：指五岭。峤，音 jiào。

⑥投荒：被贬谪、流放到荒远的地方。

⑦江淮：指长江与淮河。

⑧唱义：倡义，倡道起义。

⑨笔下雄文消鳄气：相传唐朝韩愈为潮州刺史时，潮安县东北溪中有鳄鱼害民，愈作文以驱之。

⑩匣中长剑秘龙身：《晋书·张华传》："焕到县，掘狱屋基，入地四丈余，得一石函，光气非常，中有双剑，并刻题，一曰龙泉，一曰太阿。"

⑪清浅蓬莱水：《神仙传·麻姑》："麻姑自云：'接待以来，已见东海三为桑田，向到蓬莱水乃浅于往者，会时略半也，岂将复为陵陆乎？'"

⑫茫茫：模糊不清楚。

## 其 二

小别鬑鬑[①]竟有髭[②]，相看都异少年时。玉山缥缈[③]还乡梦，珠海[④]苍凉感事诗。
黄屋[⑤]降尊[⑥]谈粤吏，青衫[⑦]收泪醉蛮姬[⑧]。上公[⑨]旁侍无红拂[⑩]，谁识三原[⑪]李药师[⑫]。

**注释**

①鬑鬑：鬓发长而下垂。鬑，音 lián。

②髭：生在嘴唇上边的短须。音 zī。

③缥缈：隐隐约约、若有若无的样子。

④珠海：地名。在广东省。

⑤黄屋：天子的坐车。因车盖以黄缯为里，故名。借指天子。

⑥降尊：纡尊降贵。屈抑自己的地位。

⑦青衫：青色的衣衫。古代职位低的官员穿着青色的长衫。亦指书生。

⑧蛮姬：南方的美女。

⑨上公：公爵的尊称。亦泛指高官显爵。

⑩红拂：人名。本姓张，遇李靖，识其雄才大略，相与私奔。途遇虬髯客，结为兄妹，共助李靖佐李世民，立下大功。

⑪三原：地名。在陕西省。

⑫李药师：唐朝李靖，字药师。三原人。为唐开国名将，平吴，破突厥，定吐谷浑，功业极伟，封卫国公。

## 其 三

百粤[①]从来地陆梁[②]，花开争唱小南强[③]。青天转粟[④]穷搜括[⑤]，白昼探丸[⑥]各奋张[⑦]。
战气民偏私斗勇，愤谈人笑老生常[⑧]。不须更问匡时[⑨]策，且看新诗压锦囊[⑩]。

**注释**

①百粤：族名。古代中国及越南的民族之一。粤以百称，明其族类之多。百粤所居之地，包括中国东南、正南及其以南之地及越南。

②陆梁：地区名。秦时称五岭山脉以南的地方，即今广东省、广西壮族自治区等地区为陆梁。

③小南强：花名。茉莉花的别名。《清异录·百花·小南强》："南汉地狭力贫，不出揣度，有欺四方，傲中国之志。每见北人，胜夸岭海之强，世宗遣使入岭，馆接者遗茉莉，文其名曰小南强。"

④转粟：运送谷物。

⑤搜括：征收，掠财物。搜索寻找。

⑥探丸：摸取弹丸，类似今日的抽签、抓阄。

⑦奋张：有力地伸开、张开、振奋。

⑧笑老生常：笑老生常谈。

⑨匡时：挽救时弊。

⑩锦囊：锦制的袋子。古人用以藏珍贵物品或诗篇。

## 其　四

漭漭[①]河流玉斧[②]声，春风城郭客愁生。天吴[③]紫凤[④]图纷改，清水黄龙约[⑤]末更。

奉使越中无陆贾[⑥]，笑人岛上有田横[⑦]。九州[⑧]何地犹容避？不惜浮槎[⑨]万里行。

注释

①漭漭：水面广大辽远的样子。

②玉斧：古代神话故事中的伐月斧。

③天吴：海神名。《山海经·海外东经》："朝阳之谷有神曰天吴，是为水伯……虎声人面，八首八足八尾。"

④紫凤：传说中的神鸟。亦指衣上凤鸟花纹。《大荒北经》："大荒之中有山，名曰北极天柜，海水北注焉。有神九首，人面鸟身，名曰九凤。"杜甫《北征》："天吴及紫凤，颠倒在短褐。"

⑤黄龙约：黄龙誓。以黄龙为信物，订立誓约。

⑥陆贾：汉初思想家、辞赋家。楚人，有辩才。刘邦打天下时，以陆贾为谋士，并多次出使南越，官至太中大夫。

⑦田横：秦末，兄齐王田荣死后，田横继续统领众人，自立为齐王。汉高祖统一全国，田横率领徒众五百人逃入海岛。

⑧九州：中国古代分全国为九州。后用以泛指中国。

⑨浮槎：传说天河与大海相通，每年八月有木筏往来其间。槎，竹筏、木筏。

## 其　五

乘风迳欲[①]跨南溟[②]，游客征轮[③]此暂停。鮀浦[④]潮青天漠漠[⑤]，鸥汀[⑥]帆去雨冥冥[⑦]。

万方待见黄人[⑧]日，五纬[⑨]交连赤道星。莫笑临岐[⑩]歌慷慨[⑪]，沧洲[⑫]目极海云青。

注释

①迳欲：直欲。

②南溟：南海。

③征轮：远行的事。

④鮀浦：鮀江。即今汕头。

⑤漠漠：弥漫的样子。

⑥鸥汀：群鸥栖息的沙洲。

⑦冥冥：昏暗。

⑧黄人：黄色人种的简称。

⑨五纬：金、木、水、火、土五星的总名。

⑩临岐：至岐路处。

⑪歌慷慨：慷慨悲歌。

⑫沧洲：水边。古时常用以称隐士的居地。

## 次韵答韫伯[①]（二首选一）

### 其一

丝丝烟柳拂[②]江滨[③]，江上青旂[④]一色春。吏部文章驱鳄地，[⑤]旌阳[⑥]家世斩蛟[⑦]人。宰官身说无边法，欢喜[⑧]禅留未了因[⑨]。（韫伯自号留发头陀）解释风流为政意，看花来治日南[⑩]民。



注释

①韫伯：人名。许南英。见《春感次许蕴伯大令韵》诗注。

②拂：掠过。

③江滨：江岸。

④青旂：酒旗。

⑤吏部文章驱鳄地：唐古文家、诗人韩愈，官至吏部侍郎。相传愈为潮州刺史时，潮安县东北溪中有鳄害民，愈作文以驱之。

⑥旌阳：古地名。故址在今湖北省枝江市北。

⑦斩蛟：斩杀水蛟。指除害。历史上斩蛟的传说很多。如春秋时次非斩蛟。《水经注·河水》载春秋时澹台灭明之渡河斩蛟。晋朝周处之长桥斩蛟。《荆州记》载邓遐之沔水斩蛟等。

⑧欢喜：尊者名。释迦之弟子，阿难陀也。

⑨未了因：佛家语。指前生或此生尚未结束的因缘。

⑩日南：汉郡名。其地即今越南中部。

## 鮀浦[①]将发，寄许韫伯[②]

别怀难共海云开，更向何人借酒杯？
本领[③]依然心计[④]拙[⑤]，可怜还唱《渭城》[⑥]来。

注释

①鮀浦：鮀江。地名。即今汕头，旧设鮀浦司。

②许韫伯：人名。许南英。
③本领：技能，才能。
④心计：心中的谋划。
⑤拙：迟钝，不灵巧。
⑥《渭城》：《渭城曲》。王维作。常作为送别之用。

## 饮香江①酒楼，即席作（四首）

### （有序）

将之南洋，道出香江，二月八夕，友人邀饮于酒家之楼，群花②侑觞③，征④歌竟夕。嗟乎！车雷⑤夜走是华夷⑥杂沓⑦之场；花雨春霏，极文酒⑧雍容⑨之乐。龙蛇⑩起陆，倚剑问天；莺燕⑪昵⑫人，持觞⑬酹地⑭。际兹盛集，难已情言。首唱⑮四章，以先诸子。

### 其　一

惘惘⑯尊前唤奈何⑰，春风杨柳客闻歌。
谁知丝竹⑱中年感，更比新亭涕泪⑲多。

注释

①香江：香港的别称。
②群花：喻指众多美女。
③侑觞：劝酒。
④征：征召。
⑤车雷：车声如雷动。
⑥华夷：华指汉族；夷指非汉族的少数民族。此处指中国人及洋人。
⑦杂沓：众多而纷杂的样子。
⑧文酒：指饮酒赋诗消遣一类的事。
⑨雍容：神态庄重温文的样子。
⑩龙蛇：龙和蛇。比喻非常之人。
⑪莺燕：莺和燕。喻指妓女。
⑫昵：亲近。音 nì。
⑬觞：盛有酒浆的酒器。
⑭酹地：祭奠时以酒洒地。酹，音 lèi。
⑮首唱：诗社聚会作诗，先完成的人为首唱。
⑯惘惘：失意的样子。
⑰唤奈何：《世说新语·任诞》："桓子野每闻清歌，辄唤奈何。"晋朝桓伊，小字子野，工音律，尤善吹笛，名满江左。唤，呼叫，叫喊。奈何，如何。
⑱丝竹：指琴、瑟、箫、管之类的乐器。也泛指音乐。

⑲新亭涕泪：新亭，亭名。故址在今南京市南。西晋灭亡，士人东渡江南，每遇良辰便在新亭宴饮，面对江北故乡而垂泪。《世说新语·言语》：“过江诸人，每至暇日，辄相邀出新亭，藉卉饮宴。周侯中坐而叹曰：‘风景不殊，正自有江河之异！’皆相视流泪。唯王丞相愀然变色曰：‘当共戮力王室，克复神州；何至作楚囚相对泣邪？’”后用以比喻士人对时局绝望而产生的悲愤心情。

## 其　二

未许华灯[①]照箭瘢[②]，当筵酒令[③]莽[④]如山。
不妨帐下犹歌舞，射虎将军[⑤]已放闲[⑥]。

**注释**

①华灯：华丽美观的灯台。

②箭瘢：被箭创伤愈合后所留下的痕迹。瘢，音 bān。

③酒令：饮酒时助兴取乐的游戏。由一人为令官，其他人都听他的号令，违令的人罚饮。

④莽：盛多。

⑤射虎将军：汉朝李广善射。《史记·李将军列传》：“广出猎，见草中石，以为虎而射之，中石没镞，视之石也。”

⑥放闲：悠闲。

## 其　三

浮海[①]将为万里游，情禅梦侠小勾留[②]。
好春十日九风雨，人醉杏花深处楼。

**注释**

①浮海：乘桴于海。

②勾留：逗留。

## 其　四

劳送天河使客槎[①]，华妆[②]围坐灿云霞。
英雄儿女平生愿，要看维多利亚[③]花。

**注释**

①天河使客槎：张华《博物志》：“天河与海通。近世有人居海渚者，年年八月有浮槎去来不失期。人有奇志，立飞阁于槎上，多赍粮，乘槎而去。至一处，有城郭状，居舍甚严。遥望宫中多织妇，见一丈夫牵牛渚次饮之。此人问此是何处。答曰：‘君还至蜀郡，

访严君平则知之。’后至蜀，问君平，曰：‘某年月日，有客星犯牵牛宿。’计年月，正是此人到天河时也。”

②华妆：华丽的打扮。

③维多利亚：地名。在香港。

## 席上有女校书[1]介剑秋乞诗

楚楚[2]风神[3]剧[4]可怜，乞诗亲捧彩云笺[5]。
春风杨柳[6]人将别，更唱黄河远上篇。

注释

①女校书：指有才华而能诗文的女子。校书本为东汉、三国、魏时校勘书籍的官名。后也称有文才的妓女。

②楚楚：形容女子娇弱的样子。楚楚可怜，本指纤弱的样子。今多用以形容女子的娇柔可爱。

③风神：风度神采。

④剧：极，甚。

⑤彩云笺：色泽似彩云之诗笺。

⑥春风杨柳：唐诗人王之涣《凉州词》：“黄河远上白云间，一片孤城万仞山。羌笛何须怨杨柳，春风不度玉门关。”

## 二月十五日抵西贡作

楼台金碧[1]国旂[2]飘，吹角[3]江头虏气[4]骄。地极南交[5]逢热带，人来西贡作花朝[6]。
椰林草屋蛮[7]跳月[8]，绿舫[9]红灯客守潮。走遍香车堤岸路，不曾辜负好春宵。

注释

①金碧：黄金碧玉之色。

②国旂：国旗。

③角：号角。

④虏气：指西洋人傲慢放肆。

⑤南交：古地名。即今越南。

⑥花朝：俗称农历二月十二日为百花生日，称花朝节。或指二月二日，或指二月十五日。

⑦蛮：古代称南方的种族。

⑧跳月：苗族旧俗的风俗。在每年初春或暮春的明月夜，未婚男女群集野外，和自己所爱的人唱歌跳舞，叫做跳月。舞会完毕，男子就牵着女子回家成为夫妇。

⑨舫：船。音 fǎng。

## 西贡杂诗（十首）

### 其　一

七洲洋[①]外海程遥，竟夕扬轮趁晓潮。九十九湾春水曲，澜沧江[②]上作花朝[③]。

（七洲洋已过约一日，即至西贡。入口处有九十九湾，其江即澜沧江也）

注释

①七洲洋：西洋群岛及附近海面，古籍称它为七洲洋。位于中国海南岛东南南海中，凡往来南洋必经此。

②澜沧江：江名，是中国西南地区重要河流之一。发源于青海省，东南流入云南省西境，再南流入越南境称湄公河。

③花朝：俗传农历二月十二日为百花生日，称花朝。或指二月二日，或指二月十五日。

### 其　二

岂独开疆[①]自汉秦，南车[②]久已载皇仁[③]。

谁知富贵夸真腊[④]，竟属黄须碧眼人[⑤]。

（西贡即真腊也，秦汉皆交州属地。古越裳[⑥]亦在此）

注释

①开疆：开拓疆土。

②南车：指南车。用以分辨方向的一种车子。相传为黄帝作。

③皇仁：天子之仁德。

④真腊：古代国名。即汉代的扶南。隋朝大业中始通中国，唐代称真腊。《新旧唐书》皆有传。宋朝政和间遣使来贡，宣和初封其王为真腊国王，明朝时其国自称甘孛智，后讹为甘破蔗，万历后改为柬埔寨，今称高棉。历代疆域时有改变。

⑤黄须碧眼人：此处指法国人。

⑥越裳：古国名。在今越南南部。

### 其　三

力遣孱[①]王慑[②]虎威[③]，残疆何止割南圻。

云山北向空挥泪，孤负遗民[④]望黑旂[⑤]。

（南圻六省，西贡为嘉定省。南圻失最早，黑旂所驻在北圻）

注释

①孱：懦弱，弱小。

②慑：仗恃。

③虎威：如虎的勇猛威风。

④遗民：国家灭亡后所遗留下来的人民。或指朝代改换后，不肯在新朝廷任职的人。

⑤黑旂：黑旗军。清朝刘永福初为洪杨余党吴鲲部将，从窜安南（今之越南）。鲲卒，所部分二党，永福为黑旗党首领，据昭关。也称其部曰黑旗军。安南王招抚，妻以二女，官都指挥使，永福生聚教诲，有众二十万人，复助安南与法人作战，大败之，封男爵。

## 其 四

未肯洋装换越装[①]，金环椎髻[②]素衣裳。
传经但读佉虏字[③]，遗教无人说士王。

（土人仍越装，少作西洋装者。但闻今年三十以下者，皆读西书，少通中国文者，可叹也；越南人称士燮[④]曰士王）

注释

①越装：越南传统的服饰。

②椎髻：像椎形的发髻。

③佉虏字：公元500年前在印度西北通行的一种文字。横书左行。属闪族语系中的阿拉姆语（Aramaic）。

④士燮：春秋晋卿。字叔武，士会之子。食邑于范，卒谥文子。亦称范文子。

## 其 五

水程几日达高棉，山势南趋尽越边。
一夜黄花江水[①]长，满堤金塔卖鱼船。

（金塔国即高棉。每夏黄花水长，鱼即大至。去西贡轮船两日程）

注释

①黄花江水：指春夏暴涨的江水。

## 其 六

绿树双堤护走车，隔帘鹦鹉听呼茶。
独怜呜咽[①]琵琶语，半是珠江落后花。

（越南亦有土妓，然侑酒[②]者多珠娘[③]，皆珠江残花也）

**注释**

①呜咽：伤心哽泣的声音。

②侑酒：劝人饮酒。

③珠娘：闽越呼女孩为珠娘。

## 其 七

槟榔红嚼蛎灰[①]腥，粲露[②]瓠犀[③]醉半醒。

交趾[④]不逢逢黑齿，大荒[⑤]重记《百虫经》[⑥]

（古云交趾人趾皆交，无其事。惟越南男女皆喜槟榔，齿黑如漆耳）

**注释**

①蛎灰：牡蛎壳所烧成的灰。

②粲露：露齿微笑。

③瓠犀：瓠瓜的子。因排列整齐，色泽洁白，所以常用来比喻美人的牙齿。音 hù xī。

④交趾：地名。唐尧时代指五岭以南的地方。汉置交趾郡，始专指越南北部，传说其地人卧时头外向，足在内相交，故称交趾。

⑤大荒：极远的地方。

⑥《百虫经》：书名。

## 其 八

吾乡大令[①]昔生还，风土蛮荒[②]记最娴[③]。

江上愁吟香祖[④]句，不堪回首念家山。

（澎湖蔡香祖名廷兰，曾为大令，未得第时遭风飘至广义[⑤]，与越南人士迭有唱和，所著笔记风土甚详）

**注释**

①大令：旧时对县令的尊称。

②蛮荒：荒远的地方。

③娴：熟习。

④香祖：蔡香祖，名廷兰。十三岁举博士弟子员，后成进士，出为陕江令。为澎湖科第之始。秋试罢归时遭风，至越南，越人礼之。著有《越南纪略》、《炎荒纪程》等。

⑤广义：地名。连横《台湾诗乘》作思义府。

## 其 九

多少蛮姬[①]理夜香[②]，当门红烛荡[③]花光。
可怜膜拜[④]西天[⑤]佛，管领[⑥]真归大法王[⑦]。
（妇女多在门外陈香纸，夜祀神者，膜拜仍如祀佛仪）

**注释**

①蛮姬：指越南妇女。
②理夜香：夜里烧香。
③荡：摇动。
④膜拜：古代举两手伏地跪拜。今称合掌礼佛而拜。
⑤西天：佛家语。指天竺。即印度。天竺在中国的西方，所以古时有此称呼。
⑥管领：管辖统领。
⑦法王：佛家语。对释迦牟尼的尊称。因他是佛法的宗主，故称。

## 其 十

金碧楼台眼界新，竞将工巧诧[①]西人。
竹篱茅舍清江上，几树幽花本色[②]春。
（法人所居，洋楼骈列[③]。而越人草屋数间，仍如故制）

**注释**

①诧：讶异，惊奇。
②本色：本来的面目。
③骈列：并列。骈，音 pián。

# 饮新加坡觞咏楼，次菽园[①]韵（四首选二）

## 其 一

春风海上客征歌[②]，消受群花眼福多。
我比石斋[③]尤豁达[④]，不妨[⑤]坐抱顾横波[⑥]。

**注释**

①菽园：丘菽园。名炜萱。福建海澄人。清朝举人，经商南洋。
②征歌：招歌手演唱歌曲，或征求歌曲。

③石斋：明末学者黄道周，号石斋，福建漳浦人。天启进士。因上疏指斥权贵，谪戍广西。唐王时，拜武英殿大学士，后率兵至婺源，被清兵所俘，不屈而死。道周学贯古今，精通天文历数。又善画山水、松石，并工书法。

④豁达：开通的样子。

⑤不妨：表示可以、无妨碍之义。

⑥顾横波：清初女画家。名媚，又名眉庄，字眉生，号横波，又号智珠。本为金陵妓女，后嫁龚鼎孳为妾，改姓徐，故又称徐夫人。工诗词，知音律，善画墨兰。轻财爱士，倾奁赠以千金。康熙年间卒。著有《柳花阁集》。

## 其　二

风云万里郁[①]神州[②]，人醉天南第一楼[③]。
唱彻南朝[④]新乐府[⑤]，最难天子是无愁。



**注释**

①郁：闭塞，蕴结。

②神州：中国。

③第一楼：指觞咏楼。

④南朝：朝代名。刘裕篡东晋，国号宋，和继宋而起的齐、梁、陈大致保有三国时吴、蜀旧地，相当于今淮水以南，均都建康，史称南朝。各代立国年数均甚短。南朝与北朝时生战争，但武力较弱，政治不上轨道，国界经常南缩。

⑤新乐府：是从古乐府演变革新的一种新体诗。初唐人写乐府诗除沿用汉、魏六朝乐府旧题外，已有少数诗人另立新题，虽辞为乐府，已不被于声律，故称新乐府。

# 星洲[①]喜晤容纯甫[②]副使[③]闳，即送西行（三首）

**（容纯甫名闳）**

## 其　一

吾国有爹亚[④]，将为欧美行，艰危天下局，慷慨老成谋[⑤]。
新运开三世[⑥]，雄心遍五洲[⑦]。南华楼上话，一夕定千秋。

**注释**

①星洲：华人对新加坡的别称。

②容纯甫：容闳，清朝澳门人，字纯甫。幼就学香港，后赴美国，毕业于耶鲁大学。返国后，任江苏巡抚署译员，主张派幼童出国留学，曾国藩等采纳其意见，于1872年派学生33人赴美，是中国政府派遣留学生的开始。著有《西学东渐记》等书。

③副使：官名。正使的助手。历代派遣到外国去的使臣，多设有副使。

④爹亚：对容纯甫的尊称，意为前辈。

⑤老成谋：老成谋国。形容谨慎稳重，为国做事。

⑥三世：佛家语。指过去、现在、未来等三世。

⑦五洲：世界五大洲。

## 其　二

七十尚如此，吾徒愧壮年。排云[①]叩[②]阊阖[③]，救日出虞渊[④]。

异域[⑤]扶公义[⑥]，神州[⑦]复主权。柬[⑧]之原未老，终仗力回天[⑨]。

注释

①排云：高入云霄。

②叩：敲。

③阊阖：传说中的天门。

④虞渊：神话传说中日落的地方。

⑤异域：外国。

⑥公义：公正的义理。舆论。

⑦神州：中国。

⑧柬：择取，选择。

⑨回天：能扭转不易挽回的形势。比喻权势大。

## 其　三

廿载知名久，相逢瘴海[①]春。亚洲数先达，岭表[②]有奇人。

南出终张楚[③]，西行更哭秦[④]。风云看勃郁[⑤]，万里送飞轮[⑥]。

注释

①瘴海：唐宋时，称岭南一带弥漫瘴雾的海域。

②岭表：指五岭山脉以南的地区。

③张楚：宋时张邦昌在金人扶持下建立的伪政权，国号楚，故称张楚。宋朝李心传《建炎以来系年要录·建炎元年七月》："金人曰：'黄河以南，知有张楚而已，不知有宋也。'"

④哭秦：春秋楚国伍员，因家族被楚王诛灭而奔吴，谓其友申包胥曰："我必覆楚！"包胥曰："子能覆之，我必能兴之。"后伍率吴兵破楚，申包胥乞师于秦。秦王不许。申立依于庭墙而哭，日夜不绝声，勺饮不入口七日，秦为所感，遂救楚。

⑤勃郁：风回旋的样子。

⑥飞轮：汽车。

## 赠林文庆

**（林文庆，闽人，留学习医，后任厦门大学校长甚久）**

君名文庆字文庆，应慕汾阳[①]郭子仪[②]。若论收京[③]扶圣主，终需横海[④]出雄师[⑤]。

公卿[⑥]当代多余气[⑦]，豪杰中原望义旗[⑧]。欲起病龙作霖雨[⑨]，天涯我特访神医。

**注释**

①汾阳：地名。故址在今山西省静乐县西北。

②郭子仪：唐代名将，字子仪。玄宗时，平安史之乱，封为汾阳郡王。代宗时，抵御回纥、吐蕃入侵。赏罚严明，深得人心，一身系唐朝安危达二十年。世称郭汾阳。

③收京：收复京城。

④横海：横行海上。

⑤雄师：雄劲善战的军队。

⑥公卿：本指三公九卿。后引申为高官高位。

⑦余气：残余未尽的邪旧之气。

⑧义旗：本指维护正义的军队的旗帜。因以代称义师。

⑨霖雨：甘霖。比喻济世救民的恩泽。

## 舟过麻六甲[①]（三首）

**（即满剌加国[②]）**

### 其　一

南风吹雨片帆斜，万叠山青满剌加。

欲问前朝封贡[③]事，更无人说故王家。

**注释**

①麻六甲：即“马六甲”，地名。海峡名。介于印尼苏门答腊和马来半岛之间。是沟通印度洋和南中国海之间的重要水道。

②满剌加国：国名。即今马来西亚。

③封贡：册封朝贡。

### 其　二

碧眼胡儿[①]拜武皇，贡书[②]犹托岛中王。

直陈藩国[③]流离[④]状，曾有吾家侍御[⑤]章。

（明武宗时，满剌加已为西人所占，犹托故王名入贡，族祖御史公道隆，力陈其伪）

**注释**

①碧眼胡儿：西方人。
②贡书：朝贡文书。
③藩国：指诸侯。古时帝王分封诸侯，保卫王室，所以称诸侯为藩国。
④流离：流徙，逃难。
⑤侍御：清代对御史的通称。

## 其　三

荒山中尚有遗民①，一死居然与古邻。
赢得盖棺遮短发，四方平定铁崖②巾。
（闽人流寓③在明代，今相传殓④尚以明衣冠）

**注释**

①遗民：国家灭亡后所遗留下来的人民。
②铁崖：明朝杨维桢之号。维桢，山阴人，善吹铁笛，故又号铁笛道人。
③流寓：旅居他乡。
④殓：尸体入棺。

## 由星嘉坡①抵槟榔屿②舟中口号③

柔佛国④中逢上巳，槟榔屿里作清明。
匆匆雾鬓风鬟影，饱看春山两日程。

**注释**

①星嘉坡：地名。即新加坡。
②槟榔屿：地名。在马来西亚。
③口号：作诗不起草稿随口吟成的诗。音 kǒu háo。
④柔佛国：地名。马米西亚的一州。在马来西亚的最南端，隔柔佛海峡与新加坡相望。

## 自题南洋行教①图（二首）

## 其　一

莽莽②群山海气青，华风远被③到南溟④。
万人围坐齐倾耳⑤，椰子林中说圣经。
（四月朔日⑥在闲真别墅衍说⑦，闻者以为得未曾有）

**注释**

①行教：进行教学。
②莽莽：草木茂盛的样子。
③远被：远至，远到。
④南溟：南海，南洋。
⑤倾耳：侧耳而听。细听。
⑥朔日：农历每月初一。
⑦衍说：演说。



## 其　二

二千五百余年后，浮海居然道可行[①]。
独倚斗南楼上望，春风回处紫澜[②]生。
（斗南楼，门人王生所居，予为署额[③]）

**注释**

①浮海居然道可行：《论语·公冶长》："道不行，乘桴浮于海。"
②紫澜：紫色波浪。
③署额：署，题字。额，横匾。

# 秋日藕华枉过[①]山居，次元韵[②]（七首选三）

**（藕华，即钟颖阳，又字子华，清廪生[③]。镇平霭岭人）**

## 其　一

混俗[④]仙人钟颖阳，劫尘[⑤]世界少班行[⑥]。
骑驴晓入秋山里，来看丹枫万树霜。

**注释**

①枉过：屈尊以相访。称人走访的敬辞。枉顾。
②元韵：原韵。
③廪生：科举时代给廪禄的生员。由府、州、县视大小而发给廪米。
④混俗：混同世俗，不清高超脱。
⑤劫尘：凡尘，人世。
⑥班行：班列。位次，朝班行列。

## 其二

天冠山①下野人居，除却渔樵②少往来。
今日谪仙③劳过访，看山还费赋诗④才。

**注释**

①天冠山：山名。
②渔樵：渔人和樵夫。
③谪仙：称誉一个人才学优异，清超拔俗，就像指谪降尘世的仙人。此处指藕华。
④赋诗：作诗。

## 其七

满路秋花散晚香，一尊人醉万松堂①。
呼云送客出山去，金筒②峰头初夕阳。

**注释**

①万松堂：堂名。
②金筒：山名。

# 题叶婉仙女史①《古香阁集》（三首）

**（叶婉仙名璧华，嘉应州人，适②李姓，著诗名《古香阁集》）**

## 其一

修竹③娟娟④翠袖⑤单，六铢衣⑥薄不胜寒。
新词一卷《疏香阁》，煮梦仙人叶小鸾⑦。

**注释**

①女史：女官名。掌管礼仪文书。后世用为女子的美称。
②适：女子出嫁。
③修竹：修长的竹子。
④娟娟：秀丽美好柔媚的样子。
⑤翠袖：青绿色的衣袖。
⑥六铢衣：佛家语。极轻极薄的衣服。佛经中称“忉利天”衣重六铢，指其极轻且薄。

⑦叶小鸾：明女诗人兼画家。字琼章，又字瑶期。吴江人。诗多佳句；画能写山水及落花飞蝶。未嫁而死，年十七。著有《返生香集》、《疏香阁词》。

## 其　二

福慧双修[①]竺[②]落宫，玉楼人去[③]锦屏[④]空。

翩翩[⑤]独立人间世，赢得香名饮[⑥]粤中。

注释

①福慧双修：佛家修道，在身心两方面，乃指福慧双修。福，是为人群社会的利他行为。慧，是由戒生定，由定生慧，直贯菩提大道的自我解脱，此二者缺一不可。

②竺：指佛教、佛典有关的。

③玉楼人去：玉楼赋招。指文人早殇。语本李商隐《李贺小传》：“长吉将死时，忽昼见一绯衣人，驾赤虬，持一版，书若太古篆，……曰：‘帝成白玉楼，立召君为记。’……少之，长吉气绝。”

④锦屏：锦绣制的屏风。

⑤翩翩：形容风采、文辞的美好。

⑥饮：隐没。

## 其　三

滴粉搓酥绮意新[①]，溶溶[②]梅水[③]写丰神[④]。

桐花阁外论词笔，更遣秀闺作替人。

注释

①滴粉搓酥：比喻美人粉靥的娇嫩。《玉照新志·四》：“左与言，天台之名士大夫也。……钱塘幕府乐籍，有名姝张足女名浓者，色艺妙天下，君（左与言）颇顾之，如……‘堆云翦水，滴粉搓酥’皆为浓而作。当时都人有‘晓风残月柳三变，滴粉搓酥左与言’之对。”

②溶溶：水势壮大的样子。

③梅水：梅江。在广东省梅州市。

④丰神：容姿，风采。

## 天　上

天上何曾可寄愁[①]？《逍遥》[②]聊[③]学漆园[④]游。云山北向迷三晋[⑤]，禾黍东迁痛二周[⑥]。漠漠虫沙仙脱劫，冥冥龙夜客哀秋。荒鸡[⑦]风雨无人语，四海当时一子由[⑧]。

**注释**

①寄愁：寄托忧思的情怀。

②《逍遥》：《逍遥游》。《庄子》篇名。描写个体不受外物牵累，万物贵任性自然，即为逍遥至乐。

③聊：且。

④漆园：地名。其地有三说：在今山东省菏泽市北；在今河南省商丘市东北；在今安徽省定远县东。庄子曾任漆园吏。

⑤三晋：春秋时，韩、赵、魏三家，本皆仕晋为卿，到战国时，魏文侯斯、赵烈侯籍、韩景侯虔分晋各立为国，是为三晋。唐朝崔曙《九日登望仙台呈刘明府容》："三晋云山皆北向。"

⑥禾黍东迁痛二周：二周，即西周和东周。自武王迄幽王，皆定都镐京，后平王东迁洛邑，因称幽王以前的周王朝为西周，平王以后为东周。东周大夫出行至旧都镐京，见宗庙宫室毁坏，尽为禾黍，伤心感叹而作《禾黍》篇。后来感叹国家灭亡，宗庙宫殿毁坏，常称黍离之悲。

⑦荒鸡：在半夜不按时间啼叫的鸡。迷信者以为荒鸡鸣叫是兴兵之兆。苏轼《召还至都门先寄子由》："荒鸡号月未三更，客梦还家得俄顷。"

⑧子由：北宋文学家苏辙，字子由，轼之弟。

## 重晤梁辑五光禄①话旧（二首）

**（梁辑五名国瑞，嘉应州人）**

### 其一

铜狄②重摩③定惘然④，春明⑤旧梦岁周⑥天。
与君同话沧桑⑦劫⑧，已抵仙人五百年。

**注释**

①光禄：官名。清末废除。

②铜狄：铜铸的人。即铜人或金人。陆游《斋中杂兴十首以丈夫贵壮健惨戚非朱颜为韵》："何当五百岁，相与摩铜狄。"

③摩：手按在东西上来回擦动。

④惘然：失志不得意的样子。

⑤春明：城门名。唐代京都长安东面的城门之一。引申为京城的通称。

⑥岁周：周岁。一年。

⑦沧桑：沧海变桑田。比喻时势的变迁或人事的变化。

⑧劫：灾祸。

## 其　二

风雅[①]都从变后奇，古来词客惯哀时[②]。

可怜倒海倾河[③]泪，独立苍茫但咏诗。

注释

①风雅：风流儒雅。

②词客惯哀时：杜甫《咏怀古迹》："羯胡事主终无赖，词客哀时且未还。"

③倒海倾河：倾江倒海。

# 久旱得雨初霁[①]，饮人境庐[②]，时闻和局将定（二首）

（人境庐主即黄公度京卿[③]，时因戊戌政变[④]解职归嘉应[⑤]里居）

## 其　一

忍把乾坤[⑥]付醉乡，登楼休负好秋光。黄龙约[⑦]改清钟[⑧]酒，白雁声催故国霜。

老树半凋开远目，菊花无恙展重阳。美人[⑨]消息来何暮？怅望秦云各尽觞。

注释

①霁：雨止。

②人境庐：清朝诗人黄公度，号人境庐主。

③京卿：清代对京堂的尊称，一般指三品、四品官，中叶以后，成为一种虚衔。

④戊戌政变：清德宗亲政以后，正当甲午战争被日本打败，外侮接踵而来，国势逐渐衰落，德宗信用新党康有为等锐意变法，被顽固大臣所猜忌，在太后面前毁谤德宗，于是太后临朝，幽禁德宗于瀛台，康有为流亡海外，新政完全被推翻。时当戊戌，所以称为戊戌政变。

⑤嘉应：地名。在今广东省梅州市。

⑥乾坤：天地。

⑦黄龙约：黄龙誓。以黄龙为信物，订立誓约。

⑧钟：古容量单位。六斛四斗。

⑨美人：象征君王。指清德宗。

## 其　二

得雨虽迟也胜无，东皋[①]预计麦苗苏。青天转粟[②]趋行在[③]，黄海传烽迫上都[④]。

已叹鳌翻[⑤]难立极[⑥]，岂容龙醒更遗珠[⑦]。至尊[⑧]薪胆劳明诏，醉抚横腰玉鹿卢[⑨]。

注释

①东皋：泛称田野。

②转粟：运送谷物。

③行在：行都。临时建置的都城。对故都而言。宋高宗南渡，建都临安，称为行在，以示不忘故都汴京。

④上都：京都，首都。

⑤鳌翻：喻指人境庐主解职。

⑥极：鳌极。鳌之脊。

⑦遗珠：失去珍珠。比喻贤能的人未受重用，或不见于时。引申指埋没人才。

⑧至尊：最为尊贵。后多用以指帝王。

⑨玉鹿卢：玉制的鹿卢。作剑饰用。也作玉辘轳。《辍耕录·玉鹿卢》："《考古图》载古衣服，令有玉辘轳、玉具剑。……晋灼曰：古长剑首，以玉作井辘轳形，上刻木作山，形如莲花初生未敷时，今大剑末首，其状如此。"

## 重游清凉洞呈藕华道长[1]（二首）

**（清凉洞、会仙台，皆在蕉岭县蓝坊）**

### 其　一

五年梦绕清凉洞，猿鹤青山待我来。
添得两行家国泪，西风吹上会仙台。

注释

①道长：对道士之尊称。

### 其　二

缤纷[1]花雨[2]散瑶林[3]，持帚仙童倚树吟。
莫扫天香[4]落人世，中原逐鹿[5]劫尘[6]深。

注释

①缤纷：杂乱的样子。

②花雨：天降花如雨。

③瑶林：玉林。又谓林荫之美。

④天香：天上的香。

⑤中原逐鹿：比喻争夺天下。

⑥劫尘：劫灰。兵火余烬。

## 寄怀公度[①]（二首）

### （时十二月立春前三日）

### 其　一

梅花消息最分明，已报山中岁欲更。野草初苏[②]呼鹿友，江波微长受鸥盟[③]。

高门盘菜神京[④]梦，伏枕[⑤]炉香画省[⑥]情。一卷《公羊》[⑦]宜起疾[⑧]，先春重与订王正[⑨]。

注释

①公度：人名，诗人黄公度。

②苏：再生，复活。

③鸥盟：与鸥为盟。指隐居江湖。

④神京：京城，帝都。

⑤伏枕：卧病。杜甫《秋兴》：“画省香炉违伏枕，山楼粉堞隐悲笳。”

⑥画省：尚书省的别名。

⑦《公羊》：书名。也叫《春秋公羊传》或《公羊春秋》。一般认为是公羊高所作，但只是口头流传，并没有成书。

⑧起疾：起病，使病者恢复健康。

⑨正：岁首的月份。农历的第一个月。音 zhēng。

### 其　二

北风吹雪昼纷纷[①]，盼得微晴日未曛[②]。扫血故巢归蜀帝[③]，招魂[④]香草[⑤]待湘君[⑥]。

惊回夜豹寒中吠，唤起春牛[⑦]梦里文。无限登高赋诗意，况因八表[⑧]怅《停云》[⑨]。

注释

①纷纷：形容雨丝细密的样子。

②曛：落日的余晖。

③蜀帝：杜宇。相传死后魂魄化为子规鸟。

④招魂：招回死者的灵魂。

⑤香草：比喻忠贞的人。《楚辞·离骚·王逸章句》：“《离骚》之文，依《诗》取兴，引类譬谕，故善为香草，以配忠贞。”

⑥湘君：湘水之神。《列女传·有虞二妃》：“舜为天子，娥皇为后，女英为妃，舜陟方死于苍梧，二妃死于江、湘之间，俗谓之湘君。”

⑦春牛：土牛。旧时立春前一日，官府用泥土塑造春牛以迎春，表示劝农和春耕的开始。后来春牛也有用苇或纸制者。

⑧八表：八方以外。指极远的地方。

⑨《停云》：陶潜有《停云诗》以怀念友人。后以此比喻思念亲友。

## 立春前一日侍家大人[1]游薯村，题宗人山楼（二首）

**（薯村在蕉岭文福镇北）**

### 其一

不晴不雨酿春寒，万里归承膝下[2]欢。
亲侍罗浮[3]万年杖，湖山无恙[4]故乡看。
（家大人所携杖，罗浮赤藤也）

注释

①家大人：对他人称自己的父亲。

②膝下：指人幼年之时。因幼孩时常依父母膝旁，后用为子女对父母的敬称。

③罗浮：山名。在广东省惠州市博罗县西北部。神奇瑰秀，相传东晋葛洪得仙术于此。

④无恙：平安无疾。

### 其二

近约山村作近游，看山今始快登楼。
停栏忽动飞熊[1]感，西望长安渭水流。
（楼祀远祖太公）

注释

①飞熊：西伯侯夜梦飞熊一只，来至殿下，周公解梦谓必得贤人，后果得贤人姜尚，当时姜尚正在渭水之滨垂钓，后因以飞熊指君主得贤的征兆。

# 卷八　辛丑、壬寅稿（1901年、1902年）

## 东山寄怀南海[①]裴伯谦县令（二首选一）

**（裴景福字伯谦，曾为潮阳县令，后调南海）**

### 其　一

水帘亭[②]畔倚阑干，倦客重来拾坠欢[③]。南海月明千里共，东山[④]云卧一春寒。
神仙从古多为令[⑤]，名士何曾竟负官？应有新诗写新政，可能遥寄练江[⑥]看。

**注释**

①南海：地名。在广东省广州市南。

②水帘亭：亭名。在广东省汕头市潮阳区。

③坠欢：称已成过去的欢宴乐事。

④东山：地名。在广东省汕头市潮阳区东。

⑤令：指县令。

⑥练江：江名。在广东省汕头市潮阳区南，源出云落山，东入海。

## 东山感春诗，次《己亥[①]感秋》[②]韵（六首）

### 其　一

沧海尘生锦瑟年，[③]明珠泪尽月当天。
人间传遍《西昆体》[④]，谁解春心托杜鹃？[⑤]

**注释**

①己亥：光绪二十五年（1899）。

②《己亥感秋》：即《东山感秋词，次康步崖中翰〈题壁〉韵》。

③沧海尘生锦瑟年：李商隐《锦瑟》："锦瑟无端五十弦，一弦一柱思华年。庄生晓梦迷蝴蝶，望帝春心托杜鹃。沧海月明珠有泪，蓝田日暖玉生烟。此情可待成追忆，只是当时已惘然。"

④《西昆体》：诗的一种。宋初杨亿、刘筠、钱惟演等诗家，彼此唱和，合成一集，

名《西昆酬唱集》，后来就称他们的诗体为“西昆体”。特点是专从形式上模拟温庭筠、李商隐，追求辞藻，堆砌典故。

⑤谁解春心托杜鹃：李商隐《锦瑟》：“庄生晓梦迷蝴蝶，望帝春心托杜鹃。”

## 其　二

歌残汾水雁秋飞[①]，北望胡尘[②]泪满衣。
愁对春风吟《水调》[③]，六龙西幸[④]不曾归。

注释

①歌残汾水雁秋飞：汉武帝《秋风辞》：“秋风起兮白云飞，草木黄落兮雁南归，……泛楼船兮济汾河，横中流兮扬素波。……”

②胡尘：北方沙漠之黄尘。胡人兵马所扬起之沙尘。

③《水调》：《水调歌头》。词牌名。

④六龙西幸：李白《上皇西巡南京歌》：“谁教君王行路难，六龙西幸万人欢。”六龙，指天子车驾的六匹马。幸，古指帝王亲临。

## 其　三

桃花春水[①]涨前滩，待渡无舟欲济[②]难。
落日孤云心万里，望仙桥[③]畔望长安。

注释

①桃花春水：桃花水。指春汛。桃花盛开时，河水涨，故名。

②济：渡水。

③望仙桥：桥名。在广东省汕头市潮阳区东山杨子仙庙旁。

## 其　四

衣冠[①]南渡[②]避胡[③]来，凭仗双轮碾海开。
应有田横[④]客相笑，春帆叶叶[⑤]过登莱[⑥]。

注释

①衣冠：衣服与礼帽。借指文明礼教。

②南渡：指丘逢甲内渡广东。

③胡：喻指日本。

④田横：秦末人。兄齐王田荣死后，田横继续统领众人，自立为齐王。汉高祖统一全国，田横率领徒众五百人逃入海岛，汉高祖派人招降，田横与客二人往洛阳，未至二十

里，羞为汉臣，自杀。

⑤叶叶：片片。

⑥登莱：地名。登州、蓬莱。汉东莱郡地，唐置登州，在今山东省烟台市牟平区，不久徙治蓬莱，即今蓬莱市。

## 其　五

变现①诸天②说法③身，穗香④醒梦证前因。
遍呼黄帝诸孙起，莫作华胥国⑤里人。

**注释**

①变现：佛家语。将佛经中之道理转变成为图像的一种通俗的艺术作品，常与变文一起展示讲唱，是唐代寺庙常有的图书。

②诸天：佛教语。指护法众天神。佛经言欲界有六天，色界之四禅有十八天，无色界之四处有四天，其他尚有日天、月天、韦驮天等诸天神，总称之曰诸天。

③说法：宣讲宗教教义。

④穗香：广东省广州市坡山上有穗石洞，相传有五仙人骑五羊在此丢下谷穗而去，羊化为石。广州因此称为穗城。

⑤华胥国：古代道家传说的和平安乐之国。《列子·黄帝》：“昼寝而梦，游于华胥氏之国，……其国无帅长，自然而已。其民无嗜饮，自然而已。……黄帝既寝，悟然自得。”

## 其　六

神丹①浪说②解还童③，哀感中年遇谢公。
难遣故宫禾黍恨④，春灯和泪写《王风》⑤。

**注释**

①神丹：神仙服食的灵丹。

②浪说：轻率胡言。

③还童：返老还童。是道教的一种修持功夫。

④故宫禾黍恨：东周大夫出行至旧都镐京，见宗庙宫室毁坏，尽为禾黍，伤心感叹而作《黍离》。后来感慨国家灭亡，宗庙宫殿毁坏，常称禾黍之恨。

⑤《王风》：《黍离》是《诗·王风》篇名。

## 题《丘园雅集图》

**（丘园在顺德，丘诰桐之家园）**

东园西园醉未已，大雅、小雅①材几何？元白即看压俱倒，②丹青③相与存不磨。
桃花流水客停棹，棋局空山樵烂柯。④此乐图之岂易得！敢辞留恋佛所呵⑤？

**注释**

①大雅、小雅：均为《诗经》体裁之一。《诗经》分《风》、《雅》、《颂》三部分。《雅》又分《小雅》、《大雅》。《小雅》一部分为宴会诗，有的表现周室与西北戎狄部族以及东方诸侯各国之间的征战，但颇多为批评朝政阙失、反映丧乱之诗，故多怨悱。《大雅》内容有周代的开国史诗，歌颂后稷到武王、宣王等帝王的功业，也有讽刺厉王和幽王的无道，反映西周社会及宣王中兴的史料。

②元白即看压俱倒：压倒元白，指赋诗胜过名诗人。元、白，即唐朝诗人元稹和白居易。

③丹青：丹砂和青雘。都是可以制成颜料的矿石。

④棋局空山樵烂柯：相传晋朝王质到山上伐木，见一群童子在树林里下棋嬉戏，质因置斧旁观。童子给质一粒如枣核之物，质含之不觉饥饿。不久，童子催归，质才发觉斧柯已烂，回家后亲故殆尽，而离家已经数十年。

⑤佛所呵：呵佛骂祖。指解脱束缚执着，跳出因缘空有的规范，就可以超越前贤，开拓自己的家风。但悟道者，绝不可效颦。

## 四月十六夜东山①与台客夜话

万事应教付酒杯，眼看云合又云开。中天月色雨余②好，大海潮声风送来。

人物只今思故国，江山从古属雄才③。飘零剩有乡心在，夜半骑鲸④梦渡台。

**注释**

①东山：地名。在今广东省汕头市潮阳区东三里。

②雨余：雨后。

③雄才：出众的才能。

④骑鲸：骑鲸鱼。比喻游仙。

## 王晓沧①将之官闽中，赋别（六首）

### 其　一

六龙②尚未西巡日，海外曾开万寿宫。

（晓沧曾倡祝万寿于霹雳埠）

圣主回銮③臣听鼓，一官千里入闽中。

**注释**

①王晓沧：广东省嘉应州人。清朝拔贡。

②六龙：天子车驾的六匹马。李白《上皇西巡南京歌》："谁道君王行路难，六龙西

幸万人欢。”

③回銮：旧时皇帝车驾称銮驾，因称帝王的车驾返回京城为回銮。

## 其二

颇闻新政议裁官，何事卑栖[①]令尉[②]间？
毕竟才人裁不得，要将诗界拓闽山。

注释

①卑栖：屈居。

②令尉：令，官名，县令。尉，古代官名，县尉。

## 其三

有人图写闽山去，着色争夸势力圈。
（时白人划闽归其势力范围，有不许割让他国之约）
泪洒君家故王[①]墓，萧萧[②]松柏锁寒烟。

注释

①故王：闽越王。战国末年，越败灭于楚，越王勾践的后裔无诸，自立于闽中，号称闽越王。

②萧萧：冷落凄清的样子。

## 其四

马江[①]虽败船政[②]在，战后依然用法人[③]。
二十年来海权尽，浪抛财力铸官轮。

注释

①马江：水名。距福州二十五公里。是中国军港之一，本名马尾。海岸有造船厂、海军学校，为清同治六年（1867）左宗棠所设。海内水深，可停泊巨舰。

②船政：同治年间，沈葆桢总理福建船政。光绪初，沈葆桢派船政学堂学生赴英、法留学。

③法人：法国人。

## 其　五

鼓山[①]东望龙渡处，海雨曾飘开国旗。
（台湾山脉，堪舆家谓由福州鼓山之龙渡海而成）
从古英雄论成败，不堪重话共和时。

注释

①鼓山：山名。在福建省林森县东北。位于马江附近，山顶有大石如鼓，故名。

## 其　六

海山莽莽[①]送君行，海水茫茫无限情。
未敢宝刀轻脱赠，恐教添作不平[②]鸣。

注释

①莽莽：广大而无边际的样子。

②不平：内心愤怒、不满。韩愈《送孟东野序》："大凡物不得其平则鸣。"

# 重送王晓沧，次前韵（六首）

## 其　一

江山霸气[①]消沉尽，何处闽王[②]有故宫[③]？
独客寻师海天去，无诸城[④]郭夕阳中。

注释

①霸气：争雄求功的意气。

②闽王：汉时闽越王。建国于闽中郡，约在今福建省。《史记·东越列传》："闽越王无诸及越东海王摇者，其先皆越王勾践之后也。"

③故宫：旧宫，老宫殿。

④无诸城：无诸台，古台名。在今福州市之于山上。汉闽越王无诸尝于重九日登此台行宴。

## 其　二

才人从古不宜官，置汝髯参[①]短簿[②]间。
北望中原数豪杰，左旗右鼓眼中山。

注释

①髯参：髯参军。指晋代郗超。有奇才，被桓温所赏识，拔为记室参军，因其人多须，时人称之为髯参军。

②短簿：短主簿。晋朝王珣富有才气，受桓温赏识，擢为主簿，身材短小，时人因称为短主簿。《世说新语·宠礼》："王珣、郗超，并有奇才，为大司马所眷拔。珣为主簿，超为记事参军。超为人多须，珣状短小，于时荆州为之语曰：'髯参军，短主簿，能令公喜，能令公怒。'"

## 其　三

一官便具奴才性，谁是英雄出此圈？
且合看山持手版[1]，钓龙台[2]上啸寒烟。

注释

①看山持手版：拄笏看山。比喻虽在官府而有闲情雅致。《世说新语·简傲》："王子猷作桓车骑参军。桓谓王曰：'卿在府日久，比当相料理。'初不答，直高视，以手版拄颊云：'西山朝来，致有爽气。'"手版，即笏。王子猷，即王羲之的儿子王徽之。

②钓龙台：台名。在福州城外南台。

## 其　四

竞争世界论《天演》[1]，此去闽中大有人[2]。
唤起群龙听梵唱[3]，诸天[4]同转法王轮[5]。

注释

①《天演》：《天演论》。进化学说的一种，由清末严复依据赫胥黎所著的《天演与伦理》（*Evolution and Ethics and Other Essays*）的一部分意译而成。为进化学说输入中国之始。严复，福建侯官人，近代著名的翻译家、思想家。曾翻译数种西洋近世名著，如《天演论》、《名学》、《法意》等。

②大有人：大有作为的人。

③梵唱：佛门各种法会上咏唱的佛曲。

④诸天：佛家语。佛经上说欲界有六天，色界的四禅有十八天，无色界的四处有四天，其他有日天、月天、韦驮天等诸天神，总称为诸天。

⑤法王轮：法，佛家语，指佛法。法王，佛家语，对释迦牟尼的尊称，因他是佛法的宗主。佛教以释迦教佛法如车轮，能摧破众生的一切邪惑。

## 其 五

开遍岭梅日长至[1]，霏霏[2]寒雨飘船旗。
诗中长记送君日，此是人天剥复[3]时。

注释

①长至：冬至。

②霏霏：雨丝绵密的样子。

③剥复：《易》二卦名。剥为剥落，有阴盛阳衰之象；复为来复，有阳气渐盛之象。二卦组合，有乘除消长之义，故用以比喻治乱兴亡。

## 其 六

落日浮云[1]送客行，旧游回首不胜情。
海山俦侣[2]如相问，大鸟三年尚不鸣。

注释

①落日浮云：李白《送友人》："浮云游子意，落日故人情。"

②俦侣：朋友，伴侣。

# 岁暮感怀，次《感春》[1]韵（六首）

## 其 一

浪说[2]芦灰[3]止水年，笙簧[4]重奏古来天。
阳枢[5]不转春消息，老木寒巢噤[6]帝鹃[7]。

注释

①《感春》：即《东山感春诗次己亥感秋》诗。

②浪说：轻率胡言。

③芦灰：芦苇烧成的灰。相传女娲氏曾堆积芦灰以防止泛滥的洪水。《淮南子·览冥训》："于是女娲炼五色石以补苍天，……杀黑龙以济冀州，积芦灰以止淫水。"注："芦苇也，生于水，故积聚其灰以止淫水。平地出水为淫水。"

④笙簧：笙中的簧片。《礼记·明堂位》："叔之离磬，女娲之笙簧。"

⑤阳枢：北斗七星第一星。

⑥噤：闭口不出声。音 jìn。

⑦帝鹃：杜鹃鸟。

## 其二

玉龙[①]残甲满天飞，万里寒光照铁衣。[②]
《黄竹歌》[③]中行八骏[④]，瑶池[⑤]空送穆王归。

注释

①玉龙：宝剑的代称。

②万里寒光照铁衣：《木兰诗》："万里赴戎机，关山度若飞。朔气传金柝，寒光照铁衣。"

③《黄竹歌》：古代的逸诗。相传是周穆王所作，共三章。《穆天子传·五》："丙辰，天子南游黄室之丘，……日中大寒，北风雨雪，有冻人，天子作诗三章以哀民，曰：'我徂黄竹。'"

④八骏：周穆王的八匹良马。

⑤瑶池：仙境。古代神话中，相传西王母所居之地。《穆天子传·三》："乙丑，天子觞西王母于瑶池之上，西王母为天子谣。"李商隐《瑶池诗》："瑶池阿母绮窗开，黄竹歌声动地哀。"

## 其三

扁舟钓雪下寒滩，落日荒荒[①]欲霁[②]难。
满目江山沉战气，可能王业[③]不偏安[④]？

注释

①荒荒：黯淡而无边际的样子。

②霁：凡雨雪停、云雾散、天气晴朗叫霁。

③王业：帝王的功业。

④偏安：王室偏处一隅以自安，而无统治全国的权力。

## 其四

曾从《剑侠传》[①]中来，十万戈船[②]梦里开。
把酒寒斋逢故部，海东残岛话奇莱[③]。（奇莱，海东地）

注释

①《剑侠传》：剑侠之传奇小说，书名。

②戈船：古战船名。因船上树立戈矛而得名。

③奇莱：山名。在台湾花莲县东部。

## 其 五

万梅花里问前身[①]，我佛从来戒造因[②]。
冷看天倾无力补[③]，莫将黄土浪抟人[④]。

注释

①前身：前世、前生。

②造因：制造因缘。佛教轮回说认为善因得善果，恶因得恶果。

③天倾无力补：《淮南子·览冥训》记载上古时天柱倾折，大地崩裂，烈火洪水和猛兽鸷鸟危害人类，女娲遂炼石补天，用鳌足撑天的四极，使人民得以安生。

④黄土浪抟人：黄土人。神话传说女娲氏以黄土作人，自此才有人类。《太平御览·皇王部·女娲氏》："《风俗通》曰：俗说天地开辟，未有人民，女娲抟黄土作人，剧务，力不暇供，乃引绳于絙泥中，举以为人。故富贵者，黄土人也；贫贱凡庸者，絙人也。"抟，用手把东西捏成一团，音 tuán。

## 其 六

禾黍[①]何须怨狡童[②]？是非从古论难公。
可怜造化[③]丹青手[④]，剩[⑤]粉零缣[⑥]写北风[⑦]。

注释

①禾黍：禾与黍。泛指黍稷稻麦等粮食作物。

②狡童：容貌美好而无实才的少年。《诗·郑风》有《狡童》篇，讥刺公子忽。后以"狡童"借指壮狡昏乱的国君。《史记·宋微子世家》："（箕子）乃作《麦秀之诗》以歌咏之。其诗曰：'麦秀渐渐兮，禾黍油油。彼狡童兮，不与我好兮。'所谓狡童者，纣也。"

③造化：造物主，创造化育万物者。

④丹青手：画工。

⑤剩：余留，多余。

⑥缣：双丝织成的细绢。

⑦北风：由北方吹来的寒风。《诗·邶风·北风》："北风其凉，雨雪其雱。"

## 喜谢颂臣[①]由台至

鸡黍三年约，[②]莺花[③]二月时。春随故人至，书慰老亲思。
海上惊相见，山中喜可知。春笃[④]酒方熟，莫遽[⑤]数归期。

注释

①谢颂臣：人名。名道隆，清廪贡生。今台中市丰原区人。台湾割让日本后，为义军壮字营统领，参帷幕，事败，内渡。

②鸡黍三年约：孟浩然《过故人庄》："故人具鸡黍，邀我至田家。"

③莺花：黄莺和花朵。指春日景物。

④篘：过滤（酒）。音 chōu。

⑤遽：急速。

## 与颂臣话台事

万三千尺出海面，[1]岛国诸山无此高。谁遣黄图[2]易他色？空传赤制[3]属吾曹[4]。

梦中雄鬼[5]哀相吊，劫后顽仙笑独逃。收拾磨崖纪功笔[6]，东南风急送春涛。



注释

①万三千尺出海面：指玉山。

②黄图：指帝王所居之地，即都城。

③赤制：谶纬家指汉朝的国运。

④曹：辈。

⑤雄鬼：英雄的鬼魂。

⑥磨崖纪功笔：磨崖碑，唐碑名，立于祁阳浯溪石崖上。碑文为《大唐中兴颂》，唐朝元结撰，颜真卿书。

## 书感与颂臣

各自行营[1]高敞[2]地，大宛山与大屏邻。
（大宛山、大屏山皆在台湾省台中境）
生儿莫作真王[3]想，不及淮阴守冢[4]人。
（大宛、大屏，两先人墓在焉）

注释

①行营：巡视军营。

②敞：宽广。

③真王：正式受封的王，相对临时暂署的假王而言。《史记·淮阴侯列传》："汉王……骂曰：'大丈夫定诸侯，即为真王耳，何以假者！'"

④守冢：守墓。《史记·陈涉世家》："高祖时为陈涉置守冢三十家砀，至今血食。"

## 送谢四[1]东归

故人访我东海来，春风万里心颜开。故人别我东海去，临歧[2]各短英雄气。
七年不见今再见，沧海桑田[3]事万变。中间不变故人心，袖手[4]海天看龙战[5]。
君来一月无停车，访我更访山中庐。老亲喜君送君出，来此十日相同居。
七年乃有此十日，但觉日行比常疾[6]。此日不为君我留，南风日日催行舟。
舟行既速况有轮，轮转四海扬胡尘[7]。送君此去作胡语，乐府[8]休唱《胡无人》[9]。
我年方强君未老，惜君投身隐海岛。亚洲大陆局日新，时势迳[10]待英雄造。
海山之高一万三千尺，当年弃去良可惜。横来不王复不侯，为我归言岛中客。
包胥[11]存楚约可寻，廉颇用赵原初心。相期亚陆风云再相见，骑鲸东海来挽神州沉。

**注释**

①谢四：谢道隆，字颂臣。排行第四，故称谢四。

②临歧：至歧路处。

③沧海桑田：比喻世事多变，人生无常。

④袖手：把手藏在袖中。比喻旁观而不过问事情。

⑤龙战：天下争战。

⑥疾：急速。

⑦胡尘：北方沙漠之黄尘；胡人兵马所扬起之沙尘。

⑧乐府：诗体名。本指乐府官署所采集制作的乐歌，也用以称魏、晋至唐代可以入乐的诗歌，以及后人仿效乐府古题的作品。

⑨《胡无人》：乐府歌名。《古今乐录》曰：“王僧虔《枝录》有《胡无人行》，今不歌。”

⑩迳：直。

⑪包胥：申包胥，春秋楚大夫。本和伍子胥友好，后子胥因父兄被害，逃奔吴国，告诉包胥说：“我必覆楚。”包胥说：“子能覆之，我必能兴之。”后子胥以吴军攻楚，入郢，于是包胥至秦求救，在秦廷痛哭七日夜，终使秦发兵救楚，败吴军。楚昭王返国后，论功行赏，包胥却逃而不受。

## 次韵答维卿[1]师（二首）

### 其　一

流落天南今八载，接天海气昼昏昏[2]。
锦袍银烛追前梦，夜半涛声倍断魂。

**注释**

①维卿：唐景崧，广西人，字维卿。光绪年间，中法越南战争中，其镇守谅山，打败法军。后来担任台湾省巡抚，中日战争中，台湾割让给日本，乡民拥戴景崧为总统，宣告自立。日军登陆台湾，所属兵败，遁归大陆。

②昏昏：阴暗不明的样子。

### 其　二

空存扶汉分章[①]手，无计能开日月昏。

独立苍茫发遐想[②]，自由钟起国民魂。

**注释**



①分章：分章析句，谓雕琢推敲文章。

②遐想：超越现实，作高远之想。

## 寄台湾栎社[①]诸子，兼怀颂臣（二首）

### 其　一

柏庄[②]谁拾燹[③]余文？栎社重张劫[④]后军。

（柏庄为逢甲在台湾省台中故宅，为倭军所毁）

九十九峰[⑤]依旧好，尽携豪笔写秋云。（九十九峰为台湾名胜）

**注释**

①栎社：诗社名，在雾峰（今台中市雾峰区），为林俊堂于清光绪二十八年（1902）所创立，每年春秋佳日诗人聚会唱和。

②柏庄：丘逢甲台中故居，在今台中市潭子区大埔厝。曾为台湾义军司令部，后被日军焚毁。

③燹：兵火，因战争所引起的火。音 xiǎn 。

④劫：灾祸。

⑤九十九峰：山名。参见《台湾竹枝词》其二十二。

### 其　二

《月泉诗》[①]卷凭谁定？还待当时晞发人。

遥忆参军谢皋羽[②]，西台朱鸟[③]独伤神[④]。

**注释**

①《月泉诗》：即《月泉吟社诗》。宋亡后遗民组织月泉吟社，为宋末吴渭于入元后，退居吴溪时所创。延请遗老方凤、谢翱、吴思齐等主事。至元二十二年（1285）小春望日，以“春日田园杂兴”为题，书告诗家，征五、七言律，次年正月望日收卷，得二七三五卷，由方凤、谢翱、吴思齐等人品评甲乙，选中二八〇名，并汇集前六〇名之诗成一卷，以《月泉吟社诗》为名刊行。

②谢皋羽：南宋诗人谢翱，字皋羽，号晞发子，家本富裕，散家财，募集乡兵，文天祥署为咨议参军。闻天祥死节，于西台，酬奠号泣，并以竹如意（一说铁如意）击石，作楚歌为天祥招魂，歌云：“魂朝往兮何极！暮归来兮关水黑！化为朱鸟兮有咮焉食！”也作散文名篇《西台恸哭记》及五言律诗《西台哭所思》以寄托所思。西台，即子陵台，在今浙江省桐庐县富春山，相传汉光武帝时隐士严光（字子陵）钓鱼处。

③朱鸟：朱雀，南方星宿名。

④伤神：悲愤。

# 卷九　癸卯、甲辰稿（1903年、1904年）

## 次韵答友人（四首选三）

### 其　一

天遣诸夷[①]不乱华，自应骠骑[②]不为家[③]。
独怜已似骑驴将，闲看西湖十里花。

**注释**

①夷：古代对异族的泛称。

②骠骑：古将军的名号。汉武帝始以霍去病为骠骑将军。音 piào qí 。

③不为家：汉武帝曾为霍去病建造府第，他拒绝说：“匈奴不灭，何以家为也？”

### 其　三

庾信《江南》早赋哀，[①]平生萧瑟[②]漫论才。
百王[③]道尽焚书[④]日，谁遣窥江[⑤]虏马[⑥]来？

注释

①庾信《江南》早赋哀：南北朝时文学家庾信，初仕梁，公元554年出使西魏，入长安，正值西魏灭梁，被留，仕于西魏。后来北周代魏，更为通显，官至骠骑大将军，开府仪同三司。他虽显赫，但因国丧家亡，屈身事敌，请归不许，内心十分痛苦，作《哀江南赋》，表达对乡国的怀念和身世的感伤。

②平生萧瑟：杜甫《咏怀古迹》："庾信平生最萧瑟，暮年诗赋动江关。"

③百王：历代帝王。

④焚书：秦始皇在公元前213年烧毁《诗》、《书》等百家书籍。

⑤窥江：窥伺长江。

⑥虏马：古时对北方外族或南人对北方兵马的蔑称。

## 其　四

遣日将诗也自宜，故乡犹幸有新知。
吟成自漉[1]垆[2]头酒，权当黄龙[3]痛饮[4]时。

注释

①漉：过滤，滤清。

②垆：酒店安置酒瓮的土墩子。

③黄龙：地名，辽太祖置，在今吉林省农安县。宋名将岳飞曾说："直捣黄龙府。"即指此。

④痛饮：尽情地饮酒。

## 颂臣[1]表兄再访予鮀浦[2]，赋此奉政[3]

四十年来好弟昆[4]，一回相见一销魂[5]。少时文酒[6]东风梦，故国[7]旌旗[8]夕照[9]痕。
黄鹤几时予我翼，青山它日访公墩[10]。茫茫[11]沧海雄心在，夜半闻鸡舞逖琨[12]。

注释

①颂臣：人名，逢甲先生之表兄谢道隆。今台中市丰原区人。

②鮀浦：地名，即今广东汕头。

③奉政：奉呈郢政。奉，捧，双手握持，音 pěng 。郢政，郢正，请人修改诗文的谦辞。如巧匠运斤，修改文字恰到好处。

④弟昆：弟兄。

⑤销魂：形容伤感或欢乐到极点，若魂魄离散躯壳。

⑥文酒：指饮酒赋诗消遣一类的事。

⑦故国：故乡。

⑧旌旗：旗帜的总称。

⑨夕照：夕阳。

⑩墩：平地上由土积累而成的小高地。也指在平原中土地高起，供住家的小村落。颂臣葫芦墩（今台中市丰原区）人。

⑪茫茫：辽阔旷远的样子。

⑫闻鸡舞逖琨：晋朝祖逖与刘琨共被同寝，夜半闻荒鸡鸣，乃与琨起身舞剑。后世比喻有志之士及时奋起。

## 饮镇平都司[1]署赏菊，为题宋人所画《报捷图》

已过重阳菊尚开，霜天赏菊此衔杯[2]。人饶[3]韬略[4]来香国[5]，花亦英雄上将台。
粤水闽山文武会，酒龙诗虎主宾才。西风吹解黄金甲[6]，醉看红旗报捷来。

注释

①都司：官名，都指挥司的简称。

②衔杯：以杯就口而饮。

③饶：饱足，丰裕。

④韬略：军事上的谋略。

⑤香国：花国。

⑥黄金甲：唐朝黄巢《不第后赋菊》：“待到秋来九月八，我花开后百花杀。冲天香阵透长安，满城尽带黄金甲。”

## 题菊花诗卷（五首）

### 其　一

北痛逆[1]胡南篡[2]贼，渊明心事菊花知。
看花不尽千秋感，残照西风又一时。

注释

①逆：乱。

②篡：以强力夺取。

### 其　二

谁吟金甲战秋风？[1]黄败朱成事不同。[2]
傥有闲情来吊古[3]，合编《花史》[4]记英雄。

注释

①谁吟金甲战秋风：唐朝黄巢《不第后赋菊》："待到秋来九月八，我花开后百花杀。冲天香阵透长安，满城尽带黄金甲。"

②黄败朱成事不同：黄，黄巢，唐朝曹州人，僖宗乾符二年（875），率众应王仙芝叛乱，仙芝战死，被推为王，号冲天大将军，并进陷长安，自僭称帝，国号大齐，后为李克用所败。朱，朱泚，唐朝幽州人。建中三年（782），其弟朱滔叛唐，泚被免职，赴长安，次年，泾原节度使姚令言拥泚为帝，国号大齐，后为李晟所败，为部将所杀。

③吊古：凭吊古迹，感怀旧事。

④《花史》：记载各种花卉莳植、特质、色味、用途的书。蒋子正《山房随笔补遗》："扬州琼花，天下只一本，士大夫爱重，作亭花侧，扁曰：无双。德祐乙亥北师至，花遂不荣，赵棠国炎有绝句吊曰：'名擅无双气色雄，忍将一死报东风。他年我若修《花史》，合传琼妃烈女中。'"

## 其　三

宁向[1]枝头死抱香，不曾吹坠北风凉。
如何海上新花样，化作东夷[2]大宝章[3]。

注释

①宁向：岂向，怎向。

②东夷：指日本。

③大宝章：日本对有功勋者，颁发菊花勋章。

## 其　四

也知晚节[1]留香好，独惜军中少一韩[2]。
任是黄花[3]比人瘦，西风还拟卷帘看。

注释

①晚节：晚年的操守。

②军中少一韩：宋朝韩琦，历事仁宗、英宗、神宗三朝。仁宗时西夏反，率兵拒战，与范仲淹同为朝廷所重。边人谣曰："军中有一韩，西贼闻之心胆寒；军中有一范，西贼闻之惊破胆。"

③黄花：菊花。李清照《醉花阴》："帘卷西风，人比黄花瘦。"

## 其　五

百尺澄台[1]对落晖[2]，旧吟花处地都非。
重寻十七年前梦，飘尽黄金泪满衣。

注释

①澄台：台名。在台南斐亭之左，高四丈余，东挹群山，西临巨海，故《府志》有"澄台观海"之景。台为高拱乾建，乾隆间蒋允焄修之，光绪初，夏献纶复修，今已毁。

②落晖：落日余晖。

# 卷十　乙巳、丙午、丁未稿（1905 年、1906 年、1907 年）

## 去岁往长乐[1]劝学[2]，今闻学堂已开，喜而有作

五华[3]闻说讲堂开，不负南行衍教[4]来。释菜[5]本宜先圣庙[6]，驱车忆上越王台[7]。
山多赤土无林学，溪壅[8]黄沙易水灾。今日树人[9]兼树木，早兴地利起人材。

注释

①长乐：地名，在广东省境内，清属嘉应县，民国改为五华县。

②劝学：鼓励人努力学习。

③五华：地名，五华县，在广东省内。

④衍教：演教，传教。

⑤释菜：古代入学时祭祀至圣先师的一种典礼。

⑥先圣庙：孔子庙。因孔子被称为至圣先师，故有此说。

⑦越王台：台名。在今广州市，相传为纪念南越王赵佗之古迹。

⑧壅：壅塞。

⑨树人：比喻培育、训练人才。

## 次韵答长乐[1]令（二首）

## 其　一

直从韩子[2]度岭处，吟寄韩江[3]入海间。岭外[4]风才[5]羁[6]百里，海中鳌力困三山。[7]
新军未立思颇牧[8]，旧史多诬[9]陋[10]马班[11]。欲写愁思答君意，老僧舌敝石犹顽[12]。

**注释**

①长乐：地名，在广东省境内，清属嘉应县，民国改为五华县。

②韩子：唐古文家、诗人韩愈。唐元和十四年（819）正月因上《论佛骨表》，触怒宪宗，由刑部侍郎贬为潮州刺史。

③韩江：水名。因产鳄鱼，故称为鳄溪。韩愈曾作文以驱之。韩江之名因韩愈而得名。

④岭外：五岭山脉以南的地区，包括今广东、广西等地。

⑤凤才：吐凤才。指才华高瞻、擅长写作的人。

⑥羁：寄居作客他乡。

⑦海中鳌力困三山：古代传说有巨灵之鳌背负蓬莱之山。庾信《谢赵王赍犀带等启》："花开四照，惟见其荣。鳌戴三山，深知其重。"三山，古代神话传说中海上三神山，即方丈、蓬莱、瀛洲。

⑧颇牧：廉颇与李牧，战国时之良将。后用为大将之通称。

⑨诬：无中生有，即捏造事实以害人。

⑩陋：鄙劣不良。

⑪马班：指西汉史学家司马迁及东汉史学家班固。司马迁因替李陵辩解，得罪下狱，受腐刑。班固因续其父班彪《史记后传》的著作，被人告发私改国史，下狱。后随窦宪征匈奴，宪因擅权被杀，班固受牵连，死于狱中。

⑫舌敝石犹顽：讲说道理虽透彻，但人不被感化有如不点头之顽石。敝，疲劳。

## 其 二

现身自说弥天法，[①]幻梦重重苦未忘。劫后鹤猿都入化[②]，别来鹓鹭不成行[③]。

柳枯故将停军垒[④]，花满高僧示疾[⑤]床。独夜怀人正风雨，海滨龙气隐干将[⑥]。

**注释**

①现身自说弥天法：现身说法。弥天，满天，形容范围的广大。

②入化：谓达到绝妙境界地。

③鹓鹭不成行：不成鹓行。鹓行，鹓鸟飞行，其群飞行列整齐，故用以比喻官员上朝的行列。

④军垒：军壁，有营墙的军营。

⑤示疾：佛家语，显示寂灭的意思。寂灭又译为涅槃。佛家称佛、菩萨或高僧的逝世为寂灭或涅槃。

⑥干将：剑名。本为干将所铸剑，后泛指宝剑。

## 海上逢故识[1]伎[2]

儿女英雄海上缘，东风吹散化春烟。
相逢更洒青衫[3]泪，已割台湾十二年。

注释

①故识：故知，故交，旧友。

②伎：女歌舞者。音 jì。

③青衫：青色的衣衫。古代职位低的官员穿着蓝色的长衫，便服也称青衫。白居易《琵琶行》："座中泣下谁最多？江州司马青衫湿。"

## 越台[1]书感

漠漠[2]南云倦眼开，十年三度此登台。地随落日天边尽，人共秋潮海上来。
木石尚留仙佛气，江山不称霸王[3]才。倚阑[4]欲遣[5]茫茫[6]感，更向何人借酒杯？

注释

①越台：越王台。在今广州市，相传为纪念南越王赵佗之古迹。

②漠漠：密布，弥漫的样子。

③霸王：霸与王。拥有天下的人叫王，诸侯之长叫霸。

④阑：同"栏"。栏杆。

⑤遣：排解，排遣。

⑥茫茫：模糊不清楚。

## 珠江[1]夜送啸桐[2]之梧州[3]（四首）

### 其　一

年年代作嫁衣裳，涂抹[4]今为新妇妆。
莫道女儿羞未学，教儿忙比养儿忙。

注释

①珠江：江名。发源于云贵高原乌蒙山系马雄山，汇合许多支流，至广州市以南一段始称珠江，东南经虎门注入南海。

②啸桐：高啸桐，人名。

③梧州：地名，在今广西梧州市苍梧县。

④涂抹：化妆。

## 其二

送人作郡鬼揶揄[①]，同是当时旧酒徒[②]。

能唱尊前《渭城曲》[③]，故应心计[④]未全粗。

注释

①揶揄：嘲弄。《世说新语·任诞·襄阳罗友有大韵·注》："出门于中路逢一鬼，大见揶揄，云：'我只见汝送人作郡，何以不见人送汝作郡?'"

②酒徒：嗜酒的人。

③《渭城曲》：又名《阳关曲》。唐代王维有《送元二使安西》诗云："渭城朝雨浥轻尘，客舍青青柳色新。劝君更进一杯酒，西出阳关无故人。"后来谱入乐府，作为送行之用，即以诗中"渭城"或"阳关"名曲。

④心计：心中的计划。

## 其三

江山风月好亭台，觞咏[①]应须老守才。

一语叮咛君记取，莫因官贵少书[②]来。

注释

①觞咏：饮酒咏诗。

②书：书信。

## 其四

后夜相思益渺然[①]，苍梧[②]遥隔夕阳边。

他年傥忆今宵会，此是当时载鹤船。

注释

①渺然：长远的样子。

②苍梧：地名，在广西梧州市苍梧县。

## 次韵《南园小山遇雨》

横看成岭侧成峰，[①]怪石参差地足容。正喜园林饶气象，忽惊雷雨起蛟龙。

半池新水花初落，旧壁残题藓[②]未封[③]。归去更欣逢夕霁[④]，东风回首海云浓。

**注释**

①横看成岭侧成峰：苏轼《题西林壁》："横看成岭侧成峰，远近高低各不同。不识庐山真面目，只缘身在此山中。"

②藓：苔藓。

③封：埋藏。

④霁：雨雪止，云雾散，天气晴朗。

## 题沧海遗民[①]《台阳诗话》[②]

如此江山竟付人，[③]干戈[④]留得苦吟身。乱云残岛开诗境，落日荒原泣鬼燐[⑤]。

埋骨可怜黄帝裔，杀青[⑥]谁作素王[⑦]臣？请将风雅传忠义，斑管[⑧]重回故国春。

**注释**

①沧海遗民：王松，字友竹，号寄生，别署沧海遗民，新竹人。乙未之役，避难蚶江，后返故里，蛰居所居"如此江山楼"，纵酒赋诗。主北郭园三十年，民国十九年(1930)卒。著有《台阳诗话》、《沧海遗民誊稿》、《友竹行窝遗稿》等书，民族意识强烈。

②《台阳诗话》：书名，王松著。

③如此江山竟付人：指台湾割让予日本。

④干戈：兵器的总称。代指战争。

⑤鬼燐：鬼火。

⑥杀青：古时以火烘烤竹简，使水分渗出表面，然后将表层刮平，取其竹青而易于书写，且免虫蠹，称为杀青。后用以泛指书籍定稿。此指《台阳诗话》之完稿。

⑦素土：指有王者之道而无王者之位的人，即空王。后来儒家则用以专称孔子。

⑧斑管：毛笔。以斑竹为杆，故称斑管。

## 法政学堂[①]宴日本法学博士梅谦次郎，同行结城琢，即席[②]有诗，因次其韵

沉沉[③]大陆宝华[④]饶[⑤]，南岭秋迎国士[⑥]轺[⑦]。海上钓鳌[⑧]三岛[⑨]近，人间相马九方[⑩]遥。

烟云过眼[⑪]资[⑫]探讨[⑬]，珠玉[⑭]挥毫[⑮]破寂寥。自笑捉刀[⑯]闲处立，西风长啸[⑰]越江潮。

**注释**

①法政学堂：校名，在广州。

②即席：当座，当场。

③沉沉：深沉的样子。

④宝华：宝花，珍贵的花。多指佛国或佛寺的花，亦特指牡丹。

⑤饶：多。

⑥国士：一国之中才智出众受人推崇的人。此处指梅谦次郎。

⑦轺：小车。音 yáo。

⑧钓鳌：钓取海鳌。诗家多用钓鳌事，以比喻豪迈的举止或远大的抱负。

⑨三岛：古代以为渤海中有蓬莱、方丈、瀛洲三个神仙所住的仙岛，称为三岛。也称三神山。

⑩九方：九方皋。《通志·氏族略三》："秦穆公时九方皋，一名歅，善相马。"相马，观察判断马的优劣。

⑪烟云过眼：过眼云烟。比喻很快就能消失的事物。

⑫资：同"咨"。问，谋。

⑬探讨：探究讨论。指深入研究学问。

⑭珠玉：比喻文辞的华美。

⑮挥毫：运笔写字。

⑯捉刀：持刀。《世说新语·容止》："魏武将见匈奴使，自以形陋不足雄远国，使崔季珪代，帝自捉刀立床头。既毕，令问谍曰：'魏王如何?'匈奴使答曰：'魏王雅望非常，然床头捉刀人，此乃英雄也。'"后指称代人作文。

⑰长啸：长声吟啸。

## 送王铁珊①（二首）

### 其　一

定交倾盖②立谈时，此意难教世俗③知。
同抱奈何天地感，五年前已远相思。

（"凭栏望韩夫子④祠，如此江山，已让前贤留姓氏；把酒吊马将军⑤墓，奈何天地，竟持残局付英雄。"予潮州金山酒楼联语，王一见即诵之，云五年前在赣驻军即知之。）

**注释**

①王铁珊：原名乐洋，字海门，一字伯唐，英山人。光绪己丑科进士。官兵部主事。殉难，赠道衔。著有《王戎部遗墨》。

②倾盖：路上相遇，车盖相接而交谈。后比喻朋友初识，彼此亲切交谈，一见如故。盖，车盖。《孔子家语·致思》："孔子之郯，遭程子于涂，倾盖而语终日，甚相亲。"

③世俗：世上一般的俗人。

④韩夫子：指唐朝韩愈，曾任潮州刺史，时鳄溪中有鳄鱼害民，韩愈曾作文以驱之。

⑤马将军：东汉马援，曾远征交趾。

## 其 二

秋风落日五羊城[①]，一舸[②]“西南”（船名）客送行。
别后苍梧[③]劳远梦，青山万叠暮云横。

注释

①五羊城：广东省广州市的别称，相传曾有五仙人骑五色羊执六穗至此，故名五羊城。

②舸：大船。音 gě。

③苍梧：地名，在广西梧州市苍梧县。

## 重阳日傍晚登粤秀山[①]

萧瑟[②]秋心付五羊[③]，尉佗台[④]上作重阳。西风吹帽[⑤]林容老，落日平栏海气凉。
城郭晚来烟雾合，江山前代战争忙。野僧不解登高意，自杵[⑥]寒钟礼[⑦]梵王[⑧]。

注释

①粤秀山：即越秀山，在广州市北。山上有越王台，纪念汉南越王赵佗。

②萧瑟：草木被秋风吹袭的声音。

③五羊：五羊城，即今广州市。

④尉佗台：越王台。赵佗在秦始皇时为南海龙川令；秦二世时，南海尉任嚣死，佗代理尉职务，故亦称尉佗。秦亡后，自立为南越武王。

⑤吹帽：《晋书·桓温传》：“孟嘉……后为征西桓温参军，温甚重之。九月九日温燕龙山，僚佐毕集，时佐吏并著戎服，有风至，吹嘉帽堕落，嘉不觉之，温使左右勿言，欲观其举止。嘉良久如厕，温令取还之，命孙盛作文嘲嘉，著嘉坐处，嘉还，见即答之，其文甚美，四坐嗟叹。”

⑥杵：捣。

⑦礼：祭神以致福。

⑧梵王：大梵天王的异称。佛家语，意为清净。色界十八天的通名，然通常都就初禅梵天之王而言。

## 送岑云阶[①]春萱移督滇[②]黔[③]（四首）

## 其 一

诏领兼圻[④]即故乡，一时家国并荣光。古来百粤[⑤]文身[⑥]地，再见千秋昼锦堂[⑦]。
郭令[⑧]门庭多节钺[⑨]，晋公[⑩]勋业有文章。谁知中外声华[⑪]满，裘带[⑫]雍容[⑬]四十强。

注释

①岑云阶（春萱）：曾任两广总督，惩贪污，严劾酷吏，兴学、筑路、电信、练兵等。仕至邮传部尚书。

②滇：云南的别称。

③黔：贵州的简称。

④兼圻：指兼辖两省或三省的清代总督。圻，地区。

⑤百粤：百越，古代中国及越南的民族之一。越以百称，明其族类之多。

⑥文身：在人的皮肤上留下永久性的图案或花纹。文身一般都以针刺皮肤，再擦上如锅烟之类不易消失的颜料。

⑦昼锦堂：宋朝韩琦故宅。为韩琦任宰相时归乡所建，在今河南省安阳市东南。取"富贵不归乡，犹衣锦夜行"之意。欧阳修曾为文《昼锦堂记》，蔡襄书写刻石。

⑧郭令：唐代名将郭子仪，平安史之乱，升为中书令。

⑨节钺：符节与斧钺。节是以牦牛尾作装饰的符信；钺是大斧。古时军队出征，天子授大将节钺以示威信。音 jié yuè。

⑩晋公：唐朝裴度，贞元进士，宪宗时为宰相，因讨平乱事，封晋国公。敬宗被宦官刘克明所杀，他用计杀克明，迎立文宗。当权三十年，常自比郭子仪。

⑪声华：美好的声明。

⑫裘带：轻裘博带。古代达官贵人的服饰。

⑬雍容：神态庄重温文的样子。

## 其　二

南天一柱靖[①]边尘[②]，武纬文经百政新。辽主能教戒生事，邺侯[③]安得乞闲身？

云中[④]守自须名将，河内[⑤]人犹借重臣[⑥]。乡国三年功百世，讴歌[⑦]何止晋秦民。

注释

①靖：平定。

②边尘：战士驰逐于边疆，风尘四起，故以边尘指战争。

③邺侯：唐朝李泌数为权倖忌嫉，常以智免，屡退屡进，封邺侯。

④云中：郡名，今山西省境内长城以外及内蒙古东部、南部地。

⑤河内：地名，在越南。

⑥重臣：担任国家重任的臣子。

⑦讴歌：歌颂功德。

## 其　三

西江一水接牂牁[①]，帝念先臣旧部多。俎豆[②]千秋崇庙貌，河山百战定干戈。

车前父老扶鸠拜，徼外[③]蛮王贡象过。等是黔宁[④]仍世镇，滇池[⑤]无恙但微波。

**注释**

①牂牁：郡名。辖境包括今贵州省遵义、石阡、思南等地一带。
②俎豆：古代祭祀时，盛祭品的两种器皿。引申为祭祀崇奉之意。
③徼外：境外，边塞以外。徼，音 jiào 。
④黔宁：地名。
⑤滇池：湖名，在今云南省昆明市城南。

## 其 四

曾拜先公草角①时，当年何武②解歌诗。郎君行马偏忘贵，文字雕虫③尚见知。
铃阁④看移陶侃甓⑤，戟门⑥留读广平⑦碑。此邦宰相回翔⑧地，愿祝重来啖⑨荔枝。

**注释**

①草角：孩童束发成两角。
②何武：汉朝人，为人忠厚，好进士，奖称人之善。
③雕虫：雕虫小技。此处指辞赋小道或微末技能。
④铃阁：将帅办事的地方，也用作官府的别称。
⑤陶侃甓：晋朝名臣陶侃忠顺勤俭，四十年如一日，厌恶饮酒、赌博。常搬砖以习勤，勉人惜分阴。
⑥戟门：唐制，官、阶、勋俱三名立戟于门，因此用以代指显贵之家。
⑦广平：唐玄宗时名相宋璟，耿介有节，守法持正，封广平公。
⑧回翔：回旋飞翔。
⑨啖：吃。音 dàn 。

# 秋怀（八首）

**（次覃孝方①韵）**

## 其 一

万里风云愿竟酬，军前歌舞作中秋。黄金铸阙②开藩③部，碧玉通江建节楼④。
十道分封⑤诸将爵，五湖归老美人舟。⑥年来此意成萧瑟⑦，匹马西风莽浪⑧游。

**注释**

①覃孝方：（1870—1959）字寿堃。湖北蒲圻县（今赤壁市）人。清末进士，历任香山知县、广东省高等工艺学堂总办等职。民国初先后任教育部秘书长、审计院秘书长等职。1949 年后，任湖北省人民政府委员、省人大代表、参事等职。

②阙：古代宫庙门外建立的二台；宫门、宫殿。

③开藩：清代指到外省任高级官职。

④节楼：节度使驻节办公的处所。

⑤分封：古天子分地以封诸侯。

⑥五湖归老美人舟：越王勾践在会稽被吴王夫差所败，范蠡把越国美女西施献给夫差，夫差为其美色所迷，终至亡国。后来西施归范蠡，同游五湖而去。

⑦萧瑟：形容寂寞凄凉。

⑧莽浪：虚诞不实，无根源可循。

## 其　二

昆仑山[①]势走中华，赴海南如落万鸦。缩地[②]有人工幻术，通天[③]何处觅灵槎[④]？

沉冤[⑤]鸟口空衔石[⑥]，酣梦人心久散沙。弹指光阴秋又老，长绳难系夕阳斜。



注释

①昆仑山：山名，自巴颜喀喇山起，斜贯青海、甘肃、四川、陕西、河南、安徽诸省。

②缩地：指神仙术士能收缩土地、化远为近的一种法术。

③通天：通往天界。后用以形容本领非凡。

④灵槎：能乘往天河的船筏。

⑤沉冤：难以申辩或积久未得昭雪的冤屈。

⑥衔石：相传炎帝之女溺死，化作精卫，常衔石以填海。

## 其　三

中原王气黯东迁，[①]叹凤[②]嗟麟[③]意惘然。人物真成一丘貉[④]，文章更噪六朝[⑤]蝉[⑥]。

绕篱晚菊寒谁采？补屋秋萝冷自牵。[⑦]消尽美人迟暮[⑧]感，素书[⑨]一卷独编年[⑩]。

注释

①中原王气黯东迁：周室衰微，诸侯相继争霸，周平王将京城自镐京东迁至洛邑。

②叹凤：感叹王者不出，世不得治。春秋时孔子曾感伤当时无明君治世，故久无凤凰、河图等祥瑞出现。语本《论语·子罕》："凤鸟不至，河不出图，吾已矣夫!"

③嗟麟：《孔丛子·记问》："子曰：'天子布德，将致太平，则麟凤龟龙，先为之祥，今宗周将灭，天下无主，孰为来哉。'遂泣曰：'予之于人，犹麟之于兽也，麟出而死，吾道穷矣。'"

④一丘貉：一丘之貉，比喻同类。貉，似狐而善睡，与狐伎俩完全相同，无所差异。今称臭味相投的人为一丘之貉，含有鄙视之意。貉，音 hé 。

⑤六朝：吴、东晋、宋、齐、梁、陈都建都在建康（今南京市），合称为六朝。

⑥噪蝉：讥讽诗文多浮辞滥调，无病呻吟。

⑦补屋秋萝冷自牵：牵萝补屋。

⑧迟暮：比喻衰老、晚年。

⑨素书：兵书名。旧题黄石撰，宋朝张商英注，一卷。大旨以道、德、仁、义、礼五者为一体。

⑩编年：历史体裁的一种。以年为纲，记述历史。

## 其　四

斜阳围听说场[①]词，我亦曾驱十万师[②]。破碎河山开国史，飘零风雨出军诗。

海中故部沈苍兕[③]，云里残旌失素蜺[④]。岁自周天[⑤]天自醉，红墙银汉隔秋思。

注释

①说场：文坛、文苑、文辞荟萃的地方，亦指文辞科试的场所。

②曾驱十万师：唐朝刘长卿《送李中丞归汉阳别业》："流落征南将，曾驱十万师。"

③苍兕：传说中的水兽。九头，性猛，能覆舟船，故人畏之。后世因苍兕足以威众，故用为军队或水师的标志、象征。音 cāng sì。

④残旌失素蜺：蜺旌，饰以虹彩的旗帜。

⑤周天：整个天地间。

## 其　五

山南山北枉[①]张罗[②]，云路冥冥[③]鸟去多。四海论交几投契[④]？千秋自命未蹉跎[⑤]。

中原麟凤[⑥]陈陶[⑦]叹，大漠牛羊《斛律歌》[⑧]。老我秋风无一事，十年雄剑不曾磨。

注释

①枉：徒然，白费。

②张罗：张设罗网以捕鸟兽。

③冥冥：昏暗。

④投契：情意相合。

⑤蹉跎：光阴虚度，年华消逝。

⑥麟凤：麟和凤，为稀有珍异的动物，常用以比喻才德出众的人。唐诗人陈陶有"中原岂是无麟凤"句。

⑦陈陶：唐末鄱阳人。少学于长安，举进士不第，恣游山水，自号三教布衣。善天文、历象。大中时入南昌州西山学道，久之变姓名徙去，不知所终。其诗多表现出世消极思想，唯《陇西行》"誓扫匈奴不顾身"为世传诵。

⑧《斛律歌》：北齐高欢攻北周玉壁城不克，士卒死者十有四五，欢恚愤，疾发，勉

强坐起见诸贵，使斛律金唱《敕勒歌》，以激励士气，歌词本鲜卑语，译文为："敕勒川，阴山下，天似穹庐，笼盖四野。天苍苍，野茫茫，风吹草低见牛羊。"



## 其 六

名驹未悔困鞯[1]鞍，鸷鸟[2]何曾惜羽翰[3]！人到穷愁思著述[4]，天留豪杰济[5]艰难。

衣冠文武浮云变[6]，雷雨蛟龙大海宽。不信平生飞动意，但将文字救饥寒。

注释

①鞯：马鞍下的垫子。

②鸷鸟：凶猛的鸟。

③羽翰：长而劲直的羽毛。音 yǔ hàn 。

④著述：写作。

⑤济：救助。

⑥浮云变：变化有如天空中飘浮的云，比喻世事变幻无常。

## 其 七

明明如月拨愁开，欲取黄金更筑台[1]。朱鸟[2]莫将歌当哭，红羊[3]休信劫留灰。

著书覃子[4]原仙骨，顾曲周郎[5]有将才。收拾雄心且行乐，五云[6]多处觅蓬莱[7]。

注释

①黄金更筑台：相传燕昭王欲报齐人灭国之仇，特在易水东南筑黄金台，布金于上，以招延天下贤士。

②朱鸟：文天祥兵败被执，死后，谢翱作《西台恸哭记》，作楚歌招之，曰："魂朝往兮何极，暮归来兮关水黑，化为朱鸟兮有咮焉食。"

③红羊：红羊劫，指国难。

④覃子：人名，覃孝方，字寿堃，清末进士。

⑤顾曲周郎：《三国志·吴志·周瑜传》："瑜少精意于音乐，虽三爵之后，其有阙误，瑜必知之，知之必顾。故时人谣曰：'曲有误，周郎顾。'"

⑥五云：青、白、赤、黑、黄等五色彩云。

⑦蓬莱：海上三神山之一。

## 其 八

酒迫桓温[1]走老兵，诗看秦系[2]破长城。英雄失路[3]群儿笑，独客逢秋百感生。

沧海桑沉栽后影，《钧天乐》[4]断梦时声。尉佗台[5]上西风急，来写登高送远情。

注释

①桓温：晋朝人。娶明帝南康长公主，因征伐有功，官至大司马。权倾一时，把持朝政，曾说："既不能流芳后世，不足复遗臭万载邪！"

②秦系：唐朝会稽人。天宝末，避乱剡溪，后结庐于泉州南安，号南安居士，亦号东海钓客。注《老子》，与刘长卿友善，以诗赠答。后又东渡秣陵，年八十余卒。南安人思之，为立亭，号其山为高士峰。

③失路：迷路，比喻不得志。

④《钧天乐》：传奇剧曲名，清朝尤侗撰，演沈伯沦落不遇之事。

⑤尉佗台：台名。

## 岭南[1]春词（八首）

**（小春[2]十月，梅花已开，岭南固梅花国也，为作《岭南春词》八章，使诸生谱之风琴，其声盖颇雄而雅云。）**

### 其　一

万紫千红[3]不敢开，先春独让岭头梅。
亭亭玉立[4]天人[5]相，天遣称尊花国[6]来。

注释

①岭南：泛指五岭以南的地区，盛产各种热带水果。

②小春：指农历十月，又称小阳春。

③万紫千红：形容百花齐放，美不胜收。

④亭亭玉立：明媚的样子。

⑤天人：指容貌美丽的女子。

⑥花国：花城植花之地。

### 其　二

罗浮[1]仙鸟声琅然[2]，唤起春魂遍大千[3]。
大千顿[4]现梅花国，要把梅花作纪年[5]。

注释

①罗浮：山名，在广东省惠州市博罗县西北部，属南岭山脉。神奇瑰秀，相传东晋葛洪得仙术于此。赵师雄在此梦遇梅花仙女，后多用为咏梅典实。

②琅然：清朗而响亮的声音。

③大千：大千世界，佛家语。合四大州七山八海为一小世界，合一千个小世界为小千世界，合一千个小千世界为中千世界，合一千个中千世界为大千世界。

④顿：突然。

⑤纪年：记数岁月。

## 其　三

瑶姬[1]游戏爱春华[2]，炼海成香转帝车。
天上玉龙[3]三百万，一时齐化岭南花。

注释

①瑶姬：神女名，一作姚姬。宋玉《高唐赋序·妾巫山之女也·善注》："《襄阳耆旧传》曰：'赤帝女曰姚姬，未行而卒，葬于巫山之阳，故曰巫山之女。楚怀王游于高唐，昼寝，梦见与神遇，自称是巫山之女，王因幸之，遂为置观于巫山之南，号为朝云。'"



②春华：春天的花。

③玉龙：用来比喻飞雪，也指积雪的树枝。

## 其　四

老干槎枒[1]花满身，冰霜[2]丰骨[3]玉精神。
扫除海内风尘色，独立岭南天地春。

注释

①槎枒：参差不齐的样子。

②冰霜：比喻操守坚贞纯洁，凛然不可侵犯。

③丰骨：姿态风韵。

## 其　五

十年不负种花心，万玉千珠花气深。
锄罢月明吾事毕，看栽成树树成林。

## 其　六

千林万林落木空，空山一笑回春风。
谁知大地阳和[1]气，都在暗香疏影[2]中。

注释

①阳和：春天暖和的气候。

②暗香疏影：指梅花。林逋《山园小梅》："疏影横斜水清浅，暗香浮动月黄昏。"

## 其 七

不知人事有冰霜，战退群阴玉魄[1]强。
偶现色身[2]仍本色[3]，自开香界[4]布天香[5]。

注释

①玉魄：明月。

②色身：佛家语。色，指有形、色、相的一切物，即所谓物质。色身即有形的血肉之身。集四大（地、水、火、风）五尘（色、声、香、味、触）等色法而成，故称色身。

③本色：本来的面目。

④香界：指佛寺。佛教以佛地的楼阁苑囿皆香，香气周流十方无量世界，故称香界。

⑤天香：天上的香。

## 其 八

开过南枝开北枝，天心[1]冷暖花能知。
请看花落仍留子，正是人间渴望时。

注释

①天心：天帝的心意。

# 调[1]颂臣[2]（四首）

## 其 一

新得佳人[3]与护持[4]，不愁捻断苦吟[5]时。
但妨说有谈空[6]口，怒触河东夜半狮[7]。

注释

①调：嘲笑，调侃。

②颂臣：人名。谢道隆，丘逢甲之表兄。今台中市丰原区人。

③佳人：貌美的女子。

④护持：保护支持。

⑤捻断苦吟：唐朝卢延让《苦吟》诗："吟安一个字，捻断数茎须。"

⑥谈空：谈空说有。本指谈佛法，因佛教有空宗和有宗，有些知解门徒，各执义理，相互争辩。后俗称群居闲谈。

⑦河东夜半狮：夜半河东狮吼。河东狮吼，比喻妻子悍怒。宋朝陈慥，字季常，号龙丘居士，其妻柳氏凶悍善妒。慥好宾客，喜畜声伎，尝宴客召歌伎相娱，柳氏以杖击壁大呼，客遂散去。苏轼乃赋诗戏慥。苏轼《寄吴德仁兼简陈季常》："龙丘居士亦可怜，谈空说有夜不眠，忽闻河东狮子吼，拄杖落手心茫然。"按河东为柳姓郡望，用以指柳氏。狮子吼，佛家用以喻威严，慥好谈佛，东坡因借以戏之。

## 其　二

我见犹怜况老奴，倾城[①]颜色固应殊。
不知镜里黄郎面，已似桓公[②]蝟磔[③]无？



**注释**

①倾城：形容绝色的美女。薛昭蕴《浣溪沙》："倾国倾城恨有余，几多红泪泣姑苏。"

②桓公：晋朝桓温。

③蝟磔：蝟，如蝟之毛，比喻众多；磔，张开，音 zhé 。《晋书·桓温传》："温豪爽有风概，姿貌甚伟，面有七星。少与沛国刘惔善，惔尝曰：'温眼如紫石棱，须作蝟毛磔，孙仲谋、晋宣王之流亚也。'"

## 其　三

梅花开送隔林香，郁郁[①]寒松色半苍。
若解嫦娥[②]爱年少，龙宫[③]先检[④]染须方。
（妾为雾峰林氏青衣[⑤]）

**注释**

①郁郁：草木茂盛的样子。

②嫦娥：月神名，为后羿妻子。相传后羿从西王母处得到长生不死药，嫦娥窃取，奔向月宫，后世因称嫦娥为月神。此处指颂臣之妾。

③龙宫：水中龙神的居所。

④检：考量，查验。

⑤青衣：自汉以来，卑贱者常着青衣，所以称衙役或婢为青衣。

## 其 四

海外戈船[1]忆异军，虬髯[2]消息断知闻。

李郎[3]一妹[4]空惆怅，不见东风起战云。

注释

①戈船：古战船名。因船上树立戈矛而得名。一说，越地水中有蛟龙之害，因于船底安置戈戟，以防蛟鼍，此种船叫戈船。

②虬髯：虬髯客，隋末豪侠张仲坚。须赤而蜷曲似虬。有雄才大略，见世方乱，欲起事争天下，会李靖携红拂，奔经灵石，遇于旅舍，因与靖至太原，得见李世民，识为英主，乃悉以其家所有赠靖别去，后入扶余国，杀其主自立。

③李郎：李靖。唐朝三原人，为开国名将。平吴，破突厥，破吐谷浑，功业极伟，封卫国公。

④一妹：红拂。本姓张，遇李靖，识其雄才大略，相与私奔，途遇虬髯客，结为兄妹，共助李靖佐李世民，立下大功。

## 韩江[1]有感

道是南风竟北风，敢将蹭蹬[2]怨天公[3]？

男儿要展回天[4]策，都在千盘百折[5]中。

注释

①韩江：水名，因韩愈而得名。上游为福建汀江，至广东会梅江及大靖溪。

②蹭蹬：因际遇不佳而失势的样子。

③天公：俗称天帝。

④回天：能扭转不易挽回的形势。古代以皇帝为天，凡能谏止皇帝某种行动的，也称回天。

⑤千盘百折：喻屡遭挫折。

# 卷十一　戊申稿（1908 年）

## 次易实甫[①]观察[②]即席[③]韵

（易实甫名顺鼎）

丝竹当筵酒复醇[④]，兹游未负岭南春。落花风雨逢今日，香草沅湘见美人。[⑤]
门第乌衣[⑥]笑王谢，文章蝉噪薄梁陈。[⑦]平生雅忆横江楫[⑧]，愧向江东作寄民。

注释

①易实甫：易顺鼎，字实甫，湖南龙阳人，号哭盦，光绪举人。官至广东钦廉道，袁世凯称帝时，任代理印铸局长。才思横溢，工诗词骈文，著有《四块集》、《词集》、《经史杂著》、《盾鼻拾遗》等书。清光绪二十一年（1895）割让台湾予日本后，奉两江总督刘坤一之命，两渡台湾，时与台诗人唱和。

②观察：官名。

③即席：当座，当场。

④醇：酒质厚。

⑤香草沅湘见美人：《楚辞·九歌·湘夫人》："沅有芷兮澧有兰，思公子兮未敢言。"注："言沅水之中有茂盛之芷，澧水之内有芬芳之兰，异于众草，以兴湘夫人美好亦异于众人也。"屈原《离骚》一文以美人比君王，香草比君子。

⑥乌衣：黑色衣服。东晋望族王导、谢安两家的子弟等居乌衣巷（在今南京市东南）。

⑦文章蝉噪薄梁陈：噪蝉，讥讽诗文多浮辞滥调，无病呻吟。梁陈，五代之梁、陈。

⑧横江楫：晋朝祖逖渡江北伐苻秦，中流敲楫立誓，必复中原。《晋书·祖逖传》："帝乃以逖为奋威将军、豫州刺史，……渡江，中流击楫而誓曰：'祖逖不能清中原而复济者，有如大江。'"

## 题易实甫所藏张梦晋《岁寒三友图》，实甫自言张后身[①]也

岁寒图[②]里松梅竹，谁遣山茶代老松？古梦唤回缑岭鹤[③]，仙身呼证洞庭龙。
拈花一笑[④]人何在？公案[⑤]三生[⑥]事偶逢。悟彻画禅无我[⑦]相，满天明月寺楼钟。

注释

①后身：来世的人身，即佛家所谓转世投胎。

②岁寒图：《岁寒三友图》。

③缑岭鹤：缑岭，山名，在河南省偃师县南。道家传说，仙人王子乔名晋，周灵王太子，好吹笙作凤鸣，在嵩山修炼二十年，遇浮丘公，接以上嵩山，后于七月七日乘白鹤驻缑岭，数日乘鹤仙去。

④拈花一笑：佛家语，出自释迦牟尼传法给迦叶尊者的故事。《联灯会要·释迦牟尼佛》："世尊在灵山会上，拈华示众。众皆默然，唯迦叶破颜微笑。世尊云：'吾有正法眼藏，涅槃妙心，实相无相，微妙法门，不立文字。'教外别传，付嘱摩诃迦叶。"

⑤公案：佛家语。禅宗认为用机锋语来解决疑难问题，有如官府办案，所以也称公案。

⑥三生：佛家语。指人生过去、现在和未来三世。

⑦无我：佛家语。谓世界上不存在实体的自我，以诸法无我为根本义。

## 送蕴白之京（二首）

**（蕴白，许南英①字）**

### 其一

廿载风尘②两鬓丝③，眼中世局太离奇。
马蹄重踏春明④路，只有西山⑤似旧时。

注释

①许南英：（1855—1917）字子蕴，号蕴白（一作蕴伯），署窥园主人、留发头陀、龙马书生等，台南人。光绪十六年（1890）恩科进士，授兵部车驾清吏司主事，不就。归台后，究心垦土化番之务；嗣应聘协修通志。乙未之后，筹办台南团练局，任统领，屯兵番界，以备一战。日军入台南，悬像索之，乃内渡。旋游南洋；返国后历任知县、同知。武昌革命起义，投袂从之，被推为闽南革命政府民事局长，摄龙溪县事。民国五年（1916）赴苏门答腊棉兰，翌年卒。著《窥园留草》。

②风尘：风起尘扬，天昏地暗。比喻世局的扰攘不安。

③鬓丝：鬓边发白如丝。

④春明：城门名，唐代京都长安东面的城门之一。引申为京城的通称。

⑤西山：山名，在河北省宛平县西。是太行山的支脉，北京的右臂。

### 其二

一官垂老如鸡肋①，百口长贫借鹤粮②。
犹有开元③旧时曲④，锦袍⑤牙笏⑥再登场。

注释

①鸡肋：鸡的肋骨。泛指乏味的事物。《三国志·魏志·武帝纪·备因险拒守·注》：《九州春秋》曰："时王欲还，出令曰：'鸡肋。'官属不知所谓。主簿杨修便自严装，人惊问修：'何以知之?'修曰：'夫鸡肋，弃之可惜，食之无所得，以比汉中，知王欲还也。'"

②鹤粮：鹤料。古代官吏的俸给。

③开元：唐玄宗年号。

④旧时曲：指《霓裳羽衣曲》。唐玄宗时所增饰的西凉乐曲。

⑤锦袍：锦作的官袍。

⑥牙笏：象牙制的笏板。

## 题凌孟征《天空海阔簃[1]诗钞》并答所问台湾事（三首）

（凌孟征，名鹤书）

### 其　一

欲向天空海阔处，来访天空海阔簃。

九江门下几人在？风雨萧萧[2]高咏诗。

注释

①簃：阁边小屋。音 yí。

②萧萧：风声、雨声、草本摇落声。

### 其　二

多君欲问台湾事，曾作大将军现身。

满目劫尘[1]无法说，青天碧海哭诗人。

注释

①劫尘：兵火战乱之余烬。

### 其　三

牙旗[1]猎猎[2]卷东风，旧事真成一梦中。

自有千秋诗史[3]在，任人成败论英雄。

**注释**

①牙旗：天子或将军所立于军前的大旗。上以象牙为饰，因而得名。
②猎猎：旌旗飞扬飘动的样子。
③诗史：前人的诗作。亦指能反映某一时期重大社会事件有历史意义的诗歌。

## 答人问澹定村[①]

**（村有桂树，大荫亩许，亭亭[②]如盖，已三百余年矣，四山皆松，其山之主峰曰松光峰）**

群山忽豁见山门，幽绝溪山是此村。鸡犬云中仙气在，衣冠田舍古风存。
桂生前代成尊[③]宿[④]，松占高峰长子孙。不必桃花千万树，已教人作武陵源[⑤]。

**注释**

①澹定村：地名。在广东省东北镇平县（今广东省蕉岭）。
②亭亭：耸立的样子。
③尊：高贵，尊贵。敬重，推崇。
④宿：老成，阅历久的。
⑤武陵源：即桃花源。也用以泛指清净幽美、避世隐居的地方。

## 实甫将行赋此为别（二首）

### 其　一

同向天涯吊落晖[①]，百年回首壮心违[②]。沉沉楚泽龙犹哭，漠漠辽天鹤[③]不归。
西徼[④]霜飞名士饼，东都[⑤]云散大王旂。不须更向新亭[⑥]去，已对河山泪满衣。

**注释**

①落晖：落日余晖。
②违：不如意，不顺心。
③辽天鹤：指传说中的辽东人丁令威修道升仙，化鹤归飞之事。
④徼：边界。音 jiào 。
⑤东都：郑成功占领台湾时，于永历十五年（1661）十二月三日改台湾为东都。
⑥新亭：亭名。故址在今南京市东。西晋灭亡，士人东渡江南，每遇良辰便在新亭宴饮，面对江北故乡而垂泪。

## 其 二

欲借仙人玉笛吹，送君五月落梅时。英灵江汉[①]无今古，风雨罗浮[②]有合离。

何事黑龙逢帝怒，前身青兕[③]愧僧知。相思待祝衡阳雁，更向南飞寄楚词。

注释

①江汉：长江、汉水。

②罗浮：山名。在广东省惠州市博罗县西北部。神奇瑰秀，相传东晋葛洪得仙术于此。赵师雄在此梦遇梅花仙女，后多为咏梅典实。南朝徐陵《奉和山地》：“罗浮无定所，郁岛屡迁移。”《罗浮山记》：“罗，罗山也；浮，浮山也。二山合体，谓之罗浮。”

③青兕：兽名。样子像牛，鼻上有独角，毛青色，躯体极重。



# 重过感旧园（二首）

**（园在小东门线香街，赴盛芰舲君之约也）**

## 其 一

水木清华[①]负郭[②]园，三年客梦此重温。眼中故物诗留壁，身后浮文[③]酒满尊。

宿草[④]青山名士泪，落花黄土美人魂。池台无恙仍今日，已似闻琴对雍门[⑤]。

注释

①水木清华：形容园林池沼清亮明丽。

②负郭：接近城郭的地方。

③浮文：虚华无实的文章。

④宿草：隔年的草。《礼记·檀弓上》：“朋友之墓，有宿草而不哭焉。”疏：“宿草，陈根也。草经一年则根陈也。”后用以指墓地，成为丧逝的典故。

⑤雍门：城门名。春秋时齐都营丘的西门。春秋时齐人周，居雍门，号为雍门周，善鼓琴。

## 其 二

萧疏[①]树石与摩挲[②]，荔子[③]初丹载酒过。地下英灵[④]应有语，座中耆旧[⑤]已无多。

浮萍[⑥]大海重相见，折戟沉沙冷自磨。[⑦]（是日遇台中故人黎君）

我感兴亡[⑧]过[⑨]存没[⑩]，东风回首万重波。

注释

①萧疏：清冷疏散。

②摩挲：用手抚摩。

③荔子：荔枝。

④英灵：对已死去的人，称美其灵叫英灵。

⑤耆旧：耆老故旧。

⑥浮萍：浮生在水面的一种草本植物。常比喻漂泊无定的身世或变化无常的人世间。

⑦折戟沉沙冷自磨：杜牧《赤壁》：“折戟沉沙铁未销，自将磨洗认前朝。”

⑧兴亡：兴起与衰亡。多指国家而言。

⑨过：超出，多过。

⑩存没：存殁。生存与死亡。

## 重阳夕作

萧萧[1]风叶转回廊[2]，耿耿[3]星河[4]夜未央[5]。十载龙吟双剑[6]隐，五更虫语一灯凉。
愁边泽国[7]飞鸿雁，梦里家山卧犬羊。遥忆黄花[8]吾负汝[9]，故园今日是重阳。

注释

①萧萧：风声、雨声。

②回廊：曲折回环的廊庑。

③耿耿：光明的样子。

④星河：银河。

⑤夜未央：夜将尽未尽。

⑥双剑：干将、镆铘两剑。

⑦泽国：多水的地方。水乡。

⑧黄花：菊花。

⑨汝：指黄花。

## 菊花诗四律

（著涒吟社[1]题）

### 其　一

平生遇合多乖忤[2]，不为看花不出游。良友偶来三径[3]夕，美人相见一庭秋。
飞鸿[4]故国经年别，下马荒园竟日留。笑口自开愁眼豁[5]，西风休更送离忧（逢菊）。

注释

①著涒吟社：诗社名。涒，音 tūn。

②乖忤：乖戾违忤，互相抵触。音 guāi wǔ 。

③三径：三条小径。起于西汉末年蒋诩因王莽专政而隐居，家园中开三径，与求仲、羊仲两人交游。后用以比喻隐士居所或泛指家园。

④飞鸿：飞翔中的鸿雁。

⑤豁：敞开。

## 其　二

平生耻作呈身[1]事，坐爱黄花淡不浓。何忍投人羞晚节[2]，不妨供佛[3]借秋容。

飘零冷艳荆山[4]璞[5]，催送寒香古寺钟。云水半瓶花一束，梵天[6]持取对芙蓉（献菊）。

注释

①呈身：呈身御史。屈身自荐以求进。

②晚节：晚年的节操。

③供佛：以花果时馐等列置佛前以供养。

④荆山：山名。在今湖北省南漳县西。《寰宇记》：“卞和得玉于楚荆山。”

⑤璞：未经琢磨加工的玉石。《晋书·景帝纪》：“荆山之璞虽美，不琢不成其宝。”

⑥梵天：佛家语。指三界中色界的初禅天。此天没有欲界的淫欲，寂静清净。中有三天：一为梵众天，梵民所居；二为梵辅天，梵佐所居；三为大梵天，梵王所居。善通称梵天，都指大梵天而言。

## 其　三

平生百不偿[1]所愿，惟受秋英[2]愿独偿。何以报之花九锡[3]，谁其云者雁孤翔。

黄金战罢先皇甲，[4]紫绶勋章岛国章。[5]有酒自浇诗自唱，故园明日又重阳（酬菊）。

注释

①偿：酬报。

②秋英：菊花。

③九锡：古代诸侯有德，天子所赏赐的九种器物，即车马、衣服、乐则、朱户、纳陛、虎贲、弓矢、斧钺、秬鬯。

④黄金战罢先皇甲：唐朝黄巢《不第后赋菊》：“待到秋来九月八，我花开后百花杀。冲天香阵透长安，满城尽带黄金甲。”

⑤紫绶勋章岛国章：日本对有功勋者颁发菊花勋章。

## 其　四

平生不饮自天性，惟赏金英[①]饮独多。十日壶觞[②]秋色老，满城风雨醉颜酡[③]。

独醒漫作餐英[④]想，相对欣逢载酒过。我自寿花花共寿，尊前来听百年歌（饮菊）。

注释

①金英：菊花。

②壶觞：酒和酒杯。也指酒。

③酡：饮酒脸红。音 tuó 。

④餐英：以落花为食。诗文中常用来指文人雅士高尚的情致。《楚辞·离骚》："朝饮木兰之坠露兮，夕餐秋菊之落英。"

## 旅夜书怀

**（用杜[①]《禹庙》[②]韵，南园诗社[③]题）**

一身万里云无定，孤馆[④]残更[⑤]月欲斜。湖海频年思弟妹，干戈余劫起龙蛇[⑥]。

九秋[⑦]客况愁中酒，四海人心散后沙。倚枕不眠思故事[⑧]，汉朝终始在三巴[⑨]。

注释

①杜：杜甫。

②《禹庙》：杜甫《禹庙》："禹庙空山里，秋风落日斜。荒庭垂橘柚，古屋尽龙蛇。云气生虚壁，江声走白沙。早知乘四载，疏凿控三巴。"

③南园诗社：诗社名。

④孤馆：孤寂的客舍。

⑤残更：将尽的更鼓声。指天将明时。

⑥龙蛇：龙和蛇。比喻非常的人。

⑦九秋：秋天九十日。

⑧故事：往事，旧时的事迹。

⑨三巴：地名。秦置巴郡，西汉置巴东郡，东汉末刘璋置巴西郡，合称三巴。今四川嘉陵江、綦江以东一带属之。

# 卷十二　己酉稿（1909 年）

## 寄韫白[①]三水[②]

半晴半雨酿春和[③]，春水溶溶[④]绿始波。
三十六江楼上望，不知春在那江多？

注释

①韫白：人名。许南英，字韫白。光绪十六年（1890）恩科进士。

②三水：地名。在广东省。许南英曾任三水知县。

③春和：春景明和。

④溶溶：水势盛大的样子。

## 次韵易实甫《肇庆[①]道中》

牂牁[②]天半下飞湍[③]，立马江头客据鞍。疆域远通蛮[④]部落，威容重见汉衣冠。
伤心元老[⑤]骑箕[⑥]去，极目[⑦]层霄[⑧]把剑看。（时张文襄[⑨]告薨[⑩]）
零落七星[⑪]秋满地，天涯扶醉且凭栏。

注释

①肇庆：地名。在广东省。

②牂牁：江名。今名蒙江，流经广西，入广东省为西江。

③飞湍：形容水流急速。湍，音 tuān 。

④蛮：古代称南方的种族。

⑤元老：资深望高的旧日老臣或官员。

⑥骑箕：骑箕尾。指去世。箕尾，二星宿名。

⑦极目：用尽目力，眺望远方。

⑧层霄：天空高远的地方。

⑨张文襄：张之洞历任两广、湖广、两江总督、体仁阁大学士，授军机大臣。卒谥文襄。

⑩薨：古时诸侯死或唐时二品以上的官员死，称薨。音 hōng 。

⑪七星：北斗七星。指天枢、天璇、天玑、天权、玉衡、开阳、摇光七星。

## 戏[1]赠蒋亦璞试院[2]

槐花黄时举子[3]忙，使君[4]忙过槐花黄[5]。一楼闭置似新妇，三月清斋逾太常[6]。

使君曾上乌台[7]坐，使君铁面[8]比包老[9]。打门[10]有客来送诗，门吏莫疑关节[11]到。

注释

①戏：调弄，嘲笑。

②试院：考试之场所。

③举子：科举时被荐举应试的士子。

④使君：对州郡长官的尊称。亦为对人的尊称。

⑤槐花黄：唐代长安举子，落第者于六月后不出京回家，借住静坊庙院，习业作文，一直到当年七月再献上新作的文章为止，叫做过夏。这时因逢槐花正黄，后遂以槐花黄指举子忙于准备科举考试的季节。

⑥太常：官名。秦置奉常，汉更名太常，为九卿之一，掌宗庙礼仪；北齐称太常寺，置卿及少卿各一，历代沿用，至清末始废。

⑦乌台：即御史台。

⑧铁面：铁面无私。比喻刚正无私，不畏权势。

⑨包老：包拯。

⑩打门：敲门。

⑪关节：暗中贿赂请托。

# 卷十三　庚戌、辛亥、壬子稿
# （1910 年、1911 年、1912 年）

## 与楚伧[1]、千仞[2]闻歌作

**（楚伧，叶姓，江苏吴县人。千仞，梁姓，梅县人）**

春云不雨昼阴阴[3]，有客南来作越[4]吟。衣上黄尘飘热泪，镜中白发迫雄心。

懒呵鬼壁劳天问[5]，拼共神州[6]付陆沉[7]。漫[8]笑筝琶[9]娱俗耳，未妨聊当海潮音[10]。

注释

①楚伧：叶楚伧。江苏吴县人。同盟会员，曾任汕头中华新报主笔、《民国日报》总编辑、国民政府立法院副院长等职。

②千仞：梁千仞。广东梅州市梅县人。曾任汕头中华新报社社长。

③阴阴：幽闇貌。

④越：古族名。百越或百粤。

⑤呵鬼壁劳天问：楚国屈原遭受放逐，忧心憔悴，经过楚先王庙及公卿祠堂，见壁间图画天地山川神灵及古圣贤事迹等，因作《天问》书于壁上，呵而问之，以舒郁愤。

⑥神州：中国。

⑦陆沉：陆地沉没。比喻国家领土沉沦。

⑧漫：放纵。

⑨筝琶：古筝、琵琶。泛指音乐。

⑩海潮音：海潮涨落时所发宏壮的声音。佛家用以比喻佛及菩萨应时说法的声音。亦指僧侣诵经的声音。

## 实父[1]以《木棉双鹤歌》见寄，时约游端未果行，次韵寄答

牂牁[2]一水走南海，势如扬子江黄河。人生万事聊以自娱耳，黄屋左纛[3]将如何？

百年行乐弹指[4]顷，若为楚舞吾楚歌。使君[5]楚人今屈宋，新诗万首珠娘[6]诵。

道大君犹老子龙，德衰我愧周侯凤。牂牁江上开红棉，旧游应忆朱明[7]天。

江山咫尺成万里，恨不双鹤同蹁跹[8]。翡翠明珠失光采，昆仑[9]归来众山矮。

当代文章几钜公，何人有汝才如海？青霄直上凌[10]丹霞[11]，雄剑干将雌莫耶。[12]

刚金百炼柔绕指，[13]登坛说法[14]霏天花[15]。知君独立苍茫处，驾鹤无宾留鹤住。

三十六江春水生，冷看春潮自来去。

注释

①实父：即易实甫，人名。

②牂牁：江名。今名蒙江，流经广西，入广东省为西江。

③左纛：古代帝王的座车，车衡的左面有纛，称左纛。纛，系于帝王乘舆上的一种饰物，用犛牛尾或雉尾制成，音 dào。

④弹指：弹击指使。用以形容极短的时间。

⑤使君：对人的尊称。

⑥珠娘：闽、越呼女孩为珠娘。

⑦朱明：夏日、夏季。

⑧蹁跹：形容旋转扭动的舞步与舞姿。

⑨昆仑：昆仑山。

⑩凌：超越。

⑪丹霞：日光在云上所成的赤色云气。

⑫雄剑干将雌莫耶：莫耶，即镆铘。春秋时吴国人干将与妻子莫邪以善剑著称。曾铸二剑，又为干将、镆铘，献给吴王阖闾。

⑬刚金百炼柔绕指：百炼钢化为绕指柔。比喻性情刚强之人，变为非常柔顺之人。

⑭说法：宣讲宗教教义。

⑮天花：天女散花。佛家语。指天上神女散下百花。后多用以形容灿烂夺目的景象。《维摩经义疏·观众生品》："时维摩诘室有一天女，见诸大人，闻所说法，便现其身，即以天华散诸菩萨大弟子上。……华至诸菩萨即皆堕落，至大弟子便著不去，一切弟子神力去华，不能令去。"

## 春尽夜，次韵寄答实甫[①]（二首）

### 其　一

春灯照夜不成寐，四野荒鸡[②]天未明。处处闻饥复闻乱，年年忧雨更忧晴。

读书误我成迂叟[③]，呼酒凭谁迫老兵。六幕[④]沉沉[⑤]如梦里，晓星残月不胜情。

**注释**

①实甫：人名。易顺鼎，字实甫，湖南龙阳人，光绪举人。

②荒鸡：在半夜不按时间啼叫的鸡。迷信者以为荒鸡鸣叫是兴兵之兆。

③迂叟：迂腐笨拙的老人。

④六幕：六合。指天地及东、西、南、北四方。

⑤沉沉：深沉的样子。

### 其　二

挂席[①]春江未有期，东风潮信[②]误篙师[③]。

戴鳌[④]已叹沉三岛[⑤]，嬉[⑥]凤安能陋[⑦]九夷[⑧]？

精卫[⑨]泪枯填海石，蚩尤[⑩]魂化竟天旗（连夕彗[⑪]见）。

荒唐[⑫]山鬼前知事[⑬]，鸡卜[⑭]何人问越祠。

**注释**

①挂席：扬帆出航。

②潮信：潮水。以其来去有定时，故名潮信。

③篙师：熟练操舟的人。篙，音 gāo 。

④戴鳌：戴山鳌。传说古代渤海之东有岱舆、员峤、方丈、瀛洲、蓬莱五座仙山，随潮往来，漂流不定。天帝恐其流于西极，使巨鳌十五举首而戴之，始峙而不动。其后龙伯之国有巨人，一举钓去六鳌，于是岱舆、员峤二山流于北极，沉于大海。

⑤三岛：古代以为渤海中有蓬莱、方丈、瀛洲三个神仙所住的山岛，称为三岛或三神山。

⑥嬉：游戏取乐。

⑦陋：不敬。

⑧九夷：古代称东方的九种民族。亦指居其所居之地。泛指少数民族。

⑨精卫：鸟名。相传炎帝之女溺死，化作精卫，常衔木石以填海。

⑩蚩尤：相传与黄帝同时代的诸侯名。是古代的叛乱侯王，曾与黄帝大战于涿鹿，被擒杀。

⑪彗：彗星。

⑫荒唐：广大而不着边际。引申为夸大不实或荒谬无理。

⑬知事：官名。主宰州县事务之地方长官，即知县。

⑭鸡卜：古代以鸡骨占卜吉凶的方法。



## 《二高行》赠剑父[①]、奇峰[②]兄弟

岭南今日论画手，二高杰出高于时。渡海归来[③]笔尤变，丹青著手生瑰奇[④]。
小高温温[⑤]清而癯[⑥]，大高短小雄有髭。我方主教罗[⑦]以礼，翩然[⑧]作我图画师。
岭南二月三月时，杜鹃啼上红棉枝。小高写扇昨赠我，相看令我生古悲。
杜鹃啼蜀昔亡蜀，[⑨]从此化为亡国物。一啼津桥炎宋衰[⑩]，再啼大都[⑪]胡元没。
何人复拜古帝魂，杜陵野老[⑫]空自屈。凤凰麒麟今不来，羽虫毛虫胥[⑬]可哀。
昨闻大高忽画虎，群雄草泽争惊猜。画虎高于真虎价，千金一纸生风雷。
我闻狮尤猛于虎，大高画狮勿画虎。中国睡狮今已醒，一吼当为五洲[⑭]主。
不然且画中国龙，龙方困卧无云从[⑮]。东麟西爪画何益？画龙须画真威容。
中原岂是无麟凤（唐人陈陶[⑯]句），其奈潜龙方勿用。
乞灵[⑰]今日纷钻龟[⑱]，七十二钻谋者众。安能遍写可怜虫，毛羽介鳞[⑲]供戏弄[⑳]。
粉碎虚空[㉑]一物无，上天下地存真吾[㉒]。奇峰之峰剑父剑，
乞为我写《携剑昆仑看瀑图》。（剑父近日于江南劝业会画虎及《昆仑飞瀑图》）。

**注释**

①剑父：高剑父。民国画家，名仑，字剑父。以字行，广东省番禺人。早岁留日习画。民国成立后从事美术教育工作，创春睡画院及南中美术院。工山水花鸟，亦作走兽人物。融汇日本与西方技法，对用色及水墨渲染均有创新，为岭南派之始。

②奇峰：高剑父之弟。亦为岭南派画家。

③渡海归来：指日本学习后归来。

④瑰奇：珍奇，奇伟。

⑤温温：顺和柔和。

⑥清而癯：清癯。形体清瘦而风度飘逸。

⑦罗：招致。

⑧翩然：潇洒貌。

⑨杜鹃啼蜀昔亡蜀：古蜀帝杜宇，又号望帝。时巫山壅江，蜀地洪水，望帝使鳖冷凿

巫山治水有功，望帝自以德薄，遂自亡去。相传死后其魂魄化为鸟。

⑩津桥炎宋衰：津桥，天津桥。在今河南省洛阳市西南。宋朝邵雍尝受图书天象数之学于北海李之才，精《易》，在天津桥闻杜鹃的叫声，他说："不二年，南士当入相，天下自此多事矣。"人问其故，他说："天下将治，地气自北而南；将乱，则自南而北。今南方地气至矣，禽鸟得气之先者也。"后来王安石果然以南人当国，天下从此多事。

⑪大都：元朝首都名。故址在今北京内城东西墙。

⑫杜陵野老：唐朝杜甫自称少陵野老或杜陵野客。杜陵，古地名，在今陕西省西安市长安区南。

⑬胥：皆，都。

⑭五洲：五大洲。

⑮云从：《易·乾·文书》："云从龙，风从虎，圣人作而万物睹。"

⑯陈陶：唐末鄱阳人。举进士不第，恣游山水，善天文，历象。

⑰乞灵：借助他人之力，以为己助。

⑱钻龟：古代的一种占卜方法。指钻灼龟甲，以卜吉凶。

⑲介鳞：传说中的海里生物。夏食而冬蛰，为鱼鳌类的先祖。

⑳戏弄：玩弄。

㉑虚空：佛家语。虚无形质和空无障碍的意思。

㉒真吾：本真的我，实在的我。

## 题楚伧[①]《汾湖[②]吊梦园》（二首）

### （图盖为访叶小鸾[③]墓作）

### 其　一

临流[④]浅土葬婵娟[⑤]，残碣[⑥]重摩[⑦]胜国年。
别有故家乔木[⑧]感，伤心不独女飞仙[⑨]。

**注释**

①楚伧：人名。叶楚伧。江苏无锡人。

②汾湖：湖名。在江苏吴江（即太湖东岸）。

③叶小鸾：人名。明朝女诗人兼画家。叶绍袁（仲韵）及沈宜修之幼女。字琼章，又字瑶期。吴江人。貌姣好。工诗，诗多佳句；画则能写山水及落花飞蝶。字昆山张氏，未嫁而死，年十七。七日乃就木，举体轻软，家人咸以为仙去。有《返生香集》、《疏香阁词》。

④临流：临清流。

⑤婵娟：指美人。即叶小鸾。

⑥碣：圆形的碑石。音 jié 。

⑦摩：手按在东西上来回擦动。
⑧乔木：树高大而主干分明者。
⑨飞仙：会飞的仙。女飞仙，指叶小鸾。

## 其　二

五百年中一刹那[1]，汾湖冻合不生波。
娟娟[2]故国[3]梅花月，应有仙魂化鹤[4]过。

注释

①刹那：佛家语。梵语。表极短的时间。音 chà nà 。
②娟娟：秀丽、美好、柔媚的样子。
③故国：故乡。
④化鹤：古以鹤为仙禽，学道成仙的人，相传可化成鹤鸟而来去自如。又指称人去世。



# 稚川手植梅枯久矣，拟就故处补植之（二首）

## 其　一

仙根[1]重植葛仙[2]梅，花向仙山依旧开。
谁与鲍姑[3]寄芳讯[4]？满天香雪鹤归来。

注释

①仙根：逢甲，字仙根。
②葛仙：晋朝丹阳人，字稚川。自号抱朴子。喜好神仙道养之术，受炼丹术于郑隐；又受医术于妻父鲍玄。闻交趾出丹砂，携子侄赴罗浮山炼丹，丹成尸解。
③鲍姑：葛洪之妻，鲍玄之女。
④芳讯：花开的消息。

## 其　二

梦中休现美人身，香梦沉酣[1]易赚人[2]。
但愿化身千万树，花开长布岭南春。

注释

①沉酣：醉酒而酣适。
②赚人：骗人。赚，诳骗。

## 罗浮山[1]下人家（五首）

### 其 一

仙山住久即神仙，豚栅[2]鸡栖[3]屋数椽[4]。
云雾甜茶[5]红米酒，抱孙闲过太平年。

注释

①罗浮山：山名。
②豚栅：猪圈。
③鸡栖：鸡之栖息处。
④椽：房屋一间。
⑤云雾甜茶：云雾茶。茶名。产于黄山，因峭壁有千仞之高，茶产于其间，人由下仰望，云雾弥漫，故名云雾茶。

### 其 二

深山深处破茅堂，大袖长衫半道装。
八九村童围一席，《孝经》[1]教到《庶人》[2]章。

注释

①《孝经》：书名。记孔子与曾子问答，以明孝道及孝治之义的一部经典。
②《庶人》：《孝经》第六章名。其文曰："用天之道，分地之利，谨身节用，以养父母，此庶人之孝也。故自天子至于庶人，孝无终始，而患不及者，未之有也。"

### 其 三

仙禽啼处药苗肥，日日携锄上翠微[1]。
葵叶蓑衣棕瓣笠，满山风雨抱云归。

注释

①翠微：青山。

### 其 四

绿栏新买小乌犍[1]，待种麻姑[2]卖酒田。
牛背夕阳吹笛去，桃花红落晚霞天。

注释

①乌犍：水牛。犍，音 jiān 。

②麻姑：古代神话中的女仙名。东汉桓帝时，曾应仙人王方平之召，降在蔡经的家里，年十八九，容貌美丽，对王方平说："接待以来，已见东海三为桑田。"曾在绛珠河边用灵芝酿酒，为西王母祝寿。

### 其　五

种菜何人此闭门？万山高处有山村。
东风干尽酥醪菜[1]，叶叶[2]玄丘旧酒痕。

注释

①酥醪菜：菜名。

②叶叶：片片。



## 游西樵山[1]（六首选四）

### 其　一

我从罗浮[2]归，山水兴未已。遂作西樵游，江行百余里。
始由支江[3]入，帆转稻花里。百曲赴大江[4]，远见山云起。
山云带夕阳，移舟泊山市。未入西樵山，先饮西樵水。

注释

①西樵山：山名。在广东省佛山市南海区西南。有七十二峰，为名胜地。为珠江三角洲胜景之一。也是茶叶产地。

②罗浮：罗浮山。

③支江：支流。

④大江：指珠江。

### 其　二

樵山七二峰，樵湖廿八曲。斜阳棹歌[1]起，湖光荡[2]山绿。
群峰万紫翠，毕[3]入湖人目。湖转山益深，悬磴[4]出林麓[5]。
云际闻鸡鸣，知有山人屋。

注释

①棹歌：船歌，摇桨而歌。
②荡：移动。荡，放。
③毕：皆，尽，全部。
④悬磴：架在空中的石桥。
⑤林麓：山林。

## 其　三

白云出洞去，留洞待客来。洞中何所有？石破青天开。
初日照幽林，金碧[1]眩[2]楼台。楼台道士居。飞瀑[3]闻惊雷。
坐石看飞瀑，醉引流霞[4]杯。洞门了不关，白云何时回？

注释

①金碧：色彩灿烂。
②眩：视觉迷乱，两眼昏花。
③飞瀑：瀑布自高处冲泻而下，快速如飞。
④流霞：传说中的仙酒。

## 其　六

五岭[1]夹江[2]行，西江[3]在其南。江南亦连岭，分派[4]由滇黔[5]。
送江直至海，排空[6]起瑶私篸[7]。是为西樵山，海气霏[8]烟岚[9]。
谁掷青莲花。照耀天光蓝。我来写秋心，佳处未遍探。
樵山作山樵，何年留茅庵[10]？

注释

①五岭：山名。指大庾、骑田、都庞、萌渚、越城五山岭。
②夹江：濒临江水，沿着江水。
③西江：水名。为珠江之主干。乃合黔江、郁江、桂江三大干流所成。流经云南、贵州、广西、广东四省区。
④派：水的支流。
⑤滇黔：云南、贵州的别称。
⑥排空：升入高空。凌空而行。
⑦瑶篸：瑶簪。碧玉簪。
⑧霏：烟霭涌起的样子。
⑨烟岚：山中蒸润的烟霭云气。
⑩茅庵：茅屋。

## 云泉仙馆次壁间韵，与易实甫[1]同游诸子作

一迳[2]凌空[3]破晓[4]烟，眼中秦汉古山川。何年穿石泉飞瀑？满地栽桑海化田[5]。
不肯丹黄[6]秋后树，别开日月洞中天。云霞管领[7]吾谁证？七十二峰无限缘。

**注释**

①易实甫：人名。易顺鼎，字实甫，湖南龙阳人，光绪举人。
②迳：同“径”。小路。
③凌空：上升在空中。
④破晓：天刚亮。
⑤栽桑海化田：沧海变桑田。
⑥丹黄：红色与黄色。
⑦管领：领受。

## 谒明孝陵[1]（四首）

**（时革命军初定南京，正整兵北伐，故谒明孝陵而作此诗）**

### 其　一

郁郁[2]钟山[3]紫气腾，中华民族此重兴。
江山一统都新定[4]，大纛[5]鸣笳谒孝陵。

**注释**

①明孝陵：明太祖朱元璋的陵墓。在今南京市钟山南麓。
②郁郁：草木茂盛的样子。
③钟山：山名。在南京市中山门外东北。旧称蒋山，又称紫金山。
④都新定：民国政府定都南京。
⑤大纛：大旗。用于军中或仪仗队。纛，音 dào 。

### 其　二

如君早解共和义，五百年来国尚存。
万世从今真一系，炎黄[1]华胄[2]主中原。

**注释**

①炎黄：炎帝与黄帝。中国人常自称炎黄子孙。
②华胄：华夏民族的后代。

## 其　三

将军北伐逐胡雏①，并告徐常②地下知。
破帽残衫遗老③在，喜教重见汉威仪④。

注释

①胡雏：胡儿。喻清政府之军队。
②徐常：明代开国功臣徐达、常遇春。
③遗老：历练丰富、博闻广见的老人。
④威仪：礼仪的细则。

## 其　四

汉兵到处虏①如崩，万马黄河晓蹴②冰。
直扫幽燕③捣辽沈④，昌平⑤再告十三陵⑥。

注释

①虏：对敌人的蔑称。
②蹴：踏。
③幽燕：地名。即今河北省北部、辽宁省一带。古为幽州、燕国之地。
④辽沈：辽东、沈阳。泛指东北各地。
⑤昌平：地名。在北京。明代十三陵在区北。
⑥十三陵：陵冢名。在北京昌平区北天寿山。明代成祖至思宗等十三帝的陵墓总称。